6.33

nouveau dictionnaire
des
synonymes

nouveau dictionnaire

des

synonymes

par

Émile Genouvrier
Claude Désirat
Tristan Hordé

Université François Rabelais, Tours

LIBRAIRIE LAROUSSE

17, rue du Montparnasse, et 114, boulevard Raspail. Paris VIᵉ

ISBN 2-03-020231-2

● Un dictionnaire des synonymes

Dans la conversation courante parfois, dans un entretien, un compte rendu, un discours toujours, on s'efforce de faire coïncider au mieux ce que l'on a à dire et le vocabulaire dont on dispose : ainsi, à l'oral déjà, est-on amené à cette recherche de précision dans les termes que l'on utilise. A fortiori à l'écrit, soit qu'il s'agisse de rédiger un rapport technique, une lettre administrative, un texte didactique, etc., soit que l'on ait à organiser un discours plus littéraire, tels ceux qu'exige l'école à ses divers niveaux, tels aussi ceux — trop rares — que l'on écrit pour son propre plaisir ou parfois par métier. La recherche des synonymes est ainsi au centre de nos activités de langage ; c'est elle qui motive des ouvrages tels que celui-ci.

● Objectifs poursuivis

Cet ouvrage a été conçu comme un ouvrage didactique. Il s'adresse donc au large public de l'enseignement ; soit, directement, aux étudiants, et aux élèves qui ont acquis suffisamment d'autonomie intellectuelle pour en faire un outil de travail personnel ; soit, indirectement, aux élèves plus jeunes, leurs maîtres y trouvant matière à les guider dans leurs recherches de vocabulaire et à construire des exercices multiples.

Cet ouvrage s'adresse encore à tous les étrangers désireux de perfectionner leur connaissance du lexique français ; c'est notamment en songeant à eux que nous avons au mieux précisé tel changement de construction exigé par le passage d'un verbe à son synonyme, signalé telle locution familière généralement absente des dictionnaires de ce genre.

Il s'adresse enfin à tous ceux qui désirent, par métier ou par goût, avoir sous la main un ouvrage pratique leur permettant d'affiner leur vocabulaire.

C'est donc d'une réflexion sur l'utilisation possible de ce dictionnaire que nous sommes partis pour définir nos choix. Nous avons d'abord écarté deux solutions souvent adoptées. La première consiste à rassembler une série de mots proches par le sens en recourant, pour les opposer, à un usage systématique de la définition et, çà et là, à quelques exemples. Cette solution nous semble défectueuse pour au moins deux raisons : elle pose à l'utilisateur de redoutables problèmes d'interprétation (le choix entre deux définitions souvent très proches l'une de l'autre n'est pas toujours évident); surtout, elle privilégie les distinctions sémantiques au détriment des réalités syntaxiques d'une part (choix entre plusieurs mots entrant dans des constructions différentes), des réalités contextuelles d'autre part (tel mot admet tel synonyme dans un contexte mais pas dans un autre), des réalités socioculturelles enfin (tel mot est ressenti comme « meilleur » ou « moins bon » que tel autre par la communauté linguistique). La seconde solution consiste à dresser une simple liste des synonymes d'un mot donné ; on laisse ainsi à l'utilisateur le soin de choisir, à partir de la connaissance qu'il a de sa langue, le terme qui lui paraîtra le meilleur : il va sans dire que nos soucis didactiques nous ont fait immédiatement rejeter une telle hypothèse de travail où le dictionnaire de synonymes n'est rien d'autre qu'un aide-mémoire pour francophone très cultivé ; nous préférions, dans un espace donné (en l'occurrence celui qui est défini par le format de la collection...), recueillir moins de mots mais faire en sorte qu'on les utilise à bon escient. Nous pourrions résumer ainsi la définition de nos objectifs : répondre aux besoins de qui utilise un dictionnaire des synonymes, c'est-à-dire centrer notre attention sur le lexique de la communauté francophone d'aujourd'hui ; de là découlent un certain nombre de choix méthodologiques, que nous allons maintenant préciser.

● Construire un dictionnaire dans un espace typographique donné

On n'insiste pas assez, généralement, sur un ensemble de contraintes pourtant évidentes qui s'imposent au lexicographe : un dictionnaire est d'abord un objet matériel défini par ses dimensions et sa typographie. En l'occurrence, nous nous devions de respecter le format d'une collection, c'est-à-dire un certain nombre de pages au-delà duquel le livre-objet devient moins maniable... et plus cher ! Concrètement, cela supposait que nous n'ayons l'ambition ni de retenir tous les mots possibles, ni « de tout dire » sur les mots retenus ; ces limites matérielles nous ont d'ailleurs aidés à définir une stratégie efficace à l'expérience, pensons-nous : étant entendu que nous désirons

retenir beaucoup de mots, *il fallait «économiser»
ailleurs; peu à peu est née l'idée qu'un bon exemple est
souvent bien plus utile qu'un long commentaire...*

*Quant aux contraintes typographiques, on peut,
surtout aujourd'hui, jouer sur un grand nombre de
caractères et de corps de caractères, ce qui permet de faire
passer toute une série d'informations conventionnellement
définies (les exemples en italique, les définitions en
romain, etc.); de même, une série d'abréviations permettent de dire beaucoup de choses avec peu de signes.
Mais il y a une limite à la chose, au-delà de laquelle le
lecteur ne s'y retrouve plus. Nous avons donc essayé de
trouver un équilibre entre une rédaction aussi soignée que
possible (c'est-à-dire présentée dans tout son détail) et le
nombre des informations à recenser (qui impose le recours
à des abréviations et conventions diverses).*

● Une part inévitable d'implicite

*Dans les limites qui étaient les nôtres (espace typogra-
phique d'une part, usage que nous avons du français
d'autre part), nous avons multiplié les indications sémantiques, syntaxiques, etc., permettant de choisir un mot en
connaissance de cause; il nous semble qu'on trouvera dans
notre dictionnaire des informations qui ne sont guère
fournies ailleurs. Il reste que cette tentative est nécessairement limitée; pour les cas douteux, nous renvoyons
l'utilisateur soit à l'expérience qu'il a du français, soit à
un bon dictionnaire de langue — qui contient beaucoup
moins d'informations sur les synonymes que nous donnons
ici, mais nécessairement plus sur tel mot particulier —, ou
encore à l'enseignant de français si l'utilisateur est un
élève ou un étudiant.*

● Synonymie et analogie

*On confond parfois les mots et les choses; et le lexico-
graphe a à se demander si la proximité de deux termes se
situe bien au niveau des mots (ainsi : EFFROI/ÉPOUVANTE)
ou au niveau des choses auxquelles ils renvoient (ainsi :
AUTO/CAMION). On parle dans le premier cas de synonymie, dans le second d'analogie; on voit bien, par les
exemples cités, la différence qui sépare les deux domaines : ainsi pourra-t-on hésiter à choisir entre EFFROI et
ÉPOUVANTE dans une phrase donnée, sûrement pas entre
AUTO et CAMION. Mais les séparations ne sont pas toujours
aussi tranchées : ainsi dans HORLOGE/PENDULE, GLACE/
MIROIR, etc.*

7

Ayant à renseigner nos lecteurs sur l'usage du français et non sur les rapports que les choses ou les notions entretiennent entre elles, nous avons opté pour un travail sur la synonymie; mais l'ambition pratique de notre projet *(rendre au mieux service au futur utilisateur, c'est-à-dire répondre en gros à ces deux questions : Y a-t-il un autre terme que je puisse utiliser à la place de celui-ci que j'ai déjà employé plusieurs fois ? Y a-t-il un autre terme,* meilleur dans mon contexte, *que je puisse utiliser à la place de celui qui me vient à l'esprit ?) nous a souvent fait adopter des solutions pratiques elles aussi.*

— *Nous avons proposé çà et là quelques séries analogiques quand elles nous paraissaient utiles (ex. : à* EMBALLAGE, *nous signalons* CAISSE, CARTON, CONTAINER, *etc.).*

— *Nous avons multiplié, sous forme d'une notation conventionnelle «v. aussi», les renvois d'articles à articles proches les uns des autres. Ainsi à* ÉLOIGNER ; v. aussi RETARDER ; *à* ÉMEUTE : v. aussi COUP D'ÉTAT ; *à* ÉPÉE : v. aussi POIGNARD ; *à* GENTILLESSE : v. aussi BONTÉ, *etc. Il s'agit évidemment là de «passerelles» analogiques d'un article à un autre; elles nous semblent intéressantes dans la mesure où elles permettent de «circuler» dans le dictionnaire, et de parfois mieux trouver ce que l'on cherchait dans un autre article (c'est-à-dire une autre série synonymique) que celui auquel on avait initialement pensé. Pédagogiquement, il y a là matière à tout un travail sur la «circulation des sens» dans des séries synonymiques proches les unes des autres.*

● Synonymie et contexte

Répétons que, dans la très grande majorité des cas, deux termes ne sont synonymes que partiellement. *Parfois, une réelle différence de sens les sépare, et il convient de le signaler : l'un est de sens plus fort que l'autre (ex. :* ANTIPATHIE, ↑ AVERSION), *l'un implique une notion que l'autre n'implique pas (cf. à* ANCIEN, *l'opposition* ANCIEN/VIEUX), *etc.*

Parfois aussi, une série de termes synonymes se distinguent moins par le sens qu'ils impliquent que par leur usage en français; c'est ici qu'intervient la notion capitale de contexte, qui est en fait double : ou bien, il s'agit, dans un même registre de langage, de différences d'usage ou de différences syntaxiques (contexte linguistique); ou bien, il s'agit de registres de langage différents (contexte sociolinguistique).

● Le contexte linguistique

On s'efforce de signaler ici les usages propres au français (ou tournures idiomatiques) qui font que deux termes sont équivalents dans tels contextes mais s'excluent dans d'autres (ex. : AN/ANNÉE : *l'an* prochain = l'année prochaine; *mais* ANNÉE *ne peut convenir dans :* le jour de l'an, *ni* AN *dans :* les fêtes de fin d'année). *Les jugements* PLUS PROPRE/MOINS PROPRE *sont en relation avec ces faits d'usage (cf. par ex. l'opposition* FLUET/FAIBLE *à l'article* FLUET).

Nous avons par ailleurs signalé avec soin les modifications syntaxiques entraînées dans un contexte donné par le passage d'un terme à un autre, notamment lorsqu'il s'agit d'un adjectif ou d'un verbe (pour l'adjectif, place occupée par rapport au nom : ainsi une **jolie** femme/une femme **superbe,** *l'usage du français exigeant que le premier soit* devant le nom, le second *derrière; pour le verbe, passage d'une construction directe à une construction indirecte, de l'actif au passif, nécessité ou pas de tel type de complément, etc.). Ces précisions sont capitales; ainsi le sens d'un verbe et la série de synonymes qui s'y rattache est le plus souvent en étroite dépendance avec le type de construction dans lequel il entre : pour* CONDITION-NER, *on opposera le contexte «quelque chose conditionne quelque chose» (noté :* qqch ~ qqch) : *syn.* COMMANDER, *et «quelqu'un conditionne quelque chose» (noté :* qqn ~ qqch) : *syn.* EMBALLER.

● Le contexte sociolinguistique

Nous pourrions le définir ainsi : deux synonymes sont en variation sociolinguistique lorsque le choix de l'un d'entre eux ne dépend exactement ni d'une variation de sens ni d'une variation de contexte linguistique; ainsi : ARGENT/FRIC, PANTALON/FUTAL, MANGER/BOUFFER, *etc.*

On doit donc considérer ici le terme contexte *en un double sens :*

— rapport qu'entretient la communauté linguistique avec certaines unités lexicales (on dira ainsi que FRIC *est «familier»);*

*— rapport qu'entretient telle unité lexicale avec le contexte où elle s'insère (*Je vous prie à bouffer *est une phrase bizarre, parce que* BOUFFER *coïncide mal avec le niveau soutenu de* PRIER QUELQU'UN À).

Si la notion de contexte sociolinguistique est évidente, il l'est moins de se définir précisément et pratiquement par rapport à elle, et particulièrement dans

un pays où le purisme linguistique a tant d'influence.
Nous avons bien conscience du caractère arbitraire de
nos décisions en la matière; au moins les disons-nous
clairement.

● Prendre un niveau de référence

Dire qu'un mot est «familier» ou «vulgaire», c'est porter
un jugement très relatif : car tout dépend de la conception
que l'on se fait et de l'usage que l'on a, ou que l'on n'a
pas, de la familiarité et de la vulgarité. En outre, ce
jugement est variable, pour un même locuteur, selon les
situations où il se trouve (la même exclamation de dépit :
«ah! l'andouille!» dite par un ministre venant d'une part
de manquer une boule à la pétanque, prononçant d'autre
part un discours officiel, ne produira pas les mêmes
effets...).

Les mots ne sont donc pas «en soi» familiers,
soutenus, courants, etc. : ils le sont PLUS OU MOINS *pour*
ceux qui les utilisent, selon la situation dans laquelle ils
les utilisent. C'est par rapport à ces deux paramètres que
nous nous sommes définis.

— Quand ouvre-t-on un dictionnaire des synonymes? *Bien évidemment dans les situations «formelles»*
(préparation d'une rédaction quelconque, ou d'un oral qui
s'appuiera sur un texte écrit; apprentissage scolaire du
lexique français...).

— QUI OUVRE *un* dictionnaire des synonymes?
Bien évidemment aussi, ceux qui ont à faire avec ces
situations «formelles», c'est-à-dire un public cultivé et/ou
se cultivant, au sens où la culture est considérée
majoritairement dans la France contemporaine, avec tous
les attendus que cela implique.

Au fond, notre choix d'un point de référence était
impliqué par l'insertion de l'objet à construire (le diction-
naire) dans son contexte socioculturel; il ne pouvait s'agir
que du français écrit contemporain courant. ÉCRIT, *pour*
les raisons que nous avons dites; CONTEMPORAIN, *cela va*
de soi, et implique une attention très soutenue au
mouvement actuel du vocabulaire; COURANT, *c'est-à-dire*
tel qu'il se rencontre dans les textes qui s'écrivent
aujourd'hui (presse écrite notamment) et non dans la seule
littérature. Ce point de référence choisi, les jugements
s'organisent en termes de plus et de moins : PLUS *ou* MOINS
COURANT, FAMILIER, SOUTENU, *etc.*

— QUI ÉCRIT *un* dictionnaire des synonymes?
Cette question doit aussi être posée, puisque, après tout, ce
sont bien les auteurs du dictionnaire qui «signent» leur

ouvrage. Disons que cette «signature» est double. D'une part, elle est «neutre», en ce sens qu'un lexicographe enregistre davantage l'usage qu'il ne le suscite; un dictionnaire dit, pour l'essentiel, non ce que Monsieur X. «pense», mais «ce que pense», à un moment de son histoire, la communauté culturelle à laquelle Monsieur X. appartient. D'autre part, elle est «personnelle», en ce sens qu'une «description des usages» n'est évidemment pas totalement objective; elle est soumise à une sorte d'inconscient linguistique profond (mais celui-ci rejoint l'«objectivité», en ce sens qu'il s'inscrit dans un COLLECTIF CULTUREL) *et par ailleurs aux décisions ponctuelles par lesquelles on tranche de telle façon et pas de telle autre. En ce sens, nous nous sommes écartés de nombreux dictionnaires notamment sur deux points : le purisme linguistique et les tabous.*

● Purisme et tabous

Notre niveau de référence (français écrit contemporain courant) impose évidemment le respect des normes qui le définissent; tout dictionnaire de langue est d'ailleurs un ouvrage normatif, puisqu'il est un instrument didactique. En ce sens, et comme dans toute conduite pédagogique, nous conseillons, orientons, proposons : nous sommes normatifs. Mais une chose est de respecter les usages les plus courants, autre chose de s'enfermer dans un purisme pointilleux et puritain qui sacralise certains usages minoritaires sous le fallacieux prétexte qu'ils se trouvent «chez les meilleurs auteurs»; comme si «les meilleurs auteurs» n'usaient pas aussi de tours que les censeurs trouveraient douteux! Comme si la langue écrite était à confondre avec la seule «langue littéraire»! Comme si, enfin, une langue maternelle n'était pas VIVANTE, *et particulièrement lorsqu'il s'agit de son lexique! Autant nous pensons qu'il serait grave que nous induisions en erreur nos lecteurs en passant sous silence les exigences de l'usage, autant nous nous refusons à les clôturer dans l'étroit réduit du purisme — dont nous signalons cependant les manies très explicitement, de manière que les connaissent ceux qui auraient à y faire face (cf. par ex. des articles comme* ÉMOUVOIR *ou* EMPORTER).

 Les tabous, aussi. Nous entendons par là que certains mots — par exemple du vocabulaire des injures — sont traditionnellement bannis du dictionnaire parce qu'ils touchent à des domaines censurés culturellement. À ce sujet, il ne nous a pas semblé dans nos attributions ni de perpétuer une censure désuète et assez ridicule (ridicule quand on sait que ces fameux mots pervers, tout le monde, adolescents compris, les connaît : il nous semble que la perversion est en réalité d'en faire des mots cachés), ni de « faire comme si » leur usage allait sans problème dans la communauté culturelle. Aussi les avons-nous recensés, en signalant pour bon nombre d'entre eux qu'ils étaient reçus comme VULGAIRES (ou GROSSIERS) par le français cultivé en situation formelle d'écrit ou d'oral. Cette décision appelle les remarques suivantes :

De nombreux dictionnaires étiquettent ces mots comme POPULAIRES. Cette appellation nous semble incohérente ; ou bien elle renvoie au « peuple français » dans son ensemble, auquel cas tous les mots sont « populaires » sauf les mots « savants » du vocabulaire technique ; ou bien elle renvoie à une notion sociopolitique, auquel cas il faudrait distinguer POPULAIRE/BOURGEOIS — ce qui n'a guère de sens linguistiquement en dehors d'enquêtes très précises qui n'existent pas à l'heure actuelle.

Ces jugements, nous le répétons, sont conformes aux normes en usage dans la francophonie cultivée. Ils ne préjugent en rien de la façon personnelle dont nous pouvons situer par ailleurs ces problèmes.

● Problèmes d'expressivité

Il arrive que deux ou plusieurs synonymes s'opposent par le fait que l'un est plus neutre, moins expressif que les autres (ainsi : VISAGE/BOBINE) ; dans ce cas, nous avons doublé la notation des niveaux de langue par le jugement PLUS EXPRESSIF/MOIN EXPRESSIF.

● Niveaux de langue et fréquence lexicale

Nous avons déjà présenté le problème (cf. p. 10) en expliquant comment s'ordonnaient nos appréciations ; TRÈS FAMILIER, FAMILIER, COURANT, SOUTENU, TRÈS SOUTENU — *éventuellement doublées des jugements* PLUS/MOINS *(~ familier que, etc.).*

Cette appréciation des niveaux interfère parfois avec celle de la fréquence relative des mots considérés ; un mot peut être en soi très fréquent (ex. : BOUGER) *ou très rare (ex. :* COMMENSAL) ; *il peut aussi être plus ou moins fréquent relativement à un contexte donné (ex. :* S'INQUIÉTER DE, *au sens de* S'ENQUÉRIR DE, *à l'article* ENQUÉRIR [S']). *Généralement, plus un terme est rare, plus il est soutenu ; plus il est fréquent, plus il est courant ou familier. Il arrive cependant qu'on ressente l'opposition de deux mots moins en termes de niveaux qu'en termes de fréquence (ainsi l'opposition* DIABOLIQUE/SATANIQUE, *à l'article* DIABOLIQUE *in* diable)*; c'est dans ce type de situation que nous recourons aux jugements :* RARE/PEU EMPLOYÉ/PLUS EMPLOYÉ.

● Mots recensés dans le dictionnaire

De tout ce qui précède découle notre pratique : ne rejeter aucun mot pour raisons socioculturelles; n'accueillir évidemment que les mots ayant au moins un synonyme; recenser le plus grand nombre de mots dans l'espace typographique alloué : sur ce point, nous le répétons, nous concédons qu'il est impossible d'être exhaustif; nous pensons toutefois, avec près de 20 000 mots recensés, couvrir l'essentiel du vocabulaire de la synonymie.

 Deux remarques supplémentaires.

 — Les langages techniques excluent les synonymes (ils sont constitués le plus souvent de relations biunivoques entre signes et référents, la recherche d'un maximum de précision excluant le glissement de sens); ne figure donc dans ce dictionnaire qu'un vocabulaire technique très restreint : celui dont les concepts circulent dans la langue générale, donnant ainsi naissance au moins à un doublet terme technique/terme courant et/ou familier (ex. : INVALIDER/ANNULER, *à l'article* ANNULER).*

Dans ce cas, nous signalons le terme technique par la mention « didactique » ou la notation complète de son champ d'emploi (ex. : « en termes de droit »).

 — Le plus souvent, les dictionnaires recensent les mots synonymes, mais laissent échapper les locutions et expressions idiomatiques dont le français est pourtant si riche (ainsi : avoir le nez sur quelque chose, par-dessus le marché, faire de l'effet, prendre la mesure de quelque chose, *etc.). Nous en avons relevé un grand nombre.*

● Exemples et définitions

Lorsqu'on consulte un tel dictionnaire, on connaît évidemment le sens du mot dont on recherche les synonymes : en donner une définition est donc parfaitement inutile. En outre, nous l'avons dit, deux termes synonymes ne se distinguent pas forcément par leur contenu sémantique. Enfin, le caractère très abstrait des définitions constitue un obstacle redoutable pour le lecteur, et d'autant plus qu'une série synonymique est nombreuse : parvenir à choisir un terme entre six ou sept par le seul biais de la définition relève du tour de force !

 Aussi n'avons-nous recouru aux définitions (le plus

souvent il ne s'agit d'ailleurs que d'éléments de défini-
tions) que dans les cas où deux ou plusieurs termes ne
peuvent être distingués autrement : ainsi GLABRE/IM-
BERBE/RASÉ *(article* GLABRE), HORLOGE/PENDULE *(article*
HORLOGE), FIDÉLITÉ/CONSTANCE *(in* fidèle I), *etc.*
  Dans tous les autres cas, nous recourons à des
notations conventionnelles : = (de même sens que), ↑ (plus
fort que), familier (plus familier que), etc. Et, surtout, nous
confions aux exemples ce rôle essentiel de situer les mots
dans des contextes où leur sens s'éclaire immédiatement
pour le lecteur : encore une fois, un bon exemple nous
paraît valoir les meilleures définitions.
  C'est dire le soin que nous avons mis à les choisir.
Ce que nous avons dit de notre niveau de référence
(français écrit courant) *excluait que nous recourions à des*
exemples littéraires. Le rôle laissé au jeu des contextes
imposait de toutes façons que nous inventions. Nous avons
donc inventé... Mais avec le souci de ne proposer que des
phrases du français le plus naturel. *Tâche redoutable, il*
faut bien le dire, dans laquelle il serait assez fat de
prétendre que nous ayons toujours *réussi. Du moins*
avons-nous essayé...

● Groupements et dégroupements

On trouvera regroupés dans un article mot base et mots
dérivés (ainsi : GÊNE, GÊNER, GÊNÉ, GÊNEUR *à l'article*
GÊNE) ; *inversement, on a dégroupé en entrées distinctes des*
termes homonymes souvent rassemblés en une seule entrée
dans les dictionnaires classiques (ainsi CONFIER I *et* II,
COUCHE I, II *et* III, *etc.). Nous avons pris en compte, ici,*
les acquis de la lexicologie contemporaine et suivi très
largement l'innovation lexicographique du Dictionnaire du
français contemporain. *En l'occurrence, la pratique des*
groupements est d'autant plus précieuse qu'elle suggère des
formulations synonymiques (ex. : Je n'aime pas que l'on
me gêne/Je n'aime pas les gêneurs).
  Nous avons cependant renoncé à regrouper l'en-
semble des dérivés d'une même base : nous n'avons pris en
compte que les termes suffixés, laissant les termes préfixés
à leur place alphabétique. Ce choix se justifie par un souci
pratique : ne pas surcharger les articles du dictionnaire, de
manière qu'ils demeurent très lisibles ; et cela d'autant
plus que beaucoup de termes préfixés ont eux-mêmes leurs
propres dérivés (cf., par exemple, les articles COMMODE *et*
INCOMMODER). *Le même souci de clarté nous a conduits à*
laisser à leur ordre alphabétique des dérivés homonymes de

bases elles-mêmes homonymes (ex. : ABAISSEMENT I *et* II *et*
ABAISSER I *et* II). *Ajoutons que nous n'avons évidemment
retenu que les dérivés ayant des synonymes...*
    Voilà, résumées, les options que nous avons prises.
*À l'évidence, notre connaissance des théories contempo-
raines traitant du lexique et des dictionnaires nous a
constamment guidés ; nous avons pourtant fabriqué un
objet théoriquement vulnérable, nous le savons bien — et
nécessairement ; un dictionnaire s'inscrit à l'intérieur
d'une pratique et d'une culture : il oblige constamment à
des choix empiriques. Nous espérons avoir fait les bons
choix. Quoi qu'il en soit, cette longue fréquentation des
mots du français nous a beaucoup appris sur notre langue
maternelle : nous serions récompensés si nos lecteurs
faisaient avec nous la même expérience.*

Les auteurs

Secrétariat et fichier du dictionnaire : Marie-José Genouvrier
Maquette : Serge Lebrun
Correction : Pierre Basset, René Violot, Alexis Witt
Secrétariat général de la rédaction : Yves Boisseau

● Les deux parties du dictionnaire

Il nous a paru judicieux de regrouper d'une part les mots faisant l'objet d'un article (cette première partie forme l'essentiel du dictionnaire), d'autre part les mots recensés comme synonymes des précédents et figurant exclusivement *dans le corps des articles (cette seconde partie forme l'index du dictionnaire). On cherchera donc tel mot à son ordre alphabétique dans la première partie ; et, s'il ne s'y trouve pas, dans l'index.*

● Organisation des articles

Les articles se lisent conformément aux normes habituelles des dictionnaires ; nous signalerons seulement un certain nombre de conventions que nous avons adoptées, en nous référant à un exemple (v. ci-contre).
a. CONTRACTER I *et* CONTRACTER II *sont deux homonymes ; en l'occurrence, le premier n'a pas de dérivé nominal contrairement au second (*CONTRACTION*) et il ne s'emploie qu'avec un sujet nom de personne alors que le second admet le plus souvent des sujets non-animés.*
b. *Ce signe introduit un dérivé.*
c. *Les synonymes sont en caractères gras ; le romain maigre est réservé aux commentaires, l'italique aux exemples.*
d. *La distinction de* CONTRACTION *et de* CRISPATION *nécessite un commentaire fondé sur une définition partielle du second terme.*

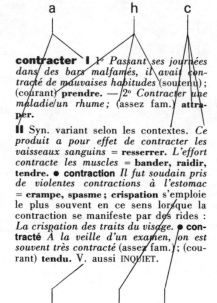

contracter ▮ 1° *Passant ses journées dans des bars malfamés, il avait contracté de mauvaises habitudes* (soutenu) ; (courant) **prendre.** — 2° *Contracter une maladie / un rhume ;* (assez fam.) **attraper.**
▮▮ Syn. variant selon les contextes. *Ce produit a pour effet de contracter les vaisseaux sanguins* = **resserrer.** *L'effort contracte les muscles* = **bander, raidir, tendre.** ● **contraction** *Il fut soudain pris de violentes contractions à l'estomac* = **crampe, spasme ; crispation** s'emploie le plus souvent en ce sens lorsque la contraction se manifeste par des rides : *La crispation des traits du visage.* ● **contracté** *À la veille d'un examen, on est souvent très contracté* (assez fam.) ; (courant) **tendu.** V. aussi INQUIET.

i   k

contrainte 1° *S'il ne cède pas, il faudra user de la contrainte* = **force** ; ↑ **violence** ; **coercition** implique un droit, un pouvoir permettant d'obliger qqn à faire son devoir : il suppose une contrainte légale. — 2° *Vivre dans la contrainte* : v. OPPRESSION (in *opprimer*) et SERVITUDE. — 3° *La contrainte se lisait sur son visage* – **embarras** ; v. aussi GÊNE.

contrarier 1° ∼ qqch. *Le mauvais temps a contrarié nos projets* = **contrecarrer**, faire obstacle à, **entraver** ; ↓ **déranger**, **gêner** ; ↑ **détruire**. — 2° V. FÂCHER et NAVRER.

f   e   g

e. *Le signe* = *indique qu'aucune distinction ne sépare le mot-vedette et le(s) synonyme(s) suivant ce signe ; il est possible d'employer le synonyme dans le contexte proposé sans que celui-ci en soit sensiblement modifié.*

f. *La virgule entre deux synonymes indique que ceux-ci sont exactement sur le même plan par rapport au mot-vedette.*

g. *Le point-virgule indique que le synonyme qui le suit est à distinguer du mot-vedette ; la distinction à opérer est proposée sous forme d'un commentaire (cf. d) ou d'un signe conventionnel (comme ici : ↓, c'est-à-dire moins fort que ; ↑, c'est-à-dire plus fort que).*

h. *Les niveaux de langue sont signalés entre parenthèses ; lorsque aucune indication n'accompagne un synonyme, c'est qu'il est de même niveau que le terme qui le précède ; lorsque aucune indication ne suit un mot-vedette, c'est qu'il est considéré comme* courant.

i. **v.** *est un renvoi synonymique : le mot-vedette* CONTRAINTE *se trouve dans les articles* OPPRESSION *et* SERVITUDE.

j. **v. aussi** *est un renvoi analogique : le mot-vedette* CONTRACTÉ *ne se trouve pas à l'article* INQUIET, *mais il peut être intéressant de consulter celui-ci en raison de proximités de sens.*

k. ∼ *remplace le mot-vedette (ici* CONTRARIER).

a

abaissement I (v. ABAISSER I) *On constatera un abaissement général des températures* = **baisse**; dans certains contextes, *abaissement* se dit plus de l'action d'abaisser, *baisse*, de l'état de ce qui est abaissé; **diminution** est plus général par son sens, mais plus particulier dans cet emploi, où il se dirait mieux des «prix» que des «températures»; ↑ **chute**.

II (v. ABAISSER II) *Il court les rues sale, déguenillé, ivre la plupart du temps : quel abaissement!;* ↑ **avilissement, déchéance**; **dégradation** renvoie le plus souvent à une chose ou à une notion abstraite : *la dégradation des mœurs, de la morale,* contexte où *abaissement* ne peut convenir; v. aussi BASSESSE, BOUE et CORRUPTION (in *corrompre*).

abaisser I ⁓ qqch. 1° *Abaisser une vitre* = **baisser**; (en part.) *abaisser les voiles;* (plus précis) **amener**. — 2° *Abaisser la température, un prix,* etc. = **baisser, faire baisser;** (plus général) **diminuer**.

II ⁓ qqn. *Abaisser son meilleur ami* = **diminuer, ravaler;** (plus fam.) **rabaisser** (v. ce mot); (avec sujet non animé) ↑ **dégrader,** ↑ **faire déchoir;** (avec sujet animé ou non animé) ↑ **avilir,** ↑ **humilier,** ↑ **mortifier;** *humilier* et *mortifier* supposent qu'on agisse sur la personne morale ou intellectuelle et non sur la personne physique : «l'alcoolisme dégrade, avilit, abaisse», mais ne peut ni humilier ni mortifier. ● **s'abaisser** 1° *Qqn s'abaisse à* = **condescendre à, daigner,** (rare) **descendre;** *il s'abaisse/condescend à lui parler* n'impliquent qu'un abandon volontaire, et souvent feint, de la dignité, plus souvent du rang du sujet; *s'abaisser* est plus fort et implique un jugement péjoratif sur le sujet. — 2° *Comment peut-il accepter de s'abaisser ainsi?* (sens *abaisser* II, réfléchi); ↑ **s'avilir**.

abandon I (v. ABANDONNER I) 1° *Son abandon de Paris ne nous a guère surpris;* ↓ **départ**. — 2° (v. 2° de ABANDONNER I) **démission, désertion;** **défection** se dit en particulier de l'action d'abandonner une cause, un parti. — 3° (v. 3° de ABANDONNER I) **renonciation**.

II 1° (v. ABANDONNER II) **lâchage, placage.** ● **à l'abandon** : *Il laisse tout à l'abandon;* ↓ **négliger.** — 2° (v. ABANDONNER [S']) *Parler avec abandon* = **confiance**.

abandonner I *Qqn* ⁓ *qqch.* 1° *Il abandonne Paris;* **quitter, s'en aller de, partir de** sont de sens plus général : ils n'impliquent pas une retraite définitive; ↑ **déserter.** — 2° *Il abandonne ses fonctions dans un mois* = **renoncer à;** **déserter** implique l'idée de défaite et de trahison; **se démettre de** s'emploie presque exclusivement dans *se démettre de ses fonctions;* **démissionner de, donner sa démission de** (*démissionner d'une charge/d'un poste/d'un emploi...*) : tous les contextes sont admis; les deux verbes sont plus précis et plus techniques que *abandonner.* — 3° *Abandonner la lutte/la partie/des projets...* = **renoncer à;** ↓ **céder;** ↓ (fam.) **flancher;** ↑ **capituler** (ces trois verbes s'employant alors absolument : *il abandonne, il cède, il flanche, il capitule*); v. ENTERRER. — 4° ⁓ *qqch à qqn. Je t'abandonne mes biens;* ↓ **donner; livrer** implique l'idée d'un don plus volontaire et total; (rare) **se dessaisir de qqch,** c'est y renoncer volontairement (s'emploie surtout en parlant de biens, d'argent); v. SÉPARER DE (SE).

II *Qqn* ⁓ *qqn. Il abandonne tous ses amis dès qu'ils ont besoin de lui* = **délaisser;** (fam.) **laisser tomber, lâcher;** (très fam.) **larguer;** (soutenu et le plus souvent iron.) **laisser choir;** (dans le sens de «quitter une femme») ↓ **quitter,** ↓ **se séparer de;** (fam.) **plaquer.** ● **s'abandon-**

ner 1° *Ne pouvant plus contenir ses larmes, elle s'abandonna*, cesser de prendre sur soi, de se contenir, pour manifester son émotion, ses sentiments ; **s'épancher, se livrer** impliquent un rôle plus actif du sujet que *s'abandonner.* — 2° *Veuve, elle s'abandonne à son chagrin ;* **succomber à** est généralement plus fort et implique l'idée d'une défaite devant quelque chose d'irrésistible ; **se livrer à** : v. 1°.

abattre I Qqn ∼ qqch, qqn (construction la plus fréquente : qqn ∼ qqch). 1° *Abattre un arbre, un mur, une statue ;* **couper**, pour un arbre, est moins précis ; = **démolir**, pour une construction ; v. RASER ; **ruiner**, pour une construction, implique une action lente et tenace : *Le temps et les éléments ruinent les édifices les plus solides ;* v. RENVERSER. — 2° Qqn ∼ qqn. V. TUER. — 3° (loc.) *Abattre de la besogne :* v. TRAVAILLER ; *abattre son jeu :* dévoiler clairement ses intentions = **abattre ses cartes ;** v. ÉTALER. • **s'abattre** Qqch, qqn s'abat sur qqch, qqn. *La foudre s'est abattue sur un chêne ;* ↓**tomber sur ; pleuvoir sur** *(Les coups s'abattaient/pleuvaient sur le pauvre bougre)* est plus expressif, mais ne s'emploie que dans certains contextes, par métaphore ; ↑**fondre sur** *(Il fondit sur le prisonnier comme l'aigle sur sa proie)* implique un sujet animé ; en ce sens ↓**se jeter sur.**

II Qqch ∼ qqn. *La maladie de sa fille l'a abattu,* ôter les forces physiques ou morales de qqn. 1° ↓**épuiser, débiliter,** ↓**affaiblir,** ↑**anéantir** concernent plus précisément les forces physiques ; v. aussi AMOLLIR. — 2° **démoraliser** concerne plus précisément les forces morales ; de même, ↓**accabler, consterner ;** ↑**désespérer, atterrer, anéantir** (ces divers synonymes sont difficiles à différencier, nous les avons placés par ordre d'intensité croissante) ; v. aussi DÉCOURAGER. — 3° **déprimer** concerne plus précisément les forces nerveuses. • **abattement** (comme pour *abattre* II) ↓**affaiblissement,** ↓**épuisement,** ↑**anéantissement,** ↑**torpeur,** ↑**prostration** (dans la torpeur et la prostration, l'abaissement des forces intellectuelles accompagne celui des forces physiques) ; = **découragement ;** ↑**accablement,** ↑**consternation,** ↑**désespoir ; dépression** (se dit soit d'une perte d'énergie morale, soit de troubles nerveux profonds).

a b c Dans la loc. *l'a b c de qqch,* éléments de base d'une activité, d'un art, etc. : *Il ne connaissait pas l'a b c de son métier ;* (plus soutenu) **les rudiments de.**

abdiquer Qqn ∼ qqch. 1° *Il a abdiqué son trône ; le roi a abdiqué ;* se **démettre de,** pour des charges élevées, mais moins importantes ; **démissionner de ;** (soutenu) **résigner,** pour des charges ou emplois ordinaires. — 2° *Nous l'avons pressé d'arguments auxquels il n'a pu répondre ; il a vite abdiqué ;* ↓**céder,** ↑**capituler ;** v. RENONCER. • **abdication** (comme pour le verbe) **démission, capitulation.**

abîme 1° Cavité naturelle d'une profondeur incommensurable ; (soutenu, sauf dans certains contextes comme *les abîmes sous-marins*) ; (en termes de géographie) **abysse ;** (plus courant) **gouffre ;** ↓**précipice** (*abîme* et *gouffre* évoquent l'idée d'engloutissement ; *précipice*, celle de chute). — 2° Dans l'express. *être au bord de l'abîme ;* ↓**ruine, désastre.** • **s'abîmer dans** (soutenu) 1° *L'avion s'est abîmé dans la mer ;* (plus courant) ↓**s'enfoncer, s'engloutir, couler, sombrer** ne se rapportent qu'à l'eau et supposent une disparition graduelle. — 2° *Elle s'est abîmée dans sa douleur/dans son rêve...* = **sombrer ;** ↓**s'absorber** est plus intellectuel et ne suppose qu'attention et application ; ↓**se plonger.**

abîmer I *Cet enfant est un brise-fer : il abîme tous ses jouets,* terme d'emploi très large ; (plus soutenu) **détériorer, endommager.** *Abîmer, détériorer, endommager* s'emploient dans la plupart des contextes. Les verbes suivants sont d'emploi plus restreint et précisent la nature du dommage subi ou de l'objet qui le subit : **gâter** (la viande, les dents, les fruits, le goût, l'esprit ; un visage, un paysage) ; v. aussi CORROMPRE ; **salir** (abîmer par de la poussière, par un liquide, par de la boue...) ; **tacher,** (plus soutenu) **souiller ; détraquer,** (fam.) **fusiller** *(une machine/un piano :* abîmer un appareil en altérant son fonctionnement) ; **ébrécher** *(une assiette/la lame d'un couteau :* abîmer par une cassure faite au bord d'un objet) ; **dégrader** *(un monument/des sculptures/un tableau) ;* **fausser** *(une serrure/une porte :* abîmer un objet en le déformant) ; ↑**délabrer** *(un* édifice ; se délabrer la santé) ; ↑ ravager, saccager *(Cet enfant a saccagé tous ses jouets ; la pluie a ravagé les vignes)* impliquent une destruction totale ; (d'emploi large, fam.), **casser, esquinter** ; (très fam., le plus souvent pour des objets manufacturés) ↑ **bousiller, déglinguer, démantibuler, amocher, arranger** (ce dernier par antiphrase : *Regardez-moi comme il les arrange, ses jouets !*). V. ALTÉRER I.

II s'abîmer dans V. ABÎME.

abject *Sa façon d'agir est plus que basse, elle est abjecte* ; ↓ **bas, méprisable** ; ↑ **infâme, ignoble** ; (peu employé) **vil** ; (plus fam.) **dégoûtant** ; (très fam.) **dégueulasse** ; **sordide** se dit plus précisément de ce qui est bassement intéressé ; v. aussi HONTEUX, LÂCHE et LAID.

abominable 1º *Cet abominable individu a commis un crime abominable* ; adj. dont il est difficile d'énumérer et surtout de classer tous les syn. ; citons **affreux, atroce,** ↓ **détestable, horrible, monstrueux, épouvantable, exécrable.** — 2º *Il fait un temps abominable :* sorte de superlatif de *mauvais ;* on pourrait ordonner, par ordre de degré croissant d'intensité : **mauvais, détestable, abominable, effroyable, exécrable, horrible, épouvantable, désastreux, catastrophique.** ● **abominablement** *Elle récite abominablement* = **horriblement, épouvantablement, atrocement** ; ↓ **mal.**

abondance I (v. ABONDER I) *Quelle abondance de synonymes dans ce dictionnaire !* ; ↑ **surabondance,** ↑ **profusion** ; (soutenu) ↑ **pléthore** ; (plus fam.) ↑ **foisonnement** ; **affluence** se dit en parlant de la foule ; (soutenu) **exubérance** se dit de la végétation ; ↑ **prolifération** se dit de quelque chose qui ne cesse de se développer ou de s'étendre ; (dans quelques contextes seulement) ; plus fam. et expressif) ↑ **une pluie de,** ↑ **un déluge de** *(un déluge d'injures/de compliments/d'applaudissements...).* V. aussi AMPLEUR (in *ample*).

II V. RICHESSE (in *riche*).

abonder I *Qqch* (plus rarement *qqn*) ∼ + complément de lieu ou de temps. *Les fruits abondent en France,* être en grande quantité ou en grand nombre ; (fam.) ↑ **foisonner** ; (avec sujet animé) ↑ **fourmiller,** ↑ **pulluler,** ↑ **grouiller.** ● **abondant** *Un repas abondant* = **copieux** ; (soutenu) **plantureux.** *Une chevelure abondante* = **épais, fourni.** *Des faits abondants* = **nombreux.** *Un pourboire abondant* = **large, gros, copieux, riche** (tous ces adj. étant antéposés), **généreux** ; v. FORT II. *Un courrier abondant :* v. VOLUMINEUX (in *volume* II).

II *Qqch* ∼ *en qqch. La France abonde en fruits :* avoir en grande quantité, en grand nombre ; (plus courant) **regorger de.**

III *Qqn* ∼ *en qqch. Il abonde en compliments :* donner en grand nombre = **être prodigue de.**

abord I V. ABORDER II.

II (employé en loc. adv.) 1º **d'abord** *Nous irons d'abord à la mer, puis à la montagne ;* **premièrement** indique une énumération plus précise (après *d'abord,* on attend *puis* ou *ensuite ;* après *premièrement),* on attend *deuxièmement)* ; ↑ **tout d'abord** détache davantage le premier terme de l'énumération ; ses synonymes seraient **au préalable, en premier lieu, avant toute chose.** — 2º **dès l'abord** (très soutenu) : *Dès l'abord, il me parut méfiant ;* (plus courant) **dès le début, dès le commencement, au départ.** — 3º **au premier abord** *Au premier abord, sa maladie ne paraissait pas inquiétante* = **à première vue, sur le coup, sur le moment** ; (soutenu) **de prime abord.**

abordable I (v. ABORDER I et II) *Il y a des rochers, mais la côte est abordable ;* (plus général) **accessible.** Dans l'express. *peu abordable : une côte peu abordable* = **peu hospitalier** ; ↑ **dangereux.**

II (v. ABORDER IV) *Est-ce une question qui vous paraît abordable pour de jeunes élèves ?* = **accessible (à)** ; v. aussi SIMPLE.

aborder I *Qqch, qqn* ∼ *à, dans, sur... Le navire a abordé au Havre hier ;* **accoster** est plus précis et signifie « toucher le quai/la jetée/la cale ».

II *Qqch, qqn* ∼ *qqch. Nous allons aborder le village par le nord* = **s'approcher de, accéder à.** (en termes de circulation routière) *Aborder un virage* = **prendre** ; (très récent) **négocier.** ● **abords** *Les abords de Paris* = **les alentours, les approches, les environs** *(abords, approches* nécessitent toujours

21

un complément ; *environs* et *alentours* peuvent se construire seuls : *Nous allons visiter les alentours/les environs).* V. aussi BANLIEUE.

III Qqn ∼ qqn. *Il m'a abordée dans la rue,* s'approcher de qqn pour lui parler = **accoster ; racoler** ne se dit que pour ceux ou celles qui provoquent à la débauche les gens qu'ils abordent ; v. aussi ACCROCHER II.

IV Qqn ∼ qqch. *Quand pensez-vous aborder ce problème ? :* venir à qqch pour en parler ; (plus fam.) **s'attaquer à ;** v. aussi ÉVOQUER et VENIR.

aboutir **I** Qqch ∼ à. *Ce chemin aboutit à la mer ;* (plus général) **se terminer à, finir à ;** (en parlant d'un chemin, d'une route...) **mener à, conduire à ;** (en parlant d'une rivière, d'un fleuve) **se jeter dans.**
II Qqn, qqch ∼ à. *Il n'aboutira jamais à rien* = **arriver à.** *Sa manœuvre n'a abouti qu'à te mettre en colère* = **avoir pour résultat de ;** v. aussi SE SOLDER (in *solde* II) et SORTIR.
III Qqch, qqn ∼. *Son projet a enfin abouti :* se terminer par un résultat heureux ; (plus général) **réussir. ● aboutissement** *Quel a été l'aboutissement de l'enquête ?* = **résultat.**

aboyer **I** *Un chien aboie ;* **japper** se rapporte à un petit chien qui pousse des aboiements aigus.
II Qqn ∼. *Il ne parle pas, il aboie* (fam.) ; (très fam.) **gueuler.**

abréger *Nous avons dû abréger notre séjour* = **écourter, raccourcir ;** ↓ **réduire.** *Il faudra abréger ce discours* = (outre les précédents) **condenser, resserrer ;** v. RÉSUMER et SERRER I. **● abrégé** *Pourriez-vous nous fournir l'abrégé de son allocution ?* = **condensé, résumé. ● en abrégé** *En abrégé, que s'est-il passé ?* = **en résumé, en bref ; sommairement, brièvement** et (soutenu) **succinctement** ne s'emploient guère, contrairement aux précédents, en tête de phrase ; ils n'impliquent par ailleurs que l'idée de raccourcir un texte, un exposé, etc. ; **en résumé** et **en bref** peuvent évoquer, surtout en tête de phrase, un rapport logique avec ce qui précède : *En résumé, que faisons-nous ?* = **en conclusion, en**

un mot, **en fin de compte ;** v. aussi AINSI I.

abri *Il va pleuvoir, cherchons un abri ;* **refuge** implique généralement l'idée de danger, de même que (très soutenus en ce sens) **asile** et **retraite. ● à l'abri** *La pluie venant, il s'était mis à l'abri sous un chêne ;* (soutenu) **à couvert ;** on dit aussi, pour *se mettre à l'abri,* **se réfugier, s'abriter ;** pour *mettre à l'abri de :* v. IMMUNISER et SÉCURITÉ ; v. aussi SÛR II. **● abriter** V. À L'ABRI et ACCUEILLIR. **● s'abriter** *Il s'abrite derrière ses relations pour agir impunément* = **se retrancher, se réfugier.**

abrutir Qqn, qqch ∼ qqn. *L'ivrognerie abrutit lentement l'homme* = **hébéter ;** (plus soutenu) **abêtir ;** (en parlant des paroles) *Ses discours nous abrutissent ;* ↓ **abasourdir ;** (en parlant de travail) [plus soutenu] **surmener :** *Il s'abrutit de travail/se surmène ;* v. ÉTOURDIR. **● abruti** (nom ; fam. et souvent injurieux) *Espèce d'abruti ! ;* ce terme renvoie à toute une série d'injures qu'il est impossible d'énumérer. Citons (plus soutenu) ↓ **imbécile, idiot ;** (très fam.) **crétin, andouille, con, enflé, enflure, enfoiré,** etc., et leurs renforcements : **bourge de..., triple..., pauvre..., pauvre petit..., sacré petit...,** etc. ; v. aussi STUPIDE et VASEUX (in *vase* II). **● abrutissement** (v. le verbe) = **hébétement ;** (très soutenu) **hébétude ; surmenage.**

absence 1° *Il l'aimait trop pour supporter facilement son absence ;* **éloignement** (v. ce mot), **séparation,** qui insistent sur l'idée de distance, de départ, s'emploieraient en ce sens avec l'article défini. — 2° V. DISTRACTION et OUBLI. — 3° V. MANQUE et OMISSION (in *omettre*). **● s'absenter,** c'est quitter momentanément l'endroit où l'on est ordinairement : *On s'absente de son pays/de sa maison ;* **disparaître,** c'est s'absenter sans raison, sans dire où l'on va, en secret : *On disparaît de son domicile ;* **manquer,** c'est ne pas se rendre où l'on doit aller : *On manque l'école ;* **sortir,** c'est s'absenter pour un court moment : *Je sors quelques instants, remplacez-moi.*

absolu **I** Qqch est ∼. 1° *Il règne un silence absolu* = **total, complet ;** (en parlant d'un sentiment) **intégral, entier,**

plein, aveugle, selon les contextes : *une franchise intégrale/entière ; une pleine confiance, une confiance aveugle ;* v. EX-PRÈS I. — 2° (en part.) *Pouvoir absolu* = **souverain ;** (très soutenu) **omnipotent** s'emploie seulement pour celui qui détient le pouvoir absolu ; (soutenu) [souvent péjor.] **autocratique ;** (en parlant du pouvoir que s'est arrogé un homme d'État) ↑ **dictatorial ;** (en parlant d'un système politique qui exige le rassemblement en bloc unique de tous les citoyens au service de l'État, sans admettre aucune forme légale d'opposition) **totalitaire ;** (avec valeur péjor.) ↑ **tyrannique,** ↑ **despotique ;** v. aussi ARBITRAIRE. ● **absolutisme** (avec les nuances de sens précédentes) **autocratie, dictature, totalitarisme, despotisme, tyrannie.** ● **l'absolu** *Il veut toujours atteindre l'absolu,* en langage courant, *atteindre l'absolu,* en langage courant, ce qui est parfait = **l'idéal, la perfection.**

II Qqn (ou le qqch de qqn) est ∼. *Il est trop absolu dans ses jugements ;* (en parlant de l'esprit de qqn) **intransigeant** (v. ce mot), **catégorique, dogmatique, exclusif,** (moins courant) **entier ;** (en parlant du caractère de qqn) **autoritaire ;** (en parlant du ton de qqn) **cassant, tranchant, catégorique ;** dans la pratique, ton et caractère se rejoignent souvent : on parlera donc aussi d'un *homme cassant* et d'un *ton autoritaire.* ● **absolument** 1° (porte sur l'adj.) *Tout cela ne tient pas debout, c'est absolument faux !* = **parfaitement, complètement, entièrement, totalement, tout à fait ;** v. LITTÉRALEMENT (in *lettre* I) et NÉCESSAIREMENT (in *nécessaire* I). — 2° (porte sur le verbe) *Je vous approuve absolument* (outre les précédents, sauf *parfaitement*) = **pleinement, à fond.** *Il faut absolument arrêter l'hémorragie* = **à tout prix** (v. ce mot) ; v. FORCE [*à toute force*]. — 3° (porte sur l'indéfini *rien*) *Absolument rien :* v. TOUT III.

absorber I Qqch ∼ qqch. *La terre absorbe l'eau ;* **pomper** implique l'idée d'aspiration, **s'imbiber,** celle de pénétration lente d'un liquide ; v. aussi BOIRE.

II Qqn ∼ qqch. *Il a absorbé beaucoup d'alcool :* v. BOIRE.

III Qqch ∼ qqn (ou le temps, les pensées de qqn). *Ce travail absorbe tout mon temps ;* occuper qqn tout entier ; ↓ **retenir,** ↓ **occuper,** ↓ **prendre,** ↑ **accapa-**rer, ↑ **engloutir.** ● **s'absorber dans** V. S'ABÎMER (in *abîme*) et PLONGER II.

abstenir (s') Qqn ∼ de qqch. 1° (pour les aliments) *S'abstenir de tout repas ;* **se priver de** insiste sur l'effort consenti ; (plus général) **se passer de ;** (fam. ou très fam.) **se brosser, se l'accrocher, se faire ceinture, se mettre la ceinture** impliquent une privation totale et se construisent le plus souvent sans complément : *Tu te l'accrocheras ; Tu te feras ceinture ; Tu te brosseras ;* v. aussi FOUILLER (SE). — 2° (plus général) Qqn ∼ de + verbe. *Je me suis abstenu de parler ;* **se garder de, éviter de** impliquent l'idée de précaution prise ; ↑ **se défendre de, s'interdire de ;** **se dispenser de,** c'est éviter de se soumettre à une obligation.

abstraire V. SÉPARER. ● **s'abstraire de** *Il s'était abstrait du monde pour méditer ;* (plus courant) **se détacher de, s'isoler de.** ● **abstrait** *Art abstrait* = **non figuratif.** *Sa pensée est trop abstraite ;* (très soutenu) **abscons, abstrus; subtil** insiste sur la finesse d'une pensée, en raisonnement... ; (péjor.) **fumeux, vague, confus.** ● **abstraction** 1° V. IDÉE et ILLUSION. — 2° **faire abstraction de** *Dans votre rapport, vous ferez abstraction de vos goûts personnels ;* (plus courant) **laisser de côté, ne pas tenir compte de ;** (moins appropriés aux contextes de l'expression) **exclure, écarter, omettre, oublier, négliger, passer sous silence,** etc. (verbes ou loc. verb. ayant le sens de « ne pas mentionner, volontairement ou involontairement »).

absurde I Qqch est ∼. 1° *Ses propos sont absurdes* = **insensé ;** ↓ **illogique, incohérent, irrationnel** n'impliquent qu'une constatation intellectuelle, alors qu'*absurde* entraîne le plus souvent un jugement péjoratif ; ↑ **aberrant,** ↑ **extravagant ; saugrenu** ajoute l'idée de bizarrerie ridicule ; (plus soutenu) ↓ **déraisonnable ;** v. DEBOUT [*à dormir debout*]. — 2° *Il voulait que nous sortions par ce temps, avouez que c'est absurde ! ;* même sens que 1°, mais l'adjectif entre cette fois dans un contexte plus large de désapprobation : jugement plus affectif qu'intellectuel = **stupide, ridicule ;** ↑ **grotesque ;** (fam.) **idiot.**

II Qqn est ∼ (même sens qu'en I, 1° et 2°) : personne qui agit contrairement à la

23

logique, au sens commun, et qui peut ainsi entraîner un jugement de désapprobation. Même série de synonymes, sauf **aberrant** ; v. aussi FOU.

absurdité (comme ABSURDE I et II, avec les mêmes nuances que précédemment) **illogisme, aberration, extravagance, déraison, ridicule, stupidité, idiotie, folie.**

abus (v. ABUSER I et II) 1° **excès** (la synonymie ne joue pas dans *un abus de confiance* ; pour cette expression, v. ESCROQUERIE). — 2° *Supporterons-nous encore longtemps ces abus ? ;* ↑ **injustice.**

abuser I ~ de qqch. *Il abuse du tabac ;* (avec qqch de consommable) verbe correspondant au sens du complément introduit, suivi de **trop** : *Il fume trop, il abuse de l'alcool/il boit trop ;* contexte *abuser de son autorité/de ses droits/de son pouvoir* = **outrepasser** *ses droits...*

II Qqn ~. *Vraiment, tu abuses !* = **exagérer** ; ↑ **dépasser la mesure** ; (plus fam.) **dépasser les bornes, attiger, y aller un peu fort** ; (très fam.) **charrier.**

III ~ de qqn (en parlant d'une femme). *Il a froidement abusé d'elle* = **faire violence à, violer.**

IV ~ qqn. V. TROMPER et LEURRER.

acariâtre *Il devait supporter jour après jour cette femme acariâtre ;* (plus courant) **hargneux** ; ↓ **grincheux** ; (rares) **acrimonieux, quinteux** ; (vieillis, très soutenus) **atrabilaire, hypocondriaque** supposent un état quasi maladif ; **revêche, rébarbatif** s'appliquent davantage à la manière d'être, de se comporter : *De tempérament acariâtre, elle accueillait les gens d'un air rébarbatif ;* v. aussi ACERBE, BOUGON, BOURRU et COLÉREUX.

accabler I Qqch ~ qqn. *La chaleur nous accablait,* faire succomber sous le poids de, au physique comme au moral. S'emploie souvent au passif : *Nous étions accablés par la chaleur.* Les synonymes se répartissent selon les contextes. En parlant : 1° d'une charge physique : *Le fardeau l'accablait ;* (soutenu) ↑ **écraser** ; en parlant de dettes : *accablé de dettes* = **écrasé, criblé** ; ↑ **abreuver** (de travail, de dettes...), ↑ **submer-**

ger ; — 2° d'une peine morale : *Le chagrin l'accable :* v. ABATTRE II et TOMBER [*tomber sur*] ; ↑ **terrasser** ; — 3° de la chaleur : **oppresser** est moins général et réfère seulement à la difficulté de respirer ; — 4° d'une déposition, d'un témoignage : *Sa déposition accable l'accusé ;* ↓ **charger,** ↑ **confondre.** ● **accablant** *Une douleur accablante ;* ↑ **insupportable, intolérable.** *Une chaleur accablante ;* ↓ **lourd,** ↑ **écrasant,** (termes évoquant plus précisément la difficulté de respirer) **étouffant,** ↑ **suffocant.** V. aussi ARDENT.

II Qqn ~ qqn de qqch. *Il nous a accablés de questions,* même sens qu'en I, mais contextes parfois différents ; v. aussi ASSIÉGER. *Accabler d'injures* = **abreuver, couvrir.** *Accabler de questions ;* (fam., expressif) **bombarder.** (par antiphrase, ironique) *Accabler de bienfaits ;* (terme courant) **combler.** *Accabler d'impôts/de travail ;* ↓ **surcharger,** ↑ **écraser.** V. aussi OPPRIMER.

accaparer I Qqn ~ qqch. 1° *Cette maison de gros a accaparé toute la production de vin dans la région* = **monopoliser** ; (néol.) **truster** ; (fam.) **rafler.** — 2° *Il a accaparé tous les premiers prix ;* mêmes synonymes qu'en 1°, mais **truster** est alors plus familier et ironique. ● **accapareur** (en termes d'économie, langue techn.) **monopoleur.**

II Qqn, qqch ~ qqn (ou l'attention, le temps de qqn). *Cette femme l'accapare ;* ↓ **retenir.**

accéder I Qqn ~ à qqch. *On accède au sommet de la colline par un sentier :* v. ABORDER II. ● **accès** 1° *L'accès de ce village est interdit aux véhicules* = **approche, entrée** ; *l'accès d'une île* = **abord.** Dans de nombreux contextes *(l'accès d'un port/d'un jardin public/d'un parc...),* seul *accès* est le terme propre. — 2° *Les accès d'une ville :* v. CHEMIN, VOIE ; *donner accès à* = **permettre d'accéder à, ouvrir sur.** ● **accessible** V. ABORDABLE et SENSIBLE I ; (en parlant de qqch que l'on peut comprendre) *un livre difficilement accessible* = **compréhensible, intelligible, abordable** ; v. aussi CLAIR.

II Qqn ~ à qqch. *Il vient d'accéder à une charge supérieure* = **être promu à,**

parvenir à ; (soutenu ; en parlant de hautes fonctions) **atteindre à**. ● **accession** Dans l'express. *accession au trône* = **avènement**. V. aussi ÉLÉVATION (in *élever* I).

III Qqn ~ à qqch. *Il a accédé à sa demande* = **consentir**.

accélérer 1° *Il faudrait accélérer un peu le pas !* ; (plus soutenu) **hâter, presser** ; on dit encore, pour *accélérer le pas*, **se dépêcher, se presser, se hâter** et (fam.) **se magner, se grouiller** ; v. aussi COURIR. — 2° *Il faudrait accélérer les choses si vous voulez avoir terminé à temps !* = **activer, presser,** ↑ **précipiter** ; (fam.) **faire ficelle**. — 3° V. ACCÉLÉRATEUR. ● **accélérateur** *Il appuya sur l'accélérateur* (= *accéléra*), *la voiture bondit* ; (fam.) **champignon**. ● **accéléré** *Marcher, se déplacer à un rythme accéléré* ; ↓ **rapide**.

accent 1° *Voilée par l'émotion, sa voix avait des accents très doux* = **inflexion**. — 2° V. PRONONCIATION (in *prononcer* I). — 3° (loc.) *Mettre l'accent sur* = **insister sur, souligner**. ● **accentuer** *La fatigue accentue encore sa maigreur* = **faire ressortir, souligner** ; (plus soutenu) **accuser**. *Accentuer encore son effort* = **accroître, augmenter, intensifier**.

accepter 1° *Nous avons finalement accepté ses conditions* ; **admettre**, c'est considérer qqch comme acceptable à partir de critères de valeur que l'on se fixe ; (soutenu) **agréer** ne s'emploie guère que dans les formules de politesse : *Veuillez accepter/agréer nos sincères salutations*. V. AVALER. — 2° V. ACCUEILLIR, CONSENTIR, SOUFFRIR, SUPPORTER et VOULOIR. ● **acceptable** *Ce devoir est acceptable* = **passable, honnête, honorable, convenable**. *C'est une proposition acceptable* = **recevable** ; v. SATISFAISANT ; v. aussi CORRECT.

accès I V. ACCÉDER I.

II *Un accès de fièvre/de colère* ; (en parlant de la fièvre) ↓ **poussée** ; (en parlant d'un sentiment : colère, tristesse...) **crise, bouffée**, ce dernier plus spécialement pour la colère ; **élan** ne se dit que de sentiments nobles, qui se manifestent soudain et vivement : *un élan de tendresse/de patriotisme...* V. aussi ATTAQUE (in *attaquer*).

accessoire adj. *Il n'a fait que des remarques accessoires* = **secondaire** ; ↑ **négligeable,** ↑ **insignifiant** ; (en termes de droit) **incident** : *une requête accessoire/incidente* ; (en parlant de frais, d'un prix) **supplémentaire** : *Nous aurons à faire quelques dépenses accessoires/supplémentaires*. ● **accessoirement** (dans certains contextes) **en outre, éventuellement** : *Nous pourrions accessoirement/en outre/éventuellement inviter M. Dupont*.

accident 1° *Un accident de travail ; un accident de voiture ; un accident d'avion...* ; *accident* est le terme général ; ses synonymes se répartissent selon la nature de l'accident : **collision** s'emploie couramment pour le heurt de deux véhicules : *Un accident/une collision vient de se produire sur la R.N. 10* ; ↑ **catastrophe aérienne** peut se substituer à *accident d'avion* ; ↑ **catastrophe** peut, en général, se substituer à *accident* accompagné d'un adjectif intensif ; par ex. : *un terrible accident. Avoir un accident* : v. TUER (SE). — 2° *Il faut bien accepter les divers accidents de la vie* ; (plus soutenu) **vicissitudes, revers** ; ↑ **adversité** ; v. MALHEUR. — 3° (médecine) *L'opéré risque d'avoir des accidents secondaires* = **complications**. — 4° *Accident de terrain* = **mouvement**. ● **par accident** *Il était entré dans cette salle par accident* = **accidentellement, fortuitement** ; (plus courant) **par hasard**. ● **accidentel** *Nous voici réunis par cet événement accidentel* = **occasionnel, imprévu** ; (plus soutenu) **fortuit**. ● **accidentellement** (de *accidentel*) **fortuitement** ; (plus courant) **par hasard**.

acclamer *La foule acclame le vainqueur* ; ↓ **applaudir** ne renvoie qu'au battement des mains ; **bisser**, c'est acclamer un artiste pour le faire revenir sur la scène ; ↑ **faire une ovation à** (*ovationner* est un néologisme rejeté par les puristes). ● **acclamation** ↓ **applaudissement,** ↑ **ovation** ; (moins courant) **vivat** ; les **bravos**, les **hourras** de la foule ne se disent que des *cris* de la foule.

acclimater 1° ~ qqn à. *Son mari est parvenu à l'acclimater à vivre en Touraine* = **accoutumer à, habituer à**. Le pronominal *s'acclimater à* a, en outre, pour syn. (moins soutenu) **se faire à**. — 2° ~ qqch + indication de lieu. *Ils sont* *parvenus à acclimater chez eux mille usages nouveaux* = **implanter, établir**; (moins précis) **introduire**; (en insistant sur le transfert d'un lieu à un autre) **importer**.

accommoder I ∼ qqch à qqch (vieilli). *Il faut parfois accommoder ses désirs à la volonté de sa femme;* (usuel) **adapter, ajuster**; (moins courant que les précédents) **approprier**. • **s'accommoder** 1° Qqn ∼ de qqch (soutenu). *Il s'est accommodé de ce que je lui ai donné;* (courant) **accepter, se contenter de, se satisfaire de**. — 2° Qqn ∼ à qqch. *Il s'est accommodé à sa nouvelle demeure;* (plus courant) **s'habituer à**; v. aussi ADAPTER (S').

II ∼ qqch. *Elle sait très bien accommoder les poissons* (réservé aux aliments) = **préparer, apprêter, cuisiner; assaisonner**, c'est ajouter à un aliment des condiments propres à en relever le goût : *On assaisonne la salade avec de l'huile, du vinaigre, du poivre et du sel.*

accompagner 1° Qqn ∼ qqn. *Je l'ai accompagné jusque chez lui* (synonymes variant avec les contextes). *Accompagner qqn quelque part* = **venir avec, aller avec**. *Deux soldats l'accompagnaient;* (plus précis) **escorter**; dans le même sens, **convoyer** se dit d'une troupe plus nombreuse ou de moyens plus importants : *Une vingtaine d'avions de chasse convoyaient le pétrolier;* (péjor., s'emploie surtout au passif : *être flanqué de*) **flanquer**. *Je l'ai accompagné à la gare* = **conduire**. *Il était accompagné de tous ses serviteurs* = (surtout au passif : *être suivi de*) **suivre**. Sens de « accompagner une jeune fille pour la surveiller » : *Ce soir-là, la vieille comtesse l'accompagna;* (terme propre) **chaperonner**. — 2° Qqn ∼ qqch de. *Il accompagna sa plaisanterie d'un clin d'œil;* (plus soutenu) **assortir de**. • **accompagnement** 1° (rare) *Quel accompagnement de voitures et de carrosses!;* (usuel) **escorte, cortège, suite**. — 2° *L'accompagnement d'un plat* = **garniture**.

accomplir *Avez-vous accompli votre travail?;* (plus général et usuel) **faire**; en parlant d'une mauvaise action : *accomplir un meurtre* = **commettre**; ↑ **perpétrer**; en parlant d'un travail, de ce qui a été projeté : **effectuer, réaliser**,

exécuter *(accomplir, réaliser, exécuter, effectuer un travail; accomplir, réaliser un projet; accomplir, effectuer, exécuter une tâche, une besogne); accomplir de gros efforts* = **fournir**; en parlant d'une servitude morale (devoirs, travail) : **s'acquitter de**; en parlant plus spécialement d'un devoir auquel on obéit : *accomplir son devoir* = **remplir, satisfaire à, observer**; ↑ **obéir à,** ↑ **se plier à**. • **s'accomplir** *Son rêve s'est accompli* = **se réaliser**. *Une profonde transformation s'est accomplie dans cette école* = **avoir lieu**. • **accompli** 1° *C'est un ouvrier accompli* = **parfait, modèle** *(parfait ouvrier; ouvrier modèle);* (ne s'emploie que pour des activités considérées comme supérieures) **consommé** : *un artiste, un diplomate consommé*. — 2° *Un travail accompli*, parfait en son genre, en parlant d'une chose = **achevé, fini, parfait**.

accord I En parlant de personnes. 1° *Nous sommes finalement parvenus à un accord* = **entente**. V. aussi LIAISON I, PARALLÉLISME (in *parallèle*) et UNION. *L'accord est revenu dans leur ménage;* ↑ **concorde,** ↑ **paix**; (en parlant d'une entente secrète pour de mauvais desseins) **complicité, connivence** (ce dernier s'employant le plus souvent dans l'express. *être de connivence*), ↑ **collusion**. — 2° Se dit d'un ensemble d'arrangements passés entre individus, partis, États..., ayant des intérêts communs. *Un accord vient d'être signé entre syndicats et patronat;* une **convention** a un caractère plus officiel et embrasse, pour une durée déterminée, un ensemble plus large de décisions. *Un accord commercial* = **marché**; **contrat** désigne l'acte officiel qui constate une convention ou un acte commercial; **traité** se dit d'une convention commerciale ou politique passée entre États : on emploie aussi en ce sens **pacte**, qui implique un acte revêtu de solennité; **alliance** se dit d'un pacte d'amitié contracté entre plusieurs États; **protocole** se dit d'un ensemble de documents officiels mentionnant les principes et le détail d'un accord à conclure. • **d'accord** 1° *D'accord!*, expression marquant l'assentiment = **entendu!**; ↓ **oui**; (soutenu) **assurément**; (familier) **d'ac**; **O.K.**; v. SOIT et VOULOIR. — 2° *Être d'accord*, avoir le même avis ou la même intention; (plus expressif) **être de mèche**. — 3° *Se mettre d'accord* = **s'en-**

tendre, se concerter. — 4° *Tomber d'accord,* se mettre du même avis ; (soutenu) **convenir de.** — 5° *D'un commun accord,* tout le monde ayant le même avis = **unanimement.**

II En parlant de personnes. *J'ai donné mon accord pour qu'il vienne demain ;* v. APPROBATION (in *approuver*).

III En parlant de choses. *Un bel accord de couleurs* = **harmonie.**

accorder **I** (v. ACCORD I) *Accorder deux adversaires* (en parlant de personnes, rare en ce sens) = **mettre d'accord** (courant en parlant de personnes) ; v. CONCILIER.

II (sens de ACCORD II) V. ATTACHER II, CONCÉDER et DISPENSER II.

III (sens de ACCORD III) V. CONFORMER.

accorder (s') V. S'ENTENDRE (in *entendre* III) et ASSOCIER (S').

accotement *Attention : accotements non stabilisés!* (vocabulaire techn.) ; (courant) **bas-côté.**

accoucher 1° *Elle a accouché d'un gros garçon ;* (soutenu) **enfanter ;** (pour les animaux) **mettre bas ;** v. MONDE [*mettre au monde*]. — 2° *Il a accouché d'un mauvais roman* (fam.) ; (plus général) **produire.** — 3° *Alors, tu accouches?* (très fam.), expression invitant à parler, à s'expliquer ; limitée le plus souvent à la 2ᵉ personne du présent de l'indicatif = *ça vient?, c'est pour bientôt?, tu te décides?,* etc. ● **accouchement** (v. AC-COUCHER 1°) [soutenu] **enfantement ; couches** désigne à la fois l'accouchement et ses suites ; (en termes de chirurgie) **délivrance, parturition ; grossesse** désigne l'état d'une femme enceinte ; **maternité** désigne à la fois grossesse et accouchement : *Elle a été fatiguée par des maternités successives.* ● **accoucheuse** (plus courant) **sage-femme.**

accoupler (s') C'est, en parlant des animaux, s'unir pour la génération ; **couvrir** fait essentiellement penser à l'acte de l'animal mâle ; **saillir** et **monter** sont des termes d'élevage, syn. de *couvrir,* s'appliquant aux espèces chevaline, asine, bovine et porcine, **lutter** étant réservé à l'espèce ovine et **cocher** aux oiseaux de basse-cour.

accoutumance 1° *Pour résister au froid, il faut une certaine accoutumance* = **adaptation ;** (plus rare, mais plus précis) **acclimatement.** — 2° *Accoutumance à un poison,* adaptation de l'organisme à certains agents extérieurs ; ↑**immunisation.**

accréditer *On vient d'accréditer la nouvelle ;* (soutenu) **autoriser ; propager,** c'est le fait de répandre une nouvelle, un bruit, exact ou non.

accrocher **I** *Qqn ~ qqch à. Accrochez vos vêtements au porte-manteau* = **pendre, suspendre** («pendre», c'est attacher par en haut quelque chose qui peut ou non traîner par terre : *pendre un vêtement à une patère; pendre un lièvre par les pattes;* «suspendre», c'est élever en l'air une chose généralement lourde, de telle manière qu'elle pende en ne portant sur rien : *suspendre un lustre, un tableau...*) ; v. FIXER. ● **s'accrocher à** *Il s'accroche à la rampe pour ne pas tomber* = **s'agripper à ;** ↑**se cramponner à ;** dans l'expression *Tu peux te l'accrocher* (très fam.) : v. ABSTENIR (S'). ● **s'accrocher avec qqn** V. DISPUTER (SE). ● **accroc** 1° *Il y a un accroc à ma jupe,* déchirure faite par quelque chose qui arrache (clou, épine, etc.) ; (plus général) **déchirure.** — 2° *Nous avons eu quelques accrocs pendant le voyage ;* (plus soutenu) **incident, complication ;** (soutenu) **contretemps ;** ↓**anicroche ;** v. aussi DIFFICULTÉ (in *difficile*).

II *Qqn ~ qqn. Il m'a encore accroché pour me parler de sa femme* (fam.) = **agrafer, harponner ;** (courant) **retenir ;** v. aussi ABORDER III. ● **accrocheur** *C'est un athlète très accrocheur* (surtout en termes de sport), qui montre de la ténacité dans ce qu'il entreprend ; **combatif** ne s'emploie que lorsque l'idée de lutte est dans le contexte *(un boxeur très combatif) ;* (moins expressif) **tenace.**

accueillir 1° *Qqn ~ qqn. J'ai été bien accueilli chez eux* = **recevoir ; héberger** suppose le gîte et le couvert ; v. aussi TRAITER. — 2° *Qqch ~ qqn. Cet hôtel peut accueillir deux cents personnes* = **abriter, héberger.** — 3° *Qqn ~ qqch. Il a mal accueilli la nouvelle de ton départ,* recevoir qqch (le plus souvent une nouvelle) ; **apprendre,** si *accueilli* est suivi d'un compl. de manière : *Il a* accueilli/appris la nouvelle avec stupeur ; **accepter**, si accueilli est précédé d'un adverbe de manière : *Il a mal accueilli/accepté ton départ.* — 4° Dans l'express. être accueilli par qqn ou qqch = être salué par *(Ils ont été accueillis/salués par une salve nourrie).* ● **accueillant** 1° Qqn est ∿. V. AFFABLE et HOSPITALIER. — 2° Qqch est ∿. *C'est une maison très accueillante, où il fait bon vivre ;* (plus général) **agréable.**

acculer Qqn ∿ qqn à. *On l'a acculé au suicide* = **forcer** à, **contraindre** à **réduire** à ; ↓ **pousser** à ; v. aussi CONDAMNER.

accuser 1° Qqn ∿ qqn. *Accuser un camarade de vol ;* ↑(vieux en ce sens) **incriminer, inculper ;** ↓ **mettre en cause** *(mettre un camarade en cause) ;* **dénoncer** *(dénoncer un camarade pour vol),* c'est signaler qqn à la justice ou à un supérieur. *On m'accuse de négligence* = **taxer.** V. aussi ATTAQUER I et REPROCHER. — 2° Qqn ∿ qqch. *Il accuse cet accident de tous nos malheurs,* faire retomber sur qqch la responsabilité de ; (plus soutenu) **imputer** à. — 3° Qqn ou qqch ∿ qqch. *Ses traits accusent la fatigue* = **révéler** ; (moins précis) **montrer ;** v. aussi ACCENTUER (in *accent*). ● **s'accuser** V. AVOUER. ● **accusateur** *Il regardait fièrement ses accusateurs ;* ↑ **dénonciateur ;** le **délateur** est celui qui dénonce qqn par intérêt ou par haine. V. aussi ESPION.

acerbe *Un ton/des critiques acerbes* = **mordant ;** ↑ **virulent ;** ↑ **venimeux ;** v. AIGRE ; v. aussi ACARIÂTRE et DÉSAGRÉABLE.

achalandé *Ce magasin est bien achalandé,* fourni en marchandises (seul ce sens est courant aujourd'hui) = **approvisionné ;** (plus courant) **fourni.**

acharné 1° Qqn est ∿. *C'est un joueur acharné ;* ↑ **enragé ;** *c'est son ennemi le plus acharné* = **farouche ;** v. aussi OBSTINÉ (in *s'obstiner*). — 2° Qqch est ∿. *Un combat/un travail acharné ;* (en parlant d'un combat, d'une lutte) **farouche, furieux ;** (en parlant d'un travail) **opiniâtre ;** ↑ **forcené.** ● **s'acharner** 1° ∿ contre qqn. *Tous s'acharnaient contre lui ;* ↑ **persécuter** *(Tous le persécutaient).* — 2° ∿ à. *Il s'acharne à les*

convaincre = **s'obstiner** à ; v. PERSÉVÉRER.

acheminer *Ce camion postal achemine le courrier vers la province ;* (d'emploi plus général) **conduire, transporter.** ● **s'acheminer** V. ALLER.

acheter 1° *Il vient d'acheter une nouvelle voiture ;* (plus soutenu) **acquérir ;** (plus fam.) **s'offrir, se payer ;** (très général) **avoir.** — 2° *Il a acheté plusieurs de ses électeurs ;* (plus soutenu) **soudoyer ;** ↑ **corrompre ;** (fam.) **graisser la patte à qqn.** ● **acheteur** *Celui qui achète ;* **client** se dit en parlant d'un magasin, d'un marché : *Il y a peu d'acheteurs/de clients ce matin sur le marché ;* **acquéreur** se dit en parlant de marchandises vénales d'importance : *Y a-t-il acheteur/acquéreur pour cet immeuble ? ;* (vieux) **chaland,** syn. de **client.** ● **achat** (pour des choses de petite importance) **emplette** *(faire ses achats/ses emplettes) ;* (pour des choses de plus grande importance, plus soutenu) **acquisition** *(l'achat/l'acquisition d'une maison).*

achopper *C'est sur ce point de la discussion que nous achoppons* (soutenu) ; (courant) **buter contre ;** ↑ **trébucher.** ● **achoppement (pierre d')** *L'anglais est pour lui la pierre d'achoppement du baccalauréat* = **écueil ;** (plus général) **obstacle.** V. aussi DIFFICULTÉ (in *difficile*).

acompte *Voici un acompte : je vous paierai le solde à la fin du mois,* paiement partiel à valoir sur une somme due ;* (terme plus usuel) **avance ; arrhes** se dit d'une somme d'argent que l'on donne au moment de la conclusion d'un marché ; **provision** se dit d'une somme versée par avance à une personne, à valoir sur la somme à payer au moment du règlement définitif : *recevoir un acompte/une avance sur son salaire ; verser des arrhes pour l'achat d'une voiture ; remettre une provision à son avocat.*

à-coup *Ce moteur a des à-coups inquiétants ;* (en parlant d'un moteur) **raté ;** (autres contextes) **secousse ;** v. SACCADE. ● **par à-coups** *Il travaille par à-coups, selon son humeur* = **par intermittence, par saccades, irrégulièrement.** ● **sans à-coups** = **sans heurt.**

28

acquitter (s') [de] 1° *S'acquitter de ses dettes,* les payer = **rembourser**; v. PAYER et RÉGLER II. — 2° V. ACCOMPLIR.

acte I *Il faut la juger sur ses actes, non sur ses sentiments,* manifestation humaine considérée dans sa réalisation objective; **action** se dit aussi d'une manifestation humaine, mais elle est toujours volontaire (l'*acte* peut ne pas l'être); par ailleurs, l'*action* peut avoir des degrés *(il a entrepris une action d'envergure),* l'*acte* non. Enfin, une *action* peut être longue *(pendant toute la durée de l'action),* l'*acte* est unique et ponctuel. Ces deux termes ne se superposent que dans quelques contextes : *un acte généreux, une action généreuse;* dans ces mêmes contextes, on peut aussi trouver **geste, mouvement**; on remarque alors que *acte = action* quand ces deux termes reçoivent un adjectif postposé; quand l'adjectif est antéposé, seul *action* est possible : *une bonne action,* mais non *un bon acte;* quand il y a complément de nom à valeur qualificative, seul *acte* est possible : *un acte de grandeur,* mais non *une action de grandeur. Un acte important* : v. MESURE II.

II *Voici l'histoire de mon voyage et ses différents actes* (élargissement du sens techn. que ce terme prend en parlant d'une pièce de théâtre) = **épisode.**

acteur L'acteur est un **artiste** dont la profession est de jouer pour le cinéma ou pour le théâtre; on parlera de l'**interprète** d'un rôle particulier; **vedette, star** (seulement en parlant des femmes) se disent des acteurs en vogue, principalement en parlant de cinéma; **cabot, cabotin** et (rare) **histrion** se disent péjorativement de mauvais acteurs; **comédien** ne se dit que d'un acteur de théâtre.

actif 1° Qqn est ∽. *C'est une personne très active* = **entreprenant, dynamique**; ↑**énergique, vif, efficace, efficient** (ce dernier, syn. exact d'*efficace,* est un néologisme parfois contesté); **diligent** se dit de celui qui est à la fois rapide et efficace; (ne vise qu'une activité laborieuse) **travailleur,** ↑**affairé,** (parfois péjor.) ↑**zélé**; v. aussi MILITANT et OCCUPÉ II. — 2° Qqch est ∽. *C'est un produit très actif* = **efficace.** ● **activité**

1° *Elle manifeste beaucoup d'activité* (v. ACTIF 1°) = **dynamisme, vivacité, esprit d'entreprise, vitalité**; ↑(parfois péjor.) **zèle.** — 2° *Quelles sont en ce moment ses activités ?,* ensemble des travaux d'un être humain (souvent au plur. quand il est seul) = **occupation**; v. TRAVAIL I. — 3° *C'est un port où il règne beaucoup d'activité :* v. ANIMATION.

actionner Mettre qqch en action = **faire fonctionner.**

actuel *La mode actuelle est aux cheveux longs;* (rare, soutenu) **présent**; **contemporain** a une extension plus large : il se dit de l'époque présente; v. MODERNE. Dans l'express. *les problèmes actuels;* (moins employé) **de l'heure**; (plus général) **de notre temps.** ● **actuellement** 1° *Actuellement, la mode est aux cheveux longs* = **à présent, aujourd'hui**; (soutenu) **présentement.** — 2° *Actuellement, il faut beaucoup d'argent pour vivre* = (outre les précédents) **de nos jours, maintenant**; (plus fam. et, pour le premier, souvent par plaisant.) **au jour d'aujourd'hui, par les temps qui courent.**

adapter V. ACCOMMODER I, CONFORMER, MODERNISER (in *moderne*) et RÉUNIR. ● **s'adapter** *Nouveau venu, il a bien fallu qu'il s'adapte;* (plus expressif) **se mettre au diapason,** c'est faire comme les autres; v. aussi ACCOMMODER (S') I. ● **adapté** *Je ne sais si vos propos sont bien adaptés à la situation !* = **approprié** (v. aussi ce mot).

addition I *L'addition d'un paragraphe à un livre,* ce qui est ajouté à, en parlant d'un texte = **additif, ajout, adjonction**; contrairement à « addition », *additif* se rapporte toujours à un texte; *ajout* aussi, le plus souvent.

II *Garçon ! l'addition, s'il vous plaît !;* (plus général) **note**; (fam. et par plaisant.) **douloureuse, soustraction.** V. aussi COMPTE.

adhérer I Qqch ∽ à qqch. *C'est un papier qui adhère bien au mur;* (plus courant) **coller**; (plus général) **tenir.** ● **adhérence** n'a guère de syn. : (dans ce contexte particulier) **tenue de route** : *l'adhérence d'un véhicule à la route; la tenue de route d'un véhicule. Une mauvaise adhérence/tenue de route.*

II Qqn ~ à qqch. 1° *Il adhère au parti socialiste* = **entrer à, devenir membre de, s'affilier à.** — 2° *Il adhère toujours aux propos du plus fort* = **se rallier à, approuver, souscrire à.** V. aussi CONSENTIR.

adieu *Je m'en vais : adieu!;* en langue soutenue, marque une séparation définitive; en langue courante, syn. de **au revoir,** comme (vieux) **bonjour, bonsoir** et (fam.) **salut** (v. ce mot in *saluer*), **tchao.**

admettre I ~ qqn. V. ACCEPTER.
● **admission** *Il a demandé son admission au club le plus proche;* **affiliation** souligne davantage l'idée d'un rattachement à une société, un club, un parti...

II ~ qqch. 1° *Admettons que je me sois trompé, que se passerait-il?* = **supposer, imaginer.** — 2° *Il n'admet aucune critique* = **tolérer, supporter, permettre;** (soutenu) **souffrir.** Dans le contexte *le règlement n'admet aucune exception* = **comporter;** v. ACCEPTER, APPROUVER, COMPRENDRE, CONCÉDER, CONSENTIR, CROIRE et RECEVOIR II.

administration *Son père lui a confié l'administration de l'usine* = **gestion, direction;** v. SERVICE I.

admirer *J'admire votre courage;* ↑ **s'extasier devant, s'enthousiasmer devant** (ce dernier s'employant plutôt ainsi : *Votre courage m'enthousiasme!*). *Admirer qqn* : ↑ **être en extase devant.** ● **admirable** 1° *Sous le soleil, ce paysage est admirable* = **magnifique, splendide, superbe;** ↑ (cliché) **merveilleux;** ↓ **beau** (v. ce mot). — 2° *Faire preuve d'un courage admirable;* ↑ **prodigieux;** ↑ (très soutenu) **sublime;** v. EXTRAORDINAIRE. ● **admirablement** *Ce tableau est admirablement peint;* (parfois précieux) ↑ **merveilleusement;** ↑ **parfaitement.**

adolescent *Ce film est à déconseiller aux adolescents;* dans les emplois courants (notre exemple), ce terme n'a pas de syn. ; (soutenu ; iron.) **éphèbe, jouvenceau;** (fam., péjor.) **blanc-bec; jeune homme/fille** se disent de personnes plus âgées : *un adolescent de quatorze ans, un jeune homme de dix-huit ans.*

adonner (s') *Il s'adonne depuis plusieurs années au football/à des études de*

physique; ↑ **se consacrer à;** ↓ **pratiquer** (qqch) se dirait, dans notre exemple, seulement de l'activité sportive, ↑ **se livrer, s'appliquer, s'attacher** et ↑ (rare en ce sens) **se donner,** de l'activité intellectuelle.

adoration *Ce n'est plus de l'amour qu'il lui porte, c'est de l'adoration* = **culte** *(... un véritable culte);* v. aussi AIMER et DIEU.

adosser (s') ~ contre. *Il s'adosse contre le mur pour lui parler;* (plus général) **s'appuyer; s'arc-bouter** implique que l'on fasse résistance à qqch ou à qqn : *Il s'arc-bouta contre le mur pour mieux nous résister.*

adoucir (syn. variant selon les contextes) *Un bon photographe sait adoucir l'expression d'un visage;* **atténuer** suppose un complément *(atténuer la sévérité de l'expression d'un visage). Vos propos sont un peu rudes : veillez à les adoucir!* = **modérer, édulcorer;** v. SOULAGER. ● **s'adoucir** *Le temps s'adoucit;* ↑ **se radoucir.** Ce dernier verbe s'emploie aussi dans des contextes comme : *Il est coléreux, mais il s'est finalement radouci* = **en rabattre, se calmer, se modérer, s'assagir,** (fam.), **mettre de l'eau dans son vin.**

adresse I *Il chante, peint, écrit avec la même adresse;* **habileté** et **dextérité** se disent de l'adresse manuelle; ↑ **maîtrise, maestria** impliquent une adresse consommée; ↑ **art** s'emploie surtout dans l'expression *avec adresse/art* et implique, plus qu'*adresse,* l'idée de talent; **ingéniosité** insiste surtout sur l'esprit d'invention, **savoir-faire** et **doigté,** sur l'expérience acquise; v. aussi AGILITÉ (in *agile*), DIPLOMATIE (in *diplomate*) et RUSE.

II *Quelle est votre adresse?;* (assez fam.) **coordonnées.**

adresser V. ENVOYER. ● **s'adresser** 1° Qqn ~ à qqn. V. PARLER. — 2° Qqch ~ à qqn. *Cette allusion s'adresse à vous directement* = **concerner** *(... vous concerne ...).*

adroit *C'est un tireur adroit;* ↑ **émérite;** ↑ **d'élite.** *C'est un ouvrier adroit* = **habile;** ↓ **capable; expérimenté** et ↑ **chevronné** insistent surtout sur l'expérience acquise, **ingénieux,** sur l'esprit d'invention. V. aussi INTELLIGENT et DIPLOMATE ; v. aussi SOUPLE.

aérer 1° *Il faudrait aérer cette pièce,* renouveler l'air ; (didact.) **ventiler.** — 2° *Ce texte aurait besoin d'être aéré,* rendre moins dense = **alléger.** ● **s'aérer** *Je sors pour m'aérer un peu* = **prendre l'air, s'oxygéner, respirer.**

aérien *C'est une musique divine/aérienne* = (dans ces contextes seulement) **immatériel.**

affable *Ma voisine est une personne très affable ;* (plus courant) **aimable** (v. ce mot) ; [de sens plus précis, d'emploi plus restreint] **accueillant** se dit d'une personne qui s'ouvre facilement aux problèmes des autres, **sociable,** d'une personne avec laquelle il est aisé de vivre, **liant,** d'une personne qui recherche les relations avec les autres, **engageant,** d'une personne qui cherche à séduire, à charmer ; v. aussi POLI I. ● **affabilité** *Il nous a reçus avec beaucoup d'affabilité, mais était-il sincère ?* (soutenu) ; (courant) **amabilité ; courtoisie** implique des manières très raffinées, de même que (vieilli) **civilité** et ↑ (très soutenu) **urbanité ;** (soutenu, sauf dans le contexte courant *sans aménité*) **aménité** se dit d'une amabilité pleine de charme ; v. aussi COMPLAISANCE et POLITESSE.

affaiblir V. ABATTRE II. ● **s'affaiblir** *Il s'affaiblit peu à peu,* perdre ses forces ; ↑ **baisser, décliner, dépérir ;** (très fort) **s'éteindre.** V. ÉMOUSSER (S') et PÂLIR (in *pâle*) ; v. aussi DIMINUER et VACILLER.

affamé 1° (adj.) *On dit que des loups affamés hantaient cette région ;* (plus soutenu) **famélique.** *Le grand air nous a fait du bien, je suis affamé ! ;* (très fam.) **crever de faim ;** v. aussi FAIM. — 2° (nom) *Les affamés des pays du tiers monde ;* (fam.) **meurt-de-faim, crève-la-faim ;** v. aussi MISÉRABLE.

affectation I (comme AFFECTER I) 1° (v. 1° du verbe) **destination.** — 2° (v. 2° du verbe) **nomination.**

II (comme AFFECTER II) 1° V. DÉMONSTRATION II. — 2° *Une attitude pleine d'affectation* = **apprêt ;** ↓ **recherche, singularité** sont moins péjor. ; (très soutenu) **afféterie** se dit d'une recherche prétentieuse

qui, si elle confine à la puérilité ridicule, devient de la (courant) **mièvrerie ;** v. RAFFINEMENT. V. aussi ORGUEIL.

affecter I ~ à. 1° Qqn ~ qqch à. *Il affecte une partie de ses gains à de frivoles dépenses* = **destiner ;** (plus courant) **consacrer.** — 2° Qqn ~ qqn à. *Ils l'ont affecté à un poste difficile,* désigner pour une fonction précise ; (plus général) **nommer.** V. aussi ATTRIBUER.

II ~ qqch, ~ de + infin. *Il affectait la tristesse, elle affecta de n'y prendre garde ;* (plus courant) **faire semblant de** + infin. ; = **simuler/jouer** qqch, **feindre** qqch/de + infin. ; ↑ **afficher** qqch. V. aussi ÉTALER II et GRIMACE. ● **affecté** 1° *Une attitude affectée est une attitude prise par celui qui étudie sa manière de se comporter* = **étudié, composé, recherché ;** (péjor.) ↑ **apprêté, guindé, compassé,** (rare) **gourmé** impliquent l'idée de raideur, **maniéré,** celle d'outrance ridicule, de même que ↑ **précieux ;** (péjor.) **prétentieux** insiste surtout sur l'idée de vanité ; (fam.) **tarabiscoté** se dit surtout d'un style : *Un style tarabiscoté, un meuble aux sculptures tarabiscotées.* V. aussi AMPOULÉ, COLLET MONTÉ et FAUX. — 2° V. COMMANDE (DE).

III ~ qqn. V. ATTRISTER.

affection I *Elle éprouve pour lui une affection certaine,* sentiment qui peut aller vers l'↑ **amour** (v. ce mot) ou l'↓ **amitié** et dont la **tendresse** est l'une des manifestations ; ↓ (vieilli) **inclination ;** les précédents se disent surtout des êtres animés, **attachement** se dit aussi bien des choses ; ↑ **coup de foudre** *(avoir le coup de foudre pour qqn)* se dit d'un amour subit et violent ; v. SENTIMENT II.

II V. MALADIE (in *malade*).

affermir *S'il veut garder la situation en main, il faudra qu'il affermisse son autorité* = **renforcer, asseoir ; raffermir** implique que l'on redonne de la fermeté à ce qui l'a perdu ; (peu employé dans ces contextes) **fortifier ;** *affermir le caractère de qqn* = **tremper.** V. aussi ASSURER, CIMENTER et CONSOLIDER.

affilée (d') *Il a joué du piano pendant trois heures d'affilée,* sans interruption = **de suite, durant ;** (équivalents verbaux) **sans discontinuer, sans s'arrêter...**

affiler *Cette lame est émoussée, il faudra l'affiler* (soutenu) ; (courant) **affûter, aiguiser** ; (vieilli) **repasser.** ● **affilé** *Une lame bien affilée* = **acéré** ; **tranchant** fait surtout penser à l'utilisation de la lame ; **aiguisé, affûté** renvoient à l'opération subie par la lame et qui l'a rendue affilée.

affirmer *J'affirme que tous ces accusés sont innocents ;* ↑ **assurer, attester, certifier** ; ↑ **jurer** ; **prétendre** implique que l'on va défendre contre des avis contraires ce que l'on affirme, **soutenir**, qu'on est en train de le défendre ; ↓ **avancer** ; **garantir** et (soutenu dans cet emploi) **répondre** impliquent que l'on engage totalement sa responsabilité ; (vieux) **protester**, c'est affirmer solennellement et publiquement. V. aussi CONFIRMER et DIRE. ● **affirmativement** *Il m'a répondu affirmativement* = **par l'affirmative, positivement.** ● **affirmation** *Dans quelle mesure pouvons-nous croire à de telles affirmations ?* = **propos** ; (soutenu) **allégation, assertion.**

affoler *La perspective de cet examen m'affole* (souvent au passif quand le sujet est, comme ici, un non-animé) = **bouleverser** ; ↓ **inquiéter** ; ↑ **épouvanter, terrifier** ; v. TROUBLER. ● **s'affoler** *Il s'affole pour peu de chose ;* ↓ **s'inquiéter** (v. ce mot), **se tourmenter** ; (plus expressif) **perdre la tête** ; (rare) **perdre la tramontane** ; (fam.) **perdre la boule/le nord/la boussole** ; v. aussi DÉRAISONNER. ● **affolant** (avec les mêmes nuances que pour le verbe) **bouleversant, terrible, épouvantable** ; v. aussi EFFRAYANT. ● **affolement** *L'affolement gagnait les spectateurs* = **panique** ; ↓ **émotion** ; v. EFFROI et TROUBLE II.

affranchir **I** 1° *On affranchit* un esclave, on **émancipe** un mineur, on **délivre/libère** un prisonnier. — 2° V. INFORMER. ● **s'affranchir** *Il s'est affranchi des valeurs traditionnelles* = **se libérer de, se débarrasser de, s'émanciper** *(Il s'est émancipé)* ; v. SECOUER.
II V. TIMBRER.

affrioler *Cette femme l'affriolait par sa démarche provocante* (rare), **attirer** par qqch de **séduisant**, surtout en parlant des sentiments qu'un homme éprouve pour une femme ; ↓ **attirer, charmer** ;

↑ (mais moins suggestif) **séduire.** ● **affriolant** = **séduisant, désirable, excitant,** (plus fam.) **appétissant** en parlant d'une femme. S'emploie souvent négativement en parlant de choses : *Ce menu n'est guère affriolant* = **tentant, engageant, attirant, alléchant, appétissant, excitant.**

agacement *Il ne savait comment cacher son agacement* = **énervement** ; ↓ **impatience** ; ↑ **irritation,** ↑ **exaspération.**

agacerie (souvent au plur.) *Elle le poursuivait sans relâche de ses agaceries, mines parfois provocantes destinées à attirer l'attention de qqn pour le séduire* = **coquetteries, minauderies** ; (plus général) **avances.**

âgé *Son père est déjà assez âgé*, ne se dit que des personnes, contrairement à **vieux**, qui est d'emploi plus général ; en parlant des personnes, *vieux* a un accent plus péjor. ; *personne âgée* est syn. de **vieillard** ; **gâteux** et (didact.) **sénile** suggèrent l'idée d'une diminution mentale ; v. aussi VIEILLARD (in *vieux*).

agenouiller (s') = **se mettre à genoux** (à noter cependant que, en parlant des animaux, on n'emploie généralement que le premier). *Il s'agenouilla devant l'autel de la Vierge ;* ↑ **se prosterner.**

agent de police (plus couramment) **agent :** *Un agent de police réglait la circulation ;* (peu employé) **sergent de ville** est le nom donné à celui qui est chargé de la police municipale ; (courant) **gardien de la paix** est le syn., pour Paris, de *sergent de ville ;* le **C.R.S.** appartient aux unités spécialisées dans le maintien de l'ordre ; toutes ces fonctions sont regroupées sous le terme générique et officiel de **forces de l'ordre** ; (péjor., vieux et argotique) **argousin** ; (péjor. et fam.) **flic.** V. aussi GENDARME et POLICIER.

agile *Un acrobate aussi agile qu'un singe ;* être agile implique qu'on soit **souple** ou **leste** et **vif** ; ↑ **fringant,** qui se dit d'un cheval vif et de belle allure, peut s'employer en parlant d'un jeune homme ; **preste** se dit d'un mouvement prompt et agile. Les termes suivants ne se disent que des personnes : **alerte** se dit de qqn qui est vif et leste en dépit de l'âge, des suites d'un accident, etc. ; ↑ (soutenu) **sémillant**, de qqn qui est plein de vivacité et d'entrain ; ↑ **allègre** implique vivacité et joie de vivre ; (soutenu) **ingambe** se dit de celui qui a gardé le bon usage de ses jambes en dépit de l'âge ; v. aussi VERT. ● **agilité** *Il y a beaucoup d'agilité dans ses mouvements* = **aisance, souplesse, légèreté.** *Il a fait preuve de beaucoup d'agilité d'esprit* = **vivacité, rapidité.** V. aussi ADRESSE I.

agir I Qqn ∼. 1° *Il faudrait qu'il agisse!*, faire qqch, au sens le plus large ; (sens plus étroit) **travailler**, c'est agir en faisant un ouvrage. — 2° *C'est l'intérêt qui le fait agir* = **animer, mener** (... *qui le mène* /... *qui l'anime*). — 3° *Voudriez-vous agir auprès de lui?*, faire des démarches pour obtenir qqch = **intervenir.** — 4° **agir en** ou **comme** *Il agit comme un insensé* = **se comporter, se conduire.** ● **s'agir** 1° *Voyons ce problème, de quoi s'agit-il?* = **être question de.** — 2° *Il s'agit de se dépêcher maintenant!*, marque ce qu'il importe désormais de faire = **il faut** ; (soutenu) **il importe de.**

II Qqch ∼. *Son enthousiasme agit sur le comportement de son équipe* = **influer sur** ; (plus rare) **opérer sur.** V. EFFET.

agissements *Supporterons-nous encore longtemps les agissements du directeur?* ; (moins employé) **pratiques** ; (fam.) **manigances, micmacs, combines** ; **manœuvres** et ↑ **machinations** impliquent une longue préméditation, de même que ↓ **manèges** ; ↑ **menées** se dit d'agissements secrets et nuisibles ; **intrigues** se dit d'agissements compliqués auprès de plusieurs personnes, comme (moins employé en ce sens) **tractations** ; (fam. et très péjor.) **magouille** (sing. ou plur.), **magouillage** (sing. ou plur.), **tripotages, cuisine** (au sing.) se disent d'agissements très louches, généralement dans le domaine politique. V. aussi CONDUITE II.

agiter 1° *Le vent agite les branches;* ↑ **secouer** ; v. aussi REMUER et TREMBLER [*faire trembler*]. — 2° ÉMOUVOIR et SOULEVER. ● **s'agiter** V. REMUER. ● **agité** 1° Qqn est ∼. *Un malade agité est en proie à un trouble profond se manifestant par des mouvements désordonnés* = **fiévreux, tourmenté.** *C'est un enfant assez*

agité = **turbulent, nerveux.** V. aussi ÉMU. — 2° Qqch est ∼. *Le voyage fut assez agité* = **mouvementé.** *Une mer agitée;* ↑ **houleux** (se dit aussi, comme agité, d'une foule en état d'excitation) ; v. ANIMÉ (in *animer*) et ORAGEUX.

agonie Dernière lutte de l'organisme avant la mort : *une longue agonie;* **extrémité, dernière heure, derniers moments** indiquent les tout derniers moments de la vie : *être à toute extrémité, vivre sa dernière heure/ses derniers moments.* ● **agoniser** être à l'agonie ; (par euphémisme) = **s'éteindre ;** ↓ **décliner ;** v. aussi MOURIR.

agréable 1° Qqch est ∼. D'emploi très général ; syn. plus précis variant selon les contextes. *Une odeur agréable;* ↑ **suave, exquis.** *Un vin agréable;* ↑ **délicieux, exquis.** *Un mets agréable;* ↑ **savoureux** (v. ce mot in *saveur*), **succulent, délicieux, exquis.** *Une soirée agréable* : v. CHARMANT (in *charme*) et POIL [*au poil*]. *Qu'il est agréable de ne rien faire!* = **doux ; bon** (*comme c'est bon de...*); v. VOLUPTUEUX (in *volupté*). *C'est très agréable* : v. NANAN. — 2° Qqn est ∼. V. AIMABLE, BON, SYMPATHIQUE et CHARMANT (in *charme*).

agricole Se dit de ce qui se rapporte à la culture du sol et à l'élevage du bétail : *enseignement agricole;* **agraire** se dit de ce qui concerne les champs et aussi la propriété de ceux-ci ; il n'implique pas l'idée de culture, mais seulement celle de champ : *mesure/loi agraire.*

agriculteur est d'emploi plus soutenu que **cultivateur ;** on oppose aussi parfois ces deux termes par l'importance relative des terres cultivées : on parlera ainsi des *grands agriculteurs de la Beauce* et des *petits cultivateurs du Périgord ;* (didact.) **exploitant agricole ;** l'**agronome** est un ingénieur en agriculture. V. aussi FERMIER (in *ferme* I) et PAYSAN.

aguets (aux) *La sentinelle était aux aguets;* **aux écoutes** se dit surtout en parlant de qqn qui guette des informations : *un journaliste aux écoutes;* à **l'affût,** en parlant d'un chasseur.

aider 1° ∼ qqn. *Pourriez-vous m'aider à déplacer ce meuble?* ; (fam.) **donner un**

coup de main (pour faire qqch). *Il est dans une mauvaise passe : il faudrait l'aider un peu ;* ↑**secourir ; assister, soutenir** impliquent une difficulté morale *(assister/soutenir un ami dans la détresse) ;* v. aussi SOULAGER. *Si vous l'aidez, il aura son examen ;* (plus fam.) **épauler ; appuyer,** ↑**favoriser** se disent quand on met tout son crédit en jeu pour faire réussir qqn, que cela soit licite ou non ; v. POUCE *[donner un coup de pouce]* ; v. aussi DÉPANNER. — 2° ∼ à qqch. *Des mesures énergiques aideront au rétablissement économique de l'entreprise =* **contribuer à, concourir à, favoriser.** ● **aide** (masc.) *Vous avez là un aide de premier ordre !,* terme d'emploi général, souvent précisé par un compl. : *aide-cuisinier, aide-maçon,* etc. ; **second** et **adjoint** se disent d'un aide immédiatement subordonné à son supérieur et capable de le remplacer, de même que (plus fam.) **bras droit ;** (fam.) **sous-verge** s'emploie souvent comme syn. de *second ;* **auxiliaire** se dit d'un aide utilisé temporairement ; **assistant** ne s'emploie qu'en parlant des milieux scientifiques ou ecclésiastiques : *l'assistant d'un professeur de faculté ;* v. aussi COLLABORATEUR (in *collaborer*) et COMPLICE. ● **aide** (f.) V. APPUI, SECOURS, SERVICE et SOUTIEN (in *soutenir*). ● **à l'aide !** = **au secours !** ● **à l'aide de** (loc. prép.) *Il a ouvert la porte à l'aide d'une pince* = **avec, au moyen de ;** **grâce à** implique, outre une valeur causale, un résultat heureux ; son emploi serait incorrect dans l'exemple précédent. On dira : *Il a réussi grâce à son talent et à l'affection de ses amis* (« à l'aide de » est ici exclu) ; v. aussi À CAUSE DE (in *cause* I).

aïeux *Du temps de nos aïeux, on respirait un air pur, mais on mourait jeune* (très soutenu) = **pères ;** (courant) **ancêtres ;** dans la langue très soutenue, une gradation d'ancienneté s'établit : (du plus proche au plus éloigné) **pères, ancêtres, aïeux ;** (didact.) **ascendants** désigne en droit les parents dont on descend ; (plus général) **prédécesseurs.** (Ne pas confondre *aïeux* et *aïeuls,* syn. vieilli de **grands-parents.**) V. aussi PARENT.

aigre 1° *Un vin aigre ;* ↓**aigrelet ; acide,** en parlant d'un fruit ; **âcre** se dit d'une sensation forte et irritante, presque brûlante, dont l'impression se fixe surtout à la gorge : *le goût âcre de la prunelle =* **âpre ; sur** enchérit sur *acide : une pomme sure ;* se dit aussi d'un produit alimentaire avarié : *du lait sur* = **tourné.** — 2° *Elle nous accueillit par d'aigres propos =* **mordant, âpre, malveillant** (ce dernier toujours postposé) ; ↓**acidulé ;** ↑**acerbe.** V. aussi CRIARD (in *cri*) et VIF. ● **aigreur** *Il lui répondit avec aigreur,* sens 2° de l'adj. = **rudesse, animosité ;** (soutenu) **acrimonie ;** ↑**hargne ;** v. aussi COLÈRE.

ailleurs (d') *Mon fils se marie le mois prochain ; d'ailleurs, je vous l'avais déjà dit, je crois ? ;* (moins employé) **au reste, du reste ;** (soutenu) **au demeurant ; et puis** s'emploie parfois en ce sens, seulement en tête de proposition ; v. aussi OUTRE (EN).

ailleurs (par) V. À CÔTÉ DE ÇA (in *côté*).

aimable 1° Qqn est ∼. *Tous les commerçants ne sont pas aimables ;* (soutenu) **avenant, affable** (v. ce mot) ; (très soutenu) **amène** se dit d'une amabilité gracieuse ; (très général) **agréable ; plaisant** se dit de qqn qui a un caractère enjoué, ainsi que **riant ; gracieux,** de celui qui est aimable et souriant ; (plus général) ↑**gentil** implique toute une manière d'être, dont l'amabilité n'est que l'une des manifestations ; (très soutenu) **accort** ne se dit guère qu'en parlant d'une femme ; ↑**prévenant** se dit de celui qui va au-devant des désirs d'autrui ; v. SOCIABLE. — 2° Qqch est ∼. *Il n'aura donc jamais une parole aimable ? =* **agréable, gentil ;** v. aussi COMPLAISANT et POLI I.

aimer 1° ∼ qqn. *Eh bien ! oui, je vous aime ! ;* ↑**adorer ;** ↑(plus fam.) **être fou de ; chérir** implique surtout l'idée de tendresse. *C'est vrai, j'aime cette femme ;* (outre les précédents) ↑**s'éprendre de, idolâtrer ;** (très fam.) **avoir le béguin, en pincer pour ;** v. PEAU *[avoir dans la peau] ;* v. aussi ADORATION, S'AMOURACHER (in *amour*) et PLAIRE (SE) II. — 2° *J'aime beaucoup ma vieille mère ;* (moins employé) **affectionner ;** v. VÉNÉRER (in *vénérable*). — 3° *J'aimerais le voir :* v. VOULOIR. — 4° ∼ qqch. V. GOÛTER et PLAISIR *[prendre plaisir à]. Aimer mieux :* PRÉFÉRER. ● **aimant** *Je croyais qu'un fiancé devait se montrer* *plus aimant, voyez-vous...* = **affectueux, tendre ; caressant** fait surtout penser aux flatteries et aux gestes qui manifestent l'amour ; **câlin,** qui se dit surtout des enfants, implique essentiellement l'idée de douceur. V. aussi FLATTER.

ainsi I Conj. de coordination à valeur consécutive (l'énoncé qu'elle introduit est le plus souvent isolé de ce qui la précède par une pause). *Il fait beau ; ainsi nous pourrons sortir ;* **aussi** s'emploie parfois en ce sens ; ↑**donc** comme **ainsi donc** marquent nettement la conclusion d'un raisonnement, de même que, plus fortement encore, **par conséquent ; c'est pourquoi** implique qu'un rapport net est établi entre cause et conséquence, et introduit une sorte de réponse à une question posée *(Il n'a pas fait beau ; c'est pourquoi nous ne sommes pas sortis) ;* (vieux) **partant.** ● **ainsi que** loc. conj. 1° *Il fondit sur lui, ainsi que l'épervier sur sa proie,* valeur comparative = **comme, de même que, tel.** — 2° *Il est ainsi fait que l'on ne peut jamais compter sur lui,* valeur consécutive = **de telle sorte que, de telle manière que.** — 3° *Il détestait l'histoire ainsi que la géographie,* valeur d'addition ; **et** suppose un lien plus étroit entre les deux éléments coordonnés ; **ainsi que** tend à détacher le second (une pause est toujours possible entre la conjonction et ce qui la précède) = **comme, de même que.**

II (adv.) *Pourquoi voulez-vous agir ainsi ?* = **de cette manière, de cette façon ;** (plus soutenu) **de la sorte ;** (plus fam.) **comme ça.**

air 1° *Ce garçon a un drôle d'air,* apparence habituelle à une personne = **genre, manières, façons ;** v. aussi ALLURE. — 2° *Voici ma tante avec son air pincé,* apparence expressive caractéristique d'une attitude particulière et qui se lit le plus souvent sur le visage = **mine ;** (plus général) **visage.** — 3° *Il cache, sous des airs de timidité, un grand courage* (souvent au plur.) = **aspects, dehors** (plur.), **apparences ;** (rare) **enveloppe** (au sing.). — 4° *Avoir l'air :* v. SEMBLER. — 5° V. ATMOSPHÈRE. — 6° V. CHANSON.

aise 1° (nom, employé en loc.) *On est à l'aise dans ce fauteuil* n'a guère de syn. *Je me sentais mal à l'aise/mal à mon aise* = **gêné.** V. BIZARRE. *Avec leur retraite,*

ils vivent à l'aise = **aisément, confortablement ;** ↑**dans l'aisance ;** v. aussi OPULENCE et RICHESSE. — 2° (adj.) *Je suis bien aise de vous accueillir* (soutenu) ; (courant) **content.** ● **aises** *Il aime ses aises,* ce qui rend la vie agréable = **confort** (au sing.), **commodités.** ● **aisé** 1° *Ce chemin est d'un accès aisé* (soutenu) ; (courant) **facile.** — 2° *Il a un style aisé* = **naturel.** — 3° V. RICHE.

ajourner *Ajourner un candidat* (didact.), le renvoyer à une autre session d'examen ; (courant) **refuser ;** (fam.) **coller, recaler.** V. RECULER et RETARDER. ● **ajournement** 1° *L'ajournement du procès est maintenant certain* = **remise, renvoi.** — 2° *Le ministère pratique la politique de l'ajournement,* fait de reporter sans cesse des décisions à prendre = **atermoiement.**

ajouter 1° *Il a ajouté une pièce supplémentaire à sa maison ;* (plus soutenu) **adjoindre ;** v. aussi JOINDRE. *Ajouter un nombre à un autre* = **additionner.** *Ajouter un peu d'eau au vin* = **allonger** *(allonger le vin d'un peu d'eau) ;* dans le même sens, **étendre** se dit d'un liquide que l'on coupe d'eau pour en diminuer la concentration : *acide étendu d'eau.* — 2° *Il a ajouté que j'étais un sot :* v. DIRE. V. aussi AUGMENTER. ● **s'ajouter** V. GREFFER (SE).

alarme 1° *Le guetteur a donné l'alarme,* signal pour avertir d'un danger ; **alerte** ne s'emploie pas dans les mêmes contextes : *Il y a eu une alerte* (et non) *une alarme ; signal d'alarme* (et non) *d'alerte ; sonner l'alarme* (et non) *l'alerte ; fausse alerte* (et non) *alarme ;* quand les deux sont possibles : *cri d'alarme/d'alerte, alarme* est plus fort que *alerte.* — 2° V. CRAINTE (in *craindre*).

algue Se dit aussi bien des plantes d'eau douce que des plantes d'eau de mer ; **goémon** et **varech** ne se disent que des algues marines, *varech* désignant le plus souvent les algues rejetées par la mer sur le rivage.

aliment *Cette épicerie ne vend que des aliments sains* = **denrées ; nourriture** se dit de l'ensemble des aliments nécessaires à qqn : *Un bébé doit avoir une nourriture très saine* = **alimentation.**

Dans cette pension, la nourriture n'est pas mauvaise = (dans ce contexte précis) table ; (péjor.) pitance ; (très fam.) bectance, boustifaille, mangeaille. V. aussi CUISINE, METS, PROVISION I et VIVRES.

alléger *Il faut alléger la charge de ce bateau ;* délester entre le plus souvent dans une construction ; « ~ qqch/qqn de qqch» *(délester le bateau d'une partie de sa charge) ;* ↑ décharger, c'est ôter toute la charge ; dégrever ne s'emploie qu'en parlant d'un impôt *(dégrever/alléger un contribuable) ;* ↑ exempter, exonérer s'emploient aussi dans ce sens et signifient le plus souvent «dispenser en totalité de». V. aussi SOULAGER.

allègre 1° *C'est un homme très allègre de caractère, plein d'entrain* = gai ; v. VIF. — 2° V. AGILE.

aller I ~ à. 1° Qqn ~ à + compl. de lieu. *Il va à Paris chaque semaine ;* (plus soutenu) se rendre à ; se diriger vers indique plus nettement une direction suivie : *Il se dirige vers la mer ;* (plus rare) s'acheminer vers, c'est se diriger lentement vers un lieu. — 2° Qqch ~ à + compl. de lieu. *Ce chemin va à la mer* = conduire, mener, aboutir à. — 3° Qqch ~ à qqn. *Ce manteau lui va très bien,* s'accorder avec le physique ou le . moral de qqn = convenir ; ↑ aller comme un gant ; (très soutenu) seoir. *Ce menu me va très bien,* s'accorder avec les goûts de qqn (fam.) ; (plus soutenu) convenir, plaire. — 4° *Aller au-devant de :* v. PRÉVENIR.

II ~ + adv. 1° Qqn ~ (bien, mal, mieux...). *Son père va beaucoup mieux* = se porter ; (plus soutenu) être. *Ça va ?,* loc. fam. (plus soutenu : *Comment vas-tu ?/allez-vous ?*) servant généralement d'entrée en conversation ; (très fam.) ça gaze ?, ça marche ?, ça boume ?, ça colle ? — 2° Qqch ~ (bien, mal...). *Ma voiture va mal, elle a des ratés* (fam.) ; (courant) marcher ; (plus soutenu) fonctionner se dit surtout d'un appareil ou d'une institution. — 3° ~ ensemble. *Ces tissus vont bien ensemble ;* (plus précis) s'harmoniser. — 4° *La clef va dans la serrure :* v. RENTRER.

III Autres constructions. 1° *Laisser aller :* *Elle laisse aller son travail,* s'occuper insuffisamment de = négliger. — 2° *Se laisser ~ à. Depuis quelque*

temps, *il se laisse aller à la boisson* = s'abandonner à. — 3° (impers. avec «y») *Cher ami, il y va de votre honneur* (soutenu) ; (plus courant) il s'agit de, être en jeu *(votre honneur est en jeu).* — 4° (impers. avec «ça») *Oh ! ça va !* (fam.), loc. marquant la limite de l'acceptation ; (plus soutenu) c'est bon ! — 4° s'en aller *Avec un peu d'essence, ces taches s'en iront ;* (plus soutenu) disparaître. V. ABANDONNER I et MOURIR. — 6° s'en aller V. PARTIR, TALON [*tourner les talons*] et VOILE III [*mettre les voiles*]. — 7° *Allons donc ! :* v. PENSER I.

allié 1° Se dit d'un état uni à un autre sur le plan militaire ; partenaire s'emploie de préférence s'il s'agit d'une alliance commerciale ; *les alliés du Pacte atlantique ; les partenaires du Marché commun.* — 2° *Je vous présente mon allié le plus sûr,* personne qui apporte à une autre son soutien = appui, auxiliaire ; v. aussi AMI.

allonger 1° *Elle devrait allonger sa jupe,* augmenter la longueur d'un objet = rallonger. — 2° ~ qqn. V. ÉTENDRE. — 3° (s'emploie dans une série d'express.) *Allonger le bras/le cou/la jambe* = tendre, avancer. *Allonger le pas* = presser (ou se presser), accélérer (s'emploie aussi sans complément). *Allonger un coup de poing à qqn* = coller ; (courant) donner, envoyer ; (plus soutenu) ↑ assener. — 4° V. AJOUTER et PROLONGER. — 5° V. DONNER. ● s'allonger V. COUCHER (SE) II et GRANDIR (in grand).

allumer 1° *Il avait allumé un tas de fagots,* mettre le feu à qqch = enflammer. — 2° *Cette femme avait allumé sa passion,* envahir d'un feu intérieur = exciter, provoquer. *Allumer un complot* = provoquer ; (soutenu) susciter, fomenter.

allure 1° *La voiture roulait à toute allure* = vitesse ; (seulement pour un déplacement à pieds) pas, marche *(ralentir l'allure/le pas/la marche) ;* v. aussi TRAIN. — 2° *Son frère a une drôle d'allure,* manière de se comporter = air ; (ne porte que sur la façon de se mouvoir) démarche ; (ne porte que sur les traits du visage) mine ; (général et soutenu) contenance ; (général et fam.) dégaine. — 3° *Cette femme a de l'allure,* avoir de la distinction dans le maintien = **chic** *(... du chic); (très fam.)* **avoir de la gueule, en jeter; avoir du chien** se dit d'une femme qui a un charme piquant; **prestance** se dit plutôt de qqn qui en impose par son comportement; v. aussi ATTITUDE, TOUCHE II et MAINTIEN *(in maintenir).*

allusion *Il parle par allusions;* ↑ **sousentendu, insinuation** (ces synonymes ne conviennent pas dans l'express. courante *faire allusion à*); v. aussi INDIRECT.

alors 1° *Son père était alors à l'étranger* marque un moment précis dans le temps = **à ce moment-là; en ce temps-là** (seulement pour une époque très reculée); *alors* ne se place pas en tête de phrase, il suit généralement le verbe. Ses synonymes ont une place plus libre. — 2° *Vous maintenez votre prix? Alors je ne vous achète rien,* marque une relation de cause à conséquence = **dans ce cas-là, dans ces conditions.** — 3° *Alors, tu te dépêches?* (fam., courant dans la conversation), renforce l'interrogation en impliquant tel ou tel sentiment (le plus souvent l'impatience) = **dis!** — 4° *Et alors?,* dans l'express. *et puis alors?,* qui signifie « cela ne change rien », = **après.** ● **alors que** 1° *Il pratique la natation, alors que moi j'ai peur de l'eau* marque l'opposition = **tandis que;** v. QUAND. — 2° (soutenu) *Nous nous sommes mariés alors que nous avions vingt ans* marque un rapport de temps; (courant) **lorsque;** v. PENDANT III.

alourdir *Trop de bagages alourdissent la voiture* = **charger;** ↑ **surcharger; appesantir** s'emploie surtout en parlant de qqn sur qui pèse une fatigue morale ou physique: « la tête alourdie/appesantie de sommeil ». ● **s'alourdir** *Après des mois de paresse, elle s'était alourdie* = **s'épaissir.** ● **alourdissement** *Cette sensation d'alourdissement lui était pénible* = **lourdeur.**

alphabet *J'ai acheté un alphabet à mon fils;* (vieilli) **abécédaire, syllabaire.**

altérer I ~ qqch. 1° *Le soleil altère les couleurs* = **abîmer** (v. ce mot), **dénaturer;** v. aussi ATTAQUER, AVARIER et POURRIR. — 2° *La peur altérait les traits de son visage;* ↑ **défigurer** *(La peur le*

défigurait), **décomposer.** — 3° V. FALSIFIER. ● **altération** *Ce texte a subi beaucoup d'altérations,* sens 1° du verbe; ↓ **modification, changement** (non péjor.); **déformation, dénaturation;** ↑ **dégradation, détérioration.**

II ~ qqn, un animal (généralement au passif). *Cette longue marche nous avait altérés;* (soutenu) **donner soif** (v. ce mot); (courant) **assoiffer.**

alterner *La pluie alternait avec le soleil* = **succéder, se succéder** *(La pluie succédait au soleil; La pluie et le soleil se succédaient).* En parlant de personnes: *Ils alternent pour surveiller la position du navire* = **se relayer.** ● **alternance = succession,** sauf dans l'expression *en alternance.* ● **alternative = dilemme.** (On ne peut donc parler du choix entre « deux alternatives ».) ● **alternativement** *C'est un temps à grains: il pleut et il fait beau alternativement* = **successivement** (v. ce mot), **tour à tour.**

amaigrissement *Un amaigrissement aussi rapide me fait craindre le pire!;* (didact.) ↑ **dépérissement; maigreur** ne se dit que d'un état naturel ou qui résulte d'un amaigrissement; (didact.) ↑ **consomption** se dit du dépérissement observé dans les maladies graves et prolongées.

amant 1° *La voici qui passe avec son amant;* (par euphémisme) **ami;** (très fam.) **gigolo** se dit d'un jeune homme entretenu par une femme plus âgée que lui. — 2° (vieux) Dans le langage classique, l'*amant* est celui qui aime et est aimé, l'*amoureux,* celui qui aime sans être payé de retour; actuellement, *amoureux* s'emploie dans le sens classique d'*amant* avec une résonance vieillotte et naïve, de même que **galant** et **soupirant; flirt** est le syn. courant d'*amoureux;* ↑ (soutenu) **bien-aimé** implique un amour profond; de deux jeunes gens qui s'aiment, on dit familièrement que ce sont des **tourtereaux;** v. HOMME.

amante S'emploie peu, de même qu'**amoureuse.** On dit qu'un homme a une **maîtresse** ou, s'il entretient avec elle, sans être marié, les mêmes relations constantes qu'avec une épouse, une concubine; **dulcinée** se dit par plaisanterie; (très fam.) **poule**; (argot) **gosse, môme.** V. aussi AMANT.

amas *Notre petit bout de jardin disparaît sous un amas de feuilles mortes* (assez soutenu); (courant) **tas**; ↑**amoncellement, monceau, masse**; (péjor.) **ramassis, fatras** : *un ramassis/un fatras de vieux papiers et de déchets de plastique;* (part.) **pile** exclut l'idée de confusion exprimée par les termes précédents et implique, au contraire, celle de symétrie : *Une pile d'assiettes est rangée sur la table; ce ne serait pas facile, sans rien casser, d'en faire un tas d'assiettes!* ● **amasser** *À quoi sert-il d'amasser tant d'argent?* = **accumuler**; (fam. dans ce contexte) **entasser** est d'emploi plus courant; ↑**amonceler**; (soutenu) **thésauriser** ne se dit que pour de l'argent. V. RAMASSER.

amateur 1° *Choisissez-lui un bon bordeaux : c'est un amateur!* = **connaisseur.** — 2° *Il fait son travail en amateur* = **fantaisiste** (v. ce mot); (soutenu) **dilettante.** — 3° *Être amateur de :* v. FRIAND.

ambages (sans) *Je vous parlerai sans ambages* = **sans détour, franchement** (v. aussi ce mot); (fam.) **tout de go, tout à trac**; v. SIMPLEMENT. V. aussi CRU.

ambiance *L'ambiance de cette ville ne lui convenait pas du tout,* cadre de vie matériel et moral = (ces deux termes pris au sens fig.) **atmosphère, climat.**

ambigu *Il y a dans votre discours des passages ambigus* = **équivoque, obscur, énigmatique**; ↑**sibyllin**; (plus général) **incertain.** Cet adjectif s'applique encore aux attitudes, actions, démarches qui manquent de netteté et provoquent le malaise : *Son regard a quelque chose d'ambigu qui vous glace* = **louche, douteux, équivoque.**

ambition 1° *C'est un jeune homme plein d'ambition,* désir de gloire, d'honneurs, de puissance, de fortune; ↑**prétention** implique plus souvent qu'*ambition* un désir excessif. — 2° *Ma seule ambition est de partir,* désir formulé quant à l'avenir personnel (généralement avec un adj. poss.; souvent renforcé par l'adj. «seul») = **souhait, désir**; (soutenu) **aspiration**; (souvent au plur.) **visée**;

↑ **but, idéal, rêve** : *Réussir : telle est son ambition/son but/son idéal/son rêve.* — 3° Dans l'express. *avoir l'ambition de* = **prétendre.** V. aussi CONVOITISE, ESPOIR et ORGUEIL. ● **ambitionner** *C'est une manie chez lui : il ambitionne toujours d'être plus qu'il n'est!*; **prétendre à; aspirer à** n'a pas la nuance péjor. que comportent souvent les précédents; (vieux en ce sens) **briguer** prend plutôt aujourd'hui le sens de «solliciter» : *briguer un mandat de député.* V. aussi BRÛLER III, CONVOITER et VISER II. ● **ambitieux** Qui a (personne) ou manifeste (chose) de l'ambition (sens 1° du verbe). 1° (adj.) ↑**prétentieux**, ↑**présomptueux.** — 2° (nom) mêmes syn. qu'au 1°; ↑**arriviste** est très péjor. et désigne une personne qui est décidée à mettre en œuvre tous les moyens pour s'imposer.

ambré *Elle a le teint ambré,* (très soutenu) **doré** par le soleil; (courant) **bronzé.**

ambulant *Marchand ambulant,* marchand qui se déplace d'un lieu à un autre pour vendre ses produits = **colporteur.**

âme 1° *C'est une âme très généreuse,* ensemble des facultés morales de l'homme; **cœur** désigne davantage les facultés sensibles, **esprit,** les facultés intellectuelles : *une âme droite, un cœur sensible, un esprit lucide;* les deux premiers surtout peuvent être syn. — 2° *Un village de trois cents âmes* (soutenu); (courant) **habitants.** — 3° *Il est l'âme de son entreprise* = **cheville ouvrière**; v. MOTEUR. — 4° (dans des express.) *Rendre l'âme* (soutenu); (courant) **mourir** (v. ce mot). *État d'âme* = **sentiment, impression.** *La mort dans l'âme : Il est parti la mort dans l'âme;* ↓**malgré soi, navré, désolé.** *Corps et âme : Il lui appartient corps et âme;* ↓**entièrement, totalement** sont moins expressifs.

améliorer 1° *Améliorer un lieu, une maison;* **réparer, restaurer, rénover,** c'est remettre en état ou mettre à neuf; **embellir,** c'est rendre plus agréable d'aspect (on dira : *améliorer l'état d'une maison; réparer/rénover/réparer/embellir une maison*). — 2° *Améliorer un sol* = **amender, fertiliser, bonifier**;

engraisser est de sens plus restreint. — 3° *Améliorer un outil, un instrument* = **perfectionner**. — 4° *Améliorer le salaire de qqn* = **augmenter**. — 5° *Améliorer un texte* = **corriger, réviser, revoir, amender**. ● **s'améliorer** *Devenir meilleur, en parlant :* 1° *de la santé de qqn* = **aller mieux**; — 2° *d'un vin* = **se bonifier**. ● **amélioration** 1° *Son état ne s'aggrave pas, il y a même une petite amélioration* = **mieux** (dans ce contexte), **progrès** (dans ce contexte et d'autres). — 2° V. RÉFORME et TRANSFORMATION (in *transformer*).

amener 1° Qqn ∼ qqn. *C'est lui qui m'a amené dans ce restaurant* = **conduire**; **emmener** est devenu syn. d'*amener;* les deux verbes se distinguent pourtant : *amener*, c'est surtout conduire dans un lieu (ce verbe évoque le point d'arrivée ; d'où sa construction avec *à : amener au cinéma*) ; *emmener*, c'est principalement faire partir qqn d'un lieu pour le conduire ailleurs (ce verbe évoque surtout le point de départ ; d'où sa construction avec *de : Emmenez-moi d'ici*) ; on peut dire *amenez/emmenez-moi ici*, *amenez/emmenez-moi au théâtre*, mais non *amenez-moi d'ici*. — 2° Qqn ∼ qqch. *Amène-moi mes chaussures* (fam.); (courant) **apporter**. *Amener les voiles :* v. ABAISSER I. — 3° Qqch ∼ qqch. *Cette canalisation amène l'eau jusqu'à la ville* = **conduire, acheminer, apporter**. — 4° Qqch ∼ qqch. *Ces nuages vont amener un orage* = **provoquer, causer**. — 5° *Amener qqch à soi :* v. TIRER I. — 6° Qqch/qqn ∼ qqn à. *Il l'avait amené à la plus totale indifférence*, conduire à un état, à faire qqch = **conduire à, porter à, entraîner à**; ↑**pousser à**. V. aussi INSPIRER. ● **s'amener** V. VENIR.

aménité 1° V. AFFABILITÉ. — 2° Dans l'express. **sans aménité** *Il l'a renvoyée sans aménité*, sans courtoisie ni douceur = **avec rudesse, brutalement**.

amer *Quelle amère déception !* = **cruel, douloureux, pénible**; v. aussi ACERBE et AIGRE ; v. SAUMÂTRE. ● **amertume** *Son départ l'avait rempli d'amertume* = **tristesse, découragement**; v. aussi PEINE et DÉCEPTION. ● **amèrement** *Il se plaint amèrement de votre indifférence* (s'emploie surtout derrière les verbes *pleurer*, *se plaindre, regretter*), avec amertume = **vivement**; ↓**beaucoup**.

ameublement *L'ameublement de cette maison l'avait séduite*, ensemble des meubles d'un logement considéré dans son agencement ; **mobilier** n'implique pas l'idée d'agencement ; v. MEUBLE.

ami 1° *Avez-vous beaucoup d'amis ? ;* ↑**ami intime** s'abrège parfois en **intime**, qui s'emploie surtout dans l'express. *entre intimes ;* ↓**camarade** ; (fam.) ↓**copain** est le plus couramment utilisé aujourd'hui par les jeunes, avec des valeurs affectives diverses ; ↓(très fam.) **pote**, (peu employé) **poteau** ; ↓**connaissance** se dit de qqn que l'on a l'habitude de rencontrer sans pour cela être vraiment lié avec lui ; **relations** (au plur.) désigne un ensemble de personnes avec lesquelles on est lié par des rapports d'affaires, mondains, etc. V. aussi ALLIÉ. — 2° V. AMANT.

amidonner *Vous veillerez à amidonner ses chemises ;* (plus rare) **empeser**.

amnistie *Acte du pouvoir législatif qui a pour objet d'effacer un fait punissable, soit en empêchant ou en arrêtant les poursuites, soit en annulant les condamnations :* L'amnistie est toujours collective. *La* **grâce** *est une remise de peine accordée par le chef de l'État après la condamnation prononcée, et qui laisse subsister la flétrissure morale du jugement, dont elle arrête seulement les effets :* La grâce est spéciale et individuelle.

amollir 1° *Il faudrait amollir un peu cette pâte, qui est trop dure* = **ramollir** ; **attendrir** se dit de la viande, pour laquelle *amollir* ne convient pas. — 2° V. ABATTRE II. V. aussi EFFÉMINER.

amorce I V. APPÂT.

II *Ce discours est l'amorce d'une entreprise de séduction électorale*, manière de commencer, d'entamer qqch = **ébauche, début**. ● **amorcer** *Il amorça un sourire, puis il prit la parole* = **ébaucher, esquisser**. *Il amorça un virage ;* (moins propre) **commencer** (v. ce mot).

amour 1° *Alors, c'est le grand amour ? ;* ↓(fam.) **béguin** ; ↑**coup de foudre** se dit d'un amour subit et violent, qui implique la **passion** (v. ce mot) ;

v. aussi AFFECTION I, CAPRICE et SENTIMENT II. — 2° *Faire l'amour* : v. INTIME. — 3° *Avoir l'amour de la musique ;* ↑**passion.** • **amouracher (s')** *Il s'est amouraché de la fille de son patron ;* (vieilli) **s'enamourer ;** ↑**s'enticher ;** ↑(peu usité) **se coiffer ;** ↑(fam.) **se toquer.** V. aussi AIMER.

ample *Elle portait un ample manteau,* qui a de la largeur, du volume, de la surface au-delà du nécessaire, mais sans excès. S'emploie surtout en parlant de vêtements ; **grand, large** ne sont que des syn. très approximatifs ; dans l'express. *faire ample provision de qqch* = **large, riche.** V. ÉTENDU (in *étendre*). • **ampleur** 1° *L'ampleur du désastre nous attriste* = **importance, étendue ;** souvent construit avec le verbe *prendre : Depuis les dernières élections, leur mouvement a pris de l'ampleur* = **importance, extension, étendue ;** *se* **développer** *(qqn/qqch s'est développé).* V. aussi ABONDANCE I et MASSE. — 2° V. VOLUME II. • **amplification** *L'amplification des mouvements de grève inquiète le gouvernement* = **développement, extension.**

ampoule *À force de tant marcher, j'ai attrapé des ampoules aux pieds ;* **cloque** et son syn. fam. **cloche** peuvent s'employer dans ce contexte, mais se disent surtout des résultats d'une brûlure, où *ampoule* ne convient pas.

ampoulé *Avait-on besoin d'un style aussi ampoulé pour dire de telles banalités ? ;* **pompeux, grandiloquent** impliquent davantage l'idée de solennité ; **enflé, boursouflé, emphatique** font surtout penser à des abus ridicules dans la syntaxe de la phrase ; (plus fam.) **ronflant ;** (plus soutenu) **contourné ;** v. aussi AFFECTÉ (in *affecter* II).

amulette Terme générique qui s'applique à tous les objets que l'on porte sur soi et auxquels on attribue superstitieusement la vertu de préserver de certains maux réels ou imaginaires, et même d'éloigner la mort de ses possesseurs ; **talisman** se dit d'un objet marqué de signes cabalistiques — que l'on ne porte pas nécessairement, comme l'*amulette,* attaché à sa personne — et auquel on attribue une vertu plus étendue, puisqu'il permet non seulement de protéger, mais encore d'attaquer les autres ;

gri-gri (ou **grigri**) est le nom africain des amulettes, talismans, etc. ; c'est aussi un syn. péjor. et iron. de ces termes ; **fétiche,** pris au sens propre, se dit de tout objet naturel ou artificiel dont certaines peuplades se servent pour des pratiques superstitieuses, et auquel elles décernent des hommages divins ; **porte-bonheur** et *fétiche* sont les termes le plus couramment employés.

amuser 1° *Emmenez-le au cinéma, cela l'amusera ! ;* **distraire, divertir** conviennent mieux dans ce contexte, ainsi que ↓ **dérider, égayer ;** v. aussi RIRE. — 2° *Cela ne m'amuse guère de devoir sortir par ce temps* = **sourire ;** v. aussi PLAIRE. — 3° *Avec leurs beaux discours, moi, ils m'amusent !* = **faire rire ;** (fam.) **faire rigoler/marrer.** • **s'amuser** 1° *Mon fils s'amuse à poursuivre le chat* = **jouer.** — 2° *Il faut toujours que tu t'amuses en route !,* perdre son temps à des futilités = **lambiner, traîner, flâner, lanterner, musarder.** — 3° V. TEMPS I [*se donner du bon temps*]. • **amusant** *C'est une histoire amusante,* propre à distraire = **drôle, comique ;** (fam.) **marrant, rigolo.** *Ce spectacle est amusant* = (outre les précédents) **distrayant.** *C'est un homme très amusant,* dont on s'amuse = **drôle, comique** (v. aussi CURIEUX) ; ou qui amuse = **drôle ; spirituel** se dit d'une personne qui amuse par ses traits d'esprit ; v. aussi GAI.

an 1° *Il aura terminé ses études dans deux ans,* période de douze mois, sans considérer si son début se situe ou non le 1er janvier ; **année** exprime une période allant du 1er janvier au 31 décembre ; les deux termes s'excluent généralement et ne sont que rarement syn. ; ils le sont dans : *l'an prochain/l'année prochaine, le nouvel an/la nouvelle année, l'an dernier/l'année dernière, l'an passé/l'année passée ;* encore doit-on noter que ces expressions n'ont pas toujours la même syntaxe (on dira : *L'an prochain/L'année prochaine, nous partirons en vacances,* mais seulement : *L'année prochaine sera bonne*). — 2° Pour l'indication de l'âge : *Il a trente ans ;* (très fam., emprunté à l'arg.) **piges, berges ;** (cliché littér.) ; style désuet ou iron.) **printemps.** — 3° Dans l'express. *par an* = **annuellement.** — 4° Dans l'express. *le jour de l'an,* le premier jour de l'année = **le premier de l'an, le nouvel an.**

anachronique *L'usage de la lampe à huile est anachronique,* qui **date,** qui est d'un autre âge = **périmé, désuet, démodé ;** v. aussi INACTUEL.

analogie *Il y a certaines analogies entre l'homme et l'animal ;* ↓ **rapport, relation ; similitude, ressemblance** s'emploient surtout en parlant de caractères physiques ; **affinité, parenté, conformité** s'emploient surtout en parlant de qqch d'abstrait *(Une analogie/affinité/parenté/conformité de goûts les unissait l'un à l'autre).*

analyse *Vous trouverez dans cette revue l'analyse de quelques livres récents,* examen par lequel on étudie les diverses parties d'un tout ; ici, le rapport de cet examen = **compte rendu, critique ;** (plus général) **étude.** ● **analyser** *Il a très bien analysé cette œuvre* = **rendre compte de, étudier, examiner.**

anarchie *Depuis son départ, c'est l'anarchie la plus complète ;* ↓ **désordre ;** (plus fam.) **pagaille ; confusion** s'emploie plutôt en parlant d'un état intellectuel : *l'anarchie/la confusion des idées ;* ↑ **chaos.** ● **anarchique** *Vivre de manière anarchique ;* ↓ **désordonné.**

ancien 1° *Qqch est* ∼. *Il recherche les livres anciens ;* **vieux** s'emploie parfois en ce sens et est alors moins soutenu que le précédent ; mais, le plus souvent, *ancien* se dit de ce qui appartient à une époque antérieure et prend ainsi de la valeur, *vieux* de ce qui a pris de l'âge et a ainsi perdu de la valeur ; **vieillot** se dit de ce qui a un caractère vieilli et apparaît ainsi comme un peu ridicule : *des coutumes vieillottes ;* dans le même sens, **désuet** est plus soutenu, ainsi qu'**antique** (sens le plus courant : «qui appartient à l'Antiquité») et **séculaire** (sens le plus courant : «vieux d'au moins un siècle») ; **vétuste** ne se dit que des choses tombées en désuétude et le plus souvent détériorées par le temps : *un habit vétuste ;* ↑ **antédiluvien** se dit ironiquement de ce qui est très ancien et passé de mode : *une maison antédiluvienne ;* **archaïque** ne se dit guère que du langage : *un mot archaïque est un mot ancien employé dans un contexte moderne.* — 2° *Qqn est* ∼. *Il est plus ancien que moi dans le métier ;* (plus courant) **vieux ;** v. aussi ÂGÉ. ● **ancien-**nement *C'est la rue du Maréchal-Leclerc, anciennement rue des Petits-Pâtres ;* ce contexte est l'un des seuls où ce terme s'emploie sans affectation ; dans les autres, on dira **autrefois** ou (plus soutenu) **jadis (naguère** [soutenu], souvent confondu avec *jadis,* signifie «récemment»). ● **anciennetés** *Un magasin d'anciennetés* = **antiquités.**

âne 1° *Un âne tirait la charrette ;* (fam.) **baudet ; bourrique** est le syn. fam. de *ânesse ;* **bourricot** et **bourriquet,** ceux de *ânon.* — 2° V. IGNORANT et SOT.

anecdote *Voici une anecdote qui me rappelle mon enfance ;* **histoire** se dit généralement d'un récit plus ample et circonstancié ; (peu employé) **l'historiette** est une petite histoire ; (didact.) **écho** appartient au vocabulaire du journalisme : se dit des petites nouvelles mondaines ou locales.

ange 1° *On représente les anges avec des ailes et un vêtement blanc pour exprimer leur essence immatérielle et la pureté de leur nature,* en théologie, être purement spirituel, intermédiaire entre Dieu et l'homme ; **séraphin, chérubin** et **archange** ne sont pas directement des syn. d'*ange,* mais renvoient à une hiérarchie : l'archange est un ange d'ordre supérieur, les séraphins sont les premiers de la hiérarchie des anges, les chérubins, ceux du second rang de la première hiérarchie ; **messager, envoyé** peuvent être des syn. d'*ange* quand ce terme a son sens étymologique («messager») : *l'ange/l'envoyé/le messager de Dieu.* — 2° *Mon ange,* terme d'affection (généralement avec l'adj. poss.) = (la liste des syn. est impossible à définir) **chéri, cœur, chou,** etc. — 3° Dans l'express. *comme un ange,* sens d'un superlatif : *Elle est douce comme un ange ;* ↓ **très** *(... très douce).* — 4° *Vous êtes mon ange gardien ;* (moins expressif) **protecteur,** ↑ **sauveur.**

angle 1° *Angle* est abstrait et précis ; il se dit du saillant ou du rentrant formé par deux lignes, deux ou plusieurs surfaces qui se coupent : *les angles d'un triangle ; les angles d'une maison ;* **coin** est concret ; il ne s'emploie dans le langage commun : *les coins d'un mouchoir ; le coin de la rue ;* **encoignure** ne se dit que d'un angle intérieur : *encoi-*

gnure d'un salon, d'une cour ; **coude** ne s'applique qu'à un angle saillant : *le coude d'un mur, d'une rue ;* **arête** est le mot usuel qui désigne l'angle saillant formé par deux plans : *l'arête d'un toit, d'une montagne.* — 2° V. ÉCLAIRAGE (in *éclairer*) et RAPPORT II.

angoisse *Étreint par l'angoisse, il était incapable de faire un geste ;* ↓ **anxiété ;** (au plur.) [très soutenu] **transes** ne s'emploie que dans le contexte *être dans les transes ;* (au plur.) ↑ **affres** ne s'emploie guère que dans le contexte *les affres de la mort ;* v. aussi CRAINTE, TROUBLE II et EFFROI. V. INQUIÉTUDE (in *inquiet*), PEUR et TOURMENT.

animal 1° *Animal* est le terme générique qui s'oppose à « végétal » ; on dit ainsi que *l'homme est un animal raisonnable ;* **bête** désigne tout être animé, l'homme excepté. Ces deux termes peuvent s'employer l'un pour l'autre : *aimer les animaux/les bêtes, animal* étant alors plus soutenu ; **bestiole** ne se dit que d'une petite bête. — 2° *Quel animal !* (en parlant d'un homme aux mœurs grossières) = **brute ;** ↑ **brute** épaisse. — 3° (adj.) *Les forces animales* (en parlant de qqn) ; ↑ **bestial.**

animer 1° ~ qqn. *Le chef d'orchestre anime ses musiciens,* communiquer son ardeur à qqn = **stimuler ;** ↓ **encourager,** ↑ **exciter, enflammer, aiguillonner.** V. AGIR I. V. aussi DIRIGER I. — 2° ~ qqch. *Heureusement qu'il est là pour animer la conversation,* donner vie et mouvement à qqch ; syn. variant selon les contextes ; dans l'express. précédente : **égayer.** *Animer les sentiments de qqn* (la haine, la jalousie, la joie...) = **stimuler ;** ↑ **exciter,** ↑ **aviver,** ↑ **enflammer.** *Animer un spectacle* = **présenter.** ● **animé** 1° *Les êtres animés* = **vivant.** — 2° *La conversation fut très animée,* plein de vie et de mouvement = **vif, agité ;** ↓ **vivant ;** ↑ **chaud.** ● **animation** 1° *Il règne dans le port beaucoup d'animation,* mouvements divers de la foule = **activité, mouvement ;** ↑ **affairement.** — 2° *L'homme haranguait la foule avec animation* = **vivacité, chaleur, flamme ;** ↑ **passion, excitation, exaltation ;** v. aussi ENTHOUSIASME.

anneau *Elle regardait avec émotion son anneau nuptial,* ne s'emploie plus

guère que dans ce contexte soutenu ; (courant) **alliance** se dit spécialement de l'anneau nuptial ; (courant et d'emploi général) **bague ;** la **chevalière** est une bague à long chaton, sur lequel sont gravées des initiales.

annoncer 1° *Qqn* ~ *qqch. Il m'a annoncé son départ* = **apprendre ; aviser de, instruire de, informer de, avertir de** s'emploient davantage en termes de rapports officiels *(J'ai avisé mon directeur de ma décision) ;* **proclamer,** c'est déclarer qqch hautement et publiquement *(Le jury vient de proclamer les résultats de l'examen) ;* **alerter,** c'est avertir qqn d'un danger ou d'une difficulté quelconque *(Mon fils n'est pas rentré depuis deux jours. J'ai alerté la police) ;* v. aussi DÉCLARER, PARLER, SAVOIR I [*faire savoir*], NOTIFIER et SIGNALER. — 2° *Qqch* ~ *qqch. Ces nuages n'annoncent rien de bon,* être le signe de = **présager.** V. aussi DIRE. ● **annonciateur** *Voici les signes annonciateurs de la révolte* = **avant-coureur, premier** (antéposé).

annuler 1° (en termes de droit) Frapper de nullité ; terme d'emploi général dans les contextes *annuler un marché, un testament ;* **abroger** *un décret, une loi, un arrêté ;* **abolir** *une coutume, un usage ;* **infirmer,** ·↑ **casser** *un jugement ;* **révoquer** *une donation ;* **dissoudre** *un mariage.* Terme de législation et d'administration : **rapporter.** Termes de jurisprudence : **invalider, résilier, résoudre, rescinder.** — 2° (courant) *Pierre a dû annuler ses rendez-vous* = **décommander, supprimer** (dans ce contexte, *décommander* suppose plutôt que Pierre avait obtenu des rendez-vous, *supprimer,* qu'il en avait donné) ; dans le contexte *annuler une dette* = **éteindre.** ● **annulation** (avec les mêmes nuances qu'ANNULER) = **abolition** (de la peine de mort), **abrogation** (d'une loi), **cassation** (d'un testament), **infirmation** (d'un jugement), **invalidation** (d'un contrat), **résolution** (d'un bail), **révocation** (de l'édit de Nantes), **dissolution** (d'un mariage).

anoblir C'est faire entrer dans la noblesse sociale ; **ennoblir,** c'est faire entrer dans la noblesse morale.

anthologie *La bibliothèque vient d'acquérir une nouvelle anthologie des* *poètes contemporains,* recueil de morceaux choisis dans les œuvres des poètes, des prosateurs, des musiciens ; **florilège** a le même sens, mais ne s'emploie pas pour désigner un recueil vendu en librairie ; v. RECUEIL (in *recueillir*) ; v. aussi CHOIX.

anthropophage *Ces histoires d'anthropophages ne risquent-elles pas de trop effrayer les enfants ?* = **cannibale.**

antipathie *Leur dernière querelle va renforcer l'antipathie qu'elle manifestait déjà à l'égard de son frère,* contraire de « sympathie » : hostilité que l'on éprouve instinctivement pour qqn ; **inimitié** ne suppose pas que l'hostilité soit instinctive ; ↑**aversion, dégoût** (v. aussi ce mot) ; (fam.) **prendre en grippe,** c'est éprouver une antipathie soudaine contre qqn ou qqch ; v. aussi RÉPUGNANCE et RESSENTIMENT.

anus *Depuis quelque temps, elle éprouvait de violentes douleurs à l'anus ;* (peu employé) **fondement ;** (fam.) **derrière** (v. ce mot) ; (très fam., par plaisant.) **troufignard, troufignon, trou de balle ;** (très fam., vulg.) **trou du cul.**

apaiser *La voix rassurante du médecin l'avait apaisée ;* ↓**calmer** implique qqch de plus provisoire que *apaiser ;* ↑(soutenu) **rasséréner ;** v. SOULAGER. V. aussi ASSOUVIR, LÉNIFIER, MODÉRER, RASSURER et SATISFAIRE.

apanage 1° Qqch est l'~ de qqn. *Mourir est l'apanage de tous les hommes ;* **lot,** quand l'*apanage* est défavorable (notre exemple), **privilège,** quand l'*apanage* est favorable : *L'accès aux livres demeure l'apanage d'une élite.* — 2° Qqn a l'~ de qqch. *Pensez-vous avoir l'apanage de l'intelligence,* être seul à jouir de qqch = **privilège, monopole, exclusivité.**

aparté *Je n'aime pas beaucoup vos apartés ;* (plus fam.) **messes basses,** (fam.) **parlotes ;** v. MONOLOGUE. ● **en aparté** *Je ne pourrai vous faire mon rapport qu'en aparté* = **en tête à tête.** V. aussi SECRÈTEMENT (in *secret* I).

apathie *Si vous parvenez à le sortir de son apathie, vous aurez de la chance !* 1° (due à un état dépressif) **atonie** ne se

dit que des forces physiques ; ↑**torpeur.** — 2° (état habituel, sans idées de troubles pathologiques) ↓**indolence, nonchalance** se rapprochent de **paresse** (v. ce mot) ; **mollesse,** qui est péjor., évoque l'absence de volonté et d'énergie ; **indifférence** se dit de celui que rien n'intéresse ; contrairement aux syn. précédents, qui portent surtout sur la vie intérieure, **inertie** et **passivité** (v. ce mot in *passif)* insistent sur l'absence d'activité physique ; **langueur,** assez soutenu, s'emploie aussi bien dans le 1° (moins fort que *torpeur)* que dans le 2°.

apitoyer V. ÉMOUVOIR. ● **s'apitoyer** *S'apitoyer sur le sort des pays du tiers monde est une chose ; agir pour le changer en est une autre ! ;* ↑**compatir** *(compatir à qqch),* c'est, en outre, prendre part à ; **s'attendrir** implique une émotion plus douce ; **plaindre** *(plaindre qqn).* V. aussi ATTRISTER.

aplanir 1° *Il faudra aplanir ce terrain avant de pouvoir y construire* = **niveler, égaliser.** — 2° *Il avait le don d'aplanir les difficultés,* faire disparaître les obstacles = **lever, supprimer.**

aplomb I *Pour faire des acrobaties sur un fil, il faut savoir garder son aplomb* = **équilibre.** Terme employé dans la locution *d'aplomb,* dans l'expression *être/se sentir d'aplomb : Je vais me coucher, je ne me sens pas d'aplomb,* en bon état physique et moral = **bien** *(être/se sentir bien) ;* (seulement à la forme négative, fam.) **dans son assiette** *(ne pas être dans son assiette) ;* v. FOUTU [*mal foutu].*

II *Ces camelots ont un aplomb extraordinaire ;* (plus soutenu) **audace ;** (moins péjor.), **assurance ;** (fam.) **culot, toupet, estomac.** V. aussi COURAGE, HARDIESSE, SANG-FROID et IMPUDENCE.

apologiste Dans l'express. *se faire l'apologiste de : Il s'est fait l'apologiste de la vertu* = **avocat, défenseur ;** v. aussi PARTISAN.

apostat *Un apostat est celui qui renonce publiquement à une religion* = **renégat ; hérétique** se dit de celui qui, sans abandonner sa religion, n'en respecte pas certains dogmes fondamentaux ; **hérésiarque** se dit de l'auteur d'une hérésie; **hétérodoxe** se dit de celui qui ne se conforme pas à toutes les données d'une religion, sans pour autant être taxé d'hérésie; **schismatique** se dit de celui qui se sépare de la communion d'une Église.

apparat *L'apparat du festin marquait toute la suffisance de nos hôtes* = **pompe** (ces deux termes s'emploient surtout dans l'expression *en grande pompe/en grand apparat*); **cérémonial** se dit d'un apparat réglé par un ensemble d'usages; v. SOLENNEL; v. aussi LUXE, PROTOCOLE et OSTENTATION.

appareil 1° *Le mécanicien nous a fait visiter son atelier; il y avait là quelques appareils assez compliqués* = **machine**; (plus fam.) **engin**. — 2° Ce terme, employé de manière générique au sens du 1°, peut, selon les contextes, être syn. de **avion** *(L'appareil/L'avion atterrit)*, **caméra**, **dentier**. En parlant de téléphone : *Qui est à l'appareil ?* = **au bout du fil**.

apparemment *Nous voici, apparemment, dans une périlleuse situation, autant que l'on peut en juger selon ce que l'on voit*; (peu employé) **en apparence**; ↑ (renforcement oratoire; plus soutenu) **selon toute apparence**.

apparent 1° *Son infirmité est heureusement peu apparente* = **visible**; **ostensible** se dit de ce qui se fait, avec l'intention d'être montré : *Il porte sa décoration de manière ostensible.* V. aussi CERTAIN. — 2° *Il cachait sous son apparente bonhomie une méchanceté féroce* = **faux, trompeur, superficiel, illusoire**; **spécieux** ne s'applique qu'aux choses de l'esprit, le plus souvent avec le substantif « argument » *(des arguments spécieux).* V. aussi EXTÉRIEUR et PRÉTENDU (in *prétendre* I).

appartement *Ils habitent un bel appartement;* **studio** se dit d'un appartement d'une seule pièce; **duplex**, d'un appartement construit sur deux étages; (par métonymie) **H. L. M.** se dit d'un appartement modeste situé dans un ensemble H. L. M. ; selon le nombre de chambres contenues dans un appartement, on parle de **F 2** (une chambre), **F 3**, **F 4**, etc. ; **garçonnière** se dit d'un petit appartement pour personne seule;

pied-à-terre désigne un appartement dans lequel on ne vient qu'en passant. V. aussi HABITATION.

appartenir 1° Qqch ~ à qqn. *Cette maison m'appartient* = **être à**. — 2° Qqch ~ à qqch. *Cela n'appartient pas au sujet que je vais traiter* = **faire partie de, concerner** *(concerner qqch),* **relever de**. — 3° (impers.) *Il appartient à qqn de. Il vous appartient de surveiller vos enfants;* (soutenu) **être du devoir de, revenir** (impers.) [*Il vous revient de surveiller...*]; (plus courant) **devoir** *(Vous devez surveiller...).*

appât 1° *On attire le poisson avec un appât* = **amorce**; **aiche, èche** ou **esche** se dit seulement de l'appât accroché au bout de l'hameçon (asticot, vers, etc.); **boette, boëte, bouette** ou **boitte** se dit des esches marines; **leurre** désigne une esche factice utilisée dans la pêche au lancer; les leurres les plus employés sont la **cuiller**, le **devon**, la **mouche** (artificielle). V. aussi FILET et PIÈGE. — 2° *L'appât des gros bénéfices donnait à ses yeux une lumière inhabituelle;* ↓ **attrait**. ● **appâter** 1° ~ un gibier, un poisson = **amorcer**. — 2° ~ qqn = **attirer, séduire**.

appauvrir 1° ~ qqn. *Ses folles dépenses au jeu l'ont considérablement appauvri;* ↑ **ruiner**, c'est supprimer toute ressource; (fam.) ↑ **mettre sur la paille**. — 2° ~ qqch. (en parlant d'un pays) ↑ **épuiser** *(La famine a appauvri/épuisé le pays);* (en parlant d'une terre) ↑ **épuiser**, **stériliser**; (en parlant du sang) = **anémier**. V. aussi RAVAGER.

appeler I 1° ~ qqn. *Voulez-vous appeler le directeur ?;* **héler**, c'est appeler de loin; **interpeller, apostropher**, c'est s'adresser brutalement à la parole à qqn pour le questionner; v. aussi SONNER et SIFFLER. — 2° ~ qqn. *Voulez-vous appeler le médecin ?,* demander à qqn de venir chez soi = **demander**; (vieilli) **mander**; **convoquer**, c'est appeler à une réunion, souvent de manière officielle *(convoquer qqn à une assemblée);* v. aussi INVITER; **assigner, citer** sont des termes de procédure : c'est sommer à comparaître devant un juge *(appeler/assigner/citer qqn en justice).* — 3° ~ qqn à. *Je l'ai appelé à cette fonction en raison de sa compétence*, désigner qqn pour une charge, une fonction = **nommer, désigner**; v. aussi CHOISIR. — 4° Dans l'express. *appeler qqn sous les drapeaux* = **incorporer**; v. aussi MOBILISER. — 5° Qqn ⁓ qqch. *Il appelle le repos de tous ses vœux*, demander, essayer d'obtenir qqch = **souhaiter, désirer, aspirer à**. — 6° Qqch ⁓ qqch. *La situation appelle un remaniement complet de notre plan*, rendre nécessaire = **demander, réclamer, commander**; (soutenu) **requérir**; ↑ **exiger**. — 7° **en appeler à** *J'en appelle à votre bon sens*, s'adresser au cœur, à l'esprit de qqn pour qu'il agisse de telle ou telle manière = **faire appel à, s'adresser à, s'en remettre à, invoquer**; v. aussi ENCOURAGER. — 8° Dans l'express. *appeler l'attention de qqn sur qqch* = **attirer**. ● **appel** 1° (sens 2 du verbe) *Son avocat a dit qu'il ferait appel* : on fait appel d'une décision à une juridiction supérieure pour la faire réformer; par **pourvoi**, on soumet cette décision à la plus haute des juridictions pour la faire casser; **recours** est un terme général qui recouvre les syn. précédents. — 2° (sens 5 du verbe) *L'appel du plaisir* = **attraction, attrait, sollicitation, attirance**. *L'appel de la conscience* = **cri, voix**. *Appel à l'insurrection* = **incitation, excitation**; v. INVITATION. — 3° V. PROCLAMATION (in *proclamer*).

II 1° ⁓ qqn. *Comment appellerez-vous votre fils, si vous avez un fils?* ; (plus soutenu) **nommer, prénommer** permettent de distinguer entre nom et prénom; **surnommer**, c'est donner un surnom *(Mon prénom, c'est Joseph, mais mon surnom est Jojo)*; (fam.) **baptiser** se dit par plaisant. de qqn dont on trouve le nom ou le prénom étrange *(Ils ont baptisé leur garçon Aristide!)*. V. aussi INJURIER. — 2° ⁓ qqch : *Comment appelez-vous cette plante?* ; (plus soutenu) **nommer**; **dénommer**, c'est donner un nom à qqch qui n'en avait pas. ● **s'appeler** *Je m'appelle Jean;* (plus soutenu) **se nommer**. *Comment s'appelle ce roman?* ; **titre** *(Quel est le titre de...);* (plus soutenu) **s'intituler**. ● **appellation** *La publicité nous propose chaque jour des appellations curieuses pour de nouveaux produits*; **dénomination**; (peu employé) **désignation**.

appétissant *Le plat de légumes n'était pas très appétissant;* (surtout

employé dans une phrase négative) **ragoûtant**; v. AFFRIOLANT (in *affrioler*) et SAVOUREUX (in *saveur*).

appliquer 1° Qqn ⁓ sur qqch, qqn ⁓ contre qqch. *Le pharmacien lui a appliqué une pommade sur sa brulûre;* (terme général) **mettre**. (syn. se répartissant selon les contextes) *Appliquer son sceau sur une lettre* = **apposer**. *Appliquer un meuble contre un mur* = **poser, placer**. *Appliquer une couche de peinture sur un meuble* = **étendre, passer**. *Appliquer une gifle à qqn;* (fam.) **flanquer**; (iron.) **gratifier** *(gratifier qqn d'une gifle).* — 2° Qqn ⁓ qqch à. *Il apprend ses leçons, mais il ne sait pas les appliquer;* (plus général) **employer, utiliser**. *Appliquer un châtiment à qqn* = **infliger**; (plus général) **donner**; **administrer** et (fam.) **flanquer** ne se disent guère que d'une correction; v. aussi BATTRE I et CORRIGER. *Appliquer une méthode, une théorie* = **mettre en pratique**. ● **s'appliquer** 1° Qqch ⁓ à. *Cette observation s'applique à tous ceux qui m'écoutent*, être adapté à; (⁓ à qqn, notre ex.) **concerner, intéresser, viser**; (⁓ à qqch) *Cette remarque s'applique à l'histoire de la langue* = **se rapporter à**. — 2° Qqn ⁓ à. V. ADONNER (S'). ● **appliqué** *C'est un élève très appliqué* (sens 2 de *s'appliquer*) = **travailleur, consciencieux** (v. ce mot); **studieux, sérieux** (v. ce mot); v. aussi SOIGNEUX (in *soin* I).

appoint *L'industrie est un appoint non négligeable pour ce pays traditionnellement agricole* = **complément**. *L'appoint du champion de saut à la perche a permis à notre équipe d'athlétisme de triompher* = **aide, contribution, concours, appui, apport**.

appréciation 1° *L'appréciation du commissaire-priseur me paraît excessive*, action d'estimer, de déterminer la valeur de qqch = **estimation, évaluation**. — 2° *Je n'ai pas aimé les appréciations que vous avez écrites en marge de mon livre*, jugement critique porté sur qqch = **observation, note**; v. aussi JUGEMENT.

apprendre 1° ⁓ qqch. V. ACCUEILLIR et SAVOIR. — 2° ⁓ qqch. *Elle a appris ses leçons jusqu'à minuit;* **étudier** implique davantage que le recours à la seule mémoire; (fam.) ↑ **rabâcher, potasser**; **revoir, réviser**, (fam.) **repasser**, c'est

45

revenir sur ce que l'on a déjà appris. *Cette année j'apprends l'allemand ;* (plus fam.) **faire de ; s'initier à** et (plus fam.) se **mettre à,** c'est commencer un apprentissage ; v. aussi TRAVAILLER I. — 3° ∼ qqch à qqn. V. ANNONCER. — 4° ∼ qqch à qqn. *C'est lui qui m'a appris le russe ;* **enseigner** ne se dit que des connaissances abstraites ; **initier à** se dit du début d'un apprentissage ; (rare) **instruire à ;** ↑**inculquer,** c'est graver dans l'esprit de façon durable, ainsi que (fam.) **enfoncer dans le crâne/la tête ; montrer** se dit des connaissances pratiques : *apprendre/montrer à qqn comment fonctionne un appareil.* V. aussi SAVOIR.

apprenti Se dit de celui qui apprend un métier manuel ; **élève,** des métiers intellectuels ou artistiques : *Un charcutier a des apprentis, un musicien a des élèves ;* v. aussi AIDE. ● **apprentissage** *Il est dans sa période d'apprentissage : on ne peut lui demander l'impossible ! ;* (moins employé) **initiation.**

apprivoiser 1° *Il n'est pas facile d'apprivoiser un écureuil ;* ↑**domestiquer,** c'est mettre au service de l'homme, de manière durable, un animal sauvage : *Le cheval est un animal domestiqué ;* **dompter,** c'est contraindre à l'obéissance un animal sauvage : *dompter un lion ;* **dresser,** c'est instruire un animal sauvage ou domestique à faire qqch. — 2° ∼ qqn. *C'est une femme qui ne se laisse pas facilement apprivoiser !* = **amadouer.**

approfondir *Il faudra un peu approfondir cette question pour y voir plus clair ;* (plus fam.) **creuser.**

approprié *Est-ce bien la situation appropriée pour lui annoncer son renvoi ? ;* (par plaisant.) **idoine ; convenable** insiste sur les usages en cours et que l'on doit respecter ; ↑**adéquat ;** ↑**pertinent** ne se dit guère, en ce sens, que dans des contextes limités : *une remarque/une réflexion pertinente ;* v. aussi CONFORME.

approuver 1° ∼ qqch. *Il a approuvé son départ,* donner son accord à qqch ; **accepter, admettre,** c'est aussi donner son accord à qqch, mais avec moins de chaleur et parfois même avec réticence ;

v. ADHÉRER II et COMPRENDRE ; (soutenu) **souscrire à ;** ↑**applaudir à,** ↑**faire chorus,** qui s'emploie sans complément, c'est manifester bruyamment son approbation ; v. aussi CONSENTIR et PERMETTRE. — 2° ∼ qqn. *Je l'approuve totalement d'avoir usé de clémence,* juger bonne l'action de qqn = **donner raison à ;** ↑**louer de, féliciter de.** *Il approuve tous ses caprices ;* (fam.) **dire amen à.** ● **approbation** *Je ne peux prendre une telle décision sans l'approbation du directeur ! ;* (plus courant) **accord ;** ↓**acquiescement, consentement** évoquent plus le fait de ne pas s'opposer à qqch que celui d'approuver ; **aveu** ne s'emploie plus que dans le contexte *sans l'aveu de qqn : Ils se sont mariés sans l'aveu/le consentement de leurs parents ;* **agrément** se dit d'une approbation émanant d'une autorité supérieure ; ↓**assentiment** se dit de l'acquiescement que l'on donne à qqch qui existe déjà et à quoi on se rallie : *Ma fille s'est mariée sans me prévenir, et je donne mon assentiment à ce mariage ;* v. aussi PERMISSION.

approvisionner On approvisionne une ville en temps normal, on la **ravitaille** en temps de guerre, de troubles, etc ; v. aussi NOURRIR et PROCURER. ● **s'approvisionner** V. FOURNIR (SE).

appui 1° (sens concret, comme APPUYER I) Se dit surtout de ce sur quoi qqn s'appuie ; **support** se dit surtout de ce sur quoi qqch porte ; v. PILIER. *Un mur d'appui* = **soutènement.** *Prendre appui* = **s'appuyer.** — 2° (sens abstrait, comme APPUYER II) *Vous pouvez compter sur mon appui* = **aide, concours, soutien.** *C'est quelqu'un qui a des appuis* (au plur.) = **protections ;** (plus général) **relations ;** (fam.) **piston** *(qqn a du piston)* se dit des appuis sur lesquels on compte pour obtenir ce à quoi l'on n'a pas droit légitimement. *Il lui a donné son appui* = **caution ;** v. RECOMMANDATION (in *recommander*) et SERVICE II.

appuyer I ∼ qqch (par, sur, contre)/sur qqch. 1° ∼ qqch (par). *Les murs étaient appuyés par des arcs-boutants,* soutenir une chose par une autre = **soutenir, maintenir, étayer.** — 2° ∼ qqch (contre, sur). *Il appuya son front contre la vitre,* placer qqch contre une autre qui lui sert de support ; (plus général) **placer, poser, mettre.** — 3° ∼ qqch (sur). [abstrait] *Il appuie son accusation sur des mensonges* = **fonder, faire reposer**. V. aussi CONFIRMER. — 4° ∼ sur qqch. *Il faut appuyer sur ce bouton pour mettre l'appareil en marche ;* ↓**presser**, ↑**peser** *(Pressez sur ce bouton/Pesez sur ce levier).* V. aussi INSISTER. — 5° ∼ qqn. V. SERVIR II. ● **s'appuyer** V. ADOSSER (S'), APPUI et REPOSER [*reposer sur*].

II ∼ qqn. V. AIDER.

après I prép. 1° Dans l'express. *être après qqn : Pauvre gosse, sa mère est toujours après lui !* (fam.), être constamment derrière qqn pour le surveiller ou le réprimander ; (assez soutenu) **harceler**. — 2° (en loc. figées) *Après quoi : Il partit, après quoi le sourire nous revint* (assez soutenu) ; (courant) **après cela, ensuite, alors**. *Après tout : Il n'est pas allé voter ; après tout, il a peut-être eu raison de s'abstenir* = **au fond, finalement, en définitive, en fin de compte**. — 3° (loc. prép.) **d'après** *D'après les journaux, l'accident a fait douze victimes* (+ groupe nominal) = **selon, suivant** *(d'après/selon/suivant les journaux) ;* (+ pronom) = **selon, pour** *(D'après/Selon/Pour vous, que s'est-il passé ?).*

II adv. 1° *Nous avons passé quinze jours à Nice ; après nous sommes partis pour l'Italie,* indique une postériorité dans le temps = **plus tard, ensuite** (v. ce mot). — 2° **et après ?** V. ALORS. — 3° **ci-après** *Voir les explications ci-après* (lang. techn. ou soutenu), marque une postériorité dans l'espace = **infra ;** (courant) **ci-dessous, plus bas.**

arable *Il ne possédait que de bonnes terres arables,* propre à la culture parce que pouvant être labourées ; (moins précis) **labourable, cultivable.**

arbitrage *Les deux pays s'en remettront à l'arbitrage d'une cour internationale,* règlement d'un différend rendu par une instance à laquelle se soumettent les parties en conflit ; **verdict, décision, jugement, sentence ;** par métonymie, ces termes en sont arrivés à désigner plus souvent le résultat de l'arbitrage que l'arbitrage lui-même.

arbitraire 1° *Les symboles mathématiques sont des signes arbitraires,* qui dépend de la seule volonté humaine = **conventionnel.** — 2° *La police multi-*plie *les actes arbitraires,* qui dépend du seul caprice de qqn ; ↓**injustifié, irrégulier ;** ↑**tyrannique, despotique.** V. aussi ABSOLU I, GRATUIT et INJUSTE.

ardent 1° *Un foyer ardent illuminait la pièce,* qui brûle, qui est en combustion (rare en ce sens ; restreint à quelques expressions comme *charbons ardents, buisson ardent,* où il n'a pas de syn.) ; (courant) **embrasé, enflammé, incandescent.** — 2° *Il faisait un soleil ardent* = **brûlant, de plomb ;** v. aussi ACCABLANT. — 3° *C'était un homme ardent, plein de la fièvre d'entreprendre* = **passionné, enflammé, fougueux.** *Elle avait un tempérament très ardent* = **volcanique.** V. aussi EXALTÉ et VIOLENT. — 4° Dans l'express. *être ardent à : Il était ardent au travail* = **acharné à.** ● **ardeur** *C'était un homme plein d'ardeur,* force qui pousse à agir = **fougue, flamme, vigueur, vitalité.** *Manifester de l'ardeur au travail* = **élan, acharnement ;** v. aussi EMPRESSEMENT. *L'ardeur de ses sentiments m'effraie un peu* = **violence, impétuosité, véhémence ;** ↑**furie ;** ↓**chaleur.** *Sans ardeur :* v. MOLLEMENT (in *mou*). V. aussi ENTRAIN, FERVEUR et PASSION.

argent *Avez-vous de l'argent sur vous ? ;* (fam.) **sous,** toujours au plur. ; (fam. ou très fam.) **fric, pèze, pognon, ronds** (plur.), **picaillons** (plur.), **oseille, braise ;** (peu employés, fam. ou très fam.) **pépettes** (plur.), **flouze, grisbi ;** (fam.) **galette** s'emploie généralement en parlant d'une somme importante ; **monnaie** et (fam.) **mitraille** se disent de l'argent de poche dont on porte sur soi ; (didact.) **espèces** (plur.) et **numéraire** se disent de toute monnaie ayant cours légal : *payer en espèces/numéraire. Sans argent :* v. SEC II [*à sec*]. V. aussi BILLET et RICHESSE (in *riche*).

arguer *Il a argué de ses titres pour imposer son autorité* (assez soutenu), faire état de qqch à titre d'argument = **se prévaloir de, prétexter de, alléguer ;** (plus courant) **mettre en avant :** *Il a mis ses titres en avant pour...,* **faire état de.**

aride 1° *Les Causses étalent leurs terres arides, séchées par le soleil ;* ↑**désertique, stérile ;** ↓**pauvre ;** v. aussi SEC I. — 2° *Il trouve les mathématiques trop arides,* qui manque d'agrément, de

charme = **rébarbatif, ingrat** ; v. aussi
SÉVÈRE.

armes I *Sans armes :* v. NU [*à mains
nues*].

II Au plur., nom donné, dans le langage
héraldique, aux figures représentées sur
l'écu ; **armoiries** dit plus ; il désigne
l'ensemble des signes, devises et ornements intérieurs et extérieurs de l'écu ;
blason se dit de la science des armoiries
et de tout ce qui se rapporte à l'art
héraldique ; c'est aussi un syn. *d'armoiries.*

armer ～ qqn de qqch (souvent au
passif). *Il arriva, armé de multiples
appareils photographiques* = **munir de**
(sans syn. dans les express. courantes
*armé de courage/de patience/de bonne
volonté...*).

arracher 1° ～ qqch du sol. *Il faudra
que nous arrachions cette souche ;* **déraciner** conviendrait dans cet exemple ;
s'emploie en parlant d'arbres, mais non
de plantes (*arracher* est plus général) ;
débroussailler, essarter, c'est arracher
des broussailles ; **récolter** s'emploie
comme syn. *d'arracher* en parlant de
certains légumes : *récolter/arracher les
pommes de terre.* — 2° ～ qqch. *On m'a
arraché une dent* = **enlever** ; (plus soutenu) **extraire** ; (plus rare) **extirper.** —
3° ～ qqch des mains de. *Il m'a arraché
ce couteau des mains,* enlever de force à
qqn ou à un animal qqch qu'il tenait ;
↓ **prendre** ; ～ qqn à la mort = **sauver**
*(Ils l'ont arraché à la mort/Ils l'ont
sauvé) ;* ～ qqn à la misère = **tirer de.** —
4° ～ qqch à qqn. *Je lui ai arraché son
secret,* obtenir avec peine qqch de qqn ;
↑ **extorquer** insiste sur la violence
employée ou le caractère frauduleux de
l'action ; ↓ **obtenir** (qqch de qqn). —
5° ～ qqn à qqch. *Quand pourrons-nous
l'arracher à la passion du jeu ?,* faire
sortir malgré lui qqn d'une situation ;
↓ **détourner de, détacher de.** — 6° V. EM-
PORTER.

arranger 1° ～ qqch. *Ils ont vraiment
bien arrangé leur appartement* = **installer** ; (plus soutenu) **aménager** ; **agencer**
se dit surtout d'un local utilitaire :
agencer un magasin. — 2° ～ qqch. *Nous
essaierons de vous arranger un rendez-
vous avec le directeur ;* (fam.) **combiner**

(v. ce mot) ; v. aussi ORGANISER. — 3° ～
qqch. V. COMPOSER I, ORDONNER I,
PARER, RANGER II et RÉPARER. — 4° ～
qqn. V. COMPTE 4°, VOLER et BLESSER.
● **s'arranger** 1° *Ils se sont finalement
arrangés pour construire un mur mitoyen*
= **se mettre d'accord** ; (plus soutenu)
s'entendre. — 2° V. DÉBROUILLER (SE). —
3° V. TASSER (SE). — 4° V. VEILLER
[*veiller à*]. ● **arrangement** *Un arrangement est intervenu entre les deux pays
belligérants,* convention tendant à régler
une situation juridique = **accord, compromis, accommodement.**

arrêter I ～ qqch/qqn. 1° *D'importants travaux arrêtent la circulation sur
la nationale 10* = **immobiliser, paralyser** ; (plus fam.) **stopper.** *Arrêter ses
regards sur qqch* = **fixer.** Dans l'express.
Rien ne l'arrête = **retenir, rebuter.** —
2° *Le manque de matières premières nous
impose d'arrêter nos livraisons* = **suspendre, cesser, interrompre.** *Arrêter le
progrès d'une maladie* = **enrayer.** V. FI-
NIR ; v. aussi TERME I. ● **s'arrêter**
1° *Qqn ～. Vous pensez vous arrêter
longtemps en Auvergne ?* ; (plus soutenu)
faire halte ; **rester** et **séjourner**
impliquent qu'on se fixe assez longtemps
quelque part ; v. aussi DEMEURER. —
2° *Qqch ～. La voiture s'est arrêtée
le long du trottoir* = **stationner.** —
3° *Qqch ～. La pluie va-t-elle enfin
s'arrêter ?* = **finir** ; (plus soutenu) **cesser.**
● **arrêt** 1° *Au cours de notre voyage, nous
ferons un certain nombre d'arrêts*
= **halte** ; **pause** s'emploie pour un arrêt
de courte durée, **escale,** en parlant de
voyage par air ou par mer. — 2° *Les
syndicats ont décidé un arrêt de travail
de quarante-huit heures* = **interruption,
cessation** ; **grève** : *Ils ont décidé une
grève de quarante-huit heures.* —
3° Dans l'express. *sans arrêt* : *Il bavarde
sans arrêt* = **sans cesse** ; **sans répit, sans
trève, sans relâche** sont de style plus
soutenu et ne s'emploient qu'en parlant
d'une activité qui demande quelque
effort : *Il travaille sans arrêt/sans répit,*
etc. ; v. aussi CONSTAMMENT (in *constant*)
et TOUJOURS.

II ～ qqn. *La police a arrêté à l'aube une
bande de trafiquants* = **appréhender** ;
capturer, s'emparer de supposent que
l'arrestation a eu lieu après poursuite ou
combat ; dans le contexte *se faire arrêter,* ce verbe toute une série de syn.

très fam. = **se faire choper, cueillir, emballer, embarquer, poisser,** etc. ; v. RAMASSER.

III ~ qqch. *Nous avons arrêté une date pour notre prochaine réunion,* fixer par un choix, déterminer de manière définitive = **fixer** ; (plus général) **décider de, convenir de** ; *arrêter un marché* = **conclure.**

arriéré mental *Il dirige un établissement pour arriérés mentaux* = **débile** ; v. SIMPLE.

arriver I Qqn/qqch ~ (+ prép.). 1º *J'arriverai au sommet vers midi* = **parvenir à, atteindre** *(J'atteindrai le sommet...).* *L'avion arrive de Londres* = **venir de.** *Notre ami est arrivé à l'improviste* = **survenir** ; (fam.) **tomber** ; v. DÉBARQUER, POINTER (SE) et VENIR. *Arriver bien* : v. TOMBER [*tomber du ciel*]. — 2º *Il a de l'ambition : Il arrivera,* atteindre à un état social supérieur = **réussir** ; (plus fam.) **percer** ; v. aussi RÉALISER. — 3º *Vous êtes quand même arrivés à le faire sourire ?* = **parvenir à** ; v. ABOUTIR II. — 4º (choses seulement) *L'eau arrive jusqu'au seuil des maisons,* atteindre un certain niveau = **monter, s'élever.** — 5º (choses seulement) *Voici la nuit qui arrive* = **venir, approcher.** ● **arrivée** 1º arrivée, arrivage : ces deux termes ne sont pas synonymes ; **arrivage** désigne exclusivement l'arrivée de marchandises par air, mer ou terre ; on dira *l'arrivée des touristes/d'un train de voyageurs/d'un train de marchandises,* mais *l'arrivage du poisson/des fruits... aux Halles.* — 2º *Voici l'arrivée de l'autoroute* = **commencement** (v. ce mot), **début.**

II Qqch ~ (possibilité de constr. impers. : *Il arrive que..., Il arrive qqch*). *Il est arrivé un grave accident sur la R. N. 10/Un grave accident est arrivé sur la R. N. 10 ;* en parlant d'un fait, d'un événement = **se produire, survenir, advenir** ; (jamais impers.) **avoir lieu** ; **se passer** implique que l'événement est saisi dans sa durée : *C'est arrivé/Cela s'est passé la semaine dernière.*

arroser 1º *Il faudra penser à arroser les fleurs ;* (didact.) ↓ **bassiner.** *Arroser le linge avant de le repasser ;* ↓ **humecter,** ↑ **mouiller.** *Il m'a arrosé avec le jet d'eau !* = **asperger** ; v. aussi TREMPER I.

— 2º *Son corsage était tout arrosé de larmes ;* (soutenu) **baigner** se dit aussi du visage, contrairement au précédent. — 3º *La Seine arrose Paris ;* (plus général) **traverser ; irriguer,** c'est arroser artificiellement une terre par un cours d'eau ; **baigner** ne se dit que de la mer et des lacs.

article 1º *J'ai lu un très bon article sur la peine de mort ;* (arg. des journalistes) **papier ; éditorial** se dit de l'article de première page qui émane de la direction d'un journal ou d'une revue ; **chronique** se dit d'un article régulièrement consacré à un sujet sérieusement approfondi. V. aussi MATIÈRE II. — 2º (express.) *Sur cet article :* v. POINT et SUJET II.

as *Au tennis, il est imbattable ; c'est un as !* = **champion, crack** ; v. VIRTUOSE.

aspirer I 1º *Respirer, c'est aspirer puis expirer* = **inspirer ; renifler,** c'est aspirer longuement l'air ou l'humeur. — 2º *Cet appareil permet d'aspirer l'eau* = **pomper.**

II ~ à. V. AMBITIONNER, APPELER I, PRÉTENDRE II et SOUHAITER.

assainissement 1º *Il faudra procéder à l'assainissement de cette pièce après le départ du malade* = **désinfection.** *L'assainissement d'un sol peut être fait par* **assèchement** ou **drainage.** — 2º *Les chefs du parti ont décidé de procéder à un assainissement parmi leurs membres ;* ↑ **épuration.**

assaisonnement Terme général pour désigner tout ce qui, à l'exception du sucre, sert à relever le goût d'un aliment ; les assaisonnements comprennent les **épices** (poivre, piment, cannelle, etc.) et les **condiments** (moutarde, sel, vinaigre, etc.) ; **aromate** se dit de substances végétales odoriférantes (girofle, basilic, etc.) [*aromate* et *épice* s'emploient parfois l'un pour l'autre].

assaut 1º *Les assauts de l'ennemi devenaient de plus en plus nombreux et violents ;* (d'emploi plus général) **attaque ; coup de main** se dit d'une attaque à l'improviste, avec peu de moyens ; **engagement,** d'une attaque isolée et de courte durée, ainsi que ↓ **escarmouche** et ↓ **accrochage** ; ↑ **offensive**

implique l'idée de stratégie et d'importants moyens matériels. V. aussi COMBAT. — 2° (dans des express.) *Faire assaut de* : v. RIVALISER. *Prendre d'assaut* : v. ASSIÉGER.

assécher 1° *Dans l'Indre, on assèche les sols de nombreux marais,* faire disparaître l'humidité naturelle d'une terre = **drainer**; (plus général) **assainir**; *assécher un bassin,* c'est le mettre à sec = **vider**; v. SÉCHER I. — 2° V. ÉPUISER.

assembler 1° ∼ *des personnes. Mes amis, je vous ai assemblés pour fêter mon retour* (peu employé); (courant) **rassembler, réunir.** *Les voici assemblés par les liens du mariage* (peu employé); (courant) **unir.** — 2° ∼ *des choses. Il faudrait assembler tous les documents possibles sur l'histoire de votre ville* (peu employé); (courant) **rassembler, réunir**; **recueillir,** c'est rassembler avec beaucoup de soin et d'attention, au contraire de **ramasser.** — 3° ∼ *qqch. L'ébéniste assemble les diverses pièces d'un meuble avec de la colle et des vis* = **faire joindre**; **coller, clouer, visser, cheviller,** etc., se disent de diverses manières d'assembler. V. COMBINER. ● **assemblage** On parlera de l'*assemblage des pièces d'une charpente,* mais du **montage** *d'une charpente;* ces deux termes s'emploient parfois Ɉ'un pour l'autre. V. aussi GROUPEMENT.

assez 1° *Je ne sais pas si nous aurons assez d'argent pour terminer le mois;* (moins employé) **suffisamment.** — 2° Marque une valeur intensive; employé affectivement : *Cette maison est assez jolie* = **passablement, plutôt**; v. aussi TRÈS. — 3° (en loc.) *En voilà assez,* marque l'impatience de qqn qui ne peut plus longtemps supporter une situation quelconque; (plus fam.) *ça* **suffit**; (soutenu) **c'est assez, c'en est assez.** — 4° (en loc.) *En avoir assez,* même sens que 3°; (fam.) **en avoir marre**; (très fam.) toute une série d'expressions imagées comme **en avoir plein le dos/par-dessus la tête**/(néol.) **ras le bol**/(triv.) **plein le cul**; (soutenu) **être excédé de.**

assiéger 1° *L'ennemi assiège la ville* = **investir**; **encercler** se dit d'un mouvement offensif enveloppant l'adversaire. — 2° *La foule des voyageurs*

assiégeait le guichet = **prendre d'assaut**; ↓ **se presser à, se bousculer à.** — 3° *Elle était assiégée de demandes en mariage* = **accabler**; (plus soutenu) **importuner.**

assiette *Être dans son assiette* : v. APLOMB I.

assimiler I ∼ *qqn/qqch à. Pourquoi vouloir assimiler la vie au travail?* = **confondre** *(confondre la vie et le travail* ou *confondre la vie avec le travail).* ● **s'assimiler à** *Les immigrants portugais ont du mal à s'assimiler à la population française* = **s'intégrer à, se fondre dans.**

II ∼ *qqch. Il assimile difficilement les mathématiques* = **acquérir**; (plus fam.) **digérer**; **intégrer** s'emploie parfois aussi en ce sens; v. aussi COMPRENDRE II.

associer 1° ∼ *qqn. Nous sommes parvenus à associer quelques personnes du village pour lutter contre la pollution,* réunir des personnes par une communauté d'intérêts, de sentiments = **unir, réunir**; (plus général) **grouper, regrouper.** — 2° ∼ *qqn à qqch. Il a associé son frère à son travail,* faire participer à une activité commune = **adjoindre, faire collaborer.** — 3° ∼ *qqch à qqch. Il associe la gentillesse à l'efficacité* = **unir, allier**; v. COMBINER. ● **s'associer** 1° *Qqn avec qqn. Je m'associerai avec vous pour plus d'efficacité* = **s'unir, collaborer, se joindre (à).** — 2° *Qqn* ∼ *à qqch. Je m'associe à votre douleur* = **prendre part à, partager, participer** *(Je prends part à votre douleur/Je partage votre douleur/Je participe à votre douleur).* *S'associer à une conversation* = **se joindre, participer.** — 3° (absol.) *Les pays producteurs de pétrole viennent de s'associer pour défendre leurs intérêts* = **s'unir, se grouper.** — 4° *Qqch* ∼ *à qqch. Cette robe s'associe parfaitement au teint de son visage,* être en harmonie avec qqch = **s'harmoniser (avec), s'accorder (avec).** ● **association** *Il fait partie de l'association sportive de son village,* réunion d'individus groupés pour un but déterminé; (en termes de droit) une association est à but non lucratif et s'oppose ainsi à **société** (v. ce mot); ce terme général n'a pas de synonyme exact; les termes qui s'en rapprochent se distribuent selon qu'ils désignent une association internationale : **ligue, confédéra-**

tion; une association sportive ou de loisirs : **club**; une association politique : **club, parti, comité**; une association économique : **cartel, chambre, compagnie, corporation**; une association religieuse : **confrérie, patronage, congrégation**; on vérifiera par précaution le sens de ces différents termes dans un dictionnaire de langue avant de les employer.

assommer 1° *Ce coup sur la tête l'a assommé;* (fam.) **estourbir, sonner**; v. ÉCORCHER, ÉTOURDIR, SONNER et TUER. — 2° V. ENNUYER.

assoupissement *Les effets du vin la plongent toujours dans un assoupissement qui fait plaisir à voir!;* ↓ **engourdissement**; ↑ **léthargie, torpeur** et **coma** se disent d'états pathologiques ; **somnolence** se dit d'un assoupissement peu profond, mais auquel il est impossible de résister ; v. aussi SOMMEIL.

assouvir 1° *Assouvir la faim/la soif de qqn ou d'un animal;* **étancher** et (moins employé) **éteindre** ne se disent que pour la soif ; **rassasier** ne se dit que pour la faim ; ↓ **calmer, apaiser.** — 2° *Elle est parvenue à assouvir sa vengeance,* apaiser un désir, une passion; (plus général) **satisfaire** ; (moins employé) **éteindre.**

assumer *J'assumerai pleinement la responsabilité de mes actes;* **endosser, supporter** sont moins propres dans ce contexte.

assurément 1° *Assurément, il était ivre!/Il était assurément ivre!/Il était ivre, assurément!* = **sans aucun doute, de toute évidence, indéniablement, indubitablement, manifestement, incontestablement;** (rare) **sans conteste, sans contredit.** — 2° *Je viendrai, assurément!* = **à coup sûr,** ↓ **sûrement, certainement, sans doute** impliquent une éventualité plus douteuse. — 3° *Vous viendrez? — Assurément!* = **certainement!, certes!, bien sûr!**

assurer I V. AFFIRMER et SOUTENIR.

II 1° *Le pays a assuré ses frontières contre les attaques de l'ennemi,* mettre à l'abri d'un danger = **protéger (de), préserver (de).** V. aussi AFFERMIR. — 2° *Il faudra mieux assurer cette poutre, qui*

risque de tomber, rendre qqch plus stable pour qu'il ne bouge pas = **assujettir.** V. aussi AFFERMIR. — 3° *La ferme est assurée contre l'incendie,* même sens qu'en 1°, mais spécialement en parlant de biens meubles et immeubles = **garantir.** — 4° *Ma collègue assurera une permanence toute la nuit pour les nouveaux arrivants,* en parlant d'un service, faire en sorte qu'il ne s'arrête pas = **tenir.** ● **s'assurer** 1° ~ de/que. *Veuillez vous assurer du bon fonctionnement de cette porte/que cette porte fonctionne bien* = **vérifier** (qqch/que); **contrôler** (qqch/que); (plus général) **voir** (qqch/si) : *voir si cette porte fonctionne bien.* — 2° ~ contre qqch. *Nous nous sommes assurés contre les attaques de l'ennemi* (v. ASSURER 1°) = **se défendre, se protéger**; (soutenu) **se prémunir.** — 3° ~ qqch. *Il s'est assuré des ressources suffisantes pour sa retraite* = **se ménager, se pourvoir de.** *S'assurer les faveurs de qqn* = **gagner**; v. aussi CONCILIER.

atmosphère 1° *L'atmosphère est chargée d'électricité, il va faire de l'orage* = **air.** — 2° V. AMBIANCE.

attacher I (syn. variant selon les contextes) *Attacher les mains de qqn* = **lier**; ↑ **ligoter; enchaîner** implique que l'on se serve d'une chaîne. *Attacher qqch au mur,* c'est, selon la nature de l'attache, **visser, clouer, agrafer, épingler,** etc. *Attachez votre chaussure!;* (plus précis) **lacer, agrafer,** selon la nature de l'attache ; v. NOUER (in *nœud*). *Attacher qqch avec de la ficelle* = **ficeler.** *Attacher un bateau à un ponton* = **amarrer.** V. aussi ASSEMBLER.

II ~ du prix, de l'importance, de l'intérêt à qqch. *J'attache beaucoup de prix à son honnêteté* = **accorder, attribuer.**

III (compl. désignant une personne) 1° (souvent au passif) *Il reste attaché à ce pays par toute son enfance,* se dit d'un lien affectif qui unit à qqn ou à qqch ; **unir, lier** s'emploient généralement quand le complément qui suit la préposition *à* désigne une personne *(Il est très attaché à ses habitudes/à mon frère ; Il est très lié/uni avec mon frère).* — 2° *Il vient d'attacher une nouvelle personne à son service* = **prendre; engager** *(Il vient d'engager une nouvelle personne).* ● **s'attacher** V. ADONNER (S').

51

attaquer 1º Qqn ~ qqn/qqch. *L'ennemi devait attaquer à l'aube,* porter les premiers coups à un adversaire = **donner l'assaut, charger**; par analogie, on peut rapprocher ce verbe des termes suivants : **assiéger/investir** (*une* place forte), **cerner/encercler/envelopper** (l'adversaire = l'attaquer de toutes parts); v. aussi COMBATTRE. — 2º Qqn ~ qqn. *Elle s'est fait attaquer par un malfaiteur* = **assaillir, agresser**; v. aussi SAUTER [*sauter sur*]. — 3º Qqn ~ qqn/qqch. *L'opposition a attaqué le gouvernement en termes très violents,* émettre des jugements sur qqn/qqch = **s'en prendre à**; ↓**critiquer**; v. PARTIE III [*prendre à partie*] et TOMBER [*tomber sur*]; v. aussi ACCUSER. — 4º Qqn ~ qqch. V. COMMENCER. — 5º Qqch ~ qqch. *L'acide attaque le calcaire,* causer des dommages à = **entamer, ronger, corroder**; v. aussi ALTÉRER. ● **attaque** (selon le sens du verbe). 1º V. ASSAUT et OFFENSIVE (in *offensif*). — 2º *Une attaque à main armée* = **agression**; v. VOL II. — 3º *Les attaques de l'opposition furent très violentes* = **critiques**; v. aussi INJURE et REPROCHE. — 4º (sens différent du verbe) *Elle a eu une attaque la nuit dernière,* accès subit d'une maladie, ici (quand le nom n'est pas précisé) d'apoplexie = **congestion cérébrale**; (fam.) **coup de sang**; v. aussi ACCÈS II. ● **s'attaquer à** V. ABORDER IV, ATTELER (S') À et COMMENCER.

atteler (s') à *Je viens de m'atteler à un pénible travail* = **s'attaquer à**; (plus général) **se mettre à**; (plus soutenu) **entreprendre**.

attendre 1º ~ qqch. V. ESPÉRER et GUETTER. — 2º (absol.) *Voici plus de deux heures que j'attends et ce n'est pas encore mon tour!* = **patienter**; (fam.) **poireauter**; (soutenu) **languir, se morfondre** insistent sur l'impatience éprouvée par celui qui attend. ● **en attendant** 1º *En attendant, je logerai chez mon frère,* jusqu'à un moment donné; (plus soutenu) **provisoirement**. — 2º *Vous aviez dit que ce cheval n'était pas dans sa meilleure forme; en attendant, c'est lui qui a gagné la course!,* marque l'opposition (généralement en tête de phrase) = **en tout cas, pourtant**; (soutenu) **toujours est-il que**.

attention I *Il exerce un métier qui* demande beaucoup d'attention; **application** désigne une attention suivie, persévérante; **concentration** insiste sur l'effort cérébral fourni pour rester attentif. V. aussi AUDIENCE et SOIN. Dans l'express. *faire attention à* : *Faites attention à ne pas tomber* = **prendre garde de, se méfier de**; (fam.) **faire gaffe**; v. PRUDENT et VEILLER.

II V. PRÉVENANCE (in *prévenir* III), COMPLAISANCE, ÉGARD II et SOIN I.

attestation Nom donné à toute déclaration, à toute affirmation verbale ou écrite; **certificat** ne se dit que d'une attestation écrite, officielle ou dûment signée d'une personne autorisée.

attiser 1º V. RANIMER. — 2º *C'est inutile d'attiser les vieilles rancœurs* = **exciter** (v. ce mot); ↑**envenimer**; (fam.; s'emploie sans compl.) **mettre de l'huile sur le feu**.

attitude 1º *Si vous restez dans cette attitude, vous allez attraper un torticolis*; **posture** comme **position** se disent d'une attitude particulière (v. notre exemple), *posture* étant souvent péjor. (attitude mauvaise ou peu convenable); v. aussi AIR, ALLURE et MAINTIEN. — 2º *Nous aimerions connaître l'attitude de votre gouvernement sur cette question* = **position**; v. aussi AVIS.

attrait I (sing.) V. APPEL (in *appeler* I), CHARME et PRESTIGE.

II **attraits** (toujours au plur.) *Cette femme a des attraits qui lui valent beaucoup d'admirateurs* (vieux ou très soutenu) = **charmes, appas**; (courant; au sing.) **sex-appeal**; v. aussi ALLURE.

attraper I ~ qqn/qqch. 1º ~ qqn. V. PRENDRE. — 2º ~ qqch/un animal. *La mouette essayait en vain d'attraper la sardine*; ↑**happer**. *Attrape la balle!*; (plus général) **prendre**; (soutenu) **se saisir de**. — 3º ~ qqch. *Attrape la rampe, sinon tu vas tomber!* = **s'agripper à**. *Je ne sais si je pourrai attraper mon train;* (moins expressif) **avoir**.

II ~ qqn. V. TROMPER. ● **attrape** *Il m'a dit que tu m'appelais, c'est une attrape?* = **farce**; (fam.) **blague**; **bateau** se dit d'une histoire que l'on monte pour duper qqn; **niche** se dit d'une petite attrape impliquant malice et espièglerie (contextes les plus fréquents : « monter en bateau/faire des niches ») ; v. aussi CANULAR et PLAISANTERIE.

III ~ qqn. V. RÉPRIMANDER.

IV ~ qqch. V. CONTRACTER I.

attrayant *Vous n'aimez pas ce roman ? moi je le trouve très attrayant* = **plaisant** ; ↑**attachant, séduisant** ; **attirant** se dit généralement des personnes, *attrayant* des choses. V. aussi APPÉTISSANT, CHARMANT (in *charme*), INTÉRESSANT (in *intérêt*) et SÉDUCTEUR.

attribuer 1° *Ce terrain leur a été attribué par la ville ;* **allouer** ne se dit qu'en parlant d'une somme d'argent. *Attribuer une récompense à qqn* = **décerner** ; (moins employé) **adjuger** ; v. aussi DONNER, AFFECTER I et CONFÉRER. — 2° V. COMPTE [*mettre au compte de*], SUPPOSER et IMPUTER. ● **s'attribuer** 1° *Votre frère s'est attribué la plus belle part de l'héritage !* = **s'approprier** ; (assez fam.) **s'adjuger** ; ↑**accaparer** ; ↑ (fam.) **empocher** ; **s'emparer de** implique une idée de violence ; (très général) **prendre** ; (fam.) **souffler, rafler, ratisser, ratiboiser et** (soutenu) **ravir**, c'est prendre promptement, sans rien laisser ; v. aussi DÉROBER, DÉTOURNER, ENLEVER et VOLER II. — 2° *Il s'attribue des titres auxquels il ne peut prétendre !* = **s'arroger** ; ↑**usurper**.

attrister *La mort de votre frère nous a attristés* = **peiner** ; ↓**chagriner** ; (ordre croissant) ↑**affecter, affliger, désoler, consterner** ; ↑ (soutenu) **navrer** ; (très soutenu) **contrister** ; (fam.) ↑**catastropher** ; v. aussi APITOYER, ÉMOUVOIR et FÂCHER. ● **attristant** *La guerre ? quel spectacle attristant ! ;* ↑**affligeant, désolant, consternant, désespérant** ; ↑ (soutenu) **navrant**.

attrouper *Les hurlements de la victime attroupèrent les passants ;* **ameuter** s'emploie plus couramment, **attrouper** se rencontrant le plus souvent sous sa forme pronominale : *Il ameuta les passants qui s'attroupèrent peu à peu.* ● **attroupement ; rassemblement**, plus général, n'implique pas, comme *attroupement*, l'idée de troubler l'ordre public ; **manifestation** désigne généralement une foule plus nombreuse qu'*attroupement* et

suppose davantage une idée d'organisation (abrév. fam. = **manif**) ; **groupe** se dit généralement d'un nombre de personnes moins important.

aube L'aube précède l'**aurore**, on l'appelle aussi parfois le **crépuscule** (v. ce mot). *Nous partirons à l'aube* = **au point du jour, à la pointe du jour, aux aurores,** (rare) **dès potron-minet, dès potron-jaquet** ; v. COMMENCEMENT (in *commencer*) et SOLEIL.

audience 1° *C'est une œuvre qui a eu une large audience, et qui le méritait,* intérêt porté par le public à une œuvre lue ou entendue ; **attention** exige un changement de construction et s'emploie avec le verbe « attirer » : *C'est une œuvre qui a attiré l'attention ;* ↑**retentissement** s'emploie avec l'adjectif « grand » : *œuvre qui a eu un grand retentissement.* — 2° *Notre syndicat a demandé une audience au ministre,* réception donnée par un supérieur hiérarchique pour écouter son (ses) subordonné(s) ; **rendez-vous, entretien** sont plus généraux et moins appropriés dans ce contexte.

auditoire *Le ministre cherchait à impressionner l'auditoire par de grands effets oratoires ;* (plus général) **assistance, public** ; (par méton.) **salle**, si l'auditoire est rassemblé dans une salle ; (dans ce contexte, péjor.) **galerie** ; si le *public* est rassemblé pour entendre qqch, on parlera d'*auditoire*, mais, pour voir qqch, on parle de **spectateurs**.

auge Désigne un récipient servant à donner à boire et à manger aux animaux domestiques, ce terme s'emploie surtout pour les porcs. Pour les bœufs et les chevaux, on recourt plus généralement à **abreuvoir** (pour boire) et à **mangeoire** (pour manger).

augmenter 1° ~ qqch. (syn. variant selon les contextes) *Augmenter le produit national brut* = **accroître**. *Augmenter les prix* = **majorer** (v. ce mot). *Augmenter les craintes de qqn* = **accroître, intensifier** ; ↑**redoubler** ; (soutenu) **ajouter à**. *Augmenter un domaine* = **agrandir, étendre**. *Augmenter les risques d'accident* = **aggraver**. V. ACCENTUER, AMÉLIORER, DÉVELOPPER II et ÉLARGIR ; v. aussi AJOUTER et MAJORER. — 2° (intr.) *La population tourangelle a augmenté,* *après la guerre, dans de fortes propor-tions* = **croître.** *Les prix ont augmenté* = **monter**; (fam.) **grimper.** *Les eaux ont augmenté* = **monter, grandir**; v. aussi GROSSIR. — ● **augmentation** (avec les mêmes nuances que pour le verbe) 1° **agrandissement, accroissement, redoublement, amplification, intensification, aggravation.** V. aussi MULTIPLICATION, PROLONGEMENT (in *prolonger* I). — 2° **accroissement** (de la population), **montée, hausse,** ↑ **flambée** (des prix), **grossissement** (des eaux); v. RELÈVEMENT (in *relever* I) et RALLONGE.

augurer *Le ciel ne me laisse rien augurer de bon!* = **conjecturer**; (plus courant) **présumer, présager.** V. aussi PRÉDIRE et SUPPOSER.

aumône 1° *Chacun déposera son aumône dans la corbeille;* ↓ **obole**; v. aussi DON (in *donner* III) et LIBÉRALITÉ. — 2° *Je me refuse à faire l'aumône* = **charité.** V. aussi MENDIER.

auspices *Il avait entrepris ce travail sous les auspices d'un conseiller compétent;* **tutelle** implique l'idée de dépendance; **patronage** ne s'emploie que si l'on est sous les auspices de qqn de puissant; **égide, protection** et ↑ **sauvegarde** impliquent l'idée de danger encouru. V. aussi APPUI et RECOMMANDATION.

aussi 1° (en corrélation avec *que*) *Est-il vraiment aussi intelligent que vous le dites?*, marque l'égalité ou l'intensité = **si** (en phrase nég. ou interrog.). — 2° (en proposition à sens concessif [*aussi* + adj. + *que* ou verbe en inversion]) *Aussi intelligent soit-il* (ou *qu'il soit*), *il aura du mal à résoudre ce problème*, marque la concession = **si**; (soutenu) **pour... que, quelque... que, tout... que** *(pour intelligent qu'il soit/quelque intelligent qu'il soit/tout intelligent qu'il est...).* — 3° *Il plut pendant huit jours. Aussi décidèrent-ils de changer de région :* v. AINSI I. — 4° (après un nom ou un pron.) *Lui aussi a décidé de partir* = **également, de même**; (fam.) **itou** *(aussi* et *également* peuvent se construire derrière le verbe : *Il a aussi/également décidé de partir).* — 5° (derrière le verbe) *Nous emporterons aussi des vêtements chauds*, marque la comparaison et l'addition = **également; encore, en outre** ne

marquent que l'addition. V. PAREILLEMENT (in *pareil*).

austère 1° *Qqn est* ∼. *Il a quelque chose d'austère qui vous glace les os!*, se dit de la sévérité que l'on a pour soi-même, **sévère** se disant surtout de l'attitude que l'on a à l'égard des autres; **dur** implique l'idée d'insensibilité, de froideur; (plus part.) **stoïque** se dit de celui qui supporte impassiblement la souffrance; **rigoriste,** de celui qui suit les principes d'une morale stricte; ↑ **ascétique**; (peu employé) ↑ **spartiate.** V. aussi DÉCENT, PRUDE et GRAVE I. — 2° *Qqch est* ∼. *Des principes austères* = **rigoureux, rigide.** *Une robe austère* = **sévère.** *Une lecture austère;* ↓ **difficile** (v. ce mot). V. aussi SINISTRE.

auteur 1° *Aimez-vous les auteurs modernes?* = **écrivain** *(auteur* désigne toute personne qui a écrit un livre, **écrivain** ne se dit que des auteurs littéraires : si bien que tout écrivain est un auteur, mais l'inverse n'est pas vrai); selon les ouvrages qu'il produit, un écrivain peut être **prosateur, romancier, poète, dramaturge;** de celui ou de celle qui vit de sa plume, on dit que c'est un **homme** ou une **femme de lettres**; (péjor.) **littérateur, plumitif;** (peu employé, péjor.) **écrivailleur, écrivassier;** (péjor.; très fam.) **chieur d'encre.** — 2° *Selon la Bible, Dieu est l'auteur de l'Univers* = **créateur.** — 3° *Nous cherchons les auteurs de ce forfait* = **responsable.** *Vous êtes l'auteur de votre malheur* = **artisan.**

automobile *Nous venons d'acquérir une nouvelle automobile;* (terme générique) **véhicule;** (plus courant) **auto, voiture;** (fam.) **bagnole;** (très fam.; quelques termes sont ici seulement indiqués) **clou, tacot, guimbarde, tire.**

automotrice est syn. d'**autorail;** dans l'usage courant, on recourt cependant à *autorail* seulement quand on dit *prendre l'autorail;* **micheline** se dit d'une automotrice sur pneus.

autorité 1° *Napoléon exerçait son autorité sur un empire immense;* ↑ **toute-puissance, domination, empire, souveraineté; pouvoir** implique surtout la possibilité d'agir sur qqn; (vieux en ce sens) **loi; férule** (dans l'expression *être sous la férule de...*) implique l'obéissance abso-

54

lue, due à un pouvoir despotique. V. aussi ABSOLUTISME et COMMANDEMENT (in *commander* II). — 2° V. INFLUENCE et PRESTIGE.

autour 1° *Le calme régnait autour de la maison* = **aux alentours de**. — 2° *Il gagne autour de deux mille francs par mois,* précédant l'indication d'un nombre, marque l'approximation = **aux environs de, environ** *(environ deux mille francs* ou *deux mille francs environ),* à **peu près, approximativement**.

autre I adj. 1° (devant le nom) *Ils ont échoué, mais ils feront demain une autre tentative,* marque la différence entre la chose ou la personne considérée et celles de sa catégorie (opposé à *même*) = **nouveau**. Peut marquer l'addition : *Donnez-moi un autre verre de vin* = **encore** *(... encore un verre de vin);* v. aussi SECOND I. *L'autre fois, vous m'avez mieux reçu* = **dernier** *(la dernière fois...).* — 2° (après le nom) *Depuis son mariage, il est autre,* marque le changement, la différence de qualité (opposé à *le même*) = **différent.** — 3° V. PART II. ● **autrement** 1° *Il faudrait agir autrement pour le convaincre,* de manière autre = **différemment, d'une autre façon/manière.** — 2° *Ne recommencez plus, autrement vous aurez de mes nouvelles!* = **dans le cas contraire, sinon, sans quoi.** — 3° *Ce livre est autrement intéressant qu'un roman policier!*, sorte de comparatif de supériorité (fam.); (courant) **plus**; ↑ **beaucoup plus**; (employé négativement) *Je ne suis pas autrement surpris de sa conduite* = **guère**; (plus courant) **tellement** *(Je ne suis guère surpris.../Je ne suis pas tellement surpris...).*

II autres pron. plur. V. AUTRUI.

autrui *Ne fais pas à autrui ce que tu ne veux pas qu'on te fasse!*, appartient au vocabulaire de la morale ; **prochain**, à celui de la morale chrétienne ; (d'emploi plus neutre) **autres**; v. SEMBLABLE.

auxiliaire 1° (adj.) V. COMPLÉMENTAIRE. — 2° (nom) V. AIDE et ALLIÉ.

avaler 1° *Avaler un verre d'eau;* **absorber** et surtout **engloutir, ingurgiter** et (fam.) **enfourner,** c'est avaler une grande quantité ; **gober,** c'est avaler d'un seul coup *(gober un œuf);* (didact.)

déglutir, c'est faire passer un aliment dans l'arrière-bouche puis l'œsophage ; (didact.) **ingérer.** V. aussi BOIRE. — 2° *Il m'a menti, et ça, je ne l'avalerai jamais!* (fam.) ; (courant) **accepter** (v. ce mot), **admettre.** — 3° V. CROIRE. — 4° V. SAUTER.

avance I *Nous suivions à la radio l'avance des troupes* = **progression** ; v. MOUVEMENT.

II *Une avance d'argent :* v. PROVISION II.

III avances *Faire des avances :* v. AGACERIES.

avancer 1° (sens général : aller en avant dans l'espace) 1° ∼ qqch. *Avancer le bras :* v. ALLONGER. *Avancer des idées bizarres :* v. AFFIRMER. *Avancer un siège :* v. DONNER. — 2° V. TERRAIN *[gagner du terrain].* — 3° (intr. *s'avancer) Avance plus rapidement, sinon nous serons en retard* (terme général) ; (selon le mode de déplacement) **marcher** (à pied), **rouler** (en voiture), **pédaler** (à vélo), etc. *La nuit s'avançait pas à pas* = **(s')approcher, venir.** *Le balcon avançait vers le jardin* = **surplomber** ; v. SAILLIR I. — 4° (s'avancer) *Elle s'est trop avancée pour revenir sur ses déclarations,* aller trop loin, au-delà des limites permises, par des actes ou des paroles = **se hasarder, se risquer.**

II (sens général : aller en avant dans le temps) 1° *Ils ont dû avancer leur départ ;* (soutenu) **hâter** ; ↑ **précipiter** ; v. DÉCALER. — 2° *Je lui ai avancé un peu d'argent ;* (par extens.) **prêter.** — 3° (intr.) *En dépit de ses efforts, son travail n'avance pas* = **progresser.** ● **avancé** 1° *Il est rentré à une heure avancée de la nuit* = **tardive** *(Il est rentré à une heure tardive,* ou encore *Il est rentré tard dans la nuit/tort avant dans la nuit).* — 2° *C'est un enfant très avancé* = **précoce**; v. aussi ÉVOLUÉ. — 3° *Il manifeste des opinions avancées,* en avance par rapport à la moyenne des contemporains ; **progressiste** implique l'idée d'une ligne politique définie ; **non conformiste** implique au contraire, généralement, l'absence de tout rapport avec des idées établies — qu'elles soient conservatrices ou progressistes. — 4° *Cette viande est avancée,* se dit des aliments qui manquent de fraîcheur ; ↑ **avarié; faisandé** n'est pas forcément péjor. si l'on parle de gibier. — 5° *Un âge avancé :* v. VÉNÉRABLE. ● **avancement** 1° *Il surveille l'avancement des travaux* (sens 3 du verbe) = **progression.** — 2° *Il vient d'avoir de l'avancement,* fait de progresser dans une carrière = **promotion** *(avoir une promotion);* **grade** *(monter en grade);* v. aussi MONTER I.

avant 1° (prép.) *J'ai couru, mais il est quand même arrivé avant moi;* (plus soutenu) **devancer** *(Il m'a devancé).* — 2° (adv.) *Avant, les rivières étaient propres!;* (plus soutenu) **auparavant;** autrefois implique une longue antériorité; **antérieurement** implique une référence précise à un fait antérieur. *J'arriverai quelques jours avant* = **plus tôt, à l'avance;** (plus soutenu) **auparavant.** *Nous allons bavarder : mais avant, buvons!* = **d'abord.** *Le jour/le mois d'avant;* (plus soutenu) **précédent.** ● **en avant** *C'est le maire qui marche en avant* = **en tête.**

avantage 1° *Il n'hésite jamais à faire valoir son avantage,* ce par quoi on est supérieur à qqn = **supériorité; atout** s'emploie au sing. comme au plur., contrairement à **supériorité,** et signifie «chance de réussir à qqch» (dans l'exemple précédent, il serait au plur.). Dans l'express. *avoir/prendre l'avantage sur qqn* = **le dessus.** — 2° *Cette solution présente beaucoup d'avantages* (généralement au plur.); **intérêt** est moins employé dans ce cas. Dans l'express. *avoir avantage à* = **intérêt.** — 3° V. BONHEUR, COMPTE et PRIVILÈGE. — 4° *Reprendre avantage :* v. RATTRAPER. ● **avantageux** 1° *Ce prix est très avantageux* (sens 2 du verbe) = **intéressant;** v. ÉCONOMIQUE. — 2° *Il parle d'elle en termes trop avantageux* = **favorable, flatteur.** — 3° *C'est un individu avantageux et insupportable :* v. VANITEUX. ● **avantageusement** *Je lui ai parlé de vous avantageusement* = **favorablement** (v. ce mot). ● **avantager** *Cet arbitre avantage trop visiblement l'équipe adverse* (v. sens 2 du verbe) = **favoriser, privilégier.** V. aussi SATISFAIRE.

avare 1° (adj.) *Ce qu'il peut être avare!;* **intéressé** se dit de celui qui recherche avant tout son intérêt matériel : comme l'avare, une personne *intéressée* est âpre au gain, mais pas forcément pour amasser de l'argent sans

le dépenser; v. CHICHE. — 2° (adj.) ～ de. *Tu es vraiment avare de compliments* = **économe** (v. ce mot); v. SOBRE. — 3° (nom) *C'est un avare;* (vieux) **avaricieux;** (plus expressif) **harpagon, rapace;** (fam.) **grippe-sou, grigou, radin, rapiat, pisse-vinaigre** et (vieux) **fessemathieu.** ● **avarice** *Il est d'une avarice incroyable;* ↑**ladrerie** se dit d'une avarice sordide.

avarier (presque toujours au passif). 1° *Le navire avait été sérieusement avarié pendant la tempête,* faire subir un dommage à un navire ou à un avion = **endommager.** — 2° *Les fruits se sont avariés pendant le transport,* faire subir un dommage à des denrées périssables = **gâter;** v. aussi ALTÉRER, ABÎMER, CORROMPRE et POURRIR.

avec (prép. aux sens divers). Citons seulement : (l'accompagnement) *Il est sorti avec quelques amis;* (plus soutenu) **en compagnie de;** (la relation) *Comment agit-il avec vous?* = **envers, vis-à-vis de, à l'égard de** *(... à votre égard?);* (soutenu) **à l'endroit de** *(... à votre endroit?).* Dans l'express. *Et avec cela?,* courante au restaurant pour demander à un client s'il désire encore qqch : *Et avec cela, monsieur, que prendrez-vous?* = **et ensuite.** V. À L'AIDE DE (in *aider).*

avenir 1° *Pourquoi vous inquiéter de l'avenir?;* (s'emploie dans moins de contextes) **futur;** (plus part.) **le lendemain.** *L'artiste travaille pour l'avenir* = **postérité;** ↑**éternité.** — 2° *Te voici grand : il faut songer à ton avenir!;* (plus part.) **carrière.** *Avoir de l'avenir :* v. RÉUSSIR.

avenir (à l') *À l'avenir, vous me préviendrez avant de partir!* = **désormais, dorénavant.**

aventure 1° *Il m'est arrivé une curieuse aventure,* ensemble de faits imprévus, extraordinaires, qui arrivent à qqn; (syn. très approximatifs) **affaire, histoire; mésaventure** implique que les faits survenus ont tourné au désavantage de celui qui les rapporte. V. ENTREPRISE. — 2° *Il a une nouvelle aventure,* liaison sentimentale passagère = **liaison** (v. ce mot, LIAISON I), **intrigue.** ● (dans des express.) **à l'aventure** *Aller à l'aventure, sans but fixé à l'avance* = **au hasard.**

(très soutenu) **d'aventure** *Si d'aventure vous le rencontrez, vous lui présenterez mes hommages;* (courant) **par hasard.** ● **aventuré** *Sa conduite me paraît bien aventurée* = **risqué, hasardeux.** ● **aventureux** 1° Qqn est ‿. V. HARDI. — 2° Qqch est ‿. *Il n'a que des projets aventureux,* qui font courir un grand risque = **téméraire;** ↓**hasardeux** (v. aussi ce mot); ↑**dangereux.**

avenue *La ville est traversée par de larges avenues* = **boulevard.** V. aussi CHEMIN, PROMENADE, RUE et VOIE.

avertissement 1° *Si vous aviez tenu compte de nos avertissements, vous auriez évité la faillite;* ↓**avis, conseil** n'impliquent pas, comme *avertissement,* l'idée de danger encouru par celui que l'on avertit. — 2° V. AVIS et PRÉFACE. — 3° V. LEÇON.

avertisseur *Il est interdit de faire usage des avertisseurs dans une grande ville;* (plus courant) **Klaxon.**

aveuglement *L'accusé a tué sa femme dans un moment d'aveuglement* = **égarement;** ↓**trouble;** v. aussi FOLIE (in *fou*).

avion *Avez-vous déjà pris l'avion?;* sans syn. dans sa valeur générique (notre ex.). *Monter dans un avion;* **jet** se dit d'un avion à réaction; (fam.) **zinc;** (fam.) **coucou** se dit d'un avion de modèle ancien; (arg. des aviateurs) **taxi;** v. APPAREIL.

avis 1° *J'aimerais connaître votre avis sur la question* = **point de vue, opinion;** (soutenu) **sentiment;** v. JUGEMENT; v. aussi ATTITUDE. *Changer d'avis* : v. CHANGER et GANT. *Avis consultatif* : v. VOIX III et VŒU. *À mon avis* : v. SEMBLER et SENS II. — 2° V. AVERTISSEMENT. — 3° Se dit de ce que l'on porte à la connaissance de qqn, notamment dans le journal; selon les contextes, on emploiera **avis** ou **annonce** : *un avis de décès/les annonces judiciaires;* **communiqué** se dit d'un avis officiel avec l'ordre d'insérer. V. AFFICHE et NOTIFICATION (in *notifier*).

avoir I (sens plein du verbe) 1° Qqn ‿ qqch. *Il a une superbe maison de campagne,* être en possession de; **posséder,**

être **propriétaire de, disposer de, jouir de** ne s'emploient que pour des biens d'une certaine importance et dont on a la propriété absolue; *avoir* est plus général (ces synonymes ne s'emploient pas dans un exemple comme *J'ai une nouvelle boîte de peintures*); v. aussi PORTER. — 2° *Nous avons eu un été très ensoleillé* : v. CONNAÎTRE. — 3° *Nous venons d'avoir une nouvelle voiture* : v. ACHETER. — 4° *Nous avons eu une place pour le concert de ce soir* : v. OBTENIR. — 5° Qqn ‿ qqn (fam.). *Ce marchand m'a bien eu!* : v. TROMPER. — 6° *Avoir de l'amour pour qqn* : v. RESSENTIR. — 7° V. RÉCOLTER (in *récolte*).

II (verbe copule : établit des liens de sens divers entre ce qui le précède et ce qui le suit) *J'ai faim/soif/la fièvre/des soucis/le cafard/la grippe...;* (il est souvent possible d'obtenir une phrase synonyme en employant le verbe être + l'adj. correspondant) *Je suis affamé/ assoiffé / fiévreux / soucieux / cafardeux / grippé...*

III (loc.) 1° **avoir lieu** : v. ARRIVER II. — 2° **avoir à** *J'ai du courrier à faire,* être dans l'obligation de faire qqch; **devoir** ne s'emploie pas dans tous les contextes. — 3° **il y a** avec indication de temps : *Il y a plusieurs mois qu'ils sont partis* = **voici/voilà.** *Y a-t-il des rosiers grimpants plus robustes que celui-ci?* (plus soutenu) **exister, trouver** (*Trouve-t-on...*). Dans l'express. *Qu'est-ce qu'il y a?* = **que se passe-t-il?**

IV (nom) Dans le langage commercial, désigne la partie d'un compte où l'on porte les sommes dues à qqn : *établir un compte par doit et avoir;* **actif** se dit de tout ce que l'on possède en argent et en biens, en créances, etc. : *La fortune d'un commerçant se compose de l'excédent de l'actif sur le passif;* **crédit** est un terme de comptabilité qui désigne tout ce qui constitue l'avoir d'un compte : *Le crédit est le côté droit d'un compte, où s'inscrivent les sommes dues au titulaire par le commerçant;* **compte** ou **solde créditeur** se dit du compte ou du solde dans lequel le crédit dépasse le débit. V. aussi RICHESSE (in *riche*).

avouer 1° ‿ qqch/ ‿ que : *J'avoue que je n'ai pas toujours agi avec prudence* = **reconnaître;** ↑**s'accuser** (de qqch) implique toujours que l'on est coupable, ainsi que **confesser** (que), qui évoque en outre une idée de honte ou de réticence à avouer ; v. aussi CONCÉDER, DÉCLARER et JUSTICE. — 2° *L'inculpé a enfin avoué ;* (fam.) **se mettre à table, manger le morceau.** ● **aveu** 1° *Je vais vous faire un aveu : je suis amoureux !* ; ↑ **révélation.** — 2° V. APPROBATION (in *approuver*).

axe 1° Désigne toute pièce solide, fixe, ordinairement cylindrique, qui traverse un corps et autour de laquelle ce corps doit tourner ; **pivot** dit plus : il s'applique à une pièce cylindrique qui s'enfonce dans une autre pièce, soit pour tourner dans celle-ci, soit pour lui servir de soutien lorsque cette deuxième pièce est destinée à tourner ; **arbre** est essentiellement un terme de mécanique ou d'horlogerie, qui implique la transmission d'un mouvement ; **essieu** se dit uniquement de l'axe d'une roue, généralement de voiture. — 2° *Le leader du parti a défini l'axe de notre politique,* direction générale sur laquelle on règle une action quelconque = **ligne** (on dit plus souvent *la ligne générale* ou *les grandes lignes*).

b

babiole 1° *J'ai acheté cette babiole pour les enfants*, objet de peu d'importance; (fam.) **bricole.** — 2° *Nous n'allons pas nous disputer pour une babiole!*, chose sans importance = **bagatelle, bêtise, détail**; (assez rare) **vétille**; (fam.) **bricole, broutille**; v. aussi ENFANTILLAGE (in *enfant*) et RIEN II.

bac I *Il mettait ses produits photographiques dans de petits bacs*; une **cuve** est généralement plus grande qu'un *bac.*

II *Il vient de passer son bac* = **bachot**; ces deux termes sont des abréviations courantes de **baccalauréat.**

badin *Il lui a répondu avec le ton badin que vous lui connaissez*; **léger** n'est qu'un syn. approximatif. Plus que *ton léger*, on emploierait dans notre ex. le substantif correspondant : *...avec la légèreté...*; v. aussi ESPIÈGLE et GAI.

bagage *Où avez-vous laissé vos bagages?*; (d'emploi plus particulier) **valises**; (mot passe-partout) **affaires**; (très fam.) **barda**; **paquetage** s'emploie pour désigner les bagages d'un soldat. *Plier bagage* : v. PARTIR.

bagarre 1° *Une violente bagarre éclata dans le café*; (peu employé en ce sens) **bataille**; ↑**rixe** implique souvent l'usage d'armes blanches; **échauffourée** se dit d'une bagarre de courte durée, assez violente. Ce terme s'emploie souvent à propos des manifestations qui se passent sur la voie publique et donnent lieu à l'intervention de la police. Un **corps à corps** est une bagarre où l'on frappe directement l'adversaire. V. aussi DISPUTE. — 2° *Il va y avoir de la bagarre!*; (fam.) **du grabuge, du vilain.**

bagne *Ce condamné devra terminer ses jours au bagne*; (moins employé) **pénitencier**; **galères** se disait autrefois de la peine des criminels condamnés à ramer sur les galères; **travaux forcés** désigne la peine des condamnés qui séjournent au bagne.

baguette 1° *Voici une baguette de noisetier*; (moins employés) **badine, verge.** — 2° *Il fait marcher tout le monde à la baguette*; ↑**cravache**; v. SÉVÈREMENT. V. aussi BÂTON.

bain 1° *C'était l'heure du bain* = **baignade.** — 2° Dans l'express. *être dans le bain*; (fam.) *Tu es dans le bain, toi aussi?*, participer à une affaire le plus souvent compromettante ou dangereuse = **coup.**

baiser I (verbe) V. EMBRASSER.

II (nom) *Nous t'envoyons nos plus affectueux baisers*; (fam.) **bise**; (très fam.) **bécot.** V. CARESSE.

bal *Elle est allée au bal dimanche dernier*; (très fam.) **guinche**; **dancing** et **guinguette** désignent le lieu où se tiennent régulièrement des bals : le premier à la ville, le second hors de la ville, dans un endroit généralement champêtre *(Ils fréquentent une guinguette au bord de la Marne)*. V. aussi DANSER et SOIRÉE.

balai Dans l'express. *un coup de balai* : *Il compte donner un sérieux coup de balai parmi son personnel*, licenciement du personnel indésirable dans une maison, une administration, un parti politique = **nettoyage** *(Il compte procéder à un sérieux nettoyage)*. ● **balayer** (sens général) V. NETTOYER; dans le même sens que précédemment; v. CHASSER et CONGÉDIER. *Le projecteur balaye l'obscurité* : v. FOUILLER. *Sa robe balaye le sol* : v. TRAÎNER.

balance Instrument qui sert à mesurer le poids d'un objet quelconque;

bascule ne se dit que pour un instrument servant à peser des objets très lourds. *Mettre en balance :* v. COMPARAISON (in *comparer*).

balancer I 1° *Il balançait de la tête en nous écoutant ;* **dodeliner, branler** sont plus précis, mais ne s'emploient que dans ce contexte (**balancer** est plus général). — 2° *Mettons un mauvais joueur dans chaque camp ; cela balancera un peu mieux les chances ;* (plus propre) **équilibrer.** — 3° **se balancer** *La lampe se balançait au plafond* = **balancer ;** (plus soutenu) **osciller** suppose toujours un mouvement très régulier ; **tanguer** (balancement dans le sens de la longueur) et **rouler** (balancement dans le sens de la largeur) ne s'emploient que pour les bateaux.

II V. HÉSITER.

III V. JETER et CONGÉDIER (in *congé*).

IV **s'en balancer** V. MOQUER (SE).

balbutier *Dans son désarroi, elle parvint à balbutier quelques mots ;* (péjor.) **bredouiller, marmonner ; bégayer,** si l'on parle de qqn qui ne bégaye pas de façon habituelle ; (très péjor. et fam.) **bafouiller** s'emploie aussi sans compl. ; **baragouiner** ne se dit que de qqn qui s'exprime mal dans une langue étrangère.

balle I Peut être syn. de **ballon** dans le langage sportif, en part. lorsque l'on décrit un match *(L'ailier passe la balle à l'avant-centre),* mais l'inverse n'est pas vrai (on ne parlera pas en effet d'un ballon de tennis).

II V. PROJECTILE.

III V. TÊTE.

IV V. FRANC I.

balourd Se rapporte surtout à la manière d'agir, lorsque celle-ci est grossière et maladroite ; se dit d'une personne qui, ayant l'esprit épais et obtus, ne prévoit pas les conséquences de ce qu'elle fait : *Se conduire en balourd ;* **lourdaud** dit moins que *balourd ;* il suppose simplement lenteur et maladresse dans les mouvements : *marcher comme un lourdaud ;* **lourd,** dans ce sens, ne s'emploie qu'adjectivement et implique surtout l'absence de pénétra-

tion, de finesse : *personne lourde, esprit lourd ;* **obtus,** syn. de *lourd* en parlant de l'esprit, est du langage plus recherché ; il suppose un manque de pénétration propre surtout à celui qui comprend peu et lentement ; **fruste** laisse entendre à la fois l'absence de toute finesse et un abord rude, presque grossier ; **cruche** (très fam.) implique l'absence de toute espèce d'entendement ou de qualité mentale. V. aussi CAMPAGNARD, GROSSIER, MALADROIT, NIAIS, SOT et STUPIDE.

balustrade Se dit couramment de toute clôture à jours et à hauteur d'appui ; **garde-fou** et (peu employé) **garde-corps** se disent d'une balustrade établie sur un pont, un quai, etc., pour empêcher les gens de tomber ; **parapet** se dit d'un mur servant de garde-fou ; **rambarde,** qui est au propre un terme de marine, est parfois utilisé avec le sens de garde-fou.

bande I *Depuis son opération, elle porte une bande* = **bandage.**

II V. COTERIE, VOLÉE I et TROUPE I.

bandit 1° (vieux) *J'aime les vieilles histoires où l'on voit des bandits s'attaquer aux diligences ;* (plus part. ; vieux aussi) **brigand,** homme qui se livre au vol et au pillage, **malandrin,** aventurier armé qui ravage les pays ; v. aussi PIRATE et VOLEUR. — 2° V. MALFAITEUR. — 3° *Cet épicier est un bandit !* : v. VOLEUR (in *voler*).

banlieue *Il habite en banlieue ;* **périphérie** se dit de la banlieue immédiate et s'emploie avec « à » : *il habite à la périphérie.* V. aussi ABORDS (in *aborder* II).

bannir 1° ~ qqn, c'est condamner un coupable à quitter son pays ; **exiler, proscrire** ne supposent pas l'idée d'une condamnation méritée : celui qui est exilé ou proscrit est souvent victime d'un acte arbitraire ; v. CHASSER. — 2° ~ qqch. *Il faudra bannir ce mot de votre conversation* = **ôter, chasser, extraire, proscrire, rayer,** ↓ **éviter** *(éviter ce mot dans votre conversation).*

baptiser 1° *Êtes-vous baptisé ? ;* **ondoyer,** c'est baptiser provisoirement en attendant la cérémonie solennelle du baptême. — 2° V. APPELER II.

baraque ‖ 1° *Les baraques d'un bidonville;* **baraquement** se dit d'un ensemble de baraques; (plus péjor. encore) **cabane.** — 2° *Il vient de s'acheter une nouvelle baraque* (fam.) = **cabane, bicoque;** (courant) **maison; masure** se dit d'une maison délabrée, ainsi que **taudis** et (plus fam.) **gourbi;** v. aussi HABITATION. ‖‖ V. FORT I et HOMME.

barbarie *Détruire les musées est un acte de barbarie;* (dans ce contexte) **vandalisme.** *La guerre nous fera retomber dans la barbarie;* (dans ce contexte) **sauvagerie** (v. ce mot in *sauvage*). V. aussi BRUTALITÉ.

barbe *Il porte depuis deux mois une superbe barbe;* (fam.) **barbouze.** • **la barbe!** Express. fam. marquant l'impatience; (courant) **ça suffit!;** (plus soutenu) **tu m'ennuies!**

barbouillage Se dit d'une écriture, d'un dessin, d'une peinture informes, grossiers = **barbouillis, gribouillage, gribouillis;** **griffonnage** ne se dit généralement que du trait, c'est-à-dire d'une écriture ou d'un dessin, mais pas d'une peinture.

barioler Comme **bigarrer,** implique l'idée de désordre et de bizarrerie dans un assortiment de couleurs; **chiner, jasper, veiner** ou **marbrer** impliquent, au contraire, technique et savoir-faire : *chiner* se dit en termes de tissage, lorsqu'on donne aux fils des couleurs différentes; *jasper,* c'est imiter par la disposition des couleurs l'apparence du jaspe; *veiner* ou *marbrer,* c'est imiter par la disposition des couleurs les sinuosités des veines ou du marbre.

barre ‖ *Il possède de l'or en barre;* (en parlant particulièrement de l'or) **lingot** (on dit généralement *des lingots d'or/de l'or en barre*). ‖‖ *Tenir la barre dans cette mer agitée demande beaucoup d'expérience,* levier qui actionne le gouvernail d'un bateau; (par méton.) **gouvernail;** *être à la barre/tenir la barre* = **barrer, gouverner.**

barricader (se) *Le gang s'est barricadé dans une ferme abandonnée,* se retrancher derrière une barricade et, par

extens., s'enfermer quelque part = **se retrancher;** (plus général) **s'enfermer.** V. aussi CACHER (SE).

bas ‖ (adj.) Qqch est ~. *Vous me parlez avec une voix trop basse pour que je vous entende,* terme général qui marque ce qui est en dessous de la normale; (dans le cas de cet ex.) **faible** (l'express. *à voix basse* n'admet pas ce syn.); (dans d'autres contextes) *C'est un homme de basse naissance* = **inférieur** (*... de naissance inférieure*); *C'est un magasin qui vend à bas prix* = **modéré, modique** (*... prix modérés/modiques*); dans les express. *la tête basse, l'oreille basse* : v. EMBARRASSÉ (in *embarrasser*). ‖‖ (adj.) Qqn/qqch est ~. V. ABJECT, LÂCHE I; VIL et VULGAIRE II. ‖‖‖ (adv.) Sens général de *bas* I (s'emploie dans de nombreuses express.) : *Parler bas* : v. MURMURER. *Mettre bas* : v. DÉPOSER II et ACCOUCHER. *Plus bas* : v. CI-APRÈS (in *après* II). *Mettre à bas* : v. DÉTRUIRE. *À bas (à bas les dictateurs!);* ↑**mort à.** ‖‖‖‖ (nom) V. BASE I.

base ‖ 1° *La base de ces colonnes est d'une belle géométrie;* ce qui supporte un objet = **pied, support;** (en parlant d'une statue, d'un vase) **socle, piédestal.** — 2° *La base de cet immeuble me paraît solide;* partie inférieure d'un édifice = **assise; soubassement** est le terme technique; **fondation** (souvent au plur. en ce sens) désigne la partie enterrée d'un immeuble sur laquelle repose le soubassement. — 3° Désigne la partie inférieure d'un objet quelconque reposant sur un point d'appui; **bas** (de la montagne), **pied, racine** (d'un arbre). ‖‖ *Il aurait besoin de redéfinir les bases de sa théorie* = **fondement, principe** (souvent au plur.); (dans le contexte) *les bases d'un traité* = **conditions;** dans l'express. *être à la base de* = **origine.** ‖‖‖ *Une base aérienne/navale,* etc.; **centre** peut à la rigueur servir parfois de syn. : *La ville a une base/un centre militaire important(e);* mais on ne dira pas «un centre aérien», «rejoindre son centre», etc.

bassesse 1° *Comment peut-on vivre dans la bassesse?;* manque d'élévation morale ; ↓ **indignité** ; ↑ **infâmie, abjection** ; ↑ (soutenu) **turpitude** ; **servilité** peut être syn. de *bassesse* quand ce mot désigne plus précisément la basse flatterie ; v. PLATITUDE (in *plat*) ; v. aussi ABAISSEMENT et BOUE. — 2° *Commettre une bassesse,* action vile et méprisable = **lâcheté** ; ↓ **indignité** ; ↑ **ignominie** ; (peu usité) **vilenie.**

bastion *Leur parti est le bastion du conservatisme,* ce qui défend avec acharnement qqch, le plus souvent une doctrine ; ↑ **citadelle.**

bâtard 1° *Les rois de France ont eu de nombreux bâtards,* enfant né en dehors d'un mariage légitime = **enfant naturel/illégitime/adultérin.** V. aussi MÉTIS. — 2° V. BOITEUX (in *boiter*).

bateau I Terme générique ; **bâtiment** et (vieilli) **vaisseau** se disent de constructions navales de grandes dimensions ; **navire** désigne un bâtiment destiné au transport sur mer : un *navire* peut être un **cargo** (transport des marchandises) ou un **paquebot** (transport des passagers) ; **yacht** se dit d'un navire de plaisance ; v. aussi EMBARCATION.

II V. ATTRAPE (in *attraper* II).

bâtir 1° *Mon cousin se fait bâtir une maison au bord de la mer* = **construire** ; **édifier** ne se dit qu'en parlant d'une très grande construction ; **ériger,** c'est construire dans une intention solennelle un monument, une église, etc. ; v. aussi ÉLEVER. — 2° V. ÉTABLIR et FAUFILER. ● **bâti** *Il est bâti comme un athlète,* se dit pour une personne, en parlant du corps et de ses proportions = **taillé, charpenté** ; s'emploie souvent dans l'express. *bien/mal bâti* = (outre les précédents) **fait** ; (fam.) **balancé** ; (très fam., surtout le second) **fichu, foutu.** V. aussi HARMONIEUX. ● **bâtiment** 1° *Avez-vous visité les nouveaux bâtiments du quartier?* = **construction** ; (souvent avec une nuance péjor.) **bâtisse** ; **édifice** implique l'idée de grandeur et d'importance ; v. aussi HABITATION et IMMEUBLE. — 2° *Il travaille dans le bâtiment* = **construction.** — 3° V. BATEAU.

bâton Morceau de bois long et mince que l'on tient à la main : 1° pour fouetter = **baguette** (v. aussi ce mot) ; 2° pour s'appuyer = **canne** ; 3° pour frapper = **gourdin** ; (plus fam.) **trique** ; **massue** et **matraque** désignent des armes véritables. *Mettre des bâtons dans les roues* (fam.) ; (courant) **gêner.**

battre I Qqn ~ qqn. 1° *Je dis qu'un père qui bat son enfant n'est pas un bon pédagogue!* ; (plus soutenu) **frapper** n'implique pas forcément des coups répétés et permet, contrairement à *battre,* l'introduction de compl. précisant le lieu du coup (*frapper à la joue, au nez,* etc.) ; (fam.) **taper** se dit le plus souvent de coups donnés avec la main nue ; (fam.) ↓ **secouer** ; (fam.) ↑ **cogner, tabasser, passer à tabac, dérouiller, caresser les côtes, tanner, flanquer une volée,** etc. ; ↑ **rosser, rouer** ; (plus particulièrement) **cingler, fouetter,** c'est battre avec un fouet ou un objet flexible ; **fustiger** et **flageller** sont des syn. soutenus de **fouetter** ; **fesser,** c'est taper sur les fesses ; (plus courant) **donner une fessée** ; v. aussi CORRIGER, GIFLER, APPLIQUER et MALMENER. — 2° V. VAINCRE, PILER et TOMBER.

II Qqn/qqch ~ qqch (sens général) : donner des coups sur qqch, le plus souvent à l'aide d'un instrument. Les synonymes se répartissent en fonction du sujet et du compl. du verbe, dont les emplois sont très nombreux. Citons : *Qqn bat les cartes* = **mêler** ; *Qqn bat les bois ;* parcourir en tous sens = **courir, fouiller** ; (plus général) **parcourir.** V. aussi DÉRAISONNER. *Qqn bat le pavé :* v. FLÂNER ; *La pluie bat les carreaux* (ou *contre/sur les carreaux*) = **cingler, fouetter.**

III Qqch ~ qqn ~. (sens général) : être animé par ou produire des mouvements répétés. *Son cœur bat ; palpiter* ne peut, comme *battre,* être complété par un adv. *Les volets battent* = **claquer.** *Le public bat des mains* = **applaudir** (*Le public applaudit*). *Qqn bat en retraite :* v. RECULER. ● **battement** *Un battement d'ailes* ; (plus soutenu) **bruissement, frémissement** ; v. COUP II. *Avoir des battements de cœur* ; (terme propre) **palpitations.**

baume *Mettre du baume sur le cœur de qqn :* v. CONSOLER.

bavard 1° *C'est une personne très bavarde* (non péjor.) ; (plus précis) **loquace** se dit de celui qui parle volontiers, **volubile**, de celui qui parle rapidement et avec abondance. — 2° (péjor.) *Cette femme est décidément trop bavarde!*, par extens., qui dit partout ce qu'elle devrait taire = **indiscret**; (plus fam.) **cancanier**. On emploie aussi les express. *C'est une concierge, bavard comme une pie, ne pas savoir tenir sa langue.* — 3° (nom) *Quel bavard!*; (fam.) **perroquet, pie**; **commère**, qui ne s'emploie qu'en parlant des femmes, **concierge** et (fam.) **pipelet** sont dominés par l'idée d'indiscrétion; **phraseur** se dit de celui qui parle de manière affectée pour ne rien dire de sensé. ● **bavarder** 1° *Je serais resté pendant des heures à bavarder avec elle!*; (fam.) **papoter; babiller** implique l'idée de volubilité et de légèreté dans les propos tenus (non péjor. en parlant des enfants); (très péjor.) **caqueter, jacasser**; (fam.) **tailler une bavette**, c'est se mettre à bavarder un moment; (argotique) **jacter, jaspiner**. — 2° *Je n'aime pas les gens qui bavardent*; tenir des propos indiscrets; **jaser** et **cancaner** emportent l'idée de médisance; **ne pas tenir sa langue** se dit de qqn qui est incapable de tenir secret ce qui doit l'être; v. aussi PARLER. ● **bavardage** 1° (avec les mêmes nuances que précédemment) **babillage, caquetage, papotage, jacasserie**; (réservé généralement aux jeunes enfants) **babil**. — 2° (sens 2 de l'adj., le plus souvent au plur.) **commérages, racontars, potins, cancans**; (plus soutenu) **indiscrétions**; (très péjor.) **ragots**.

beau *Il a épousé une femme très belle*, adj. d'emploi très large et dont le sens général implique une émotion ressentie devant ce qui atteint, dans son genre, la perfection (dans notre ex., celle de l'harmonie corporelle). Ses synonymes se répartissent selon ce « genre » considéré. 1° *Une femme très belle, un très beau tableau : je résumerais ainsi mes impressions sur la Joconde*, l'adj. renvoie à une perfection esthétique; **joli** implique une émotion plus superficielle et se dit de ce qui est simplement agréable à voir ou à entendre; il n'emporte pas l'idée de perfection et se rapproche, plus que *beau*, d'adj. comme **ravissant, gracieux**, ↑ **adorable**, ↑ **délicieux**; (fam.) **chic**; (très fam.) **chouette, bath**; v. aussi ADMIRABLE, CHARMANT et SÉDUISANT (in *séduire*). — 2° *Elle manifeste de beaux sentiments :*

est-ce pour autant la garantie d'une belle âme?, renvoie à une perfection morale = **noble, grand, généreux**. — 3° *Une belle course est toujours un beau spectacle*, renvoie à ce qui est bien fait, parfait dans son genre = **intéressant**. V. aussi ATTRAYANT et BRILLANT. — 4° *Nous voici dans de beaux draps! Vraiment, quel beau monsieur!*, par antiphrase, marque une dépréciation ou une désapprobation = **joli**. V. VÉRITABLE. V. aussi MIEUX. — 5° *Faire le beau :* v. POSER. ● **beauté** (sens 1 de l'adj.) *La beauté d'un coucher de soleil;* ↑ **splendeur, majesté, éclat, magnificence**; v. aussi LUXE; (sens 2 de l'adj.) **noblesse, grandeur, générosité**; v. aussi ÉLÉVATION (in *élever* I). *Cette femme est une beauté :* v. FEMME.

beau (faire le) V. POSER III.

beaucoup Cet adv., qui marque la quantité ou l'intensité, a des syn. extrêmement nombreux. Nous citons ici les plus courants, répartis selon la construction de l'adverbe. 1° ~ + verbe, marque la quantité. *Boire beaucoup, pleuvoir beaucoup*, etc. = **abondamment, en abondance**; (fam.) **copieusement**, (très fam.) **vachement**; (très fam.) **bésef** ne s'emploie que dans quelques contextes, notamment avec le verbe « avoir » : *Je n'en ai pas bésef;* (soutenu) **plantureusement** ne s'emploie que derrière le verbe « manger »; ↑ **énormément, excessivement**; ↑ (assez soutenu) **considérablement**; v. LARGEMENT, NETTEMENT (in *net*); v. aussi SEC II. Toute une série d'express. à valeur superlative, chacune propre à tel ou tel verbe, s'emploient également; ainsi : *manger comme quatre, boire comme un trou, travailler comme un nègre, pleuvoir comme vache qui pisse*, etc. Elles sont le plus souvent fam. ou très fam. — 2° ~ + verbe, marque l'intensité. *Plaindre beaucoup, aimer beaucoup*, etc.; les synonymes de *beaucoup* ont le plus souvent une valeur augmentative; sauf ↑ **énormément**, ↑ **excessivement**, ils se répartissent selon les verbes utilisés : (aimer, plaire...) ↑ **infiniment**; (travailler, réfléchir...) ↑ **intensément**; (aimer, travailler...) ↑ **passionnément**; (aider...) ↑ **puisamment**; (désapprouver...) ↑ **violemment**; (applaudir...) ↑ **fortement**, ↑ **vivement**. V. AMÈREMENT. V. aussi TRÈS. — 3° ~ + verbe, marque la fréquence. *Sortir beaucoup, pleuvoir*

beaucoup = souvent, fréquemment. —
4° ~ + compar. *Être beaucoup plus
calme/beaucoup moins calme/beaucoup
trop calme* = **bien.** V. AUTREMENT. —
5° *Merci* ~ = **bien ;** ↑**mille fois, infiniment.** — 6° ~ de + nom abstrait.
Beaucoup de travail/de chagrin/d'ennuis
= **bien** *(bien du travail ; bien du cha-
grin/des ennuis);* ↑**énormément, excessivement ; fou** *(un chagrin fou).* — 7° ~ de
+ nom concret désignant une substance
continue, non nombrable. *Beaucoup de
bière/de café/de farine ;* ↑**énormément ;**
v. PLEIN. — 8° ~ + nom concret
désignant une substance nombrable.
Beaucoup de personnes : v. PLUSIEURS.
V. aussi FOISON et FOU. ● **de beaucoup**
*Ce vin me semble de beaucoup le meil-
leur ; Nous avons gagné de beaucoup ;*
(plus fam.) **de loin ;** v. NETTEMENT (in
net).

bébé *Quel beau bébé vous avez là ! ;*
(fam.) **poupon, poupard, loupiot ;
nourrisson** ne s'emploie que par référence à la mère ou à la nourrice et se dit
d'un enfant (v. ce mot) qui n'est pas
encore sevré ; (très fam.) **mioche,
chiard, lardon, môme, moutard, petit-
salé.**

bénir 1° *Le prêtre bénit les fidèles ;*
↑**sacrer** (v. ce mot), c'est consacrer à
Dieu dans une cérémonie solennelle. —
2° V. REMERCIER.

berger Seul terme courant ; (très soutenu) **pâtre** et **pasteur** ne s'emploient
guère que dans certains contextes littér.

bétail *La rivière où s'abreuvait le
bétail est maintenant polluée* = **les bêtes,
troupeau ;** tous ces termes sont des
collectifs ; **bestiaux** désigne les animaux
formant le bétail ; **cheptel** est un terme
technique qui désigne généralement
l'ensemble du bétail d'une ferme, d'une
région ou d'un pays (son emploi serait
impossible dans notre ex.).

bêtise 1° *Sa bêtise est insondable*
= **imbécilité, sottise ;** ↑**idiotie, ineptie,
stupidité ;** (très fam.) **connerie.** — 2° *Cet
enfant ne fait que des bêtises* = **sottise ;**
(très fam.) **connerie ;** v. aussi MALA-
DRESSE. — 3° *Il ne sait dire que des
bêtises ;* ↑**idioties, stupidités, fadaises,
niaiseries, sottises ;** (fam.) **âneries ;** (très
fam.) **conneries.** V. aussi SORNETTES. —

4° *Il se sont affrontés pour une bêtise :*
v. BABIOLE, LÉGÈRETÉ et RIEN II. Pour
l'ensemble de tous ces emplois, v. aussi
SOTTISE (in *sot*).

biaiser *C'est un homme trop habile
pour qu'on puisse le convaincre en biai-
sant* = **louvoyer ; tergiverser** implique
davantage l'idée de reculade et d'hésitation que celle de manœuvre.

bicyclette *C'est un champion de la
bicyclette ;* (fam.) **vélo ;** (très fam.)
bécane ; petite reine est maintenant
vieilli ; (fam.) **clou** se dit d'une vieille
bicyclette.

bien I (adv.) D'emploi très large. Sens
général : de manière satisfaisante. Les
synonymes peuvent être très nombreux,
et se répartissent selon le sens du
contexte et selon la construction.
Notamment : 1° *C'est bien :* v. PARFAIT et
POMME I. — 2° *Nous avons eu bien du
travail :* v. BEAUCOUP. — 3° *Il est bien
fatigué :* v. TRÈS. — 4° *Il joue bien au
bridge ;* ↓**convenablement ;** v. MERVEILLE
(à). — 5° *Il ne se sent pas bien :*
v. D'APLOMB (in *aplomb* I) et FOUTU [*mal
foutu*]. — 6° *C'est une femme très bien*
= **distinguée ;** v. aussi BEAU. — 7° V. RAI-
SONNABLEMENT (in *raison* I). — 8° V. PRO-
PREMENT (in *propre* II).

II Désigne tout ce que l'on possède : au
sens juridique on entend par *bien* la
chose pouvant être l'objet d'un droit et
représentant une valeur pécuniaire ; **propriété** est plus part. ; se dit surtout dans
le sens des biens-fonds, terres, maisons,
etc., appartenant en propre à qqn : *Cette
maison et ce champ sont ma propriété ;*
domaine désigne l'ensemble des biens
fonciers d'une certaine étendue : *acquérir, vendre, échanger un domaine ;* **héritage** se dit de tout bien qui échoit à qqn
par droit de succession ; **patrimoine** se
dit du bien que l'on détient par héritage
de ses ascendants ; **acquêt** ou **conquêt**
(termes de droit) s'emploient indifféremment pour désigner les biens qui
entrent en communauté durant le
mariage. V. aussi CAPITAL II et RICHESSE.

bientôt *Nous reviendrons bientôt*
= **dans peu de temps, prochainement,
sous peu ;** (marque un événement très
proche du présent) **tout à l'heure,**
↑**incessamment ;** (permet davantage de

préciser le moment envisagé) **dans + compl.** de temps : *dans quelques jours/quelques heures/deux minutes/un instant, etc.* ; de même avec l'express. *d'un moment/d'un jour/d'une minute... à l'autre.* V. aussi PRÈS II. *Ce n'est pas pour bientôt* = **ce n'est pas demain la veille.**

bigot *Ne confondez pas les croyants et les bigots!* ; (très péjor.) **bondieusard, calotin** s'emploient par dénigrement, de la part d'athées, pour désigner aussi bien les croyants que les bigots ; (fam.) **grenouille de bénitier ; cagot, cafard** et **tartufe** se disent de ceux qui cachent hypocritement leurs vices sous les apparences d'une pratique religieuse austère. V. aussi CROYANT (in *croire*).

bijou 1° *Voici un bijou magnifique ;* ↑**joyau** ne se dit que des bijoux de très grande valeur. — 2° *Cette chapelle est un bijou de l'art roman ;* ↑**joyau, chef-d'œuvre.** ● **bijoutier** (avec les mêmes nuances que ci-dessus) **joaillier ; orfèvre** se dit de celui qui fabrique des objets d'ornement : vaisselle de table, objets de toilette, etc.

billet 1° *Il m'écrit régulièrement un petit billet,* petite lettre = **mot.** — 2° *Il faut que j'achète un billet de chemin de fer/de cinéma, etc. ;* **ticket** peut être syn., mais, habituellement, ce terme est réservé à quelques contextes précis : *ticket de métro/d'autobus/de quai ; billet* s'emploie pour les autres. — 3° *Voici quelques billets, c'est tout l'argent que je possède* (abrév. courante de *billet de banque*) ; très fam. **biffeton, fafiot.**

bitume 1° *La route et le trottoir étaient recouverts de bitume* = **asphalte, goudron, macadam.** — 2° *Elle arpentait le bitume ;* (fam.) par méton., désigne la chaussée elle-même ou, plus souvent, le trottoir lui-même = **macadam ;** (courant) **trottoir.**

bizarre (sens général) Personne ou chose qui s'écarte du bon sens, de l'ordre ou de l'usage communs. 1° *Qqn est* ~. *C'était un homme bizarre, aux réactions imprévisibles ;* (termes insistant sur le caractère insolite de l'individu ou de son comportement) **fantasque, original, singulier,** ↑**extravagant,** (fam.) **loufoque,** (fam.) **farfelu ; anormal, déséqui-**

libré ne peuvent se dire que d'un malade. V. aussi CAPRICIEUX. — 2° *Qqch est* ~. *La maison est bizarre, les meubles sont bizarres, vos propos sont bizarres : tout est bizarre ici!* = **drôle ;** (termes soulignant le côté surprenant de la chose en question) **insolite, étrange, étonnant, singulier, surprenant, curieux ; biscornu, baroque** se disent surtout d'objets aux formes bizarres, mais aussi des propos que l'on tient ; (fam.) **abracadabrant ;** ↑**extraordinaire** est un terme si courant qu'il n'a plus de sens très précis : il marque seulement l'intensité du sentiment éprouvé par celui qui l'emploie (ici, par ex., la surprise ou l'inquiétude) ; v. aussi CAPRICIEUX, CONFORMISTE (NON) et SPÉCIAL. — 3° *Qqn est* ~. *Je me sens bizarre en ce moment* (fam.) = **drôle ;** (courant) **mal** à **l'aise.** ● **bizarrement** *Elle était bizarrement habillée* = **curieusement, étrangement, singulièrement.** ● **bizarrerie** *Il avait été frappé par la bizarrerie de sa démarche* = **étrangeté.**

blâmable *Une conduite blâmable ;* ↓**criticable ;** ↑**condamnable ; répréhensible** implique davantage que les précédents l'idée de sanction.

blasphème 1° *Le prêtre recula en l'entendant proférer de tels blasphèmes,* paroles qui outragent la Divinité ou les choses sacrées de la religion ; (vieilli) **jurement ; juron** est fam. en ce sens, mais s'emploie couramment pour désigner toute parole grossière et insultante. Il peut alors avoir pour syn. : **grossièreté,** (naïf) **gros mot ;** v. aussi INJURE et MALÉDICTION. — 2° Paroles qui outragent qqch considéré comme respectable.

blesser 1° *Il a été blessé par un éclat d'obus ;* (fam.) **amocher, arranger ;** v. aussi TOUCHER I. (termes précisant le genre de blessure) **estropier,** blesser à un membre, si grièvement que l'on en perd l'usage normal ; **contusionner,** léser par un choc sans déchirure de la peau ; **couper, entailler,** blesser avec un instrument tranchant ; v. aussi ÉCORCHER ; (didact.) **léser** ne s'emploie qu'avec un sujet nom de chose et un compl. désignant une partie du corps : *La balle a lésé l'artère fémorale :* v. VERSER II. — 2° (sens moral) *Vos propos l'ont blessé ;* ↑**ulcérer ;** (plus expressif) **toucher, piquer au vif ;** v. OFFENSER (in *offense*) ;

v. aussi DÉPLAIRE, FROISSER et SCANDALISER. ● **blessure** 1° *La blessure est-elle grave?*; (didact.) **lésion**; une **plaie** peut résulter d'une blessure, mais aussi d'un désordre interne à l'organisme. V. aussi COUPURE (in *couper*) et CICATRICE. — 2° V. PEINE.

blottir (se) *L'enfant alla se blottir dans les bras de sa mère;* ce verbe peut évoquer la recherche de protection et de chaleur : ses syn. sont alors ↑**s'enfouir,** (souvent pour un animal) **se pelotonner.** Ou l'idée de peur et la recherche d'un abri : ses syn. sont alors **se réfugier, se serrer** (v. ce mot), (surtout pour un animal) ↑**se tapir;** v. aussi CACHER (SE), NICHER (SE) et PRESSER I (SE).

bohémien *Des bohémiens viennent d'arriver sur le terrain vague;* (péjor.) **romanichel, romano; tzigane** se dit surtout des musiciens bohémiens et **gitan** des bohémiens d'Espagne.

boire 1° *Avez-vous bu du café?*; **prendre** et **absorber** sont de sens plus général et se disent autant des aliments solides que des liquides; (assez soutenu) **se désaltérer** peut être le syn. de *boire* employé seul ou suivi de qqch : *Voulez-vous boire? (...boire qqch?)/Voulez-vous vous désaltérer?* — 2° *Avez-vous vu comment il a bu son café?*; les synonymes qui suivent désignent une manière de boire : **ingurgiter, entonner;** (fam.) **pomper,** c'est boire vite et en grosse quantité; **lamper,** (fam.) **siffler,** c'est boire très rapidement; **siroter,** (fam.) **licher,** (fam.) **lipper,** c'est boire lentement et avec gourmandise; **laper** ne s'emploie guère que pour les animaux (le chat, notamment); v. CONSOMMER et S'ENFILER; v. aussi ABSORBER, AVALER et LÉCHER. — 3° *Cet homme boit :* v. ENIVRER (S'). — 4° Qqch ~. V. ABSORBER. — 5° (fig.) *Elle le regardait avec passion, buvant ses paroles;* (moins employé) **s'abreuver de;** ↑**s'enivrer de;** **savourer** marque moins l'avidité que la délectation.

bois I *Il connaît un bois où abondent les champignons;* **forêt** désigne un lieu plus vaste et plus sauvage que *bois,* planté d'arbres plus grands; **bosquet** et (plus rare) **boqueteau** désignent de petits bois; **bouquet** se dit de quelques arbres rapprochés les uns des autres et formant un groupe isolé : *Quel joli bouquet de châtaigniers!*; une **futaie** est une forêt dont on exploite les arbres quand ils ont atteint une grande dimension. V. aussi BUISSON.

II V. CORNE.

boisson est un terme générique; **breuvage** se dit spécialement d'une boisson aux vertus particulières.

boiter *Depuis son accident, il boite un peu;* (vieux) **clocher, clopiner;** ↓**boitiller;** (soutenu, souvent avec valeur iron.) **claudiquer.** ● **boiteux** 1° *Ce n'est pas parce qu'il est boiteux qu'on doit se moquer de lui!;* (très péjor.) **bancal, bancroche;** (fam.) **éclopé** se dit de celui qui boite momentanément. — 2° *Cette chaise est boiteuse,* se dit de meubles mal assurés sur leurs pieds = **bancal, branlant.** — 3° *C'est une solution boiteuse,* qui n'est pas satisfaisante = **bancal, bâtard.** V. FAUX I.

bon I Qqch est ~/qqn est ~ (+ prép.). *Ce garçon est très bon en musique, il mérite d'avoir un bon instrument,* sens général : « satisfaisant », qui répond à quelque qualité. Adj. d'emploi très large et dont les synonymes se répartissent selon les contextes (syn. possibles en tous contextes); ↑**excellent, remarquable.** 1° Qqch est ~. *Faire une bonne pêche* = **fructueux** (postposé); *Donner un bon remède, un bon conseil* = **efficace, valable** (postposés); *Ses parents ne lui tolèrent que de bonnes lectures et exigent une bonne conduite* = **convenable** (postposé); *Il a reçu une bonne gifle et une bonne leçon!;* ↑**fameux;** (fam.) **sacré, drôle de;** v. SOLIDE; *Quel bon gâteau! :* v. AGRÉABLE, DÉLICIEUX; *Racontez-nous une bonne histoire :* v. AMUSANT. *Il a attrapé un bon rhume* = **gros;** (fam.) **sacré.** — 2° Qqn est ~ en... *Il est bon en mathématiques* = **fort, doué; réussir en** *(Il réussit en mathématiques);* ↑**excellent en.** — 3° Qqn est ~ pour. *Cette fois ils sont bons pour la prison,* expression qui s'abrège en *être bon (Ils sont bons!)* et qui signifie : « être sûr de ne pas échapper à »; (fam.) **cuit, fait, grillé, y avoir droit.** — 4° Dans la loc. *bon nombre de :* v. PLUSIEURS. ● **bon** (adv.) Dans l'express. *pour de bon : Je vous parle pour de bon,* sans plaisanter = **sérieusement** (v. ce mot).

II Qqn est ~ (le plus souvent comme attribut). 1° *Son père était aimable et bon,* qui manifeste de la bonté ; les synonymes possibles sont des termes qui restreignent le sens général de l'adj. : **bienveillant, humain, compréhensif, ouvert** (qui manifeste indulgence et ouverture d'esprit), **indulgent** (qui pardonne facilement) ; **charitable** (qui est doux et indulgent) ; v. aussi AIMABLE et GÉNÉREUX. — 2° *C'est une bonne fille/un bon garçon,* qui fait preuve d'une bonté un peu naïve ; en ce sens, assez souvent péjor. = **brave.** V. CHARMANT. ● **bonté** (v. 1° de l'adj.) **bienveillance, compréhension, indulgence.** Dans l'express. **avoir la bonté de** *Voudriez-vous avoir la bonté de me rendre ce service ?* = **amabilité, gentillesse, obligeance ;** v. aussi CHARITÉ, DOUCEUR et GÉNÉROSITÉ.

bonheur 1° *Depuis leur mariage, ils connaissent le bonheur ;* ↑**félicité ;** (souvent avec une nuance iron.) ↑**béatitude ;** v. aussi EUPHORIE et JOIE. — 2° *Aurons-nous le bonheur de vous rencontrer à cette soirée ?* = **plaisir ;** (soutenu) **avantage.** — 3° *Aurons-nous le bonheur de réussir ?* : v. CHANCE. — 4° **par bonheur** : v. HEUREUSEMENT (in *heureux*).

bonne 1° V. SERVANTE. — 2° **bonne d'enfant** Terme moins recherché que **nurse.** V. aussi NOURRICE et GOUVERNANTE.

bord 1° Terme à valeur générale ; ses synonymes sont d'emploi plus restreint : *Le bord d'un étang ;* **périphérie, pourtour,** si l'on envisage la surface en tant que telle ; **rive, berge,** si l'on envisage qu'il s'agit d'un plan d'eau. *Le bord de la mer* = **rivage, côte,** bord immédiat ; *rivage* se dit aussi pour un lac ; **grève, plage,** terrain de gravier ou de sable qui longe la mer ; **littoral,** ensemble des côtes qui bordent une mer *(le littoral méditerranéen). Le bord d'un bois* = **lisière ;** (soutenu) **orée.** *Le bord/le rebord d'une fenêtre ; Un jardin a des bords que l'on peut orner d'une bordure de fleurs ;* **rebord** se dit d'une partie en saillie qui forme le bord de qqch : **bordure** se dit d'un bord fait de la main de l'homme, souvent à titre d'ornement. — 2° Dans l'express. *être au bord de : Elle était au bord des larmes* = **être tout près de ; être sur le point de** + verbe le plus proche du compl. de *au bord de* (ici « pleurer » : *être sur le point de pleurer*). ● **border** qqch ~ qqch (souvent au passif). Être sur le bord de qqch ; ses synonymes se répartissent selon les contextes : *une nappe bordée de dentelle* = **entourer, garnir ;** *Un ruisseau/une rivière bordait la route* = **longer ;** v. aussi CÔTOYER (in *côté*).

borné *Ton frère a vraiment l'esprit borné !* ; ↓**étroit ;** (soutenu) **obtus ;** (fam.) **bouché** s'emploie surtout comme attribut *(Il est bouché/borné/obtus),* contrairement à *étroit.* V. aussi BALOURD, FANATIQUE et SOT.

botte I Se dit en parlant de divers végétaux. *Une botte de foin/de paille/de carottes,* etc. ; **gerbe** ne se dit qu'en parlant des céréales, **bouquet,** en parlant des fleurs, des feuillages ornementaux et des plantes aromatiques : *une gerbe de blé/d'avoine,* etc ; *un bouquet de roses/d'aubépine/de thym,* etc.

II V. CHAUSSURE.

boucher I 1° Qqn ~ qqch. *Boucher un trou ;* (soutenu ou didact.) **obturer.** *Boucher une fenêtre ;* (didact.) **aveugler.** *Boucher les fentes d'une porte pour éviter les courants d'air* = **calfeutrer.** *Boucher la brèche d'une muraille* = **colmater ;** v. MURER ; v. aussi FERMER. — 2° Qqch ~ qqch. *Des camions bouchent la circulation* = **barrer, obstruer ;** ↓**engorger.** — 3° *En boucher un coin :* v. ÉTONNER.

II (nom) V. MEURTRIER.

bouderie *Il avait fallu supporter sa bouderie toute la journée,* manifestation de mauvaise humeur = **fâcherie,** ces deux termes étant assez rarement employés ; (courant) **humeur, mauvaise humeur.**

boue 1° *Avec cette pluie, les routes seront couvertes de boue ;* (fam.) **crotte, gadoue ;** (très fam.) **gadouille ;** v. VASE II. — 2° (fig.) État de grande déchéance morale : *Il se traîne dans la boue du vice ;* (soutenu) **fange.** V. aussi ABAISSEMENT, BASSESSE et ORDURE.

bouée *Les bateaux devront laisser la bouée à tribord ;* (plus part.) **balise,** bouée ou ouvrage destiné à guider le navigateur en lui signalant le passage à suivre et les dangers à éviter.

bouffi 1° ∼ par ou de + compl. *Il a le corps bouffi par la graisse/bouffi de graisse* = **boudiné, enflé** et **soufflé** ne s'emploient qu'avec «par» ; **gonflé** (v. ce mot) devient syn. de *bouffi* quand celui-ci est employé pour désigner l'état des yeux *(des yeux bouffis/gonflés de sommeil)*. — 2° (absol.) *Il a le visage bouffi* = **replet** ; ↓**joufflu** ; v. aussi GRAS.

bouffon 1° *Vous me demandez de respecter ce personnage? mais ce n'est qu'un bouffon !*, personne qui prête à rire par ses propos, son attitude ; souvent péjor. (notre ex.) = **pantin, polichinelle** ; (moins péjor.) **farceur, plaisantin** désignent ceux qu'il est impossible de prendre au sérieux ; (fam.) **loustic** s'emploie le plus souvent dans l'express. *un drôle de loustic.* — 2° V. COMIQUE et GROTESQUE.

bougon *Il est de tempérament bougon ;* (fam.) **ronchon, ronchonneur** ; **grognon** se dit en parlant d'un état passager de mauvaise humeur. V. aussi ACARIÂTRE et BOURRU.

bouillir *Il me fait bouillir d'impatience/de colère ;* ↓**frémir** ; quand le verbe se réduit à lui-même *(Il me fait bouillir)* = **exaspérer**.

bouillon 1° *Je viens de faire un pot-au-feu, voulez-vous un peu de bouillon ? ;* **consommé** se dit d'un bouillon concentré ; **potage**, d'un bouillon où l'on a fait cuire des aliments solides, coupés en petits morceaux ou passés ; **soupe,** d'un potage dans lequel on a trempé du pain. *Potage* et *soupe* s'emploient souvent avec le même sens, *potage* étant alors plus soutenu. — 2° *Boire le bouillon :* v. FAILLITE et TASSE.

boule *Voici une belle boule de verre ;* (didact.) **sphère** est un terme de géométrie. Dans l'express. *être/se mettre en boule* (fam.), se laisser envahir par la colère = **pétard, rogne** ; (courant) **colère**. V. aussi IRRITER. *Perdre la boule* (fam.), devenir fou ; (courant) **tête** ; v. FOU.
● **bouler** Dans l'expression *envoyer* ∼ *(Il nous a envoyé bouler),* renvoyer qqn (fam.) = **envoyer sur les roses, ... promener, ... paître** ; (soutenu) **éconduire**.

bourg Gros village où, en général, se tient le marché des villages voisins ; ↓**village** implique un moins grand nombre de maisons ; ↓**bourgade** implique plus que «village», des habitations disséminées sur un assez vaste espace ; ↓**hameau** se dit d'un groupe de maisons isolées : le hameau n'a pas de vie propre, il est rattaché au village voisin ; (fam.) **trou** se dit péjorativement de tout lieu d'habitation, quelle que soit sa taille, qui, pour le citadin, paraît triste et incommode. V. aussi VILLE.

bourgeois Employé comme adj., ce terme prend souvent des valeurs péjor. diverses attribuées à la bourgeoisie par ceux qui la dénigrent. Les synonymes que nous citons traduisent ces valeurs, mais font disparaître la relation classe bourgeoise - défauts de la bourgeoisie. 1° *Ils menaient, dans leur douillette maison, une vie des plus bourgeoises,* goût du confort = **pantouflard** ; (fam.) **pot-au-feu**. — 2° *La poésie ne pouvait guère toucher cet esprit bourgeois,* absence d'élévation morale et intellectuelle = **prosaïque, terre-à-terre** ; (fam.) **épicier**. — 3° *On l'avait élevé selon les principes de la morale la plus bourgeoise,* respect des valeurs établies = **conventionnel, formaliste**.

bourrasque Coup de vent subit, violent et de courte durée ; (en termes de marine) **grain** ; **rafale** se dit d'une augmentation subite de vent, le vent étant établi ; dans le même sens, en termes de marine : **risée.** V. aussi TEMPÊTE et VENT.

bourreau 1° On désigne sous le nom d'**exécuteur des hautes œuvres** (abrégé en **exécuteur**) celui qui exécute les condamnés à mort (soutenu) ; *bourreau* est de sens plus général : il se dit de celui qui met à mort ou de celui qui torture ; **tortionnaire** se dit spécialement de celui qui pratique la torture. V. aussi MEURTRIER I. — 2° Dans l'express. *bourreau des cœurs,* homme au charme irrésistible pour les femmes = **don juan** ; (plus soutenu) **séducteur**.

bourru *C'est un homme bourru mais foncièrement gentil ;* **brusque** se dit de celui qui paraît dénué d'amabilité parce qu'il va droit au fait. V. aussi ACARIÂTRE, BOUGON, MAUSSADE et RUDE.

bourse 1° *C'est sa femme qui tient les cordons de la bourse,* petit sac dans lequel on met de l'argent, généralement des pièces (rarement employé sauf dans les express., comme dans notre ex. ou dans *avoir la bourse bien garnie*) ; (courant) **porte-monnaie ; escarcelle** ne s'emploie que par plaisanterie. V. FINANCE. *Sans bourse délier :* v. GRATUITEMENT. — 2° V. TESTICULE.

bout 1° *Le bout d'une canne à pêche est très flexible* = **extrémité ;** (contextes plus restreints ; possible dans notre ex.) **pointe.** — 2° *Il est allé jusqu'au bout du voyage ;* (plus soutenu) **terme** (v. ce mot). *Rester jusqu'au bout* = **fin.** — 3° (dans des express.) *Pousser à bout* = **exaspérer.** *Être à bout* (assez fam.) = (courant) **être épuisé ; n'en pouvoir plus** *(Je suis à bout/épuisé ; je n'en peux plus). Venir à bout de qqch* = **vaincre, triompher (de).** *Au bout du fil :* v. APPAREIL. *Ne pas pouvoir joindre les deux bouts :* v. DÉSARGENTÉ. *Montrer le bout de l'oreille* = **dévoiler ses intentions.** — 4° V. MORCEAU.

boutique 1° *Son père tenait autrefois une petite boutique dans la rue des Halles,* local où se tient un petit commerce ; terme qui vieillit, surtout en grande ville, et auquel se substitue **magasin** (v. ce mot), qui désigne un commerce plus grand et aux installations plus modernes ; on notera qu'aujourd'hui *boutique* redevient d'usage courant au sens de *boutique de mode ;* **échoppe,** qui vieillit aussi, désigne une petite boutique en planches, généralement occupée par un artisan qui y exerce son métier. — 2° V. MAISON.

braise 1° Bois réduit en charbons ardents, et ces mêmes charbons lorsque ceux-ci sont éteints, **tison** désigne le reste d'un morceau de bois dont une partie seulement a été brûlée. — 2° V. ARGENT.

branche 1° *Les branches sont agitées par le vent ;* **branchage** et (soutenu) **ramure** sont des termes collectifs qui désignent l'ensemble des branches ; **rameau** est le syn. didact. ou soutenu de *petite branche.* V. aussi TIGE. — 2° *Vous êtes ingénieur ? Moi aussi. Dans quelle branche êtes-vous ?* = **spécialité, discipline** *(Quelle est votre discipline ?/votre spécialité ?).*

braquer 1° *L'individu braqua son revolver sur sa victime* = **pointer.** — 2° *Cette voiture braque mal ;* (plus général) **tourner.** — 3° *Si vous faites allusion à son divorce, vous risquez de la braquer* (assez fam.) ; (courant) **vexer ;** v. aussi FROISSER. *Braquer qqn contre qqn/qqch* (même sens) ; (plus soutenu) **dresser.**

bras 1° Ce terme n'a pas de syn. véritable. En revanche, il entre dans de multiples expressions qui peuvent être des syn. imagés de termes auxquels nous renvoyons. *À tour de bras, à bras raccourcis :* v. VIOLEMMENT. *À bras ouverts :* v. CORDIALEMENT. *Avoir le bras long :* v. INFLUENCE. *Baisser les bras :* v. RENONCER. *Avoir qqn/qqch sur les bras :* v. CHARGE. — 2° *Les bras de ce fauteuil sont trop longs* = **accoudoir.**

bravache *Ne vous laissez pas impressionner : ce n'est qu'un bravache,* faux brave = **fier-à-bras ;** (plus soutenu) **matamore.** Contrairement à *bravache,* ces deux noms ne peuvent être employés comme adj. ; v. FANFARON.

braver 1° *Ils n'ont pas craint de braver la tempête pour venir jusqu'à nous,* accepter courageusement d'affronter qqch de dangereux = **affronter, défier ;** (moins suggestif) **s'exposer (à).** — 2° *Braver qqn/les mœurs/les convenances,* etc., affronter qqn ou qqch par défi et avec insolence = **défier, narguer ; provoquer** ne s'emploie en ce sens qu'en parlant de qqn, **offenser,** de qqch. V. aussi MENACER. ● **bravade** *Il n'a agi que par bravade,* attitude par laquelle on témoigne d'une fausse bravoure = **fanfaronnade** (v. aussi ce mot), ou d'une bravoure insolente = **défi, provocation.**

bretteur Se disait autrefois de celui qui aimait se battre à l'épée ; (péjor.) **ferrailleur ; spadassin** se disait de celui qui utilisait son habileté aux armes pour être tueur à gages.

brillant **I** (adj.) [v. BRILLER I] 1° (v. BRILLER I, 1°) **resplendissant, éblouissant, chatoyant, satiné.** — 2° (v. BRILLER I, 2°) **pétillant, rayonnant.** — 3° En parlant notamment du style = **fleuri, recherché.**

II (adj.) [v. BRILLER II] 1° *C'est un élève brillant* = **remarquable ;** ↑ **éblouissant.**

— 2° (en parlant de l'action de qqn) *L'artiste se lance dans une brillante improvisation* = outre les syn. précédents, **magnifique, splendide** ; ↓ **beau** ; ↑ **étourdissant** ; de qqn qui est brillant dans un domaine quelconque, on dit aussi (fam.) qu'*il fait des étincelles* ; v. aussi SPIRITUEL II. — 3° *Il était dans une situation peu brillante* ; (plus fam.) **reluisant**.

III (nom) [v. BRILLER I] 1° *Le brillant de l'or/d'une perle/d'une étoffe*, etc., se rapporte à l'éclat de ce qui brille naturellement ; ↑ **éclat** ; (par métaph.) **lumière** ; (en parlant d'une étoffe) **chatoiement** ; (en parlant d'une pierre précieuse) **eau** implique surtout l'idée de transparence, de pureté, **feu** (sing. ou plur.), celle de luminosité. — 2° *Le brillant d'un spectacle/d'une réception/d'un discours*, etc., éclat donné à qqch et, notamment, à une cérémonie ; = **lustre** ; ↑ **éclat**, ↑ **splendeur** ; ↑ **faste** ne se dit qu'en parlant d'une cérémonie ; (péjor.) **clinquant** implique un faux brillant, un éclat trompeur ; v. VERNIS.

IV (nom) V. DIAMANT.

briller I Qqch ~. 1° *La mer brille au soleil de juillet* ; ↓ **luire** ; ↑ **resplendir** ; **éblouir** se dit de ce qui brille avec un éclat si vif que la vue ne peut le supporter : *Les rayons du soleil éblouissent* ; **reluire** indique l'éclat d'une surface polie et suppose une lumière d'emprunt, n'éclairant que par réflexion : *Les meubles, les chaussures reluisent* ; **miroiter**, c'est renvoyer la lumière avec des reflets irréguliers, scintillants ; **chatoyer**, c'est renvoyer la lumière de manière irrégulière, avec des changements de couleur. V. aussi ÉCLAIRER, ÉTINCELER et FLAMBOYER. — 2° *Son regard brille d'intelligence*, se dit en parlant des yeux ou du visage, de sentiments qui s'expriment vivement = **pétiller, rayonner, illuminer** *(L'intelligence illumine son regard).*

II Qqn ~. *C'est qqn qui brille par son intelligence*, manifeste des qualités qui frappent l'attention ; ↑ **éblouir** ; v. aussi EXCELLER. Dans l'express. *le désir de briller* = **paraître**.

brocanteur Celui qui revend des objets d'occasion (antiquités), mais aussi objets de moindre valeur ; l'**antiquaire** ne vend que des objets anciens ayant une valeur incontestable.

brochure Petit ouvrage broché ; **opuscule** se dit d'un petit ouvrage, broché ou non, à contenu didactique. V. aussi LIVRE et PROSPECTUS.

bronze 1° *Une cloche de bronze* ; (vieux) **airain**. — 2° Symbole de la force et de la dureté : *une âme de bronze* ; (marque surtout la froideur) **marbre** ; (marque surtout la force) **fer** ; (marque surtout l'inflexibilité) **pierre**.

bronzé *Son visage est bronzé par le soleil*, se dit du teint qui, au soleil, prend une couleur semblable à celle du bronze = **bruni** ; (plus rare) **cuivré** ; (plus soutenu) **ambré** ; **hâlé** implique, plus peut-être que l'action du soleil, celle du vent, de l'air marin ; ↑ **basané, tanné**. V. NOIR.

brouillard 1° *On annonce du brouillard* ; ↓ **brume** (ce terme désigne aussi le brouillard de mer). V. aussi PLUIE. — 2° V. OBSCURITÉ.

brouiller I ~ qqch. 1° *Vous allez brouiller les cartes, ensuite je les distribuerai* = **mêler, mélanger** ; **embrouiller** s'emploie surtout abstraitement : *des idées embrouillées, une situation embrouillée* ; v. OBSCURCIR (in *obscur*). — 2° *L'émission est brouillée ce soir*, altérer la pureté, la netteté de qqch = **troubler** ; v. aussi PERTURBER. ● **se brouiller** (en parlant du temps) *Le ciel se brouille peu à peu* ; ↑ **se couvrir**. ● **brouillon** *Ce garçon a un esprit trop brouillon pour assurer une telle responsabilité* = **confus, désordonné**.

II ~ qqn. *Des histoires d'argent les ont définitivement brouillés* ; (moins propre dans le contexte) **séparer** (v. ce mot) ; **diviser** s'applique plus à des groupes qu'à des individus, **désunir**, à des personnes unies par un lien profond (amour ou amitié). ● **se brouiller** (avec qqn) = **se fâcher**.

broyer 1° *Cette machine broie les galets pour en faire de la poudre*, réduire en menus fragments ; **concasser**, c'est réduire en fragments assez grossiers ; **pulvériser**, c'est, au contraire, réduire en poudre ; v. MOUDRE, PILER et TRITU-

RER ; v. aussi ÉCRASER. — 2° *Je suis broyé de fatigue* : v. FATIGUÉ (in *fatiguer*).

bruissement *On entendait le bruissement de l'eau sous les arbres* = **murmure, frémissement, frisson** ; (en parlant d'un vêtement traînant sur le sol) **froufrou**. V. BATTEMENT (in *battre* II).

bruit I V. POTIN I, SON et TAPAGE.

II *Le bruit court que l'on procéderait à un remaniement ministériel*, propos répandus dans le public = **rumeur** ; v. NOUVELLE. *Faire courir un bruit* : v. ÉBRUITER (in *divulguer*) ; v. aussi PÉTARD.

brûler I ⌣ qqch/qqn. 1° *Brûler qqch*, c'est détruire un corps par le feu (de sens très général) ; **consumer** (surtout employé au participe passé), c'est brûler lentement, au contraire de **faire flamber** ; **carboniser** (surtout au passif), c'est réduire en charbon : *Le rôti a été complètement carbonisé* ; ↑ **calciner** (surtout au passif) est un syn. fam. de *carboniser* ; ↑ **réduire en cendres** (en parlant, par ex., de papiers, d'un immeuble) ; **torréfier** s'emploie spécialement en parlant du café : *brûler/torréfier le café* ; **incinérer** s'emploie spécialement en parlant de cadavres que l'on brûle ; **incendier** (v. ce mot) suppose généralement un acte criminel *(incendier une maison)* et se dit toujours de l'action néfaste du feu *(des forêts incendiées)* ; v. aussi ENFLAMMER. — 2° ⌣ qqch. *Il a brûlé un feu rouge* ; (fam.) **griller**.

II Qqch ⌣. *Des sarments brûlent dans la cheminée* ; **flamber**, c'est brûler en produisant des flammes ; **se consumer**, c'est brûler lentement : *Gagnés par le feu, les jeunes sapins se mettent à flamber ; au loin, la forêt ravagée finit de se consumer*. V. aussi CHAUFFER.

III brûler de *Il brûle de la revoir* ; ↓ **désirer** *(Il désire la revoir)*, ↓ **rêver de**. V. aussi AMBITIONNER et CONVOITER.

brutal 1° Qqn est ⌣. *Il n'avait pour argument que sa force brutale*, qui tient de la brute et agit avec grossièreté et violence à l'égard des autres (vieux en ce sens) = **animal** ; ↑ **bestial**. V. aussi GROSSIER. — 2° Qqn est ⌣. *C'est un homme naturellement très brutal*, qui use de violence, de rudesse = **dur, violent,**

emporté. V. aussi CRUEL et MÉCHANT. — 3° Qqch est ⌣. *La mort de sa mère lui a porté un coup brutal*, se dit de qqch de pénible et qui arrive soudainement = **rude, pénible** ; ↑ **terrible**. — 4° Qqch est ⌣ : v. SOUDAIN I. ● **brutalement** 1° (sens 2 de l'adj.) *Frapper qqn brutalement* = **violemment, durement** ; ↑ **sauvagement** ; v. SANS AMÉNITÉ (in *aménité*) et RUDEMENT (in *rude*). — 2° (sens 4 de l'adj.) V. SEC I. ● **brutalité** 1° (sens 1 et 2 de l'adj.) *C'est un homme connu pour sa brutalité* = **violence** ; ↑ **cruauté, férocité, sauvagerie** ; (peu employé) **inhumanité**. *Les brutalités policières* = **violences**. V. aussi BARBARIE et INHUMAIN. — 2° (sens 4 de l'adj.) V. SOUDAINETÉ.

bruyant *Elle ne supporte pas les enfants trop bruyants* = **turbulent**.

buisson *Les buissons étaient formés d'églantiers et d'épines ;* **broussailles** (toujours au plur.) implique une végétation plus étendue, telle qu'on peut la trouver dans un terrain inculte ; **fourré** se dit d'un ensemble épais d'arbustes de petites dimensions ; **taillis** se dit de la partie d'un bois où il n'y a que des arbres de petites dimensions, que l'on coupe régulièrement ; **hallier** se dit d'un ensemble de buissons touffus.

bulbe *Il vient de planter des bulbes de tulipes ;* (plus courant) **oignon**.

bureaucrate **employé de bureau** ; vieilli en ce sens et remplacé par **employé** (v. ce mot) ; s'emploie surtout aujourd'hui avec une valeur péjor. : employé animé d'un esprit de routine = **rond-de-cuir, gratte-papier** ; (très péjor.) **scribouillard** ; n'a pas de syn. dans son sens moderne de : fonctionnaire se prévalant d'une autorité excessive.

buste *Cette femme a un buste magnifique* = **poitrine, seins, gorge**. V. aussi TRONC.

but 1° *Il avait le meilleur fusil : manquer le but aurait été ridicule !* = **cible** ; (moins propre dans ce sens) **objectif**. — 2° *Il fallait à tout prix le convaincre : tel était son but* = **dessein, objectif** ; ↓ **intention**. *Parvenir à son but* = **fins** (plur.) ; v. AMBITION ; v. aussi OBJET et PROJET. — 3° (dans des loc.)

dans le but de *Il lui rendit visite dans le but de l'amadouer un peu* (loc. courante condamnée par les puristes) ; (plus soutenu) **avec l'intention de, avec le dessein de**. ● **De but en blanc** V. SOUDAIN.

butin *Les pillards avaient caché leur butin dans une grotte* = **prises** (plur.) ; (assez rare) **dépouilles** (plur.) ; **trophée** ne se dit que de prises symbolisant leur victoire.

butte **I** Comme **tertre,** se dit d'une petite éminence de terre ; ↓ **monticule** ; (plus part.) **mamelon** se dit du sommet arrondi d'une colline ; v. aussi COLLINE et TALUS.

II **être en butte à** *Elle est toujours en butte aux petites vexations que lui impose son directeur* = **servir de cible à, être le point de mire de** ; (plus soutenu) **exposé à**.

C

cabane 1° *Il loge dans une de ces cabanes !* (fam.), construction sommaire, généralement en bois ; désigne péjor. une maison d'habitation (notre ex.) = **cahute, bicoque** ; v. BARAQUE. — 2° *Il a passé deux mois en cabane* (fam.), syn. vulg. de prison = **tôle** ; (courant) **prison** ; v. CELLULE.

cabaret 1° (vieilli en ce sens) désigne un établissement où l'on sert à boire, de même que (vieilli) **estaminet, taverne** et (péjor.) **caboulot, bouge** ; on emploie couramment aujourd'hui **bistrot** (fam.) et **café** (courant) [v. ce mot]. — 2° V. CAFÉ-CONCERT (in *café* I) et RESTAURANT. On notera que **taverne** revient à la mode.

cabas *Tu mettras les légumes dans ce cabas* = **sac à provisions.**

cabinet I *Il était ministre dans le cabinet précedent*, ensemble des ministres d'un État = **ministère, gouvernement.**

II (au plur.) *Voudriez-vous m'indiquer les cabinets ?*, endroit aménagé pour satisfaire aux besoins naturels = **waters, w.-c., toilettes** ; (rare ou didact.) **lieux d'aisances** ; (fam. et naïf) **petits coins** ; (très fam., considéré comme grossier) **chiottes** ; (très fam.) **gogues**, (très soutenu et vieilli) **commodités** ; **latrines, feuillées** se disent de cabinets sommaires, sans installation sanitaire.

câble I V. CORDAGE.

II *Je viens de recevoir un câble de New York*, par méton., message reçu par un câble téléphonique (jargon de technicien, de journaliste, par ex.) ; (courant) **télégramme, dépêche.**

cabrer (se) *Dès qu'on lui parle de son passé, il se cabre*, se dresser contre qqn/qqch pour manifester son opposition ; (plus fam.) **se rebiffer** ; ↓ **protester** ; ↑ **se révolter.**

cabriole *Il était si heureux de cette nouvelle qu'il se mit à faire des cabrioles* = **gambade** ; ce terme peut aussi avoir les sens plus part. de **culbute** ou **galipette** (saut que l'on exécute cul par-dessus tête) et de **pirouette** (tour que l'on fait sur soi-même sans changer de place et en se tenant sur un seul pied) ; v. aussi SAUT (in *sauter*).

cacher 1° Qqn ~ qqch. *Cacher de l'argent ;* (fam.) **planquer, camoufler** ; (fam. et d'emploi régional) **musser, mucher** ; (plus part.) **receler** implique que l'on cache qqch frauduleusement ; **dissimuler** implique l'idée de feinte, de déguisement. V. COUVRIR, DÉGUISER, MYSTÈRE, TAIRE et VOILER I. — 2° Qqn ~ qch. Dans l'express. *Je ne vous cache pas que cela me déplait* = **je vous avoue franchement que....** V. aussi VOIR. — 3° Qqch ~ qch. *Des nuages cachent le soleil ;* ↓ **voiler** ; (plus expressif) **masquer** ; v. aussi DÉROBER. ● **se cacher** *On pense que les fuyards se cachent dans cette forêt ;* **s'embusquer**, c'est se cacher pour guetter qqn ; (plus rare) **se tapir** ; ↑ **se terrer** ; v. aussi BLOTTIR (SE) et DÉROBER (SE). ● **caché** *Des agissements cachés* = **secret** (v. ce mot), **sourd** ; **latent** se dit d'événements qui ne se révèlent pas, dont on devine la présence *(un danger latent, une maladie latente) ;* **clandestin** implique que l'on agisse contre la loi *(une manœuvre clandestine) ;* (termes impliquant l'idée de mystère) **mystérieux, occulte, ésotérique, hermétique** (ces trois derniers s'emploient surtout en parlant des connaissances accessibles seulement à des initiés : *La magie est une science occulte ; les paroles ésotériques/hermétiques des magiciens) ;* v. aussi OBSCUR.

cachet I V. MARQUE et SCEAU.

II V. RÉTRIBUTION.

III *Prenez ce cachet, vos maux de tête disparaîtront* = **comprimé** (les deux termes sont très souvent syn. dans la langue fam. ; dans son emploi propre, *cachet* se dit exactement d'une poudre contenue dans une enveloppe comestible, *comprimé,* d'une poudre agglomérée en pastilles) ; v. aussi PILULE.

cacophonie *Toute la rue était embouteillée ; vous auriez entendu cette cacophonie de Klaxons, de coups de sifflet, de vociférations !* = **charivari, tintamarre ;** v. aussi TAPAGE et TUMULTE.

cadet *Pierre est mon cadet,* se dit de celui qui vient après l'aîné : on dit parfois, par plaisant., **junior** *(Durand junior, le cadet des Durand).*

cadre 1° *Les fenêtres de sa maison ont des cadres en métal,* assemblage de bois ou de fer destiné à encadrer certains objets et à les contenir ; (plus techn.) **châssis** (pour une fenêtre), **bâti** (pour une porte). — 2° *Nous avons déjeuné dans un beau cadre de verdure,* ce qui entoure une action, une personne ; **décor** lorsqu'il s'agit d'un cadre naturel, **entourage, milieu** lorsqu'il s'agit d'un cadre humain. — 3° Dans l'express. *entrer dans le cadre de* = **faire partie de** *(Cela entre dans le cadre de/Cela fait partie de ses attributions).* ● **cadrer** *Sa conduite ne cadre pas avec ses paroles sucrées,* être en conformité avec qqch = **concorder, s'accorder ;** (moins approprié à ce contexte) **correspondre à.**

cafard **I** *Cet hôtel est plein de cafards,* nom courant d'un insecte appelé **blatte** = **cancrelat.**

II 1° V. BIGOT. — 2° V. RAPPORTEUR.

III 1° *Depuis son retour, il a le cafard* = **des idées noires ;** (soutenu) **spleen ;** (fam.) **bourdon.** — 2° *Le cafard est un état intérieur où l'on se sent envahi par la tristesse et le malaise de vivre ;* (lang. techn.) **mélancolie** (v. ce mot) ; v. aussi PEINE II.

café **I** *Il passe son temps au café,* débit de boissons ; (fam.) **bistrot, mastroquet, troquet ; buvette** désigne un petit débit de boissons, généralement attenant à un établissement public ou à un lieu fréquenté par le public (hall de gare, bal, etc.) ; **bar,** un débit de boissons où l'on consomme assis devant un comptoir ; **brasserie,** un établissement où l'on consomme de la bière, mais aussi toutes sortes de boissons, tout en pouvant se restaurer de repas rapides ; **taverne** désigne une brasserie de premier ordre. V. aussi CABARET et RESTAURANT. ● **café-concert** (abrégé en **caf' conc'**) Se disait d'un café où l'on pouvait consommer en écoutant des chansonniers et de la musique ; **cabaret** (v. aussi ce mot) est le nom donné couramment aujourd'hui à ce genre d'établissement ; **boîte de nuit** (abrégé en **boîte**) se dit d'un établissement de plaisir fonctionnant la nuit ; (péjor.) **boui-boui** se dit d'un cabaret ou d'une boîte de nuit mal fréquentés.

II V. JUS.

caillou 1° *Je t'interdis de lancer des cailloux* = **pierre** (si *pierre* peut généralement être syn. de *caillou,* l'inverse n'est pas vrai : un *caillou* est toujours de petites ou moyennes dimensions, alors qu'une pierre peut avoir toutes les tailles ; en outre, *caillou* ne s'emploie pas avec les articles partitifs) ; **galet** désigne les cailloux arrondis du bord de la mer ou du fond des torrents. V. aussi ROCHER. — 2° V. CRÂNE.

calcul 1° *Nous voici au but ; vous voyez que mes calculs n'étaient pas mauvais* = **prévision ;** (plus rare) **spéculation, supputation.** V. aussi AGISSEMENTS et COMPTE. — 2° V. OPÉRATION III.

cale *Nous avons pu visiter la cale du navire,* partie d'un navire située entre le pont et le fond ; **soute** (souvent au plur.) désigne les magasins aménagés dans la cale et où l'on loge le charbon, les munitions, etc. Par méton., **cale** et **soutes** sont syn.

calendrier *Le facteur nous a apporté le calendrier ;* l'**almanach** comporte, outre les indications du calendrier, divers renseignements (conseils pour les cultures, renseignements météorologiques, etc.) et anecdotes ; un **agenda** est un livret divisé selon les mois et jours du calendrier et sur lequel on inscrit au jour le jour ce que l'on a à faire ; une **éphéméride** est un calendrier dont on détache chaque jour une feuille.

califourchon (à) *Il aime s'asseoir à califourchon sur une chaise,* une jambe d'un côté, une jambe de l'autre ; (moins expressif) **à cheval.**

calme (adj.) 1° Qqch est ~. *Ils menaient une vie très calme à la campagne* = **paisible, tranquille ;** (très fam.) **pépère, peinard, de père peinard ; serein** se dit le plus souvent du temps, de la qualité de l'air. V. aussi DOUX. — 2° Qqn est ~. *C'était une personne très calme* = **placide ;** (contraire de *nerveux, agité*) **détendu,** (fam.) **décontracté, relaxé** (abrév. **relax**) ; v. PONDÉRÉ. V. aussi IMPASSIBLE et DOUX. ● **calme** (nom) 1° (état de la mer ; absence d'agitation) **bonace ; accalmie** se dit d'un calme provisoire. — 2° (état d'une chose en général) *Il vous faut vivre dans le calme* = **tranquillité, quiétude ; paix** et **sérénité** se disent surtout d'un état intérieur ; v. aussi SILENCE. — 3° (maîtrise de soi) *Il perdait facilement son calme* = **assurance, sang-froid ;** v. PONDÉRATION. ● **calmant** *Il ne dort qu'avec des calmants ;* (lang. techn.) **sédatif, somnifère, tranquillisant,** selon la nature du calmant.

camelote *Je viens d'acheter un manteau, c'est de la vraie camelote !* (fam.). Dans des express. : *C'est de la camelote ; Quelle camelote !,* s'emploie pour dire la mauvaise qualité d'une marchandise ; (fam.) **cochonnerie ;** (très fam.) **saloperie.** V. MARCHANDISE.

camionneur *Son père est camionneur ;* **transporteur routier** et, plus fréquemment, **routier** ne se disent que pour ceux qui font de grands trajets.

camp 1° *Les soldats avaient installé leur camp dans une vaste prairie,* désigne le terrain où une armée dresse des tentes ou construit des baraquements pour s'y loger ou s'y retrancher, en général à l'écart des lieux habités = **campement ; cantonnement** désigne tout lieu habité dans lequel des troupes s'installent temporairement ; **quartier** désigne aussi bien l'emplacement où une troupe a établi un camp que le cantonnement où elle s'est logée ; **bivouac** se dit d'un campement provisoire et en plein air établi de jour ou de nuit, le plus souvent pour prendre du repos. — 2° *Le camp plaît à beaucoup de vacanciers*

(vieilli) ; (courant) **camping** désigne aussi bien une activité *(Ils font du camping)* que le lieu où elle s'exerce *(un terrain de camping).* — 3° V. COTERIE. — 4° *Ficher/foutre le camp.* V. PARTIR. ·

campagne I *Ils vivent à la campagne ;* (fam. et péjor.) **cambrousse ; champs** ne s'emploie guère en ce sens, que dans l'express. *les travaux des champs/de la campagne.* ● **battre la campagne** V. DÉRAISONNER. ● **campagnard** 1° (adj.) *La vie campagnarde comblait son besoin de solitude et de silence ;* (plus soutenu) **champêtre, rustique ;** (en oppos. avec *urbain ;* prend un sens juridique et économique) **rural ;** (soutenu ; termes de littérature classique, ou employés avec une valeur iron.) **agreste, bucolique, pastoral.** — 2° (à valeur péjor.) *Sa façon de s'habiller, de marcher, de nous saluer, tout chez lui était campagnard* = **paysan ;** v. aussi BALOURD. — 3° (nom) V. PAYSAN.

II 1° *Les campagnes de Napoléon en Égypte* = **expédition** (ces deux termes ne peuvent pas être syn. que dans le vocabulaire militaire : dans la phrase *mener une campagne électorale, expédition* ne conviendrait pas). — 2° *Campagne de publicité* : v. OPÉRATION II.

camper I V. SÉJOURNER (in *séjour*).

II **se camper** *Il se campa devant lui et le regarda droit dans les yeux,* se placer devant qqn/qqch dans une attitude fière et quelque peu provocante = **se dresser, se planter.**

camus Se dit d'un nez court et plat ; on peut aussi employer en ce sens **aplati** et **écrasé** dans des contextes plus nombreux ; **épaté** se dit d'un nez court et large à la base.

canal 1° Rivière artificielle ; en ce sens, n'a pas de syn. — 2° Bras de mer resserré entre deux terres ; très peu employé en ce sens, pour lequel on lui préfère **détroit.** — 3° **chenal** (doublet étymologique de *canal*) ne s'emploie qu'en parlant du canal naturel ou artificiel qui se trouve à l'entrée d'un port. — 4° **chenal** est parfois employé pour **passe,** qui désigne un lieu ouvert à la navigation entre des écueils, des bancs de sable, etc. V. aussi COURS D'EAU. — 5° **par le canal de** *Nous avons appris la nouvelle* *par le canal de son directeur ;* suivie d'un nom de personne, cette locution appartient au jargon administratif ; on la remplacera avantageusement par **par l'intermédiaire/l'entremise de** ; elle convient en revanche fort bien pour des noms qui renvoient précisément à l'idée de *canal (Nous avons appris la nouvelle par le canal de la radio)* et pour lesquels les deux autres locutions ne conviennent guère. ● **canalisation** *Les canalisations d'eau ont gelé* = **conduite.**

canapé *Ils ont acheté un nouveau canapé ;* contrairement au *canapé,* le **divan** n'a ni dossier ni bras ; un **sofa** est un lit de repos à trois appuis, dont on se sert aussi comme siège.

candeur 1° (non péjor.) *La candeur de l'enfance,* état de qqn qui ne soupçonne pas l'existence du mal = **ingénuité, pureté, naïveté, innocence.** — 2° (péjor.) *Il est d'une candeur incroyable !,* absence de discernement = **ingénuité, naïveté, crédulité, niaiserie.** ● **candide** 1° (v. 1° du nom) **ingénu, pur, naïf, innocent.** — 2° (v. 2° du nom) **naïf, crédule, niais ;** v. SIMPLE et SOT. V. aussi CHASTE.

canevas *Il travaillait au canevas de son discours* = **ébauche, plan, esquisse.**

canicule *Il fait plus de 30 °C à l'ombre. Quelle canicule !,* période de très forte chaleur ; ↓**chaleur ;** ↑**fournaise,** terme imagé ici, ne convient pas en tous contextes.

cantique Chant religieux en langue vivante, destiné à être chanté à l'église ; le **motet** est composé sur des paroles latines qui ne font pas partie de la liturgie de l'office ; le **psaume** désigne, en part., des cantiques composés sur certains poèmes bibliques ; **antienne** se dit du refrain repris par le chœur entre chaque verset d'un psaume ou chanté avant ou après le psaume. *Chanter un cantique à la gloire de Dieu* = **hymne.**

canular 1° *Les élèves des classes supérieures avaient monté cette année-là un énorme canular* (jargon étudiant), tentative pour abuser plaisamment de la crédulité de qqn ; (courant) **mystification.** — 2° *On prétend que nos salaires*

seront augmentés, mais c'est un canular (fam.) ; (d'emploi plus étendu) **faux bruit, blague ;** (courant) **fausse nouvelle ;** v. PLAISANTERIE ; v. aussi ATTRAPE et CONTE.

cap 1° (terme de géographie) *Le cap de Bonne-Espérance ;* ↓**pointe** et (moins employé) **bec** se disent d'une petite avancée de terre dans la mer ; **promontoire** se dit d'une pointe de hauteur élevée. — 2° (dans des express.) *Changer de cap* = **direction.** *De pied en cap :* entre dans des contextes très restreints, comme *habillé/armé de pied en cap ;* **des pieds à la tête** est de même sens, mais les deux expressions n'entrent pas dans les mêmes contextes : *être armé de pied en cap, être couvert de boutons des pieds à la tête.*

capable 1° *C'est un homme capable :* v. ADROIT et COMPÉTENT. — 2° Qqn/qqch est ~ de. Personnes : *Cet élève est capable de bien faire,* qui a la possibilité de ; (plus rare) **à même de, apte à ;** v. aussi ÉTAT I ; v. FICHU I, HOMME et TAILLE I. Choses : *C'est un livre capable de vous intéresser,* qui a le pouvoir de (moins proprement employé en parlant de qqch) ; v. POUVOIR I ; (mieux appropriés) **propre à, susceptible de.** V. aussi SAVOIR I.

capacité I 1° (en parlant le plus souvent de qqch) *Son usine a doublé en cinq ans sa capacité de production,* puissance de qqch = **force, puissance, faculté** (ce dernier moins employé dans ce contexte). — 2° (en parlant de qqn) [au sing.] *Sa capacité dans ce domaine lui a valu une renommée internationale,* qualité de qqn dans tel ou tel domaine = **aptitude, compétence, valeur, habileté ;** ↑**talent ;** ↑**génie ;** v. POUVOIR I et II. V. aussi FACILITÉ. — 3° (au plur.) *Doutez-vous de ses capacités ?,* savoir-faire général de qqn = **moyens** (v. ce mot), **possibilités.**

II V. CONTENANCE.

capital I (adj.) V. PRINCIPAL.

II (nom) 1° (au sing.) *La bibliothèque fait partie du capital culturel de la ville,* ensemble des biens culturels, intellectuels, moraux d'une communauté = **trésor, patrimoine.** — 2° (au sing. ou au plur.) *Il a placé tous ses capitaux dans*

des terrains à bâtir, ensemble de l'argent que l'on possède = **fortune, avoir;** v. aussi BIENS.

capitulation *Nos troupes sont vaincues, nous sommes contraints à la capitulation;* **reddition** s'emploie en ce sens, mais désigne aussi en part. le fait de devoir rendre à l'ennemi une place forte, une ville assiégée.

caprice 1° V. COMÉDIE et FANTAISIE. — 2° *Il dit qu'il l'aime profondément, mais, en fait, ce n'est qu'un caprice* = **passade;** (fam.) **toquade, béguin.** *Il ne connaît pas l'amour : il ne recherche que les caprices* = **amourette;** (terme le plus courant aujourd'hui) **flirt;** v. aussi IDYLLE. ● **capricieux** 1° Qqn est ~. *Il est si capricieux qu'on ne sait jamais quelles seront ses réactions* = **fantasque, lunatique;** (surtout en parlant des opinions, du caractère de qqn) **changeant, versatile, inconstant; inégal** est toujours précédé d'un terme comme «humeur», «caractère», etc. ; (surtout en parlant des sentiments de qqn, en part. de l'amour) **léger, volage;** (soutenu) **inconstant.** V. aussi BIZARRE. — 2° Qqch est ~. *Il était soumis à la destinée capricieuse des marins* = **changeant;** (rares) **inconstant, ondoyant;** (surtout en parlant des phénomènes atmosphériques) *Il fait un temps capricieux* = **instable, irrégulier, variable.** (En parlant des choses, *capricieux* est souvent d'emploi meilleur que ses syn.) V. aussi BIZARRE.

capter 1° *Impossible de parvenir à capter son attention;* ↓ **attirer;** (moins employé) **conquérir;** ↑ **captiver.** — 2° *Nous avons capté un message de l'ennemi* = **intercepter, surprendre.**

capture *La pêche a été bonne, j'ai fait une belle capture* = **prise.** V. aussi BUTIN et RAPINE.

caquet rabattre le caquet à qqn *Il a eu vite fait de lui rabattre le caquet!,* obliger qqn à se taire; (fam.) **clouer le bec, moucher;** (courant) **faire taire.**

caractère I V. ÉNERGIE, HUMEUR, NATUREL (in *nature*).

II *Un passage imprimé en caractères gras;* **lettre** ne se dit que des caractères de l'alphabet.

III Qqch a du ~. *Ce vieux village a beaucoup de caractère,* traits propres à qqch et qui lui donne son originalité = **cachet, allure, style; personnalité** ne se dit que des «choses» personnifiées ou ayant des attributs humains (notre ex.) ; v. NATURE.

caractéristique 1° (adj.) *Cette lumière très pure est caractéristique de la Touraine :* v. CARACTÈRE III = **typique de; propre à, particulier à** supposent que seule la chose dont on parle possède telle ou telle qualité. — 2° (nom) *La caractéristique de ce véhicule est son moteur rotatif,* trait propre à qqch = **particularité, signe distinctif.**

carcasse 1° Charpente osseuse d'un animal mort et dépouillé de ses chairs; **squelette** se dit en ce sens d'un humain; **ossature** se dit d'un humain ou d'un animal vivants. — 2° *Ce qui forme l'armature de qqch. La carcasse d'un bateau/d'une voiture;* **coque** ne se dit que d'un bateau et n'implique pas, comme *carcasse,* l'idée d'avarie, de destruction.

caresse *Après une longue absence, elle avait enfin retrouvé ses caresses,* attouchements marquant la tendresse et l'affection; ↑ **étreinte; baiser** s'applique seulement à la caresse de la bouche; **câlinerie, cajolerie, chatterie** disent plus que *caresse* et impliquent une affection qui se manifeste aussi bien par des attouchements que par des paroles; ces termes, de même que **flatterie,** sont la plupart du temps au plur. et s'emploient aussi pour désigner l'action d'amadouer qqn par des paroles aimables (souvent péjor. dans ce sens). V. aussi CONTACT.

cargaison 1° *Ce bateau emporte une cargaison de produits manufacturés,* marchandises chargées sur un bateau; **fret** se dit aussi en ce sens, mais admet moins des compléments spécifiant la nature des marchandises; (plus général) **chargement.** — 2° *Il a chez lui une cargaison de romans policiers,* emploi imagé du 1° (assez fam.) = **floppée;** (plus fam.) **tapée;** (courant) **réserve, provision, masse;** v. QUANTITÉ.

caricature 1° *Vous dites que c'est mon portrait? C'est une caricature!;* ↓ **charge;** v. aussi IMITATION et PORTRAIT.

— 2° *Votre justice n'est qu'une caricature de la justice,* reproduction dénaturée de qqch = **parodie, simulacre.**

carnage *Il reste hanté par les carnages de la guerre* = **boucherie, hécatombe, massacre, tuerie.** Il est difficile de distinguer ces termes ; signalons que **hécatombe** est d'emploi plus rare et implique l'idée d'un très grand nombre de victimes ; **boucherie** et **tuerie** sont d'un langage plus fam. (mais plus expressif) et ne s'emploient guère au plur.

carnivore Se dit de celui qui, outre d'autres aliments, se nourrit de viande crue ou cuite ; **carnassier** se dit de l'animal qui se nourrit exclusivement de viande crue. *L'homme et le chien sont carnivores ; le tigre est carnassier.*

carré (nom) S'emploie pour désigner qqch qui a la forme d'un carré. *Les carrés d'un jeu de dames* = **case.** *Cultiver un carré de radis* = **planche.**

carreau 1° *Ils viennent de faire poser des carreaux de grès flammé sur le sol de la salle de séjour,* pavé plat destiné au revêtement des sols ou des murs ; **dalle** ne s'implique généralement qu'aux sols ; **carrelage** désigne l'ensemble d'un revêtement de sol en carreau. — 2° *Je viens de casser un carreau,* panneau de verre d'une fenêtre ou d'une porte ; (plus soutenu) **vitre** est le terme techn. ; **glace** désigne une vitre épaisse, qui peut être ou non de grande surface : *les glaces d'une devanture/d'une automobile.* — 3° Dans l'express. *rester sur le carreau :* v. ÉLIMINER.

carrefour Terme le plus général pour désigner l'endroit où se croisent plusieurs routes, rues ou chemins ; un **rond-point** est un carrefour très important *(le rond-point des Champs-Élysées, à Paris) ;* **croisement** et surtout **croisée** s'emploient en parlant de l'intersection de deux chemins *(croisement se dit aussi de l'intersection de deux routes : s'arrêter à la croisée de deux chemins/le croisement de la R. N. 10 et d'une voie secondaire) ;* **bifurcation** se dit de l'endroit où une route se divise en deux ; **patte-d'oie** et (moins employé) **étoile** se disent d'un carrefour d'où partent plusieurs routes.

carrossable *Par ce mauvais temps le chemin ne sera guère carrossable,* où l'on peut circuler en voiture ; (plus général) **praticable** ne suppose pas que l'on se déplace avec un véhicule.

carte I V. PLAN.

II (dans des express.) 1° *Jouer sa dernière carte : Il a tout essayé pour le convaincre ; il ne lui reste plus qu'à jouer sa dernière carte,* risquer une dernière tentative quand toutes les autres ont échoué = **atout, chance** (ce dernier davantage utilisé avec le verbe *courir).* — 2° *Jouer la carte de : Le ministère joue la carte de l'expansion,* faire un choix dans un enjeu = **miser sur, parier sur.**

cas D'emploi très général, ce terme entre dans un grand nombre de contextes avec lesquels varient ses synonymes. Citons : *En pareil cas, je me garderais de prendre parti* = **circonstance,** (rare) **occasion.** *Avez-vous envisagé le cas d'une maladie ?* = **hypothèse, éventualité, possibilité.** *J'ai exposé mon cas au directeur* = **problème, situation** (v. ce mot). *Selon les cas, il faudra sévir ou pardonner* = **circonstances.** *En aucun cas nous ne pourrons répondre à vos exigences* = **façon, manière ; quoi qu'il arrive** est syn. de toute l'express. *en aucun cas,* de même que **sous aucun prétexte.** *En tout cas, nous irons vous voir* = **de toute façon ;** v. ATTENDANT (EN) ; (soutenu) **quoi qu'il en soit.** *Au cas où vous souhaiteriez nous voir, nous serons là dimanche* = **si jamais** *(Si jamais vous souhaitiez...) ;* v. SI II. *En ce cas, nous abandonnerons* = **dans ces conditions ;** v. ALORS et OCCURRENCE. *Faire grand cas de :* v. ESTIMER.

casanier Se dit de celui qui aime à rester chez lui ; il est plus péjor. que **sédentaire** (v. ce mot), terme qui est d'emploi plus général (on parlera de *population sédentaire,* contexte où *casanier* ne convient pas) ; (fam. et péjor.) **pantouflard ;** (fam. et péjor.) **pot-au-feu** se dit d'une femme qui s'enferme dans ses habitudes ménagères.

casaque *En dépit de ses promesses, il a bien tourné casaque,* changer d'opinion = **veste** *(retourner sa veste).*

cash *Il m'a payé cash* (fam.), payer immédiatement ; (courant) **comptant.**

casser I 1° Qqn ∼ qqch. Terme d'emploi très général; ses synonymes sont de sens plus précis et entrent dans des contextes plus limités. *Casser une vitre/la glace pour se frayer un chemin* = briser. *La tempête a cassé des arbres;* ↑ **fracasser**; v. ABÎMER et BROYER; v. aussi PIÈCE I [*mettre en pièces*]. — 2° Qqch ∼. V. LÂCHER, PÉTER (in *pet*) et ROMPRE.

II V. ANNULER et DESTITUER.

III **se casser** 1° *La branche s'est cassée/a cassé;* (soutenu) **se rompre**. *Il s'est cassé la jambe;* (plus soutenu) **se fracturer**. *Se casser la figure :* v. TOMBER. — 2° V. FATIGUER (SE) et PARTIR.

catalogue *Donner-moi le catalogue de votre librairie, s'il vous plaît;* **répertoire** est d'emploi plus limité : se dit d'une liste où les matières sont classées logiquement, sans accompagnement de détails, d'illustrations, etc. (un répertoire de livres mentionne leurs titres et noms d'auteurs; un catalogue de livres peut, en outre, donner des indications sur le contenu, la photo de leur couverture, etc.). V. LISTE.

catastrophe 1° *L'épidémie s'étend : elle prend maintenant les proportions d'une véritable catastrophe* = **désastre, calamité, drame, tragédie**; tous ces termes se disent aussi bien du malheur qui s'abat sur un individu que sur une population; **fléau** ne se dit guère qu'en parlant d'un malheur public, et, contrairement aux précédents, il peut être suivi d'un compl. de nom qui le caractérise (on parlera du *fléau de la peste/de la famine*, mais non de la « catastrophe de la peste/de la famine », par ex.). V. aussi MALHEUR et SINISTRE II. — 2° V. ACCIDENT. ● **catastrophique** 1° V. ABOMINABLE. — 2° *Ses résultats en classe sont catastrophiques* = **désastreux, lamentable, déplorable**; ↓ **mauvais**.

catégorique 1° Qqch est ∼. *Il a manifesté une opposition catégorique à notre projet,* qui n'admet aucune équivoque, aucune discussion; s'emploie surtout en parlant du ton, des propos de qqn = **formel, total**; v. ABSOLU II; dans le contexte : *des paroles/des propos catégoriques;* ↓ **net; décisif**. — 2° Qqn est ∼. *Il a été catégorique : vous ne devez pas bouger d'ici,* dont l'avis est sans appel = **formel**.

cause I 1° *Le surmenage est la cause de sa maladie,* ce qui produit qqch = **origine, source**; v. NAÎTRE. — 2° *Nous ignorons la cause de son départ,* ce qui motive qqch = **motif, raison, mobile**; le **pourquoi** (*le pourquoi de qqch*) est plus fam. ● **à cause de** *Nous avons échoué à cause de ta maladresse/de ton frère/du mauvais temps;* (uniquement pour les personnes) **par la faute de**, (pour les choses aussi) **en raison de** (*par la faute de ta maladresse/de ton frère; ...en raison du mauvais temps*). V. aussi À L'AIDE DE (in *aide*).

II 1° *L'avocat aura une cause difficile à plaider* (terme de droit), affaire pour laquelle qqn doit paraître en justice; (plus général) **affaire**; (par méton.) **dossier**. — 2° (dans des express.) *Être en cause : Son honneur sera en cause* = **en jeu, en question**; (fam.) **mettre sur le tapis**. *Mettre en cause :* v. ACCUSER. *Mettre hors de cause :* v. JUSTIFIER.

cave *Il nous a fait visiter sa cave,* ne se dit que d'un lieu souterrain, alors qu'un **cellier** se trouve au rez-de-chaussée; **chai** (lang. techn.) se dit d'un lieu où sont conservés les vins et les eaux-de-vie en fûts. Ces termes ne peuvent ainsi s'employer l'un pour l'autre.

caverne *Certaines cavernes de la région sont encore inexplorées,* concavité naturelle et profonde dans le roc; **grotte** se dit d'une caverne de moindres dimensions (ces deux termes se répartissent souvent de manière arbitraire dans des contextes où l'on ne peut employer l'un pour l'autre *(les hommes des cavernes; mais : les grottes de Lascaux)*; **antre** (soutenu) emporte toujours l'idée d'effroi.

caverneux *Il fut impressionné par sa voix caverneuse,* se dit d'une voix dont la sonorité est si grave qu'elle paraît sortir d'une caverne; ↓ **grave**; ↑ **sépulcrale**; **sinistre** ajoute aux précédents une idée de terreur.

cavité *À la recherche de crabes ou de homards, il explorait toutes les cavités du rocher à l'aide d'une longue tige de fer,* ne se dit qu'en parlant de qqch de dur, comme un rocher, un mur, une dent, etc. (on ne parlera pas, par ex., d'une *cavité creusée dans la terre*); **trou**

(v. ce mot) et **creux** sont d'emploi plus général et plus courant ; **anfractuosité** se dit d'une cavité longue et sinueuse.

céder I 1° (absol.) *Je le connais : tant que vous ne l'aurez pas convaincu, il ne cédera pas ;* ↑ **plier, capituler ; se soumettre** implique que l'on se range à la volonté d'une autorité supérieure ; v. SUCCOMBER. — 2° ∼ à. *J'ai cédé à ses prières ;* (soutenu) **se rendre à ;** (soutenu) **déférer à** suppose égards et respect. *J'ai cédé à sa volonté ;* ↓ (rare) **acquiescer.** V. ABANDONNER I, ABDIQUER, DÉSARMER, SATISFAIRE et FLÉCHIR.

II V. VENDRE.

III V. LÂCHER et ROMPRE (SE).

célibataire Syn. péjor. : **vieux garçon** et **vieille fille.**

cellule *Le détenu a été placé dans une cellule ;* (d'emploi plus général) **prison** (v. ce mot) et ses syn. fam. : **tôle,** (ou **taule**), **cabane, cabanon ;** son syn. vieilli ou très soutenu est **geôle ;** (fam.) **bloc, violon** se disent de la prison contiguë à un poste de police ; **cachot** se dit d'une cellule étroite et obscure, **basse-fosse** d'un cachot profond et humide ; **cul-de-basse-fosse** enchérit sur *basse-fosse.*

centre I *Au centre du parc se tenait un cèdre centenaire* = (quand *centre* n'a pas son sens techn.) **milieu.**

II 1° *Ce quartier est depuis toujours le centre des activités commerciales de la ville,* partie pricipale d'un organisme ou d'une activité = **siège, foyer ;** v. BASE. — 2° **au centre de** *Le développement du tourisme est au centre de leurs préoccupations* = **au cœur de.** V. VILLE.

cependant 1° *Il sait qu'il a peu de chances de triompher ; il tient cependant à relever le défi,* marque une forte opposition avec ce qui vient d'être dit, et joue le rôle d'une conj. de coord. à place variable (v. dans notre ex. : *...il tient cependant.../...cependant, il tient...*) = **pourtant, néanmoins, toutefois ; mais** n'a pas la même mobilité (il se place en tête de la phrase qu'il introduit) et marque une opposition moins forte (il peut se combiner avec les précédents ; *...mais cependant..., mais néanmoins... ;* il peut introduire directement une adj.,

contrairement aux précédents : *une maison petite mais agréable*) ; (fam.) **n'empêche que** se trouve toujours en tête de proposition ; en ce sens, **nonobstant** est vieux et d'emploi affecté ; v. ENFIN. — 2° *Cependant que :* v. PENDANT III.

cérémonie (dans des express., surtout au plur.) 1° **des cérémonies** (souvent avec le verbe *faire*). *Pourquoi faites-vous tant de cérémonies pour nous recevoir ?,* marque de politesse considérée comme superflue ou excessive ; (moins soutenu) **façons, manières ;** (fam.) **histoires ;** (très fam.) **chichis, chiqué.** — 2° **sans cérémonies** *Nous vous recevons sans cérémonies ;* **sans** + les termes précédents ; = **simplement ;** (fam.) **à la bonne franquette.**

cerner 1° V. ENTOURER. — 2° (∼ qqn). *Nous sommes cernés de toutes parts* = **encercler ;** (∼ qqch) *Les policiers ont cerné le quartier* = **encercler, investir ;** (moins soutenu) **bloquer, boucler.** V. ATTAQUER 1°. — 3° *Vous avez mal cerné le problème,* définir les limites et les grandes lignes d'un problème = **délimiter ;** (terme propre) **circonscrire.**

certain I (adj.) 1° Qqch est ∼. *Sa victoire est certaine,* qui ne peut manquer de se produire = **assuré, sûr ;** ↑ **sûr et certain ;** (fam.) **couru,** ↑ **couru d'avance.** *C'est certain* = **cela ne fait pas de doute/ne fait aucun doute/ne fait pas l'ombre d'un doute.** — 2° Qqch est ∼. *Il vient d'apporter une preuve certaine de son innocence,* dont on ne saurait douter ; les synonymes possibles sont très nombreux (synonymes qui insistent sur l'évidence de la chose en question) **évident, manifeste, clair, net, palpable, tangible, visible, flagrant ;** (synonymes qui insistent sur le caractère indubitable de la chose en question) ↑ **incontestable, indéniable, indiscutable, indubitable, irréfutable, irrécusable.** — 3° Qqn est ∼ de. *Il est certain de réussir,* qui considère qqch comme devant se produire ou comme indiscutable = **assuré, sûr, persuadé ; convaincu** ne peut se construire avec un infin. : il s'emploiera dans les autres constr. *(Il est certain/convaincu de ton innocence ; Il est certain/convaincu que tu réussiras).*

II **certains** (pronom) V. PLUSIEURS.

chair 1° *La pintade a une chair plus ferme que celle du poulet ;* **viande** se dit de la chair des animaux utilisée par l'homme pour sa nourriture, particulièrement des animaux de boucherie (*viande* ne s'emploie pas en parlant des poissons); (péjor.) **carne** se dit d'une viande dure, **charogne** d'une viande pourrie; (fam.) **barbaque** et **bidoche** sont des syn. de *viande*. — 2° **en chair et en os** *Nous l'avons vu arriver, en chair et en os* (assez fam.), expression qui insiste sur l'identité d'une personne bien *vivante;* (courant) **en personne.** — 3° V. SENS I.

chaland Bateau à fond plat destiné au transport des marchandises sur les fleuves, canaux et rivières; **péniche** a le même sens et est plus couramment employé que le précédent.

champ I V. CAMPAGNE et TERRE IV.

II 1° *Le champ des activités de la région est très étendu* (le plus souvent avec un compl. de nom), domaine d'action = **domaine, sphère;** v. aussi ÉTENDUE; — 2° *Laisser le champ à/laisser libre champ à : Il faut laisser libre champ à son imagination* = **laisser toute latitude à.** — 3° *Sur-le-champ :* v. IMMÉDIATEMENT et SÉANCE [*séance tenante*]. — 4° *À tout bout de champ : Il est agaçant à m'interrompre ainsi à tout bout de champ* (assez fam.); (courant) **à tout instant;** v. aussi SANS ARRÊT (in *arrêter* I).

chance *Ils ne sont pas encore partis, nous avons de la chance,* ensemble de circonstances favorables qui entourent un événement; (fam.) **veine;** (très fam.) **bol, pot;** v. TOMBER [*tomber mal/bien*]. V. aussi CARTE. Dans l'express. *avoir la chance de : Nous avons eu la chance de le rencontrer;* (soutenu) **bonheur, bonne fortune.** Dans l'express. *Il y a des chances que : Il y a des chances qu'il soit parti;* (plus soutenu) **il est probable que.** *Il a laissé passer sa chance :* v. OCCASION. *Reste-t-il une chance ? :* v. ESPOIR. ● **chanceux** Qui a de la chance; (fam.) **veinard, verni, chançard;** v. aussi HEUREUX.

chanceler 1° *La nouvelle était si terrifiante qu'il en chancela* = **vaciller, tituber; flageoler,** c'est trembler sur ses jambes sous le coup d'une émotion violente ou de la fatigue. — 2° V. HÉSITER.

chandail *Il portait un chandail bleu,* assez peu employé; **tricot** ne se dit plus guère; le terme courant est **pull-over** (souvent abrégé en **pull**).

chandelier *La table était éclairée par trois chandeliers;* un **bougeoir** est un chandelier bas à une branche, muni d'un plateau destiné à recevoir la cire et d'un anneau pour le saisir; **candélabre** se dit d'un grand chandelier à plusieurs branches; **torchère** se dit d'un grand chandelier destiné à recevoir de gros flambeaux de cire ou d'un candélabre monumental, d'une applique portant plusieurs sources lumineuses; **flambeau,** qui désignait un appareil d'éclairage portatif formé de mèches enduites de cire, s'emploie parfois comme syn. des termes précédents; **applique** se dit d'un appareil d'éclairage fixé au mur, qui recevait autrefois des bougies et qui fonctionne aujourd'hui à l'électricité.

changer I ~ qqch. 1° *Il a changé son ancienne voiture contre une moto,* se dit de la substitution d'une chose à une autre = **échanger;** (fam.) **troquer; convertir** ne s'applique qu'à de l'argent ou des métaux précieux; v. REMPLACER. — 2° *Il a changé considérablement son plan initial,* rendre différent = **modifier.** V. aussi DÉRANGER. Dans certains contextes, *changer sa voix;* **contrefaire, déguiser** sont plus précis; *changer un texte :* v. FALSIFIER; *changer les idées de qqn :* v. DIVERTIR. — 3° ~ qqch/qqn. *Il serait capable de changer un vieux grenier en un salon de grand bourgeois;* ↑ **transformer.** — 4° V. RENOUVELER.

II ~ de qqch, remplacer qqch par autre chose. Ce verbe entre dans un grand nombre de contextes selon lesquels se répartissent ses synonymes. Citons : *changer d'avis :* v. DÉDIRE (SE); *changer de place :* v. DÉPLACER (SE); *changer de direction :* v. TOURNER IV; *changer de couleur :* v. PÂLIR.

III (intr.) 1° *La vie a beaucoup changé depuis dix ans,* devenir différent = **évoluer, se modifier, varier.** — 2° (en parlant de qqn) *Il a beaucoup changé* = **vieillir.** V. PEAU. V. aussi DIFFÉRENT (in *différer* II). ● **changement** Ce terme a une valeur très générale. Ses synonymes se répartissent selon qu'il indique : 1° le passage d'un état à un autre totalement nouveau *(Je n'avais pas revu mon village depuis la guerre : que de changements !)* = (au sing.) **transformation ; évolution ;** ↑**bouleversement** (ces deux termes le plus souvent au plur.) ; v. aussi MÉTAMORPHOSE et RÉVOLUTION ; — 2° qqch a changé de qualité sans changer de nature *(Notre plan a subi quelques changements)* = **modification ;** v. ALTÉRATION (in *altérer* I) ; — 3° l'introduction d'un élément nouveau *(Le changement est la clef de sa position commerciale)* = **innovation, nouveauté ;** — 4° le passage rapide d'un état à un autre, le manque de permanence *(Il supporte mal ces changements de température)* = **différence, fluctuation, variation ;** — 5° un changement brutal d'opinion ; *changement* ne s'emploie guère alors, et on lui préfère **revirement, volte-face** *(Il change constamment d'avis. Supporterons-nous longtemps ces revirements, ces volte-face agaçants ?)* ; — 6° spécialement, le passage d'une situation professionnelle à une autre, surtout en parlant des fonctionnaires *(Il vient d'obtenir son changement)* = **mutation.**

chanson 1° *Il connaît toutes les chansons à la mode ;* (par méton.) **air, refrain ;** (fam.) **rengaine ;** v. aussi MÉLODIE. — 2° *Il répète toujours la même chanson* (fam.), propos rebattus = **refrain, rengaine ;** v. aussi SORNETTE.

chanter 1° *Il chante toujours les mêmes chansons : c'est agaçant !* ; **chantonner** et **fredonner,** c'est chanter à mi-voix ; (péjor.) **miauler, bramer ;** (par iron., en parlant de personnes) **roucouler, gazouiller,** c'est chanter de manière langoureuse ; **entonner,** c'est commencer à chanter. — 2° V. GLORIFIER. — 3° V. RACONTER. ● **chanteur** *Quels sont vos chanteurs préférés ?* ; **vedette** (abrév. de « vedette de la chanson ») se dit aussi bien au masc. qu'au f. et seulement en parlant de chanteurs professionnels ; **interprète** implique que le chanteur ne compose pas les chansons qu'il chante ; (en part.) **cantatrice** se dit d'une chanteuse de chant classique ou d'opéra, **diva,** d'une cantatrice célèbre, **chantre,** de celui qui chante dans une église, **choriste,** de celui qui chante dans un chœur.

charge 1° *Pendant les vacances, son fils livre des caisses de bière ; mais il est* trop jeune pour porter de telles charges ; ↑**fardeau ;** ↑(vieilli ou très soutenu dans quelques emplois très limités) **faix.** — 2° (le plus souvent au plur.) *Ses charges de famille lui imposent de travailler durement,* ce qui impose à qqn de faire des dépenses = **obligations.** *A charge :* Elle a cinq enfants à charge ; (fam.) **sur les bras.** V. aussi IMPÔT. — 3° (le plus souvent au plur.) *De lourdes charges pèsent sur lui,* ce qui pèse sur qqn qu'on accuse = **accusations ;** (moins employé) **griefs ;** v. PRÉSOMPTION I. — 4° V. CARICATURE. — 5° V. EMPLOI. — 6° V. SOIN I.

charité 1° Dans l'express. *une œuvre de charité* = **bienfaisance ;** v. AUMÔNE. — 2° *C'est par charité que je lui rends ce service :* à vrai dire, il ne le mérite guère !, terme didact. par lequel on désigne l'amour du prochain, notamment par référence à des principes religieux ; ↓**altruisme** ne suppose pas autant de chaleur dans la disposition que l'on a à s'intéresser à autrui ; (de sens plus général) **générosité ; humanité** implique davantage un sentiment de pitié ; les termes précédents s'emploient plutôt dans le rapport qui nous lie à autrui en tant que personne particulière ; **philanthropie** s'emploie pour désigner le rapport qui nous lie à l'humanité tout entière ; v. aussi BONTÉ, MANSUÉTUDE et PITIÉ.

charlatanisme, charlatanerie *Ne vous fiez pas à son allure doctorale : c'est du charlatanisme !* = **cabotinage** (seul ce terme s'emploie dans des contextes comme *le cabotinage d'un acteur*). V. aussi FANFARONNADE.

charme 1° *La campagne en automne avait pour lui un charme indéfinissable,* qualité de qqn ou qqch qui plaît sans que l'on puisse toujours en préciser la raison ; ↓**attrait** (v. ce mot) ; ↓**agrément ; séduction** ne s'emploient généralement que pour les personnes ; v. FASCINATION. V. aussi BEAUTÉ, ENCHANTEMENT et GRÂCE II. — 2° V. SORT. ● **charmer** 1° *Nous avons été charmés par ces paysages d'eau et de verdure ;* ↑**enchanter, ravir ;** ↓**séduire ;** v. aussi CONQUÉRIR et PLAIRE. — 2° *Charmer, enchanter, ravir* s'emploient dans les formules de politesse : *J'ai été charmé/enchanté/ravi/heureux de votre visite.* ● **charmant** 1° Qqch est ∼. *Nous avons* *passé une charmante soirée*, qui a du charme (antéposé, l'adj. devient une sorte de superlatif de « bon ») = **délicieux** ; ↓ **bon, agréable** ; **excellent** n'apporte pas la pointe de préciosité contenue dans *charmant* et *délicieux* ; v. aussi ATTRAYANT. — 2° Qqch est ∼. *Cette robe est charmante*, qui plaît à la vue ; ↓ **joli** ; ↑ **ravissant, adorable.** — 3° Qqn est ∼. *C'est un charmant garçon*, qui plaît (l'adj. antéposé comporte une idée de condescendance de la part de celui qui l'emploie ; postposé, il est toujours laudatif) ↑ **bon** ; (rare) **amène** ; (fam.) **épatant** ; ↓ **agréable** ; **délicieux** s'emploie surtout pour les enfants et les femmes. V. aussi AIMABLE, BON et SÉDUISANT.

charrette *Le cheval conduisait seul la charrette, quand son maître était ivre ;* **carriole** est péjor.

chasser 1° ∼ qqn. *Je ne veux plus voir cet individu, chassez-le dehors !;* = **mettre dehors** ; (plus fam.) **jeter/ficher/**(très fam.) **foutre dehors.** *Il s'est fait chasser de son poste ;* (fam.) **éjecter, balayer.** *Chasser qqn d'une cachette* = **débusquer** ; (fam.) **déloger.** *Chasser qqn d'un immeuble* = **expulser.** *Chasser qqn d'une organisation, d'un groupe* = **exclure** ; v. REJETER. *Chasser qqn d'un pays* = **expulser ; refouler,** c'est expulser d'un pays des étrangers considérés comme indésirables ; v. BANNIR. V. aussi CONGÉDIER et ÉCARTER. — 2° ∼ qqch. *Le soleil avait chassé les brumes du matin, ainsi que ma tristesse* = **dissiper.** *Les comprimés chassent les maux de tête* = **supprimer, faire disparaître.**

chasseur I *Un chasseur exerce son activité en respectant la légalité en vigueur* ; le **braconnier** le fait dans l'illégalité, dans des endroits qui lui sont interdits ou avec des engins prohibés. **II** *Veuillez m'appeler le chasseur de l'hôtel* = **groom.** V. aussi SERVITEUR.

chaste 1° Qqn est ∼. *Il était resté chaste jusqu'à son mariage*, qui se garde des plaisirs de la chair = **sage, vertueux,** si l'on considère que la chasteté est une vertu ; **continent** et **tempérant** sont de sens particuliers : le premier implique un effort pour résister aux plaisirs de la chair, le second suppose seulement que l'on modère ses désirs selon une règle

morale que l'on s'impose. V. aussi VIERGE. — 2° Qqch est ∼. *Elle avait gardé un cœur chaste,* qui fuit les pensées et les propos impurs = **pur, pudique.** V. aussi CANDIDE et PRUDE.

chat 1° *Sa sœur a adopté un joli chat de gouttière ;* (fam.) **mistigri** et surtout **minet, mimi** appartiennent au langage enfantin ; (fam.) **matou** se dit d'un chat mâle. — 2° (dans des express.) *Pas un chat :* v. PERSONNE II. *Un chat dans la gorge :* v. ENROUÉ. *Il n'y a pas de quoi fouetter un chat :* v. INSIGNIFIANT.

châtaigne 1° Désigne couramment le fruit du châtaignier ; **marron** se dit du fruit du châtaignier cultivé. — 2° Les deux termes s'emploient, fam., avec **pêche** et (plus fam.) **gnon** comme syn. de **coup de poing.**

château 1° *Nous avons visité les châteaux de la Loire ;* **castel** se dit d'un petit château, ainsi que **gentilhommière** et **manoir,** ces termes s'employant plutôt pour de petits châteaux campagnards ; ↑ **palais** se dit du château vaste et somptueux où réside une personne de très haut rang. — 2° V. VIGNE.

chatouiller *Je n'aime pas qu'on me chatouille la plante des pieds ;* (rare) **titiller.** V. FLATTER.

chaud 1° Qqch est ∼. *Ce tissu peut se laver à l'eau chaude,* dont la température est élevée ; ↓ **tiède** ; ↑ **brûlant** attire surtout l'attention sur la sensation douloureuse provoquée par la chaleur (on ne l'emploierait pas dans notre ex.) ; ↑ **bouillant** ne s'emploie que pour des liquides ; ↑ **torride,** de sens très fort, ne s'emploie qu'en parlant du soleil, d'un climat. — 2° Qqch est ∼. *L'affaire a été chaude,* où se manifeste de l'ardeur, de l'animation = **vif** ; v. ANIMÉ. — 3° Qqn est ∼. *C'est un chaud défenseur de la non-violence,* qui se remarque par son zèle, sa passion = **chaleureux** ; (postposé) **enthousiaste** ; ↑ **bouillant, farouche** ; v. ARDENT ; **emballé** (fam.) s'emploie surtout dans l'express. *ne pas être chaud/emballé pour faire qqch ;* v. aussi PARTISAN (in *parti* I). ● **chaudement** V. CHALEUREUSEMENT, ci-dessous. ● **chaleur** 1° (sens 1 de l'adj.) **brûlure.** V. CANICULE. — 2° *Sa chatte est en chaleur,* état des animaux en période d'accouplement

83

= **en rut**. — 3° (sens 3 de l'adj.) V. ANI-
MATION, ARDEUR, ENTRAÎNEMENT I, FER-
VEUR et PASSION. ● **chaleureux** V. CHAUD
(sens 3), CORDIAL et VIF. ● **chaleureusement** *Il fut chaleureusement applaudi*
= **chaudement**.

chauffer 1° *La terre était chauffée par
le soleil ;* ↑ **surchauffer ;** v. aussi BRÛLER.
— 2° *Chauffer fort :* v. TAPER. — 3° Dans
l'express. *Ça va chauffer* (fam.) [*Les
choses vont se gâter*] = **barder, cuire**.

chausser *Dépêche-toi de chausser tes
bottes, nous partons,* mettre des chaussures ; (fam.) **enfiler ;** (par extens.)
Chausser ses lunettes = **ajuster**. ● **chaussure** Terme général dont les synonymes
fam. ou très fam. sont **péniche, croquenot, tatane, pompe, grolle,** le plus
employé étant **godasse ; godillot** se dit
d'une chaussure grossière et mal faite ;
des termes comme **soulier, sandale,
botte, bottine, broquedin,** etc., désignent des types particuliers de chaussure. V. aussi SABOT. ● **chausson** Terme
général pour désigner une chaussure
d'intérieur souple et légère ; la **pantoufle**
est un chausson bas, sans talon (ces
deux termes s'emploient souvent l'un
pour l'autre) ; **mule** et **babouche**
désignent des types particuliers de pantoufle ; **savate** se dit d'une pantoufle
vieille et usée.

chavirer 1° *Une risée avait fait chavirer la barque ;* ↑ **couler** et **sombrer**
impliquent que l'embarcation disparaît
dans l'eau ; v. RENVERSER (SE) ; v. aussi
ABÎMER (S'). — 2° *Les effets de l'alcool se
faisaient sentir : tout se mettait à
chavirer* = **vaciller ;** v. CHANCELER et CUL-
BUTER. — 3° *Quelle histoire, j'en suis
encore tout chaviré !* (assez fam.), qui est
sous le coup d'une émotion intense
= **retourné ;** v. aussi ÉMU.

chemin 1° *On accède à l'étang par un
chemin étroit et sinueux* (terme général) ;
allée se dit d'un chemin bordé d'arbres,
sentier et (peu employé) **sente** se disent
de petits chemins très étroits, **piste** se
dit d'un chemin sommairement aménagé
dans un pays aux voies de communication peu développées, **layon,** d'un sentier
de forêt. (Ces synonymes ne s'emploient
pas dans des contextes comme *montrer
le chemin, passer son chemin,* etc.)
V. aussi AVENUE, RUE et VOIE. *Il a trouvé*

son chemin = **route**. — 2° Au sens fig.
dans des express. comme *montrer le
chemin : Il nous a montré le chemin du
courage* = **donner l'exemple**. *Faire du
chemin :* v. RÉUSSIR. *En chemin, en bon
chemin : L'affaire est en bon chemin*
= **route, voie** (v. ces mots). *Sortir des
chemins battus :* v. ORNIÈRE.

chemise I 1° *Il porte une chemise à
carreaux ;* (fam.) **liquette ;** (fam., peu
employé) ; **bannière ;** (arg.) **limace**. —
2° (dans des express.) *Comme de chemise :* v. CONSTAMMENT. *Il s'en moque
comme de sa première chemise* (fam.) ;
(courant) **totalement**.

II V. DOSSIER.

chercher 1° *Il cherche un ami dans la
foule,* faire des efforts pour trouver ou
retrouver qqn ou qqch ; **rechercher,**
c'est chercher avec soin : *La police
recherche les auteurs de l'attentat.* —
2° *Que vas-tu chercher là ? :* v. IMAGINER
et PÊCHER. — 3° *Il cherche à le vexer :*
v. ESSAYER et VOULOIR. *Il cherche à vous
satisfaire ;* ↑ **s'évertuer, s'ingénier**.

cheval 1° *Quel beau cheval blanc !;*
(fam.) **canasson ;** (en langage enfantin)
dada ; (fam.) **bique, bourrin, rosse** se
disent d'un mauvais cheval ; (souvent
péjor. et iron.) **bidet ;** (peu employé)
haridelle se dit d'un mauvais cheval,
maigre et efflanqué. (termes part.) **destrier,** cheval de bataille, **palefroi,** cheval
de cérémonie, **roussin,** cheval de guerre
et de chasse, appartiennent à des
époques reculées ; **coursier** désigne,
dans le vocabulaire propre à la littérature classique, un grand et beau cheval
de bataille. V. aussi JUMENT. — 2° (dans
des express.) *À cheval :* v. CALIFOUR-
CHON (À). *Être à cheval sur : Il est à
cheval sur les principes* = **être strict sur**.
Une fièvre de cheval : v. FORT II. *Un
remède de cheval :* v. EFFICACE. *Grand
cheval :* v. FEMME.

chevalier 1° *Nourri de romans d'aventures, il parcourt le monde, rêvant d'être
un chevalier du Moyen Âge ;* **paladin** se
disait spécialement d'un chevalier errant
en quête de l'aventure. — 2° *Chevalier
d'industrie :* v. ESCROC.

chevauchée Se dit d'une promenade
ou d'une course à cheval ; **cavalcade** se

'dit d'un défilé de cavaliers qui paradent en exécutant des sauts divers ; v. aussi DÉFILÉ I.

cheveux 1° *Elle a de beaux cheveux blonds ;* **chevelure** ne peut se dire que de l'ensemble des cheveux et implique, le plus souvent, que ceux-ci soient longs et fournis ; (fam. ou très fam.) **crins, plumes,** et (le plus employé) **tifs ;** (fam.) **tignasse, toison** et **crinière** sont syn. de *chevelure* (**perruque** s'emploie parfois aussi en ce sens). — 2° (dans des express.) *S'arracher les cheveux :* v. SOUCI. *Faire dresser les cheveux sur la tête :* v. PEUR. *Se faire des cheveux :* v. SOUCI. *Il s'en est fallu d'un cheveu/Il n'a tenu qu'à un cheveu que je manque le but* (assez fam.); *cela a bien manqué d'arriver* = **cela n'a tenu qu'à un fil**/(plus fam.) **poil.**

chèvre (fam.) **bique.**

chevroter *Il a la voix qui chevrote* (terme propre); (de sens plus général) **trembler, trembloter.**

chic I (nom) V. ALLURE.
II (adj.) 1° *Une femme chic :* v. ÉLÉGANT. — 2° *Une chic voiture :* v. BEAU. — 3° *Un chic type :* v. GENTIL. — 4° *C'est chic !,* express. fam. marquant le contentement ; (très fam.) **chouette, au poil ;** ↑ **du tonnerre.**

chicane *Elle passe son temps à chercher des chicanes aux autres* = **tracasserie ;** (peu employé) **chicanerie ; bisbille** s'emploie surtout dans l'express. *être en bisbille avec qqn* ; v. SUBTILITÉ. V. aussi CONTESTATION et DISPUTE. ● **chicaner** *Ce qu'elle est agaçante à chicaner ainsi sur le moindre détail !* = **ergoter ;** (plus fam.) **chipoter.** V. aussi CRITIQUER (in *critique* I), DÉBATTRE et DISCUTER.

chiche *Il est trop chiche pour vous acheter un billet de tombola !,* terme vieilli, ainsi que ↑ **ladre** et **parcimonieux ;** (courant) **regardant, pingre,** ↓ **mesquin ;** (fam.) **chien, radin, rapiat,** (peu employé) **rat ;** v. AVARE. ● **chichement** *Avec son maigre salaire, il est obligé de vivre chichement* = **petitement, modestement.**

chien 1° *Un chien méchant ;* (langage enfantin) **toutou ;** (fam.) **clebs, cabot,** **clébard, cador.** — 2° (dans des express.) *De chien :* v. MAUVAIS I, MISÉRABLE et SALE. *Avoir un mal de chien :* v. MAL. *Avoir du chien :* v. ALLURE. *Chienne de :* v. GARCE.

chier 1° *Il est en train de chier* (très fam. ; terme grossier condamné par la politesse), se débarrasser des gros excréments ; (courant) **faire ses besoins ;** (par euphémisme) **aller aux toilettes ;** (fam.) **poser culotte ;** (didact.) **déféquer, aller à la selle ;** (enfantin) **faire caca.** — 2° (dans des express.) *Faire chier :* v. ENNUYER. *Ça va chier :* v. GÂTER (SE).

chiffonner 1° *Tu as chiffonné ta robe neuve ;* (plus soutenu) **froisser ;** ↓ (peu employé) **friper.** V. aussi PLISSER. — 2° V. TOURMENTER (in *tourment*).

chiqué *Tout ça, c'est du chiqué* (fam.), manières ou propos trompeurs qui visent à en imposer aux autres = **bluff, cinéma, esbroufe** (v. ce mot). *Faire du chiqué :* v. CÉRÉMONIE. V. aussi COMÉDIE et TROMPER.

chiquenaude Moins employé que **pichenette.**

choisir *Il faudra bien choisir entre ces deux solutions,* se déterminer en faveur de qqn/de qqch ; (pour les choses seulement) **s'arrêter à, retenir, se fixer sur,** ↑ **adopter ; sélectionner** suppose que l'on choisisse une chose parmi un grand nombre d'autres (s'emploie aussi pour les personnes) ; ↑ **jeter son dévolu sur ;** (pour les abstractions : solutions, partis, idées, etc.) **se décider pour, opter pour, se prononcer pour** (v. PRONONCER II) ; (surtout pour les personnes) **élire, désigner.** V. aussi PRÉFÉRER et EMBRASSER. *Mal choisi :* v. INOPPORTUN. ● **choix** 1° *Action de choisir. Le choix d'un métier ;* (moins propre en ce sens) **adoption.** (seulement en parlant des personnes) *Nous allons procéder au choix d'un nouveau président ;* **élection** désigne l'action de choisir en recourant à un vote ; **cooptation** désigne le choix d'un membre nouveau dans une assemblée par ceux qui en font déjà partie. — 2° *Résultat de cette action. Il nous a présenté un très beau choix de livres* = **assortiment, sélection ; collection** implique l'idée d'un très grand nombre de choses ; v. aussi ANTHOLOGIE et SÉRIE.

— 3° Possibilité de choisir. *Il agira selon son propre choix* = **option**; (plus général; au sing. en ce sens) **volonté**. — 4° (dans des express.) **de choix** *C'est un morceau de choix*, le meilleur d'une marchandise = **de qualité**; **au choix de** *La couleur du véhicule est au choix du client;* (plus soutenu) **au gré de**.

chose I Terme très général qui renvoie à un objet ou à un concept; peut s'employer à la place d'un très grand nombre de substantifs; entre dans un grand nombre d'express.; aussi ne peut-on citer tous ses syn. 1° (sens le plus général) *Tu as vu cette chose qu'il tient à la main?;* (fam.) **truc, machin, bidule.** — 2° *Regardons les choses en face* = (dans ce contexte seulement) **réalité.** — 3° (dans des loc.) *Avant toute chose :* v. ABORD II. *Grand-chose :* v. RIEN. *Autre chose :* v. DIFFÉRENT (in *différer* II).

II V. PENSIF.

chute I Terme général désignant l'action d'une chose ou d'une personne qui tombent. 1° *Faire une chute (Il a fait une chute et s'est blessé) :* v. TOMBER. — 2° (dans des contextes part.) *Une chute de pierres* = **éboulement** (*Attention aux chutes de pierres/aux éboulements*). (en parlant des institutions politiques) *La chute du ministère;* ↑**renversement;** (assez fam.) **culbute.** *La chute d'un empire;* ↑**ruine.** (en parlant de choses qui se mesurent ou s'évaluent) *La chute des prix/de la température;* ↑**effondrement.** V. ABAISSEMENT I.

II *Une chute d'eau/les chutes du Niagara;* **saut** est restreint à quelques contextes figés *(le saut du Doubs);* **cascade** se dit d'une chute ou d'une succession de chutes d'eau; (rare) **cascatelle** se dit d'une petite cascade; ↑**cataracte** se dit de la chute des eaux d'un grand fleuve.

III V. DÉCHET.

cicatrice *Il avait le visage abîmé par de larges cicatrices;* **balafre** ne peut s'employer en ce sens que s'il s'agit de la cicatrice laissée par une blessure due à une arme tranchante; v. TRACE. V. aussi BLESSURE.

ciel I *Un ciel étoilé;* (soutenu, lang. littér.) **firmament.**

II *Dis, maman, quand je serai mort, j'irai au ciel?* = (dans ce type de contexte seulement) **paradis.**

cigarette *As-tu des cigarettes?;* (très fam.) **cibiche, sèche, pipe;** v. aussi MÉGOT.

ciller *Une lumière trop vive le fait ciller des yeux,* fermer et rouvrir rapidement les paupières; (plus courant) **cligner.**

cimenter *D'avoir partagé la même angoisse devant le danger cimenta leur amitié* = **sceller.** V. aussi AFFERMIR.

cimetière Désigne couramment le lieu où l'on enterre les morts; (termes part.) une **nécropole** est un cimetière antique, orné de monuments, ou, en termes soutenus, un grand cimetière urbain; un **columbarium,** un lieu où l'on place les cendres de personnes incinérées; un **ossuaire,** un lieu où sont conservés des ossements humains (on parle dans le même sens de **catacombes,** ce terme désignant aussi une cavité souterraine ayant servi de sépulture); une **crypte,** un caveau situé en dessous d'une église et servant de sépulture.

cinématographier *Cinématographier une scène amusante;* (plus courant) **filmer; tourner** est un terme de métier.

cintre *Veuillez mettre votre manteau sur un cintre,* tige de bois, de métal ou de plastique munie d'un crochet et servant à suspendre les vêtements; **porte-manteau,** parfois employé en ce sens, désigne proprement un dispositif fixé au mur **(patère)** ou reposant sur un pied.

circonstancié *Je voudrais sur cet accident un rapport circonstancié* (didact.); (plus courant) **détaillé.**

circuler 1° *Il ne circule qu'en voiture,* aller et venir, part. dans un véhicule = (dans ce contexte) **se déplacer.** — 2° *D'étranges nouvelles circulent en ce moment dans la ville,* aller et venir, en parlant d'une information, de bruits, de nouvelles = **courir, se répandre, se propager.** ● **circulation** *Il y a maintenant dans cette rue une circulation très dense,* allées et venues de véhicules; **trafic,**

réservé aux chemins de fer, s'emploie couramment aussi en parlant des automobiles. V. MOUVEMENT. *Mettre en circulation* : v. DIFFUSER.

citer 1° ~ qqn (en justice). V. APPELER I. — 2° ~ qqn. *Pourriez-vous me citer quelqu'un qui aurait fait preuve de plus de courage que lui ?* = **nommer, signaler** ; v. aussi INDIQUER. — 3° ~ qqch. *Il a cité un fait digne de retenir toute notre attention* = **mentionner, faire état de** ; **rapporter** implique, plus que *citer*, l'idée d'un compte rendu détaillé et précis ; **produire** (lang. jurid.), c'est citer qqch à titre de preuve ou de justification ; **alléguer, invoquer, se prévaloir de** enchérissent sur *produire ;* **nommer** peut s'employer comme syn. de *citer,* surtout lorsque le contexte suppose que l'on renvoie à des noms propres : *Citez-moi/nommez-moi les principaux fleuves russes ;* dans le contexte très fréquent : *Citez-moi un exemple (Citez-moi un exemple de sa mauvaise foi)* = **donner.** V. aussi ÉNUMÉRER.

civière *On emporta le blessé sur une civière* = **brancard** (qui paraît tomber en désuétude).

civilisation 1° *Hier encore sous-développé, ce pays bénéficie aujourd'hui des multiples apports de la civilisation ;* ensemble des caractères et des techniques des sociétés les plus développées ; n'a pas de syn. dans ce sens. — 2° *Il se passionne pour la civilisation grecque ;* traits spécifiques d'une société ; **culture** est parfois employé en ce sens.

civiliser ~ qqn. *J'espère que vous parviendrez à civiliser quelque peu cet individu bizarre,* rendre qqn plus raffiné dans ses manières = (assez fam.) **dégrossir** ; (soutenu) **polir.** V. aussi DÉGOURDIR.

clair (adj.) 1° *Avec ses larges baies, la pièce est très claire,* qui laisse passer les rayons du soleil = **éclairé** ; ↑ **lumineux, ensoleillé** (ces deux derniers se disent aussi du ciel, ainsi que **serein**). — 2° *L'eau du torrent est très claire,* propre de toute souillure ; ↑ **pur, limpide, transparent** ; (rare) ↑ **cristallin.** — 3° *Il est clair qu'il a menti,* qui ne laisse aucun doute possible ; v. CERTAIN et NET. — 4° *Ses explications étaient suffisamment*

claires pour convaincre tout le monde, dont le sens est tout à fait intelligible ; emporte l'idée de conviction : = **éclairant, précis, explicite** ; ↑ **lumineux** ; v. aussi ACCESSIBLE. — 5° *Un esprit, une intelligence claire* : v. CLAIRVOYANT. — 6° *Une voix claire* = **distinct, net.** ● **clair** (nom) *Tirer au clair* : v. ÉCLAIRCIR.

clairvoyance *Tout au long de l'enquête il a fait preuve de beaucoup de clairvoyance* = **discernement, lucidité, perspicacité, sagacité, intelligence** ; ↑ **pénétration** ; **finesse** fait surtout penser à la subtilité d'un esprit qui saisit rapidement les rapports les plus éloignés des choses entre elles ; (fam.) **flair, nez** *(Il a du flair/du nez).* ● **clairvoyant** (avec les mêmes nuances) **lucide, pénétrant, fin, perspicace, intelligent** (v. aussi ce mot). On ajoutera, en parlant de qqn : **avisé** ; en parlant de l'esprit ou de l'intelligence de qqn : **clair.**

classe I *Les programmes de télévision sont conçus pour s'adresser à différentes classes de téléspectateurs,* ensemble d'objets ou d'individus ayant des caractères communs = **catégorie** ; **couches** ne s'emploie en ce sens que dans l'express. *couches sociales ;* **sorte, espèce** s'emploient généralement pour des animaux ou des choses seulement. *Classe laborieuse, ouvrière* : v. TRAVAILLEUR II. ● **classer** 1° *Il faudra que nous classions tous ces papiers,* mettre dans un certain ordre = **ranger** ; v. PLACER ; **sérier,** c'est généralement ranger des choses selon leur nature et leur importance, pour les examiner les unes après les autres : *Nous allons sérier les questions avant d'ouvrir le débat ;* v. ORDONNER (in *ordre*) ; v. aussi TRIER. — 2° ~ qqn (au passif). *Il a été tout de suite classé* (fam.), juger qqn immédiatement et définitivement = **cataloguer.** ● **classement** *Faire un classement* consiste à ranger dans un certain ordre ; *se livrer à une* **classification,** c'est répartir en classes, en séries ; ce dernier terme est d'emploi plus précis et restreint que le premier. V. aussi PLACE I.

II *C'est vraiment un garçon qui a de la classe !* = **carrure, envergure** ; (plus général) **valeur** ; (fam.) **calibre.**

cloaque 1° Lieu destiné à recevoir les immondices et les eaux usées ; **égout** se dit d'un conduit destiné à l'acheminement des immondices et des eaux usées vers un lieu propre à les absorber. — 2° *Par ce temps de pluie, la cour était un vrai cloaque* (rare) ; par extens., lieu malpropre ; (courant) **bourbier.**

cloche ❙ *Il aimait entendre le son de la grosse cloche de la cathédrale* = (dans cet ex.) **bourdon** *(...le son du bourdon de la cathédrale).* ❙❙ V. SOT.

clocher ❙ *Le clocher d'une église ;* un **campanile** est un clocher à jours, parfois isolé de l'église. V. TOUR I. ❙❙ V. BOITER.

clochette Terme général pour désigner une petite cloche. Termes part. : **sonnette,** petite clochette utilisée pour avertir ; **timbre,** clochette fixe frappée par un marteau ; **grelot,** sonnette formée d'une boule de métal creuse dans laquelle se trouve un morceau de métal qui la fait résonner quand on l'agite ; **sonnaille** (dans certaines régions : **campane, clarine**), clochette attachée au cou du bétail.

cloître Désigne la partie d'un monastère interdite aux profanes ; s'emploie souvent comme syn. exact de **monastère ; monastère** et **couvent** s'emploient aussi l'un pour l'autre pour désigner un établissement de religieux ou de religieuses appartenant à un même ordre. Les deux termes se distinguent cependant : le *couvent* implique une vie communautaire commandée par une même règle, le *monastère* une vie de retraite et de solitude ; une **abbaye** est un monastère dirigé par un prieur ; un **béguinage** est un établissement où vivent ensemble des femmes pieuses qui se soumettent à des règles monastiques sans, cependant, avoir prononcé de vœux.

clôture 1° *Le parc était entouré par une clôture,* terme général. (termes part.) Clôture formée de barreaux de fer : **grille ;** de pieux et de planches : **palissade ;** d'un entrecroisement de lattes ou d'échalas : **treillage ;** d'un entrecroisement de lattes ou de fils métalliques formant claire-voie : **treillis** (ces deux derniers termes s'emploient souvent l'un

pour l'autre). La **barrière** est un assemblage de pièces de bois ou de métal fermant un passage et formant ainsi clôture. — 2° *Clôture* désigne aussi l'action de fermer, notamment en parlant d'un magasin : *la clôture des magasins* = **fermeture,** ou d'une séance publique : *la clôture des travaux de l'Assemblée* = **levée ;** (plus général) **fin.**

clou ❙ 1° V. POINTE II. — 2° *Il faut traverser dans les clous,* syn. très courant de **passage clouté.** — 3° (dans des express.) *Comme un clou :* v. MAIGRE. *Pas un clou :* v. RIEN I. *Des clous ! :* v. NON. ❙❙ V. FURONCLE. ❙❙❙ V. AUTOMOBILE et BICYCLETTE.

clown 1° *Ce que je préfère au cirque, ce sont les clowns ;* (rare) **pitre** se dit du personnage qui, dans les foires, tente d'attirer l'attention et de divertir le public par ses bouffonneries ; v. BOUFFON. — 2° (express.) *Ne fais pas le clown !* = **pitre, singe, guignol, polichinelle ;** (très fam.) **mariole ;** v. IMBÉCILE.

coaguler (se) *Le sang se coagule* (didact.) ou **(se) caille** (courant), de même que le lait ; une sauce se **fige ;** du lait se **grumelle** quand il tourne : autrement dit, il se décompose par petites parties de matière caillée appelées « grumeaux ».

coalition Se dit de la réunion provisoire de partis, puissances, gouvernements pour la poursuite d'intérêts communs ; **ligue** désigne soit une coalition d'États *(la ligue d'Augsbourg),* soit d'une association d'individus réunis pour la défense de mêmes intérêts politiques ou religieux *(la Ligue des droits de l'homme et du citoyen) ;* **bloc** se dit d'une coalition parlementaire *(le bloc des gauches) ;* **phalange** se dit d'une organisation paramilitaire inspirée du fascisme italien *(les phalanges fascistes) ;* **front** se dit de l'union de partis ou d'individus décidés à lutter franchement pour des intérêts communs *(le Front de libération nationale).* V. aussi FÉDÉRATION et SOCIÉTÉ.

cohérence, cohésion Ces deux termes ont le sens général de « force qui unit les parties d'un tout ; résultat de cette union ». Mais l'un s'applique plutôt aux idées, l'autre aux groupements humains : *la cohérence d'un discours, d'une démonstration, d'un exposé; la cohésion d'une équipe, d'une communauté;* **homogénéité** est ici un syn. de *cohésion.*

coiffer 1° *Elle se fait coiffer par sa sœur,* arranger les cheveux de manière qu'ils soient disposés avec art ; **peigner,** c'est simplement arranger les cheveux de manière qu'ils ne soient pas emmêlés. — 2° *C'est lui qui coiffe toute l'organisation* (fam.), exercer son autorité sur = **chapeauter;** (courant) **superviser; v.** DIRIGER I. — 3° *Se coiffer de :* v. AMOURACHER. ● **coiffeur** Celui qui a pour métier d'arranger et de tailler les cheveux ; (fam. et plaisant) **figaro, perruquier.**

coiffure Terme général désignant ce qui sert à couvrir la tête ou à l'orner ; (vieux; par plaisant.) **couvre-chef; chapeau** se dit d'une coiffure rigide, par oppos. à **bonnet** ou **coiffe ;** (fam. ou arg.) **galurin, galure, bloum, bitos** sont syn. de *chapeau.* V. aussi TOQUE.

coin 1° *Nous avons visité en vain tous les coins du grenier;* ↑ **recoin** désigne un endroit plus retiré encore, presque introuvable (souvent jumelé avec le premier dans l'express. *les coins et les recoins de*). V. ANGLE. — 2° Lieu retiré (souvent par oppos. à « ville »). *Nous connaissons un petit coin tranquille au bord de l'Indre;* (moins expressif) **endroit;** v. PAYS I ; dans le même sens, mais en parlant d'une partie d'une ville : *le bistrot du coin* = **quartier.** — 3° *Le coin des lèvres;* (terme propre, plus rare) **commissure.** — 4° *Les petits coins :* v. CABINET II. — 5° *En boucher un coin :* v. ÉTONNER.

coincer 1° *Ils ont coincé la porte avec une cale de bois,* immobiliser qqch = **bloquer, immobiliser ;** ces trois termes se disent aussi de personnes : *Il y avait tant de monde que j'ai été coincé/bloqué/immobilisé à la gare* (les deux premiers sont alors assez fam.); v. aussi SERRER. — 2° V. PINCER et PRENDRE I.

coïncidence *Nous nous sommes rencontrés par une coïncidence extraordinaire* = **hasard, concours de circonstances; v.** RENCONTRE (in *rencontrer*).

col *Les grands cols des Alpes; port* s'emploie dans des contextes figés pour désigner certains cols des Pyrénées ; **pas** ne se rencontre aussi que dans quelques contextes, pour désigner un passage majestueux, étroit et difficile ; **défilé** se dit d'un couloir montagneux très resserré ; **gorge** d'une vallée majestueuse, étroite et encaissée, parcourue par un torrent ; **cañon** d'une gorge profonde et creusée dans la montagne (ce dernier terme est réservé à quelques contextes : *les cañons du Colorado,* par ex.).

colère *Il était défiguré par la colère;* (très soutenu) **courroux; v.** FUREUR et MÉCONTENTEMENT. ● **être en colère** ↑ **furieux,** ↑ **hors de soi ;** ↑ **fulminer ;** (fam.) **bisquer, fumer, maronner; v.** BOULE [*être en boule*] et HUMEUR ; v. aussi FULMINER et EMPORTER (S'). ● **se mettre en colère** V. IRRITER (S') et ENFLAMMER (S'). ● **coléreux, colérique** *Il faut excuser ses écarts de langage : il est d'un tempérament très coléreux* = **irritable ;** (plus rare) **irascible ;** (par méton.) **emporté, violent ;** (fam.) **soupe au lait ;** v. aussi ACARIÂTRE et SUSCEPTIBLE.

colique 1° *Il a la colique* = **diarrhée ;** (par euphémisme) **dérangement** (seulement avec l'article indéfini : *Il a un dérangement/Il est dérangé*); (très fam.) **chiasse, foire, courante.** — 2° V. PEUR.

collaborer *Voici des années qu'il collabore à nos activités,* travailler de concert avec qqn ou qqch ; **coopérer à, participer à** sont de sens plus général (ils peuvent avoir d'autres emplois) : on pourra les employer dans ce contexte, mais *collaborer* reste le terme propre. V. aussi AIDER et ASSOCIER. ● **collaborateur** *Je vous présente vos collaborateurs,* celui qui travaille avec qqn à une entreprise commune ; **associé** implique souvent que l'entreprise est de caractère industriel ou commercial ; v. aussi COLLÈGUE et AIDE.

collation *Il est 16 heures : c'est l'heure de la collation,* léger repas pris dans l'après-midi, généralement par les enfants ; (plus courant) **goûter.**

colle I *Il me faudrait de la colle pour unir ces morceaux de bois,* matière adhésive; la **poix** et la **glu** sont des sortes particulières de colle. ● **coller**

1° V. ADHÉRER I. — 2° V. AJOURNER. — 3° *Ça colle* : v. ALLER II. — 4° V. ALLONGER, DONNER et METTRE. ● **collant** 1° *Je voudrais du papier collant* = **adhésif** ; v. GLUANT. — 2° *Elle portait une robe très collante,* en parlant d'un vêtement, qui s'adapte exactement aux formes du corps = **ajusté, moulant.** — 3° *Ce qu'il peut être collant !* (fam.), se dit d'une personne qui s'accroche inlassablement à autrui = **poison, crampon, casse-pieds** ; (très fam.) **enquiquinant** ; (très fam., vulg.) **emmerdant** ; (courant) **agaçant, assommant** ; (soutenu) **importun** ; (courant) ↓ **envahissant.** V. aussi EMPOISONNEUR et GÊNEUR.

II *Il a attrapé deux heures de colle* (arg. scol.), punition qui impose à un élève de rester en classe en dehors des heures de cours ; (courant) **consigne** ; v. RETENUE II.

collectivisme Doctrine selon laquelle les moyens de production d'une société doivent être mis en commun, au profit de la collectivité ; le **communisme** et le **socialisme** sont des formes part. et distinctes de collectivisme : en France, le premier terme désigne un système social inspiré de la réflexion marxiste, le second un système social qui n'est ni libéral ni communiste ; (part.) **bolchevisme** désigne la doctrine adoptée en Russie en 1917 par ceux qui étaient partisans du communisme intégral. V. aussi SOCIALISME.

collègue *Je vous présente notre nouveau collègue,* personne qui exerce des fonctions similaires à celles d'une autre ; **confrère** se dit en ce sens en parlant des professions libérales. V. aussi COLLABORATEUR.

collet 1° Dans l'express. **collet monté** *Ils sont beaucoup trop collet monté pour que je les fréquente* = **guindé** ; v. aussi AFFECTÉ (in *affecter* II) et RAIDE. — 2° Dans l'express. *mettre la main au collet* : v. PRENDRE I. — 3° *Il allait chaque soir poser des collets à l'orée du bois,* piège formé d'un nœud coulant ; **lacets** et **lacs** ont le même sens mais sont moins employés.

collier 1° *Elle portait un superbe collier de diamants* = (dans cet ex. seulement, en parlant de diamants)

rivière. — 2° *Donner un coup de collier* : v. TRAVAILLER I.

colline *Seules quelques collines rompaient la monotonie du paysage* (s'emploie notamment par oppos. à « monts/montagne ») ; **hauteur** est de sens plus général et désigne une élévation de terrain, soit en plaine, soit en région montagneuse ; (peu employé) **éminence** se dit d'une élévation de terrain généralement isolée ; ↓ **coteau** se dit d'une petite colline ; **côte** et **haut** sont des termes géographiques dont l'emploi est restreint à quelques contextes part. *(les côtes du Rhône ; « les Hauts de Hurlevent »).* V. aussi BUTTE.

colonel **colon** est l'abrév. fam. de ce terme.

colonialisme *L'Afrique a longtemps supporté et supporte encore le colonialisme européen ;* ↑ **impérialisme.**

colonne **I** *L'édifice était soutenu par de magnifiques colonnes* = **pilier** (ces deux termes s'emploient souvent l'un pour l'autre ; on notera cependant qu'une *colonne* est généralement de forme cylindrique, alors que le *pilier* peut l'être ou non et que certains contextes exigent l'un ou l'autre : *les piliers d'une cathédrale/les colonnes d'un temple grec)* ; **pilastre** se dit d'un pilier adossé à la façade d'un édifice ou engagé dans un mur ; **contrefort,** d'un pilier ou d'un mur servant d'appui à un autre mur qui supporte une charge ; **colonnade** se dit d'une file de colonnes disposées de manière à former un ensemble architectural.

II V. FILE.

colonne vertébrale A pour syn. **épine dorsale,** notamment dans les contextes où ces termes ont un sens imagé : *Cet axiome forme la colonne vertébrale/l'épine dorsale de sa théorie ;* au propre, le premier est le plus couramment employé en cas de synonymie ; le second se dit exactement de la saillie longitudinale que forme, au milieu du dos, la suite des apophyses de la colonne vertébrale ; **échine,** de même sens que *colonne vertébrale,* ne s'emploie que dans quelques contextes *(courber l'échine).*

colosse *Il se faisait accompagner, de peur des guets-apens, par deux colosses,* homme de haute stature = **hercule**; **géant** dit moins : il évoque plutôt la taille que la force apparente. ● **colossal** Qui est extrêmement grand; cet adj. est d'emploi très général et n'admet guère, comme syn. constants, que **gigantesque** et (de sens très vague) **extraordinaire**. Ses autres synonymes se répartissent selon les contextes. *Des efforts colossaux;* (soutenu) **herculéen, titanesque.** *Un édifice colossal;* (soutenu) **babylonien;** *une fortune colossale* = **fabuleux, fantastique, monumental;** ↓ **énorme;** v. aussi DÉMESURÉ, IMMENSE et MONSTRE.

combattre On pourra éventuellement employer **se battre contre, lutter contre, faire la guerre à,** comme syn. de ce verbe, qui reste le plus précis en tous contextes; v. GUERROYER. V. aussi ATTAQUER. ● **combat** 1° *Le combat avait été rude,* en ce sens, phase d'une bataille; **bataille** est de sens plus général et suppose des préparatifs, une action concertée; **engagement** désigne un combat localisé et de courte durée; (par méton.) **choc, mêlée, rencontre** et (rares, soutenus en ce sens) **action, affaire.** — 2° *Certains ont engagé le combat contre la pornographie* = **lutte;** ↑ **guerre;** v. aussi (pour 1° et 2°) ASSAUT et BAGARRE. ● **combatif** *Son tempérament combatif lui a déjà valu bien des déboires,* porté au combat = **agressif, belliqueux.** V. ACCROCHEUR (in *accrocher* II). ● **combattant** 1° V. SOLDAT. — 2° *Il tentait vainement de séparer les combattants,* personne qui se bat, généralement à coups de poing = **adversaires;** (soutenu) **antagonistes.**

combiner 1° ~ qqch : disposer des choses ensemble afin d'obtenir un certain résultat. *Il a combiné les couleurs de manière à obtenir un ensemble harmonieux* = **associer, assembler, unir;** v. aussi MÊLER. *L'architecte a bien combiné les pièces de cet appartement* = **disposer;** v. aussi ORDONNER. — 2° ~ qqch (parfois abstraitement : *Qu'est-ce qu'il a encore combiné?*). *Il a tout combiné pour que nous passions d'excellentes vacances,* organiser selon un plan précis = **arranger, calculer, organiser;** (soutenu) **concevoir;** (fam.) **manigancer;** (très fam.) **goupiller;** v. aussi COORDONNER et MONTRER II. ● **combinaison** (sens 2 du verbe) [abrév. fam. : **combine**]. *As-tu une combinaison/une combine pour sortir de là?* : v. MOYEN II ; *Il trempe dans toutes les combinaisons/combines politiques* = **manœuvres;** (fam.) **cuisine, manigance, magouille.** V. AGISSEMENTS.

comble I (nom) 1° *Il est au comble de la gloire* = **sommet, faîte;** (rare) **summum;** **apogée** et **zénith** ne s'emploient guère avec un compl. de nom : on les emploie seuls, généralement avec un adj. poss., le contexte précisant ce dont ces termes expriment le degré *(Il est à son apogée/à son zénith).* Tous ces termes précédents ne s'emploient comme syn. de *comble* que dans l'express. *au comble de* + nom, renvoyant à une abstraction « bénéfique » *(au comble de la gloire/du triomphe/du bonheur/de la fortune,* etc.); dans des contextes comme *le comble du ridicule/de la sottise,* etc., seul **sommet** convient (le plus souvent au plur. : *Dans la sottise, il atteint des sommets!);* v. aussi CULMINANT et LIMITE. — 2° Dans l'express. *C'est un comble!* = **trop fort** *(C'est trop fort!);* (fam.) **bouquet** *(C'est le bouquet!);* (fam.) **la fin de tout/des haricots** *(C'est la fin de tout!, c'est la fin des haricots!)* s'emploie pour marquer l'expression du désastre. V. VOIR [*On aura tout vu*].

II (adj.) 1° *Le spectacle est de qualité : la salle est comble;* ↓ **plein; complet,** (assez fam.) **bondé,** (fam.) **bourré** s'emploient surtout en parlant des véhicules : *L'autobus est comble/complet/bondé/bourré.* — 2° Dans l'express. *La mesure est comble!* : v. SUFFIRE.

comédie Ce terme n'a pas de syn. dans son sens de « pièce de théâtre »; v. PIÈCE et THÉÂTRE. Il peut, en revanche, en avoir dans ses sens dérivés. 1° *Son chagrin, c'est de la comédie,* simulation d'un sentiment = **bluff, frime.** — 2° (plur.) *Cet enfant fait des comédies pour manger,* attitude insupportable = **caprice.** — 3° *Il a fait toute une comédie parce que nous étions en retard* (au sing.) = **histoire, scène, vie.** — 4° V. DISSIMULATION. — 5° Dans l'express. *jouer la comédie* : v. MENTIR. ● **comédien** 1° V. ACTEUR. — 2° *Il a prétendu qu'il n'avait pas d'argent? Quel comédien!* = **hypocrite;** v. aussi MENTEUR.

comique Qui provoque le rire.
1º Évoque un rire plein de franche gaieté : *Il avait toujours une histoire comique à vous raconter ;* ↓**plaisant ;** ↑**désopilant ;** (rare) **hilarant, inénarrable ;** (assez fam.) **impayable ; cocasse** emporte toujours avec lui l'idée d'étrangeté ; v. AMUSANT. — 2º Évoque un rire un peu grinçant, critique : *Son attitude est vraiment trop comique* = **risible ;** ↑**bouffon, burlesque ;** v. RIDICULE. — 3º Les synonymes qui suivent sont indifférents aux nuances distinguées ci-dessus ; ce sont quelques-uns des très nombreux termes de la langue fam. ou très fam. : **bidonnant, crevant, gondolant, marrant, poilant, roulant, tordant.**

commande (de) *Il avait, comme à l'habitude, un sourire de commande,* qui n'est pas sincère = **affecté ; feint, simulé** ont le même sens, mais ne conviennent pas à tous les contextes (ils s'adaptent mal à notre ex.) ; v. aussi FAUX I.

commander I Qqn/qqch ~ qqn/qqch. 1º Qqn ~ qqn/qqch. V. DIRIGER I. *Ici, c'est elle qui commande* (absol.) ; (fam.) **mener la barque ;** (fam.) **porter la culotte** se dit d'une femme qui, dans un ménage, exerce l'autorité. — 2º Qqch ~ que. V. CONDITIONNER I INSPIRER II et APPELER I.

II 1º Qqn ~ à qqn de/que. *Il lui a commandé de ne pas sortir* = **ordonner ;** ↑**imposer ; prescrire,** c'est donner un ordre précis, détaillé : *Le médecin lui a prescrit un régime très strict ;* (soutenu) **enjoindre ;** (soutenu ; lang. jurid.) ↑**sommer** (qqn de) : *Il l'a sommé de déposer son arme.* V. aussi DEMANDER. — 2º Qqn ~ à qqch. *C'est un homme qui sait commander à ses passions* (soutenu) ; (plus courant) **maîtriser** (qqch), **gouverner** (qqch) ; ↑**réprimer** (qqch). ● **commandement** 1º *C'est lui qui, depuis deux mois, exerce le commandement* (au sing.), droit de commander = **autorité, pouvoir.** — 2º *Vous devez obéir à ses commandements* (sing. ou plur.) ; (vieux en ce sens) v. COMMANDER II, 1º ; (moderne ; avec les mêmes nuances que pour le verbe) **ordre, prescription, injonction, sommation.** — 3º *Il s'agit d'obéir aux commandements de notre morale,* même sens que 2º, mais en parlant d'une règle de conduite morale ou religieuse = **loi, précepte, règle.**

comme Adv. ou conj. de grande fréquence, de sens et d'emplois divers. La répartition adoptée ici tient compte de l'élément introduit derrière *comme.*

I ~ + phrase (parfois un groupe nominal). 1º *Il a agi comme j'aurais agi :* v. AINSI QUE. — 2º *La nuit est tombée comme il arrivait au sommet :* v. LORSQUE. — 3º *Comme tu as été sage, nous irons au cinéma :* v. PARCE QUE et PUISQUE. — 4º *Comme il fait beau aujourd'hui !* (adv. d'exclamation) = **que** (v. ce mot).

II ~ + nom. 1º *Il est entré ici comme chef du personnel* = **en tant que, en qualité de ;** *Il vaut mieux l'avoir comme ami que comme ennemi* = **pour.** — 2º *Nous avons entendu comme un bruit de marteau ;* (moins soutenu) **une sorte de ;** (fam.) **comme qui dirait un.** — 3º V. TEL I.

III ~ + adj. ou participe passé. *Il était comme vexé par son attitude ;* (plus lourd) **pour ainsi dire.**

IV (dans des contextes figés) 1º **comme ça** *Je n'ai jamais vu une femme comme ça* (assez fam.) ; (courant) **pareil, semblable.** *Alors, comme ça, vous nous quittez ? ;* (soutenu) **ainsi donc** (*Ainsi donc, vous nous quittez ?*). *Il ne faut pas mentir comme ça ! :* v. AINSI II. — 2º **comme il faut** *Veux-tu manger comme il faut ! ;* (plus soutenu) **convenablement, correctement.** *C'est une femme très comme il faut* = **bien, distingué, respectable.** — 3º **c'est tout comme** V. PAREIL. — 4º **comme tout** V. TRÈS.

commencer 1º ~ qqch. Verbe qui s'emploie dans de nombreux contextes selon lesquels varient ses syn., généralement plus précis que lui. *Commencer un travail ;* ↓**ébaucher, amorcer ; entreprendre** est soit plus soutenu, soit de sens plus fort, et s'emploie alors en parlant d'un travail important ; v. aussi METTRE [*se mettre à*] ; **attaquer** ou **s'attaquer à,** c'est, en ce sens, commencer avec fougue, avec ardeur. *Tu vois bien que ce pain est déjà commencé !* (fam.) ; (terme propre) **entamer.** *Commencer un sourire* = **ébaucher, esquisser.** *Commencer un débat* = **engager, ouvrir, entamer.** *Commencer le combat* = **engager.** *Commencer les hostilités* = **déclencher.** — 2º (intr.) *Le spectacle commence à 20 heures* = **débuter.** — 3º *Le feu a*

commencé dans les combles : v. NAIS-
SANCE (in naître). ● **commencement**
1° (en tous contextes) **début.** Les autres
synonymes de ce terme ne peuvent
s'employer que dans des contextes particuliers, où ils sont alors généralement
plus précis. *Le commencement du jour*
= **aube, aurore** (ces deux termes s'employant par cliché dans d'autres contextes de langue soutenue : *l'aurore
d'une nation, l'aube d'un amour*) ;
v. NAISSANCE. *Le commencement de l'été*
= **arrivée, apparition.** *Le commencement
des pourparlers* = **ouverture** (v. ce mot in
ouvrir). *Le commencement d'une bataille*
= **déclenchement.** V. aussi ORIGINE et
EMBRYON. — 2° *Au commencement* :
v. INITIALEMENT.

comment 1° *Comment vous y prendrez-vous?* = **de quelle façon/manière.**
— 2° Adv. d'interrog. qui invite à
répéter : *Comment?*; (fam.) **hein,
quoi?**; (assez soutenu) **pardon?**; (vieilli)
plaît-il? — 3° Adv. exprimant l'exclamation : *Comment! Il a osé te calomnier!*
= **quoi.** Dans l'express. *Et comment! :
Tu lui as dit cela?* — *Et comment!*
(fam.); (courant) **bien sûr, certainement,
évidemment, naturellement.** Ces syn.
s'emploient aussi pour l'express. **mais
comment donc!** *Puis-je me servir?* —
Mais comment donc!

commerce I 1° *Il tient un commerce
de tissus;* (vieilli) **négoce** ne se dit que
d'un commerce important de gros ou
de demi-gros ; (péjor.) **trafic** se dit d'un
commerce illicite ou plus ou moins
illicite. — 2° V. VENTE (in *vendre*).
● **fonds de commerce** V. MAGASIN I.
● **commerçant** Personne qui fait du
commerce et qui dispose généralement
d'un magasin ; (avec les mêmes nuances
que les substantifs précédents) **négociant** (d'emploi courant), **trafiquant;**
(péjor.) **margoulin, mercanti** désignent
des commerçants malhonnêtes ; **grossiste** s'emploie par oppos. à **détaillant;**
marchand n'implique pas l'idée de vente
en magasin (ce terme est le plus souvent
précisé par un compl. : *un marchand de
légumes*).
II V. FRÉQUENTATION et RAPPORT II.

commission I *Ce représentant de
commerce n'est payé qu'à la commission;*
courtage se dit de la commission perçue
par un courtier, **remise,** de la commission perçue par un placier. Le **pot-de-vin**
est une commission secrète, illicite.
V. aussi RÉTRIBUTION.
II (plur.) *Elle fait des commissions en
ville* = **courses**; (plus rare) **emplettes.**

commode I (nom) *Une commode
Louis XV;* **chiffonnier/ère** se disent
d'une petite commode, spécialement
destinée au rangement d'objets fémi-
nins : chiffons, travaux de couture, etc.
II (adj.) 1° *Avez-vous des moyens de
transport commodes pour venir
jusqu'ici?*, approprié à tel ou tel usage
= **pratique.** — 2° (souvent dans une
phrase négative) *Les sujets du concours
n'étaient pas commodes cette année*
= **facile;** v. SIMPLE. V. aussi AISÉ et
DIFFICILE. ● **commodément** Ce terme
vieillit et ne s'emploie plus guère que
dans le sens de **confortablement :** *Il
était commodément assis dans son fauteuil.* ● **commodité** *Pour plus de commodité* = **facilité.** Au plur., ce terme
s'emploie surtout dans les contextes
suivants : *Les commodités d'un appartement moderne* = **confort.** *Prendre/avoir
ses commodités :* v. AISES. *Les commodités :* v. CABINET II.

commotionner (souvent au passif) *Il
a été fortement commotionné;* **choquer,
secouer** ont le même sens, mais sont
d'emploi plus général ; ↑ **traumatiser.**

commun I 1° *Ils ont des défauts
communs :* peut-être parviendront-ils à
s'entendre, qui s'applique à plusieurs
personnes ou à plusieurs choses ; **même**
ne s'emploie qu'avec l'art. défini (*...les
mêmes défauts*); de même sens, **identique, semblable** sont moins propres
dans ce contexte. — 2° *La situation
impose un effort commun* = **collectif.** —
3° *Propre à toute une communauté :
l'intérêt commun* = **public, général.** —
4° (dans des express.) *D'un commun
accord* = **unanimement.** *Ils ont fait ce
travail en commun* = **ensemble, collectivement.**
II 1° *Nous n'avons mangé que des plats
très communs* = **ordinaire, banal;** ↑ **quelconque;** (très péjor.) ↑ **trivial, vulgaire,**
(soutenu) **convenu** se disent le plus
souvent des attitudes, des propos que
l'on tient, des habitudes que l'on a ; (très

péjor.) **conventionnel,** ↑ **rebattu, usé, stéréotypé** ne se disent guère que des propos que l'on tient. — 2° *C'est une maladie très commune* = **courant, fréquent, ordinaire** ne se disent que d'événements qui se produisent ; (fam.) **qui court les rues ;** v. VULGAIRE II. — 3° (dans des express.) *Peu commun :* v. EXTRAORDINAIRE et SÉRIE [*hors série*]. *Lieu commun :* v. PONCIF. ● **communément** *On déclare communément que l'argent ne fait pas le bonheur* = **généralement, habituellement, d'habitude, ordinairement ; couramment** et **fréquemment** insistent sur l'idée de répétition d'un événement quelconque. V. aussi VULGAIREMENT I.

III V. DÉPENDANCES (in *dépendre* I).

communauté I V. UNITÉ et IDENTITÉ.

II Terme général pour désigner une réunion de personnes soumises à une vie religieuse communautaire ; **congrégation** se dit d'une communauté où les religieux sont liés par des vœux simples ou par une simple promesse d'obéissance ; **ordre** se dit d'une communauté où les religieux sont liés par des vœux solennels ; **confrérie** se dit d'une association de *laïques* qui s'engagent à remplir en commun des pratiques de religion et de charité. V: SOCIÉTÉ.

communicatif 1° *Vous n'êtes pas très communicatif !* ; (plus fam.) **causant ; ouvert** se dit de celui qui est accueillant au dialogue avec autrui ; **expansif** se rapporte davantage à la manifestation des sentiments et se dit de celui qui s'épanche facilement, voire avec effusion ; ↑ **exubérant** se dit de celui qui est expansif à l'excès. — 2° V. ÉPIDÉMIQUE (in *épidémie*).

commutateur *Appuie sur le commutateur pour allumer l'électricité ;* (fam.) **bouton.**

compagnie I Ce terme désigne parfois une assemblée savante ou artistique : *la compagnie des académiciens ;* **collège** s'emploie en parlant d'une assemblée de personnes notables, notamment de dignitaires religieux : *le collège des cardinaux ;* **société** se dit d'une assemblée de personnes réunies par des intérêts communs, par un même travail : *la Société des gens de lettres ;*

corporation se dit d'un ensemble de personnes exerçant la même profession : *la corporation des menuisiers.* V. aussi ASSOCIATION (in *associer*) I et II, TROUPE et UNITÉ (in *unir*).

II *Pendant toute la soirée, il s'efforça de distraire la compagnie* = **assistance, assemblée.** (dans des express.) *En compagnie de :* v. AVEC. *Fausser compagnie :* v. QUITTER. *Être de bonne/de mauvaise compagnie :* v. ÉLEVÉ II.

compagnon *Voici mes meilleurs compagnons/mes compagnons d'armes,* ne s'emploie qu'en termes soutenus (premier contexte ; [courant] **camarade ;** v. aussi AMI) ou avec un compl. renvoyant à des activités ou à un état considéré comme noble (deuxième contexte) ; **condisciple** se dit d'un compagnon d'études.

comparer *Avant de prendre une décision, il faudra comparer leurs points de vue ;* **confronter** ne s'emploie qu'en parlant d'idées (textes, opinions, etc.) : il convient dans notre ex. ; on dit aussi, en ce sens, **mettre en parallèle ;** v. aussi RAPPROCHER. ● **en comparaison** 1° *Mettre en comparaison avec* = **en parallèle ;** (plus fam.) **en balance.** — 2° *En comparaison de : En comparaison de ses performances habituelles, son résultat n'est guère brillant* = **par rapport à, auprès de, à côté de, relativement à.**

compartimenter *Elle vit dans un univers bien compartimenté* = **cloisonner.**

compatible *Après tout, leurs avis sont compatibles* = **conciliables.**

compatriote *Quelle ne fut pas ma surprise, en passant dans un village perdu du Niger, de rencontrer un compatriote !* ; (fam. ; vieilli) **pays** se dit surtout de ceux qui sont du même village. (Ne pas confondre avec *concitoyen*, qui se dit d'un *citoyen* d'un même État ou d'une même ville, et implique donc une relation avec les droits et les devoirs du citoyen.)

compenser 1° *Ils avaient dû combler un fossé pour compenser la dénivellation de terrain,* équilibrer un effet par un autre = **corriger ;** (moins employé) balancer, contrebalancer. — 2° *La qualité de la table compensait, à mon avis, la fraîcheur de l'accueil ;* en part., dédommager d'un inconvénient par un avantage = **faire contrepoids à, racheter ;** en parlant d'une faute, **réparer.** V. aussi SUPPLÉER. ● **compensation** 1° *Nous avons un peu abîmé votre maïs en chassant. À titre de compensation, voulez-vous accepter ce gibier ?* = **dédommagement ;** (en termes de droit) **indemnité** se dit du paiement d'une somme d'argent considérée comme pouvant dédommager en totalité un préjudice causé à qqn. — 2° *L'amour dont il jouissait maintenant lui était une compensation à toutes ses souffrances passées* = **dédommagement.** *Donner qqch en compensation à qqn* = **contrepartie.** — 3° **en compensation** *La récolte n'est pas abondante, mais, en compensation, le vin sera bon* = **par contre, en contrepartie ;** (soutenu) **en revanche.** — 4° V. PEINE I.

compétent *Dans son atelier, on dit que c'est un homme très compétent* = **capable, qualifié ;** seul ce dernier terme convient dans l'express. *les autorités compétentes.* Dans le contexte *être compétent en qqch : Je ne suis pas très compétent en linguistique* = ↑**expert ;** v. aussi AMATEUR.

compétition 1° V. ÉMULATION. — 2° (en termes de sport) *Une compétition sportive* peut être un **match** (de football/de basket, etc.), une **course** (cycliste/hippique, etc.), un **championnat** *(le championnat de France d'athlétisme),* un **critérium** (un *critérium* cycliste est une course en circuit fermé ; certains critériums sont destinés à sélectionner des concurrents pour participer à un championnat), une **coupe** *(La Coupe de France de football est attribuée chaque année à la meilleure équipe) ;* au lieu de *coupe,* on emploie parfois le mot **challenge ; épreuve** se dit de certaines compétitions sportives et des différentes phases d'une même compétition : *une épreuve contre la montre ; les différentes épreuves d'un match d'athlétisme.*

complaisant 1° *C'est un homme très complaisant : il vous rendra ce service* = **obligeant, serviable ;** ↑**attentionné, prévenant, empressé ;** (de sens plus général) **gentil ;** (plus part.) **déférent** se dit de celui qui témoigne à qqn d'une

considération respectueuse, **condescendant,** de celui qui, par complaisance, accepte de s'abaisser au niveau de qqn (vieilli en ce sens ; généralement péjor. dans la langue courante). V. aussi AIMABLE, CONCILIANT, MIGNON et POLI I. — 2° *Il est beaucoup trop complaisant envers lui, qui fait preuve d'une complaisance coupable* = **indulgent.** ● **complaisance** 1° Avec les mêmes nuances que précédemment : **serviabilité, prévenance, attention, obligeance, empressement, déférence, condescendance.** V. aussi AFFABILITÉ et ÉGARD II. — 2° V. ORGUEIL.

complémentaire Qui apporte un complément à qqch ou qqn = **auxiliaire.**

complet *Un silence complet :* v. ABSOLU I, PARFAIT et PROFOND II. *Un autobus complet :* v. COMBLE II et PLEIN. *Une série complète :* v. ENTIER I. *Cette énumération n'est pas complète ;* (soutenu) **exhaustif.**

complice *On a arrêté le voleur et ses complices ;* **acolyte** se dit péjor. du complice habituel de qqn ; **compère** se dit de celui de connivence avec qqn dans une supercherie : *Le camelot avait dans la foule des compères qui vantaient la qualité de son produit miracle ;* v. aussi AIDE. ● **complicité** *Un sourire de complicité ;* ↓**connivence** implique un engagement moindre dans une action quelconque : *être complice,* c'est participer, *être de connivence* (on dit encore : **d'intelligence,** [fam.] **de mèche** avec qqn), c'est plutôt tolérer ; **intelligence** ne s'emploie en ce sens que dans quelques contextes *(être accusé d'intelligence avec l'ennemi) ;* **collusion** se dit d'une entente secrète au préjudice d'autrui *(Il y a eu collusion de tous les réactionnaires pour provoquer la chute du gouvernement) ;* v. aussi ACCORD I et UNION (in *unir).*

compliquer *Ils ont provoqué des incidents pour compliquer encore une affaire déjà ténébreuse* = **embrouiller, obscurcir ;** (fam.) **entortiller.** ● **se compliquer** *La maladie se complique ;* (plus soutenu) **s'aggraver.** *L'affaire se complique ;* (assez fam.) **se corser.** ● **compliqué** (syn. général, plus soutenu) **complexe ;** (d'emploi plus restreint) *Il s'est lancé dans des explications très compliquées* = **embarrassé, confus, obscur ;** (plus fam. et plus expressif) **fumeux, filan-dreux** ; (rare) **alambiqué** ; dans l'express. courante *Ce n'est pas compliqué* = **difficile** (v. ce mot). ● **complication** 1° (au sing.) *La situation est d'une telle complication que nous hésitons à agir* = **complexité.** — 2° (souvent au plur.) *Nous avons eu quelques complications pendant notre voyage : cela nous a retardés ;* v. ACCROC ; v. aussi ACCIDENT 2° et 3° et DIFFICULTÉ. — 3° (au plur.) *Ne faites donc pas tant de complications pour nous dire la vérité !* = **embarras** ; v. aussi CÉRÉMONIE.

complot *Il y a eu un complot pour assassiner le chef de l'État ;* (plus part.) **conspiration** se dit d'un complot fomenté pour renverser le pouvoir établi, **conjuration,** d'une conspiration dont les participants se sont liés par un serment. V. aussi COUP D'ÉTAT et INTRIGUE. ● **comploter** 1° (intr.) *Comploter était chez lui une véritable passion ;* ↑ **conspirer.** — 2° ∼ qqch. *Ils ont encore comploté un mauvais coup* = **tramer.** — 3° ∼ qqch (fam.). *Qu'est-ce que vous avez encore comploté ?* = **manigancer** ; v. aussi COMBINER, MACHINER.

composer Ce verbe et le nom qui lui correspond fonctionnent de manière parallèle : nous les traiterons donc simultanément. **I** Qqn ∼ qqch. Sens général : **faire** ; les synonymes se répartissent selon les contextes. 1° *Composer un numéro de téléphone* = **former** ; (très général) **faire.** — 2° *Composer un bouquet* = **confectionner, disposer** ; (moins soutenu) **arranger** ; (très général) **faire.** ● **composition** = (état) **disposition** ; = (action, fait de composer) **confection.** — 3° *Composer un remède, un breuvage* = **préparer, fabriquer.** ● **composition** = (état) **teneur** ; = (action) **fabrication, préparation.** — 4° *Composer un livre, un roman* = **écrire** ; **élaborer** insiste sur le travail accompli, notamment sur sa longueur. ● **composition** = (état) **contexture, organisation, structure** ; = (action) **élaboration, rédaction.** *Rédiger une composition française* = **rédaction, narration.** **II** Qqn ∼ qqch. (en part.) *Composer son attitude, sa voix, ses gestes* – **étudier.** **III** Qqn/qqch ∼ qqch. *De très bons joueurs composent cette équipe ; Quatre*

petites pièces composent cet appartement (le plus souvent au passif) = **former, constituer** (toujours au passif : *Cette équipe est constituée/formée de très bons joueurs*) ; **se composer de** (sens passif : *Cette équipe se compose de très bons joueurs*). V. SE DIVISER EN (in *diviser*). ● **composition** = **constitution** ; (rare, didact.) **structure.**

IV Qqn ∼ avec qqn/qqch. *C'est un homme qui ne compose pas ; Il ne compose pas avec ses adversaires* = **transiger** ; v. aussi ENTENDRE (S'). *Il va falloir composer !* (soutenu) = **venir à composition** ; (courant) **faire des concessions** ; (fam.) **couper la poire en deux.**

composition Ce terme est traité dans l'article COMPOSER, parallèlement aux divers sens du verbe.

compote **en compote** *Il lui a mis le nez en compote ; Il a les pieds en compote* (fam.) = **en marmelade** ; (assez soutenu) **meurtri.**

comprendre I V. CONTENIR I, COMPTER I, INCLURE et SE DIVISER EN (in *diviser*).

II 1° *Je n'ai pas compris l'énoncé de ce problème,* pénétrer par l'intelligence le sens de qqch ; (assez fam. dans ce sens) **saisir** ; (très fam.) **piger, entraver** ; v. aussi SUIVRE. — 2° Même sens, mais employé absol. ou suivi d'une complétive. *As-tu compris maintenant ? ; Il a enfin compris que nous courions à l'échec* = **réaliser** ; **se rendre compte que** (pour le second ex. seulement). — 3° *Il dit avoir compris les mystères de la terre,* accéder par l'intuition à ce qui est caché = **pénétrer.** — 4° ∼ qqn, une attitude *Je comprends sa colère,* entrer dans les raisons de qqn = **admettre** ; ↑ **approuver.** V. INTERPRÉTER. — 5° *C'est ainsi qu'il comprend la vie,* se faire de qqch une représentation idéale ; (plus fam.) **voir** ; (plus soutenu) **concevoir.** ● **comprendre (se)** V. ENTENDRE (S'). ● **compréhensible** 1° V. ACCESSIBLE (in *accéder* I). — 2° *Sa déception est bien compréhensible* (v. 4° du verbe) = **explicable, naturel, normal** ; ↑ **excusable.** V. aussi CONCEVABLE. ● **compréhension** 1° *Des questions portant sur la compréhension du texte* (v. 1° du verbe) = **intelligence.** — 2° *Il a fait preuve de beaucoup de compréhension à son égard* (v. 4° du verbe) = **bienveil-**

lance, indulgence, largeur d'esprit/ d'idées/de vues.

compromettre 1° (en parlant de personnes) *Il a été compromis dans une affaire assez ténébreuse ;* ↓ **impliquer.** — 2° (en parlant de valeurs abstraites) *Compromettre sa réputation/son honneur/sa santé,* etc. ; ↓ **exposer, risquer ;** (vieux, soutenu) **commettre.** V. ÉBRAN-LER ; v. aussi ENGAGER et HASARDER. Dans le contexte : *La situation est assez compromise* = ↑ **désespéré.** ● **comprometant** *Vous avez des amis un peu compromettants ;* (par extens., fam.) **encombrant.**

compte 1° (en termes de commerce) *Voici votre compte : je crois n'avoir rien oublié ;* **relevé** se dit d'un extrait des articles d'un compte : *J'ai reçu un relevé de la banque ;* **mémoire** se dit de l'état des frais à régler à un architecte, à un entrepreneur, etc. ; **facture** se dit d'un mémoire où sont indiqués le détail de marchandises fournies à qqn et leur prix ; v. aussi ADDITION. — 2° *Il faudrait maintenant faire le compte de nos dépenses* = **faire le calcul, calculer.** — 3° *Argent dû. Il ne lui a pas payé son compte* = **dû.** — 4° À partir du sens 3, *compte* entre dans un très grand nombre d'express. ; nous ne citons que les plus courantes. *Cette nuit, il y a eu quelques règlements de compte dans le quartier ;* ↓ **explication ;** v. aussi BAGARRE. *Il s'en est tiré à bon compte ;* (moins expressif) **bien** *(Il s'en est bien tiré). Il semble agir avec générosité, mais finalement il y trouve son compte* = **avantage, bénéfice** *(Il y trouve son avantage/bénéfice) ;* (plus fam.) **ça l'arrange.** *En fin de compte :* v. EN ABRÉGÉ (in *abréger*) et FINALEMENT. *Nous avons entendu d'étranges propos sur le compte de sa sœur* = **au sujet de.** *Pour mon compte, je n'y prête pas attention* = **en ce qui me concerne, quant à moi ;** v. aussi CÔTÉ [*de mon côté*]. *Nous mettrons cette impertinence sur le compte de sa naïveté* = **attribuer à.** *Nous tiendrons compte de sa bonne volonté* = **prendre en considération.** *Il nous a demandé des comptes* = **explication.** *Se rendre compte de :* v. VOIR. *Donner son compte à,* v. CONGÉDIER.

compter I 1° ～ qqn/qqch. *Il sait compter jusqu'à cent ;* **compter,** c'est seulement nombrer ou faire un calcul simple en matière de commerce, de finance ; **calculer,** c'est faire une opération abstraite de mathématique ou d'algèbre : *calculer la force d'un courant selon l'heure de la marée.* **Calculer** n'entre donc pas dans les mêmes contextes que *compter ;* **dénombrer,** c'est faire un recensement très précis : *Compter/*(plus précis) *dénombrer les animaux d'un cheptel ;* **inventorier,** c'est dénombrer pour inventaire : *inventorier les marchandises d'un magasin.* — 2° Inclure dans un compte. (pour les personnes) **penser à :** *Je n'avais pas compté vos cousines/pensé à vos cousines ;* (pour les choses) **comprendre :** *Je n'ai pas compté/compris le service.* — 3° ～ + infin. ou complétive = **estimer ;** *Il compte/estime que son oncle arrivera demain.* — 4° **sans compter que** *Comment parviendra-t-il jusqu'à nous ? Sans compter que nous voici en hiver ! ;* (plus soutenu) **d'autant que.**

II (intr.) 1° *Elle sait compter ;* (comme en I, 1°) **calculer.** Dans l'express. *sans compter : Elle dépense sans compter* = **largement.** — 2° Prendre en considération. *Il faudra compter avec son entêtement ;* **tenir compte de** ne s'emploie que pour les choses. — 3° ～ *sur* qqn/qqch. Dans le contexte *Nous pouvons compter sur lui* = **faire confiance à,** v. REPOSER [*se reposer sur*]. *Compter sur qqch :* v. ESPÉRER. — 4° ～ *au nombre de/parmi. Il compte parmi les meilleures raquettes de la côte* = **figurer.** *Compter parmi ses amis :* v. RANG II [*mettre au rang de*]. — 5° *Cela ne comptait pas beaucoup pour elle* = **avoir de l'importance.** — 6° Dans l'express. *à compter de* = **à dater de, à partir de.**

comptoir *Il entra dans le café et alla s'asseoir au comptoir ;* (fam.) **zinc.**

concéder 1° *De grands privilèges ont été concédés à cette ville,* donner comme avantage = **octroyer, accorder, consentir ;** v. aussi ATTRIBUER. — 2° *Je vous concède que je me suis trompé,* admettre de son propre gré une autre opinion = **admettre, convenir, reconnaître** *(admettre, reconnaître qqch ; convenir de qqch ; j'admets, je conviens, je reconnais que) ;* v. aussi AVOUER.

concentré *Il ne boit que du lait concentré* = **condensé.**

conception *Il a une curieuse conception de l'existence* = **idée, point de vue** *(un point de vue sur)*; v. OPTIQUE et VUE III

concerner 1° ~ qqn. *Cela ne me concerne pas*; **regarder**, en ce sens, est plus ambigu et peut signifier (surtout en langage courant) qu'il serait inopportun, voire impertinent de s'occuper de qqch. V. ADRESSER *(Il s'adresse à)*, ÉTRANGER et VALOIR. — 2° ~ qqch. V. APPARTENIR et S'APPLIQUER À (in *appliquer*). — 3° Dans l'express. *en ce qui me concerne :* v. COMPTE [*pour mon compte*].

concert 1° *Nous sommes allés à un concert de musique de chambre*; **récital** se dit d'un concert donné par un artiste seul *(un récital d'orgue)*; **audition** se dit d'une séance musicale lors de laquelle un artiste donne, pour se faire connaître, pour un enregistrement, etc., une partie de son répertoire. V. SÉRÉNADE. — 2° *De concert :* v. ENSEMBLE.

concevable *Est-il concevable que sa tentative puisse échouer ?* = **imaginable.** *Est-il concevable que nous devions payer tant d'impôts ?* = **admissible.** V. aussi COMPRÉHENSIBLE (in *comprendre* II).

concierge 1° *Adressez-vous au concierge de l'immeuble*; **gardien** s'emploie parfois exactement en ce sens, mais implique souvent davantage l'idée de surveillance *(le gardien d'une usine)*; **portier** se dit exactement de celui qui ouvre et ferme la porte d'un établissement important *(le portier d'un hôtel)*; (fam.) **pipelet.** — 2° V. BAVARD.

concilier 1° ~ des personnes (rare). *Son métier lui impose de concilier des gens qui parfois se haïssent ;* (courant) **accorder, mettre d'accord ; réconcilier** suppose un accord antérieur qui avait été rompu ; dans le même sens (fam.), **raccommoder.** — 2° ~ qqch : v. UNIR. — 3° **se concilier** *Il est parvenu à se concilier les faveurs de son directeur* = **s'attirer, gagner.** V. aussi ASSURER II et FLÉCHIR. ● **conciliant** 1° Qqn est ~. *Allez le voir sans crainte, il est très conciliant*, porté à bien s'entendre avec autrui = **accommodant ; arrangeant** est plus fam. ; (fam.) **coulant.** V. aussi COMPLAISANT. — 2° Qqch est ~. *Il le congédia avec des paroles très conci-*

liantes = **apaisant.** ● **conciliation** Mot proche par le sens de termes comme « accord », « arrangement », etc., mais qui ne s'emploie pas dans les mêmes contextes (*moyen de conciliation, tenter une conciliation, faire preuve d'esprit de conciliation* sont trois contextes très courants, pour lesquels il n'y a guère de syn. possibles).

concis 1° *Une pensée très concise*, qui s'exprime en peu de mots, mais dit cependant beaucoup = **dense.** — 2° *Un style concis*, qui s'exprime en peu de mots et atteint par là une simplicité considérée comme une qualité = **dépouillé, sobre** (v. ce mot) ; **lapidaire** implique une idée d'énergie. — 3° *Un communiqué très concis*, même sens que 2°, mais neutre ou péjor. = **bref, laconique ;** v. aussi SOMMAIRE et SUCCINCT.

conclure 1° *S'il est chez lui et qu'il ne répond pas, j'en conclus qu'il est malade ;* (plus rare) **déduire.** — 2° *Conclure une affaire :* v. ARRÊTER III et RÉGLER II. — 3° *Conclure un travail :* v. FINIR. ● **concluant** *En dépit de tous vos efforts, le résultat n'est guère concluant* = **convaincant, probant ;** on peut en outre employer **décisif,** ↑**irrésistible,** en parlant d'un argument. ● **conclusion** 1° *Ce qui termine un ouvrage. La conclusion d'un discours ;* (didact.) **péroraison.** *La conclusion d'une intrigue* = **dénouement.** *La conclusion d'une affaire :* v. RÈGLEMENT II. *La conclusion d'un poème, d'un roman, d'une pièce de théâtre ;* (didact.) **épilogue.** — 2° *Jugement que l'on tire d'un raisonnement. Vous avez lu ce roman, quelles conclusions en tirez-vous ?* = **enseignement, leçon.** — 3° *En conclusion :* v. EN ABRÉGÉ (in *abréger*).

concorder 1° *Son arrivée à Paris concorde avec la date des grandes vacances* = **coïncider.** — 2° *Ses vêtements de prince ne concordent pas avec sa mine louche :* v. CADRER.

concret N'a de syn. qu'en dehors de ses emplois didact., notamment dans les contextes suivants : 1° *Il faut être concret dans la vie !* = (assez fam.) **réaliste, pratique** (plus soutenu : *Il faut faire preuve d'esprit pratique*). — 2° *Il ne se meut à son aise que dans le concret* = **réel.** ● **concrètement** Dans son emploi

comme adv. de phrase (isolé par une pause, une virgule) : *Concrètement, comment voyez-vous la situation ?* = **pratiquement, en fait.**

concurrent 1° (en parlant d'un examen, d'un concours) = **candidat.** — 2° (en termes de commerce) *Il cherche à éliminer tous ses concurrents* = **rival.** • **concurrence** 1° V. ÉMULATION et RIVALITÉ (in *rival*). — 2° (dans des express.) *Des prix sans concurrence/défiant toute concurrence;* (plus fam.) **imbattable.** • **concurrentiel** = **compétitif.**

concussion On accuse un fonctionnaire de *concussion* quand il détourne à son profit des sommes qui ne lui sont pas dues = **malversation ;** (didact.) **péculat ;** on parle d'**exaction,** ↑ d'**extorsion** et (plus fam.) de **brigandage** quand on exige de qqn des sommes qu'il ne vous doit pas ou ne vous doit plus ; ↑ **forfaiture** et **prévarication** se disent de manquements graves d'un fonctionnaire à son devoir (v. aussi TRAHISON) ; **déprédation** s'emploie parfois aussi en ce sens, mais en parlant de l'objet du délit : *la concussion d'un fonctionnaire ; la déprédation des biens de l'État due aux malversations d'un fonctionnaire.*

condamné (en parlant d'un malade) *Le médecin ne nous a pas caché la vérité : Pierre est condamné* = **perdu ;** (fam.) **fichu ;** (très fam.) **foutu.**

condamner 1° ~ qqn. Dans le contexte *condamner un innocent* = **frapper.** Suivi de *à : Nous voici condamnés à supporter les conséquences de sa sottise* = **astreindre, contraindre (de), forcer, obliger ;** même sens mais dans le contexte *condamner à un travail,* on ajoutera **vouer.** V. aussi ACCULER. — 2° ~ les actes, la conduite de qqn. *Je condamne sa faiblesse comme je condamne ta témérité ;* ↑ **réprouver,** ↑ **maudire.** V. aussi CRITIQUER, STIGMATISER et DÉSAPPROUVER. — 3° ~ qqch. *La loi condamne l'inceste ;* (par méton.) **interdire,** (didact.) **prohiber.** — 4° ~ qqch. *Condamner une porte :* v. FERMER et MURER.

condition I V. RANG II.

II 1° *Ce que vous exigez n'est pas prévu dans les conditions du contrat !;* (didact.)

clause, disposition. V. BASE II. — 2° *Un entraînement intensif est la condition de votre réussite ;* ↑ **clef, secret.** — 3° (au plur. en ce sens) *Nous voudrions acheter cette maison ; quelles sont vos conditions ?* = **exigences ;** (au sing.) **prix.** — 4° (dans des express.) *Dans ces conditions :* v. ALORS. *À la condition que/à condition de :* v. SI. *Je ne vous donne ces prix que sous condition* = **sous réserve.**

conditionner I 1° *Qqch ~ qqch. L'entraînement qu'il suivra conditionnera sa réussite* (le plus souvent au passif) = **commander** (passif) ; = **dépendre de** pour le passif : *Sa réussite est conditionnée/commandée par/dépend de l'entraînement qu'il suivra.* — 2° *Qqch ~ qqn/l'attitude de qqn* (souvent au passif). *Il est conditionné par l'éducation qu'il a reçu ;* ↑ **emprisonner,** ↑ **aliéner.**

II V. EMBALLER I.

conduire 1° Qqn/qqch ~ qqn. V. ACCOMPAGNER, AMENER et GUIDER. — 2° ~ qqn à faire qqch. V. AMENER. — 3° Qqn/qqch ~ qqch/à qqch. V. ABOUTIR I, ACHEMINER et ALLER I. — 4° Qqn ~ qqch. V. DIRIGER I et II. • **se conduire** V. AGIR I.

conduite I *Une conduite d'eau/la conduite est bouchée* = **canalisation** est surtout employé sans compl. (deuxième contexte) ; (en part.) **collecteur** se dit des conduites principales d'un égout, **pipeline** (syn. refait en français : **oléoduc**), d'une conduite de pétrole ; v. aussi TUYAU.

II *Votre conduite est vraiment surprenante* = **attitude, comportement ;** (au plur.) **façons, manières ;** v. aussi AGISSEMENTS. *Écart de conduite :* v. ÉQUIPÉE.

III *Je vous laisse la conduite des opérations* = **direction.**

conférence 1° *Monsieur le Directeur ne peut vous recevoir : il est en conférence ;* (moins soutenu) **réunion.** — 2° *Le sujet de la conférence était : « Les causes de la Seconde Guerre mondiale » ;* ↓ **causerie** se dit d'une conférence sans prétention. V. aussi DISCOURS, LEÇON et SERMON.

conférer I *On vient de lui conférer le grade de chevalier de la Légion d'hon-*

neur, s'emploie surtout pour un grade, une charge ; **décerner** s'emploie davantage en parlant d'une récompense : *décerner une médaille à qqn ;* **attribuer** est de sens beaucoup plus général.

II V. PARLER.

confier I ~ qqch/qqn à qqn. *Je vous confie mon enfant ;* ↑ **abandonner** (v. ce mot). *Je vous confie ma valise ;* (plus fam.) **laisser.** *Vous a-t-il confié ce prisonnier ? ;* **livrer** implique l'idée de faiblesse, parfois de trahison. ● **confiance** 1° V. ABANDON II. — 2° *Faire confiance à :* v. COMPTER II. — 3° *Il manque encore de confiance* = **assurance ;** ↑ **hardiesse** (ces deux termes s'emploient seuls, alors que *confiance* entraîne le plus souvent un complément : *... de confiance en soi/en ses possibilités,* etc.) ; v. aussi OPTIMISME. *Confiance excessive :* v. aussi ORGUEIL. — 4° *C'est une personne de confiance* = **sûr.**

II Qqn ~ qqch à qqn/qqn ~ que... à qqn. *Il m'a confié son secret ; Il m'a confié qu'il ne l'épouserait pas ;* **dire** est très général ; (assez fam.) **glisser à l'oreille ;** (seulement dans la construction « ~ qqch ») ↓ **faire part de** implique moins que *confier* l'idée de secret ; (avec la même valeur qu'in *confier* I) ↑ **livrer.** ● **se confier à qqn** *C'est à sa mère qu'il s'est finalement confié,* faire part à qqn de ses idées, de ses sentiments les plus personnels ; **s'épancher** s'emploie toujours absolument (*confier,* assez rarement) : *Il avait besoin de s'épancher ;* **s'ouvrir** se construit : *s'ouvrir de qqch à qqn* (*C'est à sa mère qu'il s'est ouvert de son inquiétude*). ● **confidence** 1° S'emploie parallèlement à « secret » dans des express. comme *Il ne vient pas me faire ses confidences/me dire ses secrets.* — 2° **en confidence** *Je vous le dis en confidence* (rare) ; (courant) **confidentiellement ;** ↑ **en secret.**

confiner I *Pourquoi l'a-t-il confiné dans cet hospice ?* = **reléguer.** (Employés avec un maximum de précision, le premier verbe évoque surtout une exiguïté pénible à supporter, le second, la volonté que l'on a d'écarter qqn.) ● **se confiner dans** V. ENFERMER (S'). ● **confiné** *Air confiné* (courant, mais moins propre en ce contexte) **renfermé** s'emploie souvent substantivement (*Cette chambre sent le renfermé*).

II *Son attitude confine au grotesque* = **côtoyer** (qqch), **friser** (qqch).

confirmer 1° Qqch ~ qqn dans. *Ses récents propos me confirment dans mon scepticisme ;* (rare) **fortifier ; renforcer** *(Ses récents propos renforcent mon scepticisme).* — 2° Qqn/qqch ~ qqch/que. *Je vous confirme l'exactitude de ce fait ;* **certifier, garantir** s'emploient surtout avec *qqn* comme sujet ; dans la constr. *qqch confirme qqch/que (Sa fuite confirme nos soupçons),* on emploiera de préférence **corroborer.** — 3° Qqch ~ que. *Il est en voie de guérison : ce qui confirme que le diagnostic du spécialiste était judicieux* = **attester, démontrer, prouver ;** (très général) **montrer.** — 4° V. SANCTIONNER. — 5° V. LÉGALISER. ● **confirmation** *La suite des événements n'a été qu'une confirmation de mes dires* = **vérification ;** v. PREUVE.

conforme 1° V. SEMBLABLE. — 2° *Elle menait une vie conforme à ses désirs ;* (moins propres) **adapté, assorti ;** v. aussi APPROPRIÉ. ● **conformer** *L'idéal serait de conformer ses désirs à ses possibilités* = **accorder** (qqch avec qqch), **adapter ;** v. RÉGLER I. ● **se conformer** *Vous vous conformerez strictement à l'ordonnance du médecin* = **respecter, suivre** (*respecter/suivre qqch) ;* v. aussi OBÉIR. ● **conformiste** 1° (adj.) *Il obéissait aux règles de la morale la plus conformiste* = **traditionaliste ;** v. BOURGEOIS ; v. aussi ORTHODOXE. — 2° (nom) *Il hait les conformistes ;* (seulement en matière de morale et de religion) **bien-pensant.** ● **non** (-) **conformiste** *Des idées non conformistes ;* **indépendant, individualiste** sont de sens plus faible et marquent moins que *non conformiste* une opposition aux normes culturelles en cours. V. AVANCÉ (in *avancer* II). V. aussi BIZARRE.

confus I *Son discours était très confus :* v. ABSTRAIT (in *abstraire*), BROUILLON (in *brouiller* I), COMPLIQUÉ et NÉBULEUX. ● **confusion** 1° *Le communiqué du chef de l'État a semé la confusion dans la population* = **trouble ;** ↑ **chaos.** V. ANARCHIE et DÉSORDRE ; (surtout en parlant des idées ou des sentiments) **désarroi.** — 2° V. ERREUR et MALENTENDU.

II 1° *Elle était confuse de se sentir ainsi soupçonnée ;* ↓ **embarrassé, gêné ;**

v. aussi SOT. — 2° (formule de politesse) *Je suis confus de ce qui vous arrive* = **désolé, ennuyé** ; (soutenu) **navré.** ● **confusion** V. EMBARRAS.

congé 1° *Quand prenez-vous vos congés ?* (assez fam.), au sens de « vacances annuelles » ; (courant) **vacances.** — 2° *Dans l'express. prendre congé [de]* : v. QUITTER. ● **congédier** 1° *Il eut bien du mal, vers 3 heures du matin, à congédier ses derniers invités ;* (fam.) **expédier** ; ↑**chasser** (v. ce mot) ; ↑(fam.) **envoyer paître,** (très fam.) **envoyer dinguer,** (soutenu) **éconduire** impliquent un renvoi brutal. — 2° *Le directeur a congédié deux de ses employés* = **donner son congé à/son compte à** ; (par euphémisme) **remercier** ; (plus courant) **renvoyer, licencier, débaucher** ; ↑**chasser, mettre à la porte, se défaire de** ; ↑(fam.) **flanquer/ficher/**(très fam.) **foutre à la porte, dehors** ; ↑(fam.) **balancer, débarquer, balayer, sacquer** ; v. aussi DESTITUER.

congeler (se) *L'eau se congèle à 0 °C* = **geler.** V. aussi COAGULER (SE).

congénère (dans ce contexte seulement) *Oh ! vous et vos congénères, vous me dégoûtez !* = **pareil, semblable.**

connaissance I 1° (sens de « connaître qqch » ; sing., défini) *Il est impossible à un seul individu d'avoir accès à toutes les branches de la connaissance contemporaine* = **savoir.** En ce sens, au plur. : *Faire étalage de ses connaissances* = **savoir.** — 2° (au plur.) *Il n'a que des connaissances superficielles sur ce sujet* = **notion.** *Avez-vous quelques connaissances là-dessus ?* = **clarté, lumière.** — 3° (dans des express.) *Avoir connaissance de* = **savoir.** *Avoir sa connaissance* = **lucidité.** *Perdre connaissance* = **s'évanouir ; perdre conscience.** *En connaissance de cause* : v. SAVAMMENT (in *savant* I).

II (sens de « connaître qqn ») V. AMI.

connaître N'a de syn. que dans quelques contextes de la constr. : ∼ qqch. 1° *C'est qqn qui connaît son métier et qui connaît la vie ; savoir* (v. ce mot) s'emploie parfois en ce sens, mais pas dans tous les contextes ; il conviendrait dans le premier *(connaître son métier),*

mais pas dans le second *(connaître la vie).* — 2° *Se* ∼ *à qqch. Pour ce qui est de la pêche, faites-lui confiance : il s'y connaît !* ; (soutenu) **s'entendre à** ; v. aussi CORDE. — 3° *Peut parfois s'employer comme syn. de* **avoir** : *Nous avons eu/connu un été magnifique* = **bénéficier de** ; v. aussi JOUIR. — 4° V. VOIR.

conquérir 1° *Conquérir un pays* : v. VAINCRE. — 2° *Qqch* ∼ *qqn. Sa gentillesse nous a conquis ;* ↓**séduire** ; ↑**fasciner,** ↑**subjuguer** ne se disent que de ce qui est si puissant, si étonnant que nous en perdons tout contrôle rationnel sur nous-même : *Le talent du chef d'orchestre les fascinait/les subjuguait.* — 3° *Qqn* ∼ *qqn. Il ne savait plus lui-même combien de femmes il avait conquises ;* **séduire,** en ce sens, peut être péjor. et impliquer l'idée de tromperie ou d'agissements contraires à la morale. (Dans tous ses emplois, *conquérir* est un verbe défectif : on lui substituera, dans ses formes inusitées, par ex. l'imparfait, soit ses syn., soit plus généralement la périphrase **faire la conquête de.**) Pour les sens 2 et 3, v. aussi CAPTER, CHARMER et PLAIRE.

consacrer 1° *Les Romains avaient consacré ce temple à Jupiter* = **dédier** ; v. INAUGURER. — 2° *Il a consacré sa vie à la médecine* = **vouer** (le complément implique une idée de grandeur, de noblesse propre à une cause que l'on défend) ; v. SACRIFIER. — 3° *Il a consacré son samedi à courir les magasins* = **employer** ; (moins soutenu) **passer** (le complément renvoie à l'idée d'un simple passe-temps ou d'une activité très ordinaire). — 4° V. SANCTIONNER (in *sanction*). ● **se consacrer** à V. ADONNER (S').

consanguinité *Ils sont unis par des liens de consanguinité,* se dit des liens qui unissent les enfants d'un même père ; (plus général) **parenté.**

conscience I (conscience psychologique) N'a de syn. que dans des express. 1° *Perdre conscience* : v. CONNAISSANCE. — 2° *Prendre conscience de* = **s'apercevoir de, se rendre compte de** ; v. SENTIMENT I. ● **conscient** *La situation exige des hommes conscients ;* **lucide** s'emploie toujours sans compl., *conscient* en exige au contraire un le plus souvent *(cons-*

cients de leurs responsabilités). ● **cons-ciemment** s'emploie parfois, dans le langage courant, avec le sens de **sciemment** (v. ce mot).

II (conscience morale) N'a de syn. que dans des express. 1° *Avoir de la conscience* = **être honnête.** *En conscience* = **honnêtement.** — 2° *Il met beaucoup de conscience à faire son travail* = *il fait son travail très* **consciencieusement.** — 3° *Il lui a dit tout ce qu'il avait sur la conscience* = ... **toute la vérité/il ne lui a rien caché.** ● **consciencieux** *C'est un homme consciencieux : il ne donnera pas son avis à la légère !;* ↑ **scrupuleux.** *C'est un élève consciencieux* = **sérieux, travailleur.** *C'est un ouvrier consciencieux* = **sérieux; minutieux,** ↑ **méticuleux** se disent de celui qui s'attarde au plus petit détail, parfois à l'excès. V. aussi APPLIQUÉ (in *appliquer*), HONNÊTE et SOIGNÉ (in *soin* I).

consécutif 1° *Il a plu pendant cinq jours consécutifs* = **consécutivement, sans interruption;** (plus courant) **de suite, à la file.** — 2° **consécutif à** *Le chagrin qu'il éprouve est consécutif à la mort de sa mère :* v. RÉSULTER DE.

conseiller I (nom) *C'est lui qui a été mon conseiller dans toute cette affaire, et ses avis m'ont été très précieux;* **guide** a un sens plus général et souvent plus fort : se dit de celui qui conduit qqn dans les affaires en part., dans la vie en général; ↑ **inspirateur** se dit de celui qui dirige, qui fait naître une doctrine, une pensée; (soutenu; par allusion littér. à *l'Odyssée*) **mentor** se dit d'un conseiller sage et expérimenté; (soutenu; par allusion au nom de la nymphe qui aurait conseillé le roi Numa Pompilius) **égérie** se dit de la conseillère d'un homme célèbre, homme politique ou artiste.

II (verbe) V. RECOMMANDER, GUIDER, SUGGÉRER et INFLUENCER.

consentir 1° ~ à + groupe nominal/infin. (s'emploie à l'actif). *Ses parents ont consenti à son mariage; Ils ont consenti à me laisser partir;* **accepter** (qqch de + infin. ; actif et passif); (rare) **acquiescer** (à + groupe nominal; ne se construit pas avec l'infin. ; à l'actif); (implique l'idée d'un acte officiel) **souscrire à** (+ groupe nominal; ne se construit pas avec l'infin. ; à l'actif); v. ACCÉ-

DER III, PRÊTER II [*se prêter*] et VOULOIR; v. aussi ADHÉRER II, APPROUVER et ADMETTRE II. — 2° ~ qqch à qqn (actif et passif). *De gros avantages lui ont été consentis :* v. CONCÉDER.

conserver Admet en tous emplois **garder** (v. ce mot) comme syn., sauf dans le sens techn. de « mettre en conserve »; v. aussi PROTÉGER. V. ENTRE-TENIR.

consistant 1° *Ce liquide est un peu trop consistant* = **épais.** — 2° *Elle nous a servi un repas consistant;* ce terme insiste sur la qualité nutritive du repas, **copieux,** davantage sur son abondance. ● **consistance** (surtout dans le contexte *sans consistance*) *Un esprit sans consistance* = **irrésolu.** *Une nouvelle sans consistance* = **sans fondement.** *Il restait là, sans consistance* = **sans force.**

consoler *Vous êtes la seule à pouvoir la consoler;* ↑ **réconforter** implique non seulement l'apaisement, mais encore le retour des forces physiques et morales. On dit aussi, fam., **mettre du baume sur le cœur** de qqn; v. aussi APAISER et RASSURER. ● **consolant** (v. le verbe) = **réconfortant; consolateur** s'emploie souvent comme syn. exact de *consolant :* les paroles consolantes/consolatrices; ce terme, plus rare, implique davantage l'idée d'un « pouvoir » de consolation; (plus général) **apaisant.**

consolider Rendre plus solide; syn. part. selon les contextes. *Consolider un mur;* ↑ **fortifier; étayer,** c'est le soutenir à l'aide d'étais; v. aussi SOUTENIR. *Consolider les moyens de défense d'une ville/une position* = **affermir, renforcer.** V. aussi ASSURER II; v. RAFFERMIR.

consommer 1° Les puristes dénoncent l'assimilation de *consommer* et de **consumer,** ces deux termes étant souvent pris l'un pour l'autre dans l'usage courant (*une cheminée qui consomme/consume beaucoup de bois* est un ex. souvent cité). Notons que, dans la langue soignée, *consommer* signifie : « utiliser pour vivre ou pour faire fonctionner qqch » (*On consomme du bois pour se chauffer*), et *consumer* : « détruire », abstraction faite de toute idée de l'utilité de cette destruction (*Tout le bois a été consumé*). Remarquons surtout que *consommer* est un verbe employé dans divers contextes (v. sens 2), alors que *consumer* ne s'emploie plus guère qu'en parlant des combustibles : *consumer du bois, c'est le détruire complètement par combustion.* — 2° (en part.) *Consommer des aliments* (assez soutenu); (courant) **manger,** pour les aliments solides, **boire,** pour les liquides. *C'est une voiture qui consommer énormément;* (fam., par métaph.) **manger, sucer.**

constant 1° (soutenu) *C'est un homme constant dans ses résolutions;* (courant) **persévérant,** ↑**obstiné,** ↑**opiniâtre.** — 2° *Il y a dans cette rue une circulation constante* = **incessant, permanent, continuel;** v. aussi PERPÉTUEL. *Une attention constante* : v. SOUTENU (in *soutenir*). ● **constance** 1° (sens 1 du verbe) *Travailler avec constance* = **persévérance,**↑**obstination,** ↑**opiniâtreté.** — 2° (sens 2 du verbe) *Vous aurez remarqué la constance du phénomène,* qualité de ce qui est durable = **permanence,** ou de ce qui se répète de manière durable = **régularité.** V. FIDÉLITÉ. V. aussi INCONSTANCE. ● **constamment** *Il me répète constamment les mêmes choses* = **sans cesse, perpétuellement.** *Il change d'avis constamment;* (express. fam.) **comme de chemise;** v. aussi SANS ARRÊT (in *arrêter* I) et TOUJOURS.

constituer 1° *Nous allons constituer un dossier sur cette affaire* = **établir;** (plus courant) **rassembler.** — 2° *Ils ont constitué une société* = **créer, fonder, former;** (assez fam.) **monter, mettre sur pied.** — 3° V. COMPOSER. — 4° V. REPRÉSENTER. ● **constitution** 1° (sens 1 du verbe) **établissement.** — 2° (sens 2 du verbe) **création, formation, fondation, mise sur pied.** — 3° V. COMPOSITION (in *composer*) et STRUCTURE. — 4° *C'est un homme de forte constitution :* v. NATURE.

consulter 1° ~ qqn. *Nous l'avons consulté pour lui demander son avis;* **interroger,** plus général, convient à ce contexte, mais ne s'emploie pas dans les sens techn. de *consulter (consulter un médecin);* pour ces derniers, on emploie parfois **prendre conseil** (auprès de qqn); v. aussi VOIR. — 2° ~ qqch. *Vous devriez consulter l'annuaire : l'adresse que vous cherchez y figure peut-être;* (moins propre) **examiner, feuilleter;**

(rare) **compulser** se dit surtout d'un traité, d'un ouvrage didactique.

contact 1° *Sa peau était comme électrisée : un simple contact le faisait frémir* = **effleurement;** (rare) **attouchement** ne se dit que de l'action de toucher avec les doigts. V. aussi CARESSE. — 2° *Il a gardé des contacts avec ses anciens camarades de faculté* = **rapport, relation** *(rester en relation).* — 3° (dans des express.) *Vous prendrez contact avec lui* = **entrer en relation, se mettre en rapport.** *Au contact de ce professeur, il s'est mis à aimer l'anglais* = **sous l'influence de.** ● **contacter** (rejeté par les puristes, d'emploi très courant) *Êtes-vous parvenu à le contacter?* = **atteindre, toucher;** (terme propre) **joindre;** v. RENCONTRER.

contagion *La grippe s'attrape par contagion;* **contamination** est de sens plus large : ce terme désigne aussi la transmission de germes pathogènes dans un milieu non organique *(la contamination d'une rivière).*

conte *Qu'est-ce que ce conte-là? Tu l'as inventé de toutes pièces!* (peu employé aujourd'hui) = **chanson, fable;** (courant) **histoire;** (fam.) **bobard, craque; racontar** et, plus encore, **cancan, ragot** impliquent l'idée de commérage malveillant; v. aussi CANULAR, LÉGENDE et MENSONGE.

contenance I *À votre avis, quelle est la contenance de ce tonneau?;* (plus didact.) **capacité.**

II V. ALLURE. *Perdre contenance* = se **décontenancer;** v. DÉCONCERTER.

contenir I (syn. variant selon les contextes) 1° *Cette valise contient tous mes trésors!* = **renfermer.** *Votre devoir contient trop d'erreurs* = **comporter, comprendre;** (soutenu) **receler.** *La linguistique est contenue dans les sciences humaines* (peu employé) = **englober;** (courant) **faire partie de.** — 2° *Combien de personnes cette salle peut-elle contenir?;* (rare) **tenir.**

II V. ENDIGUER, REFOULER et RETENIR. ● **se contenir** V. MAÎTRISER (SE).

content 1° (suivi ou non d'un compl.) *C'est un homme qui est toujours content;* ↓**satisfait** implique l'idée d'un contentement relatif. — 2° (suivi d'un compl. ou le supposant) *Alors, êtes-vous content ? ; Je suis content de vous voir* = (1er ex.) **satisfait** ; = (2e ex.) **heureux,** ↑**enchanté,** ↑**ravi** ; v. AISE et FÉLICITER [*se féliciter*]. V. aussi GAI. — 3° *Tout son content :* v. SOÛL. ● **contentement** 1° *Le contentement des sens* = **satisfaction.** — 2° V. JOIE et PLAISIR. ● **contenter** 1° ∼ qqn. *Il a obtenu ce qu'il voulait : le voilà contenté* = **satisfaire** ; ↑**combler** ; v. RASSASIER. — 2° ∼ qqch. *Elle est insupportable, et vous ne parviendrez pas à contenter ses caprices,* mêmes syn. ; **exaucer** ne se dit qu'en parlant d'un vœu ou d'un souhait ; v. aussi APAISER et ASSOUVIR. ● **se contenter de** 1° V. S'ACCOMMODER DE (in *accommoder* I). — 2° *Je me contenterai de vous faire quelques remarques* = **se borner à.**

conter *Je vais vous conter une histoire* (vieilli) ; (courant) **raconter** (v. aussi ce mot) ; (soutenu) **narrer.**

contester 1° (en termes de droit) Mettre en doute le droit ou les prétentions de qqn. *Je vous conteste le droit de m'assigner à résidence* ; ↑**dénier,** ↑**récuser** impliquent l'idée d'un refus catégorique, le second se disant surtout des personnes *(récuser* un *témoin).* V. aussi REFUSER. — 2° *C'est un fait que je conteste* ; ↓**discuter.** V. NIER. ● **contestation** (en termes de droit) *Il est en contestation avec son frère pour des questions d'héritage* = **litige, différend** ; ↑**conflit** ; **démêlé** évoque une affaire compliquée et s'emploie dans le contexte : *avoir un démêlé avec qqn.* V. aussi CHICANE et DISPUTE. ● **sans conteste** V. ASSURÉMENT. ● **contestable** Qqch est ∼. *L'argumentation de la défense ne repose que sur des affirmations contestables* = **discutable, douteux, sujet à caution.**

continuer 1° ∼ qqch. *L'ennemi continue son travail de sape en inondant le pays de tracts mensongers* = **poursuivre** ; **perpétuer** ne se dit que de qqch qui dure très longtemps : *perpétuer une tradition.* — 2° ∼ à/de + infin. *Si tu continues à nous ennuyer, tu vas t'en repentir* ; (sujet nom de personne) ↑**persister à, s'entêter à, s'obstiner à,** c'est continuer à faire qqch malgré l'opposition de qqn/qqch ; (sujet nom de chose) *Le mal continue d'envahir son pauvre corps* ; ↑**ne cesser**

de (syn. valable aussi pour tous les emplois précédents). V. ENCORE. — 3° (intr.) *La fête a continué jusqu'à l'aube* = **se poursuivre, se prolonger** (ces trois verbes valant aussi pour l'espace : *Le chemin continue jusqu'à la route nationale)* ; **durer** est moins propre dans ce contexte et se construit le plus souvent avec un adverbe qui le précise : *La fête a continué/duré très longtemps.* — 4° (impers.) *Il continue de pleuvoir* ; ↑**ne cesser de.** ● **continu, continuel** 1° *Un bruit* continu *est un bruit que rien n'interrompt, alors qu'un bruit* continuel *est un bruit qui se répète sans cesse* ; autrement dit, *continuel* peut impliquer l'idée d'interruption, contrairement à *continu.* Cette distinction relève de l'usage soutenu, les deux termes étant concurremment employés l'un pour l'autre. V. aussi DURABLE et PERMANENT. — 2° *Il aimait le bruit* continu *des moulins au bord de la rivière* = **ininterrompu, incessant** ; **persistant** (v. CONTINUER 2°). — 3° *Ses absences continuelles l'agaçaient* = **incessant** ; (en contexte péjor.) **chronique** ; **fréquent** se dit d'événements qui arrivent souvent (notre ex.). V. CONSTANT. V. aussi ÉTERNEL. ● **continuation** 1° *La continuation de la grève du métro paralyse la capitale,* fait de continuer qqch = **poursuite, prolongation.** — 2° *Ces nouveaux symptômes ne sont que la continuation de sa terrible maladie,* fait que qqch se continue = **suite, prolongement.** ● **continuité** 1° *La continuité de son angoisse se lisait sur son visage* = **persistance, permanence.** — 2° *Assurer la continuité de qqch* = **maintenir** ; v. CONTINUER 1°.

contorsion 1° *Les contorsions de la douleur* ; ↑**convulsion.** — 2° *Les contorsions du clown faisaient rire tout le monde* ; ↓**grimace** ne se dit que du visage.

contour 1° V. PÉRIPHÉRIE et TOUR II. — 2° *Suivre les contours d'une rivière* = **méandre.**

contracter I 1° *Passant ses journées dans des bars malfamés, il avait contracté de mauvaises habitudes* (soutenu) ; (courant) **prendre.** — 2° *Contracter une maladie/un rhume* ; (assez fam.) **attraper.**

II Syn. variant selon les contextes. *Ce produit a pour effet de contracter les vaisseaux sanguins* = **resserrer**. *L'effort contracte les muscles* = **bander, raidir, tendre**. ● **contraction** *Il fut soudain pris de violentes contractions à l'estomac* = **crampe, spasme**; **crispation** s'emploie le plus souvent en ce sens lorsque la contraction se manifeste par des rides : *La crispation des traits du visage*. ● **contracté** *À la veille d'un examen, on est souvent très contracté* (assez fam.); (courant) **tendu**. V. aussi INQUIET.

contrainte 1° *S'il ne cède pas, il faudra user de la contrainte* = **force**; ↑ **violence**; **coercition** implique un droit, un pouvoir permettant d'obliger qqn à faire son devoir : *il suppose une contrainte légale.* — 2° *Vivre dans la contrainte :* v. OPPRESSION (in *opprimer*) et SERVITUDE. — 3° *La contrainte se lisait sur son visage* = **embarras**; v. aussi GÊNE.

contrarier 1° ∼ qqch. *Le mauvais temps a contrarié nos projets* = **contrecarrer, faire obstacle à, entraver**; ↓ **déranger, gêner**; ↑ **détruire**. — 2° V. FÂCHER et NAVRER.

contravention Se dit d'une infraction entraînant une sanction de simple police; **procès-verbal** se dit de la constatation par l'autorité compétente (gendarme, garde champêtre, etc.) d'une infraction; **amende** désigne une peine pécuniaire en matière civile, pénale ou fiscale. Ces trois termes (le second étant abrégé en **procès**) sont souvent pris l'un pour l'autre dans le langage courant; **contredanse** est le syn. fam. de *contravention*.

contredire *Je me permettrai de vous contredire sur certains points de votre rapport;* ↑ (par ordre croissant) **démentir, s'inscrire en faux, réfuter**. Ces verbes ne se construisent pas tous de la même façon : contredire qqn/qqch; démentir qqn/qqch; s'inscrire en faux

contre qqch; réfuter qqch; v. aussi NIER. ● **contradiction** 1° V. DÉSACCORD; v. aussi DIFFÉRENCE (in *différer* II). — 2° En termes de logique, ce mot est syn. d'**antinomie**.

contrepoison 1° (en termes de médecine) **antidote**. — 2° *Quelques jours de vacances seront un bon contrepoison à votre fatigue* = **antidote, remède**.

contresens 1° *Faire un contresens sur un texte*, c'est en donner une interprétation contraire à sa signification véritable; *faire un* ↓ **faux sens**, c'est seulement s'écarter de cette signification; *dire* ou *écrire un* ↑ **non-sens**, c'est émettre des propos si absurdes qu'ils défient la raison. V. ERREUR. — 2° à **contresens** *Il a agi à contresens de ce qu'il fallait faire* = **au rebours**; (plus fam.) **à l'envers**; v. aussi OPPOSÉ.

contretemps 1° V. ACCROC (in *accrocher* I). — 2° à **contretemps** *Il a agi à contretemps* (soutenu) = **inopportunément**; (courant) **mal à propos**.

contrit 1° *Le pénitent se dirigeait vers le confessionnal, le cœur contrit;* (moins soutenu) **repentant**.

contrôle 1° *Il était chargé du contrôle du poste d'aiguillage* = **surveillance**. 2° *Il a été procédé à un contrôle des pièces d'identité* = **examen, vérification**. — 3° *Elle exerçait un contrôle sévère sur ses moindres paroles;* ↑ **censure**. — 4° (en part.) *Contrôle des naissances* = (anglicisme) **planning familial**. ● **contrôler** 1° (d'après les emplois précédents) **surveiller, examiner, vérifier, censurer**; v. S'ASSURER DE (in *assurer* II) et POINTER. — 2° *Ce dangereux bandit contrôlait tout le trafic de la région* = **exercer son contrôle sur, avoir la haute main sur**; v. aussi REGARD [*avoir droit de regard*]. — 3° *Il avait du mal à contrôler ses gestes* = **maîtriser**; **se contrôler** *(... à se contrôler);* (moins employé dans ces contextes) **dominer**.

contusion *Il n'a que quelques contusions, mais sa voiture est inutilisable;* **meurtrissure**, (fam.) **bleu** et (didact.) **ecchymose** se disent d'une contusion marquée sur la peau par une tache de couleur bleue, noire ou jaunâtre. V. aussi BLESSURE (in *blesser*).

convaincre *Malgré le talent de l'avocat, les jurés ne sont pas convaincus de l'innocence de l'accusé ;* ↓ **persuader** (v. ce mot). V. DÉCIDER et PERSUADER. ● **convaincu** 1° V. CERTAIN. — 2° *Un ton convaincu ;* ↓ **assuré ;** v. PÉNÉTRÉ (in *pénétrer*). *Être un partisan convaincu de qqch* = **résolu ;** ↑ **farouche ;** v. aussi CHAUD. ● **conviction** 1° Fait de convaincre. *Il faisait preuve de tant de conviction qu'on ne pouvait qu'adhérer à ses propos ;* ↓ **persuasion.** — 2° Fait d'être convaincu. *J'ai la conviction qu'il ne viendra pas ;* ↑ **certitude** (dans cet ex. *Je suis certain/sûr que... ;* et, fam., *Je mettrais ma main au feu que..., Je donnerais ma tête à couper que...*). V. CROYANCE (in *croire*). *Sans conviction :* v. MOLLEMENT (in *mou*).

convenance 1° (au sing.) *Il y a entre eux une remarquable convenance de caractères* (soutenu) ; (plus courant) **analogie, affinité ;** v. aussi RAPPORT II. — 2° (au plur.) *Elle exigeait un respect absolu des convenances* = **bienséance** (sing. ou plur.) ; (vieilli) **honnêteté ;** v. aussi SAVOIR-VIVRE et DÉCENCE. — 3° (précédé d'un possessif) *Ce dîner est-il à votre convenance ?* (soutenu) = **gré ;** (courant) **goût ;** v. aussi ALLER I et PLAIRE I.

conversation Discours familier qu'échangent deux ou plusieurs personnes ; **dialogue, tête-à-tête** s'emploient pour une conversation de deux personnes entre elles ; **entretien,** (moins soutenu) **échange de vues** impliquent un sujet important débattu par des personnes de haut rang ou (pour *entretien*) qui sont dans un rapport hiérarchique de supérieur à inférieur ; dans le même sens, **pourparlers** se dit d'un entretien ayant pour but de régler une affaire, un problème *(les pourparlers sur le désarmement nucléaire) ;* **interview** désigne la conversation d'un journaliste avec une personne dont il désire publier les propos ; **conciliabule** se dit d'une conversation secrète de gens à qui l'on prête en général de mauvais desseins ; dans le même sens, mais fam. et iron. : **messes basses** *(faire des messes basses) ;* (fam.) **parlote** se dit d'une conversation insignifiante, v. aussi BAVARDAGE. ● **converser** (avec les mêmes nuances) **dialoguer, s'entretenir, interviewer ;** (fam.) **faire une causette, tailler une bavette ;** v. aussi BAVARDER et PARLER.

convive *Les vapeurs du vin commençaient à colorer les visages des convives,* celui qui prend part à un repas avec d'autres personnes ; (rare) **commensal** désigne celui qui partage *habituellement* ses repas avec une ou plusieurs autres personnes ; (plus général) **invité** désigne une personne que l'on a conviée à un repas ou à toute autre cérémonie ; lorsqu'il s'agit du seul repas, le terme implique toujours, contrairement à *convive,* l'idée de gratuité ; dans le même sens, **hôte** est plus soutenu qu'*invité ;* dans son sens le plus général, il désigne celui qui vient loger ou seulement manger, en étant invité ou en payant son écot ; (péjor.) **parasite,** (péjor. et fam.) **pique-assiette** désignent celui qui a pour habitude de manger chez autrui sans y être forcément invité.

convoi 1° *Un convoi de marchandises est attendu pour 10 heures* (terme techn.) ; (courant) **train.** — 2° V. ENTERREMENT.

convoiter *Il convoite depuis dix ans le poste de chef de gare ;* (soutenu) **briguer ;** (fam.) **guigner, lorgner ;** v. aussi AMBITIONNER (in *ambition*), BRÛLER III, DÉSIRER et SOUHAITER. ● **convoitise** ↑ **avidité ;** (en parlant de l'argent) **cupidité,** ↑ **rapacité ;** (en parlant du désir sexuel) **concupiscence.**

convulsion 1° (en termes de médecine) = **spasme.** — 2° V. CONTORSION. — 3° V. SECOUSSE (in *secouer*) et TREMBLEMENT (in *trembler*).

coordonner *Il faudra coordonner vos activités de manière à obtenir une efficacité plus grande ;* (moins propres) **agencer, combiner ;** v. aussi ARRANGER et COMBINER. ● **coordonnées** *Quelles sont vos coordonnées ? :* v. ADRESSE II.

copie I 1° *Je vous donne la copie d'une lettre adressée à mon notaire* = **double ; photocopie** se dit d'une copie faite par reproduction photographique ; **duplicata** se dit du second exemplaire d'une facture, d'une lettre officielle, etc. — 2° *L'éditeur me demande ma copie par retour du courrier* = **manuscrit.** — 3° *La correction des copies est le cauchemar des professeurs* = **devoir.**

II 1° Objet reproduit fidèlement par

un procédé mécanique ou artistique = **reproduction** (v. ce mot in *reproduire*) ; **fac-similé** se dit seulement de la reproduction exacte, imprimée, gravée ou photographiée, d'une pièce d'écriture, d'une signature, d'un dessin : *Un sculpteur travaille à la reproduction de l'une de ses statues ; un peintre fait la copie d'un tableau du Louvre ; un photographe donne le fac-similé de l'écriture d'un auteur.* — 2° Dans le même sens : *Il croyait posséder un Renoir, mais ce n'était qu'une copie* = **imitation, faux.**

copier 1° *Voulez-vous me copier cette lettre ?* = **recopier ;** (peu employé en ce sens) **récrire ; transcrire** ne s'emploie guère en ce sens qu'à propos de documents importants *(transcrire un contrat).* — 2° V. IMITER et REPRODUIRE.

coquet I (adj.) 1° V. ÉLÉGANT. — 2° V. GENTIL.

II (nom) *La coquette aime séduire les hommes en leur promettant beaucoup sans jamais rien leur donner ;* (fam.) **allumeuse.**

coquin 1° *Petit coquin ! Veux-tu cesser de me taquiner !,* se dit généralement d'un enfant espiègle = **fripon, garnement** (ce dernier sans féminin) ; v. ES-PIÈGLE. — 2° *Il lui adressa un petit sourire coquin,* se dit de paroles ou d'attitudes allusivement licencieuses ; ↑ **égrillard ;** v. aussi GAILLARD. — 3° *Méfie-toi de cet homme, c'est un véritable coquin* (vieilli) ; (moderne) **bandit, canaille, crapule, scélérat,** (fam.) **fripouille ;** v. MISÉRABLE ; v. aussi VAURIEN. — 4° Terme d'injure ; il est vieux, ainsi que ses syn. : **maraud, bellâtre, faquin, gredin, pendard, gueux.**

cordage *Avant d'appareiller, vérifiez une dernière fois tous les cordages ;* (en termes de marine) **filin** se dit d'un cordage en chanvre, **câble,** d'un gros cordage ou d'une amarre en acier.

corde (dans des express.) 1° *Être condamné à la corde* = **pendaison, potence.** — 2° *Usé jusqu'à la corde :* v. USÉ (in *user* II). — 3° *Je ne puis vous répondre : ce n'est pas dans mes cordes* = (fam.) **ce n'est pas mon rayon ;** (courant) **ce n'est pas de mon ressort ;** v. aussi CONNAÎTRE [*s'y* ~ *en*].

cordial 1° *Une boisson cordiale :* v. RÉCONFORTANT. — 2° *Il nous a réservé un accueil très cordial* = **chaleureux ;** ↑ **amical ;** ↑ **enthousiaste.** ● **cordialement** *Il nous a reçu cordialement* = **chaleureusement ;** ↑ **amicalement ;** ↑ **à bras ouverts.**

cordonnier Le cordonnier répare les chaussures, le **bottier** ou le **chausseur** les fabriquent ou les vendent (généralement, le *bottier* fabrique sur mesure des chaussures de qualité).

corne 1° *Les vaches sont des bêtes à cornes ;* (en part.) **bois** se dit des cornes caduques des cervidés, **andouiller,** d'une ramification des bois des cervidés qui permet de déterminer leur âge. — 2° *Le pauvre homme, il porte des cornes !;* (par euphémisme) **être trompé ;** (considéré comme fam. ou très fam.) **cocu** *(Il est cocu !).*

cornemuse **biniou** est le nom de la cornemuse bretonne.

corporation Se dit, comme **corps** et **ordre,** du regroupement de personnes exerçant le même métier ; ces termes ne s'emploient cependant pas dans les mêmes contextes : *la corporation des menuisiers ; le corps enseignant ; l'ordre des médecins ;* de même sens, **confrérie** ne s'emploie plus guère aujourd'hui qu'en parlant d'une corporation quelque peu folklorique : *la confrérie des buveurs de bière :* v. ASSOCIATION (in *associer*).

corps I Partie matérielle de l'homme. N'a de syn. que dans quelques emplois part. 1° *Le corps de la victime a été retrouvé dans la Seine* = **cadavre ;** v. MORT. — 2° *Les mises en garde de sa famille contre les plaisirs du corps avaient hanté sa jeunesse* = **chair.** — 3° (dans des express.) *Corps à corps :* v. BAGARRE. *Corps et âme :* v. ÂME. *Passer sur le corps :* v. FOULER. *Il a agi à son corps défendant* = **malgré** + pron. *correspondant* (ici : *malgré lui*). *Il se faisait accompagner de deux gardes du corps* (fam.) ; (arg. mis à la mode par les journaux et le cinéma) **gorille.** *Mettez-le à l'épreuve : vous verrez bien ce qu'il a dans le corps ;* (fam.) **ventre ;** (très fam.) **tripes.** *L'ébauche commence à prendre corps* = **forme ;** (plus fam.) **tournure.**

II V. SUBSTANCE.

III V. CORPORATION.

correct 1° *La réponse correcte n'était pas difficile à trouver* = (dans ce contexte seulement, où il s'agit de « vrai » et de « faux ») = **exact, juste.** — 2° *Une tenue corrrecte :* v. DÉCENT ; v. aussi SORTABLE. — 3° *Vérifiez vos comptes, car cet individu ne me paraît pas très correct* = **régulier ;** (plus général) **honnête ;** v. FAIR-PLAY. — 4° *Ce n'est pas un restaurant de grand renom, mais les repas y sont corrects* = **convenable, honnête.** V. aussi ACCEPTABLE. ● **correctement.** *Se tenir correctement* = **comme il faut ;** les autres emplois sont parallèles à ceux de l'adj. et ont pour syn. les adv. correspondants : **exactement, justement, régulièrement, honnêtement, convenablement ;** v. aussi DÉCEMMENT. ● **correcteur** Dans un examen, on désigne plutôt par *correcteur* celui qui juge de l'écrit et par **examinateur** celui qui juge de l'oral des candidats.

correspondre 1° ∼ à. Être conforme avec qqn ou qqch ; syn. variant selon les contextes. *Ce contrat ne correspond pas aux exigences que nous avions formulées* = **répondre.** *Cet article correspond aux incidents survenus à Limoges la semaine dernière* = **se rapporter à.** *Je cherche un buffet qui corresponde à celui que vous voyez sur cette photo* = **ressembler.** Pour tous ces contextes, v. CADRER ; v. aussi CONCORDER. — 2° *Qqn* ∼ *avec qqn. Quand avez-vous cessé de correspondre ?* = **s'écrire** *(de vous écrire ?);* (possible selon le contexte) **se téléphoner.** — 3° *Qqch* ∼. *Toutes les pièces de cet appartement correspondent/se correspondent* = **communiquer.** ● **correspondance** 1° V. LIEN III, LIAISON II et RAPPORT II. — 2° *Avez-vous terminé d'écrire votre correspondance ?* = **courrier.**

corriger I ∼ qqch. V. AMÉLIORER et COMPENSER.

II ∼ qqn. 1° ∼ qqn de qqch. *Pensez-vous que vous parviendrez à le corriger de sa jalousie ?* = **défaire, guérir.** — 2° *Son père le corrigeait avec une violence extrême,* infliger un châtiment corporel ; **châtier** est plus général et n'indique pas aussi exactement la nature de la peine ; v. aussi BATTRE I et PUNIR. — 3° *Se corriger de :* v. DÉFAIRE (SE).

corrompre 1° ∼ qqch (corruption physique). *Corrompre des aliments* (soutenu) ; (courant) **abîmer, avarier** (v. ces deux mots). *Corrompre l'air/l'atmosphère/l'eau* = **salir, polluer, vicier, empoisonner, infecter ;** v. aussi ALTÉRER I. — 2° ∼ qqn/qqch (corruption morale). *Corrompre les mœurs/l'âme/la jeunesse* = **dépraver, pervertir ; débaucher** ne s'emploie qu'avec un compl. de personne. V. aussi ABAISSER II et DÉGÉNÉRER ; (moins soutenu) **pourrir, gangrener.** *Corrompre le jugement de qqn ;* ↓ **vicier.** V. aussi SÉDUIRE. — 3° ∼ qqn. V. ACHETER. ● **corruptible** 1° *Qqch est* ∼ (sens 1 du verbe). *Le bois est une matière corruptible* = **putrescible.** — 2° *Qqn est* ∼. *Un juge corruptible* (sens 3 du verbe) = **vénal.** ● **corrompu** (sens 2 du verbe) = **dépravé, dissolu, pervers ;** (rare) **faisandé ;** ↑ **pourri.** ● **corruption** 1° (sens 1 du verbe) *La corruption de la viande sous l'effet de la chaleur* = **décomposition, putréfaction.** — 2° (sens 2 du verbe) *La corruption des mœurs* = **dépravation, perversion, dissolution ;** ↓ **dérèglement.** V. aussi ABAISSEMENT II.

cosmos Terme didact. venu dans l'usage courant par l'intermédiaire de l'astronautique = **espace ;** v. MONDE et UNIVERS.

cote V. ESTIME et VALEUR II.

côte I (dans des express.) *Caresser les côtes :* v. BATTRE. *On lui voit les côtes :* v. MAIGRE. *Se tenir les côtes :* v. RIRE.

II *La course se jouera en haut de la côte ;* (plus général) **montée ;** (fam.) **grimpette, raidillon.** *En bas de la côte* = **descente ; pente** ne s'emploie guère dans les mêmes contextes que *côte : monter une côte* est préférable à *monter une pente ;* dans des contextes comme *escalader les pentes de la montagne, une route en pente,* « côte » ne peut être employé. V. COLLINE.

III *Ils ont passé leurs vacances au bord de la côte méditerranéenne ;* (plus soutenu) **littoral.** V. BORD.

côté 1° *Partie latérale du corps humain ou animal. L'homme gisait, couché sur le côté ;* (d'emploi moins général, plus soutenu) **flanc.** — 2° *Manière dont une chose, un événement se présente : Il* *faudra envisager les différents côtés de la question ;* (plus soutenu) **aspect.** — 3° **de côté** loc. prép. ou adv. entrant dans toute une série de contextes et d'express. *Regarder qqn de côté* = **en biais ;** (péjor.) **de travers ; v.** OBLIQUEMENT (in *oblique*). *Mettre qqch de côté :* v. ÉCONOMISER et PART III. *Laisser qqch de côté :* v. FAIRE ABSTRACTION DE (in *abstraire*) et NÉGLIGER. *Regarder de tous côtés :* v. PARTOUT. *Du côté de :* v. VERS I et SENS III. *De mon côté : J'essaierai de mon côté de vous venir en aide ;* (plus soutenu) **pour ma part, quant à moi ;** v. aussi COMPTE [*pour mon compte*]. — 4° **à côté** loc. prép. ou adv. entrant dans toute une série de contextes et d'express. *La maison d'à côté ;* (plus soutenu) **voisin.** *À côté de :* v. PRÈS DE et EN COMPARAISON DE (in *comparer*). *À côté de ça, il faudra faire attention au verglas* = **en plus ;** (plus soutenu) **par ailleurs, en outre.** *Il ne peut s'empêcher de mentir, mais, à côté de ça, c'est un garçon très attachant ;* (plus soutenu) **par ailleurs, néanmoins ;** v. aussi CEPENDANT. *À côté ! Décidément, tu ne tires pas mieux qu'avant !* = **manqué ! ;** (plus fam.) **raté !** ● **côtoyer** 1° ~ qqn. V. FRÉQUENTER. — 2° ~ qqch (concret). *Le chemin côtoyait un précipice* = **longer ;** v. aussi BORDER (in *bord*). — 3° ~ qqch (abstrait). *Cela côtoie le grotesque :* v. CONFINER II.

coterie *Sous son apparente uniformité, la bourgeoisie de province était divisée en coteries qui se détestaient les unes les autres* = **clan, caste ; chapelle** se dit le plus souvent d'une coterie d'intellectuels *(les chapelles littéraires) ;* **clique** et **bande** se disent d'une coterie d'individus assez louches, peu estimables ; **gang** se dit d'une association de malfaiteurs, de même que **mafia,** qui suppose en outre l'idée d'une organisation secrète ; (rare) **camarilla** se dit d'une organisation d'intrigants qui agissent sur le plan politique. V. aussi PARTI.

cotillon Dans l'express. fam. *courir le cotillon* = **jupon ;** v. FEMME.

coton (dans des express.) *Avoir du coton dans les oreilles :* v. SOURD. *Filer un mauvais coton :* v. MALADE. *Élever qqn dans du coton :* v. SOIGNER II. *C'est coton !* (fam.) ; (courant) **difficile** (v. aussi ce mot).

cotte Se dit d'un vêtement de travail formé d'un pantalon montant sur la poitrine ; (plus courant) **salopette, bleu ;** (dans le même sens) la **combinaison** enveloppe tout le corps, de la tête aux pieds.

cou 1° *Cou* est le terme général ; **encolure** ne se dit de l'homme qu'en parlant du *cou* d'après sa taille, sa grosseur : *Avoir un cou/une encolure de taureau.* Seul *encolure* convient dans le contexte *avoir une forte encolure.* — 2° (dans des express.) *Casser/couper/tordre le cou :* v. TUER. *Prendre ses jambes à son cou :* v. FUIR. *Laisser la bride sur le cou :* v. LIBERTÉ. *Sauter au cou :* v. EMBRASSER.

couche I *As-tu acheté des couches pour le petit ? ;* **lange** se dit du carré d'étoffe que l'on met par-dessus les couches pour emmailloter un bébé.

II V. LIT I.

III 1° *Combien de couches de peinture doit-on mettre sur les volets ? ;* (plus général) **épaisseur ; pellicule** (qui ne saurait être employé dans cet ex.) désigne une couche très mince ; ce terme est d'ailleurs souvent renforcé par un adj. : *Une fine pellicule de givre recouvrait la végétation.* — 2° *Couches sociales :* v. CLASSE I. — 3° (express. fam.) *En tenir une couche :* v. SOT.

coucher I ~ qqch/qqn. 1° ~ qqn. *Voudriez-vous coucher les enfants ?* = **mettre au lit** *(... mettre les enfants au lit) ;* **aliter** ne se dit que d'un malade. V. ÉTENDRE. — 2° ~ qqch. *Le vent couche les blés ;* ↓**courber, incliner ;** v. VERSER I. — 3° ~ qqch. *Il l'a couché sur son testament :* v. INSCRIRE.

II (intr.) 1° *Où couchez-vous ce soir ? ;* (par méton.) **dormir.** — 2° *Coucher avec qqn :* v. INTIME. ● **se coucher** *Ayant sommeil, il alla se coucher ;* (moins courant) **se mettre au lit ;** (par méton.) **dormir ; s'allonger, s'étendre** impliquent seulement le besoin de repos, sans que l'on dorme pour cela ; **s'aliter, prendre le lit** ne se disent que d'un malade ; (très fam.) **se pager, se pieuter, se mettre au pieu.**

coude 1° V. ANGLE. — 2° (dans des express.) *Au coude à coude :* v. EN-

SEMBLE. *Se fourrer le doigt dans l'œil jusqu'au coude :* v. TROMPER (SE). *Ne pas se moucher du coude :* v. PRÉTENTIEUX. *Lever le coude :* v. ENIVRER (S').

couler I 1° Se déplacer naturellement, en parlant d'un liquide ; **s'écouler** implique, dans le langage soigné, une origine : *L'eau coule dans le lit d'une rivière ; elle s'écoule d'un réservoir ;* mais, dans l'usage courant, les deux verbes sont souvent confondus ; **ruisseler,** c'est couler abondamment (ne s'emploie pas en parlant d'un cours d'eau) ; (fam.) **dégouliner,** c'est couler goutte à goutte : *L'eau lui coulait/dégoulinait sur le visage ;* v. aussi PISSER. — 2° V. SUINTER. — 3° V. PASSER I. ● **se couler** V. GLISSER (SE).

II V. S'ABÎMER (in *abîme*), CHAVIRER, FOND [*envoyer par le fond*] et SOMBRER.

couleur 1° *C'est à l'automne que les arbres prennent leurs plus belles couleurs ;* **coloris** se dit de l'effet qui résulte d'un assortiment de couleurs : *le coloris d'une robe ;* **nuance,** des différents degrés que peut prendre une même couleur ; **teinte,** d'une couleur, d'une nuance obtenue après mélange de diverses couleurs de base ; **ton,** d'une couleur quand on la considère selon sa force, son degré : *des tons francs, criards,* etc. (appartient plus aux langues techn. qu'au langage courant) ; **tonalité** s'emploie parfois, en termes de peinture, pour désigner l'impression générale laissée par un ensemble de tons : *La tonalité de ce tableau tire davantage vers le bleu que vers le vert, me semble-t-il ;* **coloration** se dit de l'état d'un corps coloré : ce terme s'emploie surtout en parlant de la peau, du visage, de même que **carnation** et **teint** (ce dernier terme s'emploie aussi dans quelques contextes pour parler des étoffes : *Un tissu grand teint est un tissu qui ne déteint pas*). — 2° (plur.) *Hisser les couleurs :* v. DRAPEAU. ● **colorer** Revêtir d'une couleur ; **colorier,** c'est appliquer avec art des couleurs sur qqch : *En trempant un tissu dans de la teinture bleue, on le colore, mais on ne le colorie pas ; en répartissant dans un dessin artistique des couleurs sur un tissu, on le colorie.* ● **se colorer** *Au-dessus des hauts fonds, la mer se colorait de violet* = **se teinter.** ● **coloré** (en parlant du visage) *Chacun admirait*

son teint coloré ; (cliché soutenu) **vermeil ;** (en parlant d'un style, d'une conversation) = **pittoresque.**

couloir *Pour aller du salon à la chambre, il fallait franchir un long couloir* = **corridor.**

coup Ce terme est si fréquent en français qu'il est impossible d'énumérer tous ses emplois et de les classer de manière totalement satisfaisante. Nous nous en tiendrons à l'essentiel.

I (suivi ou non d'un compl.). Sens général : heurt. — 1° Qqn donne/reçoit un coup (le plus souvent suivi de « de » + compl.). *Les coups de poing commençaient à pleuvoir ;* (soutenu) **horion ;** (très fam.) **coquart** se dit d'un coup reçu au visage ; (très fam.) **marron ;** v. CHÂTAIGNE ; v. aussi BATTRE, GIFLE et PEIGNÉE. — 2° Qqch subit un coup. *La voiture était pleine de coups* = **bosse ;** (par méton., dans le langage assez fam.) **choc.** — 3° (abstrait) Qqn donne/reçoit un coup. *La mort de son mari lui avait donné un coup* (assez fam.) = **choc ;** v. aussi ABATTRE II. — 4° (dans des express. et dérivés) *Un coup de maître* = **coup d'éclat.** *Coup de pompe :* v. FATIGUE. *Avoir un coup dans le nez :* v. IVRE. *Sur le coup :* v. IMMÉDIATEMENT et NET. *Sur le coup, il n'y prêta pas attention :* v. ABORD II. *Coup de force :* v. COUP D'ÉTAT. *Coup de main :* v. RAID.

II (toujours suivi d'un compl.). Sens général : mouvement. 1° Renvoie à une partie du corps humain ou animal. *L'oiseau s'envola d'un coup d'aile* = **battement.** *Donner un coup de gueule :* v. CRIER. *Donner un coup d'œil sur :* v. VOIR. *Coup de main :* v. AIDER et ASSAUT. *En mettre un coup :* v. TRAVAILLER I. *Un coup de sang :* v. ATTAQUE. — 2° Renvoie à un élément atmosphérique. *Attraper un coup de soleil* = ↑**insolation.** *Un coup de chien :* v. TEMPÊTE. *Le coup de foudre :* v. AFFECTION I. — 3° Renvoie à un objet, un instrument. *Donner un coup de fil* (fam.) ; (courant) **coup de téléphone ;** (très fam.) **coup de tube/de bigophone.** *Avoir un bon coup de fourchette* = **bien manger** (v. aussi ce mot).

III (sans compl.). Sens général : action subite et hasardeuse. 1° Sens de « fois ».

Réussir du premier coup/dès la première fois. Ce coup-ci/cette fois-ci, nous réussirons. Il ne peut pas réussir à chaque coup/à chaque fois; dans tous ces emplois, **fois** est plus soutenu. — 2° (dans des express.) *Risquer le coup :* v. ESSAYER. *Manquer son coup :* v. ÉCHOUER. *Faire les quatre cents coups* (fam.) **= mener une vie de bâton de chaise**/(plus fam.) **de patachon.** *Être aux cent coups :* v. INQUIET. *Coup sur coup :* v. SUITE (DE). *Être dans le coup :* v. BAIN. *À coup sûr :* v. ASSURÉMENT. *Tout à coup/tout d'un coup :* v. SOUDAIN II. *Sur le coup :* v. NET.

coup d'État *Nous ne leur pardonnerons jamais d'avoir pris le pouvoir par un coup d'État !* **= coup de force ; putsch** se dit d'un coup d'État militaire ; on emploie parfois en ce sens le terme **pronunciamiento,** qui désigne exactement l'acte par lequel des militaires déclarent par un manifeste leur refus d'obéir au gouvernement. V. aussi ÉMEUTE et RÉVOLTE.

coupable I (adj.) 1° Qqn est ∼. *L'affaire avait échoué; il se sentait coupable ;* ↓ **fautif** suppose généralement une action moins répréhensible et prend une résonance purement morale : aussi ne l'emploie-t-on pas dans les contextes de type juridique (*déclarer coupable, plaider coupable,* etc.) ; en outre, *fautif* ne convient pas lorsqu'il y a dans le contexte un complément introduit par « de » : *Être coupable d'un crime.* — 2° *Qqch* est ∼ (ne se construit guère en phrase à attribut ; utilisé seulement dans des groupes nominaux). *Faire preuve d'une négligence coupable ;* (plus général) **grave** (antéposé ou postposé) ; v. aussi BLÂMABLE. *Des désirs coupables :* v. HONTEUX. *Des amours coupables* **= illicite, interdit.**

II (nom) V. INCULPÉ.

coupe I *Être sous la coupe de qqn ;* (moins expressif ; plus soutenu) **dépendance.**

II V. FAÇON (in *façonner*) et SECTION.

III V. COMPÉTITION.

couper 1° ∼ qqch. Sens général : diviser un corps continu avec un instrument tranchant (*couper du papier, de la viande,* etc.) ; **découper,** c'est couper en plusieurs morceaux : *découper un canard ;* **hacher,** c'est couper en menus morceaux : *hacher du persil ;* **tailler,** c'est couper en donnant une certaine forme (*couper* convient avec ce sens 'dans certains contextes : *tailler un crayon ; tailler/couper un costume) ;* **trancher,** c'est couper avec netteté à l'aide d'un instrument acéré : *trancher une corde avec un couteau* (*couper,* dans ce contexte, est d'emploi moins soutenu) ; **taillader,** c'est faire des coupures, des entailles, généralement dans des chairs ou dans une étoffe ; **entailler,** c'est pénétrer dans qqch à l'aide d'un instrument tranchant : *entailler l'écorce d'un arbre ;* (plus soutenu qu'*entailler,* ou d'emploi techn.) **inciser** : *inciser la peau.* V. BLESSER. — 2° Même sens que précédemment. Selon le compl. du verbe, on peut utiliser un verbe mieux approprié au contexte. *Couper un arbre :* v. ABATTRE. *Couper un membre* **= sectionner, amputer.** *Couper les branches d'un arbre ;* **ébrancher,** c'est ôter tout ou partie des branches ; **élaguer, émonder,** c'est ôter seulement les branches mortes ou inutiles. *Couper du bois* **= fendre,** s'il s'agit d'un bois épais. *Couper de l'herbe* **= faucher.** *Couper le blé* **= moissonner.** *Couper la tête de qqn* **= décapiter ;** (plus part.) **guillotiner.** *Couper un texte :* v. SABRER (in *sabre*). — 3° ∼ qqch, au sens de « diviser en plusieurs parties » (les syn. proposés sont plus précis). *Couper un arbre en morceaux* **= tronçonner ;** v. aussi PARTAGER. *Ce chemin coupe la route nationale* **= traverser, croiser.** *Couper une communication/la parole :* v. INTERROMPRE. — 4° En gardant les mêmes sens généraux, ce verbe entre dans toute une série d'express. Citons : *Couper les bras/les jambes :* v. DÉCOURAGER. *Couper les cheveux en quatre :* v. EXIGEANT (in *exiger*). *Couper l'herbe sous le pied de qqn :* v. DEVANCER. *Couper le souffle/le sifflet/la chique :* v. ÉTONNER. *À couper au couteau :* v. DENSE. *Donner sa tête à couper que :* v. CONVAINCU (in *convaincre*) — 5° *Couper l'eau :* v. FERMER. — 6° ∼ à qqch. V. DÉROBER (SE). • **coupure** 1° *Il s'est fait une coupure au doigt* **= entaille ; balafre** ou **estafilade** ne se disent proprement que du visage. V. aussi BLESSURE ; (v. 1° du verbe) **incision.** — 2° *Son film a subi de nombreuses coupures ;* (moins propre) **suppression ;** ↑ **être censuré.**

couplet *Il n'a pu s'empêcher de placer son couplet sur la guerre de 1914* (fam.) = **refrain, rengaine**; v. aussi CHANSON.

coupole Ce terme et **dôme** s'emploient souvent l'un pour l'autre pour désigner la partie demi-sphérique qui surmonte un édifice; généralement, **coupole** est le terme propre pour désigner l'*intérieur* de cette demi-sphère; *dôme* ne peut se dire que de l'*extérieur*. (Avec une majuscule: *la Coupole* = **Académie française**.)

courage 1° *Il fallait avoir du courage pour faire la grève en sachant que l'on jouait sa situation;* (fam.) **cran**. V. aussi APLOMB. *Il s'est battu avec courage;* (soutenus) **bravoure**, **vaillance**; ↑ **héroïsme**. V. aussi HARDIESSE. — 2° V. ÉNERGIE.

courbe (adj.) Terme très général qui désigne tout ce qui ne suit pas une ligne droite, mais sans faire un angle. Ses synonymes, formés soit sur le terme même *(courbé, recourbé, incurvé)*, soit sur des substantifs désignant des objets de forme courbe *(arqué, arrondi, voûté)*, ne sont guère faciles à distinguer: nous les introduisons ici dans des contextes courants. *Un vieillard au dos* **courbé** *(courbe ne conviendrait pas ici)* = **voûté**; ↑ **cassé**; v. COUCHER I pour d'autres contextes. *Un nez, des jambes courbes;* ↑ **recourbé**, **arqué**; **incurvé** s'emploie généralement dans des contextes plus techn. au sens de «qui a été plié en forme de courbe»; se dit soit d'une ligne, soit d'une surface: *un virage incurvé, une barre de fer incurvée;* **arrondi** se dit de ce qui est courbe au point d'épouser la forme d'un rond. ● **courbe** (nom) Désigne d'une manière très générale une ligne courbe; **courbure**, l'état de ce qui est courbe; ces deux termes sont parfois pris l'un pour l'autre: *la courbe/la courbure des reins* (dans ce contexte = **cambrure**); *la courbure/le* **galbe** *d'une jambe; les courbes/les virages d'une route; les courbes/les méandres d'un fleuve*.

courir 1° Qqn, un animal ∼ (intr.) *Quel plaisir de le voir courir après une aussi longue immobilisation!;* ↑ **galoper** se dit couramment des animaux et, fam., des personnes; ↑ **tracer, cavaler, filer** sont fam. (ces verbes sont souvent

renforcés par des **express.** à valeur superlative; ainsi: *filer comme un lapin/à toutes jambes).* — 2° Qqn ∼ (intr.). *Ce n'est pas la peine de courir, le train n'est qu'à 8 heures!* = ↓ **se dépêcher**; v. ACCÉLÉRER. *Tu peux toujours courir!* : v. FOUILLER (SE). — 3° Qqch ∼. *Le bruit court que* : v. CIRCULER. Dans l'express. *par les temps qui courent* : v. ACTUELLEMENT. — 4° Qqn ∼ qqch. *Courir les bois* : v. BATTRE II. *Courir les honneurs* : v. RECHERCHER. *Courir les bals* : v. FRÉQUENTER. — 5° Qqn ∼ qqn. *Courir les filles* : v. COURTISER. — 6° Qqch ∼ qqch. *Courir les rues* : v. COMMUN II.

couronne 1° *La couronne d'une reine;* **diadème**, qui désignait dans l'Antiquité un riche bandeau, signe du pouvoir monarchique, se dit aujourd'hui d'une parure féminine, en forme de couronne. — 2° V. MONARCHIE (in *monarque).*

courroie *Les valises étaient retenues sur le porte-bagages par une courroie;* **sangle** est d'emploi plus précis lorsque le contexte implique, comme ici, l'idée de serrage.

cours I 1° *Au cours de la semaine/dans le cours de la semaine* : v. PENDANT III et DÉROULEMENT. *Donner (libre) cours à* : v. MANIFESTER. — 2° *Le cours rapide d'un torrent,* se dit de l'écoulement continu des eaux d'un cours d'eau; **courant** se dit du mouvement de l'eau considéré relativement à sa force: on opposera ainsi le *cours* du Rhône, qui se rapporte à l'espace parcouru par les eaux du fleuve, et le *courant* du Rhône, qui se rapporte aux eaux vives du fleuve, par opposition à ses zones d'eaux calmes. V. MOUVEMENT.

II V. PROMENADE (in *promener).*

III V. PRIX I et VALEUR II.

IV V. LEÇON.

cours d'eau Désigne, d'une manière générale, ce qui peut être, en particulier, un **ruisseau** (ou tout petit cours d'eau, dont le diminutif est **ru**), une **rivière** (ou cours d'eau de moyenne importance), un **fleuve** (ou grande rivière ayant beaucoup d'affluents et se jetant dans la mer), un **torrent** (ou cours d'eau à forte pente et à débit irrégulier) ; **gave** se dit d'un torrent pyrénéen ; **affluent** se dit d'un cours d'eau qui se jette dans un autre : *Le Cher est un affluent de la Loire.* V. aussi CANAL.

course I 1° *Nous avons fait une longue course dans la montagne ;* ne s'emploie guère que dans ce contexte. Dans les autres, on emploiera plutôt **randonnée** *(faire une longue randonnée dans la campagne) ;* v. aussi PROMENADE. — 2° *La course du soleil :* v. MOUVEMENT. *La course d'un piston :* v. VA-ET-VIENT.

II V. COMMISSION II.

court 1° (dans l'espace) ↑ **ras** ne s'emploie comme syn. de *court* que dans quelques contextes : *une herbe/des cheveux courts/ras.* — 2° (dans le temps) *Nous n'avons donc passé qu'un court moment ensemble* = **bref** ; ↑ (soutenu ; postposé) **éphémère** ; v. aussi PASSAGER. — 3° (en quantité) *Un texte court, mais dense* = **concis** (v. ce mot). *Il ne me reste que 1 000 francs ; ce sera un peu court pour vivre pendant un mois* (assez fam.) ; (courant) **juste** ; ↑ **insuffisant** *(... ce sera insuffisant...).*

courtiser *Il courtise depuis longtemps la femme de son voisin* = **faire la cour à** ; (fam.) **faire du plat à, courir après** (s'emploie avec un complément direct dans les express. : *courir les filles/les femmes/les jupons) ;* (fam. ; souvent iron.) **conter fleurette** ; les termes précédents n'impliquent pas que les efforts accomplis soient couronnés de succès ! On peut courtiser une femme sans obtenir d'elle aucune faveur... Au contraire, **flirter** ne s'emploie que s'il s'établit entre deux personnes des relations amoureuses, plus ou moins chastes, toujours passagères.

cousu (dans des express.) *Cousu d'or :* v. OR. *Bouche cousue :* v. TAIRE (SE).

couteau *Couper de la ficelle avec un couteau ;* ↑ **coutelas** ; ↓ **canif** ; v. aussi POIGNARD.

coûter 1° (intr. ; souvent suivi d'un adv. ou d'un compl. comme « beaucoup d'argent ») Nécessiter telle somme d'argent pour être obtenu : *Combien coûte cette voiture ? ;* **valoir**, c'est avoir une certaine valeur, indépendamment d'un acte commercial immédiat : *Ce bijou vaut une fortune.* Dans la langue courante, ces deux verbes s'emploient l'un pour l'autre ; v. aussi COÛTEUX et PRIX I. — 2° En ∼ à qqn. *Il m'en coûte de vous abandonner :* v. PÉNIBLE (in peine II). — 3° ∼ qqch à qqn. *Ce travail lui a coûté bien des efforts* = **valoir**, sauf dans le contexte : *Cela lui a coûté la vie* (= *Il l'a payé de sa vie).* — 4° Dans l'express. *coûte que coûte* = **à tout prix, quoi qu'il arrive.** ● **coûteux** *Malgré nos réductions, le voyage sera assez coûteux* (assez soutenu) ; (courant) **cher** ; (assez soutenu) **onéreux** implique toujours des dépenses assez lourdes, et plus encore ↑ (soutenu) **dispendieux,** ↑ **ruineux** ; ↑ **hors de prix.** *(Hors de prix* est à *cher,* dans le langage courant, ce que *dispendieux* et *ruineux* sont à *coûteux,* dans le langage soutenu.) V. aussi ÉCORCHER.

couver 1° Qqn ∼ qqn. *Pauvre garçon ! sa mère l'a toujours couvé ! ;* ↓ **choyer, dorloter** ; (moins expressif) **protéger** ; (fam.) *sa mère l'a élevé dans le coton.* — 2° Qqch ∼. *Le feu couve sous la cendre ;* (par métaph.) **dormir.** *La révolte couvait parmi l'équipage* = **gronder.**

couvrir 1° Qqn ∼ qqch. *Il faudra couvrir tes cahiers avant la rentrée des classes* = **recouvrir** (v. aussi ce mot). *Couvrir un mur de tissu* = **revêtir.** *Couvrir son visage de ses mains* = **cacher.** — 2° Qqch ∼ qqn/qqch (souvent au passif). *Le sol était couvert de papiers sales ;* (assez soutenu) **joncher** (ne se dit que du sol) ; ↓ **parsemer,** c'est être couvert çà et là ; (fam.) **remplir, plein** *(Le sol était rempli de/plein de papiers sales)* sont d'emploi très large ; v. aussi SEMER II. *Son corps était couvert de boutons* = **cribler** ; v. aussi ÉMAILLER. — 3° ∼ qqn. V. PROTÉGER. — 4° (en parlant des animaux) V. ACCOUPLER (S'), MONTER II et SAILLIR II. ● **se couvrir** 1° Qqn ∼. *Il faudra vous couvrir chaudement* = **se vêtir, s'habiller.** *Je vous en prie, couvrez-vous !* = **mettre son chapeau.** — 2° *Le temps se couvre :* v. SE BROUILLER (in *brouiller* I) et VOILER III (SE) ● **couvert I** (adj.) 1° *Le ciel est couvert* (v. COUVRIR [SE] 2°) ; ↓ **nuageux** ; ↑ **bouché.** = 2° Dans l'express. *à mots couverts* = **en termes voilés.** ● **couvert II** (nom) 1° *À couvert :* v. ABRI. — 2° *Voulez-vous mettre le couvert ? ;* (plus courant) **table.**

couverture 1° *Il fait froid : prenez quelques couvertures supplémentaires ;* (très fam.) **couvrante** ; le **plaid** est une couverture de voyage. — 2° *Il a acheté une vieille maison : les murs sont bons, mais toute la couverture est à refaire* = **toiture**. — 3° V. PARAVENT.

cracher 1° *Il ne cesse de cracher, c'est agaçant !* ; (didact.) **expectorer**, c'est expulser des bronches les mucosités qui s'y sont accumulées ; **crachoter**, c'est cracher souvent et peu ; (très fam.) **glavioter, molarder**, c'est cracher gras. — 2° ~ sur qqn. V. MÉPRISER. — 3° Qqch ~. *La cheminée crachait une fumée épaisse ;* (moins expressif) **rejeter, projeter** ; ↑ **vomir**. — 4° V. PAYER.

craindre *Il ne craint ni les choses ni les hommes* = **avoir peur** (de qqn/qqch) ; ↑ **redouter** (qqn/qqch) ; **appréhender** (qqch) implique, davantage que les précédents, l'attente d'un événement à venir : *On appréhende d'aller chez le dentiste.* V. aussi CRAINTE, HÉSITER et TREMBLER. • **crainte** *La crainte du danger le rendait maladroit* = **peur** ; (avec la même nuance que pour le verbe) **appréhension** ; ↑ **phobie** se dit d'une peur maladive : *avoir la phobie des ascenseurs ;* **inquiétude** se dit d'un état intellectuel et affectif pénible, dû à la crainte d'un danger, à une situation d'incertitude, d'irrésolution ; (fam.) **trac**, ↑ **frousse** ; (très fam.) **trouille, chocottes** *(avoir les chocottes) ;* (très fam. ; peu employés) **pétasse, pétoche**. V. aussi ANGOISSE, PEUR et SOUCI ; **alarme** ne s'emploie guère que dans l'expression soutenue *jeter l'alarme dans.* • **craintif** *C'est un enfant craintif : un rien l'effraie ;* ↓ **timide** implique surtout un manque de confiance en soi ; ↑ **timoré** se dit de celui qui craint les risques, les responsabilités ; ↑ (péjor.) **pusillanime** se dit de celui qui est craintif jusqu'à la lâcheté. (Contrairement à ses syn., *craintif* se dit aussi des animaux.) V. PEUREUX (in *peur*). V. aussi GÊNÉ.

crâne 1° *Il s'est fendu le crâne en tombant de bicyclette ;* (de sens plus général) **tête** (v. ce mot) s'emploie parfois en ce sens : *Il n'a plus un seul cheveu sur le crâne ;* (fam.) **caillou**. — 2° (par méton.) *Vous pouvez lui répéter cent fois la même chose : il n'a rien dans le crâne !* = **cervelle**.

craqueler (se) *La terre se craquelait sous l'effet de la chaleur* = **se fendiller** ; ↑ **se fendre, s'ouvrir, se crevasser** ; ↑ **se lézarder** se dit surtout en parlant d'un mur.

craquer 1° *Qqch* ~. Émettre un bruit sec ; = **croquer** dans le contexte *croquer sous la dent.* — 2° *Qqch* ~. V. ROMPRE (SE). — 3° *Qqn* ~. *Ses nerfs n'ont pas tenu : il a craqué* (fam.) ; (courant) **flancher**, ↑ **s'effondrer**. V. aussi ABANDONNER I et RECULER.

crasse I (nom) 1° *Il s'était habitué à vivre dans la crasse* = **saleté** ; v. ORDURE. — 2° *Il m'a fait une crasse* (fam.) = **vacherie** ; = *il m'a joué un* **sale tour/un tour de cochon** ; v. aussi TOUR III.

II (adj.) *Il est d'une ignorance crasse* = **grossier**.

crédit I 1° V. AVOIR (nom). — 2° *Payer à crédit* = **à tempérament**.

II V. INFLUENCE, POUVOIR II et PUISSANCE (in *puissant*).

créer 1° Se dit des choses auparavant inconnues auxquelles les hommes donnent existence : ce verbe suppose à la fois l'invention et la réalisation ; **concevoir, imaginer** impliquent seulement l'invention. V. CONSTITUER. V. aussi COMPOSER I et INVENTER. — 2° V. OCCASIONNER et PRODUIRE I. — 3° V. ÉTABLIR.

crème *Il y avait là toute la crème de la haute société parisienne* (fam.) = **gratin**.

crépuscule *Nous partirons au crépuscule ;* (plus courant) **la fin/la tombée du jour**/(soutenu) **le déclin du jour** ; (peu employé) **à la brune**. V. AUBE.

creuser 1° V. APPROFONDIR et MINER. — 2° *Ça creuse !* : v. FAIM. • **se creuser** *Il n'a pas trouvé la solution ; il faut dire qu'il ne s'est guère creusé !* (fam.) = **se creuser la cervelle, se casser la tête** ; v. aussi FATIGUER (SE).

crever 1° (intr.) *Qqch* ~. *Des bulles venaient crever à la surface de l'eau ;* (moins propre) **éclater**. *L'abcès va crever* = **percer**. *La digue a crevé sous la poussée des eaux ;* (plus soutenu ; moins*

expressif) **se rompre.** — 2° (intr.)
V. MOURIR. — 3° (trans.) V. FATIGUER. —
4° (trans.) Dans l'express. *Cela crève les
yeux* (fam.) = **sauter aux yeux** ; (courant)
être évident. V. TOMBER [*tomber sous le
sens*].

cri 1° *Il poussa un cri,* terme très
général désignant tout son perçant que
lance la voix ; v. APPELER I ; v. ci-dessous
CRIER. Les synonymes se répartissent
selon l'émotion, le sentiment que trahissent le cri. *Un cri de joie :*
↑ **hurlement** ; *cri de douleur :* ↓ **gémissement,** ↑ **hurlement** ; *cri d'indignation,
de colère :* ↑ **hurlement, vocifération** ; *cri
d'approbation :* v. ACCLAMATION (généralement sans compl.). V. aussi EXCLAMA-
TION et VOIX I. — 2° (dans des express.)
*Il réclamait à grands cris une modifi-
cation du règlement* = **à cor et à cri** ;
(soutenu) **véhémentement.** ● **crier** Les
syn. de ce verbe sont très nombreux, le
plus souvent plus expressifs que lui ;
nous citons ici les principaux, en les
replaçant dans leurs contextes les plus
fréquents (**gueuler,** syn. très fam. de
crier, s'emploie en tous contextes).
1° Qqn ～. *Il se mit à crier de douleur ;*
↑ **hurler** ; (fam.) **brailler,** ↑ **s'égosiller** ;
(fam., péjor.) **braire, beugler, bramer** ;
(plus expressif) ↑ **rugir.** *Tu ne peux donc
pas parler sans crier ? ;* ↑ **hurler** ; (fam.)
criailler, piailler, ↑ **brailler** ; **glapir**
évoque une voix aiguë et désagréable. *Il
est en colère, alors il crie ! ;* (fam.)
brailler ; ↑ **hurler, tonner, vociférer,**
(rare) **tonitruer** ; (très fam.) **donner un
coup de gueule, pousser une gueulante.**
— 2° Qqn ～ qqch. *La victime criait son
innocence* = **clamer, proclamer.** V. aussi
FORT III. ● **criant** *L'injustice est criante !*
= **évident, flagrant, manifeste.** V. aussi
SCANDALEUX. *Ce film est d'une vérité
criante* = **frappant, saisissant** ; v. aussi
ÉTONNANT. ● **criard** 1° Qqn est ～. *Des
enfants criards* = **braillard** ; (très fam.)
gueulard. — 2° Qqch est ～. *Je trouve
que le biniou émet des sons criards*
= **aigre** (v. aussi ce mot) ; **strident,
perçant** se disent de sons qui percent les
oreilles ; (non péjor.) **aigu** signale seulement la hauteur d'un son ; **discordant**
se dit de sons qui ne s'accordent pas
entre eux. — 3° Qqch est ～. *Des
couleurs criardes* qui choquent la vue ;
↓ **voyant** ; **tapageur** évoque l'idée d'ostentation ; **discordant** se dit de couleurs qui
ne s'accordent pas entre elles.

crime 1° *Un crime a été commis rue
Nationale,* terme le plus courant pour
désigner un homicide volontaire ; **assassinat** et **meurtre,** de même sens, sont
d'emploi beaucoup plus restreint, et
n'entrent pas, notamment, dans les contextes les plus courants de *crime* (*crime
parfait, l'heure du crime, le crime ne
paie pas,* etc.). — 2° *Comment peut-on se
rendre coupable d'un tel crime ?,* se dit
d'une grave infraction à la loi morale et à
la loi civile ; ↓ **délit** ; ↑ **forfait** ; v. aussi
FAUTE et HORREUR.

crise 1° V. ACCÈS II. — 2° Phase de
déséquilibre dans la vie d'une personne,
d'une société. *Une crise économique* ;
↓ **récession,** ↑ **marasme.** *Les négociations
n'ont pas abouti ; c'est la crise ;* ↓ **impasse.**

critique I (nom f.) 1° *Faire la critique
d'un ouvrage :* v. ANALYSE. — 2° *Recevoir
des critiques :* v. ATTAQUE (in *attaquer*),
OBJECTION (in *objecter*), OPPOSITION (in
opposer) et REPROCHE. ● **critique** (nom m.)
Celui dont le métier est de juger des
œuvres de l'esprit (sens 1 de *critique* I) ;
commentateur est beaucoup plus général ; **censeur** est péjor. dans ce sens, ou
se dit spécialement de celui qui est
nommé par les pouvoirs publics pour
examiner les livres, les films, etc., avant
leur publication. ● **critiquer** (qqn/les
actes de qqn) *Les décisions gouverne-
mentales ont été sévèrement critiquées
par l'opposition* ; ↑ (sans adv. d'intensité)
fustiger, stigmatiser ; v. ATTAQUER ;
v. aussi CONDAMNER, DÉSAPPROUVER et
HONNIR. Ce verbe a toute une série de
syn. fam., dont : ↓ **chicaner, débiner,
esquinter,** ↑ **éreinter, taper sur** et l'express. *casser du sucre sur le dos de qqn.*

II (adj.) *Son fils traverse une période
critique* = **difficile.** V. aussi DANGEREUX,
DÉCISIF et SÉRIEUX.

croire 1° ～ qqch. *Il croit tout ce qu'on
lui dit* = **admettre** ; (fam.) **avaler, gober.**
— 2° ～ qqn. *J'ai eu tort de le croire*
= **écouter, se fier à, avoir confiance en** ;
v. aussi COMPTER SUR (in *compter* II)
et SÉRIEUX [*prendre au sérieux*]. —
3° (intr.) *Ne renoncez pas : il faut croire*
= **avoir la foi.** — 4° ～ qqn + attribut. *Le
croyez-vous capable de réussir ?* = **estimer, juger.** — 5° ～ + complétive. *Je
crois que je ne sortirai pas cette semaine*

= **penser**; (plus soutenu) **présumer**; v. INCLINER II; v. aussi ESTIMER et SUPPOSER. (au conditionnel) *On croirait qu'il est absent;* (plus courant) **dire.** *Si tu crois que je céderai, tu te trompes!* = **s'imaginer**; (plus fam.) **se figurer.** ● **croyable** (le plus souvent en phrase interrog. ou négat.) *Il a encore perdu? Ce n'est pas croyable!* = **imaginable, possible**; (en phrase négat.) = **incroyable, inimaginable, impossible**; v. aussi EXTRAORDINAIRE. ● **croyance** (d'après le sens 3 du verbe) 1º *La croyance en Dieu;* ↑ **foi.** — 2º (au plur.) *Il était homme à respecter toutes les croyances* = **convictions.** ● **croyant** 1º (adj.) *Êtes-vous croyant?;* ↑ **pieux** implique non seulement que l'on soit croyant, mais qu'on accorde en outre une grande importance aux pratiques de la religion liées à la ferveur de la foi (ce mot prend parfois l'acception péjor. de *dévot*); **dévot** enchérit apparemment encore sur *pieux* : en fait, ce terme est souvent employé péjor. pour qualifier qqn qui attache plus d'importance aux pratiques religieuses qu'aux réalités de la foi qu'elle sont censées manifester (v. aussi BIGOT); **mystique** se dit de celui qui recherche, au plus profond de lui-même, une union intime de l'homme et d'un principe supérieur qui le conduit : Dieu, dans la tradition chrétienne; (d'emploi plus rare) **religieux** se dit de celui qui a et pratique une religion. — 2º (nom) V. FIDÈLE II.

croissant (adj.) *Cette nouvelle mode a un succès croissant* = **grandissant.**

croix 1º Terme général pour désigner la représentation du gibet sur lequel Jésus-Christ fut mis à mort; **calvaire** se dit de la représentation de la scène de la crucifixion; **crucifix** se dit d'une croix sur laquelle figure Jésus-Christ crucifié. *Adorer la croix/le crucifix; admirer un calvaire breton.* — 2º *La souffrance l'accable depuis des années; mais elle porte sa croix avec beaucoup de courage,* suppose toujours le contexte *porter sa croix;* **calvaire** est d'emploi plus libre : *Quel calvaire !/C'est un véritable calvaire!* = **épreuve**; ↑ **martyre.**

crouler 1º Qqch ~. *Cette maison croule de vieillesse.* Sans syn. dans le sens de « menacer de tomber »; dans le sens de « tomber », **s'écrouler** est son

syn. le plus employé; **s'ébouler** se dit de ce qui a été mis en tas, **s'effondrer**, de ce qui croule sous le poids ou par manque d'appui : *Une maison s'écroule/s'effondre; Un tas de terre s'éboule.* V. aussi TOMBER. — 2º N'a pas de syn. dans le contexte *crouler sous qqch (Il croulait sous la fortune).*

croupir 1º Qqn ~. *Laissons-les croupir dans leur paresse,* n'a guère de syn. ; à la rigueur **s'enliser**, qui indique cependant non un état, mais une action; **végéter** n'implique pas, comme *croupir*, l'idée d'une déchéance; v. ENCROÛTER (S') et SÉJOURNER (in *séjour*). — 2º Qqch ~. *Les eaux croupissaient au soleil;* ↓ **stagner** n'implique pas forcément l'idée de pourriture; **pourrir**, de même sens, ne se dit guère en parlant d'eau.

croûte 1º *Casser la croûte* (fam.) : v. MANGER I et NOURRITURE (in *nourrir*). *Gagner sa croûte* : v. VIE. — 2º *La croûte terrestre* = **écorce.** — 3º *Quelle croûte!* : v. IMBÉCILE. — 4º V. TABLEAU.

cru 1º *Une couleur/une lumière crue* = **violent, vif**; v. aussi FORT II. — 2º *Une histoire un peu crue :* v. GAILLARD. — 3º *Vous êtes un imbécile, je vous le dis tout cru!* (fam.) = **(tout) net**; (courant) **crûment, comme je le pense, sans mâcher mes mots.** V. aussi FRANCHEMENT (in *franc* II) et AMBAGES. — 4º V. RÉALISTE.

cruel 1º Qqn est ~. *C'était un homme si cruel que son seul regard vous glaçait d'épouvante;* aucun des termes qui suivent n'est un syn. exact : **barbare, inhumain**; ↑ **sadique, sauvage**, ↑ **féroce, sanguinaire** (ces trois derniers convenant aussi en parlant d'un animal). V. aussi BRUTAL et MÉCHANT. — 2º Qqch est ~. *Il était poursuivi par un destin cruel;* ↑ **implacable, inexorable, impitoyable.** V. aussi AMER et EFFROYABLE. *La cruelle nécessité de se séparer;* ↓ **dure.** *Un cruel embarras* = **pénible.** ● **cruauté** 1º Caractère de qqn. V. BRUTALITÉ. — 2º Caractère de qqch. *La cruauté du destin l'accablait;* ↓ **dureté, hostilité;** ↓ (soutenu) **rigueur.** — 3º Acte cruel. *Il était écœuré par tant de cruautés* = **atrocité;** ↓ **excès.**

cuire 1º Qqch ~. *Le rôti cuit doucement;* (plus part.) **mijoter** ne se dit que d'un plat qui cuit doucement et, le plus souvent, dans son jus (un pot-au-feu peut *mijoter*, mais pas un rôti). — 2° Qqch ⌣. *Le soleil cuit/Ça va cuire! :* v. CHAUFFER. — 3° ⌣ qqch. Terme général auquel on peut substituer, selon le sens du contexte, des termes plus part. : **frire, griller, rôtir.** — 4° Qqn est ⌣. *Cette fois il est cuit! il ne pourra pas s'échapper!* (fam.) : v. BON I.

cuisine 1° *Tu aimes faire la cuisine?* ; (fam.) **popote, tambouille** ; (très fam.) **bouffe.** V. aussi ALIMENT et METS. — 2° V. AGISSEMENTS et COMBINAISON (in *combiner*). ● **cuisinier** Se dit de celui qui a pour métier de faire la cuisine ; (fam.) **cuistot** ; (péjor. et rares) **gâte-sauce, gargotier** ; **chef** se dit d'un chef cuisinier, **marmiton,** d'un aide-cuisinier ; **maître queux** ne s'emploie que rarement et iron. pour désigner un chef cuisinier ; **cordon-bleu** ne se dit que d'une femme : ce terme est une sorte de superlatif fam. de *cuisinière.*

cul 1° V. DERRIÈRE. — 2° *Le trou du cul* (vulg.) ; (courant) **anus.** — 3° (dans des express.) *En avoir plein le cul* : v. ASSEZ. *Tirer au cul* (très fam.) ; (fam.) **tirer au flanc** ; (courant) **ne rien faire** ; (soutenu) **paresser.** *Se taper le cul par terre :* v. RIRE. *Lécher le cul* : v. FLATTER. *Péter plus haut que son cul :* v. VANITEUX. — 4° *Ce film était un peu cul* (très fam.) = **cucul, cucu-la-praline** ; (courant) **idiot** ; v. aussi SOT.

culbuter 1° (intr.) *La voiture a culbuté dans le ravin* ; **basculer** évoque, davan-

tage que *culbuter*, la perte d'un équilibre. Ces deux verbes s'emploient aussi en parlant de personnes, contrairement à **capoter** et à **chavirer,** qui ne se disent guère que des véhicules (en ce sens, ~~verbox~~ ~~est vieux~~ ou **très** soutenu). V. aussi CROULER et TOMBER. — 2° ⌣ qqn/qqch. V. RENVERSER.

culminant *Le point culminant de* = **sommet** (v. ce mot). V. aussi COMBLE I.

culotte 1° *Des culottes courtes* = **short.** *Des culottes longues* = **pantalon.** Dans le langage courant, ce terme est souvent pris comme générique des précédents : *Il a fait un trou à sa culotte.* — 2° (dans des express.) *Trembler/chier dans sa culotte* (très fam. ou vulg.) ; (courant) **avoir peur** (v. ce mot). *Poser culotte :* v. CHIER. *Porter la culotte :* v. COMMANDER I.

culotté *Il refuse de vous obéir? il est culotté!* (fam.) ; (plus fam.) **gonflé.** V. aussi ABUSER II et APLOMB II.

cultiver 1° *La fréquentation des bibliothèques cultive l'intelligence* = **éduquer, former.** — 2° *Dans le contexte figé cultiver ses relations* = **soigner** ; v. ENTRETENIR. — 3° V. TRAVAILLER I.

curieux 1° *Je suis curieux de voir s'il réussira :* v. IMPATIENT. — 2° *C'est un personnage vraiment très curieux,* qui attire l'attention et provoque le rire : v. AMUSANT (in *amuser*) ; ou la surprise : v. BIZARRE. — 3° *Nous détestons les gens curieux, ici!* ; (plus rare) **indiscret.**

d

dais Ouvrage de bois ou tenture, suspendus au-dessus de la place qu'occupe, en certaines occasions, un personnage éminent (par ex., le trône d'un roi) ; **baldaquin** se dit d'un dais à colonnes, **ciel de lit**, d'un dais placé au-dessus d'un lit.

danger *L'aventure n'était pas sans danger* = **risque** ; ↑**péril**. Ces trois termes entrent chacun dans de nombreux contextes où ils ne peuvent être mis l'un pour l'autre. Ainsi : *avoir le goût du danger/du risque* (*péril* est impossible) ; *au risque/péril de sa vie* (*danger* est impossible) ; *Il est en danger de mort* (*péril* et *risque* sont impossibles). D'une manière générale, *danger* est le terme le plus courant ; *péril,* le plus soutenu. V. INCONVÉNIENT. ● **dangereux** Adj. le plus courant ; entre dans presque tous les contextes, contrairement à ses syn. : *un homme dangereux* = **redoutable** ; v. aussi MÉCHANT II et PERFIDE. *Un virage dangereux/traître ; un mauvais virage. Une entreprise dangereuse ;* ↑ **périlleux/**↓**délicat** (ces derniers termes ne s'emploient jamais en ce sens qu'en parlant d'un abstrait) ; v. AVENTUREUX (in *aventure*) et RISQUÉ (in *risquer*) ; v. aussi CRITIQUE II et SÉRIEUX. *Des livres dangereux :* v. IMMORAL et SCABREUX. *Un animal dangereux :* v. NUISIBLE (in *nuire*).

dans 1° (avec un compl. de lieu) *Il aimait à se sentir perdu dans la foule du samedi soir* = **parmi, au milieu de** ; (plus soutenu) **au sein de.** — 2° (avec un compl. de temps) *Dans quelques jours :* v. BIENTÔT. — 3° (suivi d'un compl. exprimant une approximation chiffrée) *Ce livre coûte dans les douze francs* = **environ, à peu près** (*Il coûte environ/à peu près douze francs)* ; v. QUELQUE.

danser 1° A pour syn. très fam. l'argotique **guincher.** V. aussi BAL. —

2° *Il ne sait sur quel pied danser :* v. HÉSITER.

danseuse D'emploi plus général que **ballerine,** qui désigne une danseuse de ballets.

dantesque *La vision dantesque de la mer démontée l'avait bouleversé* (soutenu) = **apocalyptique** ; (courant ; très plat) **extraordinaire** ; v. aussi EFFROYABLE.

dard *Le dard d'une abeille* = **aiguillon.**

date 1° *De longue date :* v. LONGTEMPS. *De fraîche date :* v. RÉCENT. — 2° V. TERME I. ● **dater** 1° *Ses premiers travaux datent de 1954 ;* (moins soutenu) **remonter** à ne s'emploie pas dans tous les contextes (se dit d'un événement, comme dans notre ex., mais non d'une chose ; on ne dira pas : *Ce vin remonte à 1949*). Dans l'express. *Cela ne date pas d'hier* = **c'est vieux.** — 2° *À dater de :* v. COMPTER II. — 3° *Cela date un peu :* v. ANACHRONIQUE. — 4° *C'est un événement qui datera dans sa vie* = **faire date, marquer.**

débarcadère Lieu aménagé pour débarquer ou embarquer personnes ou marchandises = **embarcadère** ; **appontement** est plus spécial : c'est une plate-forme sur pilotis à laquelle viennent s'amarrer les bateaux. V. aussi DIGUE.

débardeur Ouvrier employé au chargement et au déchargement d'un véhicule ; **docker** ne se dit que pour celui qui charge et décharge les bateaux dans les ports ; **porteur** désigne celui qui porte les bagages dans les gares.

débarquer 1° ∼ qqn. V. CONGÉDIER. — 2° Qqn ∼. *D'où est-ce qu'il débarque, celui-là ?* (fam.) ; (courant) **arrive, venir.**

débarrasser *Débarrasser un grenier ;*
↑**nettoyer.** *Débarrasser un chemin*
= **déblayer, dégager ;** (express. fam.)
Veux-tu me débarrasser le plancher !
= **nettoyer ;** v. aussi PARTIR. ● **se**
débarrasser 1° ∼ *de qqch.* V. AFFRAN-
CHIR I [*s'affranchir de*], JETER et QUITTER.
— 2° ∼ *de qqn. Il se débarrassa des*
importuns avec un art consommé = **éloi-**
gner ; (assez fam.) **expédier ;** v. DÉFAIRE
et TUER.

débattre *Lors de la prochaine réu-*
nion, nous débattrons de cette importante
question ; (plus employé et entrant dans
des contextes plus nombreux) **discuter ;**
examiner évoque moins l'idée d'une
discussion contradictoire, où l'on
échange des arguments opposés, que
celle d'une étude approfondie ; **délibé-**
rer, c'est débattre, discuter, mais en
sachant qu'une décision devra de toute
façon être prise à la fin de la discussion ;
parlementer s'emploie parfois avec le
sens de *discuter* quand il s'agit d'un
adversaire avec lequel il faut prendre un
accommodement quelconque : *Un offi-*
cier de police parlementait avec un petit
groupe de manifestants. ● **se débattre**
L'enfant se débattait comme un furieux
sur la chaise du dentiste ; ↓**s'agiter ;**
(plus fam.) **se démener ;** (express.) ↑**s'a-**
giter comme un beau diable ; v. aussi
LUTTER (in *lutte*).

débaucher I *Beaucoup d'entreprises*
textiles ont dû débaucher du personnel
= **licencier ;** v. aussi CONGÉDIER.
II V. CORROMPRE et SÉDUIRE. ● **débauche**
1° *Depuis son accident, il a perdu son*
équilibre et s'est lancé dans la débauche ;
libertinage se dit d'une débauche « aristocratique », où l'on prétend allier la
licence des mœurs avec l'élégance ;
↑**dévergondage ;** ↑(rare) **stupre ;** ↑**orgie**
ne s'emploie pas dans les mêmes contextes : *On se lance dans la débauche ;*
on participe à une orgie ; (fam.) **bombe,**
bringue, foire, noce, nouba, (vieillis)
ribote, ribouldingue s'emploient surtout
dans le contexte *faire la* ∼. V. aussi
CORRUPTION, FESTIN et INCONTINENCE. —
2° V. PROFUSION.

déboîter (se) *Il s'est déboîté le genou*
= **se démettre ;** ↑**se désarticuler, se dislo-**
quer ; (terme techn.) **se luxer ;** (fam.) **se**
démancher, se démantibuler. ● **déboî-**

tement (comme pour le verbe) **désarticu-**
lation, dislocation, luxation.

débonnaire 1° *Un prince débonnaire*
(vieilli en ce sens) = **clément.** — 2° *Il est*
d'un tempérament débonnaire = **paci-**
fique. — 3° *Sa mine débonnaire le rend*
très sympathique ; (fam.) **bon enfant.**

déborder I V. DÉPASSER et SORTIR.
II *Son cœur déborde de tendresse ;* (plus
courant) **être plein de.** *Déborder de*
santé/de joie = **éclater.** ● **débordement**
1° *Des débordements de tendresse/de joie*
= **effusion ;** ↑**explosion.** — 2° *Ses parents*
étaient désespérés de le voir sombrer dans
de tels débordements = **excès ;** v. aussi
DÉBAUCHE. ● **débordant** *Une joie débor-*
dante = **exubérant ;** ↑**délirant ;** v. PLEIN.

déboucher I *Déboucher une bouteille ;*
(très général) **ouvrir.**
II 1° (intr.) *Le cycliste n'a pas aperçu*
la voiture qui débouchait du carrefour ;
(moins propre dans ce contexte) **surgir.**
— 2° *Cette rue débouche sur le grand*
boulevard = **donner sur ;** (moins propre)
tomber dans. — 3° *Ses études*
débouchent sur le métier d'ingénieur
= **mener à.**

debout *Ce terme n'admet de syn. que*
dans quelques contextes part. 1° *Se*
mettre debout ; (plus soutenu) **se lever.** —
2° *Notre malade va mieux : il sera debout*
dans quelques jours, même sens général
que précédemment ; on ajoutera (plus
fam.) **être sur pied.** — 3° (en parlant de
propos tenus par qqn) *Ne l'écoutez pas !*
ce sont des histoires à dormir debout/qui
ne tiennent pas debout (fam.) ; (courant)
absurde (v. ce mot).

débraillé *Une tenue débraillée ;* ↓**né-**
gligée.

débrouiller I V. ÉCLAIRCIR.
II **se débrouiller** *Délaissé par ses parents,*
il avait bien fallu qu'il apprenne à se
débrouiller seul (considéré comme fam. ;
n'a pas de véritable syn. courant) ; (plus
fam.) **se dépatouiller ; s'arranger** ne convient pas en tous contextes : il suppose
généralement un compl. (*s'arranger pour*
faire qqch) ; ↑**s'en sortir** (v. ce mot)
(*Crois-tu qu'il pourra se débrouiller/s'en*
sortir ?) ne convient pas à tous les

contextes (on ne pourrait guère, par ex., l'employer à l'impératif); (vulg.) **se démerder** convient en tous contextes.
- **débrouillard;** (vulg.) **démerdard;** v. aussi MALIN.

décade Au sens propre, période de dix jours. Très souvent employé aujourd'hui au sens de «période de dix ans», et confondu avec **décennie** (cette confusion est condamnée par les puristes).

décadence Perte des qualités qui faisaient la réputation de qqch ou qqn ; ↓ **déclin,** ↑ **ruine** se disent plutôt des choses ou de qualités physiques : *la décadence/le déclin/la ruine d'un empire ;* ↑ **déchéance** se dit plutôt des qualités morales : *la décadence/la déchéance des mœurs, la déchéance intellectuelle ;* v. aussi ABAISSEMENT II.

décaler *Les heures de départ des trains ont été décalées* = (selon le sens) **avancer** ou **retarder.**

décanter (se) *Peu à peu, les choses commençaient à se décanter* = **se clarifier, s'éclaircir.** V. ÉPURER.

décédé 1º (nom) *Voici une photo du décédé* (emploi rare) ; dans ce contexte, on emploiera plutôt **défunt,** (soutenu, pompeux) **trépassé, disparu** (le plus souvent avec le sens de «personne morte dont on n'a pas retrouvé le corps», ou syn. soutenu de *défunt*), **mort** (v. ce mot ; terme courant le plus brutal ; implique dans notre ex. une absence de liens affectifs avec la personne décédée), **victime** (s'il s'agit d'une mort par accident), **macchabée** (très fam.). — 2º (adj.) *Voici des photos des personnes décédées* (en termes de droit) ; (courant) **mort ;** (souvent avec les mêmes nuances qu'en 1º) **trépassé, disparu ; feu** ne s'emploie que devant le nom, dans le style très soutenu, dans la langue administrative, ou avec un effet comique : *feu mon père.*

décélérer (terme technique) ; (usuel) **ralentir ;** (usuel pour un véhicule) **freiner.**

décent 1º Conforme aux lois de la pudeur. *Une tenue décente* = **convenable, correcte.** *Une attitude décente ;*

↑ **réservée.** V. aussi AUSTÈRE et PRUDE. — 2º Conforme aux lois de la politesse. *Est-il décent de le déranger à une heure aussi matinale ?* = **convenable ;** (soutenu) **bienséant ;** v. aussi ACCEPTABLE.
- **décence** (avec les mêmes nuances que précédemment) **bienséance, pudeur ;** v. aussi CONVENANCE et RETENUE I.
- **décemment** 1º *Être vêtu décemment* = **correctement** (v. ce mot). — 2º (dans un contexte où figure une négation ; peut être détaché en tête de proposition) *Décemment, je ne peux satisfaire à ce que vous me demandez* = **honnêtement, raisonnablement.**

décevoir *Son attitude m'a déçu ;* ↓ **désappointer ;** (fam.) **défriser.** V. TROMPER. • **déception** ↑ **déconvenue** emporte presque l'idée d'humiliation, tant la déception est grande. D'autres syn. se répartissent selon les contextes : *Il attendait beaucoup de la vie : quelle déception/désillusion de se retrouver condamné à jamais à un lit d'hôpital. Il nous a dit sa déception/son désappointement de ne pas vous avoir rencontré. Pendant sa vie de militaire, il a essuyé bien des déceptions/déboires. Elle vivait dans l'univers ouaté des romans roses : quelle déception/désenchantement de revenir soudain à la réalité. Il ne parvenait pas à cacher l'amère déception/déconvenue de sa défaite ;* v. aussi DÉSAPPOINTEMENT, DOUCHE et MÉCONTENTEMENT.

déchanter *Il avait mis beaucoup d'espoir dans cette entreprise : mais il a dû déchanter ;* (plus fam.) **en rabattre.**

déchet 1º Terme général pour désigner ce qui tombe d'une matière qu'on travaille ; **résidu** est le plus souvent péjor. ; selon la matière, on parlera plus précisément de **chute** (de tissu, de papier peint, etc.), de **copeau** (de bois), d'**épluchure** (de légumes), de **rognure** (de cuir, de viande, etc.), de **scorie** (de métaux). Tous ces termes, sauf *chute* et *résidu*, s'emploient presque toujours au plur. *Chute* implique en outre, souvent, l'idée de réutilisation : *J'ai taillé un habit de poupée dans une chute de tissu.* V. aussi REBUT. — 2º Résidu inutilisable, sale, que l'on rejette à la poubelle = **détritus.** — 3º Personne déchue. *Il vivait dans la rue, pauvre déchet rongé par la misère* = **loque.**

déchirer 1° *Dans l'accident, ma veste a été déchirée;* ↑**déchiqueter; lacérer,** c'est mettre volontairement qqch en lambeaux. *Je me suis déchiré le bras en tombant sur les rochers;* ↓**égratigner.** — 2° *Le chat lui a déchiré le visage à coups de griffes;* ↓**égratigner;** ↑**labourer.** — 3° *Un cri strident déchira le silence* = **percer;** ↓**troubler.** — 4° (déchirement moral) *C'était à vous déchirer le cœur* = (seulement dans ce contexte) **fendre;** ↑**arracher.** V. aussi ATTRISTER et TIRAILLER (in *tirer* I); v. MEURTRIR. — 5° V. DIVISER.

décider 1° ∼ qqch. V. ARRÊTER III. — 2° *Qqn* ∼ *de + infin. Ils ont décidé de partir à 8 heures* = **prendre la décision de, se décider à;** ↑**décréter,** c'est prendre une décision catégorique; **prendre l'initiative de,** c'est être le premier à *décider de qqch;* v. aussi SAUTER [*sauter le pas*]. — 3° *Qqch* ∼ *de qqch. Notre choix décidera de notre avenir* = **déterminer** (qqch). — 4° ∼ *qqn à. Parviendrez-vous à le décider à travailler?;* ↓**convaincre/persuader de.** — 5° *Qqn est décidé* (à). *Il est décidé à tout faire pour le sauver;* ↑**résolu;** ↓**prêt.** — 6° *C'est tout décidé!* : v. VOIR. ● **se décider** 1° *Qqn* ∼. V. ACCOUCHER. — 2° *Qqn* ∼ *à.* V. 2° *de décider.* — 3° *Qqn* ∼ *pour.* V. CHOISIR. — 4° *Qqch* ∼. *C'est pendant la deuxième mi-temps que le match va se décider* = **se jouer** (au sens de « être résolu dans un sens ou dans l'autre »). ● **décidément** *Décidément, il ne fera jamais beau dans ce pays!;* **vraiment** est d'emploi moins courant pour exprimer, comme dans notre ex., qu'une conclusion que l'on va annoncer s'impose. ● **décisif** 1° *Le moment est décisif : il est temps d'agir* = **crucial, déterminant.** V. IMPORTANT et PRINCIPAL. V. aussi CRITIQUE II. — 2° *Son argument est décisif : faisons-lui confiance!;* ↑**péremptoire;** v. CATÉGORIQUE et CONCLUANT (in *conclure*). ● **décision** 1° *Nous nous en remettrons à la décision du tribunal :* v. ARBITRAGE; v. aussi VERDICT. — 2° *J'ai pris la décision de ne plus fumer;* **parti** emporte surtout l'idée d'utilité; il suppose que l'on s'est décidé à agir après avoir évalué les avantages et les inconvénients de la décision à prendre (ne s'emploie guère, en ce sens, que dans le contexte : *prendre le parti de*); ↑**résolution** suppose que, la décision étant prise, on agira

quoi qu'il advienne. V. MESURE II. — 3° *Les passagers commençaient à s'effrayer : le capitaine n'agissait pas avec suffisamment de décision* = **assurance, détermination, fermeté;** v. aussi APLOMB et HARDIESSE.

déclarer 1° *Les représentants syndicaux ont déclaré aux journalistes que la grève se poursuivait;* **annoncer** et surtout **révéler** impliquent, contrairement à *déclarer,* l'idée que l'information donnée était jusque-là inconnue ou secrète; ↑**proclamer** implique l'idée de la solennité qui entoure un acte public. — 2° *Il lui a déclaré son amour;* ↓**avouer** implique l'idée de timidité. Pour 1° et 2°, v. aussi DIRE. ● **se déclarer** 1° *Qqn* ∼ *pour/sur qqch. Il s'est déclaré pour l'arrêt immédiat des bombardements* = **se prononcer.** — 2° *Qqch* ∼. *Un incendie s'est déclaré dans le bâtiment principal* = **éclater.**

décliner I V. REPOUSSER.

II 1° *Qqch* ∼. *Le jour commence à décliner* = **baisser, décroître, faiblir, diminuer.** V. TOMBER. — 2° *Qqn, les forces/la santé de qqn* ∼. V. AFFAIBLIR (S') et AGONISER (in *agonie*). ● **déclin** *Un déclin de popularité* = **baisse.** *Le phénomène est sur son déclin* = **régresser.** *Le déclin du jour :* v. CRÉPUSCULE.

décomposer 1° *On décompose l'eau par électrolyse; la pluie* **désagrège** *les roches friables.* — 2° *Le soleil décompose certains aliments :* v. ALTÉRER I. V. aussi CORROMPRE et POURRIR. — 3° (en parlant des traits du visage; souvent au passif) *Le pauvre homme était tout décomposé* = **défait.** *L'angoisse décomposait les traits de son visage :* v. ALTÉRER I.

déconcerter *Sa façon de jouer déconcertait même ses partenaires* = **décontenancer, désorienter, dérouter;** ↓**surprendre;** ↑**démonter, désarçonner, désemparer; interloquer,** c'est rendre muet de surprise. On ajoutera à ces syn. **laisser penaud,** qui suppose un certain ridicule chez celui qui a été déconcerté, **laisser interdit,** qui implique que l'on est déconcerté au point de ne plus pouvoir dire un seul mot, ainsi que **laisser pantois** (v. ce terme), qui ajoute une nuance d'ironie (*Sa façon de jouer les laissait penauds/interdits/pantois*).

V. TROUBLER. ● **déconcertant** *Son attitude est vraiment déconcertante* = **déroutant, incompréhensible ;** ↓**surprenant ;** v. aussi BIZARRE.

déconfit *Il avait dû reconnaître ses torts et restait là, tout déconfit* = **penaud ;** v. aussi DÉCONCERTER.

déconseiller *Nous lui avons déconseillé de partir ;* ↑**dissuader** implique que l'on a amené qqn à renoncer à ses projets *(dissuader qqn de faire qqch).*

découper On *découpe* un rôti avant de le servir à table ; le boucher **débite** un bœuf de manière à obtenir des morceaux de viande propres à la vente ; on peut aussi dire qu'il le **détaille,** par oppos. au marchand en gros qui le vend en entier ; **dépecer** s'emploie parfois avec le sens de **débiter,** mais, le plus souvent, ce verbe signifie « tailler en pièces » *(Le boucher débite un mouton/Les corbeaux dépècent un mouton mort dans le champ).* Ces verbes ne s'emploient pas en tous contextes (on *débite* du bois, on ne le *dépèce* pas !). V. aussi COUPER. ● **se découper** *Au soleil couchant, les rochers se découpaient sur la mer avec une parfaite netteté* = **se détacher ; se profiler** ne peut se dire que de ce qui présente un profil net (par ex., une tour, une silhouette humaine) ; **se dessiner** implique l'idée de formes plus fines, moins géométriques.

décourager 1º *Voici deux mois que nous luttons en vain ; tout le monde est découragé ;* ↑**démoraliser ;** ↑**dégoûter** (v. ce mot), **écœurer** (v. ce mot) ; (assez soutenu) **perdre courage ;** (très fort) ↑**désespérer ;** (express. fam.) **avoir les bras/les jambes coupées ;** v. aussi ABATTRE II. — 2º ∼ qqn de faire qqch. *Nous avons essayé de le décourager d'entreprendre ce voyage, mais en vain* = **dissuader ; rebuter** s'emploie avec un sujet non animé : *La difficulté de l'entreprise l'a rebuté.*

découvrir 1º *A-t-on découvert le coupable ?* ; **dépister,** c'est découvrir la trace d'un animal, de qqn. *J'ai découvert ton secret ;* (plus précis) **deviner,** c'est découvrir par raisonnement ou par intuition ; **surprendre,** c'est découvrir qqch que qqn tenait à garder caché : il implique précisément la « surprise » de celui qui

est découvert. *J'ai découvert des traces d'arsenic dans le blé !* = **déceler ; détecter,** c'est déceler l'existence de qqch, généralement de manière scientifique : *Nos appareils ont détecté des rayonnements dangereux ;* v. aussi DIVULGUER, MONTRER, RELEVER II et TROUVER. — 2º *Nous avons découvert un petit bois où abonde la girolle :* v. VOIR. — 3º *Qui a découvert le D. D. T. ?* ; v. INVENTER. ● **se découvrir** 1º *Veuillez vous découvrir* a un sens très général ; peut avoir pour syn., selon le contexte, aussi bien **ôter son chapeau** que **se déshabiller,** (soutenu) **se dévêtir.** — 2º *Le ciel paraît vouloir se découvrir* = **se dégager, s'éclaircir.** V. aussi, pour 1º et 2º, COUVRIR (SE).

dedans 1º (adv.) [dans des express.] *Mettre/foutre dedans* (arg. mil.) ; (courant) **mettre en prison.** (fam. ou très fam.) *Il m'a mis dedans/je me suis mis dedans ;* (courant) **tromper/se tromper.** *Rentrer dedans* (fam.), en parlant des véhicules = **rentrer dans le chou ;** (courant) **heurter ;** en parlant des personnes, (courant) **se précipiter sur.** — 2º (nom) *Le dedans d'une valise ;* (plus soutenu) **intérieur.**

dédicace *Le livre portait une dédicace signée de la main de l'auteur ;* (plus rare) **envoi.**

dédier 1º V. CONSACRER. — 2º *Dédier/dédicacer un livre à qqn ; dédier,* c'est placer un livre sous le patronage de qqn, par une inscription imprimée en tête de l'ouvrage ; le **dédicacer,** c'est seulement en faire l'hommage à qqn par une inscription manuscrite.

dédire (se) *Savoir se dédire quand on sait que l'on a tort est une marque d'honnêteté ;* ↑**se rétracter, se désavouer,** c'est se dédire d'un engagement ou de propos important ; (plus général) **changer d'avis.**

dédommager *Il a perdu tous ses livres dans cet incendie, mais il sera dédommagé* = **indemniser.**

défaillir 1º *Il avait cru défaillir, tant la douleur avait été violente* (assez soutenu), ne s'emploie généralement qu'à l'infin. ; (plus courants ; s'emploient à tous les temps) **s'évanouir, se trouver mal, perdre connaissance ;** (fam.) **tomber**

dans les pommes, tourner de l'œil. — 2° (en ce sens, dans l'express. *sans défaillir*) *J'accomplirai mon devoir sans défaillir* = faiblir. ● défaillance 1° (sens 1 du verbe) = évanouissement; (techn.) syncope. 2° (sens 2 du verbe) faiblesse.

défaire 1° ~ qqch. *Défaire un paquet/un travail*, etc., contraire de *faire*. Ce verbe est de sens si général qu'il est impossible d'énumérer tous ses syn. (détacher, déclouer, dévisser, etc.). — 2° ~ qqn de qqn/qqch. *Comment le défaire de l'habitude de fumer?* = débarrasser; ↑ délivrer. — 3° V. VAINCRE. ● se défaire 1° ~ de qqn. V. DÉBARRASSER (SE) et CONGÉDIER. — 2° ~ de qqch. *Il est parvenu à se défaire de son habitude de fumer* = se débarrasser, se délivrer; perdre (qqch); (plus soutenu) se corriger; v. aussi DÉSHABITUER. — 3° ~ de qqch. V. VENDRE. ● défaite (sens 1 du verbe) 1° (sens mil. du terme) *Une défaite qui entraîne la panique et la fuite tourne en déroute ou débâcle; la débandade n'est qu'un commencement de déroute.* — 2° *Jamais notre équipe de football n'avait été battue ainsi : quelle défaite!*; ↑ déconfiture; (plus soutenu) ↑ déroute; pour les sens 1 et 2, v. aussi ÉCHEC, FUITE, PERTE (in *perdre*) et RACLÉE.

défaut I faire défaut V. MANQUER III. à défaut *A défaut de grives, mangeons des merles!*; faute de, qui convient dans cet ex., n'a pas un emploi si général (on ne pourrait pas, par ex., l'employer dans des phrases comme : *donnez-moi du beurre, ou, à défaut, de la margarine; à défaut de Pierre, prenons Jacques*).
II 1° Qqch a un ~. *Défaut* peut s'employer couramment dans tous les contextes où l'on trouve défectuosité, terme beaucoup plus rare, que l'on n'utilise que pour parler de défauts techn. (*les défectuosités d'une pièce de métal*); ↓ imperfection s'emploie rarement en parlant de choses ; ↑ vice. — 2° Qqn a un ~. *Ses défauts sont l'envers de ses qualités*; ↓ imperfection; ↑ vice, tare (ces deux termes n'entrent pas toujours dans les mêmes contextes : *Je vous dis que le luxure est un vice et que l'alcoolisme est une tare*); travers se dit d'un défaut de caractère qui fait que l'on s'écarte du bon sens. (sens 1 et 2) V. INCONVÉNIENT et RIDICULE.

défaveur *Le ministre des Affaires étrangères a donné sa démission : il était en défaveur depuis longtemps!* = discrédit; ↑ disgrâce. Seul, *discrédit* s'emploie dans l'express. *jeter le discrédit sur; seul, défaveur s'emploie en parlant des choses* : *Ce produit est en défaveur auprès du public.* V. aussi FAVEUR et HOSTILITÉ. ● défavorable 1° Qqch est ~. *Les conditions atmosphériques sont défavorables : les avions ne peuvent décoller* = mauvais (v. ce mot). *Il a négocié sa maison dans des conditions défavorables* = mauvais (antéposé), désavantageux. — 2° Qqn est ~ à qqch. *Il s'est montré défavorable à votre proposition;* ↑ opposé, hostile. V. aussi FAVORABLE. ● défavoriser *Les candidats ont été défavorisés par l'épreuve de latin* = désavantager (v. ce mot), handicaper. V. aussi NUIRE.

défendre I 1° ~ qqn. *Il n'a jamais hésité à défendre ses amis, même au péril de sa vie;* porter secours à, secourir sont plus généraux : ils n'impliquent pas forcément que la personne défendue ait été attaquée : *secourir qqn qui est dans la misère;* soutenir, ↓ plaider pour s'emploieront lorsqu'il s'agit d'une défense verbale, et non physique. V. aussi ÉLOGE et JUSTIFIER. — 2° ~ qqch. *Seule une maigre garnison était restée pour défendre la ville;* ↑ tenir suppose un combat où la défense est très difficile. — 3° ~ qqn/qqch de qqch. *La jetée défendait les bateaux de la grosse houle du large;* le terme propre est ici protéger (v. aussi ce mot); v. SAUVEGARDER. ● se défendre 1° V. ASSURER II [*s'assurer*], RÉSISTER et SOUTENIR (SE). — 2° V. PROTÉGER (SE). ● défendable/indéfendable *Son attitude n'est pas défendable* = justifiable. *Son attitude est indéfendable* = injustifiable/insoutenable. ● défenseur 1° *Elle aime les romans où le héros se fait le défenseur du faible et de l'opprimé* = protecteur; ↑ champion; v. SOUTIEN. — 2° *C'est un ardent défenseur des idées nouvelles* : v. APOLOGISTE, PARTISAN et SOLDAT. — 3° (en termes de droit) *L'accusé a été acquitté : il faut dire qu'il avait un bon défenseur!* = avocat dans ce contexte; mais *avocat* est d'emploi plus large, dans la mesure où la défense d'un accusé n'est que l'une de ses activités; conseil se dit d'un avocat qui défend les intérêts de qqn en dehors de toute action judiciaire.

Il *Il est défendu de fumer* = **interdire**; peut-être ce dernier verbe prend-il une résonance plus juridique que le premier : on l'emploiera de préférence lorsqu'il s'agit de s'adresser au public (*interdit de fumer/de marcher sur les pelouses*, etc.); **prohiber** est un terme de législation ou de police *(des armes prohibées par la loi)*; **illicite** se dit de tout ce qui est défendu par la loi ou contraire à la morale. V. aussi CONDAMNER et VOULOIR. ● **se défendre de** V. ABSTENIR (S').

défense **I** (v. DÉFENDRE I) *Pensez-vous que l'arme nucléaire soit vraiment une défense efficace?* = **protection**. V. aussi APPUI.

Il (avec les mêmes nuances que pour *défendre* II) **interdiction**; **prohibition**.

III (au plur.) *Les défenses de la ville ne pouvaient résister longtemps au tir des canons* = **fortifications**. V. aussi FORTERESSE.

défi *Relever le défi;* (soutenu) **gant**. V. BRAVADE (in *braver*).

déficit *L'entreprise annonce un déficit de plusieurs millions;* (plus général) **perte**.

défilé **I** *Le défilé du 14-Juillet* (sans syn.); **procession** se dit d'un défilé solennel accompagnant une fête religieuse, **cortège**, d'une suite de personnes qui en accompagnent une autre pour lui faire honneur, **file**, d'une suite de personnes placées les unes derrière les autres : *la procession de la Sainte Vierge/le cortège nuptial/la file des gens qui attendent devant un cinéma*. Ces termes entrent parfois dans le même contexte : *le défilé/le cortège/*(péjor.) *la procession/↓ la file des manifestants*.

Il V. PASSAGE (in *passer* I).

défiler (se) *Il devait assister à la cérémonie, mais il s'est défilé au dernier moment* (fam.); (courant) **se dérober**, **s'esquiver**; v. aussi FUIR.

définir *Il ne parvenait pas à définir ce qui l'avait poussé à agir* = **déterminer**; (plus général) **préciser**; v. DÉLIMITER.

définitif N'a de syn. que dans le sens de «à quoi l'on ne peut remédier» : *Le*

mal est fait et il est définitif = **irrémédiable**, **irréparable**; sur quoi l'on ne peut revenir : *Sa décision est prise, et elle est définitive* = **irrévocable**. ● **définitivement** (avec les mêmes nuances que pour l'adj.) **irrémédiablement**, **irréparablement**, **irrévocablement**. *Il est parti définitivement* = **pour toujours**.

défoncer 1° *La porte était fermée; nous avons dû la défoncer;* **enfoncer** est souvent pris dans le même sens, quoique ce verbe indique que l'on fait céder qqch qui résiste par un choc ou une poussée, et *défoncer* que l'on brise qqch par un enfoncement. (C'est pourquoi l'on peut dire *défoncer une caisse*, mais non «enfoncer une caisse».) — 2° *Le chemin était défoncé par les roues des camions;* (par métaph.) **labourer**.

déformer 1° ~ qqch (concret). Altérer la forme naturelle. On se reportera, d'une manière générale, à ALTÉRER I et à ABÎMER. (en part.) *La porte a été déformée par l'humidité* = **gauchir**; v. aussi TORDRE. *Il ne lui restait plus qu'une paire de chaussures toutes déformées;* ↑ **avachi**. — 2° ~ qqch (abstrait). *Le témoin avait visiblement déformé la vérité* : v. FALSIFIER.

défraîchi Qui a perdu sa fraîcheur et son brillant; ↑ **fané**, **flétri** ne peuvent s'employer dans tous les contextes; se disent en parlant des fleurs, de l'aspect d'un visage : *une robe défraîchie; un visage défraîchi/fané/flétri;* v. USÉ (in *user*); v. aussi FATIGUÉ.

défricher 1° C'est rendre cultivable une terre qui était couverte par les bois ou la forêt = **déboiser**, ou la broussaille = **débroussailler**; (rare) **essarter**. — 2° *Défricher un problème difficile* = **démêler**; v. aussi ÉCLAIRCIR. ● **défricheur** Se dit de celui qui défriche; **pionnier** se dit d'un colon qui s'installe dans des contrées jamais encore défrichées pour les mettre en valeur.

dégagé Implique de l'aisance dans la manière d'agir et de s'exprimer; **désinvolte** suppose des manières d'agir trop libres et implique un certain sans-gêne. V. aussi DÉGOURDI et INSOLENT.

dégager 1° *Les pompiers tentaient de dégager les victimes des wagons acci-*

dentés; (d'emploi plus général) **libérer**; ôter, **retirer**, **tirer** se disent plutôt des choses. — 2° (en parlant d'un fluide) *Les égouts dégagent une odeur nauséabonde*; (plus soutenu) **exhaler**; **répandre** insiste sur le volume occupé par l'odeur; v. aussi SENTIR. — 3° *Telle est la morale que dégage le fabuliste* = **tirer**. V. MONTRER. — 4° ∼ qqn de qqch. (en part.) *Il faut maintenant le dégager de sa parole* = **libérer**. — 5° ∼ qqch. V. DÉBARRASSER. ● **se dégager** 1° V. LIBÉRER (SE). — 2° *Une odeur nauséabonde se dégageait des égouts*; (plus soutenu) **émaner**, **s'exhaler**; (moins soutenu) **sortir**. — 3° *Tels sont les faits qui se dégagent de l'enquête* = **ressortir**; v. aussi MANIFESTER (SE). — 4° *Le ciel se dégage :* v. DÉCOUVRIR (SE).

dégât 1° *L'inondation a causé des dégâts importants* (ce terme suppose toujours des pertes matérielles); **dommages** (v. ce mot) s'emploie en ce sens, et est alors plus soutenu, mais il se dit aussi de pertes morales ou financières; ↑**faire des ravages** (le nom ne prend pas d'adj. intensif : *ravage* étant de sens très fort, on ne dira pas « d'importants ravages »). V. aussi DESTRUCTION, DOMMAGE et RUINE. — 2° *Limiter les dégâts* (fam.); (courant) **éviter le pire**.

dégel *Voici le printemps, c'est le dégel*; **débâcle** se dit en parlant d'un cours d'eau, lorsque la glace se rompt en morceaux que le courant emporte. ● **dégeler** (fig.) 1° *Même ce vin capiteux n'avait pas dégelé notre hôte, décidément triste comme un jour de pluie* = **dérider**. — 2° *Les négociations n'ont pas dégelé les problèmes : c'est toujours l'impasse* = **débloquer**.

dégénérer 1° *Perdre les qualités de sa race, de son espèce* = **s'abâtardir**. — 2° *Perdre ses qualités. Son père prétend que les anciennes vertus ont dégénéré dans notre monde contemporain*; ↓se **dégrader**; ↑se **pervertir**; v. aussi CORROMPRE. — 3° *Se transformer en pis. La discussion a dégénéré, et nous en sommes venus aux mains*; (plus fam.) **mal tourner**. ● **dégénéré** *Il a une tête de dégénéré* = **taré**.

dégommer *Le directeur l'a dégommé : le voici sans travail* (fam.); (courant) **limoger**; v. VIDER; v. aussi CONGÉDIER.

dégourdir 1° *Si nous allions nous dégourdir les jambes* (assez fam.) = **se dérouiller** *(se dérouiller les jambes)*; (courant) **marcher**. — 2° *J'espère que son séjour dans la capitale le dégourdira un peu*; (plus rare) **déniaiser**; **dessaler** s'emploie souvent au sens de « rendre averti des choses de la vie », en part. des choses de l'amour. V. aussi CIVILISER. ● **dégourdi** *C'est quelqu'un de très dégourdi* = **déluré**; v. aussi MALIN.

dégoût 1° (au physique) Se dit de qqch à quoi l'on a déjà goûté et dont on ne veut plus parce qu'on en est las jusqu'à l'écœurement; **répugnance** se dit plutôt de ce à quoi l'on n'a pas encore goûté, mais qui inspire un recul instinctif; ↑**répulsion** enchérit sur *répugnance*; **haut-le-cœur** et **nausée** se disent de l'envie de vomir que provoque un très fort dégoût. — 2° (au moral) Les mêmes syn. peuvent être employés. V. ANTIPATHIE. ● **dégoûter** 1° *Je suis las de toutes ces machinations politiques : cela me dégoûte* = **écœurer**; ↑**répugner**; (très fam.) **débec(que)ter**; v. MAL I [*faire mal*] et VENTRE [*faire mal au ventre*]. V. aussi DÉCOURAGER et VOMIR. — 2° ∼ qqn de qqch. *Un mois de pluie! c'est à vous dégoûter d'aller en vacances!*; (plus soutenu; moins expressif) **ôter l'envie de.** ● **dégoûté** *Vous allez avaler cette mixture? il ne faut pas être dégoûté!* (assez fam.); (courant) **difficile**, **exigeant.** ● **dégoûtant** 1° *Des agissements dégoûtants :* v. ABJECT et HONTEUX. — 2° *Une chambre dégoûtante :* v. MALPROPRE, SALE et SORDIDE. — 3° *Raconter des histoires dégoûtantes :* v. OBSCÈNE et SALE.

degré I (soutenu) *Marches d'un escalier, le plus souvent monumental*; (courant) **marche.**

II 1° *Son ambition lui avait fait franchir tous les degrés de la société* = **échelon**, **niveau.** — 2° *Je veux bien être bon, mais jusqu'à un certain degré seulement* = **point.** — 3° *Dans l'express. par degrés :* v. PROGRESSIVEMENT (in *progrès*).

déguenillé *Il se promenait dans les rues, sale et déguenillé* = **en haillons**; (plus fam.) **loqueteux**; (rare) **dépenaillé.**

déguiser 1° *se déguiser Les enfants aiment à se déguiser; se travestir, c'est* se déguiser pour une fête, un rôle de théâtre : ce verbe implique l'utilisation de costumes spécialement conçus pour ces occasions (on ne l'emploierait pas dans notre ex.). — 2° ∾ qqch. *Pourquoi voudriez-vous déguiser la réalité ?* = **travestir ;** (peu employé) **farder ; masquer,** comme (fam.) **camoufler** (v. ce mot), c'est plutôt cacher que modifier les apparences de qqch/qqn. V. CHANGER I ; v. aussi CACHER et TAIRE.

déisme désigne le système de ceux qui, rejetant toute révélation, croient seulement à l'existence de Dieu et à la religion naturelle ; **théisme,** par contre, se dit de la croyance en l'existence personnelle de Dieu, mais aussi en son action providentielle dans le monde.

déjouer 1° *L'opposition a déjoué les manœuvres du gouvernement* = **faire échouer ;** ↓ **éventer,** c'est simplement découvrir un complot, une intrigue. — 2° Dans le contexte : *déjouer la vigilance de qqn* = **tromper.**

délai 1° *Il a obtenu un délai de huit jours pour payer ses dettes,* prolongation de temps accordée pour faire qqch = **sursis ; répit** se dit de la cessation provisoire d'une tâche ou d'un état désagréable (conviendrait à la rigueur dans notre ex.). — 2° *Sans délai :* v. IMMÉDIATEMENT. — 3° V. TEMPS I et TERME I.

délasser 1° *Exténué par sa longue marche, il s'assit au bord de la fontaine pour se délasser un peu* = **se reposer.** — 2° *Le programme de la télévision lui semblait idiot, mais cela le délassait de s'abandonner ainsi à la facilité* = **détendre ;** (plus fam.) **changer les idées.** V. aussi AMUSER.

délayer *On délaie de la farine dans l'eau pour obtenir une pâte ;* **dissoudre,** (plus courant) **faire fondre,** c'est désagréger un corps solide dans un liquide : *dissoudre/faire fondre du sucre dans de l'eau ;* **diluer** s'emploie tantôt avec le sens de *délayer,* tantôt avec celui de *dissoudre ;* **étendre,** c'est affaiblir les qualités propres d'un liquide par une addition d'eau : *étendre du vin avec de l'eau.* ● **délayage** (fig.) *Son discours n'est qu'un délayage insipide ;* (plus soutenu) **verbiage** (v. ce mot) ; (fam.) **blabla.**

déléguer 1° ∾ qqn. *C'est entendu ! je vous délègue mon meilleur collaborateur pour régler cette affaire ;* (plus courant et de sens plus général) **envoyer ; détacher** (qqn), c'est l'envoyer en mission, généralement pour un temps assez long ; **mandater,** c'est déléguer qqn avec un « mandat » qui lui donne tel pouvoir précis pour faire qqch au nom d'autres personnes : *Un délégué syndical refuse de voter sur une question pour laquelle il n'a pas été mandaté par son syndicat ;* **députer,** c'est déléguer qqn comme député. — 2° ∾ qqch. *Il a délégué tous ses pouvoirs à ses associés* (terme propre) ; (plus général) **remettre.** ● **délégué** *Le délégué de la 3ᵉ circonscription de Paris à l'Assemblée nationale* = **député.** *Le délégué du personnel d'une entreprise* = **représentant.** *Paris l'a dépêché comme délégué auprès du Vatican ;* **envoyé** se dit de celui qui n'est chargé que d'une mission précise et temporaire, **ambassadeur,** de celui qui représente un État près d'une puissance étrangère ; (v. sens 1 du verbe) **mandataire** se dit de celui à qui est conféré un mandat : *Je peux régler cette affaire pour M. Dupuis : je suis son mandataire* = **fondé de pouvoir,** s'il s'agit d'une société. V. aussi DIPLOMATE et MESSAGER.

délibération 1° Le fait de délibérer (v. DÉBATTRE) : *Le projet sera soumis à la délibération de l'Assemblée ;* (plus général) **examen, discussion ; débat** ne s'emploie pas dans les mêmes contextes, quoique de sens proche : *délibération* implique davantage l'idée d'une discussion aboutissant à une décision, *débat* emporte surtout l'idée d'un échange verbal et de son mode de réalisation (*un débat orageux/passionné*). — 2° *Sa décision est le fruit d'une longue délibération ;* ↓ **réflexion** implique moins l'idée d'hésitation.

délibéré *Il a fait preuve d'une grossièreté délibérée* = **intentionnel, voulu.** ● **délibérément** *Il a agi délibérément avec grossièreté* = **de propos délibéré, intentionnellement, volontairement, à dessein ;** (plus courant) **exprès ;** cet adverbe peut prendre aussi le sens de **résolument.**

délicat 1° Qqch est ∾. Qui plaît par sa finesse. *Un parfum délicat* = **raffiné ;** ↑ **exquis.** *Une cuisine très délicate*

= (outre les précédents) **fin, recherché** ;
v. aussi DÉLICIEUX et AGRÉABLE. —
2° Qqch est ∼. V. DANGEREUX, DIFFICILE
et ÉPINEUX. — 3° Qqn est ∼. *C'est un
enfant très délicat : il a dû garder la
chambre tout l'hiver ;* (moins soutenu)
fragile ; ↑ **faible** (v. ce mot). — 4° Qqn
est ∼. *Qui peut apprécier la délicatesse
de qqch, qui manifeste dans ses goûts et
ses actions une grande sensibilité. Un
esprit très délicat* = **fin, délié** ; ↑ **pénétrant,** ↑ **subtil** ; v. SENSIBLE I. *Avoir un
goût délicat* = **fin, raffiné, sûr.** *Avoir des
manières délicates :* v. DISCRET et POLI I.
Avoir les oreilles délicates : v. PRUDE. —
5° Qqn est ∼ (souvent péjor. en ce
sens). *Il est trop délicat pour partager à
l'improviste la table d'un ami !;* (plus
courant) **difficile.** ● **délicatesse** 1° *La
délicatesse d'un mets/d'une peinture,*
etc. ; (plus courant) **finesse.** — 2° *La
délicatesse des sentiments :* v. PURETÉ (in
pur I). — 3° *Il lui a parlé avec beaucoup
de délicatesse* = **tact** ; ↓ **discrétion**
implique seulement l'idée d'une réserve
dans les propos que l'on tient à autrui.
— 4° *Elle a aménagé son appartement
avec beaucoup de délicatesse* = **avec
goût.** — 5° (au plur.) *Elle aimait ses
délicatesses ;* (plus courant) **gentillesses** ;
(abstrait) **prévenance** (plus souvent au
sing.). — 6° *Cet objet est fragile : il faut
le manier avec délicatesse* = **délicatement.**

délice 1° (au sing.) *Il se laissait aller
au délice de longues rêveries au bord de
la mer* = **ravissement ;** (rare) **délectation ;**
↓ **plaisir.** *Ce coq au vin est vraiment un
délice !;* (plus courant) **régal.** V. aussi
JOIE. — 2° (au plur.) *Il avait connu
auprès d'elle les délices d'un amour
partagé ;* v. ↓ **charmes** ; ↓ **plaisirs** (v. ce
mot). *Cette île est un lieu de délices*
= **paradis** *(... est un paradis).* ● **délicieux**
1° *Ces fruits sont délicieux ;* (rare) **délectable ;** (courant) **très bon, excellent ;**
v. AGRÉABLE, SAVOUREUX (in *saveur*) et
SUCCULENT. — 2° *Quelle nuit délicieuse !*
= **merveilleux** ; ↑ **divin** ; v. BEAU et CHAR-
MANT (in *charme*).

délimiter 1° *Il faudra nettement délimiter les prérogatives des propriétaires et
celles des locataires* = **définir, fixer.** —
2° V. CERNER.

déliquescent *C'est maintenant un
vieillard à l'esprit déliquescent* (rare) ;

(courant) **gâteux, ramolli.** ● **déliquescence** *Les uns après les autres, leurs
projets tombaient en déliquescence*
(souvent derrière *tomber en*) ; (plus courant ; dans le même contexte) **poussière,
ruine.**

délire 1° (sens médical du terme) *Un
malade en proie au délire.* *L'**hallucination** et la **frénésie** sont des formes
particulières de délire ; hallucination se
dit des perceptions éprouvées sans rapport avec les données objectives de la
réalité, frénésie d'un état d'agitation
extrême ;* ↓ **divagation** se dit d'un état de
rêverie désordonnée ; v. aussi FOLIE (in
fou). — 2° *Vous sortez par ce temps ?
Mais c'est du délire !* = **folie** ; ↓ **ce n'est
pas raisonnable.** *Le boxeur redouble
d'ardeur, c'est du délire dans la salle !;*
↑ **frénésie, hystérie** ; v. aussi ENTHOU-
SIASME. ● **délirer** *Accablé par la fièvre, il
a déliré toute la nuit ;* (moins employé)
divaguer ; (fam.) **dérailler, débloquer ;**
v. aussi DÉRAISONNER.

délit 1° V. CRIME. — 2° *Dans l'express.
être pris en flagrant délit* = **sur le fait ;**
(assez fam.) **la main dans le sac.**

délivrer 1° V. AFFRANCHIR et LIBÉRER.
— 2° V. DÉFAIRE. ● **délivrance** 1° V. LIBÉ-
RATION. — 2° *Le voici enfin parti ! quelle
délivrance !* = **soulagement.** — 3° V. AC-
COUCHEMENT (in *accoucher*).

déloyal 1° Qqn est ∼. *Il n'a pas
respecté ses engagements : il est déloyal ;*
infidèle se dit surtout de celui qui ne
respecte pas ses engagements d'amitié
ou d'amour ; (fam.) **faux-frère** *(C'est un
faux-frère !) ;* ↑ **traître,** (soutenu) **perfide.**
V. INCORRECT. — 2° Qqch est ∼. *Se dit de
syn.* ● **déloyauté** 1° V. DÉLOYAL 1° :
infidélité, perfidie, traîtrise ; félonie et
scélératesse sont des syn. soutenus de
traîtrise. — 2° V. TRAHISON (in *trahir*).

demander 1° Qqn ∼ qqch à qqn.
*Nous lui avons demandé l'horaire des
trains de Paris/quand partaient les trains
de Paris ;* **interroger** *(interroger qqn sur
qqch ; ne se construit pas avec une
complétive)* suppose que l'on sollicite
qqn de manière assez pressante ;
ce verbe s'emploie d'ailleurs souvent,
comme **questionner,** au sens de « soumettre à un interrogatoire » : *Les policiers l'ont longuement interrogé (deman-*

der est alors impossible) ; **cuisiner** (fam.) est un syn. du précédent. — 2° Qqn ⌣ qqch à qqn. *Il m'a demandé d'attendre un peu ;* (très général) **dire ;** (soutenu) **prier.** *Demander une faveur ;* (soutenu) **solliciter ;** (péjor.) **quêter, quémander, mendier,** c'est demander en implorant et en s'abaissant. *Demander qqch avec force* = **exiger ;** v. aussi INVITER. *Je vous demande pardon de vous déranger ainsi* = **s'excuser.** — 3° Qqn ⌣ à qqn de faire qqch. *Je te demande de m'accompagner ; Je demande que l'on soit à l'heure ;* ↑**ordonner ;** ↑**exiger** (seulement dans le 2ᵉ exemple) ; v. aussi DÉSIRER. — 4° Qqn ⌣ qqn. V. APPELER I. — 5° Qqch ⌣ qqch. *C'est une affaire très compliquée qui demande toute notre attention* = **nécessiter ;** (soutenu) **requérir ;** ↑**exiger, réclamer.**

démanger 1° *Il a la rougeole ; la peau lui démange* (fam.) ; **gratter** (souvent dans le contexte : *ça me démange/ gratte*). — 2° (dans des express. fam.) *Ça le démange de parler/de partir ;* (courant) **avoir envie de** *(Il a envie de...).*

démanteler *Le chef des pirates avait ordonné de démanteler les fortifications de la ville ;* ↑**raser ;** (de sens plus général) **abattre, démolir.**

démarrer *Sa voiture ne voulait pas démarrer. Il vient de se mettre à son compte : ses affaires démarrent lentement ;* (plus général) **partir, se mettre en route ;** v. aussi ÉBRANLER (S').

démasquer *Il avait soigneusement tissé tous ses mensonges, mais nous l'avons finalement démasqué ;* (plus soutenu) **confondre** implique que l'on mette *publiquement* qqn devant ses erreurs, au point qu'il doive garder le silence.

démener (se) 1° V. DÉBATTRE (SE). — 2° *Il se démène pour qu'elle ne manque de rien ;* (fam.) **se décarcasser, se mettre en quatre ;** (moins fam.) **se donner du mal ;** (courant) **se dépenser ;** v. REMUER (SE).

démesure *Il n'aimait pas la démesure* = **excès, outrance.** ● **démesuré** 1° (concret) *Il était affligé d'une paire d'oreilles démesurées* (assez soutenu) ; (plus courant) **énorme** implique davantage l'idée de volume, *démesuré,* celle de surface ou

de longueur ; **disproportionné** implique toujours l'idée d'un rapport, d'une comparaison *(Le portail est disproportionné par rapport à la clôture) ;* (très fam.) **maous ;** v. aussi IMMENSE et MONSTRUEUX (in *monstre*). — 2° (abstrait) *Des ambitions démesurées ;* ↓**excessif ; immodéré ;** ↑**exorbitant.** V. COLOSSAL. V. aussi EFFRÉNÉ et EXAGÉRÉ.

demeurer 1° *Demeurer longtemps à table ;* (plus courant) **rester ; s'attarder** implique que l'on demeure quelque part plus longtemps que prévu ou qu'il ne serait nécessaire. V. aussi S'ARRÊTER (in *arrêter* I) et SÉJOURNER (in *séjour*). — 2° V. SUBSISTER. — 3° *Où demeurez-vous maintenant ? ;* (plus courant) **habiter ;** (plus soutenu) **résider ;** (très fam.) **crécher ;** v. aussi LOGER I. ● **demeure** 1° *Il aimait visiter les vieilles demeures* (soutenu) ; (courant) **maison ;** v. HABITATION. — 2° *Il habitait une grande et belle demeure qui surplombait la Loire,* terme propre pour désigner une maison d'importance ; (plus général) **maison.** V. aussi CHÂTEAU. — 3° *Dans l'express. la dernière demeure* (cliché soutenu) ; (courant) **tombeau ;** v. aussi TOMBE.

demoiselle 1° *Depuis qu'elle est à Paris, c'est une demoiselle !,* s'emploie pour parler d'une jeune fille de modeste condition qui a accédé à un niveau de vie supérieur, et qui passe, aux yeux de son milieu d'origine, pour ce qu'il est convenu d'appeler « une jeune fille de bonne condition » ; **dame** est le syn. exact quand il s'agit d'une femme mariée. — 2° *Il habitait chez une vieille demoiselle ;* (courant, parfois péjor.) **vieille fille.**

démonstration **I** V. PREUVE (in *prouver*).

II *Quelles démonstrations d'amitié ! Est-il vraiment sincère ?,* marques extérieures qui annoncent des sentiments sincères ou feints ; **protestations** se dit de démonstrations purement verbales ; **témoignage** suppose plus de solidité et implique généralement que les sentiments annoncés sont sincères ; (plus courant) **manifestations** est syn. exact de *démonstrations ;* (péjor.) **étalage** et (soutenu) **affectation** impliquent toujours une conduite ostentatoire et souvent peu sincère. ● **démonstratif** *Il a toujours été* très démonstratif, peut-être en raison de ses origines méridionales = **expansif**; ↑**exubérant**; ↓**communicatif** est plus part. et ne se dit que des manifestations verbales.

dénégation Terme courant; **déni** ne se rencontre plus, sauf emploi très soutenu et archaïsant, que dans l'express. *déni de justice*. V. aussi CONTREDIRE.

dénombrement (selon les contextes) *Le dénombrement d'une population;* (terme exact) **recensement**. *Le dénombrement des marchandises d'un magasin;* (terme exact) **inventaire**. *Un dénombrement,* c'est l'action de faire le compte des choses ou de personnes; une **énumération**, c'est l'action d'énoncer un à un les éléments d'un ensemble de choses ou de personnes.

denrée (souvent au plur.) **vivres** et **comestibles** ne s'emploient pas dans les mêmes contextes. *Denrées* se dit de tout produit comestible nécessaire à l'alimentation de l'homme; *vivres* (toujours au plur.) évoque l'idée d'approvisionnements nécessaires pour subsister (on emporte des *vivres* lorsqu'on part pour une expédition, pas des denrées; on parle de *denrées périssables* à propos des fruits ou des produits laitiers vendus dans un magasin, pas de «vivres»). *Comestibles* (toujours au plur.) se dit des denrées alimentaires considérées sous leur aspect commercial (on parle d'un *marchand de comestibles*, pas d'un «marchand de denrées»). V. aussi ALIMENT et MARCHANDISE (in *marchand*).

dense 1° *Leur voyage a été perturbé par un brouillard très dense* = **épais**; ↑(fam.) **à couper au couteau**. — 2° *Une compagnie de perdreaux très dense venait de s'envoler* = **compact**. — 3° *Le plomb est plus dense que le fer*; (plus général) **lourd**. — 4° V. TOUFFU. — 5° V. CONCIS.

dent 1° *Vous avez de belles dents!*; (fam.) **quenotte** se dit des dents des enfants; **chicot** se dit d'un reste de dent très abîmée; **croc** se dit des canines de certains animaux; **canine, incisive** et **molaire** désignent les différentes sortes de dents. — 2° (dans des express.) *Être sur les dents*: v. FATIGUÉ. *Avoir une dent contre qqn*: v. RESSENTIMENT. *Montrer*

les dents: v. MENACER (in *menace*). *Être armé jusqu'aux dents* = **de pied en cap.** *Quand les poules auront des dents*: v. JAMAIS. *Du bout des dents*: v. REGRET. *Se casser les dents*: v. ÉCHOUER. *Avoir la dent*: v. FAIM. *Avoir la dent dure*: v. SÉVÈRE. *Avoir les dents longues*: v. PRÉTENTION (in *prétendre* II).

dépanner ~ qqn. *Si tu manques d'argent, nous essaierons de te dépanner* (fam.); ↑**sortir de là** suppose que l'on soit aux prises avec une grosse difficulté; (courant) **aider** (v. ce mot); (assez soutenu) **tirer d'embarras.**

dépareiller *Tu m'as cassé un verre: voici mon service dépareillé!* = **désassortir** (ces deux verbes s'employant surtout au participe passé).

dépasser 1° *La voiture n° 8 vient de dépasser la voiture n° 3* = **devancer**; ↑**distancer**; (fam.) **gratter**; **doubler** ne se dit qu'en parlant de véhicules. V. aussi PRÉCÉDER. — 2° (en parlant de quantités, de prix) *Le prix de cette maison dépasse nos possibilités d'investissement*; (plus soutenu) **excéder.** — 3° Excéder en longueur, en hauteur: *Sa clôture dépasse les limites exactes de son jardin* = **déborder**; v. SAILLIR I. — 4° (abstrait) Aller au-delà des limites. *Il a dépassé ses droits*; (soutenu) **outrepasser.** Dans l'express. *dépasser les bornes de qqch* = **franchir**; v. aussi ABUSER II. — 5° (passif) Dans l'express. *être dépassé par* (qqch): *Il est dépassé par sa tâche* = *Il* **n'est pas à la hauteur** *de sa tâche.*

dépêche *La nouvelle nous a été transmise par une dépêche de l'agence Tass;* **télégramme** se dit d'une dépêche télégraphique, **pneumatique** (abrév. **pneu**) d'une dépêche transmise par tube pneumatique. V. CÂBLE II.

dépendre I ~ de. 1° (en termes de droit) *Cette affaire dépend de nos services* = **relever de, ressortir à, être du ressort de.** — 2° *Tout dépendra de son attitude;* (plus soutenu) **reposer sur, être fonction de**; v. CONDITIONNER I. ● **dépendance** 1° (choses) *Il y aura une nécessaire dépendance entre la qualité du vin et celle de l'automne*; (didact.) **corrélation, interdépendance**; v. aussi RAPPORT II. — 2° (personnes) V. SUBORDINATION et COUPE I. ● **dépendances** *Leur maison*

129

de campagne comprend de nombreuses dépendances, dont une grange et un cellier; **annexes** se dit surtout en parlant d'un hôtel, **communs** en parlant d'un château.

II V. DÉTACHER I.

dépense Terme général pour désigner l'action d'employer de l'argent; (plus précis) **frais** se dit d'une dépense occasionnée par une action précise *(payer les frais d'un accident)*; (didact.) **dépens** ne s'emploie qu'en termes de droit, **débours** en termes de commerce; **faux frais** se dit des dépenses que l'on doit effectuer en plus de celles que l'on avait prévues *(Le prix de l'hôtel est une chose, les faux frais en sont une autre!)*. ● **dépenser** 1° *Il a dépensé toute sa fortune en jouant aux courses;* ↑(péjor.) **dilapider**, (péjor.; soutenu) **dissiper**, (péjor.; terme le plus courant) **gaspiller**; ↑(rare) **prodiguer** se dit, de manière non forcément péjor., de celui qui se livre à des dépenses excessives. V. aussi PAYER; **débourser**, c'est sortir de l'argent de sa bourse; assez fam., il ne s'emploie que dans certains contextes comme *ne pas dépenser/débourser un sou;* **croquer** est un syn. fam. de **dissiper** *(Il a croqué toute sa fortune en quelques mois).* — 2° *Il a dépensé beaucoup d'efforts pour nous secourir* = **déployer**; (plus soutenu) **prodiguer**. ● **se dépenser** V. DÉMENER (SE) et REMUER (SE). ● **dépensier** *Il est très dépensier : l'argent lui file entre les doigts;* (soutenu) **prodigue**; (express. fam.) **c'est un gouffre/un panier percé**.

dépérir 1° Qqn ∼. V. AFFAIBLIR (S'). — 2° (plantes) *Faute d'humidité, les géraniums dépérissent;* (rarc) **s'étioler**; ↑**se faner**; v. aussi MOURIR. — 3° *Depuis l'installation du supermarché, les petits commerces du quartier dépérissent;* ↑**péricliter**.

déplacer 1° ∼ qqch. *Quand il vient à la maison, il faut toujours qu'il déplace mes meubles!;* (fam.) **bouger**; **déranger**, c'est déplacer ce qui était en ordre; **intervertir**, c'est déplacer les éléments d'une série en changeant leur ordre *(Si l'on écrit 2, 4, 5 au lieu de 5, 4, 2, on a interverti les trois nombres);* **inverser**, c'est intervertir la place de deux objets. — 2° ∼ qqn. V. MUTER. ● **déplacer (se)** V. CIRCULER et VOYAGER.

déplaire *L'attitude que vous adoptez me déplaît beaucoup!;* ↑(par ordre croissant) **choquer, offusquer;** (soutenu) **indisposer.** V. aussi BLESSER, DÉGOÛTER et FROISSER.

déposer I V. DESTITUER.

II 1° Indique que l'on met sur le sol qqch que l'on portait; souvent confondu avec **poser** *(Vous pouvez déposer/poser vos valises sur la table),* mais les deux verbes ne se superposent pas dans tous les contextes (par ex. : *interdit de déposer des ordures,* où *poser* est impossible); v. METTRE et PLACER (in *place* I). — 2° Laisser en dépôt : *Nous déposerons nos bagages à la consigne;* (très général; plus courant) **mettre**; **laisser** exprime l'idée que l'on se sépare de qqch, provisoirement ou non; (très fam.) **foutre** convient en 1° comme en 2°. ● **dépôt** 1° *Je dois aller à la banque pour y faire un dépôt d'argent;* (plus général; convient dans cet ex.) **versement.** — 2° *Ils n'ont pas beaucoup de marchandises dans ce magasin : l'essentiel de leurs stocks se trouve au dépôt* = **entrepôt**; v. RÉSERVE III. — 3° *Ce vin est agréable à boire, mais il laisse un léger dépôt,* se dit d'une manière générale des matières solides qu'abandonne un liquide au repos; **lie** ne se dit qu'en parlant du vin ou du cidre.

III V. TEMOIGNER (in *témoin*).

déposséder *Pourquoi l'a-t-elle dépossédé de ses biens?;* (plus courant) **dépouiller**; (didact.) **spolier** (qqn), c'est déposséder par ruse ou par force; (fam.) **plumer, tondre** (qqn). V. aussi PRIVER et VOLER II.

dépouiller 1° *Il faudra me dépouiller ce lapin cet après-midi* = **écorcher**; (fam.) **dépiauter**. — 2° *Dépouiller une branche de son écorce, qqn de ses vêtements* = **dénuder** (ne s'emploie que sous la forme **dénuder** qqn, sans compl. ind.); v. aussi DÉVÊTIR. — 3° *Dépouiller qqn de son argent* : v. VOLER et DÉPOSSÉDER. ● **dépouille** 1° *Son mari s'est suicidé, on a retrouvé sa dépouille dans la rivière* (soutenu); (courant) **cadavre**. Seul **dépouille** s'emploie dans des contextes comme *Une foule nombreuse a défilé devant la dépouille du président de la République.* V. aussi MORT II. — 2° (au plur.) V. BUTIN.

dépourvu I V. MANQUER DE et SANS.

II **au dépourvu** *Son arrivée m'a pris au dépourvu* = **à l'improviste** ; (plus fam.) **de court** ; v. aussi SOUDAIN.

déprécier *Il cherche systématique-ment à déprécier les mérites de ses adversaires* = **rabaisser** (v. ce mot) ; ↓ **mésestimer, sous-estimer** n'impliquent pas, comme le précédent, que l'on cherche à diminuer la valeur de qqn/qqch, mais que l'on commet une erreur de jugement. V. aussi DISCRÉDI-TER. ● **se déprécier** *Depuis quelques mois, le dollar ne cesse de se déprécier* = **se dévaloriser, se dévaluer** ; (plus géné-ral) **baisser**. ● **dépréciation** (de *se déprécier*) = **dévalorisation, dépréciation**.

depuis 1° Dans l'indication du temps ou du lieu, *depuis* indique le point de départ d'un événement et insiste sur la durée de cet événement ; **dès** insiste exactement sur le point de départ de l'événement et implique l'indication pré-cise d'une date *(Depuis qu'il a hérité/dès qu'il eut hérité, il a pris des habitudes de parvenu)* ; ces deux termes ne sont donc jamais exactement syn., et entrent souvent dans des constr. différentes. — 2° Dans l'expression *depuis peu* : v. RÉ-CEMMENT (in *récent*).

déraisonner *Ne l'écoutez pas ! il déraisonne !* = **divaguer** ; **radoter** se dit de celui qui déraisonne par sénilité ; ↑ **perdre l'esprit**, (fam.) **déménager, débloquer** ; (vulg.) **déconner** ; (vieilli) **battre la campagne** ; v. aussi AFFO-LER (S'), DÉLIRER et FOU.

déranger 1° ∼ qqch. *Il avait en horreur que l'on dérange ses affaires* ; (fam.) ↑ **chambarder,** ↑ **chambouler** ; ↑ **mettre sens dessus dessous**. V. DÉPLA-CER. — 2° ∼ qqch. *Cet orage a dérangé nos projets* ; ↑ **bouleverser** ; **désorganiser** est plus précis : c'est détruire l'organisa-tion de qqch. V. CONTRARIER. — 3° ∼ qqch. V. DÉRÉGLER. — 4° ∼ qqn. *Excusez-moi de vous déranger !* ; (sou-tenu) **importuner**. ● **dérangement** 1° (sens 1 et 2 du verbe) ↑ **bouleverse-ment** ; (fam.) ↑ **chambardement** ; **désor-ganisation** ; v. aussi DÉSORDRE. — 2° (sens 4 du verbe) Pas de syn. exact ; cependant, v. aussi DIFFICULTÉ et GÊNE. — 3° V. COLIQUE.

dérégler *Le temps est complètement déréglé depuis plus d'une semaine* = **dérég**er (ne s'emploie pas en parlant d'appareils : une montre peut être déré-glée, mais non « dérangée ») ; (fam.) **détraquer**. V. aussi ABÎMER.

dernier 1° Qqch est ∼. Terme cou-rant en tous contextes ; ses synonymes ne s'emploient que dans des contextes très limités. *La dernière voyelle/la voyelle finale d'un mot. Un dernier/*↑ **ul-time/**↑ **suprême** *effort. La dernière/l'*↑ **ex-trême** *limite*. — 2° Qqn est le ∼. *Vous êtes le dernier des paresseux !*

dérober 1° *On lui a dérobé son portefeuille* (soutenu) ; (courant) **voler** (v. ce mot) ; **subtiliser, soustraire** impliquent l'idée d'adresse ; (fam.) **chi-per, faucher, piquer, chauffer, barboter, choper** ; **chaparder,** c'est voler de petites choses *(chaparder une orange chez un épicier)* ; **marauder** se dit de l'action de voler des fruits, des légumes, des volailles, etc., à la campagne ; v. aussi ATTRIBUER (S'), DÉTOURNER et VOLER. — 2° *Nous avons dérobé son secret* = **sur-prendre**. — 3° *Un rideau de peupliers dérobait la maison aux regards indiscrets* (soutenu) ; (courant) **cacher** (v. ce mot), **dissimuler**. ● **se dérober** 1° *Les trafi-quants sont parvenus à se dérober aux recherches de la police* = **échapper à, se soustraire à, éviter** (qqch) ; (fam.) **couper à**. V. aussi CACHER (SE) et FUIR. — 2° *Impossible de savoir ce qu'il pense : il se dérobe à nos questions* = **éluder, esquiver** (qqch). V. RECULER. V. aussi GLISSER I et RENIER. — 3° V. DÉFILER (SE).

déroulement *Il était captivé par le déroulement de l'action ;* (moins employé en ce sens) **cours** ; (en parlant de faits ponctuels) *Le déroulement des faits con-firmait son hypothèse : l'homme avait été assassiné* = **succession**.

derrière *Si tu continues, tu vas prendre mon pied dans le derrière !* = **fesses** ; (par plaisant.) **postérieur** (abrév. fam. **postère**) ; (peu employé) **arrière-train** ; (vulg.) **cul** ; (très fam.) **derche, derjeau, popotin, pétard** ; (fam.) **lune** s'emploie surtout dans le langage enfantin.

désabuser *Il faut vous désabuser ! ce n'est pas du marbre, mais une imitation !*

(vieilli ou soutenu); (courant) **détromper**; (soutenu) **dessiller les yeux** (à/de qqn) s'emploie dans certains contextes comme syn. de *détromper*.

désaccord 1° (en parlant de personnes; termes soulignant que deux intérêts s'opposent) **division, différend,** ↑ **conflit** : *Une division s'instaura dans le parti; Un différend/*↑*un conflit oppose syndicats et patronat.* (termes soulignant que deux désirs, deux esprits s'affrontent) **mésentente, discorde;** (soutenu) **mésintelligence, dissentiment** : *La mésentente/la mésintelligence/la discorde règne : un dissentiment les oppose.* (termes soulignant la plus ou moins grande intensité du désaccord, par ordre croissant) **brouillerie, froid, brouille, dissension, dispute, rupture;** (fam.) **zizanie** *(semer la zizanie dans...),* (express. fam.) **il y a de l'eau dans le gaz;** v. QUERELLE. — 2° (en parlant de choses) *Ses paroles sont en désaccord avec ses actes* = **opposition;** ↑ **contradiction;** **contraste** *(Ses paroles contrastent/font contraste avec ses actes).*

désaffection *Elle manifeste de la désaffection à son égard,* contraire de AFFECTION I = **détachement.**

désagréable 1° Qqn est ∼. *C'est une femme désagréable;* ↑ **odieux;** v. REBUTANT (in *rebuter*); v. aussi ACARIÂTRE et DÉTESTABLE. — 2° Qqch est ∼ = **déplaisant.** (selon les contextes) *Quel événement désagréable!* = **contrariant, fâcheux, ennuyeux;** v. REGRETTABLE (in *regretter*) et SALE. *Une odeur désagréable* = (selon les contextes) **incommodant, nauséabond.** *Des propos désagréables;* ↑ **vexant, fielleux, blessant, cuisant, haineux;** (soutenu) **désobligeant, malplaisant;** v. aussi INJURIEUX.

désagréger (se) 1° *Cette pierre se désagrège peu à peu* = **tomber en poussière.** — 2° *Leur parti se désagrège à cause de luttes intestines,* perde sa cohésion, son unité = **se disloquer** (v. ce mot); ↑ **se décomposer,** ↑ **s'écrouler,** ↑ **s'effondrer.**

désappointer *Il a été très désappointé de ne pas vous avoir rencontré;* ↑ **dépiter** ajoute au précédent l'idée d'une blessure d'amour-propre, d'une vexation; v. DÉCEVOIR. ● **désappoin-**

tement (avec la même nuance) **dépit;** de qqn qui éprouve beaucoup de dépit, on dit, fam., qu'**il en fait une jaunisse/une maladie;** v. DÉCEPTION.

désapprouver *Je désapprouve totalement votre conduite;* ↑ **blâmer;** ↑ **réprouver** implique une condamnation totale d'un acte normalement scandaleux; **désavouer** ne se dit en ce sens que des personnes : il implique que l'on se désolidarise de quelqu'un que l'on désapprouve. V. aussi CONDAMNER, CRITIQUER (in *critique* I) et HONNIR. ● **désapprobation** (avec les mêmes nuances que pour le verbe) **blâme, réprobation, désaveu.** V. aussi ATTAQUE (in *attaquer*), OBJECTION (in *objecter*), OPPOSITION (in *opposer*) et REPROCHE.

désargenté *Voudrais-tu me prêter mille francs? Je suis un peu désargenté en ce moment;* (fam.) **fauché;** (très fam.) **raide;** (dans des express. fam., en parlant de qqn qui ne parvient pas à faire face à ses dépenses avec l'argent dont il dispose) **tirer le diable par la queue, ne pas pouvoir joindre les deux bouts.**

désarmer 1° ∼ qqn. *Sa candeur me désarme,* pousser à l'indulgence, faire cesser tout sentiment d'hostilité; ↓ **toucher.** — 2° (intr.) *Sa colère ne désarme pas* (en parlant des sentiments) = **céder, fléchir.** *En dépit de tous nos efforts, il ne désarme pas* (en parlant de qqn) = **renoncer.**

désavantage *C'est une solution qui présente beaucoup de désavantages,* contraire d'*avantage* = **inconvénient.** V. aussi PRÉJUDICE. ● **désavantager** 1° Qqch ∼ qqn. *Son infirmité l'a terriblement désavantagé* = **handicaper.** — 2° Qqn ∼ qqn. V. DÉFAVORISER et LÉSER.

descendre 1° Qqn ∼ de/ ∼ qqch. *Descendre d'une pente abrupte, descendre un escalier,* etc.; ↑ **dévaler;** (fam.) **dégringoler.** — 2° Qqn ∼ chez qqn. V. LOGER I. — 3° Qqn ∼ à. V. ABAISSER (S'). — 4° Qqn ∼ qqn. V. TUER. — 5° Qqch ∼. V. TOMBER. — 6° Qqch ∼. *Le thermomètre descend* = **baisser** (v. ce mot). *Les prix descendent* = **baisser, diminuer.** *La mer descend* = **baisser;**

(soutenu) **se retirer.** *Le chemin descend doucement vers la vallée ;* (soutenu) **s'incliner.**

désert 1° *On rencontre dans les Alpes des villages totalement déserts ;* **inhabité** est exactement de même sens, mais s'emploie moins que *désert,* qui entre dans certains contextes presque figés (ex. : *une île déserte*) ; **désolé** ajoute aux précédents l'idée de tristesse ; v. SAUVAGE II et SOLITAIRE. — 2° *En Espagne, au début de l'après-midi, les rues sont totalement désertes ;* (moins propre) **vide.**

déserteur Le *déserteur* est celui qui quitte son poste, sans nécessairement passer à l'ennemi ; le **transfuge** est un déserteur qui passe à l'ennemi ; v. INSOUMIS.

déshabituer *Il ne parvenait pas à se déshabituer du tabac* = **désaccoutumer** ; v. aussi DÉFAIRE (SE).

désintéressé *Son geste n'est pas désintéressé : il espère ainsi toucher l'électeur* = **gratuit.** *Lui-même est assez désintéressé, mais son entourage le mène par le bout du nez ;* ↑ **généreux.** *Peut-on avoir un avis désintéressé sur une telle question ?* = **impartial, objectif.** ● **désintéressement** *Il a agi avec un désintéressement extraordinaire ;* ↑ **abnégation, générosité.** V. aussi DÉVOUER (SE).

désintéresser (se) *Il se désintéresse de nos problèmes ;* ↑ **se moquer de ;** ↑ (fam.) **se ficher de,** (très fam.) **se foutre de ;** v. LAVER [*se laver les mains*] et NÉGLIGER. ● **désintérêt** *Son désintérêt à nos problèmes me peine* (soutenu) ; (courant) **indifférence ;** v. aussi DÉTACHEMENT (in *détacher* I).

désinvolture *Je suis outré par tant de désinvolture !* 1° Absence de sérieux = **légèreté.** — 2° Liberté de manières allant jusqu'à l'insolence = **sans-gêne.** V. aussi FAMILIARITÉ, IMPUDENCE et INSOLENCE.

désirer *Il désire que nous partions de bonne heure ;* ↓ **souhaiter ;** ↑ **vouloir** (v. ce mot). V. APPELER et BRÛLER DE ; v. aussi CONVOITER et DEMANDER. ● **désir** 1° *Éprouvez-vous le désir de le revoir ? ;* ↑ **envie** (le plus souvent dans le contexte *avoir l'envie de*) ; ↓ **tentation** se dit de ce

qui incite au désir de qqch. *Il est obnubilé par le désir de partir ;* (outre les précédents, fam.) ↑ **démangeaison.** *Le désir de l'aventure ;* ↑ **soif.** *Le désir de bien faire ;* ↑ **volonté.** *Je ne vais quand même pas satisfaire à tous ses désirs !* (plur.) = **volontés ;** (fam.) **faire ses quatre volontés ;** v. AMBITION ; v. aussi VŒU. — 2° *Elle ne supportait pas que l'on confonde l'amour et le désir :* v. PLAISIR.
● **désirable** 1° *Il y avait dans cet appartement tout le confort désirable* = **souhaitable, voulu ;** v. aussi NÉCESSAIRE I. — 3° V. AFFRIOLANT (in *affrioler*).

désister (se) *Le candidat du centre s'est désisté en faveur de celui de la droite ;* (plus courant, plus général) **se retirer.**

désobéir 1° *Désobéir à ses parents/à ses supérieurs ;* ↑ **se révolter, se rebeller** (contre) ; v. aussi OPPOSER À (S'). — 2° *Désobéir à la loi ;* ↑ **transgresser/violer** (qqch) ; (didact.) **contrevenir à, enfreindre** (qqch) ; **déroger à,** c'est ne pas respecter une prescription particulière *(déroger aux clauses d'un traité).* ● **désobéissant** *Ces élèves sont très désobéissants ;* **indiscipliné** se dit de celui qui ne se soumet pas à la discipline collective, **dissipé,** de celui qui est distrait quand il faudrait travailler.

désordre 1° *Quel désordre !* ; terme général pour désigner ce qui n'est pas en ordre ; (très généraux, ou moins fam. au plus fam.) **pagaille, bazar, fourbi, chantier,** (très fam.) **bordel ;** (pour une pièce où règne le désordre) **capharnaüm ;** (désordre dans la gestion des affaires publiques ou privées) **gabegie, gâchis ;** (en parlant du désordre de choses disparates : ce qu'il y a dans un tiroir, sur un bureau, etc.) **fatras, fouillis ;** (en parlant du désordre des idées de qqn) **confusion, enchevêtrement,** (fam.) **brouillamini ;** (en parlant du désordre dans les gestes de qqn ; fam.) **cafouillage, cafouillis ;** v. aussi PÊLE-MÊLE. — 2° *Mettre du désordre :* v. DÉRANGER. — 3° *Semer le désordre* = **trouble ;** ↑ **anarchie ;** v. aussi RÉVOLTE. — 4° *Il y a eu des désordres sur la voie publique :* v. ÉMEUTE. ● **désordonné** V. ANARCHIQUE (in *anarchie*) et BROUILLON (in *brouiller* I).

dessin *Voici le dessin de ma maison : je l'ai réalisé au fusain, dimanche* *dernier;* **croquis** désigne seulement l'ébauche d'un dessin ; v. ILLUSTRATION. V. aussi CANEVAS et PLAN V. ● **dessiner** 1º *Quand il s'ennuie, il passe son temps à dessiner;* **crayonner,** c'est dessiner avec un crayon de manière sommaire ; (ne s'emploient qu'avec un compl.) **croquer,** c'est tracer rapidement, sur le vif *(croquer un personnage en deux coups de crayon),* **esquisser,** c'est tracer les premiers éléments d'un dessin. — 2º *À cet endroit, la rivière dessine un large cercle dans la campagne;* (moins expressif) **former, tracer.** ● **se dessiner** 1º *L'ombre des nuages se dessinait sur la mer :* v. DÉCOUPER (SE). — 2º *Notre affaire commence à se dessiner* = **se préciser;** (plus fam.) **prendre tournure.**

dessous I Adv. et nom entrant dans de nombreuses express. 1º (adv.) *Mettre sens dessus dessous :* v. DÉRANGER. *Agir en dessous :* v. SOURNOIS. *Ci-dessous :* v. CI-APRÈS (in *après* II). *Il est au-dessous de tout :* v. INCAPABLE. — 2º (nom) *Avoir le dessous :* v. VAINCRE. *Les voisins du dessous;* (soutenu) **de l'étage inférieur;** (moins précis) **d'en bas.** ● (nom) **dessous-de-table** V. GRATIFICATION.

II (plur.) *Elle portait des dessous en dentelle,* lingerie féminine ; **sous-vêtements** se dit aussi bien de la lingerie masculine ; (plus soutenu) **lingerie.**

dessus 1º (adv.) [dans des express.] *Avoir le nez dessus :* v. NEZ. *Mettre la main dessus :* v. TROUVER. *Par-dessus tout :* ↓**surtout.** *Par-dessus le marché :* v. PLUS [*en plus*]. *Là-dessus :* v. ENTREFAITES. — 2º (nom) *Les voisins du dessus :* v. HAUT et SUPÉRIEUR I [*étage supérieur*]. *Avoir le dessus :* v. AVANTAGE.

destin *Être poursuivi par le destin* = **destinée;** alors que les précédents impliquent l'idée de forces obscures qui nous gouvernent, **sort** représente simplement l'aspect fortuit des événements de l'existence ; **fatalité** se dit d'une destinée malheureuse ; **étoile** ne s'emploie que dans l'express. *naître sous une bonne/mauvaise étoile,* c'est-à-dire avoir une bonne/mauvaise destinée ; v. VIE ; v. aussi HASARD.

destination 1º *Quelle est exactement la destination de ces bâtiments ?* : v. AFFECTATION I. — 2º *Ma lettre est-elle arrivée à destination ?* = **à bon port.**

destituer *Il a été destitué pour insubordination* = **révoquer; relever, démettre** seulement dans le contexte : *qqn est relevé/démis de ses fonctions;* **casser** se dit surtout d'un officier ou d'un fonctionnaire ; (fam.) **dégommer, limoger; déposer,** c'est destituer qqn d'une autorité supérieure *(déposer un évêque);* **détrôner,** c'est déposséder un souverain de son trône ; **disgrâcier,** c'est priver qqn de la faveur qu'on lui accordait. V. aussi CONGÉDIER (in *congé*).

détacher I 1º Terme très général pour désigner l'action d'ôter le lien qui retenait qqch ou qqn : *détacher une remorque/un lustre/un prisonnier,* etc. Selon la nature de ce lien, on peut utiliser des termes plus précis : **décrocher** (un lustre, une remorque), **dépendre** (un lustre, un jambon), **délier** (un bouquet), **dénouer** (un foulard), **déboutonner** (un manteau), **dégrafer** (une robe) ; v. aussi LIBÉRER. — 2º V. SÉPARER. — 3º V. ARRACHER. — 4º ~ qqn. V. DÉLÉGUER. ● **détacher (se)** 1º *Les fruits mûrs se détachent de l'arbre;* (plus général) **tomber.** — 2º V. DÉCOUPER (SE). — 3º V. ABSTRAIRE (S'), RENONCER et SÉPARER (SE). ● **détaché** (en parlant d'une attitude, des paroles de qqn) *Il reçut la nouvelle avec un air apparemment détaché :* en réalité, il était très affecté = **froid, indifférent;** v. aussi IMPASSIBLE. ● **détachement** 1º (de *détaché*) *Je ne supporte pas son détachement devant la souffrance humaine* = **indifférence;** (soutenu) **désaffection** (indique exactement de la perte progressive de l'affection que l'on portait à qqn ou qqch); v. aussi DÉSINTÉRÊT. — 2º Terme général pour désigner un petit groupe de soldats auquel on a confié une mission spéciale ; **commando,** s'il s'agit d'un groupe de combat ; **patrouille,** s'il s'agit d'un groupe de surveillance ; **escorte,** s'il s'agit d'accompagner qqn ou qqch pour le surveiller ou le défendre.

II *Elle a déjà essayé trois produits à détacher les vêtements : en vain !;* (plus part.) **dégraisser.**

détailler 1º V. DÉCOUPER. — 2º *Il a fallu qu'il nous détaille tous les plats qui étaient au menu : c'était insupportable !;* **énumérer** ne peut s'employer qu'en parlant de choses dénombrables (notre ex.) ; v. DÉVELOPPER III. ● **détaillé** V. CIR-

CONSTANCIÉ. ● **détail** 1° V. BABIOLE. —
2° Dans l'express. *raconter qqch en détail ;* (plus rare) **par le menu ;** v. DÉVE-LOPPER III.

détenir *Ce coureur détient le record du 100 mètres ;* (plus général) **avoir** (v. aussi ce verbe).

déterrer 1° *Déterrer un cadavre ;* (soutenu) **exhumer.** — 2° V. TROUVER.

détester 1° ∼ qqch. *Il déteste les films comiques* = **avoir en horreur** *(Il a les films comiques en horreur) ;* ↑**exécrer ;** (soutenu) ↑**abominer/avoir en abomination ; réprouver** implique un jugement moral. — 2° ∼ qqn. *Il déteste sa belle-mère ;* (soutenu) **abominer ;** ↑**haïr ;** (express. fam.) *ne pas pouvoir sentir ;* (express. très fam.) *ne pas pouvoir blairer/piffer ; avoir dans le nez ;* v. SENTIR I. ● **détestable** Qqn/qqch est ∼. = **haïssable ;** ↑**odieux ;** v. ABOMINABLE ; v. aussi DÉSAGRÉABLE.

détonation *L'incendie avait gagné le dépôt de peinture : on entendait les détonations provoquées par l'explosion des bidons.* Ce terme renvoie seulement au bruit provoqué par une **explosion ; déflagration** est couramment pris comme syn. d'*explosion.*

détour 1° *Nous ferons un détour pour aller lui dire bonjour ;* (fam.) **crochet.** — 2° *Il lui fallait toujours des détours, comme s'il avait peur de regarder la vérité en face* = **biais.** V. aussi RUSE. — 3° *Sans détour :* v. AMBAGES [*sans ambages*] et PÉRIPHRASE.

détourner 1° *Détourner une rivière, une route, la circulation ;* (en parlant précisément d'un cours d'eau) **dériver ;** (en parlant précisément d'une route, de la circulation) **dévier.** — 2° ∼ qqn de qqch. V. ARRACHER et DISSUADER. — 3° *L'employé de banque a détourné d'importantes sommes d'argent ;* **distraire** est plus général : il peut être le syn. du précédent, mais n'implique pas toujours l'idée de vol *(distraire une somme de ses économies pour acheter un terrain).* V. aussi ATTRIBUER (S'), DÉROBER, SOUSTRAIRE et VOLER II.

détresse 1° *Depuis la mort de sa femme, il est plongé dans une profonde*

détresse = **désarroi.** V. aussi ANGOISSE. — 2° V. MALHEUR et PEINE II. — 3° *Un navire est en détresse dans la mer du Nord* = **en perdition.**

détruire 1° ∼ qqch. *La ville a été détruite par les bombardements ;* ↑**anéantir ;** v. aussi RAVAGER. — 2° ∼ qqch (abstrait). *La guerre avait détruit en lui tout ressort ;* ↑**annihiler ;** ↓**supprimer** (v. ce mot). *Détruire les projets de qqn :* v. CONTRARIER. — 3° ∼ un être animé. Se dit en parlant des animaux nuisibles ou d'une collectivité humaine : *détruire les chenilles ; population détruite par la guerre ;* ↑**anéantir ;** v. aussi TUER. ● **destruction** *Pendant la guerre, la ville a subi de terribles destructions ;* ↑**ravages, dévastation ;** v. aussi DÉGÂT, DOMMAGE et (en parlant de personnes ou d'animaux) CARNAGE.

devancer 1° *Deux coureurs ont devancé le peloton :* v. DÉPASSER. — 2° *Vous avez devancé ma question* = **prévenir ;** (fam.) *Vous m'avez* **coupé l'herbe sous le pied.** — 3° *L'appel des candidats a été devancé* = **anticiper.** Pour tous ces emplois, v. aussi PRÉCÉDER.

développement I V. DÉVELOPPER II. 1° *Ce pays est en plein développement* = **essor, expansion.** — 2° *Nous essaierons de donner à cette affaire un certain développement* = **extension.**
II V. DÉVELOPPER III. *Son développement était intéressant, mais trop long ;* (plus part.) **exposé ;** v. aussi CONFÉRENCE et DISCOURS.

développer I 1° ∼ ce qui est enveloppé (un paquet) ; (plus général et fam.) **déballer.** — 2° ∼ ce qui est plié (une pièce de tissu) [rare en ce sens] ; (plus courant) **déplier, déployer.**
II Faire croître. 1° *Développer une affaire/l'affaire se développe* = **étendre/ s'étendre** (v. ce mot) ; **prendre de l'ampleur :** v. AMPLEUR (in *ample*)/**de l'envergure :** v. GRANDIR. — 2° *La Chine va développer ses échanges commerciaux avec l'extérieur* = **étendre ;** (plus général) **augmenter ;** v. aussi MULTIPLIER (in *multiple*).
III *Vous connaissez maintenant l'essentiel de l'histoire : je crois inutile de développer davantage* = **détailler, entrer dans les détails ;** v. aussi EXPLIQUER.

dévêtir *Dévêtir un blessé pour le soigner* (soutenu) ; **déshabiller** ; **dénuder** ne s'emploie pas dans les mêmes contextes : *Une robe qui dénude les épaules.* V. DÉPOUILLER. ● **se dévêtir** V. DÉCOUVRIR (SE).

dévier 1° V. DÉTOURNER. — 2° Faire ∼ (en parlant d'un véhicule). *Une plaque de verglas a fait dévier la voiture* = **déporter** ; (en parlant d'un bateau) **dériver** *(faire dériver).*

deviner 1° V. DÉCOUVRIR, SENTIR I et VOIR. — 2° V. PRESSENTIR. — 3° (en parlant d'une devinette) *Alors, tu ne devines pas ?* = **trouver** ; (express.) **donner sa langue au chat** signifie que l'on ne devine pas la solution et que l'on renonce à la chercher. — 4° *Deviner juste* : v. TAPER [*taper dans le mille*]. ● **devin** *Comment voulez-vous que je vous prédise l'avenir, je ne suis pas devin !* = **prophète** (le premier terme appartient à la tradition païenne, le second à la tradition chrétienne : ils ne sont donc pas syn. en tous contextes) ; **voyante** se dit de celle qui fait profession de deviner l'avenir en lisant dans les cartes **(cartomancienne)**, dans les lignes de la main **(chiromancienne)** ou en évoquant les morts **(nécromancienne)** ; **visionnaire** se dit de celui qui prétend avoir des visions, des intuitions extraordinaires : *Pour V. Hugo, le poète est un visionnaire.* V. SORCIER. ● **divination** 1° De nos jours encore, beaucoup de communautés humaines pratiquent la *divination* ; ce terme désigne l'art de découvrir ce qui est caché, surtout l'avenir ; **magie** implique davantage l'idée d'une pratique : c'est l'art de produire des phénomènes qui paraissent inexplicables selon les lois de la nature ; l'**occultisme** est un ensemble de sciences, connues des seuls initiés, par lesquelles il serait possible d'atteindre aux phénomènes suprasensibles. Les termes suivants désignent des techniques particulières de la divination : **astrologie, cartomancie, chiromancie, nécromancie, spiritisme** (art d'évoquer les esprits, par ex. en faisant tourner les tables). — 2° *Vous aviez trouvé ? mais c'est de la divination !* = **magie**, pour exprimer hyperboliquement admiration ou surprise. — 3° V. PRESSENTIMENT.

devoir I (verbe) 1° *Devoir de l'argent* = **avoir des dettes**, lorsqu'il s'agit de

sommes assez importantes et dues depuis assez longtemps (ne convient pas dans un contexte comme *Combien vous dois-je ?*). — 2° V. EMPRUNTER.

II (verbe) V. AVOIR III [*avoir à*] et APPARTENIR.

III (nom) 1° *L'éducation des enfants est un devoir difficile à assumer* ; ↓ **responsabilité** implique moins que le précédent le respect d'une loi morale ; **charge** implique surtout l'idée de contrainte matérielle (financière, par ex.) ; (péjor.) **corvée**. — 2° (plur.) *Il remplit fidèlement ses devoirs religieux, les devoirs de sa charge* = **obligations**.

IV (nom) V. COPIE I, EXERCICE et TRAVAIL I.

dévorer 1° V. MANGER. — 2° (emplois imagés) *L'incendie a dévoré tout un pâté de maisons* : v. RAVAGER. *Dévorer un roman* : v. LIRE I. *Dévorer des yeux* : v. REGARDER. *Être dévoré de soucis* : v. RONGER.

dévouer (se) 1° *C'est lui qui s'est dévoué pour élever ses jeunes frères ;* ↑ **se sacrifier**. V. aussi DÉSINTÉRESSEMENT. — 2° (passif ; être dévoué à qqn) *Il lui est dévoué ;* ↑ **être à la dévotion de.** ● **dévouement** 1° V. SACRIFICE II. — 2° *Il travaille avec beaucoup de dévouement ;* ↑ **zèle** (souvent employé avec une nuance péjor.).

diable 1° L'esprit du mal dans les traditions chrétiennes = **démon** ; (cliché biblique) **prince des ténèbres**. Ce terme entre dans toute une série d'express. : *Ce n'est pas le diable* : v. DIFFICILE. *Tirer le diable par la queue* : v. DÉSARGENTÉ. *Ce serait bien le diable si...* : v. ÉTONNANT. *S'agiter comme un beau diable* : v. DÉBATTRE (SE). *Habiter au diable* : v. LOIN. *Envoyer qqn au diable* : v. PROMENER (SE) et VOIR [*se faire voir*]. *Un vent du diable* : v. FORT II. *Être malin en diable* : v. TRÈS. *Travail fait à la diable* : v. SABOTER. — 2° (en parlant à qqn) *Le pauvre diable ! le voici tout seul maintenant !* = **bougre** ; (plus soutenu) **malheureux**. *Quel diable, ce garçon !* : v. TURBULENT. — 3° V. ESPIÈGLE. ● **diabolique** *Un sourire diabolique* = **démoniaque**, (peu employé) **satanique**. *Avoir une chance diabolique* = **infernal**. V. aussi MÉCHANT II.

diamant *Une bague ornée d'un beau diamant;* **brillant** se dit d'un diamant taillé en facettes.

diaphane (didact.) Se dit de ce qui laisse passer la lumière sans qu'on puisse distinguer à travers la forme des objets; (courant) **translucide;** **transparent** se dit de ce qui laisse passer la lumière et qui permet de distinguer la forme des objets (le verre dépoli est *translucide,* le verre poli est *transparent*). [Dans la lang. littér., *diaphane* est parfois employé comme superlatif de *transparent.*]

dictionnaire Un dictionnaire rassemble les mots d'une langue avec leur définition et diverses indications; une **encyclopédie** rassemble l'ensemble des connaissances humaines; **lexique** se dit d'un petit dictionnaire (bilingue ou particulier à une science, à un art); **glossaire** se dit d'un petit dictionnaire où sont expliqués les mots anciens ou mal connus.

dieu 1° (dans les religions monothéistes, et en part. chrétienne) *Nous nous en remettrons à Dieu;* **providence,** qui désigne exactement le sage gouvernement de Dieu, est parfois employé par méton. pour désigner Dieu lui-même. — 2° (dans des express.) *Dieu sait pourquoi* = **aller donc savoir pourquoi.** *Pour l'amour de Dieu, ne partez pas! :* v. PRIER II. *Grâce à Dieu!/Dieu merci!/Dieu soit loué! :* v. HEUREUSEMENT. *On lui donnerait le bon Dieu sans confession :* v. INNOCENT. — 3° Jurons (considérés comme très grossiers). *Nom de Dieu!;* ↑**sacré nom de Dieu;** **bon Dieu!;** ↑**bon Dieu de bon Dieu!** — 4° Dans les religions polythéistes, être surnaturel doué de certains attributs; (f.) **déesse;** = **divinité;** (soutenu) **déité.**

différer I V. RECULER et RETARDER.

II 1° Qqch ∼. *Ces deux robes ont la même couleur, mais elles diffèrent par la coupe* = **se distinguer** (v. ce mot). — 2° Qqn/les propos, les habitudes de qqn ∼. *Nous nous entendons bien, mais nous différons toujours sur la politique* = **diverger;** ↑**s'opposer;** v. aussi VARIER. ● **différent** 1° *Ces deux individus sont très différents l'un de l'autre;* n'a pas de syn. exact, sinon **ne pas se ressembler;** v. ce-pendant AUTRE I. — 2° Qqch est ∼. *Des objets différents par la forme* = **dissemblable.** *Prendre deux routes différentes* = **distinct.** *Avoir un avis différent* = **divergent;** ↑**contraire, opposé.** — 3° Devenir ∼. *Depuis son mariage, il est très différent;* ↑**méconnaissable** (se construit sans adv. intensif et sans compl. : *différent* est, au contraire, souvent suivi d'un compl., introduit par *de*). V. aussi CHANGER III. — 4° C'est ∼. *Vous parlez de jazz et moi de pop music : mais c'est différent!* = **c'est autre chose; ce n'est pas pareil!;** v. VOIR [*Cela n'a rien à voir*]. — 5° (après le nom ou avant : peut être employé en fonction d'articles) *Vous avez goûté des vins différents/différents vins;* (plus rare) **divers;** (seulement comme adj., derrière le nom) **varié.** ● **différence** 1° Ce terme est très général, puisqu'il s'emploie pour distinguer ce qui sépare deux êtres ou deux choses, indépendamment de la nature de cette séparation; aussi est-il impossible de réunir tous ses synonymes, qui varient considérablement selon les contextes; nous présentons les plus courants. *Il y a entre eux une grande différence d'âge;* (plus rare) **écart.** *Il a essayé d'établir une différence subtile entre la droite et le centre droit;* (plus propre) **distinction;** ↑**nuance,** ou différence presque insensible; **divergence** s'emploiera seul en parlant d'avis, d'opinions. *Une différence de température, de prix :* v. CHANGEMENT (in *changer*). D'une manière générale, v. aussi CONTRADICTION (in *contredire*), DÉSACCORD, INÉGALITÉ et OPPOSITION. — 2° Faire la ∼. *Il faut quand même faire la différence entre la Bretagne et la Normandie : ce n'est pas le même climat!* = **distinction;** (soutenu) **départ.** — 3° (loc. prép.) **à la différence de** (assez soutenu); (courant) **contrairement à.**

difficile 1° Qqch est ∼. *Nous lui avons confié un travail très difficile,* qui impose beaucoup d'efforts physiques ou qui est désagréable à accomplir = **pénible, dur, ingrat;** (fam.) **sale** (antéposé). Qui impose beaucoup d'attention et de finesse = **délicat.** V. aussi SOIN et ÉPINEUX. — 2° Qqch est ∼. *Il trouve que les cours de logique sont difficiles* = **ingrat;** ↑**ardu;** (plus fam.) **dur;** (fam.) **coton.** V. COMPLIQUÉ, COMMODE II (négativement) et SAVANT; v. aussi OBSCUR et PROFOND. — 3° Qqch est ∼. *Ce chemin de montagne est difficile;* (soutenu)

malaisé; (très fam.) **casse-gueule**; v. aussi DANGEREUX. — 4° Qqch est ~. *Ne vous inquiétez pas, il y a un moment difficile à passer, mais ensuite tout ira bien* = **ingrat**; (antéposé) **mauvais**; (fam. ; antéposé) **sale**; v. CRITIQUE II. — 5° *Vous n'avez qu'à suivre cette route, ce n'est pas difficile!*; (fam.) **ce n'est pas le diable!**; v. COMPLIQUÉ (in *compliquer*). — 6° Qqn est ~. *Son mari a un caractère difficile;* ↑**pénible**; v. aussi CONCILIANT (négativement) et ACARIÂTRE. — 7° Qqn est ~. *C'est un enfant difficile qui ne mange pas de tout :* v. DÉLICAT et DÉGOÛTÉ (in *dégoût*). ● **difficulté** 1° *Ce problème présente une sérieure difficulté;* (fam.) **os**, **pépin** (souvent dans le contexte : *Il y a un os/pépin*); v. aussi ENNUI. *Sans difficulté :* v. FACILEMENT. — 2° *Il a de la difficulté à apprendre le russe* = **mal**; (plus soutenu) **peine**. D'une manière générale (1° et 2°), on se reportera aussi à ACCROC (in *accrocher* I), COMPLICATION (in *compliquer*), ENNUI, DÉRANGEMENT (in *déranger*) et PROBLÈME. — 3° *Voyez-vous une difficulté à ce que je m'absente la semaine prochaine?* = **empêchement**, **obstacle**, **objection**. — 4° V. GÊNE.

difforme *Son visage difforme épouvantait ceux qui le voyaient;* (plus rare) **contrefait**; ↑**monstrueux**; v. aussi INFIRME et LAID.

diffus (en parlant de style) *Il a des idées, mais il s'exprime d'une manière si diffuse qu'il est insupportable à lire* = **prolixe**, **verbeux**; **redondant** implique en outre l'idée d'enflure, d'emphase inutile.

diffuser 1° V. PROPAGER et RÉPANDRE. — 2° *Ce livre vient d'être diffusé dans les librairies;* (moins propre) **mettre en circulation**.

digression *Ce professeur est souvent plus intéressant par ses digressions que par ses cours;* (par méton., plus courant) **parenthèse**.

digue Se dit d'une construction protégeant un port des assauts de la mer; **jetée** et **môle** se disent d'une *digue* qui s'avance en mer pour protéger l'entrée d'un port et qui se termine généralement par un phare ou un sémaphore; **estacade** se dit d'une digue faite de pierres, de madriers, de pilotis et qui sert de brise-lames. V. aussi DÉBARCADÈRE et LEVÉE.

diligent 1° Qqn est ~. V. ACTIF. — 2° Qqch est ~. Dans le contexte *recevoir les soins diligents de qqn* = **empressé**.

dimension 1° Terme général pour désigner l'étendue d'un corps en tous sens; **mesure** se dit d'une dimension évaluée : *prendre les dimensions/mesures de qqch; prendre les mesures/*(didact.) **mensurations** *de qqn.* Selon la nature de la dimension, on parlera de **largeur**, **longueur**, **hauteur**, **profondeur** et, plus généralement, de **grandeur** et de **taille** *(deux objets de même grandeur/deux enfants de même taille).* Selon la nature de l'objet mesuré, on parlera de **calibre** (d'un tube, d'un canon), de **format** (d'un livre, d'une boîte), de **pointure** (d'une paire de chaussures); **proportion** est plus part. et se dit soit de la grandeur d'une partie relativement au tout et aux autres parties dans un ensemble, soit de la grandeur d'une chose relativement à une chose analogue prise pour type : *les proportions du corps; une statue de proportions colossales.* — 2° (souvent précédé du démonstratif; en contexte presque figé) *Commettre une erreur/faute/sottise de cette dimension est indigne de lui* = **taille**.

diminuer Verbe d'emploi très général, dont les syn. varient selon les contextes. 1° ~ qqch. *Diminuer la vitesse* = **réduire**, **ralentir** (ce dernier avec ou sans compl.). *Diminuer la longueur* = **raccourcir**, **rapetisser**. *Diminuer le volume* = **réduire**. *Diminuer la durée :* v. ABRÉGER. *Diminuer les mérites de qqn* = **amoindrir**. *Diminuer l'enthousiasme de qqn;* ↓**modérer**, **tempérer**; ↑**rabattre**. — 2° ~ qqch. V. DISCRÉDITER. — 3° (intr.) Qqch ~. *Le jour diminue* = **rapetisser**; v. DÉCLINER. V. aussi MOLLIR (in *mou*). *Les forces de qqn diminuent :* v. AFFAIBLIR (S'). *Les espoirs de qqn diminuent* = **s'amenuiser**. *La température/les prix diminuent :* v. ABAISSER I. ● **diminution** 1° *Diminution de la température/des prix :* v. ABAISSEMENT. — 2° *La diminution des horaires de l'entreprise est un mauvais signe : demain, ce sera le chômage* = **réduction**. — 3° *C'est trop cher! Ne pourriez-vous pas me consentir une diminution?* = **rabais**, **remise**;

réduction est aussi employé en ce sens dans le langage fam. ; **bonification** se dit de la remise qu'accorde un fournisseur à ceux de ses clients avec lesquels il fait un certain chiffre d'affaires ; **ristourne**, qui désigne, en termes de commerce, une bonification compensant un trop-perçu compris dans une facture, s'emploie dans le langage fam. au sens de **rabais**.

diphtérie Terme didact. (terme courant) **croup**.

diplomate 1° V. DÉLÉGUÉ. — 2° *Il n'est pas très diplomate : ne comptez pas sur lui pour intervenir judicieusement pendant la réunion;* **adroit, habile, souple** ne sont que des syn. très approximatifs. V. POLITIQUE. ● **diplomatie** (v. 2° de *diplomate*) *Agir avec diplomatie* = **doigté, tact**; **adresse, habileté** et **souplesse** sont plus approximatifs.

dire Verbe de sens très général ; nous ne pouvons signaler ici que ses emplois principaux et celles des express. les plus courantes où on le trouve. 1° *Il a eu si peur qu'il n'a pas pu dire un mot;* (plus rarement employés) **articuler, émettre, prononcer**; (soutenu) **proférer**; v. ÉNONCER. — 2° *dire que/dire qqch Il m'a dit que tu te mariais;* c'est dans ces contextes que *dire* a ses emplois les plus nombreux : ses syn. sont toujours plus précis que lui, et dépendent du sens du contexte, d'une part, et du sens de la relation impliquée par *dire,* d'autre part. Signalons : (fam. en ce sens) **raconter, expliquer**; v. les syn. contenus dans les articles CONFIER II, DÉCLARER, AFFIRMER, AJOUTER, ANNONCER et INSINUER. — 3° *Dire des sottises/des mensonges;* (plus fam. ; plus expressif) **débiter**. — 4° **dire à qqn de** + infin. *Il m'a dit de venir à 11 heures :* v. DEMANDER et RECOMMANDER. — 5° (sujet nom de chose) *La loi/cet arrête/le projet, etc., dit que...* (courant) ; (didact.) **stipuler**. — 6° (sujet nom de chose) *Tous ses gestes disaient son impatience :* v. EXPRIMER. — 7° *On dirait que ces fleurs sont des fleurs naturelles :* v. CROIRE. — 8° *Ne pas dire :* v. TAIRE. — 9° (dans des express.) *Pour tout dire, nous avons échoué* = **en somme**. *Je vous invite, cela va sans dire* = **naturellement, cela va de soi.** *À vrai dire, je ne sais si je viendrai* = **pour parler franchement**; (soutenu) **en vérité, à dire vrai.**

S'il connaît la mer? Il est breton, c'est tout dire ! = **c'est pour vous dire !** *Il est parti, dit-on* = **paraît-il**; **à ce que l'on dit.** *Nous avons entendu un bruit, comme qui dirait un bruit de marteau :* v. COMME II et III. *Que veut dire ce mot, en espagnol ?* : v. SIGNIFIER. *Le cinéma? Non, ça ne me dit rien :* v. PLAIRE I et TENTER. *Ce visage! ça ne vous dit rien ?* : v. RAPPELER. *Dire amen :* v. APPROUVER. *Avoir beau dire :* v. PROTESTER. *Qu'en dites-vous ?* : v. PENSER II. ● **dire** (nom) 1° (au plur.) V. PROPOS I. — 2° (au sing.) *Au dire de qqn* = **d'après**; v. aussi INSINUER.

directeur 1° Celui qui dirige; (en part.) qui dirige une entreprise ; **administrateur** se dit de celui qui est chargé de gérer les affaires sociales dans une société ; **président-directeur général** (abrév. P.-D. G.) désigne celui qui est à la tête de l'administration d'une société ; **patron** s'emploie pour désigner tout employeur par rapport à ses employés ; **chef** implique des responsabilités particulières, précisées par un compl. : *chef de bureau/de chantier.* — 2° **directeur de conscience**; (plus général) **confesseur.**

direction I V. ADMINISTRATION et CONDUITE III.

II 1° *Changer de direction :* v. CAP, SENS III et VOIE. — 2° *Il est très intéressé par les nouvelles directions de la musique contemporaine* = **orientation.** En général, ces deux termes ne sont pas syn. : *direction* désigne le sens d'un parcours, la voie à suivre pour aller quelque part, et *orientation* le fait de chercher cette voie par rapport aux points cardinaux, et, par extens., par rapport à des repères que l'on se donne : ainsi parlera-t-on de *l'orientation scolaire* et non de la direction scolaire. — 3° **en direction de** V. VERS.

diriger I *Depuis la mort de son père, c'est lui qui dirige l'entreprise ;* **commander** implique davantage l'idée d'autorité que celle d'orientation (le complément renvoie d'ailleurs de préférence à une personne : diriger qqch/commander qqn) ; **conduire** s'emploie parfois avec le sens de *diriger;* **administrer** se dit surtout en parlant des affaires publiques ou des entreprises commerciales ou industrielles, **gouverner**, des affaires politiques d'un pays ; **gérer,** c'est administrer pour le compte de qqn. V. COIFFER. V. aussi ANIMER.

II 1° *Êtes-vous capable de diriger une voiture ?* ; (plus courant) **conduire ; piloter** se dit surtout d'une voiture de sport ou d'un avion. — 2° *L'ennemi a dirigé des troupes vers Paris :* v. ENVOYER. — 3° *Voici des années qu'il dirige tous ses travaux vers la biochimie* = axer. — 4° *Diriger son regard vers :* v. REGARDER. ● **se diriger** V. ALLER I.

discipline **I** *Être puni pour avoir enfreint la discipline ;* **règlement** n'implique pas, comme le précédent, l'idée d'un accord consenti par une communauté pour se plier à une loi acceptée (c'est ainsi que l'on parlera d'une *discipline syndicale* et non de « règlement syndical »).
II V. BRANCHE.

discontinu **Discontinu** et **intermittent** peuvent s'employer dans les mêmes contextes : *Un bruit discontinu/intermittent ; intermittent* souligne cependant davantage la régularité des intervalles (on parlera d'un *feu intermittent,* et non pas « discontinu »).

discours 1° *Le Premier ministre doit prononcer un discours important ;* **allocution** se dit d'un discours fam. et assez bref, fait par un personnage important *(L'allocution du chef de l'État sera diffusée à 20 heures) ;* **déclaration** se dit d'un discours fait à la presse écrite ou parlée par un personnage annonçant officiellement qqch à faire connaître au public *(une déclaration du secrétaire du parti communiste) ;* **toast** se dit d'un bref discours par lequel on propose de boire à la santé de qqn ; **speech** se dit d'un discours de circonstance, généralement prononcé en réponse à un toast ; (fam.) **laïus, topo ; harangue** se dit d'un discours solennel prononcé devant une assemblée. V. aussi CONFÉRENCE, DÉVELOPPEMENT, MOT, SERMON et TIRADE. — 2° V. PROPOS. ● **discourir** *Cela m'agace de l'entendre discourir sur des sujets qu'il ne connaît pas !* (souvent péjor.) ; **disserter,** c'est discourir méthodiquement sur un sujet précis ; (très péjor.) **pérorer,** (rare en ce sens) **palabrer** ; **pontifier,** c'est discourir de manière prétentieuse ; **épiloguer,** c'est faire de longs commen-

taires sur qqch/qqn (surtout employé dans le contexte : *Il ne sert à rien d'épiloguer, de discourir longtemps sur...*) ; (fam.) **baratiner, tartiner,** (arg. scol.) **laïusser.** V. aussi PARLER et BAVARDER.

discréditer *Qqch ~ qqn. Cette intervention l'a complètement discrédité auprès du public* = se **discréditer** *(Il s'est discrédité par cette intervention),* **faire perdre son crédit à ;** ↑ **déshonorer ; décrier, dénigrer** et, fam., **débiner,** c'est attaquer qqn par des critiques telles qu'on puisse être amené à le mépriser ; on dit aussi, en ce sens, **noircir,** ↓ **diminuer ; diffamer,** c'est porter injustement atteinte à la réputation de qqn. V. aussi ABAISSER II, DÉPRÉCIER, MALMENER et MÉDIRE.

discret 1° *Qqn est ~. Il se manifeste peu en public : il a toujours été très discret ;* **réservé** se dit aussi de celui qui manifeste de la retenue dans ses relations sociales, mais implique parfois l'idée de froideur et peut être pris péjor., contrairement à *discret,* qui, employé seul, est toujours laudatif. V. aussi POLI I et SILENCIEUX (in *silence*). — 2° *Qqn est ~. Il agira avec tact : il est très discret* = **délicat.** — 3° *Qqch est ~. Elle porte toujours des vêtements très discrets* = **sobre.** ● **discrétion** 1° (v. 1° de l'adj.) **réserve, retenue.** — 2° (v. 2° de l'adj.) V. DÉLICATESSE (in *délicat*). — 3° (v. 3° de l'adj.) **sobriété** (v. ce mot). ● **discrètement** 1° *Agir discrètement* = **avec discrétion** (voir ce mot en 1°). — 2° *En prenant soin de ne pas être remarqué par le surveillant, il regardait discrètement la copie de son voisin* = **à la dérobée ;** (fam.) **en douce.** — 3° *Être vêtu discrètement* = **sobrement ;** v. MODESTEMENT (in *modeste*).

discrétion **I** V. ce mot in *discret.*
II **à discrétion** *Il y avait du vin à discrétion* (soutenu) ; (courant) **à volonté ;** (fam.) **à gogo.**

discuter 1° *Il faudra que nous discutions de vos projets :* v. DÉBATTRE ; v. aussi PARLER. — 2° *Discuterez-vous l'existence même des faits ? :* v. CONTESTER. — 3° (au sens de « discuter longuement et âprement de choses sans valeur »). *Cesserez-vous bientôt de discu-*

ter ainsi ? = **ergoter**; (fam.) **discutailler**; v. **RAISONNER** II; v. aussi CHICANER. — 4º V. NÉGOCIER II. ● **discuté** *C'est une question très discutée;* (plus rare) **controversé.** ● **discutable** 1º V. CONTESTABLE (in contester). — 2º (derrière *c'est*) *Vous dites que ce film ne vaut rien? c'est discutable!* = **cela se discute.** ● **discussion** 1º V. DÉLIBÉRATION. — 2º V. DISPUTE, POLÉMIQUE et RÉPLIQUE II. — 3º Parfois pris au sens de **conversation** (v. ce mot). — 4º V. NÉGOCIATION (in négocier II).

disette 1º *Des mois de sécheresse ont provoqué la disette;* (plus employé) **famine.** — 2º V. MANQUE.

disloquer, se disloquer 1º *Il s'est disloqué le genou* : v. DÉBOÎTER. — 2º *La police a disloqué le cortège des manifestants* = **disperser;** v. DÉSAGRÉGER (SE); v. aussi DISSOUDRE. — 3º *Sous l'effet de l'explosion, les maisons se sont complètement disloquées* = **désintégrer.** — 4º V. aussi CASSER. ● **dislocation** 1º V. DÉBOÎTEMENT. — 2º *La dislocation d'un cortège* = **dispersion.** *La dislocation d'un empire* = **démembrement, désagrégation;** v. DISSOLUTION (in dissoudre).

disparaître Ce verbe a deux sens généraux : «n'être plus visible» et «cesser d'exister». Dans les deux cas, il est susceptible d'être remplacé par des syn. qui varient considérablement selon les contextes; nous ne signalerons que les principaux. 1º Qqn ~. *Se sentant suivi, il disparut dans la foule* = **se fondre;** (assez fam.) **s'éclipser;** v. aussi PARTIR, S'ABSENTER (in *absence*) et FUIR. — 2º Qqn ~. V. MOURIR. — 3º Qqch ~. *Mon argent a disparu!;* (clichés, plus fam. et plus expressifs) **s'envoler, se volatiliser, s'évaporer.** *Un bateau a disparu dans la tempête* : v. SOMBRER. (En parlant de phénomènes passagers : émotion, sentiments; brume, brouillard; couleur du visage, etc.) = **se dissiper;** ↑**s'envoler, s'évanouir;** v. S'EFFACER (in *effacer*). *Les taches ont disparu au nettoyage* : v. S'EN ALLER (in *aller* III) et ENLEVER. — 4º Faire ~. V. CHASSER, SUPPRIMER et TUER. ● **disparition** 1º *Il ne souhaitait qu'une chose : la disparition de tous ces gens qui l'importunaient de leur pitié;* ↓**départ.** V. aussi FUITE. — 2º V. MORT I.

dispenser I 1º ~ qqn de qqch. (en parlant d'une tâche ou d'une charge morale) *Dispenser qqn de ses obligations militaires* = **dégager** (v. ce mot). (en parlant d'une charge matérielle) *Dispenser qqn d'impôts* = **décharger;** (termes propres) **exempter, exonérer.** V. EXEMPT. — 2º (dans ce contexte part.) *Dispensez-moi de vos conseils!* = **épargner** (qqch à qqn), **faire grâce de.** ● **se dispenser** V. ABSTENIR (S'). ● **dispense** *Pour sortir du lycée, il faut une dispense* = **autorisation;** (didact.) **exemption** se dit d'une dispense d'une charge commune *(une exemption d'impôts);* (didact.) **exonération** se dit, en matière fiscale, d'une décharge d'impôts *totale* ou *partielle;* (didact.) **immunité** se dit d'une exemption accordée par la loi à certaines personnes *(immunité diplomatique).*

II *À cette époque, de puissants mécènes dispensaient leurs bienfaits aux peintres et aux poètes* = **accorder.** V. aussi DISTRIBUER, GRATIFIER et RÉPANDRE.

disperser 1º *Le vent s'est engouffré par la fenêtre et a dispersé tous les papiers qui étaient sur le bureau;* **éparpiller** et **disséminer** se disent surtout d'objets légers (notre ex.), alors que **disperser** est d'emploi plus général. — 2º *Le capitaine avait dispersé ses soldats de manière que toutes les routes soient bloquées* = **répartir.** — 3º *Tu disperses trop tes efforts, tu n'arriveras jamais à rien!* = **éparpiller.** ● **se disperser** 1º Les mêmes correspondances existent à la forme pronominale. — 2º *La foule se dispersait : la fête était finie;* (rare) **s'égailler;** v. aussi PARTIR.

dispos *Après une bonne nuit, il se sentait frais et dispos,* souvent dans l'express. *frais et dispos.* Employé seul, il peut être remplacé par (plus fam.) **gaillard, en forme** (cette dernière express. pouvant être renforcée par les adj. «pleine»/«grande» : *en pleine/grande forme*). V. aussi AGILE et LÉGER.

disposer 1º ~ qqch. *Elle avait disposé des bibelots sur tous les meubles de son nouvel appartement* = **placer;** (très général) **mettre; installer** se dit d'objets d'une certaine importance (installer un meuble); (fam.) **caser.** V. COMBINER et COMPOSER I. — 2º ~ qqn à. V. PRÉPARER. — 3º Se ~ à. V. PRÉPARER [*se*

préparer à]. — 4° ~ de qqch. V. AVOIR I.
● **disposition** 1° V. COMPOSITION (in *composer* I). *La disposition des pièces d'un appartement* = **distribution** ; v. ORDONNANCE et PLACE I ; v. aussi RÉPARTITION. — 2° V. PENCHANT. — 3° (au plur.) *Prendre des dispositions pour qqch* = **mesures**. — 4° *L'une des dispositions du contrat ne me convient pas* = **clause, stipulation** ; v. aussi CONDITION II. — 5° *Être à la disposition de qqn* ; (en parlant de qqn) **ordres** *(Je suis à vos ordres)* implique, contrairement au précédent, l'idée d'autorité, de distance hiérarchique ; (en parlant de qqch) *Je n'ai pas de papier à ma disposition : pouvez-vous m'en prêter ?* ; (fam.) **sous la main**. — 6° *Avoir des dispositions pour qqch* : v. FACILITÉ II.

disputer 1° Le ~ en. *C'était à qui le disputerait en courage et en ténacité* (soutenu) ; (plus courant) **rivaliser de** *(C'était à qui rivaliserait de courage).* V. aussi LUTTER. — 2° ~ qqn. V. RÉPRIMANDER. ● **se disputer** *Ils se disputaient, mais ils s'aimaient bien* ; (plus soutenu) **se quereller** ; (plus fam.) **se chamailler** ; (très fam.) **s'engueuler** ; (fam.) **s'accrocher** ; (fam.) **avoir un accroc** se dit surtout d'une querelle passagère. ● **dispute** 1° *Avoir une dispute* ; (comme dans SE DISPUTER) [plus soutenu] **querelle** ; (très fam.) **engueulade** ; (fam.) **accroc** ; **explication** et (fam.) **prise de bec** se disent surtout d'un simple et vif échange verbal, de même que (plus soutenu) **altercation** ; **algarade** se dit d'une brusque et éphémère dispute ; **scène** s'emploie spécialement en parlant d'un couple ; ↓ **discussion**, lorsque le contexte laisse entendre que l'échange verbal a été assez vif. — 2° *Chercher la dispute* ; (plus soutenu) **chicane** *(chercher chicane)* ; (fam.) **crosses** *(chercher des crosses).* V. aussi, pour 1° et 2°, BAGARRE, DÉSACCORD et CONTESTATION (in *contester*).

disque *Je viens d'acheter un nouveau disque de G. Brassens* ; (par méton.) **enregistrement** ; (par méton.) **33 tours** ou **45 tours** ; (par méton. ; soutenu : affecté ou lang. techn.) **gravure**.

dissidence 1° *Leur parti politique va éclater : ils ne pourront éviter la dissidence* = **scission** ; **schisme** se dit d'une scission intervenant à l'intérieur d'une religion et, par extens., à l'intérieur de tout groupe organisé ; **sécession** se dit de l'éclatement d'un État en fractions indépendantes et souvent rivales. V. aussi RÉVOLTE. — 2° *De graves dissidences d'opinion les séparent désormais* ; (plus employé) **divergence** ; v. aussi DÉSACCORD.

dissimuler 1° V. CACHER et DÉROBER. *Ne rien dissimuler* : v. TABLE I [*jouer cartes sur table*]. — 2° (employé sans compl.) *C'était un homme habile à dissimuler* = **feindre**. ● **dissimulation** *Ne vous fiez pas à son aspect extérieur ! je connais l'individu : c'est de la dissimulation !* ; (plus fam. en ce sens) **comédie** ; v. aussi FAUSSETÉ (in *faux* I).

dissiper I 1° V. CHASSER. — 2° Se ~. V. DISPARAÎTRE. — 3° V. DÉPENSER (in *dépense*).

II *Plongé dans les livres du matin au soir, il n'acceptait pas de se laisser dissiper* (soutenu) ; (courant) **distraire**. ● **dissipation** *Mon fils rentre du collège : il a été puni pour dissipation* = **indiscipline**.

dissocier 1° V. SÉPARER. — 2° *Il faut nettement dissocier ces deux idées* = **distinguer**.

dissoudre 1° V. ANNULER. — 2° *Dissoudre du sucre dans de l'eau* ; (fam.) **faire fondre** ; v. DÉLAYER. ● **dissolution** 1° *Il assistait, impuissant, à la dissolution de son parti* = **écroulement, ruine, dislocation** (v. ce mot in *disloquer*) ; v. ANNULATION (in *annuler*). — 2° V. CORRUPTION (in *corrompre*).

dissuader *Nous l'avons dissuadé de poursuivre ses études* ; s'emploie généralement avec un infin., alors que **détourner** est le plus souvent suivi d'un groupe nominal ; v. DÉCONSEILLER et DÉCOURAGER.

distance 1° S'emploie le plus souvent en parlant de l'espace. Selon la manière dont on considère celui-ci, les synonymes diffèrent. *La distance empêche les Provençaux de se rendre facilement à Paris* = **éloignement**. *Le métier de représentant implique de parcourir de longues distances dans la journée* = **trajet, parcours**. V. ESPACE. *À une grande distance*

de... = **loin**. *À une faible distance de...*
= **près**. *Planter les arbres à distances
régulières* = **intervalles.** — *2° Le voilà
riche maintenant : la vie a creusé entre
nous une distance considérable* = **écart ;**
↑ **fossé.** *Tenir qqn à distance* = **écart.** *Il
faut savoir tenir ses distances* = *il faut
savoir* **ne pas sombrer dans la familiarité.** ● **distant** 1° *Nos deux villages ne
sont distants que de quelques kilomètres*
= **éloigné.** — *2° C'est un personnage
assez antipathique, très distant ;* ↓ **froid,
réservé.** V. aussi FIER et HOSTILE.

distinguer 1° V. VOIR. — *2° Ce qui
distingue l'homme de l'animal, c'est
principalement le langage* = **différencier ; caractériser** se construit avec un
seul compl. *(Ce qui caractérise l'homme,
c'est...).* — *3° Comment, dans ses propos
confus, distinguer le vrai du faux ? ;*
= **démêler ;** v. SÉPARER. ● **se distinguer**
1° *C'est par le langage que l'homme se
distingue de l'animal* = **se différencier.**
— *2° Un soldat qui s'est distingué par sa
bravoure* = **s'illustrer, se signaler ;** (parfois péjor.) **se singulariser.** ● **distinction**
1° (v. *2° de distinguer*) **différenciation.**
Sans distinction : v. INDISTINCTEMENT. —
2° V. DIFFÉRENCE (in *différer* II). — *3° (de
distingué) Sa femme a beaucoup de
distinction ;* ce terme, qui peut impliquer
à la fois des qualités physiques et
morales, n'a pas de syn. exact ; ↓ **élégance** ne s'applique qu'au physique :
Elle s'habille avec distinction/élégance
= ↓ **goût ;** dans le contexte *C'est un
personnage de la plus haute distinction,*
éminent pourrait convenir.

distraction 1° (de *distraire*) *La belote
est sa distraction favorite* = **passe-
temps ; jeu** est plus concret : il implique
une activité précise (comme dans notre
ex.) ; (fam.) **dada ;** (plus soutenu) **divertissement ;** (plus général) **plaisir.** —
*2° (de distrait) Je vous ai envoyé cette
lettre par distraction : elle était destinée
à mon neveu* = **par mégarde, par inadvertance.** *Elle est âgée, il faut excuser ses
distractions* = **absence ;** v. aussi ÉTOUR-
DERIE. *Une seconde de distraction, et
c'est l'accident* = **inattention.**

distrait *Il a toujours l'air distrait
quand on lui parle ;* ↑ **absent ;** (express.
fam.) **être dans la lune.** *Écouter d'une
oreille distraite ;* (moins propre) **inattentif.** V. aussi ÉTOURDI I.

distribuer *Le curé m'a dit : faites
confiance à Dieu, qui distribue les bienfaits ;* (dans ce contexte, où il s'agit
de puissances supérieures) **dispenser ;**
répartir, partager (v. ce mot), c'est
distribuer qqch d'après des conventions
précises. V. aussi DONNER et SERVIR I.
● **distribution** 1° (comme précédemment)
partage, répartition. — *2°* (dans des
contextes part.) *Une distribution de prix*
= **remise.** *La distribution des pièces d'un
appartement :* v. DISPOSITION (in *disposer*). *Ses produits ont un bon circuit de
distribution* = **diffusion.**

divers 1° *Le spectacle a été suivi par
un public très divers* = **composite ;** ↑ **disparate, hétéroclite, hétérogène ;** v. aussi
MULTIPLE et VARIÉ (in *varier*). — *2°* V. DIF-
FÉRENT (in *différer* II). ● **diversement** *Le
spectacle a été diversement apprécié*
= **différemment.** ● **diversité** 1° *La Baule
offre une grande diversité de distractions*
= **variété.** — *2° J'admets parfaitement la
diversité des opinions* = **pluralité.**

divertir *Emmenez-le à la campagne,
cela le divertira ;* (plus fam.) **changer les
idées ;** v. AMUSER.

divin *Il était sous le charme de cette
musique divine qu'il entendait pour la
première fois ;* (soutenu) **céleste.** V. DÉLI-
CIEUX (in *délice*) et SUBLIME.

diviser 1° *Cette classe est trop nombreuse, il faudra la diviser ;* **dédoubler**
signifie « diviser en deux ». V. PARTAGER,
SCINDER, SEGMENTER et SÉPARER. —
2° Leurs opinions les divisent = **opposer ;**
↑ **déchirer ;** v. BROUILLER II. — *3°* **se
diviser en** *Ce roman se divise en quatre
parties* = **comprendre, se composer de ;**
v. aussi SEGMENTER. ● **division** (comme
pour le verbe) 1° **dédoublement ;** v. PAR-
TAGE, SEGMENTATION, SÉPARATION. —
2° ↑ **déchirement ;** v. DÉSACCORD.

divorce 1° (en termes de droit) *Le
divorce désigne la dissolution légale du
mariage civil ;* la **séparation de corps**
désigne la dispense accordée à chacun
des époux de la vie commune, sans pour
autant qu'ils soient déchargés de tous les
liens qui les unissaient ;* (courant) **rupture, séparation** se disent d'un couple de
personnes, mariées ou non ; **répudiation**
se dit, dans certaines civilisations, du
renvoi légal par le mari de la femme à

143

laquelle il était uni. — 2° *Un divorce s'est établi entre les deux tendances du syndicat* = **opposition** (à renforcer par « grave » ou « radicale ») ; v. aussi DÉSACCORD. ● **divorcer** (comme pour le nom) **se séparer, rompre.**

divulguer *La nouvelle a été divulguée par presse* = **révéler ; dévoiler,** c'est plutôt **découvrir** (v. ce mot) *que publier qqch de secret* ; **publier,** c'est *porter à la connaissance du public qqch qui ne devait pas forcément rester secret* ; **ébruiter,** c'est *divulguer qqch de manière confuse, imprécise* ; **répandre** *s'emploie parfois avec le même sens que ébruiter.* V. aussi DÉCOUVRIR et TRAHIR.

docile 1° *Il vous écoutera : c'est un enfant très docile* = **obéissant, soumis ;** (plus général) **sage.** — 2° *Elle était d'un caractère très docile* = **facile, souple.** ● **docilement** *Il faudra suivre docilement les prescriptions du médecin* = **fidèlement ; scrupuleusement** insiste davantage sur la rigueur et l'exactitude avec laquelle on fait qqch. ● **docilité** (comme pour l'adj.) 1° **obéissance, soumission, sagesse.** — 2° **souplesse, facilité.**

doctoral *Son ton doctoral cache mal le vide de sa pensée ;* (moins employé) **pontifiant ;** v. PROFESSORAL (in *professeur*).

doctrine 1° *Telles sont les bases de la doctrine chrétienne* = **dogme.** *Les doctrines philosophiques* = **système, théorie.** — 2° *Se faire une doctrine sur* = **opinion.** ● **doctrinaire** *Qu'il défende ses idées, soit ! mais pourquoi se montrer aussi doctrinaire ?* = **dogmatique ;** ↑ **sectaire.**

document 1° *Ce manuscrit est un document de grande valeur ;* (plus général) **pièce ;** v. aussi PAPIER. — 2° *Vous verserez ce document au dossier de l'enquête* = **pièce à conviction.** ● **documenter** (qqn), **se documenter** = **informer ; s'informer.**

doigt (dans des express.) *Savoir qqch sur le bout des doigts* = **par cœur ;** (fam.) *à* **fond.** *Mettre le doigt sur la difficulté :* v. TROUVER. *Toucher du doigt :* v. PRÈS. *À deux doigts de... :* v. PRÈS. *Se mordre les doigts :* v. REGRETTER. *Se mettre le doigt dans l'œil :* v. TROMPER (SE). *Au*

doigt et à l'œil : v. EXACTEMENT. *Ne pas lever/remuer le petit doigt :* v. EFFORT. *Taper sur les doigts de qqn :* v. PUNIR. *Un doigt de vin :* v. PEU II.

domaine 1° V. BIEN II. — 2° *Le domaine des activités d'une région :* v. CHAMP II. — 3° *La question que vous me posez n'est pas de mon domaine* = **compétence, ressort ; partie** *(Ce n'est pas ma partie) ;* (fam.) **rayon.** *La pneumologie, ce n'est pas mon domaine : je suis psychiatre ! ;* (fam.) **rayon, secteur.** V. PLAN III.

dominer 1° *Qqn/qqch ∼. Le dépouillement du vote n'est pas terminé, mais pour le moment ce sont les « non » qui dominent* = **l'emporter ;** ↑ **prédominer ;** (seulement en parlant de ce qui se compte) **être le plus nombreux.** — 2° *Qqn ∼ qqn/qqch. Charlemagne a dominé un vaste empire ;* **soumettre,** c'est *mettre par la force dans un état de dépendance ;* v. RÉGNER (in *règne*). V. aussi COMMANDER et OPPRIMER. — 3° *Qqn ∼ qqn. Ce coureur a nettement dominé ses concurrents ;* ↑ **surclasser, surpasser.** — 4° *Qqn ∼ qqch. Il domine parfaitement la situation* = **maîtriser ;** v. CONTRÔLER. *Il faut savoir dominer ses instincts* = **discipliner, dompter ;** v. VAINCRE. — 5° *Qqch ∼. Cette tour domine la ville* = **surplomber.** ● **dominant** 1° *Le rôle de l'artillerie a été dominant dans le sort de cette bataille* = **déterminant, essentiel ;** v. PRINCIPAL. — 2° *Son mari occupe dans l'usine une position dominante* = **élevé ; une position clef.** V. aussi SUPÉRIEUR I. ● **dominateur** *Il parcourut son public d'un regard dominateur* = **impérieux** (v. aussi ce mot).

dommage 1° (généralement au plur.) *La tempête a soufflé sur la Bretagne : des dommages considérables ont été causés aux récoltes* = **pertes, dégâts** (v. ce mot). *Causer des dommages à qqn* = **torts ;** (en parlant d'un édifice) **dégradations, détériorations.** (derrière « il y a ») *Il y a eu des dommages ;* (fam.) **de la casse ;** v. DÉGÂT ; v. aussi DESTRUCTION (in *détruire*) et PRÉJUDICE ; v. aussi ABÎMER et LÉSION (in *léser*). — 2° (derrière c'est) *Il ne pourra pas venir, c'est dommage ! ;* (plus soutenu) **regrettable ;** (soutenu) **fâcheux ;** (fam.) **c'est pas de chance !** (v. ce dernier mot).

donner Verbe de sens très général et d'emploi très fréquent; ses synonymes varient selon ses multiples contextes : nous ne signalerons donc ici que les principaux.

I (trans.) 1º Qqn ∼ qqch à qqn. *Il n'avait plus un sou : je lui ai donné cent francs;* (fam.) **filer;** (très fam.) **abouler;**' **remettre** implique que l'on avait la charge de donner qqch à qqn ; **offrir** se dit d'un cadeau (dans notre ex., ce verbe prendrait le sens de « proposer»). *Dans l'équipe, on m'a donné la place d'avant-centre;* (plus soutenu) **attribuer** (v. aussi ce mot). — 2º Qqn ∼ qqch à qqn. (en parlant de ce qui ne nous appartient pas) *Donnez-moi le sel!;* (fam.) **passer.** *Donnez-lui un siège;* (soutenu) **offrir, avancer.** *C'est à vous de donner les cartes* = **distribuer, faire** *(C'est à vous de faire);* v. aussi SERVIR I. — 3º Qqn ∼ qqch à qqn. (en parlant de qqch de verbal) *Voudriez-vous me donner l'heure;* (plus soutenu) **indiquer;** v. aussi DIRE. *Donner un ordre :* v. NOTIFIER. *Donner un rendez-vous* = **fixer.** *Donner une punition;* (fam.) **coller, flanquer.** — 4º Qqn ∼ qqch. *Il a été donné à la police* = **dénoncer, livrer;** v. aussi VENDRE. — 5º Qqch ∼. *La vigne a bien donné cette année* = **produire, rapporter;** v. POR-TER I. *Ce soir, la télévision donne un bon film/On donne un bon film à la télévision* = **jouer, passer.** — 6º Qqch est donné à qqn. *S'il m'était donné de vivre jusque-là, je serais la plus heureuse des femmes* = **accorder.** — 7º (en contextes part.) *Donner du souci :* v. OCCASIONNER. *Donner du plaisir :* v. PROCURER. *Donner un coup de poing :* v. ALLONGER et PORTER. *Donner un coup de main :* v. AIDER et PRÊTER. *Donner raison :* v. APPROUVER. *Donner l'assaut :* v. ATTA-QUER. *Donner un coup de gueule :* v. CRIER (in *cri*). *Donner congé :* v. CON-GÉDIER (in *congé*). *Donner sa démission :* v. ABANDONNER I. *Donner un exemple :* v. CITER. ● **don** *Prenez ce livre, je vous en fais don* (soutenu); (courant) **cadeau.** *Une quête sera faite pour les travaux de l'église, les dons seront recueillis à la sacristie* = **offrande;** v. SECOURS; v. aussi AUMÔNE et PRÉSENT IV. — 2º Dis-position particulière à qqn. (considéré comme reçu d'une puissance supérieure) *La nature l'a comblé de ses dons* = **bien-fait, grâce.** (considéré comme innée; n'a de syn. que s'il est précisé par un

compl.) *Ses dons de conteur sont extraordinaires* = **talent.** *Il a le don du conte;* ↑**génie.** *Le don des mathématiques;* (fam.) **bosse.** ● **donation** Une *donation* est un don fait par acte public et solennel à une personne ou à un établisse-ment ; un **legs** est une donation faite par testament. ● **étant donné** 1º *Étant donné sa maladie, il ne viendra pas* = **vu.** — 2º *Étant donné que :* v. PARCE QUE et VU I. ● **donnée** *L'heure à laquelle le crime a été commis est l'une des données essentielles de l'enquête* = **élé-ment, précision, renseignement.**

II (intr.) 1º *Donner sur :* v. DÉBOUCHER II et OUVRIR [*déboucher/ouvrir sur*]. — 2º V. HEURTER.

III (verbe pronominal) 1º *Elle voulait se donner à Dieu* = **se consacrer, se vouer.** *Elle s'était donnée à lui dans un élan de tendresse;* (plus général) **s'abandonner;** ↑**s'offrir.** V. FAVEUR. — 2º V. ADON-NER (S') et VERSER III.

dorloter *Elle dorlote un peu trop son fils, comment voulez-vous qu'il soit dégourdi?;* **choyer** s'emploie surtout à l'infin.; **cajoler** implique surtout l'idée de caresses; v. COUVER. V. aussi FLAT-TER et SOIGNER.

dormir 1º *Ne faites pas de bruit : il dort!;* (très fam.) **pioncer, roupiller;** (très fam.) ↑**en écraser;** (fam.) ↑**dormir comme une souche/comme un loir/à poings fermés;** ↓**sommeiller; faire un somme,** c'est dormir un court moment (dans le même sens, fam., **faire une pioncette); somnoler,** c'est être dans un état de demi-sommeil; **s'endormir,** c'est commencer à dormir; **s'assoupir,** c'est s'endormir à demi; (soutenu en ce sens) **reposer;** v. COUCHER II. V. aussi REPO-SER (SE) et SOMMEIL. — 2º V. COUVER. — 3º (dans des express.) *Ne dormir que d'un œil :* v. GARDE (in *garder* I). *Une histoire à dormir debout :* v. INVRAISEM-BLABLE. ● **dormant** *Il aimait ces paysages d'étangs aux eaux dormantes;* (plus général) **calme, tranquille;** (péjor.) **stag-nant** implique l'idée de pourrissement.

dos 1º V. RÂBLE. — 2º (dans des express.) *En avoir plein le dos :* v. ASSEZ. *L'avoir dans le dos :* v. ÉCHOUER II. — 3º *Veuillez indiquer votre réponse au dos de la lettre* = **verso** (s'emploie générale-ment sans compl.).

dossier 1° *Dossier* est employé parfois, par méton., comme syn. de **chemise.** — 2° V. CAUSE II.

douanier (fam. et péjor.) **gabelou.**

double 1° Le ∼ de qqch. V. COPIE. — 2° Le ∼ de qqn. *À vivre constamment à ses côtés, il était devenu comme son double;* **alter ego** s'emploie aussi en ce sens; **sosie** ne se dit que de celui qui ressemble physiquement à qqn.

doubler 1° *Doubler un véhicule :* v. DÉPASSER. — 2° *Doubler un acteur :* v. REMPLACER. — 3° *Doubler qqn :* v. TRAHIR.

douche 1° *J'ai pris la douche juste après la sortie du village* (fam.), averse que l'on reçoit = (fam.) **sauce.** *Prendre la douche* = **se faire doucher/saucer/rincer;** (courant) **se faire tremper.** — 2° *Pierre a raté son bac. Quelle douche!* (fam.); (courant) **déception** (v. ce mot in *décevoir*).

douleur 1° *Sa brûlure provoquait des douleurs intolérables* = **souffrance.** — 2° V. PEINE II. ● **douloureux** 1° *J'ai les pieds douloureux d'avoir tant marché* = **endolori.** — 2° *J'ai un point douloureux dans le dos;* ↓ **sensible** (v. ce mot). — 3° *Une blessure douloureuse;* ↑ **atroce,** ↑ **abominable** s'emploient pour qualifier « souffrance », terme qui n'admet pas *douloureux;* **cuisant** se dit surtout d'une blessure morale, qui pique l'amour-propre; v. PÉNIBLE (in *peine* I et II). ● **douloureuse** *Demander la douloureuse :* v. ADDITION II et COMPTE.

douter 1° ∼ de qqch (n'a pas de syn.) **douter que** *Je doute qu'il arrive à temps,* n'a pas non plus de syn. exact, mais pourrait être remplacé par **penser** + négation, ou **étonner** + passif et conditionnel *(Je ne pense pas/Je serais étonné que...).* — 2° ∼ de qqn. V. MÉFIER (SE). ● **se douter** 1° *Prenez garde! je crois qu'il se doute de qqch* = **soupçonner;** (fam.) **flairer;** (rare en son sens propre; employé iron.) **subodorer; pressentir** n'implique pas l'idée de méfiance, mais plutôt celle de l'aptitude à concevoir par avance les choses futures. — 2° *Je ne me doutais pas que vous étiez marié!* = **penser** (v. ce mot). ● **doute** 1° Dans certains contextes, ce terme a

pour syn. **incertitude** *(Elle ne supportait plus de vivre ainsi dans le doute/l'incertitude, en guettant le retour de son père).* V. aussi INDÉCISION. — 2° *Mettre en* ∼. V. NIER. — 3° *Hors de doute/Il n'y a pas de doute :* v. CERTAIN. — 4° *Sans doute :* v. ASSURÉMENT et VRAISEMBLABLEMENT (in *vraisemblable*). ● **douteux** 1° *Vous croyez qu'il réussira? son succès me paraît douteux!* = **aléatoire, hypothétique, improbable, incertain** et **problématique** mettent moins l'accent sur la pensée de celui qui parle : ils sont plus impersonnels. — 2° *Un regard douteux :* v. AMBIGU. — 3° *Un avis douteux :* v. CONTESTABLE. — 4° *L'affaire est vraiment douteuse;* ↑ **véreux;** v. SUSPECT.

doux 1° *Qqch est* ∼. Qui produit une sensation agréable. Au goût : *Une tisane douce* (par oppos. à *forte*), **sucrée** (par oppos. à « salée », « fade » ou « amère »); (péjor.) **douceâtre;** v. aussi FADE. Au toucher : *un matelas très doux* = **moelleux;** v. aussi MOU; *une peau douce* = **satiné, velouté** (ce dernier surtout en parlant de la peau d'un fruit); *des cheveux doux* = **soyeux.** À l'ouie : *Les sons doux du hautbois* = **harmonieux, mélodieux;** ↑ **suave** se dit aussi pour le goût; (en part.) *écouter de la musique douce* = **d'ambiance.** À la vue : *une lumière douce* = **tamisée.** — 2° *Qqch est* ∼. D'une manière très générale, ce qui apporte le bien-être : v. AGRÉABLE; v. aussi CALME et TIÈDE. — 3° *Qqn est* ∼ (adj. à valeur très générale). On se reportera, selon les contextes, aux articles AIMABLE, BON II, CALME, MOU et TENDRE II. ● **doucement** 1° V. LENTEMENT. — 2° *Comment allez-vous? Tout doucement!;* (fam.) **doucettement** *(tout doucettement),* **couci-couça.** — 3° *Doucement! je n'ai pas dit mon dernier mot!;* (vieux, soutenu) **tout doux;** (fam.) **doucement les basses;** (très fam.) **mollo.** ● **doucereux** 1° *Doucereux* comme **douceâtre** se disent de ce qui est d'une douceur fade, mais le premier s'emploie surtout en parlant de manières, ou de l'attitude des personnes, le second se rapportant au goût : *Des manières doucereuses; une pomme douceâtre.* — 2° *Je n'aime pas son ton doucereux* = **mielleux, sucré;** (d'emploi plus rare) **benoît, patelin, papelard; paterne** se dit de celui qui affecte une bonhomie doucereuse; v. aussi SOURNOIS. ● **douceur** 1° *Il connaissait enfin la* *douceur de vivre*, n'a pas de syn. exact ; v. cependant BONHEUR et JOIE. — 2° *C'est un homme d'une rare douceur* ; ↑ **mansuétude** implique le plus souvent l'idée d'indulgence. V. aussi BONTÉ (in *bon* II) et CHARITÉ. — 3° Au plur. : v. FRIANDISES.

drapeau *Hisser le drapeau* ; **couleurs** (au plur.) s'emploie parfois dans ce sens, dans le langage de la marine ou de l'armée *(hisser le drapeau/les couleurs)* ; **pavillon** est un terme de marine qui désigne un drapeau indiquant la nationalité d'un navire, la compagnie à laquelle il appartient, etc. ; **étendard** se dit d'un drapeau de guerre ; **bannière** désignait, dans le monde féodal, **l'enseigne** du seigneur à la guerre ; désigne aujourd'hui le signe de ralliement de certaines confréries ou de groupes religieux.

dresser **I** 1° ∼ qqch. V. ÉLEVER et MONTER II. *Dresser la table* (soutenu) ; (courant) **mettre**. — 2° ∼ qqn contre. V. BRAQUER. ● **se dresser** 1° V. CAMPER (SE) et ÉLANCER (S'). — 2° V. RÉVOLTER (SE).

II 1° *Dresser un animal :* v. APPRIVOISER et ENTRAÎNER. — 2° ∼ qqn. *Il est révolté, mais on le dressera ;* (plus soutenu) **mater**. *Laissez-le se débrouiller tout seul, cela le dressera* (fam.) = **ça lui fera les pieds, ça lui apprendra à vivre.**

droit **I** (adj. et adv.) 1° *La station droite lui est pénible* = **vertical**. — 2° *Il nous mène tout droit à la catastrophe* = **directement.** — 3° *Qqn est* ∼. V. LOYAL. — 4° *En ligne droite :* v. VOL I. ● **droiture** *On ne saurait mettre en doute sa droiture ;* **équité** implique davantage l'idée d'une disposition *naturelle* à distinguer de ce qui est juste ou injuste ; **justice** s'emploie avec le même sens dans certains contextes : *régler un problème dans un esprit de droiture/d'équité/de justice ;* v. aussi LOYAUTÉ.

II (adj. et nom ; en termes de marine) **tribord.**

III (nom) 1° V. JUSTICE. — 2° **avoir le droit** *Sa sœur n'a pas le droit de sortir ;* (plus soutenu) **permission ; autorisation** s'emploie parfois aussi en ce sens. —

3° **y avoir droit** V. BON I [*être bon*]. — 4° *Outrepasser ses droits :* v. ABUSER I. — 5° **à bon droit** = **légitimement.** — 6° *Les droits de l'amitié me permettent de vous demander ce service* = **privilège.** — 7° V. IMPÔT.

dupe 1° *Être la dupe de qqn ;* (fam.) **dindon, pigeon.** *Dupe* est d'emploi général, avec ou sans compl. ; *dindon* s'emploie plus souvent sans compl. dans un contexte comme *C'est moi qui ai été le dindon !* ; *pigeon* désigne celui qui est attiré dans une affaire où on le dépouille de ses biens : on dit encore en ce sens **gogo** ; (plus soutenu) **victime.** — 2° *Ne pas être dupe de qqch* = **ne pas se laisser prendre à/par qqch.**

dur (adj.) 1° *De la viande dure ;* ↑**coriace** ; ↓**ferme**. — 2° *Un climat très dur* = **rigoureux, rude.** — 3° *Un travail dur :* v. DIFFICILE. — 4° *Qqn est* ∼. V. AUSTÈRE, BRUTAL, SEC, SÉVÈRE et STRICT. — 5° (dans des express.) *La tête dure :* v. TÊTU. *L'oreille dure :* v. SOURD. *Coup dur :* v. INCIDENT. *Dur à cuire :* v. RÉSISTANT. ● **dur** (adv.) V. FORT. ● **dur** (nom) 1° *Prendre le train* (très fam.) ; (courant) **train**. — 2° *Ce gars-là, c'est un vrai dur* (très fam.) [abrév. de **dur à cuire**] ; ↑ **dur de dur.** ● **durement** 1° *Défendre durement sa vie* = **âprement, farouchement.** — 2° V. BRUTALEMENT (in *brutal*). — 3° V. SÉVÈREMENT (in *sévère*). ● **dureté** 1° *La dureté de la viande ;* ↓**fermeté.** — 2° *La dureté de son caractère est pénible à supporter* = **âpreté.** V. CRUAUTÉ (in *cruel*), SÉCHERESSE I et les divers sens de *dur* (adj.) ; v. aussi SÉVÉRITÉ (in *sévère*). ● **durcir** 1° *De telles épreuves ont durci son caractère* = **endurcir.** — 2° *Durcir ses positions :* v. INTRANSIGEANT. — 3° V. SOLIDIFIER (SE).

durer 1° V. CONTINUER. Dans le sens de « durer trop longtemps » = **s'éterniser, traîner en longueur** ; v. aussi PIÉTINER. — 2° V. VIVRE I. ● **durable** *Avoir une situation durable* = **stable** ; *un sentiment durable* = **profond, solide** ; *un souvenir durable* = **vivace** ; ↑**impérissable** ; v. PERMANENT et TENACE ; v. aussi CONTINU, ÉTERNEL et SOLIDE. ● **durée** 1° V. TEMPS I. — 2° *Vous prendrez ce médicament pendant une durée de quinze jours* = **période.**

e

eau 1° *Un verre d'eau ;* (fam.) **flotte** ;
v. JUS. — 2° *Sans eau :* v. SEC I [*à sec*] ;
v. PLUIE. — 3° V. ONDE. — 4° *L'eau d'un
diamant :* v. BRILLANT. — 5° (dans des
express.) *Mettre de l'eau dans son vin :*
v. MODÉRER (SE). *Être en eau :* v. SUEUR.
Un coup d'épée dans l'eau : v. INEFFI-
CACE. *Tomber à l'eau :* v. ÉCHOUER.
Avoir l'eau à la bouche : v. SALIVER.

eau-de-vie *Un verre d'eau-de-vie ;*
(terme général) **alcool** ; (très fam.)
goutte, gnôle, tord-boyaux (ce dernier
terme pour une mauvaise eau-de-vie).

ébahi *C'est lui qui a gagné la course ?
j'en suis ébahi !* = **éberlué, étourdi,
médusé ;** ↑ **abasourdi, sidéré, ahuri ;**
↑ **pétrifié** s'emploie surtout en parlant de
qqch d'effrayant ; **interloqué** implique
que l'on ne sait que dire tant l'on est
ébahi ; (fam.) **estomaqué, soufflé, époustouflé, scié, baba** (surtout dans le contexte *en rester baba*) ; (fam.) ↓ **épaté ;**
v. aussi DÉCONCERTER et SURPRIS (in
surprendre).

éblouir 1° *La lumière des phares nous
éblouit* = **aveugler.** — 2° V. BRILLER. —
3° V. ÉMERVEILLER et VUE I [*en mettre
plein la vue*].

ébouillanter *Ébouillanter des
légumes* = **blanchir.** *Ébouillanter une
volaille avant de la faire cuire* = **échauder.**

ébranler 1° ~ qqch. *L'explosion a
ébranlé tout l'immeuble ;* (moins propre)
secouer. — 2° ~ qqch. (en part.) *Ébranler des certitudes/des convictions/le moral
de qqn* = **entamer ;** ↑ **saper** se dit surtout
en parlant du moral. *Ébranler la santé
de qqn* = **compromettre ;** v. TREMBLER
[*faire trembler*]. — 3° ~ qqn. V. FLÉ-
CHIR. ● **s'ébranler** *Le cortège de chars
s'ébranlait lentement* = **se mettre en
branle** (verbes rarement employés au-

jourd'hui et ne se disant, le plus
souvent, que d'une foule ou d'un
ensemble de véhicules lents à partir) ;
v. aussi DÉMARRER.

écaille *Des écailles d'huître,* terme
propre ; (syn. courant) **coquille.**
● **s'écailler** *La peinture commençait à
s'écailler,* se dit de la pellicule (vernis ou
peinture) qui recouvre qqch ; **s'effriter**
ne se dit que de ce qui tombe en
poussière, par ex. l'enduit d'un mur.

écarter 1° ~ qqch (syn. différents
selon les contextes). *Écarter le buffet
d'un mur ;* ↑ **éloigner.** *Écarter la foule
pour passer* = **fendre.** *Écarter une
idée/une objection* = **repousser ;** v. FAIRE
ABSTRACTION DE (in *abstraire*) et REJETER.
— 2° ~ qqn. *On l'a écarté de la
discussion* = **évincer ; mettre à l'écart**
s'emploie généralement sans compl. ;
v. aussi CHASSER. ● **écart** 1° V. DIFFÉ-
RENCE (in *différer* II) et DISTANCE. —
2° V. EMBARDÉE. — 3° V. INCARTADE. ● **à
l'écart de** *On m'a tenu à l'écart de ce
projet* = **en dehors** (se construirait de
préférence avec « laisser » dans cet ex.).
● **écarté** *Il habite un hameau très écarté*
= **isolé, retiré.**

échancrure *L'échancrure du corsage*
= **décolleté** (sans compl.).

échange I *Échange de vues :* v. CON-
VERSATION.

II en échange 1° (sans compl.) *Elle me
garde les enfants, mais en échange, je lui
rends quelques services ;* (soutenu) **en
retour ;** (peu employé) **en contrepartie.**
— 2° (avec compl.) *En échange de ses
services, elle demandait à être logée et
nourrie ;* (soutenu) **pour prix de.**

échantillon 1° *Le coiffeur m'a donné
un échantillon de parfum ;* **spécimen** ne
s'emploie que pour les livres et les

revues (*échantillon* est alors impropre).
V. EXEMPLAIRE. — 2º V. EXEMPLE et IDÉE.

échapper 1º *Il a échappé à la grippe*
= **éviter** qqch de dangereux ; **réchapper,**
c'est plutôt affronter qqch de dangereux
et en être sorti sain et sauf (qqn qui
échappe à la grippe ne l'a pas ; qqn qui
réchappe de la grippe l'a eue et ne l'a
plus). V. aussi SAUF. — 2º V. ÉVITER. —
3º *La casserole m'a échappé des mains*
= **glisser, tomber.** — 4º ~ *à.* V. SE
DÉROBER (in *dérober*). ● **s'échapper**
1º V. FUIR. — 2º *De la fumée s'échappait*
de la cuisine ; (très général) **sortir.**

écharper *Sans la protection de la*
police, l'assassin aurait été écharpé par
la foule = **mettre en charpie** ; (dans cet
ex.) **lyncher.**

échéant le cas **échéant** *Le cas*
échéant, je passerai chez vous = **éven-**
tuellement, à l'occasion.

échec *Dans une bataille, on peut subir*
des échecs sans pour autant courir à la
défaite = **revers.** *Son entreprise s'est*
soldée par un échec ; (moins employé)
insuccès. *Sa nouvelle pièce de théâtre est*
un échec ; (fam.) **four, fiasco** ; (fam.)
ratagée, bide ; (fam.) **ramasser une veste,**
se dit en parlant d'un échec à un examen
ou à des élections. V. aussi DÉFAITE (in
défaire) et FAILLITE.

échelle (dans des emplois imagés) *Une*
échelle de notes = **barème.** *Être à*
l'échelle de qqn = **mesure.**

échouer I 1º *La barque s'est échouée*
sur la grève ; (plus précis, selon le
contexte) **s'enliser, s'envaser.** — 2º *Je ne*
sais comment ce dossier est venu échouer
sur mon bureau ; (plus fam.) **atterrir.**

II 1º Qqn ~. *Nous devions arriver au*
sommet les premiers, mais nous avons
échoué ; (fam.) **manquer/rater son coup,**
se casser les dents ; (très fam.) **l'avoir**
dans le dos/(vulg.) **dans le cul** ; v. aussi
PARTIE IV [*perdre la partie*] ; v. aussi NEZ
[*se casser le nez*] et TAPER [*taper à côté*].
Il a échoué à son examen ; (fam.) **être**
recalé, se faire étendre, ramasser une
veste. — 2º Qqn fait ~ qqch. V. DÉ-
JOUER. — 3º Qqch ~. *Sa tentative a*
échoué ; (rare) **avorter, faire long feu** ;
(fam.) **rater.**

éclaircir *Aidez-moi à éclaircir ce*
problème = **clarifier, élucider, tirer**
au clair ; **démêler,** (moins employé)
débrouiller insistent davantage sur la
complexité de la question à éclaircir :
On éclaire un problème, on démêle une
affaire compliquée. V. aussi DÉFRICHER,
DISTINGUER et EXPLIQUER. ● **s'éclaircir**
V. DÉCANTER (SE) et DÉCOUVRIR (SE).

éclairer 1º ~ qqch. *Le plan d'eau*
était éclairé par de puissants projecteurs ;
↑ **illuminer.** V. aussi BRILLER, ÉTINCELER
et FLAMBOYER. — 2º ~ qqn (abstrait). *Il*
faudra nous éclairer un peu plus sur vos
intentions = **renseigner, informer** (ce
dernier plutôt construit avec « de »).
● **éclairage** *Il nous a fait voir ce roman*
sous un nouvel éclairage = **angle, jour.**

éclat I (v. ÉCLATER I) *Un éclat de bois* ;
(plus précis) **éclisse.** *Un éclat de verre* ;
(plus général) **morceau.** *Un éclat d'os* ;
(plus précis) **esquille.**

II (v. ÉCLATER II) 1º *L'éclat du soleil* :
v. LUMIÈRE I. — 2º *L'éclat d'un spec-*
tacle : v. BRILLANT III et BEAU. — 3º *Il a*
joué cette sonate avec éclat = **brio.**
V. aussi VIVACITÉ (in *vif*). — 4º *À trente*
ans, elle était dans tout son éclat
= **splendeur** (v. ce mot) ; v. ÉPANOUIS-
SEMENT (in *épanouir*), FRAÎCHEUR (in
frais II). V. aussi BEAUTÉ. — 5º *Faire un*
éclat ; ↑ **scandale.** — 6º *Un coup d'éclat* :
v. COUP I.

éclater I *Un obus/une marmite a*
éclaté = **exploser** ; (plus fam.) **sauter** ;
(fam.) **péter.** *Une bulle éclate* : v. CRE-
VER.

II (sujets abstraits ou humains) 1º *Le*
bruit de la fanfare éclatait dans toute la
ville = **retentir.** — 2º *Qqn éclata de rire*
= **pouffer.** — 3º *Qqn éclate de joie/*
de santé : v. DÉBORDER II. *Éclater*
de colère/de rage : v. FULMINER. —
4º Qqch ~. V. DÉCLARER (SE). ● **éclatant**
(syn. variant avec les contextes) *Une*
vérité éclatante = **aveuglant** ; (moins
expressif) **manifeste.** *Une lumière/une*
couleur éclatante = **vive** (v. ce mot) ;
v. aussi BRILLANT II. *Une beauté écla-*
tante = **radieux** (v. ce mot), **resplendis-**
sant. *Un succès éclatant* = **retentissant.**

éclipser 1º V. VOILER I. — 2º *Elle a*
éclipsé toutes ses rivales par la somptuo-
sité de ses vêtements = **effacer** ; **surclas-**

149

ser, **surpasser** se disent surtout en parlant d'une performance accomplie, par ex.), dans le domaine du sport ; **détrôner** implique que l'on occupe la place qui était celle d'un rival. ● **s'éclipser** V. DISPARAÎTRE.

écœurer 1º *Ce genre de pâtisseries m'écœure* = **lever/soulever le cœur.** — 2º V. DÉCOURAGER, DÉGOÛTER (in *dégoût*), VOMIR et VENTRE [*Ça me fait mal au ventre*]. ● **écœurant** 1º *Une odeur écœurante* = **infect, nauséabond;** ↑ **fétide, puant;** ↑ **immonde.** — 2º *Il gagne toujours : c'est écœurant de jouer avec lui !* = **décourageant, démoralisant.** *Les manœuvres écœurantes de la basse politique* = **répugnant;** ↑ **révoltant;** v. aussi les syn. du 1º.

école 1º *Depuis quand va-t-il à l'école ?* ; (par méton.) **en classe.** — 2º Selon le type d'établissement scolaire et son public, on parle, en France, d'**école maternelle,** d'**école primaire,** de **collège d'enseignement secondaire,** de **lycée,** etc. ; **cours** se dit de certains établissements d'enseignement privé ; **bahut, bazar, boîte** désignent dans l'arg. scol. un collège ou un lycée ; v. aussi ÉTABLISSEMENT II, PENSION I et UNIVERSITÉ. ● **écolier** Ne se dit que d'enfants jeunes, fréquentant l'école maternelle ou primaire ; ce terme n'est plus guère employé que dans certains contextes (*cahier d'écolier; chemin des écoliers,* etc.) ; **élève** s'emploie couramment en tous contextes (sauf figés) pour désigner un enfant ou un adolescent scolarisés, de l'école maternelle aux classes terminales des lycées ; **étudiant** se dit de celui qui fréquente l'Université, **collégien** de celui qui fréquente un collège, **lycéen** de celui qui fréquente un lycée ; (fam.) **potache** se dit d'un collégien ou d'un lycéen ; **bizut, bleu** se disent de celui qui est nouveau dans une école (surtout dans les classes supérieures des lycées et collèges) ; (arg. des grandes écoles) **carré** se dit d'un élève de 2e année, **cube** d'un élève de 3e année ; (arg. de l'École normale supérieure) **tapir** se dit d'un élève qui prend des leçons particulières.

économie 1º *Ayant toujours vécu avec peu d'argent, il se sentait naturellement porté à l'économie* = **épargne** (le premier est d'emploi beaucoup plus général que le second ; ils se trouvent rarement dans les mêmes contextes) ; v. PARCIMONIE. — 2º *Une économie de temps/de papier/de cigarettes,* etc. = **gain.** — 3º *Faire/avoir des économies* = **mettre/avoir de l'argent de côté;** *faire/avoir un (gros/petit) pécule; se faire/avoir un bas de laine.* — 4º *L'économie d'un roman :* v. ORGANISATION. ● **économe** ↑ **parcimonieux,** (fam.) **chiche;** v. REGARDANT (in *regarder*); v. aussi AVARE. ● **économique** *Je fais des courses aux halles : c'est une solution plus économique* = **avantageux** (v. ce mot in *avantage*). ● **économiser** 1º *Économiser de l'argent* = **épargner** (avec ou sans compl.) ; (plus fam.) **mettre de côté.** — 2º *Économiser son temps/ses forces,* etc. = **ménager;** (express. assez fam.) **dépenser qqch (ses forces/son temps) au compte-goutte.**

écorcher 1º V. DÉPOUILLER. — 2º *Il s'est écorché le genou en tombant;* ↓ **érafler, égratigner;** v. aussi BLESSER. — 3º *Il ne peut prononcer une phrase anglaise sans en écorcher tous les mots* = **estropier.** — 4º *Évitez cette auberge : on s'y fait écorcher !* (fam.) = **assommer;** ↓ **estamper** est moins expressif ; ↑ **égorger; c'est le coup de fusil;** la phrase courante pourrait être : *Les prix y sont exorbitants;* v. aussi COÛTEUX (in *coûter*). ● **écorchure** (v. 2º du verbe) ↓ **éraflure, égratignure.**

écouler V. VENDRE. ● **s'écouler** 1º (en parlant d'un liquide) V. COULER I. — 2º *Le temps s'écoule* = **passer;** v. FUIR.

écran S'emploie, par méton., pour **cinéma** dans certains contextes (ex. : *les grandes vedettes de l'écran*).

écraser 1º ~ qqch. V. BROYER et PILER. — 2º *Il lui a écrasé le nez d'un coup de poing;* (fam.) **aplatir,** ↑ **mettre/réduire en bouillie.** — 3º *Le nez écrasé :* v. CAMUS. — 4º *Écraser de dettes/de soucis,* etc. : v. ACCABLER I et II. — 5º *Écraser un adversaire :* v. VAINCRE; v. aussi VENTRE [*passer sur le ventre*]. — 6º *Se faire écraser par une voiture* (assez fam.) ; (plus soutenu) **renverser.** — 7º V. DORMIR. — 8º *Oh ! ça va ! écrase !* (très fam.) = **étouffe-toi !, laisse tomber !;** (courant) **n'insiste pas !** ● **s'écraser** V. ENTASSER (S').

écrire 1º *Ce texte est mal écrit;* dans ce contexte, le verbe peut renvoyer soit

150

à la façon dont sont tracés les signes d'écriture (*mal écrire* = **griffonner**), soit au style (= **rédiger**); **orthographier** se rapporte au bon usage de l'orthographe; **libeller** (*libeller une lettre/un contrat,* etc.), c'est rédiger dans la forme légale. V. aussi JETER. — 2° *Veuillez écrire ici vos noms et vos prénoms* = **inscrire**; (plus fam. en ce sens) **marquer**; **noter**, c'est écrire qqch pour mémoire *(noter le titre d'un roman)*. — 3° *Il a écrit ce roman en deux mois* = **composer**; (fam.) **pondre.** *Écrire des pages de dissertation/de rapport,* etc.; (fam. et péjor.) **tartiner.** ● **s'écrire** V. CORRESPONDRE. ● **écrit** (adj.) *Nous devions nous rencontrer : c'était écrit!* = **fatal**; (plus général) **inévitable, obligatoire**; v. aussi FORCÉ et FATALEMENT. ● **écrit** (nom) Terme d'emploi très général (se reporter à des articles comme COPIE ou LIVRE; v. aussi PAPIER). ● **écriteau pancarte** est syn. dans certains contextes *(un écriteau/une pancarte indiquait : «chambre à louer»),* pas dans d'autres : *L'épicier inscrit le prix des légumes sur des écriteaux;* mais : *porter une pancarte dans un défilé politique.* ● **écriture** 1° *Avoir une mauvaise écriture;* (fam.) **écrire comme un chat.** — 2° *L'écriture de Proust est fascinante* = **style.** — 3° *L'Écriture, l'Écriture sainte, la sainte Écriture* (se disent encore au plur.) = **la Bible**; v. PAROLE.

écueil 1° Banc de sable ou rochers à fleur d'eau qui rendent la navigation dangereuse; **récif** (souvent au plur.) ne s'emploie qu'en parlant de rochers; **brisant** se dit d'un rocher sur lequel la houle vient se briser; v. ROCHER. — 2° V. PIERRE D'ACHOPPEMENT (in *achopper*).

écurie *Sa chambre est une véritable écurie!* (très péjor.) = **soue à cochons**; ↓ **taudis** est moins insultant.

édicule (rare) Petit établissement élevé sur la voie publique et servant à différents usages; **kiosque** (courant) se dit d'un édicule servant à la vente des journaux. V. PISSOTIÈRE (in *pisser*)

édifier I V. BÂTIR.

II *Vous l'avez entendu? Eh bien! Vous voici édifié!;* ↓ **renseigner.**

éditer *Cette maison n'édite que des ouvrages scientifiques* = **publier** (se dit aussi bien de l'auteur que de l'éditeur; *éditer* se dit seulement de l'éditeur). V. aussi PARAÎTRE. ● **édition** *La deuxième édition de son roman vient de paraître;* contrairement à un nouveau tirage, terme qui désigne l'ensemble des exemplaires d'une publication sortant des presses en une seule fois, une nouvelle *édition* peut subir des modifications importantes, tant dans la présentation que dans le texte; **impression** désigne seulement le fait de reproduire un texte par le moyen de l'imprimerie. V. aussi SORTIE (in *sortir*)

éduquer 1° ∼ qqn. *Éduquer/élever un enfant;* ces deux verbes se différencient de deux manières; *éduquer* ne se dit que des personnes, alors qu'*élever* se dit aussi bien des animaux; *éduquer* implique toujours une référence à des normes précises et se dit d'une *bonne* formation physique, intellectuelle et morale, alors qu'*élever* est plus neutre *(éduquer un enfant, c'est* bien *l'élever).* Dans le langage courant, ces deux verbes se rejoignent parfois, en dépit des condamnations des puristes *(un enfant bien élevé/éduqué);* **former**, c'est développer telle ou telle aptitude particulière, ou un ensemble d'aptitudes selon des normes précises; **instruire**, c'est munir de connaissances particulières. — 2° *Éduquer une faculté :* v. CULTIVER. ● **éducation** 1° (v. 1° du verbe) **formation, instruction**; la **pédagogie** est la science qui a pour objet l'éducation des enfants. — 2° *Éducation physique :* v. SPORT. — 3° V. SAVOIR-VIVRE.

effacer 1° *Effacer dans un texte un mot mal orthographié,* c'est le faire disparaître complètement = **gommer,** si l'on utilise une gomme; **rayer, barrer** un mot, c'est le retrancher d'un texte par un trait de crayon ou de plume; **biffer,** c'est rayer par un acte d'autorité; **raturer** un texte, c'est y apporter des corrections en rayant des mots, des phrases, etc.; (didact.) **caviarder,** c'est supprimer un passage dans un manuscrit ou une publication; v. aussi OBLITÉRER. — 2° *Le temps parviendra-t-il à effacer son chagrin?* = **faire disparaître** (v. ce mot); **faire oublier** (qqch à qqn); ↑ **abolir; éteindre,** ne se dit qu'en parlant d'un souvenir. V. LAVER II. — 3° V. ÉCLIPSER. ● **s'effacer** Qqch ∼. *Les ravages de la* maladie s'effacent peu à peu = s'estomper ; ↑ disparaître ; s'éteindre, en parlant d'un souvenir, d'un sentiment (amour, haine, colère, etc.). ● effacé 1° Qqch est ~. V. TERNE. — 2° Qqn est ~. Elle est très effacée : v. MODESTE et TERNE. Il a mené une vie très effacée = obscur.

effectif 1° Il parle beaucoup, mais son action effective se limite à peu de chose = réel. — 2° Ce remède m'a apporté un soulagement effectif = réel (antéposé), indiscutable ; (rare en ce contexte) tangible. ● effectivement 1° Il est effectivement allé à Paris = réellement (v. ce mot in réel), vraiment. — 2° Je savais qu'il serait chez lui ; et effectivement, il y était = en effet ; (rare) de fait. Derrière « oui », ou employés seuls comme réponse, seuls effectivement et en effet conviennent : (oui,) effectivement !/en effet !

efféminer La vie parisienne paraissait l'avoir efféminé ; ↓ amollir ; ↑ (rare) émasculer.

effet I (sing. ou plur.) Terme très général pour désigner le résultat d'une cause. Tous les syn. que nous citons sont d'un emploi beaucoup plus restreint. 1° Le gouvernement pense que l'allocution du chef de l'État aura un effet bénéfique = influence, résultat ; conséquences (seulement au plur.). Cette intervention ne restera pas sans effet = suite. Ce sont les derniers effets de sa maladie = séquelle ; contrecoup se dit d'un effet indirect, impact d'un effet brutal ; v. PORTÉE. — 2° (avec des compl. part.) Prendre effet (didact.) ; (plus courant) entrer en application/vigueur. Le remède commence à faire son effet/faire de l'effet = agir ; v. OPÉRER II. La mesure adoptée commence à faire effet = porter ses fruits. — 3° Il est content de lui : il a fait son effet/fait son petit effet ; ↑ faire sensation ; v. aussi ÉTONNER. — 4° (derrière des prép. part.) À cet effet = dans cette intention. Sous l'effet de : Il est encore sous l'effet de l'anesthésie = influence se dit plutôt de qqn, ou d'idées et de sentiments ; ↑ empire, emprise ne se disent que de causes très fortes (sous l'empire/l'emprise de la colère/de la drogue). En effet : v. PARCE QUE.

II (plur.) V. VÊTEMENT.

efficace 1° Qqch est ~. V. BON I. Un remède efficace ; ↑ puissant, souverain, infaillible ; ↑ (fam.) de cheval. — 2° Qqn est ~. V. ACTIF. ● efficacité (de qqch) L'efficacité de ce remède ne se fera sentir que dans deux jours = action. L'efficacité de ce remède est indiscutable = pouvoir.

effleurer 1° Sa main avait effleuré la mienne ; contrairement à caresser, effleurer n'implique pas forcément un acte intentionnel ; (fam. ; considéré comme vulg.) peloter, c'est caresser de manière sensuelle. — 2° V. FRÔLER et LÉCHER. — 3° Cette pensée ne l'a même pas effleuré ; (moins soutenu) il/elle n'y a même pas pensé. — 4° V. ÉVOQUER.

effluve Après la pluie, le foin fraîchement coupé dégage des effluves capiteux ; ce terme est le plus souvent un syn. soutenu de parfum (v. aussi ce mot), alors qu'émanation, (plus rare) exhalation, qui s'emploient parfois dans le même sens, renvoient davantage à l'action d'émettre des odeurs, des vapeurs : on parle ainsi d'une émanation (non d'un « effluve ») de gaz ; miasmes (au plur.) se dit d'émanations pestilentielles.

effondré Il restait là, effondré : il venait d'apprendre la mort de son fils ; ↑ anéanti ; ↑ prostré ; v. aussi ABATTRE II.

effort Nous avons fait l'effort nécessaire pour qu'il ne manque de rien ; ↑ sacrifice. Il ne fera pas le plus petit effort pour... ; (fam.) il ne lèvera/remuera même pas le petit doigt pour...

effrayer L'évolution de la maladie effrayait les médecins ; ↓ alarmer, c'est seulement causer du souci en faisant pressentir un danger (v. aussi INQUIÉTER) ; ↑ affoler, effarer, épouvanter, terrifier, glacer d'effroi ; tous ces verbes, comme effrayer, impliquent à la fois sensations et impressions : la peur est alors vécue intérieurement et physiquement ; faire peur, apeurer, ↓ effaroucher n'impliquent au contraire que la peur physique, plus superficielle : il est d'ailleurs à noter qu'on les emploie, dans la plupart des cas (surtout les deux derniers), en parlant des animaux. V. PEUR [faire peur]. V. aussi EFFROI et INTIMIDER.

effrayant 1° (avec les mêmes nuances) **alarmant, affolant, épouvantable, terrifiant** ; v. aussi SINISTRE. — 2° (assez fam.) *Sa stupidité est effrayante* = **effarant, affolant.** *Il fait une chaleur effrayante* = **horrible, terrible, épouvantable.**

effréné Se trouve surtout dans les contextes : *Une course effrénée* = **folle** ; *des désirs/des appétits/un orgueil effrénés*, où ↓**exagéré, excessif** disent toujours moins que lui.

effroi *L'idée de traverser seule la forêt la remplissait d'effroi* (soutenu) ; (plus courant) **angoisse** (v. aussi ce mot) ; ↓**crainte** (v. aussi ce mot), **peur** (v. ce mot) ; ↑**frayeur** ; ↑**épouvante, terreur** ; **affolement** (v. aussi ce mot) implique que l'on perde totalement le contrôle de soi-même ; **horreur** implique l'idée de répulsion ; v. PANIQUE. *Remplir d'effroi* (soutenu) ; (fam.) **faire dresser les cheveux sur la tête, donner la chair de poule, donner froid dans le dos** ; v. aussi PEUR. ● **effroyable** 1° (comme précédemment) **angoissant, épouvantable, terrifiant, affolant, horrible, terrible** ; (fam.) *une histoire effroyable/à faire dresser les cheveux sur la tête* : v. ABOMINABLE. V. aussi CRUEL et DANTESQUE. — 2° *Nous avons eu un temps effroyable* : v. ABOMINABLE.

égal 1° Qui a la même valeur/dimension ; employé en mathématiques *(Les deux côtés d'un triangle isocèle sont égaux),* n'a pas de syn. *Couper un gâteau en parties égales ;* (rare) **équivalent.** *Il nous a reçu avec une égale gentillesse* = **même** *(avec la même gentillesse) ;* v. aussi SEMBLABLE. — 2° *Le bruit égal de l'horloge* = **régulier.** V. aussi CONSTANT, MONOCORDE et PLAN I. — 3° *Un terrain égal* = **uni** ; v. aussi PLAT I. — 4° *Cela m'est égal ;* (soutenu) **indifférent** ; *cela m'importe peu/n'a pas d'importance* ; ↑**je m'en moque/**(fam.) **je m'en fiche/**(très fam.) **je m'en fous.** — 5° (nom) *Une beauté sans égale* = **incomparable, unique** ; (soutenu) **sans pareil.**

égard I (dans des loc.) *À l'égard de* : v. AVEC et VIS-À-VIS (DE). *À cet* (ou *tous les) égard(s)* = **de ce** (ou **tous les) point(s) de vue ; sous ce** (ou **tous les) rapport(s).** *Eu égard à* : v. PROPORTION [*en proportion de*] et VU I.

II 1° (au plur.) *Avoir des égards* pour qqn, c'est montrer par des marques *extérieures* diverses qu'on lui porte de la **considération,** qu'on veut le traiter avec **respect** ou ↑**déférence ; ménagement** ne s'emploie plus que dans quelques contextes *(traiter qqn avec ménagement/sans ménagement) ;* **attention** *(traiter qqn avec attention)* implique surtout l'idée d'obligeance ou d'affection. *Parler à qqn sans égards :* v. PARLER. — 2° (au sing. ; dans quelques contextes seulement) *Si j'ai agi ainsi, c'est par égard pour votre frère, et non pour vous* = **considération** (ou estime d'ordre moral), **respect** (ou considération mêlée d'admiration), ↑**déférence** (ou considération très respectueuse). V. aussi COMPLAISANCE (in *complaisant*) et HONNEUR.

égarer 1° ∼ qqn. *Il ne connaissait pas la ville : nous l'avons égaré !* = **fourvoyer** (ces deux verbes s'emploient plus couramment à la forme pronominale). — 2° ∼ qqn. *La passion l'égare* = **aveugler.** *Ses lectures l'égarent* = **pervertir.** — 3° ∼ qqch. V. PERDRE. ● **s'égarer** 1° Qqn ∼. Comme précédemment ; **se fourvoyer** implique étourderie ou irréflexion de la part du sujet ; ↑**se perdre.** — 2° Qqn ∼. *La défense s'égare totalement en plaidant non coupable* = **se tromper, faire fausse route ;** ↑**divaguer ;** (fam.) **dérailler.** — 3° Qqch ∼. *La soirée s'avançant, la discussion s'égarait ;* **s'éparpiller,** c'est aller dans tous les sens.

église 1° S'emploie parfois comme syn. de **religion** : *Ils appartiennent à la même Église* (majuscule obligatoire)/*religion* ; en ce sens, **paroisse** prend souvent une nuance particulière : fam., voire péjor. — 2° *Un catholique va à l'église*, un protestant, au **temple**, un musulman, à la **mosquée**, un israélite, à la **synagogue.** — 3° *Visiter une église*, terme général pour désigner un édifice consacré au culte de la religion chrétienne ; **chapelle** se dit d'une petite église à un seul autel ; **abbatiale**, de l'église d'une abbaye ; **collégiale**, d'une église possédant une assemblée de chanoines ; **cathédrale**, de l'église épiscopale d'un diocèse ; **basilique**, de certains sanctuaires ; **prieuré**, de l'église d'un couvent dirigé par un prieur ; **oratoire** désigne un autel privé, destiné à l'exercice du culte dans une maison particulière.

élancer (s') 1° Qqn/un animal ~. *Quand il vit l'enfant tomber à l'eau, il s'élança pour le sauver* = **se précipiter** ; ↑ **se ruer** ; (fam.) **foncer.** — 2° Qqch ~. *La tour Eiffel s'élance vers le ciel* = **se dresser, s'élever** ; ↑ **jaillir** ; (d'emploi plus restreint) **pointer. ● élan** 1° Pas de syn. au sens propre (*prendre son élan*, etc.). — 2° *Un homme plein d'élan* : v. ARDEUR. — 3° *Un élan de tendresse* : v. ACCÈS II, MOUVEMENT et TRANSPORT II. D'une manière générale, v. aussi FOUGUE. — 4° V. IMPULSION.

élargir I (dans ce contexte seulement) *Aux dernières élections, le gouvernement a élargi sa majorité* = **accroître, augmenter. ● s'élargir** *Il a besoin de s'élargir un peu : mais il n'a pas terminé sa croissance* = **s'étoffer.**
II ~ qqn. V. RELÂCHER II.

élastique (adj.) 1° *Une genouillère est taillée dans un tissu élastique* ; ↓ **extensible.** — 2° V. SOUPLE..

électricité *Allumer/éteindre l'électricité* = **courant, lumière.** *Allumer/couper l'électricité* = **courant.** Ces trois termes ont des sens différents : on prendra donc garde du fait qu'ils ne sont syn. que dans certains contextes.

élégant 1° Qqn est ~. *C'est une femme très élégante,* qui a de la grâce dans son comportement et sa façon de s'habiller ; ↓ **joli** se dit surtout de la grâce naturelle de qqn, de sa beauté physique (ne se dit généralement que d'une femme) ; ↑ **distingué** (v. DISTINCTION in *distinguer*) ; (assez fam.) **chic** ; **coquet** se dit de celui/celle qui met de la recherche dans sa façon de se vêtir (peut être péjor.) ; v. SOIGNÉ (in *soin* I). — 2° **dandy** désigne un homme d'une élégance extrême. — 3° Qqch est ~. *Une jupe très élégante* = **habillé, chic** ; **seyant** se dit seulement de ce qui va bien à qqn. — 4° Qqch est ~. *Une solution élégante* = **habile.** *Un procédé peu élégant* : v. GROSSIER. **● élégance** 1° (d'une personne) V. DISTINCTION (in *distinguer*) ; v. aussi ALLURE. — 2° (de qqch) Les syn. varient selon les contextes. *Élégance d'un vêtement* = **chic, classe.** *Élégance d'un geste* = **grâce** (élégance physique), **délicatesse** (v. ce mot ; *élégance morale*). *Ce texte n'est qu'un amas d'élégances de style* = **fioritures.**

élément 1° (sing. ou plur.) *Les éléments d'un mets/d'un mobilier,* etc., pas de syn. *Les éléments d'une enquête* : v. DONNÉE (in *donner* I) et FACTEUR. — 2° (sing. ou plur.) *Ils ont dans leur chorale quelques éléments de valeur* = **sujet** (v. ce mot). — 3° (plur.) *Il a quelques éléments de mathématique* = **notion, principe** ; ↓ **rudiment** se dit de connaissances très grossières. — 4° (express. ; au sing.) *Quand il fait des mathématiques, il se sent dans son élément* ; (assez fam.) **il est comme un poisson dans l'eau. ● élémentaire** 1° *Les principes élémentaires d'une discipline* = **fondamental, essentiel.** — 2° *Ce problème est vraiment élémentaire* : v. SIMPLE et ENFANTIN (in *enfant*). — 3° *Il n'a que des connaissances élémentaires* ; ↑ **grossier, rudimentaire.** — 4° *La politesse la plus élémentaire aurait été de le voir* = **la moindre des politesses...**

élever I 1° ~ qqch (syn. variant selon les contextes). *Élever les bras* = **lever.** *Élever une maison* = **construire** ; v. aussi BÂTIR. *Élever une maison d'un étage ;* (terme propre) **surélever.** *Élever le niveau de vie de qqn* = **hausser, relever** ; v. aussi AUGMENTER. — 2° ~ qqch. *Élever une protestation* = **émettre.** *Élever une objection, une critique* = **soulever.** — 3° ~ qqch. *La méditation élève l'esprit* = **grandir, ennoblir.** — 4° ~ qqn. *Il a été élevé au grade de grand officier de la Légion d'honneur* = **promouvoir. ● s'élever** Qqch ~. V. ARRIVER, MONTER, ÉLANCER (S') et HISSER (SE). **● élevé** 1° *Elle touche un salaire élevé* = **haut** (antéposé) ; (plus fam.) **gros** (antéposé) ; on notera qu'en général *élevé* est de sens plus fort que *haut.* — 2° *Écrire dans un style élevé ;* (plus employés) **relevé, soutenu, soigné** ; ↑ **grand** (dans l'express. *le grand style*), **noble,** (très fort) **sublime** ; v. SÉVÈRE. **● élévation** 1° *L'élévation du coût de la vie* = **hausse** ; v. aussi AUGMENTATION (in *augmenter*). — 2° *L'élévation au rang/grade de...* – **accession.** — 3° *Une grande élévation de sentiments* = **noblesse.**
II V. ÉDUQUER. **● élevé** *Bien élevé* : v. POLI. *Mal élevé* : v. IMPOLI. *Un homme très bien/très mal élevé* = **de bonne/de mauvaise compagnie.**

éliminer (souvent au passif) 1° ~ qqn. *Beaucoup de candidats ont été éliminés ;*

(moins employé) **refuser** ; (fam.) **recaler** ; (très fam.) **rester sur le carreau** se construit avec le sujet du passif. — 2° ~ qqch. V. REPOUSSER

élite 1° D'après le proviseur, cette classe représente l'élite du lycée ; (rare) **fine fleur** ; (fam.) **crème, dessus du panier** ; **gratin** évoque plutôt l'idée d'un ensemble de personnes devant leur notoriété à leur fortune ou à leurs titres. — 2° V. ADROIT.

élocution Avoir une élocution très aisée = **parole** (la parole aisée). Une élocution très lente = **débit** ; **diction** se dit de l'art de bien dire, de parler avec attention et soin.

éloge 1° (au sing.) Discours de circonstance, prononcé pour célébrer qqn ou qqch ; **panégyrique** se dit d'un discours prononcé à la louange d'une personne illustre ; (rare) **dithyrambe**, d'un éloge enthousiaste, au style enflé ; **apologie**, d'un discours visant à défendre, à justifier qqch et, par extens., à en faire l'éloge ; v. PLAIDOYER. V. aussi DÉFENSE (in défendre I). — 2° (au sing.) Dans l'express. faire l'éloge de qqch ; ↑**apologie** ; (rare) **louange**. — 3° (au plur.) Voici qqn qui mérite beaucoup d'éloges = **compliments**. V. aussi FÉLICITATIONS. ● **élogieux** On m'a fait de lui un portrait élogieux = **flatteur** ; ↑**dithyrambique**. V. LAUDATIF.

éloigner V. ÉCARTER et DÉBARRASSER (SE). Je préférerais que nous éloignions un peu nos rendez-vous = **espacer** ; v. aussi RETARDER et SÉPARER. ● **s'éloigner** Ne vous éloignons pas du sujet ! = **s'écarter** ; ↑**sortir**. ● **éloigné** 1° Se dit de ce qui a été placé ou se trouve loin ; **lointain** enchérit sur éloigné, tout en impliquant une distance vague (on dira d'un village qu'il est éloigné de vingt kilomètres, et de la Chine qu'elle est un pays lointain) ; **reculé** emporte non seulement l'idée d'éloignement, mais encore celle d'isolement ; il s'applique à ce qui est difficilement accessible ou pénétrable : On loge dans un quartier reculé (ces termes se disent aussi en parlant du temps : une époque très éloignée/lointaine/reculée) ; v. DISTANT (in distance). — 2° Je suis éloigné de penser que... = **loin** ; loin de moi la pensée que... ● **éloignement** 1° V. DISTANCE. — 2° Il

supporte mal l'éloignement = **solitude, séparation** ; v. aussi ABSENCE.

éloquent 1° L'avocat a été très éloquent = **convaincant, persuasif**. — 2° Vous n'êtes pas très éloquent ! = **bavard** ; (rare) **disert**. — 3° À eux seuls, les chiffres sont éloquents : nous allons faire faillite ! = **parlant, probant, expressif** ; v. SIGNIFICATIF. ● **éloquence** 1° L'éloquence est l'art de bien parler, la **rhétorique** est l'ensemble des préceptes qui régissent cet art, qui permettent de l'acquérir ; (péjor.) **loquacité** et (fam.) **bagou** se disent d'une disposition à parler beaucoup, le plus souvent à parler trop. V. aussi VERBIAGE. — 2° Il m'a parlé de vous avec beaucoup d'éloquence ; **chaleur** renvoie surtout aux sentiments qui animent le parleur, **verve** à son imagination, à son brio ; ↑**véhémence** enchérit sur chaleur.

émailler 1° (cliché poétique) Un champ émaillé de fleurs = **diaprer** ; (courant) **parsemer** (v. ce mot). — 2° Sa copie est émaillée de fautes (souvent iron.) = **parsemer** ; ↑**cribler** ; ↑(fam.) **truffer**.

emballer I 1° ~ qqch. Vous emballerez la verrerie dans des cartons spéciaux ; (plus général ; techn.) **conditionner**, c'est préparer pour l'expédition et la vente ; (plus part.) **empaqueter**. — 2° ~ qqn. V. ARRÊTER II. ● **emballage** Terme général qui désigne ce qui sert à emballer et qui recouvre une série de termes part. (**caisse, carton, container, sac, sachet**, etc.) dont il peut être un syn. large.

II V. RÉPRIMANDER.

III s'emballer V. ENGOUER (S'), S'ENTHOUSIASMER (in enthousiasme) et PARTISAN (in parti I).

embarcation Terme générique pour désigner tout bateau de petites dimensions ; **barque** et **canot** se dit d'une embarcation non pontée ; **chaloupe** se dit d'une embarcation plus grande qu'un canot ; (très soutenu) **esquif** se dit d'une petite et fragile embarcation. Embarcation ne s'emploie que dans certains contextes, souvent techn. ; barque, canot et bateau (v. ce mot) sont les termes les plus courants.

embardée La voiture fit une embardée pour éviter la collision ; ↓**écart**

n'implique pas l'idée d'une manœuvre dangereuse.

embarquer 1° ~ qqch. V. PRENDRE I et MONTER I. — 2° ~ qqn. V. ARRÊTER II. — 3° ~ qqn. *On l'a embarqué dans une affaire assez louche* (fam.) ; (courant) **entraîner** ; (très fam.) **embringuer.** • **s'embarquer** (dans le même sens) *Il va s'embarquer dans le commerce* (fam.) ; (courant) **se lancer.** • **embarqué** (dans le même sens) *Une affaire bien/mal embarquée* (fam.) ; (courant) **partir.**

embarrasser 1° ~ qqch. *Ôtez-moi ces livres qui embarrassent la chambre!* = **encombrer.** — 2° ~ qqn. *Je n'aime pas ces lourds vêtements qui vous embarrassent* = **gêner.** — 3° ~ qqn. *Votre question m'embarrasse!* = **gêner** ; (fam.) **gêner aux entournures** ; v. aussi DÉCONCERTER, ENNUYER, INDÉCIS et TROUBLER. • **s'embarrasser** 1° *Il s'est encore embarrassé dans ses phrases; quel mauvais orateur!* = **s'empêtrer** ; (assez fam.) **s'embarbouiller, s'embrouiller, s'entortiller, s'emberlificoter.** — 2° *Ne pas s'embarrasser* (+ pour/de). *Il ne s'embarrasse pas pour si peu* = **se soucier, s'inquiéter** (sans syn. dans l'express. courante *ne pas s'embarrasser de scrupule*). • **embarrassé** 1° *Qqn est* ~. V. le verbe et ENNUYÉ. *Avoir un air embarrassé* = **contraint, emprunté** ; v. CONFUS II. *Qu'il est embarrassé! Il fait tout de travers!* = **gauche.** — 2° *Qqch est* ~. *Voici des discours bien embarrassés pour dire des choses si simples!* = **compliqué** ; (fam.) **emberlificoté, entortillé.** • **embarrassant** 1° *Des bagages embarrassants* = **encombrant** (se dit aussi de qqn dont on supporte mal la présence). — 2° *Une question embarrassante* = **gênant** ; v. ÉPINEUX. • **embarras** 1° (vieux) Désigne les obstacles à la circulation des gens ou des véhicules ; (courant) **encombrement, embouteillage.** — 2° *Pourquoi lui créerait-on des embarras?* : v. ENNUI. — 3° *Elle ne savait que répondre : l'embarras se lisait sur son visage* = **gêne** ; ↑ **confusion, trouble.** — 4° *Il faut l'aider : le voici dans l'embarras* ; (fam.) **pétrin.** — 5° *Soyez simple! ne faites pas d'embarras!* : v. COMPLICATIONS (in *compliquer*). — 6° V. TIMIDITÉ (in *timide*).

embobiner 1° V. ENDOCTRINER. — 2° *Elle s'est laissé embobiner par un* charlatan à qui elle a acheté une amulette ; (plus fam.) **emberlificoter, entortiller.**

embonpoint *Elle a pris un peu d'embonpoint ces derniers temps* ; **corpulence** est plus général et se rapporte à la fois à la taille et à la grosseur (contrairement à *embonpoint*, s'emploie surtout dans des contextes comme *être de* + adj. + *corpulence*). *Prendre de l'embonpoint* = **grossir** (ce dernier étant psychologiquement plus brutal).

embouchure Ouverture par laquelle un fleuve se jette dans une mer ou dans un lac ; **estuaire** se dit d'une embouchure qui forme golfe, **bouches** d'une embouchure multiple, qui forme delta : *L'embouchure de la Seine, l'estuaire de la Garonne, les bouches du Rhône.*

embouteiller 1° *Des camions embouteillaient le passage* ; **boucher, obstruer** ne se disent généralement qu'en parlant d'une voie étroite. — 2° (passif) *Le réseau téléphonique est complètement embouteillé* = **congestionner.**

embrasser 1° ~ qqn (au sens de « donner des baisers ») ; (soutenu) **baiser** s'emploie généralement dans des contextes bien précis (*baiser qqn au front; baiser la main de qqn; baiser une médaille*). — 2° (au sens de « prendre dans ses bras ») *Folle de joie, elle l'embrassa avec passion* = **serrer dans ses bras, étreindre** ; (plus fam.) **sauter au cou** ; **enlacer** ne se dit guère qu'en parlant d'un couple. — 3° ~ qqch. *Il a embrassé une carrière difficile* (soutenu) ; (courant) **choisir** ; v. ÉPOUSER. — 4° ~ qqch. V. VOIR. • **s'embrasser** *Deux amoureux s'embrassaient sur un banc public* ; ↑ **s'étreindre** ; (fam.) **se bécoter** ; (très fam.) **se sucer la pomme/la poire.**

embryon 1° (en termes de biologie) Se dit, en parlant de l'homme et des animaux vivipares, de l'œuf depuis sa segmentation jusqu'à l'étape du **fœtus** ; on emploie ce dernier terme lorsque, la vie intra-utérine étant plus avancée, le produit de la conception commence à présenter les caractéristiques de l'espèce. — 2° *Ce petit commerce est l'embryon d'une immense fortune* ; **germe** se dit surtout avec des compléments se rapportant à la vie intellectuelle ; (d'emploi plus général) **commencement** (v. ce mot).

émérite *Son frère était un virtuose émérite* = **éminent**; (plus général) **exceptionnel.** V. ADROIT.

émerveiller *Nous avons été émerveillés par le talent de ce jeune pianiste;* ↑**fasciner**; **éblouir** implique davantage l'idée de surprise devant qqch de brillant; v. aussi ÉTONNER. ● **émerveillement** *Quel pianiste! c'est toujours un émerveillement de l'entendre* = **enchantement.** *Le jeu du pianiste les laissait pleins d'émerveillement;* ↓**admiration.**

émettre (syn. variant selon les contextes) *Émettre un vœu* = **formuler.** *Émettre une protestation :* v. ÉLEVER I et DIRE. *Émettre de la musique/de la lumière* = **répandre.** *Émettre un emprunt;* (plus fam.) **lancer**; v. TIRER IV.

émeute Soulèvement populaire spontané, dû à un profond mécontentement; ↓**agitation, désordres, troubles** ne s'emploient pas toujours dans les mêmes contextes : *une période d'émeutes/de troubles/d'agitation; L'agitation populaire avait déclenché des désordres/troubles/*↑*des émeutes;* **sédition** se dit d'une révolte concertée, organisée contre l'autorité publique; **mutinerie** se dit d'une sédition en parlant de prisonniers qui se révoltent contre leurs gardiens, de soldats contre leurs officiers, etc. V. aussi COUP D'ÉTAT.

émigrer *Depuis le putsch, de nombreux partisans ont dû émigrer pour éviter la prison* = **s'expatrier.** ● **émigration** ↑**exode.**

émousser **I** (concret) *C'est rendre moins coupant ou moins aigu;* **épointer,** *c'est casser ou user la pointe de qqch.*

II **s'émousser** (abstrait) *Avec les années qui passaient, sa rage de vivre s'émoussait* = **s'affaiblir** (v. ce mot); **perdre de sa force/vigueur.**

émouvoir *Le spectacle d'une telle misère les avait profondément émus,* terme très général, souvent employé au passif; (même sens; moins employé) **remuer**; ↓**toucher**; ↑**impressionner, bouleverser**; (fam.) **retourner**; **déchirer,**

c'est toucher cruellement; **attendrir,** c'est remplir de compassion, de tendresse; **apitoyer,** c'est remplir de pitié, et **attrister,** de tristesse; **émotionner** est l'exact syn. de *émouvoir :* rejeté par les puristes, ce verbe est de plus en plus employé dans la conversation courante parce que de conjugaison plus facile; v. SAISIR I. ● **s'émouvoir** *Il avait dit la brutale vérité sans s'émouvoir le moins du monde* = **se troubler**; (plus fam.) **se frapper** (seul, *s'émouvoir* admet l'intensif *le moins du monde*). ● **émouvant** *Un spectacle émouvant;* (impliquent une émotion douce et tendre) **attendrissant, touchant;** (impliquent une émotion violente où perce l'effroi) **bouleversant, saisissant;** (impliquent une émotion violente où domine la pitié) **poignant,** ↑**déchirant** mettent l'accent sur celui qui est ému, alors que **pathétique,** ↑**dramatique,** ↑**tragique** font davantage référence à ce qui émeut. ● **ému** *Il revenait visiblement très ému de son premier rendez-vous;* **troublé** insiste sur un désordre intérieur provoqué par l'émotion, **agité,** davantage sur les signes extérieurs qui la trahissent. ● **émotion** (les syn. cités ici n'entrent pas dans les contextes comme *avec/sans émotion; aimer les émotions fortes; quelle émotion!...*) *Ce n'est pas sans émotion que je retrouverai mon village natal!;* (soutenu) **émoi; trouble** se dit généralement d'un état intérieur pénible, pouvant aller jusqu'à l'**agitation,** du ↑**désarroi** à l'**affolement** (ces termes sont donnés de manière croissante); ↑**saisissement** se dit plus précisément d'une émotion violente et soudaine; v. MOUVEMENT, SENSATION (in *sens* I), SENTIMENT II. V. aussi ANGOISSE, CRAINTE, PEUR, TRANSPORT et VERTIGE.

emparer (s') 1° ∼ de qqch. V. ATTRIBUER (S') et ENLEVER. — 2° *Qqn* ∼ *de qqn.* V. ARRÊTER II. — 3° *Qqch* ∼ *de qqn. Un violent besoin de solitude et de campagne s'était emparé de lui* = **saisir, envahir;** ↓**gagner** (ces trois verbes suivis d'un compl. direct).

empêcher Ce verbe n'admet généralement aucun syn. sauf dans de rares exceptions comme : *Sa religion l'empêchait de manger de la viande le vendredi;* ↑**interdire** (qui n'est d'ailleurs qu'un syn. très approché); v. aussi PRIVER (SE).

157

emphase *Il nous accueillit avec une telle emphase dans ses propos que nous avions du mal à garder notre sérieux* = **grandiloquence.**

empiéter 1° V. USURPER. — 2° *Le domaine de la pharmacie empiète sur celui de la chimie;* (moins employé) **chevaucher;** (plus fam.) **mordre.**

empire 1° V. MONARCHIE (in *monarque*). — 2° V. AUTORITÉ. — 3° *Sous l'empire de :* v. EFFET et IMPULSION. — 4° Dans l'express. *pour un empire* = **pour rien au monde.**

emplir *Ils avaient empli leurs valises de linge frais* (soutenu); (courant) **remplir;** (plus fam.) ↑ **bourrer** ne convient pas dans tous les contextes. ● **s'emplir** *La salle s'emplissait peu à peu;* **se garnir** se dit surtout en parlant des bancs, des gradins.

employer 1° ~ qqch (en général). *Elle emploie maintenant une lessive sans détergent* = **utiliser, se servir de;** en ce sens (en parlant d'objets concrets), **user** de ne s'emploie plus. V. aussi APPLIQUER. — 2° ~ qqch (en parlant du temps). *Le voici à la retraite : à quoi emploie-t-il son temps?* = **occuper;** v. CONSACRER et REMPLIR I. — 3° ~ qqn. V. TRAVAILLER [*faire travailler*]. ● **s'employer** 1° Qqch ~. Pronominal passif : v. EMPLOYER 1°. — 2° Qqn ~ à. *Il s'emploie maintenant à lutter contre la dégradation des sites* = **se consacrer à;** ↓ **essayer de.** ● **emploi** 1° ~ de qqch. *À quel emploi destinez-vous ce produit?* = **usage;** (rarement employé) **utilisation.** — 2° ~ de qqn. (en général) *Il est depuis deux mois sans emploi* = **travail** (v. ce mot); **situation** ne se dit que d'un emploi de niveau supérieur. *Il cherche un emploi;* (plus fam.) **place.** *L'emploi qu'il occupe requiert beaucoup de résistance physique* = **poste, place, situation** (pour ces deux derniers, v. ci-dessus); **charge** se dit d'une fonction publique où l'on assume des responsabilités importantes *(une charge de notaire; occuper de hautes charges);* **fonction** ne s'emploie que dans certains contextes, au plur., pour désigner certaines des occupations qu'un emploi comporte *(Il a des fonctions importantes dans l'usine);* v. RÔLE. ● **employé** *Elle a épousé un employé des postes;* **agent** se dit spécialement d'em-

ployés des secteurs public et privé qui servent d'intermédiaires entre la direction et la clientèle; **commis** se dit d'un agent subalterne; **fonctionnaire** désigne d'une manière générale tout employé d'une administration publique; **préposé** est un terme administratif pour désigner soit le facteur, soit certains agents subalternes *(un préposé des douanes);* v. TRAVAILLEUR II. V. aussi BUREAUCRATE et SALARIÉ (in *salaire*). *Employé de maison :* v. SERVITEUR.

empoisonner 1° *Il a été empoisonné par des champignons;* (didact.) **intoxiquer.** — 2° V. TUER. — 3° V. CORROMPRE. — 4° V. PUER. — 5° V. ENNUYER et TOURMENTER (in *tourment*). ● **empoisonneur** *Il faut qu'il embête tout le monde. Quel empoisonneur!* (fam.) = **poison;** ↑ **peste,** ↑ **empoisonneur public** (dans le contexte : *c'est un empoisonneur*); (très fam.; vulg.) **emmerdeur;** v. aussi COLLANT (in *colle* I) et GÊNEUR.

emporter 1° ~ qqch. *A-t-elle pensé à emporter ses médicaments?* = (déconseillé par les puristes) **emmener.** — 2° ~ qqch (suppose un mouvement violent). *L'orage a emporté une partie de la toiture* = **arracher.** *Être emporté par le courant* = **entraîner.** En ce sens, ~ qqn. V. MOURIR et TUER. — 3° ~ qqch. *Emporter une position ennemie/la victoire :* v. ENLEVER. *L'emporter :* v. DOMINER et PRIMER I. ● **s'emporter** Qqn ~. *Écoutez-le calmement au lieu de vous emporter!* (assez soutenu); (plus courant) **se mettre en colère** (v. aussi ce mot); (fam.) **s'emballer, sortir de ses gonds;** v. aussi FULMINER.

empresser (s') 1° ~ de. *Il s'est empressé de venir nous annoncer la nouvelle;* (moins soutenu) **se dépêcher.** — 2° ~ auprès/autour de qqn = **s'affairer;** (fam.) **se mettre en quatre** (pour qqn). ● **empressé** V. COMPLAISANT et DILIGENT. ● **empressement** 1° V. COMPLAISANCE. — 2° *Faire un travail avec empressement* = **ardeur** (v. ce mot); ↑ **enthousiasme;** ↓ **hâte** implique seulement l'idée de promptitude.

emprisonner 1° *Le malfaiteur a été emprisonné;* (plus courant) **mettre en prison;** (didact.) **incarcérer;** (didact.) **écrouer,** c'est inscrire sur le registre d'écrou la date et les motifs de l'emprisonnement ; (fam. ou très fam.) **coffrer, boucler, mettre en tôle.** V. aussi ENFER-MER et INTERNER. — 2° V. CONDITION-NER I. ● **emprisonnement** *Son emprisonnement a duré deux ans ;* (didact.) **incarcération ;** (didact.) **détention** s'emploie surtout pour désigner une peine infâmante ou un emprisonnement qui suit l'arrestation et précède le jugement *(détention provisoire) ;* **réclusion** se dit d'une peine afflictive et infâmante consistant en une privation de liberté et un assujettissement au travail. *Quatre mois/deux ans, etc., d'emprisonnement* = **prison** (v. ce mot) ; (très fam.) **taule, cabane.** V. SÉQUESTRATION.

emprunter 1° *Les premières œuvres de Beethoven empruntent beaucoup à Mozart* = **devoir.** — 2° *Il est toujours agréable d'emprunter les routes secondaires ;* (plus courant) **prendre.** — 3° V. TIRER II et TAPER.

émulation *Une saine émulation régnait dans sa classe,* se dit de ce qui pousse à égaler ou surpasser qqn en bien ; **concurrence** et **compétition** (ce dernier dans le contexte : *esprit de*) impliquent davantage l'idée de rivalité ; v. aussi RIVALITÉ.

en-cas Repas léger que l'on tient prêt au cas où l'on aurait faim en dehors des repas principaux ; le **casse-croûte** se prend davantage à heure fixe, dans la matinée et l'après-midi.

encastrer (s') *Ces deux tubes s'encastrent parfaitement l'un dans l'autre* = **s'emboîter.**

encaustique, encaustiquer S'emploient souvent comme syn. exacts dans la lang. fam. de **cire** et **cirer.**

enceinte I V. MUR et REMPART.

II *Sa femme est enceinte ;* **grosse** est vieux et ne s'emploie guère que dans certaines régions rurales. V. VENTRE.

enchaîner 1° V. ATTACHER I. — 2° V. OPPRIMER. — 3° *C'est une bonne danseuse, mais elle n'enchaîne pas suffisamment ses mouvements* = **lier.** ● **enchaînement** *L'accident s'est produit après un enchaînement de circonstances vraiment curieux ;* (moins propre) **suite.**

enchanter 1° *Elle était comme enchantée par le mystère de la forêt* = **ensorceler, envoûter** (ne s'emploient qu'en parlant de qqn ; ne conviennent donc pas dans *une maison enchantée :* on emploiera **hanté** au sens de « visité par des esprits, des fantômes »). — 2° V. CHARMER et RAVIR I. ● **enchanté** 1° V. ci-dessus. — 2° V. CONTENT. ● **enchantement** 1° *« Seule une fée peut faire cesser l'enchantement »,* lui dit le petit lutin ; **sortilège** se dit exactement de l'artifice d'un sorcier ; **maléfice** d'un sortilège visant à nuire, de même que **sort,** qui s'emploie surtout dans le contexte *jeter un sort à qqn ;* **envoûtement** se dit (en part.) d'une opération magique où l'on essaie d'atteindre une personne en lui substituant une figure de cire ; **incantation** se dit des paroles magiques qui servent à opérer un sortilège ; (moins employé aujourd'hui) **charme** se dit de ce qui permet d'exercer un effet magique. Ces termes n'entrent pas tous dans les mêmes contextes : *Le magicien, par des* incantations, *m'avait jeté un* sort ; *j'étais victime d'un* sortilège/maléfice ; *il prétendait me tenir sous son* charme *aussi longtemps qu'il le voudrait ; j'étais pris dans un* enchantement. — 2° V. ÉMERVEILLEMENT (in *émerveiller*). — 3° Pas de syn. dans l'express. *comme par enchantement* (ou, à la rigueur, *comme par miracle*). ● **enchanteur** 1° V. MAGICIEN. — 2° *Nous avons passé en Auvergne un séjour enchanteur* = **merveilleux** (antéposé ou postposé) ; v. aussi CHARMANT et PARADISIAQUE (in *paradis*).

enchère *Une vente aux enchères ;* **criée** se dit surtout en parlant de certaines denrées *(vendre de la viande/du poisson à la criée) ;* (en termes de droit) **licitation** se dit de la vente aux enchères d'un bien qui appartient à plusieurs copropriétaires ; (rare) **encan** s'emploie parfois pour désigner des enchères publiques *(vendre à l'encan). Faire monter les enchères* = **faire de la surenchère ;** v. PRIX I. ● **enchérir** *Vous pouvez lui raconter les histoires les plus extraordinaires, il enchérira toujours sur vos propos* = **renchérir ;** ↑**surenchérir ;** (fam.) **en remettre, en rajouter** s'emploient sans compl.

enchevêtrer (souvent au passif ou à la forme pronominale) *Le chat avait* *enchevêtré, en jouant, tous les brins de laine* = **embrouiller** ; (d'emploi plus restreint) **emmêler** ; ne conviennent pas dans des contextes comme *un amas de carcasses de voitures enchevêtrées.* ● **s'enchevêtrer** V. ENTRELACER (S').

enclin *Il est assez enclin à la paresse* = **porté à** ; **sujet à** se dit davantage en parlant de ce que l'on subit (malaises, maladies, etc.), et à quoi l'on ne peut rien (*être sujet au mal de mer/aux crises de foie,* etc.). V. aussi HUMEUR.

enclore *Les Français ont la maladie de la propriété : achète-t-on un terrain qu'il faut aussitôt l'enclôre ;* (plus courant) **clôturer** ; v. aussi ENTOURER.

encombre (sans) *Nous avons fait un voyage sans encombre ;* bien que syn., **sans ennui/incident/obstacle** ne s'emploient guère dans ce contexte, presque figé.

encore 1° V. AUSSI et AUTRE I. — 2° *Il pleut encore !*, marque l'idée de répétition = **de nouveau** ; pour certains verbes, le préfixe **re-** ; (marque l'idée de continuation ; paraphrase approximative) **continuer de** + verbe *(Il continue de pleuvoir).* — 3° *Si encore il était sage !* = **si seulement.** ● **encore que** V. QUOIQUE.

encourager 1° *Encouragé par ce premier succès, il décide de persévérer* = **stimuler** ; ↑ **enhardir** ; (moins employé) **aiguillonner.** — 2° ~ *qqn à. Il encourageait chacun à donner le maximum de soi-même* = **inciter** ; (moins soutenu) **pousser à** ; **exhorter,** c'est encourager par de véhémentes paroles. V. aussi ANIMER, ENFLAMMER et PRESSER II.

encroûter (s') *Beaucoup de Parisiens refusent de venir, comme ils disent. s'encroûter en province* = **végéter** ; ↑ **croupir** (v. ce verbe).

endiguer 1° *Le service d'ordre avait bien du mal à endiguer la foule qui se pressait aux portes du stade* = **contenir.** — 2° V. aussi ENRAYER.

endoctriner *La tâche du militant est d'endoctriner les néophytes ;* (péjor.) **catéchiser** ; (péjor. et fam.) **embobiner** ; v. aussi ENRÉGIMENTER.

endormir 1° *C'était une opération bénigne, mais on l'a quand même endormi ;* (didact.) **anesthésier** ; **insensibiliser** ne se dit que d'une anesthésie locale. — 2° V. ENNUYER. — 3° V. TROMPER. ● **s'endormir** V. DORMIR.

endurcir 1° V. DURCIR. — 2° *Laissez-le se débrouiller tout seul : il faut qu'il s'endurcisse le caractère* = **se fortifier** ; (assez soutenu) **se tremper** ; **s'aguerrir** s'emploie sans compl. — 3° *Il a le cœur tellement endurci que plus rien ne le touche* = **dessécher** (et, ici, l'adj. **sec,** qui ne marque pas cependant l'aboutissement d'une action). — 4° *Il ne craint pas la contestation : des années de militantisme l'ont endurci* = **blinder, cuirasser.**

énergie *C'est une femme qui a beaucoup d'énergie ;* cette qualité, qui permet d'agir efficacement en toutes circonstances, suppose à la fois de la **volonté,** du **courage** et de la **fermeté** ; (fam.) **poigne** ; **résolution** se dit de ce qui permet d'entreprendre qqch avec fermeté et hardiesse (surtout employé dans le contexte : *faire qqch avec résolution*) ; **caractère** s'emploie dans les contextes : *un homme/une femme de caractère/qui a du caractère/sans caractère,* pour parler de qqn qui a des idées bien arrêtées et la volonté de les défendre ; on dit en ce sens *avoir de la* **force de caractère.** ● **énergique** 1° *Qqn est* ~. Si **ferme** et **résolu** évoquent surtout la volonté et la constance de l'individu, *énergique* dit plus en évoquant aussi la rapidité à agir, à décider. — 2° *Qqch est* ~. *Une protestation énergique* (antéposé et postposé) = **vif, vigoureux** ; ↑ **violent** (ces trois adj. généralement antéposés). *Un remède énergique :* v. ACTIF. *Prendre des mesures énergiques* = **rigoureux** ; ↑ **draconien.** ● **énergiquement** *Protester énergiquement* = **fermement, vigoureusement** ; ↑ **violemment.**

énergumène 1° *Il se mit à hurler comme un énergumène* = **forcené** ; ↑ **excité** ; ↑ **fou furieux, possédé.** — 2° V. INDIVIDU.

énerver *Il m'énerve : je ne peux plus le supporter !* = **agacer, crisper** ; ↑ **exaspérer, excéder, horripiler** ; ↓ **impatienter** ; (fam.) **taper sur les nerfs** ; v. aussi ENNUYER et IRRITER. ● **s'énerver** *Les* coureurs tardaient à arriver : la foule commençait à s'énerver ; ↓ s'impatienter.

enfant 1° *Ce n'est encore qu'un enfant !* ; **bambin** se dit avec affection d'un petit enfant, comme (fam.) **loupiot, pitchoun** ; (fam.) **marmot, marmouset** se disent d'enfants très jeunes, alors que **gosse, môme, gamin** s'emploient sans restriction d'âge ; (très fam. ; le plus souvent péjor.) **mioche, morpion, morveux** ; (très fam. ; vulg.) **merdaillon, merdeux** ; (fam. ; moins employé) **mignard** ; **chérubin** s'emploie parfois, avec quelque niaiserie, pour désigner un enfant très jeune ; **marmaille** se dit, fam., d'un groupe d'enfants. V. aussi GALOPIN, GAMIN, FAMILLE et PROGÉNITURE. — 2° *Allons ! ne faites pas l'enfant : vous savez bien ce que je veux dire !* ; (fam.) **idiot, imbécile, innocent.** — 3° *Vous nous prenez pour des enfants !* = **enfant de chœur** ; (fam.) **idiot, imbécile** ; v. SAINT [*petit saint*]. — 4° *Enfant naturel* : v. BÂTARD. — 5° *Bon enfant* : v. DÉBONNAIRE. ● **enfance** (dans des express.) *Retomber en enfance* = **devenir gâteux** ; (fam.) **gaga.** *C'est l'enfance de l'art* = **c'est élémentaire.** ● **enfantillage** 1° *Ne prenez donc pas au sérieux ce qui n'est qu'enfantillage !*, (souvent plus péjor.) **puérilité.** — 2° (plur.) *Ils perdent leur temps à des enfantillages* = **bagatelles, niaiseries.** V. aussi BABIOLE. ● **enfantin** 1° *Il y avait chez lui quelque chose d'enfantin qui séduisait ;* (en contextes péjor. seulement) **infantile, puéril.** — 2° *La solution est enfantine* = **simple** (v. ce mot).

enfermer 1° ~ *qqn. On l'a enfermé dans la cave ;* (fam.) **boucler ;** v. aussi EMPRISONNER. — 2° ~ *qqch. Tout, dans cette maison, est enfermé : depuis la confiture jusqu'au bas de laine* = **sous clef.** — 3° V. ENTOURER. ● **s'enfermer** 1° V. BARRICADER (SE). — 2° *Voici plus de deux mois qu'elle s'enferme chez elle ;* ↑ **se cloîtrer, se claquemurer, se calfeutrer ;** (rare) **se claustrer.** — 3° *Elle s'enferme dans son silence* = **se confiner** (et éventuellement les précédents). — 4° *Voici une actrice qui s'enferme dans un seul rôle ;* ↓ **se confiner, se cantonner.**

enferrer (s') *Qqn* ~. *Plus il essaie de se justifier et plus il s'enferre ;* (plus fam.) **s'enfoncer** (en ce sens, admet moins facilement un compl. que le précédent).

enfiler 1° V. CHAUSSER et METTRE. — 2° *Enfiler une rue ;* **prendre** est plus général et souvent plus soutenu : il n'implique jamais, contrairement à *enfiler*, l'idée d'étroitesse ou de longueur. ● **s'enfiler** *S'enfiler un verre de vin/un bon repas,* etc. (fam.) = **s'envoyer** (v. ce mot), **se taper** (ces verbes s'emploient aussi, ainsi que **se coltiner,** en parlant d'une chose à caractère pénible : corvée, travail, etc. ; le verbe courant est **faire**). V. aussi BOIRE et MANGER.

enfin 1° *Il est menteur, buveur, coureur : enfin, il a quelques défauts, quoi !* = **bref** (les deux peuvent se souder : *Enfin bref*). — 2° (derrière « mais » en ce sens) *Nous n'avons guère progressé dans nos démarches, mais enfin il ne faut pas désespérer ;* **cependant** (v. ce mot) peut s'employer seul et a un caractère plus « objectif » ; **enfin** introduit le plus souvent, en revanche, une nuance affective. — 3° V. TÔT [*Ce n'est pas trop tôt*].

enflammer 1° V. ALLUMER. — 2° *Tout un pâté de maisons était maintenant enflammé par l'incendie ;* ↑ **embraser ;** v. aussi BRÛLER. — 3° *L'orateur avait enflammé son auditoire* = **embraser, électriser ;** ↓ **échauffer** (assez fam.) ↓ **chauffer,** c'est plutôt mettre progressivement en état de réceptivité ; **galvaniser** et (fam.) **doper,** c'est provoquer chez qqn une énergie soudaine mais souvent factice. V. ANIMER et ENCOURAGER. — 4° *Sa blessure est enflammée maintenant* = **envenimer ;** ↑ **infecter.** ● **s'enflammer** *Qqn* ~. *Il s'enflamme pour une peccadille ;* (selon les sens) **se mettre en colère,** (fam.) **prendre la mouche** (v. aussi IRRITER [S']) ; **s'exalter,** ↑ **s'embraser.**

enflé 1° *Avoir le ventre/les pieds enflés* = **gonflé** (v. aussi ce mot) ; (pour le ventre seulement) **ballonné.** — 2° V. AMPOULE. — 3° V. ABRUTI (in *abrutir*). ● **enflure** 1° (v. 1° ci-dessus) **gonflement ; ballonnement.** — 2° V. ABRUTI (in *abrutir*).

enfoncer 1° (syn. variant selon les contextes) *Enfoncer une porte* = **forcer.** *Enfoncer la clé dans la serrure ;* (soutenu) **engager, introduire.** *Enfoncer un clou* = **planter.** *Enfoncer un couteau* = **planter, ficher ; plonger** (un couteau dans le cœur de qqn). — 2° (dans des express.) *Enfonce-toi bien ça dans la tête* = **mettre** et ses syn. (fam.) **ficher** et (très

161

(fam.) **foutre**. *Il enfonce des portes ou-*
vertes = **il énonce des évidences**. —
3° V. DÉFONCER. ● **s'enfoncer** V. S'ABÎMER
[in *abîme*], ENLISER (S') et PLONGER I.

engager 1° ∼ qqn. *Je suis chargé*
d'engager de nouvelles secrétaires;
embaucher se dit, part., en parlant
d'ouvriers, **enrôler** et **recruter** en parlant
de militaires (ces deux derniers verbes
s'emploient aussi en parlant de personnes que l'on essaie de rallier à un
parti, à une organisation); (fam.) **racoler**
est péjor. et implique que l'on engage
qqn par des moyens plus ou moins
honnêtes. V. ATTACHER III. — 2° ∼ qqn
à. V. INVITER. — 3° ∼ qqch. *Engager le*
combat : v. COMMENCER. *Il a engagé*
d'importants capitaux dans cette affaire
= **investir**; ↑**engloutir** implique parfois
que c'est à fonds perdus. *Engager sa*
parole = **donner**. V. NOUER (in *nœud*);
v. aussi COMPROMETTRE. — 4° ∼ qqch
dans. V. ENFONCER. — 5° (passif) *Nous*
courons à l'échec : l'affaire est mal
engagée; (fam.) **barré**, **emmanché**.
● **s'engager** 1° ∼ à. V. PROMETTRE. —
2° ∼ dans. V. PRENDRE I. ● **engagement**
1° *Ne tiendriez-vous pas vos engage-*
ments? = **promesse** (v. ce mot). V. SI-
GNATURE (in *signer*) et OBLIGATION (in
obliger). — 2° V. ASSAUT et COMBAT (in
combattre).

engendrer 1° *Qui a engendré cet*
enfant insupportable? (soutenu) = **pro-**
créer; (courant) **faire**. — 2° *Ce film*
engendre la mélancolie = **faire naître**;
v. aussi CRÉER et OCCASIONNER.

engorger *Dès 8 heures du matin,*
l'autoroute était engorgée; (contextes
plus restreints) ↑**saturer**. V. BOUCHER.

engouer (s') *Elle s'engoue de tout ce*
qui est à la mode = **s'enticher**, **s'embal-**
ler (pour), **se toquer**; v. aussi S'ENTHOU-
SIASMER (in *enthousiasme*).

engourdir *La bise glacée lui engour-*
dissait les doigts; ↑**paralyser**. ● **engourdi**
1° *J'ai les doigts engourdis;* **gourd** ne se
dit que des mains et des doigts; ↑**para-**
lysé; v. RAIDE. — 2° *Après de longs mois*
d'inactivité, on a les muscles un peu
engourdis = **rouillé**.

engraisser 1° *Engraisser un animal;*
gaver et **gorger** ne se disent que des

volailles, en part. des oies. — 2° *En-*
graisser un sol : v. AMÉLIORER. —
3° Qqn ∼. V. GROSSIR.

engrosser *Elle s'est fait engrosser par*
le voisin (considéré comme vulg.); (considéré comme moins vulg.) **faire un**
enfant (à), **mettre enceinte**.

engueuler *Il est rentré très tard, son*
père l'a engueulé (très fam.); ↑**engueu-**
ler comme du poisson pourri; (fam.)
enguirlander, **passer un savon** (à qqn);
(fam.) ↓**attraper**; (soutenu; d'emploi
rare, vieilli) **admonester**, **tancer**; ↓(courant) **réprimander**. ● **s'engueuler** V. DIS-
PUTER (SE).

énigme 1° *Poser et résoudre des*
énigmes était l'un de ses jeux favoris;
(plus courant) **devinette**; la **charade** est
une forme particulière d'énigme. —
2° *Nous ne comprenons rien à sa dispari-*
tion : c'est une véritable énigme! = **mys-**
tère. *Résoudre une énigme difficile*
= **problème**. ● **énigmatique** 1° *Qqch*
est ∼. V. AMBIGU. — 2° *Qqn est* ∼.
C'est une personne très énigmatique;
↑**mystérieux**, ↑**étrange**; **impénétrable**
(qui n'admet pas d'intensif comme *très*)
n'a pas le caractère subjectif des précédents.

enivrer 1° *Qqch* ∼ *qqn. La vitesse*
l'enivre = **griser**, **étourdir**; ↑**soûler**.
V. aussi EXALTER et MONTER I [*monter à*
la tête]. — 2° *Qqn s'* ∼. *Il s'enivre*
régulièrement, hélas!; (plus courants et
plus forts) **se soûler**, **boire** (absol.);
(fam.) **se cuiter**, **se mettre la cuite**, ↓**lever**
le coude; v. SE NOIRCIR (in *noir*). ● **eni-**
vrant *La vitesse a quelque chose d'eni-*
vrant qui vous met la tête à l'envers
= **capiteux**, **grisant**.

enjoliver 1° *De vieilles poutres enjoli-*
vaient le plafond = **décorer**, **embellir**. —
2° *Son récit est vraiment trop beau : je*
crois qu'il enjolive un peu = **broder**;
(fam.) **en rajouter**; v. aussi EXAGÉRER.

enlever 1° ∼ qqch (verbe de sens très
général; ses syn. sont d'emploi plus
restreint et varient selon les contextes).
Veuillez enlever votre chapeau = **ôter**,
retirer. *Je ne parviens pas à enlever cette*
tache sur ma veste = **faire disparaître**;
v. aussi S'EN ALLER (in *aller* III). *Quand*
vous aurez enlevé les petits nerfs, cette

viande sera délicieuse = **supprimer, ôter, retirer.** *Vous lui avez enlevé une bonne part de ses scrupules,* outre les trois précédents (qqn de qqch). *On vient de lui enlever une dent* = **arracher ;** (plus soutenu) **extraire ;** v. LEVER I. — 2° ~ qqch. *L'ennemi vient d'enlever l'une de nos bases stratégiques* = **emporter, prendre, s'emparer de.** *Il a enlevé la victoire dans le Tour de France* = **emporter, gagner ;** v. OBTENIR. — 3° ~ qqn. *Un enfant a été enlevé à la sortie de l'école ;* (rare, vieilli) **ravir ;** (mal admis par les puristes) **kidnapper ;** v. VOLER II. — 4° V. LAVER I. — 5° V. RAMASSER. ● **enlèvement** *La femme du directeur a été victime d'un enlèvement ;* **rapt** et (mal admis par les puristes) **kidnapping** se disent de l'enlèvement d'une personne mineure.

enliser (s') 1° *La voiture s'est enlisée dans le sable ;* **s'embourber** s'emploie lorsqu'il s'agit d'un terrain boueux. — 2° *On ne le voit plus : il s'enlise dans sa solitude* = **s'enfoncer ; sombrer** (souvent suivi de « de plus en plus »). V. CROUPIR. V. aussi S'ENTERRER (in *enterrer*).

ennemi 1° Se dit de celui qui est opposé à qqn et cherche à lui nuire ; **adversaire** n'implique pas cette volonté de nuire : *Faire la guerre contre des ennemis/rencontrer ses adversaires lors d'une compétition sportive ;* (soutenu) **antagoniste,** employé substant., peut être syn. d'*adversaire.* V. aussi RIVAL. — 2° V. CONTRE.

ennuyer 1° *Mon fils est encore fiévreux, cela m'ennuie ;* (fam.) **embêter ;** ↑ **préoccuper, tracasser.** V. aussi SOUCI. — *Il m'ennuie, avec ses éternels discours sur la morale* = **fatiguer, lasser ;** (soutenu) **importuner ;** v. aussi ÉNERVER ; ↑ **assommer ;** (fam.) **embêter, empoisonner, barber ;** (plus fam. encore) **faire suer, tanner, canuler, cramponner, bassiner, casser les pieds, courir sur le haricot, enquiquiner ;** (très fam. ; vulg.) **faire chier** *(faire chier le monde),* **emmouscailler, emmerder.** — 3° *Son exposé a ennuyé tout le monde ;* (outre les syn. du sens 2) **endormir, lasser ;** (fam.) **raser,** ↑ **soûler.** — 4° *Je ne sais comment lui répondre : je suis bien ennuyé* = **embarrasser** (v. aussi ce mot). ● **s'ennuyer** *Ce que l'on peut s'ennuyer dans ce pays ! ;* (fam.) **s'embêter, s'empoisonner,**

s'enquiquiner, se barber, se faire suer (↑ *...à cent sous de l'heure) ;* (très fam. ; vulg.) **se faire chier, s'emmerder.** ● **ennui** 1° *Il ne parvenait pas à chasser l'ennui qui l'envahissait ;* (fam.) **cafard** (v. ce mot). — 2° *Il n'a pas ses papiers, il risque d'avoir des ennuis ;* (fam.) **embêtement ;** (vulg.) **emmerdement, des emmerdes.** *Il y a un ennui : la voiture ne veut pas démarrer ;* (fam.) **os, pépin ;** v. aussi DIFFICULTÉ. *Sans ennui :* v. ENCOMBRE. — 3° *Il faut l'aider : on ne peut le laisser dans l'ennui* = **embarras ;** v. aussi SOUCI. — 4° V. INCOMMODITÉ. ● **ennuyé** *Je suis ennuyé de vous déranger ainsi ;* (fam.) **embêté ;** v. CONFUS II. ● **ennuyeux** 1° *Il ne pourra pas venir ? C'est très ennuyeux ! ;* (fam.) **embêtant ;** (vulg.) **emmerdant ;** v. DÉSAGRÉABLE et SINISTRE. — 2° *Il a fait un discours mortellement ennuyeux* (l'adverbe convient seulement avec ce terme) ; (fam.) **barbant, rasoir, rasant ;** ↑ **assommant, insipide, soporifique.** *Ce travail est ennuyeux ;* ↑ **fastidieux ;** v. MORTEL (in *mort*) et RÉBARBATIF.

énoncer *Il a énoncé ses propos de manière on ne peut plus nette ;* (selon qu'on se situe à l'oral ou à l'écrit) **dire, écrire ; formuler** insiste surtout sur la netteté de l'expression orale ou écrite : contrairement aux verbes précédents, qui ont un contenu exclusivement intellectuel, **exprimer** peut avoir un contenu affectif *(On énonce une vérité, On exprime un désir) ;* (dans certains contextes) **former** *(former/formuler un vœu) ;* (rare en ce sens) **émettre** se rapproche de *former* dans le précédent contexte ; **exposer** suppose des développements plus détaillés qu'*énoncer. Toutes ces conditions sont énoncées dans le contrat* = **stipuler.**

enorgueillir (s') *Il s'enorgueillit de posséder l'une des plus belles propriétés du pays* = **se glorifier ;** v. aussi SE FLATTER DE (in *flatter*).

énorme V. COLOSSAL (in *colosse*) et DÉMESURE. V. aussi GROS. *Faire un effet énorme ;* (fam.) **bœuf.** *Avoir un succès énorme ;* ↑ **monstre ;** ↓ (antéposé) **gros** ● **énormité** 1° *Il venait de prendre conscience de l'énormité du travail à accomplir* = **immensité.** — 2° *Il ne dit que des énormités* = **sottises ;** v. aussi BÊTISE.

163

enquérir (s') *Il faudra que je m'en-
quière des mœurs de mes nouveaux
concitoyens* (soutenu) ; (rare) **s'inquiéter ;**
(courant) **s'informer, se renseigner** (sur) ;
(très fam.) **aller aux rencards** est syn. de
se renseigner, employé absol. (Contrairement aux autres verbes, *s'enquérir* ne
peut s'employer sans compl.) V. aussi
RECHERCHER.

enquête 1° *Les mobiles du crime ne
sont pas encore connus : l'enquête se
poursuit ;* (en termes de droit) **instruction** se dit de tout ce qui doit être mis en
œuvre pour qu'une cause puisse être
jugée, **information** se dit de l'instruction
préparatoire, des actes destinés à établir
la cause d'une infraction, à en découvrir
les causes. — 2° *Avant de lancer un
nouveau produit, le directeur souhaite
que l'on procède à une enquête auprès du
public* = **sondage ;** (rare) **gallup ;** (dans
cet ex.) **étude de marché.**

enrayer *Le gouvernement parviendra-
t-il à enrayer la hausse des prix de la
viande ?* = **juguler ;** ↓ **freiner ;** ↑ **stopper ;**
v. ARRÊTER I ; v. aussi ENDIGUER.

enrégimenter *Il s'était laissé enrégimenter dans un groupuscule d'extrême
droite* = **embrigader ;** v. aussi ENDOCTRI-
NER et ENGAGER.

enregistrer 1° *Avez-vous enregistré ce
terme dans votre dictionnaire ?* = **mentionner ;** (plus techn.) **répertorier ;** (plus
courant) **noter.** — 2° *On a enregistré une
forte hausse des températures* = **observer ;** (plus courant) **noter.**

enrober *C'est agaçant : il vous parle
toujours en termes enrobés !* = **voiler**
(v. ce mot et VOILÉ [in *voiler* I]) ; v. aussi
ENVELOPPER.

enroué **être enroué** *Je suis enroué
depuis hier, on m'entend à peine ;* (fam.)
avoir un chat dans la gorge. V. RAUQUE et
VOILÉ (in *voiler* I).

ensanglanté *Le boucher avait les
mains tout ensanglantées d'avoir tué le
cochon* = **sanglant** (confondus dans cet
ex., ces deux termes se distinguent dans
la langue soutenue : *ensanglanté* se dit
de ce/de celui qui est recouvert de
sang/d'un sang étranger, *sanglant* de
celui qui est recouvert de son propre

sang) ; **saignant** ne s'emploie plus qu'en
parlant d'une viande peu cuite ou d'une
blessure *(une blessure saignante/*↑ *sanglante) ;* **sanguinolent** ne se dit que
d'humeurs ou de matières mêlées de
sang *(des crachats sanguinolents).*

enseigne I 1° V. DRAPEAU. — 2° *Une
enseigne lumineuse signale son magasin ;*
(d'emploi plus restreint) **panonceau.**

II à **telle enseigne** *Cette eau est polluée :
à telle enseigne que la truite y a disparu*
(soutenu) ; (courant) **c'est si vrai que ;**
(plus courant) **la preuve** *(la preuve : la
truite...).*

enseigner 1° Qqn ~. V. APPRENDRE.
Son frère enseigne au lycée ; **donner des
cours** s'emploie lorsque l'on n'exerce
pas à plein temps dans l'établissement
dont on parle ; v. PROFESSER II. —
2° Qqch ~. *La nature nous enseigne que
ce que l'on appelle le «progrès» a des
limites* (soutenu) ; (courant) **montrer.** *Il
a eu un accident, cela lui enseignera
peut-être la prudence* = **inciter à.**
● **enseignant** Ce terme à valeur générale
peut selon les contextes remplacer toute
une série d'autres syn. à valeur particulière : **instituteur, professeur, maître de
conférence,** etc. ● **enseignement** 1° *Il
travaille dans l'enseignement ;* **éducation
nationale** ne s'applique qu'au secteur
public ; v. INSTRUCTION. — 2° V. CON-
CLUSION (in *conclure*) et MORALE.

ensemble I (adv.) 1° *Ils ont travaillé
ensemble à la réalisation de ce projet ;*
(soutenu) **de concert, de conserve, conjointement ;** (fam.) **au coude à coude**
implique l'idée d'efforts intenses.
V. COMMUN I. — 2° *Nos deux trains sont
arrivés ensemble* = **simultanément, en
même temps.** — 3° *aller ensemble Son
chapeau et sa robe vont bien ensemble*
= **bien s'harmoniser ;** ...*vont mal
ensemble/ne vont pas ensemble* = **jurer ;**
↑ **hurler.**

II (nom) 1° *Vous voyez cette table et ces
six chaises ? ils ont acheté l'ensemble
pour une bouchée de pain* = **le tout, la
totalité.** — 2° *Avoir une vue d'ensemble
sur* = **général.** — 3° *Dans l'ensemble, je
ne suis pas mécontent de notre performance* = **en gros, grosso modo, au total ;**
(syn. proche) **finalement ;** v. aussi GROS-
SIÈREMENT. — 4° *Ensemble vocal* = **chorale.** *Ensemble instrumental* = **orchestre**

(les périphrases avec *ensemble* étant d'emploi moins souple et appartenant au vocabulaire des spécialistes ou bons amateurs). *Vivre dans un grand ensemble;* (selon le contexte) **H. L. M.** (habitation à loyer modéré), **Z. U. P.**, etc.

ensuite 1° V. APRÈS I et II, et SE-COND II. — 2° *Nous visiterons Azay-le-Rideau et ensuite nous irons à Langeais;* **puis** a davantage valeur de conj. de coord. ; s'emploie ici sans **et**, contrairement à *ensuite*, et de manière plus souple (*Ce fut au tour de M. Durand, puis de M. Dupont; il entra, vérifia son costume, puis nous salua; ensuite* ne conviendrait guère ici, ou marquerait une rupture très forte); en revanche, *ensuite* est d'emploi beaucoup plus souple quant à la place qu'il occupe dans la phrase (dans notre ex., il peut aussi bien se placer à la fin). — 3° *Il s'est marié en 1965; ensuite, je l'ai perdu de vue* = **par la suite**.

ensuivre (s') 1° V. RÉSULTER. — 2° *Il y avait un dessert, du café, du champagne et tout ce qui s'ensuit* = **etc.**; (fam.) **et tout le bastringue/et tout le bataclan**.

entaille 1° *Faire une entaille dans une pièce de bois;* (vieux) **coche**, (courant) **encoche** se disent d'une petite entaille ; **rainure** se dit d'une entaille en long; **rayure** se dit d'une légère entaille en long; **cran** s'emploie dans certains contextes pour désigner une entaille faite sur un corps dur pour en accrocher un autre. — 2° *Il s'est blessé avec un couteau et il s'est fait une belle entaille;* (rare) **taillade; estafilade** ne se dit guère qu'en parlant d'une entaille faite au visage par une arme tranchante; (en termes de chirurgie) **incision; boutonnière** se dit d'une incision en longueur, **scarification** d'une incision superficielle pour obtenir un peu de sang ou de sérosité ; v. COUPURE (in *couper*); v. aussi CICATRICE.

entasser 1° **entasser**, c'est mettre en tas, **empiler**, c'est mettre en piles, **amonceler**, en monceaux : *entasser des pommes de terre/empiler des assiettes/le vent amoncelle les nuages*. — 2° Dans l'usage courant, ces verbes rejoignent souvent le sens de «accumuler» : *accumuler/entasser/amonceler des richesses,*

des livres, etc. ; dans ces contextes, *empiler* ne s'utilise généralement que lorsque demeure l'idée de *pile*, de groupement en hauteur, tandis qu'*entasser* et *amonceler* enchérissent sur *accumuler;* v. PARQUER (in *parc* I) ; v. aussi AMASSER. ● **s'entasser** 1° (outre les précédents à la forme pronominale) *Les glaçons s'entassent contre les piles du pont* = **s'agglomérer**. — 2° *Aux heures de pointe, les Parisiens s'entassent dans les autobus* = **se presser**; ↑**s'écraser**. ● **entassement** *Il y a un tel entassement d'objets divers dans ce grenier qu'on n'y retrouve plus rien* = **accumulation, amoncellement**; v. aussi AMAS.

entendre I V. VOULOIR.

II *Avez-vous entendu ce qu'il vous a dit?;* **écouter** suppose que l'on prête attention à ce que l'on dit ; (vieux ; ne s'emploie plus qu'à l'infin. et aux temps composés devant « dire ») **ouïr**.

III *Je n'entends pas bien ce que vous dites* (soutenu); (courant) **saisir, comprendre** (v. ce mot). *Qu'entendez-vous par là?* = **que voulez-vous dire?** *Donner à entendre que :* v. INSINUER. ● **s'entendre** 1° ~ avec qqn. *Ils ne se sont jamais bien entendus* = **se comprendre, sympathiser;** ↑**fraterniser**. *Ils ne s'entendent pas ;* (fam.) ↑**être comme chien et chat; ne pas faire bon ménage**. V. aussi DÉTESTER. — 2° ~ avec qqn. *Nous nous sommes entendus sur le prix :* v. ACCORD I et ARRANGER (S'). V. aussi COMPOSER IV. — 3° *J'ai beaucoup de travail; mais nous prendrons néanmoins quelques jours de vacances, cela s'entend* = **cela va de soi**; v. aussi ENTENDU. ● **entendu** 1° V. AC-CORD I. — 2° *Elle nous a regardés avec un petit air entendu;* (moins propre) **malin;** (fam.) **finaud**. — 3° *Si vous pouvez venir à la maison? mais bien entendu!* = **évidemment, naturellement ;** v. aussi ci-dessus S'ENTENDRE 3° et ASSU-RÉMENT. ● **entente** 1° V. ACCORD. — 2° *L'entente ne règne pas dans le ménage!* = **harmonie, union** (v. ce mot).

enterrer 1° ~ qqn. *Son frère a été enterré dans le caveau familial;* (soutenu) **inhumer, ensevelir**. — 2° ~ qqch. *Enterrer un trésor* = **enfouir**; *Le scandale a été enterré* = **étouffer**; *Le scandale a été enterré* = **abandonner**. ● **s'enterrer** *Quelle idée d'aller s'enterrer dans ce trou perdu de province!;* ↓ **se retirer;** v. aussi

CROUPIR et ENLISER (S'). ● **enterrement** 1º *Il y avait peu de monde à l'enterrement de mon cousin ;* **funérailles** se dit du cortège de personnes accompagnant la dépouille ; **obsèques** est le terme officiel pour désigner la cérémonie et le **convoi** funèbres. Dans l'usage actuel, *enterrement* est le terme courant, *funérailles* le terme soutenu, *obsèques* le terme didact. — 2º *Avoir une tête d'enterrement :* v. TRISTE I. — 3º *Cette défaite, c'est l'enterrement de toutes ses illusions* = **mort** ; ↓ **fin**.

entêter (s') V. CONTINUER. *Plus vous lui demandez d'agir autrement, plus il s'entête* = **se buter** ; v. OBSTINER (S') ● **entêtement** 1º (péjor.) = **obstination**. — 2º (non péjor.) = **obstination, opiniâtreté, persévérance** et **ténacité**.

enthousiasme 1º *Le spectacle soulevait l'enthousiasme ;* ↓ **admiration** ; v. aussi ÉMERVEILLEMENT. — 2º *Le spectacle a déchaîné l'enthousiasme* = **passion** ; ↑ **frénésie** ; v. aussi DÉLIRE et ANIMATION. — 3º *Il est pris d'un nouvel enthousiasme pour son travail ;* **engouement** se dit surtout d'un mouvement exagéré et passager ; (plus fam.) **emballement** a le même sens qu'*engouement*. V. EMPRESSEMENT (in *empresser* [s']). *Il travaille sans enthousiasme* = **entrain**. ● **enthousiasmer** (comme pour le nom) 1º **remplir de...,** **provoquer** l'... + nom (« admiration », etc.). — 2º (idem) **passionner**. V. EXALTER. — 3º (plus fam.) **emballer**. ● **s'enthousiasmer** 1º *Il s'enthousiasme pour toutes les nouvelles formes de l'art ;* ↓ **se passionner** ; (plus fam.) **s'emballer** ; v. aussi ENGOUER (S'). V. ADMIRER. — 2º *C'est qqn qui s'enthousiasme facilement* = **s'enflammer, s'exalter** ; (plus fam.) **s'emballer**. ● **enthousiaste** 1º *Qqn est ~.* V. CHAUD. — 2º *Des applaudissements enthousiastes ;* ↑ **frénétique, à tout rompre**. *Un accueil enthousiaste :* v. CORDIAL. *Une foule enthousiaste ;* ↑ **en délire** (v. ce mot), **exalté**. *Un admirateur enthousiaste de Mozart* = **passionné, fervent**.

entier I 1º Se dit de ce qui est considéré dans sa totalité, dans son intégralité : *Un livre entier de recettes de cuisine est un livre qui ne comporte que des recettes de cuisine ;* **complet** implique l'idée de multiplicité et se dit d'un

ensemble qui comprend tous les éléments nécessaires à sa constitution : *Un livre de recettes de cuisine complet est un livre auquel ne manque aucune des recettes fondamentales.* Dans certains contextes, les deux adjectifs se rejoignent : *Ma satisfaction est entière* (soutenu) ; (courant) **complet, total** ; v. aussi PLEIN. *Il a lu l'œuvre entière de Balzac* = **complet, intégral** ; v. aussi TOUT I. — 2º *Dans cette affaire, sa bonne foi reste entière* = **intact**. — 3º V. ABSOLU. ● **en entier, entièrement** 1º V. ABSOLUMENT et PLEINEMENT (in *plein*). — 2º *J'ai lu ce livre presque entièrement ;* (plus rare) **dans sa totalité** ; (soutenu) **dans son entier**.

II *Qqn est ~.* V. TÊTU et PIÈCE I [*tout d'une pièce*].

entourer 1º *~ qqch. Entourer une ville de remparts* = **ceindre, enceindre**. *Entourer un jardin d'une haie* = **clore, clôturer** (par) ; (rare) **fermer**. — 2º *Qqch ~ qqch. Les remparts qui entourent une ville* = **ceinturer, cerner**. *La haie qui entoure le jardin ;* (rare) **fermer**. *La forêt qui entoure le village* = **encadrer, environner** ; v. BORDER et ENVELOPPER. — 3º *Qqn ~ qqn. Ils se sentaient entourés de tous côtés par l'ennemi :* v. CERNER. — 4º ~ qqn. *Il a besoin d'être beaucoup entouré ;* ↓ **s'occuper de** (seulement à l'actif : *qu'on s'occupe beaucoup de lui*) ; ↑ **choyer**.

entrailles *Voici une musique qui vous déchire les entrailles ;* (fam.) **tripes** *(... qui vous prend aux tripes).*

entrain *C'est un garçon plein d'entrain* = **allant** ; ↑ **joie de vivre**. V. ENTHOUSIASME ; v. aussi ARDEUR (in *ardent*) et GAIETÉ (in *gai*).

entraînement I (de *entraîner* I) : *Céder à l'entraînement d'une passion* = **force**. *Céder à ses entraînements* (plur.) : v. PASSION. *Dans l'entraînement de la conversation, il en vint à dire d'étranges vérités* = **chaleur, feu**.

II (de *entraîner* II) : *La réussite de cet orateur est le fruit d'un long entraînement* = **pratique** ; v. aussi HABITUDE.

entraîner I 1º *Qqch ~ qqch.* V. EMPORTER. — 2º *Qqn/qqch ~ qqn à.* V. EMBARQUER et AMENER À. *Son goût du* luxe *l'a entraîné à obtenir de l'argent par tous les moyens* = **pousser.** — 3° Qqch/qqn ∽ qqch. V. OCCASIONNER.

II ∽ qqn/un animal (sans syn. dans *entrainer une équipe de basket*). *Ce chien est entraîné à effectuer de longs parcours* = **exercer, dresser** (pour). ● **s'entraîner** *Il s'entraîne au maniement d'une carabine de chasse* = **s'exercer;** ↓ **se familiariser** (avec). ● **entraîné** *Il est entraîné à ce genre d'exercice;* ↓ **familiarisé** (avec); ↑ **rompu.**

entrefaites (sur ces) *Il allait enfin se décider à nous libérer; sur ces entrefaites arrive un contrordre : tout était à refaire!* = **là-dessus, sur ce, c'est alors que;** (plus courant) **mais voilà que;** (fam.) **voilà-t-il pas que.**

entrelacer *Entrelacer des fils* = **entrecroiser.** ● **s'entrelacer** *Les vrilles de la vigne s'entrelacent* = **s'enchevêtrer, s'emmêler, s'entremêler;** (fam.) **s'embrouiller.**

entremettre (s') *Fallait-il s'entremettre dans leur querelle?;* (plus courant) **intervenir;** ↑ **s'interposer.** ● **entremise** 1° *La France a proposé son entremise dans les affaires du Moyen-Orient* = **médiation;** (ne se dit généralement que dans les rapports officiels) **bons offices.** — 2° *Par l'* ∽ *de.* V. CANAL. ● **entremetteur** S'emploie presque exclusivement au f., contrairement à **proxénète;** l'*entremetteuse* et le *proxénète* servent d'intermédiaire dans les intrigues galantes; le *proxénète* peut aussi vivre de la prostitution d'autrui : on l'appelle alors (très fam.) **maquereau/maquerelle.**

entreposer *Cet épicier entrepose ses marchandises dans son garage* = **emmagasiner, stocker.**

entreprendre 1° V. COMMENCER et S'ATTELER À. — 2° ∽ *de. Il a entrepris de montrer, dans son exposé, qu'il y avait un rapport entre le temps qu'il fait et l'humeur des gens;* (plus courant) **essayer, tenter.** ● **entreprenant** 1° V. ACTIF. — 2° *Elle déteste les messieurs trop entreprenants* = **hardi** (v. ce mot). ● **entreprise** 1° *Ils ont décidé d'escalader les Grandes Jorasses : ce n'est pas une petite entreprise!* = **opération, aventure,**

affaire. *Il a échoué dans son entreprise* = **tentative.** — 2° V. ÉTABLISSEMENT II.
— 3° *Il faut dénoncer cette entreprise contre le libre exercice du droit syndical* (soutenu); (courant) **atteinte** (à); ↑ **attaque,** ↑ **attentat;** ↓ **empiétement** (sur). — 4° *Esprit d'entreprise :* v. ACTIVITÉ (in *actif*).

entrer (verbe de grande fréquence; syn. variant selon les contextes et d'emplois plus restreints) 1° Qqn ∽ dans qqch. *Il est entré dans la maison par la fenêtre* = **rentrer; pénétrer,** c'est entrer fort avant (ce verbe implique souvent l'idée d'obstacle); **s'introduire, se glisser,** c'est entrer subrepticement ou sans raison; **faire irruption,** (assez fam.) **s'engouffrer** impliquent un mouvement rapide et violent. *Je ne fais qu'entrer et sortir* = **passer.** *Les troupes ennemies sont entrées sur le territoire;* ↑ **envahir** (*envahir qqch*). *Nous sommes entrés dans cette rue par hasard :* v. PRENDRE II. Pour tous ces emplois, v. aussi INSINUER (S'). — 2° Qqch/qqn ∽ dans qqch/qqn. *La voiture est entrée dans un arbre* = **rentrer;** (ici) ↑ **percuter.** — 3° Qqn ∽ dans/à. V. ADHÉRER II. *Entrer en relation :* v. CONTACT. — 4° Qqch ∽ dans qqch. V. TENIR III. — 5° Qqch ∽ dans qqch. *Les frais de mise à disposition entrent dans le prix de la voiture* = **faire partie de, être compris dans.** ● **entrée** V. ACCÈS (in *accéder* I), INTRODUCTION; v. aussi MOUVEMENT. ● **d'entrée** *Il nous a dit d'entrée que notre travail était excellent;* (plus courant) **d'entrée de jeu; d'emblée;** v. aussi IMMÉDIATEMENT.

entretenir I 1° *Sa grand-mère est très malade; on essaie de l'entretenir, mais pour combien de temps?* = **maintenir, prolonger.** — 2° *Ils entretiennent de bons rapports* = **conserver; avoir** est plus banal. *Il entretient ses relations* = **cultiver, soigner.** *Bien entretenir sa voiture* = **soigner.** — 3° *Il touche un petit salaire et est entretenu par ses patrons* = **être nourri, logé et blanchi.**

II s'entretenir V. CONVERSER.

énumérer *On lui a demandé d'énumérer la liste des fleuves russes* = **citer** (v. ce mot); v. DÉTAILLER.

envahir 1° V. EMPARER (S'), ENTRER, INONDER et OCCUPER I. — 2° *Le trèfle* envahit la pelouse ; ↑ **infester** ; ↑ (sans passif) **proliférer, pulluler** (ce dernier en parlant des animaux) ; v. RÉPANDRE (SE). — 3° *Être envahi par la peur* : v. GAGNER III et INSINUER (S'). ● **envahisseur** *La population manifestait sa haine contre l'envahisseur* = **occupant.**

envelopper 1° Qqn ∼ qqch. *Envelopper un colis dans du papier* = **emballer, empaqueter.** *Envelopper une pièce de monnaie dans du papier* = **entortiller.** *Envelopper un enfant dans un manteau ;* **emmaillotter,** c'est envelopper un bébé dans ses langes. V. aussi ENTOURER. — 2° Qqch ∼ qqch. *Le papier qui enveloppe le colis/la pièce de monnaie ;* (plus général) **entourer.** — 3° Qqn ∼ qqn. V. ATTAQUER. — 4° *Il faut toujours qu'il enveloppe ses attaques dans des paroles sucrées* = **déguiser** (v. ce mot) ; (plus fam.) **emballer ;** v. aussi ENROBER. ● **enveloppe** 1° *Entourer qqch d'une enveloppe de papier/de tissu,* etc., terme à valeur très générale ; ses syn. sont plus précis et se répartissent selon la nature de l'objet qu'elle contient. L'**étui** est une enveloppe souvent rigide et épousant les formes de l'objet enveloppé *(l'étui d'un cigare/d'une paire de lunettes) ;* le **fourreau,** la **gaine** sont des *étuis* allongés *(le fourreau d'un parapluie ; le fourreau/la gaine d'une épée) ;* la **housse** est une enveloppe légère, utilisée, notamment, pour les meubles ou les vêtements. — 2° V. AIR.

envergure 1° (personnes) V. CLASSE II et TAILLE I. — 2° (choses) *Un projet d'envergure* : v. IMPORTANT. *Prendre de l'envergure* : v. DÉVELOPPER II.

envie I (distinction soutenue). C'est par *envie* que l'on ne peut supporter le bonheur des autres. C'est par **jalousie** que l'on ne peut supporter de perdre ce que l'on possède. Dans l'usage courant, les deux termes se rejoignent dans des contextes comme *C'est l'envie/la jalousie qui le conduit à dénigrer ses voisins.* ● **envieux/envier** (avec les mêmes nuances) **jaloux/jalouser.** ● **enviable** *Leur sort n'est guère enviable* = **tentant.**

II V. DÉSIR. *Avoir envie de* : v. DÉMANGER. *Ôter l'envie de* : v. DÉGOÛTER.

envoyer 1° ∼ qqn. (plus fort) **dépêcher,** c'est envoyer qqn en hâte avec un message ; **diriger,** c'est envoyer dans une direction précise *(Nous l'avons dirigé vers un bureau de renseignements).* — 2° ∼ qqn à terre. V. ÉTENDRE. — 3° ∼ qqch. *Envoyer une lettre par la poste* = **expédier.** *Envoyer une lettre à qqn* = **adresser.** *Envoyer une balle* = **lancer.** *Envoyer une gifle :* v. ALLONGER. *Envoyer une pierre* = **jeter.** *Envoyer un drapeau :* v. HISSER. ● **s'envoyer** 1° V. ENFILER (S'). — 2° *C'est lui qui s'envoie tout le travail* (fam.) = **se farcir, se taper ;** (courant) **faire ;** v. ENFILER (S'). — 3° V. INTIME [*avoir des relations intimes*].

épais 1° V. ABONDANT, CONSISTANT, DENSE, GROS et SERRÉ (in *serrer* I). — 2° *Un esprit épais* = **lourd, obtus.** ● **épaisseur** 1° V. COUCHE III. — 2° *L'épaisseur de la brume/des ténèbres* = **densité ;** ↑ **opacité** implique l'idée d'obscurité.

épancher (s') V. ABANDONNER II et CONFIER II. ● **épanchement** *C'est un homme assez froid, qui déteste les épanchements* = **effusion ;** v. aussi ABANDON.

épanouir (s') 1° *Les roses s'épanouissent au soleil ;* ↓ **éclore, fleurir.** — 2° *À cette bonne nouvelle son visage s'est épanoui ;* ↓ **se dérider ;** v. SE RÉALISER (in *réaliser* I). ● **épanoui** *Un visage épanoui* = **radieux ;** ↓ **réjoui.** ● **épanouissement** 1° *L'épanouissement des roses ;* ↓ **éclosion, floraison.** — 2° *À trente ans, elle apparaissait dans tout son épanouissement* = **éclat** (v. ce mot), **plénitude.**

épée *Préférez-vous l'épée ou le pistolet ? ;* par rapport à l'épée, le **sabre** a une lame plus large, recourbée et qui ne tranche que d'un côté ; le **fleuret** est une épée de salle d'armes, sans tranchant et mouchetée ; (très soutenu ; terme de littérature classique) **glaive ; cimeterre** se dit d'un sabre oriental à lame large et recourbée, **yatagan** d'un sabre turc de même forme. V. aussi POIGNARD.

épidémie V. MODE. ● **épidémique** *Le fou rire est épidémique ;* (plus courant) **contagieux, communicatif.**

épier *Il passe son temps à épier ses voisins ;* ↑ (plus péjor.) **espionner.** En ce sens, **guetter** s'emploie surtout en parlant des animaux : *Un fauve qui guette/épie sa proie ;* v. OBSERVER I.

épine 1° *Le rosier est couvert d'épines* (terme propre); (fam.) **piquant** (v. ce mot, PIQUANT I). — 2° *Dans l'express. Il m'a tiré une belle épine du pied;* (courant) **tirer d'embarras.** — 3° *Épine dorsale :* v. COLONNE VERTÉBRALE. ● **épineux** *La question est bien épineuse* = **délicat, difficile, embarrassant** (v. aussi ces deux derniers mots).

épingle (dans des express.) *Tiré à quatre épingles :* v. SOIGNEUX. *Tirer son épingle du jeu :* v. SORTIR (S'EN). *Monter qqch en épingle :* v. VALOIR [*faire valoir*].

épique *Le débat sur la censure nous a valu des discussions épiques;* (plus rare) **homérique.**

éplucher 1° *Je n'aime pas éplucher les pommes de terre* (courant); (soutenu) **peler.** *Peler* ne peut se dire que de ce qui a une peau ; (on *épluche* de la salade, on ne la «pèle» pas) ; en outre, il semble que l'on emploie plus fréquemment l'un ou l'autre verbe selon les contextes *(éplucher des pommes de terre crues, peler des pommes de terre en robe des champs, peler une orange, ôter/enlever la peau d'une banane);* **écosser** se dit de ce qui a une cosse *(écosser des haricots/des petits pois);* **décortiquer,** de ce qui a une écorce, une enveloppe *(décortiquer des amandes).* — 2° *Sa lettre a été soigneusement épluchée* (assez fam.) = **passer au crible;** (courant) ↓ **étudier.**

époque *C'est l'époque de la moisson* = **moment.** *La Révolution a été une époque très troublée* = **période.** *L'époque industrielle* = **ère.**

époux/épouse S'emploient dans le style soutenu ou en termes de droit ou de religion *(prendre pour époux/épouse);* **épouse** s'emploie cependant dans le langage courant dans un contexte où *femme* serait ambigu *(Hélène est une épouse remarquable);* (courant) **mari/femme;** (en termes de droit) **conjoint/conjointe;** (soutenu) **compagnon/compagne** évoquent tendresse et affection ; (fam.) **homme/bourgeoise, bergère.** ● **épouser** 1° *Elle a épousé mon cousin;* (plus courant) **se marier avec;** (par plaisant.) **convoler** *(convoler en justes noces avec...).* — 2° *Ce n'est pas parce que c'est mon mari que je dois épouser toutes ses opinions!* = **embras-**ser; (plus courant) **partager** (les deux verbes précédents impliquent à la fois l'idée de partager et celle de défendre). — 3° V. SERRER I.

épreuve 1° V. CROIX et MALHEUR. — 2° *Mettre à l'épreuve :* v. ÉPROUVER et ESSAYER. *À toute épreuve :* v. SOLIDE et INÉBRANLABLE. — 3° V. COMPÉTITION et INTERROGATION. — 4° V. PHOTOGRAPHIE. ● **éprouver** 1° *En te demandant cet effort, il a voulu éprouver ton courage* = **mettre à l'épreuve, prendre la mesure de, tester;** v. aussi ESSAYER. — 2° (souvent au passif) *Il a été durement éprouvé par la mort de son frère* = **atteindre, toucher.** — 3° *C'est en se heurtant à l'expérience qu'il a éprouvé combien sa vie d'étudiant a été artificielle* = **constater, se rendre compte, réaliser.** *Éprouver des difficultés* = **rencontrer.** — 4° V. RESSENTIR et SENTIR. ● **éprouvé** *C'est un ami éprouvé* (rare); (courant) **sûr, fidèle.**

épuiser 1° *La rivière est épuisée* = **assécher.** *La source est épuisée* = **tarir.** *Une terre épuisée :* v. APPAUVRIR (tous ces emplois le plus souvent au passif). — 2° *Nous avons épuisé toutes nos provisions;* ↓ **consommer** (v. ce mot). — 3° V. ABATTRE II, BOUT [*être à bout*], FATIGUER, SAIGNER et VIDER. ● **s'épuiser** V. FATIGUER (SE).

épurer 1° *Épurer un liquide* = **purifier; assainir** implique que le produit considéré est malsain ; **décanter,** c'est épurer en laissant se déposer les impuretés que contenait le liquide; **filtrer,** c'est faire passer un liquide au travers d'un filtre. — 2° *Épurer un auteur* (rare); (courant) **expurger;** v. aussi COUPURE (in *couper*). — 3° *Épurer un parti, une assemblée...* = **procéder à une épuration/**↑**à une purge;** v. aussi ASSAINISSEMENT.

équilibre 1° V. APLOMB I. — 2° *Son équilibre mental est assez précaire;* (moins propre) **santé.** ● **équilibrer** 1° *Dans certaines voitures, on équilibre le poids du moteur arrière par une charge du coffre avant* = **contrebalancer.** — 2° *Équilibrer un budget* (ou «mettre un budget en équilibre»), c'est répartir les masses des dépenses et des recettes de manière qu'elles se compensent ; ↓ **stabiliser** peut impliquer qu'on le laisse en état, empêchant les dépenses de croître

169

par rapport aux recettes. ● **équilibré** *C'est qqn de bien équilibré.* 1° (rare) Se dit en parlant du physique : musculature, taille, etc. = **proportionné** ; (fam.) **balancé.** V. aussi BÂTI et HARMONIEUX. — 2° Se dit en parlant de la santé nerveuse, du caractère (en ce cas, avec ou sans adv. antéposé) ; **pondéré** se dit surtout en parlant du caractère, et ↑ **sain d'esprit** en parlant de la santé nerveuse ; (assez fam.) **qui a la tête sur les épaules/qui a les pieds sur terre.** — 3° V. HARMONIEUX.

équipée 1° V. RANDONNÉE. — 2° *Il parlait encore avec attendrissement des équipées de sa jeunesse,* en parlant d'une *folie de jeunesse* = **fredaines** ; ↑ **frasques,** ces deux termes ne s'employant guère qu'au plur. ; (plus général) **écart de conduite.** V. aussi ESCAPADE.

équiper 1° (en termes de marine) *Équiper un bateau,* terme très général = **armer** ; (plus part.) **gréer** se dit surtout des voiles, poulies et cordages sur un voilier. — 2° *Équiper un hôpital d'un matériel ultramoderne* = **munir, doter.** V. MONTER II. ● **s'équiper** V. MONTER (SE). ● **équipement** *L'opération nécessitait un équipement que l'hôpital ne possédait pas* = **installation** (souvent au plur.), **appareillage.** *L'équipement d'un atelier* = **outillage.**

équitable *Vous pouvez vous fier à son jugement, c'est un homme équitable ;* ce terme renvoie toujours à une justice supérieure, dont on a conscience naturellement ; **juste** peut avoir ce sens, mais aussi ne renvoyer qu'à ce qui est conforme aux lois écrites en usage ; **impartial** se dit de celui qui est sans parti pris, qui ne se laisse pas influencer lors d'un jugement à rendre, d'un avis à donner : on dit aussi, en ce sens, **neutre** ou **objectif** selon les contextes *(un juge impartial, un observateur neutre/objectif).* V. aussi LOYAL.

équivaloir *Abandonner, cela équivalait à faire preuve de lâcheté* = **revenir à** (contrairement au précédent, s'emploie couramment au subj. et au part. passé). V. VALOIR. ● **équivalent** 1° V. ÉGAL. — 2° *Ces deux termes sont équivalents* = **synonyme.** *Nos expériences de la vie sont équivalentes* = **comparable** ; v. SEMBLABLE. *Partir ou rester, pour moi c'est*

équivalent = *cela revient au même, c'est la même chose ;* (fam.) *c'est kif-kif/c'est du kif, c'est du pareil au même.*

érection *Être en/entrer en érection* (en parlant du pénis) ; (très fam. ; vulg.) **bander.**

ériger 1° V. BÂTIR. — 2° V. ÉTABLIR. ● **s'ériger** *Il faut toujours qu'il s'érige en moraliste : c'est agaçant !* ; (moins propre) **se poser/se présenter comme.**

ermite 1° Se dit d'un religieux retiré dans un lieu absolument désert ; **solitaire** peut se dire aussi d'un moine ayant décidé de vivre à l'écart dans sa cellule ; **anachorète** ne se comprend guère que par oppos. à **cénobite** : l'*anachorète* se retire dans une solitude contemplative, le *cénobite* vit dans une communauté religieuse. — 2° V. SEUL.

érotique *Les plaisirs érotiques* = **sexuel.** *Une atmosphère érotique ;* ↓ **voluptueux.** *Des désirs érotiques* = **sensuel.** *Un livre érotique ;* ↑ **pornographique** et **licencieux** sont toujours péjor. Tous ces termes se rapportent au même domaine : ce qui se rapporte aux plaisirs des sens ; mais ils ne s'emploient pas tous dans les mêmes contextes. V. aussi INCONTINENT I, OBSCÈNE et VICIEUX. ● **érotisme** *Une atmosphère baignée d'érotisme* = **sensualité** ; ↓ **volupté.**

errer **I** V. TROMPER (SE).

II 1° *Il rentrait chez lui après avoir longtemps erré dans la campagne* = **vagabonder** ; (fam.) **vadrouiller** ; **rôder** est souvent pris en mauvaise part, ainsi que **traîner.** — 2° *Il avait longtemps erré dans les rues de la capitale ;* (fam.) **déambuler** ; v. aussi FLÂNER et MARCHER. — 3° *Il laissait sa pensée errer au hasard* = **vagabonder.** ● **errant** *Un chien errant* = **abandonné, perdu.** *Un regard errant* = **vague.** *Un sourire errant* = **fugitif.**

erreur 1° *Il doit y avoir une erreur : je ne m'appelle pas Dupont* = **malentendu, confusion, méprise, quiproquo.** *Commettre une erreur :* v. TROMPER (SE). — 2° *Commettre une erreur :* v. MALADRESSE (in *maladroit*). *Je vous ai dit cela par erreur* = **inadvertance** ; v. aussi MÉGARDE. — 3° *Ils espèrent qu'il cédera ? quelle erreur !* ; ↑ **aberration** ; v. aussi

ABSURDE/ABSURDITÉ. — 4º *Vivre dans l'erreur* : v. ILLUSION. — 5º *J'ai relevé plusieurs erreurs dans sa copie* = **faute** ; ↓ **inexactitude.** V. PERLE. *Une erreur d'interprétation* = **contresens.** — 6º (au plur. ; contexte péjor.) *Il faut lui pardonner ses erreurs de jeunesse ;* ↓ **péchés** *(ses petits péchés de jeunesse).* ● **erroné** *Ses affirmations sont parfaitement erronées* = **faux** ; ↓ **inexact** ; **mal fondé** se dit de ce qui n'a pas lieu d'être.

éructer (soutenu) ; (courant) **roter.** ● **éructation** (courant) **renvoi, rot.**

esbroufe *Il cherche à faire de l'esbroufe : en réalité, il n'est pas rassuré* = **jeter de la poudre aux yeux** ; v. CHIQUÉ et PARADE.

escalade *Nous comptons aller dans les Alpes pour y faire quelques escalades ;* ↑ **ascension** ; v. MONTÉE (in *monter*).

escapade *Pierre n'est pas chez lui ? Il a encore fait une escapade !* ; ↑ **fugue.** V. aussi ÉQUIPÉE.

escargot On dit plus rarement **colimaçon** ou **limaçon** (mais seulement... *un escalier en colimaçon, une douzaine d'escargots*).

escarpé *Un rocher escarpé* = **abrupt** ; ↑ **à pic.** *Un chemin escarpé* = **raide** ; ↓ **montant** (v. ce mot, in *monter*).

escarpolette (Plus courant et plus général) **balançoire.**

escient (à bon) *Il ne parle jamais qu'à bon escient* (le plus souvent derrière « parler » et « agir ») ; (d'emploi plus libre) **judicieusement** ; **avec discernement** est d'emploi plus souple mais implique moins l'idée que l'on agisse à propos ; v. aussi CLAIRVOYANCE.

esclave 1º V. PRISONNIER. — 2º *Être l'* ∼ *de qqn. Il l'aimait au point qu'elle avait fait de lui son esclave ;* ↑ **jouet, pantin** sont péjor. et impliquent une idée de ridicule. — 3º *Être* ∼ *de qqch. Il ne faut pas être esclave de son travail ;* ↓ **prisonnier.** ● **esclavage** 1º V. SERVITUDE et SUBORDINATION. — 2º *Son travail est pour lui un véritable esclavage ;* ↓ **sujétion** n'est pas forcément péjor.,

alors que le précédent l'est presque toujours.

escroc *N'allez pas chez cet épicier : c'est un escroc !* (fam.) **filou** ; ↑ **voleur** (v. aussi ce mot) ; **aigrefin** et **chevalier d'industrie** se disent de celui qui pratique l'escroquerie à grande échelle. V. aussi MALFAITEUR. ● **escroquerie** 1º V. VOL II. — 2º *Il considère la promesse du paradis comme une véritable escroquerie* = **abus de confiance** ; v. aussi TROMPERIE.

espace 1º *Il aimait laisser son regard se perdre dans l'espace ;* ↓ **ciel** ; (très soutenu) **éther.** — 2º V. COSMOS. — 3º V. ÉTENDUE (in *étendre*) et SURFACE. — 4º V. INTERVALLE et PLACE I. — 5º *En quelques minutes, l'avion avait parcouru un espace considérable* = **trajet, distance** (v. ce mot). ● **espacer** *Il avait espacé ses rendez-vous de manière à ne pas se surmener* = **échelonner** ; v. ÉLOIGNER.

espèce I 1º *Le genre animal est formé de plusieurs espèces animales ;* **genre** et **espèce** peuvent se rejoindre dans des express. : *L'espèce humaine/le genre humain. Diverses espèces de fruits, d'arbres, de fleurs* = **variété** ; (seulement en parlant des arbres) **essence.** V. CLASSE I, V. aussi GROUPE. — 2º *Quelles sont les différentes espèces de légumes que l'on cultive ici ?* = **sorte.** *Voici différentes espèces de tabac* = **sorte, qualité.** *Voici différentes espèces de chaussures* = **sorte, genre** ; (péjor.) **acabit** ne se dit que des personnes. *Deux individus de même espèce/acabit.* — 3º *Il portait une espèce d'épée courte et massive* = **une sorte de.**

II (au plur.) V. ARGENT.

espérer 1º ∼ + groupe nominal. *J'espère une lettre pour demain ;* **attendre** et surtout **compter sur** impliquent plus de certitude qu'*espérer ;* (fam.) **tabler sur** implique l'idée de calcul : *tabler sur une rentrée d'argent ;* **escompter,** c'est prévoir qqch et agir en conséquence ; **se promettre de** ne s'emploie qu'en parlant de choses favorables, dont on se persuade qu'elles arriveront. — 2º ∼ + infin. *Il espère réussir ;* (avec les mêmes nuances) **se promettre de, compter ; penser** (v. ce mot in *penser* II) est de même sens que *compter ;* **se flatter de** est

171

dominé par l'idée d'illusion : c'est s'entretenir dans l'espérance de qqch (v. ce mot). — 3° ∼ + « que ». V. SOUHAITER.

● **espérance/espoir** 1° (au sing., avec l'article défini) *L'espérance fait vivre* = **espoir** ; ces deux termes sont aujourd'hui de même sens, *espoir* étant plus fréquemment employé ; le premier s'emploie seul dans certains contextes : *l'espérance chrétienne.* — 2° (au sing., avec l'article indéfini) *Reste-t-il un espoir de le sauver ?* = **chance.** — 3° (au plur.) *Espoirs trompeurs :* v. ILLUSION. V. aussi AMBITION. *Dépasser tous les espoirs de qqn :* v. ESTIMATION.

espiègle 1° *Cet enfant est un petit espiègle ;* (fam.) **coquin** (v. ce mot), **fripon** ; **diable, polisson** et surtout **démon** impliquent davantage l'idée de méchanceté. — 2° *Un regard espiègle* = **malicieux ; gamin** et **mutin** se disent surtout en parlant de l'air que l'on a, du sourire, ou du visage tout entier. V. aussi BADIN. ● **espièglerie** *À cinquante ans, il se plaisait encore à de telles espiègleries* = **gaminerie, diablerie ;** v. aussi ATTRAPE et BABIOLE.

espion 1° (vieux dans cet emploi) Celui qui est chargé d'observer secrètement les actions, les discours d'autrui, en général d'ennemis, pour en faire un rapport ; **agent secret** n'emporte pas la nuance péjor. qui est dans *espion* et s'applique à des émissaires de confiance, nationaux ou étrangers, employés par un gouvernement pour des missions secrètes ; **affidé,** nom donné à celui à qui l'on se fie, s'emploie aussi parfois comme syn. d'*espion,* d'*agent secret ;* **mouchard,** qui se dit par dénigrement d'un espion de police, désigne aussi, par extens., celui qui, dans la vie privée, espionne par curiosité ou par intérêt ; **mouche,** syn. de *mouchard,* est moins courant ; **indicateur,** qui est plus part., s'applique, dans le lang. de la police, à celui qui indique aux policiers les pistes à suivre ; **mouton,** terme d'arg., désigne le compagnon que l'on donne à un prisonnier, avec mission de capter sa confiance, de découvrir ses secrets et de les livrer à la justice. V. aussi ACCUSATEUR. — 2° *La plupart des États ont des espions à l'étranger* = **agent secret.**

esprit 1° V. ÂME. — 2° V. FANTÔME. — 3° Principe de la vie intellectuelle ;

s'emploie précédé d'un article dans de nombreux contextes courants en fonction desquels varient ses synonymes. *Avoir l'esprit vif* = **intelligence.** V. PENSÉE I. *C'est un grand esprit* = **cerveau ;** (fam.) **tête** *(C'est une tête).* *Avoir l'esprit large* = **idées.** *Cette idée m'est venue à l'esprit soudainement ;* (fam.) **passer par la tête.** *Perdre l'esprit* = **tête ;** (fam.) **boule ;** ↑ **devenir fou** (v. ce mot). — 4° **esprit de** *L'esprit d'entreprise :* v. ACTIF. *L'esprit des affaires* = **sens.** *Dans un esprit de/sans esprit de vengeance/dénigrement,* etc. = **intention ;** (seulement derrière *sans*) **idée.** — 5° *Il a beaucoup d'esprit* = **spirituel** *(être très spirituel) ;* **l'humour** se manifeste par le contraste entre la froideur apparente de celui qui parle et l'ironie de ce qu'il dit (termes pris l'un pour l'autre en langue courante, mais qui ne peuvent pas toujours s'employer dans les mêmes contextes). V. aussi MOT D'ESPRIT (in *plaisanter),* RAILLERIE (in *railler),* SATIRE et SEL 2°.

essayer 1° *On essaie en ce moment chez Renault un nouveau prototype de moteur* = **mettre à l'épreuve/à l'essai,** **expérimenter ;** v. aussi ÉPROUVER. — 2° *Il a essayé de s'enfuir, mais nous l'avons rattrapé ;* (plus soutenu) **chercher à, tenter de ;** (employé absol. ; fam.) **tenter/risquer le coup.** — 3° *Il a essayé de le convaincre, et y a mis tout son courage, mais en vain ;* (outre les précédents) **s'efforcer de ;** ↑ **s'évertuer à ;** (fam.) **s'escrimer à ;** v. EMPLOYER (S') [À] et ENTREPRENDRE. — 4° *Tu essaieras d'être à l'heure !* = **tâcher de.** ● **essai** 1° *Avant de commercialiser le produit, il faudra procéder à des essais en laboratoire ;* (d'emploi plus restreint) **expérimentation ; expérience.** V. ESSAYER. — 2° *Il a travaillé pour vaincre le record, mais ses essais ont échoué* = **tentative.** — 3° V. TRAITÉ I.

essence I *Tomber en panne d'essence* = **en panne sèche ;** (didact.) **carburant ;** (fam.) **jus.**

II V. ESPÈCE et EXTRAIT.

essor 1° *Prendre son vol,* en parlant d'un oiseau = **envol, vol ;** (rare) **envolée, volée ;** (terme courant, syn. de toutes ces périphrases) **s'envoler.** — 2° V. DÉVELOPPEMENT I et IMPULSION.

esthétique (nom et adj.) *Il avait été réduit par l'esthétique du geste* = **beauté** (v. aussi ce mot, d'emploi plus large). *N'avoir rien d'esthétique : Cette tour dans un paysage de montagne n'a rien d'esthétique* = **décoratif** ; v. aussi HARMONIEUX.

estime 1° *Son dévouement lui a valu l'estime de tous ses collègues ;* (soutenu) **considération** ; ↑**respect** implique l'admiration, mais aussi de la retenue dans les rapports que l'on a avec qqn, contrairement au précédent. (fam.) *Qqn a la* **cote** : cette expression s'emploie à propos de celui qui jouit de l'estime de ceux qui l'entourent. — 2° *Qqch est en estime :* v. FAVEUR.

estimer I ~ qqn. *C'est un excellent collaborateur, que nous estimons beaucoup* = **apprécier** ; **aimer** est plus fort, ou de niveau plus fam. si on l'emploie exactement au sens d'*estimer ;* **considérer** ne s'emploie en ce sens qu'au passif (*être bien/mal considéré, être très considéré*) ; ↑(assez fam. lorsqu'il s'applique à une personne) **faire grand cas de**. V. REGARDER. ● **s'estimer** V. SENTIR I (SE).
II 1° *Faire estimer un objet d'art par un spécialiste* = **expertiser**, **évaluer**. — 2° *On estime à une centaine le nombre des victimes* = **évaluer**. *Il a mal estimé la distance et a manqué son but* = **calculer**, **évaluer**. ● **estimation** (comme précédemment) 1° **expertise**. — 2° **évaluation** ; v. APPRÉCIATION. Dans l'express. *dépasser toutes les estimations* = **prévisions** ; **espoirs** exige un renvoi personnel (*dépasser tous nos/ses espoirs, tous les espoirs de qqn*).
III 1° ~ + adj. *J'estime indispensable d'agir au plus vite* = **juger**, **penser** (v. ce mot). — 2° ~ + complétive. *J'estime qu'il faut agir au plus vite* = **considérer**, **penser** ; (plus fam.) **trouver** ; v. aussi CROIRE. V. COMPTER. — 3° ~ + infin. *J'estime avoir mérité la victoire* = **croire**, **penser**.

estivant Emploi plus soutenu que **vacancier** ; (plus général) **touriste**.

estrade *Monter sur une estrade ;* **tribune** se dit spécialement de l'estrade d'où un orateur s'adresse à une assemblée.

établir 1° ~ qqch. *On vient d'établir une nouvelle usine dans la région* = **installer** ; v. aussi BÂTIR. *Établir son domicile quelque part* = **fixer** ; **s'établir**, **s'installer** (quelque part) ; v. aussi ACCLIMATER. — 2° ~ qqch, syn. variant selon les contextes. *Établir une doctrine/une politique* = **créer**, **instaurer**, **instituer**, **fonder**. *Établir de nouveaux usages* = **instaurer**, **instituer**, **implanter**. *Établir une fortune sur qqch* = **bâtir**, **asseoir**, **édifier**. *Établir une démonstration sur qqch* = (outre les précédents) **appuyer** ; v. PROUVER et RÉGLER I. *Établir un dossier :* v. CONSTITUER. *Établir des relations* = **nouer**, **créer**. *Établir un tribunal* = **ériger**. — 3° ~ qqn. *Il est difficile de bien établir ses enfants ;* (fam.) **caser**. *Il a établi son frère à la tête de son entreprise* = **placer**, **installer**. V. MARIER.

établissement I 1° (v. ÉTABLIR 1°) *L'établissement d'une usine* = **installation**. — 2° (v. ÉTABLIR 2°) *L'établissement d'une doctrine/d'une politique* = **instauration**, **institution** ; (moins employé) **fondation**. *L'établissement de nouveaux usages* = **instauration**, **institution**, **implantation**. *L'établissement d'un dossier* = **constitution**. *L'établissement d'un procès-verbal* = **rédaction**.
II 1° *Travaillez-vous depuis longtemps dans cet établissement ?* = (selon les contextes) **entreprise**, **maison de commerce** (v. COMMERCE), **firme** ; (fam.) **maison** ; (très fam.) **boîte**, **boutique**. — 2° *Établissement scolaire* = (selon contextes) **collège**, **lycée**, etc. ; v. ÉCOLE.

étai Pièce de charpente destinée à soutenir provisoirement une construction ; **étançon** se dit d'un gros *étai ;* **arc-boutant** est un terme d'architecture qui désigne une maçonnerie en forme d'arc, construite en dehors d'un édifice pour soutenir une voûte ou une muraille.

étaler I 1° *Chacun étalait sa serviette par terre pour s'asseoir dessus ;* **étendre** est plus limité : il s'emploie généralement pour un objet de grande surface (un tapis, du linge) et ne conviendrait guère dans notre ex. (en parlant du linge et sans compl. circonstanciel, *étaler* implique qu'on le mette à plat, *étendre* qu'on le pende) ; **déployer** implique que l'objet était plié, **dérouler** qu'il était enroulé. *Étaler/tartiner du beurre, de la confiture sur du pain. Étaler/épandre du sel sur une chaussée verglacée. Étaler son journal* : v. OUVRIR. Dans tous ces emplois, **mettre** est de sens très général. *Étaler/abattre ses cartes sur la table.* — 2° *Il étala son adversaire d'un coup de poing* (assez fam.); (courant) **faire tomber.** ● **s'étaler** V. TOMBER.

II 1° *Le camelot avait étalé sur un tapis les objets les plus divers* = **déballer.** — 2° *Ils étalaient leur richesse avec insolence* = **exhiber, faire étalage/exhibition de;** ↓ **montrer.** V. PARADE. V. aussi AFFECTER II. — 3° *Étaler qqn* : v. ÉTENDRE. ● **s'étaler** *Ils s'étalaient sans pudeur avec toute leur richesse et toute leur morgue* = **s'afficher, parader.** ● **étalage** 1° *Je voudrais essayer une paire de chaussures que j'ai vue à l'étalage* = **vitrine, devanture** (seulement quand *étalage* a le sens de «objets à vendre exposés à l'intérieur d'un magasin de manière qu'on les voie de l'extérieur»); **éventaire** et parfois **devanture** se disent d'étalages extérieurs. — 2° V. ÉTALER II (in 2°), DÉMONSTRATION II et PARADE.

III *Il faudra étaler les départs des concurrents* = **échelonner.** ● **s'étaler** *Les départs se sont étalés sur plusieurs jours* = **s'échelonner,** se **répartir.** ● **étalement** *L'étalement des départs;* (moins employé) **échelonnement.** Sans syn. dans : *l'étalement des vacances.*

étang *Étang* et *lac* se différencient fondamentalement par la superficie : un *étang* est une étendue d'eau généralement moins vaste et moins profonde qu'un *lac,* qui peut atteindre les dimensions d'une mer fermée; **lagune** se dit d'une étendue d'eau saumâtre, séparée de la mer par un cordon de terre; **marais** se dit d'une étendue d'eaux stagnantes, de faible épaisseur et envahie par une végétation spéciale. V. aussi MARE.

étape 1° *Nous couperons sans doute ce long voyage par quelques étapes;* **halte** désigne une étape de courte durée; **escale** ne se dit qu'en parlant des voyages par air ou par mer. — 2° *Avec une bonne voiture, on peut faire de longues étapes sans fatigue* = **route, trajet.** — 3° V. PHASE.

état I (au sens de «manière d'être»; syn. en contextes figés ou en loc.) *Cet état de choses ne peut durer longtemps* = **situation.** *Faire état de* : v. CITER. *Remettre en état* : v. RÉPARER. *Remettre en l'état* : v. RÉTABLIR. *Être en état de faire qqch* = **en mesure;** *à même* ne s'emploie guère qu'en phrase négative; v. POUVOIR I; v. aussi CAPABLE. *Être hors d'état de faire qqch* : v. les précédents à la forme négative; v. aussi INCAPABLE. *État d'esprit* : v. MENTALITÉ. *État d'âme* : v. ÂME.

II 1° V. RANG II. — 2° V. MÉTIER et PROFESSION.

III (en parlant d'un écrit où l'on décrit un état de choses) *Un état des sommes dues* à un fournisseur, un entrepreneur, un homme de loi est un **mémoire;** un état des éléments qui forment l'actif et le passif d'une entreprise, d'une succession, etc., est un **inventaire.** V. aussi COMPTE et CATALOGUE.

IV (avec une majuscule) 1° V. NATION. — 2° *L'État n'a pas à intervenir dans cette affaire : c'est au maire et à lui seul de prendre une décision;* (par méton.) **gouvernement,** (pour la France) **Paris, le pouvoir central.** *C'est une école d'État* = **public.** ● **étatisme dirigisme,** qui peut s'employer en ce sens, a une aire d'emploi plus vaste. ● **coup d'État** V. COUP D'ÉTAT.

été *Une tenue d'été/les plaisirs de l'été;* **estival** est d'emploi soutenu et ne coïncide pas avec le précédent en tous contextes (*une tenue estivale,* mais non «une robe estivale»).

éteindre 1° *Veux-tu éteindre la radio?* = **fermer.** — 2° V. EFFACER, ASSOUVIR et ANNULER. ● **s'éteindre** 1° V. EFFACER (S'). — 2° V. AGONISER et MOURIR. ● **éteignoir** *Quel éteignoir, son mari!* = **rabat-joie.**

étendre 1° *Qqn étend le bras* = **tendre;** v. aussi ALLONGER. *Un oiseau étend ses ailes* = **déployer.** — 2° *Il faut étendre le linge* = **pendre;** v. ÉTALER I. — 3° *Étendre de la peinture* : v. APPLIQUER. — 4° *Étendre un liquide* : v. DÉLAYER. — 5° ~ *qqn. Il a eu un malaise, étendez-le sur ce canapé* = **allonger;** (plus fam. en ce sens) **coucher.** *Le boxeur se fit étendre par un magistral crochet du gauche* = **étaler, mettre knock-out;** ↓ **envoyer à terre.** — 6° V. DÉVELOPPER. — 7° *Se faire étendre* :

174

v. ÉCHOUER. ● **s'étendre** 1° Qqn ~. V. COUCHER (SE) ; v. aussi PLAT I. — 2° Qqch ~. *Un tissu qui s'étend/s'allonge/s'agrandit/s'élargit au lavage ; s'étirer* se dit plutôt des métaux. — 3° Qqch ~. *L'épidémie ne cesse de s'étendre* = **gagner du terrain, se propager** ; v. DÉVELOPPER II ; v. aussi AUGMENTER. — 4° Qqch ~ jusqu'à qqch. *La vue s'étendait jusqu'à des kilomètres/son savoir s'étend de la philosophie aux sciences de la terre ;* (plus banal) **aller** ; (seulement dans le premier ex.) **porter.** ● **étendu** 1° V. GRAND. — 2° *Il avait en tout des connaissances étendues* = **vaste, ample** (antéposés) ; ↑**encyclopédique.** V. aussi VARIÉ. ● **étendue** 1° *De grandes étendues de landes s'offraient à la vue* = **espace** ; v. aussi SURFACE. — 2° *L'étendue de ses connaissances est impressionnante,* se rapporte davantage à l'idée de surface, **ampleur** à celle de volume ; = **champ** (v. aussi ce mot), **domaine.** — 3° *L'étendue des dégâts est considérable :* v. AMPLEUR. *Prendre de l'étendue :* v. AMPLEUR.

éternel I N'a de syn. que dans ces deux emplois : 1° (postposé) *Des remords/regrets/sentiments éternels* = **impérissable** (accompagne de préférence le mot « souvenir ») ; (moins employés) **indestructible, indéfectible** et **immortel** se disent surtout de sentiments que l'on veut faire durer, comme l'amour, l'amitié, la haine, etc. ; v. aussi DURABLE (in *durer*). — 2° (antéposé) *Je ne supporte plus ses éternels gémissements/ses éternelles plaintes...* = **perpétuel** ; ↑**sempiternel** ; ↓**continuel** (v. aussi ce mot). ● **éternellement** 1° *Je ne puis vous attendre éternellement* = **indéfiniment.** — 2° V. TOUJOURS.

II Ce terme s'emploie avec une majuscule pour désigner Dieu = **le Père éternel, le Tout-Puissant, le Créateur.**

étinceler 1° (soutenu) *Les étoiles étincelaient dans une nuit très pure* = **scintiller** ; (courant) **briller** (v. aussi ce mot, ÉCLAIRER et FLAMBOYER). — 2° *La mer étincelait sous la lune* = **scintiller** ; (rare) **brasiller** est le terme propre dans ce contexte. On notera qu'*étinceler* est d'emploi soutenu, voire vieilli, en 1°, où il a le sens d'« émettre des rayons lumineux » ; il est d'emploi plus courant en 2°, où il a le sens de « jeter des éclats

de lumière au contact d'un objet lumineux ». — 3° *Ses yeux étincelaient de plaisir/de haine,* etc. ; **pétiller** ne se dit qu'en parlant d'un sentiment « positif » (plaisir, joie, etc.).

étincelle 1° *Lorsqu'on brûle des résineux, il y a beaucoup d'étincelles ;* **flammèche** se dit d'une parcelle de matière enflammée, parfois importante (contrairement à l'*étincelle*), qui se détache d'un brasier. — 2° *Il a eu soudain une étincelle de raison* = **éclair, lueur.** — 3° *Faire des étincelles :* v. BRILLANT II.

étoile 1° Désigne tout corps céleste visible, excepté le soleil et la lune ; **astre** désigne tout corps céleste visible, lune et soleil compris. *Astre* convient mieux lorsqu'il s'agit d'astrologie *(lire dans les astres).* Dans leurs emplois courants, *astre* est souvent un syn. soutenu d'*étoile.* — 2° V. DESTIN. — 3° V. CARREFOUR. — 4° V. VEDETTE.

étonner 1° *Son départ les avait étonnés* = **surprendre** ; ↑**stupéfier, ahurir, ébahir ;** (fam.) **épater ;** ↑(fam.) **couper le souffle/le sifflet/la chique** (à qqn), **en boucher un coin** (à qqn), **asseoir, époustoufler, estomaquer, souffler.** V. aussi EFFET [*faire effet*], ÉMERVEILLER, RENVERSER et SENSATION [*faire sensation*] (in *sens* I). — 2° *Il va pleuvoir ? cela m'étonnerait ! :* v. DOUTER. ● **étonné** V. les participes passés des syn. du verbe, à l'exclusion des loc. V. SURPRIS (in *surprendre*). ● **étonnant** 1° Se dit de ce qui surprend par un côté inattendu, **extraordinaire** : *Écoutez bien cette nouvelle étonnante : Jean est reçu à son examen !* = **surprenant ;** ↑**ahurissant, stupéfiant, renversant, époustouflant ;** ↑(généralement en parlant de qqch qui provoque l'intérêt) **sensationnel, prodigieux, formidable, phénoménal, faramineux, énorme ;** ↑**mirobolant** se dit de ce qui est trop beau pour être vrai : *un projet mirobolant ;* v. SUFFOCANT (in *suffoquer*). — 2° Se dit de ce qui surprend par sa qualité : *Je viens de lire un livre étonnant ;* (moins expressif) **remarquable ;** ↑(plus fam.) **époustouflant, stupéfiant, formidable, terrible, fantastique ;** v. RARE. (pour 1° et 2°) V. aussi CRIANT (in *cri*) et EXTRAORDINAIRE. — 3° V. BIZARRE et INCONCEVABLE. — 4° *Ce serait bien étonnant que nous ne trouvions pas une chambre libre ;* (plus fam.)

175

ce serait bien le diable si... ● **étonnement** *Quel ne fut pas son étonnement de l'apercevoir dans le jardin !* = **surprise,** ↑ **stupéfaction ;** ↑ **stupeur.** *Son arrivée a causé de l'étonnement ;* ↑ **faire sensation.**

étouffer 1° ∼ qqn. *L'air pollué de la grande ville l'étouffait ;* ↓ **oppresser ;** ↑ **suffoquer** (v. ce mot) ; ↑ **asphyxier.** — 2° V. NOYER et OPPRIMER. — 3° ∼ qqch. *La brume du matin étouffait tous les bruits ;* ↓ **amortir, assourdir.** — 4° ∼ qqch. *Il étouffa un sanglot et sortit* = **réprimer, retenir, refouler.** — 5° ∼ qqch. V. ENTERRER. — 6° Qqn ∼. *On étouffe, dans cette chambre !;* ↑ **suffoquer.** ● **s'étouffer s'étrangler** est souvent pris pour *s'étouffer* dans le contexte *en mangeant/en buvant.* ● **étouffant** 1° V. ACCABLANT (in *accabler* I) et SUFFOCANT (in *suffoquer*). — 2° *Il règne parmi nous une atmosphère étouffante ;* ↓ **pesant, malsain.** ● **étouffement** *Mourir d'étouffement* = **asphyxie, suffocation.**

étourdi I 1° (adj.) *Que tu es étourdi !* *tu as encore oublié ta cravate ;* (plus rare) **écervelé ; évaporé** ne s'emploie guère comme adj. et se dit le plus souvent des personnes du sexe féminin ; ↓ **inattentif** se dit généralement d'un manque d'attention passager à propos d'une activité précise. — 2° (nom) *C'est un étourdi !;* (comme ci-dessus) **écervelé, évaporé ;** (fam.) **étourneau, tête de linotte, tête en l'air ;** ↑ **hurluberlu** implique l'idée d'extravagance. Dans ces deux emplois, v. aussi DISTRAIT et FRIVOLE. ● **étourderie** 1° *Il a agi avec une étourderie inconcevable* = **légèreté ;** ↑ **imprudence.** V. aussi DISTRACTION. — 2° *Commettre une étourderie ;* ↑ **imprudence ;** v. aussi BÊTISE. *Une faute d'étourderie* = **inattention.** — 3° *C'est une petite étourderie :* v. OUBLI. ● **étourdiment** *Je lui répondis étourdiment que mon père était en voyage, alors qu'il était à la maison ;* **imprudemment** implique dans la situation l'idée de danger ; **inconsidérément** est d'emploi beaucoup plus rare ; (assez fam.) **à la légère** s'emploie dans quelques contextes négatifs : *ne pas agir/répondre/parler,* etc., *à la légère.*

II (de *étourdir*). V. ÉBAHI.

étourdir 1° *Ce choc sur la tête l'a étourdi ;* ↑ **assommer ;** (fam.) **sonner ;** ↑ (fam.) **mettre K.O. ;** de qqn qui est

étourdi, on dit, fam., qu'il est **groggy.** — 2° *La vitesse l'étourdit :* v. ENIVRER. — 3° *Vous m'étourdissez avec votre bavardage incessant ;* ↑ **assommer, abrutir ;** (fam.) **casser la tête/les oreilles ;** (plus général) **fatiguer.** ● **s'étourdir** *Depuis la mort de son fiancé, elle essaie de s'étourdir en faisant mille choses ;* ↓ **se distraire.** ● **étourdissant** 1° *Un bruit étourdissant* = **assourdissant ;** (plus général) **épouvantable.** — 2° V. BRILLANT II.

étranger I (adj.) *Ce dont vous me parlez m'est totalement étranger* = ... **ne me concerne pas.** *Voici des notions qui me sont étrangères* = **inconnu.**

II (nom) 1° *Il y a en France beaucoup d'étrangers dans la population ouvrière ;* (d'emploi plus restreint) **immigré ;** (péjor. ; terme raciste) **métèque.** — 2° *Un étranger à la réunion :* v. TIERS.

étrangler *Si tu bouges, je t'étrangle !;* (fam.) **serrer le kiki ;** v. aussi TUER. ● **s'étrangler** V. ÉTOUFFER et RESSERRER (SE). ● **étranglement** 1° *La victime a été tuée par étranglement ;* (didact.) **strangulation.** — 2° *Dans les traversées de village, cette route subit des étranglements qui provoquent des bouchons* = **rétrécissement.**

être I 1° *Je pense, donc je suis* = **exister** (*être* n'a cette valeur que dans un nombre très limité de contextes) ; **subsister,** c'est continuer d'exister. V. aussi VIE et VIVRE. — 2° *Et notre malade, comment est-il ce matin ? :* v. ALLER II. — 3° V. AVOIR II et APPARTENIR. — 4° *C'est un gros sacrifice ! :* v. REPRÉSENTER.

II 1° V. PERSONNE I. — 2° *Il souhaitait de tout son être qu'elle l'aimât encore* (soutenu) ; (courant) **de toutes ses forces.**

étroit 1° *Des vêtements trop étroits ;* **juste, serré** (toujours précédé de l'adverbe « trop ») ; ↑ **étriqué.** *Une ruelle étroite ;* (moins employé) **resserré.** *Un trou/un appartement trop étroit ;* (plus général) **petit ;** ↑ **exigu.** — 2° *Un mot pris dans un sens étroit* = **restreint.** *Les liens étroits de l'amitié* = **intime.** *Se faire une étroite obligation de...* = **strict ;** (souvent postposés) **rigoureux, scrupuleux.** — 3° *Avoir l'esprit étroit :* v. BORNÉ. ● **étroitement** *Être étroitement lié avec qqn* = **intimement.** *Suivre étroitement* son *devoir/une indication* = **rigoureusement, scrupuleusement, strictement.** *Surveiller qqn/qqch étroitement* = **de pres, de très près ● étroitesse** 1° *L'étroitesse d'un trou/d'un appartement;* | **exiguïté.** — 2° V. PETITESSE et FANATISME.

étudier 1° *Jeanne étudie le piano;* (plus courant dans ce contexte) **apprendre;** (mot passe-partout) **faire** *(faire du piano);* on notera qu'*apprendre* et *étudier* se distinguent, dans l'usage soutenu, de cette façon : *apprendre,* c'est acquérir la connaissance de qqch, *étudier,* c'est chercher, par divers moyens, à acquérir la connaissance de qqch; (rare en ce sens) **travailler** (v. TRAVAILLER I); (fam.) **bûcher, potasser;** (très fam.) **chiader;** (sans compl.) **s'instruire,** c'est, d'une manière générale, enrichir ses connaissances. V. aussi APPRENDRE. — 2° V. ANALYSER, ÉPLUCHER et VOIR. — 3° V. COMPOSER. — 4° V. RÉFLÉCHIR I.

euphémisme Figure de rhétorique par laquelle on déguise, pour l'adoucir, ce qui serait trop pénible de dire directement (dire, par ex., «il a vécu» pour *il est mort*); la **litote** est une figure de rhétorique par laquelle on suggère beaucoup en disant peu (dire, par ex., «il ne fait pas chaud» pour *il fait très froid*); v. PÉRIPHRASE.

euphorie *Depuis ses fiançailles, il nage dans l'euphorie!;* ↓ **bien-être.** V. aussi BONHEUR et JOIE.

évasif *Il lui a fait une réponse évasive* = **vague;** (d'emploi plus restreint) **dilatoire** se dit de ce qu'on fait pour gagner du temps, retarder une décision à prendre.

évêché Désigne la partie du territoire soumise à l'autorité spirituelle d'un évêque; **diocèse** est un terme d'administration ecclésiastique qui s'applique à la circonscription territoriale administrée par un évêque.

éveillé *C'est un enfant très éveillé;* **vif** est de sens plus général : il se dit autant des qualités physiques qu'intellectuelles; v. aussi des mots comme DÉGOURDI, ESPIÈGLE, INTELLIGENT, MALIN.

éveiller 1° *Le moindre bruit l'éveille* (soutenu); (courant) **réveiller.** — 2° *Éveiller la jalousie/la sympathie* :

v. SUSCITER. (en part.) *Éveiller les soupçons;* (fam.) *mettre la puce à l'oreille. Éveiller la curiosité;* (plus rare) **piquer.** — 3° *Ces photos éveillent en moi des souvenirs de bonheur* (soutenu); (courant) **rappeler** *(Ces photos me rappellent des souvenirs),* **évoquer** *(Ces photos évoquent pour moi des souvenirs).* — N. B. : **faire naître** (v. ce mot) convient dans la plupart des emplois de 2° et 3°.

événement 1° *Il lui racontait les principaux événements de l'histoire de France* = **faits marquants.** — 2° *Un crime avait été commis : tout le quartier commentait l'événement* = **affaire.** — 3° *Il part en voyage : quel événement!;* (plus fam.) **affaire, histoire.**

éventé *C'était un piètre magicien : tous ses trucs étaient éventés;* ↓ **connu;** ↑ **archiconnu.**

éventrer Se dit, au sens propre, d'une personne; **étriper** se dit d'un animal.

éventuel 1° *En prévision d'un orage éventuel, prenez un ciré* = **possible.** — 2° *Sa venue me paraît bien éventuelle* = **hypothétique,** ● **éventualité** 1° V. CAS. — 2° *Il faut parer à toute éventualité;* (plus courant) **prendre toutes ses précautions.**

évidence 1° *S'il pleut, il ne fera pas beau : voici un exemple des évidences dont il nous accable!* = **lapalissade;** (rare) **truisme.** — 2° *De toute évidence* : v. ASSURÉMENT. — 3° *Mettre en évidence* : v. MONTRER et VUE I. — 4° *Il faut toujours qu'il se mette en évidence!* = **se mettre en avant, se faire remarquer.**

éviter 1° ~ *qqch. Éviter un coup* → **parer, esquiver.** *Éviter un obstacle* = **contourner.** — 2° ~ *qqch. Éviter une maladie* = **échapper à.** *Éviter un danger* = **écarter;** (soutenu) **conjurer.** *Éviter une corvée* : v. DÉROBER (SE). *Éviter le pire* : v. DÉGÂTS [limiter les dégâts]. — 3° ~ *qqn. Je l'évite, tant ses bavardages sont insupportables;* ↑ **fuir.** — 4° ~ *de* + *infin.* V. ABSTENIR (S'). — 5° ~ *qqch à qqn. Dites-lui que j'irai le voir : cela lui évitera un dérangement;* (plus soutenu) **épargner;** v. aussi DISPENSER I.

évolué *Elle est très évoluée et elle comprend assez bien les problèmes de la* *jeunesse;* (plus fam.) **elle a les idées larges.**

évolution 1° *Ce pays est en pleine évolution;* ↑ **transformation;** v. CHANGEMENT et MÉTAMORPHOSE; v. aussi DÉVELOPPEMENT I. — 2° *Selon l'évolution des événements, nous déciderons de partir ou de rester;* (plus fam.) **tournure.** — 3° *Le médecin suivait, impuissant, l'évolution de la maladie* = **progrès, progression.**

évoquer 1° *Évoquer les morts,* c'est les appeler par des cérémonies magiques; **invoquer** les morts/ses ancêtres/Dieu, etc., c'est appeler à son secours par des prières. V. ÉVEILLER, MONTRER, RAPPELER et REVIVRE. — 2° *Le problème n'a même pas été évoqué* = **aborder** (v. aussi ce mot); ↓ **effleurer.** ● **évocateur** 1° *Un tableau/un film évocateur* = **suggestif** (v. ce mot, in *suggérer*). — 2° *Un geste/un regard évocateur* = **significatif.**

exacerber *La chaleur ambiante exacerbait sa douleur* = **porter à son paroxysme** *(La chaleur portait sa douleur à son paroxysme);* ↓ **exciter;** v. IRRITER. ● **exacerbation** (didact.) *L'exacerbation d'une douleur se produit quand cette douleur devient passagèrement plus aiguë;* son **paroxysme** est le degré le plus aigu qu'elle puisse atteindre; on parle de **redoublement** lorsque la douleur reprend après une accalmie; **recrudescence** a le même sens que *redoublement,* mais se dira plutôt en parlant de la fièvre/d'une épidémie, etc.

exact 1° V. CORRECT, LITTÉRAL (in *lettre* I), PROPRE II et VRAI. — 2° *Il me faut des dimensions exactes* = **précis;** v. JUSTE II. — 3° *La reproduction est si exacte qu'on ne la distingue pas de l'original* = **fidèle.** V. aussi STRICT. — 4° *Qqn est* ~. *C'est un homme très exact : il sera à l'heure au rendez-vous* = **ponctuel.** ● **exactement** 1° *Il faut obéir exactement au règlement* = **rigoureusement, scrupuleusement,** à la lettre; (fam.) **au doigt et à l'œil** ne se dit que dans le contexte *obéir à qqn;* v. POINT IV [*en tout point*]. — 2° *Reproduire qqch exactement* = **fidèlement;** v. CORRECTEMENT (in *correct*). — 3° *Quel est exactement votre avis sur la question?* = **au juste.** — 4° *Deux objets exactement semblables* = **parfaitement, rigoureu-**

sement, tout à fait. ● **exactitude** 1° *Il est toujours à l'heure : son exactitude est presque proverbiale!* = **ponctualité.** — 2° *L'exactitude de son raisonnement est indéniable* = **justesse.** — 3° *Je ne crois pas beaucoup en l'exactitude de ses propos* = **vérité.** — 4° *Calculer qqch avec exactitude* = **précision, rigueur.** — 5° *Faire qqch avec exactitude :* v. SOIN.

exagérer 1° ~ *qqch. Les caricaturistes exagèrent les traits de leurs personnages* = **grossir, forcer.** *Exagérer une attitude* = **forcer, outrer.** *La presse d'opposition a visiblement exagéré le nombre des manifestants* = **gonfler, grossir.** *Il ne faut pas exagérer : la situation n'est pas désespérée* = **dramatiser.** *Des injures, maintenant? Là, vous exagérez!* = **aller trop loin.** V. TIRER I [*tirer sur la ficelle*]. — 2° *S'* ~ *qqch. Il a tendance à s'exagérer les difficultés de tout ce qu'il entreprend* = **surestimer;** (assez fam.) **se faire un monde, une montagne de.** — 3° (intr.) V. ABUSER II. ● **exagéré** *Des prix exagérés :* v. INABORDABLE. *On lui impose à l'entraînement des efforts exagérés* = **abusif, excessif.** *Des louanges exagérées* = **excessif;** (rare) **hyperbolique.** V. aussi GRAND, EFFRÉNÉ et FORT II.

exalter 1° *Qqn* ~ *qqch.* V. GLORIFIER. — 2° *Qqch* ~ *qqn. Tous étaient exaltés par l'aventure qu'ils vivaient* = **enthousiasmer** (v. ce mot); **exciter** (v. ce mot) implique un sentiment plus superficiel; ↓ **passionner;** ↑ **transporter.** ● **s'exalter** *s'enthousiasmer* (v. ce mot); v. ENFLAMMER (S'); v. aussi ENIVRER (S'). ● **exalté** 1° (adj.) *Des esprits exaltés par un orateur* = **excité.** *Une imagination exaltée;* ↑ **délirant;** v. ENTHOUSIASTE; v. aussi ARDENT. — 2° (nom) *Comme la religion, la politique connaissait des exaltés;* ↑ **fanatique.**

examen 1° *Il s'est livré à un examen attentif des documents que nous lui avons remis* = **analyse** (v. ce mot), **étude;** ↑ **exploration.** *Le laboratoire ne se prononce pas encore sur la nature de la tumeur : il faut poursuivre les examens* = **recherches, investigations.** Pour d'autres emplois, v. CONTRÔLE, DÉLIBÉRATION et FOUILLE. — 2° *On réussit à un examen si l'on obtient ou dépasse la note exigée (généralement la moyenne);* on réussit à un **concours** si la note que l'on obtient permet d'être classé dans la limite des places disponibles. V. aussi INTERROGATION. ● **examiner** 1° V. ANALYSER, CONTRÔLER et SERRER II. — 2° V. CONSULTER et DÉBATTRE. — 3° V. FOUILLER, REGARDER et VOIR. — 4° V. RÉFLÉCHIR I.

excéder I V. DÉPASSER. ● **excédent** *La récolte est si abondante cette année que l'on ne sait que faire des excédents* = **surplus.**
II V. ÉNERVER et ASSEZ [*en avoir assez*].

exceller *Il paraît effacé, mais il excelle dans sa profession ;* ↓ **se distinguer ;** v. aussi BRILLER.

excepté *Tous les candidats ont été reçus, excepté ceux qui n'ont pas satisfait à l'examen médical* = **à l'exception de,** **à part, sauf ;** (très soutenu) **hormis, hors ;** v. PRÈS. *Tout s'est bien passé, excepté que nous avons un peu souffert de la chaleur* = **si ce n'est que, sinon que.** ● **excepté que** V. SAUF [*sauf que*].

excepter *Si l'on excepte la première semaine de juillet, nous aurons connu un été catastrophique* = **à part ;** v. aussi EXCEPTÉ. *Tous viendront, sans excepter les indésirables ;* (plus général) **oublier.** ● **exception** 1° *La loi sera appliquée sans aucune exception ;* ce terme désigne ce à quoi ou ceux à qui une règle, un principe ne s'applique pas ; **dérogation,** (fam.) **entorse** désignent le fait de s'écarter d'une règle, d'un principe. — 2° *Cet élève est une exception : à trois ans il savait lire ! ;* (fam.) **phénomène.** — 3° *À l'exception de :* v. EXCEPTÉ. *D'exception :* v. EXCEPTIONNEL. — 4° *Nous périrons tous, sans exception* = **tous tant que nous sommes.** ● **exceptionnel** *Réserver à qqn un traitement exceptionnel* = **d'exception, spécial.** *Avoir une chance exceptionnelle :* v. EXTRAORDINAIRE et UNIQUE. *Un tireur exceptionnel :* v. ADROIT. V. aussi ÉTONNANT et RARE.

exciter 1° ∼ *un sentiment. Les nuits étouffantes des tropiques excitaient en lui les passions les plus troubles ;* (rare) **éperonner ;** ↑ **surexciter, embraser ;** v. ANIMER, EXACERBER, EXALTER et SUSCITER. — 2° ∼ *qqn. C'étaient deux entraîneuses qui savaient comment exciter les hommes* = **aguicher ;** v. ALLUMER. *La boisson les avait excités : ils commen-*

çaient à débiter des plaisanteries de corps de garde = **émoustiller.** — 3° ∼ un animal. *Cesse d'exciter le chien : il va te mordre !* = **agacer ;** ↓ **taquiner ;** v. aussi ÉNERVER. — 4° ∼ qqn. V. ANIMER. — 5° ∼ qqn contre qqn. V. SOULEVER et ATTISER. ● **excitant** 1° (adj.) *Il a vécu une aventure très excitante ;* ↓ **passionnant.** *Un livre/une atmosphère excitant(e)* = **troublant.** V. VOLUPTUEUX (in *volupté*). *Une femme très excitante :* v. AFFRIOLANT, de même que pour : *Ce n'est pas très excitant !* — 2° (nom) *Prendre des excitants* = **stimulant ;** (fam.) ↓ **remontant ;** ↓ **tonique.** ● **excitation** 1° *L'excitation de la victoire se lisait sur son visage* = **exaltation ;** v. ANIMATION et FIÈVRE. *La foule était en pleine excitation : les coureurs arrivaient !* = **effervescence, ébullition ;** v. aussi FERMENTATION. — 2° V. APPEL (in *appeler* I).

exclamer (s') *Quelle chance ! s'exclama-t-il* = **s'écrier.** ● **exclamation** **cri** (v. ce mot) et *exclamation* ne sont syn. que dans quelques contextes comme *une exclamation/un cri de rage.*

exclure 1° ∼ qqn. V. CHASSER et REJETER. — 2° Qqn ∼qqch. V. FAIRE ABSTRACTION DE (in *abstraire*). — 3° Qqch ∼ qqch. *Son attitude exclut que nous l'admettions parmi nous* = **s'opposer** (à ce que), **interdire.** V. RAYER (in *raie*) ; v. aussi INCOMPATIBLE. ● **exclusion** 1° V. EXPULSION. — 2° *Vous avez le droit de manger normalement, à l'exclusion des mets épicés* = **à l'exception de ;** v. aussi EXCEPTÉ. — 3°. *Les membres de son parti l'ont frappé d'exclusion ;* (soutenu) **ostracisme.**

excréments (au plur.) 1° (en parlant de l'homme) Terme soutenu de même que **déjections, matières fécales, fèces, selles ;** on recourt le plus souvent à *excréments* et *selles,* et, surtout, aux termes fam. **crotte, caca** et au terme vulg. **merde ;** v. SALETÉ (in *sale*). — 2° (en parlant d'animaux) ; *excréments* est un terme générique dont les syn. se répartissent selon les espèces : **fiente** (d'oiseaux), **crotte** (de lapin, de chèvre, etc.), **crottin** (de cheval), **bouse** (de vache), **chiasse/chiure** (d'insectes).

exécution I *Les beaux principes sont séduisants : encore faut-il les mettre à exécution* = **mettre en pratique.**

V. INTERPRÉTATION.

III ~ de qqn. Sans syn. ; v. cependant TUER et les substantifs qui peuvent correspondre aux verbes inclus dans cet article.

exemplaire I (nom) *Voici un bel exemplaire d'amanite phalloïde* = **spécimen.** V. aussi ÉCHANTILLON pour un autre sens.

II (adj.) *Il a été d'une sagesse exemplaire* = **remarquable ;** v. aussi PARFAIT. *C'est un élève exemplaire* = **modèle.**

exemple 1° *Ce garçon est un exemple de courage* = **modèle.** *C'est l'exemple même du garçon courageux* = **image, type.** — 2° *Cette église est le seul exemple de style roman que je connaisse dans la région* = **spécimen ;** v. aussi CAS. *Voici un bel exemple de son idiotie* = **échantillon, aperçu ;** v. aussi IDÉE. — 3° (dans des express.) *Donner l'exemple :* v. CHEMIN [*montrer le chemin*]. *Il sera marin, à l'exemple de son grand-père* = **image ;** (rare) **à l'instar ;** v. aussi COMME. *Il a été d'une grossièreté sans exemple* = **sans précédent, inouï ;** v. aussi EXTRAORDINAIRE. *Il est reçu ? ça par exemple !* = **ça alors !** *Par exemple :* v. MAIS I.

exempt 1° *Il est exempt du service militaire ;* (plus courant) **dispensé.** — 2° V. NET.

exercer 1° *Entraîner qqn/un animal à :* v. ENTRAÎNER. — 2° *Avant les vacances, il faut exercer ses muscles aux efforts physiques* = **habituer.** ● **s'exercer** V. ENTRAÎNER (S'). ● **exercé** *Il a l'oreille très exercée ;* **fin** n'implique pas qu'il s'agisse du résultat d'une longue pratique. ● **exercice** 1° *Son habileté est le fruit d'un long exercice* = **pratique ; travail** (*le fruit de beaucoup de travail*); (plus général) **expérience, habitude.** V. aussi MOUVEMENT. — 2° *Il déteste les exercices de mathématiques ;* **devoir** désigne une tâche souvent plus importante, prescrite à un moment donné par un maître à des élèves : *un recueil d'exercices/un cahier de devoirs de vacances.* — 3° V. SPORT.

exiger V. APPELER I, DEMANDER, MÉRITER et VOULOIR. ● **exigeant** *Avoir un caractère exigeant* = **difficile ;** (en parlant des qualités morales) *un homme exigeant* = **sévère** (v. ce mot) ; ↑ **pointilleux** est assez souvent péjor. : **cet** adjectif s'applique à celui qui est exigeant jusque dans les plus petits détails ; de qqn qui est *pointilleux*, on dit, fam., qu'il coupe, qu'il fend les cheveux en quatre ; v. STRICT. ● **exigence** 1° V. CONDITION II et NÉCESSITÉ. — 2° *Il faut accepter les exigences de la situation* = **impératif.**

exorciser *Il s'efforce d'exorciser le mauvais sort qui le poursuit* = **conjurer.** ● **exorcisme** Se dit d'une pratique religieuse par laquelle on chasse les démons ; **conjuration** s'emploie aussi en ce sens, mais peut, en outre, désigner une pratique magique.

expédient *Il cherche vainement un expédient pour sortir de cette impasse* = **échappatoire ;** v. PALLIATIF (in *pallier*).

expier V. RACHETER. *On lui a fait durement expier son imprudence* = **payer** (v. ce mot) ; v. RÉPARER ; v. aussi PUNIR. ● **expiation** *Il a décidé de partir en pèlerinage pour l'expiation de ses péchés* = **rachat, réparation.** On ne confondra pas l'*expiation,* peine imposée et généralement acceptée comme remède à une faute, et le *châtiment,* peine imposée comme sanction d'une faute.

expirer I *Inspirez, puis expirez !* (didact.) ; (courant) **souffler ;** v. aussi ASPIRER I et RESPIRER I.

II V. MOURIR et TERMINER (SE).

explicite 1° (en termes de droit) *Les deux sociétés sont liées par une convention explicite* = **exprès** (fém. : **expresse**). — 2° V. CLAIR et NET. ● **explicitement** *Le texte dit explicitement que nous sommes en droit de revendiquer cet héritage* = **en toutes lettres, formellement** (on dirait plutôt : *Le texte est formel sur ce point : nous sommes...*). ● **expliciter** *Cette clause est parfaitement explicitée ;* ↓ **formulée.**

expliquer 1° *Il nous a expliqué ses intentions* = **exposer ;** v. DIRE. V. aussi DÉVELOPPER III. — 2° *Explique-nous comment cet appareil fonctionne* = **montrer.** *Comment allez-vous expliquer cette absence de plusieurs jours ? ;* ↑ **justifier.** V. aussi ÉCLAIRCIR et INTERPRÉTER.

● **s'expliquer** 1° *Elle tentait vainement de s'expliquer : tout l'accablait ;* ↑ **se justifier.** — 2° *Ils se sont expliqués pendant une heure : il y avait de l'orage dans l'air !* = **avoir une explication ;** v. DISPUTE.

exploit 1° *Comme tous les chasseurs, il aimait à raconter ses exploits* = **prouesse ; haut fait** *ne se dit qu'en parlant des choses de la guerre.* — 2° *Les championnats d'Europe d'athlétisme ont été marqués par une série d'exploits ;* ↓ **performance** (même sens qu'*exploit :* « brillante performance ») **record** dit plus : il implique une constatation officielle enregistrant la performance accomplie.

exploiter I *Il savait tout l'art d'exploiter une terre pour en tirer le meilleur rendement* = **faire valoir ;** v. PROFIT [*tirer profit*]. ● **exploitation** *Il est à la tête d'une très belle exploitation ;* (agricole, courante) **ferme ;** (agricole, particulière) **plantation** (de bananiers, etc.).

II 1° *Il ne sait pas exploiter ses documents* = **utiliser, tirer parti de.** — 2° *Il faut exploiter la situation* = **tirer parti de, profiter.** — 3° ∼ qqn. V. VOLER II et TRAVAILLER II [*faire travailler*]. ● **exploiteur** *Il disait que tous les intermédiaires étaient des exploiteurs ;* ↓ **profiteur ;** ↑ **spoliateur ;** (fam.) **sangsue.**

exposer I ∼ qqch. V. ÉNONCER. ● **exposé** V. DÉVELOPPEMENT II.

II ∼ qqch. 1° **montrer.** — 2° *Exposer une maison au sud* = **orienter.** *Exposer un métal à la chaleur* = **soumettre.** ● **exposition** 1° V. PRÉSENTATION. — 2° *Cette maison jouit d'une bonne exposition* = **orientation ;** (plus général) **situation** (v. ce mot).

III ∼ qqn. V. COMPROMETTRE. ● **s'exposer (à)** *En ne lui obéissant pas, il s'expose à de cruelles mesures de rétorsion* = **encourir, risquer.** V. BRAVER et aussi FLANC. ● **exposé (à)** V. BUTTE [*être en butte à*].

exprès I (adj.) *Une interdiction expresse de faire qqch* = **absolu, formel.** *Une convention expresse* = v. EXPLICITE.

II (adv.) 1° V. DÉLIBÉRÉMENT et VOLONTAIREMENT (in *volontaire*). — 2° V. SPÉCIALEMENT (in *spécial*).

exprimer *Il ne savait comment exprimer sa joie ;* **dire** ne se rapporte qu'aux paroles ; **manifester, extérioriser** impliquent une expression plus visible, publique ; **traduire** implique une interprétation particulière de l'expression qui rend visible le sentiment ; v. ÉNONCER. ● **s'exprimer** *Il a beaucoup de mal à s'exprimer en public ;* (plus courant) **parler.** *C'est un homme discret qui aime peu s'exprimer* = **s'extérioriser.** ● **expressif** *Un geste expressif* = **significatif ;** v. ÉLOQUENT. *Avoir un langage expressif* = **coloré ;** ↑ **haut en couleur ;** v. aussi PITTORESQUE. ● **expression** 1° *Voici une expression que je ne connaissais pas : appartient-elle au français courant ?* = **tour, tournure.** — 2° *On devinait à son expression que son moral était au plus bas ;* (par méton.) **mine, figure, visage** (ne peuvent convenir dans des contextes comme *une expression de mélancolie*). *Une musique/une poésie pleine d'expression* = **chaleur, vie ;** v. aussi FERVEUR. *Sans expression :* v. TERNE. — 3° *La loi doit être l'expression du peuple ;* (didact.) **émanation.** *Son attitude est l'expression d'un profond désarroi* = **manifestation.**

expulsion *Leur organisation a décidé de mettre de l'ordre dans ses affaires : on ne compte plus les expulsions ;* (rare) **éviction ;** ↓ **exclusion** n'implique pas l'idée de violence comprise dans les précédents ; **évincement** se dit du fait d'être chassé d'une place convoitée par un autre ; **renvoi, mise à la porte** se disent souvent en parlant d'un employé à qui l'on donne son congé, d'un élève chassé d'un établissement scolaire.

extasier (s') *Chacun s'extasiait devant tant de splendeur ;* (soutenu) **se pâmer d'admiration ;** v. ADMIRER.

extérieur I (adj.) 1° *La partie extérieure d'un objet ;* (didact.) **externe.** — 2° *Ne vous y trompez pas : son affabilité n'est qu'extérieure* = **superficielle ; de façade** (c'est une affabilité de façade) ; v. aussi APPARENT.

II (nom) *C'est un enfant qui aime courir et sauter : il ne se plaît qu'à l'extérieur* = **dehors ;** v. PLEIN [*plein air*].

extrait 1° *Il nous a lu des extraits de son dernier roman* = **passage ;** (plus rare

181

en ce sens) **fragment**. V. ABRÉGÉ. —
2° *Voici de l'extrait de lavande*
= **essence**.

extraordinaire Cet adjectif sert de
superlatif passe-partout à ce qui exprime
l'étonnement, la grandeur, la rareté, etc.
Aussi est-il impossible de citer tous les
adjectifs dont il peut être syn. *Il est
d'une force extraordinaire* = **peu commun, exceptionnel.** *Vous venez avec
nous! ça c'est extraordinaire!* = **formidable, sensationnel;** (fam.) **au poil,
extra, épatant.** On se reportera en outre
à ADMIRABLE (in *admirer*), BIZARRE,
COLOSSAL (in *colosse*), DANTESQUE,
TERRIBLE. V. aussi ÉTONNANT (in *étonner*), EXEMPLE [*sans exemple*], IN-
CROYABLE, INCONCEVABLE, MERVEILLEUX,
PRÉCÉDENT II [*sans précédent*], SPÉCIAL et
STUPÉFIANT (in *stupéfaction*). ● **extraordinairement** *C'est un homme extraordinairement fort* = **exceptionnellement, extrêmement;** v. aussi TRÈS.

extravagant V. BIZARRE, ABSURDE et
INABORDABLE. ● **extravagance** *Elle est
connue pour son extravagance;* **excentricité** implique qqch de plus ostentatoire
dans la conduite. V. ABSURDITÉ; v. aussi
FOLIE (in *fou*).

extrémisme (en termes de politique)
↑ **jusqu'auboutisme.**

exubérant V. COMMUNICATIF, DÉBOR-
DANT (in *déborder* II) et DÉMONSTRATIF
(in *démonstration* II). ● **exubérance**
1° V. ABONDANCE (in *abonder* I). —
2° *Comme beaucoup de Méridionaux,
c'est un homme qui vous étonne par son
exubérance;* ↑ **truculence;** (ne se rapportent qu'aux manifestations verbales)
volubilité; (soutenu, souvent péjor.)
faconde.

exutoire *Le sport est un bon exutoire
pour les gens surmenés;* ↓ **dérivatif.**

f

fable 1° *Les fables de La Fontaine;* l'**apologue** est une petite fable visant toujours à une conclusion morale. V. CONTE. — 2° V. MENSONGE.

face 1° V. FIGURE I. — 2° (dans des express.) *Envisager un problème sous toutes ses faces* = **aspects** *(envisager tous les aspects d'un problème);* (fam.) **coutures** *(... sous toutes les coutures). Sauver la face* = **apparences** (au plur.). *Regarder qqn en face;* ↑**droit dans les yeux;** (fam.) **dans le blanc des yeux.** *Faire face* = **faire front;** v. OPPOSER (S'). *En face, face à face :* v. VIS-À-VIS et PRÉSENCE (in *présent* I). *Les choses ont changé de face* = **prendre une autre tournure.**

fâcher *Il m'a fâché par sa désinvolture* (vieilli); (courant) **contrarier, mécontenter;** v. aussi ATTRISTER et IRRITER. ● **se fâcher** V. BROUILLER II et IRRITER (S'). ● **fâché** 1° *Je suis fâché de ce qui vous arrive* = **désolé, navré.** — 2° Comme FÂCHER. ● **fâcherie** V. BOUDERIE. ● **fâcheux** 1° (adj.) V. DÉSAGRÉABLE et DOMMAGE. — 2° (nom) V. IMPORTUN.

facile I Qqch est ∿. *Aller au sommet de la montagne, par ce temps c'est facile !;* (fam.) **c'est du gâteau !** V. AISÉ, COMMODE II et SIMPLE. ● **facilité** 1° *Le problème était d'une facilité surprenante* = **simplicité.** — 2° V. COMMODITÉ (in *commode* II). — 3° V. LATITUDE.

II Qqn est ∿. 1° DOCILE. — 2° *C'est une femme facile;* ↑**légère;** ↑(très fam., vulg.) *c'est une* **marie-couche-toi-là.** ● **facilité** 1° V. DOCILITÉ. — 2° *Il écrit avec beaucoup de facilité* = **aisance.** *Il a beaucoup de facilités pour écrire* = **aptitude, disposition;** v. NATUREL (in *nature*), v. aussi CAPACITÉ I. — 3° V. LATITUDE.

facilement *Vous y arriverez facilement;* (plus soutenu) **aisément, sans difficulté;** (plus fam.) **comme une fleur, les doigts dans le nez.**

façon I (dans tous les contextes qui suivent, **manière** est un syn. exact de *façon). De quelle façon vous habillerez-vous ?* : v. COMMENT ; v. aussi MOYEN. *De cette façon :* v. AINSI II. *Il faut vous habiller de telle façon que vous ne craigniez ni le froid ni la pluie* = **sorte.** *En aucune façon je n'accepterai de partir* = **jamais;** v. CAS. *Vous ne me dérangez en aucune façon* = **nullement;** v. CAS. *D'une autre façon :* v. AUTRE I. *Il se conduit à la façon d'un novice;* (plus courant) **comme** (v. ce mot). *Sans façon :* v. SIMPLE. *De la même façon :* v. PAREILLEMENT (in *pareil*).

II V. AIR, CÉRÉMONIE et CONDUITE II.

III V. FAÇONNER.

façonner 1° *Il passait son temps à façonner des branches de noisetier pour en faire des cannes;* (moins employé) **travailler.** — 2° *Cette pièce n'a pas été façonnée dans nos ateliers* – **fabriquer;** (très général) **faire; usiner,** c'est façonner une pièce sur une machine-outil ; v. MOULER. ● **façon** *La façon de cette jupe ne me plaît pas beaucoup* = **coupe, forme;** v. aussi TRAVAIL I.

facteur *Son dynamisme a été un des facteurs importants de sa réussite;* (plus général) **élément.**

factice 1° *Ne vous y trompez pas, toutes ces moulures sont factices* = **postiche;** (plus courant) **faux, artificiel.** — 2° *Sa gaieté n'est qu'une gaieté factice* = **fictif; faux** (antéposé) ; (soutenu) **feint;** ↑**forcé;** v. aussi AFFECTÉ (in *affecter* II).

faculté 1° *Vous avez échoué, mais vous avez la faculté de vous présenter à la prochaine session* (soutenu) ; (courant) **possibilité.** — 2° V. CAPACITÉ I et POUVOIR II. — 3° *Ne lui en veuillez pas : elle est vieille et n'a plus toutes ses facultés;*

(assez fam.) ...elle n'a plus sa tête à elle ;
(fam.) ...elle n'y est plus ; v. aussi FOU.

fade 1° *Un mets fade* est un mets qui
manque de piquant et dont la saveur
déplaît ainsi au goût ; ↑ **insipide** se dit de
ce qui n'a aucune saveur; (fam.) **fadasse** ;
v. aussi DOUX. — 2° *Son poème est assez
fade ;* ↑ **insipide** ; v. PLAT II. *Une couleur
fade :* v. TERNE. *Un style fade* = **plat**. *Un
spectacle fade* = **ennuyeux** (v. ce mot) ;
↑ **insipide**. ● **fadeurs** *Il veut plaire, mais
il ne dit que des fadeurs ;* (plus courant)
fadaises ; v. aussi BÊTISE et GALANTERIE.

fagot *Je ferai rentrer quelques fagots
avant l'hiver ;* **bourrée** et **javelle** ne
s'emploient que dans certaines régions;
fascine est un syn. de *fagot*, surtout
employé pour désigner un fagot serré
servant à combler un fossé, à empêcher
un éboulement, etc.

faible 1° *Qqn est* ∼ (*au physique*).
Depuis sa maladie, il est resté très faible
= (dans ce contexte, qui implique une
cause de faiblesse) **affaibli ; fragile** se dit
de celui qui, en raison de sa faiblesse, se
défend mal contre la maladie *(Cet enfant
est fragile) ;* ↑ **débile** se dit de celui qui a
une faiblesse congénitale ; **chétif** se dit
de celui dont la constitution est restée
faible par manque de développement ;
↑ **malingre, rachitique** enchérissent sur
chétif ; (didact.) **asthénique** se dit de
celui qui est affaibli pour des raisons
neuropsychiques ; **anémique** se dit de
celui qui est habituellement affaibli par
appauvrissement du sang ; **anémié** se
dit de celui qui a été rendu anémique ; **déficient** se dit de celui qui est atteint d'une
insuffisance physique ou mentale ; v. DÉ-
LICAT ; v. aussi FLUET. *D'un individu
faible*, manquant de force physique, on
dit, fam., qu'il est un **gringalet**, un
freluquet, ↑ une **mauviette,** ↑ un **avorton**.
— 2° *Qqn est* ∼ (*au moral*). *Il se sentait
trop faible pour lutter contre tant de
mauvaise foi* = **désarmé, impuissant.** *Cet
élève reste faible en dépit de ses efforts ;*
↑ **médiocre** est plus péjor. ; ↑ **mauvais** ne
s'emploie que suivi d'un compl. (*être
faible/* ↑ *mauvais en mathématiques*). —
3° *Qqn est* ∼. V. MOU et LÂCHE I. —
4° *Qqch est* ∼. *Une voix faible :* v. BAS I,
FLUET et MOURANT. *Une lumière trop
faible* = **insuffisant.** *Un faible bruit :*
↑ **imperceptible** (postposé). *Une faible
quantité d'eau ;* (plus courant) **petit.**

V. aussi FRAGILE. — 5° *Le point faible de
qqn :* v. FAIBLESSE. ● **faible** (nom) *Avoir
un faible pour... :* v. PENCHANT. ● **faiblement** 1° *Il a protesté beaucoup trop
faiblement pour obtenir gain de cause*
= **mollement.** — 2° *La lumière éclairait
trop faiblement la pièce pour qu'on puisse
lire* = **peu, insuffisamment.** ● **faiblesse**
(en reprenant les subdivisions de l'adj.)
1° **affaiblissement, débilité, déficience,
anémie, asthénie.** *Avoir une faiblesse :*
v. DÉFAILLANCE (in *défaillir*). — 2° **impuissance, médiocrité.** *Il est bon grim-
peur, mais mauvais contre la montre :
c'est sa faiblesse* = **point faible.** —
3° V. MOLLESSE (in *mou*) et LÂCHETÉ (in
lâche). — 4° *La faiblesse de ce roman est
consternante* = **pauvreté, médiocrité,**
↑ **insignifiance.** *Son argumentation est
pleine de faiblesses ;* ↑ **lacune ;** (fam.)
trou ; v. aussi DÉFAUT. — 5° *La faiblesse
de ses revenus ne lui permet pas de partir
en vacances ;* (moins employé) **petitesse,
médiocrité.**

faillite 1° *En période de crise économique, on assiste à des faillites spectacu-
laires ;* en termes de droit, la *faillite*
n'est pas toujours frauduleuse, contrairement à la **banqueroute ;** la **liquidation
judiciaire** n'implique pas que l'on soit
dessaisi de son patrimoine, contrairement à ce qui se passe dans une
faillite ; **krach** se dit d'un grand désastre
financier. *Faire faillite ;* (fam.) **boire le
bouillon.** — 2° *Il est au bord de la
faillite ;* couramment, ce terme s'emploie lorsqu'un débiteur ne peut plus
faire face à ses engagements ; (plus
expressif) **déconfiture, débâcle ;** v. aussi
RUINE. — 3° *Sa tentative de conciliation
s'est soldée par la faillite* = **déconfiture ;**
v. aussi ÉCHEC.

faim fringale se dit d'une faim subite et
pressante, **boulimie,** d'une faim maladive. *Avoir faim ;* ↑ **être affamé ;** (très
fam.) **avoir la dent ;** (fam.) ↑ **avoir l'estomac dans les talons ;** (très fam.) ↑ **crever
de faim ;** ↑ (fam.) **avoir très faim, avoir
une faim de loup ;** ↑ (soutenu) **avoir
grand faim ;** v. aussi VACHE I [*manger de
la vache enragée*]. *Cela donne faim ;*
(fam.) **creuser.** *Ce pays souffre de la
faim* = **famine.**

faire Ce verbe est, avec ÊTRE, le verbe
par excellence : il peut remplacer, étant
de sens très général, un très grand

nombre de verbes français (faire/construire une maison, faire/allumer du feu, etc.) ; il joue le rôle de pro-verbe (C'est lui qui élève ses enfants, et il le fait bien) ; il sert à former des périphrases verbales (faire de la peinture/peindre, faire du dessin/dessiner) ; il entre dans un nombre considérable de loc. (faire état de, faire semblant de, etc.). C'est dire qu'il est impossible de recenser ses syn., qui varient considérablement selon les contextes.

1º Faire un bouquet/un livre... : v. COMPOSER, FAÇONNER et PRODUIRE. Faire du russe : v. APPRENDRE. — 2º C'est lui qui fait tout le travail : v. ENVOYER (S') et TRAVAILLER I. — 3º Qu'est-ce que tu fais en ce moment ; (du moins fam. au plus fam.) fabriquer, ficher, foutre ; v. aussi FRICOTER. — 4º V. CHIER et PISSER. — 5º Il n'a pas pu venir, mais cela ne fait rien ; (plus soutenu) cela n'a pas d'importance/aucune importance ; (fam.) qu'est-ce que ça fait ; — 6º Il y a de quoi faire : v. OCCUPER (S') [in occuper II]. — 7º Ils sont faits l'un pour l'autre : v. NAÎTRE. — 8º V. VOLER II. — 9º V. VALOIR. ● se faire 1º V. ACCLIMATER. — 2º Il se fait vieux = devenir. Il se fait tard, je me sauve = être. ● s'en faire 1º V. SOUCI. — 2º Il ne s'en fait pas, celui-là ! ; (fam.) il ne se casse pas la tête/ne se fait pas de bile ; (très fam.) il ne se casse pas la nénette/le cul ; v. aussi SECOUSSE.

fair-play C'est un joueur très fair-play = sport ; (de sens plus général) correct.

fait I (adj.) 1º Il a quarante ans : c'est un homme fait = mûr. — 2º Un homme bien fait : v. BÂTI (in bâtir). — 3º Te voilà fait ! : v. BON I. — 4º Il a été puni ? c'est bien fait ! = tant mieux ! ; (fam.) tant pis pour lui ! — 5º Les boutiques de mode sont très chères : je n'achète que du tout fait ; (plus soutenu) prêt-à-porter. — 6º Il a des idées toutes faites sur la question = ... des idées préconçues/ des préjugés.

II (nom) 1º V. RÉALITÉ et PHÉNOMÈNE. — 2º Hauts faits : v. EXPLOIT. Faits marquants : v. ÉVÉNEMENT. — 3º (dans des loc.). Au fait : v. PROPOS (À). En fait : v. CONCRÈTEMENT (in concret) et VRAI [à dire vrai]. En fait de : v. MATIÈRE II. De fait : v. EFFECTIVEMENT (in effectif). Tout à fait : v. ABSOLUMENT (in absolu II) et EXACTEMENT (in exact). Sur le fait :

v. DÉLIT [en flagrant délit]. Du fait de : v. VU I.

falloir 1º ~ devant une subordonnée exprime la nécessité. Il faudrait que nous allions le voir, (moins couramment employé) être nécessaire ; (soutenu) convenir implique l'idée de bienséance ; devoir implique souvent l'idée d'obligation morale (Nous devrions aller le voir). — 2º Peu s'en faut : v. MANQUER I.

falsifier 1º (concret) Falsifier un vin = frelater. Falsifier un texte = altérer (v. ce mot), déformer, maquiller ; (fam.) truquer ; (plus général) changer. Falsifier une signature = contrefaire ; (fam.) truquer. — 2º (abstrait) Falsifier des faits/la vérité = altérer ; (plus courant) fausser, dénaturer et (imagé) maquiller, travestir ; (fam.) truquer.

fameux 1º V. BON I. — 2º La Bourgogne est une région fameuse pour ses vins = célèbre, renommé, réputé ; v. SUPÉRIEUR I. — 3º Je lui ai donné un fameux coup de pied au derrière ! = ... un de ces coups... ; (fam.) sacré, méchant ; v. aussi GRAND.

familier (adj.) 1º Il reconnaissait avec plaisir des visages familiers ; (plus courant) connu. — 2º V. HABITUEL. — 3º (péjor.) Avoir des gestes/des propos familiers/une attitude familière (le plus souvent précédé d'un adverbe comme « trop », « très », « bien ») ; ↑ libre, cavalier, grossier ; v. SIMPLE ; v. aussi SANS-GÊNE (in gêne) et INSOLENT. ● familier (nom) Vous ne me connaissez pas ? C'est un familier de la maison = habitué. ● familièrement Il aimait à s'entretenir ainsi, familièrement, avec les paysans du village = simplement ; ↑ librement, à bâtons rompus. ● familiarité 1º (sing.) Il vit avec eux dans la plus grande familiarité ; ↑ intimité. — 2º (sing. ; parfois péjor.) Il a traité la question avec une familiarité déconcertante ; ↑ liberté ; ↑ (toujours péjor.) désinvolture (v. aussi ce mot). — 3º (plur.) Je vous prierai de m'épargner vos familiarités ; ↑ grossièretés. — 4º (plur.) Avoir des familiarités avec une femme ; (soutenu) privautés ; v. aussi INTIME. ● se familiariser Au début, ils ont souffert de la chaleur, mais ils s'y sont familiarisés ; (termes propres) s'habituer, s'accoutumer. V. S'ENTRAÎNER (in entraîner II).

famille 1° *Les pensionnaires ont le droit de retourner dans leur famille une fois par mois* (soutenu) ; (courant) **chez eux, à la maison** ; (fam.) **au bercail** ; v. SIENS [*les siens*]. — 2° *Famille* se dit en parlant des parents et des enfants ; **ménage** et (plus soutenu) **foyer** se disent surtout en parlant du couple que forment les parents. — 3° *Alors, comment va la petite famille ?*, se dit, fam., en parlant des enfants ; (courant) **enfants** (v. ce mot) ; (soutenu, ou par plaisant.) **progéniture.** *Ah ! voici Dupont et toute sa famille ;* comme les précédents, (péjor. et fam.) **tribu, smala.** — 4° *François Ier appartenait à la famille des Valois* = **maison** ; **dynastie** désigne la succession des souverains d'une même famille. — 5° *Clytemnestre portait avec elle toutes les passions de la famille des Atrides* = **sang, race** ; **lignée** désigne la descendance, les enfants d'une même famille ; v. CONSANGUINITÉ. — 6° *Avoir un air de famille :* v. RESSEMBLER (SE). — 7° V. GROUPE. ● **familial** *Il supporte de plus en plus mal ses ennuis familiaux ;* (soutenu) **domestique.**

famine *Dans l'express.* un salaire de famine ; (plus courant) **misère.** V. DISETTE *et* FAIM.

fanatique 1° (adj.) *On peut être un partisan sans être un partisan fanatique !,* se dit de celui qui est animé d'une foi aveugle dans une religion ou une doctrine : l'homme fanatique est à la fois **intolérant,** parce qu'il ne supporte pas que l'on pense autrement que lui, et **sectaire,** terme qui enchérit sur *intolérant* en insistant sur l'idée d'étroitesse d'esprit ; v. aussi EXALTÉ (in *exalter*) et BORNÉ. — 2° (nom) V. EXALTÉ. — 3° (nom) *C'est un fanatique de la pop music ;* (abrév. fam.) **fan, fana ;** (plus soutenu) **fervent, passionné.** ● **fanatisme** (v. 1° de l'adj.) **intolérance, sectarisme ;** ↓ **étroitesse de vue.**

fanfaron *Ne l'écoutez pas : c'est un fanfaron !* = **vantard ;** le **hâbleur** est souvent un *vantard,* mais c'est surtout qqn qui aime parler beaucoup, en exagérant les choses ; v. BRAVACHE ; v. aussi FIER. ● **fanfaronnade** *Il parle beaucoup, mais ce n'est que pure fanfaronnade* = **forfanterie ;** (comme pour *fanfaron*) **hâblerie, vantardise ;** v. BRAVADE (in *braver*) ; v. aussi CHARLATANISME.

fantaisie 1° *Il lui passe toutes ses fantaisies* = **caprice ;** v. aussi DÉSIR. *Elle collectionne les chapeaux : c'est sa nouvelle fantaisie !;* ↑ **lubie, folie ;** v. aussi MANIE. — 2° V. IMAGINATION. — 3° *Vous êtes libre d'agir à votre fantaisie* = **gré, goût, guise ; comme vous le voulez/l'entendez.** — 4° V. ORNEMENT (in *orner*). ● **fantaisiste** *C'est un fantaisiste : il agit toujours autrement que les autres* = **original.** *Sérieux, cet étudiant ? vous voulez dire que c'est un fantaisiste !;* (plus fam.) **fumiste ;** v. AMATEUR.

fantastique 1° *Sous la lune, le paysage avait quelque chose de fantastique* = **fantasmagorique, surnaturel, irréel, féerique.** *Avoir une passion pour le fantastique* = **surnaturel ;** v. aussi IMAGINAIRE *et* MERVEILLEUX. — 2° V. COLOSSAL (in *colosse*).

fantôme 1° *Croyez-vous aux fantômes ?,* terme le plus courant ; (de même sens, moins employés) **revenant, apparition ; spectre** entraîne toujours l'idée d'effroi ; **esprit** se dit, dans les sciences occultes, de l'âme d'un défunt. — 2° *Je ne le reconnais pas : ce n'est plus que le fantôme de lui-même !* = **ombre.** ● **fantomatique** *Elle avait, dans cette lumière indécise, quelque chose de fantomatique* = **spectral.**

farceur 1° V. BOUFFON. — 2° *Il a l'esprit farceur ;* (plus soutenu) **facétieux.**

fard 1° *Un fard est un produit que l'on s'applique sur le visage pour en modifier l'aspect ;* le **maquillage** est l'ensemble de ces produits. — 2° *Piquer un fard :* v. ROUGIR (in *rouge*). ● **farder** 1° V. DÉGUISER. — 2° *Elle se farde outrageusement ;* (plus employé) **se maquiller.**

farouche 1° (en parlant d'un animal) *Le chat n'est pas farouche/une bête farouche ;* **sauvage** s'emploie moins en ce sens, notamment parce qu'il tend à former des noms composés avec le substantif qu'il accompagne (*une bête sauvage, un chat sauvage,* etc.). — 2° (en parlant d'une personne) *C'est un homme farouche, qui fuit les rapports sociaux* = **sauvage ; insociable** est de même sens, mais d'emploi plus neutre. — 3° *Un farouche défenseur de la libre pensée :* v. CHAUD, SOLIDE *et* CONVAINCU. *Son ennemi le plus farouche :* v. ACHARNÉ. —

4° *Une haine farouche :* v. VIOLENT. *Un combat farouche :* v. ACHARNÉ. ● **farouchement** V. DUREMENT (in *dur*).

fasciner 1° *Il restait là, fasciné par la puissance de son regard, incapable de faire un geste* = **captiver**; ↑**envoûter**; (didact.) **hypnotiser.** — 2° V. ÉMERVEILLER. ● **fascinant** *Elle était d'une beauté fascinante :* ↓**troublant**; ↑**envoûtant.** Des termes comme **merveilleux, extraordinaire** sont plus plats, bien que de sens plus fort. ● **fascination** *Il subissait peu à peu la fascination de cette nature étrange;* ↑**envoûtement**; ↓**charme** (v. ce mot); v. SÉDUCTION (in *séduire*).

fatal 1° *Il a reçu un coup fatal;* (plus courant) **mortel.** *Il a commis une erreur qui risque de lui être fatale;* ↓**nuisible, dommageable.** — 2° V. ÉCRIT. ● **fatalement** *Ils devaient fatalement se rencontrer : leurs routes se croisaient* = **forcément, inévitablement, obligatoirement, nécessairement.** ● **fataliste** *Après tant de déceptions éprouvées en si peu de temps, il était devenu fataliste;* **philosophe** s'emploie parfois, assez fam., en ce sens; **résigné** n'implique pas, comme les précédents, la référence à une doctrine philosophique.

fatiguer 1° ~ qqn. *Cette longue marche nous avait fatigués;* ↑**épuiser, exténuer;** ↑**harasser** ne s'emploie guère qu'aux temps composés; (assez fam.) ↑**éreinter;** (fam.) **claquer, crever, esquinter, lessiver.** — 2° ~ qqn. V. ÉTOURDIR et ENNUYER. — 3° (intr.) *Le moteur fatigue anormalement dans les côtes* = **peiner.** ● **se fatiguer** 1° *C'est un homme qui se fatigue beaucoup trop;* ↑**se surmener** se dit surtout de la fatigue nerveuse. — 2° *Voilà quelqu'un qui ne se fatigue pas pour vous rendre service;* (fam.) **se casser, se fouler;** v. aussi CREUSER (SE). — 3° ~ à + infin. *Voilà deux heures que je me fatigue à lui répéter que je ne m'appelle pas Dupont!* = **s'échiner, s'épuiser, s'époumonner.** — 4° ~ de qqch. *On se fatigue vite de la solitude;* (moins employé) **se lasser.** ● **fatigué** 1° *Je me sens assez fatigué en ce moment;* (soutenu) **las;** ↑**harassé, brisé, broyé, fourbu, rompu, rendu, éreinté** et (fam.) **flapi, vanné** évoquent la fatigue physique; ↑**épuisé, exténué** et (fam.) **claqué, crevé, lessivé, pompé** évoquent aussi bien la fatigue physique que la

fatigue nerveuse et morale; on dit aussi, fam., pour *être fatigué : être sur le flanc/sur les genoux/sur les dents.* De qqn qui est très fatigué d'avoir marché, on dit, fam., qu'**il ne sent plus ses jambes/n'a plus de jambes/en a plein les jambes/a les jambes comme du coton/est vidé.** — 2° *Des vêtements fatigués* = **défraîchi** (v. aussi ce mot); ↑**usé;** v. VIEUX. *Des chaussures fatiguées;* ↑**usé;** ↓**usagé** convient dans les deux exemples. ● **fatigant** Outre aux participes présents des verbes précédemment cités, on se reportera aussi aux articles DIFFICILE 1° et ENNUYEUX 2°.

● **fatigue** *Elle redoutait la fatigue du voyage :* terme d'emploi courant en tous contextes, contrairement aux syn. qui suivent; **lassitude** est d'emploi plus soutenu et implique autant la fatigue physique que la fatigue morale **épuisement, éreintement** désignent une grande fatigue physique, **surmenage,** une grande fatigue intellectuelle; (fam.) **coup de pompe** désigne une fatigue physique soudaine et brutale. *Tomber de fatigue :* ↑**être mort de fatigue;** v. aussi plus haut, FATIGUÉ et RECRU.

faufiler En termes de couture, c'est coudre à grands points avant la couture définitive; **bâtir,** c'est assembler à grands points les pièces d'un vêtement. (On peut employer *faufiler* pour *bâtir,* l'inverse n'étant pas toujours vrai : *On faufile un ourlet; On bâtit/faufile un manteau.*) ● **se faufiler** V. GLISSER (SE).

faute 1° (en termes de religion) *Confesser ses fautes* = **péché.** (en termes de morale) *Commettre une faute contre la morale;* (soutenu) s'emploie aussi en termes de droit, contrairement à *faute*) **délit; peccadille** se dit d'une faute légère; v. OFFENSE; v. aussi CRIME. — 2° V. ERREUR et TROMPER (SE). — 3° (dans des loc.) *Faute de :* v. DÉFAUT (À) et SANS. *Par la faute de :* v. CAUSE I. *Se faire faute de :* v. MANQUER II.

fauve S'emploie comme nom *(un fauve)* ou adj. *(une bête fauve);* **féroce** et **sauvage** ne s'emploient que comme adj., en composition avec «bête».

faux I (adj.) D'emploi très large; ses synonymes varient selon les contextes. 1° *Ce qui n'est qu'une copie, une imitation de la réalité :* v. APPARENT,

FACTICE et PRÉTENDU. *De faux papiers/ de fausses cartes* = **falsifié** (postposé); v. FALSIFIER; (fam.) **truqué**. — 2° *Ce qui est contraire à la vérité :* v. ERRONÉ. *Faire courir de faux bruits* = **mensonger** (postposé). *Entretenir de fausses espérances* = **vain**; **mal fondé** (postposé). — 3° *Ce qui est contraire à telle ou telle norme. Être dans une situation fausse* = **équivoque**. *Faire fausse route :* v. TROMPER (SE). *Un raisonnement faux;* ↓ **boiteux** (v. ce mot); v. aussi ABSURDE et INCORRECT. *Faire une fausse note;* (fam.) **canard, couac**. — 4° *Qqn est* ∼. *C'est un homme faux : ne vous fiez pas à son apparente cordialité;* contrairement au précédent, **fourbe, sournois** et **hypocrite** s'emploient aussi comme noms; v. aussi DÉLOYAL et AFFECTÉ. ● **fausseté** *On lit la fausseté sur son visage* = **hypocrisie**; **duplicité** se dit exactement de celui qui joue double jeu, **fourberie**, de celui qui allie la ruse à la fausseté; **tartufferie** s'emploie parfois comme syn. d'*hypocrisie :* ce terme s'applique surtout à l'hypocrisie religieuse, de même que **pharisaïsme** (ou ostentation de la dévotion) et **jésuitisme** (ou recours systématique à des astuces hypocrites en matière de religion). V. aussi DISSIMULATION et SOURNOIS.

II (nom) V. COPIE II.

faveur 1° V. HONNEUR, PRIVILÈGE et SERVICE II. — 2° *Il a gagné la faveur de tout son entourage* = **estime**. *C'est un chanteur qui a gagné la faveur du grand public* = **popularité**; v. VOGUE; v. aussi DÉFAVEUR. — 3° (plur.) *Elle lui a accordé les dernières faveurs;* (plus courant) *Elle s'est donnée à lui* (v. DONNER III). — 4° *En faveur de :* v. POUR. ● **favorable** 1° *Qqn est* ∼. *Sera-t-il favorable au projet que nous lui avons soumis ?;* (plus courant) **d'accord avec**. — 2° *Qqch est* ∼. *Voici un terrain favorable pour planter notre tente* = **propice**. *Attendre le moment favorable* = **propice, opportun**. *Vous le voyez ici sous son aspect favorable;* (plus courant) **sous son bon côté**. *Il n'est pas dans un jour favorable* = **faste, heureux**. *Parler de qqn en termes favorables :* v. AVANTAGEUX. ● **favorablement** *Son discours a été favorablement accueilli* = **bien**. *Voici une affaire qui se termine favorablement pour vous* = **heureusement**; ↑ **avantageusement**.

favori I 1° (adj.) *La pêche est son passe-temps favori;* **préféré** désigne exactement ce qui est jugé meilleur par qqn, *favori* ce qui plaît le plus à qqn; mais ces deux sens très proches se rejoignent dans la langue courante. — 2° (nom) *Pierre est le favori de la classe* = **préféré**; (fam.) **chouchou**; v. aussi PROTÉGÉ.

II (nom plur.) *Il a les cheveux longs et porte des favoris;* (plus fam.) **pattes (de lapin), rouflaquettes**.

fécond 1° *Les cobayes sont des animaux très féconds* = **prolifique**. — 2° *La Beauce est une région très féconde* = **fertile**; (plus général) **riche**; (cliché, littér.) **généreux**. — 3° *Il travaille sur un sujet très fécond* = **riche**; (sans adv. d'intensité) ↑ **inépuisable**. — 4° *Les pourparlers entre les deux délégations ont été très féconds* = **fructueux**. — 5° ∼ *en qqch. La journée a été féconde en rebondissements* = **riche**; (plus courant) **plein de**. ● **féconder** *Toute cette région est fécondée par les alluvions du fleuve* (soutenu); (courant) **fertiliser**; v. aussi AMÉLIORER. ● **fécondité** (d'un sol) = **fertilité**; (plus général) **richesse**.

fédération Union de plusieurs États en un État fédéral détenant un pouvoir central = **confédération**. V. aussi COALITION et SOCIÉTÉ II.

féliciter 1° *Nous irons féliciter les jeunes époux* = **complimenter**; **congratuler** ne s'emploie que par plaisant. — 2° V. APPROUVER. ● **se féliciter** *Nous nous félicitons de la tournure que prennent les événements* = **se réjouir de**; ↓ (plus courant) **être content de** (v. ce mot). ● **félicitations** *Nous lui avons présenté nos félicitations à l'occasion de son mariage;* **compliment** ne s'emploie pas toujours dans les mêmes contextes (dans notre ex., il prend le sens non de paroles louangeuses, mais de simples paroles de politesse); dans l'ex. qui suit, les deux termes coïncident : *toutes nos félicitations/tous nos compliments pour votre performance !;* dans d'autres, seul l'un ou l'autre convient : *Il nous a fait beaucoup de compliments; envoyer une lettre de félicitations.* V. aussi HOMMAGES.

femme 1° *Ce terme n'a pas de syn.* quand il a valeur générique, comme dans *le statut de la femme dans la société.* — 2° *Je vous présente ma femme :* v. ÉPOUX/ÉPOUSE ; v. aussi AMANTE. — 3° *J'aime la compagnie de cette femme ;* (fam.) **nana, nénette,** en parlant plutôt de jeunes femmes ; (fam. ; souvent péjor.) **bonne femme** en parlant plutôt de femmes âgées ; (fam. ou très fam. ; parfois péjor.) **poupée, souris** renvoient le plus souvent à la femme objet du désir masculin ; v. aussi FILLE, GARCE. — 4° (express.) *Courir les femmes* = **cotillons, jupons ;** v. aussi COURTISER. — 5° Toute une série de syn. évoquent le statut de la femme dans notre société et notre culture ; nous en répertorions quelques-uns ici, en prenant nos distances par rapport aux préjugés que nombre d'entre eux véhiculent : (fam. ; péjor. ; souvent renforcés par « vieille ») **grognasse, pétasse, poufiasse, rombière,** en parlant d'une grosse femme peu agréable ; (fam. ; péjor.) **cheval, grande bringue, échalas, sauterelle, grande perche,** en parlant d'une femme ou d'une fille grande et maigre ; v. aussi GRAND et MAIGRE ; (fam. ; péjor.) **boudin, tonneau,** en parlant d'une femme petite et grosse ; v. aussi GROS ; (soutenu) **beauté,** en parlant d'une jolie femme ; **dragon, gendarme,** en parlant d'une femme autoritaire et bourrue ; v. aussi VIRAGO. — 6° (loc.) *Maîtresse femme, femme à poigne* se disent d'une femme énergique affirmant une forte personnalité ; d'une femme qui commande dans son foyer, on dit (fam.) qu'elle **porte la culotte.** *Femme galante/publique :* v. PROSTITUÉE (in *prostituer*). *Femme de ménage/de chambre :* v. SERVANTE.

fendre 1° V. COUPER. — 2° *Fendre la foule :* v. ÉCARTER. *Fendre le cœur :* v. DÉCHIRER. ● **se fendre** 1° V. CRAQUE-LER (SE). — 2° *Se fendre de :* v. PAYER. ● **fente** 1° *Un mur avec des fentes ;* ↓ **fissure ;** ↑ **crevasse ;** ↑ **lézarde** ne s'emploie, contrairement aux précédents, qu'à propos d'ouvrages de maçonnerie. — 2° *La vieille porte de bois avait une fente par laquelle on pouvait apercevoir le jardin* = **jour ;** v. VIDE II ; v. aussi TROU.

fenêtre *Je voudrais une maison avec de grandes fenêtres ;* (vieilli ou très soutenu) **croisée ; baie** se dit d'une grande et large fenêtre, **porte-fenêtre,**

d'une fenêtre qui sert aussi de porte. V. aussi LUCARNE.

ferme I (nom) V. EXPLOITATION. ● **fermier** Le *fermier* exploite un domaine agricole dont il est, ou non, propriétaire ; le **métayer** fait valoir un domaine qui ne lui appartient pas et partage fruits et récoltes avec le propriétaire. V. aussi AGRICULTEUR et PAYSAN.

II (adj.) 1° *De la viande ferme :* v. DUR. — 2° *Marcher d'un pas ferme* = **assuré, décidé.** *Être ferme sur ses jambes* = **solide.** — 3° *Un homme ferme :* v. ÉNERGIQUE. — 4° *Il a toujours été ferme avec le règlement ;* ↑ **rigoureux, inflexible.** *Avoir la ferme intention de* = **être bien décidé à.** — 5° *Ces actions minières sont des valeurs fermes* = **sûr.**

III (adv.) *Travailler/taper ferme :* v. FORT III. *Tenir ferme :* v. RÉSISTER.

ferment 1° Terme général pour désigner une substance qui provoque la fermentation d'une autre ; **levain** se dit particulièrement d'une pâte de farine qui a suffisamment fermenté pour faire lever le pain ; **levure** se dit d'une substance utilisée pour faire lever la pâte. — 2° *Ce garçon est un ferment de rébellion dans notre groupe ;* (plus courant) **agent.** ● **fermentation** *De fausses nouvelles habilement répandues entretenaient la fermentation des esprits* = **agitation, effervescence ;** v. TRAVAIL III ; v. aussi EXCITATION et FIÈVRE.

fermer 1° *Il faudra fermer cette porte ;* (très soutenu) **clore ;** (plus part., dénotant le mode de fermeture) **cadenasser, verrouiller.** — 2° *Le chemin était fermé par une barrière* = **barrer ;** v. aussi BOUCHER. *Cette pièce est fermée ;* **condamner** implique que l'on ne peut plus y accéder ; ↑ **interdire** enchérit sur le précédent (courant : *une route fermée/interdite à la circulation*). — 3° *Fermer la radio :* v. ÉTEINDRE. *Fermer l'eau/le gaz* = **couper,** lorsqu'il s'agit de toute l'installation d'une maison, d'un réseau. — 4° V. ENTOURER. — 5° *Il a décidé de fermer les yeux sur leur négligence,* se dit lorsqu'on fait comme si l'on n'avait rien vu ; **passer l'éponge** est plus fam., et c'est ne pas tenir compte de ce qui aurait pu entraîner une sanction. *Fermer sa gueule :* v. TAIRE (SE). ● **fermé** 1° *Il fréquente un milieu très fermé* = **clos ;**

(plus part.) **snob**, (fam.) **sélect** impliquent une idée de mondanité et de raffinement que ne comprennent pas obligatoirement les précédents. — 2° *Un visage fermé ;* ↑ **hostile**. — 3° *Il est complètement fermé à la musique* = **insensible**. ● **fermeture** 1° *La fermeture de la porte ne fonctionne plus ;* **cadenas, verrou, loquet, serrure** sont des systèmes particuliers de fermeture. — 2° V. CLÔTURE.

fervent 1° (adj.) V. ENTHOUSIASTE. — 2° (nom) V. FANATIQUE. ● **ferveur** 1° *Prier avec ferveur* = **dévotion** ; (plus général) **amour**. — 2° *Applaudir avec ferveur* = **chaleureusement, avec force**. *La ferveur de leur accueil nous a étonnés* = **chaleur**. V. aussi ARDEUR (in *ardent*) et EXPRESSION (in *exprimer*).

festin *Je vous conseille ce restaurant : j'y ai fait un de ces festins ! ;* (fam.) **gueuleton** ; lorsqu'on fait un festin, on dit aussi ↑ *faire* **ripaille/bombance** et, lorsque le repas frôle la débauche, (fam.) ↑ *faire la* **bombe/la foire** ; ↑ **orgie** *(participer à une orgie) ;* **beuverie** se dit d'une partie de plaisir où l'on boit beaucoup. V. aussi DÉBAUCHE, MANGER et REPAS.

fête 1° V. KERMESSE et SOLENNITÉ. — 2° Dans l'express. *faire la fête : Ils passent leur temps à faire la fête ! ;* (fam.) **foire, noce, vie** ; (très fam.) **bombe**. — 3° *Se faire une fête de :* v. RÉJOUIR (SE). ● **fêtard** *C'est un fêtard* = **noceur, viveur** ; v. aussi JOUISSEUR et NOCTAMBULE. ● **fêter** *Nous fêterons joyeusement son anniversaire ;* **célébrer** implique une cérémonie assez importante, parfois solennelle ; **commémorer**, c'est rappeler par une cérémonie le souvenir d'un fait ou d'une personne *(commémorer la mort de Molière) ;* **sanctifier** ne se dit qu'en termes de religion *(sanctifier le jour du Seigneur).*

feu I 1° *Mettre le feu :* v. ALLUMER. *Allumer un feu dans la cheminée ;* **flambée** se dit d'un feu vif, généralement assez bref. *Il y a le feu :* v. INCENDIE ; v. aussi SINISTRE. — 2° (dans des express.) *Avoir le feu au derrière :* v. PRESSÉ. *Jouer avec le feu :* v. RISQUE (in *risquer*). *Faire long feu :* v. ÉCHOUER. — 3° *Faire feu sur :* v. TIRER III.

II *Le feu d'un diamant :* v. BRILLANT III. *Feu rouge :* v. SIGNAL.

III V. PASSION. *Dans le feu de la conversation :* v. ENTRAÎNEMENT I.

IV V. DÉCÉDÉ.

feuillage *Le feuillage du hêtre est magnifique à l'automne ;* (très soutenu) **frondaison** ; (très soutenu) **feuillée** se dit de l'abri naturel que forme le feuillage des arbres. La **ramure** est l'ensemble des branches et des rameaux d'un arbre. ● **feuillu** *Un arbre très feuillu* est un arbre qui a beaucoup de feuilles ; **touffu** se dit d'un arbre dont les feuilles et les branches sont très serrées.

feuille I V. FEUILLAGE.

II *Une feuille de papier ;* la langue fam. confond parfois, à tort, ce terme avec **page** (la page est l'un des côtés, recto ou verso, d'une feuille).

feutré *Marcher à pas feutrés ;* (moins expressif) **silencieux**.

fiancé *Elle nous a présenté son fiancé ;* **promis** et **futur** sont d'un emploi vieilli et font « campagnard ».

ficelle 1° *Il connaît toutes les ficelles de son métier* = **astuce, truc**. — 2° *Faire ficelle :* v. ACCÉLÉRER.

ficher I V. ENFONCER.

II 1° V. FAIRE. — 2° (dans des express.) *Ficher le camp :* v. PARTIR. *Ficher dehors :* v. CONGÉDIER. *En ficher un coup :* v. TRAVAILLER I. *Ficher par terre :* v. RENVERSER. ● **se ficher** 1° V. MOQUER (SE). — 2° *Se ficher dedans :* v. TROMPER (SE).

fichu I En tous emplois, son syn. très fam. est **foutu**. 1° V. CONDAMNÉ, FINI, PERDU (in *perdre*), USÉ (in *user*). — 2° *Il a un fichu caractère !* = **sacré**. — 3° *Mal fichu :* v. BÂTI (in *bâtir*) et MALADE. — 4° *Ne pas être fichu de* (+ infin.) ; (courant) **capable**.

II *Il fait frais, prends ton fichu ;* alors que le *fichu* (parfois appelé **carré** s'il a effectivement une forme carrée) couvre la tête et la gorge, le **châle**, plus grand, est surtout destiné à couvrir les épaules ; l'**écharpe** est une longue bande d'étoffe qui se porte sur les épaules ; la **pointe** est un petit fichu triangulaire ; **foulard** se dit d'un *fichu* ou d'une *écharpe* en soie ou en coton léger de couleurs vives : c'est le terme le plus employé aujourd'hui, *fichu* se disant surtout à la campagne.

fictif 1° *Ses craintes sont purement fictives* = **imaginaire.** — 2° V. FACTICE.

fidèle I (adj.) 1° *Qqn est ~.* V. LOYAL, HONNÊTE et SOLIDE. — 2° *Qqch est ~.* V. ÉPROUVÉ et EXACT. ● **fidélité** *C'est un homme qui est connu pour sa fidélité ;* **constance** se dit plutôt de la persévérance avec laquelle on demeure dans certains sentiments, certaines affections : ce terme implique l'idée d'opiniâtreté, et *fidélité,* celle d'engagement.

II (nom) *La foule des fidèles se rendait à Lourdes ;* au contraire de **croyant** (v. aussi ce mot), qui désigne celui qui a une foi religieuse, quelle qu'elle soit, *fidèle* implique toujours la relation à une Église particulière (catholique, protestante, etc.). On dira ainsi qu'une paroisse a tant de *fidèles,* et qu'une population a tant de *croyants.*

fiel *Sa bouche crachait des propos pleins de fiel* = **bile ;** (moins expressif) **haine ;** v. VENIN.

fier 1° *J'aime les hommes fiers lorsqu'ils tiennent leur fierté non de leur rang, mais d'une certaine forme de courage. Qqn qui est fier est souvent méprisant,* **dédaigneux ;** il est toujours **orgueilleux** lorsqu'il s'estime plus qu'il n'estime les autres ; **hautain** est son syn. **soutenu, altier,** se disent surtout des manières, des habitudes arrogantes de gens orgueilleux, généralement de haut rang. *Fier* admet dans la langue fam. des superlatifs comme *fier comme un paon/comme Artaban.* V. aussi FANFARON, INSOLENT, VANITEUX et DISTANT. — 2° *Alors, Monsieur fait son fier ?* (fam.) = **important ;** v. aussi SUPÉRIEUR I. *Ne pas être fier :* v. SIMPLE. — 3° **fier de** *Il est fier des performances de son fils ;* ↓ **satisfait ;** (rare) **s'infatuer ;** v. aussi VANTER (SE). ● **fièrement** *Malgré sa peur, il marchait fièrement à la tête du commando ;* **bravement** insiste moins sur la noblesse de l'attitude. *Il lui répondit fièrement que ses insultes ne le touchaient pas* = **crânement ;** ↓ **courageusement.** *Moi, Monsieur, je peux marcher fièrement dans la rue !* = **le front haut.**

● **fierté** 1° (v. 1° de l'adj.) **dédain, orgueil, hauteur.** — 2° *Il ne faut vraiment pas avoir beaucoup de fierté pour se compromettre de cette façon* = **dignité.**

fier (se) 1° *~ à qqn.* V. CROIRE. *Vous pouvez vous fier à lui ;* (plus rare) **s'en remettre à ;** (soutenu) **avoir foi en.** — 2° *~ sur qqch. Il se fie beaucoup trop sur son talent et oublie de travailler* = **compter sur ;** (fam.) **tabler sur.**

fièvre 1° *Cet enfant a de la fièvre* = **température.** — 2° *Il aimait la fièvre qui régnait dans le port avant le départ des bateaux ;* ↓ **agitation.** *Parler avec fièvre* = **fougue, passion.** V. aussi EXCITATION (in *exciter*) et FERMENTATION (in *ferment*). — 3° *La fièvre de l'argent le dévore* = **soif ;** ↑ **rage, folie ;** (moins expressif) **passion.** ● **fiévreux** 1° *Cet enfant est fiévreux :* (didact.) **fébrile** (seul *fébrile* s'emploie dans *un état fébrile*). — 2° V. AGITÉ (in *agiter*) et INQUIET.

figer 1° *À l'air, le sang se fige* = **coaguler.** — 2° *Il restait là, figé par la peur ;* **paralyser, pétrifier** sont de même sens, mais ils peuvent s'employer sans compl. d'agent. ● **se figer** V. SCLÉROSER (SE). ● **figé** *Un sourire figé ;* ↓ **contraint ;** v. aussi EMBARRASSÉ (in *embarrasser*). *Au lieu d'évoluer avec son temps, il reste complètement figé dans ses vieilles habitudes ;* ↑ **sclérosé.**

figurant *Il se vante beaucoup, mais il n'était dans cette affaire qu'un figurant* = **comparse.**

figure I 1° *Il avait une figure ronde et bouffie ;* **visage** est plus soutenu, ce qui explique que ce terme ne s'emploie pas dans les contextes fam. comme *prendre la main de qqn sur la figure* et convient mieux, en revanche, dans un contexte mélioratif *(Elle avait un très beau visage) ;* **minois** et (fam.) **frimousse** impliquent jeunesse et fraîcheur : le premier convient bien en parlant d'un enfant ; **face** s'emploie surtout dans des contextes descriptifs et assez neutres *(une face ronde, large) ;* **physionomie** se dit de l'expression du visage *(juger qqn sur sa physionomie) ;* (didact.) **faciès** est un terme de médecine qui désigne l'aspect du visage d'un malade ; (par méton. ; souvent péjor.) **tête ;** (fam., péjor.) **)** **portrait** ; (très fam.) **gueule** ; (très fam. ; expressifs ; le plus souvent péjor.) **margoulette, bine, trompette, binette, tronche, balle, bille, bobine, bouille, cafetière, fiole, poire, pomme.** V. EX-PRESSION (in *exprimer*). — 2° *Napoléon est l'une des grandes figures de l'histoire ;* (moins expressif), **personnage** ; (moins propre, plus général) **nom.** — 3° *Dans l'express. faire figure de :* v. PARAÎTRE I.

II V. ILLUSTRATION.

fil I (dans des express.) *Cela ne tient qu'à un fil :* v. CHEVEUX. *Fil à couper le beurre :* v. INTELLIGENT. *Le fil des idées :* v. SUITE (in *suivre*).

II (fam.) *Passer un coup de fil ;* (plus fam.) **bigophone** ; (courant) **téléphone.**

III V. TRANCHANT I.

file 1° *Les manifestants avançaient en une interminable file qui ondulait comme les blés au vent* = **colonne** ; (souvent avec une nuance péjor.) **procession** ; v. RANG I. *Une longue file de ménagères attendait l'ouverture de l'épicerie* = **queue** (*file ne s'emploie pas dans faire la queue*). — 2° **à la file** *Ils marchaient à la file indienne* = **les uns derrière les autres** ; (fam.) **à la queue leu leu.** V. aussi AFFILÉE (D'). V. CONSÉCUTIF.

filet 1° *Attraper des animaux avec un filet ;* **panneau** ne s'emploie que dans le vocabulaire de la chasse ; v. aussi PIÈGE. — 2° Au fig., on dit : *prendre qqn dans ses filets ;* (soutenu) **dans ses rets ;** (fam.) **tomber dans le panneau** ; v. PIÈGE. V. aussi APPÂT.

filigrane *Quand on lit sa lettre en filigrane, c'est bien une lettre de menaces !* ; (plus courant) **entre les lignes.**

fille *Voici ma fille ;* **fillette** ne se dit que d'une petite fille. *Il sort avec une jeune fille ;* (soutenu ou iron.) **demoiselle** ; (fam.) **tendron** se dit d'une très jeune fille ; (fam. ; vieillis) **poule, quille** ; (fam.) **nana, nénette** ; (péjor.) **donzelle** se dit d'une jeune fille prétentieuse. V. aussi ENFANT et FEMME. *Vieille fille :* v. CÉLIBATAIRE et DEMOISELLE. *Fille de joie/publique :* v. PROSTITUÉE (in *prostituer*).

filon 1° En général, **filon** se dit des minerais et **veine**, des roches *(un filon d'étain/une veine de charbon).* — 2° *Il a trouvé le filon !,* se dit surtout d'une situation lucrative, alors que **planque** fait surtout penser à une situation tranquille, où l'on est à l'abri des ennuis et du travail ; les deux sont fam. et sont remplacés dans le langage courant par **place** (généralement dans *la bonne place).*

fils *Je vous présente mon fils ;* (fam.) **fiston** ne se dit que d'un fils enfant ou adolescent ; (fam.) **rejeton** s'emploie par plaisant. ; terme d'affection, **petit** ne convient que pour un enfant ; (fam. en ce sens) **garçon, gars** s'emploient comme syn. de *fils* dans certaines régions ; (fam. et iron.) **héritier** ; v. aussi ENFANT et POSTÉRITÉ.

fin I (nom) 1° Terme très général pour désigner l'arrêt d'un phénomène dans le temps (syn. variant selon les contextes). *La fin du jour :* v. CRÉPUSCULE. *Cette rivière marque la fin de sa propriété* = **limite.** *La fin des travaux d'une assemblée :* v. CLÔTURE et TERME I. *La fin de ce roman est assez imprévisible* = **dénouement.** *La fin de son discours est déconcertante* = **conclusion.** *C'est la fin de ses illusions :* v. ENTERREMENT et GLAS. — 2° V. MORT I. — 3° (dans des express.) *Mettre fin à :* v. FINIR. *Prendre fin :* v. FINIR. *Sans fin :* v. TOUJOURS. *Jusqu'à la fin :* v. BOUT. *En fin de compte, que peut-on faire ?* = **au bout de compte** ; **finalement, en définitive.** ● **final** V. DERNIER. *Mettre un point final à :* v. FINIR. ● **finalement** V. *supra* sens 3 [*en fin de compte*], ENSEMBLE II [*dans l'ensemble*] et APRÈS I [*après tout*].

II (nom) V. BUT.

III (adj.) 1° Qqch est ~. *De l'or fin ;* ↑ **pur.** *De la cuisine fine :* v. DÉLICAT. Dans l'express. *C'est la fine fleur de la société parisienne ;* (fam.) **crème, dessus du panier.** — 2° Qqch est ~. *Il a l'art de discerner les nuances les plus fines* = **ténu, subtil.** — 3° Qqch est ~. *Avoir la taille fine ;* (rare) **délié** ; (assez fam.) **avoir une taille de guêpe** ; v. aussi MINCE et LÉGER. *Avoir l'oreille fine :* v. EXERCÉ. *Les chiens ont un odorat très fin* = **subtil.** — 4° Qqn est ~. V. CLAIRVOYANT et DÉLICAT. *C'est un esprit très fin* = **délié, subtil, perspicace** ; v. MALIN. — 5° (dans

des express.) *Une fine gueule* : v. GOUR-
MAND. *Une fine mouche* : v. MALIN. *Avoir
le nez fin* : v. CLAIRVOYANCE et SEN-
SIBLE I. ● **finement** *Voilà qui est finement joué* !; **astucieusement** se réfère à
la finesse intellectuelle ; **adroitement**
et **habilement** conviennent mieux à la
finesse physique. ● **finesse** (de 1° de
l'adj.) **pureté** ; (de 2° de l'adj.) **ténuité,
subtilité** ; (de 4° de l'adj.) **subtilité,
perspicacité** ; v. CLAIRVOYANCE et DÉLICA-
TESSE ; v. aussi SEL.

finance 1° (sing.) *Il est dans la
finance* ; (plus général ; au plur.) **affaires.**
— 2° (plur.) *Les finances publiques* ;
(rare) **deniers** désigne les revenus de
l'État ; **fonds** désigne le capital des
sommes empruntées par l'État. *L'état de
mes finances ne me permet pas d'aller au
restaurant tous les dimanches* ; (plus
fam.) **bourse, porte-monnaie.** ● **financer**
*Je veux bien aller au restaurant, mais
qui est-ce qui finance ?* (fam.) ; (courant)
payer (v. ce mot). ● **financier** (adj.) *Il a
des ennuis financiers en ce moment* ;
(terme propre) **pécuniaire** ; (courant)
d'argent. ● **financier** (nom) *Il savait bien
que le pouvoir était finalement aux
mains des financiers* ; ce terme recouvre
à la fois **banquier** et **capitaliste.**

finir 1° ~ qqch. *Quand pensez-vous
finir ce travail ?* = **terminer** ; **achever,
conclure** impliquent davantage l'idée de
perfection : c'est mener un travail à
bien. V. PARFAIRE. — 2° ~ qqch/ ~
de + infin. *Quand finiront-ils de nous
ennuyer ?* ; *Finissons cette discussion, s'il
vous plaît !* = (1ᵉʳ ex.) **cesser,** (fam.)
arrêter ; (2ᵉ ex.) = **cesser** ; **mettre fin/un
terme/↑un point final à.** Sans syn. dans
le contexte, interrogatif ou exclamatif :
ne pas finir de *Tu n'as pas fini de
souffrir !* — 3° (intr.) *Les vacances
finissent le 15 septembre* = **se terminer** ;
(plus soutenu) **prendre fin** ; **s'achever**
convient mieux sans compl. *Cette pluie
va-t-elle enfin finir ?* = **s'arrêter, cesser.**
— 4° (intr.) V. MOURIR. — 5° (intr.)
V. ABOUTIR I. — 6° (intr. ; dans des loc.)
Tout cela va mal finir ; (plus fam.) **mal
tourner.** *Tu finis par m'ennuyer avec ton
cinéma !* = **commencer à** ; **à la fin, tu
m'ennuies.** *Il se lance toujours dans des
explications à n'en plus finir* ; (fam.) à
rallonges. ● **fini** 1° *Voici du travail bien
fini* ; (rare) **poli** ; (fam.) **fignolé, léché.** —
2° *C'est un menteur fini !* ; **fieffé,** (fam.)

sacré, **fichu, méchant** s'emploient devant le nom. — 3° *Le calme, l'eau, la
pêche, c'est fini tout ça !* ; (fam.) **fichu,
↑mort** ; (très fam.) **foutu.** — 4° *Après
quarante années de travail, vous retrou-
vez un homme fini !* = **usé, épuisé** ; (fam.)
fichu ; (très fam.) **foutu.**

fixer 1° *Où comptez-vous fixer cette
applique ?* = **accrocher** (v. ce mot) ;
v. aussi SUSPENDRE I. *Il faudrait fixer
cette poutre plus solidement* ; (rare) **assujettir.** *Fixer un diamant sur une bague* ;
(terme propre) **sertir.** — 2° *Fixer ses
regards sur* : v. ARRÊTER I et REGARDER.
— 3° *Fixer son domicile* : v. ÉTABLIR.
Fixer une date : v. ARRÊTER III. *Fixer un
rendez-vous* : v. DONNER I. — 4° *Fixer les
prérogatives de qqn* : v. DÉLIMITER. *Nous
avons fixé ensemble un certain nombre de
conditions* ; ↓**formuler** ; (assez fam.) se
mettre d'accord sur. *Le gouvernement
tente de fixer le prix des denrées alimentaires* = **réglementer.** — 5° *Vous a-t-il
fixé sur ses intentions ?* ; (rare en ce
contexte) **renseigner** (v. ce mot) ; (soutenu) **mettre au fait de.** ● **se fixer** 1° *Il
s'est fixé ici voici déjà huit ans* = **s'établir** (v. ce mot). — 2° ~ *sur.* V. CHOISIR.
● **fixé** *Nous irons peut-être en Corse,
mais nous ne sommes pas encore très
fixés* = (plus soutenu) **nous n'avons pas
encore arrêté notre décision,** *Nous
sommes maintenant fixés sur sa franchise !* = **savoir à quoi s'en tenir sur.**
● **fixe** 1° *Il a maintenant un horaire fixe*
= **régulier, stable.** — 2° *Idée fixe* :
v. IDÉE.

flamboyer *Le feu flamboie dans la
cheminée* ; **rougeoyer** insiste sur la couleur. V. aussi BRILLER, ÉCLAIRER et
ÉTINCELER.

flanc 1° V. CÔTÉ. — 2° *Le général
voulait renforcer le flanc droit de son
armée* = **aile.** — 3° (dans des express.) *Il
prête vraiment le flanc à la critique*
= **donner prise à** ; v. aussi S'EXPOSER À
(in *exposer* III). *Il tire au flanc, ce
gars-là !* : v. CUL. *Être sur le flanc* :
v. FATIGUÉ. ● **flâner** *Il en avait assez de flâner ainsi* ;
battre le pavé est généralement péjor. et
ne peut s'employer que par référence
aux rues d'une ville ; (fam.) **baguenauder.** V. AMUSER (S') et TRAÎNER. V. aussi
ERRER II. ● **flâneur** Se dit de celui qui

aime se promener au hasard des rues en prenant son temps ; **badaud**, de celui que captivent les divers spectacles de la rue *(Les soirs de printemps, les boulevards attirent les flâneurs ; Un accident de voiture attroupe les badauds).*

flanquer 1° V. ACCOMPAGNER. — 2° V. APPLIQUER et DONNER I. — 3° *Flanquer à la porte* : v. CONGÉDIER (in *congé*). — 4° *Se flanquer par terre* : v. TOMBER.

flasque *Son corps flasque, envahi par la graisse, la dégoûtait ;* ↓ **mou** n'est pas forcément péjor.

flatter 1° Qqn ⁓ qqn. *Flattez-le un peu et vous verrez comme sa modestie disparaîtra !* ; (vieillis en ce sens) **caresser, cajoler**, c'est séduire qqn par des manières doucereuses ; ↑ **encenser**, c'est accabler qqn, souvent publiquement, de louanges excessives ; **amadouer**, c'est flatter qqn pour le fléchir et l'amener à ses fins ; ↑ **flagorner**, c'est flatter qqn outrageusement et avec bassesse. On dit aussi, fam., **faire des courbettes**, (très fam.) **peloter, lécher** (vulg. : *lécher le cul à qqn*). V. aussi DORLOTER. — 2° Qqch ⁓ qqn. *Cette nouvelle robe la flatte beaucoup* = ... **est très flatteuse**, ... **la fait paraître à son avantage** ; **avantager**. — 3° Qqch ⁓ qqn (le plus souvent au passif). *Je serai très flatté de vous accueillir dans mon établissement* = **honorer** ; **j'aurai grand plaisir à...** — 4° Qqch ⁓ qqch. *Voici une tapisserie qui flatte le regard ;* (moins employé) **plaire à**. ● **se flatter (de)** *Il se flatte de parcourir cette distance en moins d'une heure* = **se faire fort de, se piquer de** ; ↑ **se targuer, se vanter**. V. ESPÉRER et HONORER (S'). ● **flatterie** 1° *je déteste la flatterie ;* ↑ **flagornerie**. — 2° *Toutes ces flatteries nous donnent envie de vomir !* ; (fam.) **courbettes**. V. CARESSE. ● **flatteur** 1° *Je déteste tous ces flatteurs et leur bassesse ;* ↑ **flagorneur** ; (soutenu) **courtisan** ; (fam.) **faiseur de courbettes** ; v. aussi COMÉDIEN. — 2° (adj.) V. AVANTAGEUX, ÉLOGIEUX (in *éloge*) et LAUDATIF.

flèche 1° *L'arc se détendit violemment et la flèche fila vers le but ;* **carreau** désigne plus spécialement la flèche de l'arbalète ; **trait** est parfois utilisé, surtout dans la littérature classique, pour désigner la flèche. — 2° *Partir comme une flèche* : v. RAPIDEMENT (in *rapide*).

fléchir 1° ⁓ qqch. V. PLIER I. — 2° ⁓ qqn. *Parviendra-t-il à fléchir ses juges ?* ; ↓ **ébranler, toucher** ; ↑ **gagner à sa cause** ; v. aussi CONCILIER (SE). — 3° (intr.) Qqch ⁓. V. PLIER II. — 4° (intr.) *Sa colère ne fléchissait pas :* v. DÉSARMER. *Il ne fléchira pas, je m'en porte garant !* ; (plus courant) **céder** est de sens plus étroit : il n'engage que le domaine moral, alors que *fléchir* comme ↓ **faiblir** supposent un renoncement de toute la personne.

flegme *Il agissait toujours avec un flegme surprenant ;* **décontraction** passe pour fam. et implique quelque insouciance ; v. aussi CALME.

flemme *J'ai la flemme de me mettre à mon boulot* (fam.) ; (courant) **je n'ai pas le courage de... Il a la flemme !** : v. PARESSE et PARESSEUX.

flétrir I 1° *Les chaleurs de juillet ont flétri les fleurs les plus fragiles* = **faner** ; v. SÉCHER I. — 2° *Le chagrin a prématurément flétri son visage ;* ↓ **marquer**, **rider, friper** ; ↑ **ravager**.

II *De tels propos flétrissent la mémoire de notre chef ;* ↑ **salir, souiller** ; v. STIGMATISER.

fleur (dans des express.) 1° *Comme une fleur* : v. FACILEMENT. *Faire une fleur* : v. PLAISIR [*faire plaisir*]. *Couvrir de fleurs* : v. LOUER II. *Être fleur bleue* : v. SENTIMENTAL (in *sentiment* II). — 2° V. ÉLITE. ● **fleurir** 1° V. S'ÉPANOUIR. — 2° *C'est une époque où la peinture florissait, où l'inutile florissait !* = **être florissant** (v. ce mot) ; **prospérer** est de même sens, mais s'emploie davantage en parlant des biens matériels. ● **florissant** 1° *Leur entreprise est florissante : elle a doublé son chiffre d'affaires* = **prospère** ; ↑ **en pleine expansion**. — 2° *Jouir d'une santé florissante ;* (moins expressif ; antéposé) **très bon**. *Un teint florissant ;* ↑ **resplendissant**.

flot 1° (plur.) V. MER et VAGUE I. — 2° *Des pêcheurs se sont laissé prendre par le flot et n'ont été secourus que de justesse* = **flux, marée** *(marée montante)*. — 3° *Verser des flots de larmes* = **ruisseaux, torrents**. *Un flot d'injures* = **torrent**. *Un flot de touristes* : v. MULTITUDE. — 4° **à flots** *Le sang coulait à flots* *par sa blessure béante*; ↓ **abondamment**; v. aussi BEAUCOUP.

flotter ‖ 1º *Son gilet de sauvetage lui permettra de flotter en cas d'accident*: **surnager** implique un effort pour éviter la noyade. — 2º *Le drapeau de la balise flotte dans une brise assez forte*; ↑ **claquer**. *Sa chevelure flotte dans le vent*; (soutenu) **ondoyer**. — 3º *Il flotte dans ses habits* (plus fam.) **nager**; v. LÂCHE II.

‖ V. PLEUVOIR.

fluet 1º *C'est un enfant très pâle, aux jambes fluettes* = **grêle**; v. aussi FAIBLE. — 2º *Une voix fluette*; (moins propre) **faible**; **petit** (antéposé).

fluide *Sa pensée est si fluide qu'on ne peut la saisir* = **inconsistant**, **insaisissable**; v. aussi INCERTAIN.

flûte ‖ 1º *Son frère joue de la flûte*; on distingue la grande flûte et la petite flûte, ou **piccolo**; **fifre** se dit d'une petite flûte en bois, utilisée dans la musique militaire; **chalumeau** et **pipeau** désignent une flûte champêtre (le *pipeau* est encore couramment utilisé, notamment par les enfants); **flageolet** désigne une flûte à bec percée de trous, généralement en buis et à clefs. — 2º V. JAMBE.

‖ V. ZUT.

foi 1º V. CROYANCE (in *croire*) et CROIRE. — 2º (dans des express.) *Sur la foi de* : v. TÉMOIGNAGE. *De bonne foi* : v. LOYAL/LOYAUTÉ. *Avoir foi en* : v. FIER (SE).

fois 1º V. COUP III. — 2º (dans des express.) *Chaque fois que* : v. QUAND. *Bien des fois, plusieurs fois, cent fois...* : v. SOUVENT. *Dire deux fois* : v. RÉPÉTER. *Si, des fois,...* : v. QUELQUEFOIS. *Non mais, des fois, vous ne vous payez pas ma tête?* (fam.) = **non mais, sans blague!**; **non mais, dites donc!** *Vous êtes capable de faire tout cela à la fois?* = **en même temps**; (soutenu) **concurremment**, **simultanément**; (plus fam.) **de front** (*...mener tout cela de front*).

foison (à) *Des champignons, ici il y en a à foison*; (plus soutenu) ↓ **en abondance**; (plus soutenu, de même force) *à* **profusion**; (plus fam.) **en masse**; v. aussi BEAUCOUP.

folâtre *Il est d'humeur folâtre* = **guilleret**. *Il a l'esprit folâtre* = **vagabond**.
● **folâtrer** *Son grand plaisir était de voir ses enfants folâtrer dans l'herbe* = **batifoler**; (moins expressif) **s'ébattre**.

foncer 1º V. ÉLANCER (S'). — 2º *L'ambulance fonçait à toute allure en dépit de la route très encombrée*, considéré comme fam., mais n'a pas de syn. courant; ↓ **rouler**. — 3º *Il fonce dans le brouillard sans se préoccuper du qu'en-dira-t-on* (fam.); (courant) **aller de l'avant**.

fonction ‖ *Relever qqn de ses fonctions* : v. EMPLOI, DESTITUER et PLACE I.

‖ (loc.) 1º **faire fonction de** *Il manque des pièces à ce jeu d'échecs : mais ces boutons pourront faire fonction de pions* = **faire office de**, **tenir lieu de**; (plus courant) **servir de** (seuls *faire fonction de/faire office de* s'emploient en parlant de qqn). — 2º **être fonction de** V. DÉPENDRE. — 3º **en fonction de** *Le prix de vente est calculé en fonction du prix de revient* = **par rapport à**, **compte tenu de**.

fond 1º V. MATIÈRE II. — 2º (dans des express. ou des loc.) *Envoyer un bateau par le fond*; (plus courant) **couler**. *Toucher au fond du problème* = **cœur** (*être au cœur de*), **nœud** (*C'est le nœud du problème*). *Du fond du cœur* : v. SINCÈREMENT. *Au fond, il n'avait pas tort* : v. APRÈS I [*après tout*]. *Il faut serrer les freins à fond*; (fam.) **à mort**, **à bloc**. *Je le défendrai à fond dans cette affaire* = **jusqu'au bout**. *Il connaît le sujet à fond* : v. DOIGT [*sur le bout des doigts*].

fondamental *Il y a une différence fondamentale entre ce qu'il dit et ce qu'il fait* = **foncier**, **radical**. V. ÉLÉMENTAIRE (in *élément*), PRINCIPAL et PRIMORDIAL.
● **fondamentalement** *Leurs thèses sont fondamentalement opposées* = **foncièrement**, **radicalement**, **totalement**.

fondement ‖ V. ANUS.

‖ V. BASE II. *Sans fondement* : v. ERRONÉ (in *erreur*).

fonder V. APPUYER I, CONSTITUER, ÉTABLIR, JUSTIFIER et OUVRIR. ● **se fonder** *Sur quoi vous fondez-vous pour lancer de telles accusations?*; (plus courant; fam.) **se baser**. ● **fondé** 1º *Ses plaintes me* paraissent fondées = **légitime** ; v. SÉ-RIEUX ; v. aussi SOLIDE. *Mal fondé :* v. ERRONÉ (in *erreur*). — *2° Je suis fondé de dire que votre projet ne sera pas accepté* (soutenu) = (courant) **j'ai de bonnes raisons pour...** — *3° Être fondé sur :* v. REPOSER [*reposer sur*].

fondre I V. DÉLAYER, DISSOUDRE, MAIGRIR et SCULPTER. *Fondre en larmes :* v. PLEURER. ● **se fondre** V. ASSIMILER I et DISPARAÎTRE.

II V. S'ABATTRE (in *abattre* I).

forçat *Il travaille comme un forçat* = **nègre, galérien** ; ↓ **beaucoup** (v. ce mot).

force V. aussi FORT. 1° *Il faut être d'une force extraordinaire pour soulever de telles barres d'acier ;* **vigueur** implique que l'on soit en pleine santé, au mieux de son développement physique ; **robustesse** fait penser à la solidité de la constitution physique ; **résistance** est de sens plus éloigné : c'est l'ensemble des qualités physiques et morales qui permettent de surmonter aisément un obstacle comme la fatigue, les privations, etc. — 2° *Force de caractère :* v. ÉNERGIE. — 3° (loc. correspondant aux sens 1 et 2) *Deux joueurs de même force* = **niveau.** *Sans force :* v. CONSISTANCE (in *consistant*). *De toutes ses forces :* v. ÊTRE II. — 4° *Que peut-on contre la force d'une passion ? ;* ↑ **violence** ; v. ENTRAÎNEMENT I, INTENSITÉ, POUVOIR I et VIVACITÉ (in *vif*). *Méfiez-vous de la force du vent ! ;* ↑ **violence** ; en termes techn., **force** et **vitesse** sont syn. quand on parle de vent, sauf dans le contexte : *un vent de force 4. Force de production :* v. CAPACITÉ I. *Perdre sa force :* v. ÉMOUSSER (S'). — 5° V. CONTRAINTE. *Coup de force :* v. COUP D'ÉTAT. *Il le fera, de gré ou de force* = **qu'il le veuille ou non.** *Il voulait à toute force quitter Paris* = **à tout prix.** — 6° *Forces de l'ordre :* v. AGENT [*agent de police*]. ● **forcer** 1° ~ qqch. V. ENFONCER. — 2° ~ qqn à. V. ACCULER et CONDAMNER. — 3° ~ qqch. V. EXAGÉRER et OUTRER. ● **forcé** 1° *Faire un atterrissage forcé ;* ↓ **involontaire.** — 2° *Un sourire forcé :* v. FACTICE. — 3° *Il lui arrivera malheur, c'est forcé* (fam.) ; (courant) **forcément** (*Il lui arrivera forcément malheur*), **c'est inévitable ;** écrit, dans l'express. *C'était écrit,* implique

l'idée de fatalité ; v. aussi FATALEMENT (in *fatal*). ● **forcément** V. FORCÉ.

forcir 1° V. GROSSIR. — 2° En termes de marine, se dit du vent, **grossir,** de la mer.

forme I 1° *La forme de ces montagnes correspond bien à l'allure des reliefs anciens* = **aspect ;** (didact.) **configuration** se dit des plantes, des minéraux, des sols, **conformation,** de l'anatomie d'un corps humain ou animal ; v. aussi STRUCTURE. — 2° *La forme d'une jupe :* v. FAÇON. — 3° *Un dessin aux formes très pures* = **tracé** (sing.), **ligne.** — 4° *Nous étudierons différentes formes de sociétés humaines* = **type ;** v. aussi SORTE. — 5° *Prendre forme :* v. CORPS I.

II (plur.) *Il tient absolument à ce que l'on respecte les formes* = **usages, bonnes manières ;** (rare en ce sens) **protocole** (v. ce mot) se dit plutôt, comme **étiquette,** des règles à observer dans les cérémonies officielles. ● **formaliste** *C'est une femme intelligente, mais trop formaliste,* se dit de celui qui se soucie exagérément des formes à respecter dans les rapports sociaux ; **cérémonieux,** (rare) **façonnier** se disent plus précisément de celui qui multiplie à l'excès les marques de politesse. V. BOURGEOIS.

III en forme V. DISPOS et VALIDE I.

former 1° ~ qqch. V. COMPOSER, CONSTITUER, DESSINER, ÉNONCER et ORGANISER. — 2° ~ qqn. V. CULTIVER et ÉDUQUER. ● **se former** *Des brouillards se formeront dans les vallées* = **apparaître.** ● **formation** 1° V. CONSTITUTION. — 2° V. ÉDUCATION (in *éduquer*). — 3° *Elle arrive à l'âge de la formation ;* (didact.) **puberté.** — 4° *La France compte de nombreuses formations politiques* = **parti ; groupe, groupement,** ↑ **groupuscule** se disent généralement de petites formations. *Voici une très bonne formation de jazz* = **orchestre.** — 5° *On assistera à la formation de nombreux brouillards* = **apparition ;** v. PRODUCTION (in *produire* II). ● **formateur** *Ce séjour en Angleterre aura été très formateur pour ces jeunes élèves ;* (plus général) **utile, profitable.**

formule 1° *On vient de mettre au point une nouvelle formule pour la décantation des eaux usées* = **méthode, procédé.** —

2° *Il a trouvé la formule pour ne rien faire !;* (plus fam.) **truc, joint.** — 3° *Une formule publicitaire* = **slogan.** V. aussi EXPRESSION. ● **formulaire** *Voudriez-vous remplir ce formulaire ?;* (plus général) **questionnaire.**

fort I Qqn est ∼. 1° *Pierre est assez fort pour porter à lui seul cette armoire normande !;* (rare) **puissant** évoque une force potentielle permanente et importante ; **robuste, solide** évoquent surtout la constitution d'une personne, **vigoureux,** la force, alliée à la vivacité, chez une personne en très bonne santé ; **costaud** est fam. ; **balèze** et **baraqué** sont très fam. D'un homme fort, on dit, très fam., que c'est un **malabar,** un **balèze,** une **baraque,** ou, fam., que c'est un **hercule.** On dit aussi qu'il est ↑*fort comme un Turc ;* v. aussi FORCE. — 2° Qqn est ∼. V. GROS. — 3° Qqn est ∼ en qqch. V. BON I et SAVANT I. — 4° *Se faire fort de :* v. FLATTER [*se flatter de*].

II 1° Qqch est ∼. *Un vent très fort ;* ↑**violent** (v. ce mot) ; (fam.) ↑**du diable.** *Une forte fièvre ;* ↑**violente** (postposé) ; (fam.) ↑**carabiné, de cheval** (postposé). *Une lumière forte* = **vif** (v. ce mot), **intense ;** v. aussi CRU. *Une sauce très forte* = **épicé, relevé ;** v. PIQUANT II. *Un café très fort ;* (fam.) **serré.** *Sentir fort :* v. NEZ [*à plein nez*]. — 2° Qqch est ∼. (sentiments) V. GRAND. — 3° Qqch est ∼. *Une forte somme d'argent* = **gros ; important** (postposé s'il n'y a pas de compl. de nom). *De fortes chutes de neige* = **abondant, important.** — 4° Qqch est ∼. *Je trouve la plaisanterie un peu forte !;* ↑**inouï ;** (fam.) **costaud, raide, fort de café.** *Le plus fort, c'est qu'il m'accuse de mentir !;* (plus soutenu) **extraordinaire, incroyable, invraisemblable.** ● **fortement** *D'une manière générale,* v. BEAUCOUP. *Serrer fortement* = **vigoureusement, fort ;** ↑**violemment.** *Ce papier adhère fortement au mur* = **solidement.** *Il a été fortement commotionné ;* ↑**violemment.** *J'espère fortement que vous réussirez* = **vivement ;** ↑**profondément.** *Il a des traits fortement accusés ;* ↓**nettement.**

III (adv.) 1° *Taper fort sur qqn ;* (plus fam.) **dur, ferme.** *Pleuvoir fort ;* (rare) **dru.** *Frapper/serrer fort :* v. FORTEMENT (in *fort* II) et ROMPRE [*à tout rompre*]. *Le vent souffle fort, ce matin ;* ↑**violemment.** *Pourquoi cries-tu si fort ?;* (fam.) **comme un sourd ;** v. CRIER. *Parlez plus fort !*

= **haut.** *Sentir fort :* v. SENTIR II. — 2° *Y aller un peu fort :* v. ABUSER II. — 3° V. TRÈS.

IV V. FORTERESSE.

forteresse 1° *Une forteresse,* ou **place forte,** est un lieu fortifié destiné à défendre un pays habité, une ville ; **citadelle** se dit d'une forteresse qui protège une ville ; **fort** se dit d'un ouvrage isolé destiné à protéger un endroit stratégique ; **fortin** se dit d'un petit fort ; **blockhaus** se dit d'un petit ouvrage militaire défensif, abritant généralement des pièces d'artillerie. — 2° *Je déteste les gens qui s'abritent derrière la forteresse de leurs bonnes raisons* = **rempart ;** ↓**mur ;** v. PLACE II. V. aussi DÉFENSES (in *défendre* I).

fortifiant *Si vous êtes affaibli, prenez des fortifiants* = **reconstituant ;** (fam.) **remontant ;** (moins employé) **tonique** se dit surtout de liquides qui excitent l'activité des organes (*Les extraits de certains abats d'animaux s'emploient comme fortifiants ; Le quinquina est un tonique*).

fortune 1° V. CAPITAL II et RICHESSE. — 2° V. HASARD. — 3° (dans des express.) *Nous nous débrouillerons avec des moyens de fortune* = **les moyens du bord.** *À la fortune du pot* = **à la bonne franquette.** *Avoir la bonne fortune de :* v. CHANCE.

fossé 1° V. RIGOLE et TRANCHÉE. — 2° *Tranchée qui entourait une ville ou un château pour la/le protéger ;* rempli d'eau, ce fossé s'appelait **douve.** — 3° *Un fossé les sépare :* v. DISTANCE.

fossile *Il ne pouvait plus supporter l'entourage de tous ces vieux fossiles* = **barbe ;** (très fam.) **baderne, chnoque** (tous ces syn. obligatoirement accompagnés de l'adj. « vieux »).

fou 1° (nom) *On ne peut lui en vouloir : c'est un fou ;* (en termes de droit, ou soutenu) **dément ;** (en termes de médecine ou de droit) **aliéné ;** (par euphémisme) **malade ;** ↓**déséquilibré ; inconscient** se dit de celui qui ne se rend pas compte de la portée de ses actes ; (fam. ou très fam.) **braque, détraqué, cinglé, fada, dingue.** Nous avons signalé l'usage de ces termes dans la langue courante, dans laquelle le *fou* est toujours qqn de dangereux, dont on s'écarte par la raillerie et dont on se protège par les asiles ; la science moderne rejette cette conception et ne donne à *fou* et à *aliéné* aucun contenu médical : elle distingue le **névrosé** et le **psychotique**, atteints de troubles que l'on soigne, dans les cas aigus, dans un *hôpital psychiatrique. Fou furieux :* v. ÉNERGUMÈNE ; v. aussi FURIEUX. *Devenir fou :* v. ESPRIT [*perdre l'esprit*] ; v. aussi DÉRAISONNER, DÉLIRER et FACULTÉ [*perdre ses facultés*]. — 2º *Il est devenu complètement fou ;* (avec les mêmes nuances que ci-dessus) **inconscient, malade ; insensé** se dit de celui qui agit contrairement au bon sens ; (fam. ou très fam.) **fada, cinglé, frappé, loufoque, louftingue, marteau, piqué, sonné, tapé, timbré, toc-toc, toqué, maboul, cinoque, dingo, dingue.** Ces adjectifs s'emploient aussi avec le sens de « qui agit sans aucune mesure, sans bon sens » : *Vous sortez par ce temps ? mais vous êtes fou !* ; v. ABSURDE II. V. aussi PERDU. — 3º *Votre refus l'a rendu fou de rage* = **ivre.** *C'est un fou de la chasse :* v. OBSÉDÉ. — 4º (adj.) **être fou de** *Être fou de qqn :* v. AIMER. *Elle est folle de joie ;* (soutenu) **éperdu.** *Il est fou de vouloir sortir par un temps pareil !* ; (soutenu) **insensé ;** (fam.) **idiot.** — 5º (adj.) *Qqch est* ~. *Elle a un regard fou ;* ↓**hagard, égaré ;** ↑**halluciné.** *Ce projet est fou !* ; (plus soutenu) **insensé ;** v. aussi ABSURDE et HASARDEUX. — 6º (adj.) *Qqch est* ~. *Une course folle :* v. EFFRÉNÉ. — 7º (adj. à valeur superlative) *Qqch est* ~. *Un chagrin fou :* v. BEAUCOUP, GRAND et TERRIBLE. *Il y avait un monde fou !* ; ↓**beaucoup** (*Il y avait beaucoup de monde*). ● **folie** 1º V. FOU 1º ; **aliénation, démence ;** v. aussi DÉLIRE. — 2º *Vous allez sortir dans cet état ? mais c'est de la folie !* ; ↓**inconscience.** V. ABSURDE II et DÉLIRE ; v. aussi EXTRAVAGANCE. — 3º *Les petites folies de qqn :* v. FANTAISIE. *Dire des folies ;* ↓**bêtise** (v. aussi ce mot). — 4º *Avoir la folie de qqch :* v. FIÈVRE. *Le jardinage, c'est sa folie !* : v. PASSION. ● **follement** *Elle l'aime follement* = **à la folie ;** (plus rare) **à la fureur** ; (soutenu) **éperdument.** V. TRÈS.

foudre 1º Se dit d'une décharge électrique produite par la rencontre entre deux nuages ou un nuage et le sol, et qui s'accompagne d'une vive lumière, ou **éclair,** et d'une violente détonation, ou **tonnerre.** — 2º *Rapide comme la foudre* = **éclair.** ● **foudroyer** *Il a été foudroyé par un infarctus* = **terrasser.**

fouet 1º Le *fouet* est formé d'un manche et d'une corde assez longue. La **cravache** est une badine flexible, le plus souvent terminée par une mèche. — 2º *Il faudra mener tous ces gaillards-là à coups de fouet/*de **cravache** = **à la baguette.**

fougue *Il y avait dans ses paroles toute la fougue du militant ;* ↑**impétuosité, emportement, véhémence, violence** (termes placés dans un ordre croissant) ; v. FIÈVRE et MORDANT ; v. aussi ARDEUR (in *ardent*) et ÉLAN (in *élancer* [*s'*]). ● **fougueux** *Il a le tempérament fougueux de la jeunesse ;* ↑**bouillant, impétueux, emporté, véhément, violent ;** v. ARDENT,

fouiller 1º ~ *qqch. Après l'attentat, la police a fouillé l'aéroport ;* ↓**inspecter ;** (didact.) **perquisitionner** ne se dit que de la visite d'un domicile ; (fam.) **passer au peigne fin/au crible.** *Fouiller l'obscurité* = **balayer.** *Fouiller les bois :* v. BATTRE II. *Fouiller les bagages ;* ↓**examiner, visiter** sont plus didact. — 2º ~*qqch. Fouiller la terre,* c'est la creuser pour y chercher qqch ; **fouir** s'emploie avec le même sens en parlant des animaux (*Le cochon fouit la terre*). *Fouiller la terre,* c'est aussi creuser une terre que l'on cultive = **retourner.** — 3º (intr.) *Je n'aime pas qu'on fouille ainsi dans mes affaires ;* (fam.) **fouiner, farfouiller, trifouiller, fourrager, fureter.** ● **se fouiller** *Tu penses que je te donnerai de l'argent ? tu peux toujours te fouiller !* (très fam.) = **se brosser, se gratter ;** (fam.) **courir.** V. aussi ABSTENIR (S'). ● **fouille** (v. 1º du verbe) **inspection, perquisition, examen.**

foule 1º *C'était la foule du samedi soir, compacte et inquiétante* = (dans cet ex.) **affluence,** qui ne se dit que s'il y a une convergence de la foule en un même point ; ↑**cohue** se dit d'une foule où règne le désordre et la confusion ; v. MONDE. — 2º *Les coureurs furent longtemps applaudis par la foule* = **assistance, public.** — 3º *Il flatte la foule par des propos démagogiques, mais en réalité, il la déteste ;* (soutenu) **multitude ;**

masse et **peuple** ont davantage une résonance politique ; (fam. et péjor.) **populo.** — 4° *Une foule de* : v. MULTI-TUDE.

fouler 1° *Il était tout ému de fouler le sol de son pays natal* (soutenu) ; (courant) **marcher sur.** — 2° **fouler aux pieds** *Si je n'y prenais pas garde, il me foulerait aux pieds pour prendre ma place* = **piétiner, passer sur le corps.** V. MÉPRISER. ● **se fouler** V. FATIGUER (SE).

foulure La foulure est une légère entorse.

fourche *Quand vous arrivez à la fourche, vous prenez la première route sur votre droite* (vieilli) ; (courant) **bifurcation, embranchement.** V. aussi CARREFOUR.

fournir 1° V. PROCURER. — 2° *C'est lui qui fournit notre magasin en légumes ;* (moins employé) **alimenter ; livrer** s'emploie sans compl. *(...qui livre notre magasin).* — 3° *Fournir des efforts :* v. ACCOMPLIR. ● **se fournir** *C'est dans cette épicerie que nous nous fournissons habituellement* = **s'approvisionner ;** (plus courant) **se ravitailler.**

foutre V. DÉPOSER II, ENFONCER, FAIRE et FICHER I. *Foutre à la porte :* v. CONGÉDIER. *Foutre le camp :* v. PARTIR. ● **se foutre de** V. MOQUER (SE).

foutu V. CONDAMNÉ, FINI, PERDU (in *perdre*) et USÉ (in *user*). *Mal foutu :* v. BÂTI (in *bâtir*). *Je suis mal foutu depuis hier ;* (moins fam.) **mal fichu ;** (courant) **pas bien ;** ↑ **malade** (v. ce mot) ; v. APLOMB II.

foyer 1° *Il aimait passer la soirée près du foyer où flambait un bon feu* (soutenu) ; (soutenu et vieilli) **âtre ;** (courant) **cheminée.** — 2° V. CENTRE II et SOURCE.
II V. FAMILLE et MAISON I.

fracassant *Ce chanteur a fait une rentrée fracassante ;* ↓ **éclatant ;** (fam.) *Sa rentrée **a fait du bruit** ;* v. aussi EXTRAORDINAIRE.

fragile 1° *Qqn est* ~. *Comment parvenait-elle à trouver tant d'énergie dans ce* corps *si fragile ?* = **frêle ;** v. DÉLICAT ; v. aussi FAIBLE et SENSIBLE I. — 2° *Qqch est* ~. *Son pouvoir me paraît bien fragile* = **précaire ;** ↑ **chancelant.** ● **fragilité** *Il était conscient de la fragilité de son bonheur ;* (soutenu) **précarité.**

frais I 1° (adv.) *Il fait un peu frais ce matin ;* (fam.) **frisquet ;** v. aussi FROID. — 2° (nom) *Sortons de cette salle enfumée et prenons le frais* = **respirer.** ● **fraîchir** *Le temps a bien fraîchi depuis la semaine dernière* = **se rafraîchir.**
II 1° V. RÉCENT. — 2° *Voici des œufs frais ;* ↑ **du jour.** *Du pain frais :* v. TENDRE I. — 3° *Elle a un teint très frais ;* ↑ **éclatant.** — 4° *Ce souvenir est encore frais à ma mémoire* = **vivant, présent.** — 5° *Te voilà frais, maintenant que tu es renvoyé !* = **dans de beaux draps.** ● **fraîcheur** *Elle a un teint d'une fraîcheur extraordinaire ;* ↑ **éclat.** V. aussi ÉPANOUISSEMENT. *La fraîcheur d'un sentiment :* v. PURETÉ. *Un texte plein de fraîcheur :* v. NATUREL (in *nature*).
III 1° V. DÉPENSE. — 2° (dans des express.) *À peu de frais :* v. MAL I [*sans mal*]. *Aux frais de la princesse :* v. GRATUITEMENT (in *gratuit*) et ŒIL [*à l'œil*]. *Faire les frais de :* v. INCONVÉNIENT. *Elle tenait à en imposer à ses invités : elle s'est donc mise en frais ;* (fam.) **sortir le grand jeu.**

franc I (nom) *Voici mille francs ;* (fam.) **balle.**
II (adj.) 1° *Qqn est* ~. *C'est un homme très franc qui dira ce qu'il pense ;* ↑ **sincère ;** (assez fam.) **direct.** ↑ *Franc comme l'or :* v. SPONTANÉ. — 2° *Qqch est* ~. *Un visage franc* = **ouvert.** *Jouer franc jeu :* v. LOYALEMENT. — 3° *Qqch est* ~. *Une franche crapule :* v. VÉRITABLE et VRAI. — 4° *Qqch est* ~. (antéposé) *Il y a entre nous une franche inimitié ;* (moins employé) **net ;** (postposé) **déclaré.** ● **franchement** 1° *Pouvons-nous parler franchement ?* = **en toute franchise ;** ↑ **sincèrement, à cœur ouvert ;** v. OUVERTEMENT (in *ouvrir*). *Je vous le dis franchement, votre travail est mauvais* = **tout net ;** (assez fam.) **carrément ;** v. AMBAGES [*sans ambages*] et CRU. — 2° *Allez-y franchement, vous n'avez pas à avoir peur* = **sans hésiter ;** (plus fam.) **carrément ;** v. aussi SIMPLEMENT (in *simple*). — 3° *C'est fran-*

199

chement mauvais : v. VRAIMENT (in *vrai*).
● **franchise** 1° *Il est d'une franchise sans défaut ;* ↑**sincérité** ; v. aussi LOYAUTÉ. — 2° *En toute franchise :* v. FRANCHEMENT.

franc-tireur *Les francs-tireurs étaient abattus comme des chiens* = **maquisard, partisan.**

frapper 1° ∼ *sur qqch. Cessez de frapper sur la table, cela m'agace ! ;* (fam.) **taper ; tapoter,** c'est frapper à petits coups ; **tambouriner,** c'est frapper sur qqch en produisant un bruit pareil à celui du tambour ; ↑**cogner,** c'est frapper violemment. *Frapper à la porte ;* (vieux ou très soutenu) **heurter ;** (fam.) **cogner.** — 2° ∼ *qqn.* V. BATTRE I, CONDAMNER, IMPRESSIONNER et SAISIR I. ● **se frapper** V. ÉMOUVOIR (S').

frein 1° *Il faudra mettre un frein à toutes ces dépenses* = **freiner ;** (plus courant) **modérer** (v. ce mot) ; (peu employé en ce sens) **ralentir** (qqch). — 2° **ronger son frein** *Il restait là, à attendre et à ronger son frein* = **bouillir/**↑**trépigner d'impatience.** ● **freiner** V. FREIN, DÉCÉLÉRER et ENRAYER.

frémir 1° *Qqn* ∼. V. TRESSAILLIR, TREMBLER et FRISSONNER. *Il éprouvait une peur à faire frémir* = **horrible.** *Frémir d'impatience/de colère :* v. BOUILLIR. — 2° *Qqch* ∼. *Les arbres frémissaient sous la légère brise sud-est ;* (cliché soutenu) **frissonner ; bruire** est de sens plus restreint. ● **frémissant** *C'était un être frémissant, que la moindre émotion faisait vibrer ;* ↑**ardent, passionné.** *Être d'une sensibilité frémissante ;* (plus courant) **à fleur de peau.** ● **frémissement** 1° V. BATTEMENT et BRUISSEMENT. — 2° *Un frémissement d'horreur parcourut la foule* = **frisson.**

fréquenter 1° ∼ *qqch. Il ne fréquentait que les vieux quartiers de la ville ;* (très soutenu) **hanter.** *Fréquenter les bals/les magasins,* etc. ; ↑**courir.** 2° ∼ *qqn. C'étaient de ces gens que l'on ne fréquente que par politesse ;* ↓**approcher, côtoyer, coudoyer** ne supposent qu'une brève rencontre ou des rencontres épisodiques ; ↑**frayer** (avec qqn) suppose au contraire des relations assidues ; v. aussi VOIR. — 3° *Qqn à fréquenter :* v. RECOMMANDER (in *recommander*). ● **fréquenté** *Une rue fré-*

quentée = **passant.** *Des lieux mal fréquentés* = **malfamés.** ● **fréquentation** 1° (sing.) *La fréquentation de certains intellectuels l'avait beaucoup déçu ;* (très soutenu) **commerce** *(son commerce avec certains...).* — 2° (plur.) V. RELATION II et SOCIÉTÉ.

frère 1° *Voici mon frère ;* (fam.) **frangin.** — 2° V. RESSEMBLER et SEMBLABLE. — 3° *Faux frère :* v. DÉLOYAL.

frétiller *À ces mots il se mit à frétiller de plaisir* = **se trémousser.**

fretin *Je n'ai pris que du fretin : quelques goujons et des ablettes ;* (plus courant) **blanchaille, petit** (*... que du petit...,* abrév. de **petit poisson**).

friand *Il est très friand de ce genre de spectacle* = **amateur ;** ↑**gourmand.** *Être friand de poésie ;* ↑**avide** évoque celui qui dévore, *friand* celui qui se délecte. ● **friandises** *Je vous ai acheté quelques friandises* = **gourmandises ;** (rare) **douceurs ;** (plus restreint) **sucreries.**

friche *Pourquoi laisser toutes ces terres en friche ?* = **inculte ;** (plus général) à **l'abandon.**

fricoter *Je ne sais ce qu'il fricote en ce moment, mais il a des attitudes bizarres* (fam.) = **mijoter, tramer, manigancer, trafiquer ;** v. TRIPOTER ; v. aussi FAIRE.

friction I *Cette poussière noire est due à la friction du pneu sur le garde-boue* (didact.) ; (courant) **frottement.** ● **frictionner** *Son bébé n'aime pas qu'on lui frictionne la peau à l'eau de Cologne ;* (fam. en ce sens) **frotter.**

II *Le moindre incident devenait une cause de friction ;* (plus fam.) **accrochage ;** v. aussi DISPUTE et HEURT.

friser I *Vous avez trop frisé vos cheveux ;* ↑**crêper,** ↓**boucler,** selon la dimension des boucles ; v. aussi ONDULER (in *onde* II).

II V. CONFINER II et FRÔLER.

frisson V. FRÉMISSEMENT, BRUISSEMENT et TREMBLEMENT. ● **frissonner** 1° *La fièvre le faisait frissonner ;* ↑**grelotter ;** v. aussi TREMBLER. — 2° *La peur le fit soudain frissonner ;* ↑**frémir, tressaillir.**

— 3° Qqch ~. V. FRÉMIR. ● **frisson-nement** Le frissonnement est un léger frisson.

frivole 1° Comment peut-elle attacher de l'importance à des choses aussi frivoles ? = **futile, insignifiant, superficiel**; ↑**vain**. — 2° Qqn est ~. C'est un esprit frivole; **superficiel**, qui ne s'attache qu'à la surface des choses; **insouciant, léger**, (très fam.) **je-m'en-foutiste**, qui manque de sérieux. C'est une femme frivole; ↑**léger**. V. aussi INFIDÈLE et ÉTOURDI. ● **frivolité** 1° (v. 1° de l'adj.) **futilité**; (rare) **inanité**. V. VANITÉ I; v. aussi BABIOLE. — 2° (v. 2° de l'adj.) **légèreté, insouciance**, (fam.) **je-m'en-foutisme**. ● **frivolités** Un magasin de frivolités; (péjor.) **fanfreluches**.

froid I (adj.) Il fait froid ce matin!; ↑**glacial**; (fam.) **frisquet**; (très fam.) **ça caille!** V. aussi FRAIS. ● **froid** (nom) **froidure** (soutenu) se dit du froid de l'hiver. J'ai froid!; ↑**être transi**; ↑(fam.) **être gelé/glacé/frigorifié**; (très fam.) **cailler**. Un film qui donne froid dans le dos : v. PEUR.

II (adj.) V. DISTANT (in distance), DÉTACHÉ (in détacher), IMPASSIBLE, RÉFRIGÉRANT (in réfrigérer), SEC II et SÉRIEUX. Une femme froide; ↑**frigide** se dit d'une femme qui n'éprouve pas d'attirance pour les plaisirs sexuels. ● **froid** (nom) V. DÉSACCORD. Être en froid avec qqn = **en mauvais termes**. ● **froideur** 1° V. IMPASSIBILITÉ. — 2° Pourquoi montre-t-il tant de froideur envers nous ?; ↓**réserve**; ↑**hostilité**; v. SÉCHERESSE. — 3° V. SÉVÉRITÉ (in sévère). ● **froidement** La nouvelle de son arrivée a été accueillie assez froidement = **fraîchement**; ↓**avec indifférence**; v. aussi FROIDEUR.

froisser I V. CHIFFONNER et PLISSER.

II Ne lui demandez pas son âge, vous allez la froisser; (soutenu) **désobliger**; ↑**blesser, vexer**; v. MEURTRIR et OFFENSER (in offense). V. aussi DÉPLAIRE et HEURTER.

frôler 1° Il frôlait les murs pour qu'on ne le voie pas; ↑**raser**. V. aussi EFFLEURER. — 2° Nous avons frôlé la catastrophe = **friser**; **passer bien près de**.

front I (dans des express.) Faire front : v. FACE. Le front haut : v. FIÈREMENT (in

fier). Avoir le front de : v. IMPUDENCE. De front : v. FOIS.

II V. COALITION.

frontière 1° Il habite à la frontière de l'Allemagne et de la France; **confins** (...aux confins de...) ne s'emploie que dans ce contexte et n'a pas le sens politique et juridique de frontière. — 2° V. LIMITE.

frotter 1° Elle passe son temps à frotter le parquet = **astiquer**; (assez fam.) **briquer**; (rare) **fourbir** ne se dit que d'un objet en métal; v. aussi NETTOYER. — 2° V. FRICTIONNER. — 3° Dans l'express. se frotter les mains : v. RÉJOUIR (SE).

fruit Ce résultat est le fruit d'un long travail; (moins propre) **produit, résultat**. Acceptez-vous de perdre ainsi le fruit de tant d'années de travail ? = **bénéfice**. Il a suivi avec fruit l'enseignement que vous lui avez donné = **avec profit**. Porter ses fruits : v. EFFET. ● **fructifier** Voici de l'argent qui fructifie, au moins ! = **rapporter**; (fam. en ce sens) **rendre**.

fugace 1° V. PASSAGER (in passer I). — 2° Un sourire fugace; **furtif**; (soutenu) **évanescent**.

fuir 1° Qqn ~. Il a fui en trompant la surveillance de ses gardiens = **s'enfuir**; **s'échapper, s'évader** insistent sur le fait de briser les liens qui retenaient prisonnier; (plus fam.) **se sauver** (v. ce mot); (fam.) **prendre la poudre d'escampette/la clé des champs**; (fam.) **prendre ses jambes à son cou, déguerpir, détaler, filer**, tous ces syn. insistant sur la rapidité du fuyard; (très fam.) **ficher/foutre le camp, se barrer**; **se débiner**; (très fam.) **se calter, se cavaler, se carapater** insistent aussi sur la rapidité du fuyard; v. aussi DISPARAÎTRE. — 2° ~ qqn. V. ÉVITER. — 3° ~ qqch. V. DÉROBER (SE) et DÉFILER (SE). Il est parti là-bas pour fuir le monde; ↑**s'exiler**. — 4° Qqch ~. Le temps fuyait à une vitesse folle (soutenu); (courant) **passer**; ↓**s'écouler**. — 5° Qqch ~. V. PISSER. ● **fuite** 1° Ils se sont aperçus un peu tard de la fuite du prisonnier = **évasion**. La police chargea, ce fut la fuite générale de tous les manifestants; **débandade**, ↑**sauve-qui-peut, déroute** impliquent une fuite désordonnée. V. PANIQUE, DISPA-

201

RITION (in *disparaître*) et DÉFAITE (in *défaire*). — 2° *C'est un lâche, qui recherche toujours les fuites pour échapper à ses responsabilités* = **faux-fuyant**; **subterfuge** implique adresse et ruse; (soutenu) **échappatoire**. — 3° *Fuite de capitaux* : v. HÉMORRAGIE. ● **fuyant** *Je déteste les hommes fuyants qui ne vous regardent jamais en face*; **insaisissable** est moins péjor. ● **fuyard** Se confond en tous contextes avec **fugitif**; l'usage semble néanmoins privilégier l'emploi de *fuyard* pour des soldats qui abandonnent leur poste, et celui de *fugitif*, quand il s'agit de hors-la-loi en fuite.

fulgurant *Une rafale, et la vague était sur eux à une vitesse fulgurante* = **foudroyant**. V. aussi RAPIDE.

fulminer *Il fulminait contre tant d'injustice* = **tonner**; ↓(soutenu) **pester**; (moins soutenu) **tempêter**; **éclater** et **exploser** se disent d'une protestation violente mais très brève. V. aussi EMPORTER (S'); v. COLÈRE [*être en colère*].

fumant *Il a réussi un coup fumant* (fam.); (courant) **sensationnel** (abrév. fam. : **sensas**); v. aussi EXTRAORDINAIRE.

fumer I *Tu viens fumer une cigarette?*; (fam.) **griller**.

II V. COLÈRE [*être en colère*].

funèbre 1° *Un chant/une cérémonie/une veillée funèbre; une couronne/un monument/des frais funéraire(s)*; *funèbre* s'emploie généralement avec un substantif abstrait, et *funéraire*, avec un substantif concret renvoyant aux usages et aux cérémonies matérielles qui accompagnent les funérailles; **mortuaire** ne s'applique qu'à ce qui appartient au service funèbre (*maison/drap/chapelle mortuaire*). — 2° V. LUGUBRE et TRISTE I.

fureur 1° *L'incurie des services administratifs l'a mis dans une fureur extraor-*

dinaire; ↑**rage**; ↓**colère**; (rare) ↑**furie**; **emportement** se dit d'un brusque accès de fureur. — 2° *Il travaille avec fureur à ce projet insensé*; ↓**acharnement**. *Il est gagné par la fureur du jeu* : v. PASSION. — 3° *À la fureur* : v. FOLLEMENT (in *fou*). — 4° *Faire fureur* : v. VOGUE. ● **furie** 1° V. FUREUR. — 2° V. PASSION. — 3° V. ARDEUR. — 4° *Il regardait, fasciné, la mer en furie* = **démonté, déchaîné**. — 5° *Vous connaissez sa femme? une vraie furie!* = **harpie**, **mégère**. ● **furieux** 1° (adj.) *Nous lui avons annoncé ton refus de le recevoir : il est furieux!*; ↑**furibond**; (fam.) **furax**, **furibard**; v. COLÈRE [*être en colère*] et RAGE. — 2° (nom) *Il se démène comme un furieux pour te sortir de là*; (plus courant) **forcené**; ↑**possédé** (ces trois termes désignant, au sens propre, celui qui ne se maîtrise plus et laisse apparaître les signes de la folie); v. aussi FOU. — 2° (adj.) *Une lutte furieuse* : v. ACHARNÉ. *Un vent furieux* : v. VIOLENT.

furoncle Syn. courant de **anthrax**, dont le syn. fam. est **clou**.

fusil 1° *Quel beau fusil de chasse!*; **carabine** est un fusil léger à canon court; (très fam.) **flingue**, **flingot**. — 2° *C'est le coup de fusil ici!* : v. ÉCORCHER.

fusion 1° *Ce n'est qu'à cette température que vous observerez la fusion de ce métal* (terme propre); (plus courant) **fonte**. — 2° V. UNION et FUSIONNER. ● **fusionner** *Ces deux entreprises viennent de fusionner* = **faire fusion**; (plus général) **s'unir**.

futur 1° (adj.) *Pensez-vous que vos futures commandes seront aussi importantes?* = **ultérieur** (postposé). — 2° *Mon fils ne s'intéresse qu'aux outils et aux machines : c'est un futur mécanicien!* = **en herbe** (postposé). — 3° (nom) V. FIANCÉ. — 4° (nom) V. AVENIR.

g

gâcher 1° V. SABOTER. — 2° *Il a gâché tout son argent à acheter des babioles* = **gaspiller**. *Gâcher son talent* = **galvauder**. *Gâcher une occasion :* v. MANQUER I. ● **gâchis** 1° *Ils ont fait ripaille : il y avait à boire et à manger pour douze, ils étaient trois! quel gâchis!* = **gaspillage**. — 2° V. DÉSORDRE.

gage 1° V. GARANTIE. — 2° *Il vient de nous porter secours : n'est-ce pas un gage de sa fidélité ?;* (plus général) **preuve**. — 3° (plur.) V. RÉTRIBUTION et SALAIRE.

gagner I Qqn ~ qqch. 1° *Gagner sa vie :* v. VIE. — 2° *Il a gagné le gros lot ;* (fam.) **décrocher la timbale**. *Il a gagné de grosses sommes d'argent au jeu ;* (plus fam.) **ramasser**; (fam.) **rafler**; v. TOUCHER III. — 3° *Gagner la victoire :* v. ENLEVER ; v. aussi VAINCRE. — 4° (dans des express.) *Un repos bien gagné* = **mériter**. *N'hésitez pas à accepter cette situation : vous y gagnerez* = **vous gagnerez au change/ne le regretterez pas**. V. RÉCOLTER (in *récolte*). ● **gagnant** (nom) Ce mot s'emploie en parlant du jeu, **vainqueur** en parlant d'une course, d'un combat, etc. : *Le gagnant du gros lot/le vainqueur du Tour de France ;* dans le même contexte *(le gagnant/vainqueur d'un tournoi de bridge)*, **vainqueur** est plus soutenu ; v. VICTORIEUX (in *victoire*). ● **gain** 1° *Les intermédiaires réalisent souvent des gains considérables* = **bénéfice, profit**; (fam.) **boni**; v. aussi RÉTRIBUTION. — 2° *Un gain de temps :* v. ÉCONOMIE. — 3° *Gain de cause :* v. SATISFACTION (in *satisfaire*).

II Qqn ~ qqn. *Gagner à sa cause, gagner les faveurs de qqn :* v. ASSURER (S') (in *assurer* II), CONCILIER (SE), FLÉCHIR et RALLIER.

III ~ un lieu. 1° Qqn ~ qqch. *Il voulait gagner la frontière le plus vite possible* = **atteindre**; **rejoindre** comme **regagner** impliquent que l'on revienne à son point de départ. — 2° Qqch ~ qqn. *Il se sentait peu à peu gagné par le sommeil ;* ↑ **envahir**, v. EMPARER (S'). — 3° *Gagner du terrain :* v. ÉTENDRE (S').

gai 1° Qqn est ~. *Il chante et rit du matin au soir : c'est un homme très gai ;* ↓ **enjoué**; ↑ **joyeux** implique un sentiment plus profond ; (plus part.) **rieur**; ↑ **jovial** se dit d'une gaieté très franche et communicative. V. aussi AMUSANT (in *amuser*), BADIN et CONTENT. V. ALLÈGRE. — 2° *D'un homme gai, on dit que c'est un* **bon vivant**, *un* **boute-en-train**. — 3° Qqch est ~. *La voici seule, avouez que ce n'est pas gai!;* (plus soutenu) **réjouissant**; (plus fam.) **drôle**; (très fam.) **folichon**. *Son appartement est peint de couleurs très gaies ;* (soutenu) **riant**; v. aussi VIF. *La vie n'est pas gaie :* v. ROSE II. ● **gaiement** (v. 1° de l'adj.) **joyeusement**. ● **gaieté** (v. 1° de l'adj.) **enjouement, joie, jovialité**. V. aussi ENTRAIN.

gaillard I (adj.) 1° *Nos propos un peu gaillards la faisaient rougir, mais rire aussi!;* ↓ **libre**; (plus soutenu) **leste, épicé**; ↑ **cru, grivois, gaulois, égrillard, croustillant**; v. aussi OBSCÈNE. — 2° *C'est un vieillard encore très gaillard* = **vert**. V. DISPOS. ● **gaillardise** (v. 1° de l'adj.) ; (assez fam.) **gaudriole** ; ↑ **grivoiserie, gauloiserie**.

II (nom) 1° *C'est un drôle de gaillard* = **lascar, luron**; v. aussi COQUIN et HOMME. — 2° *Dis donc, mon gaillard, tu veux que je te tire les oreilles ?* = **gars, petit gars, bonhomme**.

galanterie 1° *Il connaissait toutes les règles de la galanterie ;* (plus général) **courtoisie** se dit seulement d'une politesse raffinée. — 2° *Elle écoutait distraitement ses galanteries ;* (très fam.) **baratin** (sing.) ; (très péjor.) **fadaises**.

gale *Il est mauvais comme la gale* = **teigne**.

galimatias *Je ne comprends décidément rien à tout ce galimatias* = **charabia, jargon**; (fam.) **baragouin**.

galon 1° *Il n'est qu'adjudant, mais il les montre, ses galons!*; (arg. mil.) **ficelle, sardine**. — 2° *Depuis qu'il a gagné des galons, il se prend pour un monsieur*; (plus courant) **monter en grade**.

galopin *Cet enfant? mais c'est un galopin de la pire espèce!* = **garnement, chenapan**; ↑**vaurien** est toujours très péjor. et ne s'emploie pas, contrairement aux précédents, sur le mode de l'humour *(Attends, petit galopin, que je te tire les oreilles!)*; v. aussi ENFANT.

gamin 1° (nom) *On ne peut demander l'impossible à un gamin de huit ans!* = **gosse**; v. ENFANT. *Un gamin de Paris*; (fam.) **titi**. — 2° (adj.) V. ESPIÈGLE.

gamme *La gamme des vins de Touraine est très riche*; **éventail** s'emploie aussi parfois en ce sens.

gangster *À son âge, on aime les histoires de gangsters* = **bandit**; v. VOLEUR (in *voler* II).

gant 1° *Il vient de s'acheter une paire de gants*; **moufle** se dit d'un gant sans séparation pour les doigts, sauf pour le pouce; **mitaine** se dit d'un gant qui ne couvre que la première phalange des doigts. — 2° (dans des express.) *Souple comme un gant* : v. SOUPLE. *Aller comme un gant* : v. ALLER. *On peut le retourner comme un gant, cet homme-là!*; (moins expressif) **on peut facilement le faire changer d'avis**. *Relever le gant* : v. DÉFI.

garantie *Vous comprendrez que nous demandions des garanties de votre bonne foi* = **assurance**. *Il nous a donné là une garantie d'amitié* = **gage** (v. ce mot). *Avez-vous pris toutes les garanties nécessaires?* = **précaution**. ● **garantir** 1° V. ASSURER II, AFFIRMER et CONFIRMER. — 2° V. IMMUNISER et PROTÉGER. — 3° V. RÉPONDRE.

garce 1° *Ah! la vieille garce! elle a encore fait des siennes!* (très fam. et très péjor.) = **chipie, chameau, bique**; v. aussi FEMME et MÉGÈRE. — 2° *Que voulez-vous faire de cette garce de vie?* = **chienne**.

garde I V. GARDER I.

II (nom) 1° *Ce terme n'est plus employé que dans certains contextes comme garde champêtre, garde forestier, garde du corps, garde des Sceaux...*; il se dit aussi d'un gendarme de la garde républicaine ou d'un soldat affecté au service d'un souverain*; ailleurs, le terme courant est **gardien**. — 2° *Il était accompagné de ses gardes du corps*; (fam.) **gorille**.

garder I 1° ~ *qqn. Nous sommes chargés de garder le prisonnier*; ↓**surveiller**; v. VEILLER. — 2° ~ *qqn de. Dieu vous garde des accidents!* = **protéger** (moins employé en ce contexte). ● **se garder (de)** V. ABSTENIR (S'). ● **garde** 1° *Il est chargé de la garde des aiguillages*; ↓**surveillance**. *Qui est le médecin de garde?* = **de service** (v. ce mot). — 2° *Ne vous faites pas de soucis : vos bagages sont sous bonne garde* = **en sûreté**. — 3° (loc. verbales) *Je vous avais pourtant mis en garde!* = **avertir, prévenir**. *Soyez sûr qu'il est sur ses gardes!*; ↑**être sur le qui-vive**; (fam.) **ne dormir que d'un œil** v. aussi MÉFIER (SE). *Prendre garde* : v. ATTENTION I [*faire attention*].

II 1° V. CONSERVER. — 2° *Je vous ai gardé les meilleures bouteilles de ma cave* = **réserver**. V. LAISSER. — 3° *Il m'a gardé à dîner*; (plus soutenu) **retenir**. — 4° *Il faut savoir garder ses distances*; (moins employé) **maintenir**.

garer *Il a mal garé sa voiture*; (plus général) **ranger**; v. PARQUER (in *parc* I). ● **se garer de** V. PROTÉGER (SE).

gargariser *Les sots se gargarisent souvent de belles paroles*; (plus soutenu; moins expressif) **se délecter**.

gargouillement *Ce terme et **gargouillis** sont syn.*; (rare) **borborygme** se dit, part., des gargouillements intestinaux.

garnir *Elle compte garnir cette table d'un velours vert* = **revêtir**. V. BORDER (in *bord*) et ORNER. ● **se garnir** V. EMPLIR (S'). ● **garni** *Ils sont à la recherche d'un*

garni; (plus courant aujourd'hui) **meublé**.

gâter I V. ABÎMER et AVARIER. ● **se gâter** 1° *Le temps se gâte; (soutenu)* se détériorer. — 2° *Il prend son air mauvais, ça va se gâter;* (fam.) **barder, mal tourner;** (très fam. ; vulg.) **chier.** *Ne laissez pas les choses se gâter ainsi* = **s'envenimer.** ● **gâté** *Il faut faire soigner ces dents gâtées;* (didact.) **carié;** (plus général) **abîmé.**
II *Tout cela pour nous? vous nous gâtez!;* ↑ **combler.**

gauche I *Le côté gauche;* (en termes de marine) **bâbord.** *Passer l'arme à gauche :* v. MOURIR.
II V. EMBARRASSÉ (in *embarrasser*) et MALADROIT.

gaudriole 1° V. GAILLARDISE. — 2° *C'est un obsédé! il ne songe qu'à la gaudriole!* (fam.); **bagatelle, chose** sont de même sens mais paraissent moins forts; on dit aussi **courir la gueuse/le guilledou.**

gaule Syn. vieilli de **canne à pêche.** V. PERCHE.

gaver 1° V. ENGRAISSER. — 2° *On le gave de bonbons : comment aurait-il de l'appétit?* = **gorger;** (fam.) **bourrer.**

gaz *Ça ne va pas dans le ménage : il y a de l'eau dans le gaz* (fam.). = **il y a du tirage/de l'orage dans l'air;** v. aussi DÉSACCORD.

gazon *Il a choisi pour son jardin un gazon très fin;* (plus général) **herbe.** *Ne marchez pas sur le gazon!* = **pelouse.**

gazouillement *Il aime entendre le gazouillement des oiseaux* = **gazouillis;** (terme propre) **ramage.** *Le gazouillement d'une source* = **murmure.** *Les gazouillements d'un bébé* = **gazouillis;** (sing.) **babil.**

gendarme 1° *Attention, voilà les gendarmes!;* (très fam.) **cogne;** v. aussi AGENT DE POLICE et POLICIER. — 2° V. FEMME et VIRAGO.

gêne 1° *L'angine provoque une certaine gêne à avaler* = **difficulté.** — 2° *Ils*

vivent dans la gêne depuis toujours = **besoin.** 3° V. EMBARRAS (in *embarrasser*); v. aussi CONTRAINTE et DÉRANGEMENT (in *déranger*). — 4° **sans gêne** (adj.) *Je trouve qu'il est un peu trop sans-gêne, ce petit monsieur!;* ↓ **désinvolte;** ↑ **effronté;** v. aussi FAMILIER et IMPOLI. — 5° **sans-gêne** (nom) V. DÉSINVOLTURE. ● **gêner** *Cette voiture mal garée gêne la circulation;* ↑ **bloquer;** v. CONTRARIER, EMBARRASSER, INCOMMODER et BÂTON [*mettre des bâtons dans les roues*]. *Qqn gêne :* v. TROP [*être de trop*]. ● **se gêner** *Eh bien! Il ne faut pas se gêner!* = **s'en faire.** ● **gêné** *Tout ce monde l'intimidait : il se sentait gêné;* (assez fam.) **mal dans sa peau.** V. AISE [*mal à l'aise*] et CONFUS II; v. aussi EMBARRASSÉ (in *embarrasser*) et CRAINTIF. ● **gêneur** *Nous n'avons pas besoin de gêneurs ici!;* (plus soutenu) **importun;** (fam.) **empêcheur de tourner en rond, casse-pieds;** (très fam. ; vulg.) **emmerdeur.** V. aussi COLLANT (in *colle* I) et EMPOISONNEUR.

général V. COMMUN I. *Vue générale :* v. ENSEMBLE II. *La générale :* v. RÉPÉTITION (in *répéter*). ● **généralement** *Dans cette région, les étés sont généralement très beaux* = **en règle générale** (se place de préférence en tête de phrase); v. COMMUNÉMENT (in *commun* II), ORDINAIRE et SOUVENT. ● **généralité** 1° *Dans la généralité des cas :* v. PLUPART. — 2° *Le porte-parole du gouvernement s'en est tenu à des généralités;* ↑ (plus péjor.) **banalité, lieu commun.**

généreux 1° V. BON II. *Pas de pourboire? Monsieur n'est pas très généreux!* = **large;** (rare en cet emploi) **libéral;** v. PRODIGUE. — 2° *Des sentiments généreux :* v. BEAU et NOBLE. — 3° *Un sol généreux :* v. FÉCOND. *Une poitrine généreuse* = **opulent, plantureux;** (anté-posé) **gros** est souvent péjor. ● **générosité** 1° V. CHARITÉ. — 2° *La générosité d'un capitaine ne compense pas les atrocités de la guerre* = **grandeur d'âme;** ↑ **magnanimité** ne s'emploie généralement qu'en parlant de hauts personnages. *La générosité d'un geste :* v. BEAUTÉ (in *beau*). — 3° (plur.) *Ses générosités finissent par lui coûter cher* = **largesses;** (rare) **bontés, libéralités.**

génie V. CAPACITÉ I et DON (in *donner* I). *Avoir le génie des affaires;* (fam.)

bosse. ● **génial** *Une invention géniale;* ↓**ingénieux.** *Une idée géniale* = **lumineux;** ↓**astucieux.**

genou *Tomber à genoux :* v. AGENOUILLER (S'). *Être sur les genoux :* v. FATIGUÉ.

genre 1° V. ESPÈCE, ORDRE I et SORTE. — 2° V. AIR. — 3° *Je n'aime pas leur genre de vie;* (plus rare) **mode; façon** s'emploie avec l'infin. *(façon de vivre).*

gens *La plupart des gens regardent la télévision;* ce terme est collectif et indéfini; **personne** est distributif et relatif aux individus (on emploiera ainsi *gens* dans notre ex., mais *personne* dans : *La plupart des personnes qui regardent la télévision vont moins qu'avant au cinéma);* v. MONDE.

gentil 1° Qqn est ∼. *Il est gentil, cet homme-là!;* **sympathique** (abrév. fam. **sympa**), **chic;** v. AIMABLE. — 2° Qqn est ∼. *Et vos élèves, sont-ils gentils au moins?;* **sage, obéissant, mignon** sont de sens plus restreint. — 3° Qqch est ∼. *C'est gentil chez vous!* = **coquet;** (soutenu) **charmant;** (fam.) **gentil comme tout; gentillet** est un peu péjor.; v. MIGNON. — 4° Qqch est ∼. *Dites, cela fait une gentille somme d'argent!* = **coquet, rondelet** (postposé). ● **gentillesse** 1° *Vous êtes vraiment d'une gentillesse extraordinaire!;* l'**obligeance** caractérise celui qui rend facilement service et aime à faire plaisir; v. aussi AFFABILITÉ et BONTÉ. — 2° (plur.) V. DÉLICATESSE.

gentilhomme *Il affecte des manières de gentilhomme, mais c'est un rustre!* = **grand seigneur, gentleman.**

gercer *À force de travailler dans l'eau froide, ses mains se sont gercées;* (d'emploi plus général) **crevasser.** ● **gerçure** = **crevasse.**

gestation Ce terme s'applique à toute femelle vivipare; **grossesse** ne s'applique qu'à la femme et est, dans cet emploi, plus courant que le précédent.

geste 1° *Dans son état, le moindre geste lui est pénible* = **mouvement.** *En guise d'adieu, il lui fit un geste de la main* = **signe.** V. ACTE I. — 2° *Allons, soyez généreux! faites un geste!* = **un bon mouvement.**

gibecière Ne s'emploie plus qu'en termes de chasse et a pour syn. **carnier** et **carnassière.**

gibet Désigne aussi bien l'instrument du supplice, ou **potence,** qui sert à pendre un condamné, que le lieu d'exécution où l'on exposait les cadavres après l'exécution; **estrapade** désigne le supplice qui consistait à hisser un condamné au bout d'une corde pour le laisser ensuite brusquement retomber dans l'eau ou à quelques pieds du sol (ce terme désigne aussi l'instrument de supplice).

gifle *Il a reçu une gifle dont il porte encore les marques sur la figure;* (soutenu) **soufflet** implique davantage l'idée d'affront que celle de violence; ↓**tape** n'emporte pas forcément l'idée d'un châtiment; (plus fam.) **claque;** (fam.) **baffe, calotte, taloche, beigne, mornifle, tarte, mandale.** ● **gifler** 1° (v. GIFLE) **souffleter.** — 2° *Avoir le visage giflé par la pluie* = **fouetter;** v. aussi BATTRE.

gîte 1° V. HABITATION. — 2° Lieu où s'abrite le gibier et, notamment, le lièvre : *Le gîte d'un lièvre/le terrier d'un lapin;* **tanière** désigne le lieu obscur, souterrain ou au moins abrité où se retirent certains animaux sauvages; **bauge** désigne le gîte du sanglier, **antre** une caverne servant de gîte à un fauve; **repaire** désigne, d'une manière générale, le lieu, quel qu'il soit, où se retire une bête féroce.

glabre Un visage *glabre* est un visage **imberbe** (= qui n'a pas encore de duvet, de barbe) ou **rasé** (qu'on a débarrassé de sa barbe; *imberbe* a donc un sens plus restreint que *glabre*).

glace J 1° V. CARREAU. — 2° *Se regarder dans la glace/une glace de poche,* etc.; (soutenu en ce sens) **miroir** se dit de toute surface polie réfléchissant la lumière, alors qu'une *glace* est toujours en verre; une **psyché** est une grande glace mobile articulée sur un axe.

II *Un visage de glace :* v. IMPASSIBLE.

glacière Appareil aménagé de façon à conserver de la glace qui permet d'y maintenir une basse température. Dans un **réfrigérateur**, la basse température est obtenue artificiellement (gaz ou électricité). Nom d'une marque, **Frigidaire** (abrév. fam. : **frigo**) est entré dans la langue courante comme syn. de *réfrigérateur*.

glas *Voilà qui sonne le glas de notre belle aventure !;* (moins expressif) **marquer la fin.** V. aussi ENTERREMENT.

glisser I Qqn/qqch ~. 1° *La voiture a glissé sur une plaque de verglas et a été dans le ravin* = **déraper.** — 2° *Cela m'a glissé des mains :* v. ÉCHAPPER. *C'est un individu insaisissable : il vous glisse entre les mains comme une anguille* = **filer ;** v. aussi DÉROBER (SE). — 3° *Inutile d'insister : glissons sur cette question !* = **passer.**

II Qqn ~ qqch. 1° *Il nous a glissé cette lettre pendant que le professeur avait le dos tourné ;* (fam.) **passer ;** (courant) **donner** et (soutenu) **remettre** n'impliquent pas l'idée d'une action adroite et furtive. — 2° *Glisser à l'oreille :* v. CONFIER II.

III **se glisser** 1° Qqn ~. *Il est parvenu à se glisser dans la foule et à entrer dans le stade sans payer ;* (rare) **se couler ;** (plus courant) **se faufiler.** — 2° Qqch ~. *Une erreur s'est glissée dans notre édition d'hier ;* (moins employé) **s'introduire.**

globalement *Le Parlement a rejeté globalement toutes les propositions d'amendement de l'opposition* = **en bloc.**

gloire 1° *Il pense avoir atteint la gloire, en fait il n'a gagné que l'admiration des sots ;* ↓**célébrité** (avec la même nuance) *C'est l'une des gloires/célébrités du pays.* V. aussi RÉPUTATION. — 2° *Les généraux vivants usurpent la gloire des soldats morts ;* ↓**mérite.** — 3° *Son père s'est couvert de gloire à Verdun ;* (cliché) **lauriers.** — 4° *Rendre gloire :* v. GLORIFIER. ● **glorieux** *Il ne se lasse pas de relire les glorieux exploits de Napoléon* = **illustre ;** (soutenu en ce sens) **fameux ;** ↓**célèbre.** — 2° V. VANITEUX. ● **glorifier** 1° *Chaque pays glorifie ses héros* = **honorer ;** ↓**rendre hommage à ;** ↑**déifier ; magnifier** se dit plutôt de qqn (*magnifier la mémoire de qqn*), ainsi que ↓**célébrer.** — 2° *Certains poèmes de Victor Hugo glorifient l'épopée napoléonienne* = **exalter ;** ↓**chanter.** — 3° (en termes de religion) *Glorifier le Seigneur* = **bénir,**

louer, rendre gloire à. ● **se glorifier de** V. ENORGUEILLIR (S').

glouton *Vous mangez comme un glouton !* = **vorace, goinfre, goulu ;** tous ces termes sont péjor. et se disent de celui qui mange avec avidité et sans plaisir ; **gourmand** (v. ce mot) n'est pas forcément péjor. et implique toujours l'idée de plaisir éprouvé à manger de bonnes choses (ces termes, sauf *goinfre*, s'emploient aussi comme adj.).

gluant *La colle est un liquide gluant* = **visqueux, poisseux.** *Quand on épluche du poisson, on a les mains gluantes* = **collant, poisseux.**

gobelet *Les enfants boivent parfois dans un gobelet* = **timbale ;** un **quart** est un gobelet en aluminium utilisé, notamment, dans l'armée.

golfe *Le golfe du Lion est dangereux pour la navigation ;* une **baie** est un petit golfe abrité ; une **anse** est une petite baie, de même qu'une **crique** (on notera cependant que *crique* évoque surtout un refuge naturel où peuvent s'abriter les petits bateaux) ; les **calanques** sont des criques provençales ou corses, les **fjords,** des golfes profonds de Scandinavie.

gomme 1° *C'est encore une de ces inventions à la gomme qui ne marchent que dans les mains du démonstrateur !* (fam.) = **à la noix.** — 2° *Mettre la gomme :* v. VITE.

gonflé I *Avoir le ventre gonflé :* v. ENFLÉ I. *Avoir le visage gonflé ;* ↑**boursouflé ;** ↑**bouffi** et **soufflé** impliquent un gonflement dû à un excès de graisse ; (didact.). **tuméfié et turgescent** sont des termes de médecine.

II V. CULOTTÉ.

gonfler 1° *Regarde-le gonfler le torse ! quel fanfaron !* = **bomber.** — 2° *Gonfler un chiffre :* v. EXAGÉRER et MONTER I. — 3° *L'humidité fait gonfler le bois ;* **travailler** est de sens plus général et se dit aussi bien de l'effet de la chaleur.

gorge I 1° V. SEIN. — 2° *Cette injure lui est restée en travers de la gorge ;* (fam.)

207

gosier, kiki. — 3° (dans des express.) *Mettre le couteau sous la gorge :* v. MENA-CER. *À gorge déployée :* v. RIRE. *Prendre à la gorge :* v. SUFFOQUER. *Faire des gorges chaudes :* v. MOQUER (SE).

II V. BUSTE.

III V. COL.

gorgée *Il buvait à grandes gorgées* = **trait**; (fam.) **lampée.**

gosier V. GORGE. (fam.) *Il a le gosier en pente : il a liquidé toute la bouteille de vin !;* (très fam.) **dalle.**

gourmand 1° Le *gourmand* est celui qui aime la bonne chère avec excès et manque de sobriété. Le **gourmet** est celui qui apprécie la bonne chère et la goûte avec délicatesse et raffinement ; (fam.) **bec fin** et, très fam., **fine gueule** sont des syn. de *gourmet* ; **gastronome** implique non seulement le goût, mais l'art de faire bonne chère. V. aussi GLOUTON. — 2° (adj.) V. FRIAND.

goûter I (verbe) 1° ∼ qqch. *Goûter un bon vin est pour lui un plaisir incompa-rable* = **déguster** ; ↑**savourer** ; v. JOUIR et SENTIR I. — 2° ∼ qqch. *Je goûte assez peu la musique sérielle* (soutenu) ; (cou-rant) **aimer, apprécier** ; ↑**raffoler de, être fou de.** — 3° ∼ à qqch. *Reprenez donc de cette tarte, vous y avez à peine goûté !;* (plus fam.) **toucher.** — 4° ∼ de qqch. *Avez-vous déjà goûté de la soli-tude ?* (soutenu) = **tâter de** ; (courant) **faire l'expérience de.**

II (nom) V. COLLATION.

gouvernante *Dans les familles riches, l'éducation des enfants est parfois confiée à une gouvernante ;* la **nurse** ou **bonne d'enfant** ne s'occupe générale-ment que des soins à donner aux enfants en bas âge ; la **nourrice** remplit les mêmes fonctions que la *nurse*, mais elle n'est pas attachée à une famille (*Une famille riche peut se permettre d'avoir une nurse, une famille modeste confie au besoin un bébé à une nourrice, met son enfant en nourrice*).

gouvernement 1° *Quel est le type de gouvernement en Australie ?* = **régime** (**politique**). — 2° V. ÉTAT IV, POUVOIR III et CABINET I.

grâce I 1° V. AMNISTIE. — 2° V. DON (in *donner* I). — 3° (dans des loc. ou express.) *Grâce à :* v. AIDE (in *aider*). *Faire grâce de :* v. PLAISIR. *De grâce, laissez-moi tranquille !* (très soutenu) = (courant) **je vous en prie.** *Rendre grâce :* v. REMERCIER. *Crier grâce :* v. SUPPLIER. *Faire grâce :* v. DISPENSER et PARDONNER (in *pardon*). *Grâce à Dieu :* v. HEUREUSEMENT. *Donner le coup de grâce* = **achever.**

II 1° *Il se dégage des gens et des paysages de ce pays une grâce indéniable* = **charme** (v. ce mot). V. ÉLÉGANCE (in *élégant*) et LÉGÈRETÉ. — 2° *Il a accepté de bonne grâce votre invitation* (sou-tenu) ; (courant) **volontiers, de bon gré** ; v. aussi GENTILLESSE (in *gentil*). *Vous auriez mauvaise grâce à refuser son invitation !* (soutenu) = **être mal venu de** ; (plus courant) **être mal placé pour.**

grade 1° V. AVANCEMENT (in *avan-cer* II). — 2° *Il vient d'obtenir le grade de docteur ès sciences ;* **titre** évoque davan-tage le diplôme, *grade,* la situation sociale à laquelle on accède. — 3° *En prendre pour son grade :* v. RÉPRIMAN-DER.

grand D'emploi très fréquent, cet adjectif admet beaucoup de syn., le plus souvent de sens plus précis ; nous signa-lons ici les principaux. 1° (référence à la taille) D'un homme ou d'une femme *grands,* on dira, fam., que ce sont des **asperges, perches, échalas** ; (**un grand**) **escogriffe** ne se dit que de l'homme. — 2° (référence à l'âge) **grande personne** se dit comme syn. d'**adulte** quand on parle à des enfants. — 3° (référence au volume) *Faire de grandes dépenses* = (postposé) **important, considérable** ; v. aussi EXAGÉRÉ, FOU et DÉMESURÉ ; v. LÂCHE II. — 4° (référence à la surface) *Une grande plaine ;* ↑**vaste** ; (postposé) **étendu.** V. AMPLE. — 5° (adj. à valeur intensive, formant souvent avec le nom qu'il accompagne une express.) *Attendre deux grandes heures* = **long, bon.** *Employer les grands remèdes* = (postposé) **extrême.** *Un grand cœur, une grande âme :* v. BEAU, NOBLE. *Un grand style :* v. ÉLEVÉ I. *Un grand choix :* v. VARIÉ (in *varier*). *Elle n'aime que les grandes émotions* = (postposé) **fort.** V. INCOERCIBLE. *Un grand chagrin ;* ↑**immense** ; (postposés) **infini, fou.** *Une* grande action : v. NOBLE. *Un grand vin* = (postposé) **noble** ; v. aussi FAMEUX. *Un grand nom, un grand homme* : v. IL-LUSTRE. *C'est du plus grand comique !* = **haut**. *Un si grand spectacle* : v. TEL II. — 6° (nom) *Les Grands* : v. PUISSANCE (in *puissant*). ● **grandement** *Avec cet argent, vous avez grandement de quoi vivre* = **amplement, largement** ; ↓ **bien**. ● **grandeur** 1° V. DIMENSION. — 2° V. BEAUTÉ et NOBLESSE. — 3° *Elle court après les grandeurs* = **dignités, honneurs**. *Avoir la folie des grandeurs ;* (didact.) **mégalomanie** implique un comportement pathologique. ● **grandiose** *La nature automnale offrait à ses yeux de citadin un spectacle grandiose* = **majestueux, imposant** ; (moins express.) **magnifique** ; v. aussi BEAU et ROYAL. ● **grandir** 1° *À cet âge-là, on grandit beaucoup ;* (assez fam.) **s'allonger** ; (plus général) **se développer** ; (fam. en parlant de personnes) **pousser** est syn. de *se développer.* — 2° V. AUGMENTER. — 3° ~ qqn/qqch. V. ÉLEVER I.

grand - père / grand - mère (fam., employés par les enfants) **pépé, pépère, papy, bon-papa, mémé, mémère, mamy, bonne-maman.** V. aussi AÏEUX.

gras 1° *Il est encore bel homme, mais il est devenu un peu gras ;* ↑ **obèse** ; **pansu** et **ventru** sont plus péjor. et se disent seulement du ventre ; **replet** et (plus courant) **dodu** se disent de qqn qui est bien en chair ; **plantureux** ne se dit par litote que d'une femme ou d'une poitrine féminine ; **potelé** se dit surtout en parlant des jeunes enfants qui ont les membres bien pleins, **rebondi** en parlant des joues ou du ventre (en parlant des joues, on dit aussi **plein**) ; **grassouillet** se dit souvent des enfants ou des personnes de petite taille ; (péjor.) **rondouillard** ; **adipeux** ne s'emploie guère qu'en parlant des tissus humains, **bouffi**, du visage ; **étoffé** s'emploie souvent par litote *(il s'est un peu étoffé).* V. aussi GROSSIR ; **corpulent** se dit de l'ensemble du corps (chairs et ossature). De qqn qui est gras, on dit, fam. et péjor., qu'*il est gras comme un moine/*↑ **cochon** ; v. aussi GROS. — 2° *Des plaisanteries grasses :* v. OBSCÈNE.

gratifier 1° *Il a gratifié le garçon d'un large pourboire ;* (plus général) **donner** (qqch à qqn) ; v. aussi ce mot et DISPENSER II, HONORER. *On a gratifié le personnel de nouveaux bureaux ;* ↓ **doter** et **allouer à** sont moins subjectifs : ils n'impliquent pas l'idée de faveurs généreusement attribuées. V. aussi NANTIR. — 2° V. APPLIQUER. ● **gratification** Somme d'argent remise à qqn en plus de ce qui lui est dû ; on parlera aussi des **étrennes** du facteur, de la **prime** d'un ouvrier ; **dessous-de-table** et **pot-de-vin** désignent des gratifications illicites remises à qqn dont on achète les services.

gratitude *Vous m'avez rendu un grand service : permettez-moi de vous manifester ma gratitude* (assez soutenu) ; (courant) **reconnaissance.**

gratter I Qqn ~ qqch. 1° *Il me faudra gratter cette table : elle est pleine de taches ! ;* ↑ **râcler.** — 2° *Ce petit ratier est adorable, mais il gratte la terre du jardin et abime les plates-bandes ;* ↑ **fouiller.** — 3° *Lui, musicien ? il gratte du violon, c'est tout ! ;* **racler** est plus péjor. encore. — 4° *Il n'arrête pas de gratter du papier* = **noircir.** — 5° V. TRAVAILLER II.

II Qqch ~. V. DÉMANGER.

III Qqn ~ qqn. V. DÉPASSER.

IV se gratter V. FOUILLER (SE).

gratuit 1° *Je vous ai rendu ce service à titre gratuit : vous ne me devez donc rien !* = **bénévole** ; (soutenu) **gracieux** (ces deux adj. étant d'emploi beaucoup plus restreint que *gratuit*). — 2° *N'hésitez pas ! l'entrée est gratuite ! ;* **libre** se dit aussi, contrairement à *gratuit,* de l'entrée d'un magasin. — 3° *Sur quels éléments vous fondez-vous pour lancer des affirmations aussi gratuites ?* = **injustifié** ; v. aussi ARBITRAIRE. ● **gratuitement** *En achetant deux paquets de gâteaux, on a le troisième gratuitement ;* (soutenu) **gracieusement** ; (fam.) **gratis, pour rien** ; (très fam.) **à l'œil** ; (express. vieillie) **sans bourse délier** ; (fam.) **aux frais de la princesse.**

gravats *De ce bel immeuble, il ne reste après l'explosion que des gravats* = **décombres, plâtras.**

grave I 1° *La situation est grave ! ;* ↓ **inquiétant, sérieux** ; ↑ **dramatique, tragique.** *La question est grave !* = **sérieux,**

important. *Une grave négligence :* v. COUPABLE. *Cette décision aura de graves conséquences ;* ↑ **incalculable** (postposé). *Une blessure grave ;* ↓ **sérieux.** V. GROS et SÉVÈRE. — 2° *Lui fallait-il cet air grave pour nous annoncer sa nouvelle nomination ?* = **solennel.** *Cet homme si grave est en fait un joyeux drille !* = **digne ;** ↓ SÉRIEUX. *Ces graves demoiselles de la paroisse m'ennuient à mourir* = **digne ;** ↑ **austère** (v. aussi ce mot). ● **gravité** 1° *La question présente-t-elle vraiment un caractère de gravité ?* = **urgence.** *La gravité de la situation ne fait aucun doute ;* ↓ **sérieux** (v. ce mot). — 2° (v. 2° de l'adj.) **solennité, dignité, austérité ; componction** s'emploie le plus souvent avec une nuance iron. *(parler avec componction).* ● **gravement** 1° *Il est gravement blessé* = **grièvement ;** ↓ **sérieusement.** — 2° (v. 2° de l'adj.) **dignement, solennellement.** **II** V. CAVERNEUX.

gravir *Ce matin, nous gravirons cette petite colline ;* ↑ **escalader** implique des efforts physiques plus conséquents ; (plus fam.) **grimper sur ;** (plus courant) **monter.**

gré *À son gré :* v. CONVENANCE et FANTAISIE. *De bon gré :* v. GRÂCE II. *Au gré de :* v. CHOIX. *On l'a fait agir contre son gré* = **contre sa volonté, malgré lui.** *De son plein gré :* v. VOLONTAIREMENT (in *volontaire*). *De gré ou de force :* v. FORCE. *Savoir gré :* v. REMERCIER I.

greffer *Cet arbre a été greffé ;* (vieilli) **enter** ne se dit que d'une greffe en fente ou par scion. ● **se greffer** *De nouveaux ennuis sont venus se greffer sur ceux qu'il avait déjà ;* (plus courant) **s'ajouter à.**

grêle I (nom) *Il est tombé de la grêle* = **des grêlons** (un *grêlon* est un grain de grêle) ; le **grésil** est une grêle fine et dure ; v. PLUIE. **II** (adj.) V. FLUET et MENU I.

grève I V. BORD. **II** V. ARRÊT (in *arrêter* I). *Les ouvriers de l'usine se sont mis en grève ;* **débrayer** marque généralement le début d'une grève ; ↓ **cesser le travail** s'emploie par euphémisme pour éviter la résonance politique du mot *grève.*

griffe I 1° **serre** se dit surtout en parlant des griffes des rapaces. — 2° (dans des express.) *Tomber dans les griffes de qqn :* v. POUVOIR. *Montrer les griffes :* v. MENACER (in *menace*). **II** *C'est bien la griffe de mon frère* (fam.) ; (courant) **signature.**

griller 1° V. BRÛLER, CUIRE et RÔTIR. *Griller une cigarette :* v. FUMER I. — 2° ~ de. V. BRÛLER (DE).

grimace 1° *Une affreuse grimace lui déformait le visage ;* **rictus** se dit d'une grimace qui donne au visage l'aspect d'un rire forcé ; v. CONTORSION. — 2° *Quand je lui ai annoncé son échec, il a fait la grimace* = **faire grise mine ; faire la moue** se dit surtout en parlant de qqn qui boude. — 3° (plur.) *Cesse donc de faire des grimaces ! nous savons bien que ton étonnement n'est pas sincère ! ;* (plus fam.) **singeries.** V. aussi CÉRÉMONIE et AFFECTER II.

grincer *Les roues de la charrette grinçaient de vieillesse ;* (fam.) **couiner.**

gringalet *Que nous veut ce petit gringalet ? ;* (cliché fam.) **moustique.** V. FAIBLE.

gris 1° *Elle a des cheveux gris ;* **argenté** se prend toujours en bonne part et implique que la chevelure tire plus vers le blanc que vers la couleur naturelle ; (fam.) **poivre et sel** se dit d'une chevelure où le blanc et la couleur naturelle s'équilibrent. — 2° V. TERNE. — 3° V. IVRE.

gros 1° (en parlant de personnes) *S'il n'était pas aussi gros, il serait bel homme ;* **gros** évoque l'idée de volume, d'épaisseur, **gras** (v. ce mot), celle de tissus envahis par la graisse ; **corpulent** s'emploie le plus souvent dans des contextes soutenus ou techn. *(une maison spécialisée en vêtements pour personnes corpulentes) ;* ↑ **obèse ;** (par euphémisme) **fort ;** (très péjor.) **pansu, ventru, ventripotent** insistent sur la grosseur du ventre ; **boulot** se dit d'une personne grosse et petite. *De qqn qui est gros, on dit, péjor., qu'il est gros comme une vache/un cochon ;* que c'est un **poussah,** si cette personne est, en outre, mal bâtie, un **mastodonte,** si sa taille et sa grosseur sont extraordinaires. — 2° (en parlant de parties du corps) *Avoir de gros yeux ;* **globuleux, saillants** (postposés). *De grosses joues :* v. BOUFFI. *Cette femme a une grosse poitrine :* v. GÉNÉREUX. *De grosses lèvres ;* (postposés) **épais, charnu.** — 3° *Une femme grosse :* v. ENCEINTE. *La jument est grosse :* v. PLEIN. — 4° Qqch est ~ (par la taille, le volume, etc.). *Une grosse fortune :* v. IMPORTANT. *Une grosse somme :* v. FORT II et ABONDANT. *Un gros rhume :* v. BON I. *Une grosse faute ;* ↑(postposé) **grave, énorme.** *La grosse industrie ;* (postposé) **lourd** est le terme propre. V. aussi ÉNORME, GRAND, RICHE, SÉRIEUX et VOLUMINEUX (in *volume* II). — 5° Qqch est ~. V. GROSSIER et VULGAIRE II. ● **gros** 1° (adv.) *En gros :* v. ENSEMBLE II [*dans l'ensemble*]. — 2° (nom) *Le plus gros est fait maintenant* = **principal.** ● **grossir** 1° Qqn ~. *Il a beaucoup grossi ces derniers temps ;* **engraisser** et (fam.) **faire du lard** sont plus péjor., **s'empâter** est plus expressif ; ↑**enfler** ; **forcir** n'est pas péjor. et s'applique au développement général du corps ; (par litote) **prendre du poids/des kilos.** V. aussi EMBONPOINT, GRAS et GROS. — 2° Qqch ~. *Avec ces pluies torrentielles, les eaux du fleuve vont grossir* = **monter ;** v. aussi AUGMENTER. — 3° ~ qqch. V. EXAGÉRER.

grossier 1° Qqn est ~. De qqn qui est *grossier,* on dit que c'est un **mufle,** un **goujat,** un **malotru** s'il manque de savoir-vivre et commet des indélicatesses, un **rustre** ou **rustaud** si sa grossièreté s'accompagne de brutalité, un **butor** s'il est grossier et stupide, (soutenu) un **béotien** s'il ignore tout des lettres, des arts et de la culture ; (fam.) **pignouf** est syn. de *goujat,* **ostrogot** de *rustre.* — 2° Qqch est ~. *Voici des manières bien grossières! ;* **fruste** implique une grossièreté naturelle, un manque d'éducation et de culture ; ↑**barbare ;** (par euphémisme) **peu élégant.** V. aussi FAMILIER. — 3° Qqch est ~. *Des connaissances grossières :* v. ÉLÉMENTAIRE (in *élément*). *Une ignorance grossière :* v. CRASSE II. *Avouez que le mensonge est tout de même un peu grossier!* = **gros ;** (fam.) **cousu de fil blanc.** *Ces artisans travaillent encore avec des instruments grossiers* = **rudimentaire, primitif.** — 4° Qqn/qqch est ~. *Je ne suis pas prude, mais il est si grossier que c'en est révoltant! ;* ↑**ordu-**

rier ; v. aussi VULGAIRE. *Des mots grossiers* = (antéposés) **gros.** V. BLASPHÈME, INCONVENANT, POIVRÉ et SALÉ (in *sel*). ● **grossièrement** 1° *Nous dirons grossièrement que les poumons sont une sorte de soufflerie* = **sommairement, grosso modo, approximativement.** V. aussi ENSEMBLE II. — 2° *S'il croit que je céderai, il se trompe grossièrement!* = **lourdement ;** (très fam.) **sacrément ;** v. aussi BEAUCOUP. — 3° V. VULGAIREMENT I.

grotesque *Il pense que je l'aime? Mais c'est grotesque!* = **ridicule ;** (rare) **bouffon ;** v. ABSURDE I.

groupe 1° V. ATTROUPEMENT (in *attrouper*) ; **peloton** se dit d'un groupe de coureurs. — 2° *Cette fleur appartient au groupe des liliacées* = **famille ;** v. aussi ESPÈCE. — 3° V. FORMATION et SOCIÉTÉ. — 4° V. VOLÉE II. ● **grouper** *Nous grouperons ensemble toutes les questions importantes ;* (fam.) **bloquer.** V. ASSOCIER. ● **groupement** *Il faudra procéder au groupement de ces différents matériaux ;* **rassemblement** implique davantage l'idée d'une recherche en vue de réunir des choses éparses ; v. aussi ASSEMBLAGE (in *assembler*).

guenille *Un mendiant habillé de guenilles ;* alors que ce terme désigne un vêtement en lambeaux, **haillons** se dit d'un lambeau d'étoffe servant de vêtement : généralement, ces deux termes sont cependant employés l'un pour l'autre ; **loques,** de même sens, est plus courant ; (rare) **oripeaux** se dit de vieux vêtements usés, qui portent encore quelques marques de leur ancienne splendeur.

guérir 1° Qqn ~. *Il a été très malade, mais il est presque guéri ;* **se rétablir, se remettre,** c'est retrouver, en guérissant, ses forces physiques et morales. — 2° ~ qqn. *Allons, ne vous faites pas de souci, nous le guérirons! ;* (fam.) **tirer de là ;** ↑**sauver** implique une grave maladie. — 3° ~ qqn de. V. CORRIGER II. ● **guérison** (v. 1° du verbe) **rétablissement.** ● **guérisseur** Nom de celui qui pratique la médecine sans avoir les titres et qualités de médecin ; le **rebouteux,** ou **rebouteur,** est un guérisseur qui s'occupe surtout de luxation, de fractures, de membres démis. V. aussi MÉDECIN.

guerre 1° *Une grave crise économique peut provoquer une guerre;* **conflit** (abrév. de **conflit armé**) se dit d'une guerre limitée ou s'emploie, par euphémisme, avec le sens de *guerre;* **hostilités** se dit de l'ensemble des actes de guerre : ce terme s'emploie surtout dans le contexte *ouvrir/déclencher/cesser les hostilités;* **guérilla** se dit d'une guerre de partisans. V. COMBAT (in *combattre*). — 2° *Guerre civile :* v. RÉVOLTE. — 3° (dans des express.) *Faire la guerre à :* v. COMBATTRE. *De bonne guerre :* v. LOYALEMENT. *De guerre lasse :* v. LASSITUDE. ● **guerrier** 1° *Entonner un chant guerrier;* **militaire** se dit de la musique jouée par l'armée. — 2° *Croyez-vous qu'il existe des nations guerrières?* = **belliciste; belliqueux** se dit, plus généralement, de celui qui aime se battre. *Un militaire essayant de se donner une allure guerrière* = **martial.** De qqn qui est partisan de la guerre pour régler les conflits, on dit que c'est un **belliciste** ou, fam., un **va-t-en-guerre.** ● **guerroyer** *L'art de guerroyer était enseigné très tôt aux jeunes princes* (vieilli, ou d'emploi littér.); (courant) **faire la guerre;** (plus général) **se battre, combattre.**

guetter 1° V. ÉPIER. — 2° *Il guette une bonne occasion pour s'échapper* = **être à l'affût de;** ↓ **attendre.** V. aussi AGUETS.

gueule 1° **bouche** se dit en parlant des humains; **gueule** en parlant des animaux. — 2° V. FIGURE I. — 3° (dans des express.) *Une fine gueule :* v. GOURMAND. *Avoir de la gueule :* v. ALLURE. *Ta gueule! :* v. SILENCE.

guide I V. RÊNE.

II 1° *Je ne connais pas Tours, vous y serez mon guide;* (rare; par plaisant.) **cicérone.** — 2° V. CONSEILLER I. — 3° V. SCOUT. ● **guider** 1° *Nous ne connaissions pas Paris, mais nous avions quelqu'un pour nous y guider;* (assez fam.) **piloter.** — 2° *Voici un élève qui aurait besoin d'être guidé : quelle voie doit-il suivre?;* ↓ **conseiller;** ↑ **orienter.** — 3° *Un bon chien est guidé par son instinct;* (plus général) **conduire.**

h

habitation *Il nous a fait visiter sa nouvelle habitation* (terme générique); (plus courant) **logement**; (vieilli ou soutenu) **logis**; **demeure** et **domicile** se disent du lieu principal d'habitation; **maison, appartement** (v. ce mot), **manoir**, etc., précisent le type d'habitation; **baraque** (v. ce mot) et (très fam.) **cambuse, turne, taule** se disent d'une habitation précaire ou mal tenue; (très soutenu) **gîte** s'emploie couramment dans quelques express. *(le gîte et le couvert, revenir au gîte...)*. V. aussi IMMEUBLE.

habitude 1° *Il ignorait tout encore des habitudes de ce pays* = **coutume, usage**; **mœurs** et **pratique** s'emploient aussi parfois en ce sens. — 2° *Il avait une longue habitude de ce genre de travaux* = **expérience**. V. ENTRAÎNEMENT (in *entraîner* II) et EXERCICE (in *exercer* I). *Une mauvaise habitude* : v. PLI. V. aussi MANIE et ACCOUTUMANCE. — 3° *Il ne réfléchissait pas et agissait par habitude* = **machinalement**; ↑**instinctivement**. — 4° *D'habitude* : v. COMMUNÉMENT (in *commun* II), ORDINAIRE et RÉGULIÈREMENT II. ● **habituel** *Ce sont là des faits habituels de ce pays* = **coutumier**; v. ORDINAIRE et PERPÉTUEL; v. aussi NORMAL. *La pêche était sa distraction habituelle* = **familier**. *Il faisait comme chaque matin sa petite promenade habituelle*; (rare) **accoutumé**; (dans ce contexte) **quotidien**.

hache *J'ai besoin d'une hache pour couper le bois*; **cognée** se dit d'une grosse hache pour abattre les arbres, fendre le bois.

haleine *Ce terme et* **souffle** *sont syn. dans quelques contextes seulement* : *retenir son haleine/souffle pour ne pas faire de bruit; reprendre haleine/son souffle* (v. SOUFFLER); *courir à perdre haleine/le souffle* (v. VITE).

haletant *Il rentrait haletant de ses courses dans la montagne, mais rayonnant de bonheur*; ↓**essoufflé**; (rare) **pantelant**; v. aussi FATIGUÉ.

hardi 1° *Qqn est* ∼. *Un pilote d'essai doit être hardi sans être téméraire*, se dit de celui qui se lance sans timidité ni crainte dans une entreprise assez risquée; ↑**audacieux, intrépide, téméraire** sont souvent péjor., impliquant une hardiesse que ne tempère aucune sagesse; ↑(fam.) **casse-cou**; ↑(très fam.) **culotté**; (soutenu) **impavide** se dit de celui qui ignore la peur; **décidé, résolu** et ↑**déterminé** se disent surtout de celui qui n'hésite pas à prendre parti, à affirmer une opinion et à agir en conséquence; **entreprenant** se dit de celui qui entreprend qqch facilement, avec hardiesse *(Pour réussir dans les affaires, il faut être entreprenant)*; **courageux** renvoie plutôt à une qualité morale, **hardi**, au tempérament. — 2° *Qqn est* ∼. V. IMPUDENT. — 3° *Qqn est* ∼. V. ENTREPRENANT (in *entreprendre*). — 4° *Qqch est* ∼. *Votre projet me semble trop hardi pour qu'on le retienne* = **audacieux, osé**; ↑**aventureux**, (plus fam.) **risqué**. — 5° *Qqch est* ∼. *Ce roman est un peu hardi, ne trouvez-vous pas?* = **osé**; ↑**cru**; v. RAIDE; v. aussi GAILLARD et OBSCÈNE. *Son décolleté est vraiment hardi!* = **provocant**; ↑**impudique**; v. aussi INDÉCENT. ● **hardiesse** 1° (avec les mêmes nuances pour l'adj. 1°) **intrépidité, audace, témérité**. V. CONFIANCE (in *confier* I); v. aussi APLOMB, COURAGE et DÉCISION (in *décider*). — 2° V. IMPUDENCE. — 3° (v. 4° de l'adj.) **audace**. — 4° (v. 5° de l'adj.) *La hardiesse/l'audace d'un roman*; v. aussi OBSCÉNITÉ. *La hardiesse/l'audace/l'impudicité d'un décolleté*; v. aussi INDÉCENCE.

haricot *Courir sur le haricot* : v. ENNUYER. *La fin des haricots* : v. COMBLE I.

harmonieux 1° V. DOUX. — 2° *Elle a un corps très harmonieux* = **bien fait/proportionné**; v. aussi BÂTI (in *bâtir*). *Nous souhaiterions un développement harmonieux de nos deux entreprises* = **équilibré, cohérent.** — 3° V. RYTHMÉ (in *rythme*).

hasard 1° *Il se résigna et décida de croire que tout, dans la vie, était conduit par le hasard;* (vieilli) **fortune; destin** (v. ce mot) implique l'idée d'une loi suprême et entre plus que *hasard* dans le cadre d'une métaphysique. — 2° V. COÏNCIDENCE et RENCONTRE (in *rencontrer*). — 3° *Par hasard :* v. ACCIDENTELLEMENT (in *accident*) et AVENTURE. ● **hasarder** 1° *Il hasarda une réponse approximative à la question posée* = **risquer;** ↓**avancer.** *Hasarder une démarche auprès de qqn* = **tenter.** — 2° *Il n'hésita pas à hasarder sa vie pour la sauver;* (plus courant) **risquer.** V. aussi COMPROMETTRE. ● **se hasarder** 1° V. S'AVANCER (in *avancer* I). — 2° *Je ne me hasarderais pas à sortir le soir dans ce quartier* = **se risquer.** ● **hasardeux** *L'entreprise me semble bien hasardeuse!* = **risqué, imprudent;** (très fam.) **casse-gueule;** v. AVENTUREUX et AVENTURÉ (in *aventure*); v. aussi FOU.

hâte 1° V. EMPRESSEMENT et PRÉCIPITATION. — 2° *Avoir hâte de :* v. IMPATIENT. ● **hâter** V. AVANCER II et ACCÉLÉRER. *Hâter le pas* = **presser.** *Hâter son départ;* ↑**brusquer.** ● **se hâter** V. SE PRESSER (in *presser* II). ● **hâtif** 1° *Des légumes hâtifs viennent à maturité plus vite que les autres* = **précoce.** — 2° *Ce travail me paraît un peu hâtif,* fait à la hâte; ↑**bâclé** est très péjor.

haut I (adj.) 1° V. ÉLEVÉ (in *élever*). — 2° *Les heures de haute mer* = **plein** (ne devrait pas s'employer dans « La mer est haute », mais on peut dire en ce sens : *La mer bat son plein*). *Parler à voix haute;* (plus fam.) **tout haut.** V. aussi FORT II. — 3° (valeur intensive ; toujours antéposé) *Il fait partie de la haute société;* (fam.) **la haute, le gratin, la crème.** *Un objet de la plus haute valeur* = **grand** (v. ce mot). *De hauts faits :* v. EXPLOIT.

II (nom) 1° V. HAUTEUR (*infra* III). — 2° V. COLLINE et SOMMET. — 3° (dans des express.) *Tomber de haut :* v. SUR-

PRENDRE. *Le prendre de haut :* v. MÉPRIS. *Les voisins du haut* = **dessus.**

III (adv.) 1° *Comme ce livre l'indique plus haut, le climat tropical est chaud et humide* = **supra; ci-dessus** implique que l'on fasse référence à ce qui précède immédiatement. — 2° *Parler haut :* v. FORT III. — 3° *Je vous le dis bien haut : ne comptez pas sur moi!;* (plus fam.) **tout net;** v. aussi AMBAGES. ● **hautement** *Il affiche hautement ses choix politiques* = **ouvertement;** (plus général) **nettement, clairement.** ● **hauteur** 1° *Hauteur* et **altitude** sont syn. en géographie : *Une montagne dont les sommets ont 4 000 m de hauteur/d'altitude/de haut;* théoriquement, *hauteur* se dit de la dimension verticale *(la hauteur d'une montagne), altitude* de l'élévation au-dessus du niveau de la mer *(un plateau situé à 2 000 m d'altitude);* pratiquement, les deux termes s'emploient souvent l'un pour l'autre. V. DIMENSION. — 2° V. COLLINE. — 3° V. FIERTÉ (in *fier*).

hémorragie 1° V. SAIGNER. *Hémorragie cérébrale* (didact.); (plus courant) **congestion.** — 2° *Qui sont les vrais responsables de l'hémorragie de capitaux que la France a connue en 1968?;* ↓**fuite.**

herbe 1° V. GAZON. — 2° *Allez! tous ces garnements, c'est de la mauvaise herbe!* = **graine.** — 3° *En herbe :* v. FUTUR.

hérédité En biologie, transmission de certains caractères d'un être vivant à ses descendants; **atavisme** se dit d'une hérédité discontinue, ou apparition chez un être vivant de caractères qui ne s'étaient pas manifestés chez ses parents et qui remontent à une ou plusieurs générations antérieures. V. aussi INNÉ.

hérésie *Il boit du vin en mangeant une glace au chocolat, quelle hérésie!* = **sacrilège;** ↓(dans ce contexte) **faute de goût.**

hérisser 1° En parlant des poils ou des plumes, *hérisser* implique surtout l'idée de raideur, **ébouriffer,** celle de désordre. Le participe passé employé comme adj. se dit aussi bien des poils ou des plumes; **hirsute** ne se dit que des poils. — 2° ~ qqn. V. IRRITER.

hériter *Il a hérité de sa mère le goût de l'argent* = **tenir de** (au présent, dans cet ex.) [v. ce mot].

hermétique 1° Ce terme implique, comme **étanche**, l'idée d'imperméabilité et en outre, contrairement à *étanche*, celle de fermeture : *un bateau est étanche, mais non hermétique ; une bouteille est étanche si elle a une fermeture bien hermétique.* — 2° V. CACHÉ (in *cacher*).

hésiter 1° *Il hésite toujours avant de prendre une décision ;* (assez fam.) se **tâter ; tergiverser** comme **atermoyer,** c'est user de détours, de faux-fuyants pour retarder une décision. *Il n'y a pas à hésiter, il faut y aller !;* (fam.) **tortiller.** *Que faire ? J'hésite !;* (fam.) **ne (pas) savoir sur quel pied danser.** *Sans hésiter :* v. FRANCHEMENT (in *franc* II). — 2° ~ **entre.** *J'hésite entre deux solutions ;* (rare) **balancer, osciller.** — 3° ~ **à.** *J'hésite à le déranger pour si peu ;* ↑ **avoir scrupule.** V. aussi CRAINDRE. — 4° *Cet enfant hésite vraiment sur beaucoup de mots : il ne lit pas couramment !;* ↑ **trébucher.** *Il hésita, puis ce fut extraordinaire : les mots venaient régulièrement, harmonieusement, envoûtant le public* = **chercher ses mots.** *J'ai beaucoup hésité avant de trouver la bonne solution ;* (plus fam.) **tâtonner.** *Ma mémoire hésite tout à coup ;* ↑ **chanceler, vaciller.** ● **hésitation** (v. le verbe) **tâtonnement, tergiversation, atermoiement, scrupule.** V. aussi CRAINTE et INDÉCISION (in *indécis*).

heure (dans des express.) *À l'heure :* v. PONCTUEL. *De l'heure :* v. ACTUEL. *De bonne heure :* v. TÔT. *Sur l'heure :* v. IMMÉDIATEMENT. *Tout à l'heure :* v. BIENTÔT. *La dernière heure :* v. AGONIE.

heureux 1° Qqn est ~. «*Heureux au jeu, malheureux en amour*», dit le proverbe ; (soutenu) **fortuné ;** v. aussi CHANCEUX et SATISFAIT. — 2° Qqn est ~. *Heureux les pauvres d'esprit !* = **bienheureux.** V. CONTENT, CHARMER, RAVI (in *ravir* I) et RÉJOUIR (SE). — 3° Qqch est ~. *Un jour heureux :* v. FAVORABLE. *Quelle heureuse nouvelle* = **bon.** *Une expression heureuse :* v. JUSTE. ● **heureusement** 1° V. FAVORABLEMENT (in *favorable*). — 2° *Ils ont eu un accident,*

heureusement, ce n'est pas grave !; ↑ **Dieu soit loué, grâce à Dieu, Dieu merci** ne s'emploient généralement que pour ceux qui croient en Dieu ; ↓ **par bonheur.**

heurter 1° ~ qqch. *Il a heurté une voiture de plein front ;* ↑ **emboutir, percuter, télescoper ;** (fam.) **rentrer dans ;** v. DEDANS. — 2° ~ contre qqch. *Sa tête est venue heurter contre le mur* (soutenu) = **donner ;** (courant) **cogner.** — 3° ~ qqn. *Votre remarque l'a visiblement heurté ;* (plus courant) **choquer ;** v. FROISSER II. — 4° ~ à. V. FRAPPER. ● **se heurter** (v. HEURTER 1°) Mêmes syn. à la forme pronominale ; **se caramboler** se dit généralement en parlant de plusieurs véhicules. — 2° *Il s'est heurté à la porte en voulant sortir* (soutenu) ; (courant) **se cogner.** — 3° *Nous nous sommes heurtés à de très vives réticences de sa part ;* ↓ **rencontrer** (qqch) ; (plus fam.) **buter sur.** — 4° *Hier soir encore, ils se sont très violemment heurtés à propos de questions politiques ;* ↓ **s'affronter.** ● **heurt** 1° *Le heurt a été si violent que l'une des deux voitures a littéralement éclaté* (soutenu) ; (courant) **choc ; collision** et **télescopage** sont d'emploi plus restreint : ils ne peuvent se dire que de deux corps en mouvement qui se heurtent (comme dans notre ex.). — 2° *La vie devient impossible dans leur ménage : les heurts succèdent aux heurts !;* (plus fam.) **friction** (v. aussi ce mot). — 3° *Sans heurt :* v. À-COUP. ● **heurté** *L'émotion donnait à sa voix quelque chose de heurté qui vous tirait des larmes* = **haché, saccadé ;** v. ROCAILLEUX.

hirsute Se dit aussi bien de la barbe que des cheveux ; **échevelé** ne se dit que d'une chevelure abondante. V. HÉRISSÉ.

hisser *Hisser un drapeau, un pavillon ;* **envoyer** ne s'emploie en ce sens que dans ce contexte. ● **se hisser** 1° V. MONTER. — 2° *Après des années, il était parvenu à se hisser jusqu'à cette situation qui maintenant lui paraissait médiocre et dérisoire* = **se hausser ;** (plus général) **s'élever.**

holà *Mettre le holà :* v. ORDRE I [*bon ordre*].

hommage 1° *Rendre hommage :* v. GLORIFIER (in *gloire*). — 2° (plur.) *Vous* présenterez mes hommages à Madame votre épouse (très soutenu) = **respects.** V. aussi FÉLICITATIONS (in *féliciter*) et SALUER.

homme 1º V. MORTEL (in *mort*). — 2º *Mon voisin ? C'est vraiment un drôle d'homme !;* (fam.) **bonhomme, gars, type** (v. ce mot); (très fam.) **pistolet ;** v. GAILLARD II et INDIVIDU. — 3º « *Ce gars-là, c'est mon homme »,* dit-elle (fam.) ; (selon le sens ; courant) **amant** (v. aussi ce mot), **mari** (v. aussi ÉPOUX) ; **gigolo** se dit du jeune amant entretenu d'une femme plus âgée que lui. — 4º *D'un homme gros et petit, on dit que c'est un* **tonneau ;** v. aussi GROS. *D'un homme ou d'un jeune homme grand et maigre, on dit que c'est une* **grande perche,** un **échalas,** un **géant ;** v. aussi GRAND. *D'un homme grand et fort, on dit que c'est un* **hercule,** (fam.) une **armoire à glace,** (fam.) une **baraque ;** v. aussi FORT I. *D'un homme faible et sans courage, on dit que c'est une* **femmelette ;** on dit aussi très péjor., en alliant l'idée de faiblesse à celle de déficience sexuelle, *que c'est un* **eunuque,** un **puceau** ou (très fam.) qu'*il* **n'a rien dans le pantalon/dans la culotte.** — 5º (dans différentes expressions) *Pierre ? c'est un homme à femmes !;* (plus fam.) **coureur de jupons ;** v. SÉDUCTEUR. *Il est homme à faire n'importe quoi !* = **capable de** (v. ce mot). *Devant une telle insulte, ils se levèrent comme un seul homme et quittèrent la salle* (assez fam.) ; (courant) ↓**tous.** — 6º (loc.) *Que pense l'homme de la rue ? Les sondages nous le disent-ils vraiment ?* = **Français moyen ;** v. MONDE. *Homme de lettres/de plume :* v. AUTEUR. *Homme de troupe :* v. SOLDAT. *Jeune homme :* v. ADOLESCENT. *Homme de peine :* (selon le sens) **domestique** s'il s'agit de personnel de maison, **manœuvre** s'il s'agit de personnel d'une entreprise privée ou publique ; v. aussi SERVITEUR. *La quasi-totalité des hommes d'Église ont aujourd'hui en France abandonné la soutane* = **ecclésiastique ;** v. aussi PRÊTRE.

homosexuel *Dans plusieurs pays, les homosexuels revendiquent leur droit à vivre comme les autres, et non plus comme des réprouvés ;* **inverti** se dit davantage du langage didactique ; **pédéraste,** (très fam. et péjor.) **pédé, pédale, tante, tantouse** ne se disent que de l'homme ;

lesbienne se dit de la femme, comme (très soutenu) **tribade ;** (très fam.) **gouine.**

honnête 1º *Qqn est* ~. *C'est un commerçant très honnête ;* (soutenu) **probe ;** v. aussi SCRUPULEUX. *C'est un magistrat très honnête* = **intègre ;** ↑(sans a d v. d'intensité) **incorruptible.** V. CORRECT et LOYAL ; v. aussi CONSCIENCIEUX (in *conscience* II). — 2º *Qqn est* ~. *Elle se dit honnête, mais elle trompe son mari* = **fidèle, vertueux ;** v. aussi CHASTE. — 3º *Qqch est* ~. V. ACCEPTABLE (in *accepter*). ● **honnêteté** 1º (v. 1º de l'adj.) **probité, intégrité ;** v. LOYAUTÉ. — 2º (v. 2º de l'adj.) **fidélité, vertu.** — 3º V. AFFABILITÉ et CONVENANCE.

honneur 1º *Pensez-vous que je vais engager mon honneur à la légère ?;* ↓**dignité ;** v. RÉPUTATION. — 2º *Il fera honneur à ses engagements, soyez-en sûr !* = **respecter** (qqch). *Le prince de Conti lui avait accordé l'honneur d'être accueilli parmi son entourage* = **faveur.** — 3º (plur.) *Nous le recevrons avec tous les honneurs dus à son rang* = **égards** (v. aussi ce mot). V. GRANDEUR (in *grand*). ● **honorer** 1º V. GLORIFIER. 2º *La générosité est sans doute la qualité que j'honore le plus* = **respecter ;** ↑**révérer, vénérer.** — 3º ~ *qqn de qqch. Il m'a quand même honoré d'un sourire* = **gratifier.** *Être honoré de :* v. FLATTER. ● **s'honorer** *Nous nous honorons d'avoir dans notre équipe un médaillé des jeux Olympiques* = **se flatter, s'enorgueillir** (v. aussi ce mot). ● **honorable** 1º *Ils font partie des familles honorables de la ville* = **respectable, estimable ;** v. aussi HONNÊTE. — 2º V. ACCEPTABLE (in *accepter*).

honnir *Nous honnissons cette basse démagogie* (vieux ; soutenu) ; (courant) **mépriser ;** (très fort) ↑**vomir ;** v. MÉPRISER ; v. aussi CRITIQUER (in *critique* I).

honte 1º *La honte que lui avait injustement infligée le public lui était insupportable ;* ↓**déshonneur, humiliation ;** ↑**ignominie, opprobre,** (vieux en ce sens) **infamie.** *Comment peut-on ainsi vivre dans la honte ?;* (outre les précédents) ↑**turpitude.** V. aussi BASSESSE. — 2º *Avoir honte de :* v. REGRETTER et ROUGIR. — 3º *Toutes ces fausses hontes ne sont que des sentiments hypocrites* = **pudeur.** *Il étalait sans honte ses* fantaisies de nouveau riche = **pudeur,** vergogne ; ↓ **retenue, réserve.** ● **honteux** 1° Qqch est ~. *Comment a-t-on pu concevoir un crime aussi honteux ?* ; (soutenu) **ignominieux** ; v. aussi ABJECT. *Les prix augmentent tous les jours, c'est honteux!* = **scandaleux** ; *c'est une* **honte** ; (fam.) **dégoûtant** ; (très fam.) **dégueulasse.** *Les maladies honteuses* (euphémisme moralisant) ; **vénérien** est le terme propre ; on dit aussi **sexuel.** *Avoir des désirs honteux* = **coupable, inavouable.** — 2° Qqn est ~. *Il restait là, dans son coin, tout honteux* = **penaud** ; v. aussi EMBARRASSÉ. *Je suis honteux d'avoir menti si lâchement* = **avoir honte de** ; v. aussi REGRETTER (in *regret*). *Je suis honteux de vous déranger ainsi* (formule de politesse) ; ↓ **confus** (v. ce mot).

hôpital *L'hôpital* est un établissement public (abrév. fam. **hosteau**), tandis que la **clinique** est un établissement privé.

horloge La **pendule** est une petite horloge destinée à être posée, appliquée, encastrée, etc. ; dans une gare, l'heure est indiquée par une *horloge ;* un four à thermostat est souvent réglé par une *pendule.*

horreur 1° V. EFFROI. *Avoir en horreur :* v. DÉTESTER. — 2° *Le héros du film incarne dans toute son horreur* = **laideur** ; ↑**abjection, infamie, ignominie.** *Les horreurs de la guerre* = **atrocité** ; v. aussi CRIME.

hospice *Ils ont mis leur vieux père à l'hospice, c'est bien triste, tout ça!* = **asile.** V. aussi HÔPITAL.

hospitalier 1° Qqn est ~. *On les a dits sauvages : comme ils sont hospitaliers, pourtant!* ; (plus général) **accueillant** ; v. aussi AFFABLE. — 2° Qqch est ~. V. ABORDABLE I. ● **hospitalité** (comme pour l'adj.) **accueil.**

hostile 1° Qqn est ~. V. DÉFAVORABLE (in *défaveur*) et OPPOSÉ I. — 2° Qqch est ~. *Un visage hostile :* v. FERMÉ (in *fermer*). *Il nous a réservé un accueil hostile* ; ↑**glacé, glacial** ; v. aussi DISTANT. ● **hostilité** 1° V. GUERRE. — 2° *Son hostilité envers nous ne fait pas de doute* ; ↓ **opposition** ; ↑ **haine.** V. CRUAUTÉ

(in *cruel*) et FROIDEUR (in *froid* II) ; v. aussi DÉFAVEUR.

hôte 1° *Nous devons bien des remerciements à notre hôte* = (avec l'art. défini) **maître de maison,** (par allusion à la pièce de Molière) **amphitryon** se dit (soutenu) d'un hôte qui offre à dîner. — 2° V. CONVIVE. — 3° *Les murs portent, hélas! les traces des différents hôtes de cet appartement* (soutenu) ; (courant) **occupant** ; **locataire** se dit, plus part., de celui qui loue.

hôtel *Dans quelle catégorie d'hôtel souhaitez-vous descendre?* ; **palace** se dit d'un hôtel de luxe, **hôtellerie** (ou **château hôtel, relais de campagne**) se dit d'un hôtel-restaurant luxueux situé à la campagne ; **auberge** se dit d'un hôtel-restaurant simple situé à la campagne ; **pension de famille** se dit d'un hôtel-restaurant où les services ont la simplicité de la vie familiale.

houle *Il y a de la houle, ce matin!* ; **mer** est du langage des marins ; v. VAGUE I. ● **houleux** 1° V. AGITÉ. — 2° *Un débat houleux* = **orageux** ; ↓ **mouvementé** ; v. AGITÉ.

huer *Quand l'orateur a voulu faire chanter l'assistance, il s'est fait huer ;* (soutenu) **conspuer ; siffler,** c'est marquer sa désapprobation non par des cris mais en sifflant ; v. aussi MALMENER et RAILLER. ● **huée** *Il se souvenait encore des huées qui avaient accompagné son premier discours* = **tollé** (au sing. ; souvent suivi de l'adj. «général»).

huile I *Faire tache d'huile :* v. PROPAGER (SE). *Mettre de l'huile sur le feu :* v. ATTISER.

II V. LÉGUME.

huissier *Dans les ministères, les huissiers introduisent les visiteurs auprès des hauts fonctionnaires ;* **appariteur** se dit surtout d'un huissier exerçant dans une université.

humanité I *L'avenir de l'humanité* = **genre humain** ; v. MONDE.

II V. CHARITÉ et SENSIBILITÉ.

humeur 1° *Je déteste les gens d'humeur belliqueuse* = **caractère, tempérament.**

— 2° *Il est de mauvaise humeur;* il est ↓ **dans un mauvais jour**; (fam.) **mal luné**; v. POIL; (fam.) **il s'est levé du pied gauche**; ↑ **d'une humeur de dogue, d'une humeur noire**; de qqn pour qui c'est l'habitude, on dit, fam., qu'il est **mauvais coucheur**; employé seul, *humeur* est syn. de « mauvaise humeur » dans le langage soutenu *(Des mouvements d'humeur);* v. aussi COLÈRE. *Il est de bonne humeur;* ↓ **dans un bon jour**; (fam.) **bien luné**; v. aussi ENTRAIN et GAI. — 3° *Être d'humeur à plaisanter* = **avoir envie de**; v. aussi ENCLIN.

humide *Ce mouchoir est encore tout humide de ses larmes* = **humecté**; ↑ **mouillé**; v. aussi TREMPER I.

hygiène *L'hygiène corporelle;* (plus général) **soin** (au plur.). *Le gouvernement a dû prendre de nouvelles mesures d'hygiène publique* = **salubrité**. ● **hygiénique** 1° *La promiscuité dans laquelle ils sont obligés de vivre n'a évidemment rien d'hygiénique* = **sain**. — 2° *Une serviette hygiénique* = **périodique**. *Du papier hygiénique;* (fam.) **à water**; (vulg.) **à cul**.

i

idéal (adj.) V. IMAGINAIRE et PARFAIT.
● **idéal** (nom) 1° V. ABSOLU I. — 2° V. AMBITION. — 3° *Quand venez-vous ? L'idéal serait évidemment que vous puissiez vous libérer à la belle saison* = **la meilleure solution** ; (plus fam.) **le mieux.** ● **idéaliser** *Ce tableau idéalise un peu trop la réalité* ; (plus courant) **embellir** ; v. aussi FLATTER. ● **idéaliste** (adj.) *Son projet est parfaitement idéaliste !* = **chimérique, irréaliste, utopique** quand *idéaliste* n'a pas, dans son contexte, de valeur philosophique.

idée 1° (d'une manière générale) V. CONCEPTION et ESPRIT. *Lisez cela, vous aurez une idée de son orientation politique* = **aperçu** ; (souvent péjor.) **échantillon** ; v. aussi EXEMPLE, NOTION et VUE III. — 2° (dans des express. ou des loc.) *L'idée de me trouver seul dans cette ville ne me fait pas sourire* = **pensée** ; **perspective** ne s'emploie que dans un contexte tourné vers le futur (notre ex.). *J'ai, moi aussi, mon idée sur la question* = **opinion** ; ↑**théorie** ; v. aussi AVIS et EXEMPLE. *Se faire des idées* : v. TROMPER (SE). *Quelle est l'idée maîtresse de son discours ?* ; (plus général) **thème.** *Idée noire* : v. CAFARD III. *Quitter la capitale : voici son idée fixe* ; (plus soutenu) **obsession.** *Changer les idées* : v. DIVERTIR.

identité *Ils sont unis par une profonde identité de pensée* = **communauté.**

idylle *Elle a l'âge des idylles, non celui de l'amour* ; (moins soutenu) **amourette.**

ignoble 1° V. ABJECT. — 2° *Il était descendu dans un de ces hôtels ignobles que l'on trouve près de la gare* = **sordide** ; **hideux** est aussi de sens fort, mais ne se rapporterait ici qu'à la laideur physique ; on peut aussi employer en ce sens **affreux** (antéposé) et **innommable** (postposé).

ignorer *Son synonyme courant est* **ne pas savoir** *(J'ignore/Je ne sais pas si je pourrai venir)* ; v. SAVOIR I ; v. aussi IGNORÉ. ● **ignorance** 1° *Son ignorance des choses de la navigation est évidente* ; ↓**méconnaissance.** — 2° *Se dit du savoir,* **incompétence** *du savoir-faire : les deux termes se recouvrent dans certains contextes (Son ignorance/incompétence se manifeste dans ses moindres gestes : il ne connaît pas son métier !).* ● **ignorant** 1° (adj.) *Je n'ai autour de moi que des êtres ignorants et grossiers* = **inculte** ; ↑**ignare** est plus péjor. encore. — 2° (nom) *Décidément, cette classe est le rendez-vous des ignorants !* ; **illettré** et **analphabète** ne sont pas, dans leur emploi courant, forcément péjor. : ils se disent de ceux qui ne savent ni lire ni écrire ; v. aussi ÂNE. — 3° V. PROFANE. ● **ignoré** *Que de faits ignorés par l'histoire et qui sont pourtant significatifs !* ; ↓**négligé.** *Il vivait parmi eux, ignoré, totalement seul* ; **inconnu,** s'il s'agit d'une ignorance involontaire ; **méconnu,** s'il s'agit d'une ignorance volontaire, due à ce que qqn n'est pas estimé à sa juste valeur.

illégal *Se dit de ce qui est défendu par la loi,* **illicite,** *de ce qui est défendu par la morale ou par la loi,* **irrégulier,** *de ce qui n'est pas conforme à un règlement donné* ; v. aussi INCORRECT. ● **illégalité** *Un jugement entaché d'illégalité* ; ↓**irrégularité.**

illimité 1° *J'ai en lui une confiance illimitée* = **sans bornes, infini, total** (antéposé), **immense** (antéposé) ; v. aussi GRAND. — 2° *La S. N. C. F. est en grève pour une durée illimitée* = **indéterminé.**

illisible *Son écriture est illisible* ; (plus didact.) **indéchiffrable.**

illusion 1° *Il crut apercevoir un bateau au loin, mais ce n'était qu'une illusion*

= **mirage**. — 2° *Elle vivait depuis toujours dans ses illusions* = **chimère**. *Tout cela n'aura été qu'une belle illusion* = **rêve** ; (rare) **songe** ; ↑ **utopie** ; **espérance** (*...qu'une vaine espérance*). *Il ne faut pas le laisser dans une telle illusion : il se trompe !* = **erreur**. — 3° (loc.) *Il a pu faire illusion, mais cela n'a duré qu'un temps* = **en imposer**. *Se faire des illusions* : v. TROMPER (SE).

illustration Les illustrations d'un livre peuvent être faites de **dessins, figures, gravures, images, photographies, planches**, etc.

illustre *L'histoire se réduit-elle vraiment à la vie des hommes illustres ?* = **grand** (antéposé) ; ↓ **célèbre** n'implique pas forcément l'idée de dignité ou d'éclat. *Il fait partie d'une famille illustre* = **de grand renom** ; v. GLORIEUX.

image 1° V. ILLUSTRATION. — 2° *Ce n'est pas une image fidèle de la réalité* = **tableau, reflet, reproduction** ; (moins employé) **portrait**. *À l'image de* : v. EXEMPLE. — 3° *La mer, lion furieux, se lançait à l'assaut des rochers* comprend une *image* ; *La mer se lançait comme un lion furieux...* comprend une **comparaison** ; *Le lion furieux se lançait...*, où il est sous-entendu qu'il s'agit de la mer, comprend une **métaphore** ; un **cliché** est une image, une comparaison ou une métaphore usée, banale (comme dans notre ex.). — 4° V. SOUVENIR. — 5° V. VUE III.

imaginer 1° *Vous ne pouvez imaginer combien les gens sont malheureux dans ce pays* ; (rare) **concevoir** ; (plus fam.) **se figurer** ; v. CROIRE, JUGER et REPRÉSENTER (SE). *Imaginons que...* : v. ADMETTRE II. *Qu'a-t-il encore imaginé comme bêtise ?* = **inventer, trouver** ; **manigancer** implique des manœuvres obscures et suspectes. *Je vous veux du mal ? Qu'allez-vous imaginer là !* = **supposer** ; (fam.) **chercher** ; v. PENSER II et VOIR. — 2° V. CRÉER. ● **s'imaginer** V. CROIRE et VOIR (SE). ● **imaginaire** *Il se plaisait à vivre dans un monde imaginaire où tout se pliait à son désir* = **irréel** ; **chimérique, idéal, utopique** insistent sur l'irréalité d'un univers conçu comme parfait ; ↑ **fabuleux, fantastique, mythique** impliquent davantage l'idée de bizarre, d'étrangeté. ● **imagination**

1° *Plus que des diplômes, nous demandons surtout d'avoir de l'imagination* ; (même sens, mais moins employé) **esprit d'invention**. — 2° *Il m'accuse de vol : tout cela n'est que pure imagination !* = **invention** ; (soutenu) *tout cela* relève **de la plus haute fantaisie** ; v. aussi MENSONGE.

imbattable 1° En parlant de qqn, *imbattable* est plus courant qu'**invincible** ; on parlera ainsi d'une *équipe de football imbattable* et d'une *armée invincible*. — 2° V. CONCURRENCE [*sans concurrence*].

imbécile 1° *Il n'y a vraiment rien à attendre de lui* ; *quel imbécile !* = **idiot** ; (fam.) **croûte** ; v. ABRUTI, ENFANT [*faire l'enfant*] et NOIX. — 2° *Cesse de gesticuler ainsi et de faire l'imbécile* = **clown, pitre, idiot**.

imbriqué *Ces deux sujets sont tellement imbriqués que je ne puis traiter l'un sans traiter l'autre* = **entremêlé** ; **enchevêtré** s'emploie surtout en contexte péjor. ; ↓ **lié**.

imiter 1° *Qqn* ~ *qqn. Tu es agaçant à toujours m'imiter ainsi !* ; (fam.) **singer**. — 2° *Qqn* ~ *qqn. Regarde comme il a progressé : tu ferais bien de l'imiter !* = **...de le prendre pour modèle**/(fam.) **d'en prendre de la graine**/(fam.) **de lui emboîter le pas**/**de le suivre**/**de t'en inspirer**. — 3° *Qqn* ~ *qqn*/*qqch. L'auteur a visiblement imité Corneille* ; ↑ **copier** ; **s'inspirer de, démarquer,** ↑ **plagier,** ↑ **piller,** c'est emprunter sans le dire des morceaux entiers de l'œuvre d'un autre ; **pasticher,** c'est écrire ou peindre avec la manière, le style de son modèle ; **contrefaire** (peu employé aux temps personnels) et **parodier,** c'est imiter de manière burlesque, avec une intention de dérision. *Il sait parfaitement imiter votre signature* ; (didact.) **contrefaire** ; v. aussi COPIER et REPRODUIRE I. ● **imitation** (v. 3° du verbe) **copie, plagiat, pastiche, parodie, contrefaçon** ; v. COPIE et REPRODUCTION (in *reproduire* I). V. aussi CARICATURE.

immédiat 1° *Sa réaction a été immédiate : il a téléphoné à la police* = **instantané**. — 2° *Dans l'immédiat, je n'ai pas de travail à vous donner* = **pour l'instant**/**le moment**. ● **immédiatement**

1° *L'incendie s'est déclaré vers 15 heures, les pompiers sont intervenus immédiatement* = **aussitôt, tout de suite**; (très soutenu) **incontinent**; (rare) **séance tenante, sans délai, sur l'heure**; (plus soutenu) **sur-le-champ**; (fam.) **illico**; ↓ **sans tarder**. *Le choc a été très violent, votre frère est mort immédiatement* = **sur le coup**. *Il est arrivé ce matin, nous déclarant immédiatement que l'on se mettrait au travail cet après-midi* = **d'emblée**; v. SEC I [*aussi sec*]; v. aussi D'ENTRÉE (in *entrer*). — 2° *Voici mon frère aîné, qui me précède immédiatement* = **directement**.

immense *Il a acquis au jeu une immense fortune* = (postposé) **colossal** (v. aussi ce mot). V. aussi DÉMESURÉ (in *démesure*). *Des espaces immenses s'offrirent à son regard* – **sans bornes, infini**; (rare) **incommensurable**; v. GRAND.

immeuble *Ils habitent dans un immeuble très moderne*; **building** ne se dit que d'un immeuble moderne de vastes proportions; **gratte-ciel** désigne un immeuble très haut; **résidence** désigne aujourd'hui un ensemble luxueux de villas ou d'immeubles; v. aussi BÂTIMENT (in *bâtir*), HABITATION et APPARTEMENT.

immoral *On lui interdisait les lectures immorales*; ↓ **dangereux**; v. aussi CORROMPU, INDÉCENT et OBSCÈNE.

immuniser 1° *Il est immunisé contre la variole*; **vacciner**, c'est immuniser par le vaccin. — 2° *Cette aventure l'immunisera peut-être contre son habituelle et impardonnable légèreté*; (plus fam.) **vacciner**; (moins expressif) **mettre à l'abri, garantir** (de), **protéger** (de).

impardonnable *Sa maladresse est impardonnable* = **inexcusable**.

impasse 1° *Il habite dans une impasse*; **cul-de-sac** prête aux emplois péjor. et ne peut avoir la valeur administrative précédente (*Il habite impasse des Pavillons*). — 2° V. CRISE.

impassible *Il attendait, impassible, le verdict des juges*; (moins employé) **imperturbable**; (rare) **impavide** se dit exactement de celui que la peur n'atteint pas; **flegmatique**, comme **indifférent**, implique moins l'idée d'un contrôle de soi et davantage celle d'une qualité de détachement inhérente à un individu. *Un visage impassible* = **impénétrable, de glace, de marbre**; v. FROID II; v. aussi CALME, DÉTACHÉ (in *détacher*) et STOÏQUE. ● **impassibilité** (v. l'adj.) **flegme, indifférence**, auxquels s'ajoute **sang-froid**. V. FROIDEUR (in *froid* II) et INSENSIBILITÉ.

impatient 1° *C'est un homme impatient qui ne supporte pas d'attendre*; **nerveux** s'emploie parfois en ce sens. — 2° *Je suis impatient de connaître le résultat de la course*; (plus courant) **avoir hâte de**; ↓ **curieux, désireux**; ↑ **avide**.

impénitent *C'est un joueur impénitent* = **invétéré, incorrigible**.

impérieux 1° *Il est trop impérieux pour qu'on lui résiste*; ↓ **autoritaire**; ↑ **tyrannique**. V. aussi ABSOLU II. — 2° *D'une voix impérieuse, il lui dit de se rasseoir*; ↓ **impératif, autoritaire**; v. DOMINATEUR et TRANCHANT. — 3° *J'ai un impérieux besoin de solitude*; ↓ **pressant**; v. aussi INCOERCIBLE.

imperméable 1° (adj.) Se dit de ce qui ne laisse pas passer l'eau, le plus souvent naturellement; **étanche** se dit de ce qui ne laisse pas passer l'eau ou qui ne fuit pas, le plus souvent artificiellement : *un sol imperméable, une cloison étanche*; il est rare que ces deux adj. puissent s'employer l'un pour l'autre. — 2° (nom) *Il va pleuvoir, prends ton imperméable*; (fam.) **imper**. *Le ciré* et la **gabardine** sont des types particuliers d'imperméables.

impie 1° (nom) *Ce terme suppose soit que celui auquel il s'applique marque du mépris à l'égard des croyances religieuses, soit que celui qui l'emploie émette un avis péjor. sur les gens qui n'ont pas de religion; **athée** et **incroyant** relèvent d'un langage ou d'une attitude plus neutres. V. aussi IRRÉLIGIEUX. — 2° (adj.) *Nous ne lui pardonnerons jamais ce geste impie* (soutenu); (courant) **sacrilège**.

impoli 1° (adj.) *C'est un individu impoli*; (plus courant) **malpoli, mal élevé**; (fam.) **mal embouché** se dit de celui qui n'a que des grossièretés à la bouche; (très soutenu) **discourtois**;

v. aussi GROSSIER et GÊNE [*sans gêne*]. — 2° (nom) *Monsieur, vous n'êtes qu'un impoli!*; ↑**malappris, goujat, grossier personnage**.

importer I V. ACCLIMATER.

II 1° *Ce n'est pas ce qu'il dit qui importe, mais ce qu'il fera* = **important** (*L'important n'est pas ce qu'il dit, mais...*) [v. ce mot]; (plus courant) **compter** (v. ce mot). *Ce n'est pas ce qu'il dit qui m'importe, mais ce qu'il fera;* (plus courant) **intéresser**. *Il importe de :* v. AGIR I. — 2° *Que m'importe son avis ?;* (fam.) **qu'est-ce que j'ai à faire de...** V. ÉGAL. *On ne parle pas ainsi de n'importe qui* = **le premier venu**. *Ce travail est fait n'importe comment!;* (fam.) **à la va-comme-je-te-pousse**. On peut aussi dire : *Ce travail n'est ni fait ni à faire.* ● **important** 1° *C'est une affaire importante;* (fam.) **gros** (antéposé); (soutenu) **conséquent;** v. SÉRIEUX. *L'armée a entrepris des manœuvres importantes* = **d'envergure.** *Son avis sera important;* ↑**décisif.** V. aussi PRIMORDIAL. *Il a fait des bénéfices importants;* ↓**appréciable;** (plus fam.) **gros** (antéposé). V. aussi FORT, GRAND, GRAVE I, IMPOSANT, SENSIBLE II et SUBSTANTIEL (in *substance*). — 2° *Méfiez-vous, c'est un personnage important* = **influent;** v. aussi PERSONNAGE. — 3° *Alors, Monsieur fait son important ?* = **jouer au grand seigneur;** v. aussi FIER. ● **importance** 1° *Son avis est sans importance* = **intérêt.** *Vous rendez-vous compte de l'importance de vos affirmations ?* = **portée.** *Avoir de l'importance :* v. COMPTER II, RIEN I. *Prendre de l'importance :* v. AMPLEUR (in *ample*) et PRIX I. *Heureusement, l'incident restera sans importance;* (soutenu) **conséquence.** — 2° V. INFLUENCE. — 3° **d'importance** *Sa maladresse est d'importance* (soutenu) = **de conséquence;** dans le langage courant, on dira : *Quelle maladresse !/C'est une belle maladresse !,* etc. ; (fam.) **de taille.**

importun *Quel importun, cet individu!;* (vieilli) **fâcheux;** v. COLLANT (in *colle* I) et GÊNEUR (in *gêne*).

imposer I 1° *Il nous a imposé ses conditions;* ↓**fixer;** ↑**dicter; prescrire,** c'est établir avec précision ce que l'on impose. *Il nous impose sa présence tous les matins;* ↑**infliger.** V. COMMANDER II.

— 2° *Imposer à qqn :* v. OBLIGER. — 3° *C'est un personnage qui en impose* = **impressionner; inspirer** + un groupe nominal exprimant le sentiment éprouvé (*inspirer le respect/l'admiration,* etc.). ● **s'imposer** 1° Qqn ~ de. *Il s'impose de lui faire une visite chaque semaine* = **se faire un devoir/une obligation de;** v. RELIGION. — 2° Qqch ~. *Dans ces conditions, la plus grande prudence s'impose* = **être nécessaire/indispensable.** ● **imposant** 1° *Il avait été impressionné par la mise en scène imposante de ce film à grand spectacle* = **grandiose** (v. ce mot in *grand*). *Son air imposant ne nous en imposait guère!;* ↑**majestueux, solennel;** v. aussi NOBLE. — 2° *La foule était canalisée par un imposant service d'ordre* = **impressionnant;** ↓**important.**

II *Avez-vous été imposé cette année ?;* **taxer** se dit plutôt des choses sur lesquelles on prélève un impôt (*taxer les produits de parfumerie*), **imposer,** des personnes ou des collectivités. ● **impôt** Sommes prélevées sur les revenus des particuliers pour subvenir aux dépenses de l'État ; **taxe** se dit d'un impôt particulier prélevé sur certains produits : dans le même sens, **droit** s'emploie en parlant de l'impôt prélevé par la douane sur des produits importés; **contribution** permet de distinguer les deux principales sortes d'impôt : les *contributions directes,* directement prélevées par l'État sur le revenu des particuliers, et les *contributions indirectes,* prélevées sur les produits achetés par les particuliers. Dans la langue fam., on dit parfois *payer ses contributions,* pour *payer ses impôts.*

imposteur **charlatan** se dit surtout de celui qui exploite la crédulité des gens par une fausse science (*Le faux dévot et le faux médecin sont des imposteurs, mais seul le second peut être appelé charlatan*); v. aussi MENTEUR.

imprégner 1° *Un tissu imprégné d'eau* = **imbiber;** ↓**humecter.** — 2° *Il était imprégné de la noblesse que l'on accordait à sa fonction* = **pénétrer;** v. MARQUER (in *marque*).

impression I V. ÉDITION (in *éditer*).

II V. ÂME [*état d'âme*]. *Ce pianiste a fait grosse impression;* ↑**sensation** (*...a fait sensation*). *Vous avez lu son livre : quelle est votre impression ?;* (plus soutenu)

sentiment, au sens de « qu'en pensez-vous ? ». *Avoir l'impression :* v. PENSER. ● **impressionner** *Sa maigreur nous a beaucoup impressionnés ;* (plus fam.) **frapper.** *Ils essaient de l'impressionner, mais il ne se laissera pas faire* = **intimider** (v. ce mot). V. ÉMOUVOIR, IMPOSER I et SAISIR I.

imprévisible Se dit de ce que l'on ne peut prévoir, **inattendu,** de ce à quoi l'on ne s'attendait pas.

imprévoyance *Comme à l'habitude, il a été victime de son imprévoyance ;* (plus général) **insouciance.** V. aussi ÉTOURDI.

imprévu 1° *Le succès de la gauche était totalement imprévu* = **inattendu ;** **inespéré** se dit de ce que l'on n'espérait pas. *Son arrivée imprévue a complètement désorganisé nos projets* = **inopiné,** **à l'improviste ;** (rare) **impromptu ; soudain** n'insiste que sur la rapidité de l'événement. — 2° V. ACCIDENT.

imprimé *On vous remettra un imprimé faisant la synthèse de nos activités ;* l'*imprimé* peut être une **brochure** (v. aussi ce mot) ou un **tract** (imprimé de propagande).

imprimer 1° *Le souvenir de ce voyage restera à jamais imprimé dans ma mémoire* = **graver.** — 2° S'emploie parfois abusivement avec le sens de « éditer » (v. ce mot).

improductif *Son activité est totalement improductive* = **stérile.**

impromptu 1° V. IMPRÉVU. — 2° *Nous ne lui avons pas laissé le temps de la réflexion : il nous a donné une réponse impromptue* (rare) ; (courant) **au pied levé ; improvisé** s'emploie dans le même sens, mais peut aussi impliquer un jugement péjor. : dans ce cas, **hâtif** est son syn. ; **de fortune** signifie que l'on essaie de faire au mieux avec le peu qu'on a.

impropre 1° *Une expression impropre* ne convient pas à son contexte ou n'a pas le sens que l'on voulait lui donner ; on dit aussi en ce sens **inadéquat ;** une expression **incorrecte** ne correspond pas à la grammaire de la langue à laquelle

elle appartient. — 2° *Impropre à...,* s'emploie plutôt en parlant des choses ; **inapte** ne s'emploie qu'en parlant des personnes. ● **impropriété** (v. 1° de l'adj.) **incorrection ;** v. aussi ERREUR.

imprudent 1° Qqn est ~. *Il est trop imprudent pour que je monte dans sa voiture ;* ↓ **téméraire ;** (fam.) **casse-cou.** V. aussi ÉTOURDI I, HARDI et LÉGER. — 2° Qqch est ~. V. HASARDEUX (in *hasard*).

impudent 1° (adj.) *Comment a-t-il osé vous faire une réponse aussi impudente ? ;* (plus courant) **effronté, insolent ;** (de sens plus restreint) **cynique** se dit de ce qui heurte volontairement les idées reçues, les valeurs morales courantes ; ↓ **hardi.** — 2° (nom) Avec les mêmes nuances, **effronté, insolent,** (rare) **cynique.** ● **impudence** (avec les mêmes nuances) **effronterie, insolence, cynisme, hardiesse.** On ajoutera **avoir le front de** comme syn. de *avoir l'impudence de ;* v. aussi APLOMB.

impuissant 1° V. FAIBLE. — 2° Se dit de celui qui ne peut accomplir l'acte sexuel ; **stérile** de celui qui, pouvant l'accomplir, n'est pas fécond ; (péjor.) **eunuque** est un syn. insultant d'*impuissant.*

impulsion 1° *La création du Marché commun a donné une nouvelle impulsion à certaines industries* = **élan, essor.** — 2° *Sous l'impulsion de la colère, il ne parvient pas à se contrôler ;* ce terme implique l'idée d'action *(mû par la colère),* **emprise** et **empire,** celle de passivité *(dominé par elle) ;* v. aussi EFFET. *Il cède trop facilement à ses impulsions :* v. PENCHANT. ● **impulsif** *C'est un garçon impulsif, mais franc et sans rancune ;* (fam.) **soupe-au-lait, emporté,** ↑ **violent** se disent surtout en parlant de la colère ; v. aussi COLÉREUX.

impureté (souvent au plur.) *Il faudra filtrer ce liquide pour le débarrasser de ses impuretés ;* (fam.) **saleté ;** (très fam.) **cochonnerie, saloperie.**

imputer *On m'impute décidément bien des choses : sur quoi fonde-t-on de telles accusations ? ;* ↓ **attribuer** est plus neutre et ne suppose pas l'idée de blâme ; **prêter** se dit aussi bien des bonnes que

des mauvaises choses ; v. ACCUSER.
● **imputation** *Toutes ces imputations ne sont que pure invention ;* ↓**allégation** ; ↑**accusation** ; v. aussi CHARGE.

inabordable 1° *En hiver, ce sommet est inabordable ;* se dit surtout de ce que l'on ne peut atteindre en raison d'un obstacle matériel, **inaccessible**, de ce à quoi l'on ne peut accéder faute de voie de communication praticable : mais les deux termes se confondent souvent ; **impénétrable** ne peut se dire que d'un lieu où l'on ne peut pénétrer (une forêt, par ex.). — 2° Une personne peut être **inabordable** ou **inaccessible** en raison de son rang, de son travail, etc. — 3° (en parlant de prix) ↓**excessif, exagéré** ; ↑**exorbitant, astronomique, extravagant.** Tous ces syn. supposent le mot « prix » dans le contexte ; on ne peut les employer dans une phrase comme *Les oranges sont inabordables cette année* (assez fam.) : le syn. courant est alors **très cher** ; on dira aussi, fam., **on ne peut pas y toucher !**

inacceptable *Sa conduite est vraiment inacceptable !* = **inadmissible** ; ↑**intolérable,** ↑**scandaleux** ; v. aussi INCONCEVABLE. *Une telle demande est absolument inacceptable de votre part !* = **inadmissible.** *Votre demande est inacceptable : elle est contraire à la législation en vigueur* = **irrecevable.**

inaccessible 1° V. INABORDABLE. — 2° *Il est inaccessible à tout sentiment de pitié* = **insensible.**

inachevé Un travail *inachevé* est un travail que son auteur peut envisager d'achever ; un travail **incomplet,** (soutenu) **lacunaire,** est un travail qui présente des lacunes, bien que son auteur puisse le considérer comme achevé.

inactif *Il reste désespérément inactif,* contraire de *actif* 1° = **désœuvré** ; (soutenu) **oisif** ; (péjor.) ↑**apathique, endormi, mou, indolent, paresseux.** ● **inaction** *Il reste dans l'inaction la plus totale,* absence de toute action, de tout travail = **désœuvrement, oisiveté** ; ↑**léthargie.**

inactuel Contraire de *actuel ;* **anachronique** (v. aussi ce mot) est son syn. lorsqu'on parle de choses d'un autre âge,

qui n'ont plus cours : *Tenir des propos inactuels/anachroniques.*

inaltérable *Presque tous les matériaux employés par la marine sont inaltérables ;* (plus part.) **inoxydable** (qui ne s'oxyde pas), **imputrescible** (qui ne se putréfie pas). *Une couleur inaltérable ;* en parlant des tissus, on dit : **grand teint.**

inanimé *Elle gisait sur la route, inanimée,* qui a perdu la vie, ou donne l'apparence de l'avoir perdue = **sans vie, inerte.**

inappréciable *Votre appui nous a été d'un secours inappréciable* = **inestimable.** *L'amitié est quelque chose d'inappréciable* = **d'inestimable** ; (plus fam.) **qui n'a pas de prix.**

inapte *Il est inapte à accomplir de tels efforts physiques* (rare) ; (courant) **incapable** (de). V. IMPROPRE. ● **inaptitude** *Son inaptitude est flagrante : il faut le renvoyer !* = **incapacité** ; ↓**insuffisance** ; (très soutenu) **impéritie** ne s'emploie qu'en parlant d'un défaut de capacité dans l'exercice d'une profession.

inattaquable *Sa conduite est absolument inattaquable* = **irréprochable** ; v. aussi PARFAIT.

inaugurer Se dit pour tout bâtiment ou monument public ; **consacrer** (v. ce mot) ne se dit que pour des bâtiments ou monuments religieux. ● **inauguration** *Nous avons assisté à l'inauguration de son nouveau magasin ;* (par méton.) **ouverture.**

incapable 1° V. INAPTE. — 2° *C'est un incapable : il ne fera jamais rien de ses dix doigts ;* (fam.) **bon à rien** ; **médiocre** est de sens moins fort tout en étant péjor. ; ↑**nullité** ; (fam.) ↑**zéro** ; on dit aussi, fam., de qqn qu'*il est en dessous de tout.* V. aussi ÉTAT I [*hors d'état de*].

incartade *Je ne peux plus supporter ses continuelles incartades !* = **écart de conduite.**

incendie *Un incendie a ravagé un pétrolier ;* **feu** ne s'emploie guère en ce sens qu'avec l'article défini ; avec l'article indéfini, *feu* est de sens moins fort qu'*incendie (un feu de forêt)* ; d'emploi plus général, **sinistre** (v. ce mot) se dit de toute catastrophe naturelle, dont les incendies de grande importance ; ce terme est surtout du langage administratif ; **brasier** insiste sur la violence des flammes. ● **incendier** V. BRÛLER I et INJURIER. ● **incendiaire** 1° (nom) **pyromane** est le syn. didact. — 2° (adj.) V. SÉDITIEUX.

incertain 1° Qqch est ~. V. AMBIGU, DOUTEUX et ÉVENTUEL. — 2° Qqch est ~. *Dans la brume, la côte prenait des formes incertaines* = **flou, indécis, indistinct, vague,** (moins employé) **indéterminé.** — 3° Qqch est ~. *Le cours de la livre est assez incertain en ce moment* = **fluctuant, flottant.** — 4° Qqn est ~. V. INDÉCIS.

incident I *Il y a eu un incident à la cité universitaire* ; (fam.) ↑ **coup dur.** V. ACCROC (in *accrocher* I) et ENCOMBRE.

II V. ACCESSOIRE.

incliner I 1° ~ qqch. *Inclinez la tête vers le sol* ; ↑ **pencher.** — 2° V. COUCHER I. ● **s'incliner** 1° Qqch ~. *Ce mur s'incline dangereusement* ; ↑ **pencher.** V. DESCENDRE. — 2° Qqn ~. *Nous irons nous incliner sur sa tombe* ; ↑ **se prosterner** ; (dans cet ex.) **se recueillir.**

II 1° Qqch ~ qqn à. *Sa gentillesse m'incline à lui pardonner cette peccadille* ; (plus courant) **porter.** — 2° Qqn ~ à. *J'incline à penser que nous ne le verrons pas aujourd'hui* (soutenu) = **être tenté de, être enclin à** (courant) ; dans ce texte **croire,** ↑ **être sûr/certain** *(Je crois.../Je suis sûr que...). J'inclinerais plutôt pour la sévérité* = **pencher.** ● **s'incliner** Qqn ~. *Vous êtes le plus fort, je m'incline !* = **se soumettre.** *Soit ! je m'inclinerai, mais à contrecœur* = **obéir.** *Il faut savoir s'incliner devant le mauvais sort* = **se résigner** ; v. aussi CÉDER I.

inclure 1° *Il est interdit d'inclure de l'argent dans une lettre* = **insérer** ; (courant) **mettre.** *C'est un bon joueur : il faudrait l'inclure dans notre équipe* = **introduire, intégrer à.** — 2° *Notre prix inclut la TVA* = (plus courant) **comprendre** ; v. aussi CONTENIR I.

incoercible *Un désir incoercible de solitude l'avait envahi* = **irrépressible** ;

(plus courant) **irrésistible, invincible,** (antéposé) ↓ **grand** (v. ce mot) ; v. aussi IMPÉRIEUX.

incommode (d'emploi assez rare). Dans le contexte *Cette position incommode finit par la gêner* = **inconfortable.**

incommoder *Le bruit et les vapeurs d'essence l'incommodent* ; **gêner, indisposer** rendent moins l'idée de malaise physique qui accompagne *incommoder.* ● **incommodé** *Elle est incommodée et doit garder la chambre* = **indisposé** ; v. aussi MALADE. ● **incommodité** *Le voisinage d'un aéroport ne va pas sans incommodité* (soutenu) ; (courant) **inconvénient, gêne, désagrément, désavantage** ; (courant, plus général) **ennui** (v. ce mot) ; ↑ **sujétion.**

incompatible *Votre goût de l'argent est incompatible avec vos fonctions* = **inconciliable.** V. aussi EXCLURE et OPPOSÉ I (in *opposer*).

incomplet 1° V. INACHEVÉ et PARTIEL (in *partie* I). — 2° *Voici une belle série de casseroles anciennes, mais elle est incomplète* ; (terme propre) **dépareillé.**

incompréhensible 1° *Pour moi, les mathématiques, c'est incompréhensible* ; (fam.) **de l'hébreu.** V. aussi COMPRENDRE [*ne pas comprendre*] et OBSCUR. — 2° V. DÉCONCERTANT (in *déconcerter*). — 3° *Nous nous heurtons parfois à des phénomènes incompréhensibles qui déroutent les esprits les plus rationalistes* = **inexplicable, mystérieux** ; (soutenu) **inintelligible.**

inconcevable *Ce qu'on ne peut admettre* = **inadmissible** ; v. aussi INACCEPTABLE ; *ce qu'on ne peut imaginer* = **inimaginable** ; *ce qu'on ne peut croire* = **incroyable** ; les termes suivants s'emploient dans les trois cas : **étonnant, surprenant,** ↑ **stupéfiant** ; v. aussi EXTRAORDINAIRE.

inconnu 1° V. IGNORÉ (in *ignorer*) et OBSCUR. — 2° V. ÉTRANGER. — 3° *J'ai découvert dans la musique des joies inconnues* = **nouveau.**

inconsciemment 1° *Il a fait ce geste inconsciemment* ; (plus fam.) **sans s'en apercevoir** ; v. INSTINCTIVEMENT ; v. aussi CONSCIEMMENT. — 2° *Il est trop prudent* *pour agir inconsciemment;* (plus courant) **à la légère.**

inconsidéré *Sa démarche est totalement inconsidérée : il échouera!* = **irréfléchi, inconséquent.**

inconstance 1° V. INFIDÉLITÉ. — 2° *L'inconstance de son humeur est parfois difficile à supporter* (soutenu) = **versatilité;** (courant) **le caractère changeant de...**

incontinent I *Dieu, disait-il, n'aime pas les hommes incontinents* = **intempérant;** ↑**débauché, luxurieux.** V. aussi JOUISSEUR. ● **incontinence** (comme précédemment) **intempérance, débauche** (v. ce mot), **luxure.**

II V. IMMÉDIATEMENT.

inconvenant 1° *Il cherchera à vous choquer par des propos inconvenants* (soutenu) = **malséant, malsonnant;** (courant) **déplacé, incorrect,** ↑**grossier** (v. ce mot); ↓**incongru** se dit de ce qui ne convient pas à une situation donnée; v. aussi OBSCÈNE. — 2° V. INDÉCENT. ● **inconvenance** 1° *Il s'est conduit avec une rare inconvenance* (soutenu); (courant) **sans-gêne, impolitesse, incorrection,** ↑**grossièreté;** v. aussi FAMILIARITÉ. — 2° *Vous pourriez éviter de nous accabler de telles inconvenances!* (soutenu); (courant) **grossièreté,** ↑**propos ordurier,** ↓**écart de langage;** v. OBSCÉNITÉ (in *obscène*).

inconvénient *Cette solution n'a qu'un inconvénient : elle est coûteuse!* = **défaut** (v. ce mot); (assez fam.) **mauvais côté;** v. DÉSAVANTAGE et INCOMMODITÉ. *Je ne vois aucun inconvénient à son départ* = **obstacle.** *Y a-t-il un inconvénient à le laisser jouer avec des allumettes?;* ↑**danger, risque.** *Faites comme vous voulez : c'est vous qui en subirez les inconvénients;* (fam.) **faire les frais de, subir le revers de la médaille, payer les pots cassés.**

incorrect 1° V. IMPROPRE. — 2° *Votre réponse est incorrecte : vous n'avez pas compris le problème* = **inexact, faux.** — 3° V. INCONVENANT et INDÉCENT. — 4° *Ce boxeur est incorrect : il cherche visiblement les coups bas* = **irrégulier;** (plus soutenu en ce sens) **déloyal.** ● **incorrec-**

tion 1° V. IMPROPRIÉTÉ. — 2° V. INCONVENANCE et INDÉCENCE. — 3° (v. 4° de l'adj.) **irrégularité, déloyauté.**

incrédule *Je voyais à son air incrédule qu'il mettait mes affirmations en doute* = **sceptique.**

incroyable *Il est d'une incroyable maladresse :* v. EXTRAORDINAIRE. v. CROYABLE (in *croire*), PRODIGIEUX (in *prodige*) et SACRÉ II. *C'est quand même incroyable que vous ne puissiez pas faire valoir vos droits!* = **impensable, inconcevable, inimaginable, invraisemblable;** ↓**surprenant;** v. FORT II.

inculpé *On fit entrer l'inculpé;* en termes de droit, l'*inculpé* est celui qui est soupçonné d'un délit ou d'un crime, le **prévenu,** celui qui a été reconnu coupable par le juge d'instruction, l'**accusé,** le **coupable** celui dont la culpabilité ne fait aucun doute.

incurable 1° *Il est atteint d'une maladie incurable;* (rare) **inguérissable.** — 2° *Il est d'une bêtise incurable!* = **indécrottable.**

incursion *Des troupes ennemies ont fait une incursion sur notre territoire* = **raid; razzia** suppose le pillage.

indécent *Votre tenue est vraiment indécente;* ↓**incorrect;** ↓(soutenu) **inconvenant;** ↑**impudique;** ↑(soutenu) **licencieux** ne s'emploie guère qu'en parlant de propos, livres, histoires, etc.; v. SCANDALE; v. aussi HARDI, GROSSIER et OBSCÈNE. ● **indécence** *Votre tenue est d'une rare indécence;* ↓**incorrection;** ↑**impudeur;** ↑(rare) **impudicité.** V. OBSCÉNITÉ (in *obscène*).

indécis 1° *Qqn est ~. Nous avons voulu savoir quel parti il prendrait, mais il reste indécis;* (moins employé) **irrésolu;** ↓**hésitant; perplexe** se dit exactement de celui qui ne sait que penser devant une situation embarrassante; v. aussi EMBARRASSÉ. — 2° *Qqch est ~.* V. INCERTAIN. ● **indécision** 1° *Nous sommes dans l'indécision la plus totale quant à l'accueil qui nous sera réservé* = **incertitude.** — 2° *Son attitude me plonge dans l'indécision* = **perplexité;** (peu employé) **irrésolution;** v. aussi DOUTE et HÉSITATION (in *hésiter*).

indéfinissable *La nature automnale avait un charme indéfinissable;* (soutenu) ↑ **indicible, ineffable; indescriptible** se rapporte davantage à qqch de physique et a une résonance plus rationnelle que le précédent.

indélébile *Je garderai un souvenir indélébile de ce séjour;* (plus courant) **ineffaçable, inoubliable, indestructible; mémorable** se dit de qqch qui est digne d'être retenu dans la mémoire des hommes. V. aussi ÉTERNEL I et EXTRAORDINAIRE

indépendamment 1° *Indépendamment de son mauvais caractère, j'apprécie en lui sa franchise* = **abstraction faite de**; (plus courant) **mis à part** (abrév. fam. : **à part**). — 2° *Indépendamment de son salaire, il reçoit quelques indemnités* = **outre** *(outre son salaire);* (plus courant) **en plus de**.

indépendant 1° V. LIBRE et NONCONFORMISTE. — 2° *Le conférencier traita successivement de deux questions indépendantes* = **distinct, séparé**.

indésirable 1° (adj.) *Je me sens indésirable, je m'en vais donc!;* (plus courant) **de trop**. — 2° (nom) *Chassez-moi d'ici cet indésirable!* = **intrus**.

indicateur 1° V. ESPION. — 2° *Il me faut consulter l'indicateur des chemins de fer;* (par méton.) **horaire**.

indien *Ils sont allés voir un film d'Indiens* = **Peau-Rouge**.

indifférent *La vie l'a rendu indifférent;* **blasé** ne s'emploie guère que derrière le verbe « être » ou un nom et il n'admet pas de compl. d'adj.; v. IMPASSIBLE, DÉTACHÉ, PASSIF et SEC II. *C'est indifférent :* v. ÉGAL. ● **indifférence** *Son indifférence me glace!;* ↑ **froideur**. V. APATHIE, IMPASSIBILITÉ, FROIDEMENT (in *froid* II) et TIÈDEMENT (in *tiède* II); v. aussi MÉPRIS.

indigène (adj.) *Ce terme a pour syn.* didact. **aborigène** et **autochtone**.

indigne 1° ∼ *de. Cet individu est indigne de ton amitié* = **ne pas mériter**. — 2° *Qqn est* ∼. *C'est un homme indigne* = **méprisable** (sans syn. dans

père/mère indigne). — 3° *Qqch est* ∼. V. ODIEUX.

indiquer 1° *Qqn* ∼ *qqch. Pourriez-vous m'indiquer l'adresse d'un bon médecin?* = **signaler**; v. DONNER; v. aussi CITER. *Indiquez-moi la direction à suivre;* (plus courant) **montrer**. — 2° *Qqch* ∼ *qqch. La pendule indique 10 heures* = **marquer**. *La piste à suivre est indiquée par les panneaux* = **signaler**. *Ces traces indiquent que le fugitif est passé par là;* ↑ **prouver**; v. aussi SIGNIFIER I. ● **indication** *Nous n'avons pas la moindre indication pour retrouver le fugitif;* ↓ **indice**. *Les indications que nous a données la S. N. C. F. étaient fausses* = **renseignement**; v. aussi INFORMATION; (fam.) **tuyau** implique l'idée de complicité, d'indication à caractère presque secret. *Il faut vous soumettre aux indications qui vous ont été données par votre chef* = **directive**; v. aussi ORDRE II. *Les indications du médecin;* (didact.) ↑ **prescription**.

indirect *Je n'aime pas cette façon indirecte de nous renvoyer* = **détourné**. *Il y a toujours dans ses propos quelque chose d'indirect et de faux* = **allusif**; v. aussi ALLUSION. ● **indirectement** *En accusant mon frère, il était sûr de m'atteindre indirectement;* (plus fam.) **par ricochet**.

indiscret *Je déteste les indiscrets qui viennent fouiller dans nos affaires;* (fam.) **fouineur, fouinard**; v. BAVARD et CURIEUX. ● **indiscrétion** 1° (sing.) *Son indiscrétion frise l'impolitesse;* ↓ **curiosité**. — 2° (plur.) *Être victime d'indiscrétions*. V. BAVARDAGE.

indispensable *Nous ferons d'abord les travaux indispensables pour que cette maison soit habitable;* ↓ **nécessaire, essentiel**; v. NÉCESSITÉ. *Son rôle dans notre équipe est indispensable;* (outre les précédents) ↑ **vital**; v. aussi IMPORTANT et PRIMORDIAL. *Il est indispensable de... :* v. IMPOSER (S').

indisposé 1° V. INCOMMODÉ. — 2° *Une femme indisposée;* (terme propre) **réglée**.

indistinctement *Nous accueillons indistinctement dans notre établissement les garçons et les filles* = **sans distinction, indifféremment**.

individu 1° *Notre parti défend les droits de l'individu* = **personne.** — 2° *Qu'est-ce que c'est que cet individu?;* (plus fam.) **énergumène;** (très fam.) **mec, type;** (fam.) et humoristique) **citoyen, paroissien, particulier, personnage, zouave;** v. aussi HOMME. ● **individuel** *Examinons maintenant les cas individuels* = **particulier, spécial.** *La propriété individuelle* = **privé.** ● **individualité** 1° *L'individualité d'un artiste* = **originalité.** — 2° *Nous avons quelques amis doués d'une forte individualité* = **personnalité.**

indu *Il rentre chez lui à des heures indues;* (assez fam.) **impossible.**

indulgent *Soyez indulgent!,* se dit de celui qui pardonne facilement ou qui se montre compréhensif; (soutenu) **clément** ne se dit que de celui qui, possédant une autorité, pardonne une faute ou atténue un châtiment. V. BON II.

inébranlable *Il est courageux et têtu : en dépit de toutes vos menaces, il restera inébranlable* = **inflexible;** v. aussi IMPASSIBLE et INTRANSIGEANT. *Au cours de sa maladie, il a fait preuve d'un courage inébranlable* = **à toute épreuve, indomptable.**

inefficace *Les mesures prises pour enrayer la hausse des prix ont été totalement inefficaces;* (rare) **inopérant;** (plus fam.) **ne rien donner.** *Une démarche inefficace* = **infructueux, vain.** *De qqch qui a été inefficace, on dit,* fam., *que c'est un coup d'épée dans l'eau.* V. aussi INUTILE et STÉRILE.

inégal 1° *Les héritiers ont touché des parts vraiment trop inégales pour que l'entente règne dans la famille;* ↑ **disproportionné.** — 2° *Dans ces régions, la température est inégale* = **irrégulier.** — 3° V. CAPRICIEUX. ● **inégalité** *En France, l'inégalité des salaires est importante* = **disparité;** ↑ **disproportion** (... entre les salaires...). V. aussi DIFFÉRENCE.

inépuisable 1° V. FÉCOND. — 2° *Sur ce sujet, son père est inépuisable* = **intarissable.**

inertie *Les syndicats protestent contre l'inertie gouvernementale* = **immobilisme;** v. APATHIE.

inévitable 1° *La mort est inévitable;* (soutenu) **inéluctable.** — 2° V. ÉCRIT (in écrire) et **forcé** (in force).

inextricable *Il se perdait dans le fouillis inextricable des règlements;* (cliché expressif) **maquis.**

infailliblement *Sans technique, au bridge, vous perdez infailliblement* = **immanquablement;** (plus courant) **à coup sûr.**

infatigable *C'est un coureur infatigable;* (fam.) **increvable;** ↓ **résistant.**

inférieur (adj.) 1° V. BAS I. — 2° *Il occupe une situation inférieure;* ↑ **subalterne.** ● **inférieur** (nom) *Est-ce une façon de parler à vos inférieurs?;* ↑ **subalterne; subordonné** implique l'idée de dépendance directe dans un système hiérarchique *(Le caporal est le subordonné du capitaine);* (fam.) **sous-verge, sous-fifre** s'emploient surtout dans le langage militaire.

infernal 1° V. DIABOLIQUE. — 2° *Ils dansaient sur un rythme infernal* = **endiablé, démentiel, forcené** (mêmes syn. pour *un bruit infernal*). — 3° *Cet enfant est infernal!* = **insupportable, terrible.**

infidèle 1° *Sa femme est infidèle;* ↓ (soutenu) **inconstant;** v. aussi FRIVOLE. V. TROMPER [*Sa femme le trompe*]. — 2° V. DÉLOYAL. ● **infidélité** 1° *Il déplorait l'infidélité de sa maîtresse;* ↓ (soutenu) **inconstance.** *Il a fait des infidélités à sa femme;* (plus courant) **tromper;** (très fam.) **faire cocu, cocufier.** — 2° V. DÉLOYAUTÉ.

infiltrer (s') *En dépit des précautions prises, le vent parvient à s'infiltrer sous les portes;* (plus courant) **passer, pénétrer.** *Parviendra-t-il à s'infiltrer dans les lignes ennemies?;* (fam. en ce sens) **passer; s'introduire** rend moins l'idée d'un passage furtif. V. INSINUER (S').

infini (adj.) *Il s'est lancé dans une discussion infinie;* (plus courant) **interminable, sans fin.** V. GRAND, ILLIMITÉ et IMMENSE.

infirme *Il a eu un grave accident et restera infirme toute sa vie;* **impotent** se

228

dit spécialement de celui qui ne peut se mouvoir ou qui ne se meut qu'avec beaucoup de difficulté ; **invalide**, de celui qui, en raison de son infirmité, ne peut accomplir normalement son travail ; (didact.) **handicapé physique** se dit de celui qui est atteint d'une infirmité congénitale ou accidentelle ; ↓ (plus part.) **estropié** se dit de celui qui est atteint à un membre. V. aussi DIFFORME. ● **infirmité** (avec les mêmes nuances) **impotence, invalidité** ne s'emploient qu'au sing., contrairement à *infirmité*.

infirmier Se dit de celui qui soigne les malades après avoir obtenu certains diplômes ; un/une **garde-malade** n'a généralement pas de connaissances médicales précises et ne s'occupe que d'un seul malade à la fois.

inflexible *Il est d'une sévérité inflexible* = **inexorable, implacable.** *Une volonté inflexible ;* (plus expressif) **de fer ;** v. FERME II et INÉBRANLABLE.

influence 1° ∼ de qqch. V. EFFET. — 2° **sous l'influence de** V. CONTACT [*au contact de*]. — 3° ∼ de qqn. *C'est un homme qui a de l'influence* = **qui a du crédit/de l'importance ;** ↑ **important.** V. PUISSANCE (in *puissant* I) et PRESTIGE ; v. aussi PERSONNAGE ; (fam.) **qui a le bras long.** *Il exerce son influence sur tous ceux qui le rencontrent ;* ↑ **ascendant, emprise ;** v. aussi AUTORITÉ. ● **influencer** *Un vendeur cherche toujours à influencer son client ;* (soutenu) **orienter la décision de, peser sur la décision de ;** ↓ **conseiller ;** ↑ (soutenu) **circonvenir** et (fam.) **emboîner** impliquent de la ruse. *Il se laisse facilement influencer = il est* **influençable ;** ↑ (fam.) **c'est une véritable marionnette.**

informer *Il faudra l'informer de votre décision ;* (plus courant) **mettre au courant de ;** (fam.) **affranchir, mettre au parfum.** V. ANNONCER, DOCUMENTER, ÉCLAIRER et RENSEIGNER ; v. aussi PRÉVENIR I, SAVOIR I et SIGNIFIER II. ● **s'informer** V. ENQUÉRIR (S'). ● **information** 1° *Si mes informations sont bonnes, le train part à 20 heures* = **renseignement ;** v. aussi INDICATION. *J'ai quelques informations pour le tiercé de demain ;* (fam.) **tuyau.** — 2° *J'écoute les informations à la radio ;* (plus fam.) **nouvelles.** — 3° V. ENQUÊTE.

infraction *Être en infraction avec qqch :* v. TRANSGRESSER. *Ce règlement ne souffre aucune infraction* = **violation, manquement.**

infranchissable *Vos difficultés sont grandes, mais non infranchissables* = **insurmontable ;** (dans ce contexte) **invincible.**

ingérer I V. AVALER.

II **s'ingérer** *C'est une manie des belles-mères de vouloir s'ingérer dans le ménage de leurs enfants* = **s'immiscer ;** (plus courant) **intervenir, se mêler de, s'occuper de.** ● **ingérence** *Nous ne tolérerons aucune ingérence étrangère dans les affaires de notre pays* = **intrusion, immixtion, intervention.**

inhabituel *De tels coups de vent sont inhabituels sur cette côte assez abritée ;* (moins employé) **inaccoutumé ; anormal** et **rare** conviennent aussi dans ce contexte.

inhumain *Ce travail a quelque chose d'inhumain ;* ↑ **monstrueux.** V. CRUEL ; v. aussi BRUTAL.

initialement *Initialement, nous pensions nous installer en Normandie ;* (plus courant) **au début, au commencement ;** v. ORIGINELLEMENT (in *origine*).

injecter *Nous comptons sur lui pour injecter dans l'entreprise un dynamisme nouveau* = **insuffler** (*insuffler à...*) : ↓ (plus courant : moins expressif) **introduire.** ● **injection** Terme médical dont les synonymes courants sont soit **lavement,** soit **piqûre.**

injure 1° *Vous pouvez toujours l'accabler d'injures, il fait la sourde oreille ;* **insulte** n'implique pas forcément l'idée de grossièreté ; (moins employé) **invective** fait surtout penser à l'idée de violence dans la parole. V. aussi ATTAQUE et BLASPHÈME. — 2° V. OFFENSE. ● **injurier** 1° (v. 1° de *injure*) **insulter, invectiver.** On dit aussi ↑ **agonir d'injures,** ↑ (fam.) **incendier, traiter de tous les noms ;** ↓ (par ironie) **baptiser** (*Ils m'ont baptisé de tous les noms !*). — 2° V. OFFENSER (in *offense*). ● **injurieux** *Ses propos injurieux me laissent froid ;* (moins employé) **insultant ;** v. OFFENSANT (in *offense*) ; v. aussi DÉSAGRÉABLE.

injuste *Il a été injuste envers vous;* ↓**partial** se dit de celui qui, marquant une préférence pour qqn ou qqch, risque d'être injuste pour les autres; ↑**inique** se dit spécialement de ce qui touche à la vie publique (une loi, un jugement, etc.). V. aussi ARBITRAIRE. ● **injustice** (comme ci-dessus) **partialité, iniquité**; v. ABUS.

inné *Il a un penchant inné pour la peinture* = **naturel; congénital** est didact. et se dit surtout des défauts physiques ou mentaux que l'on a en naissant; v. NATIF. V. aussi HÉRÉDITÉ.

innocent 1° Qqn est ~. Contraire de *coupable* (v. ce mot). — 2° Qqn est ~. V. CANDIDE (in *candeur*). *On le prend pour un petit innocent, mais il est retors* = (fam.) **on lui donnerait le bon Dieu sans confession.** *L'innocent du village* = **idiot.** V. aussi SIMPLE. >*Faire l'innocent :* v. ENFANT. — 3° Qqch est ~. V. INOFFENSIF.

inoccupé 1° Qqn est ~. V. OISIF. — 2° Qqch est ~. *Ce fauteuil est inoccupé;* (plus courant) **libre.** *Ce poste est inoccupé* = **vacant.** *Une maison inoccupée :* v. VIDE I.

inoffensif *Ces jeux sont bien inoffensifs, pourquoi vous inquiéter ?* = **innocent, anodin;** (rare) **bénin.**

inonder 1° *La Loire a inondé le village;* ↑**submerger, noyer.** *Le village est inondé* = **sous les eaux.** — 2° V. MOUILLER. — 3° *En août, les touristes inondent les terrains de camping;* (terme propre) **envahir;** ↑**submerger, prendre d'assaut.**

inopportun *Nous arrivons vraiment à un moment inopportun;* (plus courant) **mal choisi.** *Votre suggestion est assez inopportune !* = **déplacé;** (soutenu) **intempestif.** ● **inopportunément.** *Il intervient toujours inopportunément* = **à contretemps.**

inouï *Le succès de ce livre est inouï* = **prodigieux** (v. ce mot in *prodige*); v. aussi EXTRAORDINAIRE; v. EXEMPLE [*sans exemple*] et FORT II.

inquiet 1° Qqn est ~. *C'est un homme inquiet de nature;* ↑**anxieux;** (peu employé) **bilieux;** v. aussi CONTRACTÉ (in

contracter II). *Il est inquiet : son fils n'est pas rentré depuis deux jours;* ↑**anxieux;** ↓**soucieux;** ↑(fam.) **aux cents coups.** — 2° Qqch est ~. *Il vit depuis ce matin dans l'attente inquiète de ses résultats* = **anxieux, fiévreux.** ● **inquiéter** *Sa maigreur m'inquiète;* ↑**affoler** (v. ce mot); v. TROUBLER; v. aussi EFFRAYER.

● **s'inquiéter** 1° *Il ne faut pas s'inquiéter pour si peu !;* (plus soutenu) **s'alarmer;** (plus fam.) **se faire du souci;** (très fam.) **se faire du mouron;** (fam.) **se faire de la bile/du mauvais sang,** ↑**se ronger les sangs.** V. AFFOLER (S'). — 2° V. EMBARRASSER (S'). ● **inquiétant** 1° *Il a reçu des nouvelles inquiétantes de son père;* (plus soutenu) **alarmant;** v. GRAVE et SÉRIEUX. — 2° *On rencontre parfois dans cette rue des individus inquiétants;* ↑**louche** se dit de qqn que son allure bizarre rend suspect de mauvaises intentions; ↑**sinistre** (v. ce mot). *Une mine inquiétante* = **patibulaire** (v. ce mot). ● **inquiétude** *Vivre dans l'inquiétude n'est pas une solution;* ↑**anxiété, angoisse** (v. ce mot); ↓**souci;** v. CRAINTE (in *craindre*).

insatiable *Ses besoins d'argent sont insatiables;* (peu employé) **inassouvissable.** *Il est d'une insatiable curiosité;* ↓(postposé) **avide.** *Une soif insatiable;* (peu employé) **inextinguible.**

insatisfait 1° *Il souffre de désirs insatisfaits* = **inassouvi.** — 2° V. MÉCONTENT.

inscrire 1° *Inscrire son nom sur un registre* = **porter;** (rare; lang. administratif) **coucher;** v. ÉCRIRE et RELEVER II. — 2° *S'inscrire en faux :* v. CONTREDIRE. ● **inscription** *En période électorale, les inscriptions fleurissent sur les murs;* **graffiti** se dit en ce sens aussi bien d'inscriptions que de dessins.

insensible 1° V. FERMÉ et INACCESSIBLE. V. aussi BRUTAL. — 2° *On dit d'une personne qu'elle est insensible à la douleur, et d'une blessure/d'une piqûre, etc., qu'elle est* **indolore,** *si elle ne cause aucune douleur.* ● **insensibilité** *Son insensibilité n'est qu'apparente* = **impassibilité** (v. ce mot).

insignifiant 1° *C'était un de ces êtres insignifiants que l'on croise sans les voir* = **quelconque;** ↑**terne, falot;** v. OBSCUR.

— 2° V. ACCESSOIRE et FRIVOLE. *Vous trouvez ses agissements dangereux? moi je pense que tout ceci est insignifiant;* (fam.) **il n'y a pas de quoi fouetter un chat.** ● **insignifiance** 1° (de qqn) **médiocrité.** — 2° (de qqch) V. FAIBLESSE.

insinuer *On a insinué que vous vous droguiez;* ↓**laisser entendre,** (rare) **donner à entendre;** ↑**prétendre;** v. SOUFFLER; v. aussi DIRE. *Qu'insinuez-vous par là?;* ↓**entendre;** (plus courant) **vouloir dire.** ● **s'insinuer** *Un doute s'insinue dans mon esprit* = **s'infiltrer;** (plus général) **s'introduire;** ↑**envahir.** V. aussi ENTRER.

insister 1° ~ *sur qqch. Il insiste grossièrement sur les pages les plus grivoises du livre* = **s'appesantir.** V. ACCENT; v. aussi APPUYER et POINT III. — 2° *Ne vous découragez pas : il faut insister;* (plus soutenu) **s'obstiner, persévérer.** ● **insistance** (v. sens 2 du verbe) **obstination, persévérance.**

insolent *Une allure insolente* = **arrogant.** *Une réponse insolente* = **impertinent;** ↓**cavalier;** (soutenu) **irrévérencieux;** v. IMPUDENT; v. aussi DÉGAGÉ, FAMILIER, FIER et LESTE. ● **insolence** (comme pour l'adj.) **arrogance, impertinence, irrévérence;** v. DÉSINVOLTURE et IMPUDENCE.

insoluble *Quand on ne peut sortir d'un problème insoluble,* on dit qu'*on est enfermé dans un cercle vicieux,* (soutenu) qu'*on s'attaque à la quadrature du cercle,* (fam.) qu'*on tourne en rond.*

insoumis 1° (adj.) V. REBELLE. — 2° (nom) *Soldat qui n'a pas rejoint la destination fixée par son ordre de route;* ↑**déserteur** *implique en outre l'idée d'abandon de son poste, voire de trahison.* ● **insoumission** 1° V. RÉBELLION. — 2° (v. ci-dessus) **désertion.**

insoupçonné *Il cache sous son allure bourrue une tendresse insoupçonnée;* (plus courant) **inattendu.**

inspecter *Quand il arrive chez quelqu'un, il faut qu'il inspecte tout;* ↓**regarder.** V. FOUILLER et SCRUTER. *C'est lui qui est chargé d'inspecter les travaux;* ↓**surveiller.** ● **inspection** ↓**surveillance.** V. FOUILLE et REVUE.

inspirer I V. ASPIRER I.

II 1° *Qqch* ~ *qqch à qqn. Cela ne m'inspire pas confiance* = **ne me dit rien de bon/rien qui vaille;** v. aussi PLAIRE. *C'est la pitié qui lui a inspiré ce comportement;* ↑**dicter, commander;** v. aussi AMENER et SUGGÉRER. — 2° *Qqn* ~ *qqch à qqn. Un bon médecin doit inspirer la confiance à son malade;* (plus courant) **donner (... confiance à...).** *Inspirer le respect :* v. IMPOSER (EN I). ● **s'inspirer** V. IMITER et SUIVRE. ● **inspiré** 1° (adj.) *Je ne sais si j'ai été bien inspirée de m'adresser à lui* = **avisé;** v. aussi RAISON [*avoir raison*]. — 2° (nom) *Il passe pour un inspiré;* ↑**illuminé;** (plus part.) **mystique.** ● **inspiration** 1° *Il attendait l'inspiration divine;* ↑**illumination.** — 2° *Ces travaux ont été entrepris sous son inspiration* = **à son instigation;** (plus courant) **sur son conseil.** V. aussi MOUVEMENT. ● **inspirateur** (v. sens 2 de *inspiration*) **instigateur, conseiller.**

instant I (adj.) V. PRESSANT.

II (nom) *Dans un instant :* v. BIENTÔT et MINUTE. *Pour l'instant :* v. PRÉSENTEMENT (in *présent* II) et IMMÉDIAT [*dans l'immédiat*]. *À tout instant :* v. CHAMP [*à tout bout de champ*]. *À l'instant où il arrivait, je me préparais à sortir* = **juste au moment, au moment même.** *En un instant :* v. RAPIDEMENT.

instigateur V. INSPIRATEUR et MOTEUR. *On parle de l'instigateur/*(plus courant) **meneur** *d'un complot* et d'un **fauteur** *de troubles.*

instinct *On peut se fier à son instinct pour trouver les bons coins de pêche;* (fam. en parlant d'une personne) **flair.** *Un secret instinct lui fit pressentir le danger* = **intuition.** *Il a l'instinct des affaires* = **sens** (v. ce mot); (fam.) **bosse.** ● **instinctif** *Sa réaction est instinctive : elle n'en est que plus révélatrice* = **irréfléchi, involontaire,** ↑**inconscient.** *D'un geste instinctif, il poussa la porte* = **machinal.** V. aussi MÉCANIQUE, NATUREL et SPONTANÉ. ● **instinctivement** *Il a agi instinctivement, comme dans un rêve* = **machinalement;** ↑**inconsciemment;** v. HABITUDE [*par habitude*].

instituteur (abrév. fam.) **instit;** (de sens plus général) **maître** ou **maîtresse** est couramment employé par les enfants et les parents pour désigner l'instituteur ou l'institutrice ; v. ENSEIGNANT.

instruire V. APPRENDRE, ÉDUQUER et ANNONCER. ● **s'instruire** V. ÉTUDIER. ● **instruit** *C'est quelqu'un d'instruit* = **qui a de l'instruction** ; (fam.) **calé** ; **cultivé** se dit de celui qui a une bonne instruction générale ; **éclairé** implique à la fois instruction et esprit critique ; v. SAVANT I. ● **instruction** 1º V. INSTRUIT. *Les problèmes de l'instruction publique* = **enseignement** (v. ce mot) ; v. ÉDUCATION et SAVOIR II. — 2º (plur.) *Les instructions que j'ai reçues sont imperatives* = **directives** ; **consigne** (au sing. ou au plur.) implique généralement un domaine d'application plus limité ; ↑ **ordre** (sing. ou plur.).

instrument 1º Terme très général pour désigner un objet servant à exécuter un travail ou une opération ; **outil** a une aire d'emploi plus limitée et s'applique généralement aux travaux les plus courants *(les instruments de chirurgien/les outils du cordonnier)*. Quand ils s'emploient l'un pour l'autre, *outil* est moins soutenu. — 2º V. MOYEN II.

insuffisance 1º *L'insuffisance de la teneur en vitamines de leur alimentation risque de leur nuire* = **pauvreté** ; (didact.) **carence**. — 2º V. INAPTITUDE (in *inapte*).

insuffisamment *Il travaille insuffisamment ;* (plus courant) **pas assez** ; v. FAIBLEMENT (in *faible*).

insupportable 1º Qqn est ∼. *Cet individu est vraiment insupportable ;* ↑ **invivable** ; (fam.) **impossible, imbuvable** ; v. INFERNAL, ODIEUX et TURBULENT. — 2º Qqch est ∼. *Un spectacle insupportable* = **insoutenable.** *Une chaleur insupportable :* v. ACCABLANT (in *accabler* I).

intangible *Pour nous, le droit des peuples à disposer d'eux-mêmes est intangible ;* (moins employé) **inviolable** ; ↑ **sacré.**

intégral V. ABSOLU I et ENTIER I. ● **intégralement** *Son discours a été cité intégralement* = **en entier, in extenso.**

intégration *L'intégration politique de l'Europe est encore à faire* = **unification.**

intelligent V. CLAIRVOYANT, ADROIT ; v. aussi ÉVEILLÉ. *Il n'est pas très intelligent* = (fam.) *il n'a pas* **inventé la poudre/le fil à couper le beurre** ; v. aussi SOT.

intensité *L'intensité d'une douleur ;* (rare) **acuité.** *L'intensité d'un sentiment ;* ↓ **force** ; ↑ **véhémence, violence.** *L'intensité d'un son :* v. VOLUME II.

intention V. BUT, ESPRIT, PROPOS III. *Dans l'intention de :* v. POUR. *Avoir l'intention de :* v. PROJETER I ; v. aussi PLAN IV.

interdit **I** (adj.) V. COUPABLE I et TABOU.

II (nom) *Pourquoi a-t-on jeté l'interdit contre lui ?* = **exclusive.**

III (adj.) V. DÉCONCERTER et STUPÉFAIT (in *stupéfaction*).

intérêt 1º *Sans intérêt :* v. IMPORTANCE (in *importer* II). *Avoir intérêt à :* v. AVANTAGE. *Servir les intérêts de qqn* = **faire le jeu de qqn.** — 2º *Il nous a écoutés avec beaucoup d'intérêt ;* ↑ **sollicitude,** se dit d'un intérêt empreint d'affection ; v. aussi COMPRÉHENSION. — 3º *C'est un professeur qui sait éveiller l'intérêt de ses élèves ;* (plus part.) **curiosité** se dit seulement de ce qui pousse qqn à connaître qqch ; v. aussi PENCHANT. ● **intéresser** 1º *Ce livre m'a beaucoup intéressé ;* (plus général) **plaire** ; ↑ **captiver, passionner.** — 2º V. APPLIQUER (S') et VALOIR. ● **s'intéresser à** 1º V. IMPORTER II. — 2º V. SUIVRE. — 3º V. VALOIR. ● **intéressant** 1º *Un livre intéressant ;* ↑ **captivant, passionnant.** V. aussi ATTRAYANT. *Une course intéressante :* v. BEAU. *Elle n'est pas belle, mais elle a des traits intéressants ;* ↑ **attachant.** — 2º *Je me suis fait consentir des prix intéressants :* v. AVANTAGEUX (in *avantage*).

intérieur 1º (adj.) *La paroi intérieure de l'intestin ;* **interne** est son syn. didact. (conviendrait mieux dans notre ex.). *Je n'aime absolument pas que l'on se mêle de mes problèmes intérieurs ;* (plus soutenu) **intime.** — 2º (nom) V. DEDANS et MAISON I.

intérim *Pendant les vacances, c'est lui qui assure mon intérim* (didact.) ; (courant) **remplacement.**

232

interlude Ce mot et **intermède** ont le même sens, mais le premier s'emploie surtout pour la télévision.

intermédiaire 1° (adj.) *Cette robe est trop grande, celle-ci est trop petite : vous n'auriez pas quelque chose d'intermédiaire ? ;* (fam.) **entre les deux.** *Nous sommes dans une époque intermédiaire* = **transitoire.** — 2° (nom) *Il a servi d'intermédiaire dans la négociation* = **médiateur.** V. aussi INTERPRÈTE I. — 3° (nom) [en termes de commerce] *intermédiaire* a pour syn. plus part. **courtier, représentant/voyageur de commerce.** — 4° *Par l'intermédiaire de :* v. CANAL.

interner *On a dû l'interner ;* terme didact. ayant pour syn. plus courants soit **emprisonner** (v. ce mot), soit **enfermer** *(enfermer dans un asile).*

interprète 1° *Il s'est fait l'interprète de vos idées auprès du directeur* = **porte-parole ;** v. aussi INTERMÉDIAIRE. — 2° *C'est un texte difficile qui a besoin d'être commenté : voulez-vous servir d'interprète ?* = **commentateur ;** (didact.) **exégète** se dit surtout en parlant des textes bibliques. — 3° V. ACTEUR. Un **interprète** peut être un pianiste, un flûtiste, etc. ● **interpréter** 1° (v. sens 2 du nom) **commenter ;** v. aussi ÉCLAIRCIR. *Comment interprétez-vous son refus ?* = **comprendre** (v. ce mot), **expliquer** (v. ce mot). — 2° *Il a interprété cette sonate avec talent* = **exécuter ;** (plus courant) **jouer.** ● **interprétation** 1° (v. sens 2 du verbe) **explication.** — 2° (v. sens 3 du verbe) **exécution** se dit seulement pour la musique ; **jeu,** comme *interprétation,* se disent aussi du cinéma ou du théâtre ; *jeu* insiste surtout sur la maîtrise technique d'un acteur ou d'un interprète.

interroger 1° ∼ qqn. *La police l'a interrogé ;* ↑**questionner ;** (fam.) ↑**cuisiner.** *Un journaliste a interrogé le Premier ministre* = **interviewer ; sonder,** c'est tenter de connaître par des questions la véritable pensée de qqn. V. CONSULTER et DEMANDER. — 2° ∼ qqch. *Le marin interroge l'horizon pour savoir s'il peut prendre la mer ;* (plus propre) **scruter.** ● **interrogation** *Il a réussi son interrogation de mathématiques ;* (abrév. fam.) **interro ;** (plus général) **épreuve ;** v. QUESTION I ; v. aussi EXAMEN.

interrompre 1° ∼ qqch. V. ARRÊTER I et SUSPENDRE II. — 2° ∼ qqn. *Vous m'interrompez sans cesse : c'est agaçant !* = **couper la parole.**

intervalle 1° Se dit en parlant du lieu ou du temps ; **espace** se dit surtout du lieu et n'implique pas forcément, comme le premier, l'idée d'une distance relative *(De grands espaces de pelouse étaient disposés à des intervalles réguliers);* v. DISTANCE. — 2° (dans des express.) *Dans l'intervalle, il était sorti* = **entretemps.** *On entendait par intervalles le bruit du tonnerre* = **par moments, par intermittence, de temps en temps, de temps à autre.**

intervenir 1° *Il est intervenu en votre faveur ;* ↑**intercéder ;** v. ENTREMETTRE (S') et INGÉRER (S'). — 2° V. AGIR I. *Le chirurgien a décidé d'intervenir* (didact.) ; (courant) **opérer.** ● **intervention** 1° (v. sens 1 du verbe) ↑**intercession ;** v. INGÉRENCE. — 2° *Intervention chirurgicale* (didact.) ; (courant ; sans l'adj.) **opération.**

intestin *J'ai mal aux intestins ;* (plus courant, moins précis) **ventre ;** (très fam.) **boyaux, tripes.**

intime 1° (adj.) *Sa vie intime me regarde que lui !* = **personnel, privé.** *Il a avec elle des relations intimes* = **sexuel ;** (courant) **il couche avec elle ;** (plus soutenu) **faire l'amour,** (vulg.) **baiser, s'envoyer.** V. ÉTROIT et INTÉRIEUR. — 2° (nom) V. AMI. ● **intimement** *Il est intimement convaincu de votre échec* = **profondément.** V. ÉTROITEMENT (in étroit). ● **intimité** *Elle tient à préserver soigneusement son intimité* = **vie personnelle.** *Ne craignez rien : nous serons dans l'intimité* = **entre amis** (v. ce mot). V. FAMILIARITÉ.

intimider *Cette femme l'intimidait ;* ↑**troubler ;** v. IMPRESSIONNER ; ↑(implique un trouble profond qui frise l'angoisse) **paralyser, glacer ;** (plus fam.) **frigorifier ;** v. aussi EFFRAYER. ● **intimidation** *Des manœuvres d'intimidation peuvent être des* **menaces** *et se confondent souvent avec le* **chantage.**

intolérable *Une douleur intolérable* = **insupportable.** V. INACCEPTABLE et ACCABLANT (in *accabler* I).

intonation *Il était sensible aux douces intonations de sa voix* = **inflexion.**

intransigeant *Je suis désolé, mais je n'ai pu le fléchir : il est encore plus intransigeant qu'à l'habitude* = **intraitable, irréductible ; rigoriste** ne se dit qu'en matière de morale ou de religion ; **durcir ses positions,** c'est augmenter son intransigeance ; v. ABSOLU II. ● **intransigeance** (v. adj.) **rigorisme.**

intrigue 1° *Saura-t-il déjouer les intrigues de ses adversaires ? :* v. AGISSEMENTS ; **cabale** se dit de manœuvres concertées contre qqn, de même que (rare) **brigue,** qui fait supposer, en outre, que l'on agit par ambition ; v. aussi COMPLOT. — 2° V. AVENTURE. ● **intriguer** *Il intrigue depuis des semaines pour se faire élire* = **manœuvrer.** ● **intrigant** *Les coulisses de la politique regorgent d'intrigants ;* **arriviste** se dit d'un intrigant prêt à tout pour « arriver » dans les affaires, la politique, etc.

intrinsèque *Ces quelques bévues n'enlèvent rien à ses qualités intrinsèques* = **propre.**

introduire 1° ~ qqch. V. ENFONCER et PLONGER II. — 2° ~ qqch. V. ACCLIMATER et INJECTER. — 3° ~ qqn. *C'est lui qui m'a introduit auprès du directeur ;* ↓ **présenter** *(... au...).* ● **s'introduire** V. ENTRER, GLISSER III (SE), INFILTRER (S'), INGÉRER II (S'), INSINUER (S'). ● **introduction** 1° *L'introduction sur le marché de produits étrangers peut stimuler l'économie* = **entrée.** — 2° *Une lettre d'introduction auprès de qqn* = **recommandation.** — 3° *Voilà une heure qu'il parle, et il n'en est encore qu'à l'introduction !* = **préambule, entrée en matière ;** v. aussi PRÉFACE.

inutile *Ses beaux discours sont inutiles, qu'il agisse ! ;* ↑ **vain ; superflu** se dit de ce dont on aurait pu se passer ; (rare) **oiseux ;** de quelque chose d'inutile, on dit fam. **ça nous fait une belle jambe ! ;** v. aussi INEFFICACE et SERVIR III. ● **inutilement** *Il parle inutilement : je ne l'écoute même pas !* = **en vain.** ● **inutilité** *Il se rendait compte de l'inutilité de ses protestations ;* ↑ **vanité ;** (rare) **inanité.**

inventer 1° *Qui a inventé l'imprimerie ? ;* **découvrir** s'emploie aussi en ce

sens, mais seulement en parlant de choses abstraites (on *invente* une nouvelle machine, on ne la « découvre » pas) ; v. CRÉER. *Il nous faut inventer à tout prix, sinon la concurrence va nous couler ;* ↓ **innover.** — 2° V. IMAGINER. — 3° *Il a inventé ce prétexte pour ne pas travailler* = **forger, fabriquer ; broder** se dit surtout en parlant d'une histoire, d'un récit ; v. IMAGINER. ● **inventeur** *Il est l'inventeur de cette machine ;* (moins employé) **créateur.** ● **invention** 1° (v. sens 1 du verbe) **découverte, innovation.** — 2° V. IMAGINATION (in *imaginer*). — 3° *Cet enfant me tuera ! Connaissez-vous ses dernières inventions ?* = **trouvaille.** — 4° *C'est faux ! tout cela est de la pure invention !* = **affabulation ;** v. aussi MENSONGE. ● **inventif** *Il est très inventif ;* (plus courant) **ingénieux ;** (fam.) **astucieux.**

inverse 1° (adj.) *Aller dans une direction inverse ;* (moins employé) **opposé** ne s'emploie pas dans les contextes les plus habituels d'*inverse,* comme *en sens inverse des aiguilles d'une montre.* — 2° (nom) *Sa démonstration va à l'inverse de ce qu'il voulait prouver !* = **opposé ;** *Mais non ! c'est l'inverse que je voulais dire !* = **contraire.**

inviter 1° ~ qqn. *Nous sommes invités à son repas de fiançailles ;* (soutenu) **convier ;** (très soutenu) **prier à** implique une invitation à caractère officiel ; v. aussi APPELER I. — 2° ~ qqn à faire qqch. *Je vous invite à modérer vos expressions !* = **engager ;** v. aussi DEMANDER et RECOMMANDER. — 3° Qqch ~ à qqch/faire qqch. *Ces paysages invitent à la rêverie* = **inciter, engager.** ● **invitation** 1° *Je n'ai pas reçu d'invitation pour son mariage ; le faire-part est une lettre qui fait part d'une nouvelle, d'une cérémonie à laquelle on n'est pas forcément invité.* — 2° *Je n'ai agi que sur son invitation ;* ↑ **prière ;** (plus courant) **appel.** — 3° *Une invitation à la rêverie* = **incitation ;** v. aussi APPEL (in *appeler* I).

invraisemblable *Il nous raconte des histoires invraisemblables ;* (fam.) **à dormir debout ;** v. INCROYABLE et FORT II ; v. aussi EXTRAORDINAIRE.

ironie *La situation ne manque pas d'ironie !* = **humour.** V. RAILLERIE et

SARCASME. ● **ironique** *Je n'aime pas ses petits sourires ironiques* = **moqueur, narquois** ; v. RAILLEUR (in *railler*) et SARCASTIQUE (in *sarcasme*).

irréalisable *Pourquoi se nourrir de projets irréalisables ?* = **impossible** ; ↑ **chimérique, utopique.**

irrégulier 1° *Un objet aux formes irrégulières* ; (plus expressif) **biscornu.** — 2° V. INÉGAL et CAPRICIEUX. — 3° V. ARBITRAIRE, ILLÉGAL et INCORRECT.

irréligieux *D'un individu irréligieux,* on peut dire qu'il est un **libre penseur** (en insistant sur l'affranchissement par rapport au dogme) et, dans le même sens, (vieilli) un **esprit fort** ; ou un **mécréant** (en portant un jugement péjoratif) ; v. aussi IMPIE.

irréprochable *Sa conduite a été irréprochable* ; (soutenu) **irrépréhensible** ne peut avoir que le sens premier d'*irréprochable* (« à qui l'on ne peut faire des reproches ») ; ↑ **parfait.** *Il s'habille toujours de manière irréprochable* = **impeccable.**

irréversible *Il s'est engagé dans un processus irréversible* = **sans retour.**

irriter *Pourquoi chercher à l'irriter ?* ; (plus courant) **mettre en colère** ; ↑ **exacerber** ; (fam.) ↑ **faire sortir qqn de ses gonds** ; ↓ **hérisser** ; v. aussi ÉNERVER, FÂCHER et BOULE [*mettre en boule*].

● **s'irriter** (plus courant) **se mettre en colère** ; v. aussi ENFLAMMER (S'), FÂCHER (SE) et BOULE.

isoler 1° ∼ qqn. *On a dû isoler ce malade* ; (en part.) **mettre en quarantaine** ; v. aussi ÉCARTER et SÉPARER. — 2° ∼ qqch. V. ABSTRAIRE. ● **isolé** 1° Qqn est ∼. *Je me sens isolé dans mon coin perdu d'Auvergne* = **seul** (v. ce mot). — 2° Qqch est ∼. V. ÉCARTÉ (in *écarter*).

ivre 1° *Quand on a trop bu, on est ivre* ; ↑ **ivre mort** ; ↑ (plus fam.) **soûl,** terme qui peut être renforcé par des comparaisons fam. *(soûl comme une bourrique/comme un Polonais/comme un cochon)* ; ↑ (fam. ou très fam.) **bourré, plein, noir, rond, paf, brindezingue, schlass, givré** ; pour *être ivre,* on dit aussi ↑ **ne plus tenir debout** ; ↓ **gris, éméché** s'emploient généralement précédés de « un peu », de même que (plus fam.) **parti, pompette** ; (express. fam.) **avoir un coup/un verre dans le nez.** — 2° ∼ de qqch. V. FOU. ● **ivresse** 1° *Bon ou non, le vin mène à l'ivresse* ; ↓ **ébriété** ; de qqn qui est en état d'ivresse, on dit, fam. ou très fam., qu'il a pris une **cuite/biture.** — 2° *Cette musique l'avait plongé dans une ivresse délicieuse* = **griserie, exaltation** ; ↑ **extase, ravissement.** ● **ivrogne** *Elle a épousé un ivrogne* ; **alcoolique** et (didact.) **éthylique** se disent de celui qui boit régulièrement de manière abusive des boissons alcooliques, sans forcément s'enivrer ; (fam. ou très fam.) **pochard, poivrot, soûlaud.**

j

jaillir 1º *Le sang jaillissait de la blessure* = (dans ce contexte seulement) **gicler**. — 2º V. ÉLANCER (S'). — 3º *Des cris jaillissaient de la foule* = **fuser** ; v. aussi MONTER. — 4º *La vérité jaillit parfois de la bouche des enfants* = **surgir** ; (plus courant) ↓ **sortir** (v. ce mot) est le verbe habituellement employé dans ce contexte.

jalon *Quels sont les principaux jalons de votre exposé ?* = **repère**. *Nous avons posé des jalons pour que ton frère accepte de partir avec nous* = **préparer le terrain**.

jamais *Riches ? Nous ne le serons jamais !* ; (express. fam. équivalant à *ne ... jamais*) **quand les poules auront des dents, à la saint-glin-glin**. V. FAÇON I [*en aucune façon*]. *Si jamais* : v. CAS. *À jamais* : v. TOUJOURS.

jambe 1º *J'ai mal à la jambe* ; (fam.) **patte, guibole** ; (ne s'emploient guère qu'au plur.) **flûtes, quilles** ; (fam.) **échasses** ne se dit que de très grandes jambes. — 2º (dans des express.) *Prendre ses jambes à son cou* : v. PARTIR. *À toutes jambes* : v. VITE. *Par-dessus la jambe* : v. SABOTER et MÉPRIS. *Faire une belle jambe* : v. INUTILE. *Ne plus sentir ses jambes* : v. FATIGUÉ. *Tirer dans les jambes* : v. NUIRE. *Tenir la jambe* : v. RETENIR. *Faire des ronds de jambe* : v. MANIÈRE II.

jardin 1º *Un jardin de rapport* peut être un **potager** (culture des légumes) ou un **verger** (culture des arbres). *Un jardin d'agrément* peut être un ↑ **parc**, privé ou public (ce mot peut évoquer une idée de plus grande dimension), ou un **square**, toujours public. — 2º **Jardin d'enfants** est le syn. d'**école maternelle** (abrév. **la maternelle**) ; **garderie** dit moins, impliquant seulement l'idée de surveillance et non celle d'éducation.

jargon 1º *Les jargons permettent à des gens de pays différents de se comprendre* ; l'**argot** (ou **langue verte**) est plus particulièrement le *jargon* des malfaiteurs. — 2º *La médecine, comme toute profession constituée, a aussi son jargon* ; (plus péjor.) **argot**. — 3º V. GALIMATIAS.

jeter 1º ~ qqch. *Il m'a jeté un verre d'eau à la figure* = **lancer, envoyer** (v. ce mot) ; (fam.) **balancer**. *La mer a jeté les navires sur les rochers* ; ↑ **projeter**. *Jeter quelques mots sur le papier* ; (moins expressif) **noter** ; v. aussi ÉCRIRE. *Jeter une lettre à la boîte* ; (moins expressif) **mettre**. — 2º ~ qqch. *Il faut jeter tous les vieux papiers* ; (fam.) **balancer** ; **se débarrasser de** implique que la chose à jeter est, pour telle ou telle raison, encombrante. — 3º (dans des express.) *Jeter à la tête* : v. REPROCHER. *Jeter le trouble* : v. SEMER II. *Jeter un œil* : v. REGARDER. *Jeter à bas* : v. RENVERSER. *Jeter dehors* ; (fam.) **flanquer à la porte** ; v. CHASSER. *En jeter* : v. ALLURE. *Jeter son dévolu* : v. CHOISIR ; v. aussi RÉPANDRE. ● **se jeter** 1º ~ dans qqch. *Il s'est jeté à corps perdu dans les affaires* = **se lancer**. V. ABOUTIR I et PLONGER II. — 2º ~ sur qqn/qqch. *Le chien s'est jeté sur lui* = **sauter** ; v. ABATTRE (S') [*in abattre* I]. — 3º *Il s'est jeté à ses genoux en le suppliant* ; ↓ **tomber**.

jeu I V. DISTRACTION et PLAISANTERIE. *Un jeu de mots* = **calembour**. (Pour tous les emplois de *jeu*, v. aussi JOUER.)

II (dans des express.) *En jeu* : v. CAUSE II. *D'entrée de jeu* : v. ENTRÉE (in *entrer*). *Mettre en jeu* : v. RISQUER. *Se piquer au jeu* : v. PASSIONNER (SE).

III V. INTERPRÉTATION. *Faire le jeu de qqn* : v. INTÉRÊT.

IV *Laissez-moi un peu plus de jeu pour agir comme je l'entends* = **marge** ; (moins expressif) **liberté**.

jeun (à) *Il est à jeun depuis hier;* (fam.) **avoir le ventre creux/vide.**

jeune (adj.) *Il est un peu jeune pour se marier;* (avec une nuance péjor. ou iron.) **jeunet, jeunot.** ● **jeune** (nom) 1° (plur.) *Il faut essayer de comprendre les jeunes* = **jeunesse.** — 2° (animaux) *Cette chienne a eu six jeunes* = **petit.** ● **jeunesse** 1° V. JEUNE (nom). — 2° *Mes jambes ont perdu de leur jeunesse* = **vigueur.** ● **jeunet, jeunot** V. JEUNE (adj.).

jeûne *Ces jeûnes successifs l'ont exténué;* se dit d'une privation volontaire de nourriture, soit par nécessité médicale (= **diète**), soit par soumission à une règle religieuse. Dans ce dernier cas et chez les catholiques, on parle d'**abstinence** lorsque la privation ne vise que la viande et les aliments gras.

joie 1° *Elle ressentait une joie intense, à partager avec nous la beauté de ces paysages;* ↓**contentement, satisfaction, plaisir;** ↑**allégresse, exultation, jubilation.** V. GAIETÉ; v. aussi BONHEUR et DÉLICE. — 2° **liesse,** qui se dit d'une joie collective, ne s'emploie que dans le contexte *en liesse.* — 3° (au plur.) *Elle se contentait des petites joies que la vie lui apportait* = **plaisirs;** (plus rare) **douceurs.** — 4° (dans des express.) *Quand aurons-nous la joie de vous revoir?* = **plaisir.** *Rayonnant de joie :* v. RADIEUX. *Fille de joie :* v. PROSTITUÉE (in *prostituer*).

joindre 1° ~ qqch à qqch. *Leurs deux noms étaient joints l'un à l'autre sur les bagues* = **accoler, réunir, unir;** v. ASSEMBLER. *Un pont joint l'île à la côte* = **réunir;** (plus employé) **relier.** — 2° ~ qqch. *Joignons nos efforts pour faire triompher notre cause* = **conjuguer, unir.** — 3° ~ qqch à qqch. *Veuillez joindre cette pièce à mon dossier* = **annexer;** v. aussi AJOUTER. — 4° ~ qqch. (dans des express.) *Ils ne parviennent pas à joindre les deux bouts* = **boucler le mois;** ↑**ils tirent le diable par la queue.** — 5° ~ qqn. V. CONTACTER et RENCONTRER. ● **se joindre** V. ASSOCIER (S') et MÊLER (SE). ● **joint** *Trouver le joint :* v. FORMULE. ● **jonction** *Notre rendez-vous se trouve au point de jonction des deux chemins forestiers* = **point de rencontre.** *Opérer leur jonction :* v. REJOINDRE (SE).

joli 1° V. BEAU, CHARMANT, ÉLÉGANT et MIGNON. — 2° *Eh bien! c'est du joli!* = **propre.**

jouer I (pour tous les emplois de *jouer,* v. aussi JEU) *Qqn* ~. V. AMUSER (S'); **faire joujou** est du langage enfantin et est ironique dans le langage adulte. II ~ qqch/sur qqch. *Jouer sur un cheval;* (terme propre) **miser;** v. aussi SPÉCULER. *Jouer sa vie :* v. RISQUER. III ~ qqch. V. INTERPRÉTER et MIMER. *La télévision joue un film :* v. DONNER. IV ~ qqn. V. TROMPER. *Se jouer de qqn :* v. MOQUER (SE). V ~ de qqch. *Il a joué de son influence pour nous obtenir ces places;* ↓**user** n'implique pas l'idée d'habileté contenue dans *jouer.* VI *Qqch* ~. V. TRAVAILLER III.

jouet 1° **joujou** est du langage enfantin. — 2° V. ESCLAVE.

jouir 1° *Il faut savoir jouir de la vie;* ce verbe contient à la fois les sens de **profiter de** et de **goûter, savourer.** — 2° *Cette région jouit d'un ciel très lumineux* = **bénéficier de;** v. aussi CONNAÎTRE. — 3° Au sens de «éprouver un plaisir sexuel», on dit aussi **avoir/prendre du plaisir.** ● **jouissance** 1° V. PLAISIR. — 2° *Avez-vous la jouissance de la totalité de cette maison?* = **usage.** ● **jouisseur** *C'est un jouisseur;* (termes péjor. évoquant d'une manière générale le goût de la fête) **viveur, noceur, fêtard, bambocheur;** (termes péjor. évoquant spécialement le goût des plaisirs sexuels) **paillard, libertin, débauché.** V. aussi INCONTINENT.

jour 1° *Jour* et *journée* ne sont que rarement syn. *Je l'ai attendu tout le jour/toute la journée; passer des jours entiers/des journées entières à attendre* (*jour* est alors d'emploi plus rare, plus soutenu). Outre que *jour* entre dans de multiples express. d'où *journée* est exclu (v. sens 2), ce terme se dit d'une unité de temps de 24 heures, **journée** d'une durée de 24 heures remplie par diverses activités : *On compte les jours, mais on occupe ses journées.* V. aussi SOLEIL. — 2° (dans des express.) *Montrer qqch au grand jour* = **aux yeux de tous.** *La vérité* commence à se faire jour = **apparaître, transparaître**. *Sous un jour... :* v. ÉCLAIRAGE. *Être dans un bon/mauvais jour :* v. HUMEUR. *De nos jours :* v. ACTUELLEMENT (in *actuel*). *Du jour :* v. FRAIS II. *D'un jour à l'autre :* v. BIENTÔT. *Mettre à jour :* v. RÉFORMER (in *réforme*) et REFAIRE. *Donner le jour :* v. VIE. — 3° V. FENTE. ● **journellement** *Il étudie journellement des ouvrages de théologie ;* (plus courant) **quotidiennement ; toute la journée, à longueur de jour** insistent sur la durée de l'action. ● **journalier** (rare) Ce terme ne se trouve guère que dans *travail journalier, tâches journalières ;* **quotidien** est le terme courant.

journal *J'achète mon journal chaque matin à la gare ;* (vieux) **gazette ;** (rare) **quotidien ;** (fam.) **canard ;** (didact.) **organe** se dit d'un journal d'un parti politique ; v. PÉRIODIQUE. ● **journaliste** Terme général ; selon le type de ses activités, le journaliste peut être **reporter,** s'il va recueillir à l'extérieur des informations pour son journal, **chroniqueur,** s'il tient régulièrement une chronique particulière (mode, littérature, etc.), **rédacteur** s'il est attaché à la rédaction du journal, etc.

juger 1° *Il appartiendra au tribunal de juger ;* **statuer,** c'est prendre une décision sur une affaire en vertu de l'autorité que l'on a (on *juge* qqn ou qqch, on *statue* sur qqch) ; **arbitrer,** c'est régler une affaire à la demande des parties en conflit. — 2° V. CROIRE, ESTIMER III et TROUVER ; v. aussi APPROUVER et CRITIQUER. — 3° *Je n'admets pas qu'on me juge au premier coup d'œil, sans même me connaître ;* (plus péjor.) **cataloguer, étiqueter.** — 4° *Jugez de mon étonnement !* = **imaginer ;** (plus courant) **se rendre compte de.** — 5° V. REGARDER. ● **jugement** 1° *Le tribunal a rendu son jugement* = **verdict, sentence ;** v. ARBITRAGE. — 2° *Je m'en remets à votre jugement* = **avis ;** v. aussi APPRÉCIATION et IDÉE. — 3° *C'est quelqu'un qui ne manque pas de jugement ;* (fam.) **jugeote ;** v. aussi ESPRIT, FINESSE (in *fin* III) et CLAIRVOYANCE.

juif Se dit de celui qui appartient à la communauté religieuse professant la religion judaïque, de même que **israélite** (terme moins employé et toujours exempt de résonances racistes, contrai-

rement au précédent) ; **hébreu** est le nom biblique du peuple juif.

jument Femelle du **cheval ; pouliche** se dit d'une jument qui, tout en n'étant plus un **poulain,** n'est pas encore adulte.

jurer I V. AFFIRMER et PROMETTRE.

II 1° Qqn ∼. *Il jurait contre le retard* = **pester ;** ↓**grogner,** (soutenu) **maugréer ;** (fam.) **râler ;** v. SACRER II. — 2° Qqch ∼. V. ENSEMBLE I [*aller ensemble*].

jus Syn. fam. de **essence, eau** (*tomber à l'eau/au jus*) et **café** (*boire un café/un jus*).

juste I Qqn/qqch est ∼ (conforme à la justice). V. ÉQUITABLE ; v. aussi HONNÊTE. *Nous plaidons pour les justes revendications des travailleurs* = (postposé) **légitime.** ● **justice** 1° Reconnaissance des **droits** de chacun ; v. DROITURE (in *droit* I). — 2° (dans des express.) *Rendons-lui cette justice qu'il n'a pas hésité à avouer son crime* = **avouer, reconnaître** (*Avouons/reconnaissons qu'il n'a pas...*). *Se faire justice :* v. VENGER (SE) et SUICIDER (SE).

II Qqch est ∼ (conforme à une norme). *Une réponse juste :* v. CORRECT. *Une expression juste* = **heureux.** *Le mot juste :* v. PROPRE. *L'heure juste* = **exact.** *Une remarque juste :* v. PERTINENT. *Estimer les gens à leur juste valeur* = **vrai, véritable, réel.** ● **juste** (adv.) *Au juste :* v. EXACTEMENT. *Juste au moment :* v. INSTANT II, PILE III et POINT IV ; v. aussi SEULEMENT (in *seul*). *Il a tout juste vingt ans* = **à peine.** ● **justement** *Il me disait justement que vous seriez en retard !* ; (plus rare) **précisément.** ● **justesse** 1° V. EXACTITUDE. — 2° *La collision a été évitée de justesse !* = **de peu.**

III V. COURT et ÉTROIT.

justifier 1° ∼ qqn. *Nous avons en vain tenté de le justifier* = **disculper ;** ↑**innocenter, mettre hors de cause ;** (fam.) **blanchir ;** v. aussi DÉFENDRE I et LAVER II. — 2° ∼ qqch. V. EXPLIQUER. — 3° ∼ qqch. *Nos espoirs étaient justifiés : le voici guéri !* = **fonder.** *Le temps a justifié nos espoirs* = **vérifier.** — 4° *Une telle interprétation de la loi justifie tous les abus !* = **légitimer.** ● **se justifier** V. EXPLIQUER (S') et LAVER (SE).

k l

kermesse *C'est la kermesse annuelle à l'école laïque* = **fête**.

labyrinthe *Le labyrinthe des lois* = **dédale**. V. aussi DÉSORDRE. *Un labyrinthe de ruelles* = **dédale, lacis**.

lâche I 1° *Qqn est* ↓ ~ ; (soutenu) **veule** ; **couard** ne se dit guère que des animaux ; ↓ **faible** ; (fam.) **dégonflé** ; d'un lâche, on dit, fam., *que c'est qqn* **qui n'a rien dans le ventre** ; v. aussi PEUREUX (in *peur*). — 2° *Qqch est* ↓ ~. *Il use des procédés les plus lâches pour asseoir son autorité* = **bas** ; (soutenu) **vil** ; v. aussi ABJECT et LAID. ● **lâcheté** 1° *Lu lâcheté de qqn ;* (soutenu) **veulerie** ; ↓ **faiblesse** ; v. aussi MOLLESSE (in *mou*) et PEUR. — 2° V. BASSESSE.

lâche II *Qqch est* ~. *Cette amarre est trop lâche : elle ne tiendra pas ;* (généralement plus péjor.) **mou** (v. ce mot) ; **détendu** se dit exactement de qqch qui a **perdu** sa tension initiale. *Ce pull ne te va pas : il est trop lâche ;* ↑ **grand, large** ; (sans adv. intensif) **mal ajusté** ; ↑ **flotter** (v. ce mot) s'emploie assez famil. dans deux constructions : *ce pull ne te va pas ; il flotte trop/tu flottes trop dedans.*

lâcher 1° ~ *qqch. Il faudrait lâcher un peu d'amarre* = **donner du mou à**. *Lâcher sa ceinture d'un cran* = **desserrer, relâcher**. — 2° *Qqch* ~. *Attention ! l'amarre va lâcher !* = **céder** ; (plus général) **casser, se casser** ; (soutenu) **se rompre**. — 3° ~ *qqch. Il a lâché la pile d'assiettes* = **laisser tomber**. *Lâcher une parole malheureuse ;* (soutenu) **laisser échapper**. — 4° ~ *qqch. Lâcher les chiens après un voleur ; lâcher des bombes sur une ville* = **lancer**. — 5° ~ *qqn.* V. ABANDONNER II et SEMER III.

laid 1° *Qqn est* ~. *Dieu ! qu'il est laid ! ;* ↑ **hideux, affreux, horrible, monstrueux** ; (fam.) **moche** ; ↑ **repoussant,**

répugnant ; ↓ **disgracié** *(disgracié par la nature) ;* on dit aussi, fam., ↑ *laid comme un pou/à faire peur.* — 2° *Qqch est* ~ (physiquement). Outre les syn. précédents, on parlera *d'un* **vilain** *nez, d'un* **visage** ↓ **disgracieux, ingrat**. — 3° *Qqch est* ~ (concrètement). *Ces maisons sont laides dans le paysage ;* ↑ **hideux, horrible** ; (fam.) **moche** ; (rare) ↓ **inesthétique**. — 4° *Qqch est* ~ (moralement). *Il a commis les actions les plus laides sans remords ;* (soutenu) **vil, méprisable** ; v. aussi LÂCHE et ABJECT.

laisser *J'ai laissé mes clefs chez moi !* = **oublier**. *Laissez le plat au chaud !* = **garder** ; (soutenu) **tenir**. *Il a laissé tous ses biens à son neveu ;* (terme propre) **léguer**. V. ABANDONNER II, CONFIER I, DÉPOSER II et VENDRE.

laissez-passer *Un laissez-passer peut être un* **coupe-file** *s'il s'agit d'une carte officielle de libre circulation (comme en ont les journalistes), un* **sauf-conduit** *s'il s'agit d'une carte délivrée généralement par l'autorité militaire en temps de guerre ou de troubles.*

langage *Comment voulez-vous qu'ils se comprennent ? Ils ne parlent pas le même langage* = **langue** ; (fam.) *ils ne sont pas sur la même* **longueur d'onde**.

langue I (dans des express.) *Tirer la langue :* v. SOIF. *Mauvaise langue :* v. MÉDISANT (in *médire*). *Ne pas savoir tenir sa langue :* v. BAVARD.

II *Le basque n'est pas un dialecte, mais une langue ;* (didact.) **idiome** se dit de la langue d'une communauté, envisagée dans ses particularités ; v. LANGAGE. *Langue verte :* v. JARGON.

languir 1° *Qqn* ~. *Ce pauvre vieillard languit dans sa solitude* = **se morfondre**. — 2° *Qqn* ~. V. ATTENDRE. — 3° *Qqch* ~. *La conversation languissait ;*

(courant) **traîner** (souvent suivi de *en longueur*). ● **languissant** 1º *Il la regardait avec des yeux languissants* = **langoureux** ; ↑(souvent iron.) **mourant**. — 2º *Une conversation languissante* ; ↑**morne** ; v. aussi ENNUYEUX (in *ennuyer*).

lanterne 1º **fanal** se dit d'une grosse *lanterne*, devant servir de signal lumineux. — 2º (dans des express.) *Faire prendre des vessies pour des lanternes ;* (plus fam.) **il prend les enfants du bon Dieu pour des canards sauvages !** *Éclairer la lanterne de qqn :* v. RENSEIGNER.

laquais 1º V. SERVITEUR. — 2º *Vous n'êtes qu'un laquais du capitalisme !* = **valet**.

large I 1º *Elle portait une robe large ;* (plus précis) **évasé** ; v. AMPLE. — 2º *Le directeur nous a fait de larges concessions ;* **important**, ↑**considérable** (tous deux postposés). — 3º *Avoir l'esprit large*, un esprit ouvert aux idées nouvelles ; **souple** se dit d'un esprit alerte. — 4º V. ABONDANT (in *abonder*) et GÉNÉREUX.

II V. MER.

larguer 1º ~ qqch. *L'avion a largué ses bombes ;* (moins précis) **lâcher**. — 2º ~ qqn. V. ABANDONNER II.

larme 1º *Un visage baigné de larmes ;* (très soutenu) **pleur**. V. aussi PLEURER. — 2º *Donnez-moi une larme de calvados ;* (plus courant) **goutte** ; (moins expressif) **un peu de**.

lassitude 1º *Par lassitude, j'ai cédé à ses caprices* = **de guerre lasse**. — 2º V. FATIGUE (in *fatiguer*).

latent 1º *Cette région du monde est un foyer de troubles latents* = **larvé**. — 2º V. CACHÉ (in *cacher*).

latitude 1º *Il a toute latitude pour organiser ses loisirs* = **facilité**. — 2º *Il avait toute latitude dans son travail* = **liberté**. — 3º V. CHAMP II.

laudatif *Les critiques ont accueilli son film en termes laudatifs ;* (plus courant) **élogieux, flatteur**.

laver I 1º Qqn ~ qqch. *Elle a lavé la tache de café ;* (plus général) **enlever,** **ôter**. — 2º Qqn ~ qqch. *Elle lavait le linge de la maison chaque samedi ;* (didact.) **blanchir** ; (vieilli) **lessiver** ; (plus général) **nettoyer**. — 3º Qqn ~ qqch. *Le garçon de café lave rapidement les verres* = **rincer**. — 4º Qqn ~ qqn. *La mère lave la figure du jeune enfant ;* (fam.) **débarbouiller**. ● **se laver** 1º *Il se lave soigneusement en rentrant de son travail* = **se nettoyer, faire sa toilette** ; (très fam.) **se décrasser**. — 2º **se laver les mains de qqch** *Il se lave les mains de tout ce qui peut arriver* = **se désintéresser**. ● **lavage** (v. sens 1, 2, 3, 4 du verbe) **blanchissage**, (vieilli) **lessivage, nettoyage**. ● **lavette** (très fam.) *Cet homme est sans énergie, c'est une lavette ;* (courant) ↓**mou**. ● **laveuse** *La laveuse blanchissait le linge dans les familles bourgeoises ;* (plus courant) **blanchisseuse** ; (vieilli) **lavandière**. ● **lavoir buanderie**.

II 1º Qqn ~ qqch. *Les nobles lavaient une injure dans le sang* = **effacer**. — 2º ~ qqn de qqch. *L'enquête a lavé le prévenu de tout soupçon* = **disculper** (*L'enquête a disculpé le prévenu*). ● **se laver** *Se laver d'une accusation* = **se disculper** ; v. aussi VENGER.

lécher 1º *Le chat a léché tout le lait dans son bol ;* (terme général) **boire** ; (terme propre dans cet ex.) **laper**. — 2º *Les flammes léchaient déjà les murs de la maison ;* (plus général) **atteindre** ; (moins expressif) ↓**effleurer**. — 3º (loc.) *Les badauds léchaient les vitrines ;* (moins expressif) **regarder avec plaisir**. — 4º (loc.) *S'en lécher les babines/les doigts* = **se délecter, savourer**.

leçon 1º *L'étudiant a apprécié les leçons de physique données au Collège de France ;* ↓**cours**. — 2º *Il prend des leçons particulières pour améliorer son anglais ;* (rare) **répétition**. — 3º *Les fables s'achèvent souvent par une leçon de morale ;* (soutenu) **précepte**. — 4º *Sa mauvaise conduite méritait une leçon sévère ;* (soutenu) **admonestation** ; ↓**avertissement** ; ↓**réprimande**.

légaliser *Légaliser une signature* = **authentifier, confirmer**.

légende *La légende est un récit de faits réels, déformés par l'imagination, ou un récit de faits imaginés (la légende de Napoléon) ;* le **mythe** met en scène des personnages qui représentent symboliquement divers aspects de la vie humaine ou les forces de la nature *(le mythe de Sisyphe)* ; v. aussi CONTE. ● **légendaire** *Certains faits historiques sont devenus légendaires;* (vieilli) **fabuleux**; *Jeanne d'Arc est l'exemple type du personnage légendaire;* ↓**célèbre**.

léger 1° *Qqch est* ~. *Une légère couche de vernis suffira pour embellir ce meuble* = **fin**. *Il a approuvé d'un léger mouvement de tête* = **petit**. — 2° *Qqch est* ~. *Le coureur garde l'estomac léger pendant l'épreuve;* ↑**creux,** ↑**vide**. *Les Français ont la réputation d'apprécier les conversations légères;* ↑**grivois.** V. BADIN. — 3° *Qqch est* ~. *Par forte chaleur, il est préférable de prendre des repas légers* = **digeste**; (rare) **digestible**; v. SOMMAIRE. *Sa blessure était légère* = **sans gravité**. — 4° *Qqn est* ~. *Cet homme léger refuse une union stable* = **volage**; v. FACILE II et FRIVOLE. — 5° *Qqn est* ~. *Après une petite promenade, il se sentit plus léger;* ↑**alerte,** ↑**dispos**. — 6° *Qqn est* ~. *C'est être bien léger que de se confier à cet homme* = **imprudent**. — 7° V. CAPRICIEUX (in *caprice*). ● **légèreté** 1° *Il parle et se conduit toujours avec la plus grande légèreté* = **inconséquence**; v. DÉSINVOLTURE. — 2° *Il y a dans le style de cet écrivain une légèreté qui séduit* = **aisance, grâce**. — 3° *Voilà une légèreté que l'on comprend mal de la part d'un homme aussi sérieux que vous* (vieilli); (plus courant) **bêtise, sottise**. — 4° V. AGILITÉ (in *agile*), ÉTOURDIMENT (in *étourdi* I) et FRIVOLITÉ (in *frivole*).

légitime 1° *L'héritier a obtenu que ses droits légitimes sur la succession soient reconnus* = **légal**. — 2° *Votre demande est tout à fait légitime;* ↓**normal, raisonnable**; v. FONDÉ (in *fonder*) et JUSTE I. — 3° *Dans ce cas, son père a fait preuve d'une sévérité légitime* = **justifié**. ● **légitimité** *Personne n'a contesté la légitimité de ses réclamations* = **bien-fondé**.

legs 1° V. DONATION (in *donner* III). — 2° *Certains conservent à tout prix le legs du passé* (rare); (plus courant) **héritage, tradition**. ● **léguer** 1° V. LAISSER. — 2° *Les artisans léguaient leur tour de main à leurs enfants* = **transmettre**.

légume (au f.) *Cet homme est une grosse légume dans le gouvernement.* Se dit, fam., d'un personnage influent dont les avis comptent = **huile**.

lendemain 1° V. AVENIR. — 2° *Ces décisions sont inutiles, elles n'auront pas de lendemain* = **suite**. — 3° *Dans l'express. Il a changé d'avis du jour au lendemain* = **subitement**.

lénifier 1° V. ADOUCIR. — 2° *Lénifier l'aigreur de son esprit* (très soutenu); (plus courant) **apaiser**. ● **lénifiant** 1° *Ses paroles lénifiantes ont apaisé le chagrin de l'enfant;* (plus courant) **apaisant**. — 2° V. MOU.

lent 1° *Il est lent dans tout ce qu'il fait;* (fam.) **lambin**; (fam.) **traînard**; v. aussi MOU. — 2° *Il faut lui répéter deux fois la même chose tant il est lent à comprendre* = **long**. ● **lentement** 1° *Le temps passe trop lentement à mon gré* = **doucement**. — 2° *L'acteur disait lentement sa tirade* = **posément**. — 3° V. MOLLEMENT (in *mou*). ● **lenteur** *Les lenteurs de l'Administration suscitent la verve des chansonniers;* (plus courant) **retard**.

lèpre *La corruption s'étend comme une lèpre* = **infection**.

léser 1° *Le passage de l'autoroute lésait les commerçants du village;* ↓**désavantager**; v. aussi NUIRE. — 2° V. BLESSER. ● **lésion** 1° *Même sens que léser* 1° (rare); (plus courant) **dommage, préjudice, tort**. — 2° V. PLAIE.

lessiver 1° *À la fin de la partie, il n'avait plus un sou : il était lessivé* (fam.); (assez soutenu) **dépouiller**; v. NETTOYER. — 2° V. LAVER I. — 3° V. FATIGUER.

leste 1° *Le ton leste qu'il adopte montre assez qu'il fait peu de cas de vos remarques* = **cavalier, désinvolte**; ↑**irrespectueux**. — 2° V. AGILE et GAILLARD I. ● **lestement** *Il a réglé lestement cette affaire* = **rondement**.

lettre I 1° V. CARACTÈRE II. — 2° (dans des express.) *En toutes lettres :* v. EXPLICITEMENT (in *explicite*). — 3° *À la lettre :* v. EXACTEMENT (in *exact*). ● **littéral** 1° *La traduction littérale n'était pas très satisfaisante;* (plus général) **exact**; (plus courant) **mot à mot**. — 2° *Il avait compris le*

241

mot dans son sens littéral = **propre.**
● **littéralement** *La nouvelle l'avait littéralement assommé* = **absolument, complètement.**

II 1º *Mon voisin reçoit des lettres de tous les pays;* (très fam.) **babillarde, bafouille;** un **message** est une nouvelle transmise à qqn, mais pas obligatoirement sous forme écrite; (très soutenu) **missive;** une *lettre* est un **pli** si la feuille de papier est repliée et forme enveloppe. — 2º *Il écrit toujours des lettres très courtes* = **billet, mot.**

III (au plur.) V. LITTÉRATURE. ● **lettré** *Le curé du village est un homme fort lettré* = **cultivé;** ↑**érudit.**

leurre 1º V. APPÂT. — 2º *Cette publicité prometteuse n'est qu'un leurre* = **duperie, tromperie.** ● **leurrer** *Le pauvre homme a été bien leurré par toutes les belles promesses qu'on lui faisait* (soutenu); (plus courant) **abuser, duper, tromper;** (vieux) **berner;** (fam.) **pigeonner, rouler.** ● **se leurrer** *Elle se leurre sur la durée de leur accord* = **s'illusionner.**

lever **I** Syn. variés selon les contextes. ~ qqch ou qqn. 1º *La grue levait les caisses* = **enlever.** — 2º *Il leva facilement la barrique* = **soulever.** — 3º *Il lève la tête* = **redresser, relever.** — 4º (dans des loc.) *Lever l'ancre* (didact.) = **appareiller.** *Lever les scrupules de qqn* = **écarter.** *Lever la séance;* (moins courant) **clore.** *Lever le masque* = **se démasquer.** *Lever les impôts* = **percevoir;** v. PRÉLEVER. *Lever une fille* (très fam.); (courant) **séduire.** V. aussi APLANIR, ÉCŒURER, ÉLEVER I et ÉNIVRER (S'). ● **se lever** 1º V. DEBOUT. — 2º *Il s'est levé de table* = **quitter** *(Il a quitté la table).*

II Qqch ~. *Le blé d'hiver lève en mars;* (plus général) **pousser;** v. SORTIR. ● **se lever.** V. NAÎTRE. ● **lever** (nom) *Le lever du jour* = **aube.** ● **levée** 1º V. CLÔTURE. — 2º V. PROTESTATION (in *protester*). — 3º *Le long du fleuve, la levée préserve les prés des inondations;* la **levée** sert en même temps de chaussée, ce qui n'est pas le cas de la **digue.** — 4º *Le joueur a gagné la partie en ramassant toutes les levées* = **pli.**

lèvre 1º *Elle se léchait les lèvres de plaisir;* (fam. et dans des contextes restreints) **babine;** (vieilli et très fam.) **badigoince; lippe** désigne une lèvre inférieure épaisse qui s'avance trop. — 2º (loc.) *Il approuve du bout des lèvres* = **sans conviction.**

lexique 1º *Le lexique de l'informatique est très récent* = **vocabulaire.** — 2º V. DICTIONNAIRE.

liaison **I** 1º V. AVENTURE. — 2º *Ce commerçant est obligé d'avoir beaucoup de liaisons d'affaires* (vieilli en ce sens); (courant) **relation.** — 3º *Cet homme a des liaisons peu recommandables;* ↓**fréquentation.** — 4º *En liaison avec qqn* = **accord** *(en accord avec qqn).*

II 1º *L'opinion publique a établi une liaison entre les deux scandales* = **lien;** ↓**correspondance;** v. aussi RAPPORT II. — 2º *On comprend la liaison des idées* = **enchaînement, lien, suite.**

libelle *Des libelles ont ridiculisé les autorités;* le **pamphlet** est un écrit aussi violent que le *libelle,* mais n'a pas, comme lui, un caractère diffamatoire; la **satire** attaque qqn ou qqch en s'en moquant.

libéralité 1º (sing.) *Cet homme a toujours aidé avec libéralité ses amis;* (plus courant) **générosité;** ↑**largesse;** v. aussi PRODIGALITÉ (in *prodigue*). — 2º (plur.) *Il vit des libéralités de ses amis;* ↓**don;** v. GÉNÉROSITÉ (in *généreux*). ● **libéralement** *Il donne libéralement tout ce qu'on lui demande* = **largement.** ● **libéralisme** *Il fait preuve de beaucoup de libéralisme* = **tolérance.**

libérer 1º *Le prisonnier a été libéré aujourd'hui* = **relâcher;** (didact.) **élargir.** — 2º *Cette réaction chimique libère un gaz rare;* (plus général) **dégager.** — 3º *À cause de son grand âge, il a été libéré de toutes ses tâches* = **décharger.** — 4º V. AFFRANCHIR, DÉGAGER et DÉLIVRER; v. aussi DÉTACHER I. ● **se libérer** 1º ~ de qqch. *Il a fini par se libérer de toutes ses dettes* = **s'acquitter;** v. aussi LIQUIDER. — 2º *J'essaierai de me libérer pour vous voir;* (plus fam.) **se dégager.** — 3º V. AFFRANCHIR (S'). ● **libération** 1º *La libération des prisonniers;* (plus soutenu) **délivrance;** (didact.) **élargissement.** — 2º *La libération des esclaves* = **affranchissement.** — 3º V. DÉLIVRANCE (in *délivrer*).

liberté I 1° *Le prisonnier a obtenu sa liberté ;* (didact.) **élargissement.** — 2° *Des organisations militent pour la liberté de la femme ;* ↓**émancipation.** — 3° *Les résistants ont lutté pour la liberté de leur pays* = **libération ;** ↑**indépendance.**
II 1° (sing.) *Il laisse beaucoup de liberté à ses enfants ;* **indépendance** équivaut dans ce contexte à *liberté ;* **laisser la bride sur le cou.** *C'est un homme qui parle avec une grande liberté* = **franchise.** — 2° V. FAMILIARITÉ (in *familier*) et JEU IV. V. aussi LICENCE et PERMISSION (in *permettre*). — 3° (plur.) *Il a pris des libertés avec une femme qu'il connaissait à peine ;* (moins courant) **privauté.** ● **libertaire** *Les groupes libertaires se sont développés à la fin du XIXᵉ siècle* = **anarchiste.**

libertin 1° (nom) V. JOUISSEUR (in *jouir*). — 2° (adj.) *Ses mœurs libertines ont provoqué le scandale* = **dissolu.**

libre 1° *Qqn est* ~. *Il se sentait tout à fait libre* = **indépendant.** *Dans le monde antique, les hommes libres étaient rares* = **affranchi.** — 2° *Qqch est* ~. *Cet appartement sera libre le mois prochain* = **disponible.** *Une ville libre* = **autonome.** *La route était libre* = **dégagé.** *Elle laissait volontiers ses cheveux libres* = **flottant.** — 3° (dans des express.) *Beaucoup de personnes défendent l'union libre* = **concubinage ;** (très fam.) **collage.** *Il donnait libre cours à son chagrin* = **laisser échapper.** *L'enfant était libre de faire ce qu'il voulait* = **avoir le droit de.** — 4° V. FAMILIER, GAILLARD I, GRATUIT et INOCCUPÉ. ● **librement** 1° *Il faut maintenant que nous nous expliquions librement ;* (plus courant) **carrément, franchement.** — 2° *La meilleure discipline est celle que l'on accepte librement* = **de plein gré.** — 3° V. FAMILIÈREMENT (in *familier*).

licence 1° *On ne vit pas dans la licence sans en subir les conséquences* (soutenu) ; (plus courant) **débauche ;** (vieilli) **libertinage.** — 2° *Les règles de versification interdisaient toute licence aux poètes classiques ;* ↑**liberté.** — 3° *Une licence d'exportation ;* (plus général) **autorisation.**

lien I 1° *Se dit de tout ce qui sert à attacher ;* **chaînes** évoque des liens solides, métalliques ;* **fers** ajoute l'idée de dureté des liens. — 2° *Briser ses liens* = **rompre.**
II 1° *Un lien solide unissait les deux amis* = **attachement.** — 2° *Le mariage est un lien difficile à rompre ;* ↓**engagement ;** v. aussi UNION (in *unir*). — 3° *Il a rompu les liens avec sa famille* = **attache.**
III V. LIAISON II.

lier I (abstrait) *Leurs habitudes semblables les avaient vite liés ;* ↓**rapprocher ;** v. ATTACHER I. ● **se lier** (avec qqn) *L'adolescent s'était lié avec le vieux paysan ;* ↓**s'attacher à.**
II (concret) 1° ~ qqn. *Les bandits avaient lié le caissier avec une corde* = **attacher ;** (plus précis) **ligoter.** — 2° ~ qqch. *Elle lie ses cheveux avec de jolis rubans ;* (plus général) **attacher.** *Des lettres bien liées* = **joint.** *Lier une sauce* = **épaissir.**
III (abstrait) 1° *Voilà un texte où les idées sont bien liées* = **enchaîner.** — 2° *Toute cette histoire est liée à son passé* = **rattacher.** — 3° *Le locataire était lié par son contrat* = **obliger.**

lieu 1° *Sa présence dans ce lieu ne s'explique pas ;* (marque plutôt un point précis dans un lieu) **endroit ;** v. aussi PLACE. — 2° *Dans l'express. Il s'est plaint en haut lieu* = **auprès de personnes influentes.** — 3° (dans des loc.) *La fête annuelle a eu lieu sur la place du village* = **se passer, se tenir ;** v. ACCOMPLIR (S') et AVOIR III. *Le tournage du film avait eu lieu à Paris* = **se dérouler.** *Avoir lieu de* + infin. : *Il a lieu de se plaindre* = **avoir sujet, avoir l'occasion.** *Il y a lieu de* + infin. = **il convient, il est opportun.** *Vous ferez de nouvelles démarches s'il y a lieu* = **le cas échéant.** *Donner lieu à* + substantif : *Le premier jour de vacances donnait lieu à des encombrements importants* = **créer, occasionner, provoquer.** *Tenir lieu de* : v. FONCTION II. — 4° (loc. adv.) *En dernier lieu* = **enfin ;** v. ABORD II. — 5° (loc. prép.) *Employer un mot au lieu d'un autre* = **pour.** — 6° **au lieu que** + ind. ou condit. *Il ne pense qu'à se distraire au lieu qu'il devrait préparer son examen* (très soutenu) ; (courant) **au lieu de ; alors que.** — 7° V. aussi GÉNÉRALITÉ (in *général*). ● **localiser** *Les*

243

pompiers ont réussi à localiser l'incendie de forêt; **circonscrire**, c'est fixer le lieu à l'intérieur duquel une action est exercée.

ligne I 1° *Le Rhin forme une ligne qui sépare la France de l'Allemagne*; (plus précis) **frontière**. — 2° *Les constructeurs essayaient d'améliorer la ligne de la voiture* = **profil**. — 3° **garder la ligne** *Elle ne mangeait que des légumes verts pour garder la ligne* = **rester mince**; v. SILHOUETTE. *Monter en ligne* = **monter à l'assaut**.

II 1° *Quelle que soit la situation, sa ligne de conduite ne varie pas* = **règle**. — 2° V. AXE.

III 1° *Il y a trois lignes de pommiers dans le verger*; (plus courant) **rangée**. — 2° (dans des express.) *Mettre la dernière ligne à qqch* = **terminer**. *De la première à la dernière ligne* = **entièrement**. *C'est un joueur hors ligne* = **de grande valeur**. *Il s'est trompé sur toute la ligne* = **complètement**.

lignée 1° V. FAMILLE. — 2° *Lignée* (soutenu) désigne les descendants d'une personne *(la lignée d'Hugues Capet)*; **maison** s'applique à la famille dans ses caractères particuliers et remarquables *(la maison de France)*; **race** implique une origine commune et s'emploie aussi bien pour les animaux que pour les hommes *(un chien de race/une race de paysans)*; **sang** est restreint dans la langue soutenue au sens de race *(le sang des Atrides)*; **souche** évoque l'origine dans quelques express. *(être de vieille souche* = **famille**).

limite 1° *Les Alpes sont une limite naturelle entre la France et l'Italie*; (plus précis) **frontière**; *Les guerres déplacent les limites des zones d'influence* = **borne**. *Les Romains avaient installé des détachements jusqu'aux limites de leur Empire* = **confins**. — 2° *Il a attendu jusqu'à la dernière limite* = **terme**. — 3° *Vous devez rester dans les limites du sujet* = **cadre**. — 4° *Le gouvernement usait de son pouvoir sans limites* = **frein, restriction**. — 5° V. BORD et FIN I; v. aussi MESURE I et MOYEN II. ● **limite** (adj.) *L'opération était nécessaire dans ce cas limite* = **extrême**. ● **limiter** *Une ligne de peupliers limite la propriété* = **borner**. ● **se limiter** *L'orateur s'était limité à rappeler les faits* = **se canton-**ner; v. aussi MODÉRER. ● **limité** *Les recueils de poésie ont souvent un tirage limité* = **réduit, restreint**. ● **limitation** 1° *La limitation des naissances est une question à l'ordre du jour*; (moins précis) **contrôle**. — 2° *Le gouvernement avait imposé des limitations strictes au droit de grève* = **restriction**. ● **limitrophe** *Le Bas-Rhin est un département limitrophe de l'Allemagne*; **proche** n'implique pas une frontière commune; **frontalier** ne vaut que pour la limite entre deux pays.

limon *Après chaque crue du Nil, un limon se dépose sur ses rives*; **dépôt** est plus général; **boue** ne désigne pas que les dépôts des cours d'eau; un cours d'eau qui n'a plus assez de force pour emporter les sables et les pierres dépose des **alluvions**.

linge 1° V. DESSOUS II. — 2° *Elle apaisa la douleur en appliquant un linge humide sur son front*; (plus précis) **compresse**. — 3° *Blanc comme un linge*: v. LIVIDE.

liquide 1° (adj.) *La sauce qui accompagnait le lièvre était trop liquide* = **fluide**. — 2° (adj.) *Chaque semaine, il sortait de l'argent liquide de la banque*, se dit de l'argent en billets; on dit aussi, fam., **du liquide**.

liquider 1° *La chute de la Bourse a poussé les épargnants à liquider leurs actions* = **réaliser**; (plus général) **vendre**. — 2° *Il a rapidement liquidé l'affaire* = **régler**. — 3° *Le magasin a liquidé ses invendus* = **solder**. — 4° *Les services secrets liquidaient discrètement tous les espions* (fam.) = **se débarrasser**; (courant) **tuer**. ● **liquidation** *La liquidation des actions* = **réalisation, vente**. *La liquidation d'un impôt* = **règlement**. *La liquidation d'un complice* (fam.); (courant) **meurtre**.

lire I 1° *Qqn ~. Il aime bien lire*; (fam.) **bouquiner**. — 2° *Qqn ~ qqch. Le touriste lisait difficilement les mots presque effacés*; ↑ **déchiffrer**. — 3° (dans des express.) *Il ne sait même pas lire!* = **c'est un homme ignorant**. *Lire un livre en diagonale* = **parcourir un livre**. ● **lecteur** *C'est un lecteur d'ouvrages historiques*; **liseur** désigne qqn qui lit beaucoup. ● **lecture** 1° *La lecture d'une carte d'état-major n'est pas facile*; ↑ **déchif-**

frage. — 2º *Le texte de loi a été refusé en première lecture ;* ↑ **délibération.** ● **liseuse** *Pour ne pas abîmer ses livres, il utilise une liseuse* = **couvre-livre.** ● **lisible** *Sa signature n'est pas du tout lisible ;* (plus précis) ↑ **déchiffrable.**

II 1º *L'astrologue prétendait lire l'avenir dans les étoiles ;* **découvrir, deviner** sont courants, **prédire,** plus précis. — 2º *Il a su lire les intentions de son adversaire ;* ↑ **pénétrer,** ↑ **percer.**

lisse 1º *Le lac de montagne gardait toujours une surface bien lisse* = **uni.** — 2º *La mer rejette des galets tout lisses* = **poli.**

liste 1º *Le bibliothécaire a dressé une liste des ouvrages d'histoire ;* **catalogue** implique un classement. — 2º *L'horaire était accompagné d'une liste d'abréviations* = **tableau.** — 3º *La liste de ses défauts serait interminable* = **énumération.** — 4º *Dans l'express. La dévaluation a grossi la liste des mécontents* = **ajouter au nombre des...**

lit I Terme général pour désigner le meuble destiné au repos ou au sommeil ; (littér.) **couche** *(partager la couche de qqn) ;* (très soutenu) **grabat** désigne un lit très misérable *(le grabat du prisonnier) ;* **couchette** s'applique à un lit étroit dans un train ou un bateau ; **dodo** ne s'emploie que pour parler aux enfants *(au dodo, mes petits !) ;* (fam. ou très fam.) **padoque, page, pageot, pieu, plumard, plume, pucier.** En ce sens, *lit* entre dans de nombreuses express. : *Il se met au lit très tôt* = **se coucher.** *Il a du mal à sortir du lit* = **se lever.** *Il est de mauvaise humeur au saut du lit* = **au réveil.** *Le malade a gardé le lit pendant six semaines* = **garder la chambre, rester couché.** *Après toutes ses aventures, il voudrait mourir dans son lit* = **mourir d'une mort naturelle.** *Être sur son lit de mort* = **être sur le point de mourir.** *Les enfants d'un premier lit* = **mariage.**

II 1º *Un lit de mousse* = **tapis.** — 2º *Une partie des eaux de la Seine ont été détournées de leur lit* = **cours.**

litige 1º *Le tribunal a tranché le litige ;* ↑ **conflit, différend.** — 2º *Voulez-vous me rappeler les points en litige ? ;* ↓ **discussion.** ● **litigieux** *Toutes les affaires litigieuses n'avaient pu être réglées* = **con-**

testable, contesté ; v. aussi CONTESTABLE (in *contester*).

littérature 1º *Il a commencé des études de littérature ;* (plus courant) **lettres ;** (vieilli) **belles-lettres.** — 2º *Tout ce que tu racontes, c'est de la littérature* (fam.) ; (courant) *Cela manque de sincérité.*

livide 1º *Le cadavre avait vite pris une teinte livide* = **plombé.** — 2º *La lumière artificielle rendait les visages livides ;* (plus courant) **blafard,** ↓ **pâle.** *La nouvelle l'a rendu livide* = **blanc comme un linge.**

livre 1º *Livre,* terme général, s'applique à tout assemblage de feuilles reliées ou brochées, sans périodicité ; **bouquin** est le syn. fam. de *livre* et désigne aussi un vieux livre ; **écrit** désigne un texte littér. ou scientifique *(les écrits de Rousseau) ;* **ouvrage** est d'emploi général *(les ouvrages publiés sur la guerre d'Espagne) ;* **volume** indique une division matérielle du livre *(un dictionnaire en trois volumes) ;* v. aussi BROCHURE et TOME. — 2º *Le commerçant tient à jour son livre de comptes* = **registre.** — 3º *Elle traduisait le latin à livre ouvert* = **couramment.** — 4º *Parler comme un livre :* v. SAVAMMENT (in *savant* I). ● **livret** *Il a perdu son livret militaire* = **fascicule.**

livrer I 1º ~ *qqch. Le traiteur livre à domicile tous ses produits ;* (plus général) **porter.** — 2º V. FOURNIR.

II 1º ~ *qqch/qqn à qqn. Le pyromane a été livré à la justice ;* (didact.) **déférer.** — 2º *Il a été livré par ses meilleurs amis ;* (plus général) **trahir.** V. ABANDONNER I, CONFIER I et II ; v. aussi DONNER I et VENDRE. — 3º (loc.) *Les douaniers livraient passage après avoir vérifié les bagages* = **laisser passer.** ● **se livrer** 1º *Il se livrait sans retenue* (soutenu) ; (courant) **se confier.** — 2º *Les soldats livrèrent après une nuit de combats ;* (plus courant) **se rendre, se constituer prisonnier.** — 3º ~ *à qqch. Il s'est longtemps livré à l'étude des serpents* = **se consacrer ;** v. ADONNER (S') et PRATIQUER I. *La police est livrée à un interrogatoire poussé du suspect* = **procéder à.** — 4º *Qqn* ~. V. ABANDONNER II *[s'abandonner].*

245

loger I 1° Qqn ⌣. *Sa famille logeait dans un vieux quartier de la ville* = **demeurer, habiter** ; (fam.) **percher** ; v. VIVRE II ; v. aussi NICHER et RÉSIDER. *Pendant ses vacances, il logeait toujours à l'hôtel* = **descendre.** — 2° Qqn ⌣ qqn. *On ne savait plus où loger les nouveaux clients* = **installer.** — 3° Qqch ⌣ qqn. *L'internat loge chaque année une centaine d'élèves* = **recevoir.** ● **se loger** *Il est difficile de trouver à se loger dans Paris* ; (plus général) **s'installer.** ● **logement** 1° *Le prix des logements augmente sans cesse* ; (plus précis) **appartement** ; v. HABITATION. — 2° *Le soldat a reçu son billet de logement* = **hébergement.** ● **logis** Syn. vieilli de **logement** au sens 1, s'emploie encore dans l'expression **rentrer au logis** = **chez soi** ; v. APPARTEMENT et HABITATION ; v. aussi RÉDUIT II.

II *Le salon est trop petit pour qu'on y loge ce canapé* ; **caser** ; v. PLACER.

logique 1° (nom) *Ce raisonnement manque tout à fait de logique* = **cohérence** ; v. aussi MÉTHODE. — 2° (adj.) *Il est logique qu'il suive notre discussion* = **naturel.** — 3° (adj.) *Sa démission est la suite logique de ses erreurs* ; ↑ **nécessaire.** *Un raisonnement logique* : v. SUIVI (in *suivre*).

loi 1° *Loi* désigne une prescription d'ordre juridique qui régit les rapports entre les citoyens d'un pays ; le **décret** est un texte émis par le pouvoir exécutif pour faire exécuter une loi ; l'**édit** désignait une loi royale d'application limitée. V. AUTORITÉ et COMMANDEMENT (in *commander* II). — 2° *Dans ce différend, les paysans avaient la loi pour eux* = **droit.** — 3° *Il se fait une loi de ne rien imposer à ses enfants* ; (plus courant) **règle.** — 4° *Les nobles prétendaient obéir aux lois de l'honneur* = **code** (au sing.).

loin 1° *Le temps n'est pas loin où toutes les rivières seront polluées* = **éloigné.** — 2° *Le cycliste exténué ne pouvait pas aller plus loin* ; (soutenu) **avant.** — 3° *La maison se trouvait vraiment très loin* ; (fam.) **au diable.** — 4° *Voir plus loin*, indication donnée dans un ouvrage = **infra.** — 5° (loc. verb.) *Cet enfant ira loin* = **réussir.** *Aller trop loin* : v. EXAGÉRER. *Il voit de loin ce qui se prépare* = **deviner.** — 6° (loc. adv.) *On voyait au loin de gros nuages* = **à l'horizon, dans le**

lointain. *Quelques arbres restaient de loin en loin* = **par intervalles.** V. BEAUCOUP (DE) et DISTANCE (À).

lointain 1° *Il faut remonter à une époque lointaine pour retrouver ce genre d'outils* = **reculé** ; **immémorial** implique que l'origine est si lointaine qu'il n'en reste aucun souvenir. — 2° *Il n'y avait entre les deux cousins qu'une ressemblance lointaine* = **vague.** — 3° V. ÉLOIGNÉ (in *éloigner*) et LOIN.

loisir (plur.) *Son travail lui laisse beaucoup de loisirs* = **temps libre.**

long (adj.) 1° (dans l'espace). V. GRAND. *Une longue file de voitures empruntait l'autoroute* ; ↑ **interminable.** — 2° (dans le temps) V. LENT. *Le trapéziste avait une longue habitude des exercices périlleux* = **vieille.** *Le coureur buvait à longs traits après l'épreuve* = **grand.** — 3° *Dans l'express. Nous nous connaissons de longue date* = **depuis longtemps.** ● **long** (nom) 1° *De long : Le champ a soixante mètres de long* = **longueur.** — 2° (loc.) *Tout au long : Il a relaté les faits tout au long* (soutenu) ; (courant) **en détail.** ● **long** (adv.) 1° *Il ne voulait rien dire ; il en savait pourtant long sur l'affaire* = **beaucoup.** — 2° (loc. adv.) *Tout du long : Chaque soir il lisait son journal tout du long* = **complètement.** ● **longueur** 1° V. LONG (nom). — 2° *La longueur des négociations exaspérait les ouvriers* = **lenteur.** — 3° (loc. prép.) *Il m'ennuie à longueur de journée* = **pendant toute la durée de.** ● **longuement** *Il a longuement réfléchi à cette histoire* ; **longtemps** peut indiquer une durée discontinue.

longtemps 1° V. LONG et LONGUEMENT (in *long*). — 2° *Vous ne resterez pas ici plus longtemps* = **davantage.** — 3° *Il y a bien longtemps* ; (fam.) **il y a belle lurette** ; *il y a* **un sacré bout de temps.** — 4° *Ils sont amis depuis longtemps* ; ↑ **de toujours** ; (soutenu) **de longue date.**

loque 1° *Il n'était plus qu'une loque* = **épave.** — 2° V. DÉCHET et GUENILLE. ● **loqueteux** *Des vêtements loqueteux* = **déchiré** ; ↑ **en loques** ; v. DÉGUENILLÉ.

lorgner 1° V. CONVOITER. — 2° *Il lorgnait les femmes qui passaient devant sa boutique* ; (fam.) **reluquer.**

lorgnon Se dit des lunettes sans branches, maintenues sur le nez par une pince à ressort ; **binocle** est le nom d'une sorte de lorgnon, parfois tenu à la main grâce à un manche.

Lorsque 1° V. ALORS QUE. — 2° *Lorsque* marque un rapport de temps entre deux propositions ; ce rapport est de simultanéité (*L'homme traversait la route lorsque la voiture est arrivée* = **au moment où** ; [plus courant] **quand**, [moins courant] **comme**) ou de concomitance (*Lorsque vous viendrez nous rendre visite, nous visiterons la région ;* [plus courant] **quand**).

lot 1° V. APANAGE et PARTAGE. — 2° *La ferme avait été divisée en trois lots égaux* = **part**. ● **loterie** désigne un jeu de hasard où des billets vendus sont tirés au sort et où les gagnants reçoivent un lot ; dans une **tombola**, les lots distribués sont en nature. ● **loti** *La nature ne l'a pas bien loti* (fam.) ; (courant) **favorisé**.

louche 1° *Il avait vécu longtemps dans le milieu louche des ports libres* = **interlope** ; v. SUSPECT et TROUBLE. — 2° V. AMBIGU et INQUIÉTANT (in *inquiet*).

loucher 1° *Dès qu'elle ôtait ses lunettes, on voyait bien qu'elle louchait ;* (fam.) **bigler**. — 2° *Le promoteur louchait sur des terrains bien situés* = **convoiter/guigner** (qqch).

louer I ~ qqch. *La société louait des chambres aux jeunes ouvriers ;* (didact.) **donner à louer** ; **affermer** est *donner à loyer* des terres ou des bois. ● **se louer** *Certains immigrés se louent pour la saison des vendanges* = **engager son travail**.

II ~ qqn ou qqch. *Il le louait chaleureusement des résultats obtenus* = **féliciter**, **complimenter pour** ; (fam.) **couvrir de fleurs pour**. *Il a longuement loué les charmes de sa province* = **célébrer**, **exalter**, **vanter** ; v. GLORIFIER (in *gloire*). ● **se louer** (de qqn/de qqch) *Il ne pouvait que se louer de sa prévoyance* = **se féliciter**. ● **louable** *C'est un vin louable, trop mal connu* = **estimable**. ● **louange** 1° V. ÉLOGE. — 2° (plur.) *Après un succès, il fut couvert de louanges* = **compliment**. — 3° *À la louange de qqn* = **en l'honneur de qqn**.

lourd 1° *Ses plaisanteries étaient toujours un peu lourdes ;* ↓ **gros**. *On reconnaît cet écrivain à ses phrases lourdes* = **embarrassé**. *Il avait une démarche lourde* = **pataud** ; (fam.) **lourdaud**. — 2° Qqch est ~ (antéposé ou postposé). *La malle était trop lourde* = **pesant**. *Les terres lourdes se cultivent mal* = **compact**, **fort**. *De lourds impôts frappaient les petits revenus ;* ↑ **écrasant**. *De lourdes charges pèsent sur l'accusé ;* ↑ **accablant** ; ↓ **grave** ; v. SÉVÈRE. *Le médecin lui avait déconseillé toute alimentation un peu lourde ;* ↑ **indigeste**. *Ce qu'il disait était lourd de menaces* = **chargé**, **plein**. — 3° V. ACCABLANT (in *accabler* I), DENSE, ÉPAIS et GROS. ● **lourd** (adv.) *Il ne travaille pas lourd* (fam.) ; (courant) **beaucoup**. ● **lourdaud** 1° (adj.) V. LOURD et MALADROIT. — 2° (nom) *C'est un lourdaud, il manque de délicatesse ;* ↑ **balourd** ; ↓ **maladroit**. ● **lourdement** 1° *Les augmentations de frais de chauffage grevaient lourdement son budget* = **fortement**. — 2° V. GROSSIÈREMENT (in *grossier*). ● **lourdeur** 1° V. ALOURDISSEMENT (in *alourdir*). — 2° *La lourdeur de sa démarche prêtait à rire* = **maladresse**.

loustic 1° *On ne peut se fier à lui, ce loustic m'a encore joué un sale tour ;* (fam.) **type** ; (courant) **homme**. — 2° V. BOUFFON.

loyal 1° *C'est un homme loyal ;* **équitable** fait davantage référence à l'idée de justice, *loyal* à celle de fidélité. *Il avait toujours été un ami loyal* = **droit**, **fidèle** ; v. SINCÈRE. — 2° *L'homme était un adversaire redoutable, mais loyal* = **régulier** ; ↓ **honnête**, **de bonne foi**. ● **loyalement** 1° *Les deux frères avaient discuté loyalement pour résoudre le différend* = **honnêtement**. — 2° *Il acceptait loyalement son échec* = **de bonne guerre**. ● **loyauté** *Tous ceux qui le connaissaient appréciaient sa loyauté* = **honnêteté** ; v. aussi DROITURE (in *droit* I) et FRANCHISE (in *franc* II).

lucarne Se dit d'une petite fenêtre pratiquée dans le toit d'une maison pour donner du jour dans les combles ; **œil-de-bœuf** désigne une lucarne ovale ou ronde ; **tabatière** ou **lucarne à tabatière** se disent d'une lucarne dont une partie est fixe tandis que l'autre peut être relevée ; v. aussi FENÊTRE.

lueur *Une lueur de colère a passé dans son regard* = **éclair**; v. ÉTINCELLE.

lugubre 1º *Le glas lugubre annonçait le début des hostilités;* (plus courant) **funèbre**. — 2º *Le paysage lugubre mettait mal à l'aise* = **sinistre**; ↓ **triste**; v. MACABRE. — 3º *Cet homme est lugubre* = **d'une tristesse accablante**.

luire 1º V. BRILLER I. — 2º *Les eaux du lac luisent au soleil* = **refléter la lumière du soleil**. ● **luisant** *Le meuble bien ciré était luisant* = **brillant**.

lumière I 1º *L'artisan ne pouvait travailler qu'à la lumière du jour* = **clarté**. — 2º V. BRILLANT III et ÉLECTRICITÉ. ● **lumineux** 1º *Les boutiques portaient des enseignes lumineuses;* ↓ **brillant**. — 2º V. CLAIR. ● **luminosité** *La luminosité du ciel de Provence a inspiré les peintres;* ↓ **clarté**.

II 1º V. CONNAISSANCE I. — 2º *Les essais ont mis en lumière les défauts du modèle* = **mettre en évidence**. — 3º *Les travaux du savant ont jeté quelque lumière sur le phénomène* = **clarté, éclaircissement**. — 4º Dans l'express. *Ce garçon n'est pas une lumière* = **c'est un sot**. — 5º (plur.) *Il va nous apporter ses lumières sur la question* = **connaissances, savoir**. ● **lumineux** 1º V. GÉNIAL (in génie). — 2º *Le raisonnement suivi était tout à fait lumineux;* ↓ **clair**. — 3º *Il a fait une intervention lumineuse* = **brillant**. ● **lumineusement clairement**.

lune 1º V. DERRIÈRE et DISTRAIT. — 2º (dans des express.) *Être dans la lune :* v. RÊVER. *Ce garçon tombe de la lune* = **être surpris par ce qui arrive**. *Il lui promet la lune pour l'avoir dans son équipe* = **promettre des choses impossibles**. *Toutes ces idées sont de vieilles lunes !* = **des idées dépassées, d'un autre temps**.

lunettes *Il porte des lunettes;* (plus rare; par méton.) **verres**.

lupanar *La loi a interdit l'ouverture de lupanars* (rare); (plus courant) **maison close**; (très fam.) **bordel**.

luron *C'est un joyeux luron, il aime à s'amuser de tout* = **drille**; (très fam.) **bougre**; v. GAILLARD II.

lustre I 1º V. BRILLANT III. — 2º *La rénovation des vieux quartiers avait rendu son lustre à la ville* (très soutenu); (plus courant) **éclat**. — 3º Dans l'express. *depuis des lustres* (soutenu); (courant) **depuis longtemps**.

II V. SUSPENSION.

lutin 1º (nom) *Le lutin dans les légendes est le nom d'un esprit malicieux qui apparaît la nuit;* on dit aussi **farfadet; elfe** désigne un esprit de l'air dans les légendes écossaises et allemandes; on trouve **djinn** chez les Arabes et **troll** dans les pays scandinaves. — 2º (nom) *Ce garçon est un vrai lutin* = **un enfant vif**. — 3º (adj.) *L'esprit lutin de la jeune fille ravissait son entourage* (très soutenu) = **mutin**; (plus courant) **espiègle**.

lutte 1º *Plusieurs années de lutte furent nécessaires pour parvenir à la paix;* (plus précis) **combat, guerre**. — 2º *Il était en lutte contre son propriétaire* = **en conflit avec**. — 3º *Les armées défaites abandonnèrent la lutte* = **bataille**. ● **lutter** 1º *Il luttait pour se dégager* = **se débattre**. — 2º *Le brochet avait cessé de lutter* = **résister**. — 3º V. COMBATTRE; v. aussi DISPUTER et RIVALISER. — 4º V. ACCOUPLER (S').

luxe 1º V. APPARAT. — 2º *Dans la période de l'après-guerre, certains nouveaux riches étalaient un luxe choquant;* **faste** entraîne l'idée de dépenses d'éclat. — 3º *C'est un luxe que je ne peux pas me permettre* = **dépense superflue**. — 4º **un luxe de** + substantif. *L'article relate les faits avec un grand luxe de détails* = **une profusion de**; ↓ **beaucoup de**. — 5º *Se donner/se payer le luxe de dire/faire qqch* = **se permettre de...** ● **luxueux** *Le caractère luxueux de l'ameublement* = **fastueux, somptueux**.

luxuriant 1º *À la saison des pluies, la végétation devenait luxuriante* = **surabondant**. — 2º *Dans ses textes, l'élève faisait preuve d'une imagination luxuriante* (soutenu); (plus courant) **exubérant**.

lycée *Il a quitté le lycée dès qu'il a pu;* **bahut** et **boîte**, syn. fam., désignent toute **école** (v. ce mot). ● **lycéen** (fam.) **potache**; v. ÉCOLIER (in *école*).

m

macabre 1° *Beaucoup de gens appréciaient l'humour macabre du dessinateur;* (plus courant) **noir.** — 2° *Le ciel couvert accentue le caractère macabre de la scène* = **lugubre, sinistre.**

macérer I (en termes de religion) *Macérer son corps;* **mortifier** s'applique autant aux sentiments; **mater** est employé plus spécialement quand il s'agit de réprimer les désirs charnels. **II** ~ qqch (surtout au passif). *Elle offrit des cerises macérées dans de l'eau-de-vie;* (moins précis) ↓ **tremper.**

mâcher 1° *Il mâchait du chewing-gum pour éviter de fumer* = **mastiquer.** — 2° (dans des loc.) *Mâcher le travail de qqn* = **préparer.**

machine (terme général) 1° Syn. variés selon les contextes; **bicyclette, automobile, locomotive,** etc. : *Le cycliste s'élança sur sa machine.* — 2° V. APPAREIL. ● **machinal** *L'automobiliste attacha sa ceinture de sécurité d'un geste machinal* = **automatique;** v. INSTINCTIF (in *instinct*); v. aussi MÉCANIQUE I.

machiner ~ qqch. *Les militaires avaient machiné la perte du gouvernement légal* (vieilli); (courant) **comploter;** (soutenu) **ourdir.** ● **machinations** *Il avait su prévoir les machinations de ses adversaires;* (plus général) **manœuvre, intrigue;** v. AGISSEMENTS.

maculer ~ qqch. *L'enfant rentrait avec son manteau maculé de boue;* (plus courant) **souiller, tacher.**

magasin I 1° *Il a repris le magasin de ses parents* = **fonds (de commerce);** v. BOUTIQUE. — 2° *Dans les grandes villes, les grands magasins se multiplient* = **supermarché; bazar** disparaît en ce sens.

II 1° *L'usine garde les pièces détachées nécessaires en magasin* = **entrepôt.** — 2° *Les grandes fermes conservent la récolte dans des magasins à blé* = **silo.**

magie 1° V. DIVINATION (in *deviner*). — 2° *Le prestidigitateur a fait disparaître le verre comme par magie* = **enchantement.** ● **magicien** 1° *Les magiciens sont des personnages communs dans les contes* = **enchanteur;** un **thaumaturge** est une personne qui fait des miracles. — 2° V. aussi DEVIN (in *deviner*). ● **magique** 1° *La baguette magique était un attribut des fées* = **enchanté.** — 2° *Ali Baba ouvrit la caverne grâce à une formule magique;* (moins courant) **cabalistique.**

magnanime *Il s'est montré magnanime envers son adversaire;* (plus courant) **clément, généreux.**

magnifier 1° V. GLORIFIER (in *gloire*). — 2° *Les hommes ont tendance à magnifier leurs souvenirs d'enfance* = **idéaliser.** ● **magnifique** 1° V. ADMIRABLE (in *admirer*), **BRILLANT II,** GRANDIOSE (in *grand*) et MERVEILLEUX (in *merveille*); v. aussi SPLENDIDE. — 2° (iron.) *Vous êtes magnifique, je ne sais plus quoi vous dire!* = **impossible.** ● **magnificence** 1° *Tous les journaux ont rapporté la magnificence des fêtes;* ↓ **éclat, faste;** v. aussi SPLENDEUR. — 2° *Le président avait été reçu avec magnificence* (soutenu); (très soutenu) **munificence.** V. BEAUTÉ (in *beau*). ● **magnifiquement** **somptueusement, superbement.**

magot *Le vieillard est mort sans avoir touché à son magot* (fam.) = **bas de laine;** (courant) **économies.**

maigre 1° *Sa longue maladie l'a rendu très maigre;* ↑ **squelettique.** *Il a toujours eu le visage très maigre;* ↑ **décharné; hâve, émacié;** v. aussi SEC. *C'était un chien maigre;* (plus précis) **efflanqué;**

(rare) ↑**étique**. — 2º *Le travail aux champs est dur pour un maigre salaire* = **médiocre ; mince, petit.** *Un maigre pâturage couvrait la montagne* = **pauvre.** — 3º *(dans des express. et des loc.) Être très maigre* a plusieurs syn. fam. : être **maigre comme un clou ; être sec comme un coup de trique/comme un hareng saur ; être un sac d'os ; être une grande bringue ; n'avoir que la peau et les os.** *C'est (bien) maigre* = **c'est (bien) peu.** ● **maigrelet, maigrichon, maigriot** Comme MAIGRE 1º. ● **maigreur** 1º V. AMAIGRISSEMENT. — 2º *La maigreur de son salaire lui permettait tout juste de vivre* = **médiocrité.** ● **maigrir** 1º *Il a beaucoup maigri ces derniers temps ;* (fam.) **décoller,** ↑**fondre.** — 2º *Elle a tort de porter un pantalon, cela ne la maigrit pas* = **amincir.**

maille I (nom) *Une des mailles de la chaîne s'est rompue ;* (plus courant) **chaînon, maillon.**

II (dans des loc., à partir du sens ancien de *maille*, « monnaie d'un demi-denier ») *Avoir maille à partir* (avec qqn) = **avoir des démêlés** (avec qqn). *Sans sou ni maille* (vieux) = (courant) **sans un centime ;** (fam.) **sans un.**

main (employé dans de nombreuses express. et loc.) 1º ～ + adj. antéposé. V. CONTRÔLE. *Il a appris cela de première main* = **sans intermédiaire.** *De seconde main* = **d'une manière indirecte.** *Le coup a été préparé de longue main* = **depuis longtemps.** *J'approuve votre idée des deux mains* = **entièrement.** — 2º ～ + adj. postposé. *Avoir la main heureuse* = **bien choisir.** *Il a toujours la main légère* = **agir avec douceur.** *Je veux avoir les mains libres pour vous aider* = **avoir toute liberté.** *Vous lui remettrez cette lettre en main propre* = **en personne.** *Le cambrioleur a fait main basse sur tous les bijoux* = **voler.** — 3º ～, compl. d'un verbe. *Il bat des mains à cette idée* = **applaudir.** *Je déteste qu'on me force la main* = **contraindre.** *Ils en viennent aux mains* = **se battre.** *Il porta la main sur le gamin* = **frapper.** *Il n'a plus le temps et perd la main* = **perdre l'habitude.** *S'en laver les mains* = **dégager sa responsabilité.** *Serrer la main à qqn ;* (fam.) **pince.** — 4º ～, précédé d'une prép. *Il est tombé entre ses mains* = **en son pouvoir.** *Il a agi en sous main*

pour régler cette affaire = **secrètement.** *En main* = **en la possession de ;** v. DISPOSITION (in *disposer*). — 5º ～, compl. d'un nom. *Tu m'as donné un bon coup de main* (fam.) ; (courant) **aider.** *Il acheva le pot en un tour de main* = **très peu de temps.** — 6º ～ + compl. V. DÉLIT. *Les travaux de restauration ont été conduits de main de maître* = **d'une façon remarquable.**

maintenant 1º *Maintenant, il sait à quoi s'en tenir* = **à présent.** — 2º (avec le passé composé) *Maintenant, il a passé la frontière* = **à l'heure qu'il est.** — 3º (avec un futur) *Maintenant, vous devrez manger sans sel* = **désormais.** — 4º V. ACTUELLEMENT (in *actuel*) et PUISQUE.

maintenir 1º V. APPUYER I, CONTINUITÉ (in *continuer*), ENTRETENIR et GARDER II. — 2º *Le nouveau barrage maintient les eaux du lac artificiel* = **retenir.** — 3º *Les policiers maintenaient la foule* = **contenir.** — 4º *L'Académie française essaie de maintenir ses traditions ;* ↑**sauvegarder ;** v. POURSUIVRE I. — 5º *Le ministre a maintenu sa position pendant les négociations* = **soutenir.** ● **se maintenir** *L'armistice se maintient depuis quelques mois* = **durer.** ● **maintien** 1º *Le maintien de la paix exige quelques concessions* = **conservation.** — 2º *En toute situation, il gardait le même maintien* = (plus courant) **attitude.** — 3º *Il fume pour se donner du maintien ;* **contenance** (*se donner une contenance*). — 4º *On lui reproche surtout son maintien désinvolte ;* (plus courant) **allure** (v. ce mot).

mairie Nom du bâtiment qui contient les bureaux de l'administration d'une commune ; **hôtel de ville** désigne la mairie d'une ville importante.

mais I (conj.) 1º (introduit une restriction) *Il n'était pas d'accord avec son ami, mais il s'est tu ;* **pourtant, cependant ;** (moins courant) **néanmoins ;** v. aussi SEULEMENT. — 2º (marque une opposition) *Il ne parle pas beaucoup, mais ce qu'il dit compte ;* **par contre, par exemple.** — 3º *Mais oui, c'est comme cela qu'il faut faire ! ;* (plus soutenu) **assurément.** — 4º (employé comme nom) *Le ministre avait ajouté un « mais »* = **objection.**

II (adv.) *Que voulez-vous que j'y fasse, je n'en peux mais* (soutenu) ; (plus courant) **je n'y peux rien.**

maison I 1° V. DEMEURE (in *demeurer*) et HABITATION. — 2° V. FAMILLE et LIGNÉE. — 3° *Il n'a jamais voulu quitter sa maison* ; (très fam.) **crèche** ; (plus particul.) **chez-soi** et **foyer.** *Après des années de voyage, il est retourné à la maison* ; (plus courant) **bercail.** — 4° *Cette femme sait tenir sa maison* = (plus précis) **intérieur, ménage.** — 5° *Les gens de maison* = **domestiques.**

II 1° *L'employé ne pouvait plus travailler dans cette maison* ; (fam.) **boîte.** — 2° V. ÉTABLISSEMENT II, LUPANAR et TRIPOT.

maître I 1° *Il ne laissait pas ignorer qu'il était le maître de la famille* = **chef.** — 2° *Il est le maître d'un important domaine* = **possesseur, propriétaire.** — 3° *Le président était le maître du pays* ; (moins expressif) **dirigeant.** — 4° V. HÔTE. — 5° (dans des express.) *Être son maître* = **être libre.** *Vous êtes maître d'accepter cette proposition* (soutenu) ; (plus courant) **avoir toute liberté de, être libre de.** *Malgré la panne, le pilote restait maître de lui* = **se dominer ; garder son sang-froid/la maîtrise de soi.** *Cet homme est maître de son temps* = **disposer.** *Se rendre maître de qqn* = **maîtriser** (qqn). *Se rendre maître de qqch* = **s'approprier** (qqch). • **maître** (adj.) 1° (au masc.) *C'est un maître coquin* (sens renforcé de *coquin* ; soutenu) = **fieffé** ; (plus courant) **sacré.** — 2° (au f.) *Les journalistes avaient retenu les idées maîtresses de la conférence* ; ↓ **important.** — 3° (au f., antéposé) *Elle avait toujours été une maîtresse femme* ; ↓ **énergique** (postposé). • **maîtrise** 1° *Les sauveteurs n'ont jamais perdu leur maîtrise* = **calme, sang-froid** ; v. MAÎTRE. 2° *La marine anglaise a longtemps eu la maîtrise des mers* = **domination, empire.** — 3° *Le pianiste prouvait sa maîtrise* = **virtuosité** ; v. aussi CAPACITÉ I. • **se maîtriser** *Il faut vous maîtriser et ne pas vous emporter à tout propos* = **se contenir, se dominer.**

II 1° V. ENSEIGNANT (in *enseigner*) et INSTITUTEUR. — 2° *Ce philosophe a été le maître de toute une génération* (évoque l'idée d'enseignement) ; **modèle** (celle d'imitation). *C'est l'un des grands*

maîtres *du violon* ; **virtuose** n'évoque pas l'idée d'enseignement contenue dans *maître.* — 3° *Être passé maître dans qqch* : *Il est passé maître dans l'art de faire des sottises* ; **expert.**

majeur 1° *Un empêchement majeur a retardé son voyage* = **considérable.** — 2° *La récolte était perdue en majeure partie* = **pour la plus grande partie.**

majorer *Le prix du lait a été majoré* ; (plus courant) **augmenter.** *Les salaires ont été un peu majorés* ; (plus courant) **relever.** • **majoration** *La majoration du tarif des transports a été mal accueillie* ; (plus courant) **hausse, augmentation.**

mal I (nom) 1° V. DIFFICULTÉ (in *difficile*) et MALADIE (in *malade*). — 2° *Il ne fait de mal à personne* ; ↓ **tort.** — 3° *Vos remarques lui ont fait du mal* ; ↓ **peine.** — 4° (au plur.) *Son emportement constant explique tous ses maux* = **malheurs.** — 5° (dans des express.) *Ça me fait mal de voir ça* (fam.) ; (courant) **dégoûter** ; (plus précis) **écœurer.** *Il s'est fait mal en tombant ; se blesser. Ça me ferait mal !* (fam. ; uniquement à ce temps) = **je ne supporterais pas cela.** *Il s'en est tiré sans mal* = **à peu de frais.** *Il était peu couvert et a pris mal* = **tomber malade.** *Mettre à mal* = **abîmer.** *L'enfant se donnait un mal de chien pour réussir son cerf-volant* = **se dépenser beaucoup.** *Un mal de tête* : v. NÉVRALGIE.

II (adv.) 1° *La couleur choisie lui allait mal* = **ne pas convenir** ; v. PEU. — 2° *On explique mal les causes du conflit* = **difficilement** ; v. TRAVERS I [*de travers*]. • **pas mal** *On voyait pas mal de costumes différents dans le défilé* (fam.) ; (courant) **beaucoup.**

III (adj. invariable, dans des express.) 1° *Bon an, mal an, la ferme lui permettait de vivre* = **l'un dans l'autre.** — 2° *Cette maison ne convient, elle est pas mal* (fam.) ; (courant) **assez bien.**

malade 1° V. FOU et OBSÉDÉ (in *obséder*). — 2° *Il a pris froid et est malade depuis une semaine* ; (fam.) **patraque** ; ↓ **souffrant.** *Être très malade* connaît plusieurs syn. fam. = **être malade comme un chien/une bête/à crever** ; v. INCOMMODÉ (in *incommoder*) et POINT IV [*mal en point*] ; v. aussi INDISPOSÉ. *Devenir malade* = **filer un mauvais**

coton. — 3° *Il hésite toujours à faire soigner ses dents malades ;* (plus précis) **gâté.** ● **maladie** 1° *La maladie incurable qui le ronge finira par l'emporter* = **mal, affection.** — 2° *Cet homme a la maladie de la nouveauté* = **manie.** ● **maladif** 1° *Le vieillard était toujours dans un état maladif ;* (vieilli) **cacochyme ;** (rare ; se dit toujours en parlant d'une personne âgée) **valétudinaire.** — 2° *Malgré les soins, l'enfant restait maladif* = **souffreteux.** — 3° *Sa curiosité maladive gênait son entourage ;* ↑**morbide,** ↑**malsain.**

maladroit 1° *Il est si maladroit qu'il casse tout ce qu'il touche* = **gauche ;** (fam.) **empoté ;** (très soutenu) **inhabile ;** ↓**malhabile ;** v. LOURDAUD (in *lourd*) et MANCHOT. — 2° *Il a toujours été un peu maladroit avec les femmes ;* (fam.) **godiche, gourde, empoté.** ● **maladresse** 1° V. LOURDEUR (in *lourd*). — 2° *Sa maladresse lui interdit tout travail un peu précis* = **gaucherie, inhabileté.** — 3° *C'était une maladresse de faire cette remarque à ce moment-là* = **erreur, gaffe ;** ↓**bévue,** ↓**impair ;** (fam.) **bourde, boulette,** ↑**balourdise ;** v. aussi BÊTISE. ● **maladroitement** *Il est intervenu maladroitement dans la discussion* = **gauchement ;** (peu employé) **malhabilement.**

malaise 1° *Après la longue marche, il souffrait d'un léger malaise* = **indisposition.** — 2° *La violence des images provoquait le malaise ;* ↑**inquiétude, trouble.**

malaisé 1° *C'est une tâche malaisée que de régler cette affaire à la satisfaction de tous* = **ardu ;** v. DIFFICILE. — 2° *Le chemin devenait malaisé* (soutenu) ; (plus courant) **pénible.**

malchance Sens général : contraire de *chance.* 1° (au sing.) *Nous avons eu la malchance de tomber dans un embouteillage ;* ↑**malheur ;** (fam.) **déveine** (très fam.) **manque de pot ;** (très fam.) **guigne** et **poisse** s'emploient sans compl. *(quelle guigne ! quelle poisse !).* — 2° (au sing.) *La malchance s'est abattue sur cette maison* = **malheur.** — 3° (au plur.) *Ils ont essuyé une série de malchances ;* (fam. ; au sing. ou au plur.) **tuile.**

mâle 1° *Un enfant de sexe mâle* = **masculin.** — 2° *Il avait pris une mâle résolution* = **énergique ; hardi** (post-

posé). — 3° *Sa mâle assurance entraînait les plus hésitants* = **viril** (postposé). — 4° *C'est vraiment un beau mâle* (fam.) ; (courant) **homme.**

malédiction Désigne un souhait de malheur : *Je vous donne ma malédiction ;* **imprécation** (soutenu) suppose l'appel à une divinité pour qu'elle envoie tous les maux à qqn ; **exécration** (très soutenu) implique une haine violente pour celui qui est digne de malédiction.

malencontreux *Son retard malencontreux l'avait obligé à abandonner la course* = **fâcheux.**

malentendu 1° *Ils se sont disputés longtemps avant que ne cesse le malentendu ;* le terme se dit pour des paroles, des actions prises dans un autre sens que celui où elles ont été dites, faites ; **quiproquo** se dit quand on prend une personne, une chose pour une autre ; (fam.) **maldonne** (dans l'express. *il y a maldonne*). — 2° V. ERREUR.

malfaisant 1° *On interdit souvent les ouvrages dont on prétend les idées malfaisantes* = **malsain, pernicieux.** — 2° *Peu d'animaux peuvent être dits malfaisants ;* (terme propre) **nuisible.**

malfaiteur Terme général. *Tous les malfaiteurs avaient été mis sous les verrous ;* (vieilli en se sens) **bandit ; escroc** se dit de celui qui vole en trompant la confiance des gens, **gangster,** d'un membre d'une bande organisée ; v. aussi VOLEUR (in *voler* II).

malgré 1° V. ÂME et GRÉ. — 2° *L'alpiniste a poursuivi son ascension malgré tous les conseils* = **en dépit de, au mépris de ;** (vieilli) **nonobstant.** ● **malgré que** + subjonctif. *Malgré que cela soit inutile, il lui raconte toute l'histoire* (emploi critiqué par les puristes) ; (soutenu) **bien que ;** (plus courant) **quoique.**

malheur 1° *Dans le malheur, il est resté digne* = **adversité ;** v. MAL I, MALCHANCE ; v. aussi CATASTROPHE et TRIBULATIONS. — 2° *Tous ces malheurs l'ont profondément marqué* (au plur.) = **épreuve** (au sing. ou au plur.). — 3° *Il a mal supporté ce grand malheur* (au sing.) ; ↓**infortune, coup du sort.** — 4° *Le malheur des sinistrés était poi-*

gnant; (plus courant) **détresse.** — 5° *Pour comble de malheur, on l'avait chassé de sa maison;* (vieilli) **disgrâce.** — 6° *Par malheur* = **malheureusement.** *Ce numéro porte malheur* = **avoir une influence néfaste;** (fam.) **porter la poisse.** ● **malheureux I** (adj.) 1° *Il est moins malheureux qu'il ne le dit* = **éprouvé;** ↓**contrarié;** (soutenu) **infortuné.** — 2° *L'enfant était tout malheureux d'avoir été grondé* = **peiné, triste.** — 3° *Son intervention malheureuse avait irrité tout le monde;* ↓**fâcheux, malencontreux;** ↑**désastreux;** v. REGRETTABLE (in *regret*); v. aussi MALADROIT. — 4° *Toute sa vie avait été bien malheureuse* = **misérable, pénible.** — 5° *Vous n'allez pas vous fâcher pour un malheureux bout de papier!* = **insignifiant, misérable** (v. ce mot). ● **malheureux II** (nom) *Le malheureux, en haillons, inspirait de la pitié* = **misérable;** (vieilli) **pauvre hère;** v. DIABLE et PAUVRE I.

malhonnête 1° *Son associé malhonnête avait détourné une partie des bénéfices;* (moins courant) **indélicat.** V. aussi MALPROPRE et MISÉRABLE. — 2° *Il est malhonnête de répondre sur ce ton* (vieux); (plus courant) **impoli.** ● **malhonnêteté** (v. sens 2 de l'adj.) **indélicatesse.**

malice 1° *Cet enfant est sans malice* = **méchanceté.** — 2° *Sa réponse pleine de malice nous a amusés* = **moquerie, raillerie.** ● **malicieux** *Voilà une réponse bien malicieuse!* = **narquois;** v. ESPIÈGLE.

malin 1° (adj.) *Malin comme il l'est, il se tirera d'affaire* = **fin, finaud, futé;** (très fam.) **mariole;** v. DÉBROUILLARD (in *débrouiller II*); v. aussi DÉGOURDI (in *dégourdir*), ENTENDU (in *entendre III*) et ÉVEILLÉ. — 2° (nom) *C'est un malin qui saura quoi répondre* = **fine mouche.** — 3° Dans l'express. *faire le malin* = **faire le faraud;** (très fam.) **faire le mariole;** (fam.) **faire le zigoto.** *Ne te vante pas d'avoir réussi ta sauce, ce n'est pas (bien) malin* = **difficile.**

malle 1° *Malle désigne un coffre où l'on range les objets qu'on emporte en voyage;* **valise** désigne une malle légère, tenue à la main par une poignée; **cantine** s'applique à une malle de soldat. — 2° *La malle arrière de cette voiture est très vaste;* (plus courant) **coffre.**

malléable 1° *L'enfant avait un caractère très malléable* = **influençable;** v. aussi SOUPLE. — 2° V. PLASTIQUE.

malmener 1° *La foule a malmené le prévenu;* ↑**battre,** ↑**brutaliser,** ↑**maltraiter** et **molester** impliquent que l'on donne des coups; *malmener* suppose seulement que l'on bouscule qqn. — 2° *La critique a malmené l'auteur de la comédie;* ↑**éreinter, étriller;** ↑**maltraiter;** (fam.) ↑**esquinter.** — 3° *Chaque fois qu'il voulait parler, tout le monde le malmenait durement* = **houspiller;** v. aussi DISCRÉDITER et HUER.

malpropre 1° (adj.) *Le clochard portait des vêtements malpropres;* ↑**crasseux,** ↑**sale.** *Le logement malpropre paraissait abandonné;* ↑**dégoûtant;** (très fam.) ↑**dégueulasse.** — 2° (adj.) *Elle raconte toujours des histoires malpropres* = **inconvenant, grossier.** — 3° (adj.) *Personne ne l'a vu accepter des combinaisons malpropres* = **malhonnête** (v. ce mot). — 4° (nom) *C'est un malpropre qui a de mauvais procédés;* (fam.) **cochon;** (très fam.) **salaud, saligaud.** ● **malpropreté** (mêmes sens que 1°, 2° et 3° de l'adj.) **saleté; inconvenance;** (très fam.) **saloperie.**

malsain 1° *Les autorités municipales avaient décidé de détruire les logements malsains* = **insalubre.** — 2° *On se demandait comment purifier les eaux malsaines du fleuve;* ↓**impur; pollué.** — 3° Dans l'express. *Le coin est malsain* (fam.); (courant) **il y a du danger.** — 4° V. ÉTOUFFANT (in *étouffer*), MALADIF (in *malade*) et MALFAISANT.

malséant *Vos vêtements sont malséants dans ce lieu* (soutenu); (plus courant) **déplacé, incorrect;** v. INCONVENANT.

malveillant *Ces paroles malveillantes l'avaient beaucoup attristé* = **méchant** (postposé); v. AIGRE. ● **malveillance** 1° (v. sens de l'adj.) **méchanceté.** — 2° *Il regardait avec malveillance ceux qui ne l'approuvaient pas* = **animosité, hostilité.**

manche I (dans des express.) *Avoir qqn dans sa manche* (fam.) = **en disposer à son gré;** (fam.) **l'avoir dans sa poche.** *C'est une autre paire de manches* (fam.);

(courant) **c'est différent ; c'est plus difficile.**

II (dans des express.) *Quel manche !* (fam.) = **quel idiot.** *Être/se mettre du côté du manche* = **être/se mettre du bon côté.**

manchot *Cet homme est vraiment manchot* (fam.) ; (courant) **maladroit.**

manger **I** 1° L'action de mâcher et d'avaler des aliments est désignée par de nombreux termes ; **becqueter, bouloter, brifer** et **casser la croûte** sont des syn. fam. ou très fam. de *manger ;* **chipoter** et, fam., **pignocher,** c'est manger sans appétit ; **grignoter,** c'est manger doucement, en rongeant *(grignoter un gâteau) ;* **dévorer,** c'est manger avidement ; (fam.) **bouffer, s'empiffrer, s'en mettre plein la lampe** et **manger comme quatre** supposent que l'on se bourre de nourriture ; (fam.) **se goinfrer ;** (très fam.) **se bâfrer,** c'est manger gloutonnement et de façon répugnante. — 2° *Il m'a invité à manger ;* (plus précis) **déjeuner** ou **dîner.** V. CONSOMMER I et COUP II ; v. aussi ENFILER (S'), FESTIN et TABLE I. — 3° *Il faut que vous mangiez après cette marche* = **se restaurer.**

II 1° *L'homme avait mangé toutes ses économies ;* (moins expressif) **dépenser ;** (plus précis) **dilapider.** — 2° *Il a mangé la consigne* (fam.) ; (courant) **oublier.** — 3° *Tous ces appareils mangeaient trop d'électricité* (fam.) ; (courant) **consommer.** — 4° *Qqch est* ~. *La grille était mangée par la rouille ;* ↓ **attaquer.**

III *Manger* est utilisé dans un certain nombre d'express. *Manger qqn des yeux* = **regarder avidement.** *Manger du curé* (fam.) = **être anticlérical.** *Il ne vous mangera pas !* = **il ne vous fera pas de mal.** *Manger le morceau :* v. AVOUER.

manie 1° *C'est une manie qu'il a de contredire tout le monde ;* ↓ **habitude.** — 2° *Il a sa manie, il cultive toutes sortes de rosiers ;* (fam.) **dada, marotte.** — 3° *Il tousse continuellement ; c'est une manie* = **tic ;** v. MALADIE (in *malade*) ; v. aussi FANTAISIE. ● **maniaque** 1° (adj.) *Il apporte un soin maniaque à tous ses rangements ;* ↓ **méticuleux.** — 2° (nom) *Ce vieux maniaque ne veut voir personne ;* ↓ **original.** — 3° (nom) *La police a arrêté le maniaque qui incendiait les voitures* = **fou** (v. ce mot) ; v. OBSÉDÉ (in *obséder*).

manier 1° *L'antiquaire maniait l'objet avec précaution* = **manipuler.** — 2° *L'homme politique savait manier son public* = **manœuvrer, manipuler.** ● **se manier** 1° *Qqn* ~. *Allons, manie-toi !* (très fam.) = **se magner, se magner le train ;** (courant) **se presser** (v. ce mot in *presser* II). — 2° *Qqch* ~. *Cette automobile se manie facilement ;* (plus précis) **se conduire.** ● **maniement** *Le maniement d'un outil, d'une machine* = **usage.** *Le maniement de la langue* = **emploi.** *Le maniement des affaires* = **gestion.** ● **maniable** 1° *Un appareil maniable* = **manœuvrable.** — 2° *Un homme maniable* = **souple.**

manière **I** (sing. ou plur.) 1° *Je n'aime pas la manière de ce peintre* (au sing.) = **genre.** — 2° V. FAÇON I et MOYEN II ; v. aussi AUTREMENT (in *autre* I). — 3° (loc. adv.) V. AINSI I et II ; v. CAS. — 4° (loc. prép.) *Il travaillait de manière à ne pas être à la charge de ses parents* = **afin de.** — 5° (loc. conj.) *Il a agi de (telle) manière qu'il a déplu* = **de (telle) sorte que.**

II (plur.) 1° *Il fait bien des manières pour vous plaire* = (fam.) **faire des ronds de jambe ;** v. MINAUDERIE. — 2° V. AIR, CÉRÉMONIE, CONDUITE II et FORME II. ● **maniéré** 1° *Le genre maniéré en peinture* (didact.) = **apprêté, précieux.** — 2° V. AFFECTÉ (in *affecter*) II et PRÉTENTIEUX.

manifester 1° *Qqn* ~. *La pauvre femme a manifesté sa douleur* = ↑ **donner libre cours à ;** v. PARAÎTRE I [*faire/laisser paraître*]. — 2° *Qqn* ~. *Il a manifesté sans ambiguïté ses opinions* = **déclarer, proclamer ;** v. EXPRIMER. — 3° *Qqch* ~. *Ses gestes brusques manifestent sa colère* = **révéler.** ● **se manifester** 1° *Qqch* ~. *La crise se manifeste dans toute son ampleur* = **se révéler.** — 2° V. DÉGAGER (SE). ● **manifestation** *Ces manifestations de sympathie l'ont beaucoup ému ;* (moins précis) **marque** et **témoignage** impliquent qqch de plus discret et, souvent, de plus intime ; v. DÉMONSTRATION II, EXPRESSION (in *exprimer*) et SIGNE.

manœuvre *Les manœuvres électorales auxquelles il s'était livré pendant la campagne avaient fait scandale* = **manipulation ;** (fam.) **tripotage ;** v. COMBI-

254

NAISON (in *combiner*), MACHINATIONS (in *machiner*) et AGISSEMENTS.

manque 1° *Le manque de vitamines entraîne des maladies graves* = **carence** ; (didact.) ↓ **déficience** ; v. aussi DISETTE et PRIVATION. — 2° *Le manque de main-d'œuvre ralentissait les travaux ;* ↓ **insuffisance** ; ↑ **pénurie**. — 3° *L'acteur a eu un manque de mémoire ;* (plus courant) **défaillance, trou**. — 4° *Il y avait beaucoup de manques dans son récit* = **lacune**. — 5° (dans des loc.) *C'est un orateur à la manque* (fam.) = **manqué, raté**. *Manque de chance :* v. MALCHANCE. *Le blessé est mort par manque de soins* = **faute de**.

manquer I Qqn ~ qqn/qqch. 1° *Le tireur a manqué la cible ;* (fam.) **louper, rater** ; v. CÔTÉ. — 2° *Il a l'impression d'avoir manqué sa vie* = **gâcher**. — 3° *Il a manqué tous ses cours* = **être absent** ; (fam.) **sécher**. — 4° *Vous avez manqué une occasion* = **perdre** ; (fam.) **louper, rater**. — 5° *Il manquait un point pour que je sois reçu* = (soutenu) **s'en falloir de** *(Il s'en fallait d'un point...).*

II Qqn ou qqch ~ + prép. 1° Qqch/qqn ~ à qqch/à qqn. *Il m'a manqué en cette occasion* (soutenu) ; **offenser**. *Vous pouvez être sûr que je n'y manquerai pas* (toujours nég.) = **je le ferai sûrement**. *Il a manqué aux règles de la politesse* = **pécher contre** ; v. OUBLIER (in *oubli*). — 2° Qqn ~ de qqch. *Il manquait de patience* = **ne pas avoir, être dénué, être dépourvu** *(Les enfants ne manquaient de rien/...avaient tout ce qu'il leur fallait).* — 3° Qqn ~ (de) + infin. *Il avait manqué (de) réussir* = **être sur le point de ; faillir** + infin. *Il n'avait pas manqué de me le faire remarquer* (toujours à la forme nég.) ; (plus soutenu) **ne pas se faire faute de**.

III Qqn ou qqch ~. 1° *Depuis plusieurs mois, l'eau manquait* = **faire défaut**. — 2° *L'opération a manqué* = **échouer** ; (fam.) **rater**.

mansarde Chambre située sous le toit d'une maison : *une mansarde au sixième étage ;* **combles** (au plur.) se dit de l'ensemble des logements situés sous le toit *(Il a aménagé les combles de la ferme) ;* **grenier** se dit de la partie sous le toit qui ne sert pas de logement *(Il range les vieux livres au grenier).*

mansuétude 1° *Il a jugé le fait avec mansuétude* = **charité**. — 2° V. DOUCEUR (in *doux*).

manteau 1° *Manteau* se dit de tout vêtement porté par-dessus les autres vêtements pour se protéger contre la pluie ou le froid ; **pardessus** et (arg.) **pardosse** sont les noms donnés couramment à un manteau d'homme ; **cape** désigne un vêtement de dessus, sans manches, qui protège le corps et les bras ; **caban** désigne une capote à manche et à capuchon, propre aux marins ; **capote** désigne un manteau militaire. — 2° *Beaucoup de livres se vendent encore sous le manteau* = **clandestinement**.

maquiller 1° *Cette femme est toujours bien maquillée* = **farder**. — 2° *L'actrice s'est maquillée pour jouer son rôle* = **grimer**. — 3° V. FALSIFIER. ● **maquillage** (v. sens 1 et 2 du verbe) **fard, grimage**.

marchand 1° V. AMBULANT et COMMERÇANT (in *commerce* I). — 2° (dans quelques express.) *Un marchand de canons* désigne, péjor., le fabricant d'armes de guerre ; *un marchand de vin* (vieilli) ; (fam.) **bistrot**. ● **marchandise** se dit de tout ce qui peut faire l'objet d'un commerce ; **denrées** désigne les produits alimentaires ; **pacotille** et (fam.) **camelote** se disent d'une marchandise de peu de valeur ou de mauvaise qualité.

marché 1° Lieu public, couvert ou en plein air, où l'on vend des marchandises ; **foire** se dit d'un grand marché qui se tient à des lieux et à des dates fixes, spécialement en milieu rural ; il désigne souvent un *marché* où l'on vend des bestiaux ou des marchandises précises *(la foire à la ferraille) ;* (au sing.) **halle** se dit d'un marché couvert ; **braderie** se dit d'une foire annuelle où les marchandises sont vendues à bas prix. — 2° (dans des express.) *Le constructeur lançait sur le marché un nouveau modèle* = **à la vente**. *Les deux États concluent un marché important* = **affaire**. *Les magasins vendaient des tissus à bon marché* = **à bas prix** ; v. aussi SACRIFIER. *Faire bon marché de qqch* = **en tenir peu de compte, de cas**. *Par-dessus le marché ;* (plus soutenu) **en outre, de plus**. *Rompre un marché* = **accord**. — 3° *Étude de marché :* v. ENQUÊTE.

255

marcher 1º Terme général. Qqn ~. *Nous avons marché fort longtemps et avec peine;* (moins courant) **cheminer.** V. ALLER II, AVANCER I et DÉGOURDIR; v. aussi ERRER II. — 2º Qqn ~. *Après cette réprimande, il marche droit* = **obéir.** *L'idée me séduit, je marche avec lui* (fam.); (courant) **être d'accord.** *Je ne marche pas, ce n'est pas possible!* (fam.); (courant) **accepter.** — 3º Qqn ~ + « sur ». *L'acteur marchait sur les pas de ses aînés* = **imiter.** *Marcher sur des œufs/sur la corde raide* = **avancer d'un pas mal assuré.** V. FOULER. — 4º Qqch ~. *Les affaires marchent bien;* (plus précis) **prospérer.** *Ma montre ne marche plus;* (plus précis) **fonctionner.** *Rien ne marche en ce moment* (fam.) = **tourner rond;** v. ALLER II. *Le nouveau train marche à 150 kilomètres à l'heure;* (plus précis) **rouler.** *Ça marche :* v. PRENDRE II. ● **marche** 1º *La colonne avançait d'une marche rapide* = **pas.** — 2º *Malgré la pluie, il poursuivait sa marche* = **chemin.** — 3º *Les voitures officielles ouvrent la marche* = **venir en tête.** — 4º Dans la locution adverbiale *prendre le train en marche* = **en train d'avancer.** — 5º *Ralentir la marche :* v. ALLURE. *Se mettre en marche :* v. PARTIR. — 6º V. TRAVAIL I.

mare Petite étendue d'eau stagnante; **flaque** désigne une petite *mare,* souvent d'eau de pluie *(Il a marché dans une flaque);* v. aussi ÉTANG.

marge 1º *Avoir de la marge :* v. JEU IV. — 2º *On lui avait accordé une marge de réflexion* = **délai.** *La marge de sécurité était très réduite* = **volant.** — 3º (loc. prép.) *Il vivait en marge de la société* = **à l'écart de.**

marier 1º ~ qqch. *L'enfant avait appris à bien marier les couleurs* (soutenu); (plus courant) **assortir.** — 2º ~ qqch à qqch. *Elle mariait la gentillesse à la fermeté* = **allier, joindre.** — 3º ~ qqn. *Il a encore une fille à marier* = **établir.** ● **se marier** *Ils se sont mariés la semaine dernière;* (vieilli) **convoler;** v. ÉPOUSER (in *époux*). ● **mariage** 1º (sens 1 et 2 du verbe) **association, alliance.** — 2º *Mariage* se dit de l'union légitime d'un homme et d'une femme; **hymen** est vieux; (rare) **conjungo** s'emploie par plaisant. *Souhaitons que leur mariage soit heureux* = **union.** — 3º *Ma-* *riage* désigne aussi la célébration de l'union par une cérémonie; (vieux) **épousailles; noces** (au plur.). — 4º **lune de miel** se dit des premiers temps du mariage.

marin *Marin* et (soutenu) **navigateur** se disent de toute personne qui navigue sur la mer; **loup de mer** et (fam. et vieux) **marsouin** se disent d'un vieux marin plein d'expérience; **matelot** et (très fam.) **mataf** s'emploient pour désigner le simple soldat de l'armée de mer; **mousse** et (fam.) **moussaillon** se disent de celui qui fait son apprentissage de marin.

mariner 1º *Le lièvre a mariné toute la nuit;* (moins courant) **macérer.** — 2º *L'homme a mariné en prison* (fam.); **rester longtemps;** v. aussi ATTENDRE.

marmelade 1º V. COMPOTE. — 2º *Il est sorti du combat avec la figure en marmelade;* (moins courant) **en capilotade.**

marmonner *Le moine marmonnait ses prières;* (fam.) **marmotter.** V. aussi MURMURER et BALBUTIER.

marque 1º *Le produit porte la marque du fabricant;* (plus précis) **cachet, estampille;** v. aussi MONOGRAMME et SCEAU. *Le bûcheron laisse une marque sur les arbres à abattre* = **signe.** — 2º *Le renard laisse des marques de son passage* (didact.) = **indice;** (courant) **trace.** — 3º V. MANIFESTATION (in *manifester*) et TÉMOIGNAGE (in *témoin*). — 4º V. SIGNET. — 5º *Un produit de marque* = **de grande qualité.** *Des personnages de marque* = **important;** v. aussi LÉGUME. ● **marquant** *La mort du président fut un événement marquant;* (plus précis) **mémorable.** ● **marquer** 1º *Je vais marquer ton adresse dans mon carnet;* (plus précis) **inscrire, noter;** v. INDIQUER; v. aussi MONTRER. — 2º *Le peintre avait marqué de son influence ses élèves* = **imprégner.** — 3º *Il a marqué un but;* (peu employé) **réussir.** — 4º *De grands arbres marquaient la limite de la propriété* = **signaler.** — 5º *L'anniversaire de sa mort a été marqué par plusieurs cérémonies;* (plus précis) **commémorer.** — 6º V. DATER. — 7º (dans des express.) *Marquer le pas :* v. PIÉTINER. *Marquer sa sympathie :* v. TÉMOIGNER (in *témoin*).

marqueter Se dit pour marquer de couleurs et de dessins variés ; (soutenu) **diaprer,** c'est marquer de couleurs ; **barioler,** c'est marquer de couleurs vives et assorties de façon inhabituelle ; **tacheter,** c'est marquer seulement de taches.

martyr *Ce chien était le martyr des enfants ;* (plus courant) ↓ **souffre-douleur.**

martyre V. CROIX.

masculin 1° *Cette jeune femme a une silhouette un peu masculine* = **hommasse.** — 2° V. MÂLE.

masque 1° *Le masque couvre le visage, le* **loup** *seulement sa partie supérieure.* — 2° *Il cache sa méchanceté sous un masque affable* (soutenu) ; **apparence, dehors** (v. ce mot). — 3° *Il aimait prendre un masque impénétrable* (soutenu) ; (courant) **air, expression.** — 4° *Jeter/lever/ôter le masque* = **se montrer tel qu'on est.** ● **masquer** Qqch ∿. *Tous les discours ne faisaient que masquer les problèmes* = **dissimuler ;** v. DÉGUISER.

massacrer 1° ∿ qqn. *La troupe a massacré les habitants* = **exterminer ;** ↓ **tuer.** *Le boxeur a massacré son adversaire* (fam.) = ↓ **amocher, démolir, esquinter ;** v. aussi ABÎMER. — 2° ∿ qqch. *Les acteurs ont massacré la pièce* = **défigurer.** *Le paysage a été massacré par les constructions ;* ↓ **gâter ;** (fam.) **bousiller.** *Les garnements ont massacré le verger* (fam.) ; (courant) **saccager.** ● **se massacrer** *Les deux armées se sont massacrées* = **se détruire.** ● **massacre** 1° (v. sens 1 de *massacrer*) **extermination ;** v. CARNAGE. — 2° *Ils ont sali toute la maison, quel massacre !* (fam.) ; (plus courant) **gâchis.**

masse 1° *La masse des électeurs s'était abstenue* = **le gros.** — 2° *Les compétitions sportives plaisent à la masse* = **grand public ;** v. FOULE. — 3° (au plur.) *Les masses exigeaient des changements profonds* = **les couches populaires.** — 4° *Le bouteur déplaçait la masse de rochers ;* ↓ **bloc.** — 5° *Une masse d'air chaud se dirigeait vers le Nord ;* (moins courant) **volume.** — 6° *Il avait transporté la masse de cailloux avec une brouette ;* ↓ **tas.** V. AMAS. *La secrétaire triait une masse de documents ;* ↑ **monceau.** *Il répond à une masse de lettres* (fam.) ;

(courant) **beaucoup de, quantité de ;** v. CARGAISON. — 7° (dans des express.) *Il n'y en a pas des masses* = **il n'y en a pas beaucoup.** *Il s'est écroulé comme une masse* = **pesamment.** *Les pays riches avaient répondu en masse à l'appel de l'O.N.U.* = **massivement.** — 8° V. NOMBRE. ● **masser** *Les hommes étaient massés dans la cour* = **rassembler ;** v. aussi GROUPER (in *groupe*). ● **massif** 1° *Le buffet était en chêne massif* = **plein** (antéposé). — 2° *Un bâtiment massif déparait le site* = **lourd, pesant ;** (adj. invariable, péjor.) **mastoc.**

massif I (adj.) V. MASSE.

II (nom) *Le parc était orné de massifs de fleurs* = **parterre.**

matériel I (adj.) 1° *Il n'avait pas le temps matériel de venir chez ses parents* = **nécessaire.** — 2° *La police avait des preuves matérielles de sa culpabilité ;* ↓ **palpable, tangible ;** v. aussi SENSIBLE II. — 3° *Il a reçu une aide matérielle importante* = **financier, pécuniaire ;** v. aussi ARGENT. — 4° *C'est un esprit trop matériel ;* ↑ **grossier** (v. ce mot).

II (nom) *La coopérative a renouvelé son matériel* = **outillage.**

matière I 1° V. EXCRÉMENT. — 2° V. SUBSTANCE. — 3° *Il manque de matière grise* (fam.) = **intelligence.**

II 1° *Je n'ai pas compris la matière de son intervention* = (plus précis) **sujet ;** v. SUBSTANCE. *Le latin est une matière à option* = **discipline.** *Nous n'avions pu discuter (de) cette matière* = **question, point, article, chapitre.** *Le critique attaquait la matière même du roman ;* (plus courant) **fond, sujet.** — 2° *En matière de cuisine, vous n'y connaissez rien* = **en ce qui concerne** (*en ce qui concerne la cuisine...*), **en ;** (plus rare) **en fait de.**

mâtin *Le mâtin s'est moqué de vous* (fam.) = **coquin.**

maudire 1° *Il maudissait la guerre* = **haïr ;** (soutenu) **exécrer ;** v. CONDAMNER. — 2° *Il maudit l'idée d'avoir invité tant de gens ;* (plus courant) **pester contre.** ● **maudit** *Cette maudite affaire lui donnait des soucis* = **détestable ;** (soutenu) **exécrable ;** (fam.) **damné, sale, sacré, satané ;** (très fam.) **fichu, foutu.**

257

maugréer *Il maugréait contre la terre entière* = **pester**; (fam.) **râler, ronchonner, rouspéter**; v. JURER II.

maussade I 1° *Tout le monde se plaignait de son aspect maussade* = **bourru**; (très soutenu) **chagrin**; ↑ **renfrogné**; (vieux) **rechigné**; (soutenu) **morose** se rapporte plus précisément à l'air du visage. — 2° *Ses propos maussades m'avaient surpris* = **désabusé**. — 3° *Le temps maussade empêchait toute sortie* = **morose, triste**. *Une couleur maussade* = **terne, triste**.

mauvais I 1° *Qqch ou qqn est* ~. *La récolte a été mauvaise;* ↓ **insuffisante**. *Les travaux étaient vraiment mauvais* = **défectueux**; (fam.) ↑ **raté**. *Le touriste parlait un mauvais français* = **incorrect** (postposé). *Sa mauvaise mémoire le gênait* = **infidèle** (postposé). *Il avait effectué un mauvais calcul* = **faux**. *Une mauvaise affaire* : v. VILAIN. *Une mauvaise prononciation* : v. VICIEUX II. *Un mauvais temps* : SALE et VILAIN. *Ce que vous avez écrit est très mauvais* = **ne rien valoir**. V. FAIBLE et ABOMINABLE. — 2° *Qqch ou qqn est* ~. *Ces repas copieux sont mauvais pour votre santé;* (plus soutenu) **nuisible à**. *Son imprudence l'avait mis dans une mauvaise situation;* ↑ **désastreux** (postposé). V. aussi MÉCHANT. *Il n'est pas mauvais, ce vin* = **assez bon/très bon**. *Il est toujours de mauvaise humeur en se levant;* ↑ **détestable** (postposé); (fam.) **fichu; méchant;** v. POIL [*de mauvais poil*], DÉSAGRÉABLE, DÉFAVORABLE (in *défaveur*), DANGEREUX (in *danger*), DIFFICILE et SAUMÂTRE. — 3° *Qqch ou qqn est* ~. *Sa mauvaise conduite soulevait la réprobation* = **immoral**. *Il est mauvais comme la gale/comme une teigne;* ↓ **méchant**. v. aussi PENDABLE [*un tour pendable*].

II (adv.) 1° *Cet homme sent mauvais* = **puer**. — 2° *Il faut partir d'ici, ça sent mauvais* (fam.) = **se gâter**.

mécanique I (adj.) *L'ouvrier reposait la pièce d'un geste mécanique* = **automatique, machinal**; v. aussi NATUREL (in *nature*). ● **mécaniquement** *Mécaniquement, il répondait aux questions* = **automatiquement, machinalement**.

II (nom) 1° *La mécanique de cette nouvelle voiture surprend par sa simplicité;* (courant) **mécanisme**. — 2° *Il roule des mécaniques* (fam.); (courant) **épaules**. ● **mécanicien** *Le mécanicien a trouvé rapidement la cause de la panne;* (fam.) **mécano**. ● **mécanisme** 1° V. MÉCANIQUE II et SYSTÈME. — 2° *La science a découvert la complexité des mécanismes biologiques;* (didact.) **processus** insiste sur l'aspect dynamique des phénomènes.

méchant I 1° *Il s'est attiré une méchante affaire* (soutenu); (courant) **mauvais**. — 2° *Il se promenait avec un méchant pardessus, tout râpé* (vieux) = **malheureux** et **misérable**; (courant) **pauvre**. — 3° V. FAMEUX, FINI (in *finir*) et MAUVAIS.

II 1° *C'est un homme méchant* = **cruel, dur, sans-cœur** (postposés). — 2° *Cet enfant est méchant avec ses camarades;* (plus précis) **brutal**. — 3° *La pancarte portait : chien méchant* = **dangereux**. — 4° *Il éclata d'un rire méchant;* ↑ **diabolique**. *Des propos méchants* : v. VENIMEUX (in *venin*). — 5° *Vous n'allez pas vous fâcher : ce n'est pas bien méchant* = **grave**. ● **méchamment cruellement** et **durement** ne peuvent figurer que dans certains contextes. ● **méchanceté** 1° V. MALICE, MALVEILLANCE (in *malveillant*) et VENIN. — 2° *Dire des méchancetés;* (très fam.) **vacherie**.

mèche 1° V. ACCORD I et COMPLICITÉ (in *complice*). — 2° *Tu n'y arriveras pas, y a pas mèche* (très fam.); (courant) **c'est impossible**. — 3° *Il n'a pas su tenir sa langue, il a vendu la mèche* = **trahir** (un secret).

méconnaître 1° *Il méconnaît les règles élémentaires de la politesse* (soutenu); (plus courant) **ignorer**; ↓ **négliger**. — 2° *On avait méconnu les qualités du président* = **mésestimer**.

mécontent 1° *Il a l'air mécontent* – **fâché**. — 2° *Le candidat est mécontent de ses résultats;* ↓ **insatisfait**. ● **mécontentement** 1° *En ville, les sujets de mécontentement ne manquent pas à l'automobiliste* = **contrariété, désagrément**. — 2° *La politique sociale du gouvernement a provoqué le mécontentement général;* ↓ **insatisfaction**; v. aussi DÉCEPTION (in *décevoir*). — 3° *L'expression du mécontentement populaire peut être violente;* ↑ **colère**.

médecin 1° *Pour l'otite de leur fils, ils ont appelé le médecin* (soutenu); (courant) **docteur**; le **généraliste** est le praticien de médecine générale, le **spécialiste** un médecin spécialisé ; (fam.) **toubib**. — 2° *Médecin* se dit aussi, par extens., des étudiants en médecine, entre lesquels on distingue, d'après le type de recrutement et le degré de responsabilité, **externe** et **interne** (des hôpitaux); (fam.) **carabin**. — 3° le **chirurgien**, le **neurologue**, le **pédiatre**, etc., sont des *spécialistes* possédant le titre de docteur en médecine. — 4° *Ce médecin tue ses malades;* (péjor.) **charlatan**. V. aussi GUÉRIR. ● **médecine** *Prendre une médecine; une médecine de cheval :* v. REMÈDE. ● **médical** Dans l'express. *le corps médical* = **les médecins**.

médiateur *L'intervention d'un médiateur n'a pas suffi au règlement du conflit* = **arbitre, conciliateur**; v. INTERMÉDIAIRE.

médicament 1° *Ce médicament contre la toux n'est pas très efficace;* **remède**, plus large, s'applique à tout moyen curatif. — 2° *Le tabac, c'est mon seul médicament;* (péjor.) **drogue**.

médiocre 1° V. FAIBLE et INCAPABLE. — 2° V. MAIGRE. — 3° *De taille médiocre* = **petit**. V. aussi MINIME. — 4° *Il mène une vie médiocre* = **étriqué**; v. PITOYABLE et TRISTE III.

médire *Il médit de/sur tout le monde : voisins, collègues, amis et ennemis;* (fam.) **débiner**; ↑**déblatérer (contre)**, **dénigrer**; ↓**cancaner (sur)**; (vieux) **clabauder (sur)** et, fam., **taper (sur)** ne supposent pas forcément l'intention de nuire ; mentir pour nuire à qqn, c'est le **calomnier**, le **diffamer**; v. aussi DISCRÉDITER. ● **médisance** 1° *Personne n'est à l'abri des médisances;* ↑**calomnie, cancan, commérage, débinage, dénigrement, racontar, ragot**. — 2° *Dans les milieux fermés sur eux-mêmes, la médisance est fréquente;* ↑**diffamation**. ● **médisant** 1° (nom) *Les médisants font la pluie et le beau temps dans le village* = **mauvaise langue**; ↑**calomniateur**. — 2° (adj.) *Des propos médisants;* ↑**diffamatoire**.

méfier (se) 1° *Je me méfie de mes premières impressions* = **se défier de**, mettre en doute et douter de. — 2° *Le policier se méfie des jeunes à cheveux longs;* **soupçonner**. V. aussi ATTENTION I et GARDER I. ● **méfiance** 1° *Sa méfiance est constante* = **défiance**. — 2° *Son attitude équivoque a éveillé la méfiance de son entourage;* **soupçon** (au plur.), **suspicion**. ● **méfiant** *Il est d'un naturel méfiant;* **défiant, soupçonneux**; (péjor.) **cauteleux**.

mégarde (par) *Cet enfant a cassé son verre par mégarde* = **sans le faire exprès**; v. DISTRACTION. V. aussi ERREUR.

mégère *Il doit supporter les accès de mauvaise humeur de sa femme, une vraie mégère* = **chipie**; v. FURIE (in *fureur*); v. aussi GARCE.

mégot *Il a éteint son mégot sur sa semelle;* (très fam.) **clope**.

mélancolie 1° *Il a des accès de mélancolie* (didact.) = **neurasthénie** et **vague à l'âme**; v. CAFARD et TRISTESSE. — 2° *Il considère son passé avec mélancolie* = **nostalgie**; v. aussi REGRET. ● **mélancolique** 1° (nom) *C'est un mélancolique* (didact.) = **neurasthénique**. — 2° (adj.) *Il est souvent d'humeur mélancolique;* v. TRISTE et SOMBRE.

mélange (terme général) 1° *Ce produit est obtenu par mélange;* **alliage** s'applique aux métaux, **brassage** et **coupage** aux liquides; **amalgame**; v. aussi COMBINAISON (in *combiner*). — 2° *Le laiton est un mélange de cuivre et de zinc* = **alliage**. *Le confiseur prépare un mélange de bonbons* = **assortiment**. *Le barman confectionne un mélange à base de rhum blanc* = **cocktail, mixture**. — 3° *Cette œuvre est un curieux mélange* = **méli-mélo**; (fam.) **salade**. — 4° *Il éprouvait une joie sans mélange* = **pur**. ● **mélanger** 1° V. MÊLER et BROUILLER I. — 2° *Vous mélangez tout* (fam.); (courant) **confondre**; v. BROUILLER I et MÊLER (SE) [in *mêler*].

mêler 1° *Mêlez le beurre à la farine* = **mélanger**; (plus précis) **incorporer**. V. aussi COMBINER. — 2° *Au confluent, les deux fleuves mêlent leurs eaux* = **confondre, joindre**. — 3° *Il mêle la gentillesse à la brusquerie* = **allier**. — 4° *La police l'a mêlé à une affaire de mœurs* = **compromettre dans, impliquer dans**.

— 5° *Il mêle les cartes :* v. BATTRE II et BROUILLER I. ● **se mêler** 1° *Les laines se sont mélées;* (courant) **s'emmêler, se mélanger.** — 2° *Les peuples se sont mêlés au cours de leur histoire* = **se confondre.** — 3° V. INGÉRER (S') et S'OCCUPER (in *occuper* II). ● **mêlé** 1° *Ce chien n'est pas de race, il est mêlé* = **mâtiné.** — 2° *Lors de l'inauguration, l'assistance était mêlée* = **composite.**

mélodie 1° *Elle fredonnait une mélodie de Poulenc;* (plus courant) **air;** *mélodie* désigne l'ensemble des pièces vocales de tout genre; (plus spécialisés) **aria, ariette, blues, cantilène, fado, lied;** v. aussi CHANSON. — 2° *Le rythme n'a pas moins de charme que la mélodie;* *mélodie* se distingue de **harmonie** et de **rythme,** en tant que l'une des composantes de la musique.

mélodrame *À la télévision, c'est la vogue du mélodrame;* (fam.) **mélo;** v. aussi THÉÂTRE.

membre 1° *Il faut abattre ce pur-sang qui s'est fracturé un membre* = **patte;** le terme **abattis** sert à désigner les quatre membres des volailles. — 2° V. SEXE. — 3° *Devenir membre de...;* **adhérent, sociétaire;** v. ADHÉRER II.

même I (adj.) 1° *Ils ont la même cravate;* **identique, pareil** et **semblable** sont postposés au nom déterminé par l'article indéfini *(une cravate identique, pareille, semblable);* comme attribut, **pareil** ne commute pas avec l'adj. *même,* mais avec le pron. indéfini : *Leur cravate est la même* = **pareil.** V. MÊME II. — 2° *Ils ne touchent pas tous le/un même salaire;* **égal, identique.** — 3° *Ils ont un même but* = **commun** (v. ce mot). — 4° *En même temps; au même moment* = **simultanément;** v. aussi ENSEMBLE I. *Cet universitaire est en même temps brillant et profond* = **à la fois.** — 5° *C'est la même chose* = **pareil.** (fam.) *C'est kif-kif :* v. MÊME II. *Je leur ai répondu de la même façon* = **la même chose;** v. aussi PAREILLEMENT (in *pareil*). — 6° *C'est la vérité même* = **exact, strict.** *Je vous rapporte les paroles mêmes du prisonnier;* (antéposé) **propre.** — 7° *Le ministre est venu lui-même pour l'inauguration* = **en personnne.** — 8° *Elle a avoué d'elle-même* = **spontanément, volontairement.**

II (pron. indéfini) 1° (attribut) *Il n'est plus le même depuis son accident* = **pareil.** — 2° *Cela revient au même* = **c'est pareil.**

III (adv.) 1° *Ce terrain est ouvert aux campeurs et même aux nomades* = **aussi;** (plus soutenu) **qui plus est.** — 2° *La fête, c'est aujourd'hui même* = **précisément.** — 3° (loc. adv.) *De même :* v. AUSSI. *On s'aime quand même* = **malgré tout.** — 4° (loc. prép.) *Il porte son chandail à même la peau* = **(directement) sur.** *À même de :* v. CAPABLE et ÉTAT I. — 5° (loc. conj.) *De même que :* v. AINSI QUE. *Même si :* v. QUAND [*quand même*].

mémoire I (au f.; toujours sing.) 1° V. SOUVENIR. — 2° *Il connaissait ce texte de mémoire;* (plus courant) **par cœur.**

II (au masc., sing. ou plur.) V. COMPTE, ÉTAT III et TRAITÉ I.

III (au masc.; toujours au plur.) 1° *Les Mémoires du président se sont bien vendus;* (sens restreint) **autobiographie** désigne davantage la vie de l'auteur. — 2° *Les historiens trouvent une riche documentation dans les Mémoires;* **annales** et **chroniques** insistent sur l'énumération des faits dans l'ordre chronologique; **mémorial,** en ce sens, n'apparaît que dans les titres (le *Mémorial de Sainte-Hélène*); v. aussi TÉMOIGNAGE.

mémorable 1° *Le jour de sa réception à l'Académie reste, pour lui, une date mémorable;* ↑**inoubliable;** ↓**marquant;** v. INDÉLÉBILE. — 2° *Ce combat restera mémorable dans les annales de la boxe* = **fameux;** ↓**remarquable.**

menace 1° *Les menaces du proviseur sont restées sans effet sur les lycéens;* ↓**avertissement;** v. aussi INTIMIDATION (in *intimider*). — 2° *La menace d'un conflit s'est accrue dans les derniers mois* = **danger, risque.** ● **menaçant** 1° *L'orage était menaçant;* ↑**imminent.** — 2° *Son ton menaçant n'intimida personne;* (soutenu) **comminatoire.** ● **menacer** 1° *Fou de rage, il hurla, il menaça;* (plus fam. et expressif) **montrer les dents, les griffes.** *Le créancier menace ses débiteurs;* (plus fam. et expressif) **mettre le couteau sur la gorge à...** V. aussi BRAVER. — 2° *Il fallait attendre, et cela menaçait d'être long* = **risquer.**

ménage *Chiens et chats peuvent faire bon ménage* (express.) = **s'entendre.**

mendier *Il est encore à mendier des compliments ;* (fam.) **mendigoter ;** v. DE-MANDER et QUÊTER (in *quête*). V. aussi AUMÔNE. ● **mendiant** = (fam.) **mendigot.**

mener 1° Qqn ⌇. *Les enfants de la ferme mènent les vaches au pré* = **conduire ; amener** insiste sur la destination, **emmener** sur l'origine. *Mener qqn en bateau* = **tromper.** — 2° Qqn ⌇ qqch. *Le commissaire a mené l'enquête ;* **diriger, conduire** insistent sur l'activité de commandement ; **effectuer** est plus neutre. *Il mène la barque* (fam.) ; (courant) **commander.** — 3° Qqch ⌇ à qqch. V. ABOUTIR I, ALLER I et DÉBOUCHER II. — 4° Qqn/qqch ⌇ qqn/qqch. V. AGIR I *[faire agir].*

mensonge *L'affirmation « La terre est plate » est un mensonge ;* **contrevérité** insiste sur la fausseté de l'affirmation. *Prétendre que les hommes sont égaux devant la loi est un mensonge ;* (soutenu) **imposture** et **tromperie** impliquent l'intention de tromper ; (fam.) **bobard ;** (soutenu) **fable, histoire** et, fam., **craques** (plutôt au plur.) se disent plutôt de fictions plaisantes ; **menterie(s)** est vieilli ; v. aussi CONTE, IMAGINATION (in *imaginer*), INVENTION (in *inventer*). ● **mensonger** *L'annonce du débarquement des Martiens à Paris est une nouvelle mensongère ;* (rare) **controuvé ;** v. FAUX I et TROMPEUR (in *tromper*).

mental *Son équilibre mental est menacé ;* (didact.) **psychique.** ● **mentalement** *Le comédien répète mentalement son rôle ;* (plus général) **intérieurement.** ● **mentalité** 1° *Les intellectuels français ont la mentalité de leur classe : la petite bourgeoisie* = **état d'esprit ;** dans la conversation courante, **psychologie** et **idéologie** seraient employés ici indifféremment. — 2° *Les jeunes se droguent : quelle mentalité !* (fam.) ; **moralité.**

mentir 1° (absol.) *Cet enfant ment par plaisir ;* ↓ **jouer la comédie.** — 2° ⌇ à qqn. *On se ment parfois à soi-même* = **tromper** *(tromper qqn).* ● **menteur** 1° *C'est un menteur né* = **comédien** (v. ce mot in *comédie*). — 2° *Il est menteur au point de ne plus savoir quand il dit vrai ;* (didact.) **mythomane** se dit d'une per-sonne qui recourt au mensonge par déséquilibre psychique ; v. aussi IMPOS-TEUR.

menu I (adj.) 1° *Cette fillette a le poignet menu* = **mince ; fin** implique l'idée d'élégance ; **fluet** et **grêle** comportent un trait maladif. *Elle a la taille menue ;* (soutenu) **gracile** implique grâce et délicatesse. *La voix menue de ce gros homme surprenait* = **fluet ;** (plus péjor.) **grêle.** *Son écriture trop menue, en pattes de mouche, est illisible* = **petit, fin.** — 2° (dans des loc.) *Il n'avait pas de menue monnaie* = **petit.** *En voyage organisé, nous n'avons eu que de menus frais* = **léger ; négligeable** (postposé). — 3° (substantivé) *Par le menu :* v. DÉTAIL (in *détailler*).

II (nom) *Garçon ! apportez-moi le menu* = **carte ;** *menu* et *carte* sont en opposition dans *manger au menu* (le repas étant alors à prix fixe) et *à la carte* (où le prix est déterminé par le choix des plats).

mépris *Il regarde ses subordonnés avec mépris ;* ↓ **dédain,** ↓ **hauteur ;** v. aussi FIERTÉ (in *fier*). *Ce cascadeur considère le danger avec mépris ;* ↓ **indifférence.** *Il traite son travail avec mépris ;* (fam.) **par-dessus la jambe.** *Au mépris de :* v. MALGRÉ. ● **méprisant** (mêmes nuances que le nom) *Il affiche sa supériorité avec des airs méprisants ;* ↓ **dédaigneux,** ↓ **hautain** (v. ce mot) ; v. aussi FIER. ● **mépriser** ⌇ qqn/qqch. *Ce jeune gradé méprise ses sous-ordres ;* ↓ **dédaigner ;** v. FOULER *[fouler aux pieds]. Il méprise les honneurs ;* (fam.) **cracher sur ;** ↓ **être indifférent ; faire fi de** est vieilli. V. HON-NIR et MOQUER (SE). *Il méprise mes observations* = **prendre de haut.** ● **méprisable** *Son attitude est méprisable* = **vil ;** v. ABJECT, INDIGNE et LAID.

mer 1° *Les mers couvrent une grande partie du globe terrestre ;* **océan** désigne, plus part., les étendues d'eau salée non isolées géographiquement. — 2° *Le bateau navigue sur la mer ;* (très soutenu) **flots.** *La mer est forte :* v. HOULE. *En pleine mer* = **au large.** — 3° *Ce n'est pas la mer à boire* = **insurmontable.**

merde (dans tous ses emplois, ce terme est considéré comme vulgaire) 1° V. EXCRÉMENTS. *Une merde ;* (fam.) **colombin ;** (soutenu) **étron, sentinelle.** —

261

2º *De la merde;* (fam.) **caca;** (plus courant) **camelote.** — 3º *Nous sommes coincés; c'est la merde* (très fam.) = **chiasse, merdier.** — 4º *Merde alors!* (très fam.); (fam.) **mince, zut.**

mère *La mère corrige son enfant;* (fam.) **maman,** qui supplante *mère* dans le discours familial (de la part des enfants, voire de l'ensemble de la famille), en particulier comme appellation ; (fam.) **mater** et (très fam.) **daronne** sont de peu d'usage ; (soutenu) **matrone** se dit d'une femme portant les caractères extérieurs de nombreuses maternités ; (vieux) **marâtre** se dit d'une mère qui traite mal ses enfants ou bien de la seconde épouse du père.

mérite 1º *Le jury apprécie les mérites du candidat* = **valeur, qualité;** (plus soutenu) **vertu.** — 2º V. GLOIRE. ● **mériter** 1º *Qqn ~ qqch. Il mériterait des coups;* (soutenu) **encourir** implique l'idée de subir un inconvénient. *Cet homme mérite les plus grands honneurs* = **être digne de;** v. INDIGNE et GAGNER I. — 2º *Qqch ~ qqch. Cette nouvelle mérite notre attention;* ↑ **exiger, réclamer.**

merveille 1º *Ce décor est une merveille de goût et d'intelligence;* (par extens.) **miracle;** ↑ **prodige** exprime un caractère plus spectaculaire encore. — 2º *À merveille* = **parfaitement.** *Il se porte à merveille* = **très bien.** ● **merveilleux** 1º (adj. et nom) *Il aime le merveilleux/les récits merveilleux* = **fantastique, féerique, surnaturel.** — 2º (adj.) *Sa réussite est merveilleuse;* **extraordinaire, mirobolant,** ↓ **remarquable;** v. ADMIRABLE (in *admirer*), DÉLICIEUX (in *délice*), ENCHANTEUR (in *enchanter*) et FASCINANT (in *fasciner*).

mésestimer *Vous auriez tort de mésestimer votre adversaire;* (courant, mais plus restreint) **sous-estimer;** (rare) **méjuger de;** v. DÉPRÉCIER et MÉCONNAÎTRE.

mesquin *C'est un esprit mesquin, sans générosité* = **étriqué, étroit.** *Il ne gagne rien à ses calculs mesquins;* ↑ **sordide** (v. ce mot) ; v. CHICHE.

●

message *Votre ami a laissé un message à la concierge;* une **commission**

peut être, comme un **message,** orale ou écrite. *Le télégraphiste était porteur d'un message pour vous;* une **dépêche** se présente sous forme écrite ; v. LETTRE II. *Le président des États-Unis a prononcé son message sur l'état de l'Union;* la **déclaration** (toujours écrite et lue au Congrès) ; v. aussi DISCOURS. ● **messager** 1º *Le ministre de l'Intérieur a dépêché un messager à la présidence du Conseil* = **envoyé; émissaire** se dit de celui qui est envoyé à des fins tenues secrètes ; (vieux) **estafette** est réservé aux emplois militaires ; **porteur** ou **commissionnaire** désignent les messagers chargés de missions plus modestes, domestiques ou commerciales ; v. aussi DÉLÉGUÉ (in *déléguer*). — 2º V. ANGE.

mesure I 1º *La précision de cette mesure est au micron;* **évaluation** se dit d'une estimation moins précise. — 2º *Le tailleur prend les mesures de son client;* (didact.) **mensuration;** v. DIMENSION et TAILLE I. — 3º *Versez une mesure de farine; mesure* se dit par extens. du nom du récipient à son contenu, alors que **dose** se dit plutôt de la quantité requise, de même que **ration,** terme réservé à la nourriture. — 4º *Le métronome donne la mesure* = **cadence.** — 5º *Sa réussite est à la mesure de son ambition* = **à l'échelle de.** *Il est en mesure de vous rendre ce service* = **à même de;** v. ÉTAT I ; v. aussi SAVOIR. *Vous pouvez lui faire confiance dans une certaine mesure* = **limite.** *Il a pris la mesure de son adversaire :* v. ÉPROUVER. *Une demi-mesure :* v. TERME III. ● **mesurer** *Les astronomes ont mesuré la distance de la Terre au Soleil;* **calculer** et **évaluer** sont ici plus propres que *mesurer. Le pharmacien a mesuré les ingrédients de cette potion* = **doser.** *Le coureur mesure ses efforts en début de course* = **limiter.**

II 1º *Il agit toujours avec mesure* = **modération, retenue; précaution** et **prudence** impliquent l'idée de crainte, **circonspection** celle de méfiance. *L'insolence de ce garçon passe la mesure* = **passer les bornes;** v. ABUSER II. — 2º *Le général a pris ses mesures pour garder l'avantage;* **précautions** implique une attitude défensive ; **initiative** se dit d'un choix non imposé de l'extérieur. — 3º *Le couvre-feu est une mesure impopulaire;* **acte, décision** se disent, plus part pour insister sur un fait ou sur son origine. ● **mesuré** *Le cascadeur a pris un risque mesuré* = **calculé.**

métallurgiste *Les métallurgistes de Lorraine sont en grève;* (fam.) **métallo.** *Les ouvriers métallurgistes sont distingués d'après leur spécialité;* **ajusteur, chaudronnier, fondeur, forgeron, fraiseur, riveteur,** etc., renvoient à ces spécialités.

métamorphose 1° *Les métamorphoses successives de Bouddha;* **avatar** se dit plutôt des états intermédiaires, *métamorphose* du passage définitif d'un état à un autre. — 2° *Le têtard devient grenouille par métamorphose;* **transformation** insiste sur la différence radicale entre les deux états, alors qu'**évolution** insiste sur le caractère progressif du passage; v. aussi CHANGEMENT (in *changer* III). *Les alchimistes ont cherché la métamorphose des métaux vils en or* = **transmutation.** — 3° *L'amour a opéré en lui une métamorphose;* (plus général) **changement** (v. ce mot); v. aussi CHANGER.

méthode *La méthode expérimentale a triomphé au XIXᵉ siècle;* (plus général) **démarche** implique moins l'idée d'un caractère réglé; **technique** se dit, plus part., des applications de la connaissance théorique; v. aussi FORMULE et SYSTÈME. *Il manque de méthode* = **logique.** V. ORDRE II.

métier *Notre société distingue métiers manuels et métiers intellectuels;* **profession** se dit des activités de prestige (avocat, médecin, etc.); l'un et l'autre terme s'emploie seul, dans certaines loc. figées : *avoir un bon métier; les petits métiers; une femme sans profession. Mon voisin est maçon de son métier;* (vieux) **état** s'applique plutôt à la situation de l'ecclésiastique. *Actuellement, beaucoup de travailleurs sont obligés de changer de métier;* (plus général) **changement de travail** peut désigner un changement de poste ou d'entreprise, alors que *changement de métier* implique une reconversion des activités elles-mêmes.

métis 1° (végétaux) *Le jardinier soigne ses œillets métis* = **hybride.** — 2° (animaux) *Nous avons un chien métis* (rare); (plus courant ; à la fois adj. et noms) **métissé** et (très courant) **bâtard.** —

3° (humains) *Alexandre Dumas était un métis;* (rare) **sang-mêlé; tierceron, quarteron, octavon** servent à distinguer les quartiers de sang d'origines diverses d'un individu; **mulâtre** se dit d'un métis né de Noir(e) et de Blanc(he); **créole** (souvent employé pour *métis*) se dit de personnes de race blanche nées dans les colonies intertropicales.

métropole *Le Caire est la métropole du monde arabe;* **capitale** se dit d'une ville ayant le rôle de centre administratif et/ou politique d'un État; v. VILLE.

mets *Le lièvre à la royale est un mets succulent* (soutenu et rare); (courant) **plat,** comme *mets,* implique une élaboration culinaire, alors que **aliment** se dit de toute nourriture; v. aussi CUISINE.

mettre 1° Qqn ~ qqch. *Il met sa chemise* = **passer, enfiler;** v. METTRE (SE) et REVÊTIR. *Je mets le verrou pour être tranquille;* **pousser** précise la direction du geste. — 2° Qqn ~ qqch/qqch + indication de lieu. *Où a-t-il mis ses clefs?;* **placer** et **ranger** impliquent un choix délibéré; (fam.) **coller, ficher, flanquer, fourrer, foutre.** *Il a mis son livre sur la table* = **poser; déposer** (v. ce mot) se dit d'un acte intentionnel; **jeter** implique un geste rapide; v. PORTER. — 3° ~ qqn/qqch dans qqch. *Nous avons mis des amis dans la chambre du fond* = **installer;** (plus général) **loger;** (fam.) **caser.** *La secrétaire a mis son nom dans la liste;* (plus précis) **inclure, insérer, introduire.** — 4° ~ qqch dans qqch. V. ENFONCER, ENFILER, INSÉRER et PLONGER II. *J'ai mis le râteau sur la pelouse;* **coucher** s'applique à un objet long. — 5° ~ qqch contre/sur/le long de qqch. V. APPUYER. — 6° *Elle a mis le petit au lit* = **coucher.** *Il vient d'être mis à la porte;* v. CONGÉDIER et LICENCIER. — 7° *Mettre qqch en terre :* v. aussi PLANTER et ENTERRER. — 8° ~ qqch + indication d'un nouvel état. *L'écolier met en hectares la superficie du champ;* (terme propre) **convertir.** *Ce texte est à mettre en français;* **traduire** implique que le texte original était en langue étrangère. *Cet élève a mis son devoir au propre* = **copier.** *Il a mis de l'argent à son compte bancaire* = **déposer.** *Il met la voiture en marche* (fam.) = **faire démarrer.** — 9° (dans des express.) *Le voleur a mis les voiles/les bouts* (fam.); —

(plus courant) **s'enfuir**. *Il a mis le feu aux herbes ;* (plus précis) **incendier** se dit d'une activité criminelle. *Mettre deux personnes en rapport :* v. CONTACT. *Mettons que je sois président* = (plus soutenu) **supposer**. *Mettre d'accord :* v. ACCORD I et ARRANGER. *Se mettre à genoux :* v. AGENOUILLER (S'). *Mettre à l'épreuve, à l'essai :* v. ÉPROUVER et ESSAYER. *Mettre à part :* v. INDÉPENDAMMENT. *Mettre au fait :* v. FIXER. *Mettre bas :* v. BAS III. *Mettre de l'eau dans son vin :* v. ADOUCIR (S'). *Mettre des bâtons dans les roues :* v. BÂTON. *Mettre en avant :* v. ARGUER. *Mettre en bouillie :* v. ÉCRASER. *Mettre en circulation :* v. DIFFUSER. *Mettre en pratique :* v. APPLIQUER. *Mettre hors de cause :* v. JUSTIFIER. *Mettre sur la paille :* v. APPAUVRIR. *Mettre sur pied :* v. CONSTITUER. *Mettre à jour :* v. RÉFORME (in *réforme*). *Mettre au jour* = **découvrir**. *Mettre qqch :* v. RÉPANDRE. ● **se mettre** 1° ~ qqch. *Le marié s'était mis une queue-de-pie* = **enfiler, passer** (qqch). — 2° ~ en. *Le pompier se met en uniforme quand il est de service ;* (soutenu) **revêtir**. *Le car s'est mis en route* = **prendre la route, partir**. *Le patron s'est mis en colère :* v. BOULE (fam.) ; v. ENFLAMMER (S'). — 3° ~ + indication de lieu. *Il est l'heure de se mettre à table ;* (moins courant) **s'installer ;** (plus soutenu) **prendre place**. *Se mettre au lit* = **se coucher**. *Se mettre assis* = **s'asseoir**. *Se mettre autour* = **entourer**. — 4° (dans des express.) *Le truand s'est mis à table* (fam.) : v. AVOUER. *Mettez-vous ça dans la tête* = **enfoncer**. — 5° ~ + infin. *De douleur, il s'est mis à hurler* = **commencer à**. — 6° ~ à. *Le plombier s'est mis à ce travail lundi* = **commencer ;** (plus soutenu) **entreprendre ;** v. S'ATTELER À. *Cet enfant s'est mis aux mathématiques ;* ↑**attaquer ; apprendre** est plus général. — 7° *Se mettre en quatre :* v. DÉMENER (SE).

meuble *Le nouveau locataire a acheté ses meubles à tempérament ;* (rare) **mobilier** est un collectif ; **ameublement** (v. ce mot) se dit plutôt de l'agencement des meubles. ● **meubler** 1° Qqn ~ qqch. *Il a meublé son appartement avec goût ;* (plus général) **installer** se dit aussi bien des meubles que des agencements fixes. — 2° Qqch ~ qqch. *Un grand lit meublait la chambre à lui seul* = **occuper ;** ↑**encombrer**. — 3° *Il sait meubler sa solitude* (fam.) = **occuper**.

meurtrier **I** (nom) *Le meurtrier est en fuite ;* **assassin** implique la préméditation du meurtre ; **criminel** se dit non seulement de l'auteur d'un meurtre, mais, plus généralement, de l'individu coupable d'un grave délit ; **tueur** se dit de l'assassin professionnel ou récidiviste ; v. aussi BOURREAU.

II (adj.) *Le mari jaloux avait des intentions meurtrières ;* **criminel** est plus général ; (didact.) **homicide**. *Le combat fut meurtrier pour les adversaires* = **sanglant**. *Les guerres modernes sont meurtrières* = **destructeur**.

meurtrir 1° *Il s'était meurtri les muscles du bras en tombant ;* (rare) **contusionner, froisser ;** v. COMPOTE [*mettre en compote*]. — 2° *Sa disparition lui a meurtri le cœur* = **déchirer ;** v. aussi PEINER (in *peine* II). ● **meurtri** *Le boxeur a le visage meurtri ;* ↓**marqué**. *Les fruits ont été meurtris pendant le voyage ;* (rare) **talé**.

miaulement *On entend un miaulement dans la rue ;* (fam.) **miaou**.

microbe 1° *On étudie les microbes développés sur un bouillon de culture ;* (techn.) **bactérie** se dit de l'ensemble des organismes unicellulaires ; **microbe** désigne des êtres unicellulaires pathogènes ; **bacille** se dit d'une **bactérie** en forme de bâtonnet *(le bacille de Koch est dit aussi « BK ») ;* v. aussi VIRUS. — 2° *Sois sage, microbe !* (fam.) ; (très péjor.) **avorton ;** (courant) **petit** s'adresse généralement à un enfant.

microphone *Parlez dans le microphone ;* (courant en abrégé) **micro**.

midinette *Les midinettes déjeunent sur le banc du square* (vieilli) ; (vieilli) **cousette** implique que la midinette travaille dans la couture ; (rare) **petite-main** se dit des apprenties couturières ; (vieilli) **trottin**.

mieux 1° *Notre malade va mieux aujourd'hui* = **être en meilleure santé, se remettre**. *Le médecin a constaté un léger mieux chez ce blessé* = **amélioration** (v. ce mot in *améliorer*). — 2° *Ne rien dire est mieux* = **préférable**. *Le mieux, c'est qu'il ne savait pas ce qu'il disait* = **bouquet, le plus beau ;** v. IDÉAL. —

3° (loc.) **de son mieux.** *Il fait de son mieux* = **son possible.**

mignon 1° *Qqn* ou *qqch* est ∼. *Elle avait un mignon petit nez* = **gentil, joli ; mignard** est rare et légèrement péjor. ; v. aussi CHARMANT. — 2° *Qqn* est ∼. *Sois mignon, apporte-moi mon verre* = **gentil** ; (soutenu) **complaisant** ; v. aussi CHIC II.

milieu 1° V. CENTRE I, DANS et PARMI. — 2° *C'est un milieu favorable au repos* = **ambiance, atmosphère** ; (soutenu) **climat** ; v. CADRE. — 3° *Les policiers trouvent des indicateurs dans le milieu* (fam.) = **les truands.** — 4° *Il n'est pas de notre milieu* : v. SOCIÉTÉ I.

militaire I (adj.) 1° V. GUERRIER. — 2° *Les camions empruntent une route militaire* ; (techn.) **stratégique.**

II (nom) *Les militaires en permission sortent de la caserne* ; (courant) **soldat** (v. ce mot) se dit d'un hommes de troupe, à l'exclusion des gradés ; (techn.) **appelé** se dit de celui qui accomplit son service militaire sans s'être engagé.

militant 1° (adj.) *Cet ouvrier est un syndicaliste militant* ; (plus général) **actif.** — 2° (nom) *Un militant du parti* ; **sympathisant** se dit d'un partisan qui n'adhère pas au mouvement auquel appartient le militant ; **permanent** se dit de celui qui est rémunéré pour se consacrer uniquement à des activités politiques ou syndicales ; v. PARTISAN (in *parti* I).

mimer 1° ∼ *qqch. La fillette mima la peur* = **jouer.** — 2° ∼ *qqn. Les enfants miment les adultes* ⇒ **imiter** (v. ce mot) ; (fam.) ↑ **singer** implique une intention de moquerie et une exagération des gestes.

minauderie (plur.) *La coquette faisait des minauderies avant d'accepter ;* (fam.) **chichis** ; (plus général) **façons, manières** ; ↑ **mines** et ↑ **simagrées** (soutenu). V. AGACERIES.

mince 1° *Qqn* est ∼. *Cette jeune fille est mince et élégante* = **élancé, svelte ; fluet, filiforme** et **gracile** sont péjor. ; v. MENU I. — 2° *Qqch* est ∼. *La lame mince de ce sabre est coupante* = **effilé ;** v. FIN III. *C'était un prétexte bien mince*

pour se fâcher = **insignifiant ;** v. MAIGRE et LÉGER.

mine 1° V. AIR, ALLURE, EXPRESSION (in *exprimer*) et GRIMACE. — 2° (au plur.) V. MINAUDERIE. — 3° *Il fait mine de s'intéresser à mes problèmes* = **faire semblant.** *Mine de rien* (fam.) ; (courant) **sans en avoir l'air.**

miner 1° *Qqch* ∼ *qqch. Le sol est miné par des galeries* = **ronger, saper ;** ↓ **creuser.** *Les idées libertaires minent les fondements de la société* (soutenu) ; ↓ **affaiblir ;** ↑ **détruire.** — 2° *Qqch* ∼ *qqn. La fièvre le mine* (soutenu) = **consumer ;** (terme général et courant) ↓ **affaiblir.** *Le chagrin mine sa belle assurance* = **attaquer ;** ↑ **détruire.**

miniature 1° *De nombreuses miniatures ornaient les livres d'heures ;* **enluminure** se dit plus part. des lettres ornées. — 2° **en miniature** *Ce jouet représente le « Concorde » en miniature* = **réduction, modèle réduit.**

minime *Il n'y a qu'une minime différence d'âge entre eux ;* (plus soutenu) **infime ;** v. PETIT. *Les gains ont été minimes dans cette partie ;* (péjor.) **médiocre,** ↑ **dérisoire ;** (rare) ↓ **modique** ne se dit que d'une somme d'argent *(un prix modique) ;* (soutenu) **piètre ;** v. aussi MISÉRABLE. ● **minimiser** *Est-ce par modestie que vous minimisez ainsi votre rôle dans cette affaire ?* = **réduire** (le plus souvent suivi de *à peu de chose*).

ministère 1° *Le prêtre-ouvrier exerçait son ministère à l'usine ;* **sacerdoce** insiste sur la dignité et la vocation de l'ecclésiastique ; (terme général) **mission** ; (plus part.) **apostolat** se dit des tâches de propagation de la foi. — 2° *Le président du Conseil a formé le ministère* = **gouvernement ;** v. CABINET I.

minuscule *Elle avait une minuscule verrue sur le bout du nez* = **microscopique.** *Le vestibule de l'appartement était minuscule ;* ↓ **exigu** ne se dit que d'un lieu fermé ; (fam.) **riquiqui** est péjor. ; v. PETIT.

minute *J'en ai pour une minute* = **instant.** *Minute, papillon !* (fam.) ; (courant) **doucement, un moment.** *Dans une minute :* v. BIENTÔT.

mise 1° *Pour le tiercé, on a fixé un plafond aux mises* = **enjeu.** — 2° V. TENUE II. — 3° *La mise bas des chattes ne nécessite pas l'intervention du vétérinaire* (rare) ; (didact.) **parturition, délivrance ; accouchement** (v. ce mot in *accoucher*) s'est étendu aux animaux ; (plus part.) **agnelage, poulinement** et **vêlage** se disent, respectivement, de la *parturition* de la brebis, de celle de la jument et de celle de la vache. — 4° *Mise sur pied :* v. CONSTITUTION (in *constituer*).

misérable (adj.) 1° *Qqch est* ∼. *La concierge vivait dans une loge misérable* (soutenu) ; ↓ **pauvre ;** (fam.) **minable** et **miteux ;** *Le retraité menait une existence misérable* = **lamentable ;** ↓ **médiocre** (v. ce mot), **pitoyable ;** v. CHIEN [*de chien*] et MALHEUREUX (in *malheur*). — 2° *Qqch est* ∼. *Le tribunal l'a condamné pour un misérable vol à la tire ;* ↓ **petit** et **pauvre ;** v. MALHEUREUX (in *malheur*) et MÉCHANT I. — 3° *Qqn est* ∼. *Des enfants misérables traînent dans le ruisseau* (vieilli) ; ↓ **pauvre ;** (rare) **indigent ;** (soutenu) **déshérité, pitoyable.** — 4° *Qqn est* ∼. *Votre ami est un misérable individu ;* ↓ **malhonnête,** ↓ **triste** et **sale** ne s'appliquent qu'à de très rares substantifs. ● **misérable** (nom) 1° (v. sens 3 de l'adj.) *Des misérables mendiaient près du porche de l'église* (vieilli) ; (fam.) **paumé, pouilleux, crève-la-faim** et **fauché ;** (soutenu) **gueux, miséreux, traîne-misère ;** (terme général) ↓ **pauvre ;** (fam.) **meurt-de-faim ; traîne-savate** implique la paresse ; v. aussi AFFAMÉ. — 2° (v. sens 6 de l'adj.) *Votre voisin est un misérable qui m'a escroqué ;* (vieux) **coquin ;** (fam.) **crapule ;** (soutenu) **gueux ;** (injure) *Misérable ! tu m'as trompé* peut prendre un caractère plaisant (en s'adressant à un enfant, par ex.).

missile *Les grandes puissances disposent de missiles nucléaires intercontinentaux ;* **fusée** se dit de tout projectile porteur de son combustible ; *missile* se dit d'une *fusée* militaire porteuse d'une charge explosive.

mission 1° *Les envoyés avaient pour mission de défendre nos intérêts ;* (plus part.) **mandat** implique le caractère officiel de la charge. — 2° *Une mission scientifique soviétique a débarqué sur l'Antarctique* = **expédition.** — 3° *La*

mission *de l'école républicaine est-elle d'assurer l'égalité des chances ?* = **fonction, rôle ; vocation, but** et **destination** se disent plutôt de la fonction des choses. V. MINISTÈRE.

mitraillette *Le policier portait une mitraillette à la bretelle ;* **pistolet mitrailleur** est le terme technique.

mobile *C'est un fusil à culasse mobile* = **amovible.** *L'actrice avait une physionomie très mobile ;* **animé** insiste sur le changement ; **expressif** implique un rapport du visage aux sentiments, par définition changeants. *Cet écolier a l'esprit mobile ;* **vif** se dit de la facilité d'adaptation ; **changeant, instable** se disent de la versatilité du sujet ; v. aussi CAPRICIEUX (in *caprice*).

mobiliser 1° *Devant la menace de guerre, les citoyens valides ont été mobilisés ;* (terme général) **appeler** (v. aussi ce mot) ; **rappeler** implique que les mobilisés sont des réservistes ; **lever** ne se dit que d'un collectif ; **enrôler, recruter** se disent des volontaires ou du processus administratif d'intégration dans les troupes. — 2° *Les syndicats ont mobilisé les travailleurs ;* **alerter** implique l'information (et non l'action). ● **mobilisé** (v. sens 1 du verbe) *Les mobilisés* = **appelé, rappelé, enrôlé.**

moche (terme fam. en tout emploi) 1° V. LAID. — 2° *Il a été moche avec sa femme ;* **méchant** (v. ce mot) implique un comportement agressif, **mesquin** une absence de générosité. — 3° *C'est moche pour lui cette histoire-là ;* (soutenu) ↑ **désastreux ;** v. aussi MAUVAIS I.

mode 1° *Cette élégante suit la mode du jour* = **goût.** *Le jean, c'est une mode persistante ;* ↑ **épidémie, vogue.** *La mode parisienne présente les collections de printemps* = **(haute) couture.** — 2° V. GENRE.

modèle I 1° *La grammaire présente des modèles de conjugaison sous forme de tableaux ;* (terme général) **type ; exemple** (v. ce mot) se dit au contraire d'un cas particulier illustrant un type. *Cet engin est le modèle d'un nouvel appareil ;* **prototype** se dit du premier modèle. — 2° *Cet enfant est un modèle de sagesse :* v. EXEMPLE. — 3° *L'ouvrière reproduit le*

modèle ; (didact.) **patron** se dit d'un modèle de vêtement, **carton** d'un modèle de tapisserie et de vitrail, **maquette** de l'original d'une production plastique ainsi que d'un modèle réduit reproduisant à l'échelle un appareil, un véhicule ou une architecture. — 4° *Ce peintre aime travailler sur le modèle* = **motif, sujet** ; v. ORIGINAL I. — 5° *Le professeur donne un modèle de commentaire littéraire* ; **canevas** se dit d'un modèle inachevé, comme **ébauche** et **plan** ; **corrigé** se dit d'un modèle imposé après coup. — 6° V. PARANGON.

II (adj.) *C'est un citoyen modèle* = **parfait, type** ; v. ACCOMPLI (in *accomplir*) et EXEMPLAIRE.

modérer *Il faudrait modérer vos sentiments* = **mettre un frein à, freiner, réfréner, tempérer** ; ↑ **réprimer** ; **apaiser** se dit surtout de la colère ; **retenir** se dit plutôt de l'expression des sentiments. *Il a su modérer ses paroles* = **atténuer.** *Pour suivre son régime, il a dû modérer son appétit* ; **réprimer** implique un effort plus marqué. *Le Code de la route recommande de modérer la vitesse dans les agglomérations* = **ralentir** (... *de ralentir dans...*). *Le gouvernement a décidé de modérer les dépenses de l'Administration* = **limiter** ; v. DIMINUER. ● **se modérer** *Modérez-vous, vous n'avez plus tous vos esprits* (soutenu) = **se contenir** ; (courant) **se calmer** ; **se retenir** se dit plus des actes que des sentiments euxmêmes. *Mettre de l'eau dans son vin* : v. ADOUCIR (S'). ● **modération** *Dans cette affaire, vous avez fait preuve de modération* ; (soutenu) **circonspection** et **retenue** impliquent un choix délibéré, **sagesse** et **réserve** une disposition naturelle ; v. MESURE II. ● **modéré** 1° (adj.) *La température de cet appartement est modérée* = **doux, tempéré.** *Cet épicier pratique des prix modérés* : v. BAS. *Ce garçon est modéré dans ses ambitions* = **mesuré.** *La majorité des Français manifestent encore des opinions modérées* ; ↑ **conservateur** (adj.). — 2° (nom) *C'est un modéré* ; ↑ **conservateur** (nom).

moderne *Certains s'adaptent mal à la vie moderne* = **actuel.** *L'abstraction est bien antérieure à la peinture moderne* = **contemporain.** *L'histoire moderne* (du milieu du XVᵉ siècle à la Révolution française) s'oppose à l'*histoire contempo-*raine (de la Révolution à nos jours). *Le béton précontraint est un matériau moderne* ; **nouveau** et **récent** se disent de ce qui est apparu depuis peu, *moderne* de ce qui est en usage dans l'actualité. ● **moderniser** *Les technocrates souhaitent moderniser les structures administratives* ; **adapter** est plus général ; **réformer** et **rénover**, c'est améliorer (v. ce mot) qqch en le modifiant ou en le remettant à neuf.

modeste 1° *Qqn est* ∼. *Cet homme modeste n'est pas un timide* ; **réservé** se dit de celui qui fait volontairement preuve de retenue ; **effacé** est péjor., **humble**, soutenu ou péjor. selon le contexte. — 2° *Qqn/qqch est* ∼. *Son modeste salaire lui permet à peine de vivre* ; ↑ **bas** ; **modique** ; v. aussi MÉDIOCRE. *Il est d'un milieu modeste* = **humble.** *C'est un modeste épicier* = **petit.** ● **modestement** 1° (v. sens 1 de l'adj.) *Il est entré modestement dans le salon* = **discrètement** ; (soutenu) ↑ **humblement.** — 2° (v. sens 2 de l'adj.) *Il vit modestement de son salaire* = **médiocrement** ; ↑ **chichement.** ● **modestie** *Sa modestie est plus affectée que naturelle* ; ↑ **humilité** est péjor., sauf dans un contexte religieux ; **réserve** n'implique que la discrétion de l'attitude ; **simplicité** est plus général.

moineau = **pierrot** ; **piaf** est plus général et se dit, fam., de tous les petits oiseaux.

moisir 1° *Le pain a moisi à l'humidité* ; **se gâter** est plus général ; v. aussi POURRIR. — 2° *Il m'a fait moisir toute la matinée* = **croupir** ; (soutenu) **languir** ; v. aussi ATTENDRE.

moitié *Il ne fait pas les choses à moitié* = **à demi.** *Je l'ai rencontré à moitié chemin* = **à mi-chemin.** *Est-il content ?* — *Moitié-moitié !* (fam.) = **couci-couça.**

momentané *L'effort du sprinter est momentané* = **bref** ; v. aussi COURT. *C'est un arrêt de travail momentané* = **temporaire** ; v. aussi PROVISOIRE. ● **momentanément** *L'ascenseur est momentanément hors service* = **provisoirement, temporairement.**

monacal 1° *La vie monacale est soumise à la règle* ; **monastique** se dit aussi de la discipline, de la règle, des vœux, etc. — 2° *Il mène une vie monacale* = **ascétique**; v. aussi AUSTÈRE.

monarque *Tous les monarques d'Europe assistaient au couronnement* = **souverain**; **autocrate** se dit du détenteur du pouvoir absolu; (courant; plus part.) **empereur** et **roi** sont des titres; (plus général) **prince** se dit de celui qui appartient à une famille souveraine; (vieilli) **potentat** s'applique, péjor. et par antiphrase, à des princes peu puissants *(les petits potentats du Moyen-Orient).* ● **monarchie** *La monarchie a été élective avant d'être héréditaire* = **couronne**, **royaume** ou, plus part., **empire** ou **royauté**. ● **monarchiste** *Les monarchistes français n'ont aucune influence;* **royaliste** se dit, plus part., des partisans d'un roi, **monarchiste** de ceux qui sont favorables au régime et aux principes de la monarchie.

monde 1° *La Terre a longtemps été considérée comme le centre du monde* = **univers**; **cosmos** se dit de l'organisation de l'espace. — 2° *Il a fait trois fois le tour du monde* = **Terre** (v. ce mot); (moins courant) **globe**. *Le Nouveau Monde a été découvert au XVᵉ siècle* = **les Amériques**; *l'Ancien/le Vieux Monde* désignent des **continents** (européen, africain et asiatique); *le tiers monde* désigne les pays en voie de développement. — 3° *Les révolutionnaires veulent transformer le monde;* (moins général) **humanité**, **société**. *Le monde socialiste est né dans le premier quart du XXᵉ siècle* = **régime**; (plus particul.) **société**. — 4° *Le monde du théâtre est en crise* (avec un compl. de nom) = **milieu**. *Monde* + adj. antéposé désigne des groupes sociaux. *Le grand monde s'ennuie* = **haute/bonne société**. *Il n'est pas de notre monde :* v. SOCIÉTÉ I. *Le pauvre monde crève la faim* = **les déshérités**, etc. — 5° *Après son malheur, elle a renoncé au monde;* (vieilli) **siècle** (dans un contexte religieux). — 6° *Le monde est impitoyable* = **les gens**. — 7° (précédé d'un adv. ou d'un partitif) *Il y avait beaucoup de monde à la manifestation* = **foule** *(il y avait foule...);* (plus fam.) **peuple**. *Il y a du monde?* = **quelqu'un**. *Tout le monde a du vin?* = **chacun**. *Monsieur Tout le Monde est une fiction* = **l'homme de la rue, M. X.** — 8° (dans des express.) *Venir au monde*

= **naître**. *Mettre au monde* = **accoucher de**. *Se faire un monde de;* v. EXAGÉRER. ● **mondial** *L'actualité mondiale intéresse les lecteurs de ce journal* = **international**. *La renommée de ce produit est mondiale* = **universel**. ● **mondialement** *Cette firme est mondialement connue* = **universellement**.

monnaie *Le numismate s'intéresse aux monnaies* = **pièce**; v. ARGENT.

monocorde *Le ministre a lu son discours d'une voix monocorde* (soutenu); **égal** est plus général et moins péjor.; **monotone** et **uniforme** non seulement s'appliquent aux sons, mais présentent, comme *monocorde*, une nuance péjor.

monogramme *Il avait un mouchoir brodé à son monogramme* = **chiffre**, **marque**.

monologue *Sa participation à la conversation tourna bientôt au monologue;* (soutenu) **soliloque**, qui se dit aussi du *monologue intérieur;* (soutenu) **aparté** suppose qu'un auditeur au moins (au théâtre, le public), en dehors de l'interlocuteur, écoute celui qui parle.

monstre 1° (nom) *Dans sa baraque, le forain exhibait des monstres* = **phénomène**. — 2° (adj.) *Son discours a eu un succès monstre;* **prodigieux**, **énorme**; (fam.) **bœuf**. ● **monstrueux** 1° V. DIFFORME, INHUMAIN et LAID. — 2° *Les promoteurs ont fait construire des tours monstrueuses dans Paris* = **colossal**, **démesuré**, **énorme** (v. ce mot), **gigantesque**. — 3° V. ABOMINABLE. ● **monstruosité** 1° *On ne peut soigner l'hermaphrodisme : c'est une monstruosité;* ↓ **difformité**, ↓ **malformation**. — 2° *Le génocide des tribus indiennes au Brésil est une monstruosité* = **atrocité**.

montagne 1° *Nous avons atteint le sommet de la montagne;* **aiguille**, **dent**, **pic** et **piton** se disent des cimes aiguës; **ballon** se dit des sommets arrondis; **crêt** ou **puy** sont propres à des formes et à des régions différentes; **massif** se dit d'un ensemble montagneux comportant plusieurs sommets; (vieilli) **mont** (auj. soutenu, sauf dans les express. géographiques comme *le mont Blanc*); **colline** et **rocher** se disent d'éminences moins importantes. *Nous avons couché en mon-*

tagne = **en altitude.** — 2° *Derrière la maison, il y a une montagne d'immondices;* (vieilli) **amas;** (soutenu) **amoncellement;** (courant; moins expressif) **tas.** *Il a acheté une montagne de victuailles* = **grande quantité.** *Se faire une montagne de qqch :* v. EXAGÉRER.

montant I (nom) 1° *Le montant de la dette nationale s'évalue en milliards;* (moins précis) **chiffre, somme, total.** — 2° *Les montants de la porte sont vermoulus;* (moins courant) **jambage, portant.**

II (adj.) *Pour atteindre le belvédère, il faut emprunter ce chemin montant;* ↑ **escarpé.**

monter I (intr.) 1° *Qqn ⌣. Les gamins sont montés dans le cerisier;* ↑ **grimper** implique que l'ascension s'est effectuée avec l'aide des mains. *Le petit est monté sur la pointe des pieds pour atteindre le bord de la table;* (plus soutenu) **se dresser, se hisser;** v. S'ÉLEVER (in *élever* I). *La ménagère est montée sur une chaise pour nettoyer ses vitres;* (rare) **se jucher.** *Les voyageurs sont montés dans le train;* **prendre** se dit aussi bien du choix d'un mode de transport que de l'action. *Voulez-vous monter dans notre voiture?;* (fam. en ce sens) **embarquer.** *Ce fonctionnaire a monté dans la hiérarchie de son administration* = **recevoir de l'avancement;** v. AVANCER II. — 2° *La Loire monte à la fonte des neiges;* ↑ **être en crue;** (plus expressif) **gonfler;** v. S'ÉLEVER (in *élever* I) et GROSSIR (in *gros*). *L'eau monte dans le bassin :* v. ARRIVER I; v. aussi JAILLIR. *Le sentier monte jusqu'aux alpages* = **grimper.** — 3° *Le prix des denrées alimentaires a monté de 1 p. 100 ce mois-ci* = **augmenter** (v. ce mot). — 4° *Le vin lui est monté à la tête;* (plus soutenu) **enivrer** (v. ce mot) et **griser;** (fam.) **soûler.** ● **montée** 1° *La montée est dure pour atteindre le col;* ↑ **ascension;** ↑ **escalade.** — 2° *Gravir la montée* = **pente.** ● **se monter** 1° *L'addition se montait à trente francs;* (moins courant) **s'élever, atteindre.** — 2° *Il se monte facilement quand on le contrarie* (fam.); (courant) **se mettre en colère; s'irriter** (v. ce mot).

II (trans.) 1° *Les cyclistes ont monté la côte;* (plus fam.) **grimper;** v. GRAVIR. — 2° *L'étalon a monté la jument* = **couvrir;** v. ACCOUPLER (S'). — 3° *Les campeurs*

montent leur tente = **dresser, planter.** *L'armurier a monté la culasse du fusil* = **ajuster.** *Le joaillier a monté le solitaire sur une monture ancienne;* (rare) **enchâsser;** (plus part.) **sertir.** *La bibliothèque s'est montée;* (plus soutenu) **équiper, installer.** *Son père avait monté une grosse affaire :* v. CONSTITUER. *Ses adversaires ont monté un complot* = **organiser, combiner** (v. ce mot). ● **montage** *Le montage de cet appareil exige l'intervention d'un spécialiste* = **assemblage.** ● **monte** *Ce haras loue des étalons pour la monte* = **saillie.**

montre I *J'ai cassé le remontoir de ma montre;* **chronomètre** se dit d'une montre de précision; **montre-bracelet** ou **bracelet-montre** se disent d'une montre à porter au poignet; (didact.) **chronographe;** (vieilli) **oignon** se dit d'une grosse montre de gousset; (fam.) **tocante** est plus général et se dit aussi bien d'une horloge ou d'une pendule que d'un réveil.

II *Faire montre de qqch. :* v. PARADE.

montrer 1° *Qqn ⌣ qqch. Le vendeur montre ses tapis à la lumière du jour;* **présenter;** v. EXPOSER II. *À la frontière, il faut montrer son passeport ou sa carte d'identité;* (moins courant) **exhiber.** *Il nous a montré son amitié;* (soutenu) **marquer, témoigner.** *Cette coquette montre ses jambes;* **découvrir, mettre en évidence;** se dit d'un acte délibéré et ostentatoire. *Il vaut mieux montrer sa force que s'en servir;* **arborer, afficher;** v. ÉTALER II. — 2° *Le romancier montre la misère de la vie ouvrière;* **décrire** et **dépeindre** impliquent la représentation précise d'un ensemble, **évoquer** la recréation d'une impression générale. — 3° *Le professeur montre les mathématiques à ses élèves;* (plus courant) **apprendre, enseigner; expliquer** (v. ce mot) se dit plutôt d'un point part. du développement. *Le résultat montre l'efficacité de cette méthode;* **démontrer** se dit de ce qui établit la certitude et **confirmer** de ce qui la redouble; **prouver, vérifier; illustrer** implique l'apport d'un exemple supplémentaire. — 4° *Qqn/qqch ⌣ qqch. Un panneau montrait la direction de la ville;* **signaler, indiquer** (v. ce mot); **désigner** se dit plutôt du geste de qqn. *Son décolleté montrait sa gorge;* **découvrir, dégager;**

↑ **dénuder**; (moins courant) **révéler**. *Les cernes de ses yeux montrent sa fatigue* : v. ACCUSER. • **se montrer** 1° (absol.) *Il suffit à ce clown de se montrer pour provoquer les rires* = **apparaître**; v. PARAÎTRE I. — 2° ~ + adj. *L'orateur s'est montré convaincant* = **être, se révéler**.

moquer (se) 1° *Cet enfant s'est moqué de vous*; (fam.) **charrier, se ficher de, se foutre de**; (soutenu et vieilli) **se gausser de**; **narguer** implique un défi, **se jouer de** évoque l'idée de tromperie, **ridiculiser** se dit d'un affront public; ↓ **rire de**; v. GORGE I. *Il se moque des on-dit*; ↓ **se désintéresser**; (fam.) **se ficher/se foutre de**; (soutenu) ↑ **mépriser**. — 2° (sans compl.) *Moi, vous comprenez, je m'en moque!*; (fam.) **s'en balancer, s'en ficher, s'en foutre**. • **moquerie** 1° (au sing.) *La moquerie ne l'affecte pas* : v. IRONIE et MALICE. — 2° (au plur.) *Cet excentrique n'est pas sensible aux moqueries de ses voisins* = **plaisanterie**; (soutenu) **raillerie**. • **moqueur** 1° (adj.) *Cette fillette est moqueuse et taquine*; (rare) **facétieux**. *Il nous a regardé d'un air moqueur*; (moins courant) **narquois, railleur**; v. IRONIQUE (in *ironie*). *Ce garçon est d'un tempérament moqueur*; **blagueur**; (plus rare) **frondeur** implique plus d'impertinence, voire d'insolence, et **gouailleur** plus de familiarité. — 2° (nom) *C'est un moqueur*; ↑ **blagueur**, ↑ **pince-sans-rire**.

moral 1° *Chaque religion a ses valeurs morales*; (didact.) **éthique**. — 2° *Les histoires morales sont rarement drôles*; **édifiant**. — 3° *Le courage moral de cet homme est trahi par sa faiblesse physique*; (plus part.) **intellectuel** et **spirituel**.

morale 1° *Nous vivons sous l'influence de la morale chrétienne*; **éthique, les valeurs (chrétiennes)**; v. aussi MORAL. — 2° *On parle beaucoup de la morale des jeunes*; **mœurs** se dit de la pratique; **mentalité** et **moralité** se disent des principes. *Ce vieillard fait la morale à son petit-fils*; (soutenu) **réprimander**; (rare) **sermonner**. — 3° *Quelle morale avez-vous tirée de cette histoire?*; (plus soutenu) **enseignement, leçon**; v. CONCLUSION. *La morale des fables* = **moralité**. • **moralisateur** *Les discours moralisateurs sont aussi vains qu'ennuyeux*; **édifiant** (péjor. dans cet ex.).

morceau 1° *Donnez donc un morceau de sucre à votre chien* = **bout**. *Il ne reste qu'un morceau de pain rassis*; (plus part.) **croûton** se dit de l'extrémité d'un pain long et **tranche** d'un morceau de peu d'épaisseur; (soutenu) **quignon** se dit d'un gros morceau (uniquement de pain); **miette** se dit d'un fragment minuscule. *Les petits morceaux de ce tissu sont inutilisables*; (rare) **bribes** (plur.), **fragment, lambeau**. *Ne vous coupez pas avec ces morceaux de verre*; **débris, éclat**; v. aussi PIÈCE I. — 2° *Il a cassé/lâché/mangé le morceau* (fam.) : v. AVOUER. *Il a mangé un morceau*; **faire un repas**. — 3° *L'élève feuillette rapidement son recueil de morceaux choisis*; **extrait, texte**. • **morceler** *La terre a été morcelée pour satisfaire les héritiers* = **démembrer, partager**. • **morcellement** *Le morcellement de la propriété est caractéristique de certaines régions*; **démembrement, fractionnement**; v. aussi DIVISION (in *diviser*) et PARTAGE.

mordre 1° *Le chien mord son os*; **mordiller** implique la répétition et la légèreté de la morsure; **croquer** se dit lorsque l'objet est broyé entre les dents. *Il a été mordu par une vipère rouge* = **piquer**. — 2° *La scie mord le bois*; **attaquer** (v. ce mot), **entamer**. — 3° V. EMPIÉTER [*empiéter sur qqch*]. — 4° *Il s'en mord les doigts/la langue* (fam.); **regretter, se repentir**. • **mordant** 1° (nom) *Le boxeur a mené son attaque avec mordant*; ↑ **agressivité**, ↑ **fougue**; **vivacité**. — 2° (adj.) *Il faisait un froid mordant* = **cuisant, vif**. *Il répondit d'un ton mordant*; **aigre, âpre**; ↓ **vif**; ↑ **acerbe** (v. ce mot). *Sa réponse fut d'une ironie mordante* = **acéré, caustique, incisif, piquant**.

mort I (n. f.) 1° *La mort du président a été vite oubliée*; (soutenu) **décès, disparition**; (soutenu) **trépas**; v. FIN I. — 2° *Cette nouvelle est la mort de nos espérances* = **fin, ruine**; v. ENTERREMENT (in *enterrer*). — 3° *À mort!* : v. BAS III [à *bas!*] et FOND [à *fond*]. *La mort dans l'âme* : v. ÂME.

II 1° (adj.) V. DÉCÉDÉ. — 2° (nom masc. ou f.) *Les sauveteurs ont retiré trois morts des décombres*; **cadavre** se dit aussi bien des animaux que des humains; (soutenu) **dépouille**; (très fam.) **macchabée** ou **macab** ne s'appliquent qu'aux personnes ; **charogne** se dit des cadavres des animaux et, péjor., de ceux des humains. *Le mort/la morte a été enterré(e) religieusement ;* (soutenu) **cendres, décédé** (v. ce terme), **défunt, restes ; regretté** implique le souvenir de la personne ; **disparu** se dit plutôt de celui dont la mort n'a pas été établie officiellement et s'est étendu à tous les morts ; **victime** (v. ce mot) se dit des personnes qui ont eu une mort violente. — 3° (nom) *La religion des morts n'est pas disparue* = **ancêtres.** — 4° (adj.) *Il est mort de fatigue* = **épuisé.** *Ivre mort :* v. IVRE. — 5° (loc.) *Faire le mort ;* v. OUBLIER [*se faire oublier in oubli*]. — 6° (adj.) *Qqch est* ∼. *Les eaux mortes sont malsaines* = **stagnant.** *Il a dû changer ses pneus complètement morts* (fam.) ; v. USÉ (in *user* II).

mortel 1° (nom) *Voici un livre qui n'est pas pour le commun des mortels* = **homme ;** v. PERSONNE I. — 2° (adj.) *Sa blessure n'est pas mortelle ;* v. FATAL. *Nous avons passé une après-midi mortelle à l'attendre ;* ↓**ennuyeux ;** ↑**lugubre,** ↑**sinistre.** *Il fait un froid mortel ;* ↓**intense.**

mot 1° *Il a soigneusement choisi ses mots* = **terme.** *Ce dictionnaire recense environ cinquante mille mots ;* (didact.) **vocable.** — 2° *Assez de mots ! des actes !* = **discours, parole.** — 3° V. BILLET et LETTRE II. — 4° *Chercher ses mots :* v. HÉSITER. *En un mot :* v. ABRÉGER. — 5° *Nous rions parce que notre ami a fait un mot* = **mot d'esprit, bon mot ;** v. PLAISANTERIE (in *plaisanter*). *Cet almanach recueille les jeux de mots ;* (plus part.) **calembour** se dit des combinaisons de sons ambiguës ; **contrepet/contrepèterie** se disent des effets de sens obtenus par interversion des sons ou des syllabes. — 6° *Il a répété mot à mot notre conversation ;* **littéralement, textuellement.** *Une traduction mot à mot ;* (plus soutenu) **textuel.**

moteur *Ce personnage est le moteur de l'affaire ;* (plus soutenu) **âme, instigateur.** ● **motorisé** *L'agriculture moderne est fortement motorisée ;* **mécanisé.**

motif 1° *Connaissez-vous les motifs de son geste ?* = **mobile, raison.** *La distinction entre* **impulsion** *et* **détermination** *s'est affaiblie ;* v. CAUSE I. — 2° V. MO-

DÈLE I. *Il n'y avait aucun motif de plainte* = **sujet.** ● **motiver** *Votre attitude a motivé notre colère* = **causer, déterminer ;** ↓**expliquer.** ●

motocycliste *Le motocycliste a pris son virage un peu vite ;* (fam.) **motard** se dit, part., des motocyclistes de profession (agent de police, porteur, coursier, etc.) ou, plus généralement, des possesseurs de motos par oppos. aux possesseurs de vélomoteurs.

mou 1° (adj.) *Qqch est* ∼. *Le crémier vend des fromages à pâte molle* = **tendre.** *C'est la mode des cols mous pour les chemises* = **souple.** *Les osiers ont des tiges molles* = **flexible.** *Sous le coup de la peur, je me sens les jambes molles* = **flageolant.** *Depuis qu'il a maigri, il a les joues molles* = **avachi ;** v. FLASQUE et LÂCHE II. *En Touraine, le climat est mou ;* (moins courant) **lénifiant ;** (didact.) **émollient.** — 2° (adj.) *Qqch est* ∼. *Il n'aime pas les oreillers trop mous* = **moelleux.** *Les molles inflexions de sa voix charmaient l'auditoire* (soutenu dans cette position) ; (plus courant) **doux, souple.** *L'accusé n'éleva que de molles protestations* = **faible.** — 3° (adj. et nom) *Qqn est* ∼. *On ne peut compter sur lui : il est trop mou* = **indolent, lymphatique, nonchalant ;** ↑**amorphe,** ↑**apathique,** ↑**avachi,** ↑**endormi ;** (fam.) **mollasson.** (Tous ces termes peuvent aussi bien s'appliquer à des êtres qu'à des comportements : *Il a des gestes mous* [adj.] ; *C'est un mou* [nom] ; (fam.) **chiffe, moule, nouille.**) — 4° *Donner du mou à :* v. LÂCHER. ● **mollement** 1° *Il cherchait mollement ses vêtements* = **sans ardeur, sans conviction, nonchalamment.** *Il protesta mollement* = **faiblement** (v. ce mot in *faible*), **timidement.** — 2° *La rivière s'étirait mollement dans la plaine* (soutenu) ; (plus courant) **lentement, paresseusement.** ● **mollesse** *Il a cédé par mollesse plus que par conviction* = **faiblesse ;** (moins courant) **indolence, nonchalance ; lâcheté** implique un jugement moral ; v. APATHIE. ● **mollir** 1° *Le vent mollit au coucher du soleil* = **diminuer, faiblir ;** ↑**tomber.** — 2° *Devant les attaques de son adversaire, il mollit ;* (plus courant et plus fam.) **flancher ; se dégonfler** implique un jugement moral.

mouchard *La police utilise souvent des mouchards* = **indicateur ;** (fam.)

mouche; (fam.) **mouton** se dit de l'indicateur aposté en prison; v. ESPION. *Les écoliers n'aiment pas les mouchards*; (fam.) **cafard, rapporteur/rapporte-paquet.**

moudre *Il faut moudre le poivre pour la salade*; (plus général) **écraser**; v. BROYER. ● **moulu** *Après cette marche, je suis moulu* = **courbatu, éreinté, fourbu, rendu, rompu, vanné**; (fam.) **claqué.**

mouiller 1° (intr.) *Le tanker a mouillé au Havre* = **faire escale, jeter l'ancre.** — 2° (trans.) *La repasseuse mouille son linge*; **humecter**, c'est mouiller très peu; **asperger**, c'est projeter de l'eau en pluie; **imbiber**, c'est faire pénétrer le liquide dans un objet. *Il a mouillé le sol de la cuisine*; **éclabousser**, c'est mouiller indirectement et plutôt par accident; **inonder** implique qu'une grande quantité de liquide recouvre l'objet mouillé; v. TREMPER I. ● **se mouiller** *Il s'est mouillé en rentrant sous la pluie*; ↑**se tremper**. *Dans cette histoire, il s'est mouillé* (fam.); (plus courant) **s'engager**; ↑**se compromettre**. ● **mouillé** 1° *Le blé mouillé est lourd*; ↑**trempé**; v. HUMIDE. — 2° *Ce député est mouillé dans ce scandale* = **compromis.**

moule *Certains objets de verre sont fabriqués dans un moule, et non soufflés*; (moins courant) **forme**; (didact.) **matrice**. *Il n'y a plus de travailleur de cette trempe; on a brisé le moule*; v. aussi MODÈLE I et TYPE I. ● **moulage** 1° *Le moulage du plomb a été rapide* = **fonte**. — 2° *On a pris un moulage de ses mains pour le musée de cire* = **empreinte.**

mourant 1° (nom) *Le mourant était dans le coma* = **agonisant, moribond**. — 2° (adj.) *Elle m'a parlé d'une voix mourante* = **faible**; v. LANGUISSANT (in languir).

mourir Qqn ∼. 1° *Sa femme est morte dans ses bras*; **agoniser** évoque les souffrances qui précèdent immédiatement la mort; **s'éteindre** se dit d'une mort calme; (plus soutenu) **expirer**; **rendre l'âme, rendre le dernier soupir**; (vieilli) **passer**; **s'en aller** est euphémique. — 2° *Il est mort dans un accident de voiture*; **décéder** et **disparaître** ont des emplois administratifs; (soutenu)

être emporté, périr; **succomber** apparaît surtout dans *Il a succombé à ses blessures*; (vieilli) **trépasser, passer de vie à trépas**; (fam.) **y rester, passer l'arme à gauche, avaler son extrait de naissance**. *Le pauvre vieux est allé mourir à l'hôpital*; (fam.) **casser sa pipe, claboter, clamecer, claquer**, qui implique une mort rapide; **crever** se dit des animaux ou des plantes et s'est étendu, fam., aux humains. — 3° *Il se meurt d'amour* = **dépérir**. *Nous nous sommes ennuyés à mourir*; (fam.) **crever**. — 4° Qqch ∼. *Le petit commerce est presque mort* = **disparaître**. *Le feu est en train de mourir* = **s'éteindre**. *Ses sentiments pour moi sont bien morts* = **s'évanouir.**

mousse *Le patron fit tomber la mousse du verre de bière* = **écume**; (fam.) **faux col** ne se dit que de la mousse de bière dans un verre.

moustache *L'homme retroussa ses moustaches avec assurance*; (fam.) **bacchantes** (plur.).

mouvement 1° *L'astronome étudie le mouvement des corps célestes*; **cours** se dit d'un mouvement prévisible et régulier; **déplacement** insiste sur les positions initiales et finales du mobile, **trajectoire** sur la courbe décrite entre ces positions; v. COURSE I. *Les joueurs suivent les mouvements des pions sur l'échiquier*; **avance, progression** et **recul** spécifient l'orientation du mouvement; pour l'eau ou la foule, **flux** et **reflux** indiquent aussi le sens du mouvement : *les mouvements de l'océan*. — 2° *Le capitaine du port dirige le mouvement des bateaux* = **circulation, trafic**; **entrée** et **sortie** spécifient le sens des déplacements. *Les mouvements des troupes sont commentés dans la presse* = **manœuvres**. *Une rue sans mouvement* = **vie**; v. ANIMATION (in *animer*). — 3° *Je remonte le mouvement de l'horloge* = **mécanisme**. — 4° *La carte montre les mouvements de terrain* : v. ACCIDENT. — 5° *Les mouvements du joueur de Ping-Pong étaient vifs et précis*; **réaction** se dit des gestes déterminés par une action extérieure; **réflexe** se dit des mouvements échappant à l'action de la volonté; v. GESTE. v. aussi ACTE I. *Il devrait prendre du mouvement* = **prendre de l'exercice**. — 6° *Il se laisse souvent aller à son mouvement naturel* = **élan**; ↑**émotion** et sentiment se disent des *mouvements intérieurs*; **passion** indique la persistance d'un désir, continuellement à **emballement**; **tendance** se dit de ce qui oriente constamment la vie d'un être. *Il ne se fie qu'à son propre mouvement* = **initiative, inspiration.** — 7° *Le mouvement de cette page entraîne le lecteur* = **vie, vivacité**; v. RYTHME. — 8° *Les mouvements de gauche sont opposés à la politique gouvernementale* : v. ORGANISATION (in *organiser*). — 9° *Le mouvement des prix est inquiétant* = **variation**; **hausse** et **baisse** spécifient le sens de l'évolution.

moyen I (adj.) *C'est une entreprise de moyenne importance*; **intermédiaire.** *C'est un élève moyen en tout* = **ordinaire**; ↑ **médiocre.** *Il a obtenu des résultats moyens* = **passable.**

II (nom) 1° *Les physiciens ont trouvé le moyen de contrôler la fission de l'atome*; **procédé** se dit d'un *moyen* complexe; (fam.) **truc** se dit d'une solution astucieuse; v. COMBINE (in *combiner*). *Il n'y a pas moyen de l'arrêter* (fam.) = **il n'y a pas mèche**; (plus courant) **il est impossible.** — 2° *Il y a un moyen de réussir* = **façon, manière.** — 3° (au plur.) *Ce garçon ne manque pas de moyens* : v. CAPACITÉ I. *Il connaît ses moyens* = **limite(s).** *Ce luxe est au-dessus de nos moyens* : v. RESSOURCES (in *ressource*).

muet 1° *L'orateur resta muet*; (plus précis) **aphone** se dit de qqn qui n'a plus de voix; (moins courant) **coi** se dit de celui qui reste **silencieux** (v. ce mot in *silence*). — 2° *L'« e » muet est caractéristique de la langue française*; (didact.) **caduc** indique qu'il peut ne pas être prononcé; **sourd** se dit de sa substance sonore.

mugir *Le taureau mugit avec force* = **beugler, meugler.**

multiple 1° *Ce don juan a connu de multiples succès* = **nombreux.** — 2° *L'intérêt de cette opération est multiple*; **divers.** ● **multiplication** *La multiplication des maladies cardiaques inquiète les médecins* = **prolifération**; v. SE MULTIPLIER (infra). ● **multiplier** *Le chimiste a multiplié les opérations de vérification*; **répéter** implique la similitude des phénomènes ou des actions. ● **se multiplier**

Les espèces animales ne peuvent plus se multiplier; (plus particul.) **s'accroître, se développer**; (soutenu) ↑ **proliférer**; ↓ **se reproduire.**

multitude 1° *En août, Paris reçoit une multitude de touristes étrangers* = **une foule de, un flot de**; ↓ **une (grande) quantité de**; **affluence** ne peut s'employer que dans le contexte *une grande affluence de...* — 2° *Certains s'efforcent de n'avoir rien de commun avec la multitude* (péjor.) = **populace**; (plus courant) **masse**; v. FOULE. *C'est une multitude de sauterelles qui s'est abattue sur les champs* = **nuée**; **armée** implique plus ou moins l'agression; **légion** (au plur. dans ce contexte).

mur 1° *Le maçon monte un mur de brique*; **cloison** ne s'applique qu'à un mur intérieur et de faible épaisseur, de même que **paroi**, qui se dit aussi d'une face du mur. *Les murs de pierre sèche délimitent les parcelles* = **muret, murette.** *Je me heurte à un mur*; **obstacle.** — 2° *Les murs de la vieille ville sont en ruine* = **muraille, rempart**; **enceinte** ne se dit que d'un mur fermé; v. FORTERESSE. *Le ministre est dans nos murs* = **en ville.** ● **murer** *Les propriétaires ont dû murer la fenêtre de la cour*; (rare) **aveugler, boucher**; **condamner** implique seulement que l'on rend l'usage d'une ouverture impossible. ● **se murer** *La veuve s'est murée dans sa solitude* = **se renfermer.**

mûrir *Il a longuement mûri son affaire*; (soutenu) **méditer**; (fam.) **mijoter**; v. PRÉPARER et PRÉMÉDITER.

murmurer 1° (trans.) *Qqn ~ qqch. L'écolier murmure des blagues à son camarade* = **chuchoter**; (rare) **susurrer**; **parler bas** (v. BAS III) s'emploie sans compl. *On ne le comprend pas, il murmure dans sa barbe* = **marmonner.** — 2° (intr.) *Qqch ~. On entend le vent murmurer dans les roseaux*; (soutenu) **bruire.** — 3° (intr.) *Qqch ~. Les élèves ont accepté la punition sans murmurer*; (fam.) **bougonner, broncher, grogner, grommeler, râler**; (plus général) ↑ **protester** se dit aussi d'une expression plus vive du mécontentement. ● **murmure** 1° (v. 1° du verbe) *Les murmures des spectateurs troublèrent le spectacle*; ↓ **chuchotement**; **bourdon-**

nement ↑ (au sing.). — 2° (v. 2° du verbe) *On entendait le murmure des feuilles :* v. BRUISSEMENT ; v. aussi GAZOUILLEMENT. — 3° (v. 3° du verbe) *Les murmures des contribuables n'ont pas empêché l'augmentation des impôts* = **plainte** ; ↑ **protestation**.

museau 1° *Cet animal s'est blessé le museau ;* (plus part.) **mufle** pour les ruminants, **groin** pour les porcs ; **truffe**, pour les chiens, se dit plutôt du bout de leur nez. — 2° *Va te laver le museau* (fam.) : v. VISAGE.

musée 1° *Les touristes ont visité les musées de la ville ;* (vieilli) **cabinet** ; (plus part.) **muséum** se dit d'un musée consacré aux sciences naturelles, et **pinacothèque**, des musées d'art plastique ; **galerie** se dit d'une salle ou d'une collection du musée, ou bien encore d'un établissement privé exposant des œuvres d'art pour la vente. — 2° *Il faut le mettre au musée ;* (fam.) **au rencart**.

musique 1° *La musique du régiment joue dans le kiosque du jardin public ;* **fanfare** et **clique** ne désignent que l'ensemble des cuivres et des percussions d'un orchestre. — 2° *Goûtez-vous la musique de ce vers ?* (soutenu) ; (plus courant) **harmonie**. — 3° *Ne lui racontez pas de blagues ; il connaît la musique* = **chanson, disque, refrain**. ● **musical** *Le son de sa voix était musical* = **harmonieux, mélodieux**. ● **musicien** *Les musiciens exercent une profession artistique ;* (plus part.) **compositeur** se dit de l'auteur d'une musique, **interprète**, de l'exécutant, **instrumentiste**, du musicien qui joue d'un instrument, **chanteur** ou **cantatrice**, des exécutants de la musique vocale ; **chanteuse** est réservé au domaine de la musique dite « légère », ou « de variété ».

muter *L'Administration a muté ce fonctionnaire pour raison de service* = **déplacer**. ● **mutation** 1° *La mutation de cet employé s'est faite d'office* = **déplacement**. — 2° V. CHANGEMENT (in *changer* III) et RÉVOLUTION. — 3° V. SAUT (in *sauter*).

mutiler 1° *Qqn est* ∼. *Il a été mutilé d'une jambe dans l'accident ;* **estropier**. — 2° *Qqch est* ∼. *Le texte a été fortement mutilé par la censure* = **amputer** ; **tronquer** ; ↑ **châtrer**. ● **mutilé** *Les mutilés de guerre reçoivent une pension* = **blessé, invalide**. ● **mutilation** *La mutilation de l'article en changeait beaucoup la portée* = **altération, amputation**.

mutin I V. **espiègle** et **lutin**.

II *Les mutins se barricadèrent dans un bâtiment* = **mutiné, révolté**. ● **se mutiner** *Des soldats se mutinèrent pendant la Première Guerre mondiale* = **se révolter**. ● **mutinerie** *La mutinerie des prisonniers fut provoquée par les mauvais traitements* = **révolte** ; v. ÉMEUTE.

mutuel *Le tribunal avait conclu à des torts mutuels ;* (courant) **réciproque**. ● **mutuellement** **réciproquement**.

mystère 1° *Les mathématiques n'ont plus de mystère pour lui* = **secret**. — 2° *Ne faites donc pas tant de mystère !* = **cachotterie** (au plur.). — 3° *Dans l'express. Il fait grand mystère de ce qu'il entreprend ;* (courant) ↓ **cacher**. — 4° V. ÉNIGME. ● **mystérieux** 1° *Personne ne connaissait vraiment cet homme mystérieux* = **secret** ; v. ÉNIGMATIQUE (in *énigme*). — 2° *Malgré les efforts des enquêteurs, le crime restait mystérieux* = **inexplicable** ; v. INCOMPRÉHENSIBLE. — 3° V. CACHÉ (in *cacher*).

mystifier *Les enfants avaient mystifié leur camarade avec leur histoire de trésor caché ;* ↓ **duper** ; ↓ **tromper**. ● **mystification** 1° *Les discours sur la supériorité de la race blanche sont une mystification ;* **tromperie**. — 2° V. ATTRAPE (in *attraper* II), CANULAR et PLAISANTERIE (in *plaisanter*).

n

nager 1° *Qqch* ‿. *Quelques légumes nageaient dans le bouillon* = **baigner, flotter.** — 2° V. FLOTTER I. — 3° *Qqn* ‿. *Ce ministre a toujours su nager comme il le fallait* = **manœuvrer ;** (fam.) **se débrouiller.** — 4° *L'épreuve était trop difficile, les candidats nageaient* (fam.) ; (soutenu) **perdre pied.** ● **nage** *Le cycliste est en nage* = **inondé de sueur.** ● **nageur** *C'est un nageur* (fam.) = **débrouillard.**

naïf 1° *Elle est jeune et encore bien naïve* = **ingénu.** *Vous êtes bien naïf pour le croire !* = **jeune ;** v. CANDIDE (in *candeur*). — 2° *On l'abuse aisément, il a toujours été naïf ;* (fam.) **gobe-mouches, jobard ;** (très fam.) **poire.** — 3° *Vous êtes naïf de prendre pour argent comptant les promesses qu'il fait* = **crédule, niais.** ● **naïveté** 1° *Le charlatan profitait de la naïveté du public* = **crédulité.** — 2° V. CANDEUR et SIMPLICITÉ (in *simple*). ● **naïvement** *Il avait pensé naïvement que tout s'arrangerait* = **ingénument.**

nain Ce terme désigne une personne dont la taille est anormalement petite ; **nabot** est fam. et péjor. ; **avorton** et **gnome** sont péjor. et évoquent, en plus de la petitesse, une mauvaise conformation ; (très soutenu) **myrmidon** et **pygmée** s'emploient pour désigner un petit homme chétif et insignifiant.

naître 1° *Qqn* ‿. V. ENGENDRER. — 2° (dans des loc.) *Il est né pour peindre* = **destiné à.** *Ils sont nés l'un pour l'autre* = **faire.** *Après des années de solitude, il a fini par naître à l'amour* (soutenu) ; (courant) **s'éveiller.** *Faire naître :* v. ENGENDRER. — 3° *Qqch* ‿. *La coopération entre les deux pays est née de longues négociations* (soutenu) ; (courant) **résulter.** — 4° *Qqch* ‿. *Le jour naît* = **se lever.** — 5° *Qqch* ‿. *Leur brouille est née d'une équivoque* = **être causé par.** ● **naissance** 1° *L'industriel se flattait d'être de haute naissance* (vieilli)

= **extraction, origine.** — 2° *La naissance de la grande industrie est récente* = **commencement ;** v. aussi ORIGINE ; v. DÉBUT. — 3° *Le feu a pris naissance dans le grenier* = **commencer.**

nanan Dans l'express. *C'est du nanan* (fam.) ; (courant) **très agréable** (v. ce mot) ; v. aussi DÉLICIEUX (in *délice*).

nantir *Ses parents l'ont nanti d'argent de poche pour son voyage* (très soutenu) ; (courant) **munir, pourvoir.**

narrer *Il a narré tous les détails de son voyage* (soutenu) ; (courant) **raconter** (v. ce mot) ; v. CONTER. ● **narration** 1° *Sa narration était coupée d'anecdotes* = **récit, relation.** — 2° V. RÉDACTION.

natif 1° *Il est natif de Lyon* (vieilli) ; **originaire.** — 2° *Elle avait une peur native de l'eau* (soutenu) ; (courant) **inné, naturel.**

nation Désigne un ensemble d'hommes qui forment une communauté politique et sont établis sur un même territoire ; **pays** désigne le territoire d'une nation ; **État** renvoie à la forme d'organisation d'un territoire et de ceux qui l'occupent ; **patrie** implique l'idée d'attachement au territoire habité ; **peuple** s'applique à l'ensemble des individus qui appartiennent à une même communauté. Ces termes peuvent être synonymes dans certains contextes *(aimer son pays/sa patrie ; s'adresser au peuple/à la nation française...).*

nativité *Le 25 décembre est le jour de la Nativité ;* (courant) **Noël.**

nature 1° (nom) *L'enfant était de nature délicate* = **constitution ;** (soutenu) **complexion.** — 2° (nom) *Il a une nature bien désagréable* = **caractère.** — 3° *Cette femme a une nature romanesque ;* (plus précis) **tempérament** ; v. aussi NATUREL (*infra*). — 4° *C'est une forte nature* = **personnalité**. — 5° V. UNIVERS. — 6° (loc.) **de nature à** *La mesure prise était de nature à mécontenter tout le monde* = **propre à**. — 7° (adj. invariable) *C'est un homme très nature* (fam.) ; (courant) **naturel, spontané**. ● **naturel** 1° (nom) *On s'extasie souvent sur le naturel des remarques enfantines* = **fraîcheur** ; v. aussi NAÏVETÉ (in *naïf*). — 2° (nom) *Il jouait avec beaucoup de naturel un rôle difficile* = **facilité** ; v. AISE. — 3° (nom) *Il est d'un naturel enjoué* = **caractère, nature** ; v. aussi INSTINCT. — 4° (adj.) *Céder sa place à une personne âgée est tout à fait naturel* = **normal** ; v. LOGIQUE. — 5° (adj.) V. COMPRÉHENSIBLE (in *comprendre*) et RAISONNABLE (in *raison* I). — 6° V. INNÉ, NAÏF et NATIF. ● **naturellement** 1° *Cette idée lui était venue naturellement* = **spontanément** ; — 2° *Naturellement, tu as déchiré ton pantalon !* = **évidemment**. — 3° V. COMMENT, DIRE et ENTENDRE (in *entendre* III).

navrer 1° *Je suis navré de vous avoir retardé* = **désolé** ; ↑ **contrarié**. — 2° *Sa profonde apathie me navre* = **désoler** ; v. ATTRISTER. ● **navrant** *Ce nouvel échec est vraiment navrant* = **désolant, pénible** ; v. ATTRISTANT.

nébuleux *Il essayait de suivre cette conversation nébuleuse* = **confus, obscur** ; (fam.) **fumeux**. ● **nébulosité** *La nébulosité de la démonstration* = **obscurité**.

nécessaire I (adj.) 1° *Il a toutes les qualités nécessaires pour mener à bien le projet* = **requis** ; v. DÉSIRABLE (in *désirer*). — 2° *Les survivants manquaient de ce qui était nécessaire pour combattre les épidémies* = **essentiel** ; v. INDISPENSABLE. — 3° V. LOGIQUE. — 4° V. MATÉRIEL I [*le temps matériel pour...*]. — 5° *Être nécessaire* : v. FALLOIR et IMPOSER (S') I. ● **nécessairement** 1° *Il doit nécessairement partir avant les grandes chaleurs* = **absolument**. — 2° V. FATALEMENT (in *fatal*).

II (nom) *Sa mère lui avait offert un nécessaire de voyage* = **trousse**.

nécessité 1° (au plur.) *Les grandes entreprises arguent des nécessités de la concurrence pour ne pas augmenter les salaires* = **exigence**. — 2° (au sing.) *Une*

partie de la population était dans la nécessité (vieilli) ; (courant) **besoin, dénuement**. — 3° *Dans l'express. de première nécessité* : *Les hausses des prix affectaient les produits de première nécessité* = **indispensable**.

nécessiteux *L'organisation charitable aidait les familles nécessiteuses/ les nécessiteux* = **indigent** ; v. aussi PAUVRE II.

néfaste *L'action de l'armée fut néfaste pour les paysans* ; **désastreux, funeste** ; v. aussi MAUVAIS I.

négliger 1° ~ qqch. *Il néglige sa santé* ; ↓ **se désintéresser de** ; v. ALLER III. — 2° ~ de faire qqch. *L'alpiniste avait négligé de prendre des précautions élémentaires* ; ↓ **omettre**, ↓ **oublier**. — 3° V. ABSTRACTION [*faire abstraction de*] (in *abstraire*). — 4° ~ qqn. *Il néglige ses amis* = **laisser de côté** ; v. aussi ABANDONNER II. ● **négligé** 1° (adj.) V. DÉBRAILLÉ et IGNORÉ (in *ignorer*). — 2° (nom) *Elle portait toujours des négligés transparents* = **déshabillé**. ● **négligence** 1° *Cette négligence dans votre travail est impardonnable* ; ↑ **paresse** ; ↓ **inattention** ; v. OUBLI. — 2° *La négligence des pouvoirs publics est à l'origine de la catastrophe* ; ↑ **incurie**, ↑ **carence**. — 3° *Il cultivait avec affectation la négligence de sa tenue* = **laisser-aller**. ● **négligent** *Cet élève est toujours négligent* ; **inattentif** n'implique qu'un manque d'attention.

négocier I V. ABORDER II.

II *L'industriel négocia habilement l'affaire* = **traiter**. *Le patronat a refusé de négocier avec les syndicats* = **discuter, traiter**. ● **négociation** *Les négociations ont permis d'aboutir à un accord* ; (plus général) **discussion** ; **tractation** est souvent péjor. au plur.

népotisme *Très soutenu, ce terme s'emploie pour qualifier l'attitude d'un homme en place qui, par son influence, donne des avantages aux membres de sa famille* ; **favoritisme** *désigne la tendance à attribuer des avantages sans souci du mérite, quel qu'en soit le bénéficiaire*.

nerf 1° (sing.) *Allons, un peu de courage, ça manque de nerf !* (fam.) ; (courant) **vigueur**. — 2° (plur., dans des express.) *Son ton a fini par me porter sur les nerfs* ; **agacer, énerver** (v. ce mot). *Avoir les nerfs en boule/en pelote* (fam.) ; **être irrité.** *Je ne sais ce qu'il a aujourd'hui, il a ses nerfs* (fam.) ; **être irritable.** ● **nerveux** 1° *L'attente le rendait nerveux* = **fébrile** ; v. AGITÉ (in *agiter*) et IMPATIENT. — 2° *Vous êtes fatigué ? Vous n'avez pas l'air très nerveux ce matin ! =* **vigoureux.** ● **nervosité** *L'absence de nouvelles expliquait sa nervosité* ; (plus général) **agitation.** *La longue attente le mettait dans un état de nervosité extrême* = **énervement.**

net (adj. ; presque toujours postposé) 1° *L'enfant portait des vêtements très nets* = **propre** ; ↑ **impeccable** ; v. ORDONNÉ (in *ordre* I). — 2° *Il avait une écriture nette* = **clair.** *Le conférencier parlait d'une voix nette* = **distinct.** — 3° *Il réaffirma sa position en termes nets* = **explicite, formel** ; v. aussi CRU. — 4° *Il y avait une différence très nette entre les deux frères* = **marqué.** — 5° *Une réponse nette* : v. CATÉGORIQUE et CERTAIN. — 6° **net de.** *Les revenus étaient nets de tout impôt* = **exempt.** — 7° Dans l'express. *faire place nette : Après l'avis d'expulsion, les locataires ont dû faire place nette* ; (courant) **vider les lieux.** ● **net** (adv.) 1° *Le conducteur a été tué net* = **sur le coup.** — 2° *Parler net* : v. FRANC II et FRANCHEMENT (in *franc* II). — 3° V. HAUT III. ● **nettement** 1° *Il est nettement plus adroit que son père* = **beaucoup.** *Il est nettement le plus fort* = **de beaucoup.** — 2° V. FORTEMENT (in *fort* II) et HAUTEMENT (in *haut* III). ● **netteté** 1° *La maison était d'une netteté irréprochable* = **propreté.** — 2° *La netteté de ses propos avait satisfait ses interlocuteurs* = **précision.**

nettoyer 1° *Elle nettoyait sa maison du matin au soir* = **faire le ménage de ; balayer,** c'est nettoyer avec un balai ; (plus précis) **essuyer** (*Elle essuie les meubles avec un chiffon de laine*) ; (didact.) **curer** (*Le cantonnier cure le fossé*) ; (plus précis) **décaper, décrasser** (*Elle décapait/décrassait le parquet en le frottant énergiquement*) ; v. aussi FROTTER. 2° ∼ *qqn. Il a été complètement nettoyé au casino* (fam.) = **lessiver** ; (courant) **ruiner.** — 3° ∼ *qqn. Cette marche trop longue m'a nettoyé* (fam.) = **vider** ; (courant) **éreinter.** — 4° V. DÉBARRASSER, VIDER et aussi TUER.

neuf I (adj.) 1° *Le ministre avait développé des idées neuves* = **nouveau ;** ↑ **original.** — 2° *Il était neuf dans sa nouvelle tâche* = **novice.** — 3° (dans des express.) *Quoi de neuf ? — Rien de neuf ! =* **nouveau.**

II (nom) 1° *Il y a du neuf dans les négociations* = **nouveau.** — 2° *La vieille ferme devait être remise à neuf* = **rénover, restaurer.**

neutre *Il refuse de donner son avis, voulant rester neutre dans cette querelle ;* ↑ **objectif.** ● **neutraliser** *Les médicaments neutralisèrent le mal ;* ↓ **enrayer.**

névralgie *Il souffrait fréquemment de violentes névralgies ; névralgie* s'emploie couramment pour **mal de tête.**

nez 1° Ce terme a de nombreux syn., fam. ou très fam., dont **blair, blase, nase ; pif, tarin ;** (vieilli) **renifloir.** — 2° (dans des loc.) *L'élève a copié au nez du professeur ;* (courant) **devant qqn.** *L'expert estima d'abord les dégâts à vue de nez* = **approximativement.** — 3° (dans des express.) *Ça sentait le fumier à plein nez* (fam.) ; (courant) **sentir très fort.** *Il est coléreux et, pour un rien, il vous ferme la porte au nez* = **ne pas recevoir, rebuter.** *Les deux hommes n'arrêtaient pas de se manger/se bouffer le nez* (fam.) ; (courant) **se quereller violemment.** *Après le vin d'honneur, les invités avaient un verre dans le nez* (fam.) = **être soûl ;** (courant) **être ivre.** *Chaque fois qu'il pleuvait, il ne mettait pas le nez dehors* = **sortir.** Dans les express. *avoir le nez sur qqch, avoir sous le nez : Ne cherche pas tes lunettes, tu as le nez dessus/tu les as sous le nez* = **avoir qqch près de soi.** *Malgré tous ses efforts, il s'est encore cassé le nez* (fam.) ; (courant) **échouer.** *Se casser le nez : Nous sommes passés chez lui, mais nous nous sommes cassés le nez : il n'était pas là* (fam.) ; (courant) **ne pas trouver** (*Nous ne l'avons pas trouvé*).

niais 1° (adj.) *Ce garçon un peu niais n'a rien compris à vos explications ;* **benêt, nigaud** (idée d'un excès de simplicité). *Il prend toujours un air niais quand il risque d'être grondé ;* ↑ **innocent** ; v. CANDIDE (in *candeur*). — 2° (nom) *C'est un niais qui se laisse aisément abuser* = **nigaud** ; (fam.) **cornichon, cruche ; gogo** et **jobard** désignent, très fam., celui qui se laisse aisément dépouillé de son argent ; **couenne** ; (vieillis) **godiche, serin** ; (très soutenu ; vieilli) **nicodème** ; v. aussi NAÏF.

niche faire une (des) niche(s) *Il ne cesse pas de faire des niches à sa sœur* (fam.) ; (courant) ↑ **farce,** ↑ **tour** ; v. ATTRAPER (in *attraper* II).

nicher *Je me demande où il niche maintenant* (fam.) = **percher** ; (courant) **habiter, loger** ; v. DEMEURER. ● **se nicher** *Le chaton s'était niché sous le lit* = **se blottir.**

nier 1° *Nier,* c'est rejeter l'existence de qqch *(L'accusé a nié tous les faits)* ; **dénier,** c'est refuser de reconnaître qqch comme sien *(L'automobiliste dénia toute responsabilité dans l'accident)* ; **contester, mettre en doute,** c'est nier la justesse d'un fait, d'un principe *(Pour sauver sa tête, il contestait tous les témoignages).* — 2° V. CONTREDIRE. ● **négative** *Il a répondu par la négative à toutes les offres* = **par un refus.**

nimbe *Le peintre avait représenté un nimbe autour de la tête des personnages* (didact. ; soutenu) ; **auréole.**

nippes *Le clochard était couvert de nippes malpropres* (fam.) ; (soutenu) **hardes.** ● **nipper** *Il est toujours mal nippé* (fam.) ; (très fam.) **fringuer** ; (courant) **habiller** (v. aussi VÊTIR). ● **se nipper** (fam.) ; (courant) **s'habiller.**

noble (nom) *Autrefois les nobles possédaient des droits exorbitants* = **aristocrate.** ● **noble** (adj.) 1° *Il prétend être issu d'une famille noble* = **aristocratique.** — 2° *Toute sa vie fut emplie d'actions nobles ;* (plus général) **grand.** — 3° *Ses ennemis lui reconnaissaient un caractère noble ;* (plus courant) **généreux** ; v. ÉLEVÉ (in *élever*). — 4° *Les comédiens avaient une noble allure dans leurs costumes anciens ;* **imposant** ; v. BEAU. — 5° *Un style noble :* v. RELEVÉ (in *relever* I). ● **noblement** *Il refusa noblement toute aide* (soutenu) ; (courant) **dignement.** ● **noblesse** 1° *La noblesse refusait les institutions de la république* = **aristocratie.** — 2° *La noblesse d'un caractère* = **générosité** ; v. ÉLÉVATION (in *élever* I). — 3° *La noblesse d'une action* = **grandeur** ; v. BEAUTÉ (in *beau*).

nocif 1° *Les sociologues estimaient nocive l'influence de la télévision sur les jeunes enfants* = **nuisible.** — 2° *Des gaz nocifs ont été utilisés pendant cette guerre* = **toxique** ; (didact.) **délétère.**

noctambule *Les noctambules fréquentent les boîtes de nuit* (vieilli) ; (fam. ou péjor.) **fêtard.**

nœud *Les deux gouvernements s'attaquaient au nœud du problème* = **point principal** ; v. aussi FOND. ● **nouer** 1° *Elle noue ses cheveux avec un ruban* = **attacher.** — 2° *Il nouait la conversation avec le premier venu* = **engager.** — 3° *L'auteur avait un talent particulier pour nouer l'intrigue de ses pièces* = **organiser** ; (vieilli ; soutenu) **ourdir.** — 4° *L'âge lui avait noué les articulations* = **raidir.** — 5° V. ÉTABLIR.

noir (adj.) 1° *Cet enfant a encore les mains noires* = **sale,** ↑ **crasseux.** — 2° *Il revenait tout noir d'un séjour au bord de la mer ;* ↓ **bronzé.** — 3° *Les rues noires étaient dangereuses* = **obscur.** *L'orage s'approchait et le ciel devenait tout noir* = **sombre.** — 4° V. MACABRE. — 5° V. IVRE. — 6° V. PLEIN. ● **noir** (nom) 1° *Les enfants ont souvent peur dans le noir* = **obscurité.** — 2° (dans des express.) *On ne sait que faire avec lui, il passe sans cesse du blanc au noir* = **être versatile.** *Depuis la mort de sa femme, il broie du noir ;* **être triste.** *Voir tout en noir* = **être pessimiste.** ● **noirceur** *La noirceur de son crime suscitait l'horreur ;* (très soutenu) **perfidie.** ● **noircir** 1° *Le travail à la mine lui noircissait le visage ;* ↓ **salir.** — 2° ~ qqn. V. DISCRÉDITER. — 3° ~ qqch. V. GRATTER I. — 4° *Qqch* ~. *Sa peau a noirci* = **brunir.** *Le ciel noircit* = **se noircir, s'assombrir.** ● **se noircir** 1° V. NOIRCIR. — 2° *Il s'est noirci au vin rouge* (fam.) ; (courant) **s'enivrer.**

noix 1° *Donnez-moi une noix de beurre, s'il vous plaît* = **noisette** ; **un peu.** — 2° *Quelle noix !* ; *C'est une noix* (fam.) = **imbécile.** — 3° *Un acteur à la noix :* v. GOMME.

nom 1° *Il a mis son nom au bas de l'acte* = **signature.** — 2° *Le nom de « sage » ne s'applique pas à lui* = **qualification.** — 3° (dans des express.) *On a mis longtemps à savoir qui se cachait* sous ce nom de guerre ; (plus courant) **pseudonyme. Traiter qqn de tous les noms ;** v. INJURIER (in *injure*). — 4° *Petit nom ;* v. PRÉNOM. ● **nomination** *Sa nomination au grade de colonel a réjoui sa famille ;* **promotion ;** v. AFFECTATION I.

nombre 1° *Nombre* désigne un symbole qui caractérise une unité ou un ensemble d'unités *(le nombre 12) ;* **chiffre** désigne les signes qui représentent les nombres *(12 est un nombre de deux chiffres).* — 2° (dans des express.) *Il a obtenu le suffrage du plus grand nombre des électeurs* = **majorité.** *Les assaillants l'ont emporté par le nombre* = **la masse.** — 3° (loc. prép.) *Il n'était pas au/du nombre des reçus* (soutenu) ; (courant) **parmi.** — 4° *Ils étaient venus en nombre* = **nombreux ;** ↑ **en foule.** ● **nombreux** 1° (au sing.) *Une foule nombreuse avait suivi les obsèques ;* ↑ **innombrable,** ↑ **sans nombre ;** v. ABONDANT (in *abonder* I). — 2° (au plur.) *De nombreux spectateurs encourageaient les coureurs* = **beaucoup de.** — 3° V. DOMINER.

nomenclature La *nomenclature* énumère méthodiquement les éléments d'une collection, les objets d'un ensemble *(la nomenclature des églises romanes françaises) ;* une **liste** n'est qu'une suite de noms *(La liste de ses amis n'était pas très longue).*

nommer I 1° *Il a voulu nommer son fils Alexandre* (soutenu) = **prénommer ;** (courant) **appeler.** — 2° *Malgré les sévices, le prisonnier n'a pas nommé ses camarades* (soutenu) ; (courant) **dénoncer.** — 3° V. APPELER I et II et CITER.

II 1° V. AFFECTER I. — 2° *L'avocat avait été nommé d'office* = **désigner ;** (didact.) **commettre ;** v. PASSER III.

nommé à point nommé *Il est arrivé à point nommé pour séparer les adversaires* (soutenu) ; (courant) **à propos.**

non I (adv.) 1° *Il faudra bien que vous cédiez !* — *Non ! ;* (fam.) **des clous.** — 2° (élément de renforcement) *C'est incroyable, non, de se conduire de cette façon ?* (fam.) ; (courant) **n'est-ce pas.** *Tu as fini tes caprices, non ?* = **oui.** — 3° (dans des express.) *Il répond non à tout ce qu'on lui propose* = **refuser.** *Je ne dis pas non* = **je veux bien.** *Je n'ai pas*

d'éléments suffisants pour me décider, je ne dis ni oui ni non = **ne pas prendre parti.**

II (employé comme nom) 1° *Il opposa un « non » très ferme à toutes les demandes* = **refus.** — 2° (dans des loc.) *Ils se brouillent pour un oui ou pour un non* = **pour un rien.** *Mais non ! :* v. PENSER I [*Pensez-vous !*].

normal 1° *Il a dû se passer quelque chose, ce n'est pas très normal, tout cela* = **habituel ;** v. NATUREL (in *nature*). *En temps normal, la foire occupe toute la place de l'hôtel de ville* = **ordinaire.** — 2° V. COMPRÉHENSIBLE (in *comprendre* II) et RAISONNABLE (in *raison* I). ● **normale** *Les performances du sportif étaient au-dessus de la normale* = **moyenne.** ● **normalement** *Normalement, il déjeune près de son bureau* = **habituellement.** ● **normaliser** 1° *Les relations entre les deux pays avaient été normalisées ;* ↓ **régulariser.** — 2° *Les industriels ont normalisé la production* = **standardiser.** ● **normalisation** (v. NORMALISER 1° et 2°) **régulation, standardisation.**

notable La *discussion n'avait pas apporté de changement notable à leurs positions* = **appréciable, sensible ;** ↑ **remarquable.**

note I 1° La *note* est un commentaire destiné à éclairer un texte, une explication en bas de page ; l'**annotation** ou, vieilli, l'**apostille** est une observation en marge d'un texte, plus qu'un éclaircissement ; la **notule** est une courte annotation ; une **glose** est une note qui explique les mots d'un texte ; une **notice** est un bref écrit qui apporte des indications sommaires sur un sujet *(une notice biographique).* — 2° *J'ai pris bonne note de votre persévérance* = **se souvenir** (au futur).

II V. APPRÉCIATION.

III V. ADDITION II et COMPTE.

IV Dans l'express. *Il a forcé la note, on ne peut pas se moquer impunément de tout* (soutenu) ; (courant) **exagérer.**

noter I 1° *J'ai noté qu'il a écouté attentivement votre explication* = **remarquer ;** v. OBSERVER I. — 2° *Il nota l'adresse dans son agenda ;* (moins courant) **consigner ;** v. ENREGISTRER et MAR-

QUER (in *marque*). — 3° V. ÉCRIRE. — 4° *Notez les absents* : v. POINTER I.

II *Le musicien composait le morceau en jouant et le notait ensuite;* (didact.) **transcrire.**

notifier *La compagnie notifia un ordre de renvoi à l'équipage* (didact.); (courant) **donner;** ↑**signifier;** intimer, c'est notifier légalement ou avec autorité; v. aussi ANNONCER. ● **notification** *Il attendait la notification du jugement* (didact.); (plus courant) **annonce, avis;** v. SIGNIFICATION II.

notion 1° V. CONNAISSANCE I. — 2° V. ÉLÉMENT. — 3° *Cette notion a été introduite par les philosophes matérialistes* = **concept, idée.**

notoire 1° *Sa mauvaise foi dans la discussion est notoire* = **manifeste.** — 2° *Le fait est notoire* = **public.** — 3° *C'est aujourd'hui un écrivain notoire;* (courant) ↑**célèbre.** ● **notoriété** *Ses travaux sur le cancer lui ont donné une notoriété internationale* = **renom, renommée, réputation.**

nourrir 1° *On nourrissait le convalescent avec du bouillon;* (plus précis) **alimenter.** *Elle avait nourri tous ses enfants;* (plus précis) **allaiter.** — 2° *Cette plaine nourrit toute la capitale;* (courant) **approvisionner.** — 3° *Les taillis très secs nourrissaient l'incendie* (soutenu); (courant) **alimenter.** — 4° *Ce conteur sait nourrir ses histoires de petites anecdotes* = **étoffer.** ● **se nourrir** *Il se nourrissait de rêves* = **se repaître.** ● **nourrissant** *Son alimentation était trop peu nourrissante;* (didact.) **nutritif.** ● **nourrice** *Elle a confié ses enfants à une nourrice;* (langage enfantin) **nounou;** **bonne d'enfants, nurse** ou (vieilli; plaisamment) **nourrice sèche** se disent de qui s'occupe des enfants sans avoir à les allaiter. ● **nourriture** 1° Au sens de « ce que l'on mange ordinairement », *nourriture* a de nombreux syn. : (fam.) **manger;** (fam. et péjor.) **mangeaille;** (vieilli et péjor.) **pitance;** (très fam.) **becquetance, bouffe, bouffetance, boustifaille, croûte.** — 2° V. ALIMENT.

nouveau 1° *C'est une invention nouvelle* = **récent;** v. MODERNE. — 2° *La commission a apporté un point de vue*

nouveau *sur le problème* = **inédit;** ↑**original;** v. NEUF I et II. — 3° V. AUTRE et INCONNU. — 4° *À/de nouveau* : v. ENCORE. ● **nouveauté** 1° *Tous ces problèmes n'ont pas perdu de leur nouveauté;* (courant) **actualité.** — 2° V. CHANGEMENT (in *changer* III).

nouvelle 1° *La situation est confuse et chacun commente la moindre nouvelle;* ↓**bruit.** — 2° V. CANULAR et INFORMATION (in *informer*).

novice 1° (nom) Se dit de celui qui manque d'expérience et a pour syn. fam. **bleu;** (vieilli) **conscrit; blanc-bec.** — 2° (adj.) *Le jeune homme était novice dans son métier* = **inexpérimenté;** v. NEUF I.

noyer 1° V. INONDER. — 2° (souvent au passif) *Ses protestations furent noyées par les sifflets* = **étouffer.** *La révolte a été noyée dans le sang* = **réprimer violemment.** — 3° **être noyé** *Il faut l'aider, il est noyé en anglais* = **être perdu.**

nu 1° *Elle est nue;* (fam.) **à poil.** — 2° *Dans l'express. Les deux hommes se battaient à mains nues* = **sans armes.** — 3° (loc.) *Le journaliste a mis à nu les agissements des affairistes* = **dévoiler.** ● **nûment** *Il écrivait nûment ce qu'il pensait* (très soutenu); (courant) **crûment.**

nuage 1° *Je prends toujours un nuage de lait dans mon thé* = **soupçon.** — 2° *Leur bonheur est resté longtemps sans nuages* = **sans soucis, sans trouble.**

nuire 1° ～ *à qqch. Son bégaiement nuisait à sa carrière* = **desservir.** *Cet empêchement va nuire à notre projet;* **gêner, contrarier** (～ qqch); v. aussi DÉFAVORISER (in *défaveur*). — 2° ～ *à qqn. Il nuit à ses collègues pour obtenir le poste* = **discréditer** (～ qqn.); (fam.) **tirer dans les jambes.** ● **nuisible** 1° *Un animal nuisible;* (plus part.) **dangereux** se dit des animaux qui constituent un danger pour l'homme (*La pie est nuisible, mais non dangereuse*); v. MALFAISANT et NOCIF. — 2° *Les excès sont nuisibles à sa santé;* (vieilli) **contraire.**

nul I 1° (adj. indéfini) *Nous n'avions nulle envie de retourner dans ce pays;* (courant) **aucun.** — 2° (pron. indéfini)

Nul n'est censé ignorer la loi ; (courant) **personne.** ● **nullement** *La solution ne le satisfaisait nullement* = **aucunement ;** v. FAÇON I [*en aucune façon*] et POINT V.

II (adj. qualificatif) *Malgré ses efforts, les résultats obtenus restaient nuls* = **inexistant ;** v. NULLARD. ● **nullard** 1° (adj.) *Il est nullard dans tous les domaines* (fam.) ; (courant) **nul.** — 2° (nom) *C'est un nullard dont on ne peut rien faire* (fam.) = **zéro ;** (courant) **nullité.**

numéraire (didact.) Se dit, part., de la monnaie métallique ; **argent** s'applique indifféremment aux pièces de métal et aux billets.

numéro 1° (nom) *Cet homme est vraiment un numéro !* (fam.) ; (courant) **original ;** (soutenu) **personne singulière.** — 2° (adj. invariable) *Augmenter la production doit être notre objectif numéro un* = **principal.**

O

oasis *Le village restait une oasis de silence* (soutenu); (courant) **refuge**.

obéir 1° *Qqn* ~. *Il obéissait à sa passion du jeu* = **céder à**, **suivre**. — 2° *La troupe a obéi à l'ordre reçu* = **suivre**; (didact.) **obtempérer**; v. MARCHER [in *marcher droit*] et INCLINER (S') II; v. aussi SE CONFORMER (in *conforme*). — 3° V. ACCOMPLIR et SACRIFIER. ● **obéissant** *Le chien obéissant apportait le bâton qu'on lui jetait;* ↑**discipliné**, ↑**soumis**; v. DOCILE et GENTIL. ● **obéissance** *Pour certains, la première qualité des enfants est l'obéissance;* ↑**soumission**; v. DOCILITÉ (in *docile*) et OBSERVATION II.

obérer *La course aux armements obère les ressources de nombreux pays* (très soutenu); (courant) **grever**.

objecter 1° ~ *qqch. Il objectait sa récente maladie pour ne pa sortir;* ↓**alléguer**, ↓**prétexter**. — 2° ~ *que. On lui a objecté que l'entreprise était trop difficile;* ↓**répliquer**, ↓**rétorquer**; v. OPPOSER. ● **objection** 1° *Comment discuter avec lui? il n'accepte aucune objection;* ↓**critique**; v. OPPOSITION (in *opposer*). — 2° V. DIFFICULTÉ (in *difficile*).

objectif I (nom) V. BUT.

II (adj.) *Le journaliste s'était efforcé de demeurer objectif* = **impartial**; v. NEUTRE et ÉQUITABLE. ● **objectivité** *Le débat avait mis en relief le manque d'objectivité des deux parties* = **impartialité**.

objet 1° *Il expliqua brièvement l'objet de sa visite* = **but**. — 2° *On attendait de connaître l'objet de son intervention* = **sujet**, **thème**; v. SUBSTANCE.

obliger I 1° ~ *qqn à* (faire) *qqch. Son infirmité l'avait obligé à mendier* = **contraindre à**, **réduire à**. *Le tribunal l'a*

obligé à verser une pension = **astreindre à**; v. CONDAMNER et RÉDUIRE. *Personne ne vous oblige à venir* = **imposer de**. — 2° V. LIER III. ● **obligation** 1° *Le démarcheur proposait sans obligation d'achat toute la collection des prix Nobel* = **engagement**. — 2° *Le poste qu'il occupait comportait des obligations souvent ennuyeuses* = **contraire**; ↑**servitude**; v. CHARGE, DEVOIR III et IMPOSER (S') I. ● **obligatoire** 1° *La présence de tout le personnel est obligatoire* = **exigé**. — 2° V. ÉCRIT (in *écrire*).

II 1° *Vous m'obligeriez beaucoup en m'accompagnant* (soutenu); (courant) ↓**rendre service**. — 2° **être obligé** *Je vous serai très obligé de me recevoir* (soutenu) = **redevable**; (courant) **reconnaissant**.

oblique (loc. adv.) *Le fort courant le contraignit à traverser la rivière en oblique* = **en diagonale**. ● **obliquement** *Il regardait son voisin obliquement* (très soutenu); (courant) **de biais, de côté**. ● **obliquer** *Vous obliquerez à gauche pour trouver la ferme* (soutenu); (plus courant) **tourner**.

oblitérer *Les inscriptions avaient été oblitérées par les intempéries* (soutenu); (courant) **effacer**.

obscène Se dit de ce qui blesse la pudeur par l'évocation de représentations d'ordre sexuel : *Il tenait des propos obscènes;* ↓**déshonnête**; (fam.) **cochon**; **ordurier** suppose beaucoup de vulgarité dans le langage; **impudique** se dit de ce qui blesse la chasteté *(L'homme, impudique, se promenait nu sur la plage);* **impur**, en ce sens, s'emploie plutôt en parlant de choses *(des mœurs impures);* **graveleux** suppose des détails grossiers *(des propos graveleux);* v. GRAS; v. aussi ÉROTIQUE, GAILLARD I, HARDI, INDÉCENT et SALE. ● **obscénité** 1° *La censure avait argué de l'obscénité du film pour l'in-*

terdire; ↓ **inconvenance,** ↓ **indécence;**
v. aussi HARDIESSE (in _hardi_). — 2° _Il se_
plaisait à choquer son entourage en
disant des obscénités; ↓ **grossièreté;**
(fam.) **cochonnerie;** v. ORDURE.

obscur 1° _Les motifs de son acte_
restent obscurs; **embrouillé** indique
qu'on ne trouve aucun fil conducteur;
caché indique qu'on ignore tout de
qqch; (fam.) **fumeux;** v. AMBIGU, NÉBU-
LEUX, VOILÉ (in _voile_ I) et VAGUE III. _Un_
raisonnement obscur : v. VASEUX (in
vase II). — 2° _Il s'était fait une spécialité_
d'écrire des textes obscurs; ↓ **difficile;**
(soutenus) **abstrus, ésotérique;** **sibyllin;**
(très soutenu) **amphigourique;** (rare)
abscons; v. COMPLIQUÉ (in _compliquer_);
v. aussi INCOMPRÉHENSIBLE. — 3° _Esprit_
religieux, il croyait aux mystères obs-
curs de la Providence = **impénétrable;**
↑ **insondable.** — 4° _Toute sa vie, il_
occupa un poste obscur; ↓ **insignifiant;**
v. EFFACÉ (in _effacer_). — 5° _C'est un_
écrivain obscur qui a remporté le prix
= **inconnu.** - - 6° _Il aimait mettre en_
avant son origine obscure → **humble.** —
7° _Une nuit obscure :_ v. NOIR. ● **obscu-**
rément _Il sentait obscurément qu'il_
approchait de la solution = **confu-**
sément. ● **obscurité** 1° _L'obscurité totale_
interdisait à l'avion d'atterrir; **nuit;**
(soutenu) **ténèbres;** v. NOIR. — 2° _Cette_
affaire est incompréhensible, beaucoup
de points restant dans l'obscurité;
↓ **brouillard.** ● **obscurcir** 1° _La fumée des_
aciéries obscurcissait la vallée = **assom-**
brir. — 2° _L'abus de l'alcool obscurcit_
les idées = **brouiller.** — 3° V. COMPLI-
QUER.

obséder 1° _Qqn_ ～ _qqn. Il obsédait la_
jeune fille de ses assiduités (très soutenu) (courant) ↓ **poursuivre;** (fam.)
cramponner. — 2° _Qqch_ ～. _La crainte_
d'échouer l'obsédait; ↓ **tracasser,** ↓ **tra-**
vailler; (soutenu) **hanter, obnubiler.**
● **obsédant** _Les Européens ont trouvé à la_
musique africaine un rythme obsédant;
↑ **lancinant.** ● **obsédé** _C'est un obsédé_
de la chasse = **fou, maniaque;** (fam.)
malade. ● **obsession** 1° _Elle avait l'obses-_
sion de ne plus plaire = **hantise.** —
2° V. IDÉE.

obséquieux _L'homme, obséquieux,_
guettait le moindre geste de son chef de
service = **plat, servile, rampant;** (très
soutenu) **adulateur.** ● **obséquiosité** _Son_

obséquiosité lui avait permis d'obtenir un
emploi important = **platitude, servilité.**

observation I 1° _Le naturaliste a_
poursuivi ses observations pendant des
années; ↑ **expérience.** — 2° (plur.) _Toutes_
les observations sur la question avaient
été réunies en un volume; ↓ **considéra-**
tions. — 3° (plur.) _Les policiers procé-_
dèrent aux observations d'usage = **cons-**
tatations. — 4° (plur.) _On lui avait_
demandé de noter toutes ses observa-
tions; ↓ **remarques;** v. RÉFLEXION (in
réfléchir I). — 5° _L'adolescent supportait_
mal toute observation = **réprimande,**
reproche; v. APPRÉCIATION et REMON-
TRANCE.

II _Pendant le week-end, l'observation_
stricte du Code de la route est exigée
= **obéissance à, respect de.**

observer I 1° ～ _qqn/qqch. Chaque_
soir, il observait les étoiles; ↓ **regarder.**
Les médecins observaient les plaques
rouges sur la peau du malade = **exami-**
ner. — 2° ～ _qqn. Il observait la jeune_
fille dans son rétroviseur; **épier;** v. aussi
SCRUTER. — 3° ～ _qqch. Vous observerez_
que je n'ai pas pris part à ce débat;
(courant) **noter, remarquer;** v. ENREGIS-
TRER. ● **observateur** 1° (nom) _Il y avait_
plus d'observateurs que de manifestants
dans la rue; (courant) **spectateur.** —
2° (adj.) _Il avait l'esprit observateur et_
faisait sans cesse des remarques utiles;
↓ **attentif.**

II _L'ethnologue devait observer les habi-_
tudes des habitants pour s'intégrer dans
le village (soutenu) (courant) **adopter;**
↑ **se plier à;** ↓ **suivre;** v. RESPECTER.
● **observance** _Les fidèles vivaient_
dans l'observance des lois de la
Bible (didact.); (courant) **soumission;**
v. RÈGLE I.

obstacle 1° _Aucun obstacle ne l'a_
gêné : il a réussi tout ce qu'il a entrepris
= **barrage, barrière;** v. DIFFICULTÉ (in
difficile) et INCONVÉNIENT. — 2° _L'oppo-_
sition de ses parents à son projet était un
obstacle sérieux; (soutenu) **entrave;**
v. INCONVÉNIENT. — 3° V. ACHOPPER,
CONTRARIER et ENCOMBRE (SANS). —
4° _Faire obstacle à qqch_ = **pallier.**

obstiner (s') 1° _Il s'obstine à vouloir_
tout faire lui-même = **s'entêter;**
v. ACHARNER (S') [in _acharné_]. —

2° V. CONTINUER et INSISTER. ● **obstination** *Son obstination lui a permis de surmonter toutes les difficultés* = **acharnement, persévérance, ténacité ;** v. CONSTANCE (in *constant*), ENTÊTEMENT (in *entêter* [s']) et INSISTANCE (in *insister*). ● **obstiné** 1° *Son travail obstiné a porté ses fruits* = **acharné, opiniâtre ;** v. CONSTANT. — 2° *C'est un homme obstiné qui ne veut écouter personne* = **têtu.**

obstruer *Des feuilles mortes obstruaient l'allée ;* ↓**encombrer ;** v. BOUCHER et EMBOUTEILLER.

obtenir 1° *Il a obtenu son brevet de pilote cette année* = **acquérir ;** (terme général) **avoir ;** (fam.) **décrocher, enlever ;** v. ARRACHER. — 2° *Le barman obtenait de cette façon un mélange très fort* = **parvenir à.**

occasion 1° *Cette maison est une occasion à ne pas manquer* = **chance ;** (soutenu) **aubaine.** — 2° *Vous aurez bien l'occasion de venir nous voir* = **possibilité.** — 3° *Pour lui, toutes les occasions sont bonnes pour ouvrir une bouteille* = **circonstance, motif.** — 4° V. CAS et ÉCHÉANT [*le cas échéant*].

occasionner 1° *La perte de leur passeport occasionna des difficultés sans nombre aux deux touristes* = **attirer, causer, créer, susciter ;** v. aussi ENGENDRER et LIEU II [*donner lieu à*]. — 2° *Les orages violents occasionnèrent des dégâts importants* = **entraîner, provoquer ;** v. DÉCHAÎNER.

occident *La maison était exposée à l'occident* (soutenu) ; (courant) **couchant, ouest.**

occupé I 1° *Le poste qu'on lui avait promis était déjà occupé* = **pris.** — 2° *Les journalistes avaient été expulsés des régions occupées* = **envahi.**

II 1° *J'ai été très occupé et n'ai pu venir vous voir* = **pris ;** (fam.) **bousculé.** — 2° *Il a toujours l'allure de quelqu'un de très occupé* = **actif, affairé.**

occuper I 1° *Qqn ~ qqch. Les pays européens ont occupé une partie de l'Afrique ;* (plus part.) **envahir** n'implique pas une occupation. —. 2° *Qqn/qqch ~ qqch. Il occupait cette maison depuis*

toujours = **habiter.** *Occuper ses loisirs ;* v. MEUBLER.

II 1° *~ qqn. Les jours de pluie, on ne savait comment occuper . les enfants ;* (plus précis) **distraire, intéresser.** — 2° *~ qqn. Ses nouvelles fonctions l'occupaient entièrement* = **prendre ;** v. ABSORBER III et EMPLOYER. ● **s'occuper** 1° *Qqn ~. Cet enfant s'occupe* = **trouver qqch à faire.** *Sa maison est en ruine, il a de quoi s'occuper* = **faire.** *Il tourne en rond sans savoir à quoi s'occuper* = **s'intéresser.** — 2° *Qqn ~ de qqn/qqch. Ne t'occupe pas de lui, il s'en tirera tout seul* = **se soucier.** *Il s'occupait de politique depuis sa sortie de l'école* = **se mêler de, s'intéresser à.** *Il n'a jamais eu le temps de s'occuper de ses vieux jours* = **penser à.** *Le député avait promis de s'occuper de l'affaire* = **se charger de.** *S'occuper d'un enfant :* v. ENTOURER et VEILLER. — 3° *S'occuper des affaires de qqn :* v. INGÉRER (S'). ● **occupation** *Avec ses quatre enfants, elle ne manque pas d'occupations* = **travail ;** v. ACTIVITÉ (in *actif*).

occurrence *En l'occurrence, personne ne sait quoi faire* (soutenu) ; (courant) **dans le cas présent.**

odeur (terme général) Certains termes précisent le caractère agréable ou désagréable de l'émanation. 1° (agréable) *Les violettes exhalaient une odeur fraîche* = **senteur.** *La pièce était emplie de l'odeur des roses* = **parfum** (v. ce mot) ; (très soutenu ; rare) **fragrance.** *On apprécie toujours l'odeur d'un bon rôti* = **fumet.** — 2° (désagréable) *Après la fête, la salle gardait des odeurs d'alcool* = **relent ;** v. aussi SENTIR II. *Une odeur de vieux tabac ;* (très soutenu ; vieilli) **remugle.** *Une odeur infecte signalait la présence de la papeterie* = **puanteur.** ● **odorat** Ce terme désigne le sens par lequel on perçoit les odeurs ; **flair** se dit, plus part., de l'odorat du chien.

odieux 1° *Rien ne pouvait justifier sa conduite odieuse ;* ↓**indigne ;** v. DÉTESTABLE (in *détester*). — 2° *Cet enfant a été odieux avec sa grand-mère* = **insupportable.**

œil I Entre dans la composition de nombreuses express. et loc. 1° (sing. ; dans des loc.) *Il l'observait du coin de l'œil* = **discrètement.** *À vue d'œil, il y a* bien cent moutons dans le pré = **approximativement**. *Elle portait des vêtements tape-à-l'œil* = **voyant**. V. EXACTEMENT (in *exact*). — 2° (sing. ; dans des express.) *Prenez garde, je vous ai à l'œil !* = **surveiller**. *Il avait du coup d'œil dans ce genre d'affaires* = **discernement**. *J'ai eu ma place à l'œil* (très fam.) ; **à peu de frais** ; v. GRATUITEMENT (in *gratuit*). *Je n'ai pas fermé l'œil de la nuit* = **dormir**. *Avoir l'œil à tout/avoir l'œil* (fam.) ; (courant) **veiller à tout**. *Elle m'a tout de suite tapé dans l'œil* (fam.) ; (courant) **plaire**. *La vue du sang l'a fait tourner de l'œil* = **s'évanouir**. *Ouvrir l'œil, ouvrir l'œil et le bon, ne dormir que d'un œil* = **être attentif/vigilant/tout yeux** ; v. GARDE [*être sur ses gardes*] (in *garder* I). *Tu peux garder tes reproches, je m'en bats l'œil* (fam.) ; (courant) **s'en moquer**. *Se rincer l'œil* (très fam.) ; (courant) **regarder avec plaisir**. — 3° (plur. ; dans des loc.) *Je ne ferai pas cela pour vos beaux yeux* (fam.) ; (courant) **pour rien**. *Je lui ai dit ce que je pensais entre quatre yeux* (fam.) ; (courant) **en tête à tête**. *Ne cherchez pas votre crayon, vous l'avez sous les yeux* = **devant vous**. — 4° (plur. ; dans des express.) *Maintenant, vous n'avez plus que les yeux pour pleurer* (fam.) ; (courant) **avoir tout perdu**. *La raison de son départ crève les yeux/saute aux yeux* = **être évident**. *Accepter/acheter qqch les yeux fermés* = **en toute confiance, sans vérification**. *Je l'ai regardé dans les yeux/dans le blanc des yeux* = **en face** (v. ce mot). — 5° Certains syn. ne s'utilisent qu'au plur. : *Ouvrez vos yeux pour voir cela* ; (fam.) **châsses, mirettes, quinquets**.

II V. BOURGEON.

œuf (dans des loc.) *Le scandale avait été étouffé dans l'œuf* = **avant sa naissance**. *Il a repris de tous les plats et il est plein comme un œuf* (fam.) ; (courant) **repu**. *Avec ce qu'il a bu, il doit être plein comme un œuf* (très fam.) ; (courant) **ivre**.

œuvre 1° *Le fermier est à l'œuvre dès l'aube* (soutenu) ; (terme général) **en activité** ; (courant) **au travail**. *La rééducation des sourds-muets est une œuvre difficile* = **entreprise**. — 2° *Tu peux être fier de ton œuvre, il faut tout recommencer !* (iron.) ; (terme général) **résultat** ; (courant) **travail**. — 3° *L'œuvre capitale*

de Beethoven est sa neuvième symphonie = **ouvrage** ; v. PIÈCE II. — 4° *L'organisation s'occupait d'œuvres charitables* ; (plus général) **action**. ● **œuvrer** *Il avait œuvré pour réussir* (soutenu) ; (courant) **travailler**.

offense 1° *Ce manquement à sa promesse était une grande offense* ; ↑ **outrage**. — 2° *Il était difficile d'oublier cette offense* ; **camouflet** se dit d'une parole ou d'une action humiliante ; **injure** s'emploie, plus part., pour désigner une parole offensante ; **affront** implique une offense publique ; ↑ **humiliation** ; **brimade** suppose une offense qui expose au mépris public ; (vieilli) **avanie**. — 3° *Pardonnez-nous nos offenses* (didact.) = **faute, péché**. ● **offenser** 1° *Des graffiti offensaient la mémoire des déportés* ; ↑ **injurier à**. — 2° *Je n'ai pas voulu l'offenser* ; ↑ **humilier** ; ↓ **vexer** ; ↓ **froisser** marque une indignation passagère ; v. MANQUER II [*manquer à qqn*] et OUTRAGER. — 3° V. BRAVER. ● **s'offenser** *Il s'est offensé de mots qu'il n'a pas compris* ; **se blesser**, **se vexer**, c'est se croire offensé ou l'être à juste titre ; **se formaliser**, **se froisser**, **se choquer**, c'est s'offenser de qqch fait contre les règles. ● **offensé** *Je ne pensais pas qu'il allait être offensé* ; ↑ **humilié** ; ↓ **froissé** ; v. OFFENSER (S'). ● **offensant** *Il choisissait volontairement des mots offensants* = **blessant, injurieux**.

offensif *Le retour offensif des gelées gâta les récoltes* = **brutal** ; (moins courant) ↑ **violent**. ● **offensive** *L'armée de libération est passée à l'offensive* = **attaque** ; v. ASSAUT.

office I 1° V. FONCTION II. — 2° *Ces dernières années, les offices de publicité se sont multipliés* ; (courant) **agence**. — 3° *Les pays neutres ont proposé leurs bons offices pour régler le litige* (didact.) ; (courant) **médiation** ; v. ENTREMISE (in *entremettre* [*s'*]).

II *Il a assisté à l'office funèbre* (didact.) ; (courant) **service** ; *office* s'emploie parfois aussi pour **messe**. ● **officiant** *L'officiant se tourna vers les fidèles* (didact.) = **célébrant** ; (courant) **prêtre**.

offrir 1° *Qqn/qqch ∼ qqch. Le directeur/l'agence lui offrait un salaire important* = **proposer** ; v. DONNER I. —

2° Qqch ⁓ qqch. *Cet hôtel n'offre aucun confort* = **présenter.** ● **s'offrir** 1° Qqn ⁓ qqch. *Cette année, je vais m'offrir des vacances ;* (fam.) **se payer.** — 2° Qqn ⁓ qqch. V. ACHETER et DONNER III. — 3° Qqch ⁓. *Il profitait de tous les plaisirs qui s'offraient à lui* = **se présenter à, se rencontrer.** ● **offre** *C'était une offre avantageuse qu'il ne refusa pas* = **proposition.**

oisif *Des gens oisifs participaient aux croisières* = **désœuvré, inoccupé ;** v. INACTIF. ● **oisiveté** *Cette oisiveté finissait par lui peser* = **désœuvrement ;** v. aussi PARESSE.

ombrage Ⅰ *La vieille dame passait ses après-midi sous l'ombrage du tilleul ;* (courant) **ombre** *(à l'ombre).*

Ⅱ *Il a pris ombrage de ce que je lui ai dit* (soutenu) ; (courant) **se vexer.** ● **ombrageux** 1° *On supporte mal son caractère ombrageux* = **susceptible.** — 2° *Il regardait l'assistance d'un air ombrageux* = **défiant, soupçonneux.**

ombre 1° *L'adolescent portait une ombre de moustache* = **soupçon.** — 2° *Vous courez après les ombres ;* ↑ **chimère** (plur.) ; v. FANTÔME. — 3° *Cet homme est devenu l'ombre de son père* = **reflet.** — 4° V. OMBRAGE Ⅰ. — 5° (dans des express.) *Quelque chose se trame dans l'ombre* = **secrètement.** *L'œuvre de ce peintre est enfin sortie de l'ombre* = **oubli** *(sortir de l'oubli).* — 6° (dans des loc.) *Il vivait à l'ombre de ses parents* = **sous la protection.** *Le ministre avait laissé dans l'ombre le problème le plus important* = **de côté.**

omettre 1° ⁓ qqch. *Il a omis quelques détails dans son exposé* (soutenu) ; (courant) **oublier ; passer sous silence, taire,** c'est omettre volontairement ; v. ABSTRAIRE [*faire abstraction de*] et NÉGLIGER. — 2° ⁓ de faire qqch. *Il a omis de nous prévenir de son absence ;* (courant) **oublier.** ● **omission** *L'omission du nom de cette personnalité a sûrement une signification* = **absence, oubli.** *On relevait dans le compte rendu des omissions gênantes* = **manque, oubli, lacune.**

onctueux 1° *La cuisinière avait la réputation de préparer des potages onc-*

tueux = **moelleux, velouté.** — 2° *Ses manières onctueuses cachaient un cœur froid* (soutenu) = **patelin ;** (courant) **mielleux.**

onde Ⅰ *Le navire voguait sur l'onde* (vieilli ; très soutenu) ; (courant) **eau.**

Ⅱ *L'enfant jetait des pierres dans l'eau pour y faire naître des ondes* = **ride, rond.** ● **ondoyer** 1° V. FLOTTER Ⅰ. — 2° *Le blé ondoyait sous le vent* (soutenu) ; (courant) **onduler.** ● **ondoyant** 1° *La jeune fille avait une démarche ondoyante* = **ondulant ;** ↓ **souple.** — 2° V. CAPRICIEUX (in *caprice*). ● **ondoiement** *L'ondoiement des blés* = **ondulation.** ● **onduler** 1° V. ONDOYER 1°. — 2° *Ses cheveux ondulaient légèrement ;* ↓ **friser.** ● **ondulation** 1° V. ONDOIEMENT. — 2° *Les ondulations de ses cheveux étaient naturelles* = **cran.**

ondée *Les promeneurs ont été surpris par cette brusque ondée* = **averse.**

on-dit *Tous ces on-dit sans fondement lui ont causé du tort* = **papotage, ragot.**

onguent *La brûlure n'était pas profonde, un onguent suffirait à la cicatriser* (didact.) ; (courant) **pommade.**

opération Ⅰ V. INTERVENTION (in *intervenir*).

Ⅱ (v. OPÉRER Ⅱ) 1° *Grâce à une adroite opération de publicité, le candidat avait gagné des voix ;* (plus courant) **campagne.** — 2° *Le directeur de la banque n'avait pas réussi ses opérations boursières* = **spéculation.** — 3° V. ENTREPRISE (in *entreprendre*).

Ⅲ *Il faisait toutes ses opérations de tête ;* (plus général) **calcul.**

opérer Ⅰ 1° Qqn ⁓. V. INTERVENIR. — 2° Qqn ⁓ qqn. *Faute de matériel, le chirurgien a opéré maladroitement le blessé ;* (fam.) **charcuter.**

Ⅱ 1° Qqn ⁓. *Il faut opérer avec douceur* = **procéder, s'y prendre.** — 2° Qqch ⁓. *Vos paroles rassurantes ont opéré* = **faire son (de l') effet.** Qqn/qqch ⁓ sur qqn/qqch. V. AGIR Ⅱ. — 3° Qqch ⁓ qqch. *Cette longue convalescence a opéré un grand changement sur le malade* = **produire.**

opinion 1° V. AVIS, DOCTRINE et IDÉE. — 2° *Les journaux d'opinion ont des difficultés à survivre* = **tendance**. — 3° *Le gouvernement avait su agir sur l'opinion publique ;* (fam.) **public**.

opportun 1° *Ce n'est pas un discours opportun* = **de circonstance**. *Son intervention était tout à fait opportune* = **bienvenu**. — 2° V. FAVORABLE (in *faveur*) et LIEU [*Il y a lieu de*]. ● **opportunément** *Vous êtes arrivé opportunément pour me tirer de ce guêpier* = **à propos, à point nommé** ; (fam.) **pile**. ● **opportunité** *Il hésitait sur l'opportunité des mesures à prendre* = **bien-fondé**. *L'opportunité d'une intervention* = **à-propos, convenance**.

opposer 1° *Qqch* ~ *qqn à qqn. Une vieille histoire de famille les oppose* = **dresser l'un contre l'autre**. — 2° ~ *qqch. Il a opposé des arguments peu convaincants* = **alléguer**. — 3° *Je ne vois pas ce que vous pouvez lui opposer* = **objecter** ; ↓ **répondre**. ● **s'opposer** 1° *Qqn* ~ *à qqch. Le propriétaire s'oppose à toute modification du projet* = **être hostile à**. — 2° *Qqn* ~ *à qqn. Ils se sont opposés au cours d'un débat télévisé* = **s'affronter**. — 3° *Les deux tableaux s'opposaient dans la grande salle ;* (plus courant) **se faire face**. — 4° V. DÉSOBÉIR et EXCLURE. ● **opposé I** (adj.) 1° *Ils ont des opinions opposées sur tous les sujets* = **contraire** ; (plus particul.) **contradictoire** ; v. DIFFÉRENT (in *différer* II) et INVERSE ; v. aussi INCOMPATIBLE. — 2° *L'Église est opposée à la libération du divorce* = **hostile à** ; v. CONTRE et DÉFAVORABLE (in *défaveur*). — 3° *Il a accroché son tableau sur le mur opposé à la porte* = **vis-à-vis de**. — 4° *Cherchez tous les mots de sens opposé* = **antonyme**. — 5° *Après les élections, le pays semblait coupé en deux parties opposées* = **adverse**. ● **opposé II** (nom) 1° *Il défendait l'opposé de l'opinion admise* = **contre-pied** *(prendre l'opinion admise à contre-pied) ;* ↑ **inverse**. — 2° *C'est tout l'opposé de son frère* = **tout le contraire**. — 3° *Il va à l'opposé des opinions reçues* = **à contre-courant, à l'encontre, à rebours**. ● **opposition** (terme général) 1° *Cet enfant est en opposition constante avec ses parents* = **conflit** ; ↑ **rébellion**. — 2° *Le conférencier ne tenait aucun compte des oppositions ;* ↓ **critique**, ↓ **objection**. — 3° *Ces deux discours sont en opposition ;* (soutenu) **antithèse**. — 4° *Je n'ai jamais pu comprendre leur opposition sur la peinture impressionniste* = **antagonisme** ; v. DÉSACCORD, DIVORCE et HOSTILITÉ (in *hostile*).

opprimer 1° *Les pays occidentaux ont longtemps opprimé les peuples de l'Afrique ;* **assujettir** implique une soumission forcée ; **enchaîner** ; ↑ **tyranniser** ; **asservir**, c'est réduire abusivement à un état de dépendance extrême ; **soumettre** indique une domination vague ; ↓ **courber** ; v. aussi ACCABLER II et DOMINER. — 2° *L'armée opprimait la liberté* = **étouffer**. ● **oppression** 1° *Les Français ont vécu des années sous l'oppression nazie ;* (par métaphore) **joug**. — 2° *Les régimes d'oppression sont encore trop nombreux ;* ↓ **contrainte**. ● **oppressif** *Une censure oppressive empêchait la transmission de toute nouvelle à l'étranger ;* (didact.) **coercitif** ; ↑ **tyrannique**.

optimisme *Les chasseurs pleins d'optimisme espéraient remplir leur gibecière ;* ↓ **confiance**. ● **optimiste** *Les propos optimistes du président n'avaient convaincu personne ;* ↓ **encourageant** ; **lénifiant** et **rassurant** impliquent que l'on cherche à rendre la confiance.

optique *Il avait su changer d'optique le moment voulu* = **conception** ; (plus courant) **point de vue**.

opulent *Ce pays jadis opulent a été ruiné par la sécheresse ;* ↓ **riche** (v. ce mot). ● **opulence** *Grâce à son héritage, il vit dans l'opulence ;* ↓ **aisance**, ↓ **richesse** (v. ce mot in *riche*).

or (dans des express.) *Cette femme est cousue d'or/roule sur l'or* (fam.,) ; (courant) **richissime** ; v. aussi RICHE. *Il a acheté cette maison à prix d'or* = **à un prix exorbitant** ; **très cher**. *C'est un homme en or* = **parfait**. *Une partie du Moyen-Orient tient sa richesse de l'or noir* = **pétrole**.

orageux *La séance devenait orageuse, on en venait aux insultes* = **agité, mouvementé** ; v. HOULEUX (in *houle*).

oral 1° *Il avait respecté son engagement oral* = **verbal**. — 2° *Médicament à* *prendre par voie orale* (didact.) ; (courant) **par la bouche.**

orateur désigne celui qui prononce des discours en public ; **conférencier** désigne un orateur traitant d'un sujet qu'il pense être propre à intéresser ses auditeurs ; **tribun** s'applique surtout à un orateur qui défend les intérêts des couches sociales exploitées.

ordinaire 1° *On avait l'impression que rien ne pouvait déranger l'ordre ordinaire* = **habituel** ; v. NORMAL. — 2° *Qqch est* ∼. *Le mur était tapissé d'un papier ordinaire* = **courant, banal** ; v. aussi COMMUN II. — 3° *Qqn est* ∼. *C'est un homme tout à fait ordinaire* = **quelconque** ; v. COMMUN II. — 4° **à l'ordinaire** *Ils passent leurs vacances à l'étranger, comme à l'ordinaire* = **d'habitude** ; (rare) **de coutume** ; **ordinairement, habituellement** *(Ils passent ordinairement/habituellement leurs vacances...)* ; v. aussi COMMUNÉMENT (in *commun* II). — 5° **d'ordinaire** *L'été est moins ensoleillé que d'ordinaire* = **généralement, en général, habituellement.**

ordonner I *Le libraire ordonna les livres de façon plus attrayante* ; ↓ **arranger, ranger** ; v. aussi CLASSER I.

II ∼ *qqch à qqn. Il avait ordonné aux élèves de se lever* ; (soutenu) **enjoindre** et **sommer** *(sommer les élèves de...)* ; v. COMMANDER II ; v. aussi DEMANDER.

ordre I 1° *Les dignitaires de second ordre n'apparaissaient pas à la tribune* = **plan.** — 2° *Dans un autre ordre d'idées, j'aurais beaucoup à vous dire* = **genre.** — 3° *Il travaille sans ordre et n'arrive à rien* ; ↓ **méthode.** — 4° *Le ministre prétendait que les grèves troublaient l'ordre public* = **sécurité.** — 5° *Ces termes sont volontairement mis dans un certain ordre* = **enchaînement.** — 6° (dans des express.) *Le chahut devenait constant, les surveillants y mirent bon ordre* ; (plus fam.) **mettre le holà.** *L'élève qui n'apprenait pas ses leçons a été rappelé à l'ordre* = **réprimander.** *Voilà un homme d'ordre* = **ordonné.** *Vous admettrez que c'est une question à l'ordre du jour* = **d'actualité.** ● **ordonné** 1° *La maison était toujours bien ordonnée* ; **net** implique la propreté. — 2° *C'était une femme très ordonnée* ;

(plus général) **soigneux, soigné** ; v. OR-DRE I *(supra).* ● **ordonnance** 1° *L'ordonnance des cérémonies avait été troublée par l'orage* ; (courant) **organisation.** — 2° *Il vous demande de modifier complètement l'ordonnance des mots* = **agencement.** — 3° *L'ordonnance d'une œuvre* = **disposition.**

II *Les manifestants n'avaient pas suivi les mots d'ordre des organisateurs* = **consigne** ; v. INSTRUCTION (in *instruire*) et COMMANDEMENT (in *commander* II).

III V. COMMUNAUTÉ II et CORPORATION.

ordure 1° (plur.) *Des usines spécialisées détruisent maintenant les ordures de toutes sortes* ; les **détritus** sont des matériaux de rebut dont on se débarrasse ; **immondices** se dit du rebut de l'industrie, des déchets de la vie humaine. — 2° (sing. ou plur.) *Son livre n'était qu'un amas d'ordures* ; ↓ **grossièreté** (v. mot) ; ↑ **obscénité,** ↑ **saleté** (v. ces mots) ; (fam.) **cochonnerie.** — 3° *Il vivait dans l'ordure* ; (sens physique) **crasse, saleté** ; (fam.) **saloperie** ; (sens moral) [soutenu] **boue, fange** ; v. aussi DÉBAUCHE (in *débaucher* II). — 4° *Tais-toi donc, ordure !* (très fam.) = **fumier, salaud** (v. ce mot).

oreille 1° (très fam.) **esgourde, portugaise** (au plur.). — 2° (dans de nombreuses express.) *Se faire tirer l'oreille* : v. PRIER II. *Montrer le bout de l'oreille* : v. TRAHIR (SE). *Casser les oreilles* : v. ÉTOURDIR.

organe I *Il souffrait des organes génitaux* = **parties** (au plur.). ● **organisme** *Selon les médecins, l'usage de la drogue détruit peu à peu l'organisme* (didact.) ; (courant) **corps humain.**

II V. JOURNAL.

organique *Les syndicats formaient un groupe organique* = **constitué.**

organiser 1° *Organiser le travail de qqn* ; ↑ **planifier.** *L'administrateur fut chargé d'organiser les nouveaux services* ; ↓ **former,** ↓ **mettre sur pied** ; v. aussi ARRANGER et PRÉVOIR. — 2° V. COMBINER et MONTER II [*monter un coup, une affaire*]. — 3° V. NOUER [*nouer une intrigue*] (in *nœud*). ● **organisé** *C'est un esprit très organisé* = **méthodique.**

● **organisation** 1° *L'organisation des travaux a exigé beaucoup d'imagination;* **mise sur pied** insiste sur l'idée de démarrage; **planning** insiste sur l'idée de déroulement dans le temps. — 2° *Cette organisation politique n'a pas obtenu la majorité des suffrages* = **mouvement, parti.** — 3° *On ne connaît pas encore toute l'organisation du corps h u m a i n ;* (soutenu) **économie.** — 4° V. COMPOSITION (in *composer* I).

orgueil Se dit de l'opinion exagérée que l'on a de sa propre valeur, opinion accompagnée de dédain à l'égard d'autrui; (soutenu) **outrecuidance;** **amour-propre** implique la susceptibilité, la crainte des comparaisons avec autrui; **morgue** suppose que le sentiment de supériorité est exprimé par la froideur de l'attitude ou de l'expression; **présomption** et, courant, **prétention** (v. aussi ce mot in *prétendre* II) enchérissent sur *orgueil* et impliquent que l'on a une opinion beaucoup trop avantageuse de ses possibilités; **complaisance** indique seulement que l'on se complaît dans un sentiment par vanité (*s'écouter avec complaisance,* c'est être satisfait de soi). V. FIERTÉ (in *fier*); v. aussi AFFECTATION II, AMBITION et CONFIANCE (in *confier* I). ● **orgueilleux** *C'est un homme orgueilleux qui méprise tout ce que font les autres;* (soutenu) **outrecuidant;** ↑ **présomptueux, prétentieux;** v. FIER.

orient *L'escadre se dirigeait vers l'orient* (très soutenu) = **levant;** (courant) **est.**

orienter 1° *Le gendarme orienta le promeneur égaré dans la bonne direction;* (courant) **diriger;** v. GUIDER (in *guide* II). — 2° V. EXPOSER II. — 3° V. INFLUENCER (in *influence*). ● **s'orienter** *Il savait s'orienter au milieu d'une forêt* = **se repérer.** ● **orienté** *Les journaux d'information sont aussi orientés que les publications d'un parti politique* = **tendancieux.** ● **orientation** 1° *Je n'ai pas compris l'orientation de l'orateur* = **tendance.** — 2° V. DIRECTION II et EXPOSITION (in *exposer* II).

original I (nom) *Ce peintre travaillait rarement à partir de l'original* = **modèle.**

II 1° (nom) *Il ne fait rien comme les autres, c'est un original;* (péjor.) **excen-**trique; (fam.) **numéro;** v. FANTAISISTE (in *fantaisie*); v. aussi MANIAQUE (in *manie*). — 2° (adj.) V. BIZARRE et PITTORESQUE. — 3° (adj.) *Une idée originale :* v. NEUF I, NOUVEAU et PARTICULIER I. — 4° V. PREMIER I. ● **originalité** 1° *Les critiques ont apprécié l'originalité de ce jeune écrivain* = **personnalité;** v. INDIVIDUALITÉ (in *individu*); v. aussi SINGULARITÉ. — 2° *Cette vedette a défrayé la chronique par ses originalités;* ↑ **bizarrerie,** ↑ **excentricité.**

origine 1° *D'innombrables légendes relatent l'origine de l'univers* = **commencement, naissance;** (soutenu) **genèse.** — 2° *On a beaucoup disputé sur l'origine de la Révolution française* = **source;** v. aussi CAUSE I. *L'origine de la dispute est un banal malentendu* = **germe;** v. BASE II. — 3° *On distingue les mots d'origine savante de ceux d'origine populaire* = **formation.** — 4° (loc. adv.) **à/dès l'origine** = **au/dès le début.** ● **originel** *On ignore le sens originel de cette expression* = **initial, primitif;** v. PREMIER II. ● **originellement** initialement, primitivement.

orner *Le salon était orné de petits bouquets variés* = **agrémenter, décorer.** *Des pots de géranium ornaient les fenêtres* = **garnir.** *Plusieurs peintres avaient orné le recueil de poèmes* = **illustrer.** *Une vieille carte ornait le mur blanc* = **égayer.** ● **ornement** *La cheminée était couverte d'ornements* = **garniture.** *Les ornements d'un vêtement;* (plus part.) **broderies;** (péjor.) **fanfreluches,** etc. *S'habiller sans ornement* = **sans fantaisie, sobrement.** ● **ornemental** *La terrasse était encombrée de plantes ornementales* = **décoratif.** ● **ornementer** *Des chapiteaux ornementés de feuillages* = **décorer.** ● **ornementation** *C'est tout un atelier qui a travaillé à l'ornementation de la cathédrale pour les fêtes du Tricentenaire* = **décoration.**

ornière *Cet homme dynamique sort de l'ornière* = **chemins battus, routine.** *Je ne sais si on pourra le sortir de l'ornière* = **de ce mauvais pas;** v. aussi DIFFICULTÉ (in *difficile*).

orthodoxe *C'est un historien orthodoxe qui n'a rien apporté de nouveau à la conception actuelle de l'histoire* = **conformiste, traditionnel.**

oser *Il a osé me frapper !* = **se permettre de** ; (fam.) **avoir le culot de.** ● **osé** *Le film devait son succès à ses scènes osées* – **libre, leste** ; v. HARDI ; v. aussi LÉGER.

ossature *La jeune fille avait une trop forte ossature* = **charpente** ; (didact.) **squelette** (v. ce mot) ; v. CARCASSE.

ostentation *Il avait étalé ses connaissances par ostentation* = **affectation, gloriole** ; v. PARADE.

ôter 1° *Si j'ôte 5 de 12, il reste 7* = **retrancher, soustraire** ; (plus général) **enlever** (v. ce mot) ; v. aussi PRENDRE I et SUPPRIMER. — 2° *Il a ôté son manteau humide* = **retirer** et **quitter** ; v. DÉCOUVRIR (SE) et TOMBER. — 3° V. BANNIR et PROSCRIRE. — 4° V. DÉGAGER. ● **s'ôter** *Ôtez-vous de là !* (fam.) = **se pousser** ; (très fam.) **se barrer, se tailler** ; (plus soutenu) **se retirer.**

ou (conj.) *Dites-moi tout ou je ne vous parle plus* = **sinon.** *Je viendrai lundi ou mardi* ; **soit..., soit** *(...soit lundi, soit mardi)* souligne davantage les deux termes d'une alternative.

où (adv.) *Où avez-vous trouvé ce bibelot ?* = **à quel endroit.** *Par où ?* ; v. SENS III.

oubli 1° *L'acteur a eu un oubli au milieu de sa scène* = **absence** ; (fam.) **trou.** — 2° *C'est un oubli inadmissible de ses devoirs* = **manquement à.** — 3° *Il a vite réparé cet oubli* = **négligence** ; v. OMISSION (in *omettre*). — 4° *Laisser dans l'oubli* : v. OMBRE. ● **oublier** 1° *Il oublie les convenances* ; (soutenu) **manquer à** ; v. NÉGLIGER. — 2° *Depuis qu'elle s'est mariée, elle a oublié ses amis* ; (fam.) **laisser tomber.** — 3° V. ABSTRACTION [*faire abstraction de*] (in *abstraire*). — 4° V. EFFACER et EXCEPTER. — 5° V. LAISSER, OMETTRE et PASSER II. — 6° *Vous avez été désagréable et gagneriez certainement à vous faire oublier* ; (fam.) **faire le mort.**

oui *Viendrez-vous ? — Oui ;* **assurément** et **sûrement** peuvent renforcer *oui (oui, sûrement)* ou se substituer à lui ; v. PARFAITEMENT (in *parfait*) et PRÉCISÉMENT (in *précis*) ; v. aussi ACCORD [*d'accord*] et NON.

outrage *Il a été poursuivi pour outrage à la pudeur* = **attentat** ; v. OFFENSE. ● **outrager** ~ qqn. *Il m'a outragé par ses paroles blessantes* (soutenu) ; (plus courant) **insulter ; offenser.** ● **outrageusement** *Elle était outrageusement fardée* = **excessivement** ; v. aussi TRÈS.

outre 1° (prép.) *Outre cette propriété, il possède un immeuble à Paris ;* (plus courant) **en plus de, sans parler de** ; v. aussi AUSSI, ACCESSOIREMENT et INDÉPENDAMMENT. — 2° **outre mesure** *Il ne s'est pas inquiété outre mesure* (soutenu) ; (plus courant) **trop** *(Il ne s'est pas trop inquiété).* — 3° **en outre** *Il n'avait pas de permis de conduire et, en outre, il a insulté le gendarme* (soutenu) ; (plus courant) **de plus** ; v. MARCHÉ [*par-dessus le marché*]. *Je ne pourrai pas venir ; en outre, j'ai trop de travail* (soutenu) = **au reste, au surplus** ; (plus courant) **d'autre part** ; v. CÔTÉ ; v. aussi AILLEURS (D').

outrepasser *Il n'avait pas hésité à outrepasser les ordres ;* **enfreindre,** c'est ne pas respecter les ordres ; v. DÉPASSER et ABUSER I.

outrer 1° *L'actrice croyait satisfaire le public en outrant son jeu* = **charger, forcer** ; v. EXAGÉRER. — 2° *Votre désinvolture m'a outré ;* **indigner.** ● **outrance** 1° V. DÉMESURE. — 2° (loc. adv.) *Il était méticuleux à outrance* = **à l'excès.** ● **outrancier** *Il tenait des propos outranciers* = **excessif.**

ouvrage 1° *Il se mit à l'ouvrage avec ardeur* = **travail** (v. ce mot), **tâche.** *Il n'a pas hésité à mettre la main à l'ouvrage ;* (fam.) **à la pâte.** — 2° *Publier un ouvrage sur l'histoire romaine :* v. LIVRE et ŒUVRE.

ouvrier *Les ouvriers ne voteront pas pour ce candidat de droite* = **classe ouvrière** ; (vieilli) **classe laborieuse.**

ouvrir Terme général, dont les syn. varient selon les contextes. 1° Qqn ~ qqch. *L'enfant a ouvert fébrilement le paquet* = **déballer.** *Il ouvrait son journal sur la table* = **étaler.** *Le chirurgien a ouvert l'abcès* = **percer.** *La congrégation a ouvert plusieurs écoles à l'étranger* = **fonder.** *L'aigle ouvrit ses ailes* = **déployer.** *Elle ouvrait les yeux, surprise* = **écarquiller.** — 2° *La banque a*

ouvert une nouvelle succursale = **fonder.**
— 3° Qqch ⁓ sur qqch. V. COMMENCER.
— 4° Qqch ⁓ sur qqch. *La fenêtre ouvrait sur un vaste jardin* = **donner sur.**
— 5° (dans des express.) *Elle a ouvert à demi sa fenêtre* = **entrouvrir, entrebâiller.** *Les soldats ouvrirent le feu* = **tirer.**
● **s'ouvrir** 1° Qqn ⁓ à qqn. V. CONFIER (SE) [in *confier* II]. — 2° Qqch ⁓. *Les roses s'ouvraient par milliers* = **s'épanouir.** *La terre s'ouvre :* v. CRAQUELER (SE). ● **ouvert** 1° Qqn est ⁓. V. BON II, COMMUNICATIF et FRANC II. — 2° Qqch

est ⁓. *Tout étonné, l'enfant restait la bouche ouverte ;* ↑ **béant.** ● **ouvertement** *Le ministre a dit ouvertement pourquoi il démissionnait* = **franchement ;** v. HAUTEMENT (in *haut* III) et VU II [*au vu et au su de tous*]. ● **ouverture** 1° *L'ouverture de la session était attendue avec impatience* = **commencement, début ;** v. INAUGURATION (in *inaugurer*). — 2° *Le renard entrait dans le poulailler par une large ouverture* = **brèche, trou.** — 3° *Le gouvernement a fait des ouvertures à l'opposition* = **proposition.**

p

pacage *Les vaches restaient au pacage tout l'été* (vieilli); (plus courant) **pâturage**; une **pâture** est une terre qui donne de l'herbe sans culture; **prairie**; un **pâtis** est un lieu qui fournit une nourriture aux animaux, constitué de friches et de landes; **herbage** désigne un pâturage caractérisé par la vigueur de l'herbe; **alpage** s'applique à un pâturage situé dans les hautes montagnes; v. aussi PRÉ.

pacte *Les deux grandes puissances ont signé un pacte de non-agression* = **traité**. ● **pactiser** (avec qqch) *Pour mieux le combattre, les policiers pactisaient avec le crime* = **transiger**.

pagaille 1° V. ANARCHIE et DÉSORDRE. — 2° (loc.) *Il y avait des bibelots en pagaille dans toutes les pièces* (fam.); (courant) **en grande quantité**; v. aussi BEAUCOUP.

paillard 1° (nom) V. JOUISSEUR (in *jouir*). — 2° (adj.) *Il jetait des regards paillards sur toutes les femmes;* ↓**polisson**; (très fam.) **cochon**.

paille (dans des loc.) *Nous allons le tirer à la courte paille* = **au sort**. *Ça coûte trois millions : une paille, quoi!* (fam.); (courant) **une bagatelle, un rien**.

paisible 1° Qqn est ∼. *On n'avait jamais vu cet homme paisible se mettre en colère* = **calme** (v. ce mot), **placide**; ↓**pacifique**; (fam.) **peinard, pépère**. — 2° Qqch est ∼. *C'était un hameau paisible au milieu des champs* = **tranquille**; (fam.) **peinard**; v. CALME. ● **paisiblement** *Ils faisaient paisiblement leur petite promenade* = **calmement, tranquillement**.

paître 1° *Les moutons paissaient l'herbe rare* = **brouter**. — 2° *Envoyer paître qqn/qqch :* v. BOULER [*envoyer bouler qqn/qqch*] (in *boule*) et PROMENER [*envoyer promener qqch/qqn*].

paix 1° *Il appréciait cette paix de la montagne* = **tranquillité**; v. CALME. — 2° (dans des express.) *La paix, s'il vous plaît !* = **silence**! *Maintenant, ils vont faire la paix et s'embrasser* = **se réconcilier**; v. aussi ACCORD I [*se mettre d'accord*]. *Être en paix :* v. REPOS (in *reposer*).

pâle 1° *Après son long séjour à l'hôpital, le malade restait pâle;* **blafard** (*un teint blafard*); ↑**blême** s'applique au visage; **hâve** ajoute l'idée de maigreur (*un visage hâve*); **pâlichon, pâlot** s'emploient surtout en parlant des enfants; v. LIVIDE. — 2° *À la lessive, mon pull est devenu tout pâle* = **délavé**; ↑**incolore**. — 3° *Quelle pâle imitation de Rubens !* = **fade, terne**. ● **pâlir** 1° *La colère le fit pâlir* = **blêmir**; **changer de couleur**, c'est **pâlir**, mais aussi **blanchir, rougir**. — 2° *Le soir, la lumière pâlissait* = **s'affaiblir**. — 3° *Les couleurs ont pâli au soleil* = **passer**.

pallier (la construction *pallier à qqch* est très courante et critiquée par les puristes) *Les secours internationaux n'ont pu pallier les effets de la sécheresse* (soutenu); (très soutenu) **obvier à**; v. OBSTACLE. ● **palliatif** *Le soutien des cours du blé n'était qu'un palliatif* = **expédient**.

palper 1° *Le médecin a longuement palpé le ventre du malade;* (plus général) **toucher**; v. TÂTER. — 2° *Il a beaucoup palpé dans cette affaire* (fam.); (courant) **recevoir de l'argent**. ● **palpable** 1° *Voilà des avantages palpables qui vous satisferont* = **réel, tangible**. — 2° V. CERTAIN et MATÉRIEL I.

palpiter 1° Qqch ∼. *Le cœur palpite :* v. BATTRE III. — 2° *La peur le faisait palpiter* = **frémir**. ● **palpitant** 1° (adj.)

Les élèves suivaient avec passion le récit palpitant; ↑ **émouvant.** — 2° (adj.) *Les chasseurs emportent le cerf palpitant* (soutenu) = **pantelant.** — 3° (nom) *J'ai le palpitant qui bat trop vite* (fam.); (courant) **cœur.**

panique *La population prise de panique fuyait l'inondation;* ↓ **effroi,** ↓ **peur** (v. ce mot); v. AFFOLEMENT (in *affoler*); v. aussi FUITE (in *fuir*).

panne *Il est resté en panne en rase campagne;* (fam.) **en carafe.**

panorama *Du haut de la tour, on avait un beau panorama;* ↓ **vue.**

panse *Les invités se sont remplis la panse* (fam.); (courant) **ventre** (v. ce mot). ● **pansu** 1° Qqn est ∽. *Un homme pansu* = **ventru;** v. aussi GRAS et GROS. — 2° Qqch est ∽. *Un vase pansu* = **renflé.**

panser *Le médecin pansa soigneusement le bras blessé;* (plus part.) **bander.**

pantin Ce terme désigne une personne qui gesticule de façon excessive et paraît de ce fait ridicule; **marionnette** se dit d'une personne versatile; **fantoche** insiste sur l'absence de sérieux; **guignol** et **polichinelle** emportent en plus une idée de ridicule marqué; v. BOUFFON et ESCLAVE.

papa 1° *La petite fille appelait son papa* = **père;** (fam.) **paternel, vieux.** — 2° (dans des loc.) *Il faisait son travail à la papa* (fam.) = *en* **pépère;** (courant) **tranquillement.** *C'était un théâtre de papa* (fam.); (courant) **périmé.**

papier 1° *Écrire un papier :* v. ARTICLE. — 2° *L'escroc avait fait disparaître tous les papiers compromettants;* (plus part.) **écrit.** *Il avait légué tous ses papiers au musée;* (plus part.) **document.** — 3° (au plur.) *Le gendarme examinait ses papiers d'identité* = **pièce;** dans cet emploi, *papiers* seul équivaut à *papiers d'identité.* — 4° (loc.) *Cela paraît facile sur le papier, mais vous n'y arriverez pas sans mal* = **théoriquement, en théorie.**

papilloter *Ses yeux papillotaient, éblouis par les phares* = **cligner.**

paquet 1° *Paquet* se dit de la réunion de plusieurs objets enveloppés ensemble : *un paquet de linge;* **colis** s'applique plutôt à un paquet qui est expédié *(Il a envoyé un colis de conserves par chemin de fer);* **ballot** désigne un petit paquet de marchandises ou de vêtements; **balluchon** (fam.) se dit d'un petit paquet de vêtements enveloppés dans un carré d'étoffe. — 2° (dans des express.) *L'opération a rapporté à l'entreprise un paquet d'actions* (fam.); (courant) **une grande quantité de;** v. aussi BEAUCOUP. *Des paquets de mer empêchaient le départ du voilier* = **de grosses vagues.**

parachever *Le menuisier parachevait son travail en polissant le bois du meuble;* (fam.) **fignoler** implique l'idée d'un soin excessif; ↓ **parfaire,** c'est achever qqch en sorte qu'il ne manque rien; v. aussi FINIR.

parade 1° V. REVUE II. — 2° *Sa vanité n'était satisfaite que par la parade* = **ostentation;** (fam.) **esbroufe.** — 3° **faire parade de qqch** *Il faisait sans cesse parade de ses voyages* = **faire étalage, étaler** (v. ce mot); (soutenu) **faire montre de.** ● **parader** *Le directeur paradait avec suffisance auprès des jeunes femmes* = **plastronner, se pavaner;** v. ÉTALER (S') II.

paradis 1° V. CIEL II et DÉLICE. — 2° *Au milieu du désert, l'oasis était un paradis de verdure* = **éden.** ● **paradisiaque** *L'agence de voyages promettait un séjour paradisiaque dans les îles grecques* = **enchanteur.**

parages (au plur.) *Vous avez donc une maison dans les parages ?* = **voisinage** (sing.); **environs** (plur.).

paraître **I** 1° (avec l'auxiliaire « avoir ») Qqn ∽. *Elle parut et se jeta dans ses bras;* (plus général) **se montrer.** *Il n'a pas paru depuis trois jours* = **venir.** — 2° (avec l'auxiliaire « avoir ») Qqn ∽. *Elle paraissait sur scène depuis cinquante ans* = **se produire** (v. ce mot in *produire* II). — 3° *Il paraît un homme bien doux* (soutenu) = **faire figure de;** (courant) **passer pour;** v. aussi SEMBLER. — 4° *Le désir de paraître :* v. BRILLER II. — 5° (avec l'auxiliaire « avoir ») Qqch ∽. *Peu à peu, le jour parut;* (soutenu)

pointer. — 6° (avec l'auxiliaire « avoir ») Qqch ⌣. *Le poison paraissait plus nocif que prévu* = **s'avérer, se révéler.** — 7° **faire/laisser paraître** *Il laissait maintenant paraître sa colère* = **manifester.**

II 1° ⌣ + attribut. *Il paraît très sûr de lui* = **sembler** (v. ce mot). — 2° **il paraît que** *Il paraît que l'on va manquer de fuel domestique cet hiver* = **on prétend que.**

III (avec auxiliaire « avoir » ou « être ») *L'ouvrage devait paraître au mois d'octobre* = **être publié ; être édité.** *L'éditeur fait paraître l'ouvrage le mois prochain* = **éditer.** ● **parution** *La parution du rapport est attendue* = **publication.**

parallèle (nom) 1° (au masc.) *Le policier a établi un parallèle entre les deux dépositions ;* ↑**rapprochement.** — 2° (au f.) *Mettre qqch en parallèle avec qqch :* v. **COMPARER.** ● **parallélisme** *Il y avait un parallélisme frappant entre les deux interventions ;* ↓**accord.**

paralysie *L'Administration était dans un état de paralysie complète* = **asphyxie.**

parangon *Cette femme passait pour un parangon de vertu* (vieilli et très soutenu) ; (plus courant) **modèle.**

parapluie *Il a perdu son parapluie dans le métro ;* (fam.) **pépin.**

parasite *Il se faisait inviter chez les uns et les autres, satisfait de sa vie de parasite ;* (vieilli) **écornifleur ;** (fam.) **pique-assiette ;** v. **CONVIVE.**

paravent *Le trafiquant avait un paravent qui lui permettait de dissimuler ses activités* = **couverture.**

parc I *Garer sa voiture dans un parc de stationnement était devenu onéreux* = **parking ;** (rare) **parcage.** ● **parquer** 1° *L'armée avait parqué tous les suspects dans un stade* = **entasser.** — 2° *Parquer sa voiture* = **garer ;** (sans compl.) **se parquer.**

II V. **JARDIN.**

parce que *Nous sommes sortis parce que nous avions trop chaud ;* **car,** conj. de coord., introduit une explication ; **en effet,** loc. adv., joue le rôle d'une conj.

de coord. et a une place variable *(… : nous avions, en effet, trop chaud) ;* v. **COMME I ;** v. aussi **PRÉTEXTE** [*sous (le) prétexte de/que…*]. *Il ne voulait rien dire parce qu'il la craignait de la blesser ;* **étant donné que** et **attendu que,** loc. conj., insistent sur la dépendance causale ; V. **PUISQUE.**

parcelle 1° *La mine ne livrait plus que des parcelles d'or* = **fragment.** — 2° *Vous n'avez pas la moindre parcelle de bon sens* = **atome, grain, miette.**

parcimonie *Il leur donna des fruits avec parcimonie ;* ↓**économie ;** (fam.) **au compte-gouttes.**

parcourir 1° *L'avion avait parcouru la distance en un temps record* = **franchir ;** v. aussi **TRAVERSER.** — 2° V. **BATTRE II.** ● **parcours** 1° V. **DISTANCE.** — 2° *Le parcours prévu par les organisateurs comptait de nombreuses difficultés ;* **itinéraire** implique davantage l'idée de haltes ; **trajet** se dit plutôt du fait de parcourir un certain espace et convient mieux que les deux autres pour parler d'un parcours urbain *(un trajet d'autobus) ;* les trois termes s'emploient parfois l'un pour l'autre.

pardon 1° V. **COMMENT** et **PLAIRE II** [*S'il vous plaît ?*]. — 2° *Pardon* est l'action de ne pas tenir rigueur d'une faute ; **absolution** est la rémission des fautes (terme religieux) ou le jugement qui rend libre un individu tout en le déclarant coupable (terme juridique). — 3° *Je vous demande pardon, voulez-vous répéter ?* = **s'excuser.** ● **pardonner** 1° ⌣ à qqn. *L'empereur pardonna aux officiers traîtres* = **faire grâce, gracier.** — 2° ⌣ qqch à qqn. *Je te pardonne cette incartade ;* (fam.) **passer l'éponge sur.** — 3° ⌣ qqch. *Vous pardonnerez cette intervention, mais je ne suis pas d'accord avec vous* = **excuser.** — 4° *Une erreur qui ne se pardonne pas* (fam.) ; selon le sens, une erreur **irréparable/inexcusable.** ● **pardonnable** *Vous êtes pardonnable de ne pas l'avoir cru* = **excusable.**

pareil (adj.) 1° *Les villas du lotissement étaient toutes pareilles* = **identique, semblable ;** v. **MÊME I** et **II** [*mêmes*]. — 2° *Je n'ai jamais vu un pareil paresseux* (valeur démonstrative) = **tel** (v. **TEL I**). — 3° *Il portait une veste* *pareille à la mienne* (introduit une comparaison) = **comme**. — 4° *C'est pareil* = **c'est tout comme**. ● **pareille** (nom f.) *Je lui ai dit ses quatre vérités, mais il m'a bien rendu la pareille* = **payer de retour** ; v. RÉCIPROQUE. ● **pareillement** 1° *Tous les voiliers étaient pareillement équipés* = **de la même façon, semblablement** ; v. aussi MÊME I. — 2° *Le ciel était bleu et la mer pareillement* = **aussi, également, de même**.

parent Terme général qui désigne tous ceux qui appartiennent à la même famille et, en part., au plur., le **père** et la **mère** ; **collatéral**, didact., s'emploie pour les **frères** et **sœurs** d'une personne, ses **ascendants** et **descendants** ; v. PROCHE [*les proches*] ; v. aussi SIEN [*les siens*].

parer I V. ÉVITER.

II 1° ~ qqch. *À la veille de Noël, les enfants avaient paré toute la maison de guirlandes* (soutenu) ; (plus courant) **décorer, orner** (v. ce mot). — 2° ~ qqn. *Elle parait son mari de toutes les qualités* = **orner**. ● **se parer** *Elle passait chaque matin une heure à se parer* = **se bichonner** ; (avec une nuance péjor. ; au passif ou à la forme pronominale) **se pomponner** ; (fam.) **s'attifer**, c'est s'habiller avec mauvais goût ; v. aussi ARRANGER. ● **parure** *La vieille dame avait sorti ses plus belles parures* ; (au plur. ; toujours iron.) **atours**.

paresse *Sa paresse le portait à vivre en parasite* = **fainéantise** ; (fam.) **cosse, flemme**. *La fortune de ses parents justifiait, disait-il, sa paresse* ; ↓**indolence** ; **mollesse** *Il n'achevait jamais un livre, par paresse* ; ↓**négligence, nonchalance**. ● **paresser** *Il paresse toute la journée dans un hamac* ; (fam.) **flemmarder, lézarder, se tourner les pouces** ; (très fam.) **ne pas en fiche une rame, se les rouler** ; v. CUL. ● **paresseux** 1° (adj.) *Il était si paresseux qu'il ne faisait jamais son lit* = **fainéant** ; (fam.) **flemmard, cossard** ; v. INACTIF. — 2° (nom) *Ce paresseux n'arrive à rien dans son travail* ; (fam.) **tire-au-flanc** ; (en parlant d'un écolier) **cancre**.

parfaire (seulement à l'infin.) 1° *L'artisan s'appliquait à parfaire son ouvrage* ; **ciseler** suppose que l'ouvrage

est repris plusieurs fois afin d'être rendu irréprochable ; **châtier** s'applique à un texte dont on rend le style le plus correct possible ; **polir**, c'est donner de l'élégance, mettre la dernière main ; v. PARACHEVER ; v. aussi FINIR. — 2° *Il espère parfaire la somme dans quelques jours* (rare) ; (plus courant) **compléter**.

parfait 1° *C'est un parfait menteur* = **fieffé** ; v. ACCOMPLI (in *accomplir*). — 2° *La réparation avait été exécutée de façon parfaite* = **impeccable** ; v. IRRÉPROCHABLE. *Leur union était parfaite* = **idéal** ; v. aussi EXEMPLAIRE (in *exemple*). *Le calme parfait de la campagne fut pour beaucoup dans sa guérison* = **complet, total**. — 3° *Vous avez été sages, c'est parfait* = **très bien**. — 4° V. OR [*un homme en or*]. ● **parfaitement** 1° *Le décor choisi s'accordait parfaitement au ton de la comédie* = **tout à fait, à la perfection** ; v. ADMIRABLEMENT (in *admirer*), EXACTEMENT (in *exact*) et MERVEILLE [*à merveille*]. — 2° *Il est parfaitement exact que je ne suis pas venu* = **absolument, tout à fait**. — 3° *Tu voudrais l'épouser ? — Parfaitement, il est très distingué* = **bien sûr, oui**.

parfois *Son frère venait parfois le voir* = **quelquefois, de temps en temps, de temps à autre**.

parfum Ce terme implique toujours une odeur agréable. 1° *Les différents parfums se mêlaient agréablement* = **arôme** et **senteur** ; v. ODEUR ; v. aussi EFFLUVE. — 2° *Le civet de lièvre a un parfum très caractéristique* ; (plus précis) **fumet**. *Le parfum d'un vin* ; (plus précis) **bouquet**. — 3° *Mettre au parfum* : v. INFORMER. ● **parfumer** 1° *Des fleurs parfumaient toujours la chambre* = **embaumer**. — 2° *Sa peau était toute parfumée de sel et d'iode* = **imprégner**.

pari *C'était un pari impossible à tenir* ; (soutenu) **gageure**. ● **parier** 1° *Il avait parié une fortune et avait tout perdu* ; (plus général) **jouer** ; (vieilli) **gager** ; v. CARTE [*jouer la carte de*]. — 2° *Je parie qu'il a oublié son rendez-vous* = **mettre sa main au feu, être sûr** ; (très fam.) **foutre son billet**.

parité *Il y avait entre eux une parfaite parité de pensées* (soutenu) ; (plus courant) **égalité**; v. aussi RESSEMBLANCE (in *ressembler*).

parler 1° Qqn ⌣. *Il parle beaucoup, mais ce qu'il dit n'est pas très intéressant* = **bavarder**; v. aussi DISCOURIR. — 2° Qqn ⌣. *Le chef de bande a fini par parler;* (fam.) **se mettre à table**; (très fam.) **vider son sac.** — 3° Qqn ⌣ (au jeu de cartes) *Vous auriez dû passer votre tour, vous n'aviez pas de jeu pour parler* = **annoncer.** — 4° ⌣ à qqn. *Il évitait toujours de lui parler* = **adresser la parole.** — 5° ⌣ avec qqn. *Quand il retrouvait son ami, il n'avait jamais fini de parler avec lui* = **causer**; **conférer** implique l'examen de questions souvent importantes; (soutenu) **deviser** suppose une conversation familière d'une certaine durée; v. DISCUTER; v. aussi CONVERSER (in *conversation*). — 6° (dans des loc. et des express.) *Parler d'or* = **sagement.** *Parler bas :* v. BAS III. *Sans parler de :* v. OUTRE. *Parler à qqn comme à un chien* = **lui parler sans égards.** *On parle de :* v. QUESTION II [*Il est question de*]. *Ne vous en faites pas, je parlerai pour vous;* ↑**plaider.** *Le délégué syndical parlait avec fougue aux ouvriers de l'atelier;* ↑**haranguer;** *Tu parles! :* v. PENSER I. ● **parler** (nom) 1° *Il employait toujours un parler prétentieux* = **langage.** — 2° *Dans le midi de la France, le parler change d'un village à l'autre;* (plus précis) **dialecte;** (soutenu) **idiome.**

parmi 1° *Parmi tous les emplois qu'on lui proposait, il a choisi celui qui lui permettait de voyager* (suivi d'un plur. ou d'un collectif; indique que qqn ou qqch est distingué d'un ensemble dont il fait partie); **entre.** — 2° *On remarquait beaucoup d'enfants parmi la foule;* (plus courant) **au milieu de;** v. DANS. — 3° *Nous espérons que vous vous trouverez bientôt parmi nous* = **avec;** v. NOMBRE [*au nombre de*]. — 4° *Cette qualité n'est pas commune parmi les hommes* = **chez.**

parole 1° (précédé de « la ») *L'homme se distingue des autres animaux par la parole* = **langage.** — 2° *Il avait toujours des paroles aimables pour chacun* = **propos.** — 3° V. ÉLOCUTION. — 4° V. MOT. — 5° (dans des express.) *La parole de Dieu* = **l'Écriture sainte.** *Un homme de parole : On peut compter sur lui, il est de parole* = **sûr.** — 6° (dans des loc.) *Couper la parole :* v. INTERROMPRE. *Je vous donne ma parole que je le ferai* = **promettre.** *Reprendre sa parole* = **se rétracter.**

parsemer 1° *Le conférencier parsemait ses exposés de citations latines* = **émailler.** — 2° V. COUVRIR.

part I 1° *Cette pauvre femme a bien eu sa part de malheurs;* (soutenu) **lot ;** (part reçue ou fournie par qqn) **contingent** *(Chaque pays a apporté son contingent pour lutter contre la famine).* — 2° *Il réservait une part de son traitement à l'achat d'un voilier* = **partie;** v. PORTION. — 3° *Les élèves avaient organisé un repas et chacun avait payé sa part;* (vieilli) **écot.** — 4° (dans des loc.) *Je t'aiderai pour la vente, mais (faisons) part à deux* = **partager.** *Faire part de qqch :* v. CONFIER II. *Tous les employés avaient part aux bénéfices* = **participer.** *Beaucoup n'avaient pas pris part à la discussion* = **participer, jouer son rôle.** *Être quelque part :* v. TIRER I.

II (loc. adv.) **autre part :** *J'achèterai un vase autre part, ici c'est trop cher* = **ailleurs.** *D'autre part :* v. OUTRE [*en outre*]. **de toute(s) part(s) :** *Les appels venaient de toutes parts* = **de partout;** v. CÔTÉ [*de tous côtés*].

III à part (loc. adj.) *On ne sait comment l'aborder, elle est un peu à part* = **spécial;** (loc. adv.) *Il prit à part son garçon pour le réprimander* = **en particulier;** v. SÉPARÉMENT. *Le moniteur mit à part les garçons et les filles* = **séparer;** v. CÔTÉ [*de côté*]; (loc. prép.) *À part vous, je n'en ai parlé à personne* = **sauf** *(Je n'en ai parlé à personne, sauf à vous);* v. EXCEPTÉ (in *excepter*). *À part cela :* v. INDÉPENDAMMENT.

partage 1° *Le partage du domaine s'est effectué sans contestation* = **division en parts, morcellement;** v. DISTRIBUTION (in *distribuer*). — 2° *La longue attente était le partage des femmes de marins* (soutenu) = **lot ;** (courant) **sort.** ● **partager** 1° *Elle a partagé le gâteau en trois* = **diviser; fragmenter** suppose des parts petites et souvent inégales; v. DISTRIBUER et MORCELER (in *morceau*); v. aussi COUPER et SÉPARER. — 2° ⌣ avec qqn. V. ASSOCIER (S'). — 3° V. PART I [*faire part à deux*]. — 4° Qqn est ⌣. *Devant cette maladresse, il était partagé entre le* *rire et la colère;* ↑ **écarteler.** *Elle a été bien/mal partagée pour ce qui est de la beauté* ~ **être** **favorisé/défavorisé.** — 5° Qqch est ~. *Un amour/des torts partagé(s)* = **réciproque.**

parti **I** *Parti* désigne l'ensemble des personnes défendant les mêmes opinions, souvent politiques. *La plupart des partis ont leur journal :* v. ORGANISATION (in *organiser*); **faction,** souteru, **clan** et **tendance** désignent un groupe qui se livre à des activités subversives dans un groupe plus important; v. ASSOCIATION (in *associer*) et FORMATION (in *former*); v. aussi COTERIE. ● **partisan** (nom) 1° *Les partisans de la monarchie tenaient leur congrès* = **adepte;** (soutenu) **tenant; adhérent** donne l'idée d'une adhésion à un parti, mais sans qu'une action dans ce parti soit impliquée; **affilié** a le même sens que *adhérent,* mais introduit une nuance péjor.; (défenseur d'une cause, politique ou non) **défenseur** et (vieilli) **champion; militant** implique que le partisan lutte activement pour le triomphe de ses opinions; v. aussi APOLOGISTE. — 2° V. FRANC-TIREUR. — 3° **(être) partisan de** *Je ne suis pas très partisan de partir si tôt* = (fam.) **chaud pour, emballé pour;** v. aussi ACCORD (D') I.

II (dans des express. et des loc.) *Cet homme a toujours pris parti en faveur des opprimés* = **prendre position;** (fam.) **se mouiller.** *Prendre le parti de :* v. DÉCISION (in *décider*). *J'ai échoué à le convaincre, j'en prends mon parti* = **se résigner.** *Parti pris : Il a beaucoup de parti pris quand il parle de vous* = **partialité;** v. PRÉJUGÉ. *Dans cette affaire délicate, vous avez su choisir le meilleur parti* = **solution.**

III *Tirer parti de :* v. EXPLOITER II.

IV *Être un peu parti :* v. IVRE.

participer 1° *Tous les ministres participaient à la réunion hebdomadaire;* **assister** implique une attitude plus passive; v. ASSOCIER (S') et PART I [*prendre part à*]. — 2° *L'industriel avait participé à des affaires douteuses* = **tremper dans;** (fam.) **être mouillé dans.** ● **participation** 1° *L'organisateur du festival avait obtenu la participation de la Comédie-Française* = **concours.** — 2° *La participation aux frais était modique* = **contribution.**

particule Ce terme désigne couramment toute partie infime d'un corps; **atome** désigne la plus petite particule d'un élément chimique susceptible de se combiner *(Le gaz carbonique comprend un atome de carbone pour deux d'oxygène).*

particulier **I** (adj.) 1° *La jeune fille avait une façon particulière de se coiffer* = **original, personnel;** v. SINGULIER. *Ce trait de caractère lui est particulier* = **propre.** — 2° *Le directeur fit appeler sa secrétaire particulière* = **privé.** — 3° *Le culte du sang est particulier à certaines religions* = **spécial, propre.** — 4° *L'examinateur voulait une réponse particulière sur ce point* = **précis.** — 5° V. INDIVIDUEL (in *individu*). — 6° (loc. adv.) *Voulez-vous que nous nous rencontrions en particulier ?* = **en privé;** v. aussi SEUL. *Il aimait les vins, mais en particulier ceux de Bourgogne* = **spécialement, surtout.** V. PART III [*prendre à part*].

II *C'est un drôle de particulier, ton ami* (fam.) = **individu** (v. ce mot), **type.**

partie **I** 1° *Il recolla les différentes parties de la lettre* = **fragment;** (plus fam.) **morceau, bout.** — 2° *Il ne reçut l'appui que d'une partie de ses confrères* = **fraction;** v. PART I et PORTION. — 3° *Il n'a recueilli qu'une partie de la conversation* = **bribes** (plur.). — 4° *La dernière partie de son exposé a retenu l'attention des journalistes* = **point.** — 5° (dans des loc.) *Faire partie de :* v. ENTRER et CONTENIR I. *Vous avez en partie raison* = **partiellement;** (fam.) **à moitié.** ● **partiel** 1° *Votre relation des faits est partielle* = **fragmentaire, incomplet.** — 2° *Bénéficier d'une autonomie partielle :* v. RELATIF.

II 1° *Cet artisan est inégalable dans sa partie* = **spécialité;** (fam.) **rayon;** v. aussi DOMAINE. — 2° V. VOIX II.

III **prendre qqn à partie** *Ne sachant comment se justifier, il prit à partie l'humanité entière* = **attaquer** (v. ce mot); **s'en prendre à.**

IV **gagner/perdre la partie** *Il a surmonté toutes les difficultés et a gagné/perdu la partie* = **réussir/échouer** (v. aussi ces mots).

V (au plur.) V. ORGANE I.

partir 1° Qqn ∼. *Nous sommes en retard, il faut que nous partions maintenant* = **s'en aller**; (soutenu) **se retirer**; v. QUITTER. — 2° Qqn ∼. *Cet endroit est interdit au public, partez vite!* = **décamper, déguerpir, filer**; (fam.) **ficher le camp**; (très fam.) **se barrer, se débiner, calter, foutre le camp, se tailler, se tirer, se trisser, mettre les voiles**, etc.; v. ABANDONNER; v. aussi DISPARAÎTRE et PLIER I [*plier bagage*]. *Il n'a pas demandé son reste et est parti rapidement;* **prendre ses jambes à son cou** implique une idée de rapidité; (fam.) **débarrasser le plancher; battre en retraite** implique l'idée de recul, de défaite. — 3° Qqch ∼. *Sa voiture part difficilement l'hiver* = **se mettre en marche**; v. DÉMARRER. *Tenez bon la bouteille, le bouchon va partir* = **sauter**. *L'enfant ne se lassait pas de regarder les avions partir* = **décoller**. — 4° Qqch ∼. *Cette histoire est bien mal partie* = **commencer**; v. EMBARQUÉ (in *embarquer*). — 5° *Après le meeting, la foule est partie sans désordre* = **se disperser**. — 6° **partir de** *Son congé de maternité partait du début des vacances* = **commencer**.

partout *Les sauterelles arrivaient de partout* = **de tous côtés**; v. PART II [*de toute(s) part(s)*].

pas I (adv.) 1° *Il est bavard comme pas un* (fam.); (courant) **extrêmement** (*Il est extrêmement bavard*); v. aussi TRÈS. — 2° *Pas assez* : v. INSUFFISAMMENT.

II (nom) 1° Terme de géographie. V. COL. — 2° (dans des loc.) *Prendre le pas sur qqn;* (le) **précéder**. *Céder le pas à qqn* = **laisser passer qqn devant soi**.

III (nom) 1° *Il marchait à grands pas* = **enjambée**; v. ALLURE et MARCHE (in *marcher*). — 2° (dans de nombreuses express.) *Marcher à pas comptés* = **prudemment**; *marcher d'un bon pas* = **vite**; *marcher à pas de géant* = **très vite**; *avancer pas à pas* = **avec précaution, prudemment**. *L'enquête avance maintenant à grands pas* = **faire de grands progrès**.

passer I 1° (mouvement dans l'espace) Qqn ou qqch ∼. *La voiture m'est passée devant très vite* = **dépasser**. — 2° Qqn ∼ qqch. *Le nageur a passé la rivière*; (plus précis) **traverser, sauter**, selon le sens. — 3° Qqn ∼ qqch à qqn. V. DONNER I. —

4° *Passer ses doigts sur des touches* : v. GLISSER I et PROMENER. — 5° *Laisser passer* : v. LIVRER II [*livrer passage*] et PAS II [*céder le pas*]. *Passer sur/dessus* : v. FOULER. *Je ne fais que passer* : v. ENTRER [*entrer et sortir*]. — 6° (mouvement dans le temps) *Le temps passe vite* = **s'écouler**; (soutenu) **couler**; (fam.) **filer**; v. FUIR. *La douleur est passée avec le sommeil* = **disparaître**. *Qqn passe* : v. MOURIR. *Passer du temps à faire qqch.* : **consacrer**. ● **se passer** 1° *La scène se passait au bord de la mer* = **se dérouler**; v. LIEU [*avoir lieu*]. — 2° *Sa migraine ne passait pas* = **cesser, finir**. — 3° *Un accident se passe* : v. ARRIVER II. — 4° *Se passer une douceur* : v. PERMETTRE (SE). — 5° *Se passer de faire qqch* : v. ABSTENIR (S') et PRIVER (SE). ● **passant** 1° (adj.) *Il habitait un quartier très passant* = **passager**; v. FRÉQUENTÉ (in *fréquenter*). — 2° (nom) *À la tombée de la nuit, on ne rencontrait plus de passants;* **promeneur**. ● **passé** 1° (prép.) *Passé 6 heures, la circulation devenait intense* = **après**. — 2° (adj.) *Il est 6 heures passées* = **plus de** (*il est plus de 6 heures*). — 3° (nom) *Tout ça, c'est du passé* (fam.) = **l'histoire ancienne**. *Le vieil homme aimait raconter son passé* = **souvenirs** (plur.). ● **passage** 1° (terme général) **boyau** se dit d'un passage long et étroit (*Les spéléologues ont réussi à franchir le boyau qui ouvre sur la grande grotte*); **galerie** désigne un lieu de passage (*Une galerie desservait toutes les pièces de l'appartement*); **défilé** désigne un passage naturel, étroit et encaissé entre deux montagnes; v. aussi GORGE III. — 2° *Les explorateurs durent se frayer un passage dans la forêt* = **chemin**. — 3° *Le passage d'un fleuve* = **traversée**. — 4° *La censure condamna plusieurs passages du livre* : v. EXTRAIT. — 5° V. CANAL. — 6° *Passage clouté* : v. CLOU I. — 7° *Il y a beaucoup de passage* : v. VA-ET-VIENT. *Saisir au passage* : v. VOL I. ● **passager** 1° *Son bonheur fut passager;* (soutenu) ↑**éphémère**; ↑**fugace, fugitif;** ↓**épisodique**; v. aussi COURT et PRÉCAIRE. — 2° *Le mauvais temps sera passager* = **momentané, provisoire**. — 3° V. PASSANT 1° (ci-dessus). — 4° V. VOYAGEUR. ● **passe** 1° *L'accusée dirigeait une maison de passe* = **prostitution**. — 2° V. CANAL. — 3° **être en passe de** *Cet écrivain est en passe d'être expulsé de son pays* = **sur le point de**; v. VOIE [*en voie de...*]. ● **passeur** se dit de celui qui conduit un bateau pour traverser un cours d'eau; **batelier** désigne celui qui conduit un bateau sur une rivière ou un canal.

II 1° ∼ qqch (sens variés selon les contextes) *On passe un film comique* = **projeter**; v. TRANSMETTRE. *Elle passe le café* = **filtrer**. *Le candidat passe sa dernière épreuve* = **subir**. *Elle a passé sa robe* = **enfiler**. *Je passe ce paragraphe et lis la suite* = **omettre, sauter**. — 2° ∼ qqch à qqn. *Je voudrais que tu me passes ce livre* = **prêter**. — 3° ∼ *sur qqch Passons sur cette faute* = **oublier**; **pardonner**; v. GLISSER II. *Reprends ta lecture : tu as passé une ligne!* = **sauter, oublier**.

III (dans des express.) *Après deux jours d'interrogatoire, il a passé aux aveux* = **avouer**. *Le suspect a été passé par les armes* = **fusiller**. *Passer à tabac :* v. BATTRE I. *Passer de la peinture :* v. APPLIQUER. *Passer qqch au crible :* v. ÉPLUCHER. *Passer pour un sot :* v. PARAÎTRE I et RÉPUTATION [*avoir la réputation de*]. *Passer chef de bureau* = **être nommé**.

passif *Ne restez pas passif, réveillez-vous* = **indifférent**; ↑**apathique, inerte**. ● **passivité** *Rien ne pouvait vaincre sa passivité* = **indifférence**; ↑**apathie, inertie**.

passion 1° *La passion du jeu lui a fait tout abandonner;* (passion sans mesure) **fureur**; ↑**frénésie, folie**; (fureur qui se manifeste) **furie**; v. FIÈVRE. — 2° *Il s'exprimait avec passion, cherchant à convaincre;* ↓**chaleur, feu**; v. ANIMATION (in *animer*) et ENTHOUSIASME; v. aussi ARDEUR (in *ardent*). — 3° *Il lui témoignait sa passion en lui envoyant des orchidées;* ↓**amour**; v. aussi AFFECTION I; v. aussi MOUVEMENT [*mouvement du cœur*]. — 4° *Il avait cédé à sa passion;* (moins courant) **entraînement**. ● **se passionner** *Au bout de quelque temps, il se laissa passionner* = **se piquer au jeu**; v. S'ENTHOUSIASMER (in *enthousiasme*). ● **passionné** *Elle est passionnée par l'occultisme* = **féru de**; v. ENTHOUSIASTE et FANATIQUE. *Il s'était livré de façon passionnée à l'étude des insectes;* ↑**forcené, frénétique**. *Un baiser passionné :* v. ARDENT et FRÉMISSANT (in *frémir*). *Un ton passionné :* v. VÉHÉMENT. ● **passionnant** *Je n'ai pas trouvé ce livre très passionnant;* ↓**attachant**; v. EXCI-

TANT (in *exciter*) et INTÉRESSANT (in *intérêt*).

pastorale *Ouvrage où est représentée la vie des bergers et bergères;* une **églogue** est un petit poème dont le sujet est pastoral.

patauger 1° *Les enfants pataugeaient dans les grandes flaques* = **barboter**; (fam.) **patouiller**. — 2° V. VASOUILLER (in *vase* II).

pâté I *Elle servit d'abord un beau pâté de canard* = **terrine**.

II *Il commence à écrire et fait beaucoup de pâtés* = **tache d'encre**.

patience 1° *Le malade supportait avec patience le long traitement;* ↑**résignation**. — 2° *On ne pouvait louer la patience du miniaturiste;* **persévérance** implique une volonté à toute épreuve.

patrie 1° V. NATION et SOL [*sol natal*]. — 2° *Depuis qu'il a été expulsé de son pays et privé de ses droits, cet écrivain est sans patrie* = **apatride**. ● **patriote** *Ce terme désigne celui qui aime sa patrie : Les patriotes chassèrent les occupants;* **chauvin** implique un patriotisme exacerbé, il suppose toujours une exaltation exagérée de sa patrie et une partialité marquée à l'égard des autres nations; **cocardier** désigne celui qui exprime son patriotisme par l'amour de l'armée; **patriotard** (péjor.) se dit de celui qui affiche un patriotisme chauvin.

patronner *Ce jeune homme a été patronné par son oncle* = **protéger, recommander**; (fam.) **pistonner**.

patte 1° *Les pattes d'un animal :* v. MEMBRE. — 2° *Se laisser pousser des pattes :* v. FAVORI II. — 3° (dans des express.) *Il va à pattes à l'usine* (fam.); (courant) **à pied**. *Être court sur pattes, traîner la patte :* v. JAMBE. *Un bon coup de patte :* v. ADRESSE I. *Graisser la patte :* v. ACHETER.

pause 1° *L'orateur marqua une longue pause* = **silence**; v. ARRÊT (in *arrêter* I) v. aussi STATION et TEMPS. — 2° *La pause après la première partie d'un match est la* **mi-temps**; au cours d'un spectacle, un **entracte**.

pauvre I 1° *Le pauvre garçon avait supporté sans broncher les railleries* = **malheureux**; v. MÉCHANT I et MISÉRABLE. — 2° V. ABRUTI (in *abrutir*).

II 1° *C'était une famille de paysans pauvres;* (moins employés) **indigent, nécessiteux; humble** évoque la condition sociale inférieure; v. POPULAIRE (in *peuple* II). *Cet homme vit de peu, il est très pauvre* = **miséreux**; v. MISÉRABLE. — 2° *Il a beau gagner sa vie, il est toujours pauvre;* (plus courant) **sans le sou** *(être sans le sou);* (fam.) **fauché, n'avoir jamais un rond.** — 3° V. STÉRILE. ● **pauvrement** *Ils vivaient pauvrement des produits de leurs champs;* ↑ **misérablement; humblement** implique une pauvreté vécue discrètement. ● **pauvreté** 1° *La pauvreté de ses parents l'avait obligé à quitter l'école;* ↑ **misère; indigence** et **dénuement** marquent l'absence des choses les plus nécessaires, **gêne,** l'absence de choses utiles; **besoin** insiste sur l'absence de ce qui est nécessaire *(Il est dans le besoin); pauvreté* a de nombreux syn. très fam. : **débine, dèche, mouise, purée,** etc. — 2° *La pauvreté du sol rendait nécessaire l'utilisation d'engrais* = **stérilité;** v. INSUFFISANCE. — 3° *Son intervention est d'une pauvreté affligeante* = **banalité;** v. FAIBLESSE (in *faible*).

payer 1° ~ qqch. *Le locataire payait irrégulièrement son loyer;* (didact.) **acquitter.** *Il a fini par payer toutes ses dettes* = **régler, rembourser.** — 2° ~ qqch. *Il lui a payé tous ses frais;* (didact.) **défrayer qqn.** — 3° ~ qqch. *J'ai payé cinquante francs pour dîner médiocrement* = **dépenser;** (très fam.) **se fendre de.** — 4° ~ qqch. *On a bien mal payé votre dévouement* = **récompenser** (v. ce mot). — 5° Qqn ~. *Buvez ce que vous voulez, c'est lui qui paie;* (fam.) **régaler;** (très fam.) **casquer, cracher, raquer,** etc. ; v. FINANCER. — 6° *Payer une faute :* v. EXPIER. — 7° Qqn ~. *Dans cette affaire, c'est moi qui ai payé* = **faire les frais de** *(C'est moi qui ai fait les frais de cette affaire),* **payer les pots cassés;** v. INCONVÉNIENT [*subir les inconvénients*]. — 8° Qqch ~. *C'est une opération immobilière qui paie* = **rapporter.** — 9° *Payer de retour :* v. PAREILLE [*rendre la pareille*] (in *pareil*). ● **se payer** 1° *Il se paie la tête des gens* (fam.); (courant) **se moquer de.** — 2° *Tout finit par se payer* = **s'expier.** — 3° V. ACHETER et OFFRIR (S'). ● **payant** *Ses activités n'étaient pas très payantes* (fam.); (courant) **rentable.** ● **paie** *Il a touché sa paie samedi dernier;* (fam.) **mois** se dit quand la paie est reçue chaque mois ; **rémunération** désigne l'argent reçu pour tout travail; v. RÉTRIBUTION et SALAIRE.

pays I 1° V. NATION. — 2° (au sens de «village» ou «région», selon le contexte) *Il est du même pays que moi;* (fam.) **coin, patelin;** (seulement au sens de «village») **bled, village.** — 3° *La Bretagne est un pays de bocage;* (vieilli) **contrée,** pour parler de l'aspect physique *(une contrée fertile);* **région** est un terme géographique ou économique *(une région d'élevage).* — 4° *Il s'est engagé dans la marine pour voir du pays* = **voyager.**

II V. COMPATRIOTE.

paysage *On se fatiguait à atteindre le sommet, mais de là on découvrait un paysage inattendu* = **vue;** v. PANORAMA.

paysan 1° *Beaucoup de paysans quittent la terre pour travailler à la ville* = **agriculteur, cultivateur;** v. aussi FERMIER (in *ferme* I); **campagnard** indique la vie à la campagne, mais n'implique pas le travail de la terre; a pour syn. très fam. et péjor. **bouseux, croquant, culterreux, pécore, pedzouille, péquenot.** — 2° *Quel paysan !* (péjor.); **rustre** et, dans cet emploi, les syn. très fam. de 1°. — 3° (adj.) V. TERRIEN (in *Terre* IV).

peau 1° *Peau* désigne la couche de tissu qui recouvre le corps des vertébrés ; elle est composée d'une couche superficielle, nommée **épiderme,** et d'une partie profonde, dite **derme; couenne,** qui désigne la peau du porc, est un syn. très fam. de **peau.** — 2° *Il s'est cassé la jambe en glissant sur une peau de banane* = **pelure.** — 3° *Il ne voulait pas jouer/perdre/risquer sa peau* = **vie.** — 4° (dans des express.) *A fleur de peau :* v. FRÉMISSANT (in *frémir*). *La peau ! Peau de balle !* : v. RIEN I. *Être mal dans sa peau :* v. GÊNÉ (in *gêne*). *Il n'a pas trouvé de travail avec sa peau d'âne* (fam.); (courant) **diplôme.** *Avoir qqn dans la peau* (fam.); (courant) **aimer passionnément qqn.** *Être dans la peau de qqn* = **être à sa place.** *Faire peau neuve* = **changer complètement.**

pêcher 1° *Mon voisin a pêché une belle tanche;* (plus général) **prendre.** — 2° *Je me demande où il est allé pêcher ce qu'il raconte* (fam.) = **dénicher;** (très fam.) **dégoter;** (courant) **chercher, prendre.**

peignée *Ses camarades lui ont flanqué une drôle de peignée* (fam.) = **dégelée, pâtée, pile, piquette, rossée, raclée, tournée, trempe;** (très fam.) **dérouillée, tripotée;** (en ce sens, soutenu) **correction.**

peindre I 1° *Les propriétaires ont fait peindre à neuf tout l'immeuble* = **repeindre.** — 2° *Il peint à la brosse de très grandes toiles* = **brosser.** ● **peintre** *La galerie ne présentait que des tableaux de mauvais peintres* = **barbouilleur.**

II *Cet écrivain suisse a su peindre la vie à la campagne* = **décrire, dépeindre, représenter.**

peine I 1° V. DIFFICULTÉ (in *difficile*) et MAL I. — 2° (dans des express.) *Prenez ceci pour votre/la peine* = **en compensation.** *Depuis sa maladie, il marchait avec peine/à grand-peine* = **difficilement, péniblement.**

II 1° *Ses amis essayaient de lui faire oublier sa peine* = **chagrin.** *Je ferai tout pour soulager votre peine* = **tristesse, détresse; blessure,** pris au sens moral. *Sa mort soudaine nous a plongés dans une peine profonde* = **douleur; affliction** suppose une peine importante. *Ils ont connu la peine des longues séparations* = **déchirement, douleur.** — 2° *Il est un âge où les peines s'accumulent* = **malheur, misère.** — 3° *Être/errer comme une âme en peine* = **être très triste.**

III 1° *La sévérité de la peine répondait à l'horreur du crime;* (soutenu) **châtiment.** — 2° (dans des express.) *Pour ta peine, tu resteras là* = **pour te punir.**

IV *À peine :* v. JUSTE II et PEU I.

peiner I *Ce garçon a beaucoup peiné pour obtenir son diplôme;* (très fam.) **en baver;** v. FATIGUER.

II ~ qqn. *Cette nouvelle nous a beaucoup peinés* = **chagriner, affliger;** v. ATTRISTER.

pêle-mêle 1° (adv.) *L'écolier rangea pêle-mêle ses cahiers dans son cartable* = **en vrac.** — 2° (nom) *La cuisine offrait un pêle-mêle invraisemblable* (soutenu); (courant) **fouillis;** v. aussi DÉSORDRE.

pelle Ce terme désigne un outil formé d'une plaque de fer ou de bois ajustée à un manche, dont on se sert pour enlever la terre, le charbon, etc. : *une pelle à charbon;* **bêche** se dit d'une pelle qui sert à couper et à retourner la terre.

penchant 1° *Il a un penchant marqué pour le cinéma américain* = **goût;** faible ne s'emploie que dans l'express. *avoir un faible pour qqch/qqn;* v. aussi INTÉRÊT. — 2° *Son penchant à la boisson lui a fait perdre son travail;* (soutenu) **inclination;** v. DISPOSITION (in *disposer*). — 3° *Il cède facilement à ses penchants* = **impulsion.**

pencher 1° V. INCLINER I. — 2° *Il penchait pour la solution la moins coûteuse;* ↑**se prononcer pour;** v. INCLINER II et PRÉFÉRER. ● **se pencher** *Il se pencha pour ramasser la noix;* ↑**se baisser.**

pendable *Ce garçon ne cesse de jouer des tours pendables à ses camarades* = **mauvais, vilain.**

pendant I (adj.) V. PENDRE.

II (nom) 1° *Ce grand vase est le pendant de celui qui est dans le salon* = **réplique.** — 2° **se faire pendant** *Les deux tableaux de l'entrée se font pendant;* **être symétrique** s'emploie plutôt dans un contexte didactique.

III (prép.) 1° *Je l'ai rencontré pendant son dernier voyage à Paris* = **au cours de; durant,** soutenu, indique la simultanéité. — 2° (loc. conj.) *Pendant que les diplomates négociaient, la guerre se poursuivait;* (soutenu) **tandis que;** (très soutenu) **cependant que;** *pendant que* peut avoir une valeur d'opposition : *Pierre joue pendant que sa sœur révise son examen* = **alors que, tandis que;** *pendant que* peut aussi être employé avec une valeur causale : *Pendant que vous y êtes, prenez donc des cigarettes* = **puisque;** v. aussi TANT [4° *tant que*].

pendentif *La jeune femme portait aux oreilles des pendentifs de nacre;* (péjor.) **pendeloque.**

pendre 1° *Ses cheveux longs pendaient dans son dos* = **retomber**. *Sa jupe pend ;* (fam.) **pendouiller** implique le ridicule ou la mollesse. — 2° Qqn ~ qqch. *Le charcutier pendait les jambons dans le fumoir* = **suspendre** ; v. ACCROCHER I et ÉTENDRE. — 3° Dans l'express. *Il pourrait bien avoir des ennuis, ça lui pend au nez* (fam.) ; (plus courant) **c'est un risque.** — 4° **se pendre** : v. SUICIDER (SE). ● **pendant** 1° *Le gamin s'était assis sur une branche, les jambes pendantes* = **ballant.** — 2° *C'était une affaire pendante* = **en instance.**

pénétrer 1° Qqch ~. *Le liquide pénétrait dans toutes les fissures* = **s'infiltrer, s'insinuer ;** (très général) **entrer ; imprégner** se dit d'un liquide qui pénètre un corps complètement. *Les eaux ont pénétré peu à peu dans le sol* = **imbiber** *(imbiber qqch) ;* v. IMPRÉGNER. — 2° Qqch ~ qqn. *L'humidité nous pénétrait* = **transpercer.** — 3° Qqn ~ qqch. *Nous avons pénétré ses intentions* = **saisir ;** v. COMPRENDRE II, LIRE II et SONDER. *Après des années de recherche, les savants avaient pénétré le mystère de cette écriture* = **découvrir, percer.** ● **se pénétrer de** Qqn ~ qqch. *Il s'est bien pénétré de ses obligations envers sa famille* = **se convaincre.** ● **pénétrant** *On louait son esprit pénétrant* = **profond, subtil ;** v. DÉLICAT, CLAIRVOYANT (in *clairvoyance*), PERÇANT (in *percer*) et VIF. ● **pénétrable** (dans des phrases restrictives ou négatives) *Ses intentions restaient peu pénétrables* = **compréhensible, saisissable.** ● **pénétré** *Le ministre prenait un ton pénétré pour répondre aux journalistes* (iron. le plus souvent) ; **convaincu** n'est pas péjoratif.

pénible 1° *Les travaux de la moisson sont pénibles* = **fatiguant ;** ↑**épuisant, harassant ;** v. DIFFICILE et MALAISÉ. — 2° *Il se remettait mal d'une maladie pénible* = **douloureuse.**

II 1° *La présence de ses amis l'aidait à supporter ces moments pénibles* = **éprouvant ;** v. CRUEL. — 2° *Un événement pénible* : v. NAVRANT (in *navrer*) et MALHEUREUX (in *malheur*). — 3° *Une réalité pénible* : v. AMER et BRUTAL. — 4° *Cela m'est pénible de vous décourager, croyez-le* = **en coûter** *(Il m'en coûte).*

pénombre *Lire dans la pénombre* = **clair-obscur, demi-jour.**

pensée **I** 1° *C'est par la pensée que l'homme se distingue des animaux ;* (plus part.) **esprit, intelligence, raison** (v. ces mots) et **entendement.** — 2° (au plur.) *Il était perdu dans ses pensées* = **méditations, réflexions ;** (vieilli en ce sens) **rêveries.** — 3° *Nous ne partageons absolument pas votre pensée sur ce sujet* (soutenu) ; (courant) **point de vue ;** v. aussi IDÉE.

II *Pensée* désigne une vérité morale, exprimée de façon précise et brève. *Lire une pensée de La Rochefoucauld* = **maxime ; adage** se dit d'une maxime pratique, ancienne et populaire ; **aphorisme** s'applique à une formule résumant un point de morale ou de science ; **apophtegme** désigne une parole mémorable tirée d'un auteur ancien et ayant valeur de maxime ; **axiome** s'applique couramment à une proposition admise par tout le monde ; **proverbe** désigne une vérité d'expérience, exprimée en une formule brève ; **sentence** (vieilli) est une pensée morale exprimée de façon littéraire ; **dicton** désigne une sentence passée en proverbe.

penser **I** 1° Qqn ~. *Ce philosophe a appris à toute une génération à penser* = **raisonner.** *Tous ces faits lui donnèrent à penser ;* (penser longuement à qqch de précis) **réfléchir ;** (iron.) **cogiter.** — 2° *tu penses !, vous pensez !* (indique la dénégation ou renforce une affirmation) *Je savais bien que cette voiture ne valait rien, tu penses !* = **tu parles !** — 3° **penses-tu !, pensez-vous !** *Pensez-vous ! nous étions sûrs qu'il n'oserait pas revenir !* (fam.) ; (courant) **allons donc !, mais non !**

II 1° *Vous n'allez tout de même pas penser que je ne vous aime pas !* = **imaginer ;** pour d'autres contextes, v. CROIRE, DOUTER [et *se douter*], ESPÉRER, ESTIMER III, PRÉSUMER et TROUVER. — 2° *Que penses-tu de ma sœur ?* = **dire.**

III **penser à** 1° *À quoi penses-tu donc ?* selon le contexte, **réfléchir/rêver/songer ;** v. aussi SOUVENIR (SE). — 2° *Je n'avais pas pensé à toutes les conséquences de cette intervention* = **envisager.** *Je n'avais pas pensé à ça ;* (plus soutenu) **cette pensée ne m'avait pas effleuré.** *Cela me fait penser à quelque chose* : v. RAPPELER II. — 3° V. COMPTER I. — 4° V. S'OCCUPER (in *occuper* II).

pensif *Du haut de la tour, il regardait la ville d'un air pensif* = **méditatif, songeur;** (fam.) **tout chose** *implique l'idée de gêne;* v. aussi SOUCIEUX.

pension I 1° *Ils voyagent trop souvent, ils ont donc placé leurs enfants dans une pension* = **pensionnat;** v. aussi ÉCOLE. — 2° *Une pension de famille :* v. HÔTEL. ● **pensionnaire** *Depuis que ce garçon est pensionnaire au lycée, il mène une vie plus régulière* = **interne.**
II *Il a été blessé pendant son travail, l'État lui verse une petite pension* = **allocation.**

pente 1° *Le chemin qui conduit à la source a une forte pente;* (didact.) **déclivité;** v. CÔTE II; v. aussi MONTÉE. — 2° *Les pentes de la colline étaient des pâtures* = **versant.**

percer 1° ~ qqch. *Il a percé le papier avec son crayon* = **perforer, trouer.** *Le mécanicien a percé un trou dans la tôle* = **forer.** — 2° *Le malheureux avait été percé de coups de couteau;* (plus précis) **larder.** — 3° *Le cri lui perça les oreilles* = **transpercer;** v. DÉCHIRER. — 4° *Un tel spectacle vous perce le cœur* (soutenu); (plus courant) **crever** (v. ce mot). — 5° *Le secret a été bien gardé, rien n'a percé de leur projet* = **transpirer.** *L'abcès perce* = **crever.** — 6° *Le jour perce* (soutenu) = **poindre.** — 7° *Percer les intentions de qqn :* v. LIRE II et PÉNÉTRER. — 8° *Percer une voie :* v. OUVRIR. — 9° *Cet écrivain a percé :* v. ARRIVER I. ● **perçant** 1° *L'homme avait un regard perçant* = **pénétrant;** (plus part.) **perspicace** *se rapporte plutôt aux qualités de l'esprit.* — 2° V. CRIARD (in *cri*). ● **percée** *Les ouvriers avaient achevé de faire la percée dans la forêt* = **trouée;** v. aussi CHEMIN.

percevoir I 1° *Elle savait percevoir les nuances les plus fines* = **discerner, saisir.** — 2° *On percevait maintenant les premières lueurs du jour* = **apercevoir.** ● **perceptible** 1° *Les bactéries ne sont pas perceptibles à l'œil nu* = **visible.** *Les ultrasons ne sont pas perceptibles par l'oreille humaine* = **audible.** — 2° V. SENSIBLE II et SENTIR.
II 1° *Percevoir des impôts :* v. LEVER I. — 2° *Les loyers qu'elle perçoit lui suffisent pour vivre à l'aise;* (plus fam.) **toucher;**

(fam.) **empocher, ramasser.** ● **perception** *La perception d'un impôt* = **recouvrement.**

perche 1° **perche** *désigne une longue et mince pièce de bois, de fer, etc.,* utilisée pour atteindre un objet éloigné; **gaule** *se dit, plus part., d'une perche utilisée pour abattre les fruits qu'on ne peut atteindre à la main.* — 2° *Dans l'express. Quelle grande perche, ce garçon !* (fam.) = **échalas/girafe.** — 3° *Pauvre candidat ! Nous lui avons tendu la perche, mais il ne s'en est pas sorti;* (moins expressif, plus général) **aider** (v. aussi ce mot).

percher (intr.) *Qqn ~. Sais-tu où perche Paul ?;* v. LOGER I et NICHER. ● **se percher** *Les moineaux se sont perchés sur les hautes branches du cerisier;* (soutenu) **se jucher.**

perdre 1° *Qqn ~ qqch. J'ai perdu son adresse, voulez-vous me la rappeler ?* **oublier.** — *Il a perdu le livre que je lui avais prêté* = **égarer;** (fam.) **paumer.** — 2° *Qqn ~ qqch. Il a été mal conseillé et a perdu une somme importante dans l'affaire,* **gaspiller.** — 3° *Il a tout fait pour perdre ses ennemis;* selon le contexte, **déconsidérer/ruiner.** — 4° *Ce tonneau perd* = **fuir.** — 5° V. SE DÉFAIRE (in *défaire*). — 6° V. MANQUER I. — 7° (dans des loc.) *Perdre le nord :* v. AFFOLER (S'). *Perdre connaissance :* v. DÉFAILLIR. *Perdre l'esprit :* v. DÉRAISONNER. ● **se perdre** *Qqn ~. Il s'est perdu plusieurs fois dans les couloirs du métro;* (fam.) **se paumer;** v. S'ÉGARER (in *égarer*). — 2° *Qqch ~. Les cerises sont en train de se perdre sur l'arbre* = **s'avarier, se gâter** (v. ce mot). ● **perdu** (adj. et n.) 1° *Qqn est ~.* V. ERRANT (in *errer*). — 2° *Ce malade est perdu;* (fam.) **fichu, foutu;** v. CONDAMNÉ. — 3° *Il court comme un perdu* = **fou.** — 4° *Qqch est ~* (à propos d'un lieu). *C'est un hameau perdu dans une région encore sauvage;* **isolé;** (fam.) **paumé.** ● **perte** 1° (de qqn) *La mère pleure la perte de son enfant* = **mort.** *L'ennemi court à sa perte* = **anéantissement;** ↓**défaite, ruine.** — 2° (de qqch) V. DÉFICIT, DOMMAGES et PRIVATION (in *priver*).

père 1° V. PAPA. — 2° *Notre société donne au père de famille beaucoup d'autorité* = **chef de famille.** — 3° *Le*

303

saint-père est élu par un conclave
= **pape.** — 4° *Le docteur Freud est le
père de la psychanalyse* = **créateur, fondateur.** — 5° (au plur.) V. AÏEUX.

perfide 1° Qqn est ⌣. V. DÉLOYAL.
C'est un perfide (vieux); (peu courant)
fourbe, traître. — 2° *Qqch est* ⌣. *Dans
la baie, les courants sont perfides;* (plus
courant) **dangereux;** (en parlant du comportement) *Le jaloux a lancé des propos
perfides;* ↑**empoisonné, machiavélique;**
↓**venimeux.**

période 1° V. DURÉE (in *durer*) et
ÉPOQUE. — 2° *La période d'incubation de
la scarlatine est de quarante jours*
= **phase.** ● **périodique** (nom) 1° *Les
bibliothèques ont souvent un service des
périodiques;* on distingue généralement
le **magazine,** plutôt distractif, et la **revue,**
publication plus spécialisée; **journal**
(v. aussi ce mot) se dit, par extens., de
toute publication périodique, que l'on
distingue d'après les rythmes de publication : **quotidien, hebdomadaire, mensuel,** etc. — 2° V. HYGIÉNIQUE.

péripétie *Les péripéties de la dernière
guerre sont maintenant des sujets de
littérature;* **épisode** insiste moins sur
l'aspect inattendu des incidents survenus.

périphérie 1° *L'écolier trace la périphérie d'une figure géométrique* (didact.); (plus courant) **contour, pourtour.**
— 2° V. BANLIEUE. ● **périphérique** *Les
zones périphériques des grandes villes
sont tristes;* **excentrique** marque l'éloignement par rapport au centre urbain,
limitrophe souligne la proximité des
limites de la ville proprement dite.

périphrase *Que de périphrases pour
présenter ses excuses!;* (soutenu) **circonlocution;** (plus courant) **détour.** *Affirmer
que l'on n'est pas tout à fait innocent est
une périphrase pour avouer sa culpabilité;* **euphémisme** est plus propre dans
cet emploi.

perle 1° (de qqn) *Mon secrétaire est
une perle* (fam.); (courant) **perfection.** —
2° (se dit de qqch par antiphrase) *Les
étudiants n'ont pas manqué de relever
bruyamment les perles de son cours
d'histoire;* en ce sens, **bévue, bourde,
erreur** (v. ce mot).

permanent 1° *Le thermostat maintient une température permanente*
= **stable, invariable;** v. CONSTANT. —
2° *La surveillance des prix devrait être
permanente* = **continu, ininterrompu.**
*Notre collaboration pour ce projet devrait
être permanente;* **durable** insiste sur la
durée, **permanent,** sur l'absence d'interruption.

perméable *La craie est une matière
perméable* = **poreux.**

permettre Qqn/qqch ⌣ de + infin.,
complétive ou nom abstrait. *Il a permis
(à ses enfants) de sortir jusqu'à 6 heures*
= **autoriser** *(...ses enfants à sortir);*
↓**tolérer** n'admet que la complétive et la
suite nominale, et marque la condescendance; ↑**approuver** *(...ses enfants de
sortir)* manifeste un accord; v. ADMET-
TRE II. ● **se permettre** Qqn ⌣ de + infin.
V. OSER. Qqn ⌣ + nom abstrait. *Il s'est
permis de petits écarts de régime* = **se passer.** ● **permis** (nom) *Il a reçu le permis
de construire;* **autorisation** est un terme
général; *permis* se dit, plus part., de
l'acte officiel écrit; **licence** s'applique
plutôt à l'exercice d'une activité commerciale ou industrielle. ● **permis** (adj.)
Cette activité est permise = **autorisé;**
licite se dit de ce qui est autorisé par la
loi ou la morale, **légal,** de ce qui l'est
plus part. par la loi, et **légitime,** de ce
qui l'est plus spécialement par la
morale; **loisible** est vieilli et n'apparaît
plus que dans la construction imperson-
nelle *il vous est loisible de...* ● **permission** 1° *Le patron ne m'a pas accordé la
permission de m'absenter* = **autorisation;**
consentement ne peut se construire avec
l'infin., ni **approbation** (v. ce mot in
approuver), qui implique l'accord;
v. DROIT III; v. aussi LIBERTÉ II. *Avoir la
permission de :* v. POUVOIR I. — 2° *Ce
soldat passe sa permission chez ses
parents;* (fam.) **perme.**

permuter *En permutant les initiales
de cierge et de virage on obtient un
contrepet* = **intervertir.**

perpendiculaire *Tracez deux plans
perpendiculaires;* (didact.) **orthogonal.**

perpétuel 1° V. ÉTERNEL I. — 2° *Son
entourage ne supporte plus ses lamentations perpétuelles;* ↓**fréquent,** ↓**habituel;** v. aussi CONSTANT.

perroquet 1° *Il existe de nombreuses races de perroquets ;* (plus part.) **jacquot, papegai.** — 2° V. BAVARD.

persécuter 1° V. TORTURER. — 2° *Il est persécuté par son percepteur* (fam.) ; (courant) **harceler ;** v. S'ACHARNER (in *acharné*).

persévérer *L'inspecteur devait persévérer dans sa recherche* = **persister ;** ↑**s'acharner,** ↑**s'obstiner** marquent l'entêtement plus que la volonté ; v. INSISTER. ● **persévérance** *Sa persévérance au travail n'a pas été récompensée ;* ↑**ténacité ; entêtement** (v. ce mot) est plutôt péjoratif ; v. CONSTANCE (in *constant*), INSISTANCE (in *insister*) et PATIENCE.

persienne *Il faut fermer les persiennes pour se protéger des papillons de nuit* = **volet ;** (moins courant) **contrevent** et **jalousie.**

personnage 1° *C'est un curieux personnage* = **individu** (v. ce mot) ; v. aussi IMPOLI. — 2° *Voici un comédien fait pour ce genre de personnage ;* **rôle** (v. ce mot) s'applique dans cette acception plus part. au personnage de la scène. — 3° *Dans sa ville, c'est un personnage ;* (plus part.) **notable, notabilité** impliquent que la situation sociale détermine l'influence ; **personnalité** insiste sur la représentativité ; ↑**célébrité, figure** (v. ce mot) insistent sur la notoriété ; (fam.) **bonze, huile, légume, manitou.**

personne I 1° *Ce genre de personne m'intéresse ;* (soutenu) **créature** est plus général ; (moins courant) **individu** est, dans cet emploi, péjor. ; **femme** spécifie le sexe ; **homme** peut valoir pour les êtres humains en général ; **gens** (v. ce mot) [toujours au plur.] se substitue à *personne* derrière les articles défini ou indéfini *(des [les] gens racontent n'importe quoi),* alors que *personne* au plur. demande une autre détermination : *Plusieurs (quelques, de nombreuses, deux,* etc.) *personnes m'ont raconté cette histoire ;* (être) **humain** et **mortel** ne sont pas sortis de l'usage. — 2° *Il prend soin de sa personne* = **apparence ; personnage** est plus général et inclut l'effet moral et physique. — 3° *Il viendra en personne* = **lui-même, en chair et en os.** *Remettre qqch en personne :* v. MAIN *(en main propre). Vous n'êtes pas une grande* **personne** = **adulte ;** v. GRAND. — 4° *Les droits de la personne sont imprescriptibles* = **homme ; individu** peut s'employer ici sans valeur péjor. — 5° *La personne morale est reconnue par la loi* (didact.) ; **personnalité** est moins courant dans cet emploi. ● **personnel** (adj.) 1° *Son épouse dispose de sa fortune personnelle ;* **propre** est toujours antéposé ; v. PARTICULIER I. *Il a des idées très personnelles sur le mariage* = **original ;** v. aussi RELATIF et SUBJECTIF. — 2° *Vos affaires personnelles n'intéressent pas l'Administration* = **intime** (v. ce mot), **privé ;** v. PROPRE II. — 3° *Ce garçon est très personnel* = **égoïste.** — 4° (nom) *Le bureau du personnel m'a convoqué ;* (plus part.) **main-d'œuvre** (d'une entreprise industrielle ou commerciale). *La baronne a congédié son personnel* = (soutenu) **domesticité ;** (vieilli) **gens.**

II (pron.) [En tous emplois, v. aussi QUELQU'UN] 1° V. NUL I. — 2° *Il le sait mieux que personne* = **n'importe qui.** — 3° *Personne d'autre que lui ne peut le dire* = **aucun.** *Par personne :* v. PIPE [*tête de pipe*]. — 4° *Dans la rue, personne !* → **pas un chat.**

perspective 1° *La grande allée offre une belle perspective* = **vue.** — 2° *Dans cette perspective, nous pouvons nous entendre ;* **point de vue** (de ce point de vue). *Voilà une belle perspective pour l'avenir* = **horizon ;** v. IDÉE II.

pertinent *Voilà un argument pertinent* = **judicieux ;** v. APPROPRIÉ et JUSTE II. ● **pertinence** *Cette analyse est caractérisée par sa pertinence* (soutenu) ; **à-propos** implique plutôt le choix du bon moment, et **bien-fondé,** la justesse de la démarche.

pervers (adj. et nom) *C'est un être pervers/un pervers* (soutenu) = **dépravé ;** (plus courant) **vicieux** (v. VICIEUX II) ; v. CORROMPU (in *corrompre*). ● **perversion** 1° *La perversion des mœurs a marqué la Régence* = **corruption.** — 2° *Certains prétendent que l'alimentation carnée est une perversion du goût* (soutenu) ; (didact.) **anomalie.**

peser 1° *Ce poulet pèse trois kilos ;* (très général et fam. dans ce contexte) **faire.** — 2° *Qqn ~ qqch. Pesez-moi cette énorme poire ;* **soupeser** se dit d'une pesée approximative et manuelle. *Il pèse les conséquences de son geste* = **évaluer, mesurer.** — 3° Qqn/qqch ~ sur. V. IN-FLUENCER (in *influence*) et APPUYER I. — 4° Qqn/qqch ~ à qqn. *L'incertitude me pèse;* ↑**accabler;** ↓**ennuyer.**

pessimiste (adj. et nom) 1° *Depuis son échec, il est pessimiste;* (plus restreint) **inquiet** et **mélancolique** se disent plutôt de l'humeur ou du caractère; v. NOIR [*voir tout en noir*]. — 2° *Des propos pessimistes courent sur l'issue de la crise;* ↑**défaitiste; alarmiste** insiste sur l'effet du discours plus que sur son contenu.

pet *Il a lâché un pet;* (soutenu) **vent.** ● **péter** 1° *Ça va péter!* (fam.); (courant) **exploser;** v. ÉCLATER I. *Si je serre trop ce boulon, il va péter* (fam.); (courant) **casser.** — 2° *Envoyer tout péter :* v. PRO-MENER.

pétard 1° *La nouvelle éclata comme un pétard* = **bombe.** — 2° *Cette histoire va faire du pétard* (fam.) = **foin;** (courant) **bruit;** ↑**scandale;** v. TAPAGE. — 3° V. RE-VOLVER. — 4° *Être en pétard* = **boule** (v. ce mot). — 5° V. DERRIÈRE.

pétiller 1° *Les bûches humides pétil-laient dans la cheminée* = **crépiter.** — 2° V. BRILLER I. — 3° *La malice pétille dans son regard* = **éclater, briller.**

petit (adj.) 1° (antéposé) *Il a une petite verrue sur le nez;* (postposé) ↑**microsco-pique, minuscule** (v. ce mot); (fam.) **riquiqui** (postposé). *Son appartement est trop petit;* (moins courant) **exigu;** v. ÉTROIT. *Entre ces deux prix, il n'y a qu'une petite différence;* ↑**infime;** v. FAIBLE, LÉGER et MINIME. *Après un petit instant d'hésitation, il prit une décision* = **court.** *Il touche un petit salaire* = **bas, maigre;** v. MISÉRABLE. — 2° (antéposé ou postposé) *C'était un homme petit et trapu;* ↑**minuscule.** *C'est un esprit petit et sans indulgence* = **étroit, mesquin;** v. aussi BORNÉ. — 3° V. PETIT (nom) et JEUNE. — 4° Dans la loc. *petit à petit :* v. PROGRESSIVEMENT (in *progrès*). ● **petit** (nom) 1° *C'est un petit très difficile;* (plus part.) **garçon** ou **fille;** v. JEUNE et ENFANT. *Petit salé :* v. BÉBÉ. *Petit* (nom) s'applique aussi aux ani-maux. — 2° *Ce sont toujours les petits qui trinquent* (fam.) = **lampiste;** (didact.)

défavorisé; v. POPULAIRE (in *peuple*). ● **petitesse** 1° V. FAIBLESSE (in *faible*). — 2° *Petitesse d'esprit* = **étroitesse d'esprit, mesquinerie.**

pétrir *Le boulanger pétrit la pâte à pain* = **malaxer.** *Le sculpteur pétrit l'argile humide;* **façonner, modeler** impliquent une mise en forme. *Il pétris-sait de la mie de pain pour occuper ses mains;* (plus fam.) **tripoter.**

peu I (adv.) 1° (avec un verbe) *Il vient très peu à son bureau* = **rarement.** *Il aime peu ce travail* = **pas beaucoup;** (plus soutenu) **ne... guère.** *Le lampa-daire éclairait peu la pièce* = **à peine;** ↑**mal** ne se dit pas seulement de l'inten-sité; v. FAIBLEMENT (in *faible*). *J'ai man-qué la cible de peu* = **de justesse.** *Il viendra sous peu :* v. BIENTÔT. *Il est arrivé depuis peu* = **récemment** (v. ce mot in *récent*). *Le bruit montait peu à peu* = **graduellement, insensiblement, progressivement.** — 2° (avec un adj. ou un adv.) *Votre ami est peu bavard;* (ne)... **pas très.**

II (déterminant ou substitut du nom) 1° *Il reste peu de jours avant l'échéance;* (avec une formule restrictive comme *ne... que*) **quelques, un petit nombre de,** etc. *(Il ne reste que peu de jours avant l'échéance).* — 2° *Il manque un peu de sel dans la blanquette* = **un grain, une miette.** *Je prendrais un peu de porto;* (plus précis et plus soutenu) **un doigt de;** v. aussi LARME.

peuple I 1° V. NATION. — 2° *Les musicologues ont enregistré les chants des peuples berbères;* (didact.) **ethnie;** (péjor.) **peuplade.** — 3° *On a recensé le peuple français* = **population.**

II 1° *Le peuple de Paris a fait trois révolutions pour la bourgeoisie;* **masses** (v. ce mot) et **couches populaires;** (péjor.) **populace;** (vieilli) **plèbe.** — 2° *Il y a du peuple dans la rue* (fam.); (plus courant) **monde** (v. ce mot); (péjor. et fam.) **populo;** v. FOULE. ● **peuplé** (adj.) *Cette région est très peuplée;* **populeux,** plutôt péjoratif, fait un peu office de superlatif du simple *peuplé.* ● **peupler** *Les colons romains ont peuplé le sud de la France;* ↓**habiter** n'implique pas l'idée d'installation définitive ni de nombre. *Des visions étranges peuplent mes rêves* (soutenu) = **hanter.** ● **populaire**

1º *Cuba s'est donné un gouvernement populaire;* **démocratique** est plus général. — 2º *Les couches populaires sont les premières touchées par les hausses de prix;* (plus précis) **laborieux;** v. PAUVRE II et PETIT; v. aussi MASSE. — 3º *Il est d'origine populaire;* (vieux) **humble** et **simple** (dans ce contexte); (soutenu) **plébéien.** — 4º *Les arts populaires sont restés vivants dans ce pays* = **folklorique.**

peur 1º *Devant le danger, la peur le paralyse;* (plus soutenu) **crainte** (v. ce mot in *craindre*); ↑**effroi,** ↑**frayeur,** ↑**terreur;** l'**angoisse** est plutôt l'effet de la peur; **appréhension** se dit d'une peur anticipant sur sa cause; (fam.) **frousse, trouille;** v. aussi LÂCHETÉ (in *lâche*). *La peur s'est emparée de la foule;* ↑**panique** implique l'affolement; ce mot peut fonctionner comme épithète de peur. — 2º *Il a peur de tout : de son père, de ses professeurs, de ses camarades;* (soutenu) **craindre** (v. ce mot), ↑**redouter;** v. aussi TREMBLER. *Quand on le menace, il a peur;* (fam.) **avoir la frousse/la trouille/la colique;** (très fam.) **avoir les chocottes/les foies.** *Le camion a failli m'écraser : j'ai eu peur!;* (plus expressif) **ça m'a donné froid dans le dos.** V. CULOTTE. — 3º *Son ombre lui fait peur;* (moins courant) **effrayer,** ↑**terroriser;** (plus soutenu) ↑**épouvanter.** ● **peureux** (adj. et nom) 1º *Qqn est* ~. *Tout le monde est peureux dans certaines situations;* (fam.) **froussard, trouillard;** (très fam.) **foireux, péteux;** (vieillis) **poltron** et **couard;** v. aussi LÂCHE. — 2º *Il est d'un naturel peureux;* (soutenu) **craintif;** (très fam.) **pusillanime.**

peut-être (adv.) *Il déjeunera peut-être avec nous;* ↑ **probablement,** ↑ **sans doute;** ces mots s'emploient familièrement en tête de phrase : *Peut-être qu'il viendra la semaine prochaine.*

phase *Ce deuil a marqué l'une des phases les plus difficiles de ma vie* = **étape;** **moment** évoque davantage l'idée de ponctualité.

phénomène 1º *La cause de ce phénomène n'a pu être établie* (didact.); (plus courant) **fait.** — 2º V. MONSTRE et EXCEPTION (in *excepter*).

philosophie 1º *La philosophie de Spinoza est un monisme;* **doctrine** et

système sont plus généraux; (plus part.) *La philosophie se divise en nombreuses disciplines (scientifiques ou universitaires) : éthique, esthétique, logique,* etc. *Mon fils vient de faire sa philosophie* = **classe de philosophie.** — 2º *Hegel a posé les principes d'une philosophie du droit;* (plus général) **théorie.** — 3º *Cet orateur a exposé sa philosophie* = **conception, vision du monde; morale** se dit plus particulièrement des principes de conduite. — 4º *Il a pris sa mésaventure avec philosophie;* **indifférence** implique l'absence de réaction et **résignation** l'acceptation du fait; v. SAGESSE (in *sage*). ● **philosophe** 1º *Socrate était un philosophe grec;* (plus général) **penseur.** — 2º (nom et adj.) *Il est bien philosophe dans cette situation difficile;* **calme** se dit de l'attitude, **sage** du jugement fondant l'attitude; v. FATALISTE (in *fatal*). ● **philosopher** *Ce n'est pas le moment de philosopher;* (péjor.) **bavarder.**

photographie 1º *Il a appris la photographie* = **photo.** — 2º *Cette photographie est nette* = **photo;** (plus didact.) **cliché, épreuve** se disent des tirages sur papier, **diapo(sitive)** d'une copie positive à projeter; v. ILLUSTRATION. *Faire, prendre une photographie* = **photographier.**

phrase 1º *La phrase de Rabelais est foisonnante* (didact.); (plus courant) **style.** — 2º *Aucune idée dans ce texte; rien que des phrases* = **mots, clichés, lieux communs.**

physionomie 1º V. FIGURE. — 2º *La physionomie de nos villes a beaucoup changé depuis vingt ans* = **apparence, aspect, caractère.**

physique I (adj.) 1º *Les corps ont des propriétés physiques;* (plus général) **matériel.** — 2º *Le plaisir physique tient une large place dans l'amour;* (soutenu) **charnel;** (plus courant) **sexuel.**

II (nom) *Cette fille a un physique agréable;* le mot renvoie à la fois au **corps** et à la **physionomie;** v. PHYSIQUEMENT II.

physiquement I *Il est physiquement possible de se poser sur Mars* = **matériellement.**

■ *Physiquement, ce garçon est très bien* = **au physique.**

picorer *La volaille picorait les vers sur le tas de fumier ;* (plus soutenu) **becqueter.**

pièce ▌ 1° *Ce gamin met tout en pièces* = **morceaux ;** (équivalents de *mettre en pièces*) **démolir, briser ;** v. CASSER. — 2° *Il a payé ses verres deux francs (la) pièce* = **l'un, l'unité.** *L'éleveur a vendu dix pièces de bétail* = **tête.** *Sur la plage, elle portait un très joli deux-pièces ;* (plus général) **maillot (de bain).** — 3° V. PION I. — 4° V. DOCUMENT, PAPIER *(d'identité).* — 5° *Ce jeune couple avait le choix entre un studio et un trois pièces* = **F3 ;** *pièces* se dit des parties distinctes de l'appartement, destinées à l'habitation, **chambre, salle à manger, (salle de) séjour, salon,** à l'exclusion des parties de service (entrées, cuisines, etc.). *Il a rangé sa pièce ;* (plus précis) **chambre ;** (fam.) **carrée ;** (très fam.) **crèche, piaule ;** v. APPARTEMENT. — 6° *Ce garçon est tout d'une pièce ;* (plus soutenu) **intransigeant, entier.**

▌▌ *Sa pièce a eu un grand succès dans les théâtres de boulevard ;* (plus général et soutenu) **œuvre ;** *pièce* se dit surtout des œuvres théâtrales ; (plus part.) **comédie, drame, tragédie.**

pied ▌ 1° *A force de marcher dans les éboulis, les promeneurs ont mal aux pieds ;* **peton** se dit en milieu familial pour les enfants ; (très fam.) **arpion, panard, paturon, pinceau ;** v. PATTE. *Ils y sont allés à pied ;* (fam.) **à pinces.** — 2° (dans des express.) *Cet ambitieux fait des pieds et des mains pour arriver* = **se démener.** *Cette usine a mis à pied cent ouvriers* = **licencier.** — 3° (dans des loc.) *Au pied levé :* v. IMPROMPTU. *Casse-pieds :* v. GÊNEUR (in *gêne*). *Des pieds à la tête :* v. CAP. *Les pieds sur terre :* v. RÉALISTE (in *réel*). *Mettre sur pied :* v. ORGANISER. *Sur pied :* v. DEBOUT. *Sur quel pied danser :* v. HÉSITER. *De pied en cap :* v. DENT [jusqu'aux dents].

▌▌ *Le pied du mur est humide :* v. BASE I.

▌▌▌ *Les premiers textes de la langue française sont en vers de dix pieds* (abusivement) ; **syllabe** est plus exact, *pied* renvoyant à l'unité métrique du vers grec ou latin.

piège 1° *Le braconnier a posé ses pièges dans la forêt ;* (plus spécialement) **collet, lacet ;** v. aussi FILET. *Un piège à rats* = **ratière, souricière.** — 2° *Le naïf est tombé dans le piège* = **traquenard ;** (plus soutenu) **chausse-trape, embuscade, guépier, guet-apens ;** (très soutenu) **les lacs ;** v. aussi RUSE. *Il est pris comme dans un piège ; étau. Il ne craint pas les pièges qu'on a dressés pour lui ;* (soutenu) **embûche.** *Il s'est laissé prendre au piège* = **a mordu (à l'appât, à l'hameçon).** *La police a monté un piège* = **souricière.**

pierre 1° *C'est une pierre calcaire ;* (didact.) **roche.** *Au sommet de la montagne, il y a une pierre plate* = **roc, rocher.** *Le gamin lançait des pierres ;* (fam.) **parpaing ;** v. CAILLOU. — 2° *Le joaillier a monté ces pierres à l'ancienne* = **pierre précieuse ;** (plus soutenu) **gemme, pierreries.** — 3° *Pierre d'achoppement :* v. ACHOPPER. ● **pierreux** *Le lit pierreux du torrent est à sec* = **rocailleux.**

piétiner ▌ 1° *Cet enfant piétine de rage ;* ↑**trépigner.** — 2° *Les soldats piétinent en suivant le défilé* = **marquer le pas.** — 3° *Les négociations piétinent* = **traîner** [en longueur], **finir** [ne pas en finir] ; v. aussi DURER.

▌▌ V. FOULER.

pieu ▌ *Il plante des pieux pour mettre un grillage ;* **piquet** et **poteau** se disent respectivement de petits et de gros pieux.

▌▌ V. LIT I.

pieux 1° (antéposé ou postposé) V. CROYANT (in *croire*). — 2° (antéposé) *Ne pas révéler au mourant son état était un pieux mensonge ;* **charitable** (postposé). ● **piété** (spécialement) *Sa piété est édifiante pour les paroissiens* = **dévotion, ferveur.** *Derrière l'église, il y a un magasin d'objets de piété ;* (péjor.) **bondieuseries.** *Nos sociétés considèrent la piété filiale comme un sentiment naturel ;* (soutenu dans cet emploi) *piété* implique à la fois **respect** et **amour,** termes d'emploi plus courant.

pigeon 1° *Les pigeons roucoulent sur l'appui de la fenêtre ;* (soutenu) **colombe ; palombe** se dit dans le Sud-Ouest ; **ramier** ou **tourterelle** se disent d'espèces différentes de pigeons. — 2° V. DUPE. ● **pigeonnier** *Cette tour ronde est un pigeonnier* = **colombier.**

pile I (nom) 1° V. AMAS. — 2° *L'eau monte autour de la pile du pont ;* (moins précis) **pilier.** — 3° *La pile atomique est entrée en divergence la semaine dernière* = **générateur.**

II (nom) V. PEIGNÉE et RACLÉE.

III (nom et adv.) 1° *Ils ont tiré à pile ou face* = **au sort ;** (v. SORT I). — 2° (adv.) *La fin de mois est arrivée pile* (fam.) ; (courant) **juste, à temps.**

piler 1° *Il faut piler l'ail dans le mortier ;* (plus général) **broyer, écraser.** — 2° *Notre équipe s'est fait piler sur le terrain adverse* (fam.) = **prendre une pilule ;** (courant) **écraser ;** ↓ **battre.**

pilier 1° V. PILE I et COLONNE I. — 2° *Ce député est l'un des piliers de la majorité gouvernementale ;* ↓ **appui, soutien.** *C'est un pilier de bistrot ;* **habitué** ne peut se construire qu'avec un complément déterminé *(un habitué des bistrots).*

piller 1° ↑ ~ qqch. *La troupe a pillé la région ;* ↑ **saccager** insiste davantage sur la destruction que sur le vol ; **écumer** ne s'emploie qu'en parlant d'opérations de grande envergure : *piller un tronc/écumer une région.* — 2° V. IMITER. ● **pillage** *Le pillage de la ville est le fait des occupants ;* (soutenu) **sac ;** ↑ **saccage** insiste sur la violence de l'action et la gravité de ses effets.

pilule 1° *Pilule,* contrairement à **comprimé,** implique l'idée de volume arrondi ; **granulé** se dit d'une petite pilule ; v. aussi CACHET III. — 2° (en part.) *A-t-elle pris sa pilule ? ;* (plus précis) **contraceptif.** — 3° *Avaler la pilule :* v. RÉSIGNER II. *Prendre une pilule :* v. PILER.

pince 1° *Passe-moi la pince pour tenir le fil de fer ;* (plus général) **tenaille,** comme *pince,* se dit aussi bien au singulier qu'au pluriel du même outil : *la tenaille, les tenailles, la paire de tenailles.* — 2° V. MAIN et PIED I.

pinceau 1° *Le peintre dispose ses couleurs sur la palette ;* (plus précis)

brosse se dit d'un pinceau à poils raides. — 2° V. PIED I.

pincer 1° *Vexée, elle pinça les lèvres* = **serrer.** *Le chat s'est fait pincer la queue dans la porte* = **coincer.** — 2° *Il gèle ; ça pince* (fam.) ; (courant) **piquer, mordre ;** v. aussi FROID I. — 3° *Le gardien a pincé un resquilleur* (fam.) = **épingler, piquer ;** (soutenu) **surprendre ;** v. aussi PRENDRE I. — 4° *En pincer pour qqn :* v. AIMER.

pion I *Le joueur avance un pion sur l'échiquier ;* (plus général) **pièce** se dit au jeu de dames.

II *Le pion a fait monter les lycéens au dortoir* (fam.) ; (plus général) **surveillant** ne s'applique pas seulement, comme pion, aux établissements d'enseignement.

pipe 1° *Il bourra sa pipe de tabac blond ;* (plus précis) **bouffarde** se dit d'une grosse pipe, **brûle-gueule** d'une pipe à tuyau court. — 2° V. CIGARETTE. — 3° *Il faudra bien une demi-bouteille par tête de pipe* (fam.) ; (courant) **par personne.** *Le père Antoine a cassé sa pipe* (fam.) ; (courant) **est mort ;** v. aussi MOURIR.

piquant I (nom) *Enlevez donc les piquants de cette rose* = **épine.**

II (nom) *Cette situation ne manque pas de piquant* = **sel.** ● **piquant** (adj.) 1° *Cette sauce aux piments est piquante* = **fort.** — 2° *Le chansonnier avait trouvé des mots piquants ;* ↑ **caustique ;** ↓ **drôle ;** v. MORDANT (in *mordre*), SATIRIQUE (in *satire*) et SPIRITUEL II.

piquer I 1° *Il faut piquer les saucisses avant de les faire cuire* = **percer.** — 2° *Le moissonneur a été piqué par un serpent ;* v. MORDRE. — 3° *Il faut faire piquer votre fils contre la variole* (fam.) ; (courant) **vacciner.** *Le chien était malade, on a dû le faire piquer* (fam.) ; (courant) **tuer.** — 4° *Le gamin s'amusait à piquer son canif dans le sol* = **planter ;** v. aussi PLONGER I. — 5° *La couturière a piqué l'ourlet de la robe* = **coudre.** ● **se piquer** *Il se pique* (fam.) ; (courant) **se droguer.** ● **piqûre** 1° *C'est une piqûre de vipère* = **morsure.** — 2° V. INJECTION (in *injecter*). — 3° *Ce soulier a des piqûres apparentes* = **coutures.**

II 1° *J'ai dû mettre la main dans les orties : ça me pique ;* ↓ **démanger,** ↓ **picoter** ; v. PINCER. — 2° *Cette histoire avait piqué ma curiosité* = **exciter** ; v. ÉVEILLER.

III *Il a piqué une colère* (fam.) ; (courant) **se mettre en colère.** *Surprise, elle a piqué un fard* (fam.) ; (courant) **rougir** (v. ce mot in *rouge*).

IV 1° V. PINCER. — 2° *Il s'est fait piquer son portefeuille dans le métro* (fam.) = **barboter, chiper, faucher** ; v. DÉROBER et VOLER II.

V *Se piquer de :* v. FLATTER (SE).

pirate 1° *Les pirates ont abordé et pillé le navire amiral* = **forban** ; autrefois le **corsaire** courait les mers avec l'autorisation de son gouvernement, contrairement au *pirate*, qui pratiquait le brigandage ; après la disparition de ces usages, les deux termes sont devenus synonymes ; (vieilli) **flibustier** s'appliquait aux pirates des Antilles, de même que **boucanier.** — 2° (en emploi adjectival) *Un bateau pirate* = **corsaire.** — 3° *Les pirates de l'immobilier ont fait des fortunes depuis la dernière guerre* (fam.) = **filou, forban, requin** ; (courant) **escroc** ; v. aussi BANDIT et VOLEUR (in *voler* II).

pisser 1° *Il a pissé le long du mur* (très fam. ; considéré comme vulg.) ; **faire pipi** se dit surtout dans le milieu familial, et (plus général) **faire (ses/son besoin[s])** se dit de l'évacuation des excréments solides ou liquides ; (soutenu) **uriner.** — 2° *Il faut réparer le robinet qui pisse sans arrêt* (fam.) ; (courant) **fuir, couler** ; *Il a pris un coup de poing et il a le nez qui pisse* (fam.) ; (courant) **saigner.** — 3° V. PLEUVOIR. ● **pisse** *Cette odeur de pisse est insupportable* (fam.) ; (soutenu) **urine** ; (vieilli) **pissat** ne se dit que de l'urine de certains animaux. ● **pissotière** *Il y a des pissotières modern style sur les boulevards* (très fam.) = **pissoir(e)** ; (soutenu) **urinoir** et **édicule** ; **vespasienne** est surtout d'un emploi administratif.

piston *Sans piston, il n'aurait pas obtenu le poste de chef de service* (fam.) ; (courant) **appui, protection, recommandation.**

piteux 1° (antéposé) *Après sa chute, sa veste était en piteux état* ; ↓ **mauvais.** *Il* *fait piteuse mine* = **triste.** — 2° (postposé) *Il a obtenu des résultats piteux ;* ↑ **lamentable** ; (fam.) **minable** ; v. aussi MAUVAIS I.

pitié *La pitié des autres l'incommode ;* ↓ **compassion** ; **commisération** implique une certaine supériorité de celui qui s'apitoie ; v. aussi CHARITÉ et ÉMOUVOIR. *Avoir pitié :* v. PLAINDRE I. *Quelle pitié de voir une chose pareille !* (vieux) ; ↑ **malheur.**

pitoyable 1° *Sa situation est pitoyable ;* (plus précis) **misérable** ; **lamentable** se dit du fait en lui-même ; **déplorable** se dit plutôt des sentiments qu'il inspire ; v. aussi TRISTE I et III (antéposé). — 2° *La diction de ce comédien est pitoyable* ; (fam.) **minable** ; ↓ **médiocre.**

pitrerie *Les pitreries de ce personnage ne font plus rire personne* (péjor.) = **clownerie** ; (soutenu) **facétie** ; v. PLAISANTERIE (in *plaisanter*).

pittoresque 1° *Sa tenue est pour le moins pittoresque* = **cocasse** ; ↓ **original.** *Son visage est d'une laideur pittoresque* ; **expressif** se dit plutôt de l'intérêt qu'inspire le spectacle que de l'amusement qu'il provoque. — 2° V. COLORÉ (in *couleur*).

place I 1° *Vous trouverez le marchand de journaux à la même place* = **endroit** ; (soutenu) **emplacement.** *L'assassin a été pris sur place ;* (soutenu) **sur les lieux.** *La place des meubles ne me satisfait pas* = **position ; disposition** se dit plutôt de la place des objets les uns par rapport aux autres. *Vous ne manquez pas de place chez vous* = **espace.** — 2° *Avez-vous eu des places à l'orchestre ou au balcon ?* ; (plus précis) **fauteuil** ou **strapontin.** *Jusqu'à dix ans, les enfants paient demi-place dans le train* = **demi-tarif.** — 3° *Au lycée, mon fils a une bonne place ce trimestre-ci* = **classement.** — 4° *Ce chômeur a perdu sa place il y a six mois* = **situation** ; v. EMPLOI (in *employer*) ; (plus part.) **fonction** ; v. FILON ; v. aussi POSITION et PROFESSION. — 5° (dans le express.) *À la place de :* v. PEAU et REMPLACER. *Remettre à sa place :* v. REPRENDRE II. ● **placer** 1° *Placez donc les coussins sur le divan* = **disposer** (v. ce mot) ; (plus général) **poser** n'implique pas l'idée de choix comme les précédents ; (plus spécialement) v. APPUYER I et APPLIQUER. *Comment placer tous les livres sur une seule étagère ?* ; (plus précis) **loger** ; **faire tenir** et (fam.) **caser** insistent sur la difficulté du placement. *Pourquoi l'architecte a-t-il placé la cuisine sur la façade ?* = **installer.** — 2° *L'auteur a placé l'action de son roman en province* = **situer.** — 3° *Cet employé est arrivé à placer sa femme au secrétariat du patron* ; (fam.) **caser.** *Placer à la tête de :* v. ÉTABLIR. — 4° *Le démarcheur a placé trois postes de télévision aujourd'hui* ; (plus précis) **vendre** (v. ce mot) ou **louer.** — 5° *La société a placé une partie des bénéfices dans une nouvelle affaire* = **investir.** *Cette famille place ses économies à la caisse d'épargne* ; **déposer** n'implique pas que les fonds déposés portent intérêt. ● **se placer** 1° *Les invités se sont placés au hasard* = **s'installer.** — 2° *Cette mesure se place dans une politique d'ensemble* ; (soutenu) **s'insérer.** — 3° *Il ne s'est placé que second à l'arrivée* = **se classer.** ● **placement** *Son patron a fait un excellent placement* = **investissement.**

II 1° *L'agrément de cette ville tient à ses grandes places ombragées* ; (soutenu) **esplanade** ; **rond-point** se dit d'une place circulaire dont les abords ne sont pas forcément construits ; v. aussi CARREFOUR. — 2° *Les bastides du Sud-Ouest sont d'anciennes places fortes* = **ville forte, forteresse.**

plafond (nom et adj.) *Le prix plafond va être dépassé* (didact.) ; (plus courant) **maximum** ou **maximal.**

plaidoyer 1° *L'avocat a prononcé un plaidoyer en faveur de son client* ; (didact. et plus précis) **plaidoirie** se dit de l'acte juridique. — 2° *Le ministre a pris la défense du gouvernement dans un long plaidoyer* ; **justification** ; ↑**éloge,** ↑**apologie** n'impliquent pas l'idée de défense.

plaie 1° *À l'hôpital, ses plaies ont été pansées* ; (plus général) **lésions** ; (plus part.) **brûlure, coupure, déchirure, morsure** ; v. BLESSURE (in *blesser*) et CONTUSION. — 2° (de qqch) *Quelle plaie !* ; ↓**souci, tracas.** (en parlant de qqn) *C'est une plaie* (fam.) = **peste.**

plaindre I *Je ne plains pas l'auteur de cet accident* ; ↑**avoir pitié (de)** ; (soutenu)

compatir (avec) ; v. S'APITOYER SUR (in *apitoyer*).

II se plaindre 1° *Le blessé se plaint sur la civière* = **gémir** ; ↑**se lamenter** ; **geindre** se dit en mauvaise part ; v. aussi PLEURER. *Comme il avait des ennuis, il est venu se plaindre à moi* ; (plus fam.) **pleurer dans le gilet.** — 2° *Devant la montée des prix, les consommateurs se plaignent* = **protester** ; (fam.) **râler, rouspéter.** *La cliente s'est plainte auprès du chef de rayon* = **réclamer** (v. ce mot). ● **plainte** 1° *Les plaintes de l'opéré étaient déchirantes* = **gémissement** ; v. PLEURS (in *pleurer*). — 2° *Les plaintes de ses voisins l'importunaient* ; ↓**réclamations** ; (soutenu) **doléances** ; **jérémiades** se dit des plaintes non fondées ou incessantes ; (didact.) **revendication** se dit d'une réclamation portant sur un droit politique, syndical ou social ; v. MURMURE (in *murmurer*). — 3° *Porter plainte :* v. ACCUSER. ● **plaintif** *Elle ne supportait plus le ton plaintif de son mari* ; ↑**gémissant** ; (soutenu) **dolent** ; (péjor.) **pleurard** et **geignard.** *Le chant plaintif du violon émouvait les auditeurs* : v. TRISTE II.

plaire I 1° *Voilà une maison qui me plaît* ; ↓**convenir** se dit de ce qui répond à une attente ; v. ALLER I et INTÉRESSER (in *intérêt*) ; v. aussi CONVENANCE. *Cette situation vous plaît elle ?* ; ↓**satisfaire** ; (soutenu) **agréer** et ↑**combler.** *Ce cadeau lui plaira sûrement* = **faire plaisir.** *Votre projet ne me plaît pas* ; ↓**ne me dit rien (qui vaille)** ; (soutenu) **sourire** ; v. aussi AMUSER, INSPIRER II et REVENIR. — 2° *Cette fille lui a plu au premier regard* ; ↑**charmer** (v. ce mot in *charme*), ↑**exciter,** ↑**séduire** ; v. aussi CONQUÉRIR et ŒIL I [*taper dans l'œil*] ; v. aussi FLATTER. — 3° *Il y a toutes les chances que ce spectacle plaise* = **réussir, avoir du succès.** — 4° (impers.) *Il me plaît de garder mes illusions* ; ↓**convenir** ; ↑**vouloir** se construit à la forme personnelle. — 5° (formule de politesse) *S'il vous plaît, donnez-moi du feu* ; (soutenu) **je vous prie.** (demande d'information) *S'il vous plaît, je vous ai mal entendu* ; (soutenu) **plaît-il, pardon** ; v. COMMENT.

II se plaire 1° (pronominal réciproque) *Ces jeunes gens se plaisent* ; ↑**s'aimer** (v. aussi ce mot). — 2° *Il se plaît à lire* ; (plus courant) **aimer** (v. aussi ce mot). *Il se plaît à inventer des mensonges* ; (plus précis) **se complaire**; (soutenu) **se délecter.**

plaisant I (v. PLAIRE I) *Cet hôtel est très plaisant* = **agréable** (v. ce mot).

II (v. PLAISANTER) 1° *Il nous a raconté une histoire plaisante* = **divertissant**; (plus courant) **drôle, amusant.** — 2° (antéposé) *Voilà un plaisant personnage* = **curieux**; (postposé ou antéposé) ↑ **bizarre.**

plaisanter 1° (intr.) *Nous avons plaisanté toute la soirée*; (fam.) **blaguer**; (plus général) **s'amuser**; (régional) **galéjer.** — 2° (intr.) *Le chef ne plaisante pas là-dessus* = **badiner**; (fam.) **rigoler.** — 3° (trans.) *Ses collègues l'ont plaisanté pour son nouveau chapeau* = **taquiner**; (soutenu) **railler** (v. ce mot); (fam.) **blaguer, charrier**; v. aussi MOQUER (SE). ● **plaisanterie** 1° *Les plaisanteries de ce journaliste ne font pas toujours rire les lecteurs*; (fam.) **blague**; (soutenu) **boutade, saillie, badinage**; **pitrerie** se dit en mauvaise part; (plus précis) **jeu de mots, mot** ou **trait (d'esprit)**; (vieux) **bouffonnerie** se dit aussi bien des actes que des mots. — 2° *Il a été victime d'une plaisanterie de mauvais goût* = **farce, canular** et **mystification**; (fam.) **blague**; ↓ **taquinerie**; (peu courant) **facétie**; **attrape** se dit de l'instrument d'une plaisanterie et ne peut s'employer dans ce contexte; v. aussi MOQUERIE (in *moquer* [se]). — 3° *Il est si fort en calcul que de faire cette opération sera pour lui une plaisanterie* = **bagatelle.** — 4° *Eux, vivre à la campagne? quelle plaisanterie!*; (fam.) **blague**; (très fam.) **couillonnade.** ● **plaisantin** 1° V. BOUFFON. — 2° *Vous n'allez pas confier cette responsabilité à un plaisantin*; (fam.) **fumiste**; (très fam.) **rigolo.**

plaisir 1° *Certains éprouvent du plaisir à travailler*; ↓ **contentement**, ↓ **satisfaction**; ↑ **joie** et ↑ **bonheur** (v. ces mots); (soutenu) ↑ **délectation** et ↑ **jouissance**; v. SATISFACTION (in *satisfaire*). *Faire plaisir à qqn*; (fam.) **faire une fleur, une grâce** se disent aussi bien d'un service rendu, d'un geste d'indulgence que d'un acte destiné à produire du plaisir. *Elle prend (du) plaisir à manier le pinceau* = **aimer** (v. aussi ce mot); (très fam.) **prendre son pied**; v. JOUIR. *Il ne faut pas confondre l'amour et le plaisir*

= **désir** (dans ce contexte, par méton.). — 2° (généralement au plur.) *La ville a ses plaisirs* = **distractions**; ↓ **agréments**; ↑ **délices.**

plan I (adj.) *Cette surface plane convient au patinage*; (plus part.) **uni** et **égal** indiquent l'absence d'aspérités, **plat** l'absence de courbure de l'ensemble de la surface.

II (nom) 1° *C'est un comédien de premier plan*; (moins courant) **importance**; v. ORDRE I. — 2° *À l'arrière-plan, on peut voir les cimes des Alpes* = **dans le lointain.**

III (nom) *Sur le plan théorique, votre idée est satisfaisante* = **dans le domaine.**

IV 1° *L'état-major avait gardé son plan secret* = **projet**; **intention** ou (plus soutenu) **dessein** se disent d'un projet non encore élaboré. *Un plan de défense*; v. SYSTÈME. — 2° *Il a préparé le plan de son exposé*; (moins courant) **bâti**; **ébauche, esquisse** se disent des premières étapes de la préparation; **canevas** (v. ce mot) se dit plutôt du support d'une improvisation; **plan** se dit de la combinaison retenue avant la composition et apparente dans la réalisation; v. aussi MODÈLE I.

V 1° *Montrez-moi le plan de votre ville*; **plan** se dit d'une **carte** à grande échelle. — 2° *L'architecte nous a montré les plans de notre future maison*; (didact.) **bleu** se dit du tirage des plans. *Faites-moi le plan de votre installation*; (plus général) **dessin** et **schéma.** — 3° *La voiture nous a laissé en plan* (fam.) = **en rade, en carafe**; (courant) **abandonner** (v. aussi ce mot) : *La voiture nous a abandonnés.*

planche 1° *La scierie prépare des planches de toutes dimensions* (général); (plus part.) **planchette** se dit d'une petite planche, **latte** d'une pièce de bois longue et mince; (vieilli) **ais.** *Le bricoleur a posé des planches dans son placard*; (plus précis) **rayon** (v. ce mot). — 2° *Les planches de ce traité de médecine sont passionnantes*; (plus restreint) **gravure**; v. ILLUSTRATION. — 3° V. CARRÉ. — 4° (toujours au plur.) *Il a toujours rêvé de monter sur les planches* = **scène** (au sing.) [v. ce mot]. *Monter sur les planches* = **faire du théâtre.**

312

plancher 1º *La femme de ménage a ciré le plancher;* contrairement au *plancher,* qui peut être constitué d'un assemblage assez rudimentaire, le **parquet** est toujours un assemblage soigné de lattes ou de lames de bois; v. aussi SOL. — 2º *Débarrasser le plancher :* v. PARTIR.

planqué *Il ne prend pas de risque : c'est un planqué* (fam.) = **embusqué.**

plante 1º *La botanique étudie les plantes;* (plus didact.) **végétal.** — 2º *Il se soigne avec des plantes;* (plus soutenu) **simples** se dit des plantes médicinales.

planter 1º *Le jardinier a planté ses pommes de terre en mars :* v. SEMER I. *Il plantera des salades pour l'été;* (plus précis) **repiquer.** — 2º *Les Eaux et Forêts ont planté la colline de sapins;* (plus précis) **boiser.** *Mon voisin a planté un carré de son jardin;* (plus précis) **ensemencer.** — 3º V. ENFONCER et PIQUER I. — 4º *Les campeurs ont planté leur tente près de la rivière;* (plus courant) **dresser;** v. MONTER II. *Le couvreur a planté son échelle pour monter réparer la gouttière* = **installer, poser.** — 5º *Son amie l'a planté là* (fam.) = **plaquer, laisser tomber;** (courant) ↑**abandonner** (v. ce mot). • **se planter** *Il s'était planté au milieu de la rue pour arrêter les voitures* = **se poster;** (plus général) **se mettre** (v. ce mot); v. CAMPER (SE). • **plantation** 1º *Les plantations ont souffert du gel tardif* = **culture;** v. EXPLOITATION (in *exploiter* I). — 2º *La plantation du décor a pris une journée;* (plus général) **installation, pose.**

plaquer 1º *Sa chemise, trempée de sueur, se plaquait à son corps* = **coller.** *Il plaqua son adversaire contre un arbre;* (fam.) **coincer.** — 2º V. PLANTER. • **placage** *Un placage protège le bois de cette table;* (plus général) **revêtement.**

plastique I (adj.) *La boule de mastic du vitrier était plastique* = **malléable.**

II (nom) *Il y a des plastiques de belle apparence* = **matière plastique.**

plat I (adj.) [le plus souvent postposé] 1º *Le sol était parfaitement plat;* (plus précis) **horizontal;** v. PLAN I et ÉGAL. — 2º *Il a les cheveux plats;* ↑**raide.** — 3º (loc.) *Les vacanciers restent à plat*

ventre sur la plage; (plus général) **étendu** ne précise pas la position du corps. *Il est à plat ventre devant ses chefs* (fam.); (courant) **ramper** *(Il rampe devant ses chefs);* (soutenu) **servile** et ↑**obséquieux** (v. ce mot). — 4º *Qqn est à ~. Il est à plat* (fam.); (courant) **fatigué** se dit surtout d'un épuisement physique, **déprimé** d'une lassitude morale. *Qqch est à ~. Son pneu est à plat* = **dégonflé.** — 5º *C'est un poème en rimes plates* (didact.) = **suivi.**

II (adj.) [peut être antéposé] *Ce discours est bien plat* (fam.); (courant) **fade;** (soutenu) **insipide.** • **platitude** 1º *La platitude de ses propos ennuie son auditoire* = **banalité.** *L'orateur n'a proféré que des platitudes* = **banalité, fadaise.** — 2º *Elle ne supporte plus la platitude de ce garçon;* ↑**bassesse** se dit de l'absence de dignité, alors que *platitude* dénote plutôt la servilité d'une attitude, comme ↑**obséquiosité** (v. ce mot in *obséquieux*).

III (nom) *Il fait du plat à sa voisine* (fam.) = **baratiner;** v. COURTISER.

IV (nom) V. METS.

plateau 1º *Nous avons longtemps marché sur le plateau;* (plus purt.) **causse** est d'un emploi régional (Sud-Ouest et Centre) et se dit seulement des plateaux calcaires. — 2º *Posez les ballots sur le plateau du camion* = **plate-forme.**

plate-forme I 1º *Ce jardin en plate forme entoure la maison* = **terrasse.** — 2º V. PLATEAU.

II *Le candidat a présenté la plate-forme électorale de son parti* = **programme.**

platonique *Les amours platoniques ne sont pas de son genre* = **chaste;** (plus soutenu) **éthéré.**

plausible *Il a présenté une excuse plausible pour justifier son absence* = **admissible, vraisemblable** (v. ce mot). *Le motif plausible de son absence est un accident;* ↑**probable.**

plein 1º *Qqch est ~.* (plutôt postposé) *Faites attention, la carafe est pleine de vin;* (moins courant) **rempli.** *A 6 heures, les voitures du métro sont pleines;* (moins courant) **comble** (v. ce mot); ↑**bondé;** (fam.) **bourré;** ↑**complet** se dit d'un espace où il ne reste plus de place disponible. — 2° Qqch est ∽. *Il a les joues bien pleines;* (moins courant) **rebondi** se dit dans le même contexte; (plus général) **potelé** se dit aussi des membres et du corps; v. aussi GRAS. — 3° Qqch est ∽ de. *Son rapport est plein d'inexactitudes* = **rempli**; (fam.) **bourré**; (très fam.) **pourri**. *Il a la figure pleine de boutons* : v. COUVRIR. *La pelouse est pleine d'eau;* (moins courant) **gorgé**. *Les trottoirs sont pleins de monde* = **noir**. *Son silence était plein de menaces* : v. LOURD; v. aussi FÉCOND. — 4° Qqn est ∽ de. *L'homme est plein de bons sentiments* = **rempli**; ↑**débordant**; v. DÉBORDER II; (fam.) **bourré** et **farci**. *Ce gamin est plein de remords;* (moins courant) **bourrelé**. *C'est un homme plein de lui-même;* (moins courant) **imbu**. — 5° Qqch est ∽. (antéposé ou postposé suivant les contextes) *Il a donné pleine satisfaction à ses employeurs* = **total, complet, tout**. *Il a pleine confiance en vous;* (plus courant) **entier**; v. ABSOLU I et TOUT I. *Il travaille à plein temps;* **complet** [*à temps complet*]. *Il est tombé en plein milieu de notre dispute* = **au beau milieu**. *Il a mordu à pleines dents dans le gâteau* = **à belles dents**. *C'est l'heure de la pleine mer* = **haute mer**. *J'aime la vie en plein air* = **au grand air, à l'extérieur**. — 6° (en parlant d'un animé, sans compl.) *La jument est pleine* (fam.); (plus général) **grosse** se dit aussi des femmes. *Il était plein en sortant du bistrot* (très fam.) : v. IVRE. — 7° (dans des loc. adv.) *Il est tombé en plein sur notre problème* = **exactement, juste**. *Il a plein de bonbons dans ses poches* = **beaucoup** (v. aussi ce mot). ● **pleinement** *Il est pleinement responsable de ses actes* (soutenu); (courant) **totalement, entièrement**. *Il est pleinement conscient de sa responsabilité* = **parfaitement, très**.

pléonasme *C'est un pléonasme que de dire : il recule en arrière* (didact.); (plus rare) **redondance; tautologie** se dit d'une définition qui n'apporte pas d'autre information que celle qui est déjà donnée par son sujet.

pleurer 1° (intr.) *Pourquoi cet enfant pleure-t-il?;* (fam.) **chialer; pleurnicher** se dit de celui qui pleure sans raison ou pour se faire plaindre; ↓**larmoyer** se dit pour qui a simplement les larmes aux yeux continuellement; ↑**sangloter** se

dit précisément de celui qui pleure bruyamment, avec des spasmes (plus généralement sert de superlatif à *pleurer*); **fondre en larmes**, c'est pleurer abondamment; (fam.) ↑**brailler, geindre** et ↓**couiner**, c'est pleurer en criant. *Il pleure sur sa jeunesse perdue* = **se lamenter, gémir**; v. APITOYER (S'). *Il pleure après sa mère* (fam.); ↓**réclamer**. — 2° (trans.) *Il pleure ses erreurs passées;* (plus soutenu) **déplorer**; v. aussi REGRETTER (in *regret*). *Faire pleurer* : v. TIRER II [*tirer des larmes*]. ● **pleurs** (toujours plur. dans son emploi courant) *Ses pleurs continuels fatiguent son entourage;* (plus soutenu) **larmes; gémissements, lamentations, plaintes** (v. ce mot in *plaindre* II) sont plus généraux et n'impliquent pas l'acte de pleurer. ● **pleurnicherie** *A-t-il bientôt fini ses pleurnicheries?;* (moins courant) **larmoiement, jérémiade**. ● **pleurnicheur** *C'est un pleurnicheur, toujours à se plaindre* = **pleurard**; ↓**grognon** et ↓**geignard**.

pleuvoir 1° (impers.) *Il pleut depuis 6 heures du matin;* (fam.) **flotter**; (très fam.) **pisser**; ↓**pleuvasser**, ↓**pleuviner**, ↓**pleuvoter**; ↓**bruiner** se dit des petites pluies fines et serrées, comme ↓**crachiner** se dit des régions maritimes. — 2° (personnel) *Les coups pleuvaient sur mon visage;* ↓**tomber**; v. ABATTRE I. *Le sang pleut goutte à goutte de sa blessure;* (plus courant) **couler**.

pli 1° V. LETTRE II. — 2° V. LEVÉE (in *lever* II). — 3° *Ce garçon a pris un mauvais pli* = **habitude**. — 4° *Dans l'express. Ça ne fait pas un pli* = **c'est sûr**. — 5° *Faire des plis à un vêtement* : v. PLISSER.

plier I (trans.) 1° ∽ qqch. *Pliez la feuille de papier;* (plus part.) **replier**, c'est plier ce qui avait été déplié; (plus précis) **corner**, c'est plier le coin d'une feuille. — 2° *Il a plié la tente;* (plus général) **ranger**; *J'aimerais qu'il plie bagage;* (plus courant) **partir**; (moins courant) ↑**déguerpir**. — 3° *L'enfant a plié une branche de frêne pour se faire un arc;* (moins courant) **courber, fléchir**. — 4° ∽ qqn. *Elle plie son mari à ses volontés;* (moins courant) **assujettir, soumettre**.

II (intr.) 1° Qqch ∽. *Les arbres plient sous le vent* = **se courber, fléchir**; (plus soutenu) **ployer**. — 2° Qqn ⌣. *Il a plié devant votre opposition ;* ↑**céder** ; v. aussi RECULER.

plisser 1° *Elle a donné sa jupe à plisser* = **froncer**. *En dormant dans le train il a plissé ses vêtements ;* (plus courant) **faire des plis à**. — 2° *De dégoût il a plissé le nez ;* (plus courant) **froncer**.

plonger I (intr.) 1° Qqn ⌣. V. SAUTER. — 2° Qqch ⌣. *L'avion a plongé pour larguer ses bombes* = **piquer** dans ce seul contexte. — 3° *Les racines de pivoine plongent profondément dans le sol* = **s'enfoncer**.

II 1° Qqn ⌣ qqch. *Elle plonge la main dans la bassine ;* (didact.) **immerger**. *Le chat a plongé sa patte dans la crème* = **tremper** ; *Elle a plongé la main dans son sac* = **enfoncer** ; (fam.) **fourrer** ; (plus soutenu) **introduire** ; (très général) **mettre**. — 2° Qqch ⌣ qqn. *Son intervention m'a plongée dans le découragement* = **jeter** ; ↑**précipiter**. — 3° V. VIVRE II. ● **se plonger** *Il s'est plongé dans l'étude du sanscrit* = **s'absorber** ; v. S'ABÎMER (in *abîme*).

pluie 1° *La pluie a détrempé le sol ;* **eau** (v. ce mot) ; (fam.) **flotte** ; (plus spécialement) **averse** et ↑**grain** se disent d'une pluie brève et forte, **ondée** d'une pluie de peu de durée, **giboulée** des pluies passagères, du printemps et de l'automne surtout, **bruine** des petites pluies fines, comme **crachin** dans les régions côtières ; v. aussi BROUILLARD. — 2° ⌣ de qqch. *Le bal masqué s'est terminé sous une pluie de confettis ;* ↑**avalanche**. *Une pluie de coups s'est abattue sur lui* = **grêle** ; (moins courant) ↑**déluge** ; v. aussi ABONDANCE I.

plume I (f.) 1° *Le canard lisse ses plumes* = **plumage**. — 2° *Elle portait un chapeau à plume un peu vieillot* = **aigrette** ; **panache** et **plumet** se disent d'une touffe de plumes plus ou moins fournies, surtout sur les coiffures militaires. — 3° (au plur.) *Avec l'âge, il perd ses plumes :* v. CHEVEUX. — 4° *Le pauvre y a laissé des plumes* (fam.) ; (plus courant) **perdre des plumes**.

II (f.) *Il n'a pas la plume épique* = **style**.

III (masc.) V. LIT I.

plupart *La plupart des électeurs ont approuvé la réforme* = **presque tous, la majorité de, le plus grand nombre de**. *La plupart du temps il pleuvait* = ordinairement, **le plus souvent**. *Dans la plupart des cas* = **la généralité**.

plus (adv.) 1° *Il en savait assez, et ne voulait pas l'écouter plus* = **davantage**. — 2° V. BAS [*plus bas*]. — 3° **plus de** *Il avait été prévenu plus d'une fois ;* ↑**plusieurs**. *Il était plus de 2 heures quand il est arrivé ;* (antéposé ou postposé) **passé**. — 4° V. AUTREMENT (in *autre*). — 5° (dans des loc.) *De plus :* v. AILLEURS (PAR) et OUTRE (EN). *De plus, qui plus est :* v. MÊME III. *En plus :* v. CÔTÉ [*à côté de ça*]. *En plus de son salaire, il reçoit souvent des invitations ;* (très soutenu) **en sus de** ; v. INDÉPENDAMMENT, OUTRE. *Et vous voudriez en plus que je vous fasse confiance ?* = **par-dessus le marché**. *Plus que : Il se moque de vous, il ricane plus qu'il ne rit* = **plutôt que**.

plusieurs 1° (adj.) *Je l'ai rencontré plusieurs fois cette année ;* ↓**quelques** ; (soutenu) **maint, bon nombre de** ; (fam.) **pas mal de** ; v. BON I ; v. aussi BEAUCOUP. — 2° (pron.) *Plusieurs parmi vous ont avancé une hypothèse contraire à la mienne ;* ↓**certains** ; (soutenu) **d'aucuns**.

plutôt 1° V. ASSEZ. — 2° *Il ne comprenait pas ou plutôt il ne voulait pas comprendre* = **en fait, en réalité**. — 3° V. PLUS [*plus que*]. — 4° V. PRÉFÉRENCE (in *préférer*).

poète 1° V. AUTEUR. — 2° *Victor Hugo a été un grand poète de l'amour ;* (vieux) **chantre**. ● **poétique** *Les femmes aimaient son caractère poétique* = **rêveur, romantique**.

poids 1° *Une grande partie du poids de l'édifice était supportée par les arcs-boutants* = **charge**. — 2° *Le poids des redevances était devenu insupportable* = **fardeau**. *Il supportait tout le poids des opérations* = **responsabilité**. — 3° *De tels arguments n'avaient aucun poids pour l'employeur* = **valeur**. — 4° *Prendre du poids :* v. GROSSIR (in *gros*) et PRENDRE I. — 5° V. POUSSÉE (in *pousser* I).

poignant 1° *Il ressentit une douleur poignante dans le côté ;* (plus courant) **aigu**. — 2° *C'est un moment poignant que* *celui d'une séparation* = **douloureux ; ↓émouvant** (v. ce mot in *émouvoir*) n'implique pas la souffrance ; **↑atroce** et **↑déchirant.**

poignard *Il a frappé la victime de son poignard* (général) ; (vieux) **dague ;** (plus précis) **stylet** se dit d'un poignard à lame fine, **baïonnette** d'une arme blanche longue à placer au bout du fusil ; v. aussi COUTEAU et ÉPÉE.

poignée 1° *Il n'avait qu'une poignée d'amis ;* (plus courant) **peu de.** — 2° *Il lançait l'argent à (par) poignées* = **à pleines mains.** — 3° *Tournez la poignée de la fenêtre ;* (plus précis) **espagnolette.**

poil 1° (pour les animaux) *Le chat lustre son poil* = **fourrure ;** (soutenu) **pelage ;** v. aussi TOISON ; (en part., pour les humains) *Il a la figure mangée par le poil* (général) ; (plus précis) **barbe ; duvet** se dit d'un poil fin et doux. — 2° *Il faut enlever les poils du fond d'artichaut* = **foin.** — 3° (dans des express.) *À poil :* v. NU. *Il est de mauvais (bon) poil, ce matin* (fam.) ; (courant) **mauvaise (bonne) humeur.** *Il manque un poil de piment dans votre ragoût* (fam.) ; (plus courant) **un tout petit peu de ;** v. aussi CHEVEUX. *Il a gagné ? Au poil !* (fam.) ; (plus courant) **parfait ;** v. CHIC et EXTRAORDINAIRE. *C'est au poil* (fam.) ; (plus courant) **satisfaisant, drôle, agréable** suivant la situation et le contexte. ● **poilu** *Elle n'aime pas les hommes poilus ;* (plus part.) **velu.** *Il a le menton poilu ;* (plus précis) **barbu.**

point I *Une dissertation se traite généralement en trois points :* v. PARTIE I. *Cette loi comporte douze points ;* (plus précis) **article.** *Sur ce point, le règlement est formel* = **question, à ce propos** *(À ce propos, le règlement est formel) ;* v. MATIÈRE II. *Voilà le point principal :* v. NŒUD. .

II V. DEGRÉ II.

III 1° (dans des express. nominales) *Point de départ :* v. PRÉTEXTE. *Point de rencontre :* v. JONCTION (in *joindre*). *Point de vue :* v. AVIS, CONCEPTION, PENSÉE II, PERSPECTIVE et RAPPORT II. *Point du jour :* v. AUBE. *C'est son point faible :* v. FAIBLESSE (in *faible*). — 2° (dans des loc. verbales) *Il fallait mettre les points sur les « i »* = **insister.** *J'ai mis un point*

final à la discussion = **terminer.** *L'affaire est au point mort* = **stopper.**

IV (dans des loc. adv. ou adj.) *Le poulet est à point* = **(bien) cuit.** *Il est arrivé à point nommé* = **juste.** *Le moteur est au point* = **réglé.** *L'homme était mal en point* = **malade.** *Qu'il suive en tout point les instructions* = **exactement.** *Sur le point de :* v. BORD, MANQUER II, PRÈS II et VEILLE *(à la veille de).*

V *Ne l'écoutez point* (vieilli) ; (courant) **pas.** *Point du tout* (soutenu) = **nullement ;** (courant) **pas du tout.**

pointe I 1° *Nous sommes allés jusqu'à la pointe de l'île ;* (plus courant) **extrémité ;** v. BOUT et CAP. *Il est monté jusqu'à la pointe de l'arbre ;* (soutenu) **cime.** — 2° *La pointe du jour :* v. AUBE.

II 1° *Il fixe les lattes avec des pointes ;* la pointe est un **clou** de grosseur constante. — 2° V. FICHU II.

III *Votre journal n'est pas à la pointe de l'actualité* = **avant-garde.**

IV *Il supporte mal les pointes de ses amis* (vieilli) ; (courant) **raillerie.**

V *De son origine méridionale, il gardait une pointe d'accent* = **un soupçon de, un peu de.**

pointer I 1° *Qqn ~ qqch ou qqn. Il faut pointer les absents sur la liste* = **cocher ; relever** ou **noter** supposent que l'on extraie des éléments d'un premier ensemble ; (plus général) **contrôler.** ● **se pointer** *Il s'est pointé sur le coup de 3 heures* (fam.) ; (plus courant) **arriver.**

II V. BRAQUER.

III V. ÉLANCER (S') et PARAÎTRE I.

pointu (v. POINTE I) 1° *Attention ! ce couteau est pointu ;* (plus soutenu) **acéré** et **effilé.** — 2° *Il parlait d'une voix pointue* (péjor.) ; (plus neutre) **aigu.** — 3° *Il prit un air pointu pour lui reprocher son absence* = **pincé.**

poivré *Ce comique a dû tout son succès à ses plaisanteries poivrées ;* (dans ce contexte) **grossier** (v. aussi ce mot), **salé.**

polémique *La polémique à propos de l'avortement emplissait les colonnes des* *journaux ;* **controverse** n'implique pas obligatoirement l'agressivité ; ↓ **débat,** ↓ **discussion.**

poli **I** 1° *L'enfant, très poli, céda sa place à la jeune femme* = **bien élevé.** *Il est toujours poli avec les clients* = **aimable ;** (moins courant) **affable.** *Vous pourriez au moins rester poli !* = **courtois.** *Ses manières ne sont pas suffisamment polies ;* ↓ **correct ;** ↑ **délicat.** — 2° *Malpoli :* v. IMPOLI. ● **polir** *Personne n'avait pu polir cet homme aux manières brusques* (très soutenu) ; (plus courant) **humaniser ;** v. CIVILISER. ● **politesse** 1° *Cet homme manque aux règles les plus simples de la politesse ;* le **savoir-vivre** est la connaissance des règles de politesse ; la **correction** est le respect des convenances. — 2° V. AFFABILITÉ (in *affable*).

II V. LISSE.

III V. FINI (in *finir*).

policier 1° *Deux policiers surveillaient l'immeuble* (terme général) ; (fam.) **flic, poulet ;** (fam. et vieilli) **bourre** et **roussin ;** (très fam.) **cogne.** — 2° *Les policiers avaient dévié la circulation* (terme général) ; (spécialement chargé de la circulation) **agent de police** ou **agent ;** (dans les villes, surtout à Paris) **gardien de la paix ;** (vieilli) **sergent de ville ;** v. aussi GENDARME.

politique 1° (adj.) *Il a été très politique en acceptant de partager ses responsabilités* (vieilli) ; (plus courant) **diplomate.** — 2° (nom) *Vous avez adopté dans cette affaire une mauvaise politique ;* **tactique** implique la même idée d'habileté et de clairvoyance, mais se rapporte à des affaires moins importantes ou à plus court terme.

pomme **I** (dans des loc.) *C'est aux pommes, mon ami, ça me va !* (fam. et vieilli) ; (fam.) **aux petits oignons ;** (plus courant) **c'est bien** (v. ce mot). *Devant le sang, il est tombé dans les pommes* (fam.) ; (courant) **s'évanouir.**

II 1° V. S'EMBRASSER (in *embrasser*) et FIGURE I. — 2° *N'y touche pas, c'est à ma pomme* (très fam.) ; (courant) **moi.**

poncif *Son discours n'était qu'un assemblage de poncifs* = **banalité, cliché, lieu commun.**

ponctuel 1° *C'est un homme très ponctuel dans tout ce qu'il fait* (très soutenu) ; (plus courant) **régulier.** — 2° *Son retard est étonnant ; il est toujours ponctuel* = **à l'heure ;** v. EXACT. ● **ponctualité** 1° V. EXACTITUDE (in *exact*). — 2° *Il accomplit sa tâche avec ponctualité* = **assiduité** et **scrupule ;** v. RÉGULARITÉ (in *régulier* I).

pondéré *Les partis d'opposition avaient choisi un homme pondéré pour les représenter ;* ↓ **calme ;** v. ÉQUILIBRE (in *équilibre*) et RÉFLÉCHI (in *réfléchir* I). ● **pondération** *Seule, sa pondération avait permis un accord* = **modération, prudence.** *Il avait agi avec une grande pondération ;* ↓ **calme.**

porc *Ce fermier breton élève des porcs ;* **cochon** est aussi usuel, mais ne peut entrer dans certains contextes, par exemple : *un rôti de porc ;* (vieilli) **pourceau** ne s'emploie que dans des locutions figées : *des perles aux pourceaux ;* (plus spécialement) **verrat, truie** et **porcelet** ou **goret** se disent respectivement du porc mâle, femelle, et du jeune porc.

port 1° *Le navire pénétra dans le port ;* (plus précis) **rade** se dit d'un bassin naturel. — 2° *Nous sommes arrivés à bon port* = **à destination.** — 3° V. COL.

portée 1° *Ce problème est à la portée d'une intelligence moyenne* = **niveau.** — 2° *Vous ne mesurez pas la portée de votre choix* = **effet, conséquence ;** v. IMPORTANCE (in *importer* II).

porter **I** 1° *Qqn ~ qqch. Le voyageur portait sa valise à la main* = **tenir ;** (fam.) **coltiner** et **trimbaler** impliquent un déplacement et un effort prolongé. *Le télégraphiste porte les messages téléphonés à domicile ;* (plus courant) **apporter ;** v. aussi LIVRER I. — 2° *Qqn ~ qqch. Elle portait une robe d'été* = **avoir** (v. ce mot). *L'ancien combattant portait ses décorations avec ostentation ;* (plus soutenu) **arborer.** — 3° *Qqch ~ qqch. Cette étagère peut porter une centaine de livres* = **supporter.** — 4° *Qqn ~ qqch + circonstance. Il a porté la main à sa bouche pour étouffer un bâillement* = **mettre** (v. ce mot). *Portez son nom sur votre liste ;* (plus courant) **inscrire.** — 5° *Qqch ~ qqch. Cet arbre porte des*

fruits *délicieux;* (plus courant) **donner**
(v. ce mot) et **produire.** — 6° *Qqch* ~
*qqn/qqch à. De mauvais conseils l'ont
porté à commettre une faute grave* = **inciter;** (plus soutenu) **incliner.** *Une parole
irréfléchie a porté sa colère au maximum*
= **amener.** *Son adversaire lui a porté un
coup bas* = **donner** (v. ce mot). —
7° (dans des loc.) *Votre capital portera
intérêt dès son dépôt* = **rapporter.** *Son
abandon a porté tort à son équipe*
(soutenu); (plus courant) **faire tort;
nuire.** *Porter secours;* (plus général)
aider; v. SECOURIR (in *secourir*). —
8° (express.) *Dans le ménage, c'est elle
qui porte la culotte;* v. COMMANDER I.
● **porteur** 1° V. DÉBARDEUR. — 2° *Cet
individu était porteur de fausses pièces
d'identité* = **détenteur.**

II 1° *Le tablier du pont porte sur deux
piles* = **reposer.** — 2° *La conversation a
porté sur le nouveau cinéma;* (soutenu)
avoir pour objet. *La réforme portera sur
l'ensemble des structures* : v. S'ÉTENDRE
(in *étendre*).

III se porter 1° V. ALLER II. — 2° (dans
l'express.) *Il s'est porté candidat aux
élections législatives* = **se présenter.**

portion 1° *Il a fallu dévier la circulation de cette portion de route en réfection*
= **segment, tronçon.** *Une portion importante du revenu familial est consacrée au
logement* = **fraction, part, partie.** —
2° *Chaque soldat a reçu sa portion de
nourriture;* (plus courant) **ration.** *J'aimerais encore une portion de gâteau;* (plus
courant) **part, tranche.**

portique *Les colonnes du portique
étaient sommées de chapiteaux ornés;*
(plus précis) **porche** se dit d'un portique
situé à l'entrée d'une construction;
(didact.) **narthex** se dit des portiques
fermés à l'entrée des anciennes églises;
péristyle se dit d'une colonnade entou-
rant un édifice ou une cour.

portrait 1° *Dans toutes les vitrines, on
voyait le portrait du chef de l'État;*
(moins courant) **effigie; caricature** se dit
d'un portrait-charge, soulignant ironiquement les traits caractéristiques du
modèle. *Cet enfant est (tout) le portrait
de son père* = **ressembler à;** v. IMAGE et
FIGURE I. — 2° *Dans cette page, le
romancier donne le portrait de son
héroïne;* (plus général) **description.**

poser **I** (trans.) *Qqn* ~ *qqch.* 1° *Le
voyageur a posé sa valise dans le porte-
bagages* = **déposer; placer** (v. ce mot)
implique un choix du lieu; de nombreux
syn. précisent la position de l'objet :
v. APPUYER I, APPLIQUER, ACCRO-
CHER I, etc. — 2° *Un spécialiste a posé
la moquette* = **installer;** là encore, les
conditions de l'installation peuvent être
précisées par des verbes comme **adapter, monter,** etc. — 3° *Posons d'abord
que vous avez raison* = **supposer,** comme
poser, se construit avec une complétive
(au subjonctif ou à l'indicatif) ou un
complément nominal *(Posons votre bonne
foi);* ↑**affirmer.** — 4° (dans des loc.
verbales) *Il n'arrête pas de poser des
questions* = **questionner; interroger**
(avec un compl.). — 5° *Qqn/qqch* ~.
Cela pose des problèmes = **soulever.** ● **se
poser** *Le rapace s'est posé;* ↑**s'abattre.**
L'hélicoptère s'est posé = **atterrir.** ● **pose**
*La pose de cet appareil n'a demandé
qu'une heure* = **installation;** (plus précis)
montage ne se dit que d'une opération
complexe.

II (trans.) *Qqch* ~ *qqn.* 1° *Sa nomination l'a posé auprès de ses amis* = **mettre
en valeur.** — 2° **se poser** *Il se pose en
justicier* = **s'ériger** (v. ce mot). ● **posé** *Ce
garçon est bien posé pour son âge!*
= **sérieux, calme.** *Il avait une expression
posée* = **réfléchi** (v. ce mot, in *réfléchir*);
↑**grave.** ● **posément** *Il parle toujours
posément* = **calmement;** v. LENTEMENT
(in *lent*).

III (intr.) *Qqn* ~. *Pourquoi pose-t-il dès
qu'il est en présence d'une femme?*
= **faire le beau;** (plus soutenu) **se pavaner;** (fam.) **crâner.** *Ne posez pas à
l'homme de génie* = **jouer.**

positif **I** 1° *C'est un fait positif* = **certain, sûr;** ↑**incontestable,** ↑**évident** impliquent l'impossibilité d'une controverse sur la réalité du phénomène.
— 2° *C'est un esprit positif* = **réaliste.**

II *J'ai reçu une réponse positive à ma
question* = **affirmatif.**

III *Ses critiques ne sont pas toujours
positives* = **constructif.**

position 1° (en parlant des personnes)
V. ATTITUDE. — 2° (des choses ou des
personnes) *La position des pions sur
l'échiquier est déterminée par les règles
du jeu* = **place.** *Il faut choisir la position*

des radiateurs dans cette pièce = **emplacement**; **disposition** se dit de la position des objets les uns par rapport aux autres. — 3° *La position de ce coureur au classement général n'est pas très bonne* = **place**. — 4° *Il est très conscient de sa position sociale* = **condition**; (moins courant) **rang** insiste sur une conception hiérarchisée de la société; **standing** ne peut figurer dans ce contexte et se dit de la position aux yeux de l'opinion. *Ce fonctionnaire est en position de détachement;* (plus courant) **situation**. — 5° *Le Sénat a exprimé sa position sur les problèmes du désarmement* = **vues**, **point de vue**; **conception de** se dit d'une position fondée sur une idée générale; v. aussi ATTITUDE. *Prendre position :* v. PARTI II. *Durcir ses positions :* v. INTRANSIGEANT. — 6° *Se livrer à une guerre de positions :* v. TRANCHÉE.

posséder ❙ 1° V. AVOIR I. — 2° *Le moribond possédait encore toutes ses facultés* = **jouir de**. *Il croit posséder la clé de ce problème* = **détenir**. *Cet ébéniste possède son métier;* ↓ **connaître**, ↓ **savoir**. — 3° *Je me suis fait posséder en achetant cette commode en mauvais état* (fam.) = **avoir**, **rouler**. ● **possesseur** 1° *Les possesseurs de ce diplôme peuvent se présenter au concours* = **détenteur**. — 2° V. MAÎTRE I. ● **possession** 1° *La possession de ces terrains fait de lui un notable;* (plus part.) **jouissance** se dit du droit d'usage; (plus didact.) **usufruit**; **propriété** (v. ce mot) se dit d'une possession confirmée par la loi, la *possession* n'indiquant qu'un état de fait. — 2° *La possession d'une seconde langue lui sera utile dans son métier;* (plus courant) **connaissance**.

❙❙ *Quand on me trompe, je ne me possède plus* = **se contenir**, **se dominer**, **se maîtriser**.

possible ❙ 1° *Qqch est* ∼. *Votre projet est possible* = **réalisable**. *Vous parviendrez au sommet; c'est possible* = **faisable**; ↑ **facile**. *Il est possible d'acheter de l'or;* (plus part.) **permis**, **licite**. — 2° *Il avait pris toutes les précautions possibles* = **imaginable**; v. aussi CROYABLE (in *croire*). — 3° *Qqch ou qqn est* ∼. *C'est un vainqueur possible* = **éventuel**; ↑ **probable** (v. ce mot) renchérit sur les chances. — 4° *Ça n'est pas un parti*

possible = **acceptable**, **convenable**. — 5° *Il est possible, c'est possible :* v. SE POUVOIR (in *pouvoir* I). — 6° (nom) *Il fait son possible :* v. MIEUX; *Il est gentil au possible* = **extrêmement** (s'antépose alors à l'adj.); v. aussi TRÈS.

poste ❙ V. EMPLOI (in *employer*).

❙❙ *Le voisin n'a pas baissé le son de son poste à 10 heures;* (plus précis) **radio**, **télé(vision)**; (plus général) **appareil**; (didact.) **récepteur**.

poster ❙ 1° *Le chef de section a posté des sentinelles;* (plus général) **placer**, **établir**. — 2° *Se poster :* v. PLANTER (SE).

❙❙ *J'ai posté ma lettre hier;* (plus général) **envoyer** (v. ce mot); **adresser**, qui ne peut s'employer dans le même contexte, insiste sur la destination de l'envoi.

postérieur ❙ (adj.) *Il a remis sa décision à une date postérieure* = **ultérieur**, moins courant dans ce contexte, **futur**, **à venir**; **prochain** précise que le délai sera court.

❙❙ (nom) V. DERRIÈRE.

postérité 1° *Ce vieillard est mort sans postérité* = **descendance**, **descendants** et **enfants**; (fam.) **progéniture**; v. aussi FILS. — 2° V. AVENIR.

postuler ❙ *Il postule un emploi dans l'administration des Postes* = **solliciter**; (plus général) **demander** (v. ce mot). ● **postulant** *De nombreux postulants se sont présentés pour ce poste* = **candidat**.

❙❙ *Ce philosophe postule le libre arbitre de l'homme;* (plus général) ↓ **supposer**, ↓ **poser**. ● **postulat** *Ce postulat est nécessaire à la théorie* = **axiome**; v. aussi PRINCIPE.

posture 1° V. ATTITUDE. — 2° *L'alpiniste était en mauvaise posture* = **situation**.

potentat 1° *Il n'existe plus de potentat dans les régimes européens* = **despote**; (soutenu) **tyran**; v. aussi MONARQUE. — 2° *Les potentats des industries textiles possédaient leurs propres organes de presse* = **magnat**.

potentiel ❙ (adj.) *La puissance potentielle de cet appareil n'a pas encore été* mise en œuvre (didact.); (plus courant) virtuel.

II (nom) 1° *Le courant a subi une forte chute de potentiel* = **tension**. — 2° *Ce pays dispose d'un potentiel énergétique important;* **puissance** se dit moins des capacités futures que de l'état présent.

poterie *L'art de la poterie revit aujourd'hui;* (plus part.) **céramique**.

potin I 1° *Votre radio fait un potin épouvantable* (fam.) = **boucan, raffut**; (courant) **bruit**; (plus soutenu) **vacarme**. — 2° *La nouvelle a fait un potin monstre dans le pays* (fam.) = **ramdam**; (plus soutenu) ↑ **scandale**.

II (plus souvent au plur.) *Avez-vous entendu les potins qui courent sur son compte* (fam.) = **cancan, ragot**; v. aussi BRUIT II.

pouce 1° *On voyait son pouce à travers sa chaussette* = **gros orteil**; *pouce* désigne à la fois le plus gros des doigts de la main ou du pied. — 2° (dans des loc.) *En promenade, nous mangerons sur le pouce;* (plus fam.) **casser la croûte**. *Il a mis les pouces;* (plus courant) **céder**. *Se tourner les pouces :* v. PARESSER (in *paresse*). *Son beau-frère lui a donné un coup de pouce* (fam.) = **pistonner**; ↓ **aider**. *Vous avez donné un coup de pouce à votre histoire* (fam.); (plus courant) **arranger** (qqch).

poudre *La poudre conservée à l'arsenal risque de sauter;* (plus général) **explosif** se dit aussi des mélanges détonants non pulvérulents.

poulailler *Les places de théâtre sont chères, même au poulailler* (fam.); (plus rare) **paradis**.

poule 1° *Nos amis avaient préparé une bonne poule au riz;* (plus précis) **poularde** se dit d'une jeune poule engraissée pour la cuisine. — 2° (dans des loc.) *Il sera aimable quand les poules auront des dents* (fam.) = **à la saint-glinglin**; (courant) **ne... jamais** *(Il ne sera jamais aimable).* *En vacances, ils se couchent avec les poules* (fam.); (courant) **très tôt**. — 3° V. AMANT et FILLE. ● **poulet** 1° *Le chef avait préparé un jeune poulet aux herbes;* (plus précis) **coquelet** se dit d'un jeune coq destiné à l'alimentation. —

2° V. POLICIER. — 3° *Tu viens, mon poulet ?* (fam.) = **mon poulot**; **ma poulette** se dit, par affection, exclusivement à une personne du sexe féminin, alors que *mon poulet* est neutralisé quant au genre.

pour (prép.) 1° (suivi d'un nom de lieu) *Il est parti pour Paris sans prévenir;* **à**, condamné par les grammairiens dans le contexte *partir pour*, est d'un emploi plus courant. — 2° (suivi d'un nom animé) *Ce livre n'est pas pour les enfants;* (moins courant) **destiné à**. *Sa haine pour son oncle est inexplicable* = **envers**. *Les électeurs se sont prononcés pour le candidat de la gauche* = **en faveur de**. *Pour vous, avait-il raison ?* = **selon**; v. D'APRÈS (in *après* I). — 3° (suivi d'un nom de chose, peut marquer le but) *Je ne travaille pas pour le plaisir;* **par**, qui s'emploierait ici avec le nom sans article, est limité à de rares contextes. *Ses parents ont organisé une fête pour son anniversaire* (courant); (plus soutenu) **en l'honneur de**. *Il prend un sirop pour la toux* (fam.); (plus courant) **contre** est plus adéquat. *Pour* peut aussi marquer la cause, dans des formules plus ou moins figées : *La blanchisserie est fermée pour réparations (décès, travaux)* = **pour cause de**. — 4° (suivi d'un nom animé) *Il a été puni pour son frère* = **à la place de**. — 5° *Il est trop lourd pour sa taille* = **par rapport à**. *J'ai eu ce bibelot pour dix francs;* (moins courant) **moyennant**. — 6° (suivi d'un nom sans détermination) *Il a eu pour professeur un jésuite* = **comme** (v. ce mot). — 7° (en tête de phrase, suivi d'un nom ou d'un pronom) V. QUANT À. — 8° (suivi d'un infin.) *J'ai rentré mon bois pour le faire sécher* (courant); (plus soutenu) **afin de, dans l'intention de** et (soutenu) **en vue de** (v. VUE II); cet emploi de *pour* n'est possible que si l'infinitif a le même agent que le verbe principal; lorsque les sujets sont différents, on emploie *pour que : J'ai rentré mon bois pour qu'il sèche* (courant); (plus soutenu) **afin que**. — 9° ~ + adj. + que. V. QUELQUE... QUE.

pourparlers *Les pourparlers n'ont pas abouti à la solution du différend* = **négociation**; v. aussi CONVERSATION.

pourquoi 1° (adv. et conj.) introduit les interrogations directes et indirectes :

320

Mais pourquoi est-il venu me voir? = **pour quelle(s) raison(s)** ; (plus soutenu) **dans quelle intention** est d'emploi plus limité ; v. QUE [*que ne*]. — 2° *C'est pourquoi :* v. AINSI I. — 3° (employé comme nom) *Enfin me diras-tu le pourquoi de ta colère?* = **raison, motif** ; v. CAUSE I.

pourrir 1° (intr.) *Les fruits tombés sous l'arbre ont pourri sans qu'on les ramasse ;* ↓ **se gâter** ; v. AVARIER. *Une charogne pourrit au bord du fossé* (courant) ; (plus didact.) **se putréfier** ; v. aussi DÉCOMPOSER. — 2° (intr.) *Le gouvernement a laissé pourrir la situation sociale ;* ↓ **se détériorer**. *L'innocent a pourri dix ans en prison :* v. CROUPIR. — 3° (trans.) ~ qqch. *Sous les tuiles cassées, l'humidité avait pourri les chevrons ;* (plus général) **détériorer, abîmer** (v. ce mot). *La pluie a pourri la paille* = **gâter** ; v. aussi AVARIER. *La gangrène lui a pourri le doigt sous le pansement ;* ↓ **infecter**. — 4° (trans.) ~ qqn. *Le succès a pourri ce comédien ;* ↓ **gâter**. *L'argent a pourri ce garçon* = **corrompre** (v. ce mot). *Elle ne devrait pas pourrir son fils* (fam.) ; (plus courant) ↓ **gâter**. ● **pourri** 1° *Qqch est* ~. *Le service des fraudes a détruit la viande pourrie ;* ↓ **avarié**. *C'est un climat pourri* = **malsain** ; (plus part.) **humide**. — 2° V. PLEIN. ● **pourrissement** *Le pourrissement de la situation sociale est inquiétant* = **dégradation, détérioration**. ● **pourriture** 1° *Une odeur de pourriture monte de cette cave mal entretenue* = **putréfaction**. — 2° *La pourriture du régime provoquera sa chute* = **corruption**.

poursuivre I 1° *Qqn* ~ *qqn. La police ne poursuit pas que les malfaiteurs ;* (moins courant) ↑ **pourchasser**, ↑ **traquer** ; (fam.) **courir après**. *Ses créanciers le poursuivent* = **presser** ; ↑ **harceler** ; v. SERRER I [*serrer de près*] et SUIVRE. — 2° *Qqch* ~ *qqn. Cette idée fixe le poursuit* = **obséder, hanter** ; v. aussi TOURMENTER (in *tourment*).

II *Le coureur poursuit son effort dans la ligne droite* = **maintenir**. *Le conteur poursuit son récit* = **continuer** (v. ce mot) ; v. PROLONGER II.

pousser I (trans.) ~ *qqn ou qqch. Ne me poussez pas ! il y a de la place pour tout le monde* = **bousculer**. *Le courant d'air pousse la poussière sous les meubles* = **chasser**. *La rivière pousse les bois flottés le long de la rive* = **charrier, entraîner** (v. ce mot). *Ils ont poussé les meubles pour pouvoir danser ;* (plus général) **déplacer**. *Poussez la porte :* (plus précis) **ouvrir** et **fermer** indiquent le sens du déplacement et le résultat de l'action. ● **se pousser** *Vous seriez bien aimable de vous pousser un peu* = **se déplacer** ; **s'écarter, se retirer, se reculer** sont plus précis car ils indiquent le sens du déplacement : de côté ou en arrière. ● **poussée** (nom) 1° *Une bonne poussée l'a projeté en avant :* (plus rare) **bourrade**. *La poussée de la foule a failli renverser ce vieillard ;* ↓ **pression**. — 2° *Une poussée de fièvre :* v. ACCÈS II. — 3° *Les arcs-boutants s'opposent à la poussée de la voûte* = **poids, charge**.

II (trans.) ~ qqch. 1° *Avec ce froid, il faut pousser la chaudière* = **activer**. 2° *Vous poussez un peu loin la plaisanterie ;* **exagérer** se dit surtout en emploi absolu avec le même sens que « vous poussez » ; (plus fam.) **charrier**. — 3° *La jeune fille poussa un cri de surprise* = **jeter** ; (plus soutenu) **émettre**.

III (trans.) ~ qqn. 1° *Il a poussé son frère dans son affaire* (fam.) = **pistonner** ; (plus général) ↓ **soutenir** (v. ce mot). — 2° ~ qqn + infin. ou nom. *La faim l'avait poussé à voler* = **inciter, amener** (v. ce mot). *Ses imprudences l'ont poussé à la ruine* = **acculer** (v. ce mot). *Ses amis l'avaient poussé à poser sa candidature ;* ↓ **engager** ; (plus soutenu) **inviter, exhorter** ; ↑ **décider** ; v. PROVOQUER I et PRESSER II ; v. aussi ENCOURAGER et TRAVAILLER I. — 3° *Les critiques l'avaient poussé à bout* = **exaspérer** ; v. aussi COLÈRE [*mettre en colère*].

IV (intr.) 1° *Les blés poussent vite cette année* = **venir** (v. ce mot in *venir* II) ; (plus part.) **pointer, lever** (v. ce mot) et **sortir** se disent des premiers moments de la croissance de la plante au-dessus du sol ; (plus soutenu) **croître**. — 2° *Le petit a bien poussé depuis l'an dernier* (fam.) ; (plus courant) **grandir** (v. ce mot in *grand*). ● **pousse** 1° *Les premières pousses des hortensias craignent le gel ;* (plus précis) **bourgeon**. — 2° *La pousse des feuilles est précoce* = **poussée**.

poussière 1° *La poussière vole dans un rayon de soleil ;* (plus part.) **poussier**

se dit de la poussière de charbon ;
(didact.) **pollen** se dit de la poussière
fécondante des fleurs. — 2° *Tomber en
poussière :* v. DÉLIQUESCENCE (in *déliquescent*). — 3° *La boulangère m'a rendu
quatre francs et des poussières* (fam.) ;
(courant) **et quelques.**

poutre *Le charpentier a utilisé des
poutres de chêne ; poutre* se dit d'une
grosse pièce de bois équarrie servant de
support dans une construction ; (plus
général) **madrier** se dit d'une planche
très épaisse et à usages divers ; **basting**
se dit d'un madrier de sapin. *Poutre* se
dit aussi par extension des **solives** apparentes au plafond.

pouvoir I (verbe) est presque toujours
suivi d'un infinitif ou précédé d'un
pronom substitut d'infinitif. 1° Qqn ou
qqch ~. *Pouvez-vous accomplir cette
tâche ?;* (moins courant) **être capable,
être en état de, avoir la possibilité, avoir
la capacité, avoir la force** ; v. aussi
SAVOIR I et SUSCEPTIBLE [*être susceptible
de...*]. — 2° Qqn ~. *Votre fils peut-il
sortir ce soir avec moi ?* = **avoir la
permission de.** — 3° Qqn ou qqch ~. *Il
peut avoir eu un accident de voiture*
= **risquer de.** ● **se pouvoir** (impers.) *Il se
peut que vous ayez raison* = **il est possible.** *Savez-vous s'il viendra ? — Cela
(Ça) se peut* = **c'est possible.**

II (nom) 1° *Je n'ai pas le pouvoir de
prédire l'avenir* = **faculté, capacité ;**
↑**don** se dit d'une capacité innée. —
2° *Il ne manque pas de pouvoir auprès
des autorités locales* = **influence ;** ↓**crédit** ne se dit que de la confiance qu'on
inspire ; v. AUTORITÉ et EFFICACITÉ (in
efficace). *Il a succombé au pouvoir de la
musique ;* (plus soutenu) **charme** (v. ce
mot) se dit d'un pouvoir magique ou pour
le moins mystérieux. *Il est tombé au
pouvoir de son pire ennemi :* v. GRIFFE I
et PUISSANCE (in *puissant*). — 3° *Une
nouvelle majorité a accédé au pouvoir*
(général) ; (plus part.) **gouvernement ;**
v. ÉTAT IV. *Exercer le pouvoir :* v. COM-
MANDEMENT (in *commander* II). — 4° *Il
m'a donné (un) pouvoir, pour décider en
ses lieu et place* (soutenu) = **procuration,
mandat.** — 5° (au plur.) *Le préfet a
excédé ses pouvoirs* = **attribution.**

pratiquement 1° *Théoriquement vous
avez raison, mais pratiquement vous*

échouerez = **en fait, en pratique ;** v. CON-
CRÈTEMENT (in *concret*). — 2° *Ce travail
est pratiquement achevé* = **à peu près,
presque, pour ainsi dire ;** (plus soutenu)
virtuellement.

pratiquer I (trans.) 1° *Il pratique son
métier depuis vingt ans* = **exercer ;**
v. aussi SAVOIR I. *Mon fils pratique le
football ;* (plus courant) **jouer à.** *Quand
il est en vacances, il peut pratiquer ses
activités favorites* = **se livrer à** (de même
sens, ces deux termes ne sont synonymes que dans de rares contextes). —
2° *Cela se pratique encore dans les
campagnes* = **se faire.**

II *Le maçon a pratiqué une ouverture
dans le pignon* = **ménager.** *On a pratiqué un chemin de la route à la maison*
= **frayer, ouvrir, tracer.** ● **praticable** *En
été, ce chemin de montagne est praticable ;* le mot évoque surtout le fait
qu'on peut l'emprunter, **accessible** qu'on
peut l'atteindre ; v. CARROSSABLE.

pré *Les enfants ont mené les vaches au
pré ;* **prairie** se dit d'un terrain de
pâturage plus étendu ; v. aussi PACAGE.

précaire *Cette pile de livres est dans
un équilibre précaire* (soutenu) ; (plus
courant) **instable.** *Il bénéficie d'un calme
précaire* (soutenu) = **éphémère ;** (plus
courant) **passager,** ces deux derniers
termes insistent sur la brièveté de l'état.
Il est d'une santé précaire : v. FRAGILE.
● **précarité** *La précarité de sa situation
le rend inquiet* (soutenu) ; (plus courant)
instabilité ; v. FRAGILITÉ (in *fragile*).

précédent I (adj.) *Dans un chapitre
précédent, l'auteur avait expliqué son
projet* ; (moins courant) **antérieur.** *Le
jour précédent il avait plu* = **la veille.**
● **précédemment** *Nous en avons parlé
précédemment* = **antérieurement, auparavant.** ● **précéder** *Il l'a précédé dans
la carrière diplomatique* = **devancer ;**
v. PAS II.

II (nom) 1° **sans précédent** *Précéder qqn
en âge* = **dépasser.** *Cet exploit est sans
précédent* = **unique ;** ↑**extraordinaire ;**
v. EXEMPLE [*sans exemple*]. — 2° (surtout
au plur.) *Il n'y a pas de précédents à
cette situation ;* **antécédents** ne se dit
que des actes appartenant au passé
d'une personne : *Cet individu a de
fâcheux antécédents.*

prêcher 1° (trans.) ~ qqch. *Ce diplomate prêche la prudence ;* ↓**recommander.** — 2° ~ qqn. *C'est un père blanc qui est parti prêcher les incroyants* = **évangéliser.** — 3° (intr.) *Il ne parle pas ; il prêche* = **moraliser.** ● **prêche** *La famille avait assisté au prêche du dimanche ;* se dit surtout d'un discours religieux protestant ; **sermon** se dit de l'allocution d'un prédicateur catholique. ● **prêcheur** 1° *Le prêcheur descend de la chaire* (vieilli) ; (plus courant) **prédicateur.** — 2° *C'est un vrai prêcheur* (péjor.) ; (plus fam.) **radoteur, raseur.**

précieux I (adj.) Qqn/qqch est ~. 1° *Les objets précieux ne peuvent être déposés au vestiaire* = **de (grand) prix, de valeur.** — 2° *Ses services sont précieux ;* ↓**appréciable ;** ↑**inappréciable.** *Son amitié m'est précieuse ;* (plus précis) **cher** se dit de ce qui tient à cœur. ● **précieusement** *Je garde précieusement son souvenir ;* **jalousement, pieusement** selon la nature des sentiments éprouvés.

II (adj. et nom) Qqn est ~. V. AFFECTÉ (in *affecter* II) et MANIÉRÉ (in *manière* II).

précipitation I *Il n'aurait pas dû agir avec tant de précipitation* = **hâte ;** (plus part.) **irréflexion.**

II *On annonce des précipitations pour la nuit* (didact.) ; (plus courant et plus part.) **pluie, neige, grêle** *(de la pluie/ neige/grêle, des pluies).*

précis (adj.) 1° *Il a des idées précises sur la question ;* v. CLAIR et EXACT. *Il avait reçu des consignes précises* = **détaillé, explicite ;** v. aussi PARTICULIER I. *C'est un esprit clair et précis* = **rigoureux** (v. ce mot). — 2° *Nous avions rendez-vous à 10 heures précises* = **juste ;** (fam.) **pile, sonnant, tapant ;** (très fam.) **pétant.** ● **précisément** 1° *Vous devez répondre précisément à ce questionnaire* = **exactement.** — 2° *C'est précisément ici :* v. MÊME III. — 3° V. JUSTEMENT (in *juste* II). *C'est lui qui vous a écrit ? — Précisément* = **oui** (*précisément* renforce l'affirmation). ● **précision** 1° *Ces calculs valent par leur précision* = **exactitude** (v. ce mot in *exact*). *La précision de ses arguments m'a convaincu* = **rigueur ;** v. aussi SÛRETÉ (in *sûr* II). *Cette photographie est remarquable par sa précision ;* v. NETTETÉ (in *net*). — 2° V. DONNÉE (in *donner* III).

préconiser *La secte préconisait un retour aux préceptes de la Bible* = **recommander ;** ↑**prôner.**

prédécesseur 1° *Le ministre a hérité de son prédécesseur une situation difficile* = **devancier.** — 2° (au plur.) V. AÏEUX.

prédire *La voyante avait prédit la mort du président ;* **deviner** n'implique pas la communication de l'information ; **annoncer** se dit indifféremment, que la nouvelle soit sûre ou improbable, qu'elle concerne le présent ou le futur ; **augurer** s'emploie avec un complément introduit par « de » *(J'augure mal de son silence). Prédire l'avenir :* v. aussi LIRE II. *On peut prédire une crise politique prochaine ;* **pronostiquer** se dit d'une prévision établie sur des données statistiques. ● **prédiction** *Verrons-nous s'accomplir vos prédictions inquiétantes ? ;* **pronostic** se dit d'une prévision fondée ; ↑**prophétie.**

préface *Les intentions de l'auteur sont moins claires dans cet ouvrage que dans sa préface ;* l'**avant-propos** est plus bref ; le **préambule** est plutôt une entrée en matière, appartenant au corps même de l'œuvre ; le **prologue** d'un ouvrage (roman ou film) présente des faits antérieurs à l'action principale ; **introduction** (v. aussi ce mot in *introduire*) implique un contenu didactique ; v. aussi AVERTISSEMENT.

préférer *Le père préférait son fils cadet* = **aimer mieux.** *Le jury a préféré votre version des faits ;* ↓**pencher pour ;** ↑**adopter.** ● **préférence** 1° *Elle avait une petite préférence pour moi* = **faiblesse.** *Il affiche sa préférence pour les films d'horreur ;* ↑**prédilection.** — 2° (loc. adv.) *Adressez-vous de préférence aux personnes autorisées* = **plutôt.**

préjudice 1° *Cette affaire lui a porté préjudice* (soutenu) = **tort ;** v. aussi DOMMAGE. *Une injustice a été commise à son préjudice* = **détriment.** — 2° (dans les loc.) *Ce jugement a été rendu au préjudice de la vérité* (didact.) ; (plus courant) **contre.** *Il a été condamné à une amende de mille francs, sans préjudice des frais* = **sous réserve de.**

préjugé *Nous n'avons aucun préjugé pour ou contre cette idée* = **prévention,**

parti pris. *Des préjugés tenaces :* v. FAIT I [*des idées toutes faites*].

prélever *Le service des fraudes a prélevé un échantillon de ce vin, pour analyse ;* (moins précis) **retirer, retenir.** *Les municipalités ne prélèvent plus d'impôt dans les octrois* = **lever.**

préliminaire (nom) 1° (au sing.) *L'orateur se lança dans un long préliminaire* = **exorde.** — 2° (au plur.) *Ces événements sont les préliminaires d'une crise politique grave* = **prélude ;** (rare) **prodrome.**

préméditer *Le cambrioleur avait longuement prémédité son coup ;* (plus général) **calculer, préparer, mûrir** ne supposent pas l'intention de mal faire, comme c'est le plus souvent le cas pour *préméditer. Nous avions prémédité de venir vous surprendre !;* (plus général) **projeter.** ● **prémédité** *C'est un acte prémédité* = **calculé, mûri, préparé ;** ↑ **intentionnel.**

prémices *Nous avons eu les prémices de son talent* (soutenu) ; (plus courant) **la primeur.**

premier I (adj. ; le plus souvent anté-posé) 1° Pour l'expression du temps : *Son premier mouvement fut de crainte* (courant) ; (moins courant et postposé) **initial.** *Sa première enfance fut heureuse ;* (rare) **prime ; petite.** *Le libraire a sur ses rayons la première édition de ce roman ;* **original** (postposé) se dit de la première édition d'un texte inédit, **princeps** de la première édition d'un ouvrage ancien et rare. *À la première occasion, ce prisonnier s'évadera* = **prochain.** — 2° *Dans le premier tome* (ou *tome premier*), *l'auteur a traité cette question ;* **un** (postposé). *Le journal a mis la nouvelle en première page* = **à la une.** — 3° *Ce cheval est arrivé premier dans la troisième course* = **gagnant.** *Son fils est le premier de la classe ;* (plus général) **meilleur.** *Ne vous confiez pas au premier venu* = **n'importe qui.**

II (adj. ; antéposé ou postposé) 1° *Voici l'idée première de cette théorie* = **fondamental ;** ↓ **capital** se dit de l'importance du fait considéré et non de sa valeur de principe. *Il faut d'abord satisfaire aux besoins premiers de l'individu* = **fonda-mental, primordial, essentiel, vital.** — 2° *Dans son sens premier, arène a signifié sable* = **primitif ;** (plus soutenu) **originel.**

première (nom) 1° *Les critiques n'ont pas assisté à la première de cette pièce* = **la première représentation.** — 2° *Il voyage toujours en première* = **en première classe.**

prendre I (trans.) Ce verbe, au sens très général de «saisir qqn ou qqch», peut, selon son contexte, avoir des valeurs très différentes : 1° (avec un sujet nom de personne) *Le boucher prend son couteau* = **saisir ;** ↑ **empoigner.** *Il m'a pris l'outil des mains* = **ôter, retirer, enlever ;** ↑ **arracher** (v. ce mot). *Un voleur lui a pris son portefeuille :* v. VOLER II. *Ce gourmand a pris la plus grosse part* (courant) ; (moins courant) **s'attribuer** (v. ce mot in *attribuer*) ; v. PUISER. — 2° *L'armée ennemie prit la ville* = **s'emparer de.** *Mon voleur s'est fait prendre* = **attraper, arrêter ;** (plus soutenu) **appréhender, capturer, mettre la main au collet ;** (fam.) **épingler, coincer, choper ;** v. aussi PINCER. *Je me suis laissé prendre* = **tromper** (v. ce mot) ; (fam.) **avoir.** — 3° *Le garagiste me prend trente francs pour recharger ma batterie* = **demander.** — 4° *Il a pris son manteau* = **emporter ;** (plus précis) **mettre** implique l'utilisation du vêtement ; v. ENFILER. — 5° *Nous avons pris un verre au café d'en face ;* (plus soutenu) **consommer ;** v. BOIRE. — 6° *La ménagère prend toujours sa viande chez le même boucher* = **acheter ;** v. aussi SERVIR I [*se servir de/en...*]. — 7° *Le conducteur a pris un sens interdit ;* (moins courant) **s'engager dans ;** v. ENTRER. *Il a pris le bateau pour aller en Angleterre ;* (plus soutenu) **emprunter.** *Nous avons pris le virage trop vite* = **aborder** (v. ce terme). — 8° *Le patron a pris un collaborateur* = **embaucher, engager ;** (plus soutenu) **s'adjoindre ;** v. aussi ATTACHER III. — 9° Qqn ∼ qqn/qqch pour. *Je vous ai pris pour mon frère* = **confondre avec.** *Ce prétentieux prend les gens pour des imbéciles* = **considérer comme.** — 10° (loc.) *Les locutions verbales avec prendre sont très nombreuses :* soit avec un complément d'objet (*prendre le bateau* = **s'embarquer,** *prendre la mouche* = **s'enflammer,** etc. ; bon nombre sont synonymes avec des verbes ayant pour base le complément de prendre : *prendre un rhume* = **s'enrhumer**; v. CONTRACTER [*contracter un rhume*]; *prendre un bain* = **se baigner**, *prendre le lit* = **s'aliter**; v. COUCHER II; *prendre l'engagement* = **s'engager**, *prendre la mesure* = **mesurer**, *prendre la fuite* = **s'enfuir**, *prendre [en] une photo* = **photographier**, *prendre l'air* : v. AÉRER [S'], etc.); soit avec un complément circonstanciel ou un adverbe (*prendre en compte* = **considérer**, *prendre à charge* = **se charger de**, etc.; *prendre d'assaut* : v. INONDER). Dans certaines locutions, le complément n'est pas déterminé : *prendre tournure* : v. SE DESSINER (in *dessin*); *prendre garde à* : v. ATTENTION I; *prendre conseil* : v. CONSULTER, etc. *Prendre des coups* : v. RECEVOIR I. — 11° *Où a-t-il été prendre cela ?* (fam.) = **pêcher**; (plus courant) **trouver**. — 12° (avec un sujet nom de personne ou nom de chose) *Cet enfant a dû prendre du poids*; (moins courant) **gagner**; v. GROSSIR (in *gros*). *Cette vieille maison prendra de la valeur après sa restauration*; (plus soutenu) **acquérir**. — 13° *Ce garçon n'aime pas prendre des coups* (fam.); (plus courant) **recevoir** (v. ce mot); v. aussi SUBIR. — 14° (loc.) *Prendre de court* = **surprendre**. — 15° (sujet nom de chose) *La rage l'a pris devant mon ignorance* = **saisir**, **s'emparer de**. — 16° *L'averse nous a pris sur le chemin du retour*; ↑ **surprendre**. — 17° *Notre ami est trop pris par son travail, pour se libérer un soir*; ↑ **absorber**; v. OCCUPER II. ● **se prendre** 1° *Le gamin s'était pris dans les ronces* = **s'accrocher**. — 2° **s'y prendre** *Il s'y prend mal*; (moins courant) **procéder**; v. OPÉRER II. *Il vaut mieux s'y prendre à temps* = **commencer**. — 3° **s'en prendre à** *Le chef de service s'en est pris à la dactylo*; (plus soutenu) **incriminer**; v. ATTAQUER et PARTIE III. ● **prenant** *C'est une mélodie prenante*; ↑ **envoûtant**. ● **preneur** *L'antiquaire n'a pas trouvé preneur pour ce fauteuil* = **amateur**; (plus précis) **acheteur**.

II (intr.; sujet nom de chose) 1° *La mayonnaise commence à prendre* = **épaissir**. *Le ciment prend vite* = **durcir**; v. SOLIDIFIER [*se solidifier*]. — 2° *On lui a raconté une blague; ça a pris*; (fam.) **marcher**.

prénom *Pourquoi m'appelle-t-il par mon prénom ?*; (plus fam.) **petit nom**.

préparer 1° *Qqn ~ qqch. La servante avait préparé la chambre* = **faire**, **arranger**; (plus soutenu) **apprêter**. *Les enfants peuvent préparer la table*; (plus courant) **mettre**; (plus soutenu) **dresser**, **disposer**. *Nous avons préparé un bon repas* = **faire**; (plus précis) **mijoter**; v. ACCOMMODER II et COMPOSER. *Il nous a préparé la route*; (plus soutenu) **frayer**. — 2° *Qqn ~ qqch. Le professeur prépare son cours* = **travailler à**. *Le prisonnier a préparé un plan d'évasion*; (plus précis) **combiner**, **échafauder** soulignent la difficulté du projet; **étudier** et (plus soutenu) **élaborer** se disent d'une préparation rationnelle; **mûrir** insiste sur la durée de l'élaboration du plan; **organiser** se dit de la préparation concrète du projet; v. PRÉMÉDITER. *Les terroristes avaient préparé leur action*; (péjor.) **machiner**; (plus soutenu) **concerter**. *Ils avaient préparé un complot*; (rare) **ourdir**. *Ses collègues lui avaient préparé une surprise*; (plus soutenu) **réserver**. *On lui avait préparé un piège* = **tendre**, **dresser**. — 3° *Qqch ~ qqch. Ce grand vent prépare la tempête* = **annoncer**; (plus soutenu) **présager**. *Son erreur a préparé sa chute*; **provoquer** implique l'idée de soudaineté. — 4° *~ qqn. L'école prépare ses élèves aux carrières commerciales* = **former**. ● **se préparer** 1° *Qqn ~. Prépare-toi pour le départ* = **s'apprêter**; (plus part.) **s'habiller**; v. VÊTIR. *Je me préparais à vous répondre*; (plus soutenu) **se disposer**. — 2° *Qqch ~. Un orage se prépare*; ↑ **être imminent**; (plus part.) **menacer** se dit de l'approche d'un danger. ● **préparatifs** *Nous avons fait nos préparatifs pour le voyage*; (très soutenu) **apprêts**.

préposer *Le nouvel employé fut préposé à la tenue des livres de comptes* = **charger de**; (plus soutenu) **affecter** et **commettre**.

près I (adv.) 1° *Venez donc nous voir; nous habitons tout près*; (plus fam.) **à côté**; **à deux pas** ne convient pas après les adverbes de quantité. — 2° (dans des loc. adv.) *Il est à peu près certain qu'il viendra* = **presque**. *Il y a à peu près une heure que je l'attends* = **environ**. *Il me doit à peu près cent francs*. V. DANS et AUTOUR DE (in *autour*). *Elle ne paraît pas son âge, à beaucoup près* = **loin de là**. *La police surveille de près ses activités* : v. ÉTROITEMENT (in *étroit*).

II (prép.) 1° **près de** *Elle s'est assise près de son mari* = **à côté de** ; ↑ **contre** (v. aussi ce terme) ; (plus soutenu) **auprès de** ; v. aussi DISTANCE. *La balle est passée très près du but* = **à deux doigts de**. *Il est près de la solution* = **toucher du doigt**. *On est près des vacances* ; ↑ **à la veille de**. *Avoir près de soi* : v. NEZ [*sous le nez*]. — 2° **près de** *Il est près de 1 heure* = **presque, bientôt**. *Il y avait près de dix mille manifestants* = **presque, environ**. — 3° ∼ + inf. *Les négociations sont près d'aboutir* = **sur le point de**.

présage *Voilà un signe de mauvais présage* = **augure**.

présent I (adj., postposé) *Nous étions présents à l'inauguration* = **assister à** ; (plus part.) **être témoin de** ou **spectateur de** exclut toute intervention active dans l'action. ● **présence** 1° *Les physiciens ont constaté la présence d'une nouvelle particule dans le noyau* ; (plus général) **existence** n'implique que le fait d'exister sans préciser le lieu. — 2° (dans des loc. et express.) : *Les deux adversaires se sont retrouvés en présence* = **face à face**. *Il ne manque pas de présence d'esprit* ; (plus général) **vivacité**.

II (adj.) 1° (postposé) *C'est un souvenir encore présent dans toutes les mémoires* ; v. FRAIS. — 2° (postposé) *Les temps présents ne favorisent pas l'optimisme* = **moderne**. — 3° (antéposé ou postposé) *Les difficultés présentes de notre économie étaient prévisibles* = **actuel**. *Le présent règlement ne remet pas en cause les dispositions antérieures* ; ↑ **en vigueur** (postposé) se dit d'une loi ou d'un règlement actuellement en application. ● **présentement** *Présentement, le malade n'est pas en état de recevoir des visites* (vieilli) ; (plus courant) **actuellement, pour l'instant**.

III (nom dans la loc. adv.) : *À présent, il sait tenir sa langue* = **maintenant** (v. ce mot). *Il ne nous a rien dit jusqu'à présent* = **jusqu'ici**.

IV (nom) *Les présents qu'il a reçus pour son anniversaire l'ont comblé* ; (plus courant) **cadeau** ; v. aussi DON.

présenter 1° Qqn ∼ qqch. *Le bijoutier présente sa collection de pierres à une cliente* = (plus courant) **montrer**

(v. ce mot) ; **proposer**, c'est faire connaître en vue d'un choix. *Il a fallu présenter ses papiers à la frontière* ; (didact.) **exhiber**. *La galerie présente de nouvelles toiles*/*un jeune peintre* = **exposer**. *Un comique présentait l'émission de jeux* = **animer**. — 2° Qqn ∼ qqn à qqn. V. INTRODUIRE. — 3° Qqch. ∼ qqch. *Votre suggestion présente de graves inconvénients* = **offrir** ; (très général) **avoir**. ● **se présenter** 1° Qqn ∼. *Le témoin devait se présenter devant le tribunal* = **comparaître** ; v. VENIR I. *Se présenter aux élections* = **se porter candidat** (v. PORTER III). *Il se présentait comme un juge suprême* = **s'ériger en** ; v. SE VOIR (in *voir*). — 2° Qqch. ∼. *Une autre occasion se présentera bien* = **s'offrir** (v. ce terme) ; (plus soutenu) **survenir**. ● **présentation** *La présentation des grands fauves a réjoui les spectateurs* = **exhibition**. *La présentation des nouveaux modèles de voitures aura lieu au prochain salon* = **exposition**.

présider I (trans.) Qqn ∼. *Le notable a présidé l'assemblée des usagers* ; (plus général) **diriger** (v. ce mot) dans l'expression *diriger les débats de*. ● **président** 1° L'expression *le président du Conseil* est souvent remplacée par le **Premier ministre** ou le **chef du gouvernement** ; *le président de la République* peut être désigné par le terme plus général de **chef de l'État**, qui s'applique quel que soit le régime du pays considéré. — 2° *Président-directeur général* ; **P.-D. G.** [pedeʒe] ; v. aussi LÉGUME.

II (trans. indirect) Qqch. ∼. *Un esprit de franche cordialité a présidé à la rencontre* = **régner sur**.

présomption I *La police a quelques présomptions contre cet individu* (soutenu) ; (plus courant) **soupçon** [*soupçon sur*] ; **indice** se dit de signes concrets ; ↑ **charge** d'un fait certain.

II V. ORGUEIL et PRÉTENTION (in *prétendre* II).

presque *Le pilote était presque sorti d'affaire, quand la voiture a pris feu* ; (moins courant) **quasi** ; (fam. et vieux) **quasiment** ; v. PRÈS I et II [*pas loin de*]. *La presque totalité des fonds a été fournie par sa famille* ; (plus soutenu) **quasi-totalité**. *Ce livre ancien n'est presque pas abîmé* ; **très peu, à peine** (à la forme affirmative). *Il a presque réussi* = **il a failli réussir**; (fam.) **à un poil près, il réussissait**; **il s'en est fallu d'un rien pour qu'il réussisse.**

pressentir *Nous avions pressenti les difficultés de l'entreprise* = **entrevoir**; (plus précis) **prévoir** se dit d'une connaissance plus rationnelle; (plus général) **deviner**; (fam.) **flairer** ou **se douter de** (v. ce terme) se disent aussi bien d'une prévision — pour le futur — que de la connaissance d'un événement présent; v. SENTIR I. ● **pressentiment** *Il avait eu le pressentiment d'une catastrophe*; (moins courant) **prémonition**; (plus général) **intuition** se dit aussi bien du sentiment que l'on a de ce qui existe, mais n'est pas vérifiable, que de la prévision du futur; v. aussi DIVINATION.

presser I *Le liftier a pressé sur le bouton du troisième étage* = **appuyer** (v. ce mot). *Il faut presser l'artère pour arrêter l'hémorragie* = **comprimer**. *La ménagère pressait son linge à la main avant de l'étendre* = **tordre**; (plus part.) **essorer** indique que la pression est exercée pour exprimer le liquide du tissu. *La mère pressa son enfant contre elle* = **serrer**; (plus soutenu) **étreindre**; v. aussi EMBRASSER. *Les oisillons se pressent contre la mère*; **se blottir** ne s'emploie qu'à la forme pronominale. ● **se presser** *Les voyageurs se pressent dans le couloir du wagon*; ↑ **se tasser**, ↑ **s'entasser** (v. ce mot); **se bousculer** implique de plus un mouvement de la foule; v. ASSIÉGER.

II (trans. et intr.) 1° *Qqn* ∼ *qqn. Son père le pressait de poursuivre ses études* = **pousser à**, **encourager à**; (plus soutenu) **exhorter à**. *Il était pressé par ses débiteurs*; ↑ **harceler**, ↑ **persécuter**; v. POURSUIVRE I. — 2° *Qqn* ∼ *qqch. Le marcheur pressa la cadence/le pas* = **accélérer** (v. ce mot); ↑ **précipiter**, **activer**. — 3° *Qqch* ∼. *Ça presse* = **être urgent**; (très fam.) **urger**. ● **se presser** *Il se pressait pour attraper son train* = **se dépêcher**; (plus soutenu) **se hâter** et **allonger le pas** (v. ce mot); (très fam.) **se grouiller**, **se manier** (absol. ou *se manier le train/le popotin/le cul/*etc.). ● **pressant** *Il avait un besoin pressant de sortir* = **urgent**; (plus soutenu) **impérieux** (v. ce mot). *Ses démarches pressantes ont abouti*; (rare) **instantes** ne s'emploie

qu'au féminin. ● **pressé** 1° *Qqch est* ∼. *Dépêchez-vous, c'est pressé* = **urgent**; v. PRESSANT. — 2° *Qqn est* ∼. 1° *Il n'a fait que passer; il était pressé*; (fam.) **avoir le feu au derrière**; (très fam.) **avoir le feu au cul.** ● **pression** 1° *Il n'aurait pas dû céder à la pression de son entourage*; ↓ **influence** (v. aussi ce mot) n'implique pas le dessein déterminé de l'agent. *La pression sociale s'est exercée sur lui* = **contrainte**. — 2° V. POUSSÉE (in *pousser* I).

prestidigitateur *Le prestidigitateur a fait son tour au music-hall* = **illusionniste**; (rare) **escamoteur.**

prestige 1° *Ce professeur a un certain prestige auprès de ses élèves*; ↑ **autorité** et ↓ **influence** évoquent moins l'idée d'admiration, et davantage celle de respect pour une position sociale. *Le prestige des vins français a souffert de la pratique frauduleuse des coupages* = **renommée**; (plus général) **réputation**; ces deux mots peuvent s'employer en bonne ou en mauvaise part. — 2° *Les prestiges de l'Orient ne se sont pas évanouis, bien au contraire* = **attraits**; v. CHARME et ILLUSION.

présumer 1° *Je présume que vous êtes de mon avis*; (plus courant) **supposer**; (plus général) **penser**. — 2° V. AUGURER.

prêt (adj.) *Il était prêt à vous aider*; (moins courant) **disposé**; **décidé** insiste sur la résolution plus que sur la disposition; v. RÉSOLU (in *résoudre* II). *Êtes-vous prêt pour le départ?*; (moins courant) **paré** se dit surtout de celui qui est prêt à faire face à une difficulté : *Le bois est rentré; nous voilà parés pour l'hiver.*

prétendre I (trans.) V. AFFIRMER, INSINUER, PARAÎTRE II et SOUTENIR. ● **prétendu** *La prétendue crise économique est une crise financière* = **faux**; **supposé** n'implique pas l'inexactitude du fait comme les précédents; **soi-disant** (invar.) ne s'applique qu'aux personnes; v. aussi APPARENT.

II (trans. indirect) *Il prétend à la députation* = **aspirer à**; v. aussi AMBITION [*avoir l'ambition de*]. ● **prétention** 1° (le plus souvent au plur.) *De nombreux États ont des prétentions sur ce territoire* = **visée**. *Ce garçon a des prétentions*; (fam.) **avoir** les dents longues; v. AMBITION. — 2° (au sing.) *La prétention de ce personnage est exaspérante;* (plus soutenu) **fatuité, présomption;** (plus part.) **pédantisme** est une prétention d'ordre intellectuel; v. aussi ORGUEIL et VANITÉ II.

prétentieux 1° Qqn est ∼. *Pourquoi est-il si prétentieux?* = **vaniteux, poseur;** (fam.) **crâneur;** (plus soutenu) **présomptueux** se dit d'un personnage qui surestime ses possibilités; v. ORGUEILLEUX et AMBITIEUX (in *ambition*). *Pour avoir de telles exigences, il est bien prétentieux;* (soutenu) **présomptueux;** (fam.) **ne pas se moucher du coude.** *Cette jeune prétentieuse ne me dit plus bonjour* (au f.); (fam.) **bêcheuse;** (vieillis) **pimbêche** et **mijaurée.** — 2° Qqch est ∼. *Ce conférencier parle d'un ton prétentieux* = **maniéré, affecté** (v. ce mot in *affecter* II).

prêter I V. AVANCER II et PASSER II.

II (dans des loc. verbales) 1° (avec des noms sans article) *Prêter asile, assistance, main-forte, secours,* etc. = **donner.** *Prêter attention* = **jurer.** *Prêter attention* = **faire attention.** — 2° (avec des noms déterminés) *Prêter l'oreille* = **tendre, dresser l'oreille.** *Prêter le flanc* = **s'exposer.** ● **se prêter** *Son mari se prête à tous ses caprices* = **consentir.**

III *Ses ennemis lui prêtent des intentions qu'il n'a jamais eues* = **supposer;** v. IMPUTER.

prétexte 1° *Vous n'avez pas besoin de prétextes pour vous absenter;* (rare) **échappatoire;** (plus général) **excuse** se dit d'une justification qui peut être vraie ou non. — 2° *Ce fait divers a servi de prétexte au romancier* = **point de départ.** — 3° (dans des loc.) *Sous prétexte de lui rendre service, vous le mettez en difficulté;* (soutenu) **sous couleur de.** *Sous (le) prétexte qu'il a autrefois commis une erreur, on le soupçonne toujours;* (plus général) **parce que** s'emploie pour introduire une cause effective. *Ne lui parlez sous aucun prétexte* = **en aucun cas.**

prêtre Terme général qui s'applique à tout ministre d'une religion. *Le prêtre a célébré le culte;* (plus part.) **ecclésiastique** ne se dit que dans le cadre de la religion chrétienne; **curé, abbé, vicaire** se disent de fonctions particulières dans

la religion catholique romaine; **pasteur** est soit un terme général pour désigner la fonction du prêtre auprès de ses ouailles dans un langage religieux ou soutenu, soit communément le terme désignant les ministres des religions réformées, comme **prédicant** (vieilli); **pope** se dit des ministres de la religion orthodoxe; v. OFFICIANT (in *office* II); (fam. et péjor.) **corbeau, ratichon, cureton,** etc. De nombreux autres synonymes de *prêtre* s'appliquent aux ministres et célébrants des cultes particuliers, modernes ou antiques : **augure, mage, rabbin, bonze, lama,** etc.

prévenir I Qqn ∼ qqn. *La banque a prévenu ses clients des jours de fermeture* = **avertir;** (plus soutenu) **aviser;** (plus général) **informer** n'implique pas de mise en garde comme prévenir; v. SIGNALER (in *signal*). *Le président du tribunal a prévenu l'assistance trop bruyante :* v. GARDE [*mettre en garde*] (in *garder* I).

II Qqch ∼ qqch. *De nouveaux vaccins doivent prévenir la grippe* = **prémunir contre.**

III *Il m'est agréable de prévenir tous ses désirs* = **aller au-devant de;** v. DEVANCER. ● **prévenance(s)** *Il avait pour son amie toutes les prévenances* = **attention(s);** v. DÉLICATESSE(S) [in *délicat*] et COMPLAISANCE(S) [in *complaisant*].

prévoir 1° *Nous n'avions pas prévu la catastrophe;* **pressentir** (v. ce mot). *On pouvait prévoir l'augmentation des prix;* **pronostiquer** (v. ce mot in *pronostic*) implique l'annonce de la prévision; ↑**calculer** suppose une évaluation du phénomène; ↓**envisager,** c'est faire une hypothèse; v. VOIR. — 2° *L'État n'a pas prévu le financement de la réforme;* (plus général) **organiser** ne s'applique pas seulement à l'avenir comme *prévoir.*

prier I 1° (trans.) *Il prie Dieu en toute occasion;* (plus part.) **invoquer,** c'est appeler à l'aide par des prières. — 2° (intr.) *Il priait avec ferveur;* (plus général) **se recueillir,** c'est se concentrer sur la vie intérieure en s'isolant du monde extérieur, dans une attitude de prière ou non.

II (trans.) 1° ∼ qqn de faire qqch. *Je vous prie de répondre favorablement à* mon appel ; ↓ **demander** (v. ce mot) ; ↑ **supplier** ; (plus soutenu) **conjurer** et ↑ **implorer** ; ↑ **adjurer** renchérit encore sur les précédents. — 2° ~ qqn à/de. *Vous êtes priés de vous faire connaître* = **inviter à** (v. ce mot). — 3° *Je vous prie* ou *Je vous en prie* peuvent être formules de politesse ou injonctions d'autorité, comme **s'il vous plaît** (v. PLAIRE I) ou (plus soutenu) **pour l'amour de Dieu** ; v. GRÂCE I. — 4° **se faire prier** *Le voleur ne s'est pas fait prier pour déguerpir ;* (fam.) **tirer l'oreille, ne pas attendre son reste.**

prière I (v. sens du verbe *prier* I) *Elle allait suivre les prières aux vêpres du dimanche ;* (plus part.) **oraison** est un terme de liturgie, comme **litanies** ou **patenôtre** (vieilli et péjor. aujourd'hui).

II (v. sens du verbe *prier* II) 1° *Le père ne céda pas aux prières de ses enfants ;* ↓ **demande** ; ↑ **adjuration** et **supplication** ; **requête** et **supplique** (vieilli) s'adressent plutôt à des autorités ou personnages officiels. *À la prière de ses parents, il renonça à interrompre ses études ;* v. INVITATION (in *inviter*). — 2° *Prière de faire silence* = **vous êtes prié de, on vous demande de.**

primauté *La primauté de l'esprit sur la matière n'est pas une idée nouvelle* (didact.) = **primat, prééminence** ; v. aussi SUPRÉMATIE.

primer I *La force prime toujours le droit ;* (plus courant) **l'emporter sur.**

II V. RÉCOMPENSER.

primordial 1° *Le rôle de l'armée a été primordial dans la préparation du coup d'État* = **capital, essentiel, fondamental.** — 2° *Supprimer les inégalités sociales est la tâche primordiale du gouvernement* = **principal** ; v. PREMIER II. — 3° *Il est primordial pour nous que vous veniez à la réunion* = **fondamental, indispensable.**

principal (adj. ; antéposé ou postposé) *Il détient le poste principal dans son administration* = **essentiel** ; ↑ **clef.** *Le thème principal de son discours ne vous a pas échappé* = **dominant, fondamental** ; ↑ **capital** ; v. PRIMORDIAL. *Le principal facteur de sa réussite est connu* = **déterminant, décisif** (postposés). ● **principal** (nom) 1° *Le principal, c'est l'action*

= **essentiel.** — 2° *Vous avez fait le principal du travail ;* v. GROS [*le plus gros*].

principe 1° *Toute sa théorie repose sur un principe inacceptable* = **postulat** ; une **hypothèse** peut n'être que secondaire ; v. BASE II. — 2° *Cet individu ne respecte pas les principes élémentaires de la politesse* = **règle.** *Il n'a pas de principes* = **morale.** — 3° **en principe** *En principe, il sait conduire, mais pratiquement il ne touche jamais au volant* = **théoriquement.** ● **principes** (plur.) *Les principes d'une théorie ;* (plus courant) **éléments.**

prise 1° *Le judoka place une prise à son adversaire ;* (plus part.) **clé.** — 2° *La prise de la ville fut faite sans coup férir ;* v. CAPTURE. *Voilà une belle prise* = **butin.** — 3° Ce terme entre dans de nombreuses locutions : *une prise de son* = **enregistrement** ; *une prise de sang* = **prélèvement** ; *une prise de vues* = **tournage** ; *une prise de bec ;* v. DISPUTE (in *disputer*). — 4° (dans les loc. verbales) *Donner prise* = **s'exposer à.** *Être aux prises avec qqn* = **être en lutte.**

prison 1° *Son mari est en prison depuis six mois ;* (fam.) **bloc, taule, cabane** ; v. aussi CELLULE ; (plus part.) **pénitencier** se dit d'une prison où se purgent les peines de travaux forcés. *Il a été mis en prison pour une peccadille* = **emprisonner, incarcérer** ; v. DEDANS [*mettre dedans*]. — 2° V. EMPRISONNEMENT (in *emprisonner*). ● **prisonnier** 1° *Les prisonniers ont droit à la promenade ;* (moins courant) **détenu** se dit uniquement des personnes en prison ; **captif** se dit aussi des prisonniers de guerre ; (fam.) **taulard.** — 2° (adj.) *Il est prisonnier de ses principes* ; ↓ **soumis à,** ↑ **esclave de.**

priver *Pourquoi priver cet enfant de son plaisir ? ;* (plus soutenu) **frustrer.** *L'amour le prive de tous ses moyens ;* **enlever** (qqch à qqn) ; v. aussi DÉPOSSÉDER. ● **se priver** *On ne peut pas se priver de tous ses plaisirs* = **se refuser** (qqch). *Je ne peux me priver d'elle* = **se passer.** (suivi d'un infin.) *Il pourrait se priver de faire des réflexions désagréables* = **s'empêcher de** ; ↓ **se retenir de** ; v. S'ABSTENIR [*s'abstenir de*]. ● **privation** 1° *Il supporte mal la privation de la vue* = **perte.** *On ne peut résister longtemps à la privation* *d'air* = **manque** (v. ce terme). — 2° (au plur.) *Il s'est imposé de sévères privations* = **abstinence** (au sing.).

privilège *Nul ne doit avoir de privilège devant la loi* = **passe-droit** et **faveur.** *J'ai le privilège de vous voir souvent* = **avantage**; v. APANAGE et DROIT III. ● **privilégié** (adj. et nom) *Les privilégiés de la société* = **favorisé.**

prix I 1° *Quel est le prix du mètre de tissu ?*; (plus soutenu) le **coût** se dit du point de vue de l'acheteur; (plus général) la **valeur** d'une chose dépend à la fois de son utilité, du travail qu'elle nécessite et du rapport entre l'offre et la demande. *Le prix des céréales a encore monté;* **cours** se dit aussi bien des marchandises négociées que des titres cotés en Bourse. *À quel prix avez-vous obtenu ce meuble ?*; v. CONDITION II. — 2° *Pourquoi attachez-vous tant de prix à la toilette ?* = **importance.** — 3° (dans des loc.) *C'est un cadeau de prix;* (plus part.) **coûteux** (v. ce terme in *coûter*) se dit de la dépense engagée et non de la valeur de l'objet. *Il me faut cette place à tout prix* = **coûte que coûte, absolument** *(Il me faut absolument...);* v. FORCE [*à toute force*]. *Pour prix de :* v. ÉCHANGE (EN). *Le commissaire-priseur met à prix cette commode Empire* = **aux enchères.** *Hors de prix :* v. COÛTEUX (in *coûter*).

II V. RÉCOMPENSE.

probable 1° (adj.) *Il est probable que l'on parvienne maintenant à un accord* = **vraisemblable; possible**; v. CHANCE [*Il y a des chances*]. — 2° (adverb.) *Tu iras à cette réunion ? — Probable* (fam.) = **possible**; (courant) **probablement, sans doute, vraisemblablement.**

probant *Les raisons qu'il a données n'ont pas paru très probantes* = **concluant** (v. ce mot), **convaincant.**

probité *Il est d'une probité exemplaire dans son travail* = **intégrité**; v. HONNÊTETÉ (in *honnête*). ● **probe** *Un homme probe* (très soutenu); (plus courant) **intègre**; v. HONNÊTE.

problématique *L'existence de la ville de Troie a longtemps été considérée problématique* = **douteux, incertain** (v. ces mots).

problème 1° *Vous aurez quelques problèmes avant d'obtenir un résultat* = **difficulté.** — 2° *Vous pourrez vraiment venir ? — Il n'y a pas de problème* (fam. ; en réponse); (courant) **certainement.** — 3° *Exposer son problème :* v. CAS. — 4° *Cerner le problème :* v. QUESTION II; v. aussi SUJET. — 5° V. ÉNIGME.

prochain I (adj.) 1° *Vous trouverez garage au prochain bourg* (vieilli); (courant) **voisin** (postposé). — 2° V. PREMIER I. — 3° *Les jours prochains :* v. VENIR II [*à venir*].

II (nom) V. AUTRUI.

proche 1° (proximité dans le temps) *L'arrivée du navigateur était maintenant proche;* **imminent.** — 2° (proximité dans l'espace) *Il avait acheté une maison proche de celle de ses parents* = **voisin de**; (plus soutenu) **avoisinant; adjacent à, attenant à, contigu à** impliquent que les deux objets se touchent; v. LIMITROPHE (in *limite*) et PROXIMITÉ [*à proximité de*]. *Le paysan ramassait des champignons dans les prairies proches de sa ferme* = **environnant** (se construit sans complément). — 3° *Ce que vous racontez est proche de ce que j'ai appris hier* = **approchant, voisin.** — 4° (nom) *Il a perdu tous ses proches dans la catastrophe* = **parent, parenté, les siens**; v. VOISINAGE (in *voisin*).

proclamer *Sachez que la vérité sur cette affaire sera proclamée* = **divulguer**; v. ANNONCER, CRIER (in *cri*), DÉCLARER, MANIFESTER. *Nous ne cesserons pas de proclamer que la paix est possible;* (soutenu) **professer**; v. aussi DIRE. ● **proclamation** *La proclamation des militaires visait à renverser la monarchie* = **appel.**

procuration *La procuration donnée à un délégué* = **mandat**; v. POUVOIR II.

procurer 1° *Les pays occidentaux procuraient des armes aux belligérants* = **fournir, approvisionner** (qqn en qqch). — 2° *Ce spectacle nous a procuré beaucoup de plaisir;* (plus général) **donner.** ● **se procurer** 1° *Ce vieil alcoolique se procurerait du vin en plein désert;* (plus général) **trouver.** — 2° *Je me suis procuré un buffet ancien chez un brocanteur;* **acquérir, acheter** n'impliquent pas la même idée d'effort pour obtenir qqch.

prodige 1° *Autrefois, beaucoup de faits inexplicables étaient considérés comme des prodiges* = **miracle**. — 2° V. MERVEILLE. ● **prodigieux** 1° *Le livre a atteint des chiffres de vente prodigieux* = **inouï, incroyable**; v. ÉTONNANT (in *étonner*) et aussi MONSTRE. — 2° V. ADMIRABLE (in *admirer*).

prodigue *Je l'ai toujours connu aussi prodigue avec ses amis;* **généreux**; v. DÉPENSIER (in *dépense*). *Être prodigue de :* v. ABONDER III. ● **prodigalité** *Quelle prodigalité de couleurs chez ce peintre!* (très soutenu); (courant) **profusion, surabondance**; v. aussi LIBÉRALITÉ. ● **prodiguer** *Il a prodigué bien vite la fortune de son grand-père* (soutenu); (courant) **dilapider, dissiper**; v. DÉPENSER (in *dépense*) et RÉPANDRE.

produire I 1° *La firme produit une large gamme de camions* = **fabriquer**. *Il a produit beaucoup de vin cette année;* (plus général) **faire** (v. ce mot). — 2° *Ces terres ne produisent pas* = **rendre, rapporter**; v. DONNER I et PORTER I. *Produire une œuvre :* v. ACCOUCHER DE. ● **produit** *Le produit de ses immeubles lui suffit pour vivre* = **profit, rapport**; v. FRUIT.

II *Le chanteur a produit une forte impression sur les spectateurs* = **créer, provoquer**. *Votre intervention ne produira rien de bon;* (plus général) **donner** (v. ce mot). ● **se produire** 1° *L'accident s'est produit de façon imprévisible* = **avoir** *(avoir lieu);* v. ARRIVER II. — 2° *Cet artiste se produit en ce moment sur la scène de l'Olympia;* (selon le talent exercé) **jouer, chanter, paraître**. ● **production** *Il observait avec intérêt la production du gaz dans l'éprouvette* = **formation**.

III 1° *L'agent vous avait seulement demandé de produire votre permis de conduire* (didact.); (plus courant) **présenter**. — 2° *Produire des témoins* (didact.) : v. CITER.

profane (adj.) *Je suis tout à fait profane en cette matière, je ne demande qu'à apprendre* = **ignorant**.

profaner 1° *Votre comportement est indigne, vous avez profané votre art!;* ↑**avilir,** ↑**dégrader**. — 2° *Profaner une sépulture;* v. VIOLER.

professer I 1° *Le parti monarchiste professe son opposition à la démocratie* (très soutenu); (plus courant) **afficher**. — 2° ~ *que*. V. PROCLAMER.

II *Il professait l'anglais depuis vingt ans* (soutenu); (courant) **enseigner, apprendre** (v. ce mot).

professeur *Nous avons changé trois fois de professeur au cours du trimestre;* (abréviation fam.) **prof**; v. ENSEIGNANT (in *enseigner*). ● **professoral** *Son ton professoral amusait l'assemblée* (par ironie); ↑**doctoral, pédant**.

profession *L'adolescent hésitait à choisir une profession;* **carrière** se dit d'une profession qui présente des étapes; **état** (vieilli); **situation** et **place** se disent d'emplois stables et rémunérateurs; v. MÉTIER.

profit 1° *Il faudra que chacun ait sa part du profit* = **bénéfice**; (fam.) **gâteau**; v. GAIN (in *gagner*). — 2° V. FRUIT et PRODUIT (in *produire* I). — 3° (dans des express.) *Elle a su tirer profit de sa silhouette* = **profiter**; ↑**exploiter**. *Le physicien a versé le montant de son prix Nobel au profit de l'Unesco* = **au bénéfice de**. *Les vêtements qu'elle cousait faisaient beaucoup de profit* = **durer, servir longtemps** (v. SERVIR III). ● **profiter** 1° V. EXPLOITER II et PROFIT [*tirer profit de*]. — 2° *Qqn* ~ *de. J'ai profité de l'occasion* = **saisir**; v. JOUIR. — 3° *Qqch* ~ *à qqn. Vos leçons ont beaucoup profité aux élèves* = **servir, être utile**. ● **profitable** 1° *J'espère que ces remarques vous seront profitables* = **utile**. — 2° *Ce placement est très profitable* = **avantageux**. — 3° V. FORMATEUR (in *former*).

profond I (nom) *Le hameau avait été construit au plus profond de la forêt* = (seulement dans cet emploi) **au cœur**.

II (antéposé ou postposé) 1° *C'est trop profond pour moi, parle plus simplement* = **difficile**. *Une intelligence profonde;* v. PÉNÉTRANT (in *pénétrer*). — 2° *Il vivait dans la solitude la plus profonde* = **complet, extrême, total**. — 3° *En dehors de sa spécialité, il était d'une ignorance profonde;* (fam.) **crasse**. *Sa foi profonde l'aidait à supporter tous les maux* = **ardent**. *J'ai une profonde admiration pour ce savant* = **vif**; v. aussi GRAND. —

4° V. DURABLE (in *durer*). ● **profondément** 1° *Je suis profondément écœuré par toutes ces manœuvres* = **complètement**; v. FORTEMENT (in *fort* II). *Il espérait profondément que son ami surmonterait cette épreuve* = **ardemment**; v. VIVEMENT (in *vif*). — 2° *Après l'opération, le malade dormait profondément;* (fam.) **à poings fermés.** — 3° V. INTIMEMENT (in *intime*). ● **profondeur** 1° V. DIMENSION. — 2° *On ne pouvait nier la profondeur de ses sentiments* = **force.**

profusion *À la veille des fêtes, une profusion de couleurs égayait les vitrines* = **débauche**; v. LUXE et PRODIGALITÉ (in *prodigue*). ● **à profusion** (loc. adv.) *Le jardin offrait au visiteur des fleurs à profusion* = **à foison** (v. ce mot); v. aussi BEAUCOUP.

progéniture *Il se déplaçait toujours avec toute sa progéniture* (fam. et iron.); (au plur.) **enfants**; v. FAMILLE.

progrès 1° *Cette voiture bénéficie des derniers progrès de la technique* = **perfectionnement**; v. AMÉLIORATION (in *améliorer*). *La lutte contre le cancer fait des progrès* = **progresser**; v. aussi PAS III [*avancer à grands pas*]. — 2° *Les progrès de l'épidémie n'ont pu être enrayés* = (au sing.) **propagation.** — 3° *Le médecin suivait, impuissant, le progrès de la maladie* = **progression; aggravation.** ● **progression** 1° *Le musicien vous conduisait par une lente progression à un plaisir extrême* = **gradation.** — 2° *Je ne saisis pas très bien la progression de vos idées* = **cheminement**; v. ÉVOLUTION. — 3° V. PROGRÈS. — 4° *La progression des travaux* ; v. AVANCEMENT (in *avancer* II). — 5° *La progression des troupes* : v. MOUVEMENT. ● **progresser** 1° *Les soins avaient tardé, la maladie progressait très vite* = **s'aggraver, empirer**; v. PROGRÈS 1° [*faire des progrès*]. — 2° V. AVANCER II. ● **progressif** *Le problème proposait des difficultés progressives;* (moins courant) **graduel.** ● **progressivement** *Il en était venu progressivement à ne plus voir personne* = **graduellement, petit à petit, peu à peu; par degrés** se dit plus rarement dans cet emploi.

projectile désigne un corps lancé par une arme à feu ou à la main; selon la nature du projectile, on parlera de **balle, bombe, pierre**, etc.

projeter I *Il était toujours à projeter mille entreprises;* **échafauder** se dit de projets hâtifs et fragiles; **méditer** implique une longue réflexion. *Nous avons projeté de partir pour l'étranger;* (plus général) ↓**avoir l'intention de, se proposer de;** v. SONGER [*songer à*]; v. aussi PRÉMÉDITER. ● **projet** 1° *Les projets de travaux prévoient l'aménagement du fleuve;* **programme** se dit généralement d'un projet arrêté; v. PLAN IV; v. aussi BUT et CANEVAS. — 2° *Faire le projet de* : v. SE PROMETTRE (in *promettre*); v. aussi VUE III.

II V. CRACHER et JETER.

prolixe *Vous êtes trop prolixe, il faut réduire cet article;* (plus courant) **bavard**; (péjor.) **verbeux**; v. DIFFUS.

prolonger I *Prolonger*, c'est faire aller plus loin, **allonger**, c'est augmenter la longueur : *Prolonger une rue/allonger un pantalon*. ● **prolongement** *Le prolongement d'une voie ferrée* = **allongement**; v. aussi AUGMENTATION (in *augmenter*), CONTINUATION (in *continuer*) et SUITE (in *suivre*).

II 1° *Nous avons prolongé la discussion une partie de la nuit* = **poursuivre.** — 2° V. ENTRETENIR. ● **se prolonger** *Les conséquences de la crise économique se prolongent* = **persister**; v. CONTINUER.

promener 1° *Il promenait ses doigts sur la statuette d'ivoire* = **passer.** — 2° (dans des express.) *Il a envoyé promener l'enfant qui l'agaçait;* (soutenu) **rabrouer.** *Il en a eu assez de toutes les objections et il a tout envoyé promener* (fam.) = **envoyer tout au diable/sur les roses/paître/valser/** (très fam.) **péter;** (courant) **renoncer;** v. BOULER [*envoyer bouler*] (in *boule*). ● **se promener** 1° *Il est parti se promener en forêt;* (fam.) **se balader.** — 2° *Cela suffit maintenant, va te promener !* (fam.) = **va au diable,** (courant) **va-t'en.** ● **promenade** 1° *La promenade était bordée de vieux platanes* (vieilli); (plus général) **avenue** se dit d'une voie bordée d'arbres; **cours** désigne une avenue qui sert de promenade. — 2° *Mes parents sont partis faire une promenade en forêt;* (fam.) **balade, vadrouille** *(partis en vadrouille dans...);*

v. SORTIE. *Ils passent leurs vacances en promenades dans la région ;* (plus précis) **excursion ;** v. aussi COURSE I et TOUR II.

promettre *Il faut me promettre de ne plus recommencer/que tu ne recommenceras plus ;* **jurer,** c'est promettre par un serment ; v. PAROLE [*donner sa parole que*]. *L'entrepreneur a promis de terminer les travaux cette semaine* = **s'engager à ;** v. AFFIRMER. ● **se promettre** ~ de + infin. *Le marin s'était promis de finir ses jours dans son village ;* ↓**faire le projet de ;** v. ESPÉRER. ● **promesse** *Peut-on se fier à vos grandes promesses ? ;* **serment** se dit d'une promesse solennelle ;** v. ENGAGEMENT (in *engager*). ● **promis** 1° (adj.) *Il était promis à un grand avenir* = **voué à.** — 2° (nom) V. FIANCÉ.

prompt 1° *Les commentateurs s'interrogeaient sur ce prompt changement de politique ;* (plus courant) **brusque, soudain.** *J'espère qu'après une prompte guérison vous reviendrez parmi nous ;* (plus courant) **rapide.** — 2° *L'affaire traînait, notre ami a été prompt à tout achever ;* **expéditif** s'emploie surtout sans complément. ● **promptement** *Il a agi promptement et a satisfait tout le monde ;* (plus courant) **rapidement, vite ;** (plus rare) **rondement ;** v. RIEN II [*en un rien de temps*] et VIVEMENT (in *vif*). ● **promptitude** *La promptitude de son rétablissement ;* (plus courant) **rapidité.** *La promptitude de son jugement* = **rapidité, vivacité.**

promulguer *Malgré les oppositions, la loi d'aide aux chômeurs avait été promulguée* (didact.) ; (courant) **publier.**

prononcer I *Devant la foule qui l'acclamait, il ne pouvait plus prononcer un mot ;* (soutenu) **proférer ;** v. DIRE. ● **prononciation** *L'acteur avait conservé la prononciation de sa province ;* (plus courant) **accent.**

II *Je ne peux vraiment pas prononcer entre vous deux* (très soutenu) ; (courant) **choisir.** ● **se prononcer** *La population s'est prononcée pour la monarchie* = **opter ;** v. SE DÉCLARER (in *déclarer*) et PENCHER.

pronostic *Les économistes avaient fait des pronostics démentis par les faits ;* (plus général) **prévision** s'emploie

souvent au pluriel ; v. PRÉDICTION (in *prédire*). ● **pronostiquer** *Quelques parieurs avaient su pronostiquer la défaite du favori ;* (plus général) **prévoir ;** v. PRÉDIRE.

propager 1° *Les organisations féminines avaient propagé des idées nouvelles* = **diffuser ;** v. SEMER II. — 2° *Après la réunion, les délégués propagèrent la nouvelle ;* (souvent péjor.) **colporter.** — 3° V. ACCRÉDITER. ● **se propager** *Le bruit de la maladie soudaine du président s'est vite propagé* = **se répandre, faire tache d'huile ;** v. CIRCULER, S'ÉTENDRE (in *étendre*) et RAYONNER II. ● **propagation** *Tous les moyens étaient employés pour empêcher la propagation des nouvelles* = **diffusion ;** v. PROGRÈS et TRANSMISSION (in *transmettre*).

propension *Votre propension à l'indulgence n'aidera pas cet enfant à se corriger* = **inclination ;** (plus courant) **tendance.**

proportion 1° V. DIMENSION. — 2° (loc. prép.) *Les mineurs prétendaient que leur salaire était faible en proportion du risque encouru* = **en raison de, relativement à, proportionnellement à ;** (très soutenu) **eu égard à.**

propos I 1° *Ce sont là des propos que je préfère oublier* (soutenu) ; (vieilli en ce sens) **discours ;** (plus courant, au plur.) **paroles.** *Ne vous fiez pas à ses propos ;* (rare) **dires** (au plur.) ; **boniment** (très péjor.) implique l'idée de tromperie. — 2° *Des propos orduriers :* v. INCONVENANCE (in *inconvenant*).

II 1° (dans des loc. adv.) *Votre proposition vient à propos ;* (fam.) **à pic ;** v. NOMMÉ [*à point nommé*]. *Mal à propos :* v. CONTRETEMPS. *De propos délibéré :* v. DÉLIBÉRÉMENT (in *délibéré*). — 2° *À propos, je voulais vous avertir que je serai absent demain* (marque une transition ou introduit une idée nouvelle) = **au fait.** — 3° *À ce propos :* v. POINT I [*sur ce point*].

III *Il n'est pas dans mon propos de vous convaincre* = **intention ;** (soutenu) **dessein.**

proposer I 1° *J'ignore si le projet qu'il va me proposer me conviendra* = **soumettre ;** v. PRÉSENTER. — 2° V. OFFRIR.

II se proposer V. PROJETER I.

propre I (postposé) 1° *Elle rinçait ses draps à l'eau de pluie pour les rendre propres ;* **immaculé** signifie « sans une tache » ; v. NET. — 2° *C'est du propre ! :* v. JOLI. — 3° *Une panne au milieu de la nuit ! nous voilà propres ! ;* (fam.) **frais, dans de beaux draps.**

II 1° (antéposé, avec un poss.) V. MÊME I. — 2° (postposé) *Il a des qualités propres qu'on ne peut lui dénier* = **personnel ;** v. INTRINSÈQUE et PARTICULIER I. — 3° *C'est cela, vous avez trouvé le mot propre* = **exact, juste.** ● **proprement** 1° *C'était proprement une faute impardonnable ;* (plus courant) **véritablement.** — 2° *Vous le lui avez proprement dit* (soutenu) ; (courant) **bien.** — 3° *À proprement parler, je ne m'y attendais pas* = **à vrai dire.**

III propre à ~ + infin. V. CAPABLE et NATURE [*de nature à*].

prosaïque *Vous vous satisfaisiez aisément de votre vie prosaïque* = **commun, plat ;** v. BOURGEOIS et VULGAIRE II. ● **prosaïquement** *Il parlait bien prosaïquement* (soutenu) ; (courant) **platement.**

proscrire 1° V. BANNIR. — 2° *Il faut proscrire toute allusion blessante pour nos invités* (soutenu) ; (plus courant) **éliminer ;** v. aussi ENLEVER.

prospecter *Les ingénieurs prospectaient la région pour découvrir de l'uranium ;* (plus général) **explorer.**

prospectus *Il gagnait sa vie en rédigeant des prospectus pour un magasin ;* (plus précis) **réclame ;** v. BROCHURE.

prospère *La vie à la campagne vous réussit, vous avez une mine prospère* = **resplendissant ;** v. FLORISSANT. ● **prospérité** *J'espère que vous connaîtrez longtemps cette prospérité ;* **richesse** désigne un état favorable quant à la réussite, **succès** un état favorable quant à l'ensemble de la vie ; v. BONHEUR et SPLENDEUR.

prostituer *Vous prostituez votre art en exposant de telles toiles* (très soutenu) ; (plus courant) **déshonorer ;** (soutenu) **avilir.** ● **prostituée** désigne une femme qui vend ses faveurs à qui la paie ; (plus général) **professionnelle ;** de nombreux termes ont une signification proche ; certaines expressions sont descriptives : (vieilli) **femme/fille de mauvaise vie/de mauvaises mœurs,** (vieilli) **fille de joie/publique, femme galante/publique ; catin, fille** et **gourgandine** sont vieillis ; **cocotte** est vieilli et fam. ; **courtisane** est vieilli et soutenu ; (vieilli et plaisant) **péripatéticienne ;** (fam.) **grue ;** (très fam.) **poule, putain** et **pute.**

protéger 1° *Les mesures prises protégeaient les épargnants contre une dévaluation* = **garantir ;** v. aussi DÉFENDRE I. — 2° *Une série de forteresses avait protégé la vallée* = **couvrir ;** v. GARDER I ; v. aussi CONSERVER et SAUVEGARDER. — 3° ~ qqn. V. COUVER et PATRONNER. — 4° *Protéger de :* v. ASSURER II et IMMUNISER. ● **se protéger** *Au cours de l'altercation, il n'a pas su se protéger contre les coups* = **se garer de ;** v. SE DÉFENDRE (in *défendre I*). ● **protégé** *On s'adressait au protégé du ministre pour obtenir des renseignements ;* (soutenu) ↑ **créature ;** v. aussi FAVORI I. ● **protecteur** 1° (nom) *Cet industriel a voulu être le protecteur de la musique* = **mécène ;** v. DÉFENSEUR (in *défendre I*). — 2° (adj.) *Je n'apprécie guère votre air protecteur* = **condescendant ;** ↑ **dédaigneux.**

protestant désigne tout chrétien qui appartient à la religion réformée ; **huguenot** était le terme péjoratif que les catholiques français utilisaient jusqu'au XVIIIe siècle ; (péjor., iron. et vieilli) **parpaillot.**

protester 1° *La presse a protesté contre le verdict trop sévère ;* ↑ **s'élever,** ↑ **se récrier ;** v. MURMURER ; v. aussi RÉVOLTER (SE). *Cela ne sert à rien de protester ;* **réclamer ;** (fam.) **râler, rouspéter ;** (très fam.) **la ramener ;** v. aussi CRIER ; v. CABRER (SE). — 2° *Vous avez beau protester, vous avez mal agi* = **dire ;** (fam.) ↑ **ruer dans les brancards.** — 3° V. AFFIRMER. ● **protestation** 1° *L'arrestation des jeunes gens entraîna une protestation unanime* = **levée de boucliers ;** v. aussi MURMURE. — 2° *Cette belle protestation d'honnêteté nous a convaincus* = **témoignage ;** v. DÉMONSTRATION II ; v. aussi SERMENT.

protocole *Le nouveau président abandonnait une partie du protocole* = **éti-**

quette, cérémonial ; v. FORME II ; v. aussi APPARAT.

prouver 1° *Qqn* ⌣. *Il faudrait quand même prouver ce que tu affirmes !* = **démontrer, établir.** *L'existence des soucoupes volantes n'a pas été prouvée* = **vérifier.** — 2° *Qqn* ⌣. *Elle s'ingéniait à lui prouver sa reconnaissance* = **témoigner.** — 3° *Qqch* ⌣. V. CONFIRMER et INDIQUER. ● **preuve** 1° *Le physicien étayait son hypothèse de plusieurs preuves* = **démonstration.** *C'est une preuve qui ébranle mes convictions* = **argument.** — 2° *Ses paroles étaient une preuve de sa culpabilité* = **confirmation ; indice** indique seulement la probabilité ; v. SIGNE. — 3° V. aussi GARANTIE. — 4° *La preuve :* v. ENSEIGNE II [*à telle enseigne*] et TÉMOIN [*à témoin*].

provenir *Les rois prétendent souvent que leur autorité provient de Dieu ;* (soutenu) **émaner.** *Les craintes qu'il manifeste actuellement proviennent d'une enfance difficile* = **découler, résulter ;** v. VENIR I et II.

provision I 1° *Il a rentré une grande provision de bois* = **réserve ;** v. CARGAISON et STOCK. — 2° *Les paysans tuent encore un cochon pour avoir des provisions ;* (au plur.) = **vivres** (v. ce mot), **ravitaillement ; aliment** désigne toute substance susceptible de servir de nourriture aux êtres vivants.

II V. ACOMPTE.

provisoire *Les dispositions prises ne sont que provisoires* = **transitoire ;** v. PASSAGER (in *passer* I) ; v. aussi MOMENTANÉ. *Être provisoire :* v. TEMPS [*n'avoir qu'un temps*].

provoquer I ⌣ *qqn.* 1° *On l'a provoqué au pire* = **pousser ;** ↓ **inciter ;** v. AMENER. — 2° *Ne le provoquez pas, il est trop irritable ;* (moins courant) **braver.** — 3° V. ALLUMER. ● **provocant** *Comment expliquer son attitude provocante en de telles circonstances ?* = **agressif ;** v. HARDI. ● **provocation** *Nous punirons toute provocation à la désobéissance ;* ↓ **appel,** ↓ **incitation.**

II ⌣ *qqch.* *La sécheresse prolongée a provoqué des troubles* = **occasionner, susciter ;** v. AMENER, LIEU II [*donner lieu à*] et PRODUIRE II. *Provoquer l'enthou-*

siasme : v. ENTHOUSIASMER (in *enthousiasme*) et SOULEVER. *Provoquer la chute :* v. PRÉPARER.

proximité 1° *La proximité de l'orage énervait les animaux* = **approche ;** ↑ **imminence.** — 2° *La proximité de la ville convenait aux jeunes mariés* = **voisinage.** — 3° (dans la loc. prép.) *L'école était à proximité du parc* = **proche de, tout près de.**

prude 1° *Cette femme prude détonnait dans le quartier* (vieilli) ; **pudibond** se dit de celui qui a une pudeur exagérée ; **puritain,** de celui qui montre un strict respect des principes moraux pour soi et les autres ; **austère,** de celui qui vit de façon très sévère ; **délicat,** de celui qui montre une grande sensibilité ; v. aussi CHASTE et DÉCENT. — 2° *Il n'est pas si prude qu'il le paraît* = **bégueule.** ● **pruderie** *La pruderie dissimule parfois des désirs non satisfaits ;* ↑ **pudibonderie.**

prudent 1° *Il reste prudent, en attendant de recevoir d'autres renseignements ;* ↑ **circonspect.** *Vous n'avez pas été très prudent de lui confier votre secret* = **avisé, prévoyant.** — 2° *Ce n'est pas très prudent de sortir torse nu* → **sage.** *Il faut être prudent : la route est dangereuse ;* (plus fam.) **faire attention.** ● **prudemment** 1° *J'ai prudemment retenu ma place* = **sagement.** — 2° V. PAS III [*pas à pas*]. ● **prudence** 1° *Sa prudence lui permit d'éviter la faillite ;* ↑ **circonspection ;** v. PONDÉRATION (in *pondéré*). — 2° *La nouvelle pourrait lui être fatale, parlez-lui avec prudence* = **précaution ;** v. MESURE II.

puant 1° *On trouvait encore dans la cour des fermes un fumier puant ;* ↓ **malodorant ;** ↑ **pestilentiel ;** v. ÉCŒURANT (in *écœurer*). — 2° V. VANITEUX (in *vanité* II).

public I (adj.) 1° *Il vous faut un acte public pour prouver votre droit de propriété* (didact.) ; (plus courant) **authentique.** — 2° *L'intérêt public :* v. COMMUN I. — 3° V. NOTOIRE et SOLENNEL. — 4° V. EMPOISONNEUR [*empoisonneur public*] (in *empoisonner*). — 5° V. ÉTAT IV [*école d'État*].

II (nom) 1° V. OPINION. — 2° *Passionner son public :* v. AUDITOIRE. — 3° *Le grand public :* v. FOULE et MASSE.

pudeur 1° V. DÉCENCE (in *décent*) et HONTE. — 2° *Ayez au moins la pudeur de ne pas montrer votre triomphe* = **délicatesse.** ● **pudique** 1° V. DÉCENT ; v. aussi CHASTE. — 2° *Il évoqua de façon pudique sa gêne matérielle* (soutenu) ; (plus courant) **discret.**

puer Qqn ou qqch ∼. *Vous puez, vous ne vous lavez donc jamais !* (souvent considéré comme fam.) ; (plus soutenu) **empester** ; (très fam.) **cocoter** ; v. aussi SENTIR II *(L'hôpital puait l'éther) ;* (soutenu) **empoisonner.** ● **puanteur** *La puanteur des poubelles accumulées* = **infection** ; v. ODEUR.

puis 1° *L'enfant a bien réfléchi, puis il a demandé une grenadine* (en tête d'une proposition) = **ensuite.** — 2° *Dites-lui que nous l'attendons, et puis il sait bien que nous l'aimons tous* = **au reste ;** v. AILLEURS [*d'ailleurs*].

puiser *Il a puisé ses sources sur les lieux mêmes de l'histoire* (soutenu) ; (plus général) **prendre ;** v. aussi EMPRUNTER.

puisque 1° *Puisque vous êtes là, vous allez couper les bûches* (introduit la cause qui explique l'énonciation de la principale) ; **étant donné que, dans la mesure où, comme** ne commutent pas toujours avec *puisque.* — 2° *Puisque vous êtes heureux d'être revenu, pourquoi voulez-vous repartir ?* (valeur causale) ; (valeur temporelle) **maintenant que.** — 3° *Je ne vous dirai plus rien puisque vous ne savez pas tenir votre langue* (insiste sur la relation causale) ; **parce que.** — 4° V. PENDANT III [*pendant que*].

puissant 1° *Il s'était adressé à un homme puissant pour obtenir gain de cause ;* ↓**influent.** — 2° *Un vent puissant arracha les tuiles* = **violent ;** v. FORT I. — 3° V. EFFICACE [*un remède efficace*]. ● **puissamment** *Cet État a puissamment contribué à maintenir la paix* = **fortement ;** v. BEAUCOUP. ● **puissance** 1° *L'argent donne aujourd'hui la puissance* = **pouvoir ;** v. AUTORITÉ. — 2° *Votre puissance ne suffira pas à le tirer de ce mauvais pas ;* ↓**influence,** ↓**crédit.** — 3° V. CAPACITÉ. — 4° *Les grandes puissances décident pour les pays pauvres* (précédé de *grand*) ; **nation, pays** n'évoquent pas forcément l'idée de puissance économique ; on dit dans le

même sens, par abréviation, **les grands ;** ↑ **super-puissance.**

pulpe *Elle épluchait la figue pour n'en manger que la pulpe ;* **chair** se dit aussi des animaux, contrairement à *pulpe.*

pulvériser 1° *Il fallait pulvériser le liquide dans toutes les fentes pour se débarrasser des insectes* = **vaporiser.** — 2° *Les lignes arrière ont été pulvérisées* (fam.) ; (plus soutenu) **anéantir ;** v. aussi DÉTRUIRE. — 3° V. BROYER.

punir 1° ∼ qqn. *L'enfant était puni pour la moindre vétille ;* (soutenu) **châtier ;** v. CORRIGER. *Le criminel doit être puni ;* (plus soutenu) **expier** (*Le criminel doit expier*). *Ne continue pas à m'agacer, tu vas te faire punir !* ; (fam.) **taper sur les doigts ;** (fam.) **écoper, trinquer** (*Il a bien écopé/trinqué*). — 2° ∼ qqn. *Le tribunal a durement puni le meurtrier* = **condamner.** — 3° ∼ qqch. *Les gendarmes punissaient toute infraction* = **sanctionner, réprimer ;** v. aussi SÉVIR. — 4° *Pour te punir :* v. PEINE III [*pour la peine*]. ● **punition** *Les punitions sont trop sévères dans cet établissement* = **sanction.** *La punition est-elle proportionnée au délit ?* = **peine ;** ↑**châtiment.** *Pour ta punition, tu ne regarderas pas la télévision* = **pour ta pénitence.**

pur I (postposé) 1° *Ses intentions sont pures* = **désintéressé.** *J'ai la conscience pure !* = **net.** — 2° V. CLAIR, FIN III et MÉLANGE [*sans mélange*] ; v. aussi SIMPLE. — 3° V. CHASTE. ● **pureté** (syn. variant suivant les contextes). *La pureté du regard* = **franchise, droiture.** *La pureté d'une jeune fille* = **chasteté.** *La pureté d'un sentiment* = **fraîcheur.** *La pureté d'un dessin* = **délicatesse ;** v. FINESSE (in *fin* III). *La pureté de l'air* = **limpidité.** ● **purifier** *Ouvrir les fenêtres pour purifier l'air* = **assainir.** *L'eau avait été purifiée* = **clarifier ;** v. ÉPURER.

II (antéposé) *C'était par pur hasard qu'ils s'étaient rencontrés* = **simple.** ● **purement** *Son intervention était purement d'opportunité* = **simplement, uniquement.**

purgatif *L'abus du chocolat l'obligeait à prendre des purgatifs* = **purge ;** **purgatif** se dit de toute substance qui purifie l'organisme de ses toxines ; **laxatif** désigne un purgatif léger.

q

qualifier *Ce lieu vétuste et poussiéreux mérite-t-il vraiment d'être qualifié de bureau de travail ?* = **dénommer, appeler** *(d'être dénommé/appelé « bureau de travail »). Croyez-vous que je vais me laisser qualifier d'incapable ?* = **traiter.**

qualité 1° *Voulez-vous que je vous énumère ses qualités ;* **attribut** se dit en parlant de choses, **mérite, vertu** pour les personnes ; v. aussi CAPACITÉ et DON. — 2° *Un produit de qualité :* v. CHOIX [*de premier choix*] (in *choisir*) et VALEUR III ; v. aussi SUPÉRIEUR I. — 3° V. RANG II. — 4° *Deux qualités de café :* v. ESPÈCE. — 5° *En qualité de :* v. COMME II et TANT [*en tant que*].

quand 1° *Quand tu nous rends visite, les enfants sont joyeux* (correspondance dans le temps) = **chaque fois que ;** v. LORSQUE. — 2° *Quand bien même tu me dirais le contraire, je ne te croirais pas* (avec le conditionnel, relation d'opposition) = **même si ;** v. SI I.

quant à 1° (choses) *Quant à ses résultats, nous n'en parlerons pas* = **pour ce qui est de.** — 2° (personnes) V. CÔTÉ [*de mon côté*] et COMPTE [*pour mon compte*].

quantité 1° *À la suite de son appel, il a reçu une quantité d'offres ;* **kyrielle** se dit d'une suite interminable ; **avalanche, infinité** désignent une quantité considérable ; (fam.) **tas, cargaison ;** v. MASSE, MULTITUDE et PAQUET. — 2° *En grande quantité :* v. PAGAILLE [*en pagaille*]. *Prenez-en beaucoup : dans la quantité, il y en aura bien qui iront !* = **nombre.**

quarantaine *Le pays, pratiquant la discrimination raciale, a été mis en quarantaine* = **boycotter ;** v. ISOLER.

que (adv.) 1° *Que tu es maladroit !* = **comme.** — 2° **que de** ~ + nom. *Que*

de longues journées nous avons passées ici !* = **combien de.** — 3° **que ne** *Que ne m'avez-vous rien demandé ?* (soutenu) ; (courant) **pourquoi** (v. ce mot).

quelque *Elle avait alors quelque soixante ans* (soutenu) ; (courant) **dans les, environ.**

quelque... que (avec un adj.) *Quelque adroit que tu sois, tu ignores tout du métier* (très soutenu) = **si... que, pour... que ;** (plus courant) **bien que** *(Bien que tu sois...).*

quelquefois *Il y avait quelquefois motif à s'emporter ;* (fam.) **des fois ;** v. PARFOIS. *La vieille dame évoquait quelquefois son enfance* = **de temps à autre.**

quelqu'un 1° *Je crois que quelqu'un a frappé ;* **on** n'est employé que comme sujet ; v. MONDE [*Il y a quelqu'un/du monde*] ; v. aussi PERSONNE II. — 2° *Il ne nous a même pas avertis, c'est quelqu'un !* (fam.) = **c'est quand même quelque chose ! ;** (courant) **c'est extraordinaire.**

querelle *La querelle conduisit vite à un violent conflit* = **désaccord ;** v. DISPUTE (in *disputer*), SCANDALE et SCÈNE. ● **quereller** *Il querelle ses voisins au moindre prétexte* (vieilli) ; (courant) **chercher noise à ;** (plus fam.) **faire la vie à qqn,** c'est se conduire avec lui de façon insupportable. *Ne querellez pas votre fils, il n'y est pour rien* (soutenu) ; (courant) **gronder** (v. aussi RÉPRIMANDER). ● **se quereller** *Ces deux frères se querellent pour un oui ou pour un non ;* (fam.) **se manger le nez ;** (très fam.) **se bouffer le nez ;** v. SE DISPUTER (in *disputer*). ● **querelleur** *Rien n'y faisait, le garçon restait toujours querelleur* = **batailleur, · chamailleur ; hargneux** implique surtout une mauvaise humeur constante, plus ou moins teintée de méchanceté.

question **I** *Son silence prolongé valait une question ;* ↑ **interrogation.**

II 1° *Les journalistes ont essayé de cerner la question* = **problème ;** v. MATIÈRE II, POINT I et SUJET. — 2° (dans des loc.) *Il est question de le limoger* = **on parle de ;** v. S'AGIR DE (in *agir* I). *Votre intervention remet en question notre décision* = **remettre en cause, compromettre.**

quête 1° *Le produit de la quête est destiné aux sinistrés* = **collecte.** — 2° **en quête de :** v. RECHERCHE (in *rechercher*). ● **quêter** *Il quêtait le soutien de ses parents* = **mendier, solliciter ;** v. DEMANDER.

quitte 1° *N'imaginez pas que vous êtes quitte de ce travail* = **dispensé** ou **débarrassé,** selon ce que l'on veut dire. — 2° *Je n'essaierai pas de tout terminer, quitte à vous décevoir* = **au risque de.** —

3° *Dans cette affaire, je joue à quitte ou double* = **risquer le tout pour le tout.**

quitter 1° *Nos amis nous ont quittés assez tard hier soir* = **partir, prendre congé** *(Ils ont pris congé de nous...). Il nous a quittés sans nous prévenir* = **fausser compagnie ;** v. TOMBER [*laisser tomber*]. — 2° *Tous les passagers durent quitter l'avion ;* (plus précis) **évacuer ;** v. ABANDONNER I et II et SORTIR. — 3° *Quitte donc ton manteau !* (soutenu) ; (plus courant) **se débarrasser ;** v. aussi ENLEVER et ÔTER. — 4° *Depuis trois mois, ils ne se quittent plus* = **être inséparables ;** v. aussi SE SÉPARER (in *séparer*). — 5° V. LEVER I [*se lever de table*].

quoi 1° *Suivez ses directives, sans quoi il se fâchera* = **sinon.** — 2° *Quoi ! :* v. COMMENT. — 3° *Après quoi :* v. APRÈS I.

quoique *On dirait un vieillard, quoiqu'il n'ait pas cinquante ans* = **bien que ;** v. MALGRÉ QUE.

r

rabâcher 1° Qqn ⌣. *Le pauvre homme rabâche, on ne l'écoute plus* = **radoter**. Qqn ⌣ qqch. *Les orateurs rabâchaient leur programme pour gagner les élections* = **ressasser**. *Il rabâche toujours la même histoire* = **redire**; v. aussi RÉPÉTER. — 2° V. APPRENDRE. ● **rabâchage** *Le rabâchage de vos souvenirs n'intéresse personne* = **radotage** (sans compl.). ● **rabâcheur** *Faites attention, c'est un rabâcheur qui va vous retenir toute la matinée!* = **radoteur**; (rare) **ressasseur**.

rabais *Le tailleur m'a consenti un gros rabais sur ce costume* = **réduction, remise, ristourne**; v. DIMINUTION (in *diminuer*).

rabaisser 1° *Je n'aime pas que l'on rabaisse les mérites des absents!* = **déprécier**; ↓ **diminuer**; v. ABAISSER II et RABATTRE; v. aussi CRITIQUER (in *critique* I). — 2° *Il est trop fier : il faudra qu'il en rabaisse un peu!* = **rabattre** (v. ce mot).

rabat-joie (adj. et nom) *Ne les invitez pas, ce sont des rabat-joie;* **trouble-fête** se dit plutôt d'une personne importune qui s'introduit à mauvais escient dans une réjouissance.

rabattre 1° V. RAMENER. — 2° *Il faudra bien que vous rabattiez vos exigences* (soutenu); (plus courant) **rabaisser, diminuer** (v. ce mot). — 3° *En rabattre :* v. ADOUCIR (S'), DÉCHANTER et RABAISSER.

râble 1° *J'ai gardé le râble du lapin pour en faire un pâté; râble ne s'applique qu'au* **dos** *de certains quadrupèdes.* — 2° *Ils étaient quatre à lui tomber sur le râble* (fam.) = **dos**.

raboteux 1° *On arrivait au hameau par un chemin raboteux* (très soutenu); (courant) **rocailleux**. — 2° (dans l'express.) *Il avait mis de côté les planches les plus raboteuses* (soutenu); (plus courant) **rugueux**.

rabougri *Rien d'autre ne poussait que des arbres rabougris* = **rachitique**; (soutenu) **chétif**. *L'âge l'avait rendu tout rabougri* = **ratatiné**.

raccommoder 1° *Elle raccommoda soigneusement le blouson déchiré* = **repriser**; (rare) **ravauder**; (fam.) **rapetasser**, *c'est raccommoder sommairement;* **rapiécer**, *c'est coudre une pièce (rapiécer un pantalon);* **recoudre**, *c'est coudre ce qui est décousu (recoudre un bouton/une doublure).* — 2° V. CONCILIER ET RÉCONCILIER.

raccorder *Le chemin avait été élargi et raccordé à la route départementale* = **rattacher, relier**. *Le passage souterrain raccordait les deux magasins;* (plus courant) **réunir**; v. aussi JOINDRE. ● **se raccorder** *Ce que vous me dites ne se raccorde pas à l'histoire* = **se relier**. *Les deux bouts ne se raccordent pas* = **se joindre**.

raccourcir *Essayez de raccourcir un peu votre exposé* = **réduire**; (plus soutenu) **écourter**; v. ABRÉGER et DIMINUER. *La mode a changé, elle a dû raccourcir ses robes;* (plus fam.) **rapetisser**. ● **en raccourci** (loc. adv.) *Le film voulait présenter en raccourci toute l'histoire du pays* = **en abrégé**.

raccrocher 1° *La prostituée raccrochait les passants* = **racoler**. — 2° *Il faut maintenant raccrocher ces idées à votre projet* = **rattacher**. ● **se raccrocher** 1° *Toutes les suggestions faites se raccrochaient mal au canevas qu'il avait préparé* = **se rattacher**. — 2° *Heureusement, il a pu se raccrocher à une branche* = **se rattraper**.

race 1° *La race des Capet s'est éteinte* (pour les familles régnantes ou les familles dites «grandes»); (soutenu et rare) **sang**; v. FAMILLE et LIGNÉE. — 2° *Quelle sale race que celle des mercantis!* (fam.); (soutenu) **engeance**. — 3° **avoir de la race** *Quoi qu'on en dise, cet homme a de la race* = **être racé**.

rachitique 1° *Les privations ont rendu ces enfants rachitiques* = **chétif**; ↑**débile**; ↓**malingre** se dit de celui qui a une constitution faible; v. aussi FAIBLE et FRAGILE. — 2° V. RABOUGRI.

racine I 1° *Cet homme n'a de racine nulle part* (soutenu); (plus courant) **attache**. — 2° **prendre racine** *Prenez garde, ces gens-là vont prendre racine chez vous* = **s'incruster**; ↑**s'installer**.

II V. BASE I.

III *Il convainquait son auditoire en jouant sur la racine patriotique* (soutenu); (plus courant) **fibre**.

raclée 1° *Le pauvre gosse! Il a ramassé une raclée!* (fam.) = **tournée**, **volée**; v. aussi PEIGNÉE. — 2° *Notre équipe de football a pris une raclée* (fam.); (moins employé; fam.) **pile**; v. aussi DÉFAITE.

racoler *La jeune femme racolait près du métro;* (fam.) **draguer**; v. ABORDER III et RACCROCHER.

raconter 1° *Votre sœur m'a raconté votre aventure;* (plus soutenu) **rapporter**; v. DIRE. *Vous devriez nous raconter tout cela depuis le début;* (soutenu, plus précis) **relater**; (soutenu) **narrer**; **retracer**, c'est raconter de façon imagée; v. CONTER. — 2° *Vous ne pouvez pas imaginer ce que l'on a raconté sur son compte;* **débiter** (dire des choses incertaines); (plus général) **dire**; v. RÉPÉTER. *Qu'est-ce que tu racontes! ce sont des histoires!;* (fam.) **chanter**; v. aussi CONTER. ● **racontar** *Il passait son temps à colporter des racontars* = **cancan**, **ragot**; v. CONTE et MÉDISANCE (in *médire*); v. aussi BAVARDAGE (in *bavard*).

rade I V. PORT.

II (dans la loc.) **laisser qqn en rade** *Il m'a laissé en rade au beau milieu de la réunion* (fam.) = **laisser tomber/choir**; (très fam.) **plaquer**; v. PLAN V [*laisser en plan*]; v. aussi ABANDONNER II.

radical *Son séjour à la montagne l'a transformé de façon radicale* = **total**, **totalement/complètement** (... *l'a totalement/complètement transformé*); v. FONDAMENTAL. *Je connais un moyen radical pour nous en débarrasser* = **infaillible**. ● **radicalement** *Vous serez convaincu radicalement du bien-fondé de ses dires* = **absolument**, **totalement**; v. FONDAMENTALEMENT (in *fondamental*). *Les bains de mer l'ont guéri radicalement* = **complètement**.

radieux 1° *Qqch est* ∼. *Il cherchait une région au soleil toujours radieux* = **éclatant**. *Une journée radieuse* = **splendide**. — 2° *L'enfant, radieux, contemplait le sapin décoré* = **rayonnant**; ↓**ravi**, ↓**plein de joie**; v. ÉPANOUI (in *épanouir* [s']); v. aussi GAI.

raffermir 1° *Les exercices quotidiens raffermissent ses muscles;* ↑**durcir**; v. AFFERMIR. — 2° *On concluait des résultats des sondages que la situation du gouvernement était raffermie* = **consolider**, **renforcer**.

raffinement *Le raffinement de ses manières était agaçant;* ↑**préciosité**, ↑**affectation**.

raffoler ∼ *de qqn/qqch.* 1° *Ce chanteur doit son succès aux vieilles dames qui raffolent de lui;* ↓**adorer** (... *qui l'adorent*). *Passez encore cette face du disque, j'en raffole* = **être fou de**. — 2° *Raffoler d'un plat:* v. GOÛTER I.

rage 1° V. FIÈVRE et FUREUR. — 2° (dans les loc.) *Il s'est aperçu qu'on se moquait de lui et est entré dans une rage folle* = **écumer de rage**, **être furieux**; (soutenu) **pester**; (fam.) **fumer de rage**, **être en rogne**. *Sur la mer, la tempête fait rage* = **se déchaîner**. ● **rager** *Je suis arrivé sans rien savoir et cela m'a fait rager* = **bisquer**, **enrager**; (fam.) **râler** et **rogner**. ● **rageant** *Deux fois de suite, il me manquait un point pour réussir; c'est rageant!;* (plus soutenu) **exaspérant**. ● **rageur** *Quel homme désagréable, toujours rageur!* = **coléreux**.

raid *Les raids se multipliaient sans que les organisations internationales inter-*

viennent = **coup de main, commando** ;
v. INCURSION ; sans syn. au sens de *raid
aérien.*

raide 1° *Il restait les membres raides de
fatigue ;* ↑ **engourdi.** *J'ai dormi dans une
mauvaise position, mon bras est tout
raide ;* (didact.) **ankylosé.** — 2° *Il fallait
que les fils soient bien tendus, raides*
= **rigide.** — 3° *On accédait au château
par un sentier très raide* = **abrupt** ;
v. ESCARPÉ. — 4° *Ne soyez donc pas si
raide !* ; (soutenu) **collet monté, gourmé,
guindé, rigide** ; v. aussi AUSTÈRE. —
5° *Le ton raide du contremaître exaspérait les ouvriers* = **autoritaire.** — 6° *Nous
ne demandons qu'à vous croire, mais
avouez que c'est quand même un peu
raide* (fam.) ; (courant) **étonnant, surprenant** ; v. FORT II. — 7° *La pièce présentait des scènes si raides que le ministre
l'a interdite* (fam.) ; (plus courant) **hardi**
(v. ce mot) ; ↑ **licencieux.** — 8° V. DÉSAR-
GENTÉ et PLAT I. ● **raideur** *La raideur
des membres* = **ankylose** ; ↑ **engourdissement.** *La raideur d'un cadavre* = **rigidité.** ● **raidir** *Il a raidi tous ses muscles pour soulever la pierre* = **bander,
tendre** ; v. CONTRACTER et NOUER (in
nœud).

raie *Elle portait une robe bleue avec
des raies blanches ;* (plus courant)
rayure. *Le maçon traça des raies sur le
sol ;* (plus courant) **trait.** ● **rayure**
1° V. RAIE. — 2° *On reconnaissait
l'animal à la disposition des rayures sur
le pelage* = **zébrure.** ● **rayer** 1° *Tu peux
rayer la phrase et recommencer* = **barrer,
biffer, raturer** ; v. EFFACER. — 2° *Cet
homme a été rayé des cadres de l'armée
après la guerre* = **exclure, radier** ;
v. BANNIR.

railler *Le journal raillait avec talent
les hommes politiques ;* (soutenu) **persifler ;** (très soutenu et rare) **satiriser ;** (très
soutenu et vieilli) **brocarder, dauber
sur ;** (fam.) **mettre en boîte.** *Vous raillez
tout le monde sans beaucoup d'esprit*
= **ridiculiser ;** ↓ **se moquer de** (v. aussi ce
mot), ↓ **plaisanter ;** ↑ **bafouer** implique
une raillerie méchante ; (fam.) ↓ **blaguer ;**
(très fam.) **charrier ;** v. aussi HUER. —
● **raillerie** *Vous n'apprécierez pas sa
raillerie piquante* (vieilli) ; (plus courant)
ironie désigne une manière de railler qui
consiste à dire le contraire de ce qu'on
veut faire entendre ; ↓ **esprit.** *Les raille-*

ries de l'humoriste ont atteint leur cible
= **trait ;** (très soutenu et vieilli) **brocard ;**
v. MOQUERIE (in *moquer*) et POINTE IV. *Il
a dit cela par raillerie ;* **dérision**
implique le mépris ; v. MALICE ; v. aussi
PLAISANTERIE (in *plaisanter*). ● **railleur**
(adj.) *Votre ton railleur irrite plus qu'il
n'amuse* = **ironique, goguenard, narquois ;** v. MOQUEUR (in *moquer* [se]) ;
v. aussi MALICIEUX (in *malice*).

raison I 1° *Il prétendait convaincre en
faisant appel à la raison* = **bon sens.** *En
abandonnant la partie, vous suivez la
voie de la raison* = **sagesse.** — 2° V. PEN-
SÉE I. ● **raisonnable** 1° *Pourquoi le tenir
à l'écart ? il se conduit de façon raisonnable* = **sensé.** *Votre décision raisonnable vous honore* = **judicieux, sage.**
L'organisation proposée est raisonnable
= **rationnel.** — 2° *Il est tout à fait
raisonnable de vouloir un monde meilleur* (forme impers.) = **naturel, normal ;**
v. LÉGITIME et SAIN. — 3° *C'est une offre
raisonnable* = **acceptable, convenable.**
Un prix raisonnable = **modéré.** ● **raisonnablement** *Tenez-vous raisonnablement :
nos hôtes sont assez stricts sur l'étiquette*
= **convenablement, bien ;** v. DÉCEMMENT
(in *décent*). *Il craint d'avoir un cancer,
aussi fume-t-il raisonnablement* = **modérément.** *Vivre raisonnablement :* v. SAI-
NEMENT (in *sain*).

II 1° *Les raisons politiques de son refus
ne sont pas claires* = **mobile ;** v. CAUSE I
et MOTIF. *Personne ne pouvait expliquer
la raison de l'accident* = **pourquoi**
(nom). — 2° *Les raisons que vous invo-
quez pour justifier votre absence me
semblent un peu légères ;* (péjor. en ce
sens) **prétexte** (v. ce mot). — 3° (dans les
loc.) *Il veut toujours avoir raison* = **avoir
le dernier mot ;** v. aussi INSPIRÉ (in
inspirer II). *Il a eu raison de toutes les
difficultés* = **venir à bout de.** *Il a raison :*
v. VRAI [être dans le vrai]. *En raison des
circonstances, nous interrompons l'émission* = **vu ;** v. CAUSE I [à cause de]. *En
raison de :* v. PROPORTION [en proportion
de]. *C'est avec (juste) raison qu'il a
réduit ses activités* = **à juste titre.** *Il fait
toutes les bêtises, mais on lui donne
toujours raison* = **soutenir** (On le soutient toujours). ● **raisonnement** 1° *Je ne
saisis pas très bien votre raisonnement*
= **argumentation ;** (plus part.) **démonstration** implique qu'on établisse une
affirmation par un raisonnement. —

2° *Cessez de me contredire, j'en ai assez de tous vos raisonnements* (au plur.) = **réplique, objection ;** (fam.) **rouspétance.**

raisonner I V. PENSER I.

II *Je ne tiens pas à raisonner avec vous ;* (plus courant) ↓ **discuter.** *Ne raisonnez pas sans cesse, faites ce que l'on vous dit !* = **répliquer ;** v. RÉPONDRE ; v. aussi DISCUTER.

rajouter *Ce n'est pas possible, vous en rajoutez ! ;* (fam.) **en remettre ;** v. aussi EXAGÉRER.

ralentir 1° V. DÉCÉLÉRER, FREIN [*mettre un frein*] et MODÉRER [*modérer sa vitesse*]. — 2° V. DIMINUER. — 3° *La saison des pluies ralentissait l'avance de l'expédition ;* ↑ **retarder.**

rallier 1° *Le projet rallia l'ensemble du conseil d'administration* = **gagner ;** v. aussi ASSEMBLER. — 2° *Les avions rallièrent leur base après l'attaque* = **regagner, rejoindre ● se rallier** *Je me rallie aux décisions de la majorité* = **se ranger.**

rallonge *Il a obtenu une petite rallonge,* augmentation de salaire (fam. en ce sens) ; (courant) **augmentation, supplément.**

rallonger *Les jours rallongent* = **s'allonger ;** v. aussi ALLONGER.

ramas *Le brocanteur proposait un ramas de vieux objets* (vieilli) ; (plus courant) **ramassis ; amas** n'indique pas que les objets n'ont pas de valeur.

ramasser 1° *Les éboueurs ne ramassaient plus les ordures ménagères ;* (plus précis) **enlever.** — 2° *Autrefois, les paysans ramassaient les épis ;* (plus précis) **glaner.** *Elle mettait en conserve les cèpes qu'elle avait ramassés* = **cueillir.** — 3° *Il a ramassé pas mal de preuves* = **amasser, recueillir ;** v. ASSEMBLER. — 4° *La police a ramassé tous les consommateurs* (fam.) = **cueillir ;** (courant) **arrêter** (v. ce mot). — 5° (dans des express.) *J'ai manqué une marche et j'ai ramassé une bûche/une pelle/un gadin* (fam.) = **se ramasser ;** (courant) **tomber.** *Ramasser de l'argent :* v. GAGNER I. ● **ramassé** 1° *Il*

était assez petit, mais très ramassé ; tout en muscles !* = **trapu.** — 2° *Il résuma la situation en quelques formules ramassées* = **concis ;** v. aussi DENSE.

rame 1° *L'adolescent maniait les rames avec adresse ;* (didact.) **aviron.** — 2° *Ne pas en fiche une rame :* v. PARESSER (in *paresse*).

ramener 1° *Venez donc avec nous, nous vous ramènerons chez vous* = **reconduire ; raccompagner,** c'est accompagner qqn qui retourne chez lui. — 2° *La jeune femme ramena sur ses jambes les pans de sa chemise de nuit* = **rabattre, tirer.** — 3° (dans des express.) *On lui fit respirer des sels ; cela le ramena à la vie* = **ranimer, rappeler à la vie.** *Il ne veut rien entendre, aidez-moi à le ramener à la raison* = **rappeler qqn à la raison, faire entendre raison à qqn.** — 4° *L'armée a ramené l'ordre en ordonnant le couvre-feu ;* **rétablir, restaurer** sont mieux adaptés à ce contexte. — 5° *La ramener* (très fam.) : v. PROTESTER. — 6° ~ qqch. V. RAPPORTER I. — 7° *Vous pouvez en fait ramener les deux projets à un seul* = **réduire à.** ● **se ramener** 1° *Qqch* ~. *Tous leurs discours se ramènent à ceci...* = **se réduire.** — 2° *Qqn* ~. *Je t'attends depuis deux heures, tu te ramènes, oui ou non ?* (fam.) = **(se) rappliquer ;** (courant) **venir** (v. ce mot). *Il se ramenait à des heures impossibles* (fam.) ; (courant) **revenir, rentrer.**

rancœur *Ce qu'il a dit ne me dispose pas à oublier ma rancœur contre/pour lui ;* ↑ **rancune** *(contre)* implique un désir de vengeance ; (très soutenu) ↑ **ressentiment** *(à l'égard de qqn) ;* v. aussi AMERTUME et RESSENTIMENT.

randonnée *Ils profitèrent du beau temps pour entreprendre des randonnées dans la région ;* (plus général) **promenade ; équipée,** souvent ironique, désigne une sortie en toute liberté ; v. COURSE I.

rang I 1° *Tout le rang de fauteuils d'orchestre avait été loué ;* **rangée** désigne une suite en largeur. *Placez-vous en un seul rang devant moi ;* **file** désigne une suite en longueur. *Les policiers formaient un rang qui protégeait le cortège* = **haie.** — 2° *Pour rentrer dans nos rangs, il vous faudra faire vos* preuves (au plur.); **groupe, organisation, société**, etc., selon le contexte.

II Syn. variables selon les contextes. 1° *On ne voyait à la tribune que les hommes du plus haut rang* = **échelon.** *Cet officier d'un haut rang a été chargé d'une mission délicate* = **grade.** *Un homme de son rang doit-il vraiment afficher tant de vanité ?* = **condition, qualité ;** (rare) **état ;** (moins propre) **catégorie ;** v. aussi SITUATION. — 2° *Vous confondez tout en mettant cela au même rang* = **niveau.** *Pour moi, ces élèves sont de même rang* = **valeur.** — 3° (dans l'express.) *Je vous mets, bien sûr, au rang de mes amis* = **compter parmi, ranger parmi.**

ranger I *L'enfant passait son temps à ranger ses soldats de plomb* (vieilli en ce sens) ; (plus courant) **aligner.**

II 1° *Vous rangerez ces ouvrages par ordre chronologique ;* (plus précis) **classer** (v. ce mot, in *classe* I) ; v. ORDONNER I ; v. aussi ARRANGER et GROUPER (in *groupe*). — 2° (dans des express.) *Ranger sa voiture :* v. GARER. *Ranger ses affaires :* v. PLIER I. — 3° *Ranger parmi :* v. RANG II.

ranimer 1° V. RAMENER [*ramener à la vie*]. — 2° *Tout semblait oublié quand un mot malheureux ranima sa haine* = **réveiller.** *Les vieilles photographies ranimaient ses souvenirs* = **raviver ;** v. VIVIFIER. — 3° *Elle soufflait doucement sur les braises pour ranimer le feu* = **raviver ;** (soutenu) **attiser ;** v. aussi ANIMER. — 4° *Le succès ranima le courage des troupes épuisées* = **raviver, redonner** [*redonner du courage*].

rapide 1° *C'est un des coureurs les plus rapides de sa génération ;* (didact.) **vite ;** v. aussi ACCÉLÉRÉ (in *accélérer*). — 2° *La descente était très raide et l'on devait avancer avec précaution* = **raide ;** v. SEC I. — 3° *On ne peut s'empêcher de penser que la décision a été trop rapide* = **soudain** ; v. aussi FULGURANT, HÂTIF (in *hâte*) et PROMPT. *Un jugement rapide :* v. SOMMAIRE. — 4° *Il jeta un coup d'œil rapide dans le magasin* = **furtif.** ● **rapidement** Syn. variés selon les contextes. *Il a expédié rapidement toutes les affaires courantes* = **rondement, vivement ;** v. PROMPTEMENT (in *prompt*), RIEN I [*en moins de rien*] et TEMPS I [*en

peu de temps*]. *Ils ont été pris au dépourvu et ont déménagé rapidement* = **hâtivement.** *Ils marchaient rapidement pour éviter l'orage* = **bon train, vite.** *Il est parti très rapidement* = **comme une flèche ;** (fam.) **en cinq sec,** *Il trouva rapidement la réponse ;* ↑**en un instant,** **vite.** *Passer rapidement :* v. VENT [*en coup de vent*]. ● **rapidité** 1° *La firme comptait sur la rapidité de son dernier modèle pour enlever le prix* = **vitesse ;** (rare en ce sens) **vélocité.** — 2° V. PROMPTITUDE (in *prompt*) et SOUDAINETÉ. — 3° V. AGILITÉ (in *agile*).

rapière *L'antiquaire vendait principalement d'anciens pistolets et de vieilles rapières ;* (plus général) **épée.**

rapine *Les rapines des soldats affamaient la population ;* **brigandage** s'applique plutôt aux bandes de malfaiteurs ; **déprédation** implique que le vol s'accompagne de dégâts ; v. aussi VOL II.

rappeler I V. MOBILISER.

II 1° *Tous ces vieux jouets ne me rappellent rien* = **évoquer (**... *n'évoquent rien pour moi) ;* ↓**dire ;** v. ÉVEILLER. *Votre histoire me rappelle un roman que je viens de lire* = **faire penser à.** *Il lui rappelait leurs longues promenades* = (très soutenu) **remémorer.** — 2° (dans l'express.) *Rappeler à la vie :* v. RAMENER. ● **se rappeler** *Je ne me rappelle pas l'avoir vu avec vous* = **se souvenir de** (v. ce mot) ; (très soutenu) **se remémorer.** *Je ne me rappelle pas du tout cet endroit* = **reconnaître ;** v. SE REMETTRE (in *remettre*).

rapport I (v. RAPPORTER II) *Vous nous ferez un rapport après la réunion* = **compte rendu ; procès-verbal** se dit d'un rapport officiel écrit. *Le rapport des voisins était accablant pour l'accusé ;* (plus précis) **témoignage.**

II (v. RAPPORTER III) 1° *La police a établi le rapport entre les deux faits* = **relation, liaison.** *Expliquez-moi quels rapports vous établissez entre ces deux périodes ;* ↑**correspondance, rapprochement ;** v. ANALOGIE, CONVENANCE ; v. aussi DÉPENDANCE (in *dépendre* I). *Mettre en rapport :* v. RAPPROCHER. *Avoir des rapports avec qqch :* v. SE RAPPROCHER (in *rapprocher*). — 2° *Je n'ai pas étudié la question sous ce rapport* = **aspect, angle,**

point de vue *(de ce point de vue)*. — 3° *Je préfère ignorer quels rapports vous entretenez avec elle* (au plur.) = **relations** ; (très soutenu) **commerce** (au sing.). *Avoir des rapports sexuels avec qqn* = **relations**. — 4° *Par rapport à :* v. COMPARER et FONCTION II.

III *C'est une terre d'un bon rapport* = **rendement** ; v. PRODUIT (in *produire* I).

rapporter I Qqn ~ qqch. *Vous devez rapporter ce livre à la bibliothèque dans quinze jours ;* (fam.) **ramener**.

II Qqn ~ qqch. 1° *Le journaliste avait rapporté en détail les épisodes du coup d'État ;* (soutenu) **relater** ; v. RACONTER. — 2° V. CITER. — 3° *Vous lui rapporterez mes propres paroles sans rien y changer* = **redire**.

III Qqn ~ qqch à. *L'historien rapportait la décadence de l'empire à la dissolution des mœurs* = **attribuer**. ● **se rapporter** 1° *~ à qqch.* V. S'APPLIQUER (in *appliquer*) et CORRESPONDRE. — 2° *Je m'en rapporte à vous pour régler les détails* = **s'en remettre**.

IV. Qqn ~. *Ses camarades ne lui parlent plus, il est toujours à rapporter ;* (fam.) **cafarder, moucharder** ; **dénoncer** ne s'emploie qu'avec un complément : *Il est toujours à dénoncer ses caramades.* ● **rapportage** *Les rapportages d'un élève au professeur* (fam.) = **cafardage, mouchardage**. ● **rapporteur** *Nous n'aurons plus jamais confiance en toi, tu n'es qu'un rapporteur* (fam.) = **mouchard, cafard**.

V *Rapporter une mesure :* v. ANNULER.

VI *Une terre rapporte* (in *fruit*) et PRODUIRE I ; v. aussi DONNER I. *Un capital qui rapporte :* v. PORTER I.

rapprocher *Vous rapprocherez ces deux opinions et les discuterez* = **mettre en rapport** ; ↑ **comparer** ; v. LIER I. ● **se rapprocher** 1° *Après une longue brouille, il se rapprocha de sa famille* (soutenu) ; (plus courant) ↑ **se réconcilier avec**. — 2° *Sa peinture se rapproche de celle des impressionnistes* = **avoir des rapports avec** ; ↑ **ressembler à**. — 3° V. SE SERRER (in *serrer*). — 4° V. TIRER I. ● **rapprochement** 1° *Il a passé sa vie à prôner le rapprochement de la France et de l'Allemagne ;* ↑ **réconciliation**. — 2° V. PARALLÈLE et RAPPORT II.

rare 1° (postposé) *J'ai découvert cette édition rare chez un brocanteur ;* **recherché** s'emploie de préférence avec un adv. d'intensité : *très / assez ;* ↑ **introuvable** ; ↑ **rarissime**. *L'expression était rare et appelait des commentaires* = **inusité** ; v. INHABITUEL. — 2° (postposé) *Ce cas est assez rare : je ne l'avais jamais rencontré ;* **étonnant, surprenant** ; v. aussi EXCEPTIONNEL (in *excepter*). — 3° (souvent antéposé) *L'ébéniste avait prouvé une rare adresse dans la restauration des meubles* = **remarquable** ; v. aussi EXCEPTIONNEL (in *excepter*). — 4° *Comment vous le décrire ? il a les cheveux rares ;* ↓ **clairsemé**. ● **rareté** *La rareté du papier explique le prix élevé des livres ;* ↑ **manque**, ↑ **pénurie**.

raser I V. ENNUYER.

II *D'énormes bouteurs rasaient tout le quartier ;* ↓ **abattre**, ↓ **démolir** ; v. DÉMANTELER.

III *Il s'éloigna en rasant les murs* = **longer** ; v. FRÔLER et SERRER.

rassasier *Vous qui aimez les vieilles pierres, voilà de quoi vous rassasier !* = **combler** ; ↓ **contenter** ; v. ASSOUVIR. *Il a mangé du foie gras jusqu'à en être rassasié ;* (soutenu) **gorger** ; v. GAVER.

rassembler 1° *Les invités étaient rassemblés dans le jardin* = **réunir** ; v. ASSEMBLER et MASSER (in *masse*). *L'inspecteur rassemblait tous les témoignages* = **réunir** ; ↓ **recueillir** ; ↑ **accumuler**. — 2° V. CONSTITUER.

rassurer *Il parla très doucement pour rassurer l'enfant apeuré* = **apaiser** ; v. CONSOLER et TRANQUILLISER (in *tranquille*).

ratifier *Les députés ratifièrent la décision ;* (didact.) **entériner, sanctionner** ; v. VOTER (in *vote*).

rattacher 1° *La Savoie a été rattachée à la France en 1860 ;* ↑ **incorporer**. — 2° V. LIER III, RACCORDER et RACCROCHER.

rattraper I 1° *Il court trop vite, je ne pourrai plus le rattraper* = **atteindre, rejoindre**. — 2° V. REGAGNER I.

II 1° *Il est temps de rattraper vos erreurs ;*

↑ **réparer.** — 2° *Montre-moi comment je peux rattraper la maille de mon chandail* = **reprendre.**

III se rattraper ◡ à qqch. V. SE RACCRO-CHER (in *raccrocher*).

IV se rattraper *Il a failli prononcer à cette occasion des paroles malheureuses, mais il a su se rattraper à temps* = **se reprendre.**

rauque *Vous avez pris froid, vous avez la voix rauque ;* **enroué** implique le plus souvent un défaut accidentel et passager, ce qui n'est pas le cas pour *rauque ;* **guttural** s'applique à une voix qui vient du fond de la gorge ; v. ROCAILLEUX (in *rocaille*).

ravager 1° *Le feu ravageait la forêt* = **dévorer.** *La guerre durait et ravageait le pays* = **faire des ravages** (dans), **dévaster** ; ↓ **désoler** ; v. aussi APPAUVRIR. *Les soldats pillards ravageaient la province ;* (soutenu) **infester.** *Les pluies torrentielles ont ravagé les récoltes* = **anéantir** ; (soutenu) **ruiner** ; v. ABÎMER ; v. aussi DÉGÂT [*faire des dégâts*] et DÉTRUIRE. — 2° V. FLÉTRIR. — 3° V. TORTURER [*torturer ses traits*].

ravaler *Les tortionnaires voulaient ravaler l'homme au niveau de la bête* = **rabaisser** ; v. ABAISSER II. ● **se ravaler** *Ce n'est pas se ravaler que de travailler de ses mains* (soutenu) ; (plus courant) **s'avilir, déchoir.**

ravir I *Ce spectacle haut en couleur m'a ravi* = **enchanter** ; v. CHARMER (in *charme*). *Être ravi de* (+ infin.) : *Je suis ravi de vous revoir ici* = **enchanté** ; ↓ **heureux** ; v. aussi CONTENT. ● **ravissement** *Il espérait que ce ravissement ne cesserait jamais* (soutenu) ; (plus courant) **extase** ; v. DÉLICE et IVRESSE (in *ivre*).

II V. S'ATTRIBUER (in *attribuer*) et ENLEVER.

rayonnage *Des milliers de livres étaient rangés sur les rayonnages* (au plur. en ce sens) ; (plus général) **étagères.**

rayonner I V. BRILLER I.

II *La culture française a autrefois rayonné dans le monde entier* = **se propager.**

réactionnaire *Le parti royaliste affichait un programme réactionnaire* (péjor.) ; ↓ **conservateur,** ↓ **rétrograde** ; (abrév. fam.) **réac.**

réadaptation *La réadaptation d'un muscle atrophié* = **rééducation.**

réagir 1° *Les mineurs ont réagi contre la fermeture des puits ;* ↑ **résister à,** ↑ **lutter contre.** — 2° *Réagissez donc ! vous avez toute la vie pour vous consoler !* ; (plus fam.) **se secouer.** — 3° *Toutes les propositions nouvelles ont réagi sur l'assemblée* = **se répercuter.** — 4° **réagir vivement** : *Il a réagi vivement quand je l'ai appelé* = **sursauter.**

réalisation I *La réalisation du projet intéresse tout le village* = **exécuter** (v. RÉALISER I).

II V. LIQUIDATION (in *liquider*).

réaliser I *Les insurgés ont réalisé entièrement leurs projets* = **exécuter.** ● **se réaliser** 1° *Je ferai tout pour que ce rêve se réalise* = **se concrétiser, se matérialiser** ; v. ACCOMPLIR. *J'ai confiance, ça se réalisera peut-être* = **arriver.** — 2° *Une femme peut bien se réaliser pleinement sans être mère au jour* = **s'épanouir.** ● **réalisable** *La réforme est réalisable dans les prochaines années ;* (rare) **exécutable** ; (plus fam.) **faisable** ; v. POSSIBLE.

II *Je n'ai pas réalisé que l'épreuve était si longue* (emploi critiqué par les puristes) ; (courant) **saisir** ; v. COMPRENDRE.

III *Réaliser qqch à ses dépens* (néologisme critiqué par les puristes) : v. ÉPROUVER.

IV *Réaliser des biens :* v. LIQUIDER.

rébarbatif 1° *L'épicier avait une mine si rébarbative qu'il perdait sa clientèle* = **revêche** ; v. ACARIÂTRE ; v. aussi REBUTANT (in *rebuter*). — 2° *C'est un travail rébarbatif et je ne parviens pas à le commencer* = **ennuyeux** ; v. ARIDE.

rebattu *Tous ces arguments rebattus ne convainquent plus personne* = **banal, éculé** ; v. COMMUN II.

rebelle 1° (adj. et nom) *Tous les éléments rebelles à l'autorité centrale/tous les rebelles seront arrêtés*

= **insoumis** ; v. aussi RÉVOLTÉ (in *révolter*). — 2° *Les parents voulaient mâter leur fils rebelle* (soutenu) ; ↓**indocile** ; ↓(plus courant) **désobéissant**. *Son caractère rebelle lui vaudra des ennuis* ; ↓**récalcitrant**. — 3° *Quoi qu'on fasse, il est rebelle à toute observation* = **fermé, réfractaire**. ● **rébellion** *Le gouvernement a puni la rébellion des généraux* ; **insubordination, insoumission** impliquent l'action violente d'un groupe qui refuse l'autorité légale ; **révolte, sédition** impliquent l'intention de détruire cette autorité ; **soulèvement** suppose un mouvement massif ; v. OPPOSITION (in *opposer*).

rebondi *La jeune femme avait des fesses bien rebondies* ; dans ce contexte, **dodu** ; v. GRAS, PLEIN et ROND.

rebut 1° *Vous ne me proposez que le rebut !* = **fond du panier** ; v. aussi DÉCHET. — 2° **mettre au rebut** *Elle mit au rebut tous les vieux vêtements* ; (fam.) **mettre au rancart**.

rebuter *Sa façon de répondre rebutait les timides* ; ↓**déplaire à** ; v. ARRÊTER I et DÉCOURAGER. ● **rebutant** *Ne soyez pas trop surpris par ses manières rebutantes* ; **désagréable, décourageant** ; ↑**repoussant**.

récalcitrant 1° *L'âne récalcitrant refusait d'avancer d'un pas* = **rétif**. — 2° V. REBELLE.

receler *La maison recelait un mystère* (soutenu) ; (plus courant) **renfermer** ; v. CACHER et CONTENIR.

récent *La nouvelle toute récente ne s'était pas encore répandue* = **frais**. *Claire ? c'est une connaissance récente ; une fille épatante* = **de fraîche date**. ● **récemment** *J'ai appris votre départ récemment* = **depuis peu** (v. ce mot), **dernièrement**. *L'élève s'était récemment inscrit dans l'établissement* ; (soutenu) **nouvellement**.

recevoir I Qqn ∼ qqch. 1° *Les ouvriers faisaient grève pour recevoir une prime de danger* ; (plus fam.) **se faire payer, toucher**. *La propriétaire voulait recevoir le montant du loyer le 1er du mois* = **encaisser**. *Dans cette affaire, il a reçu la forte somme* ; (fam.) **empocher** ;

v. PALPER. — 2° *J'ai voulu les séparer et j'ai reçu des coups* ; (fam.) **déguster, écoper** (avec ou sans compl.), **prendre** (v. ce mot in *prendre* I). — 3° *Vous ne voudriez pas que je reçoive des injures sans rien dire ?* ; (soutenu) **essuyer**. — 4° *Il ne m'est pas possible de recevoir votre invitation* ; (plus courant) **accepter**. ● **recevable** *Je suis désolé pour vous, votre demande n'est pas recevable* ; **admissible** implique souvent un jugement moral ; v. ACCEPTABLE (in *accepter*) et VALABLE (in *valoir*). ● **reçu** *Le caissier lui donna un reçu pour son versement* = **acquit, récépissé**.

II Qqn ∼ qqn. 1° V. ACCUEILLIR et LOGER I. — 2° *Je ne le reçois plus* : v. VOIR. *Ne pas recevoir* : v. NEZ [*fermer la porte au nez*]. — 3° Qqn est (à qqch). *Il n'a pas été reçu au concours* = **admettre**. ● **réception** 1° *Tout avait été préparé pour la réception des touristes* = **accueil**. — 2° V. SOIRÉE.

réchapper 1° V. ÉCHAPPER. — 2° **en réchapper** *Quand il a eu cette maladie cardiaque, personne ne croyait qu'il en réchapperait* ; (moins expressif) **guérir**. *Non, je sais bien que je n'ai aucune chance d'en réchapper* ; (fam.) **s'en sortir, s'en tirer**.

rechercher 1° *Rechercher la vérité* : v. CHERCHER ; v. aussi ENQUÉRIR (S'). — 2° *Cet acteur recherche les applaudissements* ; (avec nuance péjor.) ↑**courir après**. — 3° *Que recherchez-vous en racontant toutes ces histoires ?* ; ↓**viser**. — 4° *Rechercher son intérêt* : v. REGARDER. ● **recherché** 1° *Voici une édition très recherchée que je vous recommande* ; ↑**rare** (voir ce mot). — 2° *La marqueterie était très recherchée et faisait la valeur de l'armoire* = **travaillé** ; ↓**soigné**. ● **recherche** 1° *Les inspecteurs commencèrent leurs recherches dans les décombres de l'immeuble* = (plus précis) **enquête** ; ↑**investigation** ; v. EXAMEN. — 2° *La recherche de gisements pétrolifères en mer se développe* = **prospection**. — 3° (express.) *Être habillé avec recherche* = **de façon recherchée** ; v. AFFECTÉ (in *affecter* II). — 4° (loc. prép.) *Les marchands d'armes sont toujours à la recherche de nouveaux clients* = **en quête de**.

rechigner *Cet enfant est toujours à rechigner sans motif* (vieilli) ; (plus courant) **bouder** indique que le mécontentement n'est pas seulement manqué par l'expression du visage ; v. aussi PROTESTER.

réciproque 1° (adj.) *La convention réciproque mettait fin au conflit* = **bilatéral.** — 2° (adj.) *Des sentiments réciproques* : v. MUTUEL et PARTAGER (in *partager*). — 3° (nom) *Vous êtes désagréable avec moi, je vous rendrai la réciproque* (vieilli) ; (plus courant) **la pareille.** ● **réciproquement** *Il passait sans arrêt de la plus grande indulgence à l'extrême sévérité, et réciproquement* = **vice-versa.**

réciter *L'adolescent aimait à réciter des vers ;* **déclamer** implique parfois quelque grandiloquence.

réclame *Cette revue ne contient rien d'autre que de la réclame* = **publicité ;** v. PROSPECTUS.

réclamer 1° Qqn ~ qqch. *Je me borne à réclamer ce qui me revient ;* (plus didact.) **revendiquer ;** ↑ **exiger ;** v. DEMANDER. *L'avocat général a réclamé la peine de mort ;* (didact.) **requérir.** — 2° *La situation réclame que :* v. APPELER I. — 3° Qqn ~. *Vous n'êtes jamais satisfait, toujours à réclamer! ;* (fam.) **rouscailler ;** v. SE PLAINDRE (in *plaindre* II), PLEURER [*pleurer après*] et PROTESTER. ● **se réclamer de** *Ne vous réclamez pas de lui pour obtenir une audience, vous seriez sûr de ne pas l'obtenir ;* (plus courant) **se recommander de.**

récolte Syn. variés selon les contextes. *La récolte du blé* = **moisson.** *La récolte du foin* = **fenaison.** *La récolte des fruits* = **cueillette.** *La récolte du raisin* = **vendange.** ● **récolter** 1° Même sens général que **récolte** : *Les ouvriers agricoles récoltaient les pêches* = **cueillir.** *Beaucoup de lycéens étaient partis récolter le raisin* = **vendanger.** *Récolter le blé* = **moissonner.** *Récolter des pommes de terre :* v. ARRACHER. — 2° *Ne vous mêlez pas de ses affaires, vous ne récolterez que des ennuis* (assez fam.) ; (courant) **en avoir, y gagner.** — 3° *Son appel a été entendu, il a récolté de nombreuses signatures* (assez fam.) ; (courant) **recueillir ; collecter** implique que l'on recueille qqch en se déplaçant.

recommander 1° *Je vous recommande cette plage très isolée ;* ↓ **conseiller ;** v. DIRE, PRÉCONISER ; v. aussi INVITER. — *L Son beau-père l'a recommandé auprès du directeur ;* (fam.) **pistonner ;** v. PATRONNER. ● **recommandation** 1° *Il faudrait essayer de tenir compte de ses recommandations ;* ↓ **conseil ;** ↓ **avis** est ici de sens plus neutre. — 2° *Vous ne pouvez visiter ce pays que si vous avez des recommandations* (plur.) = **appui ;** (fam.) **piston** (*...si vous avez du piston*) ; v. INTRODUCTION (in *introduire*). *Il est entré au ministère grâce aux recommandations de sa famille* (plur.) ; (soutenu) **sous les auspices** (*...au ministère sous les aupices...*). ● **recommandable** *Ce n'est pas un homme/une endroit recommandable* (s'emploie surtout en contexte nég. ou interrog.) ; **à fréquenter** (en tous contextes) ; **estimable** ne convient que pour les personnes.

recommencer *Vous n'avez pas compris ? je recommence tout depuis le début* = **reprendre.** *Pour obtenir un résultat, il fallait recommencer plusieurs fois les essais* = **répéter ;** (plus général) **refaire** (v. ce mot). *Je croyais que la pluie allait cesser, mais voilà que ça recommence ;* (fam.) **ça remet ça ;** (très fam.) **c'est reparti (pour un tour).** ● **recommencement** *Malgré la signature du traité, on assistait au recommencement des hostilités* = **reprise.**

récompense Terme général ; une *récompense* peut prendre la forme d'un **prix** : *L'élève a reçu une récompense méritée ;* d'une **décoration** ou d'une **gratification.** ● **récompenser** *Être récompensé de ses efforts :* v. PAYER. *Les vaches du fermier ont encore été récompensées cette année ;* (plus courant et surtout au part. passé) **primer.**

réconcilier *Ce n'est pas sans mal que nous avons réconcilié les deux frères* = **remettre d'accord ;** (plus fam.) **raccommoder ;** (fam.) **rabibocher ;** v. aussi CONCILIER et ACCORDER I. ● **réconciliation** *Je fais tout pour que la réconciliation soit complète ;* (assez fam.) **raccommodement ;** v. RAPPROCHEMENT (in *rapprocher*).

réconfort *Vos visites sont un grand réconfort pour cette pauvre femme* = **consolation ;** ↑ **secours** [*d'un grand secours*].

● **réconfortant** 1° *Prenez pendant quelques jours ce remède; c'est un réconfortant*; (vieilli) **cordial, stimulant.** — 2° V. CONSOLANT (in *consoler*).

reconnaître I 1° *L'homme ne fut pas difficile à reconnaître dans la foule*; (plus didact.) **identifier.** *Je ne sais pas comment j'aurais pu vous reconnaître, vous avez tellement changé!*; (fam.) **remettre**; v. SE RAPPELER (in *rappeler* II) et SOUVENIR (SE). — 2° ∼ *à qqch. Je l'ai reconnu à ses cheveux blancs*; (plus didact.) **identifier.** ● **se reconnaître** *Le quartier avait été reconstruit, on ne s'y reconnaissait plus* = **se retrouver.**

II 1° *Reconnaître un délit* : v. AVOUER. — 2° *Je reconnais que je m'étais trompé* = **avouer**; v. CONCÉDER et JUSTICE (in *juste* I [*Rendons-lui cette justice*]; v. aussi ACCORDER II. — 3° *La petite troupe a reconnu tous les abords du fleuve*; ↑**explorer** ne se dit que pour une région peu ou mal connue que l'on reconnaît avec soin.

recourir *Il a recouru à des amis pour louer sa maison* = **s'adresser à, avoir recours à.** *J'ai dû recourir à un ouvrage spécialisé pour me mettre au fait* = **se référer.** ● **recours** 1° V. APPEL (in *appeler* I) et RECOURIR. — 2° *Je n'ai plus aucun recours, tous m'abandonnent* = **ressource.** *C'était son dernier recours*; (fam.) **atout, cartouche.**

recouvrir 1° V. COUVRIR. — 2° *Elle a recouvert le mur du fond d'un papier rouge*; (plus précis) **tapisser.** *Il recouvre le mur de la grange d'un enduit*; (plus précis) **enduire.** — 3° *Son étude recouvrait l'ensemble de la préhistoire* = **embrasser.**

récréation *Vous prenez vraiment la culture comme une récréation* = **amusement, délassement.** ● **récréer** *Rien ne le récréait autant que d'aller au cirque* (très soutenu); (plus courant) **amuser**; v. aussi DIVERTIR.

recru **recru de fatigue** *Les enfants, recrus de fatigue, s'endormaient debout* (soutenu); (plus courant) **harassé**; (fam.) **éreinté, vanné**; v. aussi FATIGUE.

rectifier *La caissière rectifia son opération* = **corriger.** *Il fallait maintenant*

rectifier *une partie de l'installation* = **corriger.** ● **rectificatif** (nom) *Le journal publia un rectificatif de la préfecture* = **correctif, rectification.**

recueillir 1° V. ASSEMBLER, RAMASSER, RASSEMBLER et RÉCOLTER (in *récolte*). — 2° *Il interrogeait tout le monde pour recueillir des renseignements*; **glaner, grapiller** indiquent que l'on ne recueille que des bribes dont on compte tirer parti. — 3° *Il a recueilli tout le bénéfice de l'affaire*; ↑**retirer.** ● **se recueillir** 1° *Si je parviens à me recueillir, je trouverai une solution* = **se concentrer.** — 2° V. S'INCLINER (in *incliner* I) et PRIER I. ● **recueil** Terme général : *Un recueil de poèmes choisis* = **anthologie.** *Un recueil de fables* = **fablier.** *Un recueil de sottises* = **sottisier**; v. aussi LIVRE.

reculer 1° *Qqn* ∼. *L'armée recula sur ses positions de départ* = **rétrograder, battre en retraite**; v. SE REPLIER (in *replier* II) et TERRAIN [*perdre du terrain*]. — 2° *Qqn* ∼. *J'ai reculé devant toutes les difficultés* = **se dérober**; ↑**renoncer**; (fam.) **flancher**, ↑**craquer**; (très fam.) **caner**; v. PLIER II. — 3° *Qqch* ∼. *Les dialectes reculent en France depuis un siècle* = **être en recul, régresser.** — 4° *Qqn* ∼ *qqch. Vous ne pouvez pas reculer toujours la décision* = **ajourner, différer, retarder, remettre.** — 5° V. POUSSER I. ● **recul** 1° *L'état-major n'avait pu éviter le recul de l'armée*; (plus précis) **repli** implique un recul sur des positions précises; **retraite** indique le départ d'une position où l'on ne peut se maintenir; v. MOUVEMENT. — 2° *Être en recul* : v. RECULER.

rédaction 1° *Le professeur apprenait aux élèves comment construire une rédaction* = **narration**; v. COMPOSITION (in *composer*). *La rédaction de votre lettre n'est pas conforme à l'usage des juristes* = **libellé**; **texte**, par métonymie. — 2° *La rédaction d'un procès* : v. ÉTABLISSEMENT I.

redire I 1° V. RABÂCHER. — 2° *Vous lui redirez tout cela* : v. RAPPORTER II et RÉPÉTER. ● **redite** *Il y a trop de redites dans cette étude*; (plus courant) **répétition.**

II (dans les express.) *Vous allez sans doute trouver à redire/avoir à redire à ce*

348

qu'il propose = **critiquer**; ↑ **censurer**; v. RÉPLIQUER.

réduire 1° *Réduire un texte* : v. ABRÉGER, DIMINUER et RACCOURCIR. — 2° *Vous réduisez aisément le résultat de mes travaux* = **amoindrir**; v. MINIMISER (in *minime*). — 3° **réduire à** *Sa position le réduisait au silence* = **contraindre, obliger** (v. ce mot); v. ACCULER. — 4° *Réduire deux choses à une seule* : v. RAMENER. — 5° (dans l'express.) *L'incendie avait réduit à rien tous ses efforts* = **anéantir**; (soutenu) **annihiler**. — 6° *Réduire en bouillie/en miettes* : v. ÉCRASER. ● **se réduire** 1° V. SE RAMENER (in *ramener*). — 2° *Les affaires ne sont plus florissantes, il a dû se réduire* = **se restreindre**.

réduit I V. LIMITÉ (in *limite*).

II *Il n'avait trouvé à louer qu'un réduit au sixième étage* = (plus précis) **soupente**; (fam.) **cagibi**; v. aussi LOGEMENT et LOGIS (in *loger*).

réel 1° (adj.) *Vous ne nierez pas que ces faits sont bien réels* = **authentique**; v. VRAI. — 2° (adj.) *Voici la preuve bien réelle que vous me demandiez* = **tangible**; v. EFFECTIF et PALPABLE (in *palper*). *Une amitié réelle* : v. SINCÈRE. — 3° V. JUSTE II. — 4° (nom) *Elle vit dans le réel et non dans vos chimères* = **réalité**; v. CONCRET. ● **réellement** *Ces vieilles images me convainquent que cela s'est réellement passé* = **effectivement, vraiment**. *Réellement, je ne croyais pas vous gêner* (plutôt en tête de phrase) = **en fait, vraiment**. ● **réalité** 1° V. RÉEL. — 2° V. CHOSE I. — 3° **en réalité** *Il plaisante souvent, mais en réalité il n'est pas très heureux* = **en fait**; v. PLUTÔT. ● **réaliste** (adj.) 1° *Les juges avaient ordonné la destruction des toiles qu'ils estimaient trop réalistes*; ↑ **cru**, ↑ **grossier**. — 2° (dans l'express.) *Dans la vie, il faut être réaliste* = **avoir le sens des réalités**; (fam.) **avoir les pieds sur terre**; v. CONCRET.

refaire 1° *Il a trouvé des chaises anciennes qu'il a fait refaire*; (plus précis) **réparer** (v. ce mot). *C'est une vieille maison : tout est à refaire*; (plus précis) **restaurer**. — 2° *La dernière édition de l'atlas est entièrement refaite* = **refondre**; ↓ **mettre à jour**. *Tout est à*

refaire = **recommencer**. — 3° *C'était un marché de dupes, notre ami a été refait* (fam.); (courant) **tromper**; (plus soutenu) **duper**. *On lui a refait sa montre quand il était au magasin* (fam.) ; (courant) **voler**. ● **se refaire** 1° *Ce n'est pas une semaine de repos qui lui permettra de se refaire* (fam.) = **se retaper**; (fam.) **se remplumer** indique que l'on reprend du poids; (courant) **se rétablir**. — 2° *Je sais bien qu'on ne se refait pas* = **changer**.

réfectoire *Mes enfants prennent leurs repas au réfectoire de l'école* (salle spéciale dans un établissement communautaire); **cantine** désigne un établissement où l'on sert des repas; (fam. et péjor.) **popote**; **mess** désigne un réfectoire militaire pour les sous-officiers et officiers.

réfléchir I 1° *Il a longuement réfléchi avant de donner son avis*; ↑ **se concentrer**. *Il ne pouvait réfléchir que dans le silence*; ↑ **méditer** suppose une longue réflexion; v. PENSER I et SONGER. — 2° **réfléchir à qqch**. *Le conseil municipal a sérieusement réfléchi au projet* = **étudier qqch, examiner qqch**. *Réfléchissez à ce que vous faites*; (moins courant) **songer**; v. PENSER I. ● **réfléchi** *C'est un garçon bien réfléchi pour son âge* = **posé, pondéré**; (souvent péjor.) **rassis**; v. SÉRIEUX. ● **réflexion** 1° *Les moines passent leur vie absorbés dans leurs réflexions* (plur.); (plus précis) **méditation**. — 2° *Faites-moi toutes les réflexions qui vous viennent à l'esprit* = **observation**; ↓ **remarque**. — 3° V. PENSÉE I et DÉLIBÉRATION.

II *Réfléchir une image* : v. RENVOYER.

reflet 1° *À cet endroit, on venait admirer le reflet des eaux*; **chatoiement** implique que les reflets sont changeants. — 2° *La façon de vivre est souvent le reflet de l'éducation reçue* = **miroir**; v. IMAGE. ● **refléter** *Le compte rendu ne reflète pas du tout le contenu des débats*; ↑ **traduire**. *La rougeur de son visage reflète une émotion violente* = **être le signe de**; ↑ **trahir**.

reflux *Veux-tu que je t'explique les causes du flux et du reflux des eaux ?*; (didact.) **jusant**; v. MOUVEMENT.

réforme *La réforme de l'orthographe est à l'ordre du jour depuis un siècle*;

↓ **amélioration**; (plus général) **changement**; v. aussi RÉVOLUTION. ● **réformer** *Les changements de mœurs obligent à réformer la législation* = **amender, mettre à jour, revoir**; v. MODERNISER (in *moderne*).

refouler 1° V. CHASSER. — 2° *Il s'appliquait à refouler tous ses désirs* = **étouffer, réprimer**. *L'enfant refoulait difficilement ses larmes* = **contenir, retenir**.

refrain 1° V. CHANSON et COUPLET. — 2° *Encore ce commentateur! avec lui c'est toujours le même refrain!* = **chanson** (v. ce mot), **rengaine**; **leitmotiv** indique qu'une formule revient sans cesse : *C'est un leitmotiv chez lui.*

réfrigérer 1° *Chaque année, la fermière réfrigérait un cochon entier;* (plus courant) **congeler**. — 2° *Il choisissait les mots qu'il fallait pour vous réfrigérer* = **glacer, refroidir**. ● **réfrigérateur** *On vend des réfrigérateurs en solde dans ce magasin;* (fam. et courant) **frigo**; v. GLACIÈRE. ● **réfrigérant** *Un accueil réfrigérant comme celui-là, je ne suis pas près de l'oublier!* = **froid, glacial**.

refroidir *Leur façon de nous parler de haut nous a refroidis;* ↓ **décourager,** ↓ **doucher**; v. RÉFRIGÉRER.

refuge *Il avait trouvé dans cette vallée un refuge pour méditer;* (très soutenu) **havre**; v. OASIS.

refuser 1° *Il a refusé mon offre sans donner d'explications* = **décliner, rejeter**; v. NON [*répondre non*]. *Il refuse de venir* : v. VOULOIR [*Il ne veut pas venir*]. *L'homme refusa la décision* = **repousser**; v. aussi CONTESTER. — 2° *C'est la première fois qu'il est refusé à un examen;* (fam.) **blackbouler, recaler**; v. AJOURNER et ÉLIMINER.

regagner I *Le coureur a réussi à regagner le temps perdu à réparer l'avarie* = **rattraper**. *La vente de ses terres ne lui faisait pas regagner l'argent dissipé* = **récupérer**; (moins courant) **recouvrer**.

II V. GAGNER III et RALLIER.

regarder Terme général; syn. variés selon les contextes. 1° *L'amateur regar-*

dait sous toutes les coutures l'arme ancienne = **considérer, examiner**; v. INSPECTER et OBSERVER I. *Pourquoi me regardez-vous de cette façon?;* (plus précis) **dévisager**; ↑ **fixer**. *Il regarda autour de lui pour s'assurer que personne ne le voyait* = **jeter un œil**. *La postière regarda le «Bottin» pour renseigner le client;* (plus précis) **consulter**. *Il regarda enfin la pierre qu'on lui montrait* = **diriger son attention sur**. *Regarder une émission* : v. VOIR. *Regarder la mer;* ↑ **contempler** implique une participation affective. — 2° *Pourquoi voudriez-vous que je ne regarde pas mon intérêt?* = **considérer, envisager**; ↑ **rechercher**. — 3° *Une fois pour toutes, occupez-vous de ce qui vous regarde!* = **toucher**; v. CONCERNER. *Cette remarque regarde tout le monde* (soutenu); (plus courant) **viser**. — 4° *Je le regarde avec quelques préjugés, je l'admets* = **juger**. Dans l'express. *regarder comme* : *Peut-on regarder comme honnête homme?* (soutenu); (plus courant) **estimer, tenir pour**. — 5° (dans des loc.) *Le jeune homme regarda du coin de l'œil sa voisine;* (fam.) **bigler, lorgner, viser**; *Les enfants regardaient avec envie la tarte aux pommes;* ↑ **dévorer des yeux**. *Regarder avec plaisir* : v. ŒIL [*se rincer l'œil*]. 6° **regarder à** *Vous regardez un peu trop à vos préjugés pour apprécier objectivement la situation;* (plus courant) **tenir compte de**. *À votre place, j'y regarderais à deux fois avant de dire oui* = **faire très attention**. ● **regard** 1° (dans des loc.) *J'estime avoir droit de regard sur ce que vous faites* = **pouvoir contrôler**. *Elle jeta un regard sur l'album;* (plus fam.) **jeter un œil**; v. REGARDER. *Elle le jugea au premier regard* = **au premier coup d'œil**. — 2° (loc. adv.) **en regard** *La traduction de Freud était publiée avec le texte original en regard* = **en face, vis-à-vis**. — 3° (loc. prép.) **au regard de** *Vous êtes en défaut au regard de la morale commune* = **par rapport à**. — 4° *S'offrir au regard* : v. VUE I. ● **regardant** *C'était un homme regardant qui hésitait à dépenser le moindre centime* = **pingre**; ↓ **économe**; v. CHICHE; v. aussi AVARE.

régime I V. GOUVERNEMENT et MONARCHIE (in *monarque*).

II *Son médecin l'a mis au régime, il ne mange que des plats sans sel;* **diète**, dans l'emploi courant, se dit d'une privation presque totale de nourriture (ne s'emploie que dans des contextes tels que : *être à la diète/mettre à la diète*).

règle I 1° *Il observait scrupuleusement les règles de sa religion ;* **précepte** désigne une formule qui traduit une règle ; (soutenu) **norme** ; (didact.) **canon** ; v. COMMANDEMENT (in *commander* II) et PRINCIPE. *S'imposer une règle morale* = **discipline.** *Avoir une règle de conduite :* v. LIGNE II. — 2° *La règle des Bénédictins a été plusieurs fois réformée* (didact.) = **observance.** — 3° (loc. adv.) *En règle générale :* v. GÉNÉRALEMENT (in *général*).

règles II (au plur.) *Elle a ses règles ;* (didact.) **menstrues.** ● **réglée** (adj. uniquement au f.) *Elle a été réglée très jeune ;* (didact.) **nubile** indique l'état d'une femme apte à la reproduction ; v. INDISPOSÉ.

règlement I *L'association s'était formée en adoptant les règlements habituels* (au plur.) = **statuts** ; **code** indique un ensemble de règles et de prescriptions *(le code moral) ;* v. DISCIPLINE I. ● **réglementation** *Le gouvernement avait décidé d'imposer la réglementation des prix alimentaires* = **fixation, taxation.**

II 1° *Le règlement de l'affaire a été satisfaisant pour les deux parties* = **conclusion.** — 2° *Le règlement d'une somme due* = **acquittement, paiement** ; v. LIQUIDATION (in *liquider*).

régler I 1° *Ses parents avaient réglé le programme de chaque journée ;* (plus courant) **établir.** — 2° *Il réglait sa vie sur les hasards des jours* = **conformer à** (*Il conformait sa vie aux...*). — 3° *Les circonstances ont réglé son choix* = **dicter.** ● **réglé** (adj.) 1° *Il mène une vie bien réglée ;* ↓ **organisé.** — 2° *Un moteur réglé :* v. POINT IV [*au point*]. ● **se régler** *Il se réglait sur son frère ;* (soutenu) ↑ **modeler.**

II 1° *L'avocat a réglé l'affaire en faisant triompher les droits de son client* = **conclure** ; v. aussi TRANCHER. — 2° *Vous réglerez votre loyer chaque trimestre* = **acquitter** ; v. PAYER. — 3° *Je ne sais comment ils régleront leur querelle* (soutenu) ; (plus courant) **vider.** — 4° *Régler une affaire :* v. LIQUIDER.

règne *Pendant longtemps, on assista au règne des intérêts les plus sordides* = **domination.** ● **régner** 1° *Le vieil homme régnait sur toute la maison* = **dominer qqch, régenter qqch** ; (fam.) **mener à la baguette qqch.** *Il a régné sans partage pendant trente ans ;* ↓ **gouverner** ; v. PRÉSIDER I. — 2° *Ce sont les campagnes contre la pollution qui règnent en ce moment* = **prédominer.** — 3° *Régner sur :* v. PRÉSIDER II.

regret 1° *Son dernier roman a pour thème le regret de son île natale* = **nostalgie.** — 2° *Vos regrets sont tardifs, vous l'avez profondément offensé ;* ↑ **repentir** *J'ai compris trop tard qu'il avait besoin de moi, et je n'ai que des regrets maintenant ;* ↑ **remords.** — 3° *Je vous exprime mes regrets* (formule de politesse) ; ↓ **excuses** ; v. REGRETTER. — 4° (loc. adv.) **à regret** *Elle accepta à regret l'invitation* ; (plus fam.) **du bout des dents** ; ↑ **à contrecœur.** ● **regretter** 1° ~ *de + infin./que + complétive. Je regrette de m'être déplacé pour un si mauvais spectacle* = **s'en vouloir** ; (fam.) **se mordre les doigts** ; ↑ **se repentir de.** — 2° ~ *qqch/de + infin. Tous ses collègues regrettaient cette mise à la retraite anticipée ;* ↑ **déplorer** ; v. aussi PLEURER. *Je regrette de ne pouvoir vous recevoir* = **être navré/au regret.** — 3° *Je regrette, mais je ne peux vous recevoir* = **excusez-moi.** — 4° *Elle regrettait d'accueillir ses invités au milieu des travaux ;* ↑ **avoir honte** ; v. aussi HONTEUX (in *honte*). ● **regrettable** *Cet incident regrettable gâcha l'atmosphère de la soirée* = **désagréable** ; v. DOMMAGE et MALHEUREUX (in *malheur*).

régulier I 1° *Il essayait de maintenir une vitesse régulière ;* ↑ **uniforme** ; v. ÉGAL ; v. aussi CONSTANT. — 2° *Je n'aime pas ces façades régulières, comme figées dans la pierre* = **géométrique** ; (plus part.) **symétrique.** — 3° *Il a été si régulier dans son travail qu'il a reçu une médaille ;* **être assidu,** c'est être régulièrement présent ; **être ponctuel,** c'est être à l'heure. — 4° V. FIXE (in *fixer*). ● **régularité** *On a toujours vanté la régularité dont il a fait preuve dans ses recherches* = **assiduité, ponctualité** ; v. aussi CONSTANCE (in *constant*).

II *Être régulier en affaires ;* (abrév. fam.) **réglo** ; v. CORRECT ; v. aussi LOYAL.

régulièrement ❙ 1° *Les enfants avaient peint leurs feuilles très régulièrement* = **uniformément**. — 2° *Il se rendait régulièrement au bureau* = **assidûment**.

❙❙ (en tête de phrase) *Régulièrement, l'équipe de France devrait l'emporter* = **normalement, en principe, théoriquement**. *Régulièrement, il paie toujours ce qu'il doit* = **d'habitude, habituellement, d'ordinaire**.

réhabiliter *Quand il est sorti de prison, la justice l'a réhabilité ;* (fam.) **blanchir ; innocenter** n'implique pas qu'une condamnation a été prononcée. ● **se réhabiliter** *Il s'est maintenant réhabilité aux yeux de tous* = **se racheter**.

rejaillir 1° *La boue rejaillit sur les promeneurs* = **éclabousser** (*La boue éclabousse les promeneurs*). — 2° *Le scandale a fini par rejaillir sur tous les collaborateurs du négociant* = **éclabousser qqn ;** ↓ **retomber sur** s'emploie dans un contexte péjoratif.

rejeter 1° *L'enfant rejetait dans l'eau les petits crabes* = **relancer, renvoyer**. — 2° *Il ne digéra pas la sauce du lapin et rejeta tout son repas* = **rendre, vomir ;** v. CRACHER. — 3° *Rejetons à la fin de la réunion les questions diverses ;* (plus courant) **reporter**. — 4° *Toutes ses offres ont été rejetées* = **repousser** (v. ce mot) ; v. REFUSER. *Ce pays a été rejeté des organisations internationales* = **chasser, écarter, exclure** (v. ce mot). — 5° *Les vieux meubles avaient été rejetés au grenier ;* (soutenu) **reléguer**.

rejoindre 1° *Rejoindre une base :* v. GAGNER III et RALLIER ; v. aussi REGAGNER II. — 2° *Rejoindre à la course :* v. RATTRAPER I. — 3° *Rejoindre qqn quelque part :* v. RETROUVER. ● **se rejoindre** 1° *Les deux divisions se rejoindront à l'endroit prévu ;* (didact.) **opérer une jonction** (*... opéreront leur jonction...*). — 2° V. RÉUNIR.

réjouir *Voilà un menu qui me réjouit !* = **faire plaisir, remplir de joie**. ● **se réjouir** *Il se réjouissait à l'idée de retrouver sa famille* = **se faire une fête ;** ↑ **jubiler ; se frotter les mains** indique le signe de la joie. *Je me réjouis de votre nomination* = **être heureux ;** v. FÉLICI-

TER. *Il se réjouissait de vous voir enfin réconciliés ;* **exulter** implique une joie extrême qui ne peut être dissimulée. ● **réjouissance** *La fin de la sécheresse fut une occasion de réjouissance ;* (soutenu) **liesse** implique une joie collective ; v. aussi FÊTE.

relâche 1° *Il abandonna un peu son travail pour un moment de relâche* (soutenu) ; (courant) **repos**. — 2° (dans la loc. adv.) *Il travaille sans relâche à restaurer sa maison* (soutenu) = **sans trêve ;** (plus courant) **continuellement, sans répit, sans repos ;** v. ARRÊT (in *arrêter* I [*sans arrêt*]).

relâcher ❙ *Il relâcha un peu le lien qui immobilisait l'animal* = **détendre, desserrer ;** v. LÂCHER. ● **se relâcher** *Avec la fatigue, son attention se relâchait* = **faiblir**. ● **relâchement** *Elle déplorait le relâchement de sa tenue* = **laisser-aller, négligence**.

❙❙ *Le détenu a été relâché avant le terme de sa peine ;* (didact.) **élargir, relaxer ;** v. LIBÉRER.

relancer 1° V. REJETER. — 2° *L'emprunt de l'État devait relancer l'économie* = **faire repartir**. — 3° *Elle n'arrêtait pas de le relancer pour qu'il l'emmène avec lui* (fam.) ; (courant) ↑ **harceler**.

relatif 1° *Cette opinion est vraiment relative ;* ↑ **subjectif ; personnel** insiste sur l'aspect individuel de la chose. — 2° *Il vit encore dans une relative aisance* = **honnête**. *Depuis son accident, il n'a qu'une autonomie relative* = **partiel**. ● **relativement** 1° *L'objection est relativement fondée* (fam.) ; (courant) **passablement**. — 2° *C'est un objet relativement rare* = **assez** (v. aussi ce mot). — 3° *Relativement à :* v. COMPARAISON [*en comparaison de*] (in *comparer*) et PROPORTION [*en proportion de*].

relation ❙ V. NARRATION (in *narrer*).

❙❙ 1° *Il tire profit de ses relations avec les milieux d'affaires* (au plur.) = **accointances ;** v. APPUI. *Il a des relations peu recommandables* = **fréquentation ;** v. AMI, CONTACT et LIAISON I. — 2° *Ces deux familles ne sont plus en bonnes relations* (au plur.) = **termes**. — 3° *Relations sexuelles :* v. RAPPORT II. — 4° *La* *relation entre deux faits :* v. ANALOGIE et RAPPORT II ; v. aussi LIAISON II.

relever I 1° *Le mur fut relevé de un mètre* = **rehausser ;** v. ÉLEVER I. *La maison longtemps abandonnée a été relevée* = **reconstruire.** *Relève la vitre, s'il te plaît* = **remonter ;** v. SOULEVER. *Il releva ses manches et se saisit de la pioche* = **retrousser.** *Quand il entendit son nom, il releva la tête* = **redresser ;** v. LEVER I. — 2° *Le taux de l'escompte a été relevé* = **rehausser.** *Relever un salaire* = **hausser ;** v. MAJORER ; v. aussi AUGMENTER. — 3° *Le cuisinier releva la sauce avec du piment* = **épicer.** — 4° *Relever de maladie :* v. SORTIR. ● **se relever** *Elle s'est lentement relevée de son immense chagrin ;* ↓ **se remettre.** ● **relevé** 1° *Il aimait le style relevé de ces tragédies* (vieilli) ; (plus courant) **noble ;** v. ÉLEVÉ (in *élever* I). — 2° *Une sauce relevée :* v. FORT II. — 3° *Un relevé de la banque :* v. COMPTE. ● **relèvement** 1° *Toute la population participa au relèvement de l'économie* = **redressement.** — 2° *Les syndicats exigeaient le relèvement des salaires* = **augmentation, majoration.**

II 1° *On a relevé des traces d'habitation dans cette vallée perdue* = **découvrir** (v. aussi ce mot). — 2° *Avez-vous relevé tous les renseignements utiles ?* = **inscrire, noter ;** v. POINTER I.

III 1° *Les mineurs attendaient pour relever leurs camarades* = **prendre le relais de, relayer, remplacer.** — 2° *Il a immédiatement été relevé de ses fonctions ;* **limoger, révoquer** sans compl. : *(Il a été limogé/révoqué) ;* v. DESTITUER.

IV 1° *Votre demande ne relève pas de ce tribunal ;* (didact.) **ressortir à ;** v. DÉPENDRE I. — 2° V. APPARTENIR.

religion 1° *Cette vieille femme a toujours eu beaucoup de religion ;* **dévotion** désigne l'attachement que l'on a à la religion ; **piété** désigne l'attachement très fort à la religion et à ses pratiques. — 2° *Il respecte toutes les religions ;* **confession** et **culte** s'emploient parfois en ce sens. — 3° (dans l'express.) *Il se fait une religion de respecter strictement ses engagements* (soutenu) ; (plus courant) **s'imposer, se faire une obligation absolue.** ● **religieux** 1° *La musique religieuse :* v. SACRÉ I. — 2° V. CROYANT (in *croire*). — 3° *Une communauté de reli-*

gieux ; **moine** se dit d'un religieux vivant dans un monastère. *Une communauté de religieuses* = **sœur ;** (fam.) **bonne sœur ; moniale** se dit d'une religieuse vivant dans un monastère. *Se faire religieuse :* v. VOILE I [*prendre le voile*]. — 4° *Il apporte un soin religieux à tout ce qu'il fait* = **scrupuleux.**

remarquer 1° ~ qqch/que + indicatif. *Vous remarquerez le bon état général de la charpente ;* ↓ **constater ;** v. NOTER I et OBSERVER I. *Avez-vous remarqué qu'il critiquait tout sans en avoir l'air ?* = **s'aviser ;** v. aussi VOIR. — 2° (dans l'express.) *Il se fait remarquer par ses mœurs dissolues* = **se singulariser ;** ↓ **se signaler ;** v. ÉVIDENCE [*se mettre en évidence*]. ● **remarque** 1° *Faire une remarque à qqn :* v. OBSERVATION I et RÉFLEXION (in *réfléchir* I). — 2° *Les mémoires de l'explorateur avaient été publiés avec toute une série de remarques* = **commentaire ;** v. aussi NOTE I. ● **remarquable** 1° *Quelque chose de remarquable :* v. ÉTONNANT (in *étonner*) et MÉMORABLE. *Une chose remarquable :* v. EXEMPLAIRE (in *exemple*) et NOTABLE. *Une édition remarquable :* v. RARE. *Une faveur remarquable ;* ↑ (rare) **insigne ;** v. aussi EXTRAORDINAIRE. — 2° *C'était un homme remarquable dans sa partie ;* (vieilli) **considérable ;** v. BON I et BRILLANT II ; v. aussi ÉMÉRITE.

rembourrer *Elle démonta le fauteuil pour le rembourrer ;* **matelasser,** c'est rembourrer à la manière d'un matelas.

remède 1° *Le médecin a donné un remède ;* v. CONTREPOISON, MÉDECINE (in *médecin*) et MÉDICAMENT. — 2° *Cette femme est un remède contre l'amour* = **antidote.** — 3° *Il croit avoir trouvé un remède universel* = **panacée.** ● **remédier** *Il faut employer tous les moyens pour remédier à cette situation ;* (très soutenu) **obvier à ;** v. RÉPARER ; v. aussi ÉVITER.

remercier I ~ qqn de qqch. *La vieille dame remerciait Dieu de l'avoir guérie* = **rendre grâce(s) à.** *Soyez remerciée, déesse de l'amour ! vous m'avez exaucée !* = **bénir.** *Je vous remercie d'être intervenu ;* (soutenu) **savoir gré ;** (plus fam.) **merci** (*Merci d'être intervenu*).

II *Remercier un employé :* v. CONGÉDIER (in *congé*), RENVOYER et VIDER.

remettre 1° *J'ai remis vos papiers dans le bureau;* (plus précis) **replacer.** — 2° *N'oubliez pas de remettre vos livres au jour dit* = **rendre, restituer.** *Je vous remets mon chat pendant les vacances;* (plus courant) **confier.** *Les déserteurs ont été remis aux autorités* = **livrer;** v. DÉLÉGUER, DONNER I et GLISSER II. — 3° *Je suis trop occupé, il faut remettre notre rendez-vous* = **renvoyer, reporter, retarder** (v. ce mot); v. RECULER. — 4° *Ça remet ça!* : v. RECOMMENCER. — 5° *Ça y est, je vous remets!* : v. RECONNAÎTRE I et SE SOUVENIR. — 6° *Vous en remettez!* : v. RAJOUTER; v. aussi EXAGÉRER. — 7° *Remettez-vous* : v. REPRENDRE I. ● **se remettre** 1° *Maintenant, je me remets très bien l'allure qu'il avait* (soutenu); (courant) **se rappeler.** — 2° *Il est long à se remettre* : v. GUÉRIR et MIEUX [*aller mieux*]. — 3° *Se remettre d'une peine* : v. SE RELEVER (in *relever* I). — 4° *Se remettre à* : v. SE REPRENDRE (in *reprendre* I). — 5° *S'en remettre à qqn* : v. APPELER I, FIER (SE) et SE RAPPORTER (in *rapporter* III).

remise I 1° *La remise du débat* : v. AJOURNEMENT (in *ajourner*). — 2° *Une remise sur un article* : v. COMMISSION I, DIMINUTION (in *diminuer*) et RABAIS. — 3° *Une remise de prix* : v. DISTRIBUTION (in *distribuer*).

II *Il a fait bâtir une remise pour ranger les tracteurs;* (plus général) **hangar.** ● **remiser** 1° *Toutes les machines agricoles étaient remisées dans un vaste hangar* = **garer.** — 2° *S'il insiste encore pour venir ici, je vais le remiser* (fam.) = **rembarrer;** (courant) **rabrouer, remettre en place.**

remonter 1° *Les faits remontent à deux ans* : v. DATER. — 2° *Remonter la vitre* : v. RELEVER I. — 3° *Ses paroles apaisantes m'ont bien remonté* = **réconforter;** (fam.) **retaper;** v. SOUTENIR. *Il a su remonter mon courage* (soutenu); (plus courant) **affermir.** *Ce petit verre va me remonter* = **ragaillardir;** (fam.) **requinquer.** — 4° *Remonter une rivière* : v. SUIVRE.

remontrance *Cet enfant n'accepte aucune remontrance* = **réprimande, reproche;** ↓**observation;** v. SERMON.

rempart 1° *La ville était autrefois protégée par un épais rempart* = **enceinte;** v. FORTERESSE et MUR. — 2° *Vous aurez mon corps pour rempart!* (soutenu ou plaisant); (plus courant) **bouclier.**

remplacer 1° *Il faudra remplacer toutes les vitres* = **changer.** — 2° *L'acteur dut être remplacé au dernier moment;* (plus précis) **doubler.** *C'est assez fatigant, voulez-vous que je vous remplace?* = **relayer;** v. aussi SUCCÉDER. *Il remplacera le directeur pendant un mois* = **suppléer;** v. aussi PLACE I [*à la place de*] et RELEVER III. *Pendant longtemps, la chicorée a remplacé le café;* (fam. en ce sens) **servir de;** v. SUBSTITUER À. ● **remplacement** 1° V. INTÉRIM. — 2° *Comment assurer le remplacement de cet homme exceptionnel?* = **relève.** ● **remplaçant** *Le député, nommé ministre, céda la place à son remplaçant* = **suppléant.**

remplir I 1° V. EMPLIR et PLEIN [*être plein de*]. — 2° *Les demandes d'emploi remplissent les colonnes des petites annonces;* ↓**abonder dans.** *Les murs sont remplis d'affiches* (surtout au passif) = **couvrir.** — 3° *∼ qqn de qqch. Remplir d'enthousiasme* : v. ENTHOUSIASMER (in *enthousiasme*). *Remplir de joie* : v. RÉJOUIR. — 4° *Il passe son temps à remplir sa mémoire de dates;* ↑**surcharger.** — 5° *J'ai bien rempli mon temps!* = **employer** (v. ce mot).

II *Qqn ∼ qqch. Avez-vous rempli vos obligations militaires?* = **s'acquitter de;** v. ACCOMPLIR. *Il faut d'abord que vous remplissiez vos engagements* = **tenir.** *Je ne suis pas fait pour ce travail, je ne remplis pas les conditions demandées* = **satisfaire à.**

remporter 1° *Remportez tout cela, c'est trop cher pour ma bourse* = **reprendre.** — 2° *L'équipe de France a-t-elle remporté le match?* = **gagner;** on dit *gagner/remporter une coupe, un match, un trophée,* mais *remporter une victoire.*

remuer 1° *Cesse donc de remuer les bras quand tu parles!;* (plus fam.) **bouger;** **agiter** (v. ce mot), c'est remuer vivement. — 2° *Ils ne réussirent pas à remuer la vieille armoire* = **bouger, déplacer.** — 3° *Il remue les braises pour ranimer le feu* = **retourner.** *Remuer la* *sauce* : v. TOURNER. — 4° *C'est un homme qui remue des millions* = **brasser.** — 5° *La scène des retrouvailles remuait toujours les spectateurs* = **toucher;** ↑**bouleverser;** v. ÉMOUVOIR. — 6° *Il ne reste pas en place, il faut qu'il remue* = **bouger;** (plus soutenu) **s'agiter; gesticuler,** c'est faire beaucoup de gestes; (fam.) **gigoter,** c'est agiter tout son corps. — 7° *Les feuilles remuent* : v. TREMBLER. ● **se remuer** 1° *Je suis si fatigué que je ne peux même plus me remuer;* (soutenu) **se mouvoir;** (plus fam.) **bouger.** — 2° *Il s'est beaucoup remué pour lui trouver cette situation* = **se démener, se dépenser.** — 3° V. SE RÉVEILLER (in *réveiller*). ● **remuant** *Les parents n'aiment pas les enfants remuants;* ↑**turbulent;** v. VIF; v. aussi AGITÉ (in *agiter*). ● **remue-ménage** *Au printemps, on nettoie toute la maison; quel remue-ménage!;* (moins courant) **branlebas;** v. TROUBLE II.

rémunérer *L'entrepreneur au bord de la faillite ne rémunérait plus les ouvriers* = **rétribuer;** v. aussi PAYER. ● **rémunération** *Toucher une forte rémunération* = **rétribution;** v. aussi SALAIRE.

rencontrer 1° *Vous avez dû le rencontrer, il sort d'ici* = **croiser.** *Je l'ai rencontré par hasard dans la rue;* (fam.) **tomber sur;** v. TROUVER et VOIR. *J'essaie de le rencontrer pour régler cette affaire;* (néologisme) **contacter;** ↓**joindre;** v. TROUVER II. — 2° *Rencontrer un obstacle* : v. HEURTER (SE); *Rencontrer des difficultés* : v. ÉPROUVER. ● **se rencontrer** 1° *Les deux automobiles se sont rencontrées à un carrefour;* (plus précis) **se heurter.** — 2° V. S'OFFRIR (in *offrir*) et SE VOIR (in *voir*). ● **rencontre** 1° *C'était une rencontre pour le moins surprenante* (soutenu et vieilli); (plus courant) **coïncidence, hasard.** — 2° *La rencontre des deux ambassadeurs dura toute la matinée* = **entrevue.** *Les producteurs de pétrole organisent une rencontre internationale;* (plus précis) **réunion.** — 3° *Un point de rencontre* : v. JONCTION (in *joindre*). — 4° *On attendait la rencontre des deux équipes :* (plus précis) **match.** *Une rencontre de boxe* : v. COMBAT (in *combattre*).

rendez-vous *Elle m'a donné rendez-vous devant la gare;* (très fam.) **rencart(d);** v. AUDIENCE.

rendre I 1° *Vous me rendrez ce que vous n'utiliserez pas* = **redonner;** v. RENVOYER. *Les bagues volées ont été rendues au joaillier* = **restituer;** v. REMETTRE. *Prête-moi cent francs, je te les rendrai la semaine prochaine* = **rembourser.** — 2° *La cour d'appel a confirmé le jugement que le tribunal avait rendu* = **prononcer.** — 3° *Rendre un repas :* v. REJETER et VOMIR. — 4° *Ces oranges rendent beaucoup de jus* = **donner.** — 5° *Le peintre avait su rendre toute l'horreur de l'exécution* = **traduire, représenter.** — 6° *Rendre un salut :* v. RÉPONDRE. — 7° *Rendre l'âme :* v. ÂME. — 8° *Rendre compte de :* v. ANALYSER (in *analyse*). ● **se rendre** 1° *Les terroristes ont refusé de se rendre* = **capituler;** v. CÉDER I et SE LIVRER (in *livrer* II). — 2° *Se rendre quelque part :* v. ALLER I. — 3° *Se rendre compte :* v. COMPRENDRE, CONSCIENCE [*prendre conscience*] et JUGER.

II *Une terre qui rend :* v. FRUCTIFIER (in *fruit*), PRODUIRE I; v. aussi DONNER I.

rêne *Le cavalier tira sur les rênes pour ralentir l'allure du cheval* (au pluriel) = **bride, guides.**

renier 1° *Après deux ans de séminaire, il a renié sa foi;* **abjurer** (avec ou sans compl.), c'est renoncer solennellement à sa foi; (didact. et rare) **apostasier,** c'est proprement « renier sa foi »; (plus général) **renoncer à;** (plus soutenu) **répudier.** — 2° *Il a renié sa signature* (soutenu); (plus courant) **désavouer.** *Au dernier moment, il a renié ses promesses* = **se dérober à.** ● **reniement** *Le reniement de la foi* = **abjuration;** (didact.) **apostasie.** *Le reniement d'une promesse* = **désaveu.**

renoncer 1° *Renoncer à un droit;* (soutenu) **se départir de.** *Le roi de Grèce a renoncé au pouvoir* = **abdiquer** (*Il a abdiqué le pouvoir*). *Je ne parviendrai pas à lui faire entendre raison, j'y renonce* = **déclarer forfait;** v. ABANDONNER. — 2° *Il ne veut pas renoncer à ses idées;* (plus expressif) **démordre de** implique de l'entêtement; v. RENIER et DÉSARMER. — 3° *Ces moines ont renoncé à la vie dans ce monde* (didact.); (plus courant) **se détacher de;** (soutenu) **répudier qqch.** — 4° *Reculer devant une difficulté :* v. PROMENER [*envoyer tout promener*] et RECULER. — 5° (absolument)

Je n'y arriverai jamais : je renonce! = **abandonner** (v. ce mot) ; (fam.) **baisser les bras.**

renouveau *Certaines chansons anciennes connaissent un renouveau de succès* = **regain** ; v. RENOUVELLEMENT (in *renouveler*).

renouveler 1° *Si vous n'avez pas de réponse, renouvelez votre demande ;* (plus général) **refaire** ; (soutenu) **réitérer.** — 2° *Ces jeunes auteurs ont renouvelé le théâtre de boulevard ;* ↓**rajeunir.** — 3° *La pluie renouvelait ses vieilles douleurs* (soutenu) ; (plus courant) **raviver, réveiller.** — 4° *Votre bail peut être renouvelé pour trois ans* = **reconduire** ; **proroger,** c'est faire durer au-delà de la date d'expiration. *Elle a renouvelé son mobilier* = **changer.** ● **se renouveler** *Les mêmes scènes de violence se renouvelaient* = **se répéter, se reproduire.** ● **renouvellement** 1° *Il a obtenu le renouvellement de sa carte de séjour* = **reconduction, prorogation.** — 2° *On assiste au renouvellement des travaux sur la préhistoire* = **renaissance, renouveau.**

renseigner *Je voudrais que vous me renseigniez là-dessus* = **informer** ; (plus fam.) **éclairer sa lanterne** ; (fam.) **tuyauter** ; (très fam.) **rencarder** ; v. ÉCLAIRER, ÉDIFIER et FIXER [*fixer sur*]. ● **renseignement** *La police obtenait des renseignements en se mêlant aux malfaiteurs ;* (fam.) **tuyau** ; (très fam.) **rencart(d)** ; v. INFORMATION (in *informer*) et DONNÉE (in *donner* III).

rentrer 1° V. ENTRER et SE RAMENER (in *ramener*). — 2° *Le camion est rentré dans le mur ;* **percuter qqch,** c'est heurter violemment ; v. HEURTER. *Rentrer dans le chou :* v. DEDANS [*rentrer dedans*] et HEURTER. — 3° **rentrer qqch** *Il rentra ses larmes et leur tourna le dos* = **refouler.** — 4° *Rentrer chez soi :* v. RETOURNER. — 5° *Croyez-vous que cette clé rentrera dans la serrure ?* ; (très général, plus fam.) **aller.**

renverser 1° *Le boxeur le renversa d'un seul coup de poing ;* (plus soutenu) **terrasser** ; (fam.) **ficher par terre.** *Le gouvernement a été renversé ;* (fam.) **culbuter.** *Renverser une voiture :* v. VERSER I. *Les bouteurs renversaient les vieilles maisons* = **abattre, jeter à bas.** *Il*

a renversé son café sur la table ; (plus soutenu) **répandre.** *Se faire renverser par une voiture :* v. ÉCRASER. *Être renversé :* v. TOMBER. — 2° *Ce que vous me dites me renverse* (fam.) ; (courant) **étonner, surprendre.** *Avez-vous appris la nouvelle de son accident ? j'en suis encore tout renversé* (fam.) = **retourner** ; (courant) **bouleverser.** — 3° *Tout va mal, il est temps de renverser la vapeur* = **inverser.** ● **renverser** *La barque s'est renversée au milieu du lac* = **chavirer, se retourner.** ● **renversement** 1° *L'expulsion du roi a entraîné le renversement des valeurs en place* = **bouleversement** ; v. CHUTE I. — 2° *Comment expliquez-vous ce brusque renversement de la situation ?* = **retournement.** ● **renversé** *Je ne sais quoi vous dire, je suis renversé* (fam.) ; (courant) **stupéfait, retourné** ; ↓**surpris** ; v. aussi ÉMU (in *émouvoir*). ● **renversant** *La nouvelle était si renversante que personne ne voulait y croire ;* (assez fam.) ; (courant) **stupéfiant** ; v. ÉTONNANT (in *étonner*).

renvoyer 1° *L'usine a fermé ses portes et les ouvriers ont été renvoyés* = **licencier** ; (très fam.) **sacquer, vider** ; v. CONGÉDIER (in *congé*). *Le chauffeur a été renvoyé ;* **remercier,** par euphémisme. *Les deux élèves furent renvoyés du lycée pour avoir distribué des tracts* = **exclure.** — 2° *Je n'accepte pas son cadeau, je vais le lui renvoyer ;* (plus général) **rendre.** — 3° *Le miroir lui renvoyait une image floue* = **réfléchir** (*Le miroir réfléchissait une image floue*). *La vallée était très étroite et l'écho renvoyait longtemps les sons* = **répercuter.** — 4° *Renvoyer un rendez-vous :* v. REMETTRE. — 5° *Renvoyer qqch :* v. REJETER.

repaire 1° *L'animal s'enfuit pour rejoindre son repaire* = **antre, tanière** ; v. GÎTE. — 2° *La police prétend que ce quartier est un repaire de brigands* = **nid.**

répandre 1° *Tu peux manger de la confiture sans en répandre partout!* ; (plus fam.) **mettre.** *Des pétales répandus par le vent* = **éparpiller** ; v. RENVERSER. — 2° *Le parterre d'œillets répandait une forte senteur* = **exhaler** ; v. DÉGAGER et ÉMETTRE. *Répandre une lumière :* v. VERSER II. — 3° *Il répandait ses bienfaits sans compter* = **prodiguer** ; ↓**dispenser** ; v. aussi DISTRIBUER. — 4° *L'épidémie soudaine a répandu la terreur* = **jeter** ;

v. SEMER II. — 5º *La télévision pourrait répandre ces idées nouvelles* = **diffuser, propager**; v. DIVULGUER et VULGARISER (in *vulgaire* I). ● **se répandre** 1º *Des bruits se répandent :* v. CIRCULER et SE PROPAGER (in *propager*). *Se répandre largement :* v. TACHE [*faire tache d'huile*]. — 2º *Il claqua la porte et se répandit en injures* (soutenu); (plus courant) **éclater.** — 3º *Après le match, la foule se répandit sur le terrain* = **envahir qqch**; ↑ **déferler.** ● **répandu** *C'est un milieu où les idées d'extrême droite sont assez répandues* = **courant**; (assez péjor.) **à la mode.** *C'est un procédé répandu* = **connu.**

réparer 1º *Il a réparé lui-même son vélomoteur* = **remettre en état**; v. aussi ARRANGER. *Il a fallu réparer le mur de la grange qui s'écroulait* = **relever**; (terme général) **refaire**; (fam.) **rafistoler**, c'est réparer de façon sommaire; (fam.) **retaper**; v. AMÉLIORER. *Réparer une montre :* (didact.) **rhabiller.** *Réparer des chaussures;* (plus précis) **ressemeler**; v. aussi RACCOMMODER. — 2º *Il fit son possible pour réparer son erreur;* (plus soutenu) **remédier à**; v. aussi RATTRAPER II. *Il se confessait afin de réparer ses fautes* = **effacer**; **expier** (v. ce mot), c'est réparer une faute en subissant un châtiment, une peine; v. COMPENSER. ● **réparation** 1º *La réparation du mur avait demandé une semaine* = **réfection, remise en état**; **consolidation** n'implique pas que le mur était en mauvais état mais signifie qu'on le rend plus solide. *La réparation d'une paire de chaussures* = **ressemelage.** — 2º *Donner/obtenir réparation :* v. SATISFACTION (in *satisfaire*). — 3º *La réparation d'une faute :* v. EXPIATION (in *expier*).

répartition 1º *Un service avait été créé pour assurer la répartition des vivres* = **contingentement**; v. DISTRIBUTION (in *distribuer*). — 2º *Il aimait la répartition des arbres dans le parc* = **disposition.**

repas Terme général. 1º *Je prends mes repas à l'hôtel;* **déjeuner** désigne le repas du midi; **dîner**, le repas du soir; le **souper** se prend après le spectacle, tard le soir. — 2º *Certains termes caractérisent les types de repas : Un repas copieux;* (fam.) **gueuleton.** *Un repas de fête, de cérémonie* = **banquet**; v. aussi FESTIN. *Présenter à ses invités un repas froid* = **buffet.** *On nous servit les restes*

d'un repas = **relief, restes**; (fam., surtout au plur.) **rogatons.** *Faire un repas :* v. MORCEAU [*manger un morceau*]. — 3º *Il prépare rapidement un repas ;* (fam.) **frichti** et **fricot** désignent un plat rapidement cuisiné.

repentir (se) *Je me repens bien de ne pas vous avoir accompagnés* = **s'en vouloir**; ↓ **se reprocher**; v. REGRETTER (in *regret*). ● **repentir** (nom) *Je ne sais pas si votre repentir est sincère ;* ↑ **remords** implique un sentiment de honte; (didact.) **componction** se dit de la tristesse éprouvée par le chrétien, provoquée par son indignité vis-à-vis de Dieu; (didact.) **attrition**, (plus employé) **contrition** se disent du regret et de la crainte d'avoir offensé Dieu; v. REGRET.

répéter 1º *Il ennuie ses élèves à toujours répéter la même chose;* (fam.) **rabâcher, ressasser, seriner; rebattre** (*rebattre les oreilles de qqn*) : *Il nous rebat les oreilles de cette histoire.* — 2º *Il ne sera pas nécessaire de lui répéter de venir* = **dire deux fois, redire.** *Le chansonnier voulut bien répéter son couplet* = **bisser, reprendre.** — 3º *Il répète tout ce qu'il devrait garder pour lui* = **raconter, rapporter** (v. ce mot, II et IV). — 4º *Vous êtes obligé de répéter votre demande;* (soutenu) **réitérer**; v. aussi RENOUVELER. — 5º V. MULTIPLIER (in *multiple*) et RECOMMENCER. ● **se répéter** 1º *Il restait près de la cheminée, à se répéter sans cesse;* (fam.) **radoter.** — 2º V. SE RENOUVELER (in *renouveler*). ● **répétition** 1º V. REDITE (in *redire* I). — 2º V. LEÇON. — 3º *Ce qui se passe, c'est la répétition de ce que nous avons connu l'an dernier* = **reproduction**; (soutenu) **antienne** désigne la chose répétée, ainsi que **refrain** (v. ce mot) : *Ce sera encore la même antienne/le même refrain :* *il va nous répéter que nous ne sommes pas assez patients.* — 4º *La sécheresse va provoquer la répétition du désastre* = **retour.** *La répétition d'une maladie* = **rechute.** — 5º *La répétition d'une pièce, d'un spectacle;* **générale** se dit de la dernière répétition.

répit 1º *La malade espérait le répit de ses douleurs* = **rémission**; (plus courant) **cessation.** — 2º *Demander un répit pour payer ses dettes* = **sursis**; v. DÉLAI. — 3º *Sans répit :* v. RELÂCHE [*sans relâche*] et ARRÊT [*sans arrêt*] (in *arrêter* I).

replier I *Repliez vos manches pour ne pas salir votre chemise ;* **retrousser,** c'est ramener vers le haut sans obligatoirement plier ; v. PLIER I. ● **replis** (au plur.) *Il tentait de décrire les replis du cœur de l'homme* = **recoin** ; v. SECRET III.

II **se replier** 1° *Les troupes se repliaient en bon ordre ;* (moins précis) **reculer.** — 2° *Ces événements l'ont bouleversé ; il ne voit plus personne et se replie sur luimême ;* **se renfermer,** c'est ne rien livrer de soi.

réplique I V. PENDANT II.

II 1° *Il trouvait des répliques qui laissaient muet son interlocuteur* = **riposte** ; (plus général) **réponse.** — 2° *Faites ce qu'il veut, et pas de réplique pour une fois ! ;* ↓ **discussion.** ● **répliquer** *Vous avez tous les atouts, je n'ai rien à répliquer ;* ↓ **redire,** ↓ **répondre** ; ↑ **riposter,** ↑ **rétorquer,** c'est retourner des arguments contre qqn ; v. RAISONNER II.

répondre 1° *Qqn* ~ *(qqch).* v. OPPOSER et RÉPLIQUER (in *réplique* II). *Je n'aime pas les enfants qui répondent ;* (plus rare) **raisonner.** — 2° *Qqn* ~ *à qqch. Il a répondu à mon salut* = **rendre** *(Il m'a rendu mon salut).* — 3° *Qqch* ~ *à qqch. Tous les muscles de l'animal répondaient aux excitations électriques* = **réagir à.** — 4° *Ces nouvelles constructions ne répondent pas aux besoins de la population* = **satisfaire** (v. ce mot) ; v. CORRESPONDRE. — 5° *Qqn* ~ *de qqch. Je réponds de cette voiture : je l'ai fait entièrement réviser* = **garantir (qqch).** *Ses parents ont répondu de sa bonne foi* = **se porter garant.** — 6° *Je vous en réponds :* v. AFFIRMER. — 7° *Répondre à :* v. SUITE [donner suite à] (in *suivre*).

reposer 1° *Qqn* ~. V. DORMIR. — 2° *Toute l'argumentation repose sur des mensonges* = **être fondé,** ↓ **s'appuyer** ; v. PORTER II. *Tout repose maintenant sur votre décision* = **dépendre (de).** ● **se reposer** 1° *Après ce long effort, il se repose dans le jardin* = **se relaxer** ; v. DÉLASSER (SE) ; v. aussi DORMIR et SOUFFLER. — 2° *Je me repose sur vous pour régler les détails ;* (plus courant) **compter (sur), faire confiance à.** ● **repos** 1° *Il ne savait pas s'arrêter et prendre un peu de repos* = **détente, délassement** ; v. RELÂCHE et VERT [se mettre au vert]. —

2° *Ces coups de téléphone troublent sans cesse mon repos* = **tranquillité.** — 3° *Sans repos :* v. RELÂCHE [sans relâche]. *Avoir l'esprit en repos* = **en paix, tranquille.** — 4° *Une affaire de tout repos* = **sûr.**

repousser 1° *Elle repousse toutes les offres de mariage ;* **dédaigner,** c'est repousser avec mépris ; v. ÉCARTER. *J'ai repoussé toutes les invitations* = **décliner** ; v. REFUSER et REJETER. — 2° *Elle voulait l'aider, mais il l'a repoussée méchamment* = **rabrouer** ; (fam.) **rembarrer** ; (soutenu) **éconduire,** c'est repousser qqn qui demande qqch ; v. aussi PROMENER [envoyer promener]. — 3° *Repoussez ces idées sombres* = **chasser ; éliminer,** c'est faire disparaître. — 4° *Repousser les avances de qqn :* v. RÉSISTER [résister à]. — 5° *Repousser à plus tard :* v. RETARDER. ● **repoussant** 1° *Les enfants des bidonvilles étaient d'une saleté repoussante* = **répugnant.** — 2° *Un visage repoussant :* v. LAID et REBUTANT.

reprendre I 1° V. RATTRAPER II. — 2° *Je vais te répondre, mais laisse-moi reprendre mon souffle* = **retrouver.** — 3° (dans des express.) *Il n'a pas encore repris ses esprits* = **revenir à soi.** *Eh bien ! reprenez vos esprits !* (par hyperbole) = **remettez-vous !** *Le traitement est efficace, il reprend des forces* = **se rétablir.** — 4° *Reprenez votre marchandise :* v. REMPORTER. — 5° *La guerre reprend :* v. RECOMMENCER. — 6° *La fin de votre article est un peu longue, vous allez la reprendre* = **réviser, revoir** ; v. aussi CORRIGER I. *Peu satisfait, il se mit à reprendre sa toile* = **retoucher.** — 7° *Il semble que l'activité économique reprenne* = **repartir, redémarrer.** ● **se reprendre** 1° *Il a su se reprendre :* v. RATTRAPER IV. — 2° *Il se reprit à évoquer ses souvenirs* (néologisme) ; (courant) **se remettre** ; v. aussi RECOMMENCER. ● **reprise** 1° *Les industriels poussaient le gouvernement à faciliter la reprise des affaires ;* ↑ **relance.** — 2° *Le boxeur tomba à la troisième reprise* = **round.** — 3° *La reprise des combats :* v. RECOMMENCEMENT (in *recommencer*).

II 1° *Qqn* ~ *qqn.* 1° *On doit le reprendre sans arrêt, mais cela ne le corrige pas ;* ↑ **blâmer,** ↑ **réprimander.** — 2° *Qqn* ~ *qqn. Il l'a repris sèchement* = **remettre à sa place** ; (fam.) **rembarrer.**

représenter 1° *Le racisme représente pour moi tout ce contre quoi je lutte* = **incarner, symboliser.** — 2° *Le tableau représentait une fête villageoise* = **reproduire.** *Le peintre l'avait représentée avec un costume de bergère* = **figurer** ; v. PEINDRE II et RENDRE I. *Comment représenter ces passions mêlées ?* = **évoquer.** — 3° *Je suis obligé de vous représenter tous les inconvénients de votre décision* (soutenu et vieilli) ; (courant) **mettre en garde contre** ; (courant) ↓ **avertir de.** — 4° *Cet achat représente pour moi un gros sacrifice* = **constituer, correspondre à** ; (plus courant) **être.** — 5° *La Comédie-Française représentait une pièce de Marivaux* ; (plus général) **donner** ; v. aussi INTERPRÉTER. ● **se représenter** 1° *Je ne me représente pas ce que sont ces pays* = **(s')imaginer** ; (plus général) **voir.** — 2° *Représentez-vous ma joie de les retrouver sains et saufs* (soutenu) = **juger de** ; (plus courant) **se figurer, imaginer.**

réprimander *L'enfant avait arraché toutes les fleurs, ses parents l'ont réprimandé* – **gronder** ; (soutenu) **chapitrer, morigéner, quereller** ; (très soutenu) **tancer** ; (fam.) **attraper, emballer, disputer** ; **admonester,** c'est réprimer sévèrement (ce mot est souvent employé dans le vocabulaire juridique) ; (soutenu) **gourmander,** c'est adresser des reproches sévères ; **houspiller,** c'est maltraiter en paroles ; v. DÉSAPPROUVER, ENGUEULER, MORALE [**faire la morale**] et ORDRE I [**rappeler à l'ordre**] ; v. aussi ATTRAPER III. *L'enfant s'est fait réprimander* ; (fam.) **en prendre pour son grade, se faire tirer les oreilles.**

réprimer I *Il réprima difficilement sa colère* = **contenir** ; (rare) **comprimer.** *Réprimer ses larmes* = **retenir** ; v. MODÉRER, REFOULER et RÉSISTER.

II 1° *Réprimer une rébellion, une révolte,* etc. : v. ÉTOUFFER, NOYER [*noyer dans le sang*], PUNIR et SANCTIONNER (in *sanction*) ; v. aussi SÉVIR. — 2° *Réprimer ses sentiments :* v. COMMANDER II. ● **répression** *L'avocat général exigeait la répression très sévère du délit* ; (plus courant) ↓ **punition** ; v. SANCTION.

reproche *Si c'est un reproche que tu veux me faire, sois clair* ; **critique** est plus intellectuel, **reproche** plus moral. *Je ne voudrais pas te faire des reproches,*

mais tu as été maladroit (express.) : v. OBSERVATION I et REMONTRANCE ; v. aussi ATTAQUE (in *attaquer*). ● **reprocher** ~ qqch à qqn. *Il lui reproche sa négligence constante* = **accuser de** (*Il l'accuse d'être constamment négligent*). *Elle lui a reproché son passé peu brillant ;* ↑ **jeter à la tête** ; (soutenu) **faire grief de.** ● **se reprocher** *Je me reproche d'avoir négligé vos avertissements ;* (fam.) **s'en vouloir de** ; v. REPENTIR (SE).

reproduire I *Le tableau reproduit fidèlement l'original* = **copier, imiter** ; v. REPRÉSENTER. ● **reproduction** *C'est une assez pâle reproduction* = **copie, imitation** ; v. IMAGE.

II *Chaque couple peut reproduire un être de même organisation* = **engendrer.**

réprouvé 1° *Selon beaucoup de religions, les hommes se partagent en élus et en réprouvés* (didact.) ; (plus courant) **damné.** — 2° *Ses actes l'obligeaient à vivre en réprouvé* = **hors-la-loi.**

répugnance 1° *Il ne put dissimuler sa répugnance* = **répulsion** ; v. DÉGOÛT ; v. aussi ANTIPATHIE. — 2° *L'avocat accepta avec répugnance de défendre l'accusé* = **à contrecœur.** ● **répugnant** *Monsieur, sortez ! vous êtes répugnant !* = **abject** ; v. ÉCŒURANT (in *écœurer*), LAID, REPOUSSANT (in *repousser*) et SALE ; v. aussi IGNOBLE et SORDIDE. ● **répugner** *La compagnie de cet homme me répugne ;* ↓ **déplaire** ; v. DÉGOÛTER (in *dégoût*).

réputation 1° *Il ne tenait pas, même pour une si grosse somme, à perdre sa réputation ;* (plus part.) **honneur** (v. ce mot) ; **considération** se dit de l'estime qu'on a pour qqn qui a généralement bonne réputation. — 2° *Ses nouvelles expériences ont confirmé sa réputation* = **célébrité** ; v. NOTORIÉTÉ (in *notoire*) ; v. aussi GLOIRE. — 3° *Avoir la ~ de : Il a la réputation d'être assez sévère* = **passer pour.** — 4° *Les vins français ont une réputation internationale* = **renommée** ; v. PRESTIGE. *Ce cognac mérite sa réputation* = **renom.** ● **réputé** *C'est un médecin réputé dans la région ;* ↑ **célèbre.** *Voilà un fromage réputé depuis des siècles* = **renommé** ; ↓ **connu** ; v. FAMEUX.

requête *Le prévenu adressa une requête au juge* (didact.) ; (courant) demande; **sollicitation** se dit d'une demande instante; **supplique** implique que l'on demande pour obtenir une grâce; **instance** se dit d'une demande pressante et ne s'emploie, généralement au pluriel, que dans quelques contextes *(sur/devant les instances de qqn)*; v. PRIÈRE II.

réserve I 1° V. CARGAISON et PROVISION I. — 2° (loc. adv.) *Il a toujours une bonne bouteille en réserve* = **de côté.**

II 1° *Montrer de la réserve :* v. DISCRÉTION (in *discret*), FROIDEUR (in *froid* II), HONTE, MODÉRATION (in *modérer*), MODESTIE (in *modeste*) et RETENUE I. — 2° (dans des loc.) *Sous réserve :* v. CONDITION II et SAUF II. *Sans réserve : Vous pouvez compter sur un appui sans réserve* = **total.** — 3° *Les astronomes font des réserves sur l'existence des soucoupes volantes* = **restriction.**

III *Je n'ai plus cet article en magasin : je vais aller voir à la réserve;* **dépôt** se dit d'une réserve importante comme celle d'un grand magasin; v. STOCK.

réservé I (v. RÉSERVE II) *Un homme réservé :* v. DÉCENT, DISCRET, DISTANT (in *distance*), MODESTE et SECRET II.

II (v. RÉSERVER) *Des pancartes indiquaient que c'était une pêche réservée* = **gardée.**

réserver 1° *Réserver une place :* v. GARDER II. — 2° *Elle a réservé une surprise pour la fin du repas* (emploi critiqué par les puristes); (courant) **ménager.** — 3° *L'agence se chargeait de réserver votre chambre d'hôtel* = **retenir.** ● **réservoir** 1° *Un grand réservoir recueillait les eaux de pluie* = **citerne.** — 2° *Il élevait des tanches dans un vaste réservoir;* (plus précis) **vivier.**

résider 1° *Résider dans une grande ville :* v. DEMEURER et VIVRE II; v. aussi LOGER I. — 2° *Toute la difficulté réside dans la lecture correcte de l'énoncé* = **consister** *(...consiste à lire correctement),* **se trouver.** ● **résidence** 1° V. IMMEUBLE. — 2° *Il a fixé sa résidence près de l'autoroute* (didact.); (courant) **domicile.**

résigner I *Il a été obligé de résigner son emploi* (soutenu); (courant) **démissionner de.**

II se résigner *Il faut bien se résigner quand on ne peut plus rien faire* = **subir;** v. ABDIQUER et S'INCLINER (in *incliner* II); v. aussi CÉDER I. *Il avait tout fait pour améliorer la situation, il se résignait maintenant à son sort;* ↑ **se soumettre;** v. aussi ACCEPTER. ● **résignation** *Fallait-il attendre avec résignation qu'ils nous volent ?;* ↑ **soumission;** v. PATIENCE.

résister 1° *Il résistait à son adversaire* = **tenir ferme** *(contre);* v. DÉFENDRE (SE) et LUTTER (in *lutte*); v. aussi SOUTENIR [*soutenir un assaut*]. — 2° *Je résisterai aux pressions de toutes sortes;* **se rebiffer, regimber,** sans compl., c'est résister par le refus *(Je ne céderai pas, je me rebifferai/je regimberai);* v. RÉAGIR [*réagir contre*]. — 3° *Cette morale apprend à résister à ses désirs* = **repousser, réprimer** *(Cette morale apprend à repousser/réprimer ses désirs).* — 4° *L'hiver a été rude, mais les jeunes arbres ont bien résisté;* (fam.) **tenir le coup.** — 5° *Qqn ∼ à qqch.* V. SUPPORTER [*supporter le froid*]. ● **résistance** 1° V. FORCE. — 2° *Malgré son âge, il avait prouvé sa résistance en terminant la course* = **endurance.** — 3° (au plur.) *Il avait patiemment vaincu toutes les résistances;* (plus général) **difficultés;** v. aussi OBSTACLE. — 4° *La résistance d'un matériau :* v. SOLIDITÉ (in *solide*). ● **résistant** (adj.) 1° *Le vieil homme était aussi résistant qu'à cinquante ans* = **robuste, vert; endurant** s'applique à celui qui résiste à la fatigue; (fam.) **dur à cuire** s'emploie davantage comme nom *(C'est un dur à cuire);* v. aussi FORT I, INFATIGABLE et SOLIDE. — 2° *Sous ce climat, il faut des plantes résistantes* = **robuste, rustique; vivace** se dit d'une plante qui vit plus de deux ans.

résonner 1° *Le bruit des marteaux résonnait dans l'atelier* = **retentir.** — 2° V. SONNER et TINTER. ● **résonance** *L'intervention du secrétaire de l'O. N. U. eut une forte résonance parmi les délégués* (soutenu); (plus courant) **retentissement;** ↓ **écho.**

résoudre I 1° *L'entreprise a résolu ses difficultés en licenciant des ouvriers* = **trancher.** — 2° *Les héritiers firent résoudre la vente* (didact.); (plus courant) **résilier;** v. ANNULER.

II *Il a résolu d'aller travailler à la ville;* (plus courant) **décider.** ● **résolu** *C'est un* homme résolu à lutter = **prêt**; v. DÉCIDÉ (in *décider*). *Un ton résolu :* v. CONVAINCU (in *convaincre*). *Un homme résolu :* v. ÉNERGIQUE (in *énergie*) et HARDI.

respecter 1° *Respecter sa promesse :* v. HONORER (in *honneur*). — 2° *Ne pas respecter qqch :* **Vous ne respectez pas le règlement = faire une entorse à**; v. SE CONFORMER (in *conforme*) et OBSERVER II. ● **respectueux** *Elle est assez peu respectueuse vis-à-vis de ses aînés;* (soutenu) **révérencieux** *(envers);* ↓**poli**.

respirer I 1° *En sortant de l'eau, il respira profondément;* **aspirer**, c'est faire entrer l'air dans ses poumons; v. aussi EXPIRER I. — 2° V. AÉRER (S') [in *aérer*] et FRAIS I [*prendre le frais*].

II *Toute son allure respirait la santé* = **exprimer**.

ressembler 1° *Il avait voulu que son jardin ressemble au parterre d'un château;* (rare avec un sujet nom de chose) **imiter** *(...imite le parterre...);* v. SE RAPPROCHER (in *rapprocher*). — 2° V. CORRESPONDRE. — 3° *Ne pas ressembler :* v. DIFFÉRER II. — 4° *Il ressemble à son oncle;* ↓**tenir de**; certaines expressions fam. servent d'intensif à *ressembler* : *Il lui ressemble* **comme un frère/comme deux gouttes d'eau. C'est son frère tout craché/C'est son portrait.** ● **se ressembler** *Ces deux meubles se ressemblent* = **avoir un air de famille.** ● **ressemblance** 1° *Il y a entre le frère et la sœur une ressemblance parfaite;* **similitude** indique la relation qui unit deux éléments identiques. — 2° V. ANALOGIE. — 3° V. VÉRITÉ.

ressentiment 1° *Je garde de ses procédés un ressentiment profond* (soutenu); (plus courant) **rancœur; rancune** implique un désir de vengeance. — 2° *Je n'ai pas voulu l'écouter et me suis attiré son ressentiment;* **animosité** désigne un sentiment de malveillance; **haine** implique un désir profond de vengeance : *J'éprouve de la haine pour toute sa famille.*

ressentir *Il ne ressentait qu'un peu d'amour pour elle* = **éprouver**; (très général) **avoir.**

resserrer V. ABRÉGER et CONTRACTER II. ● **se resserrer** *À cet endroit, la vallée se resserre et le paysage devient impressionnant;* ↑**s'étrangler.**

ressortir I *Ressortir à :* v. DÉPENDRE I et RELEVER IV [*relever de*].

II 1° *La gravure ressortait bien sur le mur blanc* = **se détacher**. *Il ressort de l'examen de votre affaire que vous avez eu tort :* v. DÉGAGER (SE). — 2° **faire ressortir** *L'absence de bijoux faisait ressortir sa beauté simple* = **rehausser, faire valoir**; v. ACCENT [*mettre l'accent*]. *La sauce faisait agréablement ressortir le fumet propre du gibier* = **mettre en valeur**; ↓**souligner.**

ressource 1° *La prière était devenue sa seule ressource* = **secours**; v. RECOURS (in *recourir*). *Je n'ai que cette ressource pour éviter la faillite* = **moyen.** — 2° *Nous l'appellerons en dernière ressource* = **ressort.** ● **ressources** (au plur. en ce sens) 1° *Je veux bien intervenir pour vous, mais vous n'êtes quand même pas un homme sans ressources* = **possibilités, moyens.** — 2° *Le pays ne disposait pas beaucoup de ressources naturelles à mettre en exploitation* = **richesses.**

restaurant *Il déjeune dans un restaurant près de son bureau;* (abrév. fam.) **resto; brasserie** désigne un grand café-restaurant; **buffet** désigne un café-restaurant installé dans une gare; **gargote** se dit d'un restaurant bon marché où la cuisine est médiocre; **grill-room** désigne un restaurant qui sert des grillades; **taverne** se dit d'un café-restaurant de genre rustique; **cantine** désigne le restaurant d'une école, d'une usine; v. aussi CAFÉ.

rester I V. SUBSISTER. ● **reste** 1° *Vous me réglerez le reste la prochaine fois* = **restant**; (didact.) **reliquat, solde.** — 2° *Il a mangé un potage, du pâté, du ragoût, et le reste* = **et cætera.** — 3° *Des restes de monument :* v. VESTIGE. — 4° *Au reste :* v. CÔTÉ [*à côté de ça*], OUTRE [*en outre*] et PUIS. — 5° V. RÉSULTAT. ● **restes** *Il y avait encore sur la table les restes du repas de la veille;* (moins courant) **reliefs;** (rare en ce sens) **débris;** v. REPAS.

II 1° *Je vous assure que je ne peux pas rester plus longtemps* = **s'attarder; attendre** *si l'on est resté pour attendre* qqn ; v. MARINER. — 2° *Rester dans un lieu* : v. DEMEURER et SÉJOURNER (in *séjour*). — 3° *Il vaut mieux en rester là, nous allons nous fâcher* = **s'en tenir.** — 4° *Y rester* : v. MOURIR.

restreindre *La crise économique a obligé l'État à restreindre les investissements* = **diminuer, réduire.** ● **restriction** 1° *La restriction des investissements* = **diminution, réduction** ; v. LIMITE et LIMITATION (in *limite*). — 2° *Je vous approuve sans restriction* = **entièrement** ; v. RÉSERVE II [*sans réserve*].

résultat 1° *Quel sera le résultat de cette affaire ?* ; **issue** se dit souvent de la façon dont qqn se sort d'affaire ; v. EFFET et FRUIT. *Il est fier de ce brillant résultat* ; (plus précis) **réussite, succès.** — 2° *Il a voulu partir seul ; résultat, il s'est perdu* (fam.) = **total** ; dans la langue soutenue, on utilisera une conjonction du type **si bien que, de telle manière que,** etc. — 3° *Avoir pour résultat de :* v. ABOUTIR II et III. — 4° *Calculer le résultat d'une opération* ; **somme,** pour une addition ; **reste,** pour une soustraction ; **produit,** pour une multiplication ; **quotient,** pour une division. ● **résulter** *Il résulte de cela que l'on obtient un accroissement de chaleur* = **s'ensuivre** ; **découler** indique que le résultat vient par développement naturel. *La conclusion résulte des prémisses* = **dériver de.** *Son épuisement résulte de son travail excessif* = **être consécutif à, venir de** ; v. NAÎTRE et PROVENIR.

résumer 1° *Résumer un texte,* c'est n'en retenir que l'essentiel ; **abréger** (v. ce mot), c'est seulement le rendre plus court. — 2° *Résumons tout ce qui a été proposé* (vieilli en ce sens) ; (plus courant) **récapituler.** ● **résumé** 1° V. ABRÉGÉ (in *abréger*). — 2° (dans la loc. adv.) *En résumé, nous souhaitons que vous partiez* = **en bref.**

rétablir 1° *Après le passage du cyclone, les communications n'ont pu être rétablies* = **remettre en l'état** ; v. aussi RÉPARER. — 2° *Rétablir l'ordre :* v. RAMENER. — 3° *Le syndicaliste a été rétabli dans son emploi* = **réintégrer.** — 4° *Ce groupe d'extrême droite rêve de rétablir la monarchie* = **restaurer.** ● **se rétablir** 1° *Peu à peu, le silence s'est rétabli* = **revenir.** — 2° *Il se rétablit à* *la campagne* = **reprendre des forces** ; v. aussi GUÉRIR.

retarder 1° *Nous manquons un peu d'informations, retardons la décision* = **ajourner, différer, repousser** ; **atermoyer,** c'est rechercher des faux-fuyants pour retarder qqch : *Cessez d'atermoyer et décidez-vous* ; v. RECULER ; v. aussi ÉLOIGNER et REMETTRE. — 2° *La rentrée a été retardée :* v. DÉCALER. ● **retard** *Répondez-nous sans retard* = **délai** ; (soutenu) **atermoiement.**

retenir 1° *Elle m'a retenu tout l'après-midi avec ses histoires* ; (fam.) **tenir la jambe** ; v. GARDER II et ACCAPARER II ; v. aussi ARRÊTER I. — 2° *L'enfant retenait ses larmes* = **contenir** ; v. ÉTOUFFER, REFOULER et RÉPRIMER I. — 3° *Retenir l'attention :* v. ACCROCHER II et MAINTENIR. — 4° *Retenir sa place :* v. RÉSERVER. — 5° *Retenir des nouveautés :* v. CHOISIR. — 6° *La terre retient l'eau :* v. ABSORBER III. ● **se retenir** 1° *Il s'est retenu à une branche* = **se rattraper** ; ↑ **se cramponner.** — 2° V. SE MODÉRER (in *modérer*) et SE PRIVER (in *priver*).

retentissant 1° *La tournée du groupe a eu un succès retentissant* = **éclatant.** — 2° *Une voix retentissante* = **sonore.** ● **retentissement** *Les résultats de la réunion auront un grand retentissement* = **répercussion** ; v. AUDIENCE et RÉSONANCE (in *résonner*).

retenue I *Malgré les cris, il conservait son calme et sa retenue* = **réserve** ; ↑ **dignité** ; v. DISCRÉTION (in *discret*), MESURE II et MODÉRATION (in *modérer*). *N'avoir aucune retenue :* v. HONTE ; v. aussi DÉCENCE (in *décent*).

II *Le surveillant l'a puni de deux heures de retenue* = **consigne** ; (fam.) **colle.**

retomber 1° *Qqn* ∼. *Il est mal retombé et s'est cassé un bras* = **se recevoir.** — 2° *Qqn* ∼. *Nous retombons toujours sur le même problème* = **revenir.** — 3° *Qqch* ∼. V. PENDRE. — 4° *Qqch* ∼. *Le scandale retombe sur lui :* v. REJAILLIR. — 5° V. SE RETOURNER (in *retourner*).

retors *C'est un maquignon retors qui sait marchander le prix d'une bête* = **rusé** ; (vieilli) **madré.**

retourner 1° *Cette histoire m'a retourné :* v. ÉMOUVOIR et TROUBLER. — 2° *Voudrais-tu retourner la salade ? ;* (fam.) **touiller ;** (fam. et vieilli) **fatiguer.** — 3° *Retourner des braises :* v. REMUER. — 4° *Retourner la terre :* v. FOUILLER. — 5° *Le facteur a retourné la lettre à la banque =* **réexpédier.** — 6° *Il retourne chez ses parents pour déjeuner =* **rentrer, revenir.** — 7° *Il retourne à un projet de film qu'il avait longtemps abandonné =* **revenir.** *Retournons à nos propos =* **revenir.** — 8° *Il retourne longuement son échec dans sa tête =* **remâcher, ruminer.** ● **se retourner** 1° *Une voiture se retourne :* v. SE RENVERSER (in *renverser*). — 2° **s'en retourner** *Je n'ai plus rien à faire ici, je m'en retourne =* **s'en aller, partir.** ● **retour** 1° *Le retour des mêmes faits :* v. RÉPÉTITION (in *répéter*). — 2° (dans des loc.) *Sans retour :* v. IRRÉVERSIBLE. *En retour :* v. ÉCHANGE (EN). — 3° *Ce n'est qu'après une longue convalescence que l'acteur fit son retour sur la scène =* **rentrée.** — 4° (dans des express.) *Être sur le retour :* v. VIEUX. *Ces troubles sont dus au retour d'âge, madame –* **ménopause.**

rétracter *L'accusé a rétracté tout ce qu'il avait dit =* **retirer, revenir sur.** ● **se rétracter** *Je ne savais plus ce que je disais, je me rétracte =* **se dédire** (v. ce mot).

retrait *La signature des accords permit le retrait de l'armée étrangère =* **évacuation.**

retranchement 1° (dans l'express.) *Elle l'insulta, le poussant dans ses derniers retranchements =* **à la dernière extrémité.** — 2° V. TRANCHÉE.

retrancher I se retrancher *Se retrancher dans une maison :* v. S'ABRITER (in *abri*) et BARRICADER (SE).

II *L'employé retrancha de la somme tous ses frais de transport =* **déduire, défalquer ;** v. ÔTER et SOUSTRAIRE.

rétribution *La rétribution était plutôt maigre pour le travail demandé ;* syn. variés selon le type de rétribution : **cachet** (*L'acteur reçoit son cachet*), **émoluments** (*les émoluments d'un huissier/d'un avoué pour un acte*), **gages** (*La bonne avait été renvoyée sans qu'on lui paie ses gages*) ; **paie** s'applique à la rétribution des militaires, désignée aussi par **prêt** et **solde** (v. ce mot), et à celle des ouvriers, appelée aussi **salaire ; traitement** (*Les traitements de la fonction publique ont été augmentés*) ; v. aussi COMMISSION I, GAIN (in *gagner* I) et RÉMUNÉRATION (in *rémunérer*).

retrouver 1° *Un mois à la montagne et le convalescent retrouverait toutes ses forces ;* (soutenu) **recouvrer.** *La police a retrouvé les tableaux chez un receleur =* **récupérer.** — 2° *Je vous retrouve dans le hall tout à l'heure =* **rejoindre.** *Quand se retrouve-t-on ? =* **revoir.** *Se retrouver entre amis :* v. SE RÉUNIR (in *réunir*). — 3° *Retrouver son souffle :* v. REPRENDRE I.

retroussé *Il lui a retroussé sa jupe ;* (moins courant) **trousser.**

réunir 1° *Le gouvernement a réuni quelques îles à la France =* **annexer ;** v. ASSEMBLER et RASSEMBLER. — 2° *Tous les renseignements étaient réunis au ministère ;* (plus précis) **centraliser.** *L'organisation réunissait des fonds pour lutter contre la famine =* **collecter, recueillir.** — 3° *Réunir des personnes pour faire qqch :* v. ASSOCIER. — 4° *Réunir deux tuyaux :* v. JOINDRE et RACCORDER.* — 5° *Le mariage de votre fils va vous permettre de vous réunir ;* (vieilli en ce sens) **se rejoindre.** — 6° *Réunir des gens :* v. MASSER. ● **se réunir** 1° *La Seine et l'Oise se réunissent à Conflans ;* (didact.) **confluer.** — 2° *Les deux sociétés alimentaires se sont réunies =* **fusionner.** — 3° *Il est agréable de se réunir entre amis =* **se retrouver.** ● **réunion** 1° *Le président souhaitait la réunion de la population autour de lui =* **rassemblement.** — 2° *La grande puissance avait obtenu la réunion des deux îles à son territoire =* **annexion, rattachement.** — 3° *Le parti de l'opposition organisa une importante réunion =* **meeting ;** (vieilli en ce sens) **assemblée ; congrès** désigne une réunion où l'on se communique des résultats de travaux : *Les spécialistes des maladies cardiaques ont tenu leur congrès ;* **colloque** se dit d'une réunion qui compte moins de participants qu'un congrès ; v. RENCONTRE (in *rencontrer*).

réussir 1° *L'affaire a réussi :* v. ABOUTIR III. — 2° *Ce livre réussit :* v. PLAIRE I. — 3° *Son commerce réussit =* **prospérer.**

— 4° *C'est un enfant qui réussira* (au futur) = **avoir de l'avenir**. *Depuis qu'il est installé, il a agrandi sa boutique ; il réussit* = **faire du/son chemin** ; v. ARRIVER I, LOIN [*aller loin*] et PARTIE IV [*gagner la partie*]. — 5° *Réussir en dessin* : v. BON I [*être bon en*]. ● **réussite** *Tous ses amis étaient fiers de sa réussite* = **succès** ; v. RÉSULTAT.

revanche Dans la loc. adv. **en revanche** *J'ai beaucoup aimé la pièce, en revanche certains acteurs sont médiocres ;* (plus courant) **par contre** est bizarrement dédaigné par certains puristes ; v. COMPENSATION (in *compenser*).

réveiller 1° V. RÉVEILLER. — 2° *Ce film a réveillé en moi de tristes souvenirs* = **rappeler** (*...m'a rappelé...*) ; ↑**ressusciter** ; v. RANIMER et RENOUVELER. — 3° *Il prétendait qu'un verre de whisky réveille l'appétit ;* ↑**exciter**, ↑**stimuler**. — 4° *Le général essayait de réveiller le courage des troupes ;* ↑**exalter**. ● **se réveiller** 1° *Allez, réveille-toi, c'est presque fini !* = **se secouer, se remuer**. — 2° *Dès qu'il pleut, ses douleurs se réveillent* = **renaître, revenir**.

révéler 1° *Le complot était bien préparé, mais un conspirateur a tout révélé ;* (fam.) **vendre la mèche** ; v. DIVULGUER et TRAHIR. — 2° *Le ministre ne voulait pas révéler ses projets* = **dévoiler** ; v. DÉCLARER ; v. aussi DÉCOUVRIR. — 3° *Sa démarche révèle son épuisement* : v. ACCUSER et MANIFESTER ; v. aussi INDIQUER. — 4° *Révéler qqch à qqn* : v. SENTIR II [*faire sentir*]. ● **se révéler** 1° V. SE MANIFESTER (in *manifester*) et PARAÎTRE I. — 2° *Cela se révèle plus difficile qu'on ne l'imaginait* = **s'avérer**.

revenir 1° *Il n'est pas là ? Je reviendrai demain* = **repasser**. — 2° *Il revint à son sujet* : v. RETOURNER. *Nous revenons sur le même sujet* : v. RETOMBER. — 3° (dans l'express.) *Il hésita, puis revint sur ses pas* = **rebrousser chemin**. — 4° *Le calme est revenu* : v. SE RÉTABLIR (in *rétablir*). — 5° *La charge de prévenir ses parents vous revient* = **incomber** ; v. aussi APPARTENIR. *Les impôts réglés, une somme importante vous revient ;* **échoir** est très peu employé et défectif. — 6° *Cela revient au même* : v. ÉQUIVALOIR. — 7° *Revenir sur sa parole* :

v. RÉTRACTER. — 8° *Revenir à soi* : v. REPRENDRE I [*reprendre ses esprits*]. — 9° *Sa peine revient* : v. SE RÉVEILLER (in *réveiller*). — 10° *Vraiment, ses manières ne me reviennent pas* (fam.) ; (courant) **plaire**. — 11° (dans des express.) *Il fait comme s'il était revenu de tout* = **être blasé, désabusé**. *Je n'en reviens pas !* = **être surpris**. — 12° *Faire revenir de la viande* : v. SAUTER.

rêver 1° *Qqn ~. Cet élève passe son temps à rêver au lieu de travailler* = **rêvasser**. *Il rêve, comme d'habitude !* ; (fam.) **être dans la lune**. — 2° *Que je te donne mille francs ? Non mais, tu rêves !* = **ne pas songer à**. — 3° *Qqn ~ qqch. Vous avez rêvé cela, relisez ce que je vous ai écrit !* = **imaginer, inventer**. — 4° *Qqn ~ de. Le couple rêvait d'une petite maison* (on dit parfois : *caresser le rêve de*) ; ↓**souhaiter** ; v. BRÛLER DE. — 5° *Qqn ~ à. Laissez-moi un peu rêver à votre affaire* (soutenu) ; (plus courant) **songer**. ● **rêve** 1° *L'enfant s'est réveillé, il faisait un mauvais rêve ;* ↑**cauchemar**. — 2° *Son rêve est d'être aviateur* : v. AMBITION. — 3° *Ce ne sont que des rêves* : v. ILLUSION. ● **rêveur** (adj.) 1° *C'est un garçon à l'esprit rêveur ;* (plus précis) **romanesque** se dit de celui qui imagine la vie comme dans les romans. — 2° V. POÉTIQUE (in *poète*).

revers I *Les troupes avaient essuyé de graves revers* = **défaite** (plutôt au sing. dans ce contexte) ; v. ACCIDENT et ÉCHEC.

II 1° *N'écrivez pas au revers de la feuille* (rare) ; (plus courant) **dos, verso**. *Elle examina avec attention le revers de la tapisserie* = **envers**. — 2° *Le revers de la pièce portait des inscriptions bizarres* = **côté pile**.

revêtir I *Revêtir un siège* : v. COUVRIR et GARNIR.

II 1° *Le professeur a revêtu son habit de cérémonie* = **endosser** ; (moins précis) **mettre** ; v. aussi SE VÊTIR (in *vêtir*). — 2° *La discussion commençait à revêtir un caractère désagréable* (soutenu) ; (courant) **prendre**.

revivre 1° *Certaines personnes pensent qu'elles revivront après leur mort ;* **ressusciter**, c'est reprendre vie. — 2° *Comment voulez-vous que l'artisanat revive si l'on n'aide pas les artisans ?* = **renaître**. —

2º faire revivre *Il faisait revivre tout son passé* = **évoquer.**

revoir 1º *Le texte d'un livre est revu avant d'être imprimé* = **réviser, relire** ; v. REPRENDRE I et RÉFORMER (in *réforme*). — 2º *Revois donc ta leçon, tu ne la sais pas* = **repasser, réviser** ; v. APPRENDRE. — 3º *On se revoit demain :* v. RETROUVER.

révolter se révolter 1º *Il se révoltait contre les mesures prises* = **s'insurger** ; ↓ **se dresser,** ↓ **s'indigner** ; v. CABRER (SE). — 2º *Les troupes se révoltaient contre le commandement* = **s'insurger** ; v. DÉSOBÉIR et SE MUTINER (in *mutiner* II). ● **révolte** 1º *Les délégués eurent un mouvement de révolte contre tant d'injustice* ; ↓ **indignation.** — 2º *La révolte avait gagné les campagnes* ; **insurrection** implique la tentative de destruction du pouvoir établi ; **guerre civile** désigne la lutte armée entre citoyens du même pays ; v. MUTINERIE (in *mutin* II) et RÉBELLION (in *rebelle*) ; v. aussi COUP D'ÉTAT, DÉSORDRE et DISSIDENCE. ● **révolté** (nom) *Les révoltés se sont emparés des bâtiments de la radio* = **insurgé** ; **factieux** désigne celui qui tente de provoquer des troubles contre le pouvoir établi ; v. MUTIN II.

révolution 1º *La révolution de 1789 renversa la royauté* ; **réforme** se dit du changement apporté dans une institution, dans les mœurs, etc., sans modification des principes ; (didact.) **mutation** désigne un changement : *L'industrie a subi une véritable mutation avec l'introduction de la machine à vapeur* ; v. CHANGEMENT (in *changer* III). — 2º *Toute l'usine est en révolution à l'annonce des licenciements* (fam.) ; (courant) **effervescence.** ● **révolutionnaire** (nom) *Les révolutionnaires jugèrent l'ancien personnel politique* ; **agitateur** (souvent péjor.) se dit de celui qui entretient une agitation politique.

revolver *Le gangster a brandi son revolver sous le nez du caissier* ; **pistolet** désigne une arme à feu qui n'est pas à répétition ; (fam.) **pétard.**

revue I *Le résultat du sondage avait été publié dans une grande revue* = **magazine** ; v. PÉRIODIQUE (in *période*).

II 1º *Beaucoup de badauds regardaient la revue du 14 juillet* = **défilé, parade.** — 2º **passer en revue** *Le journal passait en revue les différents moments de la négociation* = **récapituler.** *Le contrôleur a passé en revue tous nos services* = **faire l'inspection de** ; v. aussi ÉPLUCHER et CONTRÔLER (in *contrôle*).

riche (adj.) 1º *Qqn est* ~. *Sa famille a spéculé en Bourse et est très riche* (terme général) ; (soutenu) **fortuné** ; ↓ **aisé** indique que la fortune suffit pour vivre sans gêne ; **cossu** indique une large aisance ; (fam.) **rupin** ; v. OPULENT. *C'est un armateur très riche* = **riche comme Crésus ** ; **nabab** *(Cet armateur est un nabab)* ; (fam. en ce sens) **capitaliste** *(Cet armateur est un capitaliste)* ; (moins courant) **ploutocrate** ; v. ROULER I [*rouler sur l'or*] ; v. aussi GROS et OR. *Il est devenu riche en vendant des canons* = **s'enrichir.** *Il était reçu par les familles riches de la ville* = **huppé.** — 2º *Qqch est* ~. *Le château renfermait des meubles anciens et de riches tapisseries* ; ↑ **somptueux.** *La riche mise en scène de l'Opéra fut fort applaudie* = **fastueux.** *Un repas riche :* v. SUBSTANTIEL. — 3º *Qqch est* ~. *La Beauce est une plaine riche* = **fertile.** *Riche en sucre :* v. ABONDANT (in *abonder*). *Riche en faits :* v. FÉCOND. *Une riche moisson d'histoires :* v. AMPLE. — 4º (nom) *Quelle différence peut-on faire entre un homme riche et un nouveau riche ?* = **parvenu.** *Il n'aime pas les riches* ; (fam. et péjor.) **richard.** ● **richement** *L'appartement était richement décoré* ; ↑ **luxueusement,** ↑ **somptueusement.** ● **richesse** 1º *Tout ce qu'il souhaite est de vivre dans la richesse* ; ↓ **aisance,** ↓ **abondance** ; v. OPULENCE (in *opulent*) et PROSPÉRITÉ (in *prospère*). *Il ignorait le montant de ses richesses* (au plur.) = **biens, fortune** ; v. RESSOURCES ; v. aussi AVOIR (nom). — 2º *La richesse d'un procédé* = **fécondité.**

ricocher *La pierre ricocha sur l'eau* ; (moins précis dans ce contexte) **rebondir.**

ride 1º V. ONDE II. — 2º *Avec l'âge, les rides s'accumulent sous ses yeux* ; (fam.) **patte-d'oie** ne se dit que des rides qui se forment à l'angle externe de l'œil.

ridicule 1º *Ses grimaces ridicules amusaient les enfants* ; **comique** n'implique pas toujours l'idée de moquerie ; v. GROTESQUE. *Personne ne vous écoutera, c'est une idée tout à fait ridicule ! ;* ↑ **burlesque** implique une idée de comique ; v. ABSURDE I et II. *Vos prétentions sont ridicules ;* ↓ **sot.** — 2° *Les dons étaient ridicules et ne pouvaient couvrir les besoins* = **dérisoire.** — 3° (nom) *La comédie fustigeait les ridicules des hommes* (soutenu et vieilli) ; (plus courant) **défaut** ; (soutenu) **travers.** ● **ridiculement** *C'est une offre ridiculement basse ;* ↑ **honteusement.**

rien I (pron. indéfini) 1° *Il est resté debout, sans rien dire* = **quoi que ce soit** (*...sans dire quoi que ce soit*). *Tu peux toujours attendre, tu n'auras rien ;* (fam.) **des clous, des nèfles** (*... tu auras des clous/des nèfles*), **tintin** (*Tu auras tintin*) ; v. PEAU [*peau de balle*]. *N'achète pas cela, cela ne vaut rien ;* ↓ **pas grand-chose** ; (fam.) **pas un clou** (*Ça [ne] vaut pas un clou*) ; (très fam.) **que dalle** (*Ça vaut que dalle*). *Tu n'y comprends rien, mon ami ! ;* (très fam. et vieilli) **nib** (*Tu y comprends nib*). — 2° (dans les loc.) *Elle n'était rien moins que satisfaite* (soutenu et vieilli) ; (plus courant) **aucunement, nullement.** *Je n'ai pas pensé à vous rapporter des cigarettes.* — *Cela ne fait rien* = **cela n'a aucune importance, tant pis.** *Votre travail est plus que médiocre, c'est moins que rien* = **c'est nul.** *Elle acheva les préparatifs en moins de rien/en un rien de temps* = **très rapidement, très vite.** *Il est venu pour rien* = **inutilement** ; (fam.) **pour des prunes.** *Travailler pour rien :* v. ŒIL I [*pour les beaux yeux de qqn*]. *Pour rien :* v. NON II [*pour un oui ou pour un non*]. *Il a obtenu le reste pour rien* = **gratuitement/bon marché** selon le contexte. *Un rien ! :* v. PAILLE [*une paille*]. *C'est un bon à rien :* v. INCAPABLE. *Réduire à rien :* v. ZÉRO.

II (nom) 1° *Il se vexe vraiment pour un rien* = **bagatelle, broutille, vétille.** *Ce sont ces riens que l'on offre qui font plaisir* = **petite chose** ; v. aussi BABIOLE. *Il passe son temps à des riens* (plur.) = **bêtise.** — 2° (loc.) *Il arriva en un rien de temps ;* (soutenu) **promptement.**

rigole *Le jardinier aménagea une rigole pour évacuer l'eau de pluie ;* **caniveau** désigne une pierre creusée en rigole ; **cassis** s'applique à une rigole

creusée en travers d'une route ; **fossé, tranchée** supposent que l'on a creusé assez profondément.

rigorisme *Le rigorisme de ses principes l'a éloigné de ses semblables* = **austérité, intransigeance, rigidité** ; ↓ **rigueur.** ● **rigoriste** *C'est par son attitude rigoriste qu'il s'est fait respecter* ; ↓ **rigoureux, sévère** ; v. AUSTÈRE et INTRANSIGEANT.

rigueur 1° *Après un automne trop tiède, on craignait la rigueur de l'hiver* = **rudesse** ; (soutenu) **inclémence.** — 2° (dans la loc. verb.) *On lui tenait rigueur de ses origines* (soutenu) = **faire grief.** — 3° *Les rigueurs de la destinée* (au plur., vieilli) : v. CRUAUTÉ (in *cruel*). — 4° *C'est par la rigueur du raisonnement qu'il est parvenu à un résultat* = **rectitude** ; v. EXACTITUDE (in *exact*). — 5° V. RIGORISME. — 6° (dans la loc. adv.) *On peut à la rigueur/à l'extrême rigueur ne pas tenir compte de cet inconvénient ;* ↑ **au pis aller.** ● **rigoureux** 1° *Des principes moraux rigoureux* = **rigide** ; v. AUSTÈRE, FERME II et RIGORISTE (in *rigorisme*). *Les mutins subirent des sanctions rigoureuses* = **draconien** ; v. ÉNERGIQUE (in *énergie*) et SÉVÈRE. — 2° *Un hiver rigoureux* = **rude** ; v. DUR. — 3° *Le respect rigoureux des règlements est exigé* = **strict** ; v. ÉTROIT. — 4° *L'opposition a fait une analyse rigoureuse de la situation économique ;* ↓ **précis** ; v. aussi EXACT. ● **rigoureusement** 1° *L'accès des bâtiments est rigoureusement interdit à tout personnel civil* = **formellement, strictement.** — 2° V. ÉTROITEMENT (in *étroit*). — 3° V. EXACTEMENT (in *exact*).

riposte 1° *Il n'attendit pas longtemps pour entreprendre une vive riposte* = **représailles** (au plur.). — 2° *Une riposte cinglante :* v. RÉPLIQUE II. ● **riposter** 1° *Les maquisards ripostèrent en bombardant l'aéroport* ; **contre-attaquer,** c'est opérer un mouvement offensif soudain. — 2° V. RÉPLIQUER (in *réplique* II).

rire 1° *Il est d'un bon naturel, la moindre plaisanterie le fait rire ;* **s'esclaffer,** c'est éclater de rire ; **glousser,** c'est rire en poussant de petits cris ; (fam.) ↑ **se marrer ;** (fam.) **rigoler ;** rire à gorge **déployée/aux éclats/aux larmes/à s'en tenir les côtes,** c'est rire très fort, ainsi que : (fam.) **se gondoler, se poiler, se tordre, se dilater la rate, s'en payer une tranche**; (très fam.) **se taper le cul par terre**; v. AMUSER. — 2° *J'espère que tout ceci n'est pas sérieux; vous voulez rire?* = **plaisanter**; (soutenu et rare) **badiner.** — 3° *Rire de* : v. MOQUER (SE). — 4° *Sans rire* : v. SÉRIEUSEMENT (in *sérieux*). ● **rire** (nom) *Les mimiques du clown provoquaient le rire du public* = **hilarité.** ● **risible** *La situation est plutôt risible* = **drôle**; ↑**cocasse**; v. COMIQUE.

risquer 1° *Risquer sa vie* : v. EXPOSER III et HASARDER (in *hasard*). *Il a risqué tout ce qu'il avait dans cette affaire* = **jouer, mettre en jeu.** — 2° *Risquer sa réputation* : v. COMPROMETTRE. ● **risque** 1° *Le projet était intéressant mais plein de risques*; (soutenu) **péril**; (soutenu) **aléa** se dit d'un inconvénient non prévisible; v. DANGER et INCONVÉNIENT. — 2° (dans l'express.) *Il prend des risques et pourrait bien ne pas arriver au but* = **jouer avec le feu.** — 3° *C'est un risque* : v. PENDRE [*Ça lui pend au nez*]. — 4° (loc. prép.) *Au risque de* : v. QUITTE [*quitte à*]. ● **risqué** *Cette escalade est vraiment trop risquée* = **dangereux**; (très soutenu en ce sens) **scabreux**; v. AVENTURÉ (in *aventure*), HARDI et HASARDEUX (in *hasard*).

rivage *Le voilier quitta rapidement le rivage* (en parlant de la mer); (didact.) **littoral**; **rive** s'emploie pour une rivière (*la rive droite de la Loire*), ou pour la mer (*les rives de la Méditerranée*); v. BORD; v. aussi CÔTE III.

rival 1° *Il n'obtiendra ce poste qu'en éliminant ses rivaux* = **adversaire**; v. aussi ENNEMI. — 2° *Il a été mon rival, il est resté mon ami*; (soutenu) **émule** se dit de celui qui cherche à surpasser qqn en bien; v. CONCURRENT. ● **rivalité** 1° *La rivalité entre les grandes puissances n'a pas permis la signature des accords*; ↑**antagonisme.** — 2° *Les grands magasins entraient en rivalité avec le petit commerce* = **concurrence**; v. aussi ÉMULATION. ● **rivaliser** ~ *de qqch avec qqn.* *Il rivalisait d'esprit avec son ami pour séduire la jeune fille* = **faire assaut de**; v. DISPUTER et LUTTER (in *lutte*).

robe 1° *La robe est le vêtement distinctif de certaines professions* (*la robe du prêtre*); (plus précis) **soutane.** *La robe du moine*; (vieilli) **froc.** *La robe d'un professeur d'université est portée dans certaines cérémonies*; (plus précis) **épitoge.** — 2° **robe de chambre** *Il/Elle restait en robe de chambre toute la matinée*; **peignoir** désigne un vêtement porté à la sortie du lit; (moins courant) **saut-de-lit.** — 3° *Ce chien de race est réputé pour la couleur fauve de sa robe*; (plus courant) **pelage.**

robuste 1° *Qqn est* ~. *Il fallait être très robuste pour faire ce travail* = **vigoureux**; (fam.) **costaud**; v. FORT I et RÉSISTANT (in *résister*). — 2° *Qqch est* ~. *On avait besoin de machines agricoles très robustes dans ce pays au climat rude* = **solide** (v. ce mot). ● **robustesse** 1° *La vie au grand air lui avait donné une robustesse peu commune* = **vigueur**; v. FORCE et RÉSISTANCE (in *résister*). — 2° *La robustesse d'un moteur*; v. SOLIDITÉ (in *solide*).

rocaille *C'était une région au sol pauvre : partout de la rocaille* = **pierraille.** ● **rocailleux** 1° V. PIERREUX (in *pierre*) et RABOTEUX. — 2° *L'acteur prit une voix rocailleuse* = **rauque** (v. ce mot). *Les critiques critiquaient avec ensemble le style rocailleux de l'écrivain* = **heurté, rude.**

rocher 1° V. PIERRE. — 2° *Les navires faisaient un détour pour éviter les rochers qui affleuraient*; (plus précis) **écueil, récif**; (didact., en terme de marine) **caillou.**

rôder *Les jeunes chômeurs rôdaient toute la journée dans les cafés*; (fam.) **traînailler, traînasser**; v. ERRER II. ● **rôdeur** *La presse attribuait le crime à des rôdeurs*; **vagabond** se dit d'une personne qui n'a pas de domicile fixe; le mot n'implique pas d'intentions louches.

roi 1° V. MONARQUE. — 2° *Vous êtes vraiment le roi des imbéciles* = **le plus grand.** ● **royal** 1° *Il s'est fait construire une demeure royale* = **grandiose, somptueux.** *C'était une offre royale* = **magnifique.** — 2° *Il manifestait une indifférence royale à tout ce qui pouvait arriver* = (dans ce contexte) **parfait, total.** ● **royalement** *Il nous a reçus royalement dans sa nouvelle maison* = **magnifiquement, somptueusement.**

rôle 1° *Cette actrice excellait dans les rôles de soubrette* = **emploi**. *Il avait réussi à décrocher un petit rôle dans un film;* (didact.) **panne**. — 2° *Le missionnaire considérait que son rôle était d'aider les plus démunis;* ↑**vocation**. — 3° *Jouer son rôle dans qqch* : v. PART I [*prendre part à*]. — 4° *Ce n'est pas mon rôle de...* : v. TÂCHE.

romanesque 1° *Qqn est* ∼. *Ce jeune homme romanesque ne voit rien de la vie telle qu'elle est;* **rêveur** indique que l'on se complaît dans ses imaginations (v. ce mot in *rêver*); **sentimental** indique que l'on accorde beaucoup d'importance aux sentiments. — 2° *Qqch est* ∼. *Il a eu une vie tout à fait romanesque;* (plus général) **extraordinaire**.

rompre 1° *D'un coup sec, il a rompu la branche* = **casser**. — 2° *Ils ont rompu la semaine dernière* = **se séparer;** ↓**se brouiller;** v. DIVORCER (in *divorce*). — 3° *Une personne au fond de la salle a rompu le silence* = **interrompre**. *Sans que rien ne le laisse prévoir, les deux pays ont rompu le traité* = **dénoncer**. *Le négociant a rompu le contrat* = **résilier**. — 4° **à tout rompre** *Les spectateurs applaudissaient à tout rompre* = **très fort**. ● **se rompre** 1° *Une digue se rompt* : v. CREVER. — 2° *Le chien a tellement tiré sur sa chaîne qu'elle s'est rompue* (soutenu); (plus courant) **céder, lâcher;** (fam.) **claquer;** (très fam.) **péter;** v. aussi CASSER (SE). *Attention, la branche va se rompre!* = **craquer;** v. aussi CASSER (SE). ● **rupture** 1° *Une mauvaise préparation physique peut entraîner la rupture d'un tendon si vous courez trop longtemps;* (plus précis) **déchirure**. — 2° *Ils en sont venus à la rupture, ils ne s'entendaient plus* = **séparation;** v. DÉSACCORD et DIVORCE. — 3° *Il a été condamné pour cette rupture de contrat* = **dénonciation, résiliation**.

rond (adj.) 1° *Le banquier était un petit homme tout rond;* (fam.) **rondouillard**. *Des joues bien rondes* = **rebondi**. *C'est une femme un peu trop ronde;* (fam.) **boulot, rondelet**. — 2° *Être rond* : v. IVRE. ● **rond** (nom) 1° *Il traça plusieurs ronds sur le tableau;* (plus courant en ce sens) **cercle; circonférence** désigne la limite extérieure d'un cercle. — 2° *Des ronds dans l'eau* : v. ONDE II. — 3° (dans des express.) *Avoir des ronds* :

v. ARGENT. *N'avoir jamais un rond* : v. PAUVRE II. *Tourner en rond* : v. INSOLUBLE. *Un empêcheur de tourner en rond* : v. GÊNEUR (in *gêne*).

ronger 1° ∼ *qqch. Les souris avaient rongé quelques livres* = **grignoter**. — 2° ∼ *qqch. Le graveur travaillait avec des acides qui rongeaient le métal;* (didact.) **corroder;** v. ATTAQUER. — 3° ∼ *qqn. Le remords le rongeait* = **dévorer, tourmenter;** v. MINER. — 4° *Se ronger les sangs* : v. S'INQUIÉTER (in *inquiet*).

rose I 1° *Les touristes admiraient les grandes roses de la cathédrale;* (plus courant) **rosace**. — 2° *Dans l'express. Envoyer qqn sur les roses* : v. BOULER [*envoyer qqn bouler*] (in *boule*).

II 1° *La mode était aux chemises roses;* **saumon**, adj. invariable, désigne une couleur rose tendre, **lilas** une couleur violette tirant sur le rose. — 2° *La vie n'est pas toujours très rose* = **gai**.

rosse I V. CHEVAL.

II 1° (adj.) *Il a été rosse avec moi en me laissant revenir à pied* (fam.); (courant) **méchant;** (très fam.) **vache**. — 2° (nom) *Tu es une sale rosse!;* ↓**chameau**. ● **rosserie** *Ce critique dit des rosseries avec le sourire* (fam.); (courant) **méchanceté;** (très fam.) **vacherie**.

rôtir 1° *Rôtir de la viande* : v. CUIRE. — 2° *Elle avait l'habitude de rôtir du pain pour son petit déjeuner* (didact.); (courant) **griller**.

rouge 1° *Il avait le visage tout rouge d'avoir couru si vite* = **enflammé; congestionné** indique qu'il y a un afflux de sang important; **écarlate** désigne un rouge éclatant (*L'abus de la boisson lui donnait un teint écarlate*); (plus précis) **rougeaud, rubicond**. — 2° *vin rouge Il aimait bien boire un petit verre de vin rouge;* (fam.) **rouge**. — 3° *Une viande rouge* : v. SAIGNANT (in *saigner*). ● **rouge** (nom) 1° *Le rouge convenait fort bien à son teint;* les nuances de rouge sont très nombreuses : **cramoisi** désigne un rouge qui tire sur le violet; **incarnat** un rouge clair et vif; **rubis** un rouge brillant; **vermillon** un rouge vif, etc. — 2° V. ROUGE (adj.). — 3° *Le ministre disait qu'il lutterait contre les rouges* (péjor.); (courant) **communiste**. ● **rougir**

rouler I 1° *Une voiture roule :* v. AVANCER I, FONCER et MARCHER. — 2° *Qqn* ~. *Il trébucha et roula dans l'escalier* = **dégringoler** (*dégringoler l'escalier*). — 3° *qqch.* *La cuisinière roula les quartiers de pomme dans la farine* = **enrober de** (*... enroba les quartiers... de farine*). — 4° (dans des express.) *Arrête donc d'y toucher, ça roule !* (fam.) ; (courant) **ça va, ça marche.** *Il ne roule pas sur l'or* = **être riche.** *C'est un homme qui a roulé sa bosse toute sa vie ;* (fam.) **bourlinguer.** *Se les rouler :* v. PARESSER (in *paresse*). ● **se rouler** *Il se roula dans son duvet et s'endormit* = **s'enrouler.**

II *Je me suis fait rouler* (fam.) = **avoir, posséder.** *Elle croit n'importe qui, on la roule comme on veut* (fam.) ; (courant) **tromper** ; (soutenu) **duper.** *Ce bibelot ne vaut rien, vous vous êtes fait rouler* (fam.) ; (courant) **voler** (v. ce mot).

route 1° *Couchez-vous tôt ; demain, la route sera longue* = **trajet** ; v. ÉTAPE. *Il ne reste plus qu'à vous souhaiter une bonne route* = **voyage.** *Chercher sa route :* v. CHEMIN. (loc.) *Ils ont repris la route de la capitale* = **revenir vers.** *Se mettre en route :* v. DÉMARRER. **faire route** *Le paquebot faisait route vers le Brésil ;* (didact.) **cingler** *ne se dit que d'un voilier.* — 2° (dans des express.) *Je vous donne la route à suivre ; ensuite, débrouillez-vous seul ;* (plus courant) **marche.** *Il n'a pas trouvé la solution, mais il est sur la bonne route* = **en bonne voie.** *Faire fausse route :* v. S'ÉGARER (in *égarer*).

routine *Son travail était devenu une routine fatigante* = **train-train.**

roux 1° (nom) *C'était un grand roux à la peau très blanche ;* (fam.) **rouquin.** — 2° (adj.) *La jeune fille avait de longs cheveux châtain roux* = **auburn.**

rude 1° *La mode était aux pantalons de toile rude* = **rêche, rugueux.** *Une barbe rude ;* (plus courant) **dur** (v. ce mot). — 2° *Les travaux de la moisson étaient très rudes* = **pénible.** *Un hiver rude :* v. RIGOUREUX (in *rigueur*). *Un coup rude :* v. BRUTAL. *Il avait un caractère rude, peu conciliant* = **bourru, revêche** ; v. aussi AUSTÈRE. *Une rude semonce :* v. VERT. — 3° *Un style rude :* v. ROCAILLEUX (in *rocaille*). — 4° *Qqch est* ~. *Il était en colère et parlait d'une voix rude* = **âpre.** — 5° *Dans chaque rencontre, c'était un rude négociateur* = **redoutable.** — 6° *Vous avez eu une rude chance de vous en tirer sans plus de mal !* (antéposé) = **fameux, sacré** ; **rudement** (*... rudement eu de la chance) ;* v. aussi BEAUCOUP (*... eu beaucoup de chance*). ● **rudement** 1° *Elle le frappa rudement en plein visage* = **brutalement.** — 2° *La mort de ses parents l'a touchée rudement* = **cruellement.** *Ne lui parlez pas si rudement* = **sèchement** ; v. aussi VERTEMENT (in *vert*). — 3° *J'étais rudement content que vous arriviez* (antéposé ; fam.) = **drôlement** ; (courant) **très** ; (rare) **diablement** ; v. RUDE. ● **rudoyer** *Ce n'est pas en rudoyant cet enfant que vous réglerez les difficultés* = **houspiller, malmener** ; ↑ **brutaliser** ; (fam.) ↓ **tarabuster.**

rue *Toute la rue avait été interdite à la circulation automobile ;* **avenue** désigne une voie urbaine large (*l'avenue des Champs-Élysées) ;* **ruelle,** (vieilli) **venelle** désignent une petite rue.

ruer I *Ruer dans les brancards :* v. PROTESTER.

II **se ruer** *Les spectateurs se ruèrent vers le terrain pour embrasser les joueurs* = **se précipiter** ; v. ÉLANCER (S'). *Il se rua sur son adversaire ;* ↓ **se jeter sur.**

rugueux *Le chat le léchait de sa langue rugueuse* = **râpeux** ; v. RUDE et RABOTEUX.

ruine 1° *On trouvait des cadavres dans les ruines de la ville* (plus courant au plur.) = **décombres** ; v. aussi DÉGÂT. — 2° *La ruine des valeurs morales :* v. CHUTE I, DÉCADENCE, DÉLIQUESCENCE (in *déliquescent*) et DISSOLUTION (in *dissoudre*) ; v. aussi FAILLITE. — 3° *La ruine du banquier n'a surpris que les naïfs* = **déconfiture.** *Être au bord de la ruine :* v. ABÎME et PERTE (in *perdre*). *La ruine du négoce :* v. MORT I. — 4° (loc.) *La maison abandonnée tombait en ruine* = **s'effondrer.**

ruisseau *C'étaient des ruisseaux de larmes, des pleurs à n'en plus finir ;*

↑ **torrent**; v. FLOT. ● **ruisselant** *Tous les murs de la vieille bâtisse étaient ruisselants d'eau*; ↓ **dégouttant**, ↓ **dégoulinant**. *Il avait travaillé toute la journée au soleil et revenait ruisselant de sueur* = **inondé, trempé**.

ruse 1° *Toutes vos ruses ont été découvertes*; (soutenu) ↑ **subterfuge**; (fam.) ↓ **truc**; **artifice** se dit d'un moyen trompeur utilisé pour déguiser la vérité; (vieilli) **astuce** désigne un moyen pour tromper; (soutenu) **stratagème** s'applique à une ruse adroite; v. aussi DÉTOUR, MANŒUVRE et PIÈGE. — 2° *Il prétendait que la ruse était une qualité en politique*; **rouerie** désigne l'habileté sans scrupule; (fam.) **roublardise** ● **ruser** *Il rusa et obtint ce qu'il désirait* = **finasser**. ● **rusé** *C'est un homme rusé qui sait tromper son monde sans qu'il y paraisse*; **habile** n'implique pas l'idée de tromperie; (soutenu) **matois**; (fam.) **roublard**; ↑ **roué**; v. RETORS.

rutilant *Il frottait sa voiture pour qu'elle soit bien rutilante* = **étincelant**; v. aussi BRILLANT I.

rythme *Le rythme de la prose de Chateaubriand est très caractéristique* = **cadence, mouvement**; **balancement** indique qu'il y a équilibre entre les parties d'une période; v. aussi MÉLODIE. *J'aime bien le rythme de ce blues* = **tempo**. *Laisse-le aller à son rythme* = **mesure**. ● **rythmé** *Une prose bien rythmée* = **harmonieux**.

S

sable *Le jardinier a couvert ses allées de sable;* (plus part.) le **limon** est un sable très fin, le **falun** (terme didact.) un sable coquillier; le **gravier** est grossier, composé de petits cailloux et non de grains.

sabot *Il fait sonner ses sabots sur les cailloux du chemin;* la **galoche** est un sabot à dessus de cuir.

saboter 1° *Par lassitude, il avait saboté son travail* = **bâcler**; **gâcher** se dit plutôt de la mauvaise utilisation des matières premières. *Saboter un travail;* (fam.) **faire à la diable/par-dessus la jambe.** — 2° *Les partisans avaient saboté la voie ferrée par où devait passer le convoi de renfort; saboter* c'est **détériorer** intentionnellement qqch; v. aussi DÉTRUIRE.

sabre 1° V. ÉPÉE. — 2° (loc.) *Pourquoi ce soldat prend-il des airs de traîneur de sabre?* = **bravache;** v. aussi FANFARON. ● **sabrer** 1° *Le rédacteur en chef avait sabré ce long article* = **couper.** — 2° *Le jury a sabré les candidats;* (fam.) **sacquer.**

sac **I** 1° *L'épicier met les légumes en petits sacs;* un **sachet** ou une **poche** sont de petits sacs. *L'ouvrier emportait sa gamelle dans son sac;* la **musette** ou la **sacoche** sont munies d'une bretelle. *L'enfant a préparé son sac pour l'école;* (plus part.) **cartable, serviette.** — 2° (dans des loc.) *Sac à provisions;* un **cabas** est un sac à provisions ou un panier souple. *Le campeur a déroulé son sac de couchage* = **duvet.** — 3° *Cul-de-sac* : v. IMPASSE. — 4° *Il aurait mieux fait de vider son sac que de se taire* (fam.) = **se mettre à table;** (courant) **avouer;** v. PARLER.

II V. PILLAGE (in *piller*).

saccade *À certains moments, le moteur toussait et la voiture avançait alors par saccades* = **à-coup, soubresaut;** v. SECOUSSE (in *secouer*). ● **saccadé** *Sous le coup de la colère il parle d'une voix saccadée* = **entrecoupé, haché;** v. HEURTÉ (in *heurter*).

saccager 1° V. PILLER et MASSACRER. — 2° *Les cambrioleurs ont saccagé l'appartement de fond en comble;* ↓**bouleverser;** (fam.) ↓**chambarder;** v. ABÎMER. ● **saccage** 1° V. PILLAGE (in *piller*). — 2° *Quel saccage dans le champ après le passage des chasseurs!;* ↓**dégât** (v. ce mot).

sacerdoce *Exercer un sacerdoce* : v. MINISTÈRE. *La vocation du sacerdoce devient rare;* (plus part.) **prêtrise,** qui s'applique uniquement au clergé catholique, est d'emploi plus courant pour désigner plus généralement la fonction du prêtre.

sacré **I** (postposé) 1° *Un festival d'art sacré a été organisé* = **religieux.** *Le calice est un vase sacré;* **liturgique** se dit particulièrement de ce qui a rapport au culte; v. SAINT. — 2° *Le secret professionnel est sacré* = **inviolable;** (plus soutenu) **intangible.**

II (antéposé) 1° V. MAUDIT (in *maudire*), FINI (in *finir*), FAMEUX, FICHU I, RUDE et VACHE II. — 2° *Il a un sacré toupet de se présenter devant nous après tout ce qu'il nous a fait* (fam.); (courant) **incroyable** et **extraordinaire** (v. ce mot) sont le plus souvent postposés.

sacrer **I** *Les rois de France étaient sacrés à Reims;* (plus part.) **couronner** se dit de la proclamation du souverain, **bénir** et **oindre** des actes religieux qui accomplissaient le sacre.

II *Écumant de rage, il sacrait comme un charretier* = **jurer** (v. ce mot) ; **blasphémer**, c'est jurer en insultant la divinité ou la religion.

sacrifice I *Le sacrifice est une très ancienne pratique religieuse ;* (plus général) l'**offrande** n'implique pas la destruction ou l'abandon de la chose offerte ; (plus part.) l'**immolation** et l'**holocauste** impliquent le sacrifice d'une (ou plusieurs) vie(s) ; la **libation** est le geste symbolique de verser le lait ou l'alcool en offrande.

II 1° *Ils ont accepté beaucoup de sacrifices pour l'éducation de leurs enfants ;* ↓ **privations** ; les **dépenses** sont des sacrifices exclusivement financiers ; v. EFFORT. — 2° *L'esprit de sacrifice ;* ↑ **abnégation** ; ↓ **dévouement**.

sacrifier 1° ∼ qqn ou qqch. *Cet homme sacrifie les siens ;* ↓ **abandonner**. *Le metteur en scène a sacrifié le rôle du jeune premier ;* ↓ **négliger**. *Sacrifier un article* = **vendre à bon marché** ; v. SOLDER (in *solde* II). — 2° ∼ qqn/qqch à qqn/qqch. *Il sacrifie ses loisirs à la philatélie ;* ↓ **consacrer**. *Il s'est sacrifié au bonheur des siens* = **se dévouer** ; ↑ **s'immoler**. — 3° (trans. ind.) ∼ à qqch. *Nous sacrifions tous à la mode dans les domaines les plus divers* = **se soumettre** ; ↑ **obéir**.

sacrilège I (nom) *Les vols d'objets sacrés sont des sacrilèges* = **profanation** ; un **blasphème** est un sacrilège par la parole.

II (nom et adj.) V. IMPIE.

sage 1° (antéposé) *C'est une sage décision ;* **avisé**, **judicieux**, **sensé** (postposés) ; ↓ **prudent** (v. ce mot) ; (plus général) **bon** ; v. RAISONNABLE (in *raison* I). — 2° (postposé) *Cet enfant est presque trop sage* = **docile**, **obéissant** ; ↑ **gentil** implique en plus une conduite agréable ; v. aussi TRANQUILLE et SÉRIEUX. — 3° *Elle a été sage jusqu'à son mariage ;* **chaste** ; ↑ **pur** implique que même les intentions étaient sages. ● **sagement** *Le malade attend sagement son tour dans l'antichambre* = **tranquillement**. *Vous avez parlé sagement* = **raisonnablement** ; v. PARLER [*parler d'or*] ; v. aussi PRUDEMMENT (in *prudent*).

● **sagesse** 1° *Dans ces circonstances difficiles, il a manœuvré avec sagesse* = **circonspection**, **prudence** ; v. MODÉRATION (in *modérer*). *Il a accepté cette perte avec beaucoup de sagesse* = **philosophie** ; v. RAISON I et SENS [*bon sens*]. — 2° *Cet enfant est d'une sagesse rare :* v. DOCILITÉ (in *docile*). — 3° *Nous avons été surpris de la sagesse de ses prétentions lors des discussions que nous avons eues avec lui* = **modestie**.

saigner 1° (intr.) Qqn ∼. *Le blessé a saigné pendant son transport à l'hôpital ;* (didact.) ↑ **avoir une hémorragie**. — 2° (trans.) *On a saigné le porc ;* **égorger** s'emploie plutôt pour un acte criminel que pour l'abattage d'un animal ; v. aussi TUER. *La guerre a laissé vainqueurs et vaincus saignés à blanc* (loc.) ; (plus général) ↓ **épuisé** ; (rare) **exsangue** est possible dans ce contexte. ● **saignant** 1° V. ENSANGLANTÉ. — 2° *J'aime la viande saignante ;* ↑ **bleu** ; (plus général) **rouge** se dit aussi bien de la nature de la viande (bœuf, mouton), par opposition aux viandes blanches (veau, etc.), que de son degré de cuisson.

saillir I *Une corniche saillait à la hauteur du premier étage de la façade* = **faire saillie** ; (plus courant et plus général) **dépasser** et **avancer**. ● **saillant** 1° *Les parties saillantes de la façade sont dégradées par les pigeons* = **proéminent**. *Il a les yeux saillants ;* (moins courant) **globuleux** ; v. GROS [*de gros yeux*]. — 2° *Le trait saillant de son caractère est une gentillesse poussée à l'extrême* = **remarquable**.

II *L'éleveur a fait saillir sa jument par l'étalon du haras* = **couvrir** ; v. ACCOUPLER (S').

sain 1° (en parlant d'une personne ou d'un animal) *Parmi ces éclopés, un seul homme sain !* = **en bonne santé** ; **valide** se dit des personnes qui peuvent exercer leur activité. *Ce garçon est parfaitement sain d'esprit :* v. ÉQUILIBRÉ (in *équilibre*). *Sain et sauf ;* (moins courant) **indemne** se dit de qqn qui a échappé à un danger. — 2° (en parlant de qqch) *Une maladie des bronches l'oblige à vivre sous un climat sain ;* ↑ **tonique** ; (moins courant) **salubre**. *Une nourriture saine :* v. HYGIÉNIQUE (in *hygiène*). — 3° *Voilà de saines idées sur la mode* = **raisonnable**. ● **sai-**

372

nement *Il juge sainement de ses expériences passées* = **raisonnablement, judicieusement.**

saint 1º *Aujourd'hui les choses les plus saintes sont bafouées* = **sacré, vénérable ;** ↓ **respectable.** — 2º Comme nom dans la théologie catholique : *Les saints jubilent dans le ciel ;* (plus général) **élu** désigne simplement celui qui jouit de la félicité éternelle, que l'Église lui rende ou non des honneurs publics ; (plus part.) **bienheureux** se dit de celui qui a été béatifié, sans qu'un culte lui soit dédié. — 3º (dans des loc.) *Ce n'est pas un petit saint* = **un enfant de chœur ;** l'une et l'autre expression se disent par antiphrase. *Le saint des saints* = **sanctuaire.**

sainte nitouche *Cette petite sainte nitouche a trompé tout le monde* = **hypocrite,** ou **nitouche.**

saint-glinglin *Il reviendra à la saint-glinglin* = **la semaine des quatre jeudis, ne... jamais** *(Il ne reviendra jamais).*

saisir I 1º ~ *qqn ou qqch. Il saisit une branche à deux mains pour grimper à l'arbre ;* **s'agripper à ;** (moins courant) **empoigner ;** v. ATTRAPER I, EMPARER (S') ; v. aussi PRENDRE. — 2º *Qqn* ~ *qqch. J'ai bien saisi votre idée* = **comprendre** (v. ce mot) ; (fam.) **piger ;** v. aussi ENTENDRE III, PÉNÉTRER et VOIR. *Il n'est pas facile de saisir les intentions de ce personnage silencieux* = **discerner ;** v. PERCEVOIR I. *Avez-vous saisi votre rôle ?* : v. RÉALISER II. — 3º *Qqch* ~ *qqn. Le froid a saisi le baigneur à la sortie de l'eau* = **surprendre.** *Le spectateur a été saisi par la puissance des images* = **frapper ;** (moins courant) **captiver ;** ↓ **impressionner,** ↓ **émouvoir.** ● **se saisir** *Les policiers se sont saisis du perturbateur ;* (moins courant) **appréhender, empoigner ;** v. EMPARER (S').

II *On a saisi ses meubles ;* (plus général) **confisquer,** c'est déposséder qqn par un acte d'autorité quelconque, alors que *saisir* est un acte juridique. ● **saisie** *La saisie des marchandises entrées en fraude est opérée par les douaniers* = **confiscation.**

saison *Ce n'est pas encore la saison des vacances* = **moment.** *Ce langage n'est plus de saison* = **de circonstance.**

salaire *Les salaires n'ont pas augmenté à la même vitesse que les prix ;* (moins courant) **appointements** se dit d'une rétribution pour un emploi régulier ; (plus général) **rémunération** (v. ce mot) se dit de tout argent reçu en échange d'un service ou d'un travail ; au sens restreint, *salaire* ne se dit que de la somme perçue régulièrement par un employé et s'oppose à **émoluments,** qui se dit de la rétribution variable ou fixe des employés d'administration, à **honoraires,** qui se dit des sommes perçues par les membres des professions libérales (médecins, avocats, etc.), à **indemnités,** qui ne désigne en principe que la compensation des frais ; **traitement** se dit de la rémunération mensuelle d'un fonctionnaire, **gages** du salaire d'un domestique, **solde** de l'allocation des militaires ; v. RÉTRIBUTION et PAIE. *As-tu touché ton salaire ? ;* (par méton. ; plus fam.) **mois, quinzaine, semaine** selon le mode de paiement. (dans la loc.) *Le salaire minimum de croissance est indexé sur les prix* = **minimum vital.** ● **salarié** (nom) *Les salariés de cette entreprise ont posé leurs revendications* = **personnel, employés ; ouvrier** se dit de celui qui effectue un travail manuel.

salaud Terme injurieux aux nombreux synonymes. *Voici le dénonciateur ; c'est un salaud* = **charogne, crapule, fumier, salopard, saligaud ;** v. SALE [*sale type*] et ORDURE. *Quel est le salaud qui a laissé les lieux dans cet état ? :* v. MALPROPRE. Comme d'autres termes injurieux, en emploi ironique et non péjoratif : *Bien, mon salaud, tu as eu de la chance !* = **cochon.**

sale 1º (postposé) *Il ne se lave jamais, il est sale* = **dégoûtant ;** ↑ **répugnant** implique l'effet produit sur les autres ; (très fam.) **dégueulasse, crasseux (crado, cracra) ;** v. MALPROPRE et SORDIDE. *En rentrant du jardin, enlève tes chaussures sales ;* (plus part.) **poussiéreux, boueux, crotté, terreux ;** (plus soutenu et plus général) **souillé.** *Il a les mains toutes sales :* v. NOIR. — 2º (postposé) *Ses histoires sales ne sont pas toujours drôles ;* ↓ **grivois ;** (plus soutenu) ↑ **obscène** et ↑ **ordurier** impliquent une condamnation ; v. aussi SCABREUX. — 3º (antéposé) *Votre voisin a vraiment une sale tête :* **antipathique, désagréable** (postposés) ; (dans les loc.) *Quel sale indi-*

vidu !/type !; (fam.) **salaud** (v. ce mot), **crapule**; v. aussi MISÉRABLE et TRISTE III. — 4° (antéposé) *Voilà un sale travail;* (plus part.) **difficile** est toujours postposé; v. aussi MAUDIT (in *maudire*). *Quel sale temps ! il pleut depuis huit jours;* ↓**mauvais**; **de chien** et (fam.) **dégueulasse** (postposés); v. VILAIN. ● **salement** 1° *Cet enfant mange salement* = **malproprement.** — 2° *J'ai été salement surpris* (fam.); **vachement,** qui sert familièrement aussi d'intensif, n'implique pas de péjoration; v. aussi TRÈS. ● **saleté** 1° *La saleté de ce logement me répugne :* v. MALPROPRETÉ. — 2° *Ce liquide est plein de saletés :* v. IMPURETÉ. *Cette cave est pleine de saletés :* v. ORDURE et CRASSE I. — 3° *Ne laissez pas votre chat faire ses saletés dans l'escalier;* (plus soutenu) **excrément.** — 4° *Il raconte toujours des saletés* = **grossièreté;** (fam.) **cochonnerie, saloperie.** — 5° *Il m'a fait une saleté que je ne lui pardonnerai pas* (fam.) = **crasse** (v. aussi ce mot), **saloperie, vacherie;** (plus courant) ↓**tour** (v. ce mot à TOUR III).

salir 1° ~ *qqch. En ramonant la cheminée, il a sali son visage et ses mains;* (plus soutenu) **souiller; tacher** et (soutenu) **maculer,** c'est salir par places; **barbouiller,** c'est enduire largement d'une substance salissante, surtout le visage. *La suie a sali les conduits;* ↑**encrasser,** c'est salir au point d'empêcher le fonctionnement; v. NOIRCIR. — 2° ~ *qqch/qqn. Pourquoi salir le souvenir de cette heureuse époque ?* = **abîmer** (v. ce mot); v. CORROMPRE. *Sa réputation a été salie par cette regrettable histoire* = **entacher.** *On a sali cet homme intègre* = **déshonorer, diffamer;** v. FLÉTRIR II.

salive *La salive lui coulait du coin de la bouche;* **bave** se dit d'une salive visqueuse; **bave** et **écume** se disent de la salive mousseuse de certains animaux. ● **saliver** *Ce chien salive devant sa pâtée* = **baver.** *Je salive au souvenir de cette blanquette de veau* = **avoir l'eau à la bouche.**

saltimbanque *Des saltimbanques ont monté leur baraque sur le boulevard* = **baladin, bateleur;** (plus courant) **forain** est plus général et se dit aussi bien des marchands que des artistes ambulants.

saluer 1° *Il a salué ses amis* = **dire bonjour** à l'arrivée, **au revoir** ou **adieu** au départ. *Le ministre a été salué à son arrivée par les notables :* v. ACCUEILLIR. — 2° *Nous saluons son grand dévouement* = **honorer, rendre hommage à.** ● **salutation** *Sa fille nous fait toujours de grandes salutations;* ↑**révérence** se dit d'un mouvement cérémonieux et conventionnel de respect; ↑**courbette** implique une certaine obséquiosité; **salamalecs** se dit péjorativement de salutations exagérées.

salut I Formule de politesse : *Salut aux amis !* = **bonjour, bonsoir, au revoir, adieu** suivant l'heure ou la situation.

II 1° *Il a cherché son salut dans la fuite* = **sauvegarde.** — 2° (dans la religion chrétienne) *le mystère du Salut* = **Rédemption; rachat** s'emploie aussi parfois dans ce contexte.

sanction 1° *Le projet a reçu la sanction des autorités scientifiques* = **approbation** (v. ce mot in *approuver*). — 2° *De sévères sanctions ont frappé les coupables;* **répression** (au sing. seulement); **condamnation** se dit du jugement qui décide de la punition; **amende** et **peine,** des modalités d'application; v. PUNITION (in *punir*). ● **sanctionner** 1° *L'usage a sanctionné l'emploi de ce mot* = **consacrer;** v. RATIFIER et CONFIRMER; v. aussi APPROUVER. *Cette décision a été sanctionnée par un décret ministériel* = **entériner.** — 2° *La loi sanctionne tous les délits* = **réprimer;** v. PUNIR.

sang-froid *Je ne l'ai jamais vu perdre son sang-froid;* (moins courant) **flegme; aplomb** se dit des marques extérieures du sang-froid.

sangsue 1° V. EXPLOITEUR (in *exploiter*). — 2° *Ce type est du genre sangsue* (fam.) = **collant, pot de colle.**

sans 1° Cette préposition peut exprimer la privation : *On ne peut vivre sans argent;* (moins courant) **dépourvu de;** ou l'absence d'instrument : *Sans faucille, il n'a pu couper l'herbe;* (moins courants) **faute de, privé de.** — 2° Elle peut aussi introduire une condition négative sous la forme d'un groupe nominal : *Sans cet heureux hasard, nous ne l'aurions pas rencontré* = **s'il n'y avait pas eu...** —

3° (dans des loc.) *Sans quoi* : v. AUTREMENT (in *autre*). *Il viendra sans doute* = **sûrement** (v. ce terme in *sûr*) et **certainement**. *Sans cesse* : v. CONSTAMMENT (in *constant*). *Il est arrivé à temps; sans cela je m'en allais* (fam.); (plus courant) **sinon**.

sans-abri et **sans-logis** sont très proches de sens; *sans-logis* se dit de celui qui n'a pas de logement, *sans-abri* de celui qui n'en a plus parce qu'il l'a perdu à la suite d'une catastrophe; v. SINISTRÉ (in *sinistre* II).

sans patrie *Ayant abandonné son pays et sa nationalité, il est maintenant sans patrie;* **apatride** désigne un statut plutôt qu'un état.

sans-soin *Pour ce travail minutieux, on ne peut employer un garçon sans-soin* = **négligent**.

sans-travail *Le nombre de sans-travail va bientôt atteindre le million dans notre pays;* (plus courant) **chômeur**.

saper I V. MINER et ÉBRANLER.

II se saper *Ton copain, il est mieux sapé que toi* (fam.) = **se fringuer**; (plus courant) **s'habiller**.

sarcasme *Il répondit à la critique par des sarcasmes* (surtout au plur.); (plus courant) ↓**moquerie** se dit de traits d'ironie moins mordants; v. aussi IRONIE. ● **sarcastique** *Le policier exhiba ses preuves avec un sourire sarcastique* = **sardonique**; ↓**ironique**.

sarcler *Il faudra sarcler le jardin au printemps;* (plus général) **désherber**, c'est enlever l'herbe avec ou sans outil; **biner**, c'est à la fois désherber et ameublir le sol.

sarrasin *Les Bretons font des galettes de sarrasin* = **blé noir**.

satiné 1° *Ce tissu satiné fera très bien pour les rideaux* = **lustré**; ↑**brillant**. — 2° *Une peau satinée* : v. DOUX.

satire *Ce polémiste a fait une satire violente contre un politicien véreux* = **pamphlet**; **épigramme** est un trait satirique très bref; v. LIBELLE. ● **sati-**

rique *Depuis quelques années, la gauche a retrouvé une certaine verve satirique* = **mordant**; ↓**piquant** (v. aussi ces mots).

satisfaire 1° (trans.) ~ qqn. *Le service de cet hôtel m'a satisfait;* ↑**combler** et ↑**exaucer**; v. CONTENTER (in *content*) et PLAIRE I. — 2° (trans.) *L'automobiliste a dû s'arrêter pour satisfaire sa soif;* ↓**calmer**; (moins courant) **apaiser**; v. ASSOUVIR. *Ce garçon sait se satisfaire de peu* = **se contenter**; v. ACCOMMODER I [*s'accommoder de*]. — 3° (trans. ind.) ~ à qqch. *Le candidat a satisfait aux épreuves qui lui étaient imposées;* ↓**exécuter** (*exécuter les épreuves*); v. ACCOMPLIR. *La maison ne peut plus satisfaire à la demande des clients* = **répondre** (v. ce mot), **suffire**; v. SUIVRE [*donner suite à*]. *Le patron a dû satisfaire aux revendications de ses ouvriers* = **céder**. *Satisfaire à une condition* : v. REMPLIR. ● **satisfaction** 1° *Après son succès, il laissa éclater sa satisfaction* = **plaisir**; ↑**bonheur**; v. JOIE. *Il ne se préoccupe que de la satisfaction de ses désirs;* (plus soutenu) **assouvissement**. — 2° *Grâce à leur grève, les ouvriers ont obtenu satisfaction* = **gain de cause**; v. CONTENTEMENT (in *content*). *En me plaignant auprès de l'Administration, j'ai obtenu satisfaction* = **réparation** (v. ce mot in *réparer*). ● **satisfaisant** *Le travail de cet élève est satisfaisant;* ↓**acceptable**. *C'est un résultat satisfaisant;* ↓**honorable**; v. POIL [*au poil*]. ● **satisfait** 1° *Je suis très satisfait de votre succès* = **content** (v. ce mot); ↑**heureux**; v. FIER. — 2° *Voici une demande satisfaite;* ↑**comblé, exaucé**. — 3° *Il est beaucoup trop satisfait pour avoir la moindre idée du malheur des autres* = **plein** (*plein de lui-même*); v. aussi VANITEUX (in *vanité* II).

saturé *Le marché est saturé par l'afflux de nouveaux produits;* ↓**encombré**.

saucissonner *Avec l'été, nous pourrons aller saucissonner au bois* (fam.); (plus courant) **pique-niquer**.

sauf I (adj.) Ne s'emploie que dans des expressions figées : *Il s'en est tiré sain et sauf* = **indemne**; v. aussi ÉCHAPPER. *L'honneur est sauf* = **intact**.

II (prép.) 1° *Tous mes amis sont venus, sauf Paul* = **excepté** (v. ce mot) et à

l'exception de; (plus soutenu) **hormis**; v. PART III [*à part*] et EXCLUSION [*à l'exclusion de*] (in *exclure*). — 2° *Sauf avis contraire, votre demande sera satisfaite*; **à moins de** et **sous réserve de** se construisent avec un substantif déterminé : *à moins d'un avis contraire...* — 3° (loc. conj.) **sauf que** *Les vacances se sont bien passées sauf qu'il n'a pas cessé de pleuvoir* = **si ce n'est que, excepté que**; v. SI II [*si ce n'est*].

saumâtre 1° *Cette histoire me laisse un goût saumâtre dans la bouche* = **amer**. *C'était une plaisanterie, mais il l'a trouvée saumâtre* = **mauvais**; v. FORT II. — 2° V. SALÉ (in *sel*).

sauter 1° (intr.) Qqn ∼. *Il a sauté sur une chaise en jouant à chat;* (moins courant) **bondir**. *Il est tout le temps à sauter d'une jambe sur l'autre;* **sautiller** implique la répétition de l'acte de sauter; **gambader**, c'est sauter pour s'ébattre ou manifester sa joie. *Le clown a sauté dans l'eau tout habillé;* (plus part.) **plonger**. *Sauter sur :* v. JETER [*se jeter sur*]. — 2° Qqn ∼. (dans les loc.) *Sa femme lui a sauté à la gorge* = **agresser, attaquer**. *Sauter au cou :* v. EMBRASSER. *Pourquoi sautez-vous d'un sujet à l'autre?* = **passer du coq à l'âne**. — 3° (intr.) Qqch ∼. *La cartoucherie va sauter d'un instant à l'autre* = **exploser**; v. ÉCLATER. *Faites sauter le bouchon de cette bouteille de champagne :* v. PARTIR. *Et que ça saute !* (fam.); (plus courant) **dépêchez-vous, vite**. *Sauter aux yeux :* v. CREVER. — 4° (intr.) Qqch ∼. *Faites sauter le poulet à la cocotte* = **revenir**. — 5° (trans.) *Le coureur a sauté les premiers obstacles;* (plus général) **franchir**; v. PASSER I. — 6° (trans.) *Il a sauté sa petite collègue* (fam.); (très fam.) **s'envoyer, se farcir**; (soutenu) **séduire**. — 7° (trans.) *Le comédien a sauté une réplique dans son rôle;* (moins courant) **omettre**; (fam.) **avaler**; v. PASSER II. — 8° *On n'a pas mangé depuis deux jours; on la saute* (fam.) = **crever** (*crever la faim*). — 9° *Il faudra bien qu'il saute le pas;* (plus courant) **se décider**. • **saut** 1° *D'un saut prodigieux, il a franchi le fossé* = **bond**. *Dans sa joie, l'enfant fit de petits sauts;* des **cabrioles** sont des sauts désordonnés, un **sautillement** est une suite de petits sauts. *La moto a fait un saut dans le ravin* = **chute**. — 2° *L'économie nationale a fait un saut*

dans les dernières années; (plus courant) **bond**. — 3° *Le saut du Doubs :* v. CHUTE II.

sauvage I (adj. et nom) Pour parler des êtres animés ou de leur comportement : 1° (des bêtes) *Les animaux sauvages vivent en liberté;* (moins courant) **inapprivoisé**; v. aussi FAUVE. — 2° (des humains) *L'espérance de vie des peuples sauvages est relativement courte;* **primitif** suppose un état jugé proche des origines de l'espèce humaine; l'un et l'autre adjectif peuvent s'employer comme noms : *les sauvages/les primitifs.* — 3° *Ce personnage est d'un caractère sauvage* = **insociable**; v. FAROUCHE. *Mon mari est un sauvage* = **ours**; (plus soutenu) **misanthrope** se dit plus précisément de celui qui déteste toute compagnie; v. SOLITAIRE. — 4° *Il me regarda d'un air sauvage;* ↑ **bestial**, ↑ **féroce**; v. CRUEL. *Ses manières sont restées sauvages* = **grossier, inculte**; (moins courant) **fruste**. • **sauvagement** *Son adversaire le frappa sauvagement;* ↑ **cruellement**; v. BRUTALEMENT (in *brutal*). • **sauvagerie** 1° *La sauvagerie de nos mœurs surprendra peut-être nos descendants* = **barbarie**; ↑ **férocité**; v. BRUTALITÉ (in *brutal*). — 2° *C'est par sauvagerie qu'il n'adresse la parole à personne* = **misanthropie, insociabilité**.

II (adj.) [en parlant d'un lieu] *Si les régions sauvages deviennent à la mode, elles ne le resteront pas;* (moins courant) **inhabité**; ↑ **désert**.

sauvegarder *Il faut sauvegarder les intérêts de la communauté* = **préserver, protéger**; **défendre** implique une intervention plus active; v. SAUVER I. *Sauvegarder l'ordre :* v. MAINTENIR.

sauve-qui-peut *L'incendie a provoqué un sauve-qui-peut général* = **débandade**; v. aussi PANIQUE et FUITE (in *fuir*).

sauver I 1° ∼ qqn. V. GUÉRIR. — 2° *Les pompiers ont sauvé plusieurs personnes en danger;* (moins courant) **préserver** (*préserver qqn d'un danger*). *Ses amis l'ont sauvé de la misère* = **tirer**; v. ARRACHER [*arracher à la misère*]. — 3° ∼ qqn. *Les hommes ont été sauvés par le Rédempteur* (dans la religion chrétienne) = **racheter**. — 4° ∼ qqch. *Il ne suffisait pas de sauver leur vie, il fallait aussi sauver leurs biens;* (moins courant)

sauvegarder. ● **sauveur** 1° (dans la religion chrétienne) *Le Sauveur a racheté l'humanité* = **Rédempteur, Messie.** — 2° *Un peuple qui a besoin de sauveur n'est pas un peuple libre ;* ↓ **bienfaiteur ;** ↑ **libérateur.**

II se sauver *L'enfant s'est sauvé de chez lui ;* (plus soutenu) **s'enfuir ;** (plus part.) **s'évader** ne se dit que de celui qui recouvre sa liberté ; v. FUIR.

savant I (adj. et nom) Qqn est ∼. 1° *C'est un savant personnage que l'on consulte fréquemment ;* (moins courant) **docte** introduit souvent une nuance péjorative de pédantisme ; **érudit** et **lettré** (toujours postposés) se disent surtout des personnes témoignant de connaissances encyclopédiques ; ↓ **instruit.** *Un congrès de savants s'est réuni pour faire l'état de la question ;* (plus part.) **scientifique** se dit des spécialistes des sciences humaines ou exactes ; **spécialiste** n'a pas la même nuance laudative que savant ; (plus général) **chercheur** se dit en ce sens de ceux qui se consacrent à la recherche scientifique. — 2° *Notre ami est savant en géographie* = **fort ;** (fam.) **calé ;** (plus soutenu) **versé dans** et **expert** ne peuvent prendre les degrés de comparatif et de superlatif. ● **savamment** 1° *Notre confrère a savamment parlé* = **doctement ;** (plus fam.) **comme un livre.** — 2° *Je vous en parle savamment, moi qui étais présent* = **en connaissance de cause.** — 3° *L'avocat a savamment utilisé les témoignages* = **habilement.**

II (adj.) Qqch est ∼. 1° *Cette revue savante est d'une haute tenue ;* (plus part.) **scientifique.** — 2° *Votre discussion est trop savante pour moi ;* (plus général) **difficile, compliqué ;** (plus soutenu) **ardu ;** (plus part.) **érudit** se dit de ce qui fait appel à de vastes connaissances.

savate 1° V. CHAUSSON (in *chausser*). — 2° *Votre ami danse comme une savate* (fam.) = **pied.** — 3° *Pour me défendre, je pratique la savate* = **boxe française.**

saveur 1° *Certains apéritifs ont une saveur amère* = **goût ;** (plus part.) **fumet** se dit surtout de l'arôme des viandes et des vins et **bouquet** du parfum des vins ; l'un et l'autre touchent plus l'odorat, et toujours agréablement. — 2° *Notre ami a fait une remarque pleine de saveur* = **piment, sel ;** v. aussi AMUSANT (in

amuser). ● **savourer** 1° *Le vigneron savourait son vin ;* (plus part.) **déguster,** c'est **goûter** (v. ce mot) pour juger. — 2° *Il savourait les paroles élogieuses de son chef* = **se délecter de ;** v. BOIRE et JOUIR. *Le connaisseur savoura son foie gras avec des mines gourmandes :* v. LÉCHER [*se lécher les babines/les doigts avec...*]. ● **savoureux** *Le repas se termina par une savoureuse tarte au citron* = **succulent** (v. ce mot), **délicieux ;** ↓ **agréable ;** (plus soutenu) **délectable ;** ↓ **appétissant** se dit plutôt par anticipation.

savoir I (trans.) 1° ∼ qqch ou que + proposition complétive. *Nous savons vos difficultés à trouver du travail* = **être informé de, être au courant de, ne pas ignorer ;** dans ce contexte, **connaître** (v. ce mot) est possible, mais ne peut, contrairement à *savoir*, être suivi d'une complétive : *Nous savons que vous avez du mal à trouver du travail.* — 2° ∼ qqch ou infin. *Notre ami sait plusieurs langues ;* ↑ **pratiquer** implique un usage et non une simple connaissance ; **connaître** est possible dans ce contexte, mais ces deux verbes ne peuvent, comme *savoir,* régir un infinitif : *Notre ami sait parler plusieurs langues* — 3° ∼ + infin. *Il faut savoir se défendre* = **être capable de, être en mesure de.** — 4° **faire savoir** *La direction fait savoir à son aimable clientèle qu'une nouvelle succursale sera ouverte* = **annoncer, informer** [... *informe sa clientèle que...*] ; v. SIGNALER (in *signal*). *On nous a fait savoir la date du concours* = **faire connaître ; apprendre** (v. aussi ce mot), **aviser de, communiquer.** — 5° (dans des loc.) *Le directeur m'a refusé un congé, il ne veut rien savoir* = **être intransigeant.** *Il n'aime que deux choses, à savoir sa pipe et ses pantoufles* = **c'est-à-dire.** — 6° *Au conditionnel, en tour négatif avec ne seul :* *Je ne saurais vous dire quand il viendra ;* ↑ **pouvoir** peut s'employer dans le même contexte au présent de l'indicatif. *Dans cet emploi, savoir peut avoir un sujet non animé :* *Les contretemps ne sauraient le décourager.* — 7° **se savoir** *Un tel scandale se saura bien vite* = **être connu.**

II (nom) *On entretient le culte du savoir ;* **science** se dit de domaines du savoir, limités et constitués ; l'**érudition** est l'accumulation de connaissances acquises ; la **culture,** comme le *savoir,* est trop souvent limitée, surtout quand elle est baptisée **culture générale**, à une information intellectuelle, artistique ou scientifique, à l'exclusion des connaissances pratiques (techniques, sociales, etc.); l'**instruction** se restreint au savoir acquis dans le cadre de l'enseignement.

savoir-vivre *Ce garçon n'a pas de savoir-vivre* = **éducation**; (plus part.) la **correction** se dit du respect des convenances ; v. POLITESSE (in *poli* I).

scabreux 1° *Vous vous engagez dans une entreprise scabreuse* = **dangereuse** (v. ce mot in *danger*). — 2° *Ces histoires scabreuses ne sont pas pour toutes les oreilles* = **licencieux**; ↓**corsé**; v. aussi SALE.

scandale 1° *Son discours provoqua un scandale sans précédent* = **esclandre**; (fam.) **tapage, barouf** et **foin** ; v. ÉCLAT II et PÉTARD. *Un tel luxe est un scandale* = **être indécent**. — 2° *Il a été poursuivi pour scandale sur la voie publique* = **tapage**; hors de cette formule administrative, ↑**querelle** et ↑**rixe** impliquent un affrontement entre individus. ● **scandaleux** 1° *Ce garçon a des mœurs scandaleuses* ; ↓**choquant**, ↓**déplorable** ; ↑**révoltant**. — 2° *Le gouvernement doit revenir sur cette scandaleuse décision;* v. HONTEUX (in *honte*) et INACCEPTABLE. ● **scandaliser** *Il eut un geste qui scandalisa tout le monde;* ↓**choquer**. *La condamnation trop sévère de l'inculpé n'a scandalisé personne* = **indigner**.

scander 1° *Le marcheur scandait son pas d'un air entraînant* = **rythmer**. — 2° *L'orateur scandait ses mots d'une voix forte* = **ponctuer, souligner**.

sceau 1° *La secrétaire apposa le sceau de l'administration sur le certificat;* (plus général) le **cachet** ne comporte pas forcément les armes, la devise ou l'effigie qui caractérisent le sceau. — 2° *Son œuvre porte le sceau du génie;* (plus courant) **marque, empreinte**.

sceller 1° *Cette lettre a été scellée pour être expédiée;* (plus part.) **cacheter**. — 2° *La douane a scellé un wagon en provenance de l'étranger* = **plomber**. — 3° V. CIMENTER. — 4° *Ils ont scellé leur*

accord d'une poignée de main; **confirmer** et **marquer** sont moins expressifs.

scène 1° *L'actrice traversa la scène* = **plateau** ; (moins courant) **planches** est un terme de métier. — 2° *L'assassin n'est pas revenu sur la scène du crime* = **lieu**. — 3° *La télévision nous a faits témoins d'une scène émouvante* = **spectacle**. — 4° *Il ne supporte plus ces scènes épouvantables;* (plus soutenus) **querelle, algarade** ; v. DISPUTE (in *disputer*) et COMÉDIE. — 5° *Une scène idyllique :* v. TABLEAU. ● **scénique** *L'auteur avait un sens assuré des effets scéniques* = **de théâtre**; (plus part.) **comique, dramatique, tragique** selon le cas.

scie 1° *Il me faut une scie pour découper cette planche;* (plus part.) **égoïne, tronçonneuse**, etc. — 2° *Cette chanson est la scie à la mode* = **rengaine**. ● **scier** 1° *Cette machine sert à scier les troncs en planches;* (plus précis) **refendre** . — 2° *Votre histoire m'a scié* = **suffoquer**.

scinder *Ce mouvement politique s'est scindé en petits groupuscules* = **diviser**; **faire scission** s'emploie sans complément.

sclérose 1° *Le médecin a diagnostiqué une grave sclérose* (didact.) = **artériosclérose**. — 2° *La sclérose de ce parti limite ses initiatives;* (plus part.) l'**immobilisme** est le résultat de la sclérose d'un mouvement politique, le **vieillissement** passe pour l'une de ses causes. ● **scléroser** (surtout à la forme pronominale) *Ce vieux garçon s'est sclérosé dans ses habitudes* = **se figer**; (fam.) **s'encroûter**.

scorie *Le paysage était défiguré par les amas de scories* = **mâchefer**; v. DÉCHET.

scout *La petite troupe de scouts campait à la corne du bois;* **boy-scout** est vieilli et s'emploie surtout péjorativement; (plus part.) **louveteau, routier, guide** se disent de scouts d'âges différents; les **éclaireurs** sont membres d'associations scoutes d'obédiences diverses : laïques, israélites, protestantes, etc.

scrupuleux 1° *Qqn est* ∼. *Cet employé est trop scrupuleux pour dis-*

traire le moindre objet; ↓**honnête**; v. CONSCIENCIEUX (in *conscience* II). — 2° *L'artisan mettait un soin scrupuleux à fignoler son travail* = **méticuleux** ; (soutenu) **religieux** (v. ce mot).

scruter 1° ~ qqch de concret. *Le chasseur scruta le sous-bois du regard ;* (plus général) **inspecter** ; ↓**observer**. — 2° ~ qqch d'abstrait. *L'agent électoral est venu scruter nos intentions de vote* = **sonder** ; v. aussi INTERROGER.

sculpter 1° *L'artiste sculptait un buste ;* (plus part.) **tailler** se dit du travail direct de la pierre, souvent effectué non par le sculpteur mais par un praticien reproduisant la figure modelée dans la glaise ; de même que **fondre** ou **mouler** renvoient à la réalisation de l'œuvre, et non à sa conception comme *sculpter*. — 2° *La mer a sculpté la falaise* = **façonner**. ● **sculpteur** *Le sculpteur travaillait un bloc de terre ;* (plus part.) le **statuaire** ne fait que des figures. ● **sculpture** *Avez-vous vu la sculpture qui orne la façade de l'hôtel de ville ? ;* (plus part.) le **bas-relief** est fixé à un fond sur lequel il ne fait qu'une faible saillie, la **statue** (v. ce mot) est un ouvrage en ronde bosse figurant un être vivant.

séance 1° *La dernière séance du Sénat a été houleuse* = **débats** ; la **session** est l'ensemble des séances pour une durée déterminée. *Le tribunal a suspendu sa séance ;* (plus proprement) **audience**. *Tenir séance :* v. SIÉGER (in *siège* II). — 2° *La société de bienfaisance a donné une séance récréative* = **spectacle**. — 3° (loc.) *Nous allons régler le problème séance tenante* = **sur-le-champ**.

sec I (adj.) *Qqch est* ~. 1° (en parlant du sol) *Ce sont des terrains secs et pauvres ;* ↑**aride** ; v. aussi STÉRILE. — 2° (en parlant d'un organe) *Quand il voulut parler, il avait la gorge sèche* = **desséché**. — 3° (en parlant des aliments) *Les légumes et les fruits secs se conservent longtemps* = **séché** ; (moins courant) **déshydraté**. *Je n'aime pas le pain sec ;* **rassis** ne se dit que du pain qui n'est plus frais, alors que *sec* s'applique au pain dur mais peut aussi vouloir dire **sans accompagnement** : *On avait mis cet enfant au pain sec.* — 4° *Une panne sèche ;* (plus courant) **d'essence**. — 5° *Ce boxeur donnait de petits coups secs à son*

adversaire ; ↓**rapide** et ↓**vif** n'impliquent pas, comme *sec,* la force du coup. — 6° (dans des loc.) *Le puits est à sec à la fin de l'été* = **sans eau** ; (plus soutenu) *tari. Quand on l'injurie, il répond aussi sec* (fam.) ; (plus courant) **immédiatement**. *La moto démarra sec* (fam.) ; (plus courant) **brutalement, rapidement** selon le contexte. *En cinq sec :* v. VITE.

II (adj. ou nom) *Qqn/son comportement est* ~). 1° *C'est un grand sec qui flotte dans sa veste* = **maigre** (v. ce mot). — 2° *Le chef de service était un homme sec dans ses rapports avec ses subordonnés* = **froid** ; ↓**indifférent** ; ↑**dur** implique non seulement une attitude, mais aussi une action ; v. ENDURCIR. *Le policier s'adressa à lui d'une voix sèche* = **cassant, autoritaire**. — 3° (dans des loc.) *En fin de mois, il est toujours à sec* (fam.) = **fauché, sans un** (**sou/rond,** etc.) ; (plus courant) **sans argent**. *Le candidat est resté sec sur cette question ;* **silencieux** ou **muet** impliquent l'absence de réponse, alors que *sec* n'exclut pas des réponses hors du sujet. — 4° En emploi adverbial : *Il boit sec ;* dans un premier temps, c'est boire de l'alcool **sans eau** ; par extens., c'est boire **beaucoup**. *L'avoir sec* (fam.) ; (plus courant) ↓**être déçu**.

sécher I 1° (trans.) *Le vent m'a séché la gorge* = **assécher, dessécher**. *L'été a séché l'herbe de la pelouse* = **flétrir, faner**. *La chaleur a séché les puits du désert* = **tarir**. — 2° (trans.) *Le gamin était triste ; son père a séché ses larmes ;* (très soutenu) **étancher**. — 3° (intr.) *Les fleurs ont séché sur pied* = **se flétrir, se faner**. *La viande a séché* = **se racornir**.

II 1° (trans.) *Ce cancre a séché le lycée depuis un mois* (fam.) ; (plus courant) **manquer** (v. ce mot). — 2° (intr.) *En mathématiques, le candidat a séché :* v. RESTER SEC (in *sec* II). — 3° (intr.) *Abandonnée par son fiancé, cette jeune fille sèche sur pied* = **languir**.

sécheresse I *La sécheresse du sol interdit toute culture ;* ↑**aridité**.

II *Il a répondu avec sécheresse à mes avances ;* la *sécheresse* implique **froideur** et **dureté**.

second I (adj. ; généralement antéposé) 1° *C'est la seconde fois que je demande sa main ;* **deuxième**, adjectif numéral, s'inscrit dans une série plus longue ; *second* désigne plutôt l'ordre entre deux éléments : *le premier/le second Empire. Le bibliophile recherche le second tome de cet ouvrage* (peut être postposé dans cet emploi, comme *après livre*) ; **deux** (toujours postposé). — 2° *Le coureur a trouvé un second souffle* = **nouveau**. *Il rêve de vivre une seconde vie* = **autre**. — 3° (dans des loc.) *C'est un ouvrage de second ordre* = **mineur**. *J'ai pris des secondes classes pour notre voyage en train* = **seconde**. *En troisième lieu* = **deuxièmement** ; (plus général) **ensuite, après**. ● **secondaire** 1° *Le professeur enseigne dans le secondaire* = **second degré**. — 2° V. ACCESSOIRE.

II (nom) *C'est un excellent second pour le patron* = **bras droit, lieutenant** ; ↓ **collaborateur** et ↓ **auxiliaire** sont de sens plus général.

secouer 1° ∼ qqn/qqch. *Le vent secoue les feuilles des arbres* : v. AGITER. *Les voyageurs sont secoués* = **ballotter, cahoter** (dans une voiture). *Il secoua la tête vivement* ; (moins courant) **hocher** se dit plutôt d'un mouvement vertical de la tête. — 2° ∼ qqch. *Il nous faut secouer cette autorité trop pesante* = **se libérer de, s'affranchir de**. — 3° ∼ qqn. *La nouvelle de l'accident l'a secoué* ; ↑ **traumatiser** ; v. COMMOTIONNER. — 4° ∼ qqn. *Son père l'a un peu secoué pour sa dernière incartade* ; ↓ **gronder** ; ↑ **bousculer**. ● **se secouer** Qqn ∼. 1° *Le cheval se secoue pour se débarrasser des mouches* ; **s'ébrouer** implique en outre que la bête souffle bruyamment. — 2° V. RÉAGIR et RÉVEILLER (SE). ● **secousse** 1° *Une violente secousse ébranla les voyageurs du train* = **choc** ; ↓ **cahot** se dit de secousses répétées et de faible amplitude comme **saccade** (v. ce mot). *La voiture est partie sans secousse* = **à-coup**. — 2° *Il a eu une grande secousse en apprenant le départ de sa femme* = **choc** ; ↑ **commotion**. — 3° *Tu n'en fiches pas une secousse* (fam.) ; (plus courant) **ne rien faire**.

secours 1° (au sing.) *Il a fallu apporter un secours aux sinistrés* = **aide, assistance, soutien** (v. ce mot in *soutenir*) ; v. RÉCONFORT et SOINS II. *Au secours ! :* v. AIDE. *Porter secours :* v. DÉFENDRE I et SECOURIR. — 2° (au plur.) *Des secours ont été distribués aux sans-abri* = **dons** ; lorsque ces secours

sont d'origine publique, il s'agit de **subvention**, de **subside** (v. ce mot) ou d'**allocation** ; v. aussi AUMÔNE. — 3° *Les dames de la paroisse avaient fondé une organisation de secours* = **bienfaisance**. *Au siècle dernier, les ouvriers ont fondé des caisses de secours (mutuel)* = **entraide**. — 4° *La troupe en ligne attendait des secours* = **renfort(s)**. — 5° (dans des loc.) *D'un grand secours* = **précieux** ; ↓ **utile**. *Une roue de secours* (loc.) = **de rechange**. ● **secourir** *Les premiers venus ont secouru les blessés* = **porter secours à, assister** ; *Comment secourir les déshérités* = **aider** (v. ce mot) ; v. DÉFENDRE I et SERVIR II ; v. aussi SOULAGER.

secret **I** (adj.) Qqch est ∼. 1° *Des menées secrètes menacent, paraît-il, l'ordre de la société* = **clandestin** ; (soutenu) **intestin**. *Le cabinet du ministre a reçu des renseignements secrets* = **confidentiel**. — 2° *Certaines sectes procèdent à des rites secrets* = **ésotérique**. *C'est un langage secret* = **hermétique** ; **chiffré** suppose qu'il s'agit d'un code. *Il prend des airs secrets* : v. MYSTÉRIEUX (in *mystère*). *J'ignore le motif secret de sa démarche* = **caché** (v. ce mot in *cacher*). ● **secrètement** *Certains organismes financent secrètement le candidat aux élections* = **clandestinement**. *Il m'a prévenu secrètement de l'imminence de sa nomination* = **confidentiellement**. *Il s'est introduit secrètement dans la maison* = **en cachette, furtivement, en catimini, à la dérobée** ; (fam.) **en douce** ; v. aussi DISCRÈTEMENT (in *discret*).

II (adj.) Qqn est ∼. *Mon mari est trop secret : il ne se confie jamais* = **renfermé** ; ↓ **réservé** ; ↓ **dissimulé** est péjoratif et se dit d'une personne ou d'un comportement sournois. ● **secrètement** *Il ruminait secrètement sa rancune* = **intérieurement, en lui-même**.

III (nom) 1° *Il fait de petits secrets de tout* = **cachotterie** ; v. MYSTÈRE. *L'agent immobilier trompait ses clients : ils ont découvert le secret* = **pot aux roses**. *A-t-il découvert le secret de fabrication de ce produit ?* = **procédé** ; (fam.) **truc** ; (vieilli) **arcane** ne s'emploie plus qu'au pluriel et péjorativement. — 2° *Quel est le secret de sa réussite ?* v. CONDITION II. — 3° *Je n'ai pas su lire dans le secret de sa conscience* ; (soutenus) **replis** et **tréfonds**. — 4° (dans des loc.) *En secret :* v. CONFI-

DENCE (in *confier* II). *Tout le monde était dans le secret* = **au courant**; (fam.) **au parfum**.

section *Cette ferrure présente une section en T* = **coupe, profil**.

sectionner 1° *L'Administration a sectionné le département en circonscriptions* = **fractionner**; v. aussi SEGMENTER. — 2° V. COUPER.

séculaire *Le chemin passe près d'un chêne séculaire;* (plus courant) **centenaire**; v. ANCIEN.

séculier *L'Église a longtemps gardé une certaine autorité face au pouvoir séculier* = **laïque, temporel**.

sécurité 1° *En voiture, je ne me sens jamais en sécurité* = **en sûreté, à l'abri**; **en confiance** se dit du sentiment qu'on a d'être en sécurité; v. aussi SÛR II. — 2° *La police a pour tâche d'assurer la sécurité intérieure de l'État :* v. ORDRE. — 3° (loc.) *La Sécurité sociale a été instituée en France après la Seconde Guerre mondiale;* anciennement, l'organisation de protection de la santé publique et de la famille portait le nom d'**assurances sociales**.

sédentaire *Depuis qu'il est marié, il est devenu bien sédentaire* (péjor.) = **casanier** (v. ce terme); (fam.) **pantouflard, pot-au-feu**; ce dernier terme s'applique aussi à la femme, alors que **popote** est exclusivement féminin.

séditieux 1° (adj. et nom) *Le gouvernement pourchassera les séditieux* = **factieux**. — 2° (adj.) *Le jeune homme tenait des propos séditieux au milieu de l'attroupement* = **incendiaire**.

séduire 1° *Qqn ~ qqn. Son passe-temps, c'est de séduire les filles;* (fam.) **tomber** et **lever** (v. ce mot); (soutenu) ↑**débaucher**, ↑**déshonorer**, ↑**abuser de** ou ↑**suborner** impliquent une condamnation morale des relations sexuelles hors du mariage; v. aussi SAUTER et VIOLER. — 2° *Qqn/qqch ~ qqn. Le sourire de cette jeune femme l'avait séduit :* v. CHARMER (in *charme*), AFFRIOLER, PLAIRE I et CONQUÉRIR. *Il s'est laissé séduire par la promesse d'un gain important* = **circonvenir**; ↓**tenter**; v. APPÂTER

(in *appât*); v. aussi CORROMPRE. ● **séducteur** 1° (adj. et nom) *Méfiez-vous de notre ami; c'est un séducteur* = **don Juan, homme à femmes**; (fam.) **tombeur**; v. BOURREAU [*bourreau des cœurs*]. — 2° (adj.) *Elle avait un sourire séducteur :* v. SÉDUISANT. ● **séduction** *Je suis sensible à sa séduction* = **charme** (v. ce mot); ↓**séducteur; beau** ne se dit que des qualités physiques. — 2° *Voilà une proposition séduisante;* ↓**tentant**; v. ATTRAYANT et AFFRIOLANT (in *affrioler*).

segmenter *La machine segmentait la tige de métal en portions égales* = **fractionner, diviser, sectionner**. ● **segmentation** *On a obtenu ces échantillons par segmentation* = **division, fractionnement**.

ségrégation *Certains États d'Afrique pratiquent une politique de ségrégation raciale* = **discrimination**.

seigneur 1° *Au Moyen Âge, le seigneur et son vassal étaient liés par des relations personnelles;* (moins courant) **suzerain**. — 2° (loc.) *C'est un grand seigneur :* v. GENTILHOMME. *Il joue au grand seigneur pour impressionner son monde :* v. IMPORTANT (in *importer* II).

sein 1° *Elle montre ses très jolis seins quand elle se penche;* (fam.) **téton, nichon, néné, robert; mamelle** ne s'emploie que pour les femelles animales; v. BUSTE et POITRINE. — 2° *Elle serra son enfant contre son sein* (vieilli); (plus courant) **poitrine; dans son giron** est vieilli. — 3° (dans la loc.) *Au sein de :* v. DANS.

séisme *Le séisme a atteint sa pleine amplitude dans cette région montagneuse;* (plus courant) **tremblement de terre;** (soutenu) **secousse tellurique;** (plus général) **cataclysme** se dit de tout bouleversement de la surface terrestre (inondation, cyclone, etc.).

séjour 1° *Notre séjour dans cet hôtel a été bien agréable;* (moins courant) **villégiature** ne se dit que d'un séjour de repos. — 2° *Salle de séjour :* v. PIÈCE.

● **séjourner** 1° Qqn ‿. *Nous comptons séjourner quelque temps dans cette ville ;* (plus courant) **rester ; habiter** ou **demeurer** impliquent qu'on s'installe durablement dans un lieu, **camper**, au contraire, qu'il s'agit d'une installation provisoire de camping ; v. S'ARRÊTER (in *arrêter* I). — 2° Qqch ‿. *N'utilisez pas cette eau qui a séjourné dans la mare ;* ↑**stagner** et ↑**croupir** impliquent de plus la décomposition de la matière immobilisée.

sel 1° (dans l'express.) *Bœuf gros-sel* = **bouilli**. — 2° *Voici une plaisanterie qui ne manque pas de sel* = **piment** ; **finesse** et **esprit** insistent moins sur l'effet produit que sur la qualité intrinsèque du propos ; v. PIQUANT II et SAVEUR. ● **salé** 1° *Cette eau a un goût légèrement salé ;* (moins courant) **salin, saumâtre**. — 2° *Les plaisanteries salées ne nous choquent pas* = **corsé, grivois** ; ↑**grossier** ; v. POIVRÉ. — 3° *L'inculpé a écopé d'une condamnation particulièrement salée* (fam.) ; (plus courant) **sévère** (v. ce mot) ; ↑**excessif** se dit de ce qui passe la mesure.

selon 1° *Le carreleur a fait son travail selon nos désirs* = **suivant** ; (moins courant) **conformément à**. — 2° *Selon moi, vous auriez dû accepter ce poste :* v. APRÈS I [*d'après*].

semblable (adj. et nom) 1° (postposé) *J'ai eu une veste tout à fait semblable à la vôtre* = **identique à** ; ↓**ressemblant à** ; v. PAREIL et COMME IV ; **même** (v. ce mot) ne peut s'employer ici qu'avec l'article défini (*J'ai eu la même veste que vous*). *Dans des circonstances semblables, j'aurais eu très peur ;* (moins courant) **similaire** ; ↓**analogue** n'implique qu'une similitude de détail ; v. MÊME I. *Ils ont des goûts semblables :* v. COMMUN I et MÊME I. *Il ne retrouvera jamais une situation semblable ;* ↓**comparable** et ↓**approchant** ; v. aussi ÉQUIVALENT (in *équivaloir*) et ÉGAL. *Votre signature n'est pas semblable au modèle déposé ;* **conforme** est ici plus adéquat. — 2° (antéposé) *On n'a pas idée de tenir de semblables propos* = **tel**. — 3° (nom) *La religion et la morale nous disent l'une et l'autre d'aimer nos semblables ;* **prochain, autrui** (sans déterminant) se disent au singulier ; **frère** se dit au pluriel ; v. CONGÉNÈRE.

sembler (intr.) 1° Qqn/qqch ‿ + attribut. *Vous semblez en pleine forme* = **avoir l'air, paraître**. *Arrivé au sommet, l'air lui sembla plus léger* = **paraître** (v. ce mot). — 2° (impers.) *Il me semble inutile de vous dire mon avis :* v. PARAÎTRE II. *Vous vous êtes trompé, me semble-t-il/il me semble* = **à mon avis**. *Il m'a semblé que nous étions dans la bonne voie* = **j'ai cru, j'ai eu l'impression**. ● **semblant** 1° *Faire semblant : Depuis quelque temps, il fait semblant de ne pas nous connaître ;* (moins courant) **feindre** ; v. AFFECTER II. — 2° *Il n'y a pas un semblant de vrai dans ce qu'il m'a dit* = **ombre**. *Un faux-semblant* = une **apparence**.

semer I *Le jardinier avait semé son persil dans une plate-bande ombragée ;* **planter** se dit non des graines, mais des plants que l'on repique ; on sème les graines, alors qu'on **ensemence** la terre, le champ, etc. ● **semailles** (toujours au plur.) *C'est la saison des semailles ;* **ensemencement**, plus didactique, ne se dit qu'au singulier.

II 1° *Le garçon de café avait semé de la sciure sur le carrelage* = **répandre**. *Le sol était semé de débris de verre* = **couvrir, joncher**. — 2° *Il sème son argent* = **jeter par les fenêtres**. — 3° *Son intervention sema le trouble dans l'assemblée* = **jeter**. *Les mauvaises langues avaient semé de fausses nouvelles* = **répandre, propager**.

III *C'est un casse-pied, il faut que je le sème* (fam.) ; (courant) **se débarrasser de**. *Le maillot jaune avait semé ses principaux adversaires* (fam.) = **lâcher** ; (courant) **distancer**.

semi 1° *Ce n'est pas une réussite, c'est un semi-échec* = **quasi** ; **demi** signifie plus précisément « la moitié de ». — 2° *Semi* et **demi** forment des composés qui se répartissent dans différents domaines spécialisés : *un camion semi-remorque, un demi-cercle*.

sempiternel *Ses sempiternelles jérémiades sur les mœurs actuelles me fatiguent* = **continuel, perpétuel** ont la même nuance péjor. ; v. ÉTERNEL I.

sens I 1° *Il a perdu l'usage de ses sens à la suite d'un accident ;* (plus part.) le **goût**, l'**odorat**, l'**ouïe**, le **toucher** et la **vue**

sont considérés comme les cinq *sens* de l'homme. — 2° *Il n'aime pas danser : il n'a pas le sens du rythme :* v. INSTINCT. — 3° (toujours au pluriel) *Il n'apprécie que les plaisirs des sens* = **chair.** • **sensation** 1° *Ce garçon aime les sensations fortes* = **émotion ;** v. IMPRESSION II. — 2° (loc.) *Sa déclaration a fait sensation dans les milieux politiques ;* ↓**étonner** (v. ce mot et ÉTONNEMENT) ; v. EFFET [*faire son effet*]. • **sensualité** *Sa sensualité n'est jamais satisfaite ;* (plus part.) **concupiscence, lascivité** et **lubricité,** toujours péjor., appartiennent au domaine sexuel ; v. ÉROTISME (in *érotique*). • **sensuel** 1° (adj.) *Elle avait une voix sensuelle qui me troubla ;* **lascif** est péjor. ; ↑**lubrique,** dans un autre contexte (*un œil lubrique*), indique un penchant effréné pour la luxure. — 2° (adj. et nom) *Mon beau-frère est un sensuel* = **voluptueux ;** improprement, **épicurien** se dit de ceux qui pratiquent une morale du plaisir.

II 1° *Il n'avait pas le sens de ce qu'il fallait faire* = **intuition ;** v. ESPRIT. *Il ne manque pas de bon sens* (loc.) ; (moins courant) **discernement ;** v. RAISON I et SAGESSE. — 2° (loc.) *À mon sens, il a eu tort de rester* = **avis, sentiment, point de vue ;** v. aussi APRÈS I [*d'après vous*]. — 3° *Vos paroles n'ont aucun sens pour moi* = **signification ; valeur** renvoie davantage à un contenu moral qu'intellectuel. *Ce mot a plusieurs sens ;* (plus didact.) **acception.**

III *Dans quel sens est-il parti ?* = **direction, côté** (*de quel côté ?*).

sensible **I** 1° *Vous qui avez l'ouïe sensible, vous entendez ce petit bruit ?* = **fin.** *Il a les pieds si sensibles qu'il ne porte que des espadrilles* = **fragile, délicat.** — 2° *Vous m'avez fait mal en touchant ce point sensible ;* ↑**douloureux** (v. ce mot in *douleur*). *C'est le point sensible de la situation* = **névralgique.** — 3° *Ce garçon est trop sensible ; il crie dès qu'on le touche* = **douillet.** — 4° *Certains êtres sont trop sensibles et perdent tout contrôle d'eux-mêmes* = **impressionnable, émotif.** *Je cherche quelqu'un de sensible qui comprendra ma peine* = **compatissant.** *Mon patron n'a pas été sensible à mes doléances* = **accessible ;** ↑**attentif.**

II 1° *Nous vivons dans un univers sensible* = **matériel.** *Les ultrasons ne sont*

pas sensibles à l'oreille humaine = **perceptible par.** — 2° *Il n'y a pas de différence sensible entre ces deux parfums* = **appréciable, net, marqué.** *Les prix ont subi une hausse sensible* = **notable ;** ↑**important** (v. ce mot in *importer* II). • **sensiblement** 1° *La température n'a pas sensiblement varié* = **notablement, nettement.** — 2° *Ils avaient sensiblement le même poids* = **à peu près, grosso modo.**

sensibilité *Un cri a trahi sa vive sensibilité* = **émotivité.** *Ce garçon n'a aucune sensibilité* = **humanité ; tendresse** et **pitié** se disent de dispositions plus particulières à l'affection ou à la compassion.

sentiment **I** 1° *Le sentiment de mon impuissance était insupportable* = **conscience.** *J'ai le sentiment d'avoir été trompé :* v. IMPRESSION II. — 2° *Vous ne m'avez pas demandé mon sentiment à ce sujet* (soutenu) ; (plus courant) **opinion, point de vue ;** v. AVIS.

II 1° *Il éprouvait vivement certains sentiments ;* **émotion** est plus physiologique qu'affectif ; v. ÂME [*état d'âme*]. *Le général avait le sentiment patriotique* = **fibre.** — 2° *Je lui ai déclaré mes sentiments, et elle les partageait* = **amour** (v. ce mot) ; ↓**tendresse,** ↓**affection.** • **sentimental** 1° *La vie sentimentale des vedettes m'intéresse peu ;* (plus part.) **amoureux, galant.** — 2° *Il est plus sentimental que sensuel* = **fleur bleue, romanesque.**

sentinelle *Le lieutenant avait posté deux sentinelles devant la porte ;* (plus rare) **factionnaire.**

sentir **I** (trans.) 1° ∼ qqch ou que + complétive, ou qqch + infin. *Torse nu, il sentait le vent* (*passer*) *sur son dos* = **percevoir.** — 2° *Dans la cuisine, on sentait l'odeur d'un bon pot-au-feu ;* **renifler,** c'est aspirer bruyamment par le nez, plus particulièrement pour sentir une odeur ; **flairer** se dit plutôt d'un animal qui cherche à distinguer une odeur d'une autre ; (soutenu) **humer,** c'est aspirer l'air ou un liquide pour sentir ; tous ces verbes supposent une insistance, un effort dans l'acte de sentir. — 3° *Il sentit l'hostilité de son auditoire ;* **deviner** ou **discerner,** c'est sentir quelque chose de caché ou de peu distinct ; **pressentir** ou (plus soutenu) **subodorer**, c'est prévoir quelque chose sans indice net ; ↑**éprouver** ou ↑**ressentir**, c'est recevoir des marques tangibles de l'existence d'un phénomène. — 4° *Avez-vous bien senti le sel de cette plaisanterie* = **apprécier, goûter.** — 5° (loc.) *Je ne peux pas sentir mon beau-frère* = **détester ;** (fam.) **ne pas encadrer, ne pas encaisser ;** (très fam.) **ne pas blairer, ne pas piffer ;** (courant) **ne pas supporter.** — 6° **se sentir** *Il se sent capable (de venir à bout) de ce travail* = **s'estimer, se juger.** — 7° **se sentir** *Il va faire de l'orage : ça se sent ;* (moins courant) **être perceptible, être prévisible.**

II (trans.) 1° (avec compl. ou en emploi absolu) *Votre cave sent (le moisi) ;* **puer** est toujours péjor. *Les draps sentent la lavande ;* **embaumer** est toujours en bonne part (plus rare) **fleurer ;** v. aussi DÉGAGER. *Ce fromage sent (fort)* = **avoir de l'(une forte) odeur.** — 2° *Sa plaisanterie sent le pédant* = **révéler.** — 3° *Ça sent le roussi* (fam.) = **ça tourne mal.** ● **senteur** *La senteur de ce bouquet est exquise ;* (plus courant) **parfum** (v. ce mot).

séparer 1° Qqn ~ des êtres ou des choses. *Il faut séparer les mâles du troupeau* = **isoler ;** v. PART III [*mettre à part*]. *Le coiffeur sépare les cheveux par une raie ;* (plus part.) **partager,** c'est répartir en parts égales ; v. aussi DIVISER. *À l'aide d'un crible, il a séparé le grain et la balle* = **trier** (v. ce mot). *Vous devez séparer ces deux problèmes pour les résoudre* = **disjoindre, dissocier, distinguer.** — 2° Qqn ~ qqch de qqch ou d'avec qqch. *Pour l'utiliser, il a fallu séparer le minerai de sa gangue* = **extraire.** *Pour préparer un pâté de lapin, il faut séparer la chair d'avec les os* = **détacher, décoller.** — 3° Qqch ~ des personnes. *Une grande différence de goûts a séparé le mari et la femme* = **diviser ;** ↑**désunir ;** ↑**brouiller** (v. ce mot) implique l'hostilité, mais pas forcément l'éloignement des deux membres du couple ; ↓**éloigner.** ● **se séparer** 1° Qqn ~. *Nous nous sommes séparés bons amis* = **se quitter.** *Je me suis séparé d'un chien que j'aimais beaucoup ;* ↑**abandonner** (v. ce mot), c'est se séparer de quelqu'un ou de quelque chose

sans plus s'en préoccuper. — 2° Qqn ~. *Les époux se sont séparés ;* ↑**divorcer** (v. ce mot in *divorce*) se dit de l'acte légal par lequel la séparation est juridiquement reconnue ; v. ROMPRE. — 3° Qqch ~. *Une branche se sépare du tronc* = **se détacher.** *Le chemin se sépare en deux sentiers* = **se diviser.** ● **séparation** 1° *Dans cet appartement, on a établi une séparation entre la salle à manger et la salle de séjour* = **cloison.** — 2° *Ce débat a provoqué une séparation de la majorité en deux clans* = **division ;** (moins courant) **clivage.** *Leur séparation a surpris tout le monde* = **rupture** (v. mot in *rompre*) ; ↓**brouille** peut désigner une simple dispute ; v. DIVORCE. — 3° *Il supportait mal la séparation :* v. ABSENCE et ÉLOIGNEMENT (in *éloigner*). ● **séparément** *Il m'a pris séparément pour me confier ses ennuis* = **à part, en particulier.** *Les deux corps de troupes ont attaqué séparément l'ennemi* = **isolément.**

septentrional *Une vague de froid vient d'atteindre l'Europe septentrionale* (didact.) ; (plus courant) **du nord ; nordique,** qui ne peut figurer dans ce contexte, s'emploie plutôt pour qualifier les ensembles de géographie humaine : *les pays/les peuples/les langues nordiques.*

séquestration *La séquestration à vie est une peine inhumaine ;* **emprisonnement** ne se dit que de la séquestration des personnes par les voies juridiques. *Le tribunal a décidé la séquestration de ses biens ;* **saisie** se dit de la procédure légale.

sérénade 1° *La coutume voulait qu'on donne une sérénade à sa belle ;* la sérénade est un **concert** en plein air, dédié à qqn. — 2° *Rentré chez lui en retard, il a eu droit à une belle sérénade* (fam.) = (très fam.) **engueulade.**

série 1° *Une série d'incidents a troublé la séance* = **chapelet ;** ↑**cascade ;** v. SUITE, SUCCESSION et VAGUE II. — 2° *J'ai réuni toute une série de tabatières anciennes* = **collection ;** v. aussi CHOIX (in *choisir*). *Il a acheté toute une série de casseroles* = **jeu.** — 3° (dans des loc.) *C'est un personnage hors série* = **hors du commun ;** v. aussi REMARQUABLE. *C'est* de la céramique faite en série = **industriellement** ; (plus part.) **à la chaîne**.

sérieux (adj.) 1° (postposé) *Cette affaire est sérieuse, car il y joue sa réputation* = **important** (v. ce mot in *importer* II). *Nous nous trouvons actuellement dans une situation sérieuse* = **critique**. *Le malade a fait une rechute sérieuse* = **dangereux, inquiétant** ; v. GRAVE I. — 2° (postposé) *C'est un homme sérieux, surtout dans son travail* = **réfléchi, posé** (v. ce mot in *poser* II). *Mon fils est un élève sérieux* = **appliqué** (v. ce mot in *appliquer*). — 3° (postposé) *Voici un travail sérieux, dont vous pourriez vous inspirer* = **solide, sûr** ; v. SOIGNEUX (in *soin* I). — 4° (postposé) *Je connais une jeune fille sérieuse que je vous présenterai* = **sage, rangé**. — 5° (postposé) *A-t-il toujours cet air sérieux et distant ?* = **grave** (v. ce mot) ; ↑ **froid** et ↑ **sévère**. — 6° (antéposé ou postposé) *Il a eu de sérieux ennuis avec la police* = **grave** (v. ce mot), **gros** (toujours antéposé). *Avez-vous de sérieux motifs pour vous absenter ?* = **valable, fondé** (postposés) ; v. aussi BON I. ● **sérieux** (nom) 1° *Le sérieux de ce garçon n'est pas feint ;* la **gravité** peut être extérieure sans être affectée par autant. — 2° *Le sérieux de projet m'a rassuré* = **solidité**. — 3° (loc.) *Il n'a pas pris au sérieux mes avertissements* = **croire à, tenir compte de**. ● **sérieusement** 1° *Il a raconté sérieusement une histoire drôle* = **sans rire** ; v. GRAVEMENT (in *grave* I). — 2° *A-t-il pensé sérieusement à la quitter ?* = **pour de bon, vraiment**. — 3° *Son frère a été sérieusement blessé dans l'accident ;* ↑ **grièvement** ; v. GRAVEMENT (in *grave* I). *Il va falloir intervenir sérieusement dans cette affaire* = **activement, vigoureusement**.

serment 1° *Je n'ai pas confiance dans son serment ;* le serment est un acte particulier où l'on engage sa **parole** ; v. aussi PROMESSE (in *promettre*). — 2° *Ces serments n'ont convaincu personne* = **protestation**, qui est généralement suivi d'un complément (*protestations d'innocence*).

sermon 1° (dans la religion chrétienne) *Le prêtre avait soigneusement choisi le sujet de son sermon ;* l'**homélie** et un sermon de ton familier ; le **prêche** peut être le discours religieux prononcé par

un pasteur protestant ou un prêtre catholique ; v. aussi DISCOURS et CONFÉRENCE. — 2° *Les sermons de ma mère ne m'ont pas corrigé* = **remontrance**.

serrer 1° *Il serra vivement son outil pour assurer sa prise* = **empoigner**. — 2° *Cette vis doit être serrée ;* ↑ **bloquer**, c'est serrer à fond. *Les deux tuyaux auraient dû être serrés* = **brider**. — 3° *Il serra son fils dans ses bras* = **étreindre** ; v. EMBRASSER et PRESSER I. *Il m'avait serré contre un mur pour mieux me frapper* = **coincer**. *Serrer le kiki* : v. ÉTRANGLER. — 4° *Qqch* ∼. (loc.) *Le chagrin lui serra la gorge* = **angoisser**. — 5° *Qqn* ∼ *qqch*. *Il serra les lèvres pour exprimer son mépris* = **pincer** (v. ce mot). *Il serrait les mâchoires pour résister à la souffrance* = **contracter, crisper**. — 6° *Qqch* ∼. *Sa ceinture lui serrait la taille* = **comprimer**. *Sa robe serre ses formes généreuses* = **épouser, mouler**. — 7° (dans des loc.) *La voiture se rangea en serrant le trottoir* = **raser**. (loc.) *Le galant la serrait de près* = **poursuivre** ; v. TALONNER (in *talon*). *Il faut serrer la question ;* (plus général) **examiner**. *Le rédacteur dut serrer son article* = **abréger** (v. ce mot). ● **se serrer** 1° *L'enfant se serra contre sa mère* = **se blottir** (v. ce mot). *Les passagers de l'ascenseur durent se serrer* = **se tasser** ; ↓ **se rapprocher**. — 2° (dans des loc.) *Il n'est pas habitué à se serrer la ceinture* (fam.) ; (plus courant) **se priver**. *Dans l'adversité, ils durent se serrer les coudes* = **s'entraider**. ● **serré** 1° *Votre col est trop serré* = **ajusté** ; v. ÉTROIT. — 2° *Cette année, les blés seront serrés* = **dru**. *Une foule serrée attendait le passage des coureurs* = **compact, épais** ; (moins courant) **dense**. *Il prend son café serré, à l'italienne* : v. FORT II. — 3° *Nous sommes un peu serrés en fin de mois* = **gêné**.

sertir *L'orfèvre sertissait une pierre dans la monture* = **enchâsser** ; (moins part.) **fixer**.

servante *La servante prépara le lit pour la nuit ;* (plus courant) **bonne** ; (fam.) **bonniche** (plus général) **domestique** se dit aussi bien du personnel masculin ; **femme de chambre** se dit d'une **camériste** ; **femme de ménage** se dit d'une employée à temps limité, spécialement chargée du ménage ; v. aussi SERVITEUR.

serveur, serveuse *Le serveur apporta les demis sur un plateau ;* (plus courant) **garçon ; barman (barmaid** pour les femmes) est d'un usage plus rare et un peu prétentieux.

service I 1° *Le service des eaux est installé à la mairie ;* (plus général) une **administration** peut comprendre plusieurs services. — 2° *Les services de la préfecture sont en vacances le samedi* = **bureau.** — 3° *Cet engin a bien fait son service :* v. OFFICE II. (loc.) *Cette machine est* **hors service ;** (plus courant) **hors d'usage.** — 4° *Son fils n'a pas encore fait son service* = **service militaire.** — 5° *Le pompier de service était à son poste* = **de garde** (v. ce terme in GARDER I) ; v. aussi TRAVAIL II.

II *Ce n'est pas toujours agréable de demander un service à un ami ;* (plus part.) **aide, appui, soutien** et **faveur** sont plus particuliers ; v. aussi OBLIGER II.

serviette I *Les serviettes sont accrochées à côté du lavabo ;* (plus part.) **essuie-main.**

II V. SAC I.

servir I (trans.) 1° *Il a servi le baron comme valet de chambre* = **être au service de.** — 2° *Voulez-vous me servir à boire* = **verser** (v. ce mot). *Le garçon m'a servi un repas froid ;* (plus général) **donner.** *À qui de servir (les cartes) ?* = **distribuer.** — 3° *C'est toujours la même histoire qu'il nous sert* (fam. en ce sens) ; (plus courant) **raconter.** — 4° *Le champion servit (la balle) le long de la ligne ;* **engager** s'emploie toujours absolument en ce sens. — 5° *Il sert régulièrement une rente à ses parents ;* (plus courant dans ce sens) **verser.**

II (trans.) 1° Qqn ‿. *Servir ses amis est un plaisir* = **rendre service à ; aider** et **secourir** supposent que le bénéficiaire est en difficulté. *Il a servi son cousin auprès du patron ;* (plus courants) **appuyer, soutenir.** *Le notaire préférait servir ses intérêts que ceux de ses clients* = **se dévouer à.** — 2° Qqch ‿. *Sa ténacité l'a bien servi dans sa carrière* = **être utile.**

III (trans. ind.) ‿ à qqn ou de qqch. 1° *Cette pièce me servira de cabinet de travail ;* (plus soutenu) **tenir lieu de ;** v. FONCTION II. *Il a servi de prête-nom à un escroc* = **être utilisé par** [*Il a été utilisé comme prête-nom par un escroc*]. *Ce couteau va me servir de tournevis :* v. REMPLACER. — 2° *Ce vêtement lui a beaucoup servi* = **faire de l'usage** [*... lui a fait beaucoup d'usage*] ; v. PROFIT [*faire du profit et profiter*]. — 3° *Ça ne sert à rien de se mettre en colère* = **c'est inutile.**

● **se servir** *Je me sers toujours d'un crayon pour écrire* = **utiliser, prendre ;** v. EMPLOYER. *Il s'est trop servi de son influence* = **user de.**

serviteur 1° *La marquise a du mal à garder ses serviteurs* (soutenu) ; (plus courant) **domestique ; employé de maison** se dit dans le langage administratif ; (fam.) **larbin ;** (plus part.) **valet (de chambre, de chiens,** etc.) ; **femme de chambre, cuisinière,** etc., précisent la fonction de l'employé et sont d'un usage beaucoup plus répandu que les termes génériques. — 2° *Il a toujours été le fidèle serviteur de l'État* ; **domestique, valet** ou **laquais** se disent péjorativement de celui qui prête ses services à mauvais escient : *domestique d'une puissance étrangère, valet/laquais de l'impérialisme ;* v. aussi SOLDAT.

servitude 1° *Nos sociétés tiennent la femme dans un état de servitude* = **sujétion ;** ↑ **soumission** implique le consentement ou au moins la résignation de la victime. *Ce peuple a mis des années à sortir de la servitude* = **esclavage ;** ↓ **assujettissement.** — 2° *Il n'a pas voulu supporter plus longtemps les servitudes de sa charge* = **contrainte ;** v. OBLIGATION (in *obliger* I).

set *Il a gagné la partie en trois sets* (au tennis) = **manche.**

seuil 1° *Il franchit le seuil de la porte* = **pas.** — 2° *Au seuil de cette année nouvelle, je vous présente mes vœux* (soutenu) ; (plus courant) **début, commencement.**

seul 1° (comme épithète, antéposé) *La bibliothèque conserve le seul exemplaire de ce texte ;* **unique** (v. ce mot), qui peut être postposé, implique qu'il n'a jamais existé qu'un seul objet, **seul** qu'il n'en reste plus qu'un. *Il ne reste plus une seule place à l'orchestre* = **aucun ; seul** est alors le renfort de négation. *Un seul mot de sa part aurait pu me faire* renoncer à mon projet = **simple**. — 2° (comme épithète, postposé) *Un homme seul s'ennuierait dans cette grande maison* = **isolé**. *C'est un homme seul, qui supporte mal son isolement* = **esseulé ;** (plus part.) **abandonné** implique qu'il n'a pas toujours été seul. — 3° (comme attribut) *Depuis que ses parents sont morts, il vit (tout) seul ;* **solitaire** peut impliquer un goût de la solitude ; (moins courant) **en ermite.** *Je voulais lui parler seul à seul* (accord facultatif) = **en tête à tête, en particulier** (invariable). — 4° (à valeur adverbiale, en tête de phrase ou après un nom ou un pronom accentué) *Seule la chance peut le tirer de là* = **il n'y a que la chance qui... Lui seul peut réussir** = **seulement, uniquement.** *Maintenant, ça va marcher tout seul* = **sans difficulté.** ● **seulement** 1° *Le charcutier vend seulement du porc* = **ne ... rien que, uniquement.** *Il lit seulement des romans* = **uniquement, ne ... que, exclusivement.** *Il n'a pas de mal ; il est seulement étourdi* = **ne ... que, simplement.** — 2° *Nous commençons seulement à manger* = **juste.** — 3° *Si seulement :* v. ENCORE [*si encore*]. — 4° (en tête de proposition) *Il est venu, seulement je n'étais pas là* = **mais.**

sévère 1° *Qqn est* ∼. *Son père était sévère et il en a beaucoup souffert ;* ↓**exigeant ;** v. VACHE II et DUR. *Le juge était sévère pour les uns, indulgent pour les autres ;* ↑**impitoyable,** ↑**implacable.** *Être sévère ;* (fam.) **avoir la dent dure.** — 2° *Qqch est* ∼. *Le gouvernement a pris des mesures sévères contre les fraudeurs* = **rigoureux ;** ↑**draconien ;** v. STRICT. *Les pertes de l'ennemi ont été sévères* = **lourd.** *La note était sévère ;* **élevé** est moins expressif ; (fam.) **salé.** — 3° *Qqch est* ∼. *Les palais florentins ont une architecture sévère* = **dépouillé ;** v. AUSTÈRE. *C'est une œuvre sévère* = **grave.** ● **sévèrement** 1° *Il a été sévèrement élevé ;* ↑**durement ;** (fam.) **à la baguette** (postposé). — 2° *Il a été sévèrement touché dans la bagarre* = **gravement.** ● **sévérité** 1° *Sa sévérité n'était pas comprise* = **dureté ;** ↑**intransigeance.** — 2° *La sévérité de la condamnation indigna la foule* = **gravité.** — 3° *La sévérité de son style ne facilite pas la lecture* = **austérité, sécheresse, froideur.**

sévir *Le professeur menaça de sévir* (soutenu) = **châtier ;** (plus courant)

punir. *Le gouvernement devrait sévir contre la fraude fiscale* = **réprimer** (*réprimer la fraude*).

sexe 1° *Le sexe est depuis peu l'objet de nombreux débats* = **sexualité.** — 2° *On lui voyait le sexe ;* (didact.) **organes génitaux** mâles ou femelles, **parties sexuelles ;** alors que le tabou sexuel impose au langage courant des termes métaphoriques de faible usage, **membre** ou **verge,** ou didactiques, **pénis,** pour les organes masculins (il n'y a pas de terme général courant pour le sexe de la femme), il existe de nombreuses dénominations familières (**zizi, bistouquette, quéquette,** etc., pour l'homme), très familières ou argotiques (**bite, pine,** etc., pour le sexe de l'homme ; **con, chatte,** etc., pour celui de la femme).

si I (adv.) 1° Adverbe d'affirmation : *Il ne t'a rien dit ?* — *Si, mais je ne l'ai pas écouté ; si* est la réponse positive à une question ou à un énoncé négatif, alors que la réponse positive à une question de forme positive est **oui.** — 2° Adverbe de quantité, marquant l'intensité sans corrélation : *Il est devenu si prétentieux depuis sa réussite !* = **tellement.** *Jamais je n'ai vu une fille si belle* = **aussi** (v. ce mot). — 3° Adverbe de quantité en corrélation avec un *que* consécutif introduisant une proposition à l'indicatif : *Il est si rusé qu'il se trompe lui-même* = **tellement.** — 4° Adverbe de quantité en proposition interrogative ou négative, en corrélation avec un *que* comparatif : *Il n'est pas si bête qu'on le dit* = **aussi.** — 5° En relation avec un *que,* il peut introduire une subordonnée concessive au subjonctif : *Si malin qu'il soit, il ne se tirera pas de cette situation* = **aussi ;** (plus soutenus) **pour ... que, quelque ... que ;** v. TOUT IV.

II (conj.) 1° Dans un système hypothétique au présent ou au passé : *Si le télégraphiste passe, donnez-lui une pièce ;* **au cas où** (suivi d'un conditionnel) ; **à supposer que** (suivi d'un subjonctif). *Il peut encore gagner s'il ne se décourage pas ;* **à condition que** (suivi d'un subjonctif) ; **à condition de** (suivi d'un infin.). — 2° Introduisant une hypothèse à l'imparfait ou au plus-que-parfait : *S'il était venu, il ne m'aurait pas trouvé* = **au cas où** (suivi d'un conditionnel). — 3° Dans un système hypothétique de valeur temporelle à l'imparfait ou au plus-que-parfait : *S'il n'avait pas compris, le précepteur reprenait son explication* = **à chaque fois que, toutes les fois que ;** (plus courant) **quand, lorsque.** — 4° En système non hypothétique au présent ou au passé, exprime la concession : *S'il n'a pas eu d'ennui, moi je m'en suis tiré moins facilement ;* les deux propositions peuvent être indépendantes et coordonnées par **mais.** — 5° En indépendante exclamative : *Si je pouvais me reposer !; si* exprime un souhait, alors que **pourvu que** suivi d'un subjonctif indique la crainte qu'il n'arrive le contraire *(Pourvu que je puisse me reposer !).* — 6° (dans des loc.) *Il ne m'a rien dit, si ce n'est que vous aviez tort ;* (plus fam.) **sauf que.** *Je n'avais voulu le dire à personne, si ce n'est à ma femme* = **sinon, sauf, excepté.**

siège I *Prenez un siège confortable ;* ce terme générique peut commuter avec de nombreux termes plus particuliers : **chaise, fauteuil, tabouret,** etc. *Il faudrait nettoyer le siège arrière de la voiture* = **banquette.**

II *Le siège de la maladie :* v. CENTRE II. ● **siéger** *Les députés ont siégé tard dans la nuit* = **tenir séance.**

III **mettre le siège :** v. ASSIÉGER.

sien (nom) 1° *S'il y avait mis du sien, on l'aurait accepté* = **bonne volonté.** — 2° (au plur.) *Il avait quitté les siens dès sa majorité* = **famille, parents, proches ;** dans un autre contexte, **amis, partisans.**

siffler 1° (trans.) *Le chasseur siffle son chien ;* (plus général) **appeler.** — 2° (trans.) *Les spectateurs, déçus, sifflèrent les comédiens ;* (plus soutenu et plus général) **conspuer ;** v. HUER. — 3° (trans.) *Siffler un verre* (fam.) : v. BOIRE. — 4° (intr.) *Le gaz sifflait en s'échappant du tuyau crevé ;* (plus soutenu) **chuinter.**

signal 1° V. SIGNE. — 2° *Il s'arrêta aux signaux du carrefour ;* (plus part.) **feux** (rouge, orange, vert). *Avez-vous fait vérifier les signaux de votre voiture ? ;* (plus part.) les (feux) **stop** indiquent le freinage de l'automobile, les **feux** (de position) la présence du véhicule la nuit, les (feux) **clignotants** ses changements de direction. ● **signaler** 1° Qqn ou qqch ～.

Une plaque signalait la sortie de l'autoroute = **indiquer** (v. ce mot) ; v. aussi ANNONCER. *Une borne signale la limite de son champ :* v. MARQUER. — 2° Qqn ～. *Il faut signaler l'intérêt de cet ouvrage ;* ↑**souligner ;** v. MONTRER. *Il faut signaler ici le nom de l'auteur* = **mentionner ;** v. CITER. *L'indicateur a signalé un truand à la police* = **dénoncer.** — 3° Qqn ～. *Je suis obligé de vous signaler que vous avez été dénoncé par un voisin* = **faire savoir, avertir, prévenir.**

signe 1° *Voici les hirondelles : c'est le signe que le printemps arrive* = **indice ;** ↑**preuve** se dit d'un signe considéré ou présenté comme certain. *Cette lettre est le signe d'un changement dans son attitude* = **indication, manifestation ;** v. MARQUE, SYMPTÔME et REFLÉTER (in *reflet*). (loc.) *Cet objet ne présente aucun signe distinctif :* v. CARACTÉRISTIQUE. *Cette chaleur étouffante est le signe d'un orage* = **annonce, présage.** *C'est un signe inquiétant de l'aggravation de son état* = **symptôme.** — 2° *Il a fait un signe affirmatif* = **geste** (v. ce mot). *Il fit un signe pour donner le départ* = **signal.** — 3° *La lecture n'était pas facilitée par l'emploi de signes algébriques* = **symbole.**

signer *Le directeur a signé le courrier du matin ;* **parafer,** c'est signer en abrégé ; **émarger,** c'est signer en marge d'un acte ou d'un compte. ● **signature** 1° *Votre signature est illisible ;* (plus soutenu) **parafe** se dit plutôt d'une signature abrégée ou bien des ornements accompagnant l'écriture du nom ; v. NOM et GRIFFE II. *Cette lettre doit être proposée à la signature ;* (moins courant) **émargement** se dit de la signature officielle ou autorisée. — 2° *Il a honoré sa signature* (terme administratif ou jurid.) = **engagement** *(écrit).*

signet *J'ai laissé un signet entre les pages du livre* = **marque.**

significatif 1° En emploi absolu : *Son silence était significatif* = **expressif** (v. ce mot in *exprimer*) ; ↑**éloquent ;** v. ÉVOCATEUR (in *évoquer*). — 2° ～ de qqch. *L'intervention du ministre est significative d'un changement d'orientation de la politique gouvernementale* = **révélateur.**

signification I *Ce mot a une signification précise* = **sens** (v. ce mot) ; **acception** se dit du sens d'un terme dans un emploi donné.

II *Le propriétaire a reçu signification de notre congé* = **notification**.

signifier I Qqch ∼. 1° *Je ne sais pas ce que signifie ce mot/ce regard/ce geste* = **vouloir dire** (v. cette loc. in *dire* et *vouloir*) ; (didact.) **dénoter**. *Son choix signifie-t-il qu'il exclut une autre possibilité ?* ; (plus soutenu) **impliquer**. — 2° *L'arrivée des hirondelles signifie que le printemps est proche* = **indiquer**.

II Qqn ∼. *L'huissier nous a signifié notre expulsion* (dans le langage jurid.) = **notifier** (v. ce mot). *On m'a signifié que vous vouliez me voir ;* (plus courants) **faire savoir, avertir, informer** n'ont pas le même caractère impératif ; v. aussi DIRE.

silence 1° *Le silence de mon voisin de table est gênant ;* ↑**mutisme**. *Je dois faire silence sur cette affaire* = (se) **taire**. — 2° *Le silence est de règle dans cette profession* = **secret**. (loc.) *Mieux vaut passer sous silence cet incident* = **taire** ; v. ABSTRACTION [*faire abstraction de*] (in *abstraire*). (loc.) *L'opposition a été réduite au silence, grâce à la censure de la presse ;* ↑**bâillonner**, ↑**museler**. — 3° Comme interjection : *Silence ! j'aimerais entendre les informations* = **chut** ; (fam.) **ta bouche** ; (très fam.) **ta gueule** ; v. PAIX [*la paix !*] et TAIRE (SE). — 4° *Il y a eu un silence dans la conversation :* v. PAUSE. *J'aime le silence ;* (plus général) **calme** ; v. TRANQUILLITÉ (in *tranquille*). ● **silencieux** 1° *Notre ami a été silencieux toute la soirée* = **muet**. *C'est un garçon silencieux* = **taciturne** ; **discret** se dit en bonne part de celui qui observe une certaine retenue ; v. aussi TRANQUILLE. — 2° *À pas silencieux* = **feutré**. ● **silencieusement** *Il nous observait silencieusement* = **en silence**. *Il marchait silencieusement* = **à pas feutrés**.

silhouette 1° *J'aime la silhouette élégante de cette jeune femme* = **ligne** ; (plus général) **allure** se dit aussi bien de la forme du corps que de ses mouvements. — 2° *On ne voyait que la silhouette du clocher dans le brouillard* = **profil** ; (plus général) **forme**. ● **se**

silhouetter *Les pins se silhouettaient sur l'horizon* (rare) = **se profiler**.

simple 1° (postposé) Qqch est ∼. *Connaissez-vous le tableau des corps simples ?* = **élémentaire** ; les *corps simples* sont aussi dénommés les **éléments** (chimiques). — 2° Qqch est ∼. *Ce problème est trop simple pour vous* = **facile** ; (fam.) **bête comme chou/bonjour** ne peut être renforcé comme dans ce contexte ; v. ENFANTIN (in *enfant*). *Il y a un moyen bien simple de savoir s'il dit la vérité* = **commode**. — 3° Qqch est ∼. *Il fit un discours très simple, sans effets de style* = **dépouillé** ; ↑**familier**. *Ce sera un repas très simple* = **sans façon** ; (fam.) **à la bonne franquette**. — 4° (antéposé) *Ce n'est pas un simple hasard si je suis ici* = **pur** et **vulgaire**. *Un simple geste aurait suffi :* v. SEUL. — 5° (postposé) Qqn est ∼. *C'est un garçon très simple ; il ne fait pas de manières ;* ↑**sans façon** peut être péjor. ; v. aussi FIER [*ne pas être fier*]. *Il est resté très simple après son succès* = **modeste**. — 6° *Vous êtes un peu trop simple d'accepter ses excuses* = **crédule, naïf** ; ↑**niais** et ↑**simplet** ; v. aussi CANDIDE (in *candeur*). — 7° Comme nom (dans la loc.) : *C'est un simple d'esprit* = **innocent, débile ; arriéré** (mental). ● **simplement** *Pourquoi ne pas nous dire simplement de quoi il est question ?* = **franchement** et **ouvertement** ; (plus soutenu) **sans ambages**. *Il a simplement oublié ce qu'on lui avait dit :* v. PUREMENT (in *pur* II). *Il nous a reçus simplement :* v. CÉRÉMONIE [*sans cérémonie*]. *Il parla simplement* = **familièrement** (v. ce mot in *familier*). ● **simplicité** 1° *Le président a entretenu ses invités avec beaucoup de simplicité ;* **bonhommie** implique parfois une fausse simplicité ; v. MODESTIE (in *modeste*). *Vous n'aurez pas la simplicité de le croire* = **naïveté**. — 2° *La simplicité d'un problème* = **facilité**. ● **simplifier** *Vos scrupules ne vous simplifient pas l'existence* = **faciliter**. *Vous simplifiez la situation* = **schématiser**.

simulacre *Ce match de catch n'est qu'un simulacre de combat* = **semblant** ; v. CARICATURE.

simuler *J'ai simulé l'ivresse pour ne pas être pris au sérieux* = **feindre** ; **jouer** ne peut entrer que dans certains contextes : *J'ai joué l'étonnement :* v. AFFEC-

TER II. • **simulé** *J'ai accueilli sa proposition avec un enthousiasme simulé* = **feint**; v. COMMANDE (DE).

simultané *Des événements simultanés ont concouru à l'affolement général;* (rare) **concomitant.**

sincère 1° *Qqn est ~. Il a été sincère en m'avouant son antipathie;* **loyal,** plus que *sincère,* implique l'idée d'un honneur auquel on est fidèle; v. FRANC II et SPONTANÉ. — 2° *Qqch est ~. C'est une opinion sincère, dont il faut tenir compte* = **authentique.** *Il avait pour moi une amitié sincère* = **véritable, réel.** • **sincèrement** *Je lui ai parlé sincèrement :* v. FRANCHEMENT (in *franc* II). *Je partage sincèrement votre peine* = **du fond du cœur.** *Sincèrement, je ne crois pas un mot de ce que vous dites* = **à dire vrai, franchement, à franchement parler;** v. aussi RÉALITÉ [*en réalité*] (in *réel*).

sinécure *Il a trouvé une sinécure dans une agence de publicité;* (fam.) **fromage.**

singulier *Ce voyage est une aventure singulière;* **unique** est sans ambiguïté comme **particulier,** alors que *singulier* peut signifier **bizarre** (v. ce mot). *Votre histoire est bien singulière* = **étrange, étonnant.** • **singularité** *La singularité de cette pendule tient à la forme de son cadran* = **originalité;** ↑**excentricité** ne se dit que d'une personne ou de ce qui se rapporte à une personne (un projet, etc.). • **singulièrement** *C'est un parfum singulièrement entêtant :* v. aussi TRÈS. *Cet automobiliste conduit singulièrement* (rare); (plus courant) **bizarrement** (v. ce mot in *bizarre*). *Tout a augmenté, et singulièrement les produits alimentaires* = **particulièrement, principalement;** ↓**notamment.**

sinistre I (adj.) 1° (plutôt postposé) *Un sinistre présage précéda la catastrophe* = **funeste.** *Les planchers vermoulus avaient des craquements sinistres;* ↓**inquiétant;** ↑**effrayant.** — 2° (postposé) *Le quartier avait, la nuit, un air sinistre :* v. LUGUBRE; v. aussi AUSTÈRE. *Cette soirée-là fut sinistre;* ↓**ennuyeux;** v. MORTEL. — 3° (postposé) *Il avait une tête sinistre, à épouvanter la population;* (fam.) **de croquemort;** v. MACABRE. *Un rire sinistre :* v. CAVERNEUX. — 4° (antéposé) *Où et quand avez-vous connu ce*

sinistre crétin? = **sombre, lamentable;** v. TRISTE III.

II (nom) *Combien le sinistre a-t-il fait de victimes?;* ↑**catastrophe;** (plus part.) **feu, incendie, inondation, séisme,** etc. • **sinistré** *Il a fallu héberger les sinistrés après le tremblement de terre;* (plus part.) **sans-abri** se dit de ceux qui ont perdu leur habitation dans un sinistre.

sinueux *Je n'aime guère ses manœuvres sinueuses* = **tortueux;** v. aussi LOUCHE. • **sinuosité** *La rivière déroule ses sinuosités* = **courbe, méandre, détour.** *Les sinuosités de la route obligeaient l'automobiliste à la prudence;* (plus part.) **lacet** se dit des voies routières.

sirupeux *Je n'aime pas la consistance sirupeuse de cette liqueur* = **épais, visqueux.**

situation I *La situation de votre maison est bien choisie;* (plus part.) **orientation** se dit de la position par rapport aux points cardinaux, **exposition** de l'ensoleillement du lieu. • **situé** *Sa maison est située en plein midi* = **orienté, exposé.**

II 1° *La situation internationale ne permet pas un grand optimisme* = **conjoncture, contexte, circonstances.** *Il s'est trouvé dans une situation difficile;* (fam.) **dans de beaux draps.** *La situation de cette famille nombreuse sera examinée par nos bureaux* = **cas;** v. ÉTAT I. — 2° *Son beau-frère lui a trouvé une bonne situation :* v. EMPLOI (in *employer*), PLACE I; v. aussi PROFESSION. *Il est satisfait de sa situation sociale* = **position, condition;** v. RANG.

sketch *Ces deux comédiens avaient monté un sketch pour un spectacle de cabaret;* **saynète** est vieilli.

sobre 1° *Qqn est ~. Son mari est sobre et peu porté à la gourmandise;* **frugal** se dit plus généralement de celui qui se contente de nourritures simples; (moins courant) **tempérant** (v. ce mot in *tempérance*). — 2° *Qqn est ~. L'auteur a été sobre dans son exposé* = **concis** (v. ce mot). *Il est sobre de compliments pour ses subordonnés* = **avare.** — 3° *Qqch est ~. Son discours fut sobre et sans fioritures* = **dépouillé;** v. CONCIS. *C'est* un costume classique, très sobre = **discret** (v. ce mot). ● **sobrement** 1° *Il boit sobrement depuis son mariage* = **peu**. — 2° *La pièce était sobrement décorée* = **simplement**; v. ORNEMENT [*sans ornement*] (in *orner*) et DISCRÈTEMENT (in *discret*). ● **sobriété** 1° *La sobriété de mon frère est surprenante; sobriété* s'applique plutôt à la boisson alors que la **frugalité** porte sur la nourriture en général; l'**abstinence** se dit, en ce sens, du fait de ne pas boire d'alcool; v. TEMPÉRANCE. — 2° *La sobriété de sa tenue tend à l'austérité* = **discrétion** (v. ce mot in *discret*).

sociable 1° *L'homme n'est pas le seul animal sociable* (didact.) = **social**. — 2° *S'il était plus sociable et moins bourru, ce serait un charmant compagnon* = **liant, aimable, accommodant**; v. AFFABLE. ● **sociabilité** *La sociabilité, comme toute qualité, peut être une faiblesse* = **amabilité**; v. aussi POLITESSE (in *poli* I).

socialisme *L'histoire du socialisme n'est pas encore terminée;* (plus part.) ↑ le **saint-simonisme** ou le **fouriérisme** sont considérés comme des « socialismes utopiques », le **marxisme** comme l'avènement d'un **socialisme** scientifique; v. aussi COLLECTIVISME.

société I 1° *La vie en société impose des contraintes* = **communauté**. *L'étude des sociétés humaines n'est encore qu'à ses débuts* = **collectivité, communauté, groupe**. — 2° *Je me retire en saluant l'aimable société* = **compagnie, assemblée**. *Nous avons accueilli un nouveau dans notre société* : v. RANG I. — 3° *Ce garçon n'appartient pas à notre société* = **milieu, monde**. *Il a voulu frayer avec la (bonne) société* = **le (beau/grand) monde**; (fam.) **le gratin**. — 4° *J'apprécie la société des femmes* = **fréquentation, compagnie**.

II 1° *L'organisation des sociétés est régie par la loi;* une **compagnie** est une société commerciale ou industrielle, un **cartel**, ou un **consortium**, est une entente momentanée entre sociétés financières en vue d'une action précise (on dit aussi un **cartel** de groupes politiques ou syndicaux); un **trust** est le produit de la fusion de plusieurs sociétés, pour obtenir le monopole d'un

marché; (moins courant) un **holding** est un trust possédant les actions de plusieurs sociétés et dirigeant leurs activités; v. aussi COALITION. — 2° *Nous avons fondé une société de défense des usagers* = **association** (v. ce mot in *associer*). *La société sportive du village est très active* = **club**.

socle *Sur le socle de la statue, on peut lire une inscription* = **piédestal**; v. BASE I.

soif 1° *Avoir soif;* ↑ **être assoiffé, mourir de soif;** (fam.) **tirer la langue, crever** (*crever la soif*). — 2° *Sa soif de vengeance n'a pas été satisfaite* : v. DÉSIR (in *désirer*). *La soif de l'or* : v. FIÈVRE.

soigner I *L'alcoolique fut soigné à l'hôpital de jour* = **traiter**; v. aussi GUÉRIR.

II 1° ~ qqn. *Il avait été soigné avec amour par ses parents;* ↑ **choyer;** (fam.) ↑ **bichonner,** ↑ **chouchouter,** ↑ **élever dans du coton;** v. aussi DORLOTER. *Après chaque course, le lad doit soigner le cheval;* (plus part.) **panser**. — 2° ~ qqch. *Le réalisateur a soigné les détails de sa mise en scène;* ↑ **fignoler**. *Le jardinier soignait ses fleurs* : v. CULTIVER et ENTRETENIR I. — 3° ~ qqn. *L'antiquaire nous a soignés; quel requin!* (fam.) = **arranger**.

soin I 1° *Il a mis beaucoup de soin à ce travail;* (moins courant) **application, sérieux, exactitude** (v. ce mot in *exact*); (plus soutenu) **minutie;** v. aussi ATTENTION et DIFFICULTÉ (in *difficile*). — 2° *Je ne laisserai à personne le soin de cette affaire* = **conduite, charge, responsabilité**. *Veuillez prendre soin de refermer la porte/que la porte soit fermée* : v. VEILLER [*veiller à ce que*]. — 3° (au plur.) *Il était plein de soins pour ses proches* (rare en ce sens) = **prévenance(s), attention(s), sollicitude**. *Sa femme est aux petits soins pour lui* = **attentionné**. ● **soigné** 1° *C'est une fille très soignée (de sa personne)* = **net, propre;** ↑ **élégant;** (fam.) **tiré à quatre épingles;** v. ORDONNÉ (in *ordre* I). — 2° *J'aimerais un travail plus soigné* = **appliqué, consciencieux;** ↑ **minutieux;** v. aussi SOIGNEUX. *Une toilette soignée* : v. RECHERCHÉ. — 3° *Je tiens une grippe soignée* (fam.) = (fam.) **carabiné,** (fam.) **méga;** **sale** (antéposé); dans d'autres contextes, on pourrait avoir salé : *une note salée.* ● **soigneux** 1° Qqn est ⌣. *Il n'est pas très soigneux dans son travail* = **appliqué**; ↑ **minutieux**; v. OR-DONNÉ (in *ordre* I). *Je l'aurais cru plus soigneux de ses affaires* = **attentif à**, **soucieux de**. — 2° Qqch est ⌣. *Il a procédé à une étude soigneuse du projet* = **sérieux**; ↑ **minutieux**.

II (plur.) *Le blessé a reçu les premiers soins;* les *soins* sont les **secours** médicaux. *L'infirmière était chargée des soins au malade* = **traitement**. *Les soins corporels :* v. HYGIÈNE.

soir *Le soir tombait vite dans ces régions tropicales;* le **crépuscule** se dit de la tombée de la **nuit**, plutôt que du lever du jour. *Le soir, nous nous promenions sous les arbres du mail;* **dans la soirée** indique ce moment de la journée comme une durée, alors que *soir* est un repère par rapport aux autres moments du temps.

soirée 1° V. SOIR. — 2° *Pour l'anniversaire de sa fille, le châtelain avait donné une soirée;* une **réception** peut avoir lieu de jour. *Une soirée dansante;* (plus général) **bal**.

soit 1° (conj.) *Soit... soit... :* v. OU. — 2° *Je vous ai versé le montant du loyer, soit six cents francs* = **à savoir, c'est-à-dire**. — 3° (adv.) *Nous ne pourrons venir qu'en fin de soirée. — Soit, nous vous attendrons* (soutenu); (plus courant) **d'accord, entendu; admettons, si vous voulez, va pour** (suivi d'un complément) marquent la concession.

sol 1° *Les feuilles mortes jonchaient le sol* = **terre** (v. ce mot). *La femme de ménage a lavé le sol;* (plus part.) le **carreau**, le **plancher**, le **parquet** se disent selon le matériau du sol. — 2° *C'est un sol sablonneux, où les asperges poussent bien* = **terrain**; **terroir** se dit en ce sens de la nature d'un sol producteur de vin. — 3° *Il est très attaché au sol natal;* la **patrie** se dit aussi bien du **pays** que de la **ville** où l'on est né; (plus part.) **terroir** se dit de la région rurale dont on est originaire. — 4° *Envoyer au sol :* v. TAPIS.

soldat 1° *Les soldats montaient au front* = **militaire** se dit de celui qui appartient à une armée régulière; (plus général) **combattant**, de celui qui prend part à un combat ou à une guerre; (plus spécialement) **fantassin, artilleur**, etc., des soldats des différentes armes. — 2° *Officiers, sous-officiers, soldats, la victoire dépend de vous* = **homme de troupe** ou **simple soldat** s'opposent aux militaires gradés des armées de terre et de l'air; (fam.) **troufion, bidasse, gazier; pioupiou** est vieilli. — 3° *Les croisés étaient des soldats de la foi* = **défenseur, serviteur**.

solde **I** 1° *La solde des militaires est dérisoire* = **prêt**; v. RÉTRIBUTION. — 2° *L'assassin était à la solde d'un gang* = **être payé par**.

II 1° *Le solde de votre compte est débiteur;* (plus général) **balance, situation**. *Solde créditeur :* v. AVOIR (nom). *Vous verserez le solde à la livraison* = **complément**; v. RESTE (in *rester* I). — 2° (au plur.) *Il y a des soldes au rayon de la chemiserie* = **fin de série**. ● **solder** 1° *Ce magasin solde les invendus en fin de saison* = **brader**; ↑ **sacrifier**; v. LIQUIDER. — 2° **se solder** *La tentative se solda par un échec* = **aboutir à**.

soleil 1° *Le soleil se lève;* dans ce contexte, *soleil* comme **jour, aube** ou **aurore**, se dit de la lumière solaire. — 2° (loc.) *Piquer un soleil :* v. ROUGIR (in *rouge*).

solennel 1° *Il s'est engagé par un serment solennel;* ↓ **officiel**, ↓ **public**. — 2° *C'est un personnage solennel et insupportable* = **pontifiant, sentencieux**; v. IMPOSANT (in *imposer* I). *Après un discours solennel, le directeur lut la liste des prix;* **emphatique, pompeux** sont péjor.; v. GRAVE I. ● **solennité** 1° *Les solennités sont bien ennuyeuses;* (plus général) **fête** (*fête solennelle*). — 2° *C'est avec solennité que le maire ouvrit la séance d'inauguration* = **apparat**; v. GRAVITÉ (in *grave* I).

solidarité *Depuis qu'ils avaient pris ensemble leurs vacances, il y avait entre eux une grande solidarité;* (fam.) **ils se tenaient les coudes**.

solide 1° Qqch est ⌣. *Cet appareil est solide et vous fera bon usage* = **résistant, robuste** (v. ce mot); (plus part.) **incas-**

sable, inusable. — 2° Qqch est $\sim$. *Leur amitié est solide* = **durable ;** ↑**à toute épreuve ;** (soutenu) ↑**indéfectible.** *Le technicien appuya sa démonstration sur des arguments solides* = **fondé, sûr, sérieux** (v. ce mot). — 3° Qqn est $\sim$. *Le pilier de l'équipe première de rugby est un solide gaillard ;* **robuste, vigoureux** (plutôt postposés) ; **résistant** (toujours postposé) ; (fam.) **costaud, increvable** (toujours postposés) ; v. aussi VALIDE I. *C'est un solide partisan de la contraception ;* ↑**farouche.** *Un ami solide* = **fidèle.** — 4° Qqch est $\sim$. *Ce qu'il lui faut, c'est une solide engueulade* (fam.) ; (plus courant) **bon. • solidité** 1° *La solidité du matériel agricole est mise à rude épreuve* = **robustesse, résistance.** — 2° *La solidité de votre argumentation m'a obligé à changer tout mon programme* = **fermeté, sérieux** (v. ce mot) ; v. aussi RIGUEUR.

solidifier (se) *C'est un ciment à prise rapide qui se solidifie en quelques minutes* = **durcir, prendre.**

solitaire (adj.) 1° *C'est un être solitaire, sans parents et sans amis* = **seul, esseulé.** Comme nom : *Un solitaire :* v. ERMITE. — 2° *Un lieu est* $\sim$. *Dans cet endroit solitaire, vous connaîtrez le calme* = **retiré, écarté** (v. ce mot in *écarter*) ; ↑**abandonné,** ↑**désert ;** v. SAUVAGE. **• solitude** *Ce veuf supporte mal la solitude* = **isolement ;** v. aussi ÉLOIGNEMENT (in *éloigner*).

solliciter 1° *Il a sollicité un emploi auprès de la direction de l'usine ;* (plus soutenu) **postuler ;** v. DEMANDER et QUÊTER (in *quête*). *Puis-je vous solliciter d'intervenir en ma faveur ?* (soutenu) ; (rare) **requérir.** — 2° *Ce livre a sollicité ma curiosité* (soutenu) ; (plus courant) **attirer ;** ↑**exciter. • solliciteur** *Mieux vaut éconduire les solliciteurs que d'écouter les requêtes auxquelles on ne peut répondre* = **demandeur ;** (péjor.) **quémandeur.**

solution 1° *Avez-vous trouvé la solution de l'énigme ?* = **clé.** *Souhaitons que la solution de la crise soit heureuse* = **dénouement, issue.** *Il doit bien y avoir une solution pour le faire venir à Paris* = **moyen.** *La meilleure solution :* v. IDÉAL et PARTI II. — 2° *Solution de continuité* = **pause, rupture.**

sombre 1° (plutôt postposé) *La nuit est bien sombre pour se déplacer sans lampe de poche* = **obscur ;** v. NOIR. *Pourquoi porte-t-il toujours des vêtements de couleur sombre ?* = **foncé.** — 2° (postposé) *Il est souvent d'humeur sombre* = **morose, chagrin ;** v. MÉLANCOLIQUE (in *mélancolie*) et TRISTE I. — 3° (antéposé) *C'est un sombre crétin :* v. SINISTRE I. — 4° (postposé) *L'avenir est sombre pour la jeunesse* = **menaçant.** *Ils ont vécu les heures sombres de la dernière guerre* = **tragique.**

sombrer 1° En parlant d'un bateau : *Le navire a sombré au large* = **s'engloutir ; couler** se dit aussi bien des personnes ; v. S'ABÎMER (in *abîme*) ; v. aussi CHAVIRER. — 2° Qqn/qqch $\sim$. *J'ai sombré d'un seul coup dans un sommeil lourd* = **s'enfoncer, glisser, tomber.** *Sa fortune a sombré dans le grand krach* = **disparaître.**

sommaire (adj.) 1° *Une introduction sommaire aurait suffi pour poser le problème* = **bref, succinct, concis.** — 2° *Il fallait être moins sommaire dans l'exposé des faits* = **expéditif, rapide, superficiel.** *Nous n'avons eu droit qu'à un repas sommaire* = **léger.** — 3° V. TABLE II.

somme I 1° *Quelle est la somme de ces trois nombres ?* = **total ;** v. aussi RÉSULTAT. *Il a fallu une somme importante de travail pour la construction de ce bâtiment* = **quantité.** — 2° *Une somme de trois cents francs :* v. MONTANT I. — 3° (dans des loc.) *En somme :* v. DIRE [*pour tout dire*]. *Somme toute, nous nous en sommes bien tirés* = **en définitive, après tout.**

II V. SOMMEIL.

sommeil 1° *Il avait besoin d'une heure de sommeil ;* la **sieste** est un sommeil diurne, après le repas de midi ; (fam.) **dodo** se dit aux enfants. *Il céda quelques minutes au sommeil ;* ↓**assoupissement,** ↓**somnolence** et ↓**torpeur** sont des états de demi-sommeil. *Le sommeil de la grand-mère ne dura pas longtemps ;* (fam.) ↓**somme** se dit d'un sommeil très court. — 2° (loc.) *Il a laissé cette affaire en sommeil* = **en suspens. • sommeiller** *Il sommeillait, les yeux mi-clos* = **somnoler.**

sommet 1° *Le couvreur change les tuiles au sommet du toit* = **faîte**. *Au sommet de la côte, nous étions épuisés* = **haut**. — 2° *Les alpinistes ont atteint le sommet* ; (plus soutenu) **cime** ; (didact.) le **point culminant** se dit du sommet d'un massif ; **aiguille, crête, pic,** etc., se disent suivant la forme et la région du sommet des montagnes. — 3° *Le petit s'est fait une bosse sur le sommet de la tête* = **dessus**. — 4° *Il est au sommet de sa carrière* = **apogée** ; v. COMBLE I.

sommité *Ce célèbre avocat est une des sommités du barreau* = **personnalité** (le plus souvent précédé de *grande*) ; **lumière** se dit surtout d'une personne rayonnant par son intelligence.

son 1° *Le choc des boules produisit un son métallique* ; **bruit** se dit d'un son ou d'un ensemble de sons sans harmonie. — 2° *Le son grave de cette cloche me plaît* = **sonorité** ; **timbre** se dit particulièrement des qualités propres aux sons émis par la voix ou par un instrument.

sonder 1° ~ qqch. *La compagnie pétrolière fait sonder les terrains* ; (plus général) **forer** c'est simplement percer. — 2° ~ qqn ou qqch. *Il faudrait sonder les intentions de votre interlocuteur* = **pénétrer** ; v. SCRUTER. *Avez-vous sondé votre père sur ses intentions ?* ; (rare) **pressentir** ; v. INTERROGER. *Notre enquêteur a sondé le terrain* = **tâter** (v. ce mot). ● **sondage** *Un institut d'opinion a fait un sondage sur les prochaines élections* ; (moins courant, anglicisme) **gallup** ; v. ENQUÊTE.

songer 1° ~ à qqch. *Il songe à sa retraite* : v. PENSER III et RÊVER. *Avez-vous songé aux conséquences de vos actes ?* = **calculer, considérer** ; v. RÉFLÉCHIR À. — 2° ~ à qqn ou qqch. *Songez un peu aux autres* = **tenir compte de, se préoccuper de**. *Il songe à l'avenir des siens* ; (plus part.) **prendre soin de**. — 3° ~ à + infin. *Nous songeons à nous retirer à la campagne* = **projeter de** ; ↓**envisager de**. — 4° ~ + complétive. *Songez que vous n'avez plus de temps à perdre* = **réfléchir, se rendre compte** ; (moins courant) **s'aviser**.

sonner 1° (intr.) *Quelqu'un sonne à la porte* ; ↑**carillonner**. *La clochette sonne à la porte du jardin* = **tinter, résonner**. —

2° (trans. ind.) *Le musicien sonnait du cor avec émotion* ; (plus courant) **jouer de**. — 3° (trans.) ~ qqn. *La baronne a sonné la femme de chambre* ; (plus général) **appeler**. *On ne vous a pas sonné* (fam.) ; (plus courant) **mêlez-vous/occupez-vous de ce qui vous regarde**. — 4° (trans.) ~ qqch. *On a sonné la cloche à toute volée* = **faire résonner**. — 5° (trans.) ~ qqn. *Dans la bagarre, il s'est fait sonner* (fam.) = **estourbir** ; (plus courant) **assommer** ; v. ÉTOURDIR. ● **sonné** 1° *Il a quarante ans bien sonnés* (fam.) ; (plus soutenu) **révolu**. — 2° *Ce type est complètement sonné* (fam.) = **cinglé, tapé** ; v. aussi FOU.

sonore 1° *Il avait une voix sonore, à vous casser les oreilles* = **fort, vibrant** ; ↑**éclatant** et ↑**tonitruant** ; v. RETENTISSANT. *Elle fit à son fils un gros baiser sonore* = **bruyant**. — 2° *À cette occasion, il prononça des paroles sonores et creuses* = **emphatique** ; (fam.) **ronflant** ; v. aussi AMPOULÉ.

sorcier 1° *On trouve encore des sorciers dans les campagnes françaises* = **jeteur de sorts** ; **magicien** et **devin** se disent aujourd'hui en bonne part de ceux qui pratiquent la magie ou la divination. — 2° (adj.) : *Ce n'était tout de même pas sorcier à comprendre* = **difficile** (v. ce mot).

sordide 1° *L'appartement était sordide, noir de crasse* = **dégoûtant, infect, répugnant** ; ↓**sale**. — 2° *Ils se sont fâchés pour une sordide question de gros sous* ; ↓**mesquin**.

sornette *Ne l'écoutez pas ! il ne débite que des sornettes* = **baliverne, billevesée, calembredaine, faribole** ; v. aussi BÊTISE et SOTTISE (in *sot*).

sort I 1° *Les coups du sort ne l'ont pas abattu* : v. DESTIN. — 2° *Le sort des femmes de marin n'est pas enviable* = **condition** ; v. PARTAGE. — 3° (loc.) *Les invités ont fait un sort à la bouteille de cognac* = **achever**. — 4° (loc.) *Les enfants tireront au sort avant de jouer* ; (plus part.) **tirer à la courte paille, à pile ou face** (v. PILE III), etc.

II *Il est soumis au sort qu'on lui a jeté* = **charme, maléfice, sortilège** ; v. ENCHANTEMENT (in *enchanter*).

sorte 1° *Vous trouverez dans ce magasin toutes les sortes possibles de boutons;* **espèce** (v. ce mot) est moins usité en parlant des choses. *Il existe une sorte de pivoine en arbuste* = **variété;** v. CLASSE I; v. aussi FORME I. — 2° ~ de. *C'est une sorte d'homme d'affaires* (péjor.) = **espèce; genre** ne se dit guère que des choses. — 3° (loc. conj.) *De sorte que :* v. FAÇON I et AINSI I et II. *De (telle) sorte que :* v. MANIÈRE I.

sortir 1° (intr.) Qqn ~. *Nous venons de sortir de la ville* = **quitter.** *Il est sorti pour prendre l'air* = **aller dehors, aller se promener;** v. S'ABSENTER (in *absence*). — 2° (intr.) Qqn ~. *Ma femme sort d'une longue maladie* = **relever, guérir.** *Nous sommes sortis sains et saufs de cet accident* (loc.) = **réchapper de.** *Il est enfin sorti de sa réserve;* (plus soutenu) **se départir de.** *Faire sortir de ses gonds :* v. IRRITER. *Vous êtes sortis du sujet* = **s'écarter;** v. ÉLOIGNER (S'). — 3° (intr.) Qqn ~. *Il sort d'un milieu très bourgeois;* (plus soutenu) **être issu.** *D'où sort-il?* = **d'où vient-il?** — 4° (intr.) Qqch ~. *L'eau sort du robinet;* **jaillir** (v. ce mot), c'est sortir avec violence; (moins courant) **sourdre,** c'est couler doucement. *Les eaux du fleuve sortent par les égouts;* ↓**affleurer** se dit d'un liquide qui apparaît en surface; ↑**déborder,** c'est passer par-dessus les bords. *Le submersible sort de l'eau* = **émerger.** — 5° (intr.) Qqch ~. *Un parfum sort de ces touffes de jacinthes;* (plus soutenu) **s'exhaler;** v. SE DÉGAGER (in *dégager*). — 6° (intr.) Qqch ~. *Une pierre sort du mur;* (moins courant) **faire saillie.** — 7° (intr.) Qqch ~. *Les blés sortent tôt cette année* = **lever;** (moins courant en ce sens) **percer;** (plus soutenu) **poindre.** — 8° (intr.) Qqch ~. *Le dernier numéro de cette revue vient de sortir* = **paraître.** — 9° (impers.) *Qu'est-il sorti de votre travail?;* (plus soutenu) **résulter;** v. aussi ABOUTIR II. — 10° (trans.) Qqn ~. *Tous les soirs, il sort son chien;* (plus part.) **promener.** — 11° (trans.) Qqn ~ qqn. *Le service d'ordre a sorti les perturbateurs* = **vider;** (plus courant) **expulser;** ↓**faire sortir.** — 12° (trans.) Qqn ~ qqn. *Nos amis nous ont sortis de là :* v. DÉPANNER. — 13° (trans.) Qqn ~ qqch. *Le romancier vient de sortir un tout nouvel ouvrage* = **publier, faire paraître.** *Qu'a-t-il encore sorti comme sornette?* (fam.);

(plus courant) **raconter, débiter.** — 14° (dans des loc.) *Cet entêté ne veut pas sortir de là* = **en démordre.** *Nous ne sommes pas sortis de l'auberge* = **s'en tirer, être débarrassé.** — 15° **s'en sortir** *Il ne s'en est pas sorti sans perdre des plumes* (fam.) = **s'en tirer, se dépêtrer, se débrouiller, tirer son épingle du jeu;** v. RÉCHAPPER [*s'en réchapper*] et SE TIRER (in *tirer* II). — 16° (loc. prép.) : *Au sortir des faubourgs se dressent les fortifications* = **à la sortie de.** *Au sortir de la jeunesse, il était encore bien naïf* = **à la fin de.** ● **sortie** 1° ~ de qqn. *C'est sa première sortie depuis sa convalescence;* (plus part.) **promenade;** (fam.) **balade.** *Il vient de faire une petite sortie* = **tour.** — 2° ~ de qqch. *Il n'existe pas de sortie de secours à la salle des fêtes;* (plus soutenu) **issue.** — 3° *Sous le coup de la colère, il nous a fait une sortie sanglante;* (plus soutenu) **algarade.** — 4° *La sortie de ce nouveau roman a produit quelque émotion dans les milieux littéraires* = **parution, publication.** — 5° *Au mois de janvier, nous avons eu de nombreuses sorties d'argent)* = **dépenses.** — 6° V. SORTIR. ● **sortable** *Mes filles ne sont pas sortables* (souvent iron.); **correct, convenable** sont des termes plus neutres.

sot 1° (adj. et nom) *C'est un sot de ne pas avoir prévu ses ennuis;* (plus courant) **âne, buse, bêta, bêtasse, idiot;** (fam.) **crétin, couillon, cloche;** (fam.) **bourrique** s'emploie uniquement comme nom; (fam.) **il en a une couche.** *Cette fille est une sotte* = **oie.** — 2° (adj.) *Voilà une sotte réplique;* **inintelligent, inepte** (postposés); ↑**absurde.** *C'est un esprit sot* = **borné.** *Il s'est retrouvé tout sot après sa sortie* = **confus, penaud.** ● **sottise** 1° *Sa sottise lui interdit de rien comprendre* = **idiotie, imbécillité;** v. BÊTISE. — 2° *Il nous a raconté les pires sottises* = **ânerie, baliverne;** (plus soutenu) **insanité;** v. ÉNORMITÉ (in *énorme*); v. aussi LÉGÈRETÉ (in *léger*) et SORNETTE.

souche 1° V. LIGNÉE. — 2° *Avez-vous gardé les souches de votre chéquier?* = **talon.**

souci 1° *Ils ont eu bien des soucis avec leur déménagement* = **tracas;** (très rare) **aria;** (fam.) **embêtement, empoisonnement, du tintouin;** (très fam.) **emmerdement;** v. aussi ENNUI (in *ennuyer*). *Les* soucis au sujet de notre fils ne nous manquent pas : v. INQUIÉTUDE (in inquiet) et CRAINTE (in craindre). (loc.) Mieux vaut ne pas se faire de soucis, avant que les ennuis n'arrivent = se mettre martel en tête ; (fam.) se faire des cheveux/de la bile, s'en faire ; v. S'INQUIÉTER (in inquiet). Un bonheur sans souci : v. NUAGE [sans nuages]. — 2° Quel souci, cet enfant ! : v. PLAIE. ● se soucier Il ne se soucie guère de la retraite = se préoccuper ; (soutenu) n'avoir cure de uniquement à la forme négative ; v. S'OC-CUPER (in occuper II) et EMBARRASSER [s'embarrasser]. ● soucieux 1° Il est très soucieux depuis quelques jours = préoc-cupé ; v. INQUIET. Un air soucieux ; ↓ pensif, ↓ songeur. — 2° Il est soucieux de sa réputation ; ↓ attentif à ; ↑ jaloux de ; v. aussi SOIGNEUX (in soin I).

soudain I (adj.) J'ai ressenti une douleur soudaine au foie = brutal ; ↑ fou-droyant. Ce fut une douleur soudaine, alors qu'on le croyait en pleine santé = subit (v. ce mot) ; v. PROMPT et IMPRÉVU.

II (adv.) Nous parlions tranquillement, et soudain elle s'est mise en colère = brus-quement, subitement, tout d'un coup ; de but en blanc, sans crier gare (plus expressifs) ; (moins courant) soudai-nement ; v. aussi DÉPOURVU [au dé-pourvu].

soudaineté La soudaineté de son geste m'a surpris = rapidité ; ↑ brutalité.

souffler 1° Qqch ∼. Le vent souffle depuis hier soir = il y a (Il y a du vent). — 2° Qqn ∼. Il souffle doucement ; v. EXPIRER I. Après avoir couru, il souffle un peu = reprendre haleine ; (plus géné-ral) se reposer. — 3° (trans.) Il a soufflé la bougie, nous laissant dans l'obscurité = éteindre. — 4° (trans.) Son toupet nous a soufflés (fam.) = asseoir ; (plus courant) étonner (v. ce mot) ; v. SOUFFLE [couper le souffle] et SUFFOQUER. — 5° On m'a soufflé que je ne lui plaisais pas = chu-choter ; ↑ insinuer ; v. aussi SUGGÉRER. — 6° Il lui a soufflé sa bonne amie (fam.) = chiper ; v. ATTRIBUER [s'attribuer]. ● souffle 1° Par ce temps, un souffle d'air nous ferait du bien = bouffée, courant. — 2° Il avait le souffle bruyant après sa course = respiration ; v. HALEINE. Il a rendu le dernier souffle (loc.) = expirer ;

rendre le dernier soupir ; v. aussi MOU-RIR. — 3° Il ne manque pas de souffle, la crapule ! (fam.) = toupet, culot ; (plus soutenu) aplomb. — 4° (loc.) La nouvelle nous a coupé le souffle = souffler ; v. ÉTONNER et SUFFOQUER.

souffrir 1° Qqn ∼. Pendant son enfance malheureuse, il a souffert la faim = endurer, supporter. — 2° (trans. ind.) Qqn/qqch ∼. Depuis une semaine, je souffre de la tête = avoir mal à. Il n'a pas trop souffert du qu'en-dira-t-on ; (plus soutenu) pâtir de. La ville a souffert de nombreux bombardements pendant la dernière guerre = être victime de. — 3° (loc.) Qqn/qqch fait ∼. Sa sciatique la fait souffrir affreusement ; (plus soutenu) tourmenter ; ↑ torturer. — 4° (trans.) Qqn ∼. Je ne peux plus souffrir cette personne ; (plus fam.) sentir (v. ce mot) ; v. VOIR. — 5° Qqn ∼. Je ne souffrirai pas que cet escroc vienne chez moi = accepter, tolérer ; (fam.) digérer ; v. ADMETTRE II. — 6° Qqch ∼. Cette affaire ne souffre aucun délai (soutenu) = admettre ; (plus courant) être urgent. ● souffrance 1° Il garde de sa maladie le souvenir de terribles souffrances = dou-leur (v. ce mot). Rien n'a pu soulager sa souffrance ; ↓ peine (v. ce mot) au sens moral seulement. — 2° Des colis sont restés en souffrance pendant la grève des cheminots = en attente.

souhaiter 1° Il souhaite revenir dans son pays = espérer ; v. DÉSIRER, RÊVER DE, VOULOIR. Toute sa vie, il a souhaité le repos = aspirer à ; convoiter se dit assez rarement d'un terme abstrait ; v. APPELER I. — 2° Je leur ai souhaité le bonjour ; (plus courant) dire bonjour. L'enfant écrit pour souhaiter la bonne année à sa tante (loc.) = offrir ses vœux. ● souhait Tous ses souhaits sont com-blés : v. AMBITION. Les souhaits de bonne année = vœux.

soulager 1° ∼ qqn. Soulagez-moi car je ne peux plus tenir ce meuble trop lourd = décharger. On m'a soulagé de mon portefeuille : v. ENLEVER et VOLER. — 2° ∼ qqch. Il fallait soulager sa peine = alléger. Un calmant a soulagé sa douleur = adoucir, apaiser, calmer. — 3° ∼ qqn. Il souhaite pouvoir soulager les malheureux = secourir, aider (v. ces mots). ● soulagement 1° Il faut trouver un soulagement à cette douleur = adoucissement, apaisement. — 2º *Quel soula-gement de vous savoir arrivés sains et saufs :* ↓**détente** ; v. DÉLIVRANCE (in *délivrer*).

soulever 1º ~ qqn/qqch. *Sans un cric, il est difficile de soulever la voiture :* v. LEVER I. — 2º ~ qqch. *On m'a soulevé mon porte-monnaie :* v. VOLER II. — 3º ~ qqch. *La voisine a doucement soulevé le coin du rideau* = **relever** ; **écarter**, c'est en l'occurrence pousser vers les côtés. — 4º ~ qqch. *Le vent soulevait les vagues ;* ↑**agiter** (v. ce mot). — 5º ~ qqn. *La colère a soulevé la population* = **ameuter**, **déchaîner** ; ↓**exciter** ; v. TRANSPORTER II. — 6º ~ qqch. *Sa proposition n'a pas soulevé l'enthousiasme* = **provoquer**. — 7º ~ qqch. *Son contradicteur n'a pas eu le temps de soulever une objection :* v. ÉLEVER I.

soupçonner 1º ~ qqn. *La police le soupçonne d'avoir déposé une bombe* = **suspecter** ; v. aussi MÉFIER (SE). — 2º ~ qqch/complétive. *Je ne soupçonnais pas que vous soyez au courant :* v. DOUTER [*se douter*]. ● **soupçonneux** 1º *Il est très soupçonneux depuis qu'on l'a cambriolé :* v. MÉFIANT (in *méfier* [*se*]). — 2º *Pourquoi ces regards soupçonneux ? ;* ↑**inquisiteur** ; v. OMBRAGEUX (in *ombrage* II).

souple 1º *Qqch est* ~. *Cette lame de fleuret est très souple* = **flexible**. *Voici une étoffe souple qui conviendrait pour un costume* = **moelleux** ; v. aussi MOU [*un col mou*]. — 2º *Qqn est* ~. *Il est encore très souple pour son âge :* v. AGILE. *La danseuse avait la taille souple* = **délié**. *Le sportif courait d'une longue foulée souple* = **élastique** ; v. ONDOYANT (in *onde* II). — 3º *Qqn est* ~. *Je ne ferais pas confiance à votre ami ; il est bien souple ;* en bonne part, **adroit**, **habile**, **diplomate** ; en mauvaise part, **docile** (v. ce mot) ; v. aussi MALLÉABLE et COMPLAISANT.

source 1º *L'eau de la source était toute fraîche ;* la **fontaine** se dit de l'eau de pluie qui se répand à la surface du sol, alors que la *source* se dit aussi de l'endroit d'où elle sort. — 2º V. ORIGINE. — 3º *Il faudrait une source lumineuse plus puissante pour que l'on puisse prendre une bonne photo* = **foyer**.

sourd I *Qqn est* ~. *Depuis son accident, il n'entend rien, il est sourd ;* (fam.) **sourd comme un pot** sert de superlatif ; ↓**être dur d'oreille** ; v. COTON [*avoir du coton dans les oreilles*].

II *Qqch est* ~. 1º *Quand il tomba, cela fit un bruit sourd* = **mat**. *Il parlait d'une voix sourde* = **étouffé**, **voilé**. — 2º V. CACHÉ (in *cacher*) et VAGUE III.

sourdine *L'orchestre jouait en sourdine pendant le repas* = **doucement**, **discrètement**.

sournois (adj. et nom) *C'est un petit sournois ; méfiez-vous de lui ;* **dissimulé** (rarement employé comme nom) se dit de celui qui cache ses sentiments, **hypocrite** de celui qui affecte des sentiments qu'il n'éprouve pas ; (rare) ↑**fourbe** ; v. aussi DOUCEREUX (in *doux*) et FAUX I. *Il avait un visage sournois* = **chafouin**. *Ses propos sournois ne me trompent pas ;* **insidieux** se dit de ce qui cherche à induire en erreur ; **mielleux** se dit des paroles flatteuses et trompeuses. *Agir en sournois* = **en dessous** ; (fam.) **faire ses coups en douce**.

soustraire 1º ~ qqch. *On a soustrait les plans du sous-marin atomique* = **détourner** ; v. DÉROBER et VOLER II. — 2º ~ qqn à qqch. *Pendant la guerre, elle a soustrait des partisans à la répression* = **protéger de**. — 3º ~ qqch de qqch. *Il a soustrait 60 de 130* = **retrancher** ; v. ÔTER.

souteneur *C'est un souteneur qui vit du travail de plusieurs prostituées ;* (plus soutenu) **proxénète** ; (fam.) **maquereau**, **marlou**.

soutenir 1º *Qqn/qqch* ~ *qqch. Soutenez bien l'échelle pendant que j'y grimpe* = **maintenir** (v. ce mot). *La charpente fléchit et ne soutient plus le toit* = **supporter**. *Posez donc une console pour soutenir votre étagère à livres* = **consolider** ; (plus part.) **étayer**, c'est soutenir avec une pièce de charpente, dite « étai ». — 2º *Qqn/qqch* ~ *qqn. Vous êtes épuisé : un repas léger vous soutiendra* = **réconforter** ; (plus fam.) **remonter**. — 3º *Qqn* ~ *qqn. De bons amis l'ont soutenu pour obtenir ce poste* = **épauler** ; v. AIDER, APPUYER I et SERVIR II. *Il soutient toujours sa fille contre sa* *femme :* v. DÉFENDRE I. — 4° Qqn ∼ qqch. *Le boxeur a bien soutenu l'attaque de son adversaire* = **résister** à. — 5° Qqn ∼ *que* + complétive. *Il a soutenu que vous étiez d'accord avec lui* = **prétendre ; assurer,** c'est certifier quelque chose sans rencontrer de résistance et sans avoir à argumenter ; v. AFFIRMER. ● **se soutenir** 1° Qqn ∼. (verbe réfléchi) *Il est ivre ; il se soutient à peine sur ses jambes ;* **se tenir debout/droit** est plus employé. — 2° Qqn ∼. (verbe réciproque) *Les deux frères se soutiennent toujours quand on les attaque ;* (plus soutenu) **se prêter assistance.** — 3° Qqch ∼. *Votre position ne se soutient pas* = **se défendre.** ● **soutenu** 1° *Un intérêt soutenu* = **vif** (antéposé). *Vous avez prêté une attention soutenue à son cours* = **constant.** — 2° V. ÉLEVÉ (in *élever* I). ● **soutien** 1° *Ce parti apporte son soutien au gouvernement* = **aide ; secours** se dit d'un soutien défensif ; v. APPUI et SERVICE II. — 2° *Il s'est fait le soutien d'une mauvaise cause* = **champion, défenseur ;** v. PILIER.

souterrain 1° *On avait étayé le souterrain avec des bois de mine ;* la **galerie** est un lieu de passage qui n'est pas forcément souterrain. — 2° (adj.) *Des menées souterraines inquiétaient la police* = **clandestin ;** v. aussi CACHÉ (in *cacher*).

soutirer I *Il est temps de soutirer le vin ; soutirer,* c'est **transvaser** un vin pour le **clarifier,** c'est-à-dire le débarrasser de sa lie.

II *J'ai rencontré un tapeur qui m'a soutiré cent francs ;* (fam.) **taper de ;** ↑**escroquer ;** v. aussi TIRER II.

souvenir (se) (pronominal trans. ind.) 1° *Je me souviens de vous ;* ↑**reconnaître** et (fam.) **remettre** ne se construisent qu'avec des noms compléments, en ce sens ; (soutenu) **se remémorer ; se rappeler** (trans. direct) comme *se souvenir,* admet les infinitifs et les complétives : *Je me souviens de vous avoir rencontré/que je vous ai rencontré* = **je me rappelle vous.../que je...** — 2° *Souviens-toi de cet avertissement* = **penser à ;** v. NOTE I [*prendre bonne note de*]. ● **souvenir** (nom) 1° *Un souvenir des dernières vacances me revient ;* (plus soutenu) une **réminiscence** est un souve-

nir vague, une **image** un souvenir visuel ; la **mémoire** est la faculté de se souvenir. — 2° *Raconter ses souvenirs :* v. PASSÉ (in *passer* I).

souvent *Les deux amis sortent souvent ensemble ;* **fréquemment** implique plus ou moins la régularité du phénomène ; ↑**généralement** implique une idée de règle ; v. BEAUCOUP. *On les a vus se disputer souvent ;* (moins courant) **cent fois, de nombreuses fois ;** ↓**plusieurs fois.**

speaker *Le speaker a présenté le concert radiophonique ;* (moins courant) **présentateur ; annonceur,** recommandé par certains puristes, désigne plutôt, dans la presse ou l'industrie du spectacle, celui qui passe une annonce publicitaire.

spécial 1° *C'est un trait spécial de la nouvelle génération* = **particulier** (v. aussi ce mot). *Un cas spécial :* v. INDIVIDUEL (in *individu*). — 2° *Il a une conception spéciale de la politique* = **singulier** (v. ce mot) ; **bizarre** se dit de l'étrangeté du cas plus que de sa singularité ; ↑**extraordinaire ;** v. PART III [*à part*] et EXCEPTIONNEL (in *excepter*). ● **spécialement** *Il est spécialement attentif à ce problème* = **particulièrement ;** v. aussi PARTICULIER [*en particulier*]. *Ne vous dérangez pas spécialement pour nous* = **exprès.** ● **spécialiste** 1° *Mieux vaut l'avis d'un spécialiste* = **expert ; professionnel** se dit de celui qui connaît les problèmes par profession. — 2° V. MÉDECIN.

spectacle 1° *Assisterez-vous au spectacle en matinée ou en soirée ?* (général) ; (plus part.) **représentation** (théâtrale/cinématographique), **gala** (de boxe, etc.) ; v. SÉANCE ; v. aussi THÉÂTRE. — 2° *Leur scène de ménage, quel spectacle pour les voisins !* = **tableau ;** v. aussi SCÈNE. *Il ne souffre pas, mais il se donne en spectacle* (loc.) = **s'exhiber.** ● **spectaculaire** *La rencontre a été spectaculaire* = **impressionnant ;** ↑**sensationnel ;** v. THÉÂTRAL (in *théâtre*). ● **spectateur** 1° *Les spectateurs ont applaudi à la fin de l'acte ;* l'**assistance** et le **public** désignent collectivement l'ensemble des spectateurs ; v. AUDITOIRE. — 2° *Il y a eu beaucoup de spectateurs de la bagarre mais tous se sont dérobés* = **témoin ;** v. OBSERVATEUR (in *observer* I). *Être spectateur :* v. PRÉ-SENT I [*être présent*].

spéculer 1° *Il ne faut pas trop spéculer sur la bêtise des autres* = **compter sur.** — 2° *Le notaire spéculait avec les dépôts de ses clients*, (plus part.) **jouer (en bourse)** ; (fam.) **boursicoter.** ● **spéculation** 1° V. CALCUL. — 2° *Il a été ruiné par des spéculations sur les valeurs boursières* ; **agiotage** se dit d'une spéculation frauduleuse, **boursicotage** de petites opérations en Bourse ; v. OPÉRATION II. — 3° V. THÉORIE I.

spirituel I 1° *Il y a pour certains des réalités spirituelles indépendantes de la matière* = **immatériel.** — 2° *Les valeurs spirituelles varient suivant les sociétés ;* une valeur *spirituelle* implique toujours une référence **religieuse** ; v. aussi MORAL. — 3° *La lecture est un plaisir spirituel* = **intellectuel.**

II *C'est un garçon très spirituel, qui sait animer une soirée ;* ↓ **amusant** (v. ce mot in *amuser*) se dit de l'effet produit, **vif** et **brillant** des qualités d'esprit. *Ses propos sont toujours spirituels et sans méchanceté* = **fin, piquant.** *Être spirituel :* v. ES-PRIT [*avoir de l'esprit/être plein d'esprit*].

splendeur 1° *Le soleil brille enfin dans toute sa splendeur* = **éclat** (v. ce mot in *éclat* II) ; v. BRILLANT III. — 2° *Nous étions éblouis par la splendeur du spectacle* = **magnificence** ; ↓ **beauté** (v. ce mot in *beau*). — 3° *Au temps de sa splendeur, il était prodigue ;* ↓ **prospérité.** ● **splendide** 1° *Aujourd'hui, il fait un temps splendide :* v. RADIEUX et ADMIRABLE (in *admirer*). — 2° *Ce fut une fête splendide, comme on n'en avait jamais vu* = **somptueux, magnifique** ; v. BRILLANT II. — 3° *C'est une fille splendide, physiquement parfaite* = **superbe.**

spontané *D'un geste spontané, il me tendit la main ;* **naturel** s'oppose à l'idée d'artifice, **instinctif** à celle de détermination volontaire. *C'est un être spontané, sans détours ;* ↓ **franc,** ↓ **sincère** ; v. aussi NATURE.

sport 1° *Il fait du sport pour garder la forme ;* **culture physique** ou **gymnastique** sont plus restrictifs, mais désignent aussi en ce sens l'ensemble des exer-cices physiques propres à fortifier et assouplir le corps. *Le sport est aussi une discipline scolaire* = **gymnastique** et **éducation physique.** — 2° (adj. invariable) *Il a été très sport et a convenu qu'il avait tort* = **fair play** ; v. aussi CORRECT et LOYAL.

squelette *Les fouilles ont permis de retrouver des squelettes d'anthropoïdes ;* **ossements** (toujours plur.) peut ne désigner qu'une partie du squelette. *Un squelette de chameau :* v. CARCASSE. *Le pithécanthrope avait un squelette lourd* = **ossature.**

station *Nous avons fait une courte station devant la vitrine ;* (moins courant) **halte** ; **pause** introduit l'idée d'un repos en cours d'activité.

stérile 1° (d'une terre ou d'un végétal) *C'est un sol stérile ;* (plus soutenu) **ingrat** ; ↓ **pauvre** ; v. ARIDE et SEC I. *Nous allons couper ce cerisier, stérile depuis des années* = **improductif.** — 2° (d'un être vivant) V. IMPUISSANT. — 3° *Ses efforts sont restés stériles* = **inefficace, vain.** *Ces propos stériles ne font pas avancer la discussion* = **oiseux.**

stigmate *Il porte les stigmates de son vice sur sa face* = **marque** ; v. aussi TRACE.

stigmatiser *Ses amis eux-mêmes ont stigmatisé sa mauvaise conduite dans cette affaire ;* stigmatiser, c'est **condamner** publiquement, c'est **flétrir** quel-qu'un ou son comportement.

stipuler *Il est stipulé dans le contrat que la caution vous sera reversée sans réclamation* = **spécifier** (v. ce mot) ; (plus général) **préciser** ; ↓ **mentionner** ; v. DIRE et ÉNONCER.

stock *Le magasinier doit s'assurer que son stock de pièces ne s'épuise pas* = **assortiment, provision, réserve** ; l'**approvisionnement,** c'est le renouvel-lement du *stock.* ● **stocker** *Il a fallu stocker les marchandises en attendant le moment de leur vente* = **emmagasiner** ; v. ENTREPOSER.

stoïque 1° *L'acteur est resté stoïque sous les sifflets* = **impassible, impertur-bable.** *Il a fait un effort stoïque pour ne* *pas céder;* ↑ **héroïque.** — 2° *Une vie stoïque :* v. AUSTÈRE.

store *Voulez-vous baisser le store, le soleil m'éblouit;* le *store* est un **rideau** qui se lève et s'abaisse pour protéger du soleil et de la poussière, la **jalousie** est un treillis de bois mobile ayant le même usage.

strict 1° *Qqch est* ∼. *Il y a des consignes très strictes en cas d'incendie* = **précis;** v. RIGOUREUX (in *rigueur*). *C'est la stricte vérité :* v. MÊME I. *Au sens strict du terme, il est irresponsable* = **exact, littéral;** v. ÉTROIT. — 2° *Qqch est* ∼. *Sa morale est très stricte* = **sévère.** — 3° *Qqn est* ∼. *Le directeur est très strict sur la tenue du personnel* = **exigeant;** ↑ **dur;** (fam.) **à cheval** (v. CHEVAL).

structure *La structure du sol ne se prête pas à la construction d'une tour* = **composition** (v. ce mot in *composer* I et III), **constitution.** *La structure de cette administration est archaïque* = **forme, organisation.**

stupéfaction *À ce spectacle inhabituel, la surprise fit place à la stupéfaction* = **stupeur;** v. ÉTONNEMENT (in *étonner*). • **stupéfait** *Il est resté stupéfait de notre réplique* = **abasourdi;** ↓ **surpris;** ↑ **interdit** implique qu'on est réduit au silence, **consterné** qu'on est désagréablement surpris; v. RENVERSÉ (in *renverser*). • **stupéfier** *Son aplomb nous a tous stupéfiés* = **effarer;** ↓ **surprendre;** v. ÉTONNER. • **stupéfiant** *C'est une nouvelle stupéfiante, que je n'ose croire* = **effarant;** (plus général) **extraordinaire;** v. ÉTONNANT (in *étonner*), RENVERSANT (in *renverser*) et INCONCEVABLE.

stupide 1° *Il est trop stupide pour comprendre la situation* = **bête, idiot; abruti** suppose plutôt l'effet d'une circonstance que d'un état naturel; (fam.) **crétin.** — 2° *C'est un pari stupide;* ↑ **insensé;** (plus soutenu) **inepte;** v. ABSURDE I.

subir 1° *Subir un interrogatoire serré* = **endurer.** *Subir une averse terrible* = **essuyer.** *Mieux vaut réagir que subir :* v. SE RÉSIGNER II (in *résigner* II). — 2° V. PASSER II.

subit *Un changement subit s'est produit* = **brusque, instantané, soudain.** • **subi-**

tement *Subitement, il a changé d'attitude à mon égard* = **brusquement, tout d'un coup;** v. LENDEMAIN [*du jour au lendemain*].

subjectif *Votre appréciation est trop subjective* = **personnel;** v. RELATIF.

sublime 1° *Les accords sublimes de la symphonie ont retenti* = **divin.** *Un style sublime :* v. ÉLEVÉ (in *élever*). — 2° *Il a été sublime d'abnégation :* v. ADMIRABLE (in *admirer*). *C'est une âme sublime* = **noble.**

subordination *Vivre dans une telle subordination est impossible* = **dépendance** (v. ce mot in *dépendre* I); ↑ **sujétion,** ↑ **assujettissement;** v. ESCLAVAGE (in *esclave*).

subside *L'État a accordé des subsides aux sinistrés;* les *subsides* sont des **secours** en espèces, donnés à un particulier, alors qu'une **subvention** est plus importante et plutôt accordée à un groupe, à une organisation; **allocation** est du langage administratif.

subsister 1° *Il ne subsiste à peu près rien de la fortune familiale* = **demeurer, rester.** — 2° V. ÊTRE I.

substance 1° *C'est une substance vivante* = **corps, matière.** — 2° *Je vous résume la substance de son discours* = **essentiel, objet, sujet.** En substance, voici l'affaire (loc.) = **en gros, sommairement.** • **substantiel** 1° *Un repas substantiel nous attendait à la maison* = **riche, nourrissant.** — 2° *Une avance substantielle me serait utile pour finir le mois* = **important;** v. aussi GROS.

substituer *Vous avez substitué un mot à un autre;* (plus courant) **remplacer... par, mettre à la place de.**

subtilité 1° *La subtilité de ce garçon est surprenante :* v. FINESSE (in *fin*). *La subtilité de son goût m'étonne :* v. DÉLICATESSE (in *délicat*). — 2° (au plur.) *L'avocat a multiplié les subtilités pour bloquer la procédure* = **argutie;** (rare) **chicane.**

subvenir *Il n'est pas en mesure de subvenir à ses propres besoins* = **pourvoir.**

succédané *Le malt a servi de succédané au café* = **ersatz.**

succéder 1° *Qqn* ～ *à qqn. Il a succédé à son père à la direction de l'entreprise;* succéder, c'est **remplacer** de façon définitive; v. aussi SUITE (in *suivre*). — 2° *Qqch* ～ *à qqch. Le jour et la nuit se succèdent* : v. ALTERNER. *Les heures se succèdent, monotones* = **se suivre** et **passer** (v. PASSER I); ↑**défiler.** ● **successeur** *Le patron a désigné son successeur;* un **remplaçant** peut être un successeur provisoire; un **continuateur** est celui qui poursuit l'ouvrage entrepris. ● **succession** 1° *Les successions sont soumises à des droits* = **héritage**; v. aussi LEGS. — 2° *La succession des rois de France n'a pas été en ligne directe* = **suite**; v. aussi HÉRÉDITÉ. *C'est une succession ininterrompue de solliciteurs depuis ce matin* = **défilé, procession.** — 3° *La succession des faits* : v. DÉROULEMENT. *La succession des saisons offre des plaisirs renouvelés* = **alternance.** *Nous venons de connaître une succession d'ennuis invraisemblables* = **série, kyrielle.** ● **successivement** *Nous avons successivement passé dans le cabinet de consultation* = **l'un après l'autre.** *Il est successivement bavard et silencieux* = **alternativement** implique la continuation du mouvement, **tour à tour** la répétition du phénomène.

succès 1° *Le succès de ce plan ne fait aucun doute;* le succès est un **résultat** heureux; v. RÉUSSITE (in *réussir*). *Le récent succès des bistrots est un snobisme* = **vogue.** *Un succès sportif* : v. VICTOIRE. — 2° *Son succès nous fait plaisir* : v. PROSPÉRITÉ (in *prospère*) et RÉUSSITE (in *réussir*). *Il a du succès auprès des femmes* : v. PLAIRE I.

succinct 1° *Après un exposé succinct, l'orateur a cédé la parole* = **concis; bref** (souvent antéposé). — 2° *C'est un orateur succinct* = **concis, laconique**; v. SOMMAIRE. ● **succinctement** *Je vous rappelle succinctement les événements;* (plus courants) **brièvement, sommairement**; v. ABRÉGER [*en abrégé*].

succomber 1° *Le blessé a succombé au cours du transport;* v. MOURIR. — 2° *Il succombe sous la charge* = **céder.** — 3° *Il a succombé au charme de cette jeune fille* = **céder**; v. S'ABANDONNER.

succulent *Cet entremets est succulent* = **délicieux, savoureux**; (plus général) **excellent**; v. AGRÉABLE.

succursale *Il ne travaille pas à la banque centrale, mais dans l'une de ses succursales;* une **annexe** n'est qu'une partie moins importante d'un magasin ou d'un service; une **filiale** est un établissement plus autonome qu'une succursale.

sud 1° (nom) *Notre fenêtre est exposée au sud* = **midi.** — 2° (adj. invariable) *Il a fait un long voyage dans l'hémisphère Sud* = **austral.** *Le pôle Sud* = **l'Antarctique.**

suer 1° *Qqn* ～. *Il faisait chaud et j'ai beaucoup sué* = **transpirer.** — 2° *Qqn* ～. *Ils ont sué (sang et eau) pour monter leur sommier au sixième;* (plus courant) **peiner**; (fam.) **en suer.** — 3° (dans des express.) *Ce travail me fait suer* (fam.); v. ENNUYER. *Se faire suer* : v. S'ENNUYER (in *ennuyer*). — 4° *Les plâtres suent* : v. SUINTER. ● **sueur** *Le fiévreux dégageait une odeur de sueur* = **transpiration.** *L'athlète était en sueur après l'effort* (loc.) = **en nage, en eau.**

suffire 1° V. SATISFAIRE. — 2° *Ça suffit* = **c'est un comble.**

suffoquer 1° (trans.) *Qqch* ～ *qqn. La fumée nous a suffoqués* = **prendre à la gorge**; ↑**étouffer.** *La nouvelle m'a littéralement suffoqué;* (fam.) **estomaquer, souffler**; v. SCIER et SOUFFLE [*couper le souffle*] (in *souffler*). — 2° (v. intr.) *Qqn* ～. *Le coureur suffoquait à l'arrivée* = **étouffer, être à bout de souffle.** ● **suffocant** 1° *Dans le souterrain, l'atmosphère était suffocante* = **étouffant**; v. aussi ACCABLANT (in *accabler* I). — 2° *Il est d'un toupet suffocant;* (fam.) **époustouflant**; ↓**étonnant**; v. aussi STUPÉFIANT (in *stupéfaction*).

suffrage 1° *La majorité relative des suffrages suffit à son élection* : v. VOIX III. — 2° *Les sénateurs sont élus au suffrage indirect* = **scrutin.** — 3° V. APPROBATION.

suggérer 1° *Qqn* ～ *qqch à qqn. Ses amis lui ont suggéré cette réponse* = **conseiller, inspirer, souffler**; **dicter;**

c'est suggérer de façon impérative. — 2° Qqch ∼ qqch à qqn. *Ce mot m'en suggère un autre* = **évoquer, faire penser à.** ● **suggestif** 1° *Cette musique est suggestive* = **évocateur.** — 2° *Elle prend des poses suggestives ;* ↑**lascif** ; v. aussi OBSCÈNE. ● **suggestion** *Votre suggestion sera prise en considération* = **proposition, conseil.**

suicider (se) *Beaucoup de boursiers se sont suicidés lors du grand krach* = **se tuer** (v. ce mot) ; (moins courants) **se détruire, se supprimer** ; (plus part.) **se pendre, se noyer** ; (fam.) **se faire sauter le caisson, se faire hara-kiri** ; (plus soutenu) **se faire justice.**

suinter 1° *Un liquide* ∼. *L'eau suinte des murs ;* ↑**couler.** — 2° *Un solide* ∼. *Dans cette maison humide, le plâtre suinte* = **suer.**

suivre 1° *Qqn* ∼ *qqn/un animal. Les chasseurs suivent le sanglier* = **pister** ; ↑**poursuivre,** ↑**talonner.** *L'inspecteur suit le suspect ;* (plus part.) **filer.** — 2° *Qqn* ∼ *qqn. Il sortit ; je le suivis* = **emboîter le pas** ; v. ACCOMPAGNER ; v. aussi TALON [*être sur les talons*]. — 3° *Qqn* ∼ *qqch. Il a suivi le raccourci pour venir à la maison* = **emprunter.** *Le promeneur suit la rivière* = **longer ; descendre** et **remonter** précisent le sens du mouvement. — 4° *Qqn* ∼ *qqch. Vous devriez suivre l'exemple de votre frère :* v. IMITER. *Il vaudrait mieux suivre les ordres que vous avez reçus :* v. OBÉIR À, SE CONFORMER (in *conforme*) et OBSERVER II. *Il a suivi son impulsion* = **s'abandonner à.** *Je suis de près le développement de la situation* = **s'intéresser à, surveiller.** — 5° *Qqn* ∼ *qqch. Il suit votre raisonnement* = **comprendre.** — 6° *Qqch* ∼ *qqch. Le printemps suit l'hiver* = **succéder à** (v. ce mot). ● **se suivre** *Les jours se suivent et ne se ressemblent pas* = **se succéder** (v. ce mot). ● **suite** 1° *J'ai perdu la suite de mes idées* = **fil** ; v. ENCHAÎNEMENT (in *enchaîner*) et LIAISON II. — 2° (loc.) *Il a pris la suite de son père* = **succéder à** (v. ce mot). — 3° (dans des loc.) *Il a plu cinq jours de suite :* v. CONSÉCUTIF et AFFILÉE (D'). *J'arrive tout de suite :* v. IMMÉDIATEMENT (in *immédiat*) et TARDER [*sans tarder*] (in *tard*). *Par la suite, nous verrons à vous augmenter :* v. ENSUITE et AVENIR (À L'). — 4° *La suite du ministre était nom-*

breuse = **escorte.** — 5° *Une bizarre suite d'incidents s'est produite* = **série.** — 6° *Les suites de cette décision peuvent être graves* = **conséquence** ; v. EFFET. *Espérons que cette erreur n'aura pas de suite* = **développement, prolongement** ; v. aussi LENDEMAIN. *Il souffre des suites de sa jaunisse* = **séquelles.** *Pourrez-vous donner suite à ma requête ?* (loc.) = **satisfaire** ; ↓**répondre à.** *Il a bu trois apéritifs de suite* = **coup sur coup.** ● **suivi** 1° *Le cours de l'or est très suivi* = **régulier.** *C'est un raisonnement suivi* = **cohérent, logique.** — 2° *Rime suivie :* v. PLAT.

sujet I (adj.) V. ENCLIN.

II (nom) *Le sujet de votre exposé est passionnant* = **objet** (v. ce mot) ; v. MATIÈRE II et SUBSTANCE. *Il n'y a pas d'autre sujet à l'ordre du jour ?* = **problème, question.** *À ce sujet, vous n'avez pas tort* = **sur ce point/sur cet article** ; v. COMPTE [*sur le compte de*].

III (nom) 1° *Le sujet du peintre :* v. MODÈLE. *Docteur, avez-vous examiné le sujet ?* = **patient.** *C'est un excellent sujet dans l'équipe* = **élément** (v. ce mot). — 2° (dans des loc.) *Il n'a pas sujet de se plaindre de moi* = **avoir lieu de.** *Un mauvais sujet ;* ↑**voyou.**

superficiel 1° *Il ne souffre que de blessures superficielles* = **léger.** — 2° *Leur amitié est très superficielle :* v. EXTÉRIEUR. *Une amabilité superficielle :* v. APPARENT. *Ses réactions sont toujours superficielles ;* (fam.) **épidermique.** *Sous son air superficiel, il cache ses sentiments* = **futile** ; v. FRIVOLE.

superflu 1° *Il faudrait perdre vos kilos superflus ;* (fam.) **en trop.** — 2° *Il a tenu un discours superflu* = **oiseux** ; v. INUTILE. *Des développements superflus ;* (didact.) **redondant.**

supérieur I (adj.) 1° (dans l'espace) *À l'étage supérieur, les voisins font beaucoup de bruit ;* (plus fam.) **du dessus.** — 2° (en nombre) *Les ennemis étaient supérieurs (en nombre)* = **plus nombreux.** — 3° (dans un jugement de valeur) *L'équipe adverse était supérieure* = **meilleur.** *C'est un vin supérieur* = **de qualité** ; (fam.) **extra** ; ↑**excellent** ; ↑**fameux.** — 4° (du comportement d'une personne) *Pour m'expliquer mon erreur, il a pris des airs supérieurs* = **condescendant,**

dédaigneux, fier. *C'est une intelligence supérieure;* (plus soutenu) **éminent;** v. TRANSCENDANT. — 5° *(d'une couche sociale) Les classes supérieures de la société imposent leurs intérêts à l'État* = **dominant.**

II (nom) *L'obéissance aux supérieurs est une vertu appréciée;* le **chef,** en plus de sa prééminence dans la hiérarchie, a un poste de commandement.

supériorité 1° *La supériorité de l'ennemi tenait à sa préparation* = **suprématie;** v. AVANTAGE. — 2° *Il a pris un air de supériorité qui m'a mis hors de moi* = **condescendance;** v. aussi INSOLENCE.

supplanter *Il a supplanté son rival dans les sentiments de cette jeune fille;* ↑ **évincer** implique l'élimination complète du concurrent.

suppléer 1° *Qqch* ~ *à qqch. Son intelligence suppléera à son absence de formation* = **réparer, compenser** (qqch). — 2° *Qqn* ~ *qqch ou. qqn. Il faudra suppléer ce professeur absent:* v. REMPLACER. ● **suppléant** (adj. et nom) *Mon fils a obtenu un poste d'instituteur suppléant* = **remplaçant;** ces termes distinguent deux situations administratives.

supplément *Le juge d'instruction a demandé un supplément d'information;* **complément** se dit de ce que l'on apporte pour compléter quelque chose, alors que *supplément* se dit de tout ajout à qqch. *Le repas était insuffisant; pourrais-je avoir un supplément de légumes?;* (fam.) **rabiot** ou **rabe.**

supplice 1° *Il a résisté aux supplices qu'on lui infligeait* – **torture.** — 2° *Vous avez surmonté le plus dur: votre supplice est fini* = **calvaire, martyre, tourment.**

supplier *Je vous supplie de ne pas révéler ce secret;* (plus soutenu) **adjurer, conjurer;** v. PRIER II. *Il suppliait son bourreau de mettre fin à sa torture;* (plus soutenu) **implorer; crier grâce** s'emploie sans complément.

supporter 1° *Qqn/qqch* ~. V. PORTER I et SOUTENIR. — 2° *Il a parfaitement supporté cette épreuve* = **endurer;** (fam.) **digérer, encaisser.** *Je ne supporte pas la boisson* = **résister mal à;** (fam.) **tenir.** *Il*

ne supporte pas l'injustice = **accepter;** v. ADMETTRE II et SOUFFRIR. *Allez-vous supporter longtemps qu'on vous marche sur les pieds?* = **tolérer, permettre.** *Supporterez-vous les conséquences de vos actes?* : v. ASSUMER. — 3° *Qqn* ~ *qqn. Je ne peux plus supporter cet individu* = **sentir** (v. ce mot); (fam.) **voir en peinture** *(Je ne peux plus le voir en peinture);* v. VOIR. ● **supportable** *La douleur est encore supportable* = **tolérable.**

supposer 1° *Qqn* ~ *qqch. Supposez que j'aie besoin de vous;* v. IMAGINER, ADMETTRE II et POSER I. *Je suppose que vous êtes fatigués;* v. PRÉSUMER; v. aussi CROIRE. — 2° *Qqn* ~ *qqch à qqn. On lui suppose une fortune personnelle;* **attribuer** implique une croyance plus ferme; v. PRÊTER III. — 3° *Qqch* ~ *qqch. La réussite suppose un effort personnel* = **impliquer.** (loc.) *Son échec laisse supposer une mauvaise préparation;* **indiquer** est plus certain. — 4° *À supposer que* : v. SI II et TANT. ● **supposition** *Vos suppositions ne sont pas plus solides* = **conjecture** et **hypothèse.**

supprimer 1° ~ *qqch. On a supprimé les preuves de sa culpabilité* = **détruire** (v. ce mot). *Supprimer la douleur* : v. CHASSER. *Supprimer un rendez-vous* : v. ANNULER. *Supprimer un obstacle* : v. APLANIR. — 2° ~ *qqch. La commission lui a supprimé son permis de chasse* = **retirer;** v. ENLEVER. — 3° ~ *qqch. Supprimez ce paragraphe de votre article* = **ôter, couper.** *Supprimez ce mot* = **barrer, rayer** (v. aussi ce mot in *raie*); (moins courant) **biffer.** — 4° ~ *qqn. On a voulu supprimer ce témoin gênant* = **faire disparaître;** v. TUER. — 5° *se supprimer* V. SUICIDER (SE) et TUER (SE).

suprématie *Cette grande puissance a établi sa suprématie politique au Moyen Orient* = **hégémonie;** v. SUPÉRIORITÉ. *La suprématie de l'idée sur la matière est le fondement de cette philosophie* = **primauté.**

suprême 1° (antéposé et plus souvent postposé) *Le pouvoir suprême est à la nation* = **souverain.** — 2° (antéposé ou postposé) *Sa suprême habileté l'a sauvé d'une situation difficile* = **extrême.** — 3° (antéposé) *Le suprême recours :* v. DERNIER; *Au suprême degré :* v. SUPRÉ-

MEMENT. ● **suprêmement** *Il est suprê-*
mement ambitieux = **extrêmement, au**
suprême degré. *Il est suprêmement intel-*
ligent = **éminemment.**

sur I (prép.) 1° (dans l'espace) *Il*
s'appuie sur le mur; v. CONTRE. *Les*
nuages passent sur la ville = **au-dessus**
de. *Il a refermé bruyamment la porte sur*
soi = **derrière.** *Le boxeur marche sur son*
adversaire : v. VERS I. — 2° (dans le
temps) *Il passera sur les 2 heures :*
v. VERS I. — 3° (marquant l'extraction) *Il*
n'existe pas un homme sur cent capable
de cet exploit; (plus soutenu) **entre.** —
4° (marquant la cause) *On ne juge pas les*
gens sur leur tenue = **d'après.** — 5° (marquant la matière) *Sur ce sujet, vous*
disposez d'une excellente bibliographie
= **à.** *J'ai appris quelque chose de nouveau*
sur lui = **de, à propos de.**

II (adj.) V. AIGRE.

sûr I (adj.) 1° *Qqn est* ~. *Le malfai-*
teur était sûr de son coup : v. CERTAIN.
Le mulet a le pied sûr = **assuré.** —
2° *C'est un ami sûr* = **fidèle;** v. CON-
FIANCE [*de confiance*] (in *confier*), PAROLE
[*de parole*], ÉPROUVÉ (in *éprouver*) et
SOLIDE. *Je suis sûr de lui* (loc.) = **avoir**
confiance en. *Sa mémoire est sûre*
= **infaillible.** *Un goût sûr :* v. DÉLICAT. —
3° *Qqch est* ~. *C'est une chose sûre*
= **assuré, authentique, certain, établi;**
↑ **indubitable;** v. VISIBLE (in *voir*). *Ces*
obligations du trésor sont des valeurs
sûres = **solide;** v. FERME II, REPOS (in
reposer) et SÉRIEUX. — 4° (loc.) *Vous*
pouvez être sûr du fait : v. PARIER (in
pari). *C'est sûr :* v. PLI [*Ça ne fait pas un*
pli]. *C'est tout à fait/absolument sûr*
= **officiel.** ● **sûrement** *Viendra-t-il*
demain? — Sûrement; **sans doute** est
moins affirmatif; v. aussi OUI.

II (adj.) *Les rues ne sont pas sûres le soir*
dans ce quartier; **tranquille** implique
une idée de calme. *Il a mis de l'argent*
en lieu sûr = **en sûreté, à l'abri;** (fam.)
de côté. ● **sûreté** 1° *Son argent est en*
sûreté : v. GARDE (in *garder* I). *Ici je*
me sens en sûreté = **sécurité** (v. ce mot).
La sûreté publique n'est pas menacée
= **ordre** (v. ce mot). — 2° *Le pilote avait*
une grande sûreté du coup d'œil = **préci-**
sion.

surcharge 1° *Pour lui ce sera une*
surcharge de travail = **surcroît, surplus.**

— 2° *Le passager de l'avion avait une*
surcharge de bagage = **excédent** (v. ce
mot).

surface *La plage offrait une grande*
surface de sable lisse = **espace;** v. aussi
ÉTENDUE. *Calculez la surface de ce*
champ en ares; (moins courants) **superfi-**
cie et **aire.**

surnom *Comme elle était mince, on*
lui donna le surnom de « Gigot fin »; un
sobriquet se dit par dérision. *Le clandes-*
tin avait pris un surnom = **pseudonyme;**
(fam.) **pseudo;** (plus soutenu) **nom de**
guerre.

surprendre 1° *Qqn* ~ *qqn/qqch.*
L'agent avait surpris un voleur sur le
fait : v. AVOIR I et PINCER. *J'ai surpris un*
coup d'œil entre eux : v. CAPTER. *Ils ne*
surprendront pas mon secret : v. DÉCOU-
VRIR. — 2° *Qqn/qqch* ~ *qqn. L'évé-*
nement a surpris tout le monde; (fam.).
renverser; v. DÉCONCERTER, ÉTONNER;
v. aussi STUPÉFIER (in *stupéfaction*). *A*
cette nouvelle, nous avons été bien sur-
pris = **tomber de haut.** ● **surpris** *Nous*
étions tous surpris en apprenant son
aventure = **déconcerté, étonné** (v. ce
mot in *étonner*); (fam.) **baba, bleu,**
épaté; v. aussi ÉBAHI, RENVERSÉ (in
renverser) et STUPÉFAIT (in *stupéfaction*);
v. aussi REVENIR [*n'en pas revenir*].

surtout *Le gouvernement s'efforce*
surtout d'empêcher toute contestation;
↑ **par-dessus tout;** v. DESSUS I, PARTICU-
LIER [*en particulier*].

susceptible I *Cette proposition est*
susceptible de vous intéresser = **pouvoir;**
v. CAPABLE.

II *Mon père était très susceptible et sujet*
à de violentes colères = **chatouilleux;**
v. OMBRAGEUX (in *ombrage* II); v. aussi
COLÉREUX (in *colère*).

susciter 1° *Son attitude provocante lui*
a suscité des haines = **attirer.** — 2° *Le*
jeu de cet acteur a suscité l'enthousiasme
= **éveiller, exciter;** v. ALLUMER.

suspect *Il a des fréquentations sus-*
pectes = **douteux, équivoque, louche.**

suspendre I ~ *qqch. Nous avons*
suspendu un lustre au plafond; **fixer**

implique l'immobilité de l'objet suspendu ; v. PENDRE et ACCROCHER I.

II 1° ~ qqch. *Le général a suspendu les manœuvres après l'accident* = **interrompre** ; v. ARRÊTER I. — 2° ~ qqn. *Le ministre a suspendu un professeur* = **mettre à pied.**

suspension I *La suspension se balançait au plafond* = **lustre.**

II *La suspension des hostilités a arrêté l'effusion de sang* = **arrêt** (v. ce mot in *arrêter* I), **cessation, interruption** ; une **trêve** est une suspension d'arme provisoire qui peut être locale.

svelte *Il est encore très svelte, d'allure très jeune pour son âge* = **élancé** ; v. MINCE.

symbole *La balance est le symbole de la justice ;* un **emblème** est le symbole d'une entité abstraite, un **attribut** est un objet caractéristique accompagnant une figure symbolique ; v. SIGNE.

sympathie *Nous éprouvons beaucoup de sympathie pour ce charmant garçon* = **attirance.** *J'aimerais lui témoigner ma sympathie ;* ↑ **amitié.** ● **sympathique** *C'est une personne sympathique, que j'aime rencontrer* = **agréable** ; (fam.) **sympa** ; v. GENTIL.

symptôme 1° *Vos maux de tête sont les symptômes d'une maladie de foie ;* (plus général) **indice, signe.** — 2° *Les spécialistes avaient détecté les symptômes d'une grave crise politique* = **présage.**

système 1° *L'idéalisme est un système philosophique* : v. DOCTRINE. — 2° *Voilà un système de défense que je ne conseillerais pas à l'accusé* = **méthode, plan.** — 3° *Le système de fermeture automatique de la porte est déréglé* = **mécanisme, dispositif.**

t

tabac 1° *Ils tiennent le tabac du village* (fam.) ; (courant) **bureau/débit de tabac.** — 2° (dans des express.) *C'est toujours le même tabac* (fam.) ; (courant) **c'est toujours la même chose.** *Passer à tabac* (fam.) ; (courant) **frapper, rouer de coups** ; v. aussi BATTRE I.

table I 1° *Il savait apprécier la bonne table* = **chère.** *On lui offrait le logement et la table* = **nourriture.** — 2° *Toute la table félicita la maîtresse de maison ;* (moins courant) **tablée.** — 3° (en express. et loc.) *Nous vous appellerons quand nous nous mettrons à table* = **s'attabler** (pour manger). *Il est arrivé quand nous étions à table* = **être en train de manger.** *Mettre la table* : v. COUVERT II (in *couvrir*). *Recevoir un dessous-de-table* : v. GRATIFICATION (in *gratifier*). *Vous le convaincrez si vous jouez cartes sur table* = **ne rien dissimuler.** *Se mettre à table :* v. PARLER. — 4° Chaque type de table reçoit un nom particulier ; par exemple, **guéridon** désigne une petite table ronde à pied central unique ; une **desserte** est une table, roulante ou non, sur laquelle les plats ôtés de table sont déposés ; **bureau** désigne une table dont on se sert pour écrire.

II *Avant d'acheter ce livre, consultez donc la table des matières ;* **sommaire** désigne le résumé des chapitres placé en table des matières.

tableau 1° *L'exposition présentait autant de mauvais tableaux que de toiles de maîtres* = **croûte** ; v. TOILE. — 2° *Le journaliste retraça en un tableau évocateur la conquête de la ville* ; **récit** suppose plutôt une description détaillée ; v. aussi IMAGE. *Un tableau sombre de la vie :* v. VUE III. *Ils se sont réconciliés avec des larmes dans la voix ; vous voyez le tableau !* (fam.) ; (courant) **scène** ; v. SPECTACLE. — 3° *Un tableau d'horaires :* v. LISTE.

tabou *Ne parlez surtout pas des événements politiques chez eux ; c'est vraiment un sujet tabou !* (fam. en ce sens) ; (courant) **interdit** ; (souvent iron.) **sacrosaint.**

tache I 1° *Ses vêtements étaient couverts de taches* (terme général) ; **éclaboussure** désigne une goutte d'un liquide qui a rejailli *(des éclaboussures de café).* *Une tache de graisse* = **marque** ; v. TRACE. *Il y avait quelques taches d'encre sur la page* = **bavure** ; v. PÂTÉ II. — 2° (loc.) *La nouvelle fit rapidement tache d'huile* = **se répandre largement.** ● **se tacher** *C'est un tissu fragile qui se tache facilement* = **se salir.**

II bleu désigne la *tache* livide qui reste sur la peau quand on reçoit un coup ; **cerne** s'applique à la *tache* marbrée qui demeure autour d'une contusion.

tâche 1° V. OUVRAGE et TRAVAIL I. — 2° *Les missionnaires s'étaient donné pour tâche de lutter contre la misère* = **mission** ; ↓ **rôle.** — 3° (loc.) *Il a pris à tâche de réhabiliter la mémoire de son père* (soutenu) ; (courant) **s'efforcer de.** ● **tâcher** 1° *Il tâchait de persuader son ami* = **s'efforcer de** ; v. ESSAYER. *Tâchez de ne rien oublier :* v. TRAVAILLER I et ÉVEILLER [*éveiller à*]. *Tâcher que* + subj. : *Vous tâcherez qu'elle ne sache rien* = **faire en sorte que.** — 2° *Il tâcherait durement toute la journée* (soutenu et péjor.) ; (courant) **travailler** (v. TRAVAILLER I).

tacite *Son silence était une approbation tacite* = **implicite.**

taciturne *L'avez-vous vu déjà sourire ? il est toujours d'humeur taciturne ;* **morose** s'applique à qui a une humeur chagrine ; v. SILENCIEUX (in *silence*).

taille I 1° *Un homme de grande taille* = **stature.** — 2° *Le quai était encombré* de caisses de toutes tailles ; **gabarit** implique que l'objet a une dimension déterminée à l'avance ; v. DIMENSION. Un costume à sa taille : v. MESURE I. — 3° Il avait de l'eau jusqu'à la taille = **ceinture.** Avoir une taille de guêpe (loc.) = **une taille très fine.** — 4° On rencontre peu d'hommes de la taille de Napoléon = **envergure.** — 5° (en express. et loc.) Une erreur de cette taille : v. DIMENSION et IMPORTANCE (in importer). Il est de taille à réussir = **être capable de.**

II 1° Les ouvriers terminaient la taille des arbres de l'avenue ; .(plus précis) **élagage, émondage.** — 2° V. TAILLIS.
● **taillis** Le lièvre avait disparu dans les taillis ; (rare) **taille ;** v. BUISSON.

tailler I 1° Le jardinier taillait les pommiers ; **élaguer, émonder,** c'est couper les branches inutiles ; v. COUPER. — 2° Tailler un bloc de marbre : v. SCULPTER. — 3° Tailler une bavette : v. CONVERSER (in conversation). — 4° V. TONDRE.

II se tailler V. S'ÔTER (in ôter) et PARTIR.

taire Il a tu ce qu'il savait ; (plus courant) **ne pas dire/cacher** selon le contexte ; **escamoter,** c'est éluder qqch de façon malhonnête (Il a escamoté les difficultés de l'entreprise) ; v. aussi DÉGUISER. ● **se taire** 1° On vous a assez entendu, taisez-vous ! = **silence** (v. ce mot) ; (très fam.) **fermer sa gueule.** Il écoute les autres et se tait = **rester bouche cousue ;** v. TENIR [tenir sa langue]. Comptez sur lui, il sait se taire = **être discret.** — 2° Qqch ⌒. La tempête cessa, les vents se turent (soutenu) ; (plus courant) **se calmer.** Avec ellipse de se, **faire taire** : Le gouvernement militaire a fait taire les opposants ; **museler.** Il fit taire ses plaintes = **faire cesser.** Il n'y a pas moyen de le faire taire ; (fam.) **fermer son caquet** (... de lui fermer son caquet).

talon (dans des express. et loc.) Il est/marche toujours sur mes talons = **suivre de près.** Il n'a pas insisté et a tourné les talons = **s'en aller, partir.** Déjà midi ! cela ne m'étonne pas que j'aie l'estomac dans les talons ! (fam.) ; **avoir très faim.** ● **talonner** 1° Les chiens talonnent le cerf = **serrer de près ;** v. SUIVRE. — 2° Il était couvert de dettes, les créanciers le talonnaient = **harceler.**

talus Après les fossés du château, il y avait un talus abrupt ; (didact.) **glacis ; butte** désigne une petite hauteur de terre, d'origine naturelle ou non.

tamis 1° Elle passait la farine au tamis ; (didact.) **blutoir** et **sas ;** le **crible** est à gros trous ; la **passoire** et le **chinois,** plus fin, sont des tamis de cuisine. — 2° (loc.) On craignait des violences et on passait au tamis tous les spectateurs = **trier.** ● **tamiser** 1° La machine tamisait le sable = **cribler ;** (didact.) **sasser.** Tamiser de la farine ; (didact.) **bluter.** — 2° Une lumière tamisée = **doux** (v. ce mot).

tanné Il a vécu dans les îles et est revenu le visage tanné = **basané ;** ↑ **bistre ;** v. BRONZÉ.

tant 1° (adv.) Tant de + nom sing. ou plur. : Il me reste tant de monuments à voir/tant de travail à faire ! = **tellement.** Tant + adj. : Ses vertus tant célébrées ne lui servent plus maintenant = **si, tellement.** — 2° (loc.) Tous tant que nous sommes, nous avions peur = **tous sans exception.** — 3° (loc. adv.) Il n'a pas dit son dernier mot, tant s'en faut (soutenu) ; (plus courant) **loin de là.** — 4° (loc. conj.) Tant que + indicatif : Tant que tu seras là, je serai heureux = **aussi longtemps que.** Vous devriez profiter de son offre tant qu'il est temps = **pendant que.** Si tant est que : Nous avons deux heures d'avance, si tant est que je ne me trompe pas (soutenu) ; (plus courant) **à supposer que.** — 5° (loc. prép.) Il a parlé en tant que délégué syndical = **en qualité de, à titre de ;** v. COMME II.

tapage 1° On arrivait près de la fête foraine ; c'était un grand tapage ; nombreux termes pour désigner les bruits : dans ce contexte, **vacarme** équivaut à tapage ; (fam.) **raffut, ramdam, tintouin ; bruit,** terme général, s'applique à tout ce que perçoit l'ouïe ; **brouhaha** s'applique au bruit confus d'une foule (Les haut-parleurs étaient nécessaires pour dominer le brouhaha) ; **charivari,** (fam.) **sérénade** (v. ce mot) désignent de grands bruits accompagnés de cris ; **fracas** est restreint à tout bruit violent provoqué par des chocs (On entendit le crissement des freins, puis le fracas des tôles) ; **cacophonie** désigne un bruit de voix ou des sons mêlés de façon confuse (Tous parlaient *en même temps, c'était une belle caco-phonie ;* (fam.) **chahut, chambard** s'ap-pliquent particulièrement à l'agitation bruyante d'écoliers dans une classe ; (vieilli et fam.) **sabbat** ; (fam.) **barouf** et **boucan** désignent un très grand bruit ; v. TUMULTE ; (vieilli) **fáire la sarabande,** c'est *faire du tapage. Vous avez fini de faire tant de tapage ! ;* (fam.) **pétard.** — 2° *L'affaire fit grand tapage :* v. SCAN-DALE.

taper 1° ~ *qqn.* V. BATTRE I. — 2° *Elle tapait très rapidement le texte ;* (moins courant) **dactylographier.** — 3° V. TAPOTER. — 4° *Elle le tape sur la tête :* v. FRAPPER. — 5° (dans des express.) *Il tape même sur ses amis :* v. CRITIQUER (in *critique* I) et MÉDIRE. *Vous avez fait ce que vous avez pu, mais vous avez complètement tapé à côté* (fam.) ; selon le contexte, **échouer/se tromper.** *Le tableau m'a tapé dans l'œil* = **plaire.** *Taper sur les nerfs :* v. ÉNER-VER. *C'est la solution, vous avez tapé dans le mille !* = **deviner juste.** *Le soleil tape (dur) aujourd'hui* (fam.) ; (courant) **chauffer fort.** *Taper de l'argent à qqn* = **le lui emprunter ;** v. SOUTIRER II. ● **se taper** *Je me suis tapé une bonne bou-teille/un bon repas* (fam.) = **se tasser ;** v. S'ENFILER (in *enfiler*) et S'ENVOYER (in *envoyer*). *Se taper tout le travail* (fam.) ; (courant) **faire.** ● **tapoter** *Il tapotait un blues sur le piano ;* (péjor.) **taper ;** v. FRAPPER.

tapis 1° *Elle avait acheté un petit tapis pour son salon* = **carpette ;** v. LIT II [*lit de mousse*]. *Un tapis épais couvrait le sol ;* **moquette** désigne un tapis que l'on fixe, en le collant ou en le clouant, sur toute la surface d'une pièce ; **descente de lit** se dit d'un petit tapis qu'on place auprès du lit. — 2° (express.) *Le boxeur expédia son adversaire au tapis au troisième round* = **au sol.** *Sur le tapis :* v. CAUSE II [*être en cause*].

taquiner *Il taquinait sa sœur, en lui affirmant que son dessin n'était pas réussi ;* (fam.) **asticoter ;** ↑**agacer ;** **chi-ner,** c'est *critiquer avec ironie ;* v. aussi EXCITER. ● **taquinerie** *Toutes ces petites taquineries finissaient par énerver la fillette* = (au plur.) **misères.**

tard 1° *Elle y pense bien tard* = **tardi-vement.** *Il était retenu, il viendrait plus tard ;* (moins courant) **ultérieurement ;** v. APRÈS II. — 2° (loc.) *Vous comprendrez tôt ou tard que je voulais vous aider ;* (moins courant) **inévitablement.** ● **tarder** (loc.) *Il faut le rejoindre sans tarder* = **tout de suite ;** v. IMMÉDIATEMENT (in *immédiat*).

tarir 1° *Tarir une source :* v. ÉPUISER et SÉCHER I. — 2° *Depuis qu'ils sont ensemble, la conversation ne tarit pas* = **cesser ;** (plus expressif) **chômer.**

tas 1° *Le bureau était couvert d'un tas de papier* = **monceau ;** v. AMAS. *Il sortit de sa poche un tas de billets ;* (plus précis) **liasse.** — 2° *Les ouvriers agricoles mettaient le foin en tas ;* (plus précis) **meule.** — 3° (loc.) *Un tas de gens se pressait sur le quai* (fam.) ; (courant) **beaucoup de ;** v. QUANTITÉ [*une quantité de*].

tasse (en express.) *Il a été surpris par la vague et a bu une/la tasse* = **boire le bouillon.**

tasser 1° *Il tassait soigneusement le tabac dans sa vieille pipe* = **bourrer.** — 2° *Le garçon lui apporta un demi bien tassé* (fam.) = **tapé ;** (courant) **servi.** ● **se tasser** 1° *Qqn* ~. *Les voyageurs se tassaient :* v. SE PRESSER (in *presser* I) et SERRER (SE). — 2° *Qqn* ~. *Il se tassait avec l'âge* (fam.) ; **se recroqueviller,** c'est *se replier sur soi-même ;* **se ratatiner,** c'est *rapetisser en se déformant.* — 3° *Qqch* ~. *La route s'était tassée sur une centaine de mètres* = **s'affaisser.** — 4° *Qqch* ~. *Le temps passera et les choses se tasseront* (fam.) ; (courant) **s'arranger.** — 5° *Se tasser des gâteaux* (fam.) : v. SE TAPER (in *taper*).

tâter 1° ~ *qqch. Le marchand tâtait longuement les fourrures* = **palper ;** v. TOUCHER I. — 2° ~ *qqn. Il faut le tâter pour être sûr qu'il sera de notre côté* (fam.) ; (courant) **sonder.** ● **tâter de** *Il a tâté de toutes les activités possibles* (fam.) ; (courant) **essayer** (qqch) ; v. GOÛ-TER I.

tâtons (à) *La lumière s'éteignit et l'on dut avancer à tâtons* = **à l'aveuglette.**

taudis *La famille était logée dans un taudis ;* (moins courant) **galetas ;** v. BA-RAQUE I et ÉCURIE.

teigne *Mais c'est une vraie teigne, ce garçon-là !* = **gale, peste.**

teint *La jeune fille avait le teint doré des blondes ;* (moins courant) **carnation ;** v. COULEUR.

teinte 1° V. COULEUR. — 2° *Il y avait dans sa remarque une teinte de moquerie ;* (plus courant) **nuance.**

tel I 1° *Ce n'est pas avec de tels raisonnements que vous me déciderez* = **pareil ;** v. SEMBLABLE. — 2° (loc. conj.) *Il est tel que je l'avais imaginé ;* (plus courant) **comme ;** v. AINSI I.

II *Je ne soupçonnais pas qu'il puisse être un tel menteur* = **si grand, à tel point** *(... être menteur à tel point) ;* v. PAREIL. ● **tellement** 1° *Il est tellement aimable qu'on lui pardonne tout :* v. SI I et TANT. — 2° *Tu n'es pas tellement beau, tu sais* (fam.) ; (courant) **très.** *Tout cela ne me surprend pas tellement :* v. AUTREMENT (in *autre*).

témoin 1° *Être témoin d'une querelle :* v. SPECTATEUR (in *spectacle*) et PRÉSENT I. — 2° *Il est maintenant possible de guérir cette maladie, témoin la réussite des expériences de cette année* (en tête de proposition) ; (plus courant) **à preuve.** ● **témoigner** 1° *Qqn ~. Ses voisins ont témoigné en sa faveur* = **déposer.** — 2° *Qqn ~ qqch. Tous ses amis lui témoignaient leur soutien* = **marquer ;** v. MONTRER et PROUVER. ● **témoignage** 1° *Un témoignage indiscutable :* v. RAPPORT I ; v. aussi MÉMOIRES III. *Il avait été condamné sur le témoignage de son patron* (loc.) ; (moins courant) **sur la foi de.** — 2° *Il relut son témoignage et le signa* = **déposition.** — 3° *Tous ces témoignages d'amitié l'ont réconforté* = **preuve ;** v. DÉMONSTRATION II, MANIFESTATION (in *manifester*).

tempérance 1° *La fragilité de son foie l'obligeait à une stricte tempérance ;* désigne la modération dans l'usage des aliments, ou **frugalité,** et des boissons, ou **sobriété.** — 2° *Les prisonniers souffraient de la tempérance* (didact.) ; **continence** ne s'applique qu'à l'abstention des plaisirs charnels. ● **tempérant** 1° *Le fait d'être tempérant n'a pas empêché qu'il meure jeune* = **sobre.** — 2° V. CHASTE.

tempête Synonymes variés selon le type de vent. *La tempête était imminente et l'on craignait pour les chalutiers encore en mer ;* (didact.) **coup de chien** désigne une tempête subite ; (didact.) **gros temps** *(Les bateaux restaient au port par gros temps) ;* (didact.) **grain** s'applique à un vent de courte durée mais très violent et accompagné de pluie ou de grêle *(Les marins veillaient au grain) ;* (vieilli et soutenu) **tourmente** n'est propre à la mer ; il désigne une tempête violente et subite *(Les chasseurs s'étaient égarés dans la tourmente) ;* **trombe** est restreint aux cyclones des tropiques qui soulèvent la surface des eaux ; **typhon** est dit d'un cyclone des mers orientales ; on emploie aussi l'expression **éléments déchaînés** pour désigner une tempête violente ; v. VENT pour **bourrasque, cyclone** et **ouragan.**

tempêter *L'homme tempêtait à côté de sa voiture en panne ;* (fam.) **tonitruer,** c'est parler d'une voix forte ; (très fam.) **gueuler ;** v. FULMINER.

temps I (souvent dans des express.) 1° *Je l'ai connu il y a peu de temps* = **récemment.** *Il a parcouru la distance en peu de temps* = **rapidement ;** v. RIEN I [*en un rien de temps*]. *Vous oublierez votre chagrin avec le temps ;* (fam.) **à la longue.** — 2° *Il marqua un temps d'arrêt puis reprit la parole* = **pause.** *Tous ces plaisirs n'ont qu'un temps* = **être provisoire.** *Ne vous inquiétez pas, nous avons tout notre temps* = **nous ne sommes pas pressés.** *Quand il va à la fête, il se donne du bon temps ;* ↓ **s'amuser.** — 3° *Je vous donne encore un peu de temps mais pressez-vous !* = **un délai.** *Il est temps de vous décider maintenant* = **c'est le moment de, il faut.** — *Vous avez bien failli manquer votre train, il était temps* = **il s'en est fallu de peu.** — 4° *De notre temps :* v. ACTUEL. — 5° (loc. adv.) *En ce temps-là :* v. ALORS. *Arriver à temps :* v. PILE III. *De tout temps, il y a eu des guerres* = **toujours** *(Il y a toujours eu...),* **tout le temps** *(Il y a tout le temps eu...).* *En même temps :* v. ENSEMBLE I. *Ils sont arrivés en même temps* = **simultanément ;** v. FOIS [*à la fois*]. *De temps en temps, de temps à autre :* v. INTERVALLE [*par intervalles*] et PARFOIS. *Dans le temps, je parcourais vingt kilomètres sans fatigue* (fam.) ; (courant) **autrefois.** — 6° *L'avia-*

tion a fortement réduit le temps des grands voyages = **durée**.

II *Nous ne sortirons pas, il fait un temps de chien* (loc.) = **mauvais temps** ; v. aussi TEMPÊTE.

tenable *Il faut rompre ce silence, ce n'est plus tenable* (en emploi négatif) = **supportable**.

tenace 1° *C'est un homme difficile à manœuvrer, au caractère tenace* = **coriace** ; v. aussi OBSTINÉ (in *obstiner* [s']). *Un homme tenace* = **opiniâtre**. — 2° *On avait beau ouvrir les fenêtres, l'odeur était tenace ;* ↓**durable**. — 3° *Leur foi tenace s'appuyait sur de vieilles traditions* = **enraciné** ; v. ACCROCHEUR (in *accrocher* II).

tendre **I** (adj., postposé) 1° *La pierre était trop tendre pour faire un bon matériau ;* **friable** s'applique à qqch qui se réduit aisément en fragments. — 2° *Il n'admet pas de ne pas avoir de pain tendre à son déjeuner* = **frais**.

II (adj., antéposé ou postposé) 1° *Elle était très tendre avec les enfants* = **affectueux, doux** (v. ce mot) ; v. AIMANT (in *aimer*). *La fillette se montrait très tendre* = **câlin**. — 2° *Elle le regardait avec des yeux tendres* = **caressant, doux** (v. ce mot) ; ↑**langoureux**.

III (verbe) 1° *Il tendit ses muscles pour soulever l'arbre ;* (soutenu) **bander** ; v. CONTRACTER II et RAIDIR (in *raide*). — 2° *Le marin tendit les voiles du yacht* = **déployer**. — 3° *Il avait achevé de tendre toutes les pièces* (vieilli) ; (courant) **tapisser**. — 4° *Tendre le bras :* v. ALLONGER et ÉTENDRE. *Tendre l'oreille :* v. PRÊTER II. *Quelqu'un est tendu :* v. CONTRACTÉ (in *contracter* II). ● **tendu** *La situation devenait de plus en plus tendue* = **explosif**.

IV **tendre à** V. VISER À II.

ténébreux *L'enquête piétinait, l'affaire restait ténébreuse* (soutenu) ; (plus courant) **mystérieux** ; v. aussi OBSCUR et SECRET I et II.

tenir Ce verbe admet des syn. variant selon les très nombreux contextes dans lesquels il entre ; nous les avons classés, par commodité, selon le type de construction qu'ils présentent.

I (trans.) 1° Qqn ～ qqn. V. PORTER I. — 2° Qqn ～ qqn + circonstanciel : *Je le tiens en grande estime* = **avoir** ; v. aussi ESTIME et ESTIMER I. *Tout le monde le tient pour un honnête homme* (soutenu) ; (plus courant) **considérer, regarder comme**. — 3° Qqn ～ qqch. *Il tient son livre contre lui ;* ↑**serrer**. *Il tient une épicerie depuis l'an dernier* = **gérer**. *Il tient la chambre depuis huit jours* = **ne pas quitter**. *Tenir une permanence :* v. ASSURER II. — 4° Qqn ～ qqch de qqn. *Je tiens ces indications d'une personne bien informée* = **avoir reçu**. *Cet enfant tient ses yeux bleus de sa grand-mère* = **hériter** (*Cet enfant a hérité...*). — 5° Qqn ～ qqch + circonstanciel. *Il faut tenir la boisson au frais* = **garder**. *Tenir au chaud* = **maintenir** ; v. LAISSER. — 6° Qqch ～. *Une colle qui tient :* v. ADHÉRER I. — 7° Qqch ～ qqn. *Le déménagement m'a tenu toute la journée* = **occuper**. *Une salle qui tient beaucoup de personnes :* v. CONTENIR I. — 8° Qqch ～ qqch. *Prenez donc ce seau, il tient l'eau* = **ne pas fuir**. — 9° (dans des express.) *Tenir compte de :* v. COMPTER II. *Tenir la barre :* v. BARRE II. *En toutes occasions, cet homme sait tenir sa langue* = **se taire**. *Nous tenons les preuves de sa culpabilité/qu'il est coupable* = **détenir, posséder** ; (plus général) **avoir**. *Tenir ses promesses/sa parole :* v. REMPLIR II. *Tenir le vin :* v. SUPPORTER. *Tenez votre droite !* = **garder**.

II (trans. ind.) 1° Qqn ～ à qqch. *Je tiens à ce qu'il vienne :* v. VOULOIR. — 2° Qqch ～ à qqch. *Cet accident tient à l'imprudence du conducteur* = **provenir de, résulter de**.

III 1° Qqn ～. *Les soldats tiennent :* v. DÉFENDRE I. — 2° Qqch ～. *Ils sont trop jeunes, leur mariage ne tiendra pas* = **durer**. — 3° Qqch ～ + circonstanciel. *Ce qui est à retenir tient en peu de mots* = **se résumer**. *La valise est trop petite, tout ne tiendra pas dedans :* v. ENTRER. — 4° (dans des express.) *Cette histoire ne tient pas debout* = **être invraisemblable**. *Il n'y a pas de cinéma/ de gâteau qui tienne* = **tu n'iras pas au cinéma/tu n'auras pas de gâteau**.

IV **se tenir** 1° Qqn ～ + circonstanciel ou adv. *Le gamin se tenait à une branche* = **s'accrocher** ; v. aussi RETENIR (SE). *Il se tient bien debout :* v. SOUTENIR (SE). — 2° **s'en tenir** *Je m'en tiens à ce que j'ai* *gagné ;* (plus soutenu) **se borner.** *S'en tenir là :* v. RESTER II. *Savoir à quoi s'en tenir :* v. ÊTRE FIXÉ (in *fixer*). — 3° *Qqch* ⌣. *La réunion se tient ici :* v. LIEU [*avoir lieu*]. — 4° (dans des express.) *Tiens-toi tranquille* = **rester sage.** *L'opposition ne se tenait pas pour battue* = **s'estimer.**

tente *Coucher sous la tente ;* (fam.) **guitoune ; chapiteau** ne s'applique qu'à la tente d'un cirque.

tenter I *Tenter qqch :* v. ENTRE-PRENDRE et HASARDER (in *hasard*). *Tenter de faire qqch :* v. ESSAYER.

II 1° *C'est une bonne affaire qui l'a tenté* = **allécher ;** v. SÉDUIRE. — 2° *Cela ne me tente pas du tout* = **dire.** — 3° *Être tenté de faire qqch :* v. INCLINER II.

tenu, e I (adj.) 1° *Sa maison est toujours bien tenue* = **entretenu.** — 2° *être tenu de Vous êtes tenu de répondre à la convocation ;* (plus courant) **être obligé de.**

tenue II (nom) 1° *Je n'aurais pas dû vous inviter, vous avez manqué de tenue* = **correction.** — 2° *Un peu de gymnastique permettra de corriger cette mauvaise tenue* = **maintien.** — 3° *Une tenue bien soignée :* v. MISE et TOILETTE I. — 4° *Une bonne tenue de route :* v. ADHÉ-RENCE (in *adhérer* I).

terme I 1° *Il n'y a pas de termes à la connaissance humaine* (vieilli en ce sens) ; (plus courant) **borne ;** v. LIMITE. — 2° *Passé ce terme, vous devez avoir réglé toutes vos dettes ;* dans ce contexte, **date, délai.** *L'arrivée du chanteur mit un terme aux conversations* (express.) = **faire cesser.** — 3° *Ces jours heureux touchent malheureusement à leur terme* (soutenu) ; (plus courant) **fin.** *Il arrive au terme de ses souffrances* (soutenu) ; (courant) **bout.** — 4° *Il voyait approcher avec inquiétude le jour du terme ;* (plus général) **échéance.** — 5° (express.) *L'enfant est né avant terme* = **prématurément.**

II V. MOT.

III *Vous ne trouverez pas de moyen terme qui soit satisfaisant* = **demi-mesure.**

IV *Être en bons termes :* v. RELATION II. *Être en mauvais termes :* v. FROID II [*être en froid*].

terminer *se terminer Votre bail se termine le mois prochain* = **expirer ;** v. FINIR.

terne 1° *La couleur avait passé au soleil et le tissu était devenu d'un rouge terne ;* **effacé, passé** s'appliquent à ce qui a perdu en partie sa couleur ; **fade** se dit d'une couleur sans éclat ; **être délavé,** c'est être décoloré par les lavages ; **mat** se dit de ce qui est dépoli (*un plat en argent mat*). *Il nous regardait, les yeux ternes* = **inexpressif, sans expression ;** ↑ **éteint.** — 2° *C'est un livre écrit dans un style bien terne qui a obtenu le prix* = **incolore.** *Tous les jours se ressemblaient, sans intérêt, ternes* = **gris.** *Pendant le mois d'août, le ciel resta terne* = **maussade.** *Un homme terne :* v. INSI-GNIFIANT. ● **ternir** *L'article injurieux avait terni la réputation du ministre* (soutenu) = **flétrir ;** (courant) **salir.**

terrain 1° *À perte de vue, le terrain était plat* = **sol** (v. ce mot) ; v. TERRE III. — 2° *Céder du terrain ;* ↑ **battre en retraite.** *En une nuit, les maquisards ont regagné le terrain perdu* = **reprendre l'avantage.** *L'équipe adverse gagnait/perdait du terrain* = **avancer/reculer.**

terrasser 1° *La rébellion des militaires a été terrassée ;* (plus courant) **mater.** — 2° V. ACCABLER I et FOUDROYER (in *foudre*).

terre I *Faire le tour de la Terre :* v. MONDE. *Il y a de la misère aux quatre coins de la terre* (loc.) = **partout.**

II *La religion leur apprenait que le bonheur n'existait pas sur la terre* = **ici-bas.** *Avoir les pieds sur terre :* v. RÉA-LISTE (in *réel*).

III 1° *L'avion piqua vers la terre* = **sol** (v. ce mot). — 2° *Il possède des terres près de la rivière* = **terrain.**

IV 1° *Il vit en cultivant la terre ;* **champ** désigne un terrain cultivable ; (soutenu et vieilli) **glèbe** se dit de la terre cultivée ; **humus** et **terreau** s'appliquent à la terre noire issue de la décomposition des végétaux. — 2° (loc.) *Il a acquis quelques jolies terres cuites* = **céramique.** — 3° (loc.) *Il déposa sa valise à terre ;* (plus courant) **par terre.** ● **terrien** 1° *Il aimait faire état de son ascendance terrienne ;* (plus courant) **paysan.** — 2° *Le*

411

maire était le plus important propriétaire terrien du village = **foncier**.

terrible 1° *Une maladie terrible décimait la population* = **effrayant** (v. ce mot in *effrayer*), **terrifiant**; v. aussi EFFROYABLE (in *effroi*). — 2° *N'allez pas le voir, il est d'une humeur terrible* = **massacrant**. *Un choc terrible* : v. BRUTAL et VIOLENT. *Un bruit terrible* : v. INFERNAL. *Tous ces accidents, c'est terrible!* : v. AFFOLANT (in *affoler*). *Il lui porta un coup terrible au menton* = **foudroyant**. — 3° *C'est terrible ce que tu peux être menteur!* (fam.); (courant) **fou**. *Il a un besoin terrible de se faire remarquer* (fam.) = **extraordinaire**. — 4° *C'est un enfant vraiment terrible* = **turbulent**. — 5° *Écoute ça! le refrain est terrible!* (fam.) = **formidable, du tonnerre**; (courant) **sensationnel**. ● **terriblement** *Ce conférencier est terriblement ennuyeux* = **énormément, extrêmement**.

terroriser *Des groupes de pillards terrorisaient toute la région;* ↓ **terrifier**, c'est frapper d'une forte crainte; v. PEUR [*faire peur*].

testicules Désigne les glandes génitales mâles : *Autrefois, on coupait les testicules de certains enfants pour qu'ils gardent une voix de fausset;* (fam.) **couilles**; (très fam.) **roubignolles, roupettes**.

tête 1° *Il a une blessure à la tête* = **crâne** (v. ce mot). *Il l'a frappé sur la tête;* (fam.) **caboche, cafetière, carafe, carafon, cassis, citron, ciboulot, citrouille**, etc. *En France, la peine de mort est exécutée en tranchant la tête du condamné;* **décapiter, guillotiner** (trancher à la guillotine) [... *en décapitant/guillotinant le condamné*]. — 2° *Elle a une belle tête;* (fam.) **gueule**; v. FIGURE I. — 3° *L'avion rase la tête des arbres* = **sommet**; (terme propre) **cime**. *Il gardait près de la tête du lit une bouteille d'eau* (loc.) = **chevet**. *Les échafaudages montaient jusqu'à la tête du missile* = **ogive**. — 4° *Il était la véritable tête du mouvement* = **chef**. *Ce parti prétendait être à la tête du mouvement revendicatif* = **avant-garde**. — 5° (dans des express.) *Il s'est mis dans la tête/en tête de réussir* = **s'imaginer**. *Il n'a pas de tête/il a la tête ailleurs* = **être écervelé**. — 6° *Reportez-vous maintenant à la tête*

du chapitre = **début**. — 7° *Plusieurs centaines de têtes s'étaient noyées* = **bête**. — 8° Prép. + ~. *C'est vingt francs par tête* [*de pipe*] (fam.); (courant) **cela coûte vingt francs par personne**. *Il calcule très vite de tête* = **mentalement**. *Il marche en tête* = **le premier**; v. AVANT [*en avant*]. — 9° (dans des loc.) *Il l'examina des pieds à la tête* = **de bas en haut**. *Il a donné tête baissée dans le piège* = **sans regarder**. *J'étudierai votre dossier à tête reposée* = **à loisir**. *Le côté tête d'une médaille* = **avers, face** (*côté face*). *Il racontait une histoire sans queue ni tête* = **incohérent**. — 10° Nom + ~ compl. de ce nom. *Avoir des maux de tête* : v. NÉVRALGIE. *Il a une voix de tête* = **fausset**. — 11° ~ + adj./ ~ + nom/nom + ~. *Quelle mauvaise tête!* = **caractère**. *Que voulez-vous, elle a une petite tête* = **être peu intelligent**. *C'est une grosse tête* = **être très intelligent**. *En ce moment, elle a une grosse tête* (fam.); (courant) **être surmené**. *Dans une telle situation, il faut rester la tête froide* = **rester calme**. *Je vous assure qu'il a la tête dure* = **comprendre difficilement**. *Vous avez une tête à claques/à gifles* = **être irritant**. *Reconnaissez qu'il a une tête de cochon/mule/bois/lard/pioche* (fam.); (courant) **être têtu**. *Mon Dieu! quelle tête de linotte/en l'air* : v. ÉTOURDI I. *Vous avez une sale tête en ce moment* = **mine**. *J'ai remarqué qu'il avait une drôle de tête ce matin;* (fam.) **bille, binette, bobine, terrine, tronche, trombine**. *Il a une bonne tête;* (fam.) **bouille**; (vieilli) **balle**. — 12° Verbe + ~ + compl. *Il lui tient tête depuis une heure* = **s'opposer à qqn**. *J'en donnerai ma tête à couper* = **jurer** (*je le jurerai*). — 13° Verbe + article/poss. + ~. *Cessez de me casser la tête* = **étourdir**. *Il risque/sauve sa tête* = **vie**; (fam.) **peau**. *Pourquoi faites-vous la tête?* = **bouder**. *Elle se monte facilement la tête/le bourrichon* (fam.); (courant) **s'exciter**. *Sa douleur lui avait fait perdre la tête* = **raison**. *Restez calme, ne perdez pas la tête/la boussole/*(fam.) *la boule* = **s'affoler, perdre le nord**. *As-tu fini de te payer ma tête/*(fam.) *ma fiole, ma fraise?* = **se moquer de qqn**. — 14° Verbe + prép. + ~. *J'en ai par-dessus la tête* : v. ASSEZ. *Le champagne lui monte à la tête* = **griser**. *Je ne sais plus où donner de la tête* = **être submergé**. *Le favori est maintenant en tête du peloton* = **mener qqch**. — 15° Verbe + nom + prép.

+ ~. *Ce qu'il a dans la tête :* v. ESPRIT. *Se mettre martel en tête* (soutenu); (courant) **se faire des soucis.** *Il n'arrive pas à se mettre/fourrer/foutre sa leçon dans la tête* = **apprendre qqch.**

têtu *Il ne veut pas comprendre! quel (homme) têtu!* = **entêté;** (fam.) **cabochard,** uniquement employé comme nom; **entier** se dit de celui qui n'admet pas d'accommodements; v. TÊTE [11° : *mauvaise tête*]. *Il est têtu* = **buté, il a la tête dure.**

texte 1° *Il lisait les auteurs grecs dans le texte* = **original.** *Le notaire lui demanda de lire le contrat pour qu'il en comprenne bien le texte* (par méton.) = **teneur;** v. RÉDACTION. — 2° *Le mélomane écoutait l'opéra avec le texte sous les yeux;* (plus précis) **livret.** — 3° *Des textes choisis :* v. MORCEAU. — 4° *Il a oublié de recopier le texte de son devoir* = **sujet.** ● **textuel** *Il commença par faire une traduction textuelle de la page* = **littéral, mot à mot** (v. ce mot).

théâtre 1° *Il va au théâtre deux fois par semaine* = **spectacle.** — 2° *Lui, être en colère? mais il fait encore du/son théâtre!* = **simagrées.** — 3° *Il s'est fait connaître en écrivant des pièces de théâtre;* terme général; selon le genre on trouvera **comédie, drame, mélodrame, tragédie, vaudeville,** etc. — 4° (express.) *La découverte de l'arme provoqua un coup de théâtre dans l'affaire* = **rebondissement.** ● **théâtral** 1° *La troupe jouait surtout des œuvres théâtrales contemporaines* = **dramatique.** — 2° *Le caractère théâtral des interventions l'irritait* = **spectaculaire.**

thème 1° *La chanson reprenait un thème musical connu* = **motif.** — 2° *Le thème d'un ouvrage :* v. IDÉE et OBJET.

théorie I 1° *Cela n'est qu'une théorie, il faudra voir s'il y a des applications possibles* = **spéculation;** v. aussi IDÉE et SYSTÈME. — 2° *En théorie :* v. PAPIER [*sur le papier*].● **théorique** *Peu de fonds étaient donnés pour la recherche théorique* = **spéculatif.**

II *Une théorie de voitures :* v. DÉFILÉ I.

tiède I *Il aime son café tiède;* (fam.) **tiédasse;** v. CHAUD. *Le soir, la température est tiède* = **doux** (v. ce mot).

II *Ce sera toujours un soutien tiède* = **mou.** ● **tièdement** *Ils ont protesté assez tièdement* = **mollement.** *Ils nous ont reçus plutôt tièdement* = **avec tiédeur, avec indifférence.**

tiers (express.) *Les gens que je connaissais dans le service n'étaient pas là, nous avons vu une tierce personne* (adj.); ↑**inconnu** (*Nous avons vu un inconnu*). *Je ne parlerai pas devant un tiers* (nom) = **étranger, inconnu.**

tige 1° *Au printemps, les tiges du tilleul se multipliaient;* **branche** désigne les ramifications d'une tige ligneuse; **chaume** et **paille** se disent de la tige des céréales. — 2° *Il fixa une tige solide pour soutenir les doubles rideaux de velours* = **barre;** (plus précis) **tringle.**

timbre I *La lettre portait le timbre du ministère* = **cachet, tampon.**

II 1° V. CLOCHETTE. — 2° (express.) *Elle était visiblement effrayée et répondit d'une voix sans timbre* = **blanc.** — 3° *J'aime beaucoup le timbre de la flûte à bec;* (plus général) **sonorité** comprend le ton, la hauteur, le timbre; v. SON.

timbrer *Vous avez oublié de timbrer vos lettres* = **affranchir.**

timide 1° *Elle n'est pas habituée à ces réunions; cela explique ses manières timides* = **embarrassé** (v. aussi ce mot in embarrasser), **gauche.** — 2° *Ce n'est pas en étant timide que vous réussirez;* **timoré** se dit de qqn qui craint d'entreprendre quoi que ce soit; (soutenu) **pusillanime.** ● **timidité** *C'est sa timidité qui l'a fait échouer à l'oral de son examen* = **embarras, gaucherie.**

tinter 1° *Le soir, la cloche de la petite église tintait;* (moins précis) **résonner; tinter,** c'est résonner lentement, le battant de la cloche frappant un seul côté; v. SONNER. — 2° *Elle portait aux bras et aux jambes quantité de bracelets qui tintaient;* (soutenu) **tintinnabuler.**

tirade *L'acteur achevait enfin sa longue tirade;* **monologue** dans une pièce de théâtre; v. aussi DISCOURS.

tirelire *Tiens, tu mettras ces dix francs dans ta tirelire;* (fam. en ce sens) **cagnotte.**

tirer I 1º *Vous tirerez le verrou, s'il vous plaît ;* selon le contexte, **fermer/ouvrir.** *Les chevaux tiraient lentement la péniche* = **haler.** *Tirer une charrette :* v. TRAÎNER. — 2º *Tirer les pans de sa robe :* v. RAMENER. — 3º *Ils passaient la journée à tirer des plans* = **élaborer.** — 4º *Il tira la ligne sans règle* = **tracer.** — 5º (dans des express.) *Comment vous le demander ? cessez donc de vous faire tirer l'oreille* = **se faire prier.** *Tirer les oreilles à qqn :* v. RÉPRIMANDER. *La police n'avait pas arrêté celui qui tirait les ficelles* (fam.) ; (courant) **manœuvrer.** *Il a tiré deux mois de prison* (fam.) = **être en prison depuis deux mois.** *Il ne faudrait quand même pas que vous tiriez trop sur la ficelle* (fam.) ; (courant) **exagérer.** *C'est un brun foncé qui tire sur le noir* = **se rapprocher de.** *Il tire un peu trop le texte à lui* = **amener.** ● **tirailler** *Il est tiraillé entre l'amitié et son devoir* = **balloter** ; ↑**déchirer,** ↑**écarteler.** ● **tiraillement** 1º *Il n'avait rien mangé depuis le matin et souffrait de tiraillements d'estomac* ; ↑**crampe.** — 2º *Les tiraillements entre les diverses administrations retardaient les travaux* ; ↑**conflit.**

II 1º (dans des express.) *Le gouvernement tirait son autorité de l'appui de l'armée* = **prendre.** *Tirer qqch/qqn des décombres :* v. DÉGAGER. *Je suis prêt à tirer parti/profit de ses erreurs* = **profiter de.** — 2º *On tire encore de la houille de ces puits* = **extraire.** *Le haschisch est tiré de la résine du cannabis* = **provenir.** — 3º *Son contrat tire à sa fin* = **toucher.** — 4º *Ce mot a été tiré du grec* = **emprunter à.** — 5º *Tirer qqn d'une difficulté :* v. SAUVER I. *Les médecins l'ont tiré de là :* v. GUÉRIR. *Tirer qqn de la faillite :* v. ARRACHER. — 6º (dans des express.) *Sans qu'il s'en aperçoive, elle lui a bien tiré les vers du nez* (fam.) ; (courant) **questionner adroitement.** *Le jeu de l'actrice lui tira des larmes* = **faire pleurer qqn.** *Tirer d'embarras qqn :* v. DÉPANNER. ● **se tirer** 1º V. PARTIR. — 2º *Il a pu se tirer de ce mauvais pas/de ce pétrin sans trop de dommages* = **se sortir de.** *Il s'en est bien tiré* (fam.) ; (courant) **réussir.** *S'en tirer :* v. RÉCHAPPER (S'EN).

III 1º *Qqn* ∼ *sur qqn.* V. OUVRIR [*ouvrir le feu*]. *Ne restons pas ici, ils vont nous tirer dessus* ; **canarder qqn,** c'est tirer sur qqn en étant à l'abri comme lorsqu'on tire sur des canards. — 2º *Il*

tira le lièvre = **faire feu sur.** — 3º *Le joueur a tiré au but* = **shooter.**

IV *Il a tiré un chèque sans provision* = **émettre.**

V V. TIRAGE I.

tirage I *La cheminée, malgré sa grande taille, avait un bon tirage* = **tirer bien.**

II V. ÉDITION (in *éditer*).

tisane *Elle prenait chaque soir un bol de tisane ;* selon le mode de préparation, **décoction** ou **infusion.**

tissu 1º *Vous trouverez des tissus à bas prix dans ce grand magasin ;* **étoffe** est le nom général des tissus propres à faire des vêtements ou à servir dans l'ameublement ; **toile** est restreint aux tissus de chanvre, de coton ou de lin. — 2º *Toute cette histoire n'est qu'un tissu de sottises* = **enchevêtrement.**

titre I 1º *Quel est son titre ? :* v. GRADE. *Il a tous les titres pour exercer ce métier* = **diplôme.** — 2º (loc.) *Ce n'est pas lui le professeur en titre* = **titulaire.** — 3º (loc.) *Protester à juste titre :* v. RAISON II [*avec raison*]. — 4º (loc. prép.) *Il a reçu cela à titre de récompense* = **en guise de** ; v. TANT [*en tant que*].

II 1º (loc.) *Il n'est pas facile de donner un titre à votre article* = **intituler, titrer.** — 2º (express.) *Les journaux ont consacré un gros titre à la nouvelle* = **manchette.**

III 1º *Votre notaire établira le titre de propriété ;* **certificat** dans ce contexte. *Montrez-moi votre titre de transport* = **ticket, coupon.** — 2º *Un titre en Bourse :* v. VALEUR II.

toast I V. DISCOURS.

II *Il prend des toast(e)s beurrés avec son thé ;* (moins courant) **rôtie.**

toile 1º V. TISSU. — 2º *Cette galerie expose des toiles d'un maître contemporain* = **peinture, tableau.**

toilette I 1º *Le petit fait sa toilette tout seul ;* (rare) **ablutions.** *Faire sa toilette :* v. SE LAVER (in *laver* I). — 2º *Il est trop coquet pour négliger sa toilette* = **vêtement, tenue** ; (plus soutenu) **mise.**

Elles ont parlé toilette (loc.) = **parler chiffons.**

II (plur.)⟩ V. CABINET II et CHIER.

toison 1° *Les éleveurs tondent la toison des moutons* = **laine**; la **fourrure** désigne le **pelage** fin et serré de certains animaux. — 2° V. CHEVEUX.

toiture *La toiture a été réparée par les couvreurs;* la *toiture* est l'ensemble des pièces, **charpente** et **couverture** (v. ce mot in *couvrir*) nécessaires pour établir le **toit**, partie supérieure de la maison exposée aux intempéries.

tolérant *Ses parents sont toujours très tolérants à son égard* = **indulgent, compréhensif.**

tombe *Les fossoyeurs ont préparé la tombe;* la **fosse** est la cavité ménagée dans la terre; le **caveau** est une construction souterraine réservée en général aux membres d'une même famille; la **sépulture** est le lieu d'ensevelissement considéré abstraitement; le **tombeau** est plus particulièrement le monument élevé sur la *tombe*, ce terme désignant parfois la pierre posée sur la fosse, proprement **pierre tombale.** *C'est la tombe de mon père;* (plus soutenu) **dernière demeure.**

tomber 1° Qqn/qqch ∼. *Ma valise est tombée dans l'escalier;* **dégringoler,** c'est tomber par chutes successives; v. aussi CULBUTER. *Le vase m'est tombé des mains :* v. ÉCHAPPER. *Le gamin est tombé dans l'escalier* = **faire une chute, dégringoler;** **s'affaler,** c'est se laisser tomber; (plus fam.) **s'étaler,** c'est tomber de tout son long; (fam.) **se casser la figure / la gueule, se flanquer par terre, ramasser une pelle / une bûche** (v. RAMASSER); (soutenu et rare) **choir.** *Ce mur est en ruine; il va tomber;* **s'affaisser,** c'est tomber sur soi-même; v. aussi CROULER. *La nuit ne va pas tarder à tomber* = **descendre.** — 2° Qqn ∼. *Bien des Français sont tombés au cours de cette bataille;* (soutenu) **périr** s'emploie avec l'auxiliaire *avoir. Le ministère est tombé sur la question de confiance* = **être renversé.** *La forteresse est tombée après une brève résistance;* **succomber** (avec l'auxiliaire *avoir*). — 3° *Après l'orage, le vent est tombé;* (rare) **mollir;** ↑ **cesser,** c'est s'arrêter complètement; ↓ **décliner,**

c'est diminuer progressivement. *La fièvre du malade est tombée depuis hier soir* = se **calmer, s'apaiser.** *Ses préventions finiront bien par tomber* = **disparaître.** — 4° **laisser tomber** *Il a laissé tomber son travail :* v. RADE [*laisser en rade*]; v. aussi OUBLIER (in *oubli*). *Sa femme l'a laissé tomber* = **quitter;** v. PLANTER et LÂCHER. — 5° Qqn ∼ bien/mal. *Son adversaire est mal tombé; il n'était pas assez fort* = **(ne pas) avoir de (la) chance.** — 6° Qqn ∼ sur qqn. *Je suis tombé sur un ami;* v. RENCONTRER et TROUVER. — 7° Qqn ∼ sur qqn. *Quand il a eu des ennuis, tout le monde lui est tombé dessus;* (plus soutenu) **accabler;** ↑ **éreinter.** *Le boxeur est tombé sur son adversaire à bras raccourcis;* (plus courant) **attaquer.** — 8° (dans des loc.) *En voyant son sang, il est tombé dans les pommes* (fam.); (plus courant) **s'évanouir;** v. DÉFAILLIR. *Cette augmentation de salaire tombe du ciel* = **arriver bien.** *Son amoureux est tombé à ses genoux :* v. JETER [*se jeter à*]. *Il est tombé dans les pires excès :* v. VERSER III. *Si vous accélérez sur la route, vous tombez sous le coup de la loi* = **être passible de.** *Ce mur tombe en poussière :* v. DÉSAGRÉGER (SE). *Sa responsabilité tombe sous le sens;* (plus fam.) **crever les yeux.** *Cette rue tombe dans une large avenue :* v. DÉBOUCHER II. — 9° (trans.) Qqn ∼ qqch. *Il a tombé la veste pour être à son aise* (fam.); (plus courant) **ôter.** — 10° (trans.) Qqn ∼ qqn. *Mon frère tombe toutes les filles* (fam.) : v. SÉDUIRE. *Il vous faudrait un peu plus de force et d'agilité pour tomber votre adversaire* = **battre.**

tome *Avez-vous lu le troisième tome de ses œuvres?;* le *tome* est une division prévue par l'auteur ou l'éditeur, alors que le **volume** se dit pour désigner l'objet matériel, sans rapport au contenu.

tondre 1° *Mon voisin est en train de tondre sa haie; tondre,* c'est **tailler** en égalisant. — 2° V. DÉPOSSÉDER et VOLER II.

tonneau 1° *Le vigneron a soufré ses tonneaux avant de les remplir;* (plus part.) selon leur contenance et leur matériau, on distingue de gros tonneaux comme la **barrique,** qui contient de 200 à 250 litres et sert au transport des liquides, la **tonne,** de grande capacité, et la **futaille**; le **fût,** le **quartaut,** le **tonnelet** et le **baril** sont de dimensions plus réduites, les deux derniers pouvant être destinés à contenir des matières pulvérulentes ou des liquides autres que les boissons. — 2° V. FEMME.

tonnelle *Il est agréable, l'été, de déjeuner sous la tonnelle;* (moins courant) **charmille**; la *tonnelle* est un **bouquet** d'arbustes soutenu par une armature légère en forme de **berceau.**

tonner 1° *Loin du front, on entend déjà tonner le canon* = **gronder.** En emploi impersonnel : *Il tonne* = **le tonnerre gronde.** — 2° V. FULMINER et CRIER (in *cri*).

toque *Elle portait une petite toque de fourrure;* la *toque* est une **coiffure** (v. ce mot) ronde comme le **bonnet.**

torcher 1° *Il a vite torché son assiette, avec un morceau de pain* (fam.); (plus courant) **essuyer.** — 2° *L'élève avait torché son devoir pour s'en débarrasser* (fam.); (plus courant) **bâcler** est plus restreint, *torcher* pouvant signifier en bonne part « réussir de façon expéditive ».

tordre 1° *Tordre le linge :* v. PRESSER I. — 2° *Le colosse tordit la barre de fer* = **courber.** *Le cycliste avait tordu une roue de son vélo* = **fausser**; v. VOILER II. *La peur lui tordit le visage* = **déformer.** ● **se tordre** 1° V. RIRE. — 2° *Qqn* ~ *un membre. Il s'est tordu le poignet;* ↑**fouler.** ● **tordu** *Le vieillard avait les jambes tordues;* **tors** et **cagneux** se disent uniquement des membres inférieurs et désignent plutôt des vices de conformation.

torse *L'athlète faisait jouer les muscles de son torse* = **buste, poitrine**; v. aussi TRONC.

tort 1° (dans des express.) *Il a tort quand il prétend me connaître* = **se tromper** (v. aussi ce mot). *Ce garçon a été accusé à tort : il est innocent* = **injustement**; (plus soutenu) **indûment.** — 2° *Demander réparation d'un tort :* v. DOMMAGE ; v. aussi MAL I. *Cette année, la pluie fait (du) tort au tourisme français* = **nuire.**

torturer 1° *Le partisan a été torturé par les services de renseignements;* (moins courant) **supplicier.** — 2° *Ses rhumatismes le torturent;* (moins courant) **martyriser, persécuter**; v. aussi TOURMENTER (in *tourment*) et SOUFFRIR [*faire souffrir*]. *La faim le torture* = **tenailler.** *Son visage est torturé par la douleur* = **ravager.**

tôt 1° *Demain, il faut se lever tôt, pour voir le soleil se lever* = **de bonne heure**; (moins courant) **de bon matin.** — 2° (express.) *Ce n'est pas trop tôt, le voici!* = **enfin.**

touche I *Avez-vous reconnu la touche du maître ?* = **style, manière**; (moins courant) **patte.**

II *Votre ami a une drôle de touche* (fam.) = **dégaine**; (plus courant) **allure** (v. ce mot).

toucher I 1° *Il toucha le tissu, pour juger de sa qualité;* **tâter** implique de l'attention et de l'insistance; v. PALPER. *Le vin? il y touche un peu* (fam.); v. GOÛTER I. — 2° *Son jardin touche le (au) mien* = **être contigu à, mitoyen de.** *Toucher à sa fin :* v. TIRER II. — 3° *L'escrimeur a touché son adversaire à l'épaule* = **atteindre.** *Le chasseur a touché la bête, qui s'enfuit* = **blesser.** — 4° *Où pourra-t-on vous toucher pendant les vacances ?* = **atteindre**; v. CONTACTER (in *contact*).

II 1° V. ÉMOUVOIR, ÉPROUVER, FLÉCHIR, REMUER, VIBRER I [*faire vibrer*]. — 2° *Cette mesure vous touche directement* = **concerner**; v. REGARDER et VISER II. ● **touchant** *Le directeur fit un éloge touchant de son ancien employé;* v. VIBRANT (in *vibrer* I). *Ce fut un adieu touchant :* v. ÉMOUVANT (in *émouvoir*).

III *Il touche le salaire minimum interprofessionnel garanti* = **gagner.** *Il vient de toucher une prime :* v. RECEVOIR I. *Ce cadre supérieur touche un million par mois;* (fam.) **encaisser**; (soutenu) **émarger pour**; v. PERCEVOIR II. *Il faut que je passe à la banque toucher mon chèque* = **encaisser.**

touffu *Les promeneurs se sont enfoncés dans ces taillis touffus;* (moins courant) **dru**; v. FEUILLU (in *feuillage*). *Une végétation touffue* = **dense.**

toujours 1° *Il a toujours répété qu'il était innocent;* (moins courant) **inlassablement;** v. TEMPS I. *Il aura toujours raison* = **éternellement** (v. ce mot in *éternel* I). *Il répète toujours la même chose* = **sans cesse;** **invariablement** porte sur l'identité de l'acte répété; **sans fin** indique la durée et l'absence de terme de l'action; v. TOUT I [*tout le temps*]. *Il est toujours sur le qui-vive* = **continuellement;** v. aussi CONSTAMMENT (in *constant*). — 2° *Avez-vous toujours de ce vin que j'aime tant?* = **encore.** — 3° *S'il vous reproche votre absence, vous pourrez toujours faire état de votre mauvaise santé* = **après tout, en tout état de cause.** — 4° (dans des loc.) *Toujours est-il qu'il est parti en colère* = **en attendant** (v. cette expression in *attendre*). *Il est parti pour toujours* = **définitivement** (v. ce mot in *définitif*); (plus soutenu) **à jamais.** *Depuis toujours :* v. LONGTEMPS.

tour I *L'hôtel de ville est surmonté d'une tour;* (plus part.) **beffroi.** *Les tours de la cathédrale dominent la plaine;* (plus part.) **clocher.**

II 1° *Il fit un tour sur lui même* = **rotation.** *Si nous allions faire un tour par ce beau temps* = **promenade;** v. SORTIE (in *sortir*). *Nous avons fait le tour des petits bistrots de la ville* = **circuit;** v. TOURNÉE. — 2° *La piste fait cent mètres de tour* = **pourtour, périmètre; circonférence** se dit du périmètre d'un cercle. *Le tour de son visage formait un bel ovale* = **contour.** — 3° *Tour à tour :* v. SUCCESSIVEMENT (in *succéder*).

III 1° *Le tour de ce jongleur est très au point;* le **numéro** désigne l'ensemble des exercices ou *tours* constituant une partie du spectacle de cirque ou de music-hall. — 2° *Le fils du voisin m'a fait un tour que je ne lui ai pas pardonné* = **niche, farce;** (fam.) **blague, entourloupette** ou **entourloupe; vacherie** ou **crasse** se disent d'une mauvaise plaisanterie faite dans l'intention de nuire à quelqu'un; v. aussi SALETÉ (in *sale*).

IV V. EXPRESSION (in *exprimer*).

tourment *Il est mort dans d'affreux tourments* = **torture;** v. SUPPLICE. *Il a eu bien des tourments avec cette histoire* = **angoisse, cauchemar, tracas.** ● **tourmenter** 1° *Qqn/qqch* ～ *qqn. Il est tourmenté par ses coliques néphrétiques* = **martyriser.** *La comtesse tourmente sa femme de chambre* = **harceler;** (fam.) **empoisonner;** v. VOIR [*en faire voir*]. — 2° *Qqch* ～ *qqn. L'ambition le tourmente sans cesse* = **dévorer;** v. AGITÉ (in *agiter*) et TRAVAILLER I. *Il est tourmenté d'idées noires* = **assiéger.** *Cette histoire me tourmente;* ↓**chiffonner,** ↓**préoccuper,** ↓**tracasser.** ● **se tourmenter** *Ne vous tourmentez pas pour ce petit retard;* (fam.) **se biler;** v. aussi AFFOLER (S').

tourne-disque *Le tourne-disque de mon voisin me casse les oreilles* = **électrophone.**

tournée 1° *Aujourd'hui, elle a fait la tournée des magasins :* v. TOUR II. *J'irais bien faire une grande tournée à moto* (fam.) = **virée, balade.** — 2° V. RACLÉE et PEIGNÉE.

tourner I 1° (trans.) *Qqn* ～ *qqch. Il faut tourner la sauce pour qu'elle n'attache pas* = **remuer;** (fam.) **touiller.** — 2° (intr.) *Qqch* ～. *La roue a tourné autour de son axe* = **pivoter.** *Le moteur tourne; vous allez pouvoir repartir;* (plus général) **fonctionner.** *Ça tourne rond* (loc. fam.) = **marcher.** (v. ce mot).

II 1° (trans.) *Qqn/qqch* ～ *un lieu. L'ennemi a tourné nos positions* = **contourner; encercler** se dit d'un mouvement enveloppant. — 2° (intr.) *Qqch/qqn* ～. *Sept planètes tournent autour du Soleil* = **graviter.** *Les guêpes tournent autour de ce pot de confiture ouvert;* **tourbillonner** se dit d'un mouvement rapide; (fam.) **tourniller, tournicoter.** — 3° (loc.) *Dis ce que tu as à dire : ne tourne pas autour du pot* (fam.); (plus courant) **hésiter;** (plus soutenu) **tergiverser.**

III (intr.) *Qqch* ～. *Le vent va tourner* = **changer.** *La discussion a mal tourné* (express.) : v. DÉGÉNÉRER et FINIR [*mal finir*]. *Ça a tourné à l'aigre* (express.) : v. VIRER II.

IV 1° (trans.) *Qqn* ～. *Il tourna les yeux vers moi;* **braquer** se dit d'un mouvement rapide. — 2° (intr.) *Qqn/un véhicule* ～ *à gauche/à droite.* V. VIRER I et OBLIQUER (in *oblique*); v. aussi BRAQUER. — 3° (loc.) *Tourner de l'œil :* v. DÉFAILLIR. ● **se tourner** *Je me tourne pour prendre la photo avec le soleil dans le dos* = **s'orienter.**

417

tout **I** (adj. indéfini) 1° (avec déterminant, au sing.) *Il a travaillé toute la nuit* : v. aussi ENTIER I. *Cet enfant est tout le temps dans les jupes de sa mère* (loc.) = **toujours**. — 2° (avec déterminant au plur.) *Tous les soirs, le veilleur de nuit part au travail ;* **chaque** (sans déterminant) désigne la totalité en la considérant comme une somme d'unités distinctes, *tout* désigne l'ensemble. *Tous les hommes ont leur faiblesse* = **chaque** ; *tout* peut aussi, dans ce contexte, figurer au singulier sans déterminant et donne alors une tournure sentencieuse au propos : *Tout homme a ses faiblesses. Presque tous les spectateurs ont pleuré :* v. PLUPART [*la plupart des*]. — 3° (sans déterminant au sing.) *Ce garçon a donné toute satisfaction à ses professeurs* = **plein** (v. ce mot). — 4° (postposé dans une loc.) *Somme toute, vous ne regrettez pas d'être parti longtemps à l'avance* = **en somme, au total.**

II (pron. indéfini) 1° (au sing.) *Ce vieillard est savant en tout ;* (rare) **toute chose**. — 2° (au plur.) *Tous ont été d'accord pour le soutenir ;* **tout le monde** peut figurer dans toutes les constructions et se substitue à *tous* comme complément d'objet direct. — 3° (dans des loc.) *Vous me devez cent francs en tout* = **au total**. *Il portait en tout et pour tout un slip* = **uniquement**. *Malgré tout :* v. MÊME III [*quand même*]. *Après tout, il n'avait pas tort* (loc.) ; v. APRÈS I.

III (nom, précédé d'un déterminant, toujours au sing.) 1° *Chez la fleuriste, il n'y avait que des roses et des œillets ; il acheta le tout* = **totalité**. *Les trois romans de cet auteur forment un tout :* v. ENSEMBLE II. — 2° (dans des loc.) *Il n'est pas du tout vexé ;* (plus soutenu) **nullement** ; *du tout* constitue un renfort de négation. *Je n'y vois rien du tout ;* **absolument** (antéposé). *Depuis notre dernière rencontre, il a changé du tout au tout* = **complètement**.

IV (adv.) 1° *Tout* a une valeur d'intensif et peut se substituer selon les contextes à **absolument, bien, extrêmement,** etc. *Il est encore tout jeune* = **très**. — 2° Entre dans de nombreuses locutions adverbiales : *Tout d'abord :* v. ABORD II. *Tout à l'heure :* v. BIENTÔT. *Tout à fait :* v. PARFAITEMENT (in *parfait*). — 3° (loc. conj.) *Tout malin qu'il soit, il s'est fait attraper* = **si … que** (v. SI I).

tout-puissant *Il n'existe pas d'être tout-puissant* = **omnipotent**.

trace 1° *Sur la route, on a relevé des traces de pneus de la voiture accidentée* = **empreinte** ; v. MARQUE. *La police a perdu la trace du fugitif ;* la **piste** désigne l'ensemble des traces laissées par un homme ou un animal sur son trajet ; v. VOIE. *Des traces de sang :* v. TACHE. — 2° *Le convalescent porte encore des traces de ses blessures ;* **cicatrice** se dit des traces matérielles et visibles ; (plus soutenu) **stigmate**. — 3° *Les traces d'une civilisation ancienne ;* v. VESTIGES.

tradition 1° *La tradition veut que le nouveau marié franchisse le seuil en portant son épouse dans ses bras* = **coutume**. *La tradition :* v. LEGS [*legs du passé*]. — 2° *Des traditions anciennes prêtent aux dieux l'origine du feu* = **légende**.

traducteur *Le traducteur s'efforçait de rendre les nuances du discours ;* un **interprète** est plus particulièrement celui qui traduit des textes oraux.

traduction *La traduction de ce roman anglais respecte plus ou moins le texte original ;* (plus général) une **adaptation** est une traduction libre ou même la transposition d'un texte non traduit d'une langue étrangère.

tragique *Il prit une voix tragique pour annoncer la nouvelle :* v. GRAVE I. *La situation est tragique* = **dramatique** ; v. aussi ÉMOUVANT (in *émouvoir*) et SOMBRE.

trahir 1° *Qqn ~ qqn/qqch. Il a trahi son complice ;* **dénoncer**, c'est désigner une action ou son auteur à une autorité ; (fam.) **doubler** (qqn) ; v. aussi LIVRER II (qqn) et VENDRE. — 2° *Son amant l'avait trahie avec sa meilleure amie* = **tromper** (v. ce mot). — 3° *Qqn ~ qqch. Un indiscret a trahi le secret des délibérations* = **divulguer**. — 4° *Qqch ~ qqch. Sa gêne trahit sa mauvaise conscience* = **révéler** ; v. REFLÉTER (in *reflet*). ● **se trahir** *Le fautif s'est trahi par son affolement :* v. OREILLE [*montrer le bout de l'oreille*]. ● **trahison** *Aucune trahison ne l'arrêtera* = **déloyauté, fourberie, traîtrise**.

train I V. CONVOI et DUR (nom).

II 1° *Le train était trop rapide pour les coureurs* = **allure.** — 2° (dans des loc.) *Il faut mettre en train cette affaire* = **lancer.** *Notre ami était très en train* = **plein d'allant.**

traînard *Si nous partons en promenade, nous n'attendrons pas les traînards;* (moins courant) **lambin;** v. aussi LENT.

traîner 1° (trans.) *Il traînait une voiture à bras chargée de fagots* = **tirer.** — 2° (trans.) *Cet écolier traîne un véritable bric-à-brac dans son cartable;* (fam.) **trimbaler.** *Il traîne toujours sa famille avec lui* = **trimbaler;** (fam.) ↓**emmener.** — 3° (intr.) *Qqch* ∼. *Je n'aime pas voir traîner (en longueur) une affaire* = **durer** (v. ce mot); ↑**s'éterniser;** v. PIÉTINER. *Si cela continue, ça ne va pas traîner; vous allez vous faire punir* = **tarder.** — 4° (intr.) *Qqn* ∼. *Ce gosse traîne toujours en revenant de l'école;* (plus soutenus) **s'attarder, flâner;** (rare) **lanterner;** (fam.) **traînailler;** v. ERRER II et AMUSER (S'). *Depuis sa maladie, il traîne lamentablement :* v. LANGUIR. — 5° (intr.) *Qqch* ∼. *Sa cape traîne sur le sol;* (moins courant) **balayer** *(balayer le sol).*

trait I V. GORGÉE.

II V. FLÈCHE. *Trait d'esprit :* v. PLAISANTERIE (in *plaisanter*).

III 1° *Un trait séparait la feuille en deux colonnes* = **ligne.** — 2° (express.) *Ce document a trait à l'histoire de votre famille* = **concerner.**

traité I *Avez-vous lu ce traité d'économie politique?,* un **essai** ou une **étude** est un ouvrage plus court, non exhaustif; un **mémoire** est en général une communication destinée à une institution savante ou universitaire; v. TRAITER II.

II V. PACTE et TRAITER III.

traiter I 1° (express.) *Les prisonniers ont été traités durement;* ↑**maltraiter.** *Nos amis nous ont traités royalement* = **régaler;** v. aussi ACCUEILLIR. — 2° ∼ qqn de. *La concierge a traité les gamins de tous les noms :* v. INJURIER (in *injure*)

et QUALIFIER. — 3° *Traiter une maladie :* v. SOIGNER I.

II *Dans son exposé, le professeur a traité des cancers de la peau* = **disserter sur;** (plus général) **parler de.**

III 1° (intr.) *Les belligérants ont fini par traiter* = **parlementer;** v. NÉGOCIER II. — 2° (trans.) *Traiter une affaire :* v. NÉGOCIER II.

trame *La trame de ce récit est complexe;* (didact.) **texture.**

tranchée 1° *Les terrassiers ont creusé une tranchée pour poser les conduites d'eau;* un **fossé** est destiné à rester à ciel ouvert; une **rigole** (v. ce mot) est une tranchée de peu de profondeur pour l'écoulement des eaux. — 2° *Les soldats se terrent dans leurs tranchées* = **retranchement;** en fortification, un **boyau** est un fossé d'approche. *Guerre de tranchées;* (plus général) **guerre de position.**

tranchant I 1° (adj.) *À l'aide d'un instrument bien tranchant, désosser le lapin;* ↓**coupant; acéré** se dit d'un instrument tranchant et pointu; **aiguisé** et **affilé** (v. ce mot) se disent d'une lame à laquelle on a redonné de la pointe et du fil. — 2° (nom) *Le tranchant de votre couteau est émoussé* – **fil;** (moins courant) **coupant** se dirait plutôt dans le contexte : *Votre couteau a du coupant.*

II (adj.) *Je n'aime pas qu'on me parle de ce ton tranchant* = **cassant, coupant, impérieux;** v. ABSOLU II.

trancher I *Pour partir plus vite, on trancha l'amarre de la barque* = **couper** (v. ce terme). *Trancher la tête* = **guillotiner, décapiter.** *Trancher la gorge* = **égorger.** ● **tranche** 1° V. MORCEAU et PORTION. — 2° (dans l'express.) *Si tu viens nous voir, on s'en paiera une tranche :* v. RIRE.

II 1° (trans.) *Le patron a tranché le problème de manière autoritaire* = **régler;** v. RÉSOUDRE I. — 2° (trans. ind. ou intr.) *Le chef de service tranche de tout* = **décider** (v. ce mot).

III (trans. ind. et intr.) *Ce tissu clair tranchera sur le mur sombre* = **ressortir, se détacher de.** *L'assurance de ce candidat tranchait sur l'énervement de ses concurrents* = **contraster avec.** ● **tranché**

419

Il a des opinions tranchées sur la question = **catégorique** ; ↓ **net**.

tranquille 1° Qqn est ∿. *C'est un homme tranquille, qui vit en bonne intelligence avec tous* = **placide** ; v. PAISIBLE et CALME. *Un père tranquille ;* (plus fam.) **un père peinard**. *Elle préférait les enfants tranquilles :* v. SAGE. *Qu'ils restent tranquilles, qu'on puisse écouter la musique* = **silencieux**. *Il n'a pas la conscience tranquille* = **en paix** ; v. REPOS (in *reposer*). — 2° *Un lieu est* ∿. *C'est une petite ville de province, tranquille et sans histoires :* v. CALME et PAISIBLE. *Une eau tranquille :* v. DORMANT (in *dormir*). ● **tranquilliser** *Vous pouvez vous tranquilliser ; les enfants sont en sécurité* = **rassurer** ; (rare) **rasséréner**. ● **tranquillité** *Ici, vous pourrez travailler dans la tranquillité* = **calme** (v. ce mot [nom]). *Je n'aspire qu'à la tranquillité ;* (plus soutenu) la **quiétude** est une tranquillité intérieure ; v. PAIX et REPOS (in *reposer*).

transcendant *Ce n'est pas un esprit transcendant, mais un homme tout simple ;* ↑ **sublime** ; v. SUPÉRIEUR I.

transformer 1° (trans.) Qqn ∿ qqch. *Il faudrait transformer la maison pour la rendre agréable ;* ↓ **modifier** peut ne porter que sur des points de détail ; ↑ **moderniser**, c'est transformer en adaptant aux goûts actuels. *L'ingénieur a transformé son premier projet :* v. CHANGER I. — 2° (trans.) Qqch ∿ qqn. *Sa réussite l'a complètement transformé* = **changer** (v. ce mot) ; ↑ **métamorphoser**. — 3° (trans.) Qqn ∿ qqn/qqch en. *Le paysan a transformé sa prairie en terre à blé* = **convertir**. — 4° **se transformer** *Leur fille s'est transformée au moment de la puberté* = **changer**. *Les conditions économiques se transforment lentement* = **évoluer**. *On ne peut pas se transformer du tout au tout ;* (plus courant) **se refaire** (v. ce mot). ● **transformation** *Vous avez fait des transformations heureuses dans cette vieille maison ;* des **aménagements** peuvent n'être pas que secondaires, des **améliorations** sont toujours positives ; v. CHANGEMENT (in *changer* III) et TRAVAIL I. *Il lutte pour la transformation de la société :* v. ÉVOLUTION. *Il faut l'avoir connu avant pour apprécier pleinement la transformation de ce garçon :* v. MÉTAMORPHOSE.

transgresser *L'automobiliste avait transgressé le code de la route ;* (plus soutenu) **enfreindre** ; **être en infraction** se construit sans complément ; v. VIOLER ; v. aussi DÉSOBÉIR.

transmettre 1° Qqn ∿. *Le speaker a transmis une information de dernière heure aux auditeurs* = **communiquer**. *La radio a transmis ce concert en direct* = **passer**. — 2° Qqch ∿. *Les ondes hertziennes transmettent les signaux radio* = **véhiculer**. ● **transmission** *La transmission de ce match n'aura pas lieu à l'heure prévue ;* une **retransmission** est en principe une transmission différée ou une seconde diffusion. *La transmission des ondes lumineuses est extrêmement rapide* = **propagation** ; v. aussi TRANSPORT I.

transparent *L'eau du ruisseau est si transparente qu'on pourrait compter les cailloux du fond* = **limpide** ; (moins courant) **cristallin** ; v. CLAIR. *La première peau des oignons est transparente :* v. DIAPHANE. *Ces allusions sont transparentes* = **évident** ; v. CLAIR.

transport I *Le transport du courant s'opère par câble* = **transmission**. *Les transports de mobilier sont onéreux* = **déménagement**.

II *Nous avons accueilli les arrivants avec des transports de joie* = **élan** ; v. aussi ÉMOTION (in *émouvoir*).

transporter I 1° *L'industriel fait transporter ses produits par la route ;* (plus part.) **camionner**, c'est transporter en camion. *Les postes transportent le courrier :* v. ACHEMINER. *Transportez-moi ce meuble au grenier* = **déménager** ; (plus fam.) **transbahuter**, c'est transporter à grande peine et sans grand soin. *Le torrent transporte des arbres morts* = **charrier**. — 2° *J'ai transporté des amis dans ma voiture* = **véhiculer**.

II *La bonne nouvelle a transporté d'enthousiasme toute l'assemblée* = **soulever** ; v. EXALTER.

transvaser *Le vigneron a transvasé son vin ;* (plus part.) **soutirer** ; v. VERSER II.

trapu *Son adversaire était un homme trapu et solide* = **râblé** ; **courtaud** est plutôt péjor. en insistant sur la petitesse de la taille et non sur la vigueur ; v. RAMASSÉ (in *ramasser*).

traquer *Les chasseurs traquaient le cerf dans les taillis ;* (plus général) ↓**poursuivre ;** ↑**forcer** implique que la bête est à bout.

travail ❙ 1° *Certains hommes aiment le travail pour lui-même ;* (plus général) l'**action** ou l'**activité** ne produisent pas par elles-mêmes des résultats censés utiles ; (plus soutenu) **labeur ;** v. aussi EXERCICE (in *exercer* I) et OCCUPATION (in *occuper* II). *Le travail scolaire* = **études.** — 2° *Creuser cette tranchée n'était pas un travail facile ;* la **corvée** est un travail forcé ou obligé ; (plus soutenu) la **besogne** est un travail imposé par la profession ou les circonstances ; une **tâche** est un travail déterminé ; (fam.) **boulot.** *Faire tout le travail :* v. SE TAPER (in *taper*). — 3° *A-t-il remis son travail à temps ? ;* l'**ouvrage** (v. ce mot) désigne, comme *travail,* tout à la fois l'activité et le produit de cette activité, ainsi que (fam.) **boulot ;** pour un écolier, on parle de son **devoir ;** v. aussi ŒUVRE. — 4° *Ce bijou est d'un travail délicat* = **facture, façon.** — 5° *Le magasin est fermé pour cause de travaux* = **réparation, transformation.** — 6° *Le travail d'une machine* = **rendement.**

❙❙ 1° *Ce chômeur cherche un travail depuis six mois* = **emploi ;** (fam.) **boulot ; gagne-pain** est vieilli. — 2° V. MÉTIER. — 3° *Le père partait pour son travail le matin ;* (fam.) **boîte ;** (moins général) **usine, atelier, bureau,** etc. — 4° *Le délégué syndical peut s'absenter pendant ses heures de travail ;* (plus part.) **service** s'applique surtout au travail administratif. — 5° *Votre travail n'est pas satisfaisant ;* le **rendement** est plutôt une évaluation quantitative de la production.

❙❙❙ 1° *L'ingénieur a constaté le travail du tablier de ce pont* = **affaissement.** — 2° *Avec le printemps, le vin est de nouveau en travail* = **fermentation.**

travailler ❙ 1° (intr.) *Qqn ~. Le retraité ne restait pas inactif : il travaillait dans sa maison* = **faire** *(faire qqch) ;* v. AGIR I et ŒUVRER (in *œuvre*). — 2° (intr.) *Depuis huit jours, il travaille pour terminer cette corvée* = **donner un coup de collier ;** (plus soutenu) **abattre**

de la besogne ; (fam.) **en mettre/ficher un coup, marner ;** ↑**se crever ;** (moins courant) **se tuer (à la tâche).** — 3° (trans.) *Qqn ~ qqch. L'étudiant avait travaillé sérieusement (son programme) pour obtenir la licence = étudier* (v, ce mot) ; (fam.) **piocher, bûcher** (v. ces mots) ; **apprendre** n'est synonyme de *travailler* en ce sens que dans les emplois transitifs. — 4° (trans.) *Qqn ~ qqch. L'ébéniste travaillait une planche de noyer :* v. FAÇONNER. *Le paysan travaillait des terres trop humides* = **cultiver.** *L'auteur a travaillé son style ;* (plus fam.) **fignoler.** — 5° (trans.) *Qqch ~ qqn. Le remords le travaillait ;* ↑**tourmenter ;** v. OBSÉDER. — 6° (trans.) *Qqn ~ qqn. Ses amis le travaillaient pour qu'il accepte la trésorerie du comité* = **pousser.** *Le champion mi-lourd travaillait (au corps) son challenger ;* (plus fam.) **cogner.** — 7° (trans. ind.) *Nous allons travailler à réaliser ce projet* = **s'efforcer de ; tâcher de.** *Le professeur travaillait à son cours* = **préparer** *(préparer qqch).*

❙❙ (intr.) *Mon père travaille dans l'industrie automobile ;* (fam.) **bosser, boulonner, gratter, turbiner.** (loc.) *Cet industriel fait travailler cinq cents ouvriers* = **employer ; exploiter** est péjor. dans cet emploi et insiste sur le profit tiré par le patron du travail de ses employés.

❙❙❙ (intr.) *On ne peut plus ouvrir la fenêtre, le châssis a travaillé* = **jouer ;** v. GONFLER.

travailleur ❙ (adj. et nom) *Ce garçon est très travailleur ;* **courageux** est plus général ; v. ACTIF et APPLIQUÉ (in *appliquer*).

❙❙ (nom) *C'est un travailleur du bâtiment ;* selon le type de travail effectué et la spécialisation, de nombreux termes plus précis sont employés : un **ouvrier** est un travailleur manuel ; **employé** se dit plutôt d'un travailleur intellectuel, **fonctionnaire** d'un employé de l'État, etc. ; **prolétaire** se dit de celui qui ne vit que de son salaire ; v. aussi SALARIÉ (in *salaire*). *Les travailleurs sont exploités* = **classe(s) laborieuse(s) ;** (plus spécialement) **classe ouvrière.**

travers ❙ 1° V. CÔTÉ. — 2° (dans des loc. adv.) *Il portait son chapeau de travers* = **de guingois, de côté.** *Le cheval a abordé l'obstacle par le travers* = **obli-**

quement. *Il comprend tout de travers* = **mal.**

‖ V. DÉFAUT II et RIDICULE.

traverser 1° *D'un pas, il a traversé le ruisseau* = **franchir**; v. PASSER I. *Le motocycliste a traversé la voie* : v. COUPER. *La caravane a traversé le Sahara;* **parcourir,** c'est se déplacer dans divers sens. — 2° *Le clou a traversé la cloison trop mince* = **transpercer.**

traversin *Il n'y avait pas d'oreiller à la tête du lit, mais un traversin* = **polochon.**

trembler 1° *Qqn/un animal* ~. *Vous devez avoir froid, vous tremblez;* ↑ **grelotter**; ↓ **frémir**; ↓ **frissonner** (v. aussi ce mot, in *frisson*) est plus superficiel. *Ce vieillard a la voix qui tremble* : v. CHEVROTER. — 2° *Qqn/un animal* ~. *Je tremble pour mon ami qui est en mer* = **avoir peur.** *Je tremble qu'il lui arrive malheur;* ↓ **craindre** (v. ce mot). — 3° *Qqch* ~. *Sous le vent frais, les feuilles tremblent doucement;* **frémir,** c'est trembler en bruissant; **remuer** et **s'agiter** n'indiquent pas la même rapidité de mouvement. *Son double menton tremble quand il marche* = **trembloter.** — 4° *Qqch* ~. *Toute la voiture tremble en passant sur les pavés* : v. VIBRER II. *Le canon fait trembler le sol* = **ébranler.**
tremblement 1° (de qqn) *La fièvre monte : le malade est agité de tremblements;* ↓ **frisson** et ↓ **frémissement**; une ↑ **convulsion** ou un ↑ **spasme** est une contraction musculaire de grande amplitude et qui n'est pas forcément répété comme un *tremblement.* — 2° (de qqch) *Quand les camions passent sous nos fenêtres, le tremblement du plancher est sensible* = **trépidation, vibration** (v. ce mot in *vibrer* II); v. aussi VACILLATION (in *vaciller*). *Un tremblement de terre* : v. SÉISME.

tremper I 1° (trans.) *Trempez un coton dans l'eau bouillie pour nettoyer la plaie* = **imbiber de**; ↓ **mouiller**; v. PLONGER II. *Ma chemise est trempée de sueur* : v. aussi HUMIDE. *Le bébé a trempé sa couche;* ↓ **mouiller**; ↑ **inonder.** — 2° (intr.) *Qqch* ~. *Les harengs trempent dans l'huile* = **mariner**; v. MACÉRER II. — 3° (intr.) *Qqn* ~. *Il a trempé dans une sombre affaire d'escroquerie* : v. PARTICIPER À.

‖ (trans.) ~ qqn. V. AFFERMIR et ENDURCIR.

très Cet adverbe intensif, qui peut s'employer devant l'adjectif, l'adverbe et certaines locutions adverbiales, a de nombreux synonymes, en particulier des adverbes en *-ment* et des locutions adverbiales, choisis suivant le sens du terme ainsi renforcé : *On m'a raconté une histoire très drôle;* (moins courants) **extrêmement, follement**; (plus soutenu) **fort**; (fam.) **vachement.** *Les enfants sont très contents de votre cadeau* = **tout, bien, rudement** (v. ces mots); (postposé) **comme tout**; (fam.) **drôlement**; v. aussi EXTRAORDINAIREMENT (in *extraordinaire*) et ASSEZ. *C'est un personnage très connu* = **archi-** (archiconnu). *Votre fille est très belle* : v. ANGE [comme un ange]. *Leur fils est très fort*; (fam.) **comme quatre** (postposé). *Mon mari est très jaloux*; **en diable** (postposé). *Cet armateur était très riche* = **immensément.** Dans un contexte négatif : *Il n'est pas très fort* : v. TELLEMENT (in *tel* II).

trésor *Ce vieillard avait caché un trésor dans son grenier;* un **magot** est une somme d'argent, plus ou moins importante, que l'on cache.

tressaillir *Un petit bruit suffit à me faire tressaillir;* ↑ **sursauter**; ↓ **frémir**; v. FRISSONNER (in *frisson*).

tresse *La jeune fille portait ses tresses blondes en macarons* = **natte.**

tribu *À l'oasis, plusieurs tribus étaient mêlées dans ce grand rassemblement;* une **ethnie** est un ensemble plus vaste rapproché par la communauté de langue et de culture; v. aussi FAMILLE.

tribulations (toujours au plur.) *Le voyage est terminé et nos tribulations finies;* une **mésaventure** est toujours désagréable; v. aussi MALHEUR.

tribunal *L'affaire sera portée devant les tribunaux compétents;* la **juridiction** est l'ensemble des tribunaux d'une même catégorie (d'assise, d'instance, etc.); la **cour** est un tribunal exerçant une juridiction supérieure; le **conseil** est un tribunal administratif ou militaire; le **parquet** est l'ensemble des magistrats relevant du ministère public, dans un tribunal.

tricher *Mon boucher ne triche pas sur les poids* = **frauder.**

trier *Les bons éléments ont été triés ;* (plus part.) **sélectionner,** c'est dégager *un petit nombre d'objets d'une collection* ; v. aussi SÉPARER. *Le courrier doit être trié avant la distribution* = **classer.** ● **triage** *Les mécanographes opèrent le triage des cartes perforées* = **tri.**

triomphe *Le triomphe de nos idées est assuré ;* ↓**succès** ; v. VICTOIRE. *Cette vedette du sport eut son triomphe aux jeux Olympiques de 1948* = **consécration.** ● **triompher** 1° (trans. ind.) *Cet athlète a triomphé de ses rivaux :* v. VAINCRE et BOUT [*venir à bout de*]. — 2° (intr.) *Le parti a triomphé aux dernières élections législatives* = **emporter** *(l'emporter) ;* v. VAINCRE. *Vous aviez raison contre lui ; ne triomphez pas trop* = **jubiler, crier victoire.** ● **triomphant** = **vainqueur** ; v. VICTORIEUX (in *victoire*).

tripot 1° *Le joueur perd tout son argent dans de minables tripots* (péjor.) ; **maison de jeu.** — 2° V. CABARET.

tripoter 1° (trans.) *Ne tripote pas la mie de pain qui reste sur la nappe ;* (didact.) **malaxer.** — 2° *J'aimerais que tu ne tripotes pas (dans) mes affaires* (fam.) = **patouiller dans, tripatouiller** ; v. aussi FOUILLER. — 3° (intr.) *Cet homme d'affaires a tripoté dans de nombreuses combines* = (fam.) **fricoter** ; (plus courant) **trafiquer.**

triste I *Qqn est* ∼. 1° *Il est triste depuis la mort de sa femme* = **malheureux** ; ↑**désespéré** ; v. SOMBRE ; v. aussi PEINE II [*être comme une âme en peine*] et NOIR [*broyer du noir*]. — 2° *Ce garçon triste est un véritable rabat-joie* = **morne** ; v. MÉLANCOLIQUE (in *mélancolie*), MAUSSADE et LUGUBRE. *Son air triste n'incite pas les autres à la joie* = **funèbre, sombre** ; l'ensemble de l'expression a pour synonyme familier **sa tête d'enterrement.**

II *Qqch est* ∼. *C'est un temps triste, à ne pas mettre un chien dehors ;* ↑**affreux** ; v. MAUSSADE. *Le violon jouait un air triste :* v. PLAINTIF (in *plaindre* II). *C'est une histoire triste ;* ↑**tragique.**

III (antéposé) *Qqn/qqch est* ∼. 1° *Quel triste individu ! je ne lui confierais pas*

mon portefeuille = **sale** (v. ce terme) ; v. MISÉRABLE. — 2° *Il est rentré de sa promenade dans un triste état ;* **déplorable, lamentable** et **pitoyable** (plutôt postposés). *Il n'a obtenu que de tristes résultats* = **médiocre.**

tristesse *Être porté à la tristesse* = **mélancolie** ; (plus fam.) **cafard.**

triturer 1° *Le pharmacien triturait ses produits* = **broyer.** — 2° *Il faut triturer ensemble ces éléments pour obtenir une pâte molle* = **malaxer, pétrir.**

tromper 1° *Qqn* ∼ *qqn sur qqch.* Ce verbe comporte beaucoup de synonymes spécifiant le but ou les moyens de la tromperie : *C'est un personnage habile qui a su tromper tout son entourage ;* (plus soutenu) **berner** ou (fam.) **faire marcher** ; (fam.) **couillonner,** c'est ridiculiser en trompant ; v. ROULER II, MYSTIFIER, JOUER IV [*se jouer de*] et DEDANS [*mettre dedans*] ; v. aussi ATTRAPER ; (soutenus) **duper** et **flouer,** (fam.) **entuber, blouser** et **avoir,** c'est tirer avantage de qqn par tromperie ; v. REFAIRE, LEURRER (in *leurre*) ; **enjôler,** c'est tromper quelqu'un en le charmant ; **endormir** (fam. dans cet emploi), c'est rassurer à tort la victime ; v. aussi ABUSER IV et MENTIR A ; (fam.) **feinter,** c'est détourner l'attention, comme **donner le change.** — 2° *Tromper sa femme/son mari ;* (plus soutenu) **trahir** ; v. INFIDÈLE [*être infidèle à*]. — 3° *Qqch/qqn* ∼ *qqn. Le prisonnier a trompé les surveillants de garde* = **déjouer.** *Son absence m'a trompé* = **décevoir** ; (plus soutenu) **frustrer.** — 4° (loc.) *Je n'arrive pas à tromper mon ennui* = **faire diversion à.** ● **se tromper** 1° *Il s'est encore trompé en faisant ses comptes* = **faire une erreur/une faute** ; (fam.) **se gourer, se ficher dedans.** *Vous vous trompez si vous croyez que je vais avaler votre histoire* = **faire fausse route** ; (très soutenu) **errer** ; v. TAPER [*taper à côté*]. *Vous vous êtes trompé de route :* v. ÉGARER (S'). — 2° *Il préfère se tromper lui-même que regarder la situation en face ;* **s'aveugler,** c'est ne rien voir ; **s'illusionner** ou **se faire des illusions,** c'est choisir une fausse interprétation des faits, comme **se faire des idées** ; (fam.) **se mettre, se fourrer le doigt dans l'œil** (jusqu'au coude). ● **trompeur** (adj.) *Il a cru nous surprendre par des discours trompeurs* (soutenu) ; (moins courant) **captieux** ; ↑**fallacieux** ; **insidieux** implique plus de subtilité que le précédent ; v. MENSONGER (in *mensonge*) ; v. aussi APPARENT.

trompette 1° *Les trompettes du régiment sonnent la diane ;* le **clairon** et le **cornet** sont des cuivres sans piston. — 2° V. FIGURE I.

tronc 1° *Les bûcherons débitaient les troncs ;* (moins courant) **fût** se dit plutôt de la partie basse du tronc, au-dessous des branches maîtresses. — 2° *Le tronc de l'homme ;* le tronc comporte le **buste** ou **torse** et le **bassin,** c'est-à-dire le corps humain à l'exclusion de la tête et des membres.

trop Cet adverbe d'intensité, marquant l'excès par rapport à une norme, s'applique à un adjectif, un verbe, un adverbe ou un substantif. 1° *Il a fait trop chaud cet été ;* **excessivement** prend parfois des valeurs affaiblies et ne marque plus que l'amplitude du phénomène en tour négatif : *Il ne s'inquiète pas trop* = **outre mesure** (v. OUTRE). — 2° (loc.) *Avez-vous des bagages en trop ?* = **en excédent** ; v. aussi SUPERFLU. *Quelqu'un est de trop ici* = **gêner.**

trou 1° *Dans la falaise, on peut voir un trou ;* un **creux** est une dépression moins marquée qu'un *trou ;* (moins courants) **excavation, cavité** ; (rare) un **pertuis** est une ouverture étroite ; une **brèche** est une ouverture produite par force ou par accident ; v. aussi FENTE (in *fendre*) et OUVERTURE (in *ouvrir*). *Les enfants sont passés par le trou de la haie ;* une **trouée** est un passage naturel ou artificiel à travers un obstacle. *Il creusa un trou dans le jardin pour enfouir ses ordures ;* ↑**fosse.** *Le lapin se réfugia dans son trou ;* (plus part.) **terrier.** *Un trou d'aiguille* = **chas.** — 2° *Il y a un trou dans votre histoire :* v. VIDE II et OUBLI. *Vous devriez combler ce trou en mathématiques :* v. FAIBLESSE (in *faible*). — 3° *Nous avons passé nos vacances dans un petit trou* (fam.) = **coin, bled** ; v. BOURG. — 4° *Trou de balle/du cul* (très fam.) ; v. ANUS.

troublant 1° *C'est un détail troublant dans votre histoire* = **déconcertant,** ↑**inquiétant.** — 2° V. EXCITANT (in *exciter*) et FASCINANT (in *fasciner*).

trouble I (adj.) 1° *On ne voit pas les poissons dans cette eau trouble ;* (plus part.) **boueux, vaseux.** — 2° *Un regard trouble ;* v. VOILÉ (in *voiler* I). *Un milieu trouble* = **louche.**

II (nom) 1° (d'un organe) V. MALAISE. — 2° (de qqn) *J'ai provoqué son trouble par maladresse ;* ↑**désarroi,** ↑**affolement** ; v. ÉMOTION (in *émouvoir*), EMBARRAS (in *embarrasser*) et CONFUSION (in *confus* II). — 3° *Un grand trouble s'ensuivit dans l'assemblée* = **agitation, remue-ménage** ; v. CONFUSION (in *confus* I) et DÉSORDRE. *Un bonheur sans trouble* (loc.) ; v. NUAGE [*sans nuages*]. — 4° Au plur. seulement : *Des troubles graves ont eu lieu, dus au mécontentement populaire qui s'amassait depuis longtemps ;* ↑**soulèvement** ; v. ÉMEUTE et DÉSORDRE.

troubler 1° *Ses larmes lui troublaient la vue* = **brouiller.** *Un bruit troubla le silence :* v. DÉCHIRER. — 2° *Votre intervention a troublé le calme de la réunion* = **perturber.** — 3° *Vous avez troublé mon ami par vos questions insidieuses* = **déconcerter, démonter** ; ↑**affoler** ; ↑**embarrasser** ; v. aussi INTIMIDER. *Cette histoire bizarre m'a troublé* ; ↑**inquiéter.** *Le récit de cet accident a troublé ma femme ;* ↑**bouleverser** ; (fam.) **retourner.** — 4° **se troubler** Qqch ∼. *L'eau s'est troublée quand nous avons agité le fond* = **devenir trouble** ; v. BROUILLER I [*se brouiller*]. — 5° **se troubler** Qqn ∼. *L'accusé ne s'est pas troublé devant les questions des policiers* = **se démonter** ; ↑**s'affoler** ; v. S'ÉMOUVOIR (in *émouvoir*).

trouée *Une grande trouée dans le rideau d'arbres laissait voir l'horizon* = **brèche** ; v. PERCÉE (in *percer*) et TROU.

troupe I 1° *Une troupe d'adolescents sortit bruyamment du collège ;* **bande** est souvent péjor. et se dit d'un petit groupe plus soudé qu'une *troupe ;* une **horde** se dit d'une troupe indisciplinée dont on craint les méfaits ; **troupeau** se dit d'une troupe nombreuse d'êtres humains, dont on suppose la passivité. *C'est une joyeuse troupe ;* (plus soutenu) **cohorte** ; v. VOLÉE I. — 2° *La troupe jouait une nouvelle comédie* = **compagnie** *(compagnie théâtrale).*

II Indifféremment au singulier ou au pluriel : *La troupe a occupé le village ;*

toute unité de l'**armée; régiment, bataillon, compagnie, section,** etc., sont des subdivisions des corps militaires. *Les hommes de troupe devaient partir en permission :* v. SOLDAT.

trouver 1° *J'ai trouvé des coquillages sur la plage;* **dénicher** (impropre) ou (fam.) **dégoter,** c'est trouver une chose rare en la cherchant; v. aussi DÉCOUVRIR. *Nous avons trouvé un bon petit vin :* v. PROCURER (SE). — 2° *Par hasard, j'ai trouvé un ami dans la foule* = **rencontrer** (v. ce mot); (fam.) **tomber sur;** v. aussi DÉCOUVRIR. *Ne pas trouver quelqu'un chez lui :* v. NEZ [*se casser le nez*]. — 3° *L'écolier avait trouvé seul la solution de son problème;* **découvrir** (v. aussi ce mot) implique l'idée d'effort; **deviner** (v. ce mot), c'est trouver par intuition; **mettre le doigt sur la difficulté,** c'est trouver l'obstacle à surmonter. — 4° *Trouver à faire/qqch à faire :* v. OCCUPER II (S'). *Il a encore trouvé une bêtise à faire* = **inventer;** v. IMAGINER. — 5° *Il trouve que nous sommes bien bohèmes* = **penser;** v. ESTIMER III. *Je le trouve bien prétentieux* = **juger.** ● **se trouver** 1° *Ce hameau ne se trouve pas sur la carte* = **figurer.** *En cette période de l'année, notre ami se trouve à la campagne* = **résider** (v. ce mot). — 2° *Il a eu tellement peur à la fin du match qu'il s'est trouvé mal :* v. DÉFAILLIR.

tuer 1° *Qqn* ∼ *un être animé. On ne sait qui a tué ce leader politique* = **assassiner, faire disparaître;** (fam.) **descendre, liquider, estourbir, bousiller, supprimer, faire passer le goût du pain à** qqn; **se débarrasser de** n'est pas forcément *tuer;* (plus part., suivant le mode d'assassinat) **empoisonner, égorger,** etc.; (fam.) **flinguer; exécuter** est plus général et englobe l'acte légal; suivant les modes d'exécution, on peut distinguer **décapiter,** (fam.) **couper le cou, fusiller, électrocuter,** etc.; **achever** qqn, c'est donner le coup de grâce. *Se faire tuer :* v. VERSER II [*verser son sang*]. *Tuer un animal domestique* = **abattre;** v. PIQUER I [*faire piquer*]. — 2° *Qqn* ∼ *un collectif d'êtres animés. Le commando a tué toute la population du village* = **exterminer;** v. MASSACRER; v. aussi DÉTRUIRE. — 3° *Qqch* ∼ *un être animé. Les maladies cardiaques tuent des centaines de milliers de personnes chaque année;* (plus soutenu) **emporter.**

— 4° *Qqch/qqn* ∼ *qqn,* en particulier une des personnes du dialogue. *Les grandes chaleurs/ces enfants me tuent* = **éreinter, exténuer.** *Le bruit me tue;* ↓ **assommer.** — 5° *Qqch* ∼ *qqch. L'aviation n'a pas encore tué la marine* = **ruiner, supprimer, faire disparaître.** ● **se tuer** *Il s'est tué d'un coup de revolver;* (plus part.) **se brûler la cervelle;** v. SUICIDER (SE). *Se tuer à la tâche :* v. TRAVAILLER I. *Il s'est tué en tombant d'un échafaudage au troisième étage* = **avoir un accident mortel.**

tumeur *Une tumeur (maligne);* certains **cancers** se présentent sous la forme de *tumeurs,* dites « malignes »; **fibrome, kyste,** etc., sont des termes didactiques pour désigner des tumeurs de type particulier.

tumulte *Un tumulte indescriptible accueillit l'apparition du héros* = **chahut, charivari, tapage** (v. ce mot); **vacarme** et (fam.) **foin** ne se disent que du bruit, alors que *tumulte* ajoute une nuance de désordre; v. aussi CACOPHONIE.

turbulent *Les enfants turbulents ne sont pas les plus désagréables;* ↑ **insupportable;** (fam.) **diable;** v. REMUANT (in *remuer*), AGITÉ (in *agiter*), TERRIBLE et BRUYANT.

tuyau I *Ce tuyau de verre est fragile;* un **tube** peut n'être ouvert qu'à une extrémité seulement, alors que le *tuyau* est toujours ouvert des deux côtés; v. aussi CONDUITE I.

II V. INDICATION (in *indiquer*), INFORMATION (in *informer*) et RENSEIGNEMENT (in *renseigner*).

type I 1° *Il a un type savoyard très marqué* = **caractère.** *C'est le type même du joyeux luron :* v. EXEMPLE. — 2° *C'est un type d'avion tout nouveau :* v. MODÈLE I. *Différents types de société :* v. FORME I. — 3° *En emploi adjectival : Il a fait l'erreur type et pourtant je l'avais mis en garde* = **classique.**

II *C'est un drôle de type que vous fréquentez;* (fam.) = **gars;** (moins courant) **zèbre, pingouin;** (très fam.) **mec, coco, zigue;** v. LOUSTIC, INDIVIDU et PARTICULIER II. *Un sale type* = **pignouf;** v. INDIVIDU.

u

ulcère *Il souffre d'un ulcère ; ulcère se* dit d'une **ulcération**, c'est-à-dire une lésion de la peau ou des muqueuses, relativement profonde et durable ; **chancre** se dit plus spécialement aujourd'hui des ulcérations d'origine vénérienne. ● **ulcérer** *Il est ulcéré par vos reproches injustifiés ;* ↓**vexer** se dit d'une blessure d'amour-propre ; v. BLESSER.

unifier *Le décret ministériel a unifié les programmes scolaires* = **uniformiser.**

unique 1° (quantitatif, anté- ou post-posé) *Leur unique souci, c'est l'argent* = **seul** (v. ce mot) ; (postposé) **exclusif ;** *unique* sert parfois de renfort à *seul (leur seul et unique souci).* — 2° (qualitatif, postposé) *Dieu est unique* = **un ;** ces deux termes sont à la fois quantitatifs et qualitatifs. *Cet acteur est unique (en son genre)* = **irremplaçable ;** ↑**exceptionnel ;** v. ÉGAL [*sans égal*]. ● **uniquement** *Il vient uniquement pour vous voir* = **seulement.** *Son problème est uniquement financier* = **exclusivement ;** v. PURE-MENT (in *pur* II).

unir 1° ∼ des choses. *Cette ligne aérienne unit deux continents* = **relier.** *Il faut unir nos efforts pour vaincre* = **réunir, allier ;** v. ASSEMBLER, ASSOCIER, COMBINER et JOINDRE. *Il unit l'intelligence à la bonté* = **concilier avec ;** v. aussi MÊLER et COMBINER. — 2° ∼ des personnes. *Leurs intérêts les unissent plus qu'ils ne les opposent* = **réunir.** *Les deux frères sont restés très unis :* v. ATTACHER III [*attachés l'un à l'autre*]. *Les deux jeunes gens ont été unis (devant la loi)* = **marier.** ● **s'unir** 1° *Les forces de gauche se sont unies contre le pouvoir ;* **s'allier,** c'est s'unir par un engagement mutuel, **se liguer** ou **se coaliser,** c'est contracter une alliance offensive ou défensive contre un adversaire commun ; v. aussi FUSIONNER (in *fusion*). — 2° *Les deux cours d'eau s'unissent pour former*

un vaste fleuve = **se mêler.** ● **union** 1° *L'union s'est réalisée entre ces deux formations politiques ;* une **alliance** est le regroupement, moins étroit et moins durable qu'une *union,* de plusieurs personnes ou groupe sur la base d'un **accord** ou d'une **entente,** passés en vue d'une action commune ; v. aussi FUSION. — 2° *Union conjugale :* v. MARIAGE (in *marier*). ● **unité** 1° *L'unité de vues entre nous est complète :* v. COMMUNAUTÉ I. *Cet ensemble instrumental manque d'unité* = **cohésion, homogénéité.** — 2° V. PIÈCE I. — 3° *Une unité aéroportée a débarqué cette nuit ;* (plus part.) **compagnie, commando, section,** etc., sont des formations militaires plus ou moins importantes.

univers *On a longtemps cru que l'homme était le centre de l'univers ;* **nature** désigne traditionnellement le monde sensible et son principe d'organisation ; le **cosmos** (plus rare) présente l'univers comme un tout harmonieux ; v. MONDE. ● **universel** 1° *La paix universelle :* v. MONDIAL (in *monde*). — 2° *C'est un esprit universel, qui s'entend à toutes les sciences* = **encyclopédique ;** (moins courant) ↑**omniscient.**

user I (trans. ind.) **user de** *Il a usé de son influence pour me faire octroyer ce poste ;* (plus courant) **se servir de** (v. SERVIR III) est plus général et s'applique aussi bien à des objets concrets, alors que *user de* est vieilli avec un complément concret : *User d'une brosse à dents ;* v. EMPLOYER et JOUER V.

II (trans. direct.) 1° *Qqch ∼ qqch. Ce poêle use trop de mazout* = **consommer.** *La mer use lentement la falaise ;* (didact.) **éroder.** — 2° *Qqn ∼ qqch. Cet enfant use trop vite ses chaussures ;* **abîmer,** c'est détériorer quelque chose d'une manière générale, alors que *user,* c'est le détériorer progressivement par l'usage. — 3° Qqch ~ qqn. *Le travail l'a usé prématurément* = **vieillir ;** ↓ **fatiguer ;** ↑ **épuiser.** ● **s'user** 1° *Ce tissu s'use vite ;* (plus général et moins courant) **se détériorer.** — 2° *Vous vous userez à cette tâche impossible* = **s'épuiser.** ● **usé** 1° *Il porte des vêtements usés ;* (plus part.) un vêtement **élimé** ou **râpé** a été usé par le frottement ; il est **défraîchi** quand il a perdu ses couleurs, **déformé** quand il a perdu sa forme ; v. FATIGUÉ (in *fatiguer*). *Usé jusqu'à la corde* sert de renfort à *usé*. *Des chaussures usées* = **éculé.** — 2° *Tous ces bons mots sont des plaisanteries usées* = **éculé ;** v. COMMUN II et VIEUX. — 3° *C'est un homme usé ;* (fam.) **fichu ;** (très fam.) **foutu ;** v. FINI (in *finir*).

usine *La fermeture de l'usine a privé de travail plus de cent ouvriers ;* (moins courant) **fabrique** se dit d'une usine livrant des produits finis ; **manufacture** ne se dit que d'importants établissements industriels, en raison de leur statut particulier ou de leur origine historique : *manufacture d'armes, manufacture des Gobelins,* etc. ; (plus général) une usine est un **établissement** ou une **entreprise** industrielle ; (fam.) **boîte** se dit plus généralement du lieu de travail.

usurper 1° (trans.) *Usurper le pouvoir :* v. ATTRIBUER (S'). *Usurper un titre :* v. VOLER II. — 2° (intr.) *Cet individu a usurpé sur mes prérogatives* = **empiéter.**

V

vacances *Vous ne tenez plus debout,
vous avez besoin de vacances;* (plus
général) **repos**; v. CONGÉ.

vache I 1° *Les vaches meuglaient dans
le pré;* **génisse** désigne une vache qui n'a
pas encore vêlé. — 2° (dans l'express.)
*Pendant des années, il a mangé de la
vache enragée* (fam.); (très fam.) **crever
de faim;** v. aussi FAIM. *Être gros comme
une vache :* v. GROS.

II 1° (nom) *Ce type est une vache,
toujours à vous jouer des tours* (fam.)
= **chameau;** v. ROSSE II. — 2° *Quelqu'un avait tracé au goudron «mort
aux vaches»* (fam.) = **flic.** — 3° (adj.)
*Luisse-le tranquille, tu es trop vache avec
lui* (fam.); (courant) **méchant/sévère,**
selon le contexte. — 4° *Une vache de
surprise :* v. SACRÉ.

vaciller 1° Qqn ~. *L'alcool faisait
son effet : quand il se leva, il vacilla*
= **tituber;** v. CHANCELER. — 2° V. HÉSI-
TER. — 3° Qqch ~. V. CHAVIRER. —
4° Qqch ~. *La flamme vacilla, puis
s'éteignit* = **trembloter.** *La lumière
vacille* = **clignoter.** — 5° *Sa mémoire
vacille peu à peu* (soutenu); (courant)
s'affaiblir. ● **vacillant** (sens du verbe)
1° *Une démarche vacillante* = **chancelant, titubant.** *Une mémoire vacillante*
= **défaillant.** — 2° *Une flamme défail-
lante* = **tremblotant.** *Une lumière défail-
lante* = **clignotant.** ● **vacillation** 1° *Le
plus frappant était la vacillation de
ses opinions* (soutenu) = **vacillement;**
v. aussi INDÉCISION. — 2° *La vacillation
de la flamme/de la lumière* (soutenu);
(plus courant) **oscillation** (flamme), **tremblement** (lumière).

va-et-vient 1° *Il suivait des yeux le
va-et-vient de la balançoire* = **balancement.** *Le va-et-vient d'un pendule*
= **oscillation.** *Le va-et-vient régulier d'un
piston;* (didact.) **course.** — 2° *Il y avait*
un va-et-vient continuel dans son bureau
= (plur.) **des allées et venues;** (plus général) **passage.**

vagabond (adj.) 1° *Les gitans se
déplaçaient constamment, petits groupes
vagabonds* (soutenu); (plus courant)
nomade. *La police ramassait les chiens
vagabonds et les conduisait à la fourrière*
(soutenu); (courant) **errant.** — 2° *Un
esprit vagabond :* v. FOLÂTRE. ● **vagabond** (nom) 1° *On accusait les jeunes gens
sans travail d'être des vagabonds;* (très
fam.) **trimardeur; bohémien** désigne
ceux qui vivent dans des roulottes et se
déplacent; (rare) **chemineau** s'applique à
ceux qui, sans domicile fixe, vivent de
petits travaux; **clochard** désigne les
personnes qui, dans les villes, n'ont ni
travail ni domicile. — 2° *Il a raconté
dans ses livres sa vie de vagabond*
(soutenu); **aventurier** implique souvent
l'absence de scrupules moraux; (plus
général) **voyageur.**

vague I (nom) 1° *Il restait devant la
mer, à regarder les vagues;* **flots,** au
pluriel, se dit de toute eau en mouvement; **lame,** d'une vague très effilée,
généralement assez puissante pour
déferler (on parle alors en terme de
marine de **déferlante**); **clapot** ou **cla-
potis,** d'une mer peu formée, faite de
vagues courtes; **houle,** des ondulations
régulières et non déferlantes qui se
succèdent sur la mer dans une même
direction; v. PAQUET [paquet de mer]. —
2° *Les bruits de la rue arrivaient par
vagues* = **à-coup.**

II (nom) 1° *L'interprétation du jeune
pianiste souleva des vagues d'applaudissements* = **salve.** — 2° *Les pays occidentaux essayaient d'empêcher l'arrivée de
nouvelles vagues d'immigrants* = **afflux**
(... un nouvel afflux...). *Le nouveau
régime ordonna une vague d'arrestations*
= **série.** — 3° (dans l'express.) *C'était*

une mode adoptée par la nouvelle vague
= **la nouvelle génération.**

III (adj.) 1º (anté- ou postposé) *Votre
projet est beaucoup trop vague pour que
nous puissions en discuter* = **flou,
imprécis.** *Une réponse vague :* v. ÉVASIF.
*Il n'a qu'une vague idée de ce qu'il veut
faire* = (postposé) **confus.** *Une vague
ressemblance :* v. LOINTAIN. *Une vague
indication :* v. INCERTAIN. *Un regard
vague :* v. ERRANT (in *errer* II). —
2º (postposé) *Quand on lui demandait
de s'expliquer, il prenait un air vague*
= **distrait.** *Une pensée trop vague :*
v. ABSTRAIT (in *abstraire*). — 3º (antéposé) *Un vague pressentiment le poussait
à s'éloigner* = (postposé) **indéfinissable ;**
↑ **obscur.** *Son inquiétude vague était
devenue une peur panique* = **sourd.**
● **vaguement** *Je comprends vaguement ce
que vous voulez dire* = **confusément, un
peu.**

IV (nom) 1º *Le vague des réponses du
ministre ne satisfaisait pas du tout
l'opinion* = **imprécision.** — 2º *Avoir du
vague à l'âme :* v. MÉLANCOLIE.

vaillant 1º *Les maquisards se mon-
trèrent vaillants devant l'armée de métier*
(soutenu) = **valeureux ;** (courant) **brave,
courageux.** — 2º *Malgré son âge, c'est
un homme très vaillant* = **vert, vigoureux.** — 3º *Un vaillant chevalier* (vieilli)
= **preux.** ● **vaillamment** *Les équipes de
médecins poursuivaient vaillamment leur
tâche* = **courageusement.** *Les habitants
du village se défendirent vaillamment*
(soutenu) = **valeureusement ;** ↑ **héroï-
quement.**

vain I (souvent antéposé) 1º *De vains
efforts :* v. INUTILE et STÉRILE. — 2º *Ce ne
sont que vaines paroles* (vieilli) ; (courant,
postposé) **vide.** *Un vain mot :* v. FRIVOLE ;
v. aussi INSIGNIFIANT. *Vous rêvez, votre
vain espoir sera déçu* = (postposé) **chimérique ;** (postposé) ↑ **illusoire ;** v. FAUX I.
— 3º (dans la loc. adv.) *Je vous ai
attendu en vain pendant une heure*
= **pour rien, vainement.**

II V. VANITEUX (in *vanité* II).

vaincre 1º *Après plusieurs années de
lutte, les nationalistes ont vaincu les
occupants ;* (plus général) **battre ; conquérir,** c'est soumettre qqch par la
force : *La France a conquis l'Afrique du*
Nord au XIXᵉ siècle ; **défaire** un ennemi,
c'est le mettre en déroute *(L'armée de
libération a défait les troupes étrangères) ;* **briser** qqn, c'est le réduire *(briser
la résistance d'un ennemi) ;* **anéantir,
écraser** impliquent que l'adversaire a été
réduit totalement *(En quelques jours,
l'offensive ennemie a été arrêtée, les
troupes anéanties/écrasées) ;* v. BOUT
[*venir à bout*]. — 2º **être vaincu** *Le
défenseur de la peine de mort a été
vaincu dans la discussion* = **avoir le
dessous ;** v. aussi BATTRE I. —
3º *L'équipe de football a facilement
vaincu un adversaire mal préparé*
= **battre, triompher de ;** ↑ **écraser,
anéantir.** *Les athlètes ont réussi à
vaincre* = **gagner.** — 4º *Le garçon a
vaincu sa timidité* = **dominer, surmonter ;** v. BOUT [*venir à bout*]. ● **vaincu**
(nom) *C'était aux vaincus de proposer la
date du match de revanche* = **perdant.**

valeur I *La valeur d'un candidat :*
v. MÉRITE ; v. aussi RANG II. *Le diplomate a conduit les négociations à leur
terme, c'est un homme de valeur* = **avoir
de l'étoffe** *(… qui a de l'étoffe) ;* v. CAPA-
CITÉ I et CLASSE II [*avoir de la classe*].

II 1º *Au-dessous de la valeur réelle :*
v. PRIX I. *Il suivait attentivement la
valeur de ses actions ;* (didact.) **cote,
cours.** *Chaque année, il achetait
quelques valeurs* (didact.), nom de tous
les titres, qu'ils soient cotés en Bourse
ou non ; **titre** désigne un certificat repré-
sentatif d'une valeur boursière ; **action**
désigne un titre négociable qui représente une fraction du capital d'une
entreprise. — 2º *Mettre en valeur un
bien :* v. VALOIR. *Mettre en valeur une
qualité/un avantage :* v. RESSORTIR II
[*faire ressortir*]. *Mettre en valeur qqn :*
v. VEDETTE. *La mise en valeur de ces
terres a exigé beaucoup de travaux d'irri-
gation* (express.) ; (didact.) **valorisation.**

III 1º *C'est une œuvre de valeur, l'auteur
apporte des hypothèses nouvelles sur
l'évolution animale ;* ↓ **qualité.** — 2º *Je
ne puis comprendre les valeurs que vous
défendez* (au plur.) ; ↑ **idéal ;** v. MORALE.
— 3º *La valeur d'un acte notarial :*
v. VALIDITÉ (in *valide* II).

valide I *Vous sentez-vous assez valide
pour participer à cette randonnée ?* = **en
bonne forme ;** v. aussi SAIN. *Cette grippe*

l'a épuisé, il n'est pas encore bien valide = **remis, solide.**

II *Votre carte d'identité n'est plus valide;* (plus courant) **valable.** ● **valider** *Il faut vous rendre chez un notaire pour valider la vente* (didact.) = **entériner, homologuer.** ● **validité** *La validité d'un acte notarial* = **valeur.**

valise *Il est parti avec son coffre chargé de valises;* **bagages,** terme général, s'applique à ce que l'on emporte avec soi en voyage; v. MALLE.

valoir 1° *Qqch* ∼ *une somme d'argent. Ce vaisselier vaut bien six cents francs;* (fam.) **faire;** v. COÛTER. — 2° *Qqch* ∼ *qqch. Ce tour vaut tous les autres* = **équivaloir à.** *Qqn* ∼ *qqn. Il te vaut facilement dans cette épreuve* = **égaler.** — 3° *Qqch* ∼ *qqch. Ce monument, signalé par le guide, vaut un détour* = **mériter.** — 4° *Qqch* ∼ *pour. Les dispositions que nous avons arrêtées valent pour tout le monde* = **concerner, intéresser** *(... concernent/intéressent tout le monde).* — 5° (dans les loc. verb.) *Il sait faire valoir ses moindres avantages;* ↑**monter en épingle.** *Sa robe faisait valoir ses formes* : v. RESSORTIR II [*faire ressortir*]. *Ne vous inquiétez pas pour lui, il ne manquera pas de se faire valoir;* (fam.) **se faire mousser.** *Faire valoir une terre/un bien* = **mettre en valeur;** v. EXPLOITER I. — 6° (dans les express.) *Cela ne vaut rien, Ça ne vaut pas un clou/tripette* = **c'est de la gnognote.** *Il vaut mieux (Mieux vaut) que vous veniez tout de suite* = **il est préférable.** *Vous ne pouviez pas l'empêcher de partir, peut-être que cela vaut mieux* = **c'est préférable, c'est mieux ainsi.** ● **valable** 1° *Un acte valable :* v. VALIDE II. — 2° *Vos excuses ne sont pas valables* = **recevable;** v. BON I. — 3° *Le directeur ne considérait pas le comité d'entreprise comme un interlocuteur valable* = **qualifié.**

vanité **I** 1° *Cet ordre monastique prêche la vanité de tous les plaisirs terrestres* (soutenu et didact.) = **néant;** (courant) **vide;** ↓**frivolité,** ↓**futilité.** — 2° *La vanité de ses efforts :* v. INUTILITÉ (in *inutile*).

II 1° *Il a obtenu ce poste en flattant la vanité du directeur du personnel* = **suffisance;** ↑**fatuité;** (soutenu et vieilli) **jac-**

tance. — 2° (loc.) *Il tirait vanité de sa réussite sociale* = **se vanter de.** ● **vaniteux** *C'est un homme vaniteux, toujours satisfait de ce qu'il fait* = **avantageux;** (soutenu) **infatué, suffisant, vain;** (fam.) **crâneur;** ↑**puant;** **fat** se dit de qui montre sa prétention; (soutenu) ↑**glorieux** se dit de qui affecte d'être supérieur aux autres; v. PRÉTENTIEUX et SATISFAIT (in *satisfaire*); v. aussi FIER; de qqn de vaniteux, on dit très familièrement qu'il veut «péter plus haut que son cul».

vanter *Il vantait en termes lyriques la beauté de l'actrice* = **célébrer;** v. LOUER II; v. aussi EXALTER. ● **se vanter** 1° ∼ *de* + infin./nom. *Il se vante d'avoir réussi là où tous ses adversaires ont échoué* = **prétendre;** (soutenu) **se targuer de;** v. SE FLATTER DE (in *flatter*). — 2° V. VANITÉ II [*tirer vanité de*]. — 3° (dans l'express.) *Il n'y a pas de quoi se vanter* = **être fier.** ● **vantard** *À l'entendre, il a tout vu, tout fait; quel vantard!;* (soutenu) **hâbleur;** v. FANFARON. ● **vantardise** 1° *Sa vantardise finissait par amuser l'entourage;* (soutenu) **hâblerie, forfanterie.** — 2° *Voilà une vantardise bien inattendue!;* (soutenu) **rodomontade;** v. FANFARONNADE (in *fanfaron*).

vaquer *Tous les cours vaqueront trois jours* (didact.); (plus courant) **être interrompu.**

varier 1° *Qqn* ∼ *qqch. Le mime variait à merveille ses attitudes* = **diversifier.** — 2° *Qqch* ∼. *La température varie :* v. CHANGER III. — 3° *Qqch* ∼. *Les teintes du ciel varient insensiblement* = **se modifier.** — 4° *Qqch* ∼. *La prononciation varie d'une région à l'autre* = **différer.** ● **varié** 1° *Les paysages variés de cette province attirent les vacanciers* = **divers;** v. DIFFÉRENT (in *différer* II). — 2° *Cet appareil offre des possibilités très variées* = **étendu;** (terme général) **grand.** ● **variation** 1° *Je ne supporte plus ses variations d'humeur* = **saute;** v. CHANGEMENT (in *changer* III) et MOUVEMENT. — 2° *Les rapports de l'État et de l'Église ont subi des variations importantes au cours du siècle* (plur.) = **modification.**

vase **I** (nom m.) *Elle arrangea les violettes dans un vase;* **porte-bouquet** désigne un petit vase que l'on accroche;

une **potiche** est un grand vase de porcelaine.

II (nom f.) *L'étang vidé de ses eaux, il restait à ôter la vase;* (plus général) **boue.** ● **vaseux** 1° *Nous avons mal dormi, je me sens vraiment vaseux* (fam.); (courant) **abruti.** — 2° *Votre argumentation est vaseuse* (fam.) = **va-souillard;** (courant) **obscur.** *Un fond vaseux :* v. TROUBLE I. ● **vasouiller** *Reprenez depuis le début, vous commencez à vasouiller* (fam.) = **patauger;** (très fam.) **merdoyer;** (courant) **s'embrouiller.**

vaurien 1° *On lui reprochait d'être paresseux, sans scrupule, bref d'être un vaurien;* ↑(vieilli) **arsouille;** **canaille** *s'applique à une personne malhonnête (Il y a plus de canailles dans les milieux d'affaires que dans les bas-fonds);* **crapule** se dit d'un individu très malhonnête; **dévoyé** désigne une personne jeune qui a enfreint la loi. — 2° *Quel petit vaurien, ce garçon!;* (vieilli) **chenapan;** v. GALOPIN.

vedette 1° *En quelques années, elle est devenue une grande vedette du cinéma* = **étoile; star** ne se dit que des actrices; v. ACTEUR et CHANTEUR (in *chanter*). — 2° (dans l'express.) *La fuite des inculpés mettait en vedette la complaisance des autorités* = **mettre en évidence** (qqch). *Le spectacle était organisé pour mettre en vedette le jeune chanteur* = **mettre en valeur** (qqn).

végéter 1° *Qqn* ~. *Les touristes prennent l'autoroute et maintenant il végète dans son restaurant* = **vivoter;** v. CROUPIR et ENCROÛTER (S'). — 2° *Qqch* ~. *La crise atteint tous les secteurs, l'économie végète* = **stagner.**

véhément *C'est un homme véhément qui a pris fait et cause pour ces malheureux* (soutenu); (plus courant) **ardent** (v. ce mot). *Son intervention véhémente souleva l'enthousiasme des congressistes* (soutenu); (courant) **passionné.**

véhicule 1° *Les services de la Préfecture enlevèrent le véhicule* (didact.); (plus part.) **voiture;** v. aussi AUTOMOBILE. — 2° *L'image est devenue un véhicule privilégié de la publicité* (soutenu); (courant) **support.** ● **véhiculer** *Autrefois les maraîchers véhiculaient*

eux-mêmes leurs produits jusqu'à Paris = **voiturer;** v. TRANSMETTRE et TRANSPORTER I.

veille *à la veille de La France est à la veille de conclure ce marché* = **sur le point de.**

veiller 1° ~ à + infin./nom. *Vous veillerez à ne rien oublier/à son confort* = **faire attention de/à, prendre soin de.** ~ *à ce que* + subjonctif. *Vous veillerez à ce qu'il ait la plus belle chambre* = **prendre soin que, s'arranger pour que;** v. ŒIL I [*avoir l'œil à tout*]. — 2° ~ sur qqn. *Une jeune étudiante venait le soir pour veiller sur les enfants* = **surveiller, garder, s'occuper de;** v. aussi PROTÉGER.

vendre 1° ~ qqch. *Ils ont dû vendre leur maison à bas prix;* v. LIQUIDER; **céder, laisser,** c'est vendre à un prix avantageux *(Le brocanteur leur céda/laissa les chenets à bas prix);* **se défaire de** qqch, c'est débarrasser de qqch en le vendant : *Il s'est défait de tous ses vieux meubles;* **céder** est aussi didact. *(céder un fonds de commerce).* — 2° ~ qqch. *La coopérative vendait ses volailles sur le marché;* **débiter,** c'est vendre au détail; **écouler,** c'est vendre régulièrement, et jusqu'à épuisement, la marchandise; v. PLACER (in *place* I). — 3° ~ qqn. *Quand on lui a promis l'indulgence, il a vendu tous ses complices;* **livrer, trahir** et (fam.) **donner** ne précisent pas le mobile de la dénonciation. ● **vendu** 1° (adj.) *Qqn est* ~. *Il a été condamné par un jury vendu;* (didact.) **vénal.** — 2° (nom) *Ce sont tous les mêmes, je vous le dis, des vendus!* (fam.); (courant) **traître;** v. aussi SALAUD. ● **vente** 1° *La vente des armes stagnait malgré les efforts des industriels* = **commerce.** — 2° V. LIQUIDATION (in *liquider*).

vénérable 1° *Il est mort à un âge très vénérable* = **avancé.** — 2° *On écoutait attentivement l'allocution de cet homme vénérable* = **respectable;** v. SAINT. ● **vénérer** 1° *Les pèlerins venaient vénérer des reliques* = **révérer;** v. HONORER (in *honneur*). — 2° *Elle vénérait ses grands-parents à qui elle devait tout* (soutenu); (plus courant) ↓**aimer,** ↑**adorer** n'entraînent pas l'idée de respect. ● **vénération** 1° *La maison de l'homme* d'État faisait l'objet d'une véritable vénération = **culte**. — 2° *Le vieux médecin fut reçu avec une grande vénération;* ↓ **considération**; (soutenu) **révérence**.

venger *Je n'aurai de tranquillité que quand j'aurai vengé cette injure;* (soutenu) **se laver de**. ● **se venger** *Ayez recours à la loi, vous n'avez pas à vous venger vous-même* = **se faire justice**. ● **vengeance** *Il n'ignorait pas qu'il pouvait craindre la vengeance de la partie adverse;* **représailles** *se dit de la riposte à de mauvais procédés.*

venin *Ses discours pleins de venin m'ont effrayé* = **fiel**; **haine** et ↓ **méchanceté** *sont de même sens mais moins expressifs*. ● **venimeux** *C'est un homme venimeux dont il faut se méfier* = **haineux**; ↓ **méchant**. *Une langue venimeuse* = **de vipère** [*une langue de vipère*]; v. PERFIDE. *Un ton venimeux :* v. ACERBE.

venir 1° *Qqn* ~. *J'aimerais bien que tu viennes un peu plus vite;* (fam.) **s'amener**; v. SE RAMENER (in *ramener*). *Allez, viens donc!;* (très fam.) **s'abouler**. *J'imagine qu'il ne va pas tarder à venir* = **arriver** (v. ARRIVER I). *Elle m'a demandé de venir avec elle* = **accompagner** [*... de l'accompagner*]. *Voulez-vous venir près de moi, maintenant?* = **approcher**. — 2° *Qqch* ~. *En décembre, le raisin venait d'Afrique du Sud* = **provenir**. — 3° *Qqch* ~. *La nouvelle est venue brusquement et a surpris tout le monde* = **survenir, arriver** (v. ARRIVER I). — 4° *Qqch* ~. *Ce terrain est sableux, les asperges y viennent bien* = **pousser**. — 5° **en venir à** *Venons-en maintenant à l'objet de votre visite* = **aborder**. *Dites-moi, vous qui le connaissez, où veut-il en venir?* = **que veut-il?** — 6° (dans des express.) *Notez tout ce qui vous vient à l'esprit* = **se présenter** (*... se présente à votre esprit*). *Le manque d'énergie aura des conséquences dans les années à venir* = **prochain** (*...dans les prochaines années*). ● **venue** *Le retour des hirondelles annonçait la venue du printemps* = **approche**.

vent 1° *Terme général; chaque type de vent reçoit un nom particulier;* **bise** *s'applique au vent froid et sec venu du nord* (*une bise mordante*); **brise** *désigne un vent peu violent* (*Le soir, une brise légère rafraîchissait l'atmosphère*); **brise**

se dit aussi d'un vent soufflant près des côtes, soit de la terre vers la mer, soit de la mer vers la terre, et pouvant atteindre une assez grande force (*une brise de force 4*); **bourrasque** *se dit d'un coup de vent violent mais de courte durée* (*En quelques instants, une bourrasque arracha les tuiles du hangar*); **tourbillon** *se dit d'une masse d'air qui tournoie très vite*. *Certains termes désignent des vents propres à une province ou à une région du monde;* **mistral** *s'applique seulement au vent violent qui souffle dans la vallée du Rhône vers la Méditerranée* (*Le mistral soufflait depuis huit jours, gâtant les vergers*); **simoun** *désigne un vent sec et chaud, violent, propre aux déserts du Sahara ou de l'Arabie;* **siroc(c)o**, *un vent extrêmement sec limité au Sahara;* **blizzard** *se dit d'un vent qui s'accompagne de tourmentes de neige dans le grand Nord* (*L'expédition ne pouvait regagner sa base, bloquée par le blizzard*); **ouragan, tornade,** (didact.) **cyclone** et **typhon** *se disent proprement d'un mouvement tournant, très violent, de l'atmosphère, provoqué par des perturbations tropicales* (*Une tornade a ravagé les côtes des Antilles*); v. aussi TEMPÊTE. — 2° *On a raconté la vie de cet homme qui fit fortune sur les scènes parisiennes en lâchant des vents;* (didact.) **flatulence**; v. PET. — 3° (dans des express.) *Il est venu hier soir mais il est passé en coup de vent* = **très rapidement**. *Il fait un vent à décorner les bœufs* (fam.); (courant) **très fort**. *Ses chansons sont appréciées, maintenant il a le vent en poupe* = **monter** (*... il monte*). *Avant de décider quoi que ce soit, il vaudrait mieux prendre le vent* = **flairer** (*...flairer le vent*). *J'ai eu vent de votre nomination et viens vous féliciter* = **apprendre**. *Il est comme cela, toujours le nez au vent* = **étourdi**. *Je ne céderai pas, je continuerai contre vents et marées* = **envers et contre tout**. *Elle est tout à fait dans le vent* = **à la mode**. *Ses menaces? Ne vous en inquiétez pas : c'est du vent!* (fam.); (courant) **ce n'est rien**.

ventre 1° *Le malade se plaignait de violentes douleurs au ventre;* (didact.) **abdomen**; v. CORPS I. — 2° *Cet homme mange trop, il commence à avoir du ventre;* (fam.) **bedaine, brioche;** (très fam.) **bide;** v. PANSE. — 3° *Je mangerais bien un peu, j'ai le ventre creux* = **estomac;** v. aussi FAIM [*avoir faim*]. —

4° (dans des express.) *Il est toujours à se mettre à plat ventre devant son patron* (fam.) = **ramper**; (courant) **s'humilier**. *Il est prêt à passer sur le ventre de tout le monde pour réussir* (fam.); (courant) **écraser**. *Ce que je pense de son attitude ? Ça me fait mal au ventre* (fam.); (courant) **dégoûter/écœurer** *(Ça me dégoute/ m'écœure)*.

verbiage *Ce ne sont pas des arguments, mais du verbiage;* (fam.) **blabla**; v. aussi BAVARDAGE (in *bavard*) et ÉLOQUENCE (in *éloquent*).

verdâtre *Près des côtes, la mer prenait une teinte verdâtre* = **glauque**. *Le malade ne bougeait plus, le teint verdâtre* = **olivâtre**.

verdict *Le jury se réunit deux heures avant de donner son verdict* (didact.) = **sentence**. *Les hommes politiques s'en remettaient au verdict des électeurs;* **décision** est moins abrupt; v. ARBITRAGE et JUGEMENT (in *juger*).

véritable 1° *Ce romancier construit sa fiction à partir de faits véritables* = **vrai**; v. aussi EXACT. *Il a publié ce rapport sous son véritable nom* = **vrai**. *véritable ami* : v. JUSTE II. — 2° *C'est une véritable crapule* (antéposé, intensif); dans la même fonction **beau, franc, vrai**, etc. ; v. SINCÈRE. ● **véritablement** 1° *Les spectateurs étaient véritablement surpris des performances du skieur* = **réellement, vraiment**. *Personne ne l'avait véritablement connu;* **en fait** se place plutôt en tête de phrase. — 2° V. PROPREMENT (in *propre* II).

vérité 1° *On ne pouvait douter de la vérité de ses sentiments* = **sincérité**. — 2° *La vérité de la démonstration bouleversait beaucoup d'idées reçues* = **exactitude, justesse** (v. ces mots). — 3° (loc. adv.) *En vérité* : v. DIRE [*à vrai dire*]. — 4° *La charge du satiriste choquait d'abord; on s'apercevait ensuite qu'elle était d'une vérité criante* = **ressemblance**. *Un tableau plein de vérité* = **naturel**. — 5° *Il se disait que les hommes passent leur temps à redécouvrir des vérités perdues* (plur.); **évidence** désigne ce qui s'impose comme vrai sans démonstration. *Deux et un font trois, voilà ma seule vérité* = **certitude**; v. aussi CONVICTION (in *convaincre*) et

CROYANCE (in *croire*). — 6° *Il ne dit pas la vérité* = **mentir**.

vernis *Il utilise fort bien le vernis de culture acquis à l'université* = **teinture**. *Grattez un peu, vous trouverez sous le vernis un homme faible* = **apparence, brillant**.

verre 1° *Vous avez bien cinq minutes pour vider un verre;* (fam.) **godet, pot**. — 2° (dans l'express.) *Je lève mon verre à votre succès* = **porter un toast**. — 3° *Il porte des verres* : v. LUNETTES.

verrou *N'oubliez pas de mettre le verrou quand vous sortirez du cellier;* **targette** désigne un petit verrou à tige plate; v. FERMETURE (in *fermer*).

vers I (prép.) 1° *Vous prendrez la seconde rue qui va vers le fleuve;* (moins courant) **en direction de**. *Il regardait vers le fond de la vallée* = **du côté de**. *Le chien courut vers les intrus;* **sur** implique davantage l'idée d'agressivité. — 2° *Je crois que j'arriverai vers les 2 heures de l'après-midi* = **sur, environ** *(à 2 heures environ)*.

II (nom) *Je préfère la prose aux vers;* **poésie** est plus général et n'implique pas une écriture versifiée. ● **versifier** *Il savait bien versifier, mais sa poésie était très médiocre* (rare); (plus courant) **rimer**. ● **versification** *Les règles de la versification classique sont observées par très peu de poètes contemporains* = **prosodie**.

verser I 1° ~ qqch. *Le conducteur a versé le car sur le bas-côté;* (plus courant) **renverser**; v. CULBUTER. *Un violent orage a versé les blés déjà mûrs* = **coucher**. — 2° *Une automobile qui verse* = **capoter, se renverser**. — 3° *Qqn* ~. *Le malade versa sur le sol* = **se renverser**; v. aussi TOMBER.

II 1° *Un garçon attendait près des dîneurs pour leur verser à boire;* (plus général) se dit aussi bien des mets solides) **servir** (v. ce mot). — 2° *Elle versa le contenu de la bonbonne dans plusieurs bouteilles;* (plus part.) **transvaser**. — 3° *Le soleil couchant versait une chaude lumière* (soutenu) = **épandre**; (plus courant) **répandre**. — 4° *Il a versé son sang pour la bonne cause* = **se faire tuer**.

III *Vous ne me ferez pas verser dans cette mode* (soutenu) = **donner**; (plus courant) **adopter** *(... adopter cette mode). Il était trop puritain, il verse maintenant dans l'excès contraire* (soutenu); (plus courant) **tomber** (v. ce mot).

IV *Les locataires versaient le montant du loyer chaque trimestre;* (plus général) **payer**; ces deux termes ne sont que rarement syn. ● **versement** *On peut acquitter ses impôts par versements mensuels* = **paiement** (même remarque pour le verbe); v. DÉPÔT (in *déposer* II).

V *Le jeune homme avait demandé à être versé dans l'aviation* = **incorporer**.

version 1° *Toutes les versions du texte ont maintenant été publiées* = **variante**; (didact.) **leçon**. — 2° *Les journalistes rapportaient avec des réserves cette version des faits* = **interprétation**.

vert 1° *Qqn est* ∼. V. GAILLARD I et VAILLANT. — 2° *Qqch est* ∼. *Il faut attendre quelques semaines pour tirer ce vin, il est trop vert;* (plus général) **jeune**. — 3° *Il reçut une verte réprimande pour avoir coupé toutes les fleurs du jardin* (antéposé) = **rude, violent**. — 4° (dans l'express.) *Son livre de chevet était un vieux dictionnaire de la langue verte* = **argot**. ● **vertement** *Il lui répondit vertement de se mêler de ses affaires* = **rudement**.

vertige *Le malade était resté si longtemps couché qu'il eut des vertiges quand il mit un pied à terre* = **étourdissement**; (fam., au sing.) **tournis** *(...qu'il eut le tournis)*; v. aussi ÉMOTION (in *émouvoir*). ● **vertigineux** *La hausse des prix devenait vertigineuse* = **très grand, terrible**.

vertu **I** 1° *Une vertu sans reproche* : v. HONNÊTETÉ (in *honnête*). — 2° *Ce n'est pas une vertu de tout supporter sans rien dire;* (plus général) **qualité** se dit autant du physique que du moral. ● **vertueux** 1° *Un homme vertueux* : v. CHASTE et HONNÊTE. — 2° *Leur père avait toujours quelque anecdote vertueuse à leur raconter* (soutenu); (plus courant) **édifiant**.

II *Cette infusion a une vertu curative certaine* (soutenu); (plus courant) **pouvoir, propriété**.

vestibule *Le médecin avait transformé le vestibule de la maison en salle d'at-*

tente; **antichambre** désigne une pièce d'attente dans un appartement ou à l'entrée d'un bureau *(On devait attendre une heure dans l'antichambre avant d'être reçu par le secrétaire);* **galerie** s'applique à un lieu de promenade aménagé dans une habitation *(la galerie des Glaces du château de Versailles);* **hall** désigne une grande pièce succédant à l'entrée d'un établissement public, d'un hôtel *(Déposez vos bagages dans le hall, s'il vous plaît!).*

vestiges (le plus souvent au plur.) *Ce sont les vestiges de ce qui fut une forteresse* = **ruines**. *Elle conservait précieusement les vestiges d'une jeunesse brillante* = **restes, traces**.

vêtir *Cet enfant est trop grand pour que je continue à le vêtir* (soutenu et rare); (courant) **habiller**; (fam.) **fringuer**; **accoutrer, affubler**, (fam.) **ficeler** (surtout au part. passé) et **harnacher**, c'est habiller de façon ridicule *(L'homme était accoutré/affublé comme s'il allait au carnaval).* ● **se vêtir** *Il était vêtu avec beaucoup de recherche* = **s'habiller**; (fam.) **se fringuer**; v. SE SAPER (in *saper* II). *Il faut se vêtir d'un manteau bien chaud* = **se couvrir de, revêtir**. ● **vêtement** 1° *Il rangea soigneusement ses vêtements dans l'armoire* (au plur.) = **habits**; (moins courant) **effets**; (plus général) **affaires**; (fam.) **fringues, pelures**. *Il portait des vêtements usés* = **hardes, nippes**; (fam.) **frusques**; **défroque** insiste sur la vieillesse du vêtement. *Elle sortait encore avec des vêtements qu'on aurait crus venus d'une vieille malle;* **accoutrement**, (rare) **affublement** insistent sur le caractère ridicule des vêtements portés. — 2° *On remettait à l'honneur pour les touristes les différents vêtements propres à la province;* (plus précis) **costume**; v. aussi TOILETTE I. ● **vêtu** 1° *Ce garçon est toujours mal vêtu* = **habillé, mis**; (fam.) **fagoté, ficelé, fringué**. — 2° *Un fauteuil vêtu d'un tissu à fleurs* (soutenu); (courant) **couvert, recouvert**.

vexer *Je vous assure que je ne cherchais pas à vous vexer en rapportant cette histoire* = **humilier**; ↑**blesser**; v. BRAQUER, FROISSER et ULCÉRER (in *ulcère*); v. aussi ABAISSER II et OFFENSER (in *offense*). ● **se vexer** *Il se vexe à la moindre remarque* = **se fâcher, se forma-**

liser de, se froisser ; v. S'OFFENSER (in offense). ● **vexant** *Encore une remarque vexante comme celle-là et je m'en vais !* ; ↑ **blessant** ; v. DÉSAGRÉABLE. — *2° Nous l'avons manqué de peu, c'est vraiment vexant !* = **rageant.** ● **vexation** *J'essaierai de rester calme, mais je n'accepte aucune vexation* ; ↑ **humiliation** ; **rebuffade** se dit d'un mauvais accueil qui vexe.

vibrer I **faire vibrer** *Le musicien expliquait comment faire vibrer les cordes du banjo* ; (plus général) **toucher.** *C'est un orateur qui sait comment faire vibrer son public* ; (moins expressif) **toucher** ; v. aussi ÉMOUVOIR. ● **vibrant** *Son discours vibrant était suivi dans le plus grand silence* = **pathétique** ; ↓ **touchant.**
II Qqch ⁓. *Les vitres de l'hôtel vibraient au passage des camions* = **trembler.** *Les moteurs furent mis en route et le pont du bateau vibra* = **trépider.** ● **vibration** *Les vibrations des vitres* = **tremblement.** *Les vibrations d'un plancher* = **trépidation.**

vice I *1° Le prêtre prêchait contre le vice* (vieilli) ; (plus courant) **péché.** — *2° Les hautes personnalités du régime vivaient dans le vice* ; (plus part.) **luxure** ; v. aussi DÉBAUCHE (in débaucher II). — *3° Il a tous les vices :* v. DÉFAUT II (sens 2).
II V. DÉFAUT II (sens 1).

vicieux I (sens de *vice* I) *1°* (adj.) *Certains romans du marquis de Sade racontent la carrière de personnages vicieux* ; **pervers** est soutenu et didactique en termes de philosophie et de médecine ; (fam.) **vicelard** ; v. aussi ÉROTIQUE. — *2°* (nom) *C'est un vicieux dont la fortune permet de satisfaire les travers* ; (soutenu ou didact.) **pervers** ; v. aussi LIBERTIN.
II *1° Un cercle vicieux :* v. INSOLUBLE. — *2° Un séjour prolongé en Angleterre lui a permis de corriger sa prononciation vicieuse* = **défectueux, fautif** ; (antéposé) **mauvais.**

victime *Elle a été victime de cet escroc* = **proie.** *Être victime de :* v. SOUFFRIR.

victoire *Les spectateurs applaudirent longuement la victoire de l'équipe nationale* ; **succès** (v. ce mot) se dit de l'événement qui constitue un résultat heureux ; ↑ **triomphe.** *Il n'y a pas de quoi crier victoire* (express.) = **pavoiser.** ● **victorieux** *1° L'équipe victorieuse a été accueillie par la fanfare de la ville* ; ↓ **gagnant.** — *2° Après l'épreuve, il arborait un air victorieux* = **triomphant, vainqueur.**

vide I (adj.) *1° La citerne était vide, on espérait un peu de pluie* = **à sec.** *Toutes les maisons étaient vides* = **inoccupé, inhabité.** *Des rues vides :* v. DÉSERT. *Un casier judiciaire vide :* v. VIERGE. — *2° Son discours était long mais vide* = **creux.** *Ce ne sont que propos vides :* v. VAIN I. — *3° Ces moines vivaient dans de petites cellules aux murs vides* = **nu.** — *4° Le causse lui apparaissait comme un désert vide de tout habitant* = **dépourvu de, sans.** — *5°* (dans des loc.) *Nous allons nous arrêter bientôt, les enfants ont le ventre/l'estomac vide :* v. LÉGER.
II (nom) *1° La nature, disait-on, a horreur du vide* = **néant.** — *2° Je vais essayer de trouver un vide dans mon emploi du temps pour vous recevoir* = **trou, creux.** — *3° Il y a beaucoup de vides dans votre récit* = **lacune, trou.** — *4° On voyait le ciel par les vides du toit* (terme général) ; selon les dimensions de l'espace vide, **fente, ouverture.** — *5° Il ne voulait plus voir personne, convaincu du vide de toute son existence* = **néant** ; (très soutenu) **inanité.** *A-t-il conscience du vide de ses propos ?* ; (soutenu) **vacuité.**

vider *1° Le bassin fut vidé* = **vidanger** ; v. ASSÉCHER et NETTOYER. *L'usine vidait ses eaux usées dans la rivière* = **évacuer.** — *2° Elle vida le lapin, puis le découpa* ; (plus précis) **étriper.** — *3° Vider les lieux :* v. NET [*faire place nette*]. — *4° Ce travail m'a vidé* (fam.) ; (plus courant) **épuiser.** — *5° Vider une querelle :* v. RÉGLER II. — *6° Il a insulté son chef de service qui l'a fait vider* (fam.) = **dégommer, sacquer, virer** ; (courant) **licencier** ; **remercier** est un euphémisme dans ce sens ; v. RENVOYER et SORTIR ; v. aussi RELEVER III.

vie *1° Il risqua sa vie pour sauver l'enfant qui se noyait :* v. PEAU. — *2° C'était un petit groupe d'adolescents pleins de vie* = **vitalité** ; v. aussi VIGUEUR I. *Une rue sans vie :* v. MOU-

VEMENT. *Un portrait plein de vie* (loc.) = **vivant**; v. EXPRESSION (in *exprimer*). — 3° *Cet homme a consacré sa vie à l'étude des insectes* = **existence**. — 4° *La vie surprenante de Napoléon a donné lieu à de nombreux films* = **destin**. — 5° *Il a écrit un livre sur la vie des Gaulois;* (plus précis) **mœurs** se dit de coutumes, des habitudes de vie d'une société. — 6° (dans des express.) *Elle donna la vie à des triplés* (soutenu); (plus courant) **mettre au monde, donner le jour.** *Rester sans vie :* v. INANIMÉ. *La vie personnelle :* v. INTIMITÉ (in *intime*). *Laisser la vie sauve* = **épargner**. *Faire toute une vie à qqn :* v. COMÉDIE. *Faire la vie :* v. FÊTE. *Mener une vie de bâton de chaise/de patachon :* v. COUP III [*faire les quatre cents coups*]. *Faire la vie à qqn :* v. QUERELLER (in *querelle*). *Le niveau de vie* = **standing**. *Il gagne bien sa vie;* (fam.) **sa croûte, son bœuf.**

vierge 1° (adj.) *Elle est restée vierge jusqu'à son mariage;* (fam.) **pucelle/puceau; chaste** se dit de quelqu'un qui s'abstient de tout plaisir charnel; v. aussi PUR I. — 2° (adj.) *Prenez une feuille de papier vierge;* **blanc** au sens de **non écrit, vide.** *Son casier judiciaire vierge joua en sa faveur* = **vide**. — 3° (nom) *Le culte de la Vierge a été introduit tardivement dans le catholicisme;* (didact.) **marial** (*Le culte marial a été...*).

vieux/vieille (adj.) 1° *C'est un homme déjà vieux;* (fam.) **sur le retour;** v. ÂGÉ. — 2° *Un vieux meuble :* v. ANCIEN. — 3° *Il a acheté un fauteuil de style dont l'étoffe était vieille* = **usé**. *Il porte toujours un vieux pantalon;* **fatigué, usagé** (postposés). — 4° *Votre chanson est un peu vieille* = **démodé, vieillot;** (soutenu) **suranné.** — 5° *Une vieille habitude :* v. LONG. ● **vieillard** 1° V. ÂGÉ. — 2° *Le vieillard se reposait sur un banc au soleil;* **vieux** (nom) et *vieillard* sont de même sens mais n'entrent pas toujours dans les mêmes contextes *(la retraite des vieux/un hospice de vieillards);* quand ils conviennent tous deux, *vieux* a souvent une connotation plus affectueuse et paraît plus fam. que *vieillard;* (très fam.) **vioc.** ● **vieillir** 1° *Il a vieilli :* v. CHANGER III. — 2° *Je ne sais pas quel âge il a, mais il vieillit* = **se faire vieux.** ● **vieillesse** 1° *La forme des fenêtres indiquait la vieillesse du bâtiment* = **ancienneté.** — 2° *Il avait maintenant toutes les marques de la vieillesse;* (vieilli) **décrépitude** se dit de la faiblesse physique provoquée par la vieillesse. *Sa vieillesse lui donne droit à certains égards* = **grand âge.** ● **vieillissement** *Ces troubles sont dus au vieillissement de votre organisme;* (didact.) **sénescence;** v. SCLÉROSE.

vif Syn. nombreux suivant les contextes. 1° *C'est un garçon très vif qui dépense beaucoup* = **remuant** et **vivant; sémillant** se dit de qui a une vivacité agréable, ↑**pétulant** de qui a un dynamisme exubérant; v. ÉVEILLÉ. *Il marchait d'un pas vif* = **allègre.** *Un danseur vif :* v. AGILE. — 2° *D'une intelligence vive, il comprenait toutes les nuances du texte* = **pénétrant.** *Un esprit vif :* v. ACTIF; v. aussi SPIRITUEL II. — 3° *Il est toujours trop vif dans ses réponses* = **brusque, emporté;** ↑**violent.** *Il lui fait une remarque un peu vive;* ↑**blessant;** v. MORDANT (in *mordre*); v. aussi AIGRE, DUR et SEC I. *Une discussion vive :* v. ANIMÉ et CHAUD. *Toucher quelqu'un au vif :* v. BLESSER. — 4° *Vers le soir, l'air devenait plus vif* = **piquant.** *On connaissait maintenant un froid vif* = **aigre;** v. MORDANT (in *mordre*). — 5° *Une lumière vive :* v. FORT II. *Tous les coussins avaient des teintes vives* = **éclatant.** *Une couleur vive :* v. CRU. — 6° *Il montra un intérêt très vif pour les explications du guide* = **fort;** v. SOUTENU (in *soutenir*). *Un vif sentiment* = **profond.** *Une vive protestation :* v. ÉNERGIQUE (in *énergie*). *Il souffrait d'une vive douleur à l'estomac* = **fort;** (postposé) **aigu.** *Le pianiste fut salué par de vifs applaudissements* = **chaleureux.** ● **vivacité** *On ne s'accoutumait pas immédiatement à sa vivacité* = **pétulance;** v. ACTIVITÉ (in *actif*). *La vivacité des gestes :* v. AGILITÉ (in *agile*), PROMPTITUDE (in *prompt*) et MOUVEMENT. *La vivacité du regard :* v. ANIMATION (in *animer*). *La vivacité d'une réplique* = **violence;** v. MORDANT (in *mordre*). *La vivacité d'un coloris* = **éclat.** *La vivacité d'une passion* = **force.** *La vivacité d'esprit :* v. PRÉSENCE (in *présent* I). ● **vivement** 1° *Il se leva vivement et quitta la pièce* = **promptement;** v. RAPIDEMENT (in *rapide*). — 2° *Nous avons été vivement affectés par ce décès* = **profondément;** v. FORTEMENT (in *fort* II). *Regretter vivement quelque chose :* v. BEAUCOUP et AMÈREMENT (in *amer).* *Il a répondu vivement à son voisin;* **du tac au tac** implique que l'on répond immédiatement à un mot désagréable par un autre mot désagréable.

vigne *La Bourgogne est une région de vignes* = **vignoble; clos** se dit, dans certaines régions de France (Bourgogne, Quercy, etc.), d'un vignoble dont on donne le nom *(le clos Vougeot);* **château** se dit de certains vignobles bordelais *(Château-Yquem).*

vigueur I 1° *Qqn a de la* ⁓. V. JEUNESSE (in *jeune*) et ROBUSTESSE (in *robuste*). *La vigueur juvénile :* v. ARDEUR (in *ardent*). *Perdre sa vigueur :* v. ÉMOUSSER (S'). — 2° *Il a dit cela avec une vigueur qui a enthousiasmé le conseil;* (soutenu) ↑**véhémence;** v. FORCE. — 3° *On admirait dans ces fresques la vigueur du trait* = **fermeté.**

II *Entrer en vigueur :* v. EFFET et PRÉSENT II.

vil *Il s'était signalé par ses actions viles* (soutenu); (plus courant et antéposé) **bas;** v. LÂCHE I et LAID; v. aussi INDIGNE et MÉPRISABLE.

vilain 1° *De vilains chevaux;* ↑**affreux;** v. LAID. — 2° *Les enfants ne savaient que faire et ont été vilains tout l'après-midi* (surtout en parlant des enfants) = **insupportable.** — 3° *Voilà de vilains mots qu'il ne faut plus dire;* (postposé) **grossier.** *Un vilain tour :* v. SALE et PENDABLE. *Les vacances sont gâchées avec ce vilain temps* = **mauvais, sale;** (plutôt postposé) ↑**exécrable.** *C'est une vilaine affaire dont il ne se sortira pas* = **mauvais, sale.** *Il va y avoir du vilain :* v. BAGARRE.

villa *Le promoteur a fait construire un ensemble de villas dans les pins, près de la mer;* **pavillon** se dit d'une petite villa; **bungalow** s'applique à une petite villa sans étage; **chalet** se dit d'une villa construite en bois, sur le modèle des maisons de montagne; **cottage** se dit d'une petite villa de style rustique.

ville 1° *La Rochelle est une ville de moyenne importance;* (soutenu) **cité** s'applique à une ville importante *(Bordeaux est une cité commerçante);* **centre** (souvent précédé de « un ») désigne une ville où sont regroupées diverses activités importantes *(Lille est un grand centre industriel, Paris est la plus grande ville de France);* une **agglomération** comprend la ville proprement dite et sa banlieue; une **capitale** est le centre administratif et politique d'un pays. *Des travaux ont été financés par la ville;* (dans certains contextes) **municipalité;** v. MÉTROPOLE. — 2° (dans des express.) *En ville :* v. MUR [*dans nos murs*]. *La ville natale :* v. SOL. *Une ville forte :* v. PLACE II.

vin *Il ne boit que du vin à table;* (fam. et plus part.) **rouge, blanc,** etc. ; (fam.) **picrate** désigne un vin rouge de mauvaise qualité; (fam.) **pinard.** *Vous avez encore bu : vous sentez le vin;* (fam.) **vinasse** se dit d'un mauvais vin.

violent 1° *Des jeux violents :* v. BRUTAL. *Un caractère violent :* v. COLÉREUX (in *colère*) et IMPULSIF (in *impulsion*). *Un discours violent :* v. ÉNERGIQUE (in *énergie*) et FOUGUEUX (in *fougue*). *De violents reproches :* v. VERT. *Une violente réponse :* v. VIF. — 2° *Il éprouvait une violente passion pour cette femme;* ↓**fort;** v. PUISSANT; v. aussi ARDENT. *Le retour violent du froid* = **offensif.** *Il poursuivait d'une haine violente ceux qui l'avaient trompé* = **farouche.** *L'animal restait immobile, saisi d'une peur violente* = **intense;** v. FORT II. *Une lumière violente :* v. CRU. *Une fièvre violente :* v. FORT II. *Il tombait maintenant une pluie violente* = **battant.** *Un vent violent soulevait la poussière des chemins* = **furieux.** *Il se livra à une critique violente de la politique du gouvernement* = **virulent.** *Le choc fut violent; aucun passager ne fut épargné* = **terrible.** — 3° *Il m'a traité de menteur, c'est quand même un peu violent !* = **fort** (v. FORT DE CAFÉ, in *fort* II). ● **violence** 1° *Faire violence :* v. ABUSER III. *La violence d'une action :* v. BRUTALITÉ (in *brutal*). *Céder à la violence :* v. CONTRAINTE. — 2° *Les prisonniers se plaignaient des violences qu'ils subissaient* (au plur.) = **sévices.** — 3° *La violence du vent;* ↑**fureur.** *La violence d'une passion :* v. FORCE et INTENSITÉ. *La violence d'un désir :* v. ARDEUR (in *ardent*). *La violence d'un propos :* v. VIVACITÉ (in *vif*). *La violence d'un caractère :* v. FOUGUE. *Il réfuta toutes les objections dans une intervention d'une grande violence*

= **virulence**. ● **violemment** 1° *Il a frappé violemment l'agent qui lui demandait ses papiers ;* (plus expressif) **se jeter sur qqn à bras raccourcis.** — 2° *Réagir violemment :* v. BRUTALEMENT (in *brutal*) et ÉNERGIQUEMENT (in *énergie*). *Protester violemment :* v. FORTEMENT (in *fort* II). *Un vent qui souffle violemment :* v. FORT III. *Aimer violemment :* v. BEAUCOUP.

violer 1° *Il a essayé de violer la jeune fille* = **violenter ;** v. ABUSER III et SÉDUIRE. — 2° *Des groupes se réclamant du nazisme ont violé des sépultures juives* = **profaner.** — 3° *Vous ne pouvez impunément violer les lois de votre pays* = **enfreindre ;** v. DÉSOBÉIR À ; **transgresser** indique que l'on passe outre une loi, un ordre *(Le préfet affirma que les policiers avaient transgressé ses ordres).*

virago *C'est une femme forte, autoritaire, une vraie virago* = **dragon, gendarme, mégère.**

virer I *La voiture vira lentement à droite* = **tourner.** ● **virage** *Les panneaux annonçaient des virages sur trois kilomètres ;* (plus fam.) **tournant ;** v. COURBE.

II *Peu à peu, la discussion virait à l'aigre* = **tourner.**

III *Il s'est fait virer de son usine* (fam.) : v. VIDER.

virtuose *C'est un virtuose de la conduite, il a encore gagné un grand prix ;* (plus courant) **as, champion** ne s'emploient pas dans un contexte comme *un virtuose du piano ;* v. aussi MAÎTRE I. ● **virtuosité** *Le violoniste prouvait sa virtuosité en interprétant des pièces très difficiles* = **brio ;** v. MAÎTRISE (in *maître* I).

visage *Le bas du visage :* v. FIGURE I. *Un visage souriant :* v. EXPRESSION (in *exprimer*). *Sur cette photo, votre petite fille a un joli visage ;* **frimousse** et **minois** se disent d'un visage d'enfant. *Avoir meilleur visage :* v. AIR.

vis-à-vis 1° (adv.) *Nous avons voyagé vis-à-vis* (vieilli) ; (plus courant) **face à face.** — 2° (loc. prép.) *Les bâtiments avaient été construits vis-à-vis la Seine* (très soutenu et rare) ; (courant) **en face de ;** v. REGARD [*en regard*] (in *regarder*).

— 3° (loc. prép.) *S'engager vis-à-vis de qqn* (emploi critiqué) ; v. AVEC. *J'émets les plus grandes réserves vis-à-vis de la solution proposée/vis-à-vis de cet homme* (emploi critiqué quand *vis-à-vis* est suivi d'un nom de chose) = **à l'égard de.** — 4° (nom) *Nous sommes restés toute la soirée en vis-à-vis* (soutenu) ; (plus courant) **tête à tête.**

viser I *Qqn ~ qqn/qqch. Il visa soigneusement le lièvre* = **ajuster ;** (vieilli) **mirer.**

II 1° *Qqn ~ qqch. Le général visait la magistrature suprême depuis longtemps* = **ambitionner.** — 2° *Qqch ~ qqn. L'obligation du port de la ceinture de sécurité vise tous les automobilistes* = **toucher ;** v. APPLIQUER (S') ; v. aussi CONCERNER. — 3° *Qqch ~ à. Les restrictions de crédit visent à arrêter la crise* = **tendre à.** *Qqn ~ à.* V. RECHERCHER.

III V. REGARDER.

vision 1° *La jeune fille eut des visions la nuit qui précéda Noël* (didact.) = **apparition.** — 2° *Ma pauvre amie, vous avez des visions !* = **hallucination ;** v. aussi ILLUSION. — 3° V. VUE I. ● **visionnaire** (nom) *Ce visionnaire s'imagine que ses idées lui viennent d'une divinité* = **illuminé ; halluciné** n'implique pas que les visions ont un rapport au divin ; v. DEVIN.

visite *Les douaniers se livrèrent à une visite attentive des bagages ;* (plus courant) **fouille, inspection.** ● **visiteur** *Le syndicat d'initiative accueillait les visiteurs ;* dans ce contexte, **touriste.**

vitalité *Il dirigeait l'entreprise avec une vitalité surprenante* = **dynamisme ;** v. ACTIVITÉ (in *actif*), ARDEUR (in *ardent*). *Montrer une grande vitalité :* v. VIE [*être plein de vie*].

vite 1° (adv.) *Il arriva très vite au but :* v. RAPIDEMENT (in *rapide*). *Il marche vite :* v. PAS III [*d'un bon pas*] et PROMPTEMENT (in *prompt*). *Allons, pressez-vous, venez vite !* ; (fam.) **dare-dare, au galop.** *Nous sommes en retard, il faut faire vite* (loc.) ; (fam.) **mettre la gomme.** *Il courait très vite* = **à toutes jambes, à perdre haleine.** *Il acheva très vite son travail* = **à toute vitesse ;** (fam.) **à toute**

438

pompe, à toute vapeur, en quatrième vitesse, en cinq sec ; v. RIEN I. *L'eau montait vite :* v. VUE I [*à vue d'œil*]. — 2° (adv.) *Il n'est jamais en retard, il viendra le plus vite qu'il pourra – tôt.* — 3° (adj.) *Un coureur vite* (didact.), *v. RA*PIDE. ● **vitesse** 1° *La vitesse du vent :* v. FORCE. — 2° *Une faible vitesse :* v. ALLURE. — 3° *La vitesse des coureurs :* v. RAPIDITÉ (in *rapide*). — 4° *Il a réglé l'affaire avec toute la vitesse possible ;* (plus soutenu) **célérité ;** v. aussi PROMPTITUDE (in *prompt*). — 5° *À toute vitesse, en quatrième vitesse :* v. VITE.

vivifier 1° *Le climat froid et sec vous vivifie* = **tonifier.** — 2° *Le retour au village natal vivifiait ses souvenirs* = **ranimer.** ● **vivifiant** *La bise fraîche était fort vivifiante* = **stimulant, tonifiant.**

vivre I 1° *Il respectait tout ce qui vit dans la nature* = **exister ;** v. ÊTRE I. — 2° Qqch ∼. *Son œuvre vivra longtemps après lui* = **exister, subsister.** *Ce sont des préjugés qui vivent longtemps* = **durer.** — 3° **avoir vécu** *La démocratie a vécu* = **être mort ;** (soutenu) **avoir cessé.** ● **vivant** 1° *Un enfant très vivant :* v. VIE [*plein de vie*] et VIF. *C'est une rue vivante :* v. ANIMÉ (in *animer*). — 2° *Son visage très vivant séduisait* = **expressif.** *Être bon vivant :* v. GAI. *Un souvenir vivant :* v. FRAIS II.

II 1° Suivi d'un complément de lieu, le synonyme est toujours plus précis : *La famille entière vivait dans une seule pièce* = **loger.** *Il vivait en France depuis vingt ans* = **résider.** *L'été, je vis au bord de la mer* = **habiter.** — 2° ∼ qqch. *Je vis votre peine* = **éprouver.** *Cet officier a vécu toutes les guerres coloniales ;* (plus expressif) **être plongé dans ;** v. VOIR.

vivres (nom plur.) *La récolte menaçait d'être maigre et les vivres furent rationnés* = **nourriture, aliments.** *Il n'y avait presque plus de vivres à bord du voilier perdu* = **provision ;** ces synonymes sont de même sens, mais n'impliquent pas, comme *vivres,* l'idée de nourriture permettant de subsister.

vocabulaire *Les progrès techniques ont renouvelé le vocabulaire de l'astronautique ;* **terminologie** désigne les mots propres à une science ou à une technique ; v. aussi DICTIONNAIRE.

vœu 1° *Que vous réussissiez est mon vœu le plus cher ;* **désir** et **souhait** (v. ce mot in *souhaiter*) entrent dans des contextes plus variés que *vœu.* — 2° *L'assemblée n'avait pas d'autre rôle que d'émettre des vœux* (le plus souvent au plur.) ; **avis** *(on donne un avis) ;* **résolution** *(on vote une résolution).*

vogue 1° *La vogue de ce chanteur est telle que tout le monde fredonne ses chansons ;* (rare en ce sens) **faveur ;** ↑**popularité ;** v. MODE et SUCCÈS. — 2° (dans la loc.) *Pendant une saison, les jupes longues ont eu une grande vogue ;* (plus expressif) ↑**faire fureur.**

voie 1° *Après l'éboulement, on a dû travailler toute une journée pour rouvrir la voie ;* (plus précis) **chemin, passage, route,** etc., selon le contexte. — 2° *Dans la ville nouvelle, certaines voies étaient réservées aux autobus ;* **avenue** se dit d'une large voie urbaine ; **artère** désigne une rue importante *(La plupart des grandes artères parisiennes ont été ouvertes sous Napoléon III) ;* **chaussée** s'applique seulement à la partie médiane de la voie *(une chaussée régulièrement entretenue) ;* v. aussi RUE. — 3° *Les chasseurs ont fini par perdre la voie du sanglier* (didact.) ; (plus courant) **piste, trace.** — 4° *En entreprenant de telles études, vous suivez une voie qui n'offre pas de débouchés ;* (emploi plus expressif en ce sens) **chemin, route.** *Vous êtes sur la bonne voie, vous ne tarderez pas à trouver la solution* = **direction** (être dans la bonne direction) ; v. ROUTE (être sur la bonne route). — 5° *Il a obtenu ce qu'il voulait par une voie/des voies détournées* = **moyen.** — 6° (dans des loc.) *En voie de* + infin. : *Les négociations ont été difficiles ; elles sont maintenant en voie de réussir* = **en passe de.** *En voie de* + nom : *...en voie de réussite.* — 7° (dans l'express.) *Ce sont, disait-il, les voies de Dieu que nul ne peut comprendre* (au plur.) = **desseins.**

voile I 1° *La boutique était spécialisée dans la vente de voiles pour faire des rideaux* = **voilage.** — 2° (dans la loc. verb.) *Prendre le voile : La jeune fille a pris le voile* = **se faire religieuse.** — 3° *Sous le voile de manières affables, il dissimulait un cœur de pierre* (vieilli) ; (plus courant) **apparence, couvert.**

II *Le cycliste heurta le trottoir ; le voile de la roue l'obligea à interrompre la course* = **voilement**.

III (dans des loc. verb.) *Le bateau faisait voile vers les Açores ;* (didact.) **cingler vers ;** (plus général) **naviguer vers, faire route vers** se disent de tout bateau, qu'il soit ou non à voiles. *Cet endroit me déplaît ; allez ! viens, on met les voiles* (fam.) ; (courant) **s'en aller** (v. ce mot in *aller* III) ; v. PARTIR.

voiler **I** (sens de *voile* I) 1° *Toute la matinée des nuages voilèrent le soleil ;* ↑ **éclipser.** — 2° ⁓ *ses intentions.* V. CACHER et ENROBER ; v. aussi DISSIMULER.
● **voilé** 1° *Il n'osait pas dire la vérité et parlait en termes voilés* = **à mots couverts** *(...parlait à mots couverts)* ; ↑ **obscur.** — 2° *La voix voilée par l'émotion, il raconta l'accident* = **enroué ;** v. SOURD II. — 3° *On distinguait à peine dans le brouillard les contours voilés du massif* = **estompé.** — 4° *Il était à l'agonie, le teint cireux, le regard voilé* = **trouble ;** ↑ **vitreux.**

II (sens de *voile* II) *Il a voilé la roue de sa bicyclette ;* ↑ **tordre.**

III **se voiler** *Peu à peu le ciel se voilait ;* ↑ **se couvrir.**

IV **se voiler** *Les disques, rangés dans un endroit trop humide, se voilèrent ;* (plus courant) **se gondoler.** *Une planche qui se voile ;* (plus précis) **se gauchir.**

voir Syn. variés selon les contextes. 1° *Dans la pénombre, on ne voit pas le détail des chapiteaux* = **distinguer.** *Je l'ai vu à l'entracte, il était au balcon* = **apercevoir.** *Nous avons vu ensemble la retransmission du vol spatial* = **regarder.** *La voiture est passée très vite, je l'ai à peine vue* = **entrevoir.** *On voyait la scène d'un seul coup d'œil* = **embrasser, saisir.** *Il regardait distraitement les rayons quand il vit un livre très rare ;* (vieilli et très soutenu) **aviser.** *Les supporters de l'équipe avaient traversé la Manche pour voir la rencontre* = **assister à.** — 2° *Elle laissait voir sa réprobation* (loc. verb.) = **ne pas cacher.** *J'ai vu quelques petites merveilles chez le brocanteur ;* (plus précis) **découvrir.** — 3° *Tous ces hommes ont vu la montée du fascisme ;* (plus précis) **connaître, vivre.** — 4° *Personne ne pouvait voir les conséquences de la rupture des négociations ;* (plus précis) **imaginer, prévoir ;** v. aussi DEVINER. *Pour l'instant, c'est l'impasse ; personne n'a vu de solution* = **trouver.** *Voir ce que qqn veut dire :* v. COMPRENDRE II. *Je vois maintenant mon erreur* = **s'apercevoir de, se rendre compte de.** ⁓ *qqn/qqch qui est absent :* v. REPRÉSENTER (SE). *Je serais curieux de voir ce qu'il dira ;* (plus précis) **savoir.** — 5° ⁓ *le dossier de près ;* (plus précis) **étudier, examiner.** *Ce n'est pas très urgent, nous verrons cela plus tard* = **en reparler.** — 6° ⁓ *qqn. Il la voit très régulièrement dans ce café ;* (plus précis) **rencontrer.** *Il faut absolument que vous voyiez un cardiologue ;* (plus précis) **consulter.** *Je ne peux plus voir cet homme* (en tournure négative) = **souffrir, supporter** (v. ces mots). *Elle ne voit que ses parents ;* (plus précis) **recevoir.** — 7° *Téléphoner pour voir si qqn est là :* v. ASSURER (S') II. — 8° (dans des loc. et express.) *Vous me ferez voir comment utiliser cet appareil* = **montrer.** *Je ne vous réponds même pas, allez vous faire voir !* = (très fam.) **allez vous faire foutre !** ; (courant) **allez au diable !** *Ne vous pressez pas de conclure, il faut voir venir* = **attendre.** *Je ne m'attendais pas à cela, on aura tout vu !* (au futur seulement) = **c'est le comble.** *Il lui en a fait voir de toutes les couleurs/des vertes et des pas mûres* (fam.) = **en faire baver à qqn ;** aucun synonyme courant ne correspond à ces expressions que l'on pourra rapprocher de **tourmenter, faire souffrir.** *Il n'y a pas à hésiter, c'est tout vu !* = **c'est tout décidé.** Verbe + ⁓ sans compl. *Attends-moi voir un peu* (fam.) = **pour voir.** *Vous confondez tout, cela n'a rien à voir* = **c'est tout différent.**
● **se voir** 1° *Qqn ⁓. Il se voit déjà ministre* = **s'imaginer.** — 2° *Qqn ⁓. Depuis qu'il a déménagé, nous ne nous voyons plus* = **se fréquenter.** *Eux, amis ? Mais ils ne peuvent pas se voir* = **se sentir.** — 3° *Qqch ⁓. Ce sont quand même des circonstances qui ne se voient pas souvent* = **se présenter, se rencontrer.** ● **visible** 1° *Avec un plaisir visible, il ouvrait le colis* = **évident, manifeste.** *Un défaut visible :* v. PERCEPTIBLE (in *percevoir* I). — 2° *Vous avez tort, c'est visible* = **sûr ;** v. CERTAIN. ● **visiblement** *Il a été visiblement très peiné de ne pas me trouver à la gare pour l'accueillir* = **manifestement.**

voisin (adj.) 1° *Il cherchait à louer une maison voisine de la forêt* (soutenu) : v. CÔTÉ, PROCHE et PROCHAIN I. — 2° *Les thèmes développés par les deux orateurs étaient voisins* = **ressemblant** ; (plus courant) **se ressembler** (*...orateurs se ressemblaient*). *Elle ne trouvait qu'une couleur voisine de celle qu'elle cherchait* = **approchant**. ● **voisinage** 1° *Tout le voisinage est invité à pendre la crémaillère* ; **entourage** se dit plutôt des personnes que fréquente familièrement qqn (en ce sens, ↑ **les proches**), qu'elles soient ou non ses voisins. — 2° *Vous trouverez bien dans le voisinage quelqu'un qui garde les enfants* = **environs** ; **quartier** est un mot particulier à la ville ; v. PROXIMITÉ [*à proximité*] et PARAGES. — 3° *Au voisinage de l'automne, les oiseaux émigraient* (soutenu en ce sens) ; (plus courant) **approche**.

voiture 1° V. AUTOMOBILE et WAGON. — 2° (dans l'express.) *Le cycliste freina pour éviter la voiture d'enfant* = **landau** ; **poussette** se dit d'une voiture d'enfant basse et sans caisse.

voix I 1° (dans des express.) *La surprise le laissa sans voix* = **muet**. *Un peu ivre, il chantait à pleine voix un refrain gaillard* = **à tue-tête**. — 2° *Il prit une voix sévère pour sermonner l'enfant* = **ton**. — 3° *Elle appréciait particulièrement les chants de la Renaissance à plusieurs voix* ; (didact.) **partie**. — 4° *On entendait au loin la voix des chiens* (soutenu) ; (courant) **aboiement** ou **cri** pour un autre animal. *La voix des oiseaux* (soutenu) ; (courant) **chant**. *Le silence se fit et la voix du violon monta* (très soutenu) ; (courant) **son**. *La voix des armes à feu* (soutenu) ; (courant) **bruit**. — 5° (dans la loc. adv.) *Il me l'a appris de vive voix* = **verbalement**. ● **vocal** *On a redécouvert la musique vocale du Moyen Âge* (opposé à *instrumental*) = **chanté** ; **polyphonique** se dit spécialement d'une musique à plusieurs voix.

II *Quel que soit son manque de scrupule, il n'a pas pu étouffer la voix de sa conscience* : v. APPEL (in *appeler* I).

III 1° *Chaque parti essayait de convaincre les électeurs pour obtenir des voix* = **suffrage, vote**. — 2° *Le comité d'entreprise n'avait qu'une voix consultative* = **avis**.

vol I 1° *Prendre son vol* : v. ESSOR. — 2° *La détonation fit se lever un vol de corbeaux* = **volée**. *Un vol de sauterelles* = **nuage**. — 3° *La durée du vol est maintenant réduite de moitié* ; (plus général) **traversée**. — 4° (dans des loc.) *Le château se trouve à trois kilomètres à vol d'oiseau* = **en ligne droite**. *Le personnage était un trafiquant de haut vol* = **de grande envergure, de haute volée**. *Il saisit au vol un renseignement précieux* = **au passage**.

II 1° *La bande s'était spécialisée dans le vol de bijoux* ; syn. divers selon le type de vol ; **détournement** s'applique au vol de fonds, de titres : *Le notaire a été poursuivi pour détournement de valeurs* ; (soutenu) **larcin** désigne le vol d'objets de peu de valeur ; **maraudage, maraude** se disent du vol dans les jardins et les fermes (*Le vagabond vivait de maraude*) ; v. aussi PILLAGE (in *piller*) et RAPINE. *Il y avait une recrudescence des vols à main armée* = **attaque** ; **hold-up** vaut pour *vol à main armée*. — 2° *Demander une somme pareille pour un repas médiocre, mais c'est du vol !* = **escroquerie**.

volaille *La fermière jetait du grain aux volailles de la basse-cour* ; (rare) **volatile**.

volant I (adj. et nom ; sens de *vol* I) *Le personnel volant de l'aéroport a cessé le travail ce matin/Les volants de l'aéroport ont cessé...* = **navigant** (adj. et nom).

II (adj.) *La troupe s'arrêta et un camp volant fut installé* = **mobile**.

III (nom) *La jeune fille avait sorti d'une malle une jupe longue à volants* ; **falbala** ne se dit que des volants situés en bas d'une robe.

IV *Un volant de sécurité* : v. MARGE.

volée I 1° *Prendre sa volée* : v. ESSOR et VOL I. — 2° *C'est toute une volée d'enfants qui arrivait sur la plage* ; (moins expressifs) **bande, groupe, troupe**. — 3° *De haute volée* : v. VOL I.

II *L'arrivée de la reine fut saluée par une volée de canons* = **salve**.

III *Quelques spectateurs mécontents prirent à partie l'arbitre et lui donnèrent une volée* (fam.) = **dégelée, dérouillée, tournée**, etc. ; v. PEIGNÉE et RACLÉE ;

(plus courant) **correction**; (courant, au plur.) **coups**; (vieilli) **bastonnade** désigne une volée de coups de bâton.

IV à la volée (loc. adv.) *Il apprit à rattraper la balle à la volée* = **au vol**. *Il l'a giflé à toute volée*; (moins expressif) **violemment**.

voler **I** (sens de *vol* I) 1° *L'avion d'essai volait au-dessus du terrain* = **survoler** (*... survolait le terrain*); **planer** ne se dit en ce sens que d'un avion sans moteur ou d'un oiseau portés par les courants aériens; ↓ **voleter** ne se dit que du vol des oiseaux; **voltiger** se dit pour le vol de feuilles, de papiers, etc. — 2° *Il vola chez son ami pour le rassurer* (vieilli); (courant) **courir**.

II (sens de *vol* II) Syn. divers selon le type de vol. 1° Qqn ~ qqch à qqn. *On lui a volé son portefeuille au cinéma*; (général) **prendre**; **escamoter**, c'est voler furtivement; **subtiliser**, (fam.) **étouffer**, c'est voler avec adresse; (fam.) **chiper**, **faire**, **faucher**, **soulever**; (très fam.) **barboter**, **choper**, **piquer**, **rafler**, **ratiboiser**, etc.; v. SOUSTRAIRE; v. aussi DÉROBER. *Le pickpocket volait leur portefeuille aux dîneurs*; (vieilli) **filouter**; (plus expressif) **délester** (*délester qqn de qqch*); (fam.) **soulager**; v. MAIN [*faire main basse sur qqch*]. *Le propriétaire de l'immeuble volait une partie de leur salaire aux immigrés qu'il logeait*; **extorquer** implique que l'on vole qqn en menaçant/ou par la force. — 2° ~ qqch. *Le promoteur volait les fonds qu'on lui confiait*; (plus précis) **détourner**. — 3° ~ qqch. *Il a volé sa réputation* (soutenu) **usurper**. *Il a volé l'idée de cette invention qu'il aurait dû partager avec ses collaborateurs* = **s'attribuer**. — 4° ~ qqn. *L'opinion réclamait la peine de mort pour le couple qui avait volé l'enfant*; (plus courant) **enlever, kidnapper**. — 5° ~ qqn. *On l'avait volé pendant son absence*; (plus précis) **cambrioler**. *Les bandits volaient les voyageurs endormis*; **dépouiller, dévaliser, piller**, c'est voler à qqn tout ce qu'il a sur lui; (vieilli) **détrousser** implique la violence; (fam.) **plumer, tondre**; **escroquer**, (fam.) **carotter** se disent d'un vol commis par fourberie (*Le promoteur escroquait les clients en leur vendant des terrains qu'il ne possédait pas*); v. aussi REFAIRE et DÉPOSSÉDER. *Il faisait des affaires en volant adroitement ses clients*; (plus précis) **gruger**. — 6° *Le commerçant volait les clients en trichant sur le poids*; (vieilli et rare en ce sens) **exploiter**; (fam.) **arranger, estamper**; (fam. et vieilli) **étriller**; v. ROULER II. ● **voleur** Syn. divers selon l'activité du voleur. *Les voleurs qui avaient pillé le train courent toujours* (terme général) = **malfaiteur**; (vieilli en ce sens) **bandit**; (vieilli) **brigand** et **gangster** se disent des voleurs en bande qui volent à main armée; **cambrioleur** se dit de qqn qui pille une maison (*Les cambrioleurs ont emporté plusieurs toiles de maître*); (vieilli et très rare) **escamoteur** et **pickpocket** s'appliquent à ceux qui volent à la tire; **kidnappeur** et **ravisseur** se disent de ceux qui volent une personne (*Les ravisseurs de la jeune fille ont demandé une rançon*). *C'était un voleur adroit qui captait la confiance des gens pour leur dérober leurs économies*; (plus précis) **escroc, filou**; (plus rare) **aigrefin**. *Ce banquier n'est qu'un voleur*; (plus expressif) **pirate, requin**.

volet *Tous les volets de la villa étaient fermés*; (plus précis) **contrevent** s'applique à de grands volets; v. PERSIENNE.

volontaire (adj.) 1° *Personne ne m'a menacé, mon silence est volontaire* = **intentionnel, voulu**. — 2° *C'était un homme volontaire qui savait obtenir ce qu'il voulait* = **opiniâtre**. *Vous êtes trop volontaire, il faut vous plier à la règle commune* (emploi péjor.); (courant) **entêté**. ● **volontairement** 1° *Le prévenu a préféré passer aux aveux volontairement* = **de son plein gré**; v. MÊME I [*de soi-même*]. — 2° *Les vignerons ont répandu volontairement le vin sur la chaussée* = **exprès**; v. DÉLIBÉRÉMENT (in délibéré).

volonté 1° *Il a voulu forcer le cours des choses et imposer à tout prix ses volontés* = **dessein**; v. CHOIX (in *choisir*); v. aussi DÉCISION (in *décider*). — 2° *Avoir une volonté de fer* : v. ÉNERGIE. — 3° *Suivre les volontés de qqn* : v. DÉSIR (in *désirer*). — 4° *Contre sa volonté* : v. GRÉ [*contre son gré*]. — 5° (dans la loc. adv.) *À volonté* : v. DISCRÉTION (À) II. — 6° (dans l'express.) *Il a dicté ses dernières volontés* = **testament**.

volontiers *Nous vous recevrons volontiers quand vous le voudrez*; ↑ **avec**

plaisir; v. GRÂCE II [de bonne grâce]. Je reprendrais volontiers du vin; (plus courant) **bien**.

volume I 1° *Un volume broché :* v. LIVRE. — 2° *Quand il se documente sur un sujet, il recopie des volumes de notes;* (fam.) **tartine**; v. MASSE.

II 1° *Il est nécessaire de travailler votre voix qui manque de volume* = **ampleur, intensité**. — 2° *Pouvez-vous baisser le volume de votre transistor* (courant pour *volume sonore*) = **son**. — 3° (dans l'express.) *Tous vos bagages font du volume* = **être encombrant**. ● **volumineux** *La caisse était trop volumineuse pour être logée dans le coffre de la voiture;* (terme ·général) **gros** (v. ce mot); **encombrant** (parce que volumineux). *Les producteurs de l'émission recevaient un volumineux courrier* = **abondant**.

volupté 1° *Il appréciait la bonne chère et mangeait chaque jour avec volupté* = **délectation**. — 2° *L'amour, disent de vieux poètes, donne son sens à la volupté* = **plaisir** (au sens de «plaisir sexuel»); v. ÉROTISME (in *érotique*). ● **voluptueux** 1° *On disait d'elle qu'elle était voluptueuse;* (plus couramment employé) **sensuel**. — 2° *Il aimait ces moments voluptueux où l'on est au bord du sommeil;* ↓**agréable**. — 3° *Une sensation voluptueuse :* v. ÉROTIQUE. *Les spectateurs espéraient que cette danse voluptueuse ne s'arrêterait pas* = **excitant**.

vomir 1° *Qqn* ~ *(qqch). Ses troubles ont commencé ce matin : il s'est levé et a vomi (son déjeuner)* = **rendre**; (fam.) **dégobiller**; (très fam.) **dégueuler**; v. REJETER. *Vomir du sang :* v. CRACHER. *J'ai envie de vomir* = **avoir la nausée**. — 2° (dans l'express.) *Toutes ces manœuvres me donnent envie de vomir* = **écœurer, dégoûter** (v. ces mots). — 3° *Je vomis ce procédé :* v. HONNIR.

vote 1° *Le compte des votes :* v. SUFFRAGE et VOIX III. — 2° *Puisque tout le monde a donné son avis, nous allons procéder au vote;* **élection** ne se dit que d'un vote ayant pour but de désigner qqn à une fonction. *Le vote pouvait être effectué par correspondance ou par procuration;* **scrutin** se dit particulièrement des modalités du vote *(un scrutin uninominal à un tour)*. — 3° *Le vote du projet*

a été obtenu à l'unanimité = **adoption**. ● **voter** *Les députés ont voté le budget;* **ratifier** une décision, c'est la confirmer par un acte officiel.

vouloir 1° *Qqn* ~ + infin. *Croyez bien que je veux vous aider* = **souhaiter**; v. DÉSIRER. *Il est tout aimable, il veut se faire pardonner* = **chercher à**. 2° *Qqn* ~ **bien**. *Je veux bien que vous nous accompagniez, mais soyez discrets* = **consentir, accepter**. *Je reste avec vous, vous voulez bien?* = **être d'accord**. ... —*Mais je veux bien :* v. NON I [*Je ne dis pas non*]. — 3° *Qqn* ~ (conditionnel) + infin. *Je voudrais (bien) la rencontrer* = **aimer, souhaiter**; v. PLAIRE I. 4° *Qqn ne* ~ **pas**. *Essayez de le raisonner, il ne veut pas partir seul* = **refuser** (*refuser de*). — 5° *Qqn* ~ **que**. *Je veux que vous lui fassiez des excuses* = **tenir** (*tenir à ce que*); ↑**exiger**. *Je ne veux pas que tu sortes ce soir* = **défendre, interdire** (*Je te défends/t'interdis de...*). — 6° *Vous voulez dire que je suis un menteur?* = **insinuer**. *Que voulez-vous dire par là?* = **entendre**. — 7° (dans la loc. adv.) *Il a cassé le pot sans le vouloir* = **involontairement**. — 8° *Qqn* ~ I **nom**. *L'enfant voulait une tarte aux fraises* = **désirer**. — 9° *Qqn* ~ *qqch de qqn. Je ne vois pas du tout ce que vous voulez de moi* = **attendre**. — 10° *Où veut-il en venir?* = **que veut-il?** — 11° *Qqch* ~ **dire**. *Ainsi traduit, ce passage ne veut rien dire* = **signifier** (*... ne signifie rien*). — 12° *S'en vouloir de :* v. REGRETTER (in *regret*), REPENTIR (SE) et SE REPROCHER (in *reproche*).

voûte *Les arbres de l'allée formaient une voûte* = **berceau**.

voyage 1° *L'office du tourisme organisait des voyages par mer* = **croisière**. — 2° *Le groupe a entrepris un long voyage scientifique dans les Andes* = **exploration; expédition** vaut pour *voyage d'exploration* dans une région peu connue. — 3° *Il a été malade pendant tout le voyage* = **trajet; route** (sur terre), **traversée** (sur mer). *Son voyage autour de la Méditerranée a duré tout l'été;* (vieillis) **pérégrinations** se disait autrefois du voyage du pèlerin, **périple**. ● **voyager** *Je ne voyage qu'en train* = **se déplacer**. *Il a beaucoup voyagé :* v. PAYS I [*voir du pays*]. ● **voyageur** 1° (nom) *La ligne était coupée, et les voyageurs durent descendre*

= **passager**. — 2° *Ce voyageur ne s'arrête que pour écrire ses souvenirs*; **globe-trotter** désigne un voyageur qui parcourt toute la terre. — 3° *Un voyageur de commerce* : v. INTERMÉDIAIRE. — 4° (adj.) *Un tempérament voyageur* : v. VAGABOND.

voyant (adj.) *Une couleur voyante* : v. CRIARD (in *cri*) et ŒIL I [*tape-à-l'œil*]. *Il arborait des costumes voyants* = **tapageur**.

voyante (nom) 1° V. DEVIN (in *deviner*). — 2° (nom f.) *La voyante lui prédit un avenir sans nuages* = **cartomancienne**.

voyou 1° *Petit voyou ! je vais prévenir tes parents* = **chenapan, garnement**; v. SUJET III [*mauvais sujet*] et aussi VAURIEN. — 2° *Pour certaines personnes, tous les jeunes gens qui ont des cheveux longs sont des voyous* = **crapule**; (fam.) **gouape**.

vrai (adj.) 1° (postposé) *Les synonymes, assez nombreux, sont généralement plus précis et d'emploi plus restreint. Toutes les déclarations faites par cet avocat sont vraies* = **exact**. *Le scénario du film empruntait sa matière à une histoire vraie* = **authentique, véridique**. *Ce qu'il dit est vrai* : v. JUSTE II et aussi SÉRIEUX. *C'est si vrai que...* : v. ENSEIGNE II [*à telle enseigne*]. *C'est un fait vrai ; les mises au point de la direction n'y changeront rien* = **avéré**. — 2° (antéposé) *On ne pouvait lui reprocher de ne pas donner les vrais motifs de son absence*; (anté- ou postposé) **véritable**; (postposé) **réel**. *Mais si ! c'est une vraie rousse*; (postposé) **naturel**. *Il y a peu de vrais Vermeers*; (anté- ou postposé) **authentique**. — 3° (antéposé) *Comment le défendre ? C'est une vraie fripouille !* = **franc, véritable**. ● **vrai** (nom) 1° *Il prêche le faux pour savoir le vrai* = **vérité**. *Je peux vous assurer que vous êtes dans le vrai* = **avoir raison**. — 2° (dans des loc.) *À dire (le) vrai/à vrai dire : Je suis d'accord avec votre explication ; à dire vrai, j'avais déjà pensé cela* = **en fait**; v. PROPREMENT [*à proprement parler*] (in *propre* II). *Pour de vrai, vous allez l'épouser* (fam.); (plus courant) **vraiment**. ● **vrai** (adv.) *Enfin, vrai, vous n'allez pas accepté qu'il se moque de vous !* (en position détachée) = **vraiment**. ● **vraiment** 1° *Il essayait vraiment de ne plus fumer*; **véritablement**; v. RÉEL-

LEMENT (in *réel*); v. VRAI (nom). — 2° *Les tarifs pratiqués dans ce restaurant sont vraiment élevés* = **franchement**; (plus soutenu) **par trop**; v. DÉCIDÉMENT (in *décider*). — 3° V. VRAI (adv.).

vraisemblable *La version des faits fournie par l'accusé était vraisemblable* = **plausible**. *Il est vraisemblable qu'aucun État n'échappera aux conséquences de la crise économique* : v. PROBABLE. ● **vraisemblablement** 1° *Le conflit va vraisemblablement se prolonger* = **probablement, sans doute**. — 2° V. PROBABLE.

vrombir 1° *On entendait les moteurs vrombir* = **ronfler**. — 2° *La guêpe vrombissait près de la vitre* = **bourdonner**. ● **vrombissement** *Le vrombissement de l'insecte* = **bourdonnement**. *Le vrombissement du moteur* = **ronflement**.

vu **I** (prép.) 1° *vu Vu le temps maussade, nous ne sortirons pas* : v. RAISON II [*en raison de*] et ÉTANT DONNÉ (in *donner* III). *Le porte-parole des militaires déclara que les attroupements étaient interdits vu les circonstances*; (soutenu) **eu égard à**. — 2° *vu que* (emploi contesté) *Il faut augmenter le prix de l'essence, vu que nous en manquerons* = **attendu que, étant donné que, du fait de**.

II 1° (adj.) *C'est bien vu ? à votre tour maintenant* (fam.) = **compris**. — 2° (loc. prép.) *On lui concédera qu'il a agi au vu et au su de tout le monde* (rare); (plus courant) **ouvertement**.

vue **I** 1° *Du haut de la tour, c'était un spectacle sans cesse renouvelé qui s'offrait à la vue* (dans ce contexte) = **regard**. — 2° *La vue de la mise à mort du taureau lui tournait le cœur* = **spectacle**. — 3° (dans des loc.) *L'eau montait à vue d'œil dans le bassin* = **très vite**. *Il vous en a mis plein la vue avec ses histoires rocambolesques* (fam.); (plus courant) **éblouir**. *La poterie ancienne attirait le regard, placée bien en vue* = **en évidence**. *À première vue* : v. ABORD II.

II *Jouir d'une vue intéressante* : v. PANORAMA; v. aussi PAYSAGE.

III 1° *L'acteur exposera ses vues sur son métier* = **idée**. *C'est une vue des faits qui en vaut une autre* = **conception**. *Les différents témoignages donnaient une vue* *bien sombre de la situation* = **image,** **tableau,** — 2º *Cette proposition s'accorde-t-elle avec vos vues ?* ; (plus courant) **projet.** — 3º (dans des loc.) *Essayez d'examiner l'affaire de ce point de vue* = **aspect** *(sous cet aspect)* ; v. PERSPECTIVE et OPTIQUE. *En vue de* + infin. : v. POUR.

vulgaire I 1º (postposé) *« Marguerite » est le nom vulgaire de plusieurs fleurs des champs* = **courant, usuel** ; v. COMMUN II. — 2º (antéposé) *L'expert affirma qu'il s'agissait d'une vulgaire imitation* = **simple.** ● **vulgariser** *Le mot « concertation » a été vulgarisé par les journaux* = **répandre** (v. ce mot).

II 1º *C'est une plaisanterie plutôt vulgaire ;* ↓**bas,** ↓**gros** ; v. aussi GROSSIER. *Je ne l'invite pas, estimant ses manières vulgaires ;* ↓**commun** ; ↑**grossier.** *Il choisit une expression vulgaire ;* ↑**trivial.** — 2º *Tenir compte des réalités les plus vulgaires* = **prosaïque, terre à terre.** ● **vulgarité** *Elle affectait une vulgarité dans ses propos qui indignait ses parents ;* ↑**grossièreté.**

vulgairement I *Le bolet comestible, vulgairement appelé « cèpe », est un champignon très apprécié* = **communément.**

II *Il parle vulgairement ;* ↑**grossièrement.**

w x y z

wagon *Les wagons à bestiaux défilaient lentement devant le passage à niveau;* **fourgon** ne se dit que des wagons destinés aux transports commerciaux, militaires ou aux transports de bagages; un **plateau,** ou **plate-forme,** est un *wagon* plat. ● **wagon-lits** *Nous prendrons des wagons-lits pour descendre dans le Midi;* (moins courant, anglicisme) **sleeping(-car);** la dénomination actuelle est **voiture-lits.**

whisky *Prendrez-vous du whisky?;* (plus part.) selon l'origine, écossaise, américaine, etc., et la nature du grain, orge, seigle, maïs, etc., le *whisky* est appelé **scotch, bourbon, rye,** etc.

xénophobe *Des réactions xénophobes sont à craindre à la suite de ces incidents;* **chauvin** se dit des attitudes partiales et fanatiques en faveur de son propre pays, qui mènent à des réactions xénophobes, c'est-à-dire hostiles aux autres nationalités.

zèle *Son zèle m'étonne;* ↑**enthousiasme;** v. DÉVOUEMENT (in *vouer* [se]).

zéro 1° *Son capital est réduit à zéro* = **rien.** — 2° *Ce garçon est un zéro :* v. INCAPABLE et NULLARD (in *nul* II). — 3° *Il est zéro heure et douze minutes* (express.) = **minuit.**

zézayer *Cet enfant zézaie;* (fam.) **zozoter;** (didact.) **bléser.**

zone 1° *Dans cette zone viticole, la grêle a fait des ravages* = **région** ou **pays.** — 2° *La zone de Paris s'étendait sous les anciennes fortifications;* (plus général) **ceinture.**

zut (interjection fam.) *Zut! la corvée n'est pas encore terminée* = **flûte.**

INDEX ▶

a

abandonné seul, solitaire
abasourdi ébahi, stupéfaction
abâtardir (s') dégénérer
abattement abattre
abatteur tueur (in *tuer*)
abbé prêtre
abdication abdiquer
abdomen ventre
aberrant absurde
aberration absurdité
abêtir abrutir
abhorrer détester
abjection horreur
abjuration reniement (in *renier*)
abolir annuler
abolition annulation
abominablement abominable
abominer détester
abondamment beaucoup, flot [*à flots*]
abondance beaucoup
abondant abonder
aborigène indigène
abouler donner
abouler (s') venir
aboutissement aboutir III
abracadabrant bizarre
abrégé abréger
abreuver accabler, boire, combler
abriter abri
abrupt escarpé
abruti abrutir
abrutissement abrutir
abscons abstrait, obscur
absent distrait, manquer I (in *manque*)
absenter (s') absence
absolument absolu III
absolution pardonner
absolutisme absolu I
absoudre pardonner
abstinence jeûne, privation, sobriété
abstraction abstraire
abstrait abstraire
abstrus abstrait, obscur
abusif exagéré
abysse abîme
acabit espèce
accablant accabler I
accablement abattement
accalmie calme
accapareur accaparer I
accélérateur accélérer
accéléré accélérer

accentuer accent
acceptable accepter
acception signification I
accessible accéder I
accession accéder II
accessoirement accessoire
accidentel accident
acclamation acclamer
accointance relation
accoler joindre
accommodant conciliant, sociable
accommodement arrangement
accompagnement accompagner
accompli accomplir
accorte aimable
accoster aborder
accouchement accoucher
accoucheuse accoucher
accoudoir bras
accoutrement vêtement
accoutrer vêtir
accoutumé habituel
accoutumer acclimater, familiariser (se)
accroc accrocher I
accrochage assaut, dispute
accrocheur accrocher II
accroissement augmentation (in *augmenter*)
accroître augmenter, accentuer, élargir, multiplier
accueil réception, hospitalité
accueillant accueillir
accumulation entassement
accumuler entasser, rassembler
accusateur accuser
accusation charge, reproche, imputation
accusé inculpé
aéré mordant, pointu, tranchant
acharnement ardeur, fureur
acharner (s') acharné
achat acheter
acheteur acheter
achevé accompli
achever finir, grâce I, sort I (faire un), tuer
achoppement achopper
acide aigre
acidulé aigre
acolyte complice
acquéreur acheteur
acquérir acheter, obtenir
acquiescement approbation
acquiescer céder, consentir

acquisition achat
acquit reçu
âcre aigre
acrimonie aigreur
acrimonieux acariâtre
action acte, efficacité, travail I, combattre
activement sérieusement (in *sérieux*)
activer accélérer, passer II
activité actif
actuellement actuel
adage pensée II
adaptation accoutumance, traduction
adapté adapter
additionner ajouter
adepte partisan
adéquat approprié
adhérence adhérer I
adhérent partisan
adhésif collant
adipeux gras
adjacent proche
adjoindre ajouter, associer
adjoint aide
adjonction addition
adjuger attribuer
adjuration prière II
adjurer prier, supplier
administrer appliquer, diriger
admirable admirer
admirablement admirer
admiration enthousiasme, émerveillement
admissible concevable, plausible
admission admettre I
admonestation leçon
admonester réprimander
adopter choisir, verser III
adoption choix
adorable charmant
adorer aimer, raffoler
adoucissement soulagement
adroitement finement
advenir arriver, résulter
adversaire combattant (in *combattre*), ennemi
adverse opposé
adversité accident, malheur
affabilité affable
affaiblissement abattement
affaire combattre, cause, entreprise, finance
affairé actif, occupé (in *occuper* II)
affairement animation
affairer (s') empresser (s')
affaires bagage

affaissement travail III
affaisser (s') tomber
affectation raffinement
affecté affecter II
affectionner aimer
affectueux aimant
affermer louer
afféterie affectation
afficher professer I, affecter, montrer
affidé espion
affilé affiler
affiliation admission
affilié partisan
affilier (s') adhérer
affinage épuration
affinité analogie, liaison
affirmation affirmer
affirmativement affirmer
affleurer sortir
affliction peine II
affliger peiner II
affluence abondance, foule, multitude
affolant affoler
affolement affoler
affranchir (s') de secouer
affres angoisse
affreux abominable, effroyable, laid, triste, vilain
affriolant affrioler
affront offense
affronter braver
affronter (s') heurter (se)
affubler vêtir
affût guetter
affût (à l') aguets (aux)
affûter affiler
afin (de) pour
afin (que) pour
agglomération ville
agglomérer entasser
aggravation augmentation
aggraver augmenter
aggraver (s') compliquer (se), progresser (in *progression*)
agilité agile
agiotage spéculation (in *spéculer*)
agitateur révolutionnaire
agitation émeute, émotion, fermentation, nervosité, trouble II
agité agiter
agnelage mise bas
agonir injure
agonisant mourant (in *mourir*)
agoniser agonie
agrafer attacher I, accrocher

agrandir augmenter
agrandissement augmentation
agréer accepter, plaire
agrément approbation, plaisir, séduction (in *séduire*)
agrémenter orner
agresser attaquer, sauter (sur)
agressif combatif (in *combattre*), provocant
agression attaque
agressivité mordant (in *mordre*)
agreste campagnard (in *campagne*)
agripper (s') accrocher
agronome agriculteur
aguerrir endurcir
aguicher exciter
ahaner fatiguer (se)
ahuri ébahi
ahurir étonner
aiche appât
aide aider
aigrette plume I
aigrefin escroc
aigreur aigre
aigu criard, pointu
aiguille sommet
aiguillon dard
aiguillonner encourager
aiguisé affilé, tranchant I
aiguiser affiler
aile flanc
aimant aimer
airain bronze
aire surface
aisance agilité, facilité II, légèreté (in *léger*), opulence (in *opulent*), richesse
aisément aise, facilement
ajournement ajourner
ajout addition
ajustage assemblage
ajusté collant, lâche II, serré (in *serrer* I)
ajuster accommoder, monter, viser
alambiqué compliqué
alarmant inquiétant
alarmé effrayé
alarmer effrayer
alarmer (s') inquiéter (s')
alarmiste pessimiste
alcoolique ivrogne
aléa risque
aléatoire douteux
alentour autour
alentours abords
alerte agile, léger

alerter annoncer
algarade dispute, scène, sortie (in *sortir*)
aliénation folie
aliéné fou
aliéner conditionner
aligner ranger
alimenter fournir, nourrir
aliter (s') coucher (se)
allant entrain
alléchant affriolant
allécher tenter
allée chemin
allégation affirmation, imputation
allégresse joie
alléguer arguer, citer, prétexter
alliage mélange
alliance anneau, convention, mariage, union
allier unir
allocation pension II, secours, subside
allocution discours
allouer attribuer
allusif indirect
almanach calendrier
alors que alors
alourdissement alourdir
alpage pâturage
altération altérer
altercation dispute
alternance alterner
alternative alterner
alternativement alterner
altier fier
altitude hauteur
altruisme charité
amabilité affabilité, bonté (in *bon*), sociabilité (in *sociable*)
amadouer apprivoiser, flatter
amalgame mélange
amarrer attacher
amasser amas
ambassadeur délégué
ambitieux ambition
ambitionner ambition
amélioration améliorer
aménagement transformation (in *transformer*)
aménager arranger
amende contravention, sanction
amender améliorer, réformer (in *réforme*)
amène aimable
amenuiser diminuer
amèrement amer

amertume amer
ameuter attrouper, soulever
amincir maigrir (in *maigre*)
amitié affection, service, sympathie
amocher abîmer
amoindrir diminuer, réduire
amonceler entasser
amoncellement amas
amorcer amorce II
amorphe mou
amortir étouffer, modérer
amouracher (s') amour
amourette idylle, caprice
amoureux amant, sentimental (in *sentiment* II)
amour-propre orgueil
amphigourique obscur
amphitryon hôte
amplement grandement
ampleur ample
amplification ample
amplifier augmenter
amputation mutilation
amputer couper, mutiler
amusant amuser
amusement récréation
anachorète ermite
analogue semblable
analphabète ignorant
analyser analyse
anarchique anarchie
anathème condamnation
ancêtres aïeux, mort
anciennement ancien
ancienneté ancien
ancre (jeter l') mouiller
andouille abruti
anéanti effondré
anéantir abattre, détruire, ravager, réduire, vaincre
anéantissement abattement, perte
anémie faible
anémique faible
ânerie bêtise, sottise (in *sot*)
anesthésier endormir
anfractuosité cavité
angoisser épouvanter, serrer I
anicroche accroc
animation animer
animé animer
animosité aigreur
ankylosé raide
année an
annexe dépendance, succursale
annexer joindre
annihiler détruire, réduire
annonce avis, signe

annonceur speaker
annonciateur annoncer
annotation note
annuellement an
annulation annuler
anodin inoffensif
anormal bizarre
anse golfe
antagonisme opposition, rivalité (in *rival*)
antagoniste combattant (in *combattre*), ennemi
antarctique sud (pôle)
antécédent précédent
antédiluvien ancien
antérieur avant, précédent
antérieurement avant
anthrax furoncle
antichambre vestibule
anticiper devancer
antidote contrepoison, remède
antienne cantique, répétition
antinomie contradiction
antipathique sale
antiquaire brocanteur
antique ancien
antithèse opposition
antre caverne, tanière
anxiété angoisse
anxieux inquiet
apaisant conciliant, lénifiant (in *lénifier*)
apaisement soulagement (in *soulager*)
apathique inactif, lent, passif
apatride patrie (sans)
apercevoir percevoir I, voir
apercevoir (s') de conscience (prendre) de, voir
aperçu exemple, idée
aphone muet
aphorisme pensée II
aplati camus
aplatir écraser
aplomb souffle (in *souffler*)
apocalyptique dantesque
apogée comble, sommet
apologie éloge, plaidoyer
apologue fable
apophtegme pensée II
apoplexie attaque (in *attaquer* I)
apostasie reniement (in *renier*)
apostasier renier
apostille note
apostolat ministère, mission
apostropher appeler I
apparaître former (se), jour

(se faire), montrer, paraître
appareillage équipement
appareiller lever I
apparence air, vernis, voile I
apparences face
appariteur huissier
apparition commencement, fantôme, formation, publication, vision
appas attrait
appâter appât
appel appeler I
appelé militaire
appellation appeler II
appesantir alourdir
appesantir (s') insister
applaudir acclamer, approuver, battre
applaudissement acclamation
application effet, soin
appliqué appliquer
appliqué appliquer
appointements salaire
appontement débarcadère
apporter amener, porter
apposer appliquer
appréciable important, sensible II
apprécier estimer, sentir I
appréhender arrêter, craindre, saisir I
appréhension crainte, peur
apprentissage apprenti
apprêt affectation (in *affecter* III)
apprêté affecté II
apprêter accommoder
apprêter (s') préparer (se)
apprêts préparatifs
approbation approuver
approchant proche, semblable
approche abord, accès, proximité, venue
approcher aborder II, avancer, fréquenter, venir
approprier (s') attribuer (s')
approvisionnement stock
approvisionné achalandé
approximativement grossièrement (in *grossier*)
âpre aigre, mordant (in *mordre*), rude
âprement durement, dureté
âpreté dureté
apte capable
aptitude capacité, facilité II
ara perroquet
arbitrer juger
arborer montrer, porter
arbre axe
arcane secret III

arc-boutant étai
arc-bouter (s') adosser (s')
arceau voûte
archaïque ancien
archange ange
archi très
ardeur ardent
ardu difficile, savant, sévère
aréopage compagnie
arête angle
argot jargon
argousin agent
argument preuve
argumentation raisonnement
  (in *raison* II)
argutie subtilité
aridité sécheresse I
armée multitude, troupe
armoire homme
armoiries armes
arôme parfum
arpenter marcher
arpion pied
arqué courbe
arrangeant conciliant (in *concilier*)
arrangement arranger
arrêt arrêter I
arrhes acompte
arrière-train derrière
arrivage arrivée (in *arriver*)
arrivée arriver
arriviste ambitieux
arrogance insolence
arrogant insolent
arroger (s') attribuer (s')
arrondi courbe
arsouille vaurien
art adresse I
artère voie
artériosclérose sclérose
articuler prononcer
artifice ruse
artificiel factice
artilleur soldat
artisan auteur
artiste acteur
ascendant influence
ascendants aïeux
ascension montée (in *monter*)
ascétique austère, monacal
asile abri, hospice
aspect air, côté, face, forme,
  rapport II
asperger arroser, mouiller
asphalte bitume
asphyxier étouffer
aspiration ambition
assagir (s') adoucir (s')

assainir assécher, purifier
assaisonner accommoder
assassin meurtrier
assassiner tuer
assemblage assembler
assemblée fête, réunion,
  société I
assener allonger
assentiment approbation
asseoir affermir, établir, étonner
assertion affirmation
asservir opprimer
assidu régulier
assiduité régularité
assidûment régulièrement
assiéger cerner, tourmenter,
  siège III
assigner appeler I
assise base
assistance compagnie, foule,
  secours, spectateur (in *spectacle*), soutenir (se)
assistant aide, spectateur
assister aider, présent (être),
  participer, secourir (in
  secours)
association associer
associé collaborateur
assoiffé (être) soif
assombrir obscurcir
assommant collant
assorti conforme
assortiment mélange, stock
assortir (de) accompagner
assoupir dormir
assourdir abrutir, étouffer
assourdissement étourdissant
assouvissement satisfaction
  (in *satisfaire*)
assujettir assurer, opprimer
assujettissement servitude,
  subordination
assurance aplomb II, calme,
  décision, garantie
assurances sécurité
assuré certain, convaincu,
  ferme
asthénique faible
asticoter taquiner
astiquer frotter
astre étoile
astreindre obliger
astrologie divination
astrologue devin
astronomique inabordable
astuce intelligence, ruse
astucieusement finement
astucieux génial, inventif (in
  inventer)

atavisme hérédité
atermoiement ajournement
atermoyer hésiter
atome particule
atone mou
atour parure
atout avantage, carte, recours
  (in *recourir*)
atrabilaire acariâtre
âtre foyer
atroce abominable
atrocement abominablement
atrocité crime, cruauté (in
  cruel), horreur
attabler (s') table (se mettre à)
attachant attrayant, intéressant
attache racine I
attachement affection I
attaque attaquer
attarder (s') demeurer, traîner
atteindre accéder II, arriver I,
  lécher, monter, toucher
attenant proche
attendant (en) attendre
attendrir amollir, émouvoir
attendrir (s') apitoyer (s')
attendu (que) parce que
attente espoir, expectative
attentif sensible I
attentif (à) soigneux (in
  soin I), soucieux (in *souci*)
attentionné complaisant,
  soin I
atténuer modérer
atterrer abattre II
atterrir échouer, poser (se)
attester affirmer, confirmer
attifer parer
attiger exagérer
attirance appel (in *appeler* I),
  sympathie
attirant affriolant
attirer affrioler, appâter,
  appeler I, capter, occasionner, solliciter, susciter
attirer (s') qqch concilier (se)
  qqch
attiser animer
attraction appel (in *appeler* I)
attrape attraper II
attribut qualité, symbole
attribution emploi
attristant attrister
attrition repentir
attroupement attrouper
aubade sérénade
aubaine occasion
auberge hôtel
auburn roux

452

aucun nul, personne, seul (adj.)

aucuns (d') plusieurs

aucunement rien I

audace aplomb II, hardiesse

audacieux hardi

audible perceptible (in *percevoir* I)

audience séance

audition essai

augmentation augmenter

augure présage, prêtre

aujourd'hui actuellement

auparavant avant

auprès comparaison (en), près

auréole nimbe

aurore aube, commencement, soleil

aussitôt immédiatement

austérité sévérité

austral sud

autant (d') que compter (sans) que

authentifier légaliser

authentique sincère, vrai

autobiographie mémoires

autochtone indigène

autocrate monarque

autocratie absolutisme (in *absolu* I)

autocratique absolu I

automatique machinal

autonome libre

autorail automotrice

autorisation dispense (in *dispenser* I), droit III, permis

autoriser accréditer, permettre, vert (donner le feu)

autoritaire absolu II, impérieux, raide, sec II

autrefois anciennement, avant, temps

autrement autre

auxiliaire aide, allié, complémentaire, second II

avachi déformé, mou

avalanche quantité

avancé avancer II

avancement avancer II

avanie offense

avantager avantage

avantageusement avantage

avantageux avantage

avant-coureur annonciateur

avant-garde pointe III, tête

avant-propos préface

avarice avare

avarié avancé

avatar métamorphose

avenant aimable

avènement accession (in *accéder* II)

aventuré aventure

aventurer risquer

aventurer (s') risquer (se)

aventureux aventure

avéré vrai

avérer (s') paraître

averse ondée, pluie

aversion antipathie

avertir annoncer, signaler (in *signal*), signifier II

aveu avouer

aveuglant éclatant (in *éclater* II)

aveugle absolu

aveugler boucher, éblouir, égarer, murer

aveugler (s') tromper (se)

aveuglette (à l') tâtons (à)

avidité convoitise

avilir profaner

avilir (s') ravaler (se)

avilissement abaissement

aviron rame

avisé inspiré, prudent

aviser annoncer, prévenir, savoir I [*faire savoir*]

aviser (s') remarquer, songer

aviver animer

avocat apologiste, défenseur (in *défendre* I)

avoisinant proche

avorter échouer

avorton microbe, nain

axer diriger

axiome pensée II

b

baba surpris (in *surprendre*)

babil gazouillement

babine lèvre

bâbord gauche

babouche chausson

babylonien colossal (in *colosse*)

bacchante (bacantes) moustache

bacille microbe

bâclé hâtif

bâcler saboter, torcher

bactérie microbe

badaud flâneur

badigoince lèvre

badinage plaisanterie

badine baguette

badiner plaisanter, rire

baffe gifle

bafouer railler

bafouiller balbutier

bâfrer manger

bagatelle babiole, enfantillage, gaudriole, paille, plaisanterie, rien II

bagnole automobile

bague anneau

baguenauder flâner

baguette (à la) sévèrement

bahut lycée

baie fenêtre, golfe

baignade bain

baigner arroser, mouiller, nager

bâillonner museler, silence (réduire au)

baisse abaisser I, mouvement

baisser abaisser I, affaiblir, décliner, déprécier (se), descendre

baisser (se) pencher (se)

balade promenade, sortie (in *sortir*)

balader (se) promener (se)

baladin acteur, saltimbanque

balafre blessure

balancé bâti, équilibré

balancement rythme

balançoire escarpolette

baldaquin dais

balèze fort

balise bouée

baliverne sornette, sottise (in *sot*)

ballant pendant I

ballerine danseuse

ballonné enflé I

ballonnement enflure I

ballot balourd, paquet

ballotté tiraillé

ballotter secouer

balourdise maladresse

baluchon paquet

bambin enfant

bambocheur jouisseur

banal commun II, ordinaire

banalité généralité (in *général*), pauvreté (in *pauvre* II), platitude (in *plat* II)

bancal boiteux

bander érection, panser, raidir, tendre III

bannière drapeau

banqueroute faillite

banquet repas

banquette siège I

banquier financier

bar buvette

baragouin galimatias

baragouiner balbutier

baraquement baraque
baratin galanterie
baratiner plat III
barbant ennuyeux
barbare cruel, grossier
barbe poil
barber ennuyer
barboter patauger, piquer, prendre
barbouiller salir
barbouilleur peintre
barbouillis barbouillage
barbu poilu (in *poil*)
barda bagage
barder gâter (se)
barème échelle
baril tonneau
barman serveur
baroque bizarre
baroud combat
barouf tapage
barque embarcation
barrage obstacle
barré (mal) engager
barrer barre, boucher, effacer, rayer (in *raie*), supprimer
barrer (se) finir, ôter (s'), partir
barrière clôture, obstacle
barrique tonneau
basané bronzé, tanné
bas-bleu auteur
bas-côté accotement
bascule balance, balançoire
basculer culbuter
baser établir
baser (se) fonder (se)
basilique église
bas-relief sculpture (in *sculpter*)
bassin tronc
bassiner arroser, ennuyer
bastonnade volée
bataille bagarre, combat (in *combattre*)
batailleur combatif
bataillon troupe
bateleur saltimbanque
batelier marinier, passeur
bâti bâtir, plan IV
batifoler folâtrer
bâtiment bateau, bâtir
bâtisse bâtiment (in *bâtir*)
bâtisseur architecte
battant violent
battement battre
baudet âne
bauge gîte
bavardage bavard

bavarder bavard
bave salive
baver saliver (in *salive*), peiner I
bavette (tailler une) converser
bavure tache
bazar désordre, magasin
béant ouvert (in *ouvrir*)
béatitude bonheur
beauté beau
bébête niais
bec cap
bêche pelle
bécot baiser
bécoter embrasser
bectance aliment, nourriture (in *nourrir*)
bedaine ventre
bedon ventre
beffroi tour I
bégayer balbutier
bégueule prude
béguin amant, affection I
béguin (avoir le) aimer
beigne gifle
belliciste guerrier
belliqueux combatif (in *combattre*), guerrier
bénéfice fruit, gain, privilège, projet
bénéfice (trouver son) compte II
bénéficier connaître, jouir
benêt niais
bénévole gratuit, volontaire
bénignité bonté
bénin inoffensif
benjamin cadet
benoît doucereux
béotien grossier
bercail foyer, maison
berge an, bord
bergère épouse
berner leurrer, tromper
besogne travail
besogneux misérable
besoin nécessité (in *nécessaire*), pauvreté
bestial brutal, sauvage I
bestiaux bétail
bestiole animal
bêta sot
bêtasse sot
bête animal, bétail, sot, stupide
beugler crier, mugir
beuverie festin
bévue maladresse (in *adresse*), perle

biais détour
biais (de) obliquement (in *oblique*)
bible Écriture (in *écrire*)
bichonner parer, soigner II
bicoque baraque I
bidasse soldat
bidonnant comique
bien-aimé amant
bien-être euphorie
bienfaisance charité, secours
bienfait don (in *donner* I), service
bienfaiteur sauveur (in *sauver* I)
bienheureux heureux, saint
bien-pensant conformiste
bien que quoique
bienséant décent
bien sûr comment
bienveillance bonté, compréhension (in *comprendre*)
bienvenu opportun
bière cercueil
biffer effacer, rayer (in *raie*), supprimer
bifurcation carrefour, fourche
bigarrer barioler
bigler loucher, regarder
bigophone fil
bijoutier bijou
bilatéral réciproque
bile fiel
biler (se) tourmenter (se) (in *tourment*)
bilieux inquiet
bille tête
billevesée sornette
biner sarcler
binette tête
biniou cornemuse
binocle lorgnon
bique chèvre, garce
bisbille chicane
biscornu bizarre, irrégulier
bise baiser, vent
bisquer colère (être en), rager
bisser acclamer, répéter
bistouquette sexe
bistre tanné
bistrot café
bite sexe
biture ivresse
bivouac camp
bizarrement bizarre
bizarrerie bizarre
blabla délayage (in *délayer*), verbiage
blackbouler refuser
blafard pâle

blague attrape, plaisanterie (in *plaisanter*), tour III
blaguer railler
blagueur moqueur (in *se moquer*)
blair nez
blairer sentir I
blâmer critiquer, désapprouver (in *approuver*), reprendre II
blanc timbre (sans), vide II, vin
blanc-bec adolescent, novice
blanchaille fretin
blanchir justifier, laver
blanchisseuse laveuse
blase nez
blasé indifférent
blason armes
blasphémer sacrer II
blé (noir) sarrasin
blême pâle
blêmir pâlir (in *pâle*)
blessant désagréable, offensant (in *offense*)
blessure blesser
bleu contusion, novice, plan V, saignant, tache II
bleu (en être, en rester) surpris (in *surprendre*)
blinder endurcir (in *durcir*)
blizzard vent
bloc coalition, prison
bloc (à) fond (à)
bloc (en) globalement
bloquer cerner, grouper, serrer I
blouser tromper
bluff comédie
bluffer tromper
bluter tamiser (in *tamis*)
blutir tamis
bobard mensonge
bobine tête
bœuf énorme, monstre, vie
boiser planter
boîte café-concert, lycée, travail II
boiteux boiter
boitiller boiter
boitte appât
bolchevisme collectivisme
bombance festin
bombarder accabler II
bombe débauche, fête, projectile
bonace calme
bond saut
bondé comble II, plein
bondieuserie piété (objet de) [in *pieux*]

bondir sauter
bonhomie simplicité
bonhomme gaillard, homme
boni gain
bonification diminution
bonifier améliorer
boniment propos
bonjour adieu, salut (in *saluer*)
bonne nuit adieu
bonnet toque
bonniche servante
bonsoir adieu, salut (in *saluer*)
bonté bon II
bonze prêtre
boqueteau bois I
bordel désordre, lupanar, pêle-mêle
border bord
bordure bord
borne terme I
bornes (passer les) abuser II
bornes (sans) illimité, borner, limiter
borner (se) à contenter (se) de
bosquet bois
bosse don (in *donner* I), génie, instinct
bosser travailler
bottier cordonnier
bottine chaussure
boucan tapage
boucanier pirate
bouche couvert I, oral
bouche (ta) silence, gueule
bouché borné
bouches embouchure
bouclier rempart
bouder rechigner
boudin femme
boudiné bouffi
boueux sale, trouble I
bouffant gonflé
bouffarde pipe
bouffe cuisine, nourriture
bouffée accès II, souffle (in *souffler*)
bouffer gonfler, manger
bouffetance nourriture (in *nourrir*)
bouffonnerie plaisanterie
bouge cabaret
bougeoir chandelier
bouger déplacer, remuer
bougonner murmurer
bougre luron
bougre (de) abruti (in *abrutir*)
boui-boui café-concert
bouillant chaud, fougueux
bouilli sel [*bœuf gros*]
bouillie (réduire en) écraser

bouler boule
boulette maladresse (in *adresse* I)
boulevard avenue
bouleversant affolant
bouleversement changement, dérangement, émotion
bouleverser affoler, déranger, émouvoir, remuer, saccager, troubler
boulimie faim
boulot (adj.) rond, gros
boulot (nom) travail
boulonner travailler
boulotter manger
boumer aller II
bouquet bois, botte I, mieux, parfum, saveur
bouquet (c'est le) comble
bouquin livre
bourbier cloaque
bourde bêtise, maladresse (in *adresse*), perle
bourdon cloche, cafard III
bourdonnement murmure (in *murmurer*)
bourgade bourg
bourlinguer rouler I
bourrade poussée
bourre policier
bourré comble II, ivre, plein
bourrelé plein
bourreler torturer
bourrer emplir, gaver
bourricot âne
bourrique sot
boursicotage spéculation (in *spéculer*)
boursicoter spéculer
boursouflé ampoulé, gonflé I
bousculé occupé (in *occuper* II)
bousculer pousser, secouer
bousculer (se) presser I (se)
bouse excrément
bouseux paysan
bousiller abîmer, tuer
boustifaille aliment, nourriture (in *nourrir*)
boutade plaisanterie
boute-en-train gai
bouton bourgeon, commutateur
boxe (française) savate
boyau intestin, passage, tranchée
boy-scout scout
brader sacrifier, solder (in *solde* II)
braderie marché
braillard criard

brailler crier, pleurer
braire crier
bramer crier
brancard civière
branchage branche
branlant bancal
branle-bas remue-ménage
branler balancer
braqué étourdi
bras droit second II
brasiller étinceler
brasser remuer
brasserie café, restaurant
bravade braver
brave bon II, vaillant
bravement fièrement (in *fier*)
bravo acclamation (in *acclamer*)
bravoure courage
brèche ouverture (in *ouvrir*), trouée
bredouiller balbutier
bref concis, court, en abrégé (in *abréger*), momentané, succinct
breuvage boisson
bribe morceau, partie
bricole babiole, bagatelle
bride rêne
brider serrer I
brièvement en abrégé (in *abréger*), succinctement (in *succinct*)
brigand bandit
brigandage rapine
brigue intrigue
briguer ambitionner (in *ambition*)
brimade offense
brindezingue ivre
bringue débauche
bringue (grande) femme maigre
brio éclat II
briquer frotter
brise vent
brisé fatigué
briser casser, vaincre
brocard raillerie
brocarder railler
brodequin chaussure
broder enjoliver, inventer
broncher murmurer
brosse pinceau
brosser peindre
brosser (se) abstenir (s')
brouhaha tapage
brouillamini désordre
brouille désaccord (in *accord* I), séparation

brouillerie désaccord (in *accord* I)
brouillon brouiller I
broussaille buisson
brouter paître
broutille babiole
broyer triturer
bruine pluie
bruire frémir, murmurer
brûlant ardent
brûle-gueule pipe
brûler (la cervelle) tuer
brume brouillard
bruni bronzé
brunir noircir (in *noir*)
brusque bourru, subit
brusquement soudain, subitement (in *subit*)
brusquer hâter
brutalement brutal
brutaliser malmener, rudoyer (in *rude*)
brutalité brutal
brute animal
bûcher travailler
bucolique campagnard (in *campagne*)
buffet repas, restaurant
building immeuble
bungalow villa
bureau service I, table
bureau (de tabac) tabac
burlesque comique, ridicule
buse sot
buté têtu
buter (contre qqch) achopper
buter (se) s'entêter
butor grossier
buvette café

C

cabale intrigue
caban manteau
cabanon cellule
cabochard têtu
caboche tête
cabot acteur, chien
cabotin acteur
cabotinage charlatanisme
caboulot café
caca chier, merde
caché cacher
cacheter sceller I (in *sceau*)
cachette (en) secrètement (in *secret* I)
cachot cellule
cachotterie mystère, secret I
cacochyme maladif

cadavérique linge (blanc comme un)
cadavre dépouille
cadeau don, présent
cadenas fermeture
cadenasser fermer
cadence mesure, rythme
cadrer cadre
cafardage rapportage (in *rapporter* IV)
cafouillage désordre
cafouillis désordre
cagibi réduit
cagneux tordu
cagnotte tirelire
cagot bigot
cahot secousse (in *secouer*)
cahoter secouer
cahute cabane
cailler coaguler
caisse boîte
caisson crâne
cajoler dorloter, flatter
calamité catastrophe
calanque golfe
calciner brûler
calculé mesuré (in *mesure*)
calculer combiner, compter, estimer, songer
calé instruit, savant I
calembour mots (jeu de)
calembredaine sornette
calfeutrer boucher
calibre espèce
câlin aimant, tendre II
calmant calme
calmer apaiser, assouvir, satisfaire, soulager
calmer (se) adoucir (s'), modérer (se), taire (se)
calomnie médisance
calomnier médire
calotin bigot
calotte gifle
calque copie
calter (se) enfuir (s')
calvaire croix, supplice
camarade ami
camarilla coterie
cambrioler voler
cambrioleur voleur (in *voler* II)
cambrousse campagne
cambrure courbe
cambuse habitation
caméra appareil
camériste servante
camionner transporter I
camoufler cacher, déguiser
camouflet offense

campagnard campagne
campanile clocher
campement camp
camping camp
canaille populace, vaurien
canalisation canal
canarder tirer
canasson cheval
cancaner médire
cancanier bavard
cancans bavardage (in *bavard*)
cancer tumeur
cancre paresseux
cancrelat cafard I
candélabre chandelier
candidat concurrent, postulant
candide candeur
caner reculer
canif couteau
caniveau rigole
canne bâton
cannibale anthropophage
canon règle I
canot embarcation
cantatrice chanteuse
cantine malle, réfectoire
cantonnement camp
cantonner (se) confiner (se), limiter (se)
canuler ennuyer
cape manteau
capharnaüm désordre
capitaliste financier, riche
capiteux enivrant
capituler abandonner I, abdiquer
capote manteau, préservatif
capoter culbuter, renverser (se)
capricieux caprice
captieux trompeur
captif prisonnier
captivant intéressant
captiver conquérir, intéresser
capturer arrêter II, prendre
caquetage bavardage
caqueter bavarder
car parce que
carabine fusil
carabiné fort, soigné (in *soin*)
carafe (en) panne, plan V
caramboler heurter
carboniser brûler
carcan contrainte
carence insuffisance, manque
caressant aimant, tendre II

caresser effleurer, flatter, rêver
carillonner sonner
carnassier carnivore
carnassière gibecière
carnation couleur, teint
carne cheval
carnier gibecière
caroter voler
carpette tapis
carrée pièce
carrément franchement
carrière avenir, profession
carriole charrette
carrure classe II
cartable sac
cartel association (in *associer*), société II
cartomancie divination
cartomancienne devin, voyante
carton modèle
cartouche recours (in *recourir*)
cascade chute, série
cassant absolu II, sec II, tranchant II
cassation annulation (in *annuler*)
casse dommage
cassé courbe
casse-cou hardi, imprudent
casse-croûte en-cas
casse-gueule hasardeux
casse-pieds collant (in *colle* I)
cassis rigole, tête
caste coterie
cataclysme séisme
cataloguer juger
cataracte chute
catastropher attrister
catastrophique catastrophe
catéchiser endoctriner
catégorie classe, rang II
catholique (pas) ambigu
catimini (en) secrètement (in *secret* I)
catin prostituée
cauchemar tourment
causant communicatif
causer amener, motiver, occasionner, parler
causerie conférence
causette conversation
caustique mordant, piquant
cauteleux méfiant
caution appui (in *appuyer* I)
caution (sujet à) contestable (in *contester*)
cavalcade chevauchée

cavaler insolent, leste
cavaler (se) enfuir (s')
caveau tombe
ceindre entourer
ceinture taille I, zone
ceinture (se faire) abstenir (s')
célébrant office II
célèbre illustre, fameux, légendaire (in *légende*), notoire
célébrer fêter, glorifier, vanter
célébrité réputation, vitesse
céleste divin
cellier cave
cendres brûler, mort
censeur critique II
censure contrôle
censurer coupure (in *couper*)
centenaire séculaire
centraliser réunir
cercle cénacle, rond
cercle vicieux insoluble
cercueil bière
cérémonial apparat, protocole
cérémonieux formaliste
cerne tache
certainement assurément, comment, problème
certes assurément
certificat titre III
certifier affirmer, confirmer
certitude conviction
cerveau esprit
cervelle crâne
cessation arrêt (in *arrêter* I), suspension II
cesse (sans) arrêt (sans), [in *arrêter* I]
cesser arrêter I, finir I, taire, tarir, terme I, vivre I
c'est-à-dire savoir I (à), soit
chacun monde (tout le)
chafouin sournois
chagrin (adj.) maussade, sombre
chagrin (nom) cafard, peine
chagriner attrister, peiner II
chahut tapage, tumulte
chai cave
chaîne lien
chaîne (à la) série (en)
chaînon maille
chaise siège I
châle fichu
chalet villa
chaleur chaud
chaleureusement chaud
chaleureux chaud

challenge compétition
chaloupe embarcation
chalumeau flûte
chamailler (se) disputer (se)
chamaillerie dispute
chamarrer orner
chambard tapage
chambardement dérangement
chambarder déranger, saccager
chambouler déranger
chambre association (in *associer*), pièce
chameau garce, rosse II, vache II
champêtre campagnard
champignon accélérateur
champion partisan, soutien (in *soutenir*), virtuose
championnat compétition
chancelant fragile, vacillant (in *vaciller*)
chanceux chance
chancre ulcère
change tromper
changeant capricieux (in *caprice*)
changement changer
chant voix I
chanté vocal (in *voix* I)
chanteur chanter
chantier désordre
chantonner chanter
chaos anarchie, confusion
chaparder dérober
chapeau coiffure
chapelet série
chapelle coterie, église
chaperonner accompagner II
chapiteau tente
chapitre matière
chapitrer réprimander
chaque tout
charabia galimatias
charade énigme
charcuter opérer
chargement cargaison
charger accabler II, alourdir, attaquer, outrer
charger (se) de occuper (s')
charitable pieux
charivari cacophonie, tapage, tumulte
charlatan imposteur
charmant charme
charmer charme
charmille tonnelle
charnu gros
charogne chair, mort, salaud
charpenté bâti (in *bâtir*)

charpie (mettre en) écharper
charrier abuser II, moquer (se), transporter
châsses yeux
châssis cadre
chasteté pureté (in *pur* I)
château-hôtel hôtel
châtier parfaire, punir
châtiment expiation, peine III, punition
chatoiement reflet
chatouilleux susceptible II
chatoyant brillant
chatoyer briller
châtrer mutiler
chatte sexe
chatterie caresse
chaudement chaud
chaume tige
chaussée voie
chausse-trape piège
chausson chausser
chaussure chausser
chauvin patriote, xénophobe
chef directeur, père, supérieur II, tête
chef-d'œuvre bijou
chemineau vagabond
cheminée foyer
cheminement progression
cheminer marcher
chenal canal
chenapan vaurien
cheptel bétail
cher coûteux, inabordable, or, précieux
chercheur savant I
chère (bonne) table I
chéri ange
chérir aimer
chérubin ange, enfant
chétif faible, rabougri
chevalière anneau
chevaucher empiéter
chevelu poilu
chevelure cheveux
cheville (ouvrière) âme
chevronné adroit
chez-soi maison
chialer pleurer
chiard bébé
chiasse craindre, excrément
chicaner chicane
chichis cérémonies
chicot dent
chieur d'encre auteur
chiffe mou
chiffonnier, chiffonnière commode

chiffons (parler) toilette (parler)
chiffre monogramme, montant (in *monter*), nombre
chiffré secret I
chimère illusion
chimérique idéaliste (in *idéal*), irréalisable, imaginaire, vain I
chiner barioler, taquiner
chinois tamis
chinoiser chicaner
chiottes cabinet II
chiper dérober, piquer, souffler, voler II
chipie garce, mégère
chipoter chicaner, manger
chiromancie divination
chiromancien devin
chiure excrément
choc combattre, coup, heurt, secousse (in *secouer*)
chocottes peur
choir tomber
choir (laisser) abandonner II
choix choisir
chômer tarir
chômeur travail (sans)
choper arrêter II, prendre, voler II
choquant scandaleux (in *scandale*)
choquer commotionner, déplaire, heurter, scandaliser (in *scandale*)
choquer (se) de offenser (s')
choriste chantre
chorus (faire) approuver
chou ange
chou (bête comme) simple
chouchou favori
chouchouter soigner II
chouette beau
choyer couver, dorloter, entourer, soigner II
chronique article, continuel
chroniqueur journaliste
chronographe montre
chronomètre montre
chuchotement murmure (in *murmurer*)
chuchoter murmurer, souffler
chuinter siffler
chut silence
ci-annexé ci-joint
cible but
cible (être la) de butte
ciboulot tête
cicerone guide
ci-dessus haut III

ciel de lit dais
ci-inclus ci-joint
cime pointe I, sommet
cinéma chiqué, écran
cinglé fou, sonné (in *sonner*)
cingler route, battre I et II
cingler (vers) voile III
cinq (en) sec rapidement
circonférence rond, tour II
circonlocution périphrase
circonscrire cerner
circonspect prudent
circonspection modération,
  mesure II, prudence,
  sagesse
circonstance cas, occasion,
  opportun, saison
circonstances situation II
circonstancié détaillé
circonvenir séduire
circuit tour
circulation circuler
cire encaustique
cirer encaustiquer
ciseler parfaire
citadelle bastion, forteresse
citerne réservoir
civilité affabilité
civilités hommages
civisme patriotisme
clabauder médire
claboter mourir
clairement hautement (in
  haut)
clairon trompette
clairsemé rare
clairvoyant clairvoyance
clamecer mourir
clamer crier
clameur bourdonnement
clan coterie, parti
clandestin caché, secret I,
  souterrain
clandestinement secrètement
  (in *secret* I)
clapot vague I
claque gifle
claquemurer enfermer
claquer battre III, fatiguer,
  mourir, rompre (se)
clarifier décanter, purifier,
  soutirer I
clarine clochette
clarté lumière
classement classe I
classer classe I
claudiquer boiter
clause condition, disposition
  (in *disposer*)
claustrer enfermer

clé principale, solution
clébard chien
clebs chien
clément débonnaire, indulgent
cliché photographie, phrase,
  poncif
client acheteur (in *acheter*)
cligner papilloter
clignotant vacillant (in
  vaciller)
clignoter vaciller
climat ambiance
clinique hôpital
clinquant brillant (in *briller* I)
clique coterie
clivage séparation (in
  séparer)
cloison muraille, séparation
  (in *séparer*)
cloitrer enfermer
clope mégot
clopiner boiter
cloque ampoule
clore fermer
clouer attacher I
clownerie pitrerie
club association (in *associer*),
  société II
coadjuteur aide (in *aider*)
coaliser unir
cocardier patriote
cocasse comique, pitto-
  resque, risible (in *rire*)
cocher pointer I
cochon malpropre, porc,
  obscène, salaud
cochonnerie camelote, impureté, obscénité (in *obscène*),
  ordure, saleté (in *sale*)
coco type II
cocoter puer
cocotte prostituée
cocu infidélité
cocufier infidélité
code règlement
coercitif oppressif (in *opprimer*)
coercition contrainte
cœur âme
cœur (au) de centre (de)
cœur (de bon) volontairement
cœur (par) doigt
coffre boîte
coffrer emprisonner
coffret boîte
cogiter penser I
cogne policier
cognée hache
cogner battre I, frapper, heurter, travailler I

cohérent harmonieux (in *harmonie*), suivi (in *suivre*)
cohésion unité (in *unir*)
cohorte troupe
cohue foule
coiffeur coiffer
coïncider concorder
coléreux colère
colérique colère
colimaçon escargot
colis paquet
collaborateur collaborer
collaboration concours
collant colle
collatéral parent
collecte quête
collecter récolter
collectif commun
collection choix, série
collectivement commun
collectivité communauté,
  société I
collège compagnie, école
collégiale église
collégien écolier (in *école*)
coller colle
colleter (se) battre (se)
collision accident, heurt
collusion accord I
colmater boucher
colombe pigeon
colombier pigeonnier
colon colonel
colonnade colonne I
colorant couleur
coloration couleur
coloré couleur
colorer couleur
colorier couleur
coloris couleur
colossal colosse
colporter propager
coltiner porter
coltiner (se) faire
combat combattre
combatif combattre
combattant combattre
combien (de) que
combinaison combiner
comblé satisfait (in *satisfaire*)
combler accabler II, gâter,
  plaire I, rassasier, satisfaire
combles mansarde
comédien comédie
comestibles denrée
comité association (in *associer*)
commandant chef
commandement comman-
  der II

commando détachement, raid, unité (in *unir*)
commémorer fêter
commencement commencer
commensal convive
commentateur interprète
commenter interpréter
commérages bavard
commerçant commerce I
commère bavard
commettre accomplir, compromettre, nommer II (in *nom*), perpétrer, préposer
comminatoire menaçant
commis employé
commisération pitié
commissionnaire intermédiaire, messager
commissure coin
commodément commode II
commodité commode II
commotion secousse (in *secouer*)
communément commun II
communiqué avis
communiquer correspondre, transmettre
communisme collectivisme
communiste rouge (nom) [in *rouge* adj.]
compact dense, serré (in *serrer* I)
compagne compagnon, époux
comparable semblable
comparaison (en) comparer
comparaître présenter (se)
comparse figurant
compassé affecté II
compassion pitié
compatir apitoyer (s'), plaindre I
compatissant sensible I
compensation compenser
compère complice
compétence capacité I, domaine
compétitif concurrentiel
complainte mélodie
complaire plaire
complaisance complaisant
complément appoint, solde II, supplément
complètement absolument, profondément (in *profond* II), radical, radicalement (in *radical*), tout III [*du tout au tout*]
compléter parfaire
complexe compliqué (in *compliquer*)
complexion nature

complication compliquer
complicité complice
compliment félicitation
complimenter féliciter
compliqué compliquer, savant II
comploter complot
componction gravité, repentir
comportement conduite
comporter admettre II, contenir
comporter (se) agir I
composé affecté II
composite divers
composition composer I, III et IV
compréhensible comprendre
compréhensif bon II
compréhension comprendre
comprimé cachet IV
comprimer presser, réprimer, serrer I
compris vu II
compromettant compromettre
compromis arrangement (in *arranger*), mouillé (in *mouiller*)
comptant cash
compte-gouttes économie (avec)
compte rendu analyse
compulser consulter
con abruti, sexe
concasser broyer
concentration application I
concentrer (se) recueillir (se), réfléchir (se)
concept idée, notion
concerner toucher II, trait III [*avoir trait à*]
concerter (se) accorder (s') [in *accord* I], préparer
concession composer IV
concevoir combiner, comprendre, créer, imaginer
conciliable compatible
conciliabule conversation
conciliant concilier
conciliation concilier
concitoyen compatriote
concluant conclure
conclusion conclure
concomitant simultané
concorde accord I
concourir (à) aider (à)
concours appoint, appui, participation (in *participer*)
concours (de circonstances) coïncidence
concrètement concret

concrétiser réaliser I (se)
concubine amant
concupiscence convoitise, sensualité (in *sens* I)
concurremment fois (à la)
concurrence concurrent
concurrentiel concurrent
condamnable blâmable
condamnation sanction
condensé abrégé, concentré
condenser abréger
condescendance complaisance, supériorité
condescendant complaisant, protecteur (in *protéger*), supérieur I
condescendre abaisser II (s') à
condiment assaisonnement
condisciple compagnon
confection composition
confectionner composer
confédération association (in *associer*)
conférencier orateur
confesser avouer
confiance confier I
confiance (en) sécurité (en)
confidence confier II
confidentiel secret I
confidentiellement secrètement (in *secret* I)
configuration forme
confiné confiner I
confins frontière
confirmation confirmer II
confiscation saisie
confisquer saisir
conflit désaccord (in *accord* I), guerre, tiraillement (in *tirer* I)
confondre accabler, assimiler, démasquer
confondu déconcerté
conformation forme
conformément (à) selon
conformer (se) conforme
conformiste conforme
conformiste (non-) conforme
conformité analogie
confort aise, commodité (in *commode* II)
confortablement aise, commodément (in *commode* II)
confrère collègue
confrérie association (in *associer*), communauté
confronter comparer
confusément obscurément (in *obscur*)
confusion confus I et II

congédier congé
congénital inné
congestion attaque
congestionné rouge
congestionner embouteiller
congratuler féliciter
congrégation association (in *associer*), communauté
congrès réunion
conjecture supposition (in *supposer*)
conjecturer augurer
conjoint époux
conjointement ensemble
conjoncture situation II
conjugale (union) mariage
conjuration complot, exorcisme
conjurer exorciser, prier, supplier
connaisseur amateur, compétent
connerie bêtise
connivence accord I
connu éventé, répandu (in *répandre*), réputé (in *réputation*)
connu (être) savoir I (se)
conquêt bien II
consciemment conscience I
consciencieusement conscience II
consciencieux conscience II
conscient conscience I
conscrit novice
consécration triomphe
consécutivement consécutif
conseil avertissement, défenseur (in *défendre* I), suggestion (in *suggérer*), tribunal
consentement approbation (in *approuver*)
conséquence effet, importance, portée, suite (in *suivre*)
conséquent important
conséquent (par) ainsi I
conservateur modéré (in *modérer*), réactionnaire
conserve (de) ensemble
considérable grand, large, remarquable
considérablement beaucoup
considération égards, observation, réputation
considération (prendre en) compte
considérer estimer, regarder, songer
consigne colle II, instruction, ordre II

consigner noter
consistance consistant
consolant consoler
consolateur consoler
consolation compensation, réconfort
consommé (adj.) accompli
consommé (nom) bouillon
consomption amaigrissement
consortium société II
conspiration complot
conspirer comploter
conspuer huer, siffler
constamment constant
constance constant
constatation observation
constater éprouver, observer
consternation abattement
consterner abattre, attrister, stupéfier (in *stupéfaction*)
constitution constituer
construction bâtiment
construire bâtir, élever I
consumer brûler, consommer
contacter contact
contagieux épidémique
contempler regarder
contemporain actuel, moderne
contentement content
contenter content
contestable contester
contestation contester
contexte situation II
contexture composition
contigu (être) de toucher I, proche
continent chaste, monde
contingent part
contingentement répartition
continu continuer
continuateur successeur (in *succéder*)
continuation continuer
continuel continuer, éternel I, sempiternel
continuellement toujours, relâche (sans)
continuité continuer
contourné ampoulé
contourner éviter
contracté contracter II
contracter serrer I
contraction contracter II
contradicteur contredire
contradiction contredire
contradictoire opposé
contraindre acculer (à), condamner (à), obliger I, réduire

contraint embarrassé
contrainte pression (in *presser* II)
contraire différent (in *différer* II), inverse, opposé, nuisible
contrariant désagréable (in *agréable*)
contrariété mécontentement
contraste désaccord (in *accord* I)
contrat convention
contre-attaquer riposter (in *riposte*)
contrebalancer équilibrer
contrecarrer contrarier
contrecœur (à) regret
contrecoup effet
contredanse contravention
contrée pays
contrefaçon imitation
contrefaire changer I, falsifier
contrefait difforme
contrefort colonne
contrepartie (en) échange (en), compensation
contrepet mots (jeu de)
contrepied opposé
contrepoids compenser
contrevenir désobéir
contrevent persienne, volet
contrevérité mensonge
contribuer aider, collaborer
contribution appoint, impôt, participation (in *participer*), quote-part
contrister attrister
contrition repentir
contrôler contrôle
controuvé mensonger
controverse dispute, polémique
controverser discuter
contusionner blesser, meurtrir
convaincant concluant (in *conclure*), probant
convaincu convaincre
convenable acceptable (in *accepter*), approprié, bon I, correct, sortable
convenablement bien I, correctement (in *correct*), raisonnablement (in *raison* I)
convenir accord I, aller I, arrêter III, concéder, falloir, plaire
convention accord I
conventionnel arbitraire, bourgeois, commun

convenu commun
converser conversation
convertir changer I, transformer
conviction convaincre
convier inviter
convoitise convoiter
convoler marier (se)
convoquer appeler I
convoyer accompagner
coolie porteur
coopérer collaborer
cooptation choix
coordonnées coordonner
copain ami
copieusement beaucoup
copieux abondant, consistant
coq-à-l'âne (passer du), sauter
coquart coup
coque carcasse
coquet élégant, gentil
coquetteries agaceries
coquille écaille
corbeau prêtre
cordialement cordial
cordon-bleu cuisinier
coriace dur, tenace
cornet trompette
corpulent gras, gros
correctement correct
correcteur correct
correctif rectificatif
correction peignée, savoir-vivre, volée II
corrélation dépendance, rapport
correspondance correspondre
corridor couloir
corrigé modèle
corroborer confirmer
corroder attaquer I, ronger
corrompu corrompre
corruptible corrompre
corruption corrompre
corsaire pirate
corsé salé (in *sel*), scabreux
corser (se) compliquer (se)
cortège accompagnement (in *accompagner*), défilé
corvée devoir I (nom), travail
cossard paresseux
cosse paresse
cossu riche
costaud fort, solide
costume vêtement
cote estime
coteau colline
cotoyer côté
cottage villa

couard lâche I
couchant occident
couches accoucher
coucheur humeur
couci-couça doucement, moitié
coucou avion
coudoyer fréquenter
coudre piquer
couenne peau
couilles testicules
couillon sot
couillonnade plaisanterie
couillonner tromper
couiner grincer, plaindre (se), pleurer
coulant conciliant (in *concilier*)
coupant tranchant I et II
coupe-file laissez-passer
coupure couper
cour tribunal
cour (faire la) courtiser
courageusement fièrement (in *fier*), vaillamment (in *vaillant*)
courageux hardi, vaillant, travailleur
couramment communément (in *commun* II)
courant commun II, ordinaire, souffle (in *souffler*), vulgaire I
courant (au) informer, savoir I, secret III (dans le)
courante colique
courber coucher I, plier, opprimer, tordre
courbette flatter, salutation (in *saluer*)
couronner parfaire, sacrer I
courrier correspondance (in *correspondre*)
courroux colère
coursier cheval
courtage commission
courtaud trapu
courtier intermédiaire
courtisane prostituée
courtois poli
courtoisie affabilité, galanterie
couru certain
cousette midinette
coût prix
coûte que coûte prix I
coutelas couteau
coûteux coûter
coutume habitude, tradition
coutume (de) ordinaire
coutumier habituel

couture mode, piqûre (in *piquer* I)
couvent cloître
couvert couvrir
couverture couvrir
couvrante couverture (in *couvrir*)
couvre-chef coiffure
craché ressembler
crachin pluie
crachoter cracher
crack as
crainte craindre
craintif craindre
cramoisi rouge
crampe contraction, tiraillement (in *tirer* I)
crampon collant
cramponner (se) accrocher I
cran courage, ondulation (in *onde* II)
cran (être à) énervé
crânement fièrement (in *fier*)
crâner poser
crâneur vaniteux
crapule coquin, minable, salaud, sale, vaurien
craque conte
crasseux malpropre, noir, sale
cravache baguette, fouet
créateur auteur, inventeur, père
création constitution (in *constituer*)
créature personne, protégé
crèche maison, pièce
crécher demeurer
crédule candide, naïf, simple
crédulité candeur, naïveté (in *naïf*)
créole métis
crépiter pétiller
crépuscule soir
crésus riche
crête sommet
crétin abruti, sot, stupide
creuser faim
creux cavité, léger, vide II
crevant comique
crevasse fente, gerçure
crevasser gercer
crevasser (se) craqueler (se)
crève-la-faim affamé, misérable
criant cri
criard cri
crible tamis
cribler accabler, couvrir, tamiser (in *tamis*)

crier cri
criminel meurtrier
crin cheveux
crinière cheveux
crispation contradiction
crisper irriter, serrer I
cristallin clair, transparent
critérium compétition
critiquable blâmable
critiquer critique I
croc dent
crochet détour
croisée carrefour, fenêtre
croisement carrefour
croiser couper, rencontrer
croisière voyage
croître augmenter, pousser
croquant paysan
croque-mort sinistre
croquenot chaussure (in *chausser*)
croquer broyer, craquer, dépenser, dessiner, mordre
croquis dessin
crosses dispute
crotte boue, excréments
crotté sale
croustillant gaillard, grivois
croûton morceau
croyable croire
croyance croire
croyant croire
cruauté cruel
cruche niais
crucial décisif
crue (être en) monter I
crue montée (in *monter*)
cruellement rudement (in *rude*), sauvagement (in *sauvage* I)
crûment nûment (in *nu*)
crypte cimetière
cueillette récolte
cueillir arrêter II, ramasser, récolter
cuirasser endurcir
cuisant désagréable, douloureux, mordant
cuisiner accommoder II, interroger
cuisinier cuisine
cuisinière serviteur
cuistre pédant
cuit point IV [*à point*]
cuite ivresse
cuivré bronzé
culbute cabriole, chute I
cul-de-sac impasse
culot aplomb II, oser, souffle (in *souffler*)

culte adoration, honorer, vénération (in *vénérer*)
cul-terreux paysan
cultivable arable
cultivateur agriculteur
cultivé instruit, lettré (in *lettre* III)
culture civilisation, plantation
culture (générale) savoir II
culture (physique) sport
cupidité convoitise (in *convoiter*)
cure (n'avoir) de soucier (se)
curé prêtre
curer nettoyer
cureton prêtre
curieusement bizarrement
curiosité intérêt
cyclone tempête, vent
cynique impudent

d

dada cheval, manie
dadais niais
daigner abaisser II (s') à
dalle carreau, gosier, rien
dame femme
damner impatienter
dancing bal
dandy élégant
dangereux danger
dare-dare vite
dauber railler
davantage plus, longtemps
de (pour ce qui est) quant (à)
déambuler errer
débâcle défaite, dégel, faillite
déballer étaler, ouvrir
débandade défaite, fuite
débarbouiller laver
débarrasser (se) de semer III
débats séance
débauche débaucher II
débauché incontinent I, jouisseur (in *jouir*)
débecqueter dégoûter
débile arriéré, faible, simple (d'esprit)
débiliter abattre II
débiner critiquer (in *critique*)
débiner (se) fuir, partir
débit élocution, tabac
débiter découper, dire, raconter, sortir, vendre
déblatérer médire
déblayer débarrasser
débloquer délirer (in *délire*), dégeler, déraisonner
déboire déception

déboiser défricher
déboîtement déboîter
débordant déborder II
débordement déborder II
débouler tomber
débours dépense
débourser dépenser
déboutonner détacher
débrayer grève
débris morceau, reste
débrouillard débrouiller
débroussailler défricher
débusquer chasser
début amorce, arrivée, commencement (in *commencer*), ouverture (in *ouvrir*), seuil
début (dès le) abord II
débutant novice
débuter commencer
décamper partir
décaniller partir
décaper nettoyer
décapiter couper, trancher I, tuer
décarcasser (se) démener (se)
décéder mourir
déceler découvrir
décélérer accélérer
décemment décent
décence décent
décennie décade
déception décevoir
décerner attribuer, conférer I
décès mort
déchaîné furie (en)
déchaîner occasionner, soulever
décharger alléger, dispenser, disculper, soulager
décharger (se) libérer (se)
décharné maigre
dèche pauvreté
déchéance abaissement, déchoir
déchiffrer éclaircir, lire
déchiqueter déchirer
déchirement déchirer, division, peine II
déchirure accroc (in *accrocher* I), déchirer
déchoir abaisser II, ravaler (se)
décidé décider, hardi, ferme, prêt
décidément décider
décisif décider
décision décider
déclamatoire ampoulé
déclamer réciter

déclaration discours
déclaré franc
déclenchement commencement
déclencher commencer
déclin décliner II
déclivité pente
décoction tisane
décoller séparer
décombres gravats, ruines
décomposition corruption (in *corrompre*)
déconcertant déconcerter
déconcerté surpris (in *surprendre*)
déconfiture défaite, ruine
déconner déraisonner
déconsidérer discréditer
décontenancer déconcerter
décontracté calme
déconvenue déception
décor cadre
décoratif esthétique, ornemental (in *orner*)
décoration ornementation (in *orner*), récompense
décorer enjoliver, ornementer (in *orner*)
décortiquer éplucher
découdre battre I
découler provenir, résulter
décourageant écœurant (in *écœurer*)
découragement abattement (in *abattre* II), amertume (in *amer*)
décourager courage
découverte invention
décrasser nettoyer
décrépitude vieillesse
décret loi
décréter décider
décrier discréditer
décrire montrer, peindre
décrocher détacher, obtenir
décroître décliner II
dédaigner mépriser, repousser
dédaigneux fier, protecteur (in *protéger*), supérieur I
dédain mépris
dédale labyrinthe
dédicacer dédier
dédommagement compensation (in *compenser*)
dédoubler diviser
déduire conclure, retrancher
déesse dieu
défaillance défaillir
défaillant vacillant (in *vaciller*)

défait décomposé
défaite défaire
défalquer retrancher
défavorable défaveur
défavorisé partager (in *partage*)
défavoriser défaveur
défection abandon (in *abandonner*)
défectueux mauvais, vicieux II
défectuosité défaut II
défendable défendre I
défense défendre I et II
défenseur défendre I
déféquer chier
déférence complaisance, égards
déférent complaisant
déférer céder I
déferlante vague I
déferler répandre (se)
défiance méfiance
défiant méfiant, ombrageux (in *ombrage* II)
déficience manque
déficient faible
défier braver
défier (se) méfier (se)
défigurer altérer I
défiler succéder
définitive (en) après tout (in *après* I), en fin de compte (in *fin* I), somme I
définitivement définitif
déflagration détonation
déformation altération (in *altérer*)
déformé usé (in *user*)
défrayer payer
défricheur défricher
défriser décevoir
défroque vêtement
défunt décédé, mort
dégaine allure
dégelée volée III
dégeler dégel
dégénéré dégénérer
déglinguer abîmer
déglutir avaler
dégobiller vomir
dégoiser chanter
dégonflé plat I [*à plat*], lâche I
dégonfler (se) flancher, mollir
dégoter pêcher, trouver
dégoulinant ruisselant (in *ruisseler*)
dégouliner couler I
dégourdi dégourdir
dégoûtant dégoût

dégoûté dégoût
dégoûter dégoût
dégouttant ruisselant (in *ruisseau*)
dégradation abaissement (in *abaisser* II), altération (in *altérer* I)
dégrader abaisser II, altérer I, détériorer
dégrafer détacher
dégraisser détacher
dégrever alléger
dégringoler descendre, rouler I, tomber
dégrossir civiliser
déguerpir fuir
dégueulasse honteux, sale
dégueuler vomir
déguster goûter I, recevoir, savourer (in *saveur*)
dehors air, extérieur
déifier glorifier
déité dieu
déjection excrément
déjeûner repas
délabrer abîmer
délaisser abandonner II
délassement récréation
délateur accusateur (in *accusé*)
délavé pâle, terne
délayage délayer
délectable délicieux, savoureux (in *saveur*)
délectation délice, volupté
délecter (se) gargariser (se), lécher (se) les babines, plaire II (se), savourer (in *saveur*)
délégué déléguer
délester alléger, voler
délétère nocif, nuisible
délibérément délibéré
délibérer débattre
délicatement délicat
délicatesse délicat
délicieux délice
délié délicat, fin, souple
délier détacher
délinquant coupable
déliquescence déliquescent
délirant débordant (in *déborder* II), exalté
délirer délire
délivrance délivrer
déloger chasser, partir
déloyauté déloyal
déluge abondance (in *abonder* I), pluie
déluré dégourdi (in *dégourdir*)

464

démancher déboîter
demande désir, prière, requête
demandeur solliciteur (in *solliciter*)
démangeaison désir (in *désirer*)
démanger piquer II
démarche allure, méthode
démarquer imiter
démêlé contestation (in *contester*)
démêler défricher, distinguer, éclaircir
démembrement dislocation (in *disloquer*), morcellement (in *morceler*)
démembrer morceler
déménagement transport I
déménager déraisonner, transporter I
démence folie
démener (se) pied [*faire des pieds et des mains*]
dément fou
démentiel infernal
démentir contredire
démerdard débrouillard
démerder (se) débrouiller (se)
démesuré démesure
démettre déboîter, destituer
démettre (se) abandonner I, abdiquer
demeurant (au) ailleurs (d')
demeure demeurer
demi moitié, semi
démission abandon (in *abandonner*)
démissionner abandonner I, abdiquer
démocratique populaire (in *peuple* II)
démodé anachronique, vieux
démolir abattre I, démanteler, raser II
démon diable, espiègle
démoniaque diabolique
démonstratif démonstration
démonté furie (en)
démonter déconcerter, troubler
démontrer confirmer, montrer, prouver
démoraliser abattre II, décourager (in *courage*)
démordre renoncer
dénaturation altération
dénaturer altérer
déniaiser dégourdir
dénicher pêcher, trouver
dénier contester, nier

deniers finance
dénigrer discréditer
dénombrer compter
dénomination appellation
dénommer appeler II
dénoncer accuser, donner, rapporter IV, rompre, signaler (in *signal*), trahir
dénonciateur accusateur (in *accuser*)
dénonciation rupture (in *rompre*)
dénoter signifier I
dénouement fin I, solution
dénouer détacher
dense serré (in *serrer* I)
densité épaisseur
dentier appareil
dénuder dépouiller, dévêtir, révéler
dénué misérable
dénué (être) de manquer (de)
dénuement nécessité, pauvreté
dépareillé incomplet
départ abord II, différence (in *différer* II), disparition (in *disparaître*)
départir (se) de renoncer, sortir
dépatouiller (se) débrouiller (se)
dépayser dérouter
dépecer découper
dépêcher envoyer
dépêcher (se) accélérer, courir, empresser (s'), presser II (se), sauver
dépeindre montrer, peindre II
dépenaillé déguenillé
dépendance dépendre I
dépens dépense
dépenser dépense
dépensier dépense
dépérir mourir
dépérissement amaigrissement
dépêtrer (se) sortir (se)
dépiauter dépouiller
dépister découvrir
dépit désappointement
dépit (en) de malgré
dépiter désappointer
déplacé inconvenant
déplaisant désagréable
déplaisir mécontentement
déplier développer I
déplorable catastrophique, pitoyable, scandaleux (in *scandale*), triste III
déplorer pleurer, regretter

déployé étendu (in *étendre*)
déployer dépenser (in *dépense*), développer I, étaler, étendre, ouvrir, tendre III
déposition témoignage (in *témoin*)
dépôt déposer II
dépouille dépouiller
dépouillé concis, sévère, simple, sobre
dépravation corruption
dépravé corrompu
dépraver corrompre
dépréciation déprécier
déprédation concussion, dégât, rapine
dépression abattement
déprimé plat I [*à plat*]
déprimer abattre II
dépuratif purgatif
député délégué
députer déléguer
déraciner arracher
dérailler délirer, égarer (s')
déraison absurdité
déraisonnable absurde
dérangement déranger
déraper glisser
dérèglement corruption (in *corrompre*)
dérider amuser, dégeler (in *dégel*)
dérision raillerie
dérisoire minime, ridicule
dérivatif exutoire
dériver détourner, dévier, résulter
dérobée (à la) discrètement (in *discret*), secrètement (in *secret* I)
dérogation infraction
déroger désobéir
dérouillée peignée, volée III
dérouiller battre, dégourdir
dérouler étaler
dérouler (se) passer (se)
déroutant déconcertant (in *déconcerter*)
déroute défaite (in *défaire*), fuite
dérouter déconcerter, dépayser
dès depuis
désaccoutumer déshabituer
désagrégation dislocation (in *disloquer*)
désagrément mécontentement, souci
désaltérer (se) boire
désapparier dépareiller

désappointement désappointer

désarçonner déconcerter

désarmé faible

désarroi confusion (in *confus* I), trouble II

désarticuler déboîter

désassortir dépareiller

désastre abîme, catastrophe

désastreux abominable, catastrophique, néfaste

désavantageux défavorable (in *défaveur*)

désaveu désapprobation (in *désapprouver*), reniement (in *renier*)

désavouer désapprouver, renier

descendance postérité

descente côte II

descente de lit tapis

description portrait

désemparer déconcerter

désenchantement déception (in *décevoir*)

déséquilibré bizarre, fou

déserter abandonner I

désertion abandonner I, insoumission

désertique aride

désespérant attristant (in *attrister*)

désespéré compromettre

désespérer abattre II, décourager (in *courage*)

désespoir abattement (in *abattre* II)

déshabillé négligé (in *négliger*)

déshabiller découvrir (se), dévêtir

désherber sarcler

déshérité misérable

déshonnête obscène

déshonneur honte

déshonorer discréditer, prostituer, salir (in *sale*), séduire

déshydraté sec I

désignation appellation (in *appeler* II)

désigner appeler II, choisir, indiquer, nommer II (in *nom*)

désillusion déception

désinfection assainissement

désintégrer (se) disloquer (se)

désintéressement désintéressé

désintérêt désintéresser

désinvolte dégagé, gêne (sans)

désir désirer

désirable désirer

désobéissant désobéir

désobligeant désagréable (in *agréable*)

désobliger froisser

désœuvré inactif (in *actif*), oisif

désœuvrement inaction (in *action*), oisiveté (in *oisif*)

désolant attristant (in *attrister*)

désolé âme (la mort dans l'), confus, désert, fâché

désoler attrister, navrer, ravagé

désopilant comique

désordonné désordre

désorganisation dérangement

désorganiser déranger

désorienter déconcerter

désormais avenir (à l')

despotique arbitraire, absolu I

despotisme absolu II

dessaisir (se) abandonner I

dessaler dégourdir

desséché sec I

dessécher endurcir, sécher I

dessein but, plan IV, voie, volonté

dessein (à) délibérément

desserrer lâcher, relâcher I

desservir nuire

dessiller désabuser

dessiner dessin

destiné (à) naître [né pour]

destinée destin

destiner affecter I

destrier cheval

destructeur meurtrier

destruction détruire

désuet anachronique, ancien

désunir brouiller II, séparer

détaché détacher I

détachement détacher I

détail détailler

détaillant commerçant (in *commerce*)

détaillé circonstancié

détaler fuir

détecter découvrir

détendre délasser, relâcher I

détendu calme, lâche II

détente repos, soulagement

détenteur porteur

détention emprisonnement

détenu prisonnier

détérioration altération (in *altérer*)

détériorer saboter, abîmer

détériorer (se) gâter (se)

déterminant décisif, dominant (in *dominer*), principal

détermination décision

déterminer motiver, décider, définir, occasionner

détestable détester

détourné indirect

détournement vol

détraqué fou

détraquer abîmer, dérégler

détriment préjudice

détritus déchet, ordure

détroit canal

détromper désabuser

détrôner destituer, éclipser

détrousser voler

dette devoir

deux second I

deuxième second I

dévaler descendre

dévaliser voler

dévalorisation dépréciation (in *déprécier*)

dévaloriser déprécier

dévaluation dépréciation (in *déprécier*)

dévaluer déprécier, rabaisser

devancier prédécesseur

devant nez

devanture étalage

dévaster ravager

déveine malchance (in *chance*)

devin deviner

devinette énigme

dévisager regarder

deviser parler

dévoiler divulguer, nu

dévolu (jeter son) choisir

dévot croyant

dévotion dévouer, piété (in *pieux*), religion

dévouement dévouer

dévoyé vaurien

dextérité adresse I

diablement rudement (in *rude*)

diablerie espièglerie

diabolique diable

diadème couronne

diagonale (en) oblique

dialogue conversation

dialoguer converser (in *conversation*)

diamétralement absolument (in *absolu*)

diapason (se mettre au) adapter (s')

diapositive photographie

diaprer émailler, marqueter

diarrhée colique

diatribe satire
dictatorial absolu I
dictature absolu I
dicter imposer, inspirer, suggérer
diction élocution, pensée II
diète jeûne, régime
diffamer discréditer, salir (in *sale*)
différemment autrement (in *autre*), diversement (in *divers*)
différence différer II
différenciation différer II, distinction
différencier distinguer
différend contestation (in *contester*), désaccord (in *accord* I)
différent différer II
difficilement peine I (à grand)
difficulté difficile
diffusion propagation
digérer assimiler II, souffrir, supporter
digeste léger
digestible léger
digne grave
digne (être) de mériter
dignement noblement (in *noble*)
dignité fierté, grandeur, honneurs, retenue
dilapider dépenser
dilater (se) la rate rire
dilatoire évasif
dilemme alternative (in *alterner*)
dilettante amateur
diligence diligent
diluer délayer
diminution diminuer
dindon dupe
dîner repas
dingo fou
dingue fou
diocèse évêché
diplomatie diplomate
diplôme peau (d'âne)
direct franc II
directement droit I
directive indication, instruction
diriger présider I
dirigisme étatisme (in *état* IV)
discernement clairvoyance, escient (à bon), sens II
discerner distinguer, percevoir, saisir I, sentir II
discipliné obéissant (in *obéir*)
discipliner dominer

discontinuer (sans) affilée (d')
discordant criard
discorde désaccord (in *accord* I)
discourir discours
discourtois impoli
discrédit défaveur
discrètement discret
discrimination segmentation
discriminer distinguer
disculper justifier, laver
discussion discuter
discutable discuter
discuté discuter
disert éloquent
disgrâce défaveur, malheur
disgracié laid
disgracier destituer
disgracieux laid
disjoindre séparer
dislocation disloquer
disparate divers
disparité diversité
disparition disparaître
disparu mort
dispendieux coûteux
dispense dispenser I
disponible libre
disposé prêt
dispositif système
disposition disposer
disproportion inégalité
disproportionné démesuré (in *démesure*), inégal
dispute disputer
dissemblable différent (in *différer* II)
disséminer disperser
dissension désaccord (in *accord* I)
dissentiment désaccord (in *accord* I)
disserter discourir
disserter (sur) traiter II (de)
dissimulation dissimuler
dissimulé secret II, sournois
dissipation dissiper II
dissipé désobéissant
dissolu corrompu (in *corrompre*)
dissolution dissoudre
distancer dépasser, semer II
distant distance
distinct clair, différent (in *différer* II), indépendant, net
distinctif caractéristique
distinction distinguer
distingué bien I, comme IV [*comme il faut*], élégant

distraire amuser, détourner, étourdir (s'), occuper II
distribution distribuer
dithyrambe éloge
dithyrambique élogieux
diva chanteuse (in *chanter*)
divagation délire
divaguer délirer (in *délire*), déraisonner, égarer (s')
divan canapé
divergence différer II, dissidence
divergent différer II
diverger différer II
diversement divers
diversifier varier
diversité divers
divertissement distraction, plaisir
divination deviner
divinité dieu
division diviser
divorcer divorce
djinn lutin
docilement docile
docilité docile
docker débardeur
docte savant I
doctement savamment (in *savant* I)
docteur médecin
doctrinaire doctrine
documenter document
dodeliner balancer
dodo sommeil
dodu gras, rebondi
dogmatique absolu II, doctrinaire (in *doctrine*)
dogme doctrine
dogue humeur
doléance plainte
dolent plaintif
dôme coupole
domestique (adj.) familial
domestique homme, servante, serviteur
domestiquer apprivoiser
domicile habitation
dominant dominer
dominateur dominer
domination autorité
dompter apprivoiser, dominer
don donner I
donation donner, secours
donc ainsi I, comme IV
don juan bourreau (des cœurs), séducteur (in *séduire*)
donné (étant) donner
donnée donner

dorénavant avenir (à l')
dormant dormir
dose mesure
doser mesurer
doter équiper, gratifier
douce (en) doux, secrètement (in *secret* I)
douceâtre doucereux (in *doux*), doux
doucement doux
doucereux doux
douceur doux
doucher refroidir
doué bon I
douer gratifier
douillet sensible I
douloureuse douleur
douloureux douleur
doute douter
douteux doute
douve fossé
draconien énergique (in *énergie*), rigoureux, sévère
dragon femme, virago
draguer racoler
drainer assécher
dramatique émouvant, théâtral (in *théâtre*), tragique
dramatiser exagérer
dramaturge auteur
drame catastrophe, pièce, théâtre
drap (de beaux) situation
drille luron
drogue médicament
droguer (se) piquer V (se)
droiture droit
drôle amusant, bizarre, piquant, poil (au), risible (in *rire*)
drôle (de) bon I
drôlement rudement, très
dru fort, serré (in *serrer* I), touffu
dû compte
dulcinée amant
duper leurre, rouler II, tromper
duperie tromperie
duplex appartement
duplicata copie
durable durer
durant affilée (d'), pendant
durcir dur
durée durer
durement dur
dureté dur
duvet poil
dynamique actif
dynamisme vitalité**

e

ébattre (s') folâtrer
ébaubi ébahi
ébauche amorce, canevas, modèle, plan IV
ébaucher amorcer, commencer
éberlué ébahi
éblouissant briller I et II
éboulement chute I
ébouler (s') crouler
ébouriffer hérisser
ébrancher couper
ébrécher abîmer
ébriété ivresse
ébruiter divulguer
ébullition excitation
écailler (s') écaille
écarlate rouge
écarquiller ouvrir
écart écarter
écarté écarter
écarteler partager, tirailler (in *tirer* I)
ecchymose contusion
ecclésiastique homme, prêtre
écervelé étourdi
échafauder projeter
échalas femme, homme, perche
échanger changer I
échappatoire expédient, fuite, prétexte
écharpe fichu
échasse jambe
échauder ébouillanter
échauffer enflammer
échauffourée bagarre
échéance terme I
échelon degré I, rang II
échelonnement étalement (in *étaler* III)
échelonner espacer, étaler
échevelé hirsute
échine colonne vertébrale
échiner (s') fatiguer (se)
écho anecdote
échoppe boutique
éclabousser mouiller, rejaillir
éclaboussure tache
éclair étincelle, foudre
éclairage éclairer
éclairant clair, éclairer
éclaircissement explication
éclairé clair, instruit
éclaireur scout
éclatant éclater II
éclisse éclat I
éclopé boiteux

éclore épanouir
éclosion épanouissement
écœurant écœurer
écolier école
éconduire bouler (in *boule*), congédier (in *congé*)
économe économie
économique économie
économiser économie
écoper punir (être), recevoir
écorce croûte
écorchure écorcher
écornifleur parasite
écosser éplucher
écot part
écouter croire, entendre II
écrabouiller écraser
écrasant accablant (in *accabler*)
écrier (s') exclamer (s')
écrin boîte
écrit écrire
écriteau écrire
écriture écrire
écrivailleur auteur
écrivain auteur
écrouer emprisonner
écroulement dissolution (in *dissoudre*)
écrouler (s') crouler, désagréger (se) [in *agréger*]
éculé usé
écume mousse, salive
écumer rager, piller
éden paradis
édicule pissotière (in *pisser*)
édifiant moral, moralisateur (in *moral*), vertueux
édifice bâtiment
édit loi
édition éditer
éditorial article
éducation éduquer
édulcorer adoucir
effacé effacer
effacer (s') effacer
effarant effrayant (in *effrayer*), stupéfiant (in *stupéfaction*)
effarer effrayer, stupéfier (in *stupéfaction*)
effaroucher effrayer
effectivement effectif
effectuer accomplir
effervescence excitation (in *exciter*), fermentation (in *fermenter*)
efficacité efficace
efficient actif
effigie portrait

effilé mince, pointu
efflanqué maigre
effleurement contact
effondrement chute I
effondrer (s') craquer, crouler, désagréger, ruine
efforcer (s') de essayer, tâcher de (in *tâche*), travailler I (à)
effrayant effrayer
effriter (s') écailler (s')
effronté impudent
effronterie impudence (in *impudent*)
effroyable effroi
effusion débordement (in *déborder* II)
égailler (s') disperser (se)
également aussi
égaler valoir
égaliser aplanir
égalité parité
égaré fou
égarement égarer
égayer amuser, animer
égérie conseiller
égide auspices
églogue pastorale
égoïne scie
égoïste personnel
égorger écorcher, saigner, trancher I, tuer
égosiller (s') crier
égout cloaque
égratigner déchirer, écorcher
égratignure écorchure (in *écorcher*)
égrillard coquin
éhonté impudent
éjecter chasser
élaboration composition (in *composer*)
élaborer composer, préparer, tirer I
élagage taille II
élaguer couper, tailler I
élan élancer (s')
élancé élancer (s')
élargissement liberté
élection choix
électriser enflammer
électrocuter tuer
élégance élégant
élémentaire élément
élévation élever I
élève apprenti, écolier (in *école*)
élever (s') élever I
elfe lutin
élimé usé

élire choisir
élogieux éloge
éloigné éloigner
éloignement éloigner
éloigner (s') éloigner
éloquence éloquent
élu saint
émanation effluve, expression
émancipation libération
émanciper (s') affranchir
émaner dégager, provenir
émargement signature (in *signer*)
émarger toucher IV
émasculer efféminer
emballage emballer
emballement enthousiasme, mouvement
embarbouiller embarrasser
embarcadère débarcadère
embarras embarrasser
embarrassant embarrasser
embarrassé embarrasser
embaucher engager
embaumer parfumer, sentir
embellir améliorer, enjoliver, idéaliser
emberlificoté embarrassé (in *embarrasser*)
emberlificoter embobiner, empêtrer
embêtant ennuyeux
embêtement ennui, souci
embêter ennuyer
emblée (d') immédiatement
emblème symbole
emboîter (le pas) imiter, suivre
embouché (mal) impoli
embouteillage embarras (in *embarrasser*)
emboutir heurter
embranchement fourche
embrasé ardent
embrigader enrégimenter
embringuer embarquer
embrouillé obscur
embrouiller brouiller I, compliquer
embrouiller (s') empêtrer (s'), entrelacer (s')
embûche piège
embuscade piège
embusqué planqué
embusquer (s') se cacher
éméché ivre
émerger sortir
émerveillement émerveiller
émigration émigrer

éminent émérite, distinction (in *distinguer*), supérieur I
émissaire messager
emmagasiner entreposer, stocker (in *stock*)
emmanché (mal) engager
emmêler (s') entrelacer (s')
emmener amener, emporter
emmerdant collant (in *colle* I), ennuyeux
emmerdement ennui
emmerder ennuyer
emmerdeur empoisonneur, importun
emmitoufler envelopper
emmouscailler ennuyer
émoi émotion (in *émouvoir*)
émollient mou
émoluments rétribution, salaire
émondage taille II
émonder couper, tailler I
émotif sensible I
émotion émouvoir
émotionner émouvoir
émotivité sensibilité
émoustiller exciter
émouvant émouvoir
empaqueter emballer
empâter (s') grossir
empaumer tromper
empêche (n' — que) cependant
empêchement difficulté (in *difficile*)
empereur monarque
empeser amidonner
empester puer
empêtrer (s') embarrasser (s')
emphatique ampoulé, solennel, sonore
empiètement entreprise
empiffrer (s') manger
empiler entasser
empirer progresser (in *progression*)
emplacement place I
emplâtre maladroit (in *adroit*)
emplettes achat (in *acheter*), commissions II
emploi employer
employé emploi (in *employer*)
empocher percevoir II, recevoir
empoigner émouvoir, prendre, saisir, serrer I
empoisonné perfide
empoisonnement souci
empoisonneur empoisonner

469

emporté brutal, coléreux, fougueux (in *fougue*), impulsif, vif
emportement fougue, fureur
empoté maladroit (in *adroit*)
empourprer (s') rougir
empreinte sceau, trace
empressé empresser (s')
empressement empresser (s')
emprise effet, impulsion
emprisonnement emprisonner
emprunté embarrassé (in *embarrasser*)
ému émouvoir
émule rival
énamourer (s') amouracher (s')
encadrer entourer, sentir I
encaisser recevoir, sentir I, toucher III
encan enchères
encanailler pervertir
enceindre entourer
encenser flatter
encercler attaquer I, assiéger
enchaînement enchaîner
enchanté enchanter
enchantement enchanter
enchanteur enchanter
enchâsser sertir
enchérir enchère
enchevêtrement désordre, enchevêtrer, tissu
encoche entaille
encoignure angle
encolure cou
encombrant compromettant, embarrassant
encombré saturé
encombrement embarras
encombrer embarrasser, obstruer
encourager courage
encourir exposer (s' — à), mériter
encrasser salir
encroûter (s') scléroser (se)
encyclopédie dictionnaire
encyclopédique étendu, universel (in *univers*)
endiablé infernal
endolori douloureux (in *douleur*)
endommager abîmer, avarier
endormi inactif, mou
endormir (s') dormir
endosser assumer, revêtir
endroit coin ou place I
endroit (à l'— de) avec
enduire recouvrir

endurance résistance
endurant résistant
endurer souffrir, subir, supporter
énergique énergie
énergiquement énergie
énervement agacement, nervosité (in *nerf*)
énerver (s') énerver
enfance enfant
enfantement accouchement (in *accoucher*)
enfanter accoucher
enfantillage enfant
enfantin enfant
enfiévrer enflammer
enflammé ardent
enflammer (s') enthousiasmer (s')
enfler grossir
enfoiré abruti (in *abrutir*)
enfouir (s') blottir (se), enterrer
enfourner avaler
enfreindre désobéir, outrepasser, transgresser
enfuir (s') fuir, sauver II
engageant affable, affriolant
engagement engager
engeance race
engin appareil
englober contenir
engloutir absorber III, avaler, engager
engloutir (s') abîmer (s'), sombrer
engouement enthousiasme
engouffrer (s') entrer
engourdi engourdir
engourdissement assoupissement
engueulade dispute (in *disputer*), sérénade
enguirlander engueuler
enhardir encourager (in *courage*)
énigmatique énigme
enivrant énivrer (s')
enjambée pas II
enjoindre commander II, ordonner II (in *ordre* II)
enjôler tromper
enjoué gai
enjouement gaieté
enlacer étreindre
enlèvement enlever
enluminure miniature
ennoblir anoblir, élever I
ennui ennuyer
ennuyé ennuyer

ennuyeux ennuyer
énormément beaucoup, terriblement (in *terrible*)
énormité énorme
enquiquinant collant (in *colle* I), ennuyeux
enquiquiner ennuyer
enraciné incruster, tenace
enragé acharné
enrager rager
enregistrement disque
enrichir riche
enrichir (s') riche
enrôler engager, mobiliser
enrouler rouler (se) [in *rouler* I]
ensablé sourd
ensabler (s') échouer
enseignant enseigner
enseignement enseigner
ensemencement semailles (in *semer* I)
ensemencer planter, semer I
ensevelir enterrer
ensoleillé clair
ensorceler enchanter
entacher salir
entailler couper
entamer attaquer I, commencer, ébranler, mordre
entassement entasser
entendement pensée I
entendu entendre III
entente entendre III
entériner ratifier, sanctionner (in *sanction*)
enterrement enterrer
entêté têtu, volontaire III
entêtement entêter (s')
enthousiasmer enthousiasme
enthousiaste enthousiasme
enticher (s') amouracher (s'), engouer (s')
entièrement entier
entonner boire, chanter
entorse foulure
entorse (faire une — à qqch) respecter
entortillé embarrassé
entortiller compliquer, embarrasser (s'), embobiner, envelopper
entourage cadre
entouroupette tour III
entournures (gêner aux) embarrasser
entracte pause
entraider (s') serrer I (se — les coudes)
entraîné entraîner II

entrave obstacle

entraver comprendre, contrarier

entre intercaler, intermédiaire, parmi

entrebâiller ouvrir

entrecoupé saccadé

entrecroiser (s') entrelacer (s')

entrée entrer

entrée (d') entrer

entregent adresse I

entremêler (s') entrelacer (s')

entremetteur entremettre (s')

entremise entremettre (s')

entrepôt dépôt (in déposer)

entreprenant entreprendre

entreprise entreprendre

entre-temps intervalle (dans l')

entretien audience, conversation

entrevoir pressentir, voir

entrevue rencontre (in rencontrer)

entrouvrir ouvrir

entuber tromper

énumération dénombrement, liste

envahissant collant (in colle II)

envahisseur envahir

enveloppe envelopper

envenimer enflammer

envenimer (s') gâter (se)

envers avec revers

envers (à l') contresens

enviable envie I

envier envie I

envieux envie I

environ dans, près, près de, quelque, vers I

environnant proche

environner entourer

environs abord (in aborder II), autour

envisager penser à, regarder, songer

envoi dédicace

envol essor

envoler (s') disparaître, partir

envoûtement enchantement

envoûter enchanter

envoyé ange, délégué

épaisseur épais

épaissir (s') alourdir (s')

épanchement épancher (s')

épandre étaler, verser

épanoui épanouir (s')

épanouissement épanouir (s')

épargne économie

épargner dispenser I, économiser, vie

éparpiller disperser, égarer (s'), répandre

épatant charmant (in charme)

épaté camus, ébahi, surpris (in surprendre)

épater étonner

épauler aider, soutenir

épave loque

éperdu fou

éperdument follement

éperonner exciter

éphèbe adolescent

éphémère court, passager

éphéméride calendrier

épice assaisonnement

épicé fort II, gaillard

épicer relever I

épicier bourgeois

épicurien sensuel (in sens I)

épidémique épidémie

épiderme peau

épidermique superficiel

épigone successeur

épigramme satire

épilogue conclure (in conclure)

épiloguer discourir

épineux épine

épingler attacher I, pincer, prendre

épisode acte I, péripétie

épisodique passager (in passer I)

épitoge robe

éploré attristé

épointé émoussé

éponge (passer l') pardonner

épousailles mariage

épouse époux

épouser époux

époustouflant suffocant (in suffoquer)

époustouflé ébahi

époustoufler étonner

épouvantable effroyable

épouvante effroi

épouvanter effrayer, peur (faire)

éprendre (s') aimer

éprouvant pénible, vivre II

éprouvé éprouver

éprouver servir I

épuisant fatigant, pénible I

épuisé mort (in mourir)

épuisement abattement (in abattre II), fatigue

épuration assainissement

équilibré équilibre

équilibrer balancer I

équipement équiper

équité droiture

équivalent équivaloir

équivoque ambigu, suspect

érafler écorcher

éraflure écorchure

ère époque

éreintant fatigant

éreinté fatigué

éreintement fatigue

éreinter critiquer (in critique), fatiguer, tomber (sur), tuer

ergoter chicaner, discuter

érotisme érotique

errant errer II

errements erreur

erroné erreur

ersatz succédané

éructation éructer

érudit lettré (in lettre III), savant I et II

érudition savoir II

éruption explosion

esbaudir (s') amuser (s')

escalade montée (in monter)

escalader gravir

escale (faire) mouiller

escamoter dérober, taire

escamoteur prestidigitateur

escampette fuir

escarcelle bourse

escarmouche assaut

esche appât

esclaffer (s') rire

esclandre scandale

esclavage esclave

escompter espérer

escorte détachement (in détacher), suite (in suivre)

escorter accompagner

escrimer (s') essayer

escroquer soutirer II, voler

escroquerie escroc

esgourde oreille

ésotérique caché, obscur, secret I

espacer espace

espérance espérer

espièglerie espiègle

espionner épier

esplanade place II

espoir espérer

esquif embarcation

esquille éclat I

esquinter abîmer, critiquer, fatiguer

esquisse canevas, plan IV

esquisser amorcer, commencer, dessiner

esquiver éviter

esquiver (s') défiler (se), dérober (se)

essai essayer

essarter arracher, défricher

essentiel dominant, élémentaire, indispensable, nécessaire, primordial, principal

esseulé seul, solitaire

essieu axe

essorer presser

essuie-main serviette I

essuyer nettoyer, subir, torcher

est orient

estacade digue

estafette messager

estafilade coupure (in *couper*), entaille

estaminet cabaret

estamper écorcher

estimable honorable

estimation estimer II

estival été

estomac aplomb II

estomaqué ébahi

estomaquer étonner, suffoquer

estomper (s') effacer (s')

estourbir battre I, sonner, tuer

estropié infirme

estropier blesser, écorcher, mutiler

estuaire embouchure

et ainsi I

établissement établir

étagères rayonnage

étalage étaler II

étalement étaler III

étanche hermétique, imperméable

étancher assouvir, sécher I

étatisme état IV

étau piège

étayer appuyer I, consolider, soutenir

etc. ensuivre (s')

éteignoir éteindre

éteint terne

étendard drapeau

étendu étendre

étendue étendre

éternellement éternel I

éterniser (s') durer, traîner

éther espace

éthique morale

ethnie peuple, tribu

éthylique ivrogne

étincelant rutilant

étioler (s') dépérir

étique maigre

étiqueter juger

étiquette forme II, protocole

étirer (s') étendre (s')

étoffe tissu, valeur

étoffé gras

étoffer (s') nourrir, élargir (s')

étonnant étonner

étonné étonner

étonnement étonner

étouffant étouffer

étouffé sourd II

étouffement étouffer

étourderie étourdi

étourdiment étourdi

étourdissant étourdir

étourdissement vertige

étourneau étourdi

étrange bizarre, énigmatique

étrangement bizarrement

étrangeté bizarrerie

étranglement étrangler

étreindre embrasser, presser I, serrer I

étreinte caresse

étriller malmener

étriqué étroit

étroitement étroit

étroitesse étroit

étude analyse, article, examen, traité I

études travail I

étudiant écolier (in *école*)

étudié affecté II

eunuque homme impuissant

évacuer quitter, vider

évader (s') fuir, sauver II

évaluation appréciation, estimation, mesure

évaluer estimer II, mesurer

évanescent fugace

évanouir (s') connaissance I (perdre), défaillir, disparaître, mourir, pomme I (tomber dans les), tomber (dans les pommes)

évanouissement défaillance (in *défaillir*)

évaporé étourdi

évaporer (s') disparaître

évasion fuite

éventail gamme

éventaire étalage (in *étaler* II)

éventer déjouer

éventualité éventuel

éventuellement accessoirement, échéant (le cas)

évertuer (s') chercher, essayer

éviction exclusion

évidemment comment, entendu (in *entendre* III), naturellement

évident certain, crever (les yeux), criant (in *cri*), transparent

évincement exclusion

évincer écarter, supplanter

évocateur évoquer

évocation rappel

évoluer changer III, transformer (se)

exacerbation exacerber

exactement exact

exaction concussion

exactitude exact

exagéré exagérer

exaltation animation (in *animer*), ivresse

exalté exalter

examinateur correcteur (in *correct*)

examiner examen

exaspérant rageant (in *rage*)

exaspération agacement

exaspérer bouillir, bout (pousser à), énerver

exaucer contenter (in *content*), satisfaire

excavation trou

excédent excéder

excellent bon I, charmant (in *charme*), délicieux (in *délice*), succulent, supérieur I

excentricité extravagance, singularité (in *singulier*)

excentrique original, périphérique (in *périphérie*)

exception excepter

exceptionnel excepter

exceptionnellement extraordinairement

excès abus (in *abuser*), cruauté (in *cruel*), débordement (in *déborder* II), démesure, outrance (in *outrer*)

excessif démesuré, effréné, exagéré, inabordable (in *aborder* III), salé (in *sel*)

excessivement beaucoup

excitant exciter

excitation exciter

excité énergumène, exalté (in *exalter*)

exclamation exclamer

exclusif absolu, unique

exclusion exclure
exclusive interdit II
exclusivement seulement (in *seul*), uniquement (in *unique*)
exclusivité apanage
excursion promenade
excusable compréhensible, (in *comprendre*), pardonnable (in *pardon*), véniel
excuse pardonner, prétexte, raison
excuser pardonner
excuser (s') demander (pardon)
excuses regret
exécrable abominable
exécrer détester
exécuter accomplir, interpréter, réaliser I, satisfaire, tuer
exécuteur bourreau
exécution réalisation I
exégète interprète
exemplaire exemple
exempter alléger, dispenser
exemption dispense
exercice exercer I
exhalaison effluve
exhaler dégager, répandre
exhaler (s') sortir
exhaustif complet
exhiber étaler II, montrer
exhiber (s') spectacle (se donner en)
exhibition étalage, présentation
exhorter encourager (in *courage*), presser II
exhumer déterrer
exigé obligatoire (in *obliger* I)
exigeant exiger
exigence exiger
exigu étroit, minuscule
exiguïté étroitesse
exiler bannir
exiler (s') fuir
existant en vigueur
existence présence, vie
exister avoir III, être I, subsister, vivre
exode émigration (in *émigrer*)
exonération dispense
exonérer alléger, dispenser I
exorbitant abordable (in *aborder* II), démesuré
exorcisme exorciser
exorde préliminaire
expansif communicatif, démonstratif (in *démonstration*)

expansion développement (in *développer* II)
expatrier (s') émigrer
expectative attente
expectorer cracher
expédier débarrasser (se), envoyer
expéditif prompt, sommaire
expédition campagne II, voyage
expérience essai, exercice, goûter I, habitude, observation
expérimentation essai (in *essayer*)
expérimenté adroit
expérimenter essayer
expert compétent, estimer II, maître II, savant I, spécialiste (in *spécial*)
expertise estimation, vérification
expiation expier
explicable compréhensible (in *comprendre* II)
explication compte, dispute (in *disputer*), éclaircissement (in *éclaircir*)
explicitement explicite
expliciter explicite
expliquer motiver
exploitant agriculteur
exploitation exploiter I
exploiteur exploiter II
exploration étude, voyage
explorer étudier, prospecter
exploser éclater I, péter, sauter
explosif tendu
explosion débordement, (in *déborder* II), détonation
exposé développement II
exposé à exposer III
exposition exposer II
expressif exprimer
expression exprimer
expulser chasser, sortir
expurger épurer
exquis agréable, délicat
exsangue épuiser
extase ivresse, ravissement
extase (être en) admirer
extensible élastique
extension ample, développement (in *développer* II)
exténué fatigué
exténuer fatiguer, tuer
extérioriser exprimer
exterminer tuer
extirper arracher
extorquer arracher, voler

extorsion concussion
extra extraordinaire, supérieur
extraction naissance
extraire arracher, bannir, enlever, tirer II
extrait morceau
extraordinairement extraordinaire
extravagance extravagant
extrême dernier, grand, pas I, profond II, terriblement (in *terrible*), très
extrémité agonie, bout, pointe I, retranchement
exubérance exubérant
exultation joie
exulter réjouir (se)

f

fablier recueil (in *recueillir*)
fabrication composition (in *composer*)
fabrique usine
fabriquer composer, façonner, faire, inventer, produire
fabuleux colossal, imaginaire, légendaire (in *légende*)
façade extérieur
facétie pitrerie, plaisanterie
facétieux farceur, moqueur
fâché fâcher
fâcherie fâcher
fâcheux fâcher
faciès figure
faciliter simplifier (in *simple*)
faconde exubérance (in *exubérant*)
façonner mouler
factieux révolté, séditieux
faction parti
factionnaire sentinelle
facture compte, travail I
fada fou
fadaise bêtise, fadeur
fadaises platitude (in *plat* II)
fadeurs fade
fafiot billet
fagoter vêtir
faiblement faible
faiblesse faible
faiblir décliner II, défaillir, mollir, relâcher II (se)
faille fente
faillir manquer II
fainéant paresseux
faire-part invitation (in *inviter*)
fair-play sport (adj.)

faisable possible, réalisable (in *réaliser* I)
faisandé avancé (in *avancer*), corrompu (in *corrompre*)
faisceau coalition
faîte comble I, sommet
faix charge
fallacieux trompeur
falun sable
famélique affamé
familial famille
familiariser (se) familier
familiarité familier
familièrement familier
fan fanatique
fana fanatique
fanal lanterne
fanatisme fanatique
fané défraîchi
faner flétrir, sécher I
faner (se) dépérir
fanfaronnade fanfaron
fanfreluche ornement (in *orner*)
fanfreluches frivolités
fange boue, ordure
fantaisiste fantaisie
fantasmagorique fantastique
fantasque bizarre, capricieux
fantassin soldat
fantastique étonnant, monstre
fantoche pantin
fantomatique fantôme
faquin coquin
faramineux étonnant (in *étonner*)
farce attrape, tour III
farci plein
farcir emplir
farcir (se) envoyer (s')
fardeau charge
farder (se) fard
farfelu bizarre
faribole sornette
farouchement farouche
fascinant fasciner
fascination fasciner
fascine fagot
faste brillant (in *briller* I), favorable, luxe
fastidieux ennuyeux (in *ennuyer*)
fastueux riche
fat vaniteux
fatalement fatal
fataliste fatal
fatalité destin
fatigant fatiguer
fatigue fatiguer

fatigué fatiguer
fatras amas, désordre, pêle-mêle
fatuité prétention (in *prétendre* II)
fauché désargenter, misérable, pauvre II, sec II (à)
faucher couper, dérober, piquer
fausser abîmer, falsifier, tordre
fausseté faux
fauteuil place I, siège I
fauteur instigateur
fautif coupable
faux-col mousse
faux-fuyant fuite
faveur privilège
favorable faveur
favorablement faveur
favorisé partager (in *partage*), privilégié
favoriser aider, avantager (in *avantage*)
favorite amante
favoritisme népotisme
fébrile fiévreux, nerveux (in *nerf*)
fèces excrément
féconder fécond
fécondité fécond
féerique fantastique, merveilleux (in *merveille*)
feignant paresseux
feindre affecter III, dissimuler, semblant (in *sembler*), simuler
feint commande (de), factice, simulé (in *simuler*)
feinter tromper
félicitation féliciter
félicité bonheur
félon déloyal
félonie déloyauté
femmelette homme
fenaison récolte
fendiller (se) craqueler (se)
fente fendre
fer (de) bronze, inflexible
fermé fermer
fermement énergiquement
fermentation ferment
fermeté décision (in *décider*), dureté, énergie, solidité (in *solide*), vigueur
fermeture fermer
fermier ferme
féroce cruel, fauve, sauvage I
férocité brutalité (in *brutal*), sauvagerie (in *sauvage* I)
ferrailleur bretteur

fers enchaîner
fertile fécond
fertiliser améliorer, féconder
fertilité fécondité
féru passionné
férule autorité
ferveur fervent
fesse-mathieu avare
fesser battre I
fesses derrière
fêtard fête
fêter fête
fétiche amulette
fétide écœurant (in *écœurer*)
feuillée feuillage
feuilleter consulter
feuillu feuillage
feutré silencieux (in *silence*)
fiasco échec
fibre racine, sentiment
fibrome tumeur
ficelé vêtu
ficeler attacher
fidèlement docilement (in *docile*), exactement (in *exact*)
fidélité fidèle I
fieffé fini, parfait
fielleux désagréable
fiente excrément
fier-à-bras bravache
fièrement fier
fierté fier
fiévreux fièvre
fifre flûte
figaro coiffeur (in *coiffer*)
figé figer
figne, fignard anus
fignolé fini
fignoler parachever, parfaire soigner II, travailler I
figurer compter II, représenter, trouver (se)
figurer (se) croire
filandreux compliqué
filer courir, donner, fuir, glisser, partir, suivre
filiale succursale
filiforme mince
filin cordage
filou escroc, pirate
filouter voler
filtrer épurer
final fin I
finalement fin I
financer finance
financier finance
finasser ruser
finaud entendu (in *entendre* III), malin

fin de série solde III
finement fin
finasse fin
fini finir
fiole tête
fioritures élégance (in *élégant*)
firmament ciel
firme établissement II
fissure fente (in *fendre*)
fixation réglementation (in *règlement* I)
fixe fixer
fixé fixer
flageller battre I
flageolant mou
flageoler chanceler
flagorner flatter
flagorneur flatteur
flagrant certain, criant (in *crier*)
flair clairvoyance, instinct, odorat
flairer douter (se), pressentir, sentir I
flambeau chandelier
flambée augmentation (in *augmenter*), feu I
flamber brûler
flamme animation (in *animer*), ardeur (in *ardent*), feu
flammèche étincelle
flancher abandonner I, craquer, dégonfler (se), mollir, reculer
flâneur flâner
flapi fatigué (in *fatiguer*)
flaque mare
flatterie flatter
flatteur flatter
fléau catastrophe
flegmatique paresseux
flemmard paresseux
flétri défraîchi
fleurer sentir
fleuret épée
fleurette (conter) courtiser
fleuri brillant (in *briller* I)
fleurir fleur
flexible mou, souple
flibustier pirate
flic agent de police, policier
flingue fusil
flinguer tuer
flirt caprice
flirter courtiser
floppée cargaison
floraison épanouissement (in *épanouir*)
florilège anthologie
flottant incertain

flotte eau
flou vague
flouer tromper
fluctuant incertain
fluctuation changement (in *changer* III)
flux flot, mouvement
fœtus embryon
foies peur
foin poil, scandale, tumulte
foire débauche (in *débaucher*), festin, fête, forain (fête foraine), marché
foireux peureux (in *peur*)
foisonnement abondance
foisonner abonder
folâtrer folâtre
folichon gai
folie fou
folklorique populaire
follement fou
fomenter allumer
foncé sombre
foncier fondamental
foncièrement fondamentalement
fonctionnaire employé, travailleur II
fonctionner actionner (in *action*), aller II
fondamentalement fondamental
fondateur père
fondation base I, constitution (in *constituer*), établissement I
fondé fonder
fondé de pouvoir délégué
fonds finance, magasin
fontaine source
forain saltimbanque
forban pirate
forcé force
forcément force
forcené acharné, énergumène, furieux, infernal, passionné
forcer force
forer percer, sonder
forêt bois I
forfait crime
forfait (déclarer) renoncer
forfanterie fanfaronnade (in *fanfaron*)
forger inventer
formaliser (se) offenser (s')
formaliste forme II
format dimension
formateur former
formation former
formel catégorique, exprès, net

formellement explicitement (in *explicite*), rigoureusement
formidable étonnant (in *étonner*), extraordinaire, terrible
formulaire formule
formuler émettre, énoncer, expliciter (in *explicite*), fixer
fortement fort II
fortification défense III
fortifier affermir, confirmer, consolider
fortifier (se) endurcir (s')
fortin forteresse
fortuit accidentel (in *accident*)
fortuitement accidentellement (in *accident*)
fortuné heureux, riche
fosse tombe
foudroyant fulgurant, soudain, terrible
foudroyer foudre
fouetter battre I et II, gifler
fougueux fougue
fouille fouiller
fouillis désordre, pêle-mêle
fouinard indiscret
fouiner fouiller
fouir fouiller
fouler tordre
four échec
fourbe faux I, perfide
fourberie fausseté, trahison
fourbi désordre
fourbir frotter
fourbu fatigué (in *fatiguer*)
fouriérisme socialisme
fourmilière multitude
fourmiller abonder
fourni abondant, achalandé
fourrager fouiller
fourré buisson
fourreau enveloppe
fourrer mettre, plonger
fourrure poil, toison
fourvoyer (se) égarer (s')
fracas tapage
fraction partie, portion
fractionnement morcellement
fractionner sectionner, segmenter
fracturer casser I
fragilité fragile
fragment extrait, partie
fragmentaire partiel
fragmenter partager
fragrance odeur
fraîchement froidement, récemment
fraîcheur frais II

fraîchir frais I
fraise tête
français moyen homme (de la rue)
franchement franc II
franchir dépasser, parcourir, sauter, traverser
franchise franc II
frangin frère
franquette (à la bonne) simple
frappant criant (in *cri*)
frappé fou
frasque conduite (in *conduire* II), équipée
fraterniser entendre III (s')
frauder tricher
frayer fréquenter
frayeur effroi, peur
fredaine équipée
fredonner chanter
freiner frein, modérer
frelater falsifier
frêle fragile
freluquet faible
frémissant frémir
frémissement frémir
frénésie délire, enthousiasme
frénétique enthousiaste, passionné
fréquemment beaucoup, communément (in *commun* II), souvent
fréquent commun II, continu (in *continuer*)
fréquentation fréquenter
fréquenté fréquenter
frêt cargaison
friable meuble, tendre I
friandises friand
fric argent
frichti repas
fricot repas
frictionner friction I
Frigidaire glacière
frigide froid
frigo glacière, réfrigérateur
frigorifié froid
frigorifier intimider
frimas brouillard
frime comédie
frimousse visage
fringale faim
fringant agile
fringuer nipper (in *nippes*), vêtir
fringuer (se) saper (se)
fringues vêtement
friper chiffonner, flétrir I
fripier brocanteur
fripon coquin, espiègle

fripouille coquin
frire cuire
frisquet frais I
frissonnement frisson
frissonner frisson
frivolité frivole
froc robe
froidement froid II
froideur froid II
froissé offensé (in *offense*)
fromage sinécure
froncer plisser
frondaison feuillage
frondeur moqueur
frottement friction I
froufrou bruissement
froussard peureux (in *peur*)
frousse crainte (in *craindre*), peur
fructifier fruit
fructueux bon I, fécond
frugal sobre
frugalité sobriété, tempérance
frusques vêtement
fruste grossier, sauvage I
frustrer priver, tromper
fugitif errant, fuyard, passager
fugue escapade
fuite fuir
fumet odeur, parfum, saveur
fumeux abstrait (in *abstraire*), compliqué, nébuleux, obscur
fumier ordure, salaud
fumiste fantaisiste (in *fantaisie*), plaisantin (in *plaisanterie*)
fumisterie plaisanterie
funérailles enterrement (in *enterrer*)
funéraire funèbre
funeste fatal, néfaste
fureter fouiller
furie fureur
furieux fureur
furtif fugace, rapide
furtivement secrètement
fusée missile
fuser jaillir
fusiller abîmer, tuer
fusionner fusion
fustiger battre I, critiquer (in *critique* I)
fût tonneau, tronc
futaie bois I
futaille tonneau
futé malin
futile frivole, superficiel
futilité frivolité
fuyant fuir

fuyard fuir

g

gabarit taille
gabegie désordre
gabelou douanier
gâchis gâcher
gadoue, gadouille boue
gaffe maladresse
gaffe (faire) attention I
gaffeur maladroit
gaga enfance (in *enfant*)
gager parier
gageure pari
gagnant gagner I
gaiement gai
gaieté gai
gaillardise gaillard I
gain gagner I
gaine enveloppe
gala spectacle
galant amant, sentimental (in *sentiment* II)
galbe courbe
gale teigne
galéjer plaisanter
galère bagne
galerie auditoire, musée, passage, souterrain, vestibule
galérien forçat
galet caillou
galetas taudis
galette argent
galipette cabriole
gallup sondage (in *sonder*)
galoche sabot
galop (au) vite
galoper courir
galoubet flûte I
galure, galurin coiffure
galvaniser enflammer
galvauder gâcher
gambade cabriole
gambader sauter
gaminerie espièglerie
gang coterie
gangrener corrompre
garant répondre
garantir garantie
garçon célibataire, fils, serveur
garçonnière appartement
garde garder I
garde-corps balustrade
garde-fou balustrade
gardien concierge, garde
gardien de la paix agent de police, policier

gare (sans crier) soudain
gargote restaurant
gargotier cuisinier
garnement coquin, galopin
garni garnir
garniture accompagnement (in *accompagner*), ornement
garrotter museler
gars fils, homme, type II
gaspillage gâchis (in *gâcher*)
gaspiller dépenser, gâcher
gâté gâter I
gâteau profit
gâte-sauce cuisinier (in *cuisinier*)
gâteux âgé, déliquescent, enfance (in *enfant*)
gaucherie maladresse, timidité (in *timide*)
gauchir déformer, voiler IV
gausser (se) moquer (se)
gavé rassasié
gazer aller II
gazette journal
gazier soldat
gazouiller chanter
géant colosse, homme
geignard plaintif (in *plaindre* II), pleurnicher (in *pleurnicher*)
geindre se plaindre, pleurer, pleurnicher
gelé froid I
gémir plaindre (se), pleurer
gémissant plaintif (in *plaindre* II)
gémissement cri, plainte, pleur (in *pleurer*)
gemme pierre
gênant embarrassant (in *embarrasser*)
gendelettre auteur
gêné gêne
gêner gêne
généralement général
généralité général
générateur pile I
générosité généreux
genèse origine
gêneur gêne
génial génie
génisse vache
génital sexe
gentilhommière château
gentillesse gentil
gentleman gentilhomme
geôle cellule
géométrique régulier
gerbe botte I
gerçure gercer

gérer diriger
germe embryon, origine
gesticuler remuer
gestion administration
giboulée pluie
gicler jaillir
gifler gifle
gigantesque colossal (in *colosse*), monstrueux (in *monstre*)
gigolo amant, homme
gigoter remuer
gilet (pleurer dans le) plaindre (se)
girafe perche
giron sein
girouette pantin
givré ivre
glacé froid I, hostile
glacer effrayer, intimider, réfrigérer
glacial froid I, hostile, réfrigérant (in *réfrigérer*)
glacis talus
glaive épée
glaner ramasser, recueillir
glapir crier (in *cri*)
glauque verdâtre
glaviotter cracher
glèbe terre
globe monde
globe-trotter voyageur
globuleux gros, saillant (in *saillir* I)
glorieux gloire
glorifier gloire
gloriole ostentation
glose note
glossaire dictionnaire
glousser rire
gnangnan lent
gnognote valoir
gnôle eau-de-vie
gnome nain
gnon coup
go (tout de) ambages
gobe-mouches naïf
gober aimer, avaler, croire
gobeur niais
godasse chaussure (in *chausser*)
godet verre
godiche maladroit
godillot chaussure (in *chausser*)
goémon algue
gogo dupe, niais
gogo (à) discrétion (à)
goguenard railleur
gogues cabinet II

goinfre glouton
goinfrer (se) manger
gondolant comique
gondoler (se) rire, voiler IV
gonds (sortir de ses) emporter (s'), irriter
gonflement enflure (in *enflé* I)
goret porc
gorgé plein, rassasié
gorger engraisser, gaver
gorille garde II
gosse enfant, gamin
goualer chanter
gouape voyou
goudron bitume
gouffre abîme, dépensier (in *dépense*)
goujat grossier
goulu glouton
goupiller combiner
gourbi baraque
gourd engourdi (in *engourdir*)
gourde maladroit, niais
gourdin bâton
gourer (se) tromper (se)
gourgandine prostituée
gourmander réprimander
gourmandises friandises
gourmé affecté III, raide
goût convenance, délicatesse (in *délicat*), distinction (in *distinguer*), fantaisie, mode, penchant, saveur
goutte eau-de-vie, larme, peu (un)
gouvernail barre I
gouverner barre I, commander II, diriger, régner (in *règne*)
grabat lit
grabuge bagarre
gracier pardonner (in *pardon*)
gracieusement gratuitement
gracieux aimable, beau
gracile menu
gradation progression
graduel progressif
graduellement progressivement
graffiti inscription
graillon graisse
grain (un) peu (un)
grain bourrasque, pluie, tempête
graine (en prendre de la) imiter
graisse gras
grandement grand
grandeur grand
grandiloquence emphase

grandiloquent ampoulé
grandiose grand
grandir grand
grandissant croissant (in *croître*)
grappiller recueillir
grassement généreusement (in *généreux*)
grassouillet gras
gratification gratifier
gratin crème, élite, société I
gratis gratuitement
gratte-ciel immeuble
gratte-papier bureaucrate
gratuitement gratuit
graveleux obscène
gravement grave I
graver imprimer
gravier sable
gravité grave I
graviter tourner I
gravure disque, illustration
gredin coquin
gréer équiper
grelot clochette
grelotter frissonner (in *frisson*), trembler
grenier mansarde
grésil grêle
grever obérer
gribouillage griffonner
gribouillis barbouillage
grief charge, rigueur
grièvement gravement (in *grave* I), sérieusement (in *sérieux*)
griffonnage barbouillage
griffonner écrire
grignoter manger, ronger
grigou avare
grigri amulette
grille clôture
grillé bon I
grill-room restaurant
grimpée montée (in *monter*)
grimper augmenter, gravir, monter I et II
grimpette côte, montée (in *monter*)
grincheux acariâtre
grippe (prendre en) antipathie
grippe-sou avare
grisant enivrant
grisbi argent
griser enivrer
griserie ivresse
grivois léger, sale, salé (in *sel*)
grivoiserie gaillardise (in *gaillard* I)
groggy étourdi

grogner jurer, murmurer
grognard bougon
grognasse femme
grogneur bougon
grognon bougon, pleurnicher (in *pleurnicher*)
groin museau
grolles chaussures
grommeler murmurer
gronder couver, réprimander, rudoyer (in *rude*), secouer, tonner
groom chasseur
grossesse accoucher, gestation
grossièrement grossier
grossièreté blasphème, familiarité, impolitesse, inconvenance, ordure, saleté (in *sale*), vulgarité (in *vulgaire*)
grossir gros
grossissement augmentation (in *augmenter*)
grossiste commerçant (in *commerce*)
grosso modo ensemble II, grossièrement (in *grossir*), sensiblement (in *sensible* II)
grotte caverne
grouiller abonder I
grouiller (se) accélérer, presser II
groupement groupe
grouper groupe
groupuscule formation (in *former*)
grue prostituée
gruger voler
grumeler coaguler
guêpe (taille de) fin
guêpier piège
guère autre I, peu
guérison guérir
guérisseur guérir
guerrier guerre
guerroyer guerre
guet-apens piège
gueulard criard (in *cri*)
gueuler aboyer II, crier (in *cri*), tempêter
gueuleton repas
gueuse gaudriole
gueux coquin, misérable
guider guide II
guigne malchance
guigner convoiter
guignol clown, pantin
guignon malchance
guilledou gaudriole
guilleret folâtre
guillotiner couper, trancher I

guimbarde automobile
guinche bal
guincher danser
guindé affecté II, collet (monté), raide
guingois travers
guinguette bal
guise fantaisie
guise (en — de) titre
guitoune tente
guttural rauque
gymnastique sport

h

habile adroit, diplomate, élégant, rusé
habilement finement (in *fin*), savamment (in *savant* I)
habileté adresse I, capacité I, diplomatie
habillé élégant
habiller vêtir
habiller (s') couvrir (se), préparer (se), saper II
habit vêtement
habitant âme
habiter demeurer, nicher, peupler (in *peuple*), séjourner (in *séjour*)
habitué familier, pilier
habituel habitude
habituellement communément (in *commun* II), normalement (in *normal*), ordinaire
habituer acclimater, exercer I
habituer (s') accommoder (s'), familiariser (se)
hâblerie fanfaronnade, (in *fanfaron*)
hâbleur fanfaron
haché saccadé (in *saccade*)
hacher coupé
hagard fou
haie rang
haillon guenille, déguenillé
haine fiel, ressentiment
haineux désagréable
haïr détester
haïssable détestable
hâlé bronzé
haler tirer
hall vestibule
halle marché
hallier buisson
hallucination délire, vision
halluciné fou, visionnaire
halte arrêt (in *arrêter*), station
hameau bourg

hameçon (mordre à l') piège
handicaper défavoriser (in *défaveur*), désavantager
hangar remise
hanté enchanté
hanter fréquenter, obséder, peupler (in *peuple* II)
hantise obsession (in *obséder*)
happer attraper
hara-kiri suicide, suicider (se)
harangue discours
haranguer parler
harassant pénible I
harassé fatigué
harasser fatiguer
harceler après I (être), importuner, persécuter, presser, relancer, talonner (in *talon*), tourmenter (in *tourment*)
hardes nippes, vêtement
hardiesse hardi
hargneux acariâtre
haridelle cheval
harmonie accord III, entente (in *entendre* III), mélodie
harmoniser (s') aller II
harnacher vêtir
harpagon avare
harpie furie (in *fureur*)
harponner accrocher II
hasarder hasard
hasardeux hasard
hâter hâte
hâtif hâte
hausse augmentation (in *augmenter*), élévation (in *élever* I), montée, mouvement
hausser élever I
hautain fier
hautement haut
hauteur haut
haut-le-cœur dégoût
hâve maigre, pâle
havre refuge
hebdomadaire périodique
hébergement logement
héberger accueillir
hébétement abrutissement
hébêter abrutir
hébétude abrutissement
hébreu incompréhensible, juif
hécatombe carnage
hégémonie supériorité, suprématie
hein comment
héler appeler I
herbage pâturage
hercule colosse, fort I, homme

herculéen colossal
hère malheureux
hérésiarque apostat
hérétique apostat
héritage bien II, legs, succession (in *succéder*)
héritier fils
héroïque stoïque
héroïsme courage
hésitant indécis
hésitation hésiter
hétéroclite divers
hétérodoxe apostat
hétérogène divers
heureusement heureux
heurt heurter
heurté heurter
hideux ignoble, laid
hiérarchie supérieur II
hilarant comique
hilarité rire
histoire anecdote, aventure, cérémonies, conte, événement
historiette anecdote
histrion acteur
hlm appartement, ensemble II
hocher secouer
holding société II
hold-up vol II
holocauste sacrifice
homélie sermon
homérique épique
homicide meurtrier
homogénéité cohérence, unité (in *unir*)
honnêtement conscience II, correctement (in *correct*), décemment (in *décent*), loyalement (in *loyal*)
honnêteté honnête
honorable honneur, satisfaisant (in *satisfaire*)
honoraires salaire
honorer honneur
honteusement ridiculement (in *ridicule*)
honteux honte
horaire indicateur
horde troupe
horion coup I
horizon loin, perspective
horizontal plat I
hormis sauf II
horrible abominable, effrayant (in *effrayer*), effroyable (in *effroi*), frémir, laid
horriblement abominablement (in *abominable*)
horripiler énerver

hors excepté
hors de lui colère
hors-la-loi réprouvé
hospitalité hospitalier
hostilité hostile
hôtel de ville mairie
hôtellerie hôtel
houleux houle
hourra acclamer
houspiller malmener, réprimander, rudoyer (in *rude*)
housse enveloppe
huée huer
huguenot protestant
humain bon II
humaniser polir
humble modeste, obscur, pauvre, populaire
humblement modestement, pauvrement
humecté humide
humecter arroser, mouillé
humer sentir I
humiliation honte, offense
humilié offensé (in *offense*)
humilier abaisser II, offenser (in *offense*), vexer
humilier (s') ventre (se mettre à plat)
humilité modestie
humour esprit, ironie
humus terre
huppé riche
hurlement cri
hurler crier (in *cri*), jurer
hurluberlu étourdi
hutte cabane
hybride métis
hygiénique hygiène
hymen mariage
hymne cantique
hyperbolique exagéré (in *exagérer*)
hypnotique narcotique
hypnotiser fasciner
hypocondriaque acariâtre
hypocrisie fausseté (in *faux*)
hypocrite comédien (in *comédie*), sournois
hypothèse cas, principe, supposition (in *supposer*)
hypothétique douteux, éventuel
hystérie délire

i

ici présent
idéaliser idéal
idéaliste idéal

identifier reconnaître

identique commun I, pareil, semblable

idiome langue

idiot abruti (in *abrutir*), absurde, enfant (faire l'), fou, imbécile, sot, stupide

idiotie absurdité (in *absurde* II), bêtise, sottise (in *sot*)

idoine approprié

idolâtrer aimer

ignare ignorant

ignominie honte, horreur

ignominieux honteux (in *honte*)

ignorance ignorer

ignorant ignorer

ignoré ignorer

illégitime bâtard

illettré ignorant (in *ignorer*)

illicite coupable, défendre II, illégal

illico immédiatement

illogique absurde II

illogisme absurdité

illumination inspiration

illuminé visionnaire

illuminer briller I, éclairer

illusionner (s') leurrer (se) [in *leurre*], tromper (se)

illusionniste prestidigitateur

illusoire apparent

illustrer (s') distinguer (se), montrer

imaginable concevable, croyable (in *croire*)

imaginaire imaginer

imagination imaginer

imbécillité bêtise, sottise

imberbe glabre

imbiber mouiller, tremper

imbu plein

imbuvable insupportable

imitation imiter

immaculé propre

immanquablement infailliblement

immatériel aérien, spirituel I

immédiatement immédiat

immémorable lointain

immensément très

immensité énormité (in *énorme*)

immerger plonger

immigré étranger

imminence proximité

imminent proche

immiscer (s') ingérer (s')

immixtion ingérence

immobiliser arrêter I, coincer

immobilisme inertie, sclérose

immodéré démesuré

immoler sacrifier

immonde écœurant (in *écœurer*)

immondices ordure

immunisation accoutumance (in *accoutumer*), immuniser

impact effet

impair maladresse

impartial équitable, objectif II

impassibilité impassible

impatience agacement

impatienter et **(s')** énerger *et* (s')

impavide impassible

impayable comique

impeccable irréprochable, net, parfait

impénétrable énigmatique (in *énigme*), impossible, inabordable, obscur

impensable incroyable

impératif exigences (in *exiger*), impérieux

imperceptible faible

imperfection défaut II et III

impérialisme colonisateur

impérissable durable (in *durer*), éternel I

impéritie inaptitude

impertinence insolence

impertinent insolent

imperturbable impossible, stoïque

impétueux fougueux (in *fougue*)

impétuosité ardeur (in *ardent*), fougue

impitoyable cruel, sévère

implacable cruel, sévère

implantation établissement I

implanter acclimater, établir

impliquer compromettre, signifier VII, supposer

implorer prier, supplier

impolitesse inconvenance (in *inconvenant*)

importance importer II

important importer II

importuner assiéger, déranger, ennuyer

imposant imposer I

impossible indu, insupportable, irréalisable

impossible (il est) moyen (il n'y a pas)

imposture mensonge

impôt imposer II

impotence infirmité

impotent infirme

imprécation malédiction

imprécis indistinct, vague

imprécision vague

impressionnable sensible I

impressionnant imposant (in *imposer*), spectaculaire (in *spectacle*)

impressionner impressionner II

improbable douteux

impropriété impropre

improvisé impromptu

improviste (à l') dépourvu II, imprévu

imprudemment étourdiment (in *étourdi*)

imprudence étourderie (in *étourdi*)

impudence impudent

impudeur impudence

impudicité indécence

impudique hardi, obscène

impuissance faiblesse, stérilité

impulsif impulsion

impur obscène

imputation imputer

imputrescible inaltérable

inaccoutumé inhabituel

inaction inactif

inadéquat impropre

inadmissible inacceptable

inadvertance distraction, erreur

inanité frivolité (in *frivole*), vide II

inapprivoisé sauvage I

inaptitude inapte

inassouvi insatisfait

inassouvissable insatiable

inattendu imprévisible, imprévu, insoupçonné

inattentif distrait, étourdi

inattention distraction, étourderie

inauguration inaugurer

inavouable honteux (in *honte*)

incalculable grave

incandescent ardent

incantation enchantement

incapacité inaptitude (in *apte*)

incarcération emprisonnement

incarcérer emprisonner, prison (mettre en)

incarnat rouge

incarner représenter

incassable solide

incendiaire incendie

incendier incendie
incertitude doute, indécision
incessamment bientôt
incessant constant, continu (in *continuer*)
incinérer brûler
inciser couper
incisif mordant
incision coupure
incisive dent
incitation appel (in *appeler* I), invitation (in *inviter*)
inciter encourager, enseigner, inviter
inclémence rigueur
inclination affection I, penchant, propention
incohérent absurde I
incolore pâle, terne
incomber revenir à
incommensurable immense
incommodant désagréable
incommodé incommoder
incommodité incommoder
incomparable égal (sans)
inconciliable incompatible
inconfortable incommode
incongru inconvenant
inconséquence légèreté (in *léger*)
inconséquent inconsidéré
inconsidérément étourdiment
inconsistant capricieux, fluide
inconstant capricieux, changeant (in *changer* III)
incontestable certain
incontestablement assurément
incontinence incontinent I
inconvenance inconvenant
incorporer agréger, appeler I, rattacher, verser V
incorrection incorrect
incorrigible impénitent
incorruption honnête
increvable infatigable, solide
incriminer accuser
incroyant impie
incruster (s') racine I (prendre)
inculquer apprendre
inculte friche (en), ignorant (in *ignorer*), sauvage I
incurvé courbé (in *courbe*)
indécence indécent
indéchiffrable illisible
indécision indécis
indécrottable incorrigible
indéfectible éternel I, solide

indéfendable défendable (in *défendre* I)
indéfiniment éternellement (in *éternel* I)
indélicatesse malhonnêteté
indemne sain, sauf
indemniser dédommager
indemnité compensation (in *compenser*)
indemnités salaire
indéniable certain
indéniablement assurément
indépendance liberté
indescriptible indéfinissable
indestructible éternel I
indéterminé illimité, incertain
indication indiquer
indice marque, présomption, preuve, signe, symptôme
indicible indéfinissable
indifféremment indistinctement
indifférence indifférent
indigence pauvreté
indigent misérable, nécessiteux, pauvre
indigeste lourd
indignation révolte
indigner outrer, scandaliser (in *scandale*)
indigner (s') révolter (se)
indignité bassesse
indirectement indirect
indiscipline dissipation (in *dissiper* II), insoumission
indiscipliné désobéissant
indiscrétion indiscret
indiscutable certain, effectif
indisposer déplaire, incommoder
indisposition malaise
indistinct incertain
individualiste conformiste (non-) [in *conforme*]
individualité individu
individuel individu
indocile rebelle
indolence apathie, mollesse (in *mou*), paresse
indolent inactif, mou
indomptable inébranlable
indubitable certain
indubitablement assurément
indulgence bonté (in *bon* II), compréhension (in *comprendre* II)
indûment tort (à)
industrie adresse I
industrie (chevalier d') escroc
industriellement série

inédit nouveau
ineffable indéfinissable
ineffaçable indélébile
inégalité inégal
inéluctable inévitable
inénarrable comique
inepte sot, stupide
ineptie bêtise
inerte inanimé
inespéré imprévu
inesthétique laid
inestimable inappréciable
inévitablement fatalement (in *fatal*), tard (tôt ou)
inexact erroné (in *erreur*), incorrect
inexactitude erreur
inexcusable impardonnable
inexistant nul II
inexorable cruel, inflexible
inexpérimenté novice
inexplicable incompréhensible
inexpressif terne
inexprimable indéfinissable
in extenso intégralement
inextinguible insatiable
infaillible efficace, radical, sûr
infâme abject
infamie bassesse, honte, horreur
infantile enfantin (in *enfant*)
infatué vaniteux
infatuer (s') fier
infect écœurant (in *écœurer*), sordide
infecter corrompre, enflammer
infection lèpre, puanteur
infester envahir, ravager
infidélité infidèle
infime léger, minime, petit
infiniment beaucoup
infinité quantité
infirmation annulation
infirmer annuler
infirmité infirme
inflexion accent, intonation
infliger appliquer, imposer
influençable influencer
influencer influence
influent important, puissant
influer agir
information informer
informé (être — de) savoir I
infortune malheur
infortuné malheur
infra après II, ci (-après)
infructueux inefficace

481

infusion tisane
ingambe agile
ingénier (s') chercher
ingénieux adroit, génial (in *génie*), inventif
ingéniosité adresse I
ingénu candide, naïf
ingénuité candeur
ingénument naïvement (in *naïf*)
ingérence ingérer
ingrat aride, difficile, laid, stérile
inguérissable incurable
ingurgiter avaler, boire
inhabile maladroit
inhabité désert, sauvage II
inhumanité brutalité (in *brutal*)
inhumer enterrer
inimaginable croyable, incroyable
inimitié antipathie
inintelligible incompréhensible
ininterrompu continu (in *continuer*), permanent
inique injuste
iniquité injustice
initial originel, premier I
initiation apprentissage
initiative décider, mesure, mouvement
initier apprendre
injection injecter
injonction commandement (in *commander*)
injurier injure
injurieux injure
injustement tort (à)
injustice injuste
injustifiable indéfendable
injustifié arbitraire
inlassablement toujours
innocence candeur
innocenter justifier
innombrable nombreux (in *nombre*)
inondation sinistre
inondé ruisselant (in *ruisseau*)
inopérant inefficace
inopiné imprévu
inopportunément inopportun
inoubliable indélébile
innovation changement (in *changer* III), invention
innover inventer
inoxydable inaltérable
in pace cellule
inquiétant inquiet

inquiéter inquiet
inquiétude inquiet
inquisiteur soupçonneux (in *soupçonner*)
insaisissable fluide, fuyant (in *fuir*)
insalubre malsain
insanité sottise (in *sot*)
insatisfaction mécontentement
inscription inscrire
insensé absurde I, fou, stupide
insensibiliser endormir
insensiblement lentement
inséparable quitter (se)
insérer inclure
insérer (s') placer (se)
insidieux sournois, trompeur
insigne remarquable
insignifiance insignifiant
insinuation allusion
insistance insister
insociabilité sauvagerie (in *sauvage* I)
insociable farouche, sauvage I
insolation coup II (de soleil)
insolence insolent
insolite bizarre
insondable obscur
insouciance frivolité (in *frivole*), imprévoyance
insouciant frivole
insoumission insoumis
insoutenable indéfendable, insupportable
inspection inspecter
inspirateur inspirer II
inspiration inspirer II
inspiré inspirer II
instabilité précarité
instable capricieux, précaire
installation équipement, établissement (in *établir* I), plantation (in *planter*)
installer arranger, disposer, établir I, logement, placer (in *place* I)
installer (s') établir (s'), loger (se), racine I (prendre)
instance requête
instance (en) pendant
instatané immédiat, subit
instar (à l'— de) exemple
instauration établissement
instaurer établir
instigation inspiration
instinctif instinct
instinctivement instinct

instituer établir
institut école
instruction instruire
instruit instruire
insubordination rébellion
insuccès échec
insuffisant court, faible
insuffler injecter
insultant injurieux
insulte injure
insulter injurier
insurgé révolté
insurger (s') révolter (se)
insurmontable infranchissable
insurrection révolte
intact entier, sauf
intarissable inépuisable
intégralement intégral
intègre honnête, probe (in *probité*)
intégrer inclure, assimiler
intégrer (s') assimiler (s')
intégrité honnêteté (in *honnête*)
intellectuel moral, spirituel I
intelligence clairvoyance, complicité, compréhension, esprit, pensée I
intelligible accessible (in *accéder* I)
intempérance incontinence
intempérant incontinent I
intempestif inopportun
intense fort II, mortel (in *mort*)
intensément beaucoup
intensifier accentuer, augmenter
intentionnel délibéré
intentionnellement délibérément (in *délibéré*)
intercéder intervenir
intercepter capter
intercession intervention (in *intervenir*)
interdépendance dépendre I
interdiction défense II
interdire condamner, défendre II, empêcher, exclure, fermer
interdire (s'— de) abstenir (s')
intéressant intérêt
intéressé avare
intéresser intérêt
intéresser (s') occuper (s') [in *occuper* II]
intérieurement mentalement (in *mental*), secrètement (in *secret* II)
interlope louche
interloqué ébahir

482

interloquer déconcerter
interminable infini, long
intermittence à-coup, intervalle
intermittent discontinu
international mondial
interne intérieur, pensionnaire
interné fou
interpeller appeler I
interposer (s') entremettre (s')
interprétation interprète
interrogation interroger
interrupteur commutateur
interruption arrêt I, suspension II
interruption (sans) consécutif
intervention intervenir
intervertir déplacer, permuter
interview conversation
interviewer converser (in *conversation*), interroger
intimement intime
intimer notifier
intimidation intimider
intimité intime
intituler titre II
intituler (s') appeler (s')
intolérance fanatisme
intolérant fanatique
intoxiquer empoisonner
intraitable intransigeant
intransigeance intransigeant
intrépide hardi
intrépidité hardiesse (in *hardi*)
intrigant intrigue
intriguer intrigue
introduction introduire
introuvable rare
intrus indésirable
intrusion ingérence (in *ingérer*
  [s'])
intuition instinct, pressentiment, sens II
inusable solide
inusité rare
inutilement inutile
inutilité inutile
invalidation annulation
invalide infirme, mutilé (in
  mutiler)
invalider annuler
invalidité infirmité (in *infirme*)
invariable permanent
invariablement toujours
invective injure
invectiver injurier
inventaire dénombrement,
  état III
inventeur inventer
inventif inventer

invention inventer
inverser déplacer, renverser
inverti homosexuel
investigation examen,
  recherche
investir assiéger, attaquer I,
  engager, entourer, placer (in
  place I)
invétéré impénitent
invincible imbattable, infranchissable
inviolable intangible, sacré I
invitation inviter
invité convive
invivable insupportable
involontaire forcé (in *force*),
  instinctif (in *instinct*)
invoquer appeler I, citer, évoquer, prier
irascible coléreux
ire colère
ironique ironie
irrationnel absurde
irréaliste idéaliste (in *idéal*)
irrecevable inacceptable
irrécusable certain
irréductible infranchissable,
  intransigeant
irréel fantastique, imaginaire
  (in *imaginer*)
irréfléchi inconsidéré, instinctif (in *instinct*)
irréfutable certain
irrégularité illégalité,
  incorrection
irrégulièrement à-coup
irrémédiable définitif
irrémédiablement définitivement
irremplaçable unique
irréparable définitif
irréparablement définitivement (in *définitif*)
irrépréhensible irréprochable
irrépressible incoercible
irrésistible concluant (in *conclure*), incoercible
irrésolu inconsistant, indécis
irrésolution indécision
irrévérence insolence
irrévérencieux insolent
irrévocable définitif
irrévocablement définitivement (in *définitif*)
irriguer arroser
irritable coléreux
irritation agacement, nervosité (in *nerf*)
irrité nerveux (in *nerf*)
irruption entrer
isolé isoler

isolement solitude (in *solitaire*)
isolément séparément (in
  séparer)
israélite juif
issu sortir
issue résultat, solution, sortie
itinéraire parcours
itou aussi
ivresse ivre
ivrogne ivre

j

jacquot perroquet
jactance vanité
jalouser envier (in *envie*)
jalousie envie, store, persienne
jaloux envieux (in *envie*), soucieux
jambage montant (in *monter*)
jaser bavarder
jasper barioler
jaspiner bavarder
jauger juger
jaunisse (faire une) désappointement
javelle fagot
je-m'en-foutisme frivolité (in
  frivole)
je-m'en-foutiste frivole
jérémiade plainte, pleurnicherie (in *pleurnicher*)
jésuitisme fausseté
jetée digue
jeton (faux) faux
jeune homme adolescent
jeunesse jeune
jeunet jeune
jeunot jeune
joaillier bijoutier
jobard naïf, niais
joint joindre
joncher courir, semer II
jonction joindre
jongler jouer
joufflu bouffi
joug oppression
jouissance jouir
jouisseur jouir
joujou jeu, jouer
journalier jour
journaliste journal
journée jour
journellement jour
joute duel
jouvenceau adolescent
jovial gai

jovialité gaieté (in *gai*)
joyau bijou
joyeusement gaiement (in *gai*)
joyeux gai
jubilation joie
jubiler réjouir (se), triompher (in *triomphe*)
jucher percher
jucher (se) monter I
judas déloyal
judicieusement escient (à bon), sainement (in *sain*)
judicieux pertinent, sage
jugement juger
juguler enrayer
junior cadet
jupon cotillon, femme
jurer prêter II (serment)
juridiction tribunal
juron blasphème
jusant reflux
jusqu'au bout fond (à)
jusqu'au-boutiste extrémiste
justement juste II
justesse juste II
justice juste I
justifiable défendable (in *défendre* I)
justification plaidoyer
justifié légitime

k

kidnapper enlever, voler II
kidnapping enlèvement
kif-kif même
kiki gorge I
kiosque édicule
Klaxon avertisseur
knock-out étendre
krach faillite
kyrielle quantité, succession (in *succéder*)
kyste tumeur

l

labeur travail
laborieux ouvrière (classe), populace
labourable arable
labourer défoncer, défricher
lac étang
lacer attacher
lacérer déchirer
lacet collet, sinuosité (in *sinueux*)
lâchage abandon
lâcheté lâche I

lacis labyrinthe
laconique concis, succinct
lacs collet, piège
lacunaire inachevé
lacune omission (in *omettre*), vide II
ladre chiche
ladrerie avarice
lagune étang
laideur horreur
laine toison
laïque séculier
laisser-aller négligence
laïus discours
laïusser discourir (in *discours*)
lama prêtre
lambeau morceau
lambin traînard
lambiner amuser (s')
lame vague I
lamentable catastrophique, misérable, pitoyable, sinistre I, triste III
lamentation pleur (in *pleurs*)
lamenter (se) plaindre (se), pleurer
lampe (plein la) manger
lampée gorgée
lamper boire
lampiste petit
lancer envoyer, jeter
lancer (se) embarquer (s'), jeter (se)
lancinant obsédant (in *obséder*)
landau voiture
langage (écart de) inconvenance
lange couche I
langoureux tendre II
langueur apathie
languissant languir
lanterner amuser (s'), traîner
lapalissade évidence
laper boire, lécher
lapidaire concis
larbin serviteur
larcin vol
lard (faire du) grossir (in *gros*)
larder percer
lardon bébé, enfant
largement beaucoup, compter II (sans), généreusement, grandement
largesses générosités (in *généreux*)
largeur dimension
largeur (d'esprit) compréhension (in *comprendre* II)

larguer abandonner II
larmoiement pleurnicherie
larmoyer pleurer
larvé latent
las fatigué (in *fatiguer*)
lascar gaillard II
lascif sensuel (in *sens* I)
lascivité sensualité (in *sens* I)
lasser, se lasser ennuyer, fatiguer, lâcher
lassitude guerre (de — lasse)
latent larvé
latrines cabinet II
lauriers gloire III
lavage laver I
lavement injection (in *injecter*)
lavette laver I
laveuse laver I
lavoir laver I
laxatif purgatif (in *purge*)
layon chemin
lazzi moquerie (in *moquer*)
léché fini (in *finir*)
lécher flatter, savourer
lecteur lire
lecture lire
légal légitime
légendaire légende
légère (à la) étourdiment (in *étourdi*), inconsciemment
légèrement léger
légèreté léger
légion multitude
légitimement droit III
légitimer justifier
légitimité légitime
léguer legs
leitmotiv refrain
lentement lent
lenteur lent
lesbien, lesbienne homosexuel
lestement leste
léthargie inaction (in *inactif*), assoupissement
lettre (à la) exactement (in *exact*)
lettré lettre III
leurrer leurre
levain ferment
levée lever
levure ferment
lézarde fente (in *fendre*)
lézarder (se) craqueler (se)
liaison lier I et III
liant lier I
liasse tas
libeller écrire
libéralement libéral

libéralisme libéral
libéralité libéral
libérateur sauver (in *sauver* I)
libération libérer, liberté
libérer (se) libérer
libertaire liberté
libertinage débauche (in *débaucher* II)
librement libre
licencier congédier (in *congé*), débaucher I, renvoyer, violer
licencieux érotique, indécent, raide, scabreux
licher boire
lichoter boire
licitation enchère
licite permis (in *permettre*)
lie dépôt (in *déposer* II)
lié imbriqué
lien lier I, II, III
liesse joie, réjouissance (in *réjouir*)
lieutenant second II
ligoter attacher I
ligue association (in *associer*), coalition
liguer unir
lilas rose II
limace chemise
limaçon escargot
limitation limite
limité limite
limiter, se limiter limite
limitrophe limite, périphérique
limoger dégommer, destituer, relever
limon sable
limpide clair, pur I
limpidité pureté (in *pur* I)
lingerie dessous II
lingot barre I
linotte étourdi
lippe lèvre
lipper boire
liquéfier liquide
liquette chemise
liquidation liquider
liseuse lire
lisible lire
lisière bord
litanies prière I
litigieux litige
litote euphémisme
littéral lettre, strict
littéralement lettre, mot (mot à)
littérateur auteur
littoral bord, côte III, rivage

liturgique sacré I
livret livre
local lieu
localiser lieu
locataire hôte
logement loger
logis appartement, habitation, loger I
lointain plan II
loisible permis
longer bord, côtoyer (in *côté*) raser II, suivre
longueur dimension
loquace bavard
loquacité éloquence (in *éloquent*)
loquet fermeture (in *fermer*)
lorsque si II
loterie lot
loti lot
louable louer II
louange louer II
louanger flatter
loufoque bizarre, fou
louftingue fou
loup masque
loup de mer marin
louper manquer
loupiot bébé, enfant
lourdaud lourd
lourdement lourd
lourdeur lourd
louveteau scout
louvoyer biaiser
loyalement loyal
loyauté loyal
lubie fantaisie
lubricité sensualité (in *sens* I)
lubrique sensuel (in *sens* I)
lucide clairvoyant, conscience I
lucidité connaissance I, clairvoyance
lugubre mortel (in *mort*)
lumineusement lumière II
lumineux lumière I et II
luminosité lumière I
lunatique capricieux
lune de miel marier
luné humeur
lurette longtemps
lustré satiné
lutter lutte
luxer déboîter
luxueusement richement (in *riche*)
luxueux luxe
luxure incontinence (in *incontinent* I), vice
luxurieux incontinent I

lymphatique mou
lyncher écharper

m

maboul fou
macchabée mort
machefer scorie
machiavélique perfide
machin chose I
machinalement habitude (par), instinctivement (in *instinct*)
maculer salir (in *sale*)
maestria adresse I
mafia coterie
magazine périodique, revue I
mage prêtre
magicien magie
magique magie
magnanimité générosité (in *généreux*)
magner (se) dépêcher (se), manier
magnificence magnifier
magnifique magnifier
magnifiquement magnifier
magouillage, magouille agissements
maigrelet maigre
maigreur maigre
maigrichon maigre
maigriot maigre
maigrir maigre
maillot pièce
maitre queux cuisinier
maitresse amant, entremetteuse, maître
maîtrise maître I
maîtriser commander II, contrôle, dominer
maîtriser (se) maître I
majesté beauté (in *beau*)
majestueux grandiose (in *grand*), imposant (in *imposer*)
malabar fort I
maladie malade
maladif malade
maladresse maladroit
maladroitement maladroit
malappris impoli
malaxer pétrir, triturer
maldonne malentendu
maléfice enchantement (in *enchanter*), sort II
malgré que malgré
malhabile maladroit
malhabilement maladroitement (in *maladroit*)

malheureusement malheur
malheureux malheur
malhonnêteté malhonnête
malicieux malice
malingre faible
malodorant puant
malotru grossier
malplaisant désagréable
malproprement salement (in sale)
malpropreté malpropre
malsonnant inconvenant
maltraiter malmener, traiter I
malveillance malveillant
malversation concussion
maman mère
mamelle sein
mamelon butte
mamie grand-mère
manchette titre II
mandale gifle
mandat pouvoir, procuration
maniable manier
maniaque manie
maniement manier
maniéré manière II, prétentieux
manifestation manifester
manifeste apparent, certain, criant (in cri), notoire, visible
manifestement assurément, visiblement (in voir)
manifester (se) manifester
manigancer combiner, comploter (in complot), fricoter, imaginer
manigances agissements, combinaison (in combiner)
manipulation manœuvre
manipuler manier
manœuvre mouvement
manœuvrer intriguer (in intrigue), manier, nager, tirer I
manoir château, habitation
manquement oubli
manufacture usine
manuscrit copie
maousse démesuré (in démesure)
maquereau souteneur
maquerelle entremetteuse
maquette modèle
maquillage maquiller
maquiller (se) farder (se) [in fard]
maquis inextricable
maquisard franc-tireur
marasme apathie, crise

marâtre mère
maraud coquin
maraudage, maraude vol
marauder dérober
marbrer barioler
marchandise marchand
marche degré I, marcher
marée flot
margoulette figure I
margoulin commerçant (in commerce)
mari époux
mariage marier
mariole clown, malin
marlou souteneur
marmaille enfant
marmiton cuisinier (in cuisine)
marmonner murmurer
marmot enfant
marmotter murmurer
marmouset enfant
marner travailler
maronner colère
marotte manie
marquant marque
marqué meurtri (in meurtrir), net, vif
marquer marque
marrant amusant (in amuser), comique
marre assez
marrer amuser, rire
marron châtaigne, coup I
marsouin marin
marteau fou
martel (se mettre — en tête) souci
marteler pilonner
martial guerrier
martyre supplice
martyriser tourmenter (in tourment), torturer
marxisme socialisme
masquer masque
massacre massacrer
masse multitude
masser masse
massue bâton
mastiquer mâcher
mastoc massif I
mastodonte gros
masure baraque I
mat terne, sourd II
mataf marin
matamore bravache
match compétition, rencontre
matelasser rembourrer
matelot marin
mater dresser II, macérer I

mater mère
matérialiser réaliser
maternelle (école) jardin (d'enfants)
maternité accoucher
matière plastique plastique
mâtiné mêlé
matois rusé
matou chat
matraque bâton
matrice moule
matrone entremetteuse
maudit maudire
mauviette faible
maxime pensée
mazette maladroit
mea culpa aveu (in avouer)
méandre contour, courbe, sinuosité (in sinueux), zigzag
mec individu, type II
mécanicien mécanique II
mécaniquement mécanique I
mécanisé motorisé (in moteur)
mécanisme mécanique II, mouvement
mécène protecteur
méchamment méchant
méchanceté méchant
méconnaissable différent (in différer II)
méconnaissance ignorance (in ignorer)
méconnu ignoré
mécontentement mécontent
mécontenter fâcher
mécréant irréligieux
médecine médecin
médiation entremise (in entremettre), office I
médical (corps) médecin
médiocrité médiocre
médisance médire
médisant médire
méditatif pensif
méditer mûrir
médusé ébahi
méfiance méfier (se)
méfiant méfier (se)
méga soigné (in soin I)
mégalomanie grandeur (in grand)
meilleur premier I, supérieur I
méjuger mésestimer
mélancolique mélancolie
mélanger mélange
mêlé mêler
mêlée combattre
mêler (se) mêler

mélodieux doux
même (à — de) mesure (en — de)
mémé, mémère grand-mère
mémorable mémoire I
mémorial mémoire III
menaçant menace
menacer menace
ménage famille, nettoyer
ménagement égard II
ménager économiser (in économie), plaindre I, réserver
ménager (se) assurer II
mendiant mendier
menée agissement
meneur instigateur
menouille argent
mensonger mensonge
menstrues règles
mensuel périodique
mensuration dimension, mesure
mentalement mental
mentalité mental
menterie mensonge
menteur mentir
mentionner citer, enregistrer, signaler, stipuler
mentor conseiller
méprisable mépris
méprisant mépris
méprise erreur
mépriser mépris
mercanti commerçant (in commerce)
merdaillon enfant
merdeux enfant
merdoyer balbutier
mériter mérite
merveilleusement admirablement (in admirable)
merveilleux merveille
mésaventure aventure, tribulation
mésentente désaccord
mésestimer déprécier, méconnaître
mésintelligence désaccord
mesquinerie petitesse (in petit)
messager message
messe basse aparté, conversation
messie sauveur (in sauver)
mesuré mesure II
mesurer mesure I
métamorphoser transformer
métaphore image
métayer fermier (in ferme I)
métèque étranger

méthodique organisé (in organiser)
méticuleux consciencieux (in conscience II), maniaque, scrupuleux
métissé métis
mettre (se) mettre
meublé meuble, garni (in garnir)
meubler meuble
meugler mugir
meule tas
meurt-de-faim affamé, misérable
meurtre crime, liquidation (in liquider)
meurtri meurtrir
meurtrissure contusion
mi moitié
miaou chat
miasmes effluves
miauler chanter
micheline automotrice
micmac agissement
microscopique minuscule
midi sud
mielleux doucereux (in doux), sournois
miette morceau, peu
mièvrerie affection (in affecté II)
mignard enfant, mignon
mijaurée prétentieuse
mijoter mûrir, préparer
mime acteur
mimi chat
minable misérable, pauvre, pitoyable
mineur second I
minimiser minime
minimum vital salaire
minois figure I
minutieux consciencieux (in conscience II), soigné, soigneux (in soin I)
mioche bébé, enfant
miracle merveille
mirage illusion, vision
mirer viser I
mirettes yeux
mirifique admirable (in admirer)
mirobolant étonnant (in étonner), merveilleux (in merveille)
miroir glace I, reflet
miroiter briller I
misanthrope sauvage
misanthropie sauvagerie (in sauvage)
mise toilette

miser carte, jouer II
misérable (n. c.) misérable (adj.)
misère famine, pauvreté, peine, taquinerie
miséreux misérable
miséricorde pitié
missive lettre
mistral vent
mistigri chat
mitaine gant
mitan centre
mi-temps pause
miteux misérable
mitiger adoucir
mitoyen toucher I, voisin
mitraille argent
mixture mélange
mobile cause I, moteur, motif
mobilier ameublement, meuble
mobilisé mobiliser
moche laid
modalité condition, mode
modération modérer
modéré modérer
modérément raisonnablement (in raison I)
modérer (se) modérer
moderniser moderne
modestement modeste
modestie modeste
modification altération (in altérer I), changement (in changer III)
modifier changer I et III, rectifier, transformer
modique bas I, minime, modeste
moelleux mou, onctueux, souple
mœurs habitude, morale, moralité
moi pomme (ma)
moine religieux
moins (à — de) sauf II
mois paye, salaire
moissonner couper, récolter
molaire dent
molarder cracher
molasson mou
môle digue
molester malmener
mollement mou
mollesse mou
mollir mou
mollo doucement (in doux)
môme amant, bébé, enfant
moment phase, saison, temps
momentanément momentané

mômerie simagrée
momignard enfant
monarchie monarque
monarchiste monarque
monastère cloître
monastique monacal
monceau amas, masse
mondial monde
mondialement monde
monial religieux
monopole apanage, régie, trust
monopoleur accapareur (in *accaparer* I)
monopoliser accaparer I
monotone uniforme
monstrueux monstre
monstruosité monstre
montage monter II
montant montée (in *monter*)
monte monter II
montée monter I
monter (se) monter I
monticule butte
montrer (se) montrer
monument bâtiment (in *bâtir*)
monumental colossal (in *colosse*)
moquerie moquer (se)
moquette tapis
moqueur moquer (se)
moralisateur morale
moralité morale
morbide maladif (in *malade*)
morceler morceau
morcellement morceau
mordiller mordre
morfondre (se) attendre, languir
morgue orgueil
moribond mourant
morigéner réprimander
morne languissant (in *languir*), triste
mornifle gifle
morose maussade, sombre, taciturne
morpion enfant
morsure piqûre (in *piquer* I)
mort mourir
mortifier abaisser II, macérer
mortuaire funèbre
morveux enfant
motel hôtel
motet cantique
motiver motif
motorisé moteur
mouchardage rapportage (in *rapporter* IV)
moucharder rapporter IV

moucher caquet (rabattre le)
moucheté tacheté
moue (faire la) grimace
moufle gant
mouillé mouiller
mouiller (se) mouiller
mouise pauvreté
moujingue enfant
moulage moule
moulant moule
moule mou
mouler serrer I, sculpter
moult beaucoup
moulu moudre
moumoune chat, perruque
mourir pipe (casser sa)
mourron (se faire du) inquiéter (s') [in *inquiet*]
mouscaille excrément
moussaillon marin
mousse marin
moustache poil
moustique gringalet
moutard bébé
moutchatchou bébé
mouton espion
mouvementé agiter, houleux (in *houle*), orageux
mouvoir pousser, remuer
moyenne (la) normale (in *normal*)
mucher cacher
mufle grossier, museau
mulâtre métis
mule chausson (in *chausser*)
multiplication multiple
multiplier multiple
munificence magnificence (in *magnifier*)
munir équiper, nantir
munir (de) armer
mûr fait I
muraille mur
murer mur
murer (se) mur
muret mur
murette mur
murmure murmurer
musarder amuser
museler bâillonner, silence (réduire au), taire (faire)
muser flâner
musette bal, sac
musical musique
musicien musique
musser cacher
mutation muter
mutilation mutiler
mutilé mutiler

mutiné mutin II
mutiner (se) mutin II
mutinerie mutin II
mutisme silence
mutuellement mutuel
myrmidon nain
mystérieux mystère
mystification mystifier
mystique croyant, inspiré
mythe légende
mythique imaginaire (in *imaginer*), légendaire (in *légende*)
mythomane menteur

n

nabot nain
nage nager
nageur nager
naguère anciennement
naissance naître
naïvement naïf
naïveté naïf
nana femme
narcotique hypnotique
narguer moquer (se — de)
narquois ironique (in *ironie*), moqueur (in *moquer*)
narration narrer
narthex portique
nase nez
natte tresse
naturel nature
naturellement nature
nauséabond agréable, écœurant (in *écœurer*)
nausée dégoût, vomir
navigateur marin
naviguer voile III
navire bateau I
navrant navrer
navré âme, confus II, fâché (in *fâcher*)
néanmoins cependant, côté, mais
néant vide II
nébulosité nébuleux
nécessairement nécessaire I
nécessiter demander
nécromancie divination (in *deviner*)
nécromancien divin
nécropole cimetière
nèfles (des) rien I
négative nier
négligé négliger
négligence négliger
négligent négliger
négoce commerce I

négociant commerçant (in *commerce*)
négociation négocier II
nègre forçat
nemrod chasseur
néné sein
nerveux nerf
nervosité nerf
n'est-ce pas non
nettement net
netteté net
nettoyage balai, lavage
nettoyer (se) laver I
neurasthénie mélancolie
neurasthénique mélancolique (in *mélancolie*)
neutraliser neutre
niais simple
niaiserie bêtise, candeur, enfantillage (in *enfant*)
nib rien
niche tour III
nicher (se) nicher
nichon sein
nicodème niais
nid repaire
nigaud niais
nipper nippes
niveau degré I, force, portée, rang II
niveler aplanir
noblement noble
noblesse noble
noce débauche (in *débaucher* II), fête, mariage (in *marier*)
noceur fêtard (in *fête*), jouisseur (in *jouir*)
noël nativité
noirceur noir
noircir noir
noircir (se) noir
noise (chercher) quereller
noisette noix
nombrer compter
nombreux nombre
nomination nom
nommer nom
nonchalance apathie, mollesse (in *mou*), paresse
nonchalant mou
nonchaloir apathie
non-sens contresens
nonobstant cependant, malgré
nord (du) septentrional
nord (perdre le) tête (perdre la)
nordique septentrional
normale normal
normalement normal

normalisation normal
normaliser normal
norme principe, règle
nostalgie mélancolie, regret
notable sensible II
notablement sensiblement (in *sensible* II)
notamment singulièrement (in *singulier*)
notice note I
notification notifier
notoriété notoire
notule note I
nouba débauche (in *débaucher* II)
nouer nœud
nouille bête, mou
nounou nourrice (in *nourrir*)
nourrice nourrir
nourrissant nourrir
nourrisson bébé
nourriture nourrir
nouveauté nouveau
nouvellement récemment (in *récent*)
nuageux couvert (in *couvrir*)
nuance couleur, différence (in *différer* II), teinte
nuée multitude
nuire tort (faire)
nuisible nuire
nuit obscurité (in *obscur*), soir
nuit (bonne) adieu
nul (pron. m.) nul I (adj.)
nullard nul II
nullement nul I
nullité incapable, nullard (in *nul* II)
nûment nu
numéro tour III
nurse bonne (d'enfant), gouvernante, nourrice (in *nourrir*)
nutritif nourrissant (in *nourrir*)

O

obéissance obéir
obéissant obéir
obèse gras, gros
objection objecter
objectivité objectif II
obligation obliger I
obligatoire obliger I
obligatoirement fatalement (in *fatal*)
obligeance complaisance (in *complaisant*), gentillesse (in *gentil*)
obligeant complaisant

obliquement oblique
obliquer oblique
obnubiler obséder
obole aumône
obscénité obscène
obscurcir obscur
obscurément obscur
obscurité obscur
obsédant obséder
obsédé obséder
obsèques enterrement (in *enterrer*)
obséquiosité obséquieux
observance observer II
observateur observer I
observation observer I et II
obsession obséder
obstacle mur
obstination obstiner (s')
obstiné obstiner (s')
obstruer boucher
obturer boucher
obtus borné, épais
obvier (à) pallier, remédier
occasionnel accident
occulte caché
occultisme divination (in *deviner*)
occupant envahisseur (in *envahir*), hôte
occupation occuper II
occuper (s') occuper II
océan mer
octavon métis
octroyer concéder
odorat odeur
œil (de bœuf) lucarne
œuvrer œuvre
offensant offense
offensé offense
offenser offense
offenser (s') offense
offensive offensif
officiant office II
officiel solennel
offrande don (in *donner* I)
offre offrir
offrir (s') offrir
offusquer déplaire
oie sot
oignon bulbe, montre
oindre graisser, sacrer I
oiseux inutile, stérile, superflu
oisiveté oisif
O. K. accord I
oléoduc conduite
olivâtre verdâtre
ombrageux ombrage II

ombre semblant
omission omettre
omnipotent absolu I
omniscient universel (in *univers*)
onde (longueur d'—) langage
ondoiement onde II
ondoyant onde II
ondoyer onde II
ondulation onde II
onduler onde II
onéreux coûteux
opacité épaisseur (in *épais*)
opération intervention (in *intervenir*), opérer II
opiniâtre acharné, constant, obstiné, tenace, volontaire
opiniâtreté constant, entêtement (in *entêter*)
opportunément opportun
opportunité opportun
opposé I et II opposer
opposer (s') opposer
opposition opposer
oppresser accabler I, étouffer
oppressif opprimer
oppression opprimer
opprobre honte
opter choisir
optimiste optimisme
option choix
opulence opulent
opuscule brochure
oraison prière I
oratoire église
orchestre ensemble II, formation
ordonnance ordre I
ordonné ordre I
ordurier grossier, obscène, sale
orée bord
orfèvre bijoutier
organes (génitaux) sexe
organisation organiser
organisé organiser
organisme organe I, organique
orgie débauche (in *débaucher* II), festin
orgueilleux orgueil
orientation orienter
orienté orienter
orienter (s') orienter
originaire natif
original pittoresque
originalité original II
originel origine
originellement origine
oripeaux guenille

orné ouvragé (in *ouvrager*)
ornement orner
ornemental orner
ornementation orner
ornementer orner
orthogonal perpendiculaire
orthographier écrire
os chair, difficulté (in *difficile*), ennui (in *ennuyer*), maigre
oscillant hésitant (in *hésiter*)
osciller balancer (se), hésiter
osé oser
oseille argent
ossements squelette
ossuaire cimetière
ostensible apparent
ostracisme exclusion
ostrogoth grossier
ôter (s') ôter
oublier oubli
oubliettes cellule
ouest occident
ouie (être tout) oreille
ouïr entendre II
ouragan bourrasque, tempête, vent
ourdir machiner, nouer (in *nœud*), préparer
ours sauvage I
outil instrument
outillage équipement (in *équiper*), matériel II
outrager outrage
outrageusement outrage
outrance outrer
outrancier outrer
outrecuidance orgueil
outrecuidant orgueilleux
ouvert ouvrir
ouvertement ouvrir
ouvertement simplement (in *simple*)
ouverture ouvrir
ouvragé ouvrage
ouvrier salarié (in *salaire*)
ouvrier travailleur II
ouvrir (s') ouvrir
ovation (faire — à) acclamer
oxygéner (s') aérer (s')

p

pacifier apaiser
pacifique débonnaire, paisible
pacotille marchandise (in *marchand*)
pactiser pacte
padoque lit I
paf ivre

page feuille II, lit I
pageot lit I
pager (se) coucher II
paie payer
paiement règlement II, versement (in *verser* IV)
paisiblement paisible
palabrer discourir
palace hôtel
palache épée
paladin chevalier
palais château
palefroi cheval
pâlichon pâle
pâlir pâle
palissade clôture
palliatif pallier
palombe pigeon
pâlot pâle
palpable palper
palpitant palpiter
palpitation battement (de cœur)
pâmer (se — d'admiration) extasier (s')
pamphlet libellé, satire
panache plume I
pancarte écriteau
pandore gendarme
panégyrique éloge
panier élite, fin, rebut
panneau filet
panonceau enseigne
panser soigner II
pansu gros, panse
pantalon culotte
pantelant haletant, palpitant (in *palpiter*)
pantois déconcerter
pantomime acteur
pantouflard bourgeois, casanier, sédentaire
pantoufle chausson (in *chausser*)
pape père (saint-)
papegai perroquet
papelard doucereux (in *doux*)
papi grand-père
papoter bavarder, on-dit
paquebot bateau I
paquetage bagage
parachever parfaire
parader parade
paradisiaque paradis
parafe signature (in *signer*)
parafer signer
parallélisme parallèle
paralysé engourdi (in *engourdir*)

paralyser arrêter I, engourdir, figer, intimider
parapet balustrade
paraphraser paraphraser
parcage parc I
parcimonieusement chichement (in *chiche*)
parcimonieux chiche, économe (in *économie*)
parcours parcourir
pardessus manteau
pardonnable pardon
pardonner pardon
pardosse manteau
paré prêt
pareille pareil
pareillement pareil
parenté analogie, consanguinité
parenthèse digression
parer (se) parer II
paresser paresse
paresseux paresse
parfaitement parfait
parfumer parfum
parier pari
Paris état IV
parking parc I
parlant parler
parlementer débattre, traiter III
parler (nom) parler (verbe)
parlote aparté, conversation
parodie caricature, imitation (in *imiter*)
parodier imiter
paroi mur
paroisse église
paroissien individu
parole serment
paroxysme exacerbation (in *exacerber*)
paroxysme (porter à son) exacerber
parpaillot protestant
parquer parc I
parquer (se) parquer (in *parc* I)
parquet tribunal
partager partage
partant ainsi I
partenaire allié
partial injuste
partialité injustice (in *injuste*), parti II
participation participer
particularité caractéristique
partiel partie I
partiellement partie VII
partisan parti I

partisans sien (les *siens*)
partout rue I (aux 4 coins d'une)
parturition accoucher
pâture parer II
parution paraître III
parvenir accéder II, arriver I, obtenir
parvenu riche (nouveau)
pas (à deux) près
pas (mal) mal
passable accepter
passablement assez
passade caprice
passage passer I
passager passer I
passant passer I
passe passer I
passé (n. c.) passer I
passé (adj.) terne
passé (prépos.) passer I
passe-droit privilège
passer (se) passer I
passe-temps distraction
passeur passer I
passible (être — de) tomber (sous le coup)
passionnant passion
passionné passion
passionnément beaucoup
passionner enthousiasmer (in *enthousiasme*), exalter, intéresser (in *intérêt*)
passionner (se) passion
passivité passif
pasteur berger, prêtre
pastiche imitation (in *imiter*)
pasticher imiter
pastoral campagnard (in *campagne*)
pataud adroit, lourd I
pâte (à la) ouvrage
pâtée peignée
patelin pays
patenôtre prière I
paterne doucereux (in *doux*)
pathétique émouvant (in *émouvoir*), vibrant (in *vibrer*)
patient sujet III
patienter attendre
pâtir souffrir
pâtis pays
patouiller patauger, tripoter
patraque malade
pâtre berger
patrimoine bien II, capital II
patriotard patriote (in *patrie*)
patriote patrie
patron directeur, modèle

patronage associer, auspices
patrouille détachement (in *détacher*)
patte-d'oie carrefour, ride
pâture aliment, pacage
naturon pied
paumé paumer, perdu (in *perdre*)
paumer perdre
paumer (se) se perdre
pauvrement pauvre II
pauvreté pauvre II
pavaner (se) parader
pavé (battre le) flâner
pavillon drapeau
pavoiser victoire (crier)
payant payer
payer (se) payer
paysan (adj.) campagnard (in *campagne*)
peau-rouge indien
peccadille faute
pêche châtaigne
pêche (canne à) gaule
péché erreur, faute, offense, vice I
pêcher manquer II
pécore paysan
péculat concussion
pécuniaire financier (in *finance*)
pédagogie éducation (in *éduquer*)
pédale homosexuel
pédaler avancer I
pédant cuistre, doctoral, professoral (in *professeur*)
pédantisme prétention
pédé homosexuel
pédéraste homosexuel
pedzouille paysan
peigne (passer au — fin) fouiller
peigner coiffer
peignoir robe
peinard calme, paisible
peiné malheureux (in *malheur*)
peintre peindre I
peinture toile
peinture (voir en) supporter
pelage poil, robe, toison
peler éplucher
pellicule couche III
peloter effleurer, flatter
peloton groupe
pelotonner (se) blottir (se)
pelouse gazon
pelure peau, vêtement
penaud déconcerter, déconfit, honteux (in *honte*), sot

pendaison corde
pendant pendre
pendard coquin
pendeloque pendentif
pendouiller pendre
pendule balancier, horloge
pénétrable pénétrer
pénétrant pénétrer
pénétration clairvoyance
pénétré pénétrer
pénétrer (se) pénétrer
pénible peine I, peine II
péniblement peine I
péniche chaland, chaussure (in *chausser*)
pénis sexe
pénitence punition
pénitencier bagne, prison
pensant (bien) conformiste (in *conforme*)
penseur (libre) irréligieux
pensionnaire pension I
pensionnat pension I
pénurie manque, rareté
pépé grand-père
pépère (n. c.) grand-père
pépère (adj.) calme, paisible, peinard
pépettes argent
pépin affection I, difficulté (in *difficile*), ennui (in *ennuyer*), parapluie
péquenot paysan
perçant percer
percée trouée
perceptible percevoir I
perception percevoir II
percher (se) percher
percuter entrer, heurter, rentrer
perdition détresse (en)
perdre (se) perdre
perdu perdre
péremptoire décisif (in *décider*)
perfection absolu I
perfectionner améliorer
perfidie déloyauté (in *déloyal*), noirceur (in *noir*)
perforer percer
performance exploit
péricliter dépérir
péril danger
périlleux dangereux (in *danger*)
périmé anachronique, papa
périmètre tour II
périodique période
périphérique périphérie
périple voyage

périr mourir
péristyle portique
perle perfection
permanence constant, continuité (in *continuer*)
permanent militant
permettre (se) permettre
permis (n. c.) permettre
permis (adj.) permettre
permission permettre
pernicieux malfaisant, nuisible
péroraison conclusion (in *conclure*)
pérorer discourir
perpétrer accomplir
perpétuel sempiternel
perpétuellement constant
perpétuer continuer
perplexe indécis
perplexité indécision (in *indécis*)
perquisition fouille
perquisitionner fouiller
perroquet bavard
perruque cheveux, moumoute
perruquier coiffeur
persécuter presser II
persévérance persévérer
persifler railler
persistance continuité (in *continuer*), persévérance
persistant continu (in *continuer*)
persister persévérer, prolonger (se) [in *prolonger* II]
persister (à) continuer
personnalité caractère III, nature (forte), originalité (in *original* II), sommité
personnel personne I
perspicace clairvoyant (in *clair*), fin, perçant (in *percer*)
perspicacité clairvoyance, finesse (in *fin*)
persuadé certain
persuasif éloquent
persuasion conviction (in *convaincre*)
perte perdre
pertinence pertinent
pertuis trou
perturber troubler
perversion pervers
pervertir corrompre, dégénérer, égarer
pesant étouffant (in *étouffer*), lourd II
pessimiste noir

peste empoisonneur (in *empoisonner*), plaie, teigne
pester fulminer, jurer II, maudire, maugréer, rage (entrer dans une — folle)
pestilentiel puant
pétasse crainte (in *craindre*)
pétasse femme
péter pet
péteux peureux (in *peur*)
pétillant brillant (in *briller* I)
petite-main midinette
petitement chichement (in *chiche*)
petitesse petit
pétoche crainte (in *craindre*)
peton pied
pétrifié ébahi
pétrifier figer
pétrin embarras (in *embarrasser*)
pétrir triturer
pétrole or (noir)
pétulance vivacité (in *vif*)
pétulant vif
peuplade peuple I
peuplé peuple II
peupler peuple II
peureux peur
pèze argent
phalange coalition
pharisaïsme fausseté (in *faux*)
phase étape, période
phénoménal étonnant (in *étonner*)
philanthropie charité
philosophe philosophie
philosopher philosophie
phobie crainte (in *craindre*)
photo photographie
photographier prendre I, photographie
phraseur bavard
phtisique tuberculeux
physionomie figure I
piaf moineau
piaffer trépigner
piailler crier (in *cri*)
piaule pièce
pic escarpé, sommet
pic (à) propos (à)
picaillon argent
pichenette chiquenaude
pickpocket voleur (in *voler* II)
picoter piquer II
pie bavard
pied (comme un) savate
pied-à-terre appartement
piédestal base I, socle
pierreries pierre

pierre tombale tombe
pierreux pierre
pierrot moineau
piété pieux
piètre minime
pieu lit I
pieuter coucher II
pif nez
piffer sentir I
pigeonner leurrer
pigeonnier pigeon
piger comprendre, regarder, saisir I
piges an
pignocher manger
pignouf grossier, type (sale)
pilastre colonne
pile opportunément (in opportun)
pillage piller
piloter diriger II, guider (in guide I)
pimbêche prétentieuse
piment saveur, sel
pinailler discuter
pinard vin
pincé pointu
pinceau pied
pince-sans-rire moqueur
pine sexe
pingouin type
pingre chiche, regardant (in regarder)
pin-up femme
piocher travailler
pioncer dormir
pionnier défricheur
piou-piou soldat
pipeau flûte I
pipelet bavard
pipelet concierge
pipe-line conduite (in conduire I)
pipi pisse
pipi (faire) pisser
piquant (adj.) piquant (n. c.) II
piqué fou
pique-assiette convive, parasite
pique-niquer saucissonner
piquet pieu
piquette peignée
piqûre piquer I
pire dernier
pirouette cabriole
pis (au — aller) rigueur
pissat pisser
pisse pisser
pisse-vinaigre avare
pissotière pisser

piste chemin, trace, voie
pister suivre
pistolet revolver
piston (du) recommandation (in recommander)
pistonner patronner
pitance aliment, nourriture (in nourrir)
pitchoun enfant
pitié sensibilité
pitre clown
pivoine (rougir comme une) oreilles (rougir jusqu'aux)
pivot axe
pivoter tourner I
placage plaquer
placard affiche
placement placer I
placé (être mal—pour) grâce II
placer place I
placide calme, paisible, tranquille
placier représentant
plage bord
plagiat imitation (in imiter)
plagier imiter
plaid couverture (in couvrir)
plaider défendre I, militer, parler (pour)
plaidoirie ploidoyer
plaignant accuser
plainte plaindre II (se)
plaintif plaindre II (se)
plaisant aimable, attrayant, comique
plaisanterie plaisanter
plaisantin plaisanter
planer voler
planifier organiser
planning organisation (in organiser)
planning familial contrôle
planque filon (il a trouvé le)
planquer cacher
planté vigoureux
planter (se) planter
planton sentinelle
plantureusement beaucoup
plantureux abondant, généreux, gras
plaquage abandonner II
plaquer abandonner II, planter
plasticité souplesse
plastronner parader
platitude plat II
plâtras gravats
plébéien populaire (in peuple II)

plébiscite référendum
pleinement plein
plénitude épanouissement (in épanouir [s']), totalité
pleurard plaintif (in plaindre II; se), pleurnicheur (in pleurer)
pleurnicherie pleurer
pleurnicheur pleurer
pleurs pleurer
plomb scellé (in sceau)
plomb (de) ardent
plombé livide
plomber sceller I (in sceau)
ploutocrate riche
ployer plier II
plumage plume I
plumard lit I
plume lit
plumer déposséder, voler II
plumet plume I
pluralité diversité (in divers)
plus (compar.) autre I, autrement
plus (de) ailleurs, côté (à — de), même II, outre
pneumatique dépêche
pochard ivrogne (in ivre)
poche sac
pochetée imbécile
poésie vers II
poète auteur
poétique poète
pognon argent
poigne énergie
poilant comique
poiler (se) rire
poilu poil
poindre paraître I, percer, sortir
poing (à —s fermés) profondément
point culminant sommet
point de vue sens II, sentiment I
pointer (se) pointer
pointiller chicaner
pointilleux exigeant
pointure dimension
poire figure I, naïf
poireauter attendre
poison collant (colle I), empoisonneur (in empoisonner)
poisse malchance, malheur
poisser arrêter II
poisseux gluant
poitrine buste, sein
poivre et sel gris
poivrot ivrogne (in ivre)

polichinelle bouffon, clown, pantin
polir parfaire, poli I
polisson espiègle, paillard
politesse poli I
pollué malsain
polluer corrompre
polochon traversin
poltron peureux (in *peur*)
polyphonique vocal (in *voix* I)
pommade onguent
pompe apparat
pompe (coup de) fatigue (in *fatiguer*)
pompe (à toute) vitesse
pompé fatigué (in *fatiguer*)
pomper boire
pompes chaussures (in *chausser*)
pompette ivre
pompeux ampoulé, sentencieux, solennel
pomponner (se) parer (se)
ponctualité ponctuel
pondération pondéré
pondre écrire
pontifiant doctoral, solennel
pontifier discourir
popote cuisine, réfectoire, sédentaire
popotin derrière
populace multitude, peuple II
populaire peuple II
popularité vogue
population peuple I
populeux peuple II
populo foule, peuple II
porche portique
poreux perméable
pornographique érotique
portant montant (in *monter*)
porte (mise à la) expulsion
porté enclin
porte-bonheur amulette
portemanteau cintre
porte-monnaie bourse, finance
porte-parole interprète I
porteur porter I
portier concierge
portugaise oreille
pose attitude, poser I
posé poser II
posément poser II
poser (se) poser I
poseur prétentieux
positivement affirmer
possédé énergumène, furieux (in *fureur*)
possesseur posséder

possession posséder
possibilité(s) capacité I, cas, raculté, occasion, ressources
possible (son) mieux (de son)
poste emploi (in *employer*)
postère derrière
postérieur derrière
postiche factice
postulant postuler I
postulat postuler II, principe
postuler solliciter
pot chance
pot (boire un) verre
pot-au-feu bourgeois, sédentaire
pot aux roses secret III
pot de chambre vase I
pot-de-vin commission I, gratification (in *gratifier*)
potache écolier (in *école*), lycéen
potage bouillon
potager jardin
potasser apprendre, étudier
pote ami
poteau ami, pieu
potelé gras, plein
potence corde, gibet
potiche vase
poudre esbroufe
pouffer éclater II
poufiasse femme
pouilleux misérable
poulain jument
poulet poule
pouliche jument
poupard bébé
poupée femme
poupon bébé
pour afin (de; que), après I, comme II, faveur (en — de), intention (à l'— de)
pour ainsi dire comme III
pourceau porc
pourchasser poursuivre
pour que aussi
pourquoi raison (pour quelle)
pourri pourrir
pourrissement pourrir
pourriture pourrir
poursuite continuation (in *continuer*)
poursuivre continuer, obséder, pourchasser
pourtant en attendant (in *attendre*), cependant, mais
pourtour périphérie, tour II
pourvoir appeler I, assurer II, nantir, subvenir

poussah gros
poussée pousser I
pousser mouvoir
pousser (se) pousser I
poussette voiture
poussiéreux sale
pouvoir (n'en plus) bout
prairie pacage, pâturage, pré
praticable pratiquer II
pratique commode II, concret, entraînement (in *entraîner* II), exercice (in *exercer* I), habitude
pratique (mettre en) exécution I
pratiques agissements
préalable (au) abord II
préambule introduction (in *introduire*), prélude
précarité précaire
précaution garantie, mesure II
précaution (avec) pas III (— à —)
précédemment précédent I
précéder précédent I
précepte commandement (in *commander* II)
prêche prêcher, sermon
prêcheur prêcher
précieusement précieux
préciosité raffinement
précipice abîme, ravin
précipiter accélérer, avancer II, élancer (s'), plonger, presser II
précipiter (se) ruer II (se)
précipiter (se — sur) dedans
précisément précis
préciser définir, dessiner (se) [in *dessin*], stipuler
précision précis
précoce avancer II, hâtif (in *hâte*)
préconçu fait I
préconiser recommander
prédicant prêtre
prédiction prédire
prédilection préférence (in *préférer*)
prédominance règne
prédominer dominer, prévaloir, régner (in *règne*)
prééminence primauté
préférable mieux, valoir
préféré favori I
préférence préférer
prélude préambule, préliminaire
prématuré hâtif (in *hâte*)
prématurément terme I

prémédité préméditer
premièrement abord II
prémunir assurer II, prévenir II
prenant prendre I
prendre (se) prendre I
preneur prendre I
prénommer nommer I (in *nom*)
préoccupé soucieux (in *souci*)
préoccuper ennuyer, tourmenter
préoccuper (se) songer, soucier (se)
préparatifs apprêts, préparer
préparation composition (in *composer*)
préparer accommoder II, composer, élaborer, mijoter
prépondérant dominant (in *dominer*)
préposé employé (in *employer*)
près (à peu) sensiblement (in *sensible* II)
présager annoncer, augurer
prescription commandement (in *commander* II), indication (in *indiquer*), péremption
prescrire commander II, imposer
présentateur speaker
présentation présenter
présentement présent II
présenter (se) présenter
préservatif capote
préserver sauvegarder
préserver (de) assurer II, sauver
président présider I
président-directeur général directeur
présomptueux ambition, orgueilleux (in *orgueil*)
pressant presser II
pressé presser II
pressentiment pressentir
presser (se) presser I
pression presser II
prestance allure
preste agile
prêt rétribution, solde
prêt-à-porter fait I
prétendu prétendre I
prétention prétendre II
prétexter alléguer, arguer, objecter
prêtrise sacerdoce
preuve prouver
prévaloir prédominance

prévaloir (se — de) arguer, citer
prévarication concussion
prévenances prévenir, soin I
prévenant complaisant
prévention prévenir II
préventives (mesures) prévention (in *prévenir* II)
prévenu inculpé
prévisible (être) sentir I (se)
prévision calcul, estimation (in *estimer*), pronostic (in *pronostiquer*)
prévoyant prudent
prieuré cloître, église
primaire simpliste
primat primauté
primauté suprématie
prime gratification (in *gratifier*)
prime (adj.) premier
prime (de — abord) abord II
primitif grossier, originel (in *origine*), premier, sauvage I
primitivement originellement (in *origine*)
prince monarque
prince des ténèbres diable
principal (n. c.) principal (adj.)
principalement singulièrement (in *singulier*), surtout
principes principe
printemps an, renouveau
pris occupé (in *occuper* II)
prise capture
prise (de bec) dispute (in *disputer*)
prise (donner — à) flanc (prêter le — à)
prisonnier prison
privation priver
privauté familiarité (in *familier*), liberté
privé individuel, intime, particulier I
privé (de) sans
priver (se) serrer I (se)
privilégié privilège
privilégier avantage
probablement probable
probant concluant (in *conclure*), éloquent
probe probité
problématique douteux
procédé formule, moyen, secret III
procéder opérer II
procès affaire, litige
procession défilé, file, succession (in *succéder*)

processus mécanisme (in *mécanique* II)
procès-verbal contravention, rapport I
prochain semblable
prochainement bientôt
proclamation proclamer
procréer engendrer
procurer (se) procurer
prodigalité prodigue
prodigieux prodige
prodiguer prodigue
production produire II
produire (se) produire II
produit produire I
proéminent saillant
prof professeur
proférer dire, prononcer
professionnel spécialiste
professionnelle prostituée
professoral professeur
profil ligne, section, silhouette
profiler (se) découper (se), silhouetter (se) [in *silhouette*]
profitable profit
profiter profit
profiteur exploiteur (in *exploiter* II)
profondément profond II
profondeur profond II
programme plate-forme II, projet
progresser progrès
progressif progrès
progression progrès
progressiste avancer II
progressivement progrès
prohiber condamner, défendre I
prohibition défense II
projet projeter I
prolétaire travailleur II
prolifération abonder, multiplication (in *multiplier* II)
proliférer envahir, multiplier II (se), reproduire II (se)
prolifique fécond
prologue préface
prolongation continuation (in *continuer*)
prolongement prolonger I
promenade promener
promeneur passant
promesse promettre
promettre (se) promettre
promis promettre
promontoire cap
promotion avancer II, nomination (in *nom*)

promouvoir élever I
promptement prompt
promptitude prompt
promu (être — à) accéder II
prôner préconiser
prononcer (se) prononcer
prononciation prononcer I
pronostiquer pronostic
pronunciamiento coup d'État
propagation propager
propager (se) propager
prophète devin
prophétie prédiction
propice favorable (in *faveur*)
proportionné équilibré (in *équilibre*)
proportionné (bien) harmonieux
proportionnellement proportion
proportionner mesurer (in *mesure*)
proposition offre (in *offrir*), ouverture (in *ouvrir*), suggestion (in *suggérer*)
proprement propre II
propreté netteté (in *net*)
propriétaire maître I
propriétaire (être — de) avoir I
propriété bien II
prorogation renouvellement (in *renouveler*)
proroger renouveler
prosaïquement prosaïque
prosateur auteur
prosodie versification (in *vers* II)
prospection recherche (in *rechercher*)
prospérer florissant (in *fleur*), marcher, réussir
prospérité prospère
prosterner (se) agenouiller (s'), incliner I (s')
prostituée prostituer
prostitution passe (in *passer*)
prostration abattre II
prostré effondré
protagoniste acteur
protecteur protéger
protection appuyer II, auspices, défense I, ombre (à l'— de)
protégé protéger
protéger (se) protéger
protestation protester
prototype modèle
prouesse exploit
proverbe pensée II (in *penser*)
providence dieu

provisoirement attendre (en attendant), momentanément (in *momentané*)
provocant provoquer I
provocation provoquer I
proxénète entremetteuse, souteneur
prudemment prudent
prudence prudent
pruderie prude
prunes (pour des) vain I
psalmodier chanter
psaume cantique
pseudo surnom
pseudonyme nom, surnom
psyché glace I
psychique mental
psychologie mentalité
puant écœurant (in *écœurer*), puer
puanteur puer
puberté formation
publication sortie
publicité réclame
publier divulguer, éditer, paraître III, sortir
pucier lit I
pudibond prude
pudibonderie pruderie (in *prude*)
pudique pudeur
puéril enfantin (in *enfant*)
puérilité enfantillage
puîné cadet
puissamment puissant
puissance puissant
pull-over chandail
pulluler abonder, envahir
punition punir
pupitre table I
purée pauvreté (in *pauvre* II)
purement pur II
pureté pur I
purge purgatif
purger épurer
purifier pur I
puritain prude
pusillanime craintif (in *craindre*), peureux, timide
putréfaction corruption (in *corrompre*), pourriture
putréfier (se) pourrir
putrescible corrompre
putsch coup d'État
pygmée nain
pyromane incendiaire (in *incendie*)

q

quadrature (du cercle) insoluble
qualification qualifier, nom
qualifié compétent, valable (in *valoir*)
quart gobelet
quarteron métis
quartier camp, coin, voisinage (in *voisin*)
quasi presque, semi
quasiment presque
quatre (manger comme) manger I
quatre (se mettre en) démener (se), empresser (s')
quelconque commun II, insignifiant, ordinaire
quelques plusieurs, poussière
quémander demander, mendier
quémandeur solliciteur (in *solliciter*)
quenotte dent
quéquette sexe
quereller querelle
quereller (se) querelle
querelleur querelle
questionnaire formulaire (in *formule*)
questionner demander, interroger, vers (tirer les — du nez)
quêter quête
queue file
quiconque personne
quiétude calme, tranquillité (in *tranquille*)
quignon morceau
quille jambe
quinquets yeux
quinteux acariâtre
quinzaine salaire
quiproquo erreur, malentendu
qui-vive garde (in *garder* I)
quotidien habituel (in *habitude*), journal, journalier (in *jour*), périodique
quotidiennement journellement (in *jour*)

r

rabâchage rabâcher
rabâcher répéter
rabâcheur rabâcher
rabaisser abaisser II, déprécier, ravaler
rabat-joie éteignoir (in *éteindre*)

rabattre rabaisser
rabbin prêtre
rabe supplément
rabibocher réconcilier
râblot supplément
râblé trapu
rabrouer remiser II, repousser
raccommodement réconciliation (in *réconcilier*)
raccompagner ramener
raccorder (se) raccorder
raccourci (en) raccourcir
raccrocher (se) raccrocher
racé race
rachat salut
racheter acheter, affranchir, compenser, expier, sauver I
racheter (se) réhabiliter (se)
râcler gratter I
racoler engager, raccrocher
racontar raconter
racornir (se) sécher I
radicalement radical
radier rayer (in *raie*)
radin avare, chiche
radotage rabâchage (in *rabâcher*)
radoter déraisonner, rabâcher, répéter (se)
radoteur rabâcheur (in *rabâcher*)
radoucir (se) adoucir
rafale bourrasque
raffiné délicat
rafiot embarcation
rafler accaparer I, attribuer (s'), gagner, vol II, voler
rafraîchir (se) fraîchir (in *frais* I)
ragaillardir remonter
rageant rage
rager rage
rageur rage
ragot bavard, conte, médisance (in *médire*), on-dit, racontar (in *raconter*)
raideur raide
raidillon côte II, montée (in *monter*)
raillerie railler
railleur railler
rainure entaille
raisonnable raison I
raisonnablement raison I
raisonnement raison II
rajeunir renouveler
rajouter ajouter, enjoliver, remettre (en)
râler jurer II, maugréer, murmurer, protester, rager

rallier (se) rallier
rallonge allonger
rallonger allonger
rallonges (à) finir (à n'en plus)
rallumer animer
rammaga gazouillement
ramassé ramasser
ramassis amas, ramas
rambarde balustrade
rameau branche
ramener (se) ramener
ramier pigeon
ramolli déliquescent
ramollir amollir
rampant servile
rampe montée (in *monter*)
ramper ventre (se mettre à plat)
ramure branche, feuillage
rancard rendez-vous
rancarder renseigner
rancart rebut
rancune rancœur
rangé sérieux, ranger II
rangée ligne, rang I
ranger rallier (se)
rapacité convoiter
râpé usé
rapetisser diminuer, raccourcir
râpeux âpre, rugueux
rapiat chiche
rapidement rapide
rapidité rapide
rapiécer raccommoder
rappel évocation (in *évoquer*)
rappeler (se) rappeler
rappliquer (se) ramener (se)
rapport (par — à) regard (au — de)
rapportage rapporter IV
rapporter (se) rapporter III
rapporteur rapporter IV
rapprochement rapprocher
rapt enlèvement
raquer payer
rarement peu
rareté rare
rarissime rare
ras court
ras le bol assez
rasoir ennuyer (in *ennuyeux*)
rassasié rassasier
rassemblement attrouper (in *attroupement*), groupement (in *groupe*)
rasséréner apaiser, tranquilliser (in *tranquille*)
rassis réfléchi (in *réfléchir* I), sec I

rassurant optimiste (in *optimisme*)
rat chiche
ratage échec
ratatiné rabougri
ratatiner (se) tasser (se)
raté côté, coup (à-), manque (à la)
rater échouer, manquer I, III
ratiboiser attribuer (s'), voler
ratichon prêtre
ratière piège
ratification assentiment
ration mesure, portion
rationnel raisonnable (in *raison* I)
ratisser attribuer (s')
rattacher (se) raccrocher (se)
raturer effacer, rayer
ravage dégât, destruction (in *détruire*)
ravauder raccommoder
ravi radieux
ravigoter revigorer
ravin précipice
ravissant beau, charmant (in *charme*)
ravissement ravir
ravisseur voler (in *vol* II)
ravitaillement provision I
ravitailler approvisionner, fournir (se)
raviver animer, ranimer, renouveler
rayer raie
rayon domaine, partie II
rayonnant radieux
rayure raie
razzia incursion
réac réactionnaire
réaction mouvement
réadaptation adaptation
réalisable réaliser I
réaliser (se) réaliser I
réaliste réel
réalité réel
rebattre (les oreilles) répéter
rebeller (se) désobéir
rébellion rebelle
rebiffer (se) cabrer (se), résister
rebondir ricochet
rebondissement théâtre (coup de)
rebord bord
rebours (au) contresens
rebouteur guérisseur (in *guérir*)
rebouteux guérisseur (in *guérir*)

rebrousser (chemin) revenir (sur ses pas)
rebutant rebuter
recalé (être) échouer
recaler ajourner, éliminer, refuser
récapituler résumer, revue (passer en)
récemment récent
récent moderne, nouveau
récépissé reçu (in *recevoir* I)
réception recevoir II
récession crise
recevable recevoir I
rêche rude
recherche rechercher
recherché rechercher
rechigné maussade
rechute répétition (in *répéter*)
récidive répétition (in *répéter*)
récif écueil, rocher
réciproquement mutuellemment (in *mutuel*), réciproque, retour (en) [in *retourner*]
récit histoire, narration (in *narrer*), rapport (in *rapporter*), tableau
récital concert
réclamation plainte (in *se plaindre* II)
réclamer (se) réclamer
réclusion emprisonnement (in *emprisonner*)
recoin coin, repli (in *replier* I)
récolter récolte
recommandable recommander
recommandation recommander
recommander (se — de) réclamer (se — de)
recommencement recommencer
récompenser récompense
réconciliation réconcilier
réconcilier (se) paix (faire la), rapprocher (se)
reconduction renouvellement (in *renouveler*)
reconduire ramener, renouveler
réconfortant réconfort
réconforter animer, consoler, remonter, soutenir
reconnaissance gratitude
reconnaissant obliger II
reconnaître (se) reconnaître
reconstituant fortifiant
reconstruire relever I
recopier copier (in *copie*)

record exploit
recoudre raccommoder
recourbé courbé, courbe
recours recourir
recouvrement perception (in *percevoir* II)
recouvrer regagner, retrouver
récréer récréation
récrier (se) protester
récriminations protestations (in *protester*)
récriminer protester
récrire copier (in *copie*)
recroqueviller (se) tasser (se)
recrudescence exacerbation (in *exacerber*)
recruter engager, mobiliser
rectificatif rectifier
rectification rectificatif (in *rectifier*)
rectitude rigueur
reçu recevoir I
recueil recueillir
recueillir (se) recueillir
recul reculer
reculé éloigné, lointain
récupérer regagner
récuser contester
rédacteur journaliste (in *journal*)
reddition capitulation
redémarrer reprendre I
rédempteur sauveur (in *sauver* I)
rédemption salut
redevable obliger II
rédiger écrire
redimer affranchir
redite redire I
redondant diffus, superflu
redonner ranimer, rendre I
redoublement augmenter (augmentation), exacerbation (in *exacerber*)
redoubler augmenter
redoutable danger, rude
redouter craindre, effrayer (s'), peur (avoir)
redressement relèvement (in *relever* I)
redresser lever, relever I
redresser (se) relever (se) [in *relever* I]
réduction diminution (in *diminuer*), rabais
réduction (en) miniature (en)
réduire (se) réduire
rééducation adaptation
réellement réel
réexpédier retourner

refaire (se) refaire
refendre scier (in *scie*)
référer (se) recourir
réfléchi réfléchir
refléter reflet
réflexe mouvement
réflexion réfléchir
refondre refaire
réformer réforme
réfractaire rebelle
refrain chanson, répétition (in *répéter*)
réfrigérant réfrigérer
réfrigérateur réfrigérer
réfugier (se) abri (à l'), abriter (s') [in *abri*], blottir (se)
refus négative (par la), non
refuser (se) priver
réfuter contredire
regain renouveau
régal délice
régaler amuser, payer, traiter
regard regarder
regardant regarder
régenter diriger
régie monopole
regimber résister
région pays, zone
régir diriger
réglé régler I
réglée règles II
réglementation règlement I
réglementer fixer
régler (se) régler I
réglo régulier II
régner règne
regorger abonder II
régresser décliner II, reculer
regrettable regret
regretté mort
regretter regret
regrouper associer
régularisation normalisation (in *normaliser*)
régulariser normaliser (in *normal*)
régularité régulier I
réhabiliter (se) réhabiliter
rehausser relever I, ressortir (faire)
reine (petite) bicyclette
réintégrer rétablir
réitérer renouveler, répéter
rejeton fils
rejoindre (se) rejoindre
réjoui épanoui (in *épanouir*)
réjouissance réjouir
réjouissant gai
relâchement relâcher I
relâcher (se) relâcher I

relais (prendre le) relever III
relais de campagne hôtel
relance *reprise* (in *reprendre* I)
relater raconter, rapporter II
relativement relatif
relayer relever III, remplacer
relayer (se) alterner
relax calme
relaxé calme
relaxer relâcher II
reléguer confiner, rejeter
relent odeur
relève remplacement (in *remplacer*)
relevé relever I
relèvement relever I
relever (se) relever
relief brillant (in *briller* I), couleur, repas, restes (in *rester* I), saillie
relier joindre, raccorder, unir
religieux religion
reliquat reste (in *rester* I)
reluire briller I
reluisant brillant (in *briller*)
reluquer lorgner
remarquable remarquer
remarque remarquer
rembarrer remiser II, repousser, reprendre II
rembourser acquitter (s' — de), payer, rendre I
remédier (à) remède
remémorer (se) rappeler II, rappeler (se), souvenir (se)
remettre (se) remettre
réminiscence souvenir
remiser remise II
rémission répit
remontant excitant (in *exciter*), fortifiant
remords regret, repentir
remplaçant remplacer
remplacement remplacer
remplumer (se) refaire (se)
remuant remuer
remue-ménage remuer
remuer (se) remuer
remugle odeur
rémunération rémunérer
renâcler aspirer I, rechigner
renaissance renouvellement (in *renouveler*)
renaître réveiller (se), revivre
rencard rebut, rendez-vous, renseignement
rencarder renseigner
rencards (aller aux) enquérir (s')
renchérir enchérir (in *chère*)

rencontre rencontrer
rencontrer (se) rencontrer
rendement travail I et II
rendre (se) rendre I
rendu fatigué (in *fatiguer*)
renégat apostat, déloyal
renfermé confiné (in *confiner* I), secret II
renfermer contenir, recéler
renfermer (se) murer (se), replier (se)
renflé pansu
renforcer affermir, confirmer, consolider, raffermir
renfort secours
renfrogné maussade
rengaine chanson, couplet, scie
reniement renier
renifler aspirer, sentir
renifloir nez
renom illustre, notoriété (in *notoire*), réputation
renommée fameux, notoriété (in *notoire*), réputation, réputé (in *réputation*)
renonciation abandonner
renouveler (se) renouveler
renouvellement renouveler
rénover améliorer, moderniser (in *moderne*), neuf [*mettre à neuf*]
renseignement renseigner
renseigner enquérir (s')
rentable payant (in *payer*)
rentrée retour (in *retourner*)
renversant renverser
renversé renverser
renversement renverser
renverser (se) renverser
renvoi ajourner, éructation (in *éructer*), expulsion
repaître (se) nourrir (se) [in *nourrir*]
répandre (se) répandre
répandu répandre
réparation réparer
reparler voir
reparti (c'est) reprendre I
repartir recommencer
repartir (faire) relancer
répartir dispenser, distribuer
répartir (se) étaler (s') [in *étaler* III]
repasser affiler, revenir I, revoir
repeindre peindre I
repentant contrit
repentir repentir (se)
répercuter renvoyer

répercuter (se) réagir (sur)
repère jalon
répertoire catalogue (v. aussi *nomenclature*)
répertorier enregistrer
répéter (se) répéter
répétition répéter
repiquer planter
replacer remettre
replet gras
repli replier I
répliquer réplique II
répondre satisfaire
réponse réplique
reporter journaliste (in *journal*), rejeter, remettre
repos reposer
reposer (se) reposer
repoussant repousser
répréhensible blâmable
reprendre (se) reprendre I
représailles riposte, vengeance
représentant délégué, intermédiaire, placier
représentation perception (in *percevoir* I), spectacle
représenter (se) représenter
répression réprimer II
réprimande observation (in *observer* I), remontrance
reprise reprendre I
repriser raccommoder
reprocher reproche
reprocher (se) reproche
reproduction reproduire I
réprouver condamner, désapprouver, détester
répudiation divorce
répudier renier, renoncer
répugnant répugnance
répugner répugnance
répulsion dégoût, répugnance
réputé réputation
requérir appeler I, demander, réclamer, solliciter
requin pirate, voleur (in *voler* II)
requinquer remonter
requis nécessaire
rescinder annuler
réseau filet
réservoir réserver
résidence résider
résidu déchet
résignation résigner II
résigné fatalité (in *fatal*)
résiliation rupture
résilier annuler, rompre, résoudre I

résistance résister
résistant résister
résolu résoudre II
résolument délibérément (in *délibéré*)
résolution annuler, décision (in *décider*), énergie, vœu
résonance résonner
respect égards II, estime, observation (in *observer* II), piété (in *pieux*)
respects hommages
respectueux respecter
respiration souffle (in *souffler*)
resplendir briller
resplendissant brillant (in *briller* I), florissant
responsabilité devoir I, soin I
responsable auteur
ressasser rabâcher, répéter
ressasseur rabâcheur (in *rabâcher*)
ressemblance ressembler
ressemblant semblable, voisin
ressembler (se) ressembler
ressemeler réparer
ressentiment rancœur
ressentir sentir I
resserré étroit
resserrer abréger, contracter II
resserrer (se) étrangler (s')
ressort domaine
ressort (en dernier) ressource (en dernière)
ressources ressource
ressusciter réveiller, revivre
restant reste (in *rester* I)
restaurateur marchand (de soupe)
restaurer (se) manger I
restaurer I améliorer, neuf (remettre à), ramener, rétablir
reste rester I
restes mort, rester I
restituer remettre, rendre I
resto restaurant
restreindre (se) réduire (se)
restreint étroit, limité
restriction restreindre
résulter résultat
résumé résumer
retable tableau
rétablir (se) guérir, refaire (se) [in *refaire*], reprendre, rétablir, revenir
rétablissement guérison (in *guérir*)

retaper réparer
retaper (se) refaire (se) [in *refaire*]
retard retarder
retenir (se) retenir
retentir éclater, résonner
retentissement retentissant
retiré écarté (in *écarter*), solitaire
retirer dégager, enlever, ôter, pousser I, prélever, recueillir, rétracter, supprimer
retirer (se) descendre, désister (se), enterrer (s'), ôter (s') [in *ôter*], partir
rétorquer objecter, répliquer
retoucher reprendre I
retour retourner
retourné chavirer
retourner (se) retourner
retracer raconter
rétracter (se) rétracter
retraite (battre en) partir, terrain
retransmission transmission (in *transmettre*)
rétrécissement étranglement
rétribuer rémunérer
rétrograde réactionnaire (in *réagir*)
rétrograder reculer
retrousser relever I, replier I
retrouver (se) reconnaître (se) (in *reconnaître* I)
rets filet
réunion réunir
réunir (se) réunir
réussite réussir
rêvasser rêver
rêve rêver
revêche acariâtre, aigre, rébarbatif, ride
réveiller (se) réveiller
révélateur significatif
révéler (se) révéler
revenant fantôme
revendication plaindre II
revendiquer réclamer
revenir (faire) sauter (faire)
révérence salutation (in *saluer*)
révérencieux respectueux (in *respect*)
révérer honorer (in *honneur*), vénérer (in *vénérable*)
rêverie pensée I (in *penser*)
revêtement placage (in *plaquer*)
rêveur rêver
revigorer ravigoter

revirement changement (in *changer* III), palinodie
réviser améliorer, apprendre, reprendre I, revoir
révocation annuler
revoir (au) adieu
révoltant criant (in *cri*), écœurant (in *écœurer*), scandaleux (in *scandale*)
révolte révolter
révolté révolter
révolu sonné (in *sonner*)
révolutionnaire révolution
révoquer annuler, destituer, relever
rhabiller réparer
riant aimable, gai
ribote débauche (in *débaucher* II)
ribouldingue débauche (in *débaucher* II)
richard riche (n. c.) [in *riche* adj.]
riche (n. c.) riche (adj.)
richement riche
richesse riche
ricochet (par) indirectement (in *indirect*)
rictus grimace
rider flétrir I
ridiculement ridicule
ridiculiser moquer de (se), railler
rieur gai
rigide austère, raide, rigoureux (in *rigueur*)
rigidité raideur (in *raide*), rigorisme
rigoler (faire) amuser
rigolo amuser, plaisantin (in *plaisanter*)
rigoriste rigorisme
rigoureusement rigueur
rigoureux rigueur
rimer sens, versifier (in *vers* II)
rincer laver
ripaille festin
riposter riposte
riquiqui minuscule, petit
risible rire
risque risquer
risqué risquer
risquer (se) avancer, aventurer (s') [in *aventurer*], hasarder (se) [in *hasard*]
ristourne diminution (in *diminuer*), rabais
ritournelle refrain
rivaliser rival
rivalité rival

rive bord, rivage
rivière collier
rixe bagarre, scandale
robert sein
robustesse robuste
roc pierre
rocailleux rocaille
roche pierre
rôdeur rôder
rodomontade vantardise (in vanter)
rogatons repas
rogne boule
rogne (être en) rage
rogner rager (in rage), retrancher
romanesque sentimental (in sentiment II)
romanichel (ou romani) bohémien
romantique poétique (in poète)
rombière femme
rompre (se) rompre
rompu entraîné (in entraîner), fatigué (in fatiguer)
ronchon bougon
ronchonner maugréer
ronchonneur bougon
rond-de-cuir bureaucrate
rondelet gentil (somme d'argent), rond
rondement lestement (in leste), promptement (in prompt), rapidement (in rapide)
rondouillard gras, rond
rond-point carrefour, place II
ronflant ampoulé, sonore
roquet chien
rosace rose
rossée peignée, raclée
rosser battre
rosserie rosse II
rossinante cheval
rotation tour I
roter éructer
rotie toast II
roublard rusé (in ruse)
roublardise ruse
roucouler chanter
roué rusé (in ruse)
rouer (de coups) battre, passer à tabac
rouerie ruse
rouflaquettes favoris
rougeaud rouge
rougeoyer flamboyer
rougir rouge
rouillé engourdi (in engourdir)

roulant comique
rouler (se) rouler
round reprise (in reprendre)
roupiller dormir
rouquin roux
rouscailler réclamer
rouspéter (se) maugréer, plaindre, protester
roussin cheval, policier
rouster battre
routier camionneur, scout
royal roi
royalement roi
royaliste monarchiste (in monarque)
royaume monarchie (in monarque)
royauté monarchie (in monarque)
rubicond rouge
rubis rouge
rudement rude
rudesse aigre (in aigreur), aménité, rigueur
rudiment élément, principe
rudimentaire élémentaire (in élément), grossier
rudiments A. B. C.
rudoyer rude
rugir crier (in cri)
ruiner abattre I, appauvrir, détruire, nettoyer, perdre, ravager
ruiner (qqch — qqn) tuer
ruineux coûteux
ruisselant ruisseau
ruisseler couler
rumeur bourdonnement (in bourdonner), bruit, nouvelle
rupin riche
rupture séparation (in séparer)
rural campagnard (in campagne)
rusé ruse
ruser ruse
rustaud grossier
rustique campagnard (in campagne), résistant
rustre grossier, paysan
rut (en) chaleur, chaud
rythmé rythme
rythmer scander

S

sabbat tapage
saccadé saccade
sachet sac
sacoche sac
sacquer congédier (in congé), couper, renvoyer, vider

sacrément grossièrement (in grossier)
sacro-saint tabou
sadique cruel
sagacité clairvoyance
sagesse sage
saignant saigner
saillant saillir I
saillie monte (in monter), plaisanterie (in plaisanter), relief, saillir I
sainement sain
saint-simonisme socialisme
saisissable pénétrable (in pénétrer)
saisissant criant (in cri), émouvant (in émouvoir)
saisissement émotion (in émouvoir)
salade mélange
salamalec salutation (in saluer)
salarié salaire
salé sel
saleté sale
saligaud malpropre, salaud
salin salé (in sel)
salir sale
saliver salive
salle auditoire, pièce
salon pièce
salopard salaud
saloperie camelote, impureté, malpropreté, ordure, saleté (in sale)
salopette cotte
salubre sain
salubrité hygiène
salut saluer
salve vague II
sanctifier fêter (in fête)
sanctionner sanction
sanctuaire saint (des saints)
sandale chaussure
sang famille, lignée, race
sang (se faire du mauvais) s'inquiéter (in inquiet)
sang-froid calme, impassibilité (in impassible), maîtrise (in maître II)
sanglant ensanglanté, meurtrier
sangle courroie
sangloter pleurer
sang-mêlé métis
sanguinaire cruel
sanguinolent ensanglanté, sanglant
sans-cœur méchant
sans-gêne désinvolture, inconvenance

sans-logis sans-abri
santé mieux, sain
saoul ivre, ivre-mort (in *mourir*), nez (avoir un verre dans le)
saouler enivrer, ennuyer
sarabande tapage
sarcastique sarcasme
sardine galon
sardonique sarcastique (in *sarcasme*)
sasser tamiser (in *tamis*)
satané maudit (in *maudire*)
satanique diabolique (in *diable*)
satirique satire
satiriser railler
satisfaction satisfaire
satisfaisant satisfaire
satisfait satisfaire
saturer engorger
sauce douche
sauf-conduit laissez-passer
saugrenu absurde I
saumon rose II
saut sauter
saut-de-lit robe
sautillement saut (in *sauter*)
sautiller sauter
sauvagement sauvage I
sauvagerie sauvage I
sauvegarde auspice, salut
sauveur sauver
savamment savant I
savetier cordonnier
savoir-faire adresse I
savourer saveur
savoureux saveur
saynète sketch
scandaleux scandale
scandaliser scandale
scarification entaille
scélérat coquin, déloyal
scélératesse déloyauté (in *déloyal*)
scellé sceau
scénique scène
sceptique incrédule
schéma plan V
schématiser simplifier (in *simple*)
schismatique apostat
schisme dissidence
schlasse ivre
sciemment consciemment (in *conscience* I)
science savoir II
scientifique savant I et II
scier scie
scintiller étinceler, pétiller

scission dissidence, scinder
sclérosé figé (in *figer*)
scléroser sclérose
scribouillard bureaucrate
scrupule hésitation, hésiter, ponctualité (in *ponctuel*)
scrupuleusement docilement (in *docile*), étroitement (in *étroit*), exactement (in *exact*)
scrupuleux étroit
scrutin suffrage, vote
sculpteur sculpter
sculpture sculpter
sécession dissidence
sèche cigarette
séché sec I
sèchement rudement
secondaire second
seconde moment
seconder collaborer
secourir secours
secousse secouer
secrètement secret I et II
sectaire doctrinaire (in *doctrine*), fanatique
sectarisme fanatisme
secteur domaine
section troupe, unité (in *unir*)
sédatif calmant (in *calme*)
sédition émeute, rébellion
séducteur séduire
séduction séduire
séduisant séduire
segment portion
segmentation segmenter
séjourner séjour
sélect fermé (in *fermer*)
sélection choix
sélectionner choisir, trier
selle (aller à la) chier
selles excrément
semailles semer I
semaine salaire
semblablement pareillement (in *pareil*)
semblant sembler
sémillant agile, vif
sénile âgé
sensation sens I
sensationnel étonnant (in *étonner*), extraordinaire, fumant
sensé raisonnable (in *raison* I)
sensiblement sensible II
sensualité sens I
sensuel sens I
sente chemin
sentence arbitrage, jugement, pensée II, verdict

sentencieux solennel
sentier chemin
sentimental sentiment II
seoir aller I
séparation séparer
séparé indépendant
séparément séparer
sépulcral caverneux
sépulture tombe, tombeau
séquelle effet, suite (in *suivre*)
séraphin ange
serein calme, clair
sérénade concert
sérénité calme
sergent (de ville) agent (de police), policier
sérier classer (in *classe* I)
sérieusement sérieux
serin niais
seriner répéter
sermonner faire la morale (in *moral*)
serre griffe I
serré serrer I
serrure fermeture (in *fermer*)
sertir fixer
serviabilité complaisance (in *complaisant*)
serviable complaisant
servilité bassesse
session séance
seulement seul
sévèrement sévère
sévérité sévère
sévice violence (in *violent*)
sévir châtier
sexualité sexe
sexuel érotique, honteux (in *honte*), intime
seyant élégant
shooter tirer III
short culotte
sibyllin ambigu, obscur
sidéré ébahi
siècle monde
siéger siège II
sieste méridienne, sommeil
signaler et se signal
signature signer
signet marque
signification sens II
silencieusement silence
silencieux silence
silhouetter (se) silhouette
silo magasin II
simagrée mômerie, théâtre
similitude analogie
simoun bourrasque, vent
simple plante

simplement simple
simplet simple
simplicité simple
simplifier simple
simpliste primaire
simulé simuler
simultanément ensemble, fois (à la), temps I (en même)
sincèrement sincère
sincérité franchise (in *franc* II), vérité
singe clown
singer imiter
singerie grimace
singulariser (se) distinguer (se), remarquer (se faire)
singularité singulier
singulièrement singulier
sinistré sinistre II
sinon autre I, excepté, ou, sans (cela), si II (ce n'est)
sinuosité sinueux
sirocco vent
siroter boire
situé situation I
slogan formule
smala famille
snob fermé (in *fermer*)
sobrement sobre
sobriété sobre
sobriquet surnom
sociabilité sociable
social sociable
sociétaire membre
sœur religieux
sofa canapé
soi-disant apparent, prétendu
soigné soin I
soigneux soin I
solder solde II
solennellement gravement (in *grave* I)
solennité solennel
solidement fortement (in *fort* II)
solidité solide
soliloque monologue
solitaire seul
solitude solitaire
sollicitation appeler I, requête
solliciteur solliciter
sollicitude intérêt, soin I
sommairement abréger, grossièrement (in *grossier*), succinctement (in *succinct*)
sommation commandement (in *commander* II)
sommeiller sommeil
sommer commander II, ordonner II (in *ordre* II)

somnifère calme
somnolence assoupissement, sommeil
somnoler dormir, sommeiller (in *sommeil*)
somptueusement magnifiquement (in *magnifier*), richement (in *riche*), royalement (in *roi*)
somptueux luxueux (in *luxe*), riche, royal, splendide (in *splendeur*)
sondage sonder
songe illusion
songeur pensif
sonnaille clochette
sonné sonner
sonnette clochette
sonorité timbre II, son
soporifique ennuyeux
sordide mesquin
sortable sortir
sortie sortir
sortilège enchantement (in *enchanter*), sort II
sosie doubler
sottise sot
sottisier recueil (in *recueillir*)
soubassement base I
soubresaut saccade
soucier (se) souci
soucieux souci
soudainement soudain II
soudoyer acheter
soue à cochons écurie
souffle souffler
soufflé ébahi, gonflé I (in *gonfler*)
soufflet gifle
souffleter gifler (in *gifle*)
souffrance souffrir
souffrant malade
souffre-douleur martyre
souffreteux maladif (in *maladie*)
souhait souhaiter
souhaitable désirable (in *désirer*)
souillé sale
souiller abîmer, flétrir, salir (in *sale*)
soulagement soulager
soulaud ivrogne
soulèvement rébellion, trouble II
soulier chaussure (in *chausser*)
souligner accent (mettre l'—sur), ressortir II, scander, signaler (in *signal*)

soumettre céder I, dormir, exposer, opprimer, proposer
soumettre (se) incliner (s'), résigner, sacrifier (à)
soumis docile, obéissant (in *obéir*)
soumission docilité (in *docile*), obéissance (in *obéir*), observance (in *observer* II), résignation (in [*se*] *résigner*), servitude
soupçon(s) méfiance, nombre, présomption I
soupçonneux soupçonner
soupe bouillon
soupe au lait coléreux, impulsif (in *impulsion*)
souper repas
soupirant amant
souplesse agilité (in *agile*), diplomatie (in *diplomate*), docilité (in *docile*)
sourcil poil
sourdre sortir
souricière piège
sourire amuser, plaire
souris femme
sous argent
souscrire à adhérer II, consentir, approuver
sous-entendu allusion
sous-estimer déprécier, mésestimer
sous-fifre inférieur
sous-maîtresse entremetteur
sous peu bientôt
sous-sol cave
sous-verge aider, inférieur
sous-vêtements dessous II
soutane robe
soute cale
soutènement appuyer I
soutenir (se) soutenir
soutenu soutenir
soutien soutenir
soutirer transvaser
souvenir souvenir (se)
souverain absolu, efficace, monarque
souveraineté autorité
soyeux doux
spacieux vaste
spadassin bretteur
spartiate austère
spasme contraction, convulsion, tremblement (in *trembler*)
spécialement spécial
spécialiste spécial

spécialité branche, médicament, partie II
spécieux apparent
spécifier stipuler
spécimen exemple, exemplaire I, échantillon
spectaculaire spectacle
spectateur spectacle
spectral fantomatique (in *fantôme*)
spectre fantôme
spéculatif théorique (in *théorie*)
spéculation spéculer
speech discours
sphère boule, champ II
spiritisme divination (in *deviner*)
spleen cafard III
splendide splendeur
spoliateur exploiteur (in *exploiter* II)
spolier déposséder
spontanément naturellement
squelette carcasse, ossature (in *os*)
squelettique maigre I
stabiliser équilibrer (in *équilibre*)
stable durable (in *durer*), fixe, permanent
stagnant dormant (in *dormir*), mort, mourir
stagner croupir, séjourner (in *séjour*), végéter
standardisation normalisation (in *normaliser*)
standardiser normaliser (in *normal*)
standing vie (niveau de)
star acteur, vedette
stationner arrêter I
statistique dénombrement
statuaire sculpteur (in *sculpter*)
statue sculpture
statuer juger
stature taille I
stériliser appauvrir
stérilité impuissance (in *impuissant*), pauvreté (in *pauvre* II)
stimulant excitant (in *exciter*), réconfortant (in *réconforter*), (un vent) vivifiant (in *vivifier*)
stimuler animer, encourager (in *courage*), réveiller
stipulation disposition (in *disposer*)
stocker stock

stop signal
stopper ennuyer, arrêter I, point III (au — mort)
strangulation étrangler
stranguler étrangler
stratagème ruse
stratégique militaire (route)
strictement étroitement (in *étroit*), rigoureusement (in *rigueur*)
strident criard (in *cri*)
studieux appliqué
studio appartement
stupéfait stupéfaction
stupéfiant stupéfaction
stupéfier stupéfaction
stupeur étonnement (in *étonner*), stupéfaction
stupidité absurde II, bêtise
stupre débauche (in *débaucher* II)
style caractère, écriture (in *écrire*)
suave agréable, doux
subalterne inférieur
subitement subit
subjuguer conquérir
submerger accabler, inonder
subodorer douter (se), servir I
subordonné inférieur
suborner séduire
subside secours
subsistance aliments, denrée, nourriture
substantiel substance
subterfuge fuite (in *fuir*)
subtil abstraire, délicat, fin, pénétrant, vif
subtiliser dérober, voler II
subvention secours
subversif pernicieux
successeur succéder
succession succéder
successivement succéder
succinctement succinct
succomber tomber
succulent savoureux (in *saveur*)
sucer consommer
sucré doux, doucereux (in *doux*)
sucrer adoucir
sucreries friandises (in *friand*)
suffisamment assez
suffisance vanité II
suffisant vaniteux (in *vanité*)
suffocant suffoquer
suffocation étouffement (in *étouffer*)

suggestif suggérer
suggestion suggérer
suite suivre
suivant après I, selon
suivi suivre
suivre (se) suivre
sujétion esclavage (in *esclave*), incommodité (in *incommoder*), servitude, subordination
summum comble I
superbe admirer, splendide (in *splendeur*)
superbement magnifiquement (in *magnifier*)
superficie surface
supermarché magasin I
superviser coiffer
suppléant suppléer
supplémentaire accessoire
supplique prière II, requête
support appui (in *appuyer*), base, — d'une idée : véhicule
supportable supporter
supposé prétendre
supposer (à — que), si II
supposition supposer
suppression coupure (in *couper*)
supputation calcul
suprêmement suprême
surabondance abonder I, prodigalité (in *prodigue*)
surabondant luxuriant
surcharger accabler II, alourdir; — sa mémoire : remplir I
surchauffer chauffer
surclasser dominer, éclipser
surcroît surcharger
surélever élever I
sûrement sûr I
surenchère enchère
surenchérir enchérir (in *enchère*)
surestimer estimer (in *estime*), exaspérer
sûreté délicatesse (in *délicat*); en — : sûr II
surexciter exciter
surgir déboucher II, jaillir
surmenage abrutissement (in *abrutir*), fatigue (in *fatiguer*), abrutir
surmener (se) fatiguer (se)
surmonter vaincre
surnager flotter I
surnaturel fantastique, merveilleux (in *merveille*)
surnommer appeler II

504

surpasser dominer, éclipser

surplomber avancer I, dominer

surplus au — : ailleurs (d'),
excédent (in *excéder*), outre
(en), surcharge

surprenant bizarre, déconcertant (in *déconcerter*), étonnant (in *étonner*), inconcevable (in *concevable*), raide
(c'est un peu), rare

surpris surprendre

surprise étonnement (in *étonner*)

sursauter réagir vivement,
tressaillir

sursis délai, répit

surveillance contrôle, inspection (in *inspecter*)

surveillant pion II

surveillante garder I

surveiller contrôler, garder I,
inspecter, œil I (avoir qqn à
l'), suivre, veiller

survenir arriver I et II, présenter (se), venir

survoler voler I (au-dessus de)

suspecter soupçonner

suspicion méfiance

sussurer murmurer

suzerain seigneur

syllabaire alphabet

syllabe pied

symboliser représenter

symétrique régulier I (être),
pendant II (se faire)

sympathique sympathie

sympathisant militant

sympathiser s'entendre III

syncope défaillance (in *défaillir*)

synonyme équivalent

t

tabagie cabaret

tabasser battre

tabatière lucarne

tablée table I

tabler (sur) espérer, se fier à
(compter sur)

tabouret siège

tac au tac vivement (in *vif*)

tâcher tâche

tacher abîmer, salir (in *sale*)

tacher (se) tache

tacheté moucheté

tacheter marqueter

tacot automobile

tact délicatesse (in *délicat*),
diplomatie (in *diplomate*)

taillade entaille

taillader couper

taillé bâti (in *bâtir*)

taillis taille II

taire (se) taire

talé meurtri (in *meurtrir*)

talent capacité I, don (in *donner* I)

talisman amulette

taloche gifle

talonner talon

tambouille cuisine

tambouriner (sur) frapper

tamisé doux

tamiser tamis

tampon timbre I

tamponner heurter

tancer engueuler, réprimander

tandis que alors, pendant III
(que)

tangible certain, effectif,
matériel, palpable (in *palper*)

tanguer balancer

tanière gîte, repaire

tanner ennuyer

tanner (le cuir) battre

tante homosexuel

tantouse homosexuel

tapageur criard (in *cri*),
voyant

tape gifle

tapé fou, sonné (in *sonner*),
tassé (in *tasser*)

tapée cargaison

taper (se) taper

tapinois (en) sournois

tapir (se) blottir (se), cacher
(se), écolier (in *école*)

tapisser recouvrir, tendre III

tapoter taper

taquinerie taquiner

tarabiscoté affecté II

tarabuster rudoyer (in *rude*)

tarder tard

tardive avancer II

tardivement tard

tare défaut II et III

taré dégénéré (in *dégénérer*)

targette verrou

targuer (se) flatter de (se),
vanter (se) [in *vanter*]

tari sec I (à)

tarif (demi-) place I (demi-)

tarin nez

tarte II sot

tartine volume I (écrire des)

tartiner discourir, écrire, étaler I

tartuferie fausseté (faux)

tartufe bigot

tasser (se) tasser

tâter (se) hésiter

tatillon consciencieux (in
conscience II)

tâtonnement hésitation (in
hésiter)

tâtonner hésiter

taulard prisonnier

taule ou tôle emprison-
nement (in *emprisonner*),
habitation

taverne cabaret, café, restaurant

taxation réglementation (in
règlement I)

taxe impôt (in *imposer* II)

taxer accuser, imposer

taxi avion

tchao adieu

technique méthode, métier

teinter (se) colorer (se) [in
couleur]

teinture (de culture) vernis

télégramme dépecer, cable 2

téléphone fil II (passer un
coup de) coup II

téléphoner (se) correspondre

télescopage heurt (in *heurter*)

tellement tel II

téméraire aventureux, (in
aventure), hardi, imprudent

témérité hardiesse

témoignage témoin

témoigner témoin

tempérament humeur, nature,
sensualité

température fièvre

tempéré modéré (in *modérer*)

tempêter diminuer, modérer

temple église

tempo rythme

temporaire momentané

temporel séculier

ténacité entêtement (in *s'entêter*), obstination (in *obstiner*), persévérance

tenailler torturer

tenant partisan

tendance (journal de) mouvement, v. aussi inclination,
opinion, orientation (in
orienter), propension

tendresse affection I, sensibilité, sentiment II, v. aussi
amour

tendron fille

tendu tendre III

ténèbres obscurité (in *obscur*)

teneur composition (in *composer*)

tenir (lieu de) servir III

tentant affrioler, enviable (in *envie* I), séduisant (in *séduire*)

tentation désir

tentative entreprise (in *entreprendre*), essai (in *essayer*)

ténu fin

ténuité finesse (in *fin*)

tergiversation hésitation (in *hésiter*)

tergiverser biaiser, hésiter

terminer aboutir I, finir, ligne (mettre la dernière — à), point III (final), v. aussi achever

terminologie vocabulaire

ternir terne

terre à terre vulgaire II

terreau terre IV

terrer (se) cacher (se)

terreur effroi

terreux sale

terriblement terrible

terrien terre IV

terrier gîte

terrifiant effrayant (in *effrayer*), effroyable (in *effroi*), terrible

terrifier affoler, effrayer, terroriser

terroir sol

tertre butte

testament volontés (dernières)

tester éprouver

tétard bébé

tête-à-tête (n. c.) conversation, vis-à-vis; loc. adv. : œil (entre les yeux), aparté, seul (à seul)

téton sein

textuel texte

textuellement mot (mot à)

thaumaturge magicien (in *magie*)

théâtral théâtre

théiste déisme

théorique théorie I

théoriquement papier (sur le), principe (en), régulièrement (in *règle* II)

thésauriser amasser

tic manie

ticket billet, titre III

tiédasse tiède I

tièdement tiède II

tiédeur tièdement (in *tiède* II)

tierceron métis

tifs cheveux

tignasse cheveux

timbale gobelet

timbale (décrocher la) gagner I

timbré fou

timidement mollement (in *mou*)

timidité timide

timoré craintif (in *craindre*), timide

tintamarre cacophonie, v. aussi tapage

tintin rien I

tintinnabuler tinter

tintouin souci, tapage

tiraillement tirer I

tirailler tirer I

tire automobile

tire-au-flanc paresseux (in *paresse*)

tirer (se) tirer II

tison braise

titanesque colossal, (in *colosse*)

titi gamin

titiller chatouiller

titrer titre II

titubant vacillant (in *vaciller*)

tituber chanceler, vaciller

titulaire titre I

tocante montre

toc toc fou

toiser nez (regarder qqn sous le nez)

toit toiture

tôle cabane, cellule

tôle (mettre en) emprisonner

tolérable supportable (in *supporter*)

tolérance libéralisme

tolérer admettre II, permettre, souffrir, supporter

tollé huée (in *huer*)

tombée (du jour) crépuscule

tombeur séducteur

tombola loterie (in *lot*)

ton couleur

tonalité couleur

tonifiant (un climat) vivifiant

tonifier vivifier

tonique excitant (in *exciter*), fortifiant, sain, vivifiant

tonitruant sonore

tonitruer crier (in *cri*)

tonne tonneau

tonnelet tonneau

tonnerre foudre

tonnerre (du) chic II, terrible

topo discours

toquade caprice

toqué fou

toquer (se) amouracher (s'), s'engager

torchère chandelier

tordant comique

tord-boyaux eau-de-vie

tordre (se) tordre

tordu tordre

tornade vent

torpeur abattement, abattre II, assoupissement, sommeil

torréfier brûler

torrent (de larmes) ruisseau

torrents flots

torride chaud

tors tordu

tortiller hésiter

tortionnaire bourreau

tortueux sinueux

torture tourment, supplice

total absolu I, catégorie, entier, illimité, montant (in *monter*), parfait, plein, radical, réserve II, somme I

total (au) ensemble II (dans l'), tout II

total (une indifférence) royal

total (solitude) profond

total (total, il s'est perdu) résultat

totalement âme, fondamentalement, (in *fondamental*), radical, radicalement (in *radical*)

totalitaire absolu I

totalitarisme absolu I

totalité ensemble, plénitude, tout III

totalité (dans sa) entier I

toubib médecin

touchant toucher II

touiller agiter, retourner, tourner I

toupet aplomb II, souffle (in *souffler*)

tourbillon vent

touriste estivant

tourmente bourrasque, tempête

tourmenter tourment

tourmenter (se) tourment

tournant virage (in *virer* I)

tourné aigre

tournée peignée, râclée, volée III (de coups)

tourner (mal) sentir II (le roussi)

tournis vertige

tournure évolution, expression (in *exprimer*)

tours (33/45) disque

tourtereau amant
tourterelle pigeon
toutefois cependant
tout le monde tout II
toutou chien
toxique nocif
trac crainte (in *craindre*)
tracas tourment
tracasser ennuyer, obséder, tarabuster, tourmenter (in *tourment*)
tracasserie chicane
tracé forme I
tracer courir, dessiner (in *dessin*), tirer I
tract imprimé
tractation négociation (in *négocier*)
tractations agissements
tradition legs
traditionaliste conformiste (in *conforme*)
traditionnel orthodoxe
traduire exprimer, refléter (in *reflet*), rendre
trafic commerce, mouvement
trafiquant commerçant (in *commerce*)
trafiquer tripoter
tragédie catastrophe, pièce, théâtre
tragique triste II
trahison trahir
train (boute-en-) gai
traine-savate misérable
train-train routine
traitement rétribution, salaire, soins II
traitre dangereux (in *danger*), déloyal, perfide, vendu (in *vendre*)
traitrise trahison
trajectoire mouvement
trajet distance, espace, étape, parcours, route, voyage
tramer comploter (in *complot*), tisser, tricoter
tranche trancher I
tranché trancher III
tranquillement papa (à la), paisiblement (in *paisible*)
tranquilliser tranquille
tranquillité tranquille
transaction affaire
transatlantique bateau I
transbahuter transporter I
transcrire copier (in *copie*), noter (in *note* IV)
transe angoisse
transformation transformer
transfuge déserteur

transi froid I
transiger comparer, pactiser
transitoire intermédiaire
translucide diaphane
transmission transmettre
transmutation métamorphose
transparaître jour (se faire)
transpercer pénétrer, percer, traverser
transpiration sueur (in *suer*)
transpirer percer, suer
transporteur camionneur, routier
traquenard piège
traumatiser commotionner, secouer
travaillé ouvragé (in *ouvrage*), recherché (in *rechercher*)
travaux (forcés) bagne
traversée passage (in *passer*), vol I, voyage
travestir déguiser, falsifier
trébucher achopper, hésiter
tréfonds secret III
treillage clôture
treillis clôture
tremblement (de terre) séisme, trembler, vacillation, vaciller
tremblotant vacillant (in *vaciller*)
trembloter chevroter, trembler
trémousser (se) frétiller
trempe peignée, râclée
trempé humide, mouillé (in *mouiller*), ruisselant (in *ruisseau*)
trépas mort
trépassé décédé
trépasser mourir
trépidation tremblement (in *trembler*), vibration (in *vibrer* II)
trépider vibrer II
trépigner piaffer, pétiner
trésor capital II
trêve (sans) arrêter I (sans), relâche (sans), répit (sans), suspension II
tri triage (in *trier*)
triage trier
tribord droit II
tribun orateur
tribune estrade
tricot chandail
trifouiller fouiller
trimardeur vagabond (nom) [in *vagabond* (adj.)]
trimbaler porter, traîner
tringle tige

trinquer punir (être puni)
triomphant victorieux (in *victoire*)
triompher triomphe
tripatouiller tripoter
tripes corps, entrailles, intestin
tripette (ça ne vaut pas) valoir
tripotage manœuvre
tripotages agissements
tripotée peignée
trique bâton
trisser (se) partir
tristement mélancoliquement
tristesse amertume (in *amer*), cafard, peine II
trivial commun II, vulgaire II (une expression)
troll lutin
trombe tempête
trombine figure I
trompé (être) corne
tromper (se) tort (avoir)
tromperie escroquerie, fausseté, leurre, mensonge
trompeur tromper
tronçon portion
tronçonner couper
tronquer mutiler (un texte)
trop fort comble I
troquer changer I
troquet café
trottin midinette
trou de balle anus
troublé ému, v. émouvoir
trouble-fête rabat-joie
trouer percer
troufignard anus
troufignon anus
troufion soldat
trouillard peureux (in *peur*)
trouille crainte (in *craindre*), peur
troupeau bétail, troupe
trousse nécessaire
trouvaille invention
truc chose I, ficelle, formule, moyen, secret III
truculence exubérance (in *exubérant*)
truffe museau
truisme évidence
truqué faux I
truquer falsifier
trust monopole, société II
truster accaparer I
tube conduite (in *conduire* I), coup II, tuyau
tuberculeux phtisique

507

tuer (se) tuer
tuerie carnage
tue-tête (à) voix I (à pleine)
tueur tuer
tuile mésaventure
tuméfié gonflé I (in *gonfler*)
turbiner travailler II
turgescent glonflé I (in *gonfler*)
turne habitation
turpitude bassesse, honte
tutelle auspices
tuyautage conduite (in *conduire* I)
tuyauter renseigner
typhon vent
typique (de) caractéristique
tyrannie absolu I
tyrannique absolu, arbitraire, impérieux, oppressif (in *opprimer*)
tyranniser opprimer
tzigane bohémien

u

ulcération ulcère
ulcérer ulcère
ultérieur futur, postérieur
ultérieurement tard (plus)
ultime dernier
un unique
un (l') pièce
un (être sans) pauvre
unanimement accord I, commun I, égal
uni lisse, plan I
unification intégration
uniforme monotone, régulier I
uniformément régulièrement (in *régulier* I)
uniformiser unifier
union unir
uniquement unique
unir (s') unir
unité unir
universel univers
universellement mondialement (in *monde*)
université école
urbanité affabilité
urgence gravité (in *grave* I)
urgent presser II (être)
urgent impérieux, pressant (in *presser* II), pressé (in *presser* II)
urine pisse
uriner pisser
urinoir pissotière (in *pisser*)

usage emploi (in *employer*), habitude, jouissance (in *jouir*) ; hors d'— : service I (hors) ; faire de l'— : servir III
usagé fatigué (in *fatiguer*), vieux
usages forme II
usé user
user (s') user
usine travail II
usiner façonner
usuel vulgaire I (nom — de qqch)
utile formateur (in *former*), profitable (in *profit*), être — profiter (in *profit*), servir II, il est — peine I (c'est la)
utilisation emploi (in *employer*)
utilisé (qui n'a pas encore été) neuf (flambant)
utiliser appliquer, employer, exploiter, servir III, servir IV
utopie illusion
utopique idéal, imaginaire, irréalisable

v

vacancier estivant
vacant innocupé
vacarme tapage
vacciner immuniser, piquer
vachement beaucoup, très, salement (in *sale*)
vacherie crasse, méchanceté (in *méchant*), rosserie (in *rosse* II), saleté (in *sale*), tour III
vacillant vaciller
vacillation vaciller
vacillement vacillation (in *vaciller*)
vacuité vide (nom) [in *vide* (adj.)]
vadrouille promenade
vadrouiller errer II
vagabond (n. c.) vagabond (adj.)
vagabonder errer II
vaguement vague
vaillamment vaillant
vaillance courage
vaincu (n. c.) vaincre
vainqueur gagnant (in *gagner*)
vaisseau bateau I
valable sérieux, valoir
valet laquais, serviteur
valétudinaire maladif (in *malade*)

valeur sens II
valeureusement vaillamment
valeureux vaillant
valider valide II
validité valide II
valorisation valeur II
valser (envoyer tout) promener (id.)
vandaliste barbare
vaniteux vain II, vanité II
vanné fatigué (in *fatiguer*), recru (de fatigue)
vantard vanter
vandardise vanter
vanter (se) vanter
vaporiser pulvériser
varech algue
variable changeant (in *changer* III), capricieux, différent
variante version
variation varier
varié varier
variété diversité (in *divers*), espèce, sorte
vaseux vase II
vasouillard vaseux (in *vase* II)
vasouiller vase II
vaste étendu (in *étendre*), grand, spacieux
va-t-en-guerre guerrier
vaudeville théâtre
végétal plante
véhémence ardent, éloquence (in *éloquent*), fougue, intensité, vigueur I
véhémentement cri
véhiculer véhicule
veinard chanceux (in *chance*)
veine I filon
veine II chance
veiner barioler
vélo bicyclette
vélocité rapidité (in *rapide*)
velouté doux, onctueux
velu poilu (in *poil*)
vénal corrompre, vendre
vendange récolte
vendre (se) vendre
vendu vendre
vénération vénérable
vénérer vénérable
vénérien honteux (in *honte*)
vengeance venger
venger (se) venger
venimeux venin
vente vendre
ventiler aérer
ventripotent gros
ventru gras, gros, pansu (in *panse*)

venu (premier) importer II, être mal venu de grâce II
venue venir
verbalement verbal
verbeux bavard, diffus, prolixe
véreux douteux
verge I baguette
verge II sexe
verger jardin
vergogne honte
véridique vrai
vérification (sans) confirmation, contrôle, expertise, œil (les yeux fermés)
vérifier assurer, contrôler, justifier, prouver
véritablement véritable
vermeil coloré (in *couleur*)
vermillon rouge
verni chanceux (in *chance*)
verrouiller fermer
versant pente
versatile capricieux, changeant (in *changer* III), noir (nom [in *noir*] adj.) ; être — noir II (passer du blanc au noir)
versatilité (in *constance*)
versé (dans) savant
versement verser IV
versification vers II
versifier vers II
verso dos, revers II
vertement vert
vertical droit I
vertueux vertu
verve éloquence (in *éloquent*)
vespasienne pissotière (in *pisser*)
veste I casaque
veste II échec
vêtement vêtir
vétéran ancien
vétille babiole, rien II (nom)
vêtir (se) vêtir
vétuste ancien
vétusté vieillesse (in *vieux*)
veule lâche I
veulerie lâcheté (in *lâche*)
vexant vexer
vexation vexer
vexer (se) vexer
viande chair
vibrant vibrer I
vibration vibrer II
vicaire prêtre
vice versa réciproquement (in *réciproque*)
vicier corrompre

vicissitude changement (in *changer* III)
vicissitudes accident
victime dupe, mort
victoire (crier) triompher (in *triomphe*)
victorieux victoire
vidanger vider
vide (n. c.) vide (adj.)
vieillard vieux (adj.)
vieillesse vieux (adj.)
vieillir vieux (adj.)
vieillissement vieux (adj.)
vieillot ancien, âgé, vieux
vieux parent, vieillard (in *vieux* [adj.]) ; (ne pas vivre —) ne pas faire de vieux os ; (se faire —) vieillir [in *vieux* (adj.)]
vigilant œil
vigilant (être) ouvrir (l'œil)
vignoble vigne
vigoureusement énergiquement (in *énergie*), fortement (in *fort* II), sérieusement (in *sérieux*)
vigoureux énergique (in *énergie*), fort, nerveux, planté, robuste, solide, vaillant
vilenie bassesse
village bourg, pays I
ville sol
ville forte place II
villégiature séjour
vioc vieillard (in *vieux*)
violemment violent
violence violent
violenter violer
violon cellule
virage virer I
virginité pureté (in *pur* I)
viril mâle
virtuosité virtuose
virulence violence (in *violent*)
virulent acerbe, violent
visée ambition
visible voir
visiblement voir
visionnaire vision
visiter fouiller
visiteur visite
visqueux gluant, sirupeux
visser attacher I
vital indispensable, premier II (besoin)
vitesse vite
vitre carreau
vitrine étalage (in *étaler* II)
vivace durable (in *durer*), résistant (in *résister*)

vivacité vif
vivant (bon) vivre I, gai
vivat acclamer
vivement vif
viveur fêtard (in *fête*), jouisseur (in *jouir*)
vivier réservoir (in *réserver*)
vivifiant vivifier
vivoter végéter
vocable mot
vocal voix I
vocifération cri
vociférer crier (in *cri*)
voici avoir III
voilà avoir III
voilà (mais — que) entrefaites
voilà (-t-il pas que) entrefaites
voilage voile I
voilé voiler I
voilement voile II
voiler (se) voiler I, voiler II
voir (se) voir
voisinage voisin
volage capricieux, changeant (in *changer* III), léger
volatiliser (se) disparaître
voleur voler II
volontairement volontaire
volte-face changement (in *changer* III), palinodies
volubile bavard
volubilité exubérance (in *exubérant*)
volumineux volume II
voluptueux volupté
vorace glouton
voter vote
vouer condamner, consacrer
vouer (se) donner III
voulu délibéré, désirable (in *désirer*), volontaire I
voûté courbé (in *courbe*)
voyager voyage
voyageur voyage
vrac (en) pêle-mêle
vrai (adv., nom) vrai (adj.)
vraiment vrai (adj.)
vraisemblablement vraisemblable
vrombissement vrombir
vues but
vulgariser vulgaire I
vulgarité vulgaire II

W

wagon-lits wagon
water hygiénique (in *hygiène*)
waters cabinet II

y

yatagan épée
yacht bateau I

z

zèbre ligne II
zébrure rayure (in *raie*)
zèle actif
zélé acteur
zénith comble I
zigoto (faire le) malin
zigue type II
zigzag méandre
zinc avion, comptoir
zizanie désaccord
zizi sexe
zouave individu

Photocomposition M.C.P. — Fleury-les-Aubrais.

IMPRIMERIE HÉRISSEY. — 27000 - ÉVREUX.
Juin 1977. — Dépôt légal 1977-2ᵉ.
Nº 21233. — Nº de série Éditeur 8645.
IMPRIMÉ EN FRANCE *(Printed in France)*.
20 231 A-3-78.